泉州文庫

選堂題

（明）李光縉 著
陳 茗 點校

景璧集（上）

泉州文庫整理出版委員會 編
創于1897
商務印書館
The Commercial Press

前　言

泉州建制一千三百多年,爲中國歷史文化名城和古代海外交通的重要港口。"比屋弦誦,人文爲閩最",素稱海濱鄒魯、文獻之邦。代有經邦緯國、出類拔萃之才,歐陽詹、曾公亮、蘇頌、蔡清、王慎中、俞大猷、李贄、鄭成功、李光地等一大批傑出人物留下了大量具有歷史、文學、藝術、哲學、軍事、經濟價值的文化遺産。據不完全統計,見載於史籍的著作家有一千四百二十六人,著作多達三千七百三十九種,其中唐五代二十九人三十二種,宋代二百人三百九十一種,元代二十一人四十種,明代五百三十六人一千五百八十五種,清代六百四十人一千六百九十一種;收入《四庫全書》一百一十五家一百六十四種,《四庫全書存目叢書》五十六家七十四種,《續修四庫全書》十四家十七種。二〇〇八年國務院頒布第一批國家珍貴古籍名録,屬泉人著述、出版者十三種。

遺憾的是,雖然泉州典籍贍富,每一時代都有一批重要著作相繼問世,但歷經歲月淘汰、劫難摧殘,加上庋藏環境不良,遺存至今十無二三,多成珍籍孤本。這些文化遺産,是歷史的見證,是泉州人民同時也是中華民族的寶貴文化財富,亟待搶救保護,古爲今用。

對泉州地方文獻的搜集與整理,最早有南宋嘉定年間的《清源文集》十卷,明萬曆二十五年《清源文獻》十八卷繼出,入清則有《清源文獻纂續合編》三十六卷問世。這些文獻彙編,或已佚失,或存本極少。二十世紀四十年代,泉州成立"晋江文獻整理委員會",準備整理出版歷代泉人著作,因經費短缺未果。八十年代,地方文史界發起研究"泉州學",再次計劃編輯地方文獻叢書,可惜後來也因爲各種條件的限制,其事遂寢。但是這兩次努力,爲地方文獻叢書的整理出版做了準備,留下了珍貴的文獻資料和書目彙編。

二〇〇五年三月,中共泉州市委、泉州市政府决定將地方文獻叢書出版工作列爲國民經濟和社會發展第十一個五年規劃的一項文化工程。翌年,正式成立"泉州地方典籍《泉州文庫》整理出版委員會",着手對分散庋藏於全國各大圖書館及民間的古籍進行調查搜集,整理出《泉州文庫備考書目》二百六十七家六百一十四種,以後又陸續檢索出遺漏書目近百家一百八十餘種。經過省内外專家學者多次論證,最後篩選出一百五十部二百五十餘種著作,組成一套有一定規模、自成體系、比較完整,可以概括泉人著作風貌、反映泉州千餘年文化發展脉絡的地方文獻叢書,取名《泉州文庫》,二〇一一年起陸續出版發行。

整理出版《泉州文庫》的宗旨是:遵循國家的文化方針政策,保護和利用珍貴文獻典籍,以期繼承發揚中華民族優秀文化傳統,增進民族團結,維護國家統一,提高民族自信心和凝聚力,加强社會主義核心價值體系建設,增强文化軟實力,爲泉州的物質文明和精神文明建設服務。

《泉州文庫》始唐迄清,原著點校,收録標準着眼於學術性、科學性、文學性、地域性、原創性、權威性,具有全國重要影響和著名歷史人物的代表作優先。所録著作涵蓋泉州各縣(市、區),包括金門縣及歷史上泉州府屬同安縣,曾在泉州任職、寄寓、活動過的非泉籍人氏的作品,則取其内容與泉州密切相關的專門著作。文庫採用繁體字横排印刷,内容涉及政治、經濟、歷史、地理、哲學、宗教、軍事、語言文字、文化教育、文學藝術、科學技術等領域,其中不乏孤稀珍罕舊槧秘笈,堪稱温陵文獻之幟志。

值此《泉州文庫》出版之際,謹向各支持單位、個人和參加點校的專家學者表示誠摯的感謝!由於涉及的學科和内容至爲廣泛,工作底本每有蛀蝕脱漏,加之書成衆手,雖經反復校勘,但限於水平,不足或錯誤之處還是難免,敬請讀者批評指教。

泉州地方典籍《泉州文庫》整理出版委員會

二〇一一年三月

整 理 凡 例

一、《泉州文庫》（以下簡稱"文庫"）收録對象爲有關泉州的專門著作和泉州籍人士（包括長期寓居泉州的著名人物）著作，地域範圍爲泉州一府七縣，即晋江（包括現在的晋江市、石獅市、鯉城區、豐澤區、洛江區）、南安、惠安（包括泉港區）、同安（包括金門縣）、安溪、永春、德化。成書下限爲一九四九年九月以前（個别選題酌情下延）。選題内容以文學藝術、歷史、地理、哲學、政治、軍事、科技、語言教育等文化典籍爲主，以發掘珍本、孤本爲重點，有全國性影響、學術價值高、富有原創性著作優先，兼及零散資料匯總。

二、每種著作盡量收集不同版本進行比較，選擇其中年代較早、内容完整、校刻最精的版本爲工作底本，并與有關史籍、筆記、文集、叢書參校，文字擇善而從。

三、尊重原著，作者原有注釋與説明文字概予保留。後來增加者，則視其價值取捨。

四、凡底本訛誤衍漏，增字以［　］表示，正字以（　）表示，難辨或無法補正的缺脱文字以□表示，明顯錯字徑直改正，均不作校記。

五、凡底本與其他版本文字差異，各有所長，取捨兩難，或原文脱訛嚴重致點讀困難，或史實明顯錯誤者，正文仍從底本，而於篇末校勘記中説明。

六、凡人名、地名、官名脱誤者，均予改正，訛誤而又查不到出處之人名、地名、官名及少數民族部落名同異譯者，依原文不予改動。

七、少數民族名稱凡帶有侮辱性的字樣，除舊史中習見的泛稱以外，均加引號以示區别，并於校記中説明。

八、標點符號執行一九九六年實施的國家《標點符號用法》。文庫點校循新版二十四史及《清史稿》例，一般不使用破折號和省略號。

九、原文不分段者,按文意自然分段。

十、凡異體字、俗體字、通假字,如非人名、地名,改動又無關文旨者,一般改爲通用字;異體字已經約定俗成、容易辨認者不改。個別著作爲保持原本文字語言風貌,其通假字則不校改。

十一、避諱字、缺筆字盡量改正。早期因避諱所產生的詞彙成爲習慣者不改正。

十二、古籍行文中涉及國家、朝廷、皇帝、上司、宗族等所用抬頭格式均予取消。

十三、文庫一般一册收録一種著作,篇幅小的著作由兩種或若干種組成一册,篇幅大的著作則分成兩册或若干册。

十四、文庫採用横排、繁體字印刷出版。每册前置前言、凡例。每種著作仿《四庫全書》提要之例,由編者撰寫《校點後記》,簡略介紹作者生平、著作内容及評價、版本情況,説明其他需要説明的問題。

泉州地方典籍《泉州文庫》整理出版委員會辦公室

二〇〇七年二月五日

李衷一先生文集序

余從童丱讀李衷一先生制舉文，古色蒼然，一似周、秦間法物，津津嚮往。迨余上公車，而先生已棄筆研，遂不獲望風負牆，私抱不同時之恨。同年諸葛基畫氏爲先生高足，出帳中秘授刻於武林徐生，而屬余爲之序。余讀竟，喟然曰："先生所苞蘊，鴻麗奧衍，固若是耶！"

明興，右經術而左藝文，才士剷心於羔雉之業，帖括排偶，沿襲彌陋。弘、正間，哲匠蔚興，芻狗陳言，力追古業，於是儒林、文苑判焉兩轍矣。好古博物之彥，蚍服逢年，出其精鋭，極才盡變，乃登作者之埸。若高才不偶，滯淫科目之日久，賈餘争勝，則習晚而氣餒，蘊薄而藻鈍，弩末不能貫縞，勢則使然。或者闇於風格，徒蒐拾古文奇字，緣飾成章，又自命凌唐爍宋，韓昌黎有言，古之爲辭必己出，降而不能乃剽賊，可醜也。最下借禪玄之牙慧，逞怨謗之褊腸，流浪旁蹊，是非頗謬，試律以佩玉鳴鑾，雍容都雅之盛，何異侏儷鳥語哉！大雅不作，小言雷鳴，譚藝文於今日，先輩典刑氣象何寥寥也。先生飛才駕學，出入《史》、《漢》，抽毫流藻，滿志淋漓，自其妙齡領余鄉解額時，名噪寓内。無但經學家咸宗儀之，即登朝鴻碩，率心折先生，欲遜金閨一席，抒先生經緯之章，而卒老於公車，造物若故相厄者。迨其生平所結撰，日新富有，於體無所不備，於意無所不伸，於才無所不盡。譬之純鈎結緑，雖埋獄沉淵，光彩日益注射。已余卒業集中諸作，大都高華駿爽，操縱自如。烺烺乎皦日行中黄，雄風蕩霄霓，讀之曠然，覺神明開滌。其揚榷往代，闡繹朝典，褒賞忠孝節義事，如古鏡照物，大冶範金，不隱不溢，居然良史家法。其評衡物論，辭義鋒起，如屑木繅絲；其辭題牋疏，獻酧羣心，如利家寫意。至於諧讔嘲戲之文，詰崛聱牙之語，雅非所好，不以涉筆。蓋先生養深力厚，垂老志在經世，故修辭一稟鴻懿，真足黼黻休明，弘長風教，奚至押(狎)主藝苑之盟哉！温陵自王道思以古文辭崛起海濱，進而與北地、信陽、毘陵諸公雁行雄伯。先生繼起神廟初，踵濟南、瑯琊、新安、雲杜之後，巍然方軌，且超乘而上，一何偉也！桓君山謂子雲名位不足動人，其書世遠必傳。今先生之名既藉甚當時，而不朽之業復得以行於世，豈若玄亭久寂寞哉！

余喜見鄉先哲之書成，輒不揆檮昧，使得屬辭附名以傳，固向者淑艾之本志也已。

崇禎十年春王月人日，晉安許豸盥手書於明州署中。

李衷一先生文集舊序

余髮未燥時，即知有温陵李衷一先生。讀其制義，文旨冲然，理至脉清，一一弘、正間法。後十餘年，而從長安中得接其緒論，歎曰："不圖黿紫後復見漢儀也！"遂稱莫逆。乃復盡先生記序諸體之文，醲厚流麗畢發而無所底滯，旁通百應而浩然有餘法。不隱才，無吝采，絢目動耳，若五絲組而金石宣。余於是嘆曰："先生所包蓄至是耶！"夫文章之在天壤也，出彌深而有彌富。故《易》云富有之謂大業，日新之謂盛德。但奢儉視乎才，淹速通乎思，愉敏通乎性，簡巨關乎時。故莊周述老而廣於老，子長繼左而暢於左。西京以還，文集日盛。至六朝，王儉盈六十卷，沈約多至二百卷，此所謂詞從字順，臆創無前也。百物勾甲於春，華曼於夏。文至今日，不亦勾甲華曼之日哉？情博事倍，元氣畢張而不可厥塞，若江河之無細流，鐘鼓之無藏響。俾之蹇吃軋茁以儀渾噩，此與玄尊土硎何以異？衷一先生當昌明之時，天授奇穎，觸事抒翰，高下在心。所居盛地，多名士從遊，故其文博大無湫隘之態。神識通敏，鎔古鑄今，故其文走丸決溜，縱横無端，曲備諸體，而不專一家。都哉！所謂盛世之文乎。

先生久困公車，怡然自得，曰："世索解人不得遇，不遇，余何有焉？"先生以大力鏤心穿脾，工于制義，而以剩材餘勇從事古業。雅不喜吟咏，故于詩律獨罕，世所稱震澤、濟南作者，舉不能出其上。今制舉之文，海内少長類能誦之，第未覩其古文詞耳。故鏤版以行于世，使與江東、濟南作者並傳不朽。

西吴方應祥譔。

目　録

景璧集卷之一

贈　　序

賀中丞青螺郭公平播奏凱序

上即位以來，恩威讋服，疆圉敉寧，四方號稱極治。迺東西用兵，王師所向無前，平夏、平倭，至于今平播，獻俘三矣。既捷聞，上命誅執馘者，首惡罪有差。其以勞將士、幕府功次，中丞郭公其一也。先是，郭公爲閩左轄，勛名甚著，全閩賴之。上疏丐歸，天子俞其請。公歸年餘，會播逆煽亂甚，上震怒，詔楚、蜀、黔三道兵合勦。時川湖總督李公、楚巡撫支公、偏沅巡撫江公各以制府提大兵臨境上，維是貴州都御史缺，廷議推郭公，上曰："可。"命從田間起郭公，視黔師，與楚、巴軍分道爲掎角。於是，郭公用上命，亟乘傳往。上與三制府合謀，下約束其軍士，誓以天誅，亡令留行。遂用是深入搗其窟穴，逆賊自斃，餘黨殲焉。生縛渠魁，俘之闕下，播是以平。

夫播，古夜郎地也，史稱西南夷，君長以什數，夜郎最大。然自漢略地通中國，後置犍爲郡，置兩縣一都尉，漸不比於夷屬。矧明興，歸地納欵，聖祖受之，許以宣慰諸苗。二百年來，沐朝廷圭爵，受冠帶食，寧無亦托於内屬不侵叛之臣，豈其犬戎視之而盡禽獸畜焉？故播與倭誠不可同日論也。倭在大瀛海外，乘汛風來往，去中國遠耳。播所豁地，居楚、巴、滇、黔之中，與土著民相雜處。倭不奉熙朝正朔，播世世禀功令，有不如吏議，下尺一紙，得致而縛之矣。何者？彼雖自唐世據有兹土，乃其儌寵靈至今，可不郡不縣，割食自如，誰之賜也？寧若倭之自棄我爲甌脱。又此彈丸地，縱阻深憑巖，何至當中國一大郡。且彼奉朝廷日久，亦知有威德足憚，寧必其無保妻孥父子之心，而怒臂當車，自絶覆幬。

奚以故？吾以爲，往者從有司訊鞫論報，付之治獄吏足耳，不必煩以兵也。彼其恣睢習慣，一旦而挫於亭讞，幸得脱于圜土，譬之挺鹿走險，勢有固然。而我又大兵赫之，則安得而不叛。乃其釜中弄兵，夷城邑，殺將領，豈誠擱然能與我兵相從事而荼螯？我聖天子故不欲即討之，以爲此猶吾内地羈縻，可招可撫，可誅可定，而與倭奴不同横也。萬乘之尊不屑與匹夫較勝負，猶念其上世祖父之欵，故暫舍之以觀其後。又是時方召天下兵聚之遼海上，爲朝鮮急擊倭勿失，不兩罷中國百姓力，以故得怙終集黨剽寇旁小邑爲梗耳。縱之而益以侮，寛之而反以驕，故天所以奪其鑒、褫其魄而厚之毒，而使千百餘年浮竹之封盡采甸之。今日不令長魁結兹地，可謂非天意與？然而，聖天子三宥之，仁亦已竭于此矣。天之所誅，其誰能活之？固宜郭公之一鼓而成擒也。郭公所視者，黔中之師耳。黔父老子弟，苦楊氏父子久矣。無但黔，今以邛笮、昆明、長沙、豫章諸道兵蔽牂牁而下，力殫于轉輪，餉竭於費耗，楚巴之民罷焉。此寧可堅壁困而久屯兵之時？郭公自一當合三制府共謀而速芟之，以無暴師於外而膏百姓血。發者無行枚之勞，居者無蛜威之恨，此其所以功也。夫昔之戰倭，戰之窮海外耳，不躪蹂我内地，即不令隻輪無還，第如周薄玁狁故事，斯亦足伸中國廣大氣已。此之村落部黨，左右皆吾郡，手足皆吾民，撫之既已叛，驅之又不容，則惟勦之而已。今根株不拔，巢卵未覆，則何以蘇我民而竦諸望風者，善其後？郭公故不爲崑岡之炎以傷人主恩，亦未嘗不爲焚田之蒐而以行人主法，惟是殲厥渠魁，俘其就擒，聽主上自屬司寇，次第其罪狀，而輕重僇之，使國威與國恩交伸並行而不廢。今以公所令宋承恩絶婚事，卒以免承恩于死，且不欲涸天子春生澤於秋殺中，他全活可知已，又其所以功也。昔唐絳州之亂，河東嚮應，人主起郭汾陽於閒廢，授之符印，爵以真王。及汾陽之鎮，果磔其首禍者，而河東亦獲伸三尺法。事與今稍不類，且主上以中丞畀公，亦未盡其待汾陽。第公之伸主法，適自田間起，立遣而立有效，以無負知人善使之明，則公固今之汾陽矣。

公寓中所推爲道德文章，儒者耳。於書靡所不窺，於譔著靡所不有，於天人性命理靡所不晰。其敭歷官於親民、較士、錢穀、刑獄之事，靡所不周，獨未一試之於戰功耳,乃今知公之爲通儒也。《詩》曰:“文武吉甫,萬邦爲憲。”郭公有焉。汾陽廢而起,起而廢,人主不聞有所褒賞,尋且以程魚之譖而奪之。乃今天子熟知公,而特起公,寄之斧鉞,錫命師中,其重如此。以不日而敘公功,何但無中山之篋,且褒擢之典及焉。公所遭時,去汾陽遠矣哉! 聞之郭公曰:“聖天子之功也,臣何力之有焉?”又曰:“李公、支公、江公諸將帥之功也,余何力之有焉?”郭公不自知功,功可睹已。余是以爲郭公贈。

賀中丞懷翁陳老先生奏績敘

今爲天子揆文振武、開節鉞于方岳外地者,權莫若御史中丞重矣。其以交戟内耳目之官、喉舌之臣,出而膺是任,威靈播於遐方,壯猷爲憲,蓋尤重云。懷雲陳翁以中丞開府吾閩,將二載于兹矣。先是,翁爲侍御史,持斧按閩,攬轡澄清,風裁肅然。既督學南畿,登良詘不肖,所甄拔士爲多。入丞太僕、司通政,乃始奉簡書撫七閩,福星其再臨也,而品秩視御史加隆焉。

夫御史簪筆柱下,在周有之。其以繡衣直指巡行郡國,自漢始。振鐸興文,敬敷多士,則前代御史所未有也。太僕掌輿馬,天子出則奏駕,曰僕,正侍御之臣。通政于唐虞爲納言,于周爲内史,詔王命出入,以象天之北斗,其于樞機尤密。漢御史大夫位九卿之右矣,蘭臺内屬特置中丞以總之。至于建櫜全省,倨藩、臬郡邑吏之上,制錢穀、甲兵、禮樂、刑政之權,而兼御史彈治之事,則今之中丞爲尊,此皆翁已歘歷近貴之班也。士君子抱經綸之志,而有剸割治辨之材,猶恨不遭時耳。既遭時矣,患不得權;既得權矣,患權不尊而秉用不大。有如奮跡起家,齎躬事主,即有以依日月之光,抗行所志,馴致大位,此與起外僚而積資者同乎哉? 翁自爲御史以及擅銀臺封駁之司,廟廊之上,四方郡國之間,凡吏治之臧否,士風之淳漓,與夫朝議之異同,封章之得失,周核參詳,靡施不當,朝野遂傾心焉,故一借而撫閩南。翁于是釋煩苛,崇大體,表帥其寮,挾纊其士,卵翼其民,雪霜其吏,張弛吐茹之用,參和而不偏。雖有折衝樽俎之安,而不憚巡行海陬之勞。身自至樓船水上軍,較戰艦而閲之,市牛酒饗士。比其什伍更置,偏裨能否,各惟其材,海波以此宴然矣。翁今之所以廵閩,非昔爲御史之所以廵閩也。昔之廵閩,乃乘驄埋輪之時,主于綜核,以振揚風紀爲能。今之廵閩,乃列轅制閫之時,主于拊綏,以宣播德威爲務。紀綱號令,震疊遠邇,視昔加炳而所爲斂手以避威嚴者,今且恬如熙如于櫜弓卧鼓之世矣。

天子釋翁于耳目喉舌之任,而直授以視師海上之寄,固知東南保釐,非得翁重臣不可也。翁有大勳勞于閩,寧非百世之功、萬代之伐,安在以歲月計?其以六年考者,故事,京秩六年當得滿。而翁今合太僕與通政資,適符是典耳。蓋《冏命》一篇,周天子所以授太僕也,不以牧圉馬數爲言,而獨惓惓乎臣正、臣諛之戒。則其所以稱僕正、郡正者,寧以其車馬是供?直謂其朝夕左右有以閑王之御而交收其不逮。虞廷分命十二咨,不言兵,蠻夷猾夏,寇賊奸宄,第屬明允之臯陶,至夙夜出納之司,命龍爲之。夫非以其言乎哉!而有虞于讒説殄行之驚朕師,若與蠻夷寇賊無異,乃誓師徂征之舉,其爲驚朕師也大矣,不使二臣爲之,而以付熙載宅揆之司空。若是乎,太僕、通政之官,所關于主德甚大,而上古聖人之罕兼官也,翁今皆優爲之矣。今上齋居高拱,絶馳騁游畋之娱,縱有諛臣,無所庸其不德。臣下章疏奏上,輒得入,稀當旨者,省納固多留中。亦有讒佞,不得不關其口矣。繫頸欵塞,重譯獻琛,靈式萬邦,内附益固。方之舞干,何以加此?周穆王神游八駿,上恭默思,道却馬而已。聖人猶有驚朕負固,上慎納嘉言,誕敷而已。此唐、虞、三代之世,冏命諸僚正所不能值令終之君,而分命諸岳牧所不可兼任之職。翁以十年真御史,不數擢而履中丞之位,克詰戎兵,陟禹之跡,玆其一時,固宜其豐功偉績爛焉足述也。然翁爲御史按閩,今爲都御史撫閩,翁始終造閩,閩士民德翁甚深,山寧海謐,繫縣官重,世世賴之。翁之勳名,固自閩起矣。

賀御史崔公六載滿最敘

今聖天子新命御史崔公,代前御史李公持節按閩。崔公不遑簡書,自關中抵閩,馳驅萬餘里。新入境上,遂按劍州,風裁凛然,紀綱法令,不嚴而肅。先是，御史廵行郡國，率歲一更。前御史報竣，後御史代。奉命而出，刻期而至。故御史歲一周歷，無再歲、三歲缺者。所至人人震慴，莫敢怠晏。官不得闒茸，吏胥無所叢奸。輓近稍不然矣，御史有二三歲不更，屢上疏請代，候而不得代者。繡斧一經，星臨不再，新者未有，舊者欲去。上之人維繫而不得徙，意有所勌怠而不舉；下之人久不見臺使者行部事，亦有所玩愒而不前。民風之敗壞，吏治之廢弛，未必不繇于此。故自崔公之來代也，閩諸司、郡邑吏亡不舉首加額，于其未至，想望丰采。矧其下車廣厲之初，威命之所流聞，憲法方新而耳目頓易者也。

崔公自爲御史，及今葢滿六年考矣。入執法臺中，出廵吴越鹺政，按閩纔數月耳。後先通計，適符是典。于是，閩藩臬諸公謀所以賀而貤書抵泉，授言于黄生某。曩不佞待罪史局，崔公方試御史，簪筆柱下。是時，人争挾白簡以言事排擊爲能，崔公獨正直不阿，謹持大體，議論常依忠厚。不佞每被容接，知爲公輔之器。已不佞跧伏家居，崔公爲鹺使者，廵行江以南。時駐節雲間郡，家弟某爲郡貳，得朝夕禀功令、奉色笑，可幸無罪。今又居宇下，受崔公知至渥矣，惡得無言？

崔公今日之按閩，非如當年按吴越也。閩越亦接壤地，崔公昔所視者鹺耳，故亦埒御史行事，察所轄郡國吏，召進於庭，臧否之大者上書入告，次者得自案問。然於職有專掌，於權不盡兼制，彼一時也，彈壓操縱于廵按，事宜不無少遜。崔公第以鹺使者名官，不欲精於其職，以廣賦增税言利見奇，第自樹冰蘗操，令轉運官無失東南鹺筴而已。上有以振縣官之急，而下不牟商賈百姓之利，其廉直聲已盡章章如是。今奉天子璽書，特按全閩，於權甚尊，於事兼統，禮樂兵刑錢穀之務，名實功罪材品之宜，皆其可問，而又當前御史待命需次之後，四方吏民不見有持斧乘驄之及久矣。下邑鮮解綬之風，豪宗無歛手之避，上下相遁，幾於不振，虎冠乘瑕，窟穴爲奸。崔公至而新飭之，舉數年來所淹待未舉之政，一旦而振刷有加。澄清所過，隨風乘流，如晨起振衣，寧非此日快事也哉！聞之崔公按劍州，不問大姓主名，不痛法繩下，發姦捕伏，邑以二名爲率，曰：“無多此賣菜傭爲也。”惟糾察吏治爲先，有受賕枉法者，鋤去之，無所假貸。而于海上兵事尤所周詳，談之纚悉。瀕年以來，海波不恬，請市請貢，爲當事憂，故崔公亟籌之。此不佞所謂“崔公正直依忠厚而謹持大體”者也。新政已然，朞月之報政可知。崔公按浙久矣，而今按閩，即以最請。公百年之勳、萬世之伐，赫赫從東南起矣。

賀方伯慕雲管公奏最敘代

今上之二十一年，閩左布政司慕雲管公以三年秩滿，都御史、御史上功狀。天子嘉其績，制詔曰：“可。”予封二代如其官。先是，公爲西廣左轄，逾年餘，會以憂去。服除，赴闕下，適閩左布政司缺，遂補公爲閩左使。蓋公于是最通閩粤西省考云。夫外臣至左使，極矣。統治全省，其分土與民，比古諸侯之國，其崇階與秩，亞于内尚書之官，翺翔藩大吏之上而爲之長，縣道郡國數十百城之佐使、守相，魚貫鱗次，莫不待命焉。乃其所揖讓俯仰、請畫受成者，獨中丞臺、御史臺耳。非積資累勞、歷藩臬諸司中大夫之擢，不以至。非大中丞、内京兆、大廷尉之秩，不以遷。不三四年間，而筦樞握銓、太宰九列之位，可以坐得。外臣至左使，不可謂不貴倨矣。異時居是官，率歲餘遷，或再歲遷，鮮及考者。自天子設久任之法，藩左使始及考。既三年考，虚中丞之位以待之，仍下制司封氏，予封及贈，自先代王父母、父母而下，罔不紆金拖紫而稱爵于國人曰伯。故外臣至左使貴，其及以三年封，抑又貴也。管公之爲左使也，三年于此矣。

西粤，一都會也。其地五嶺九疑之勝，内制廣源，外控交趾。其俗多夷少夏，民椎髻箕踞，好吹簫笙、擊銅鼓、習射弓弩，勇悍輕生，而常病于無文。閩亦一都會也。其地阻山帶海之勝，南望交廣，北睨浙淮。其俗紓緩儉嗇，多魚鹽。民足智好訟，君子尚儒，小人務耕，習詩書而嫻于禮，有鄒魯風，而亦病於多文。藁秸粟米，粤不如閩之七；訟獄甲兵，粤不如閩之伍。冠帶衣履，粤士壹之，閩士什之。粤苦猺，閩苦倭，憑山帶海，盜寇鼓鑄之奸竊發而起。要以相時立法，追俗爲制，而公有之矣。

公少負博學之名，長有通材之譽，繇進士起家，讀書中秘。爲給諫則良給諫，爲二千石則良二千石，督學則文，備兵則武，以至憲左廣而擢今官。公轄粤而粤重，轄閩而閩重。誘粤俗之夷以文，敦閩俗之華以實。則壤之賦，轉輸不廢，而使征督後綏輯；圜土之嘉，杖楚不廢，而右德教先刑罰。撫按重吏，倨公之上，公既以意調劑之；郡邑長吏，詘公之下，公又以法繩受之。故自公爲左使三年，時有所建白必爲，爲之以示成而不居功；時有所廢置不爲，不爲之亦示便而不見德。峒溪之伏不興，南海之波晏如，公真所謂通材矣。今天下吏，出總文武之憲，莫如御史大夫；入操黜陟之棅，莫如太宰。公業已奏功狀，受天子褒予，又且虚中丞之位以待公。疆埸内地，惟所命之。憲萬邦而首六卿，舍公其誰？公何但外臣極品哉！

往嘉靖戊午之試，不佞濫竽浙闈，從奏牘中得公與今少司馬趙心堂公、總督宋桐崗公並國士。今趙公爲張仲，握本兵居内，宋公爲吉甫，任經略遼左居外。兩公係縣官社稷重，材藻風猷俱自閩起。趙公從學使者，尋秉鉞閩土；宋公爲閩左轄，而後撫山東。公今亦閩起，與趙公、宋公埒。異時勒銘紀勳，將并公鼎足而三矣。而以稱于不佞曰“魏無知”，不佞與有休哉。

賀總憲翼軒李公入覲敘代

今寓内狎文章盟者，無如翼軒李公。公，楚京山人也。楚自左史倚相讀墳、典、丘、索，篳路以啓其後。屈平、宋玉、唐勒、景差諸人，各騷賦顯。歷漢、宋代興以來，入我明，楚材不稱乏。至嘉、隆間，而始有李公。李公收其千古之業於七寸之管，上本羲、姒，下則姬、孔，旁獵列國，俯崛二京，凌唐宋人而上之。蓋是時，歷下有于鱗，弇州有元美，新都有伯玉，並以古文詞鼎吕當世。李公從楚起，與齊、吴方駕。自三君子捐筆研，而天下之文柄一舉而歸之李公矣。無但世之經生學子艷李公名如神龍威鳳，其初天子亦且知李公材，俾之讀書中秘，已而官承明著作之庭，一時石渠諸儒、虎觀諸臣，無不人人俛首李公者。

天子欲大用李公，猶以爲未足，故出李公于外，令其徘徊周旋于藩國間，以知山川之險夷、風氣之輕重、政事之張弛、謡俗之情僞。蓋亦諗李公之所已成者在搦管抽毫之業，而欲以鍊其職，增其智，而益王其神，以異日寘之端揆之地，如漢試三輔故事，欲傅之相之，而故歷諸艱以試之也。于是李公入秦、適洛、過豫章，或以督學，或以參知，出臬入藩，車轍幾天下半。李公孕神皐泰衡之靈，鍾三澨七澤之秀，其胸中之所包絡，固已無今古而噬乾坤。既又觀秦漢之故都，留滯伊洛之上，跡周之所以興亡，與夫楚之西南，折而終南、嵩、華、匡廬、九江之勝，種種在目。乃隨所至，以其精而發之文章，粗而施之政事，解澤決波，流霞織綵，往往與江山争奇絶矣。今按李公之在關中時所筴秦事，函谷不踰其險，淆澠不並其勝，它石畫注厝，可知也。

不佞某穜薌李公久矣。李公今入越爲廉訪使，不佞適濫竽較文之役，叨公僚末。李公以不佞爲可與言而暱之，間與不佞蒿怛東南事及士習文體得失之所以然。李公如塤，不佞如箎，兩人桴答，不知莫逆。不佞師事李公，李公所謂温恭長者而通達國體者也，寧以其文？明年春，天子大計吏，李公以述職行，且戒車我。在事二三大夫謀贈言于不佞某，不佞某曰："李公之入明試也，異于臬大夫矣。李公，天子之文學臣也。兹之行，故且召入之文章絲綸之地，還其故物者耳。李公雖職明刑乎？天子試厥績，寧僅區區問公以歲決獄幾何？平反幾何？爰書傳古誼何若？而以爲勝任愉快，與彼其十餘年久公于外而習公以民事者，夫何故也？雖然，皐陶矢謨乃以明允，其言直，至今與勳、華二典並極天壤，不可謂非懋績，亦不可謂非至文。李公之績，文章莫大乎是矣。居嘗怪太史公周游歷覽遍郡國，及其奉使，西巴蜀、南邛筰、昆明之地略焉，乃歸而紬《史記》，其敘《貨殖傳》不過能詳方俗、要塞、纖侈與民間商賈、舟車，徵貴賤所宜耳，何猥瑣無當也？《平準》一書，言漢天子興利矣，亦惟是斥廢耗所繇，姑以寓其刺譏諱隱之意，而以罪司農官之籠天下財物者。其詞雖工，其辨甚晰，于人主未有裨焉，且周知人間奚益！噫歘，公習郡國間事有年矣，今採鑛税金之使四出，伊、洛、秦、楚，蕭然騷動，何但越之民罷？今李公入而纚纚爲天子言之也，豈其以述耗贍、辨土物膏瘠哉！公侃侃有爲東南地者，在此行矣夫。如其柄文，公今之史遷也，弇州、大(太)函諸君子夙有盟言在，何待不佞贅。”李公謝曰：“余不穀但且去越而入燕耳，它不敢知也。”遂敘之。

賀觀察使乾銘楊公奏最敘

國家久任之法，行之郡邑守相、令長耳，非所剖于監司大吏也。守相、令長，爲縣官親氓，欲其習而安之，故不一再考，不以遷。監司大吏翱翔郡邑吏之上，其權專重，其事省成，其去民稍遠，其所提衡鼓舞在文武吐茹之間。而錢穀甲兵屯鹽之理，雖有分主，不必其身親煩之。往往有再歲遷，或未滿三歲遷，鮮及考者。其有及三年考，自非著聲藩臬，能與其部吏民相安，願借以爲父母、爲師率，故不能積資至也。都御史、御史乃代爲之具疏奏，天子下璽書褒嘉，所予封、進秩，視中大夫之品有加焉。

吾郡數十年來，備兵使者後先擢去，不一其人，莫逢斯典，乃今於觀察楊公見之。公分部至泉時，泉恬嬉日久，七邑之内，五民齊作，網罟所布，耒耨所剌，絃誦相聞。士大夫有羔羊之節，良家材官子弟習于騎射，稱爲治郡。公乃布功令，與守相、令長相約束：延薦紳以禮，繩下寮以法，課青衿以文，簡卒徒以武，濡百姓以雨露，摧豪右以雪霜，簡訟省刑，正己率屬。大率精明與渾厚相劑，而上下安之。會島夷發難遼左，聲言犯閩，警報洶洶，閩沿海諸澳寨戒嚴。公奮然曰：“吾備官以兵爲名耳，奈何使海波失揚乎！”遂身自詣水上軍，汰老弱，稽什伍，具糧糗，進樓船，下瀨將軍問要害處，而申遠近左右臂指之援，夷艘自是不敢入。乃是時，肥蟘煽虐，二歲洊饑，公益蒿怛矣。布衣步禱，開廩發賑，又爲置義倉，鑿溝渠，通商販，平市價，召富室鉅户，發金錢予糴，問里中貧，分饘食之，而歲以亡饑也。夫醫以折肱而良，射以善息而中。閩人之習于倭，蓋其慣耳，嘉靖往事，其左驗矣。歲荒以來，百姓皇皇，莫必其命。不虞苦倭，而虞苦殍，溝中之瘠，潢池之兵伏焉。假令鯨鯢戢翼，而萑苻鼃起，民其能有瘳乎？此公之所以獨卷婁而盡心也。公善治行，不可更僕，而此其最彰明較著矣。趙子都之爲京兆，猾賊任威。以缿筩投書，散落奸黨，爲擒制盜賊之計，此失其本者也。以故子都威名雖流聞及匈奴中，漢天子至徵其將兵從五將軍出擊匈奴，然亦徒從軍往還耳，不聞其豎塞外尺寸功也。汲長孺持節矯制，賑河内饑；龔少卿賣刀買犢，理渤海繩。兩君子雖奇節，循理乎要，以民困極而後甦之，亂極而後治之，何如公之操得其本而坐制其先也。公式於德，不式于威，折衝于堂皇，不折衝于千里，卒令霖雨時降，四野西成，邑無鴻雁之歌，海有安瀾之頌，則公以矣。藉第令二三年間不有公，或公未滿考而遽擢去，郡士民欲聊生優游，而有樂土于今日，得乎？公之爲二千石也，以及考高第，始擢觀察。今之爲觀察，備兵也，又以及考高第，天子循資用公，不亟大擢公而緩公遷，何以故？所居郡理故也。公上爲而不以爲，上德而不以德，悶悶淳淳，積勞而敘之，懸不次而待之，俄而臬長，俄而藩伯，不旦暮而中丞之鉞至矣。將欲張之，必故噏之。誠哉是言也！

贈觀察大夫崑圃饒先生入賀聖壽便道壽太夫人華誕敘

今上御極之丙午歲，時維八月，于令正秋，是爲天子萬年。浉于天下首藩，故事，藩臣入賀，按察遣一人。行臺使者以崑圃饒公往，而六月之二日，則其尊慈太夫人設帨辰也。饒公肅車將入嵩呼陛闕，道出豫章，乃先之梓里，及以其期爲其母太夫人壽。

先是，饒公與其兄仲映垣先生並時爲閩、越督學使者，饒公既擢憲副，備兵金衢，而映垣先生轉閩參知，尚視學政自如。厥兄伯州守君、弟季主政君，並羈職事，不得去。其以此時過家入子舍，繞膝舞班，稱觴上壽，但饒公一人而已。饒公此行先以千秋壽母，後以萬歲壽君。于子道稱孝，于臣道稱忠，蓋兩盛美。金華守周公暨司馬袁君、司徒朱君、司寇黄君及八邑令長，相率徵余言爲賀。

余竊惟盛世君臣之際，莫如《天保》諸詩。臣之所以願于君者，其以爲萬壽無疆，至矣。又且有山阜、岡陵、日月、松柏之祝，乃獨以蘄于其君，而不得以及諸其父母。《四牡》、《皇華》之子，至于啓處之不遑，懷歸之不敢，而將母之念直欲用作歌以諗之，則何其侘傺而無聊也！且是時鄂韡之兄弟，但能儐籩豆之具，而未必有振學興文之雅；嚶鳴之友聲，但可速父舅之來，而未必盡道藝文章之彦。以今觀饒公，皆身有而過之。饒兩先生爲天子教士閩、越間，其品藻之所求，櫄薪之所得，已升者爲公車之選，未升者爲棫樸之英。棘闈三歲一闢，《鹿鳴》之歌今且再矣。映垣先生復以其已振之鐸，再薦而賓之，而以廣賢書之求。饒公又得假皇華之便，壽君而及其母，則可自免于靡鹽（盬）之傷，而亦有以釋諸兄弟尸饔之問。此皆《天保》之臣所不能兼得而有者，而饒公以一時身際其盛，則無待盡翕孺于慈親之側，而太夫人喜可知矣。夫臣之道猶子也，而母之道猶臣也。聖人係臣于坤，而稱之爲母。三之繇曰"舍章"，而以爲陰之美；五之繇曰"黄裳"，而以爲"文在中"。語地道也，臣道也，亦母道也。則又從而廣其象，曰"爲母"，"爲文"，"爲衆"。夫婦人母德，不出閨帷，其事以問中饋，其材以佐君子，終其身無攸遂之行，安得有文？而又何以爲文之衆也？大抵婦人之章，含而不露，其所爲文之美，皆其子代章明之。故子曰文子，孫曰文孫。人或有其子矣，而未必文子；或有其文矣，而未必多。太夫人有子五人，可謂衆矣。盡掇科登第，稱當世文人。而饒公與映垣先生爲四方學士宗，有道之斗山，滿蹊之桃李，奚而非太夫人之文也！太夫人含其章，饒公兄弟振其藻，其聲發于文章，而其緒餘鋪張于政事，故莫美于式士之文，而尤莫衆于斌彬之多文士。然則，太夫人之爲壽母，與饒公之所以歸而佐千秋之觴者，舍人文，其奚以爲之？《詩》不云乎："濟濟多士，文王以寧。"又不云乎："周王壽考，遐不作人。"雖人主之康寧其身而有道長世者，亦惟其金玉追琢之章，可以倬雲漢而光上國、登弓旌，用而不盡。饒公但以其敬敷之文，教佐天子久道之化，其于聖人壽無疆之大者矣，又何論壽親已哉！吾故曰："饒公壽君而及其母，非《天保》臣之所能有也。"

賀太若沈老公祖擢按察使敘代

今上恭己無爲，所倚毗以贊襄萬幾，斟酌元氣而躋天下于雍熙泰和之治者，沈相君其首揆也。相君有弟曰太若公，以名進士起家司空，郎禮曹，副楚憲，參知東省。歸侍太公于家，尋起參吾閩，分守汀、漳，今擢爲按察使矣。

先是，相君亦給告歸養，主上起之田間，大拜而參密勿。公亦起田間，不二年而總閩憲。主上重于用人，廷議有所推擇，簡授多毖慎不予，獨相君一德之臣，與公宣力之佐，輒荷殊遇，斯亦明良之一時，而恩幸至渥也。公守汀、漳，汀阻山而漳憑海，異時嘯峒鼓浪之夫竊發爲梗，閩今幸無事，海波不揚，居民安堵。水上樓船之軍，沿陸雲屯之士，但櫜弓卧鼓，投石超距，以衛太平。公是以罷一切束濕，烹鮮與士民休息。本之以至誠，出之以簡易，而行之以寬大。往往寓精明于渾厚之中，而克沉潛于高明之内，時有所剖擊，以明其威，亦時有所縱舍，以解其惠。大小吏順若流，畏若神，人人盡以公爲長者。公不知爲相君弟，略無氣焰加人；人亦忘公爲相君弟，未嘗有所詘而不敢盡于用。要以貞寮率屬，揆文奮武，秉紀綱風裁而卒歸之凜然。此公爲政之大都也。

蓋余見今相君居上左右，其翕受足以敷施，其忠誠足以感格。能于批鱗逆頷之外，有所轉移嘿悟。往者國本未建，中外臣工不能揣知聖意之預有所屬，争以爲言。相君不動聲色而元良遂大定，貽宗廟社稷于萬世之安，此真賢宰相之事也。以公在事，其最難停調者，莫如中貴人鑛税之使。沮之則挾使命之重，聽之則無以解百姓之懸。公不悻悻與争，而外有以摯其爪牙鷹犬，亦未嘗失中貴人之驩，且有所憚而不敢肆，漳之人賴之，其沉静果毅，有大臣之風類如此。總憲之權，比參知爲尊。然以公二年、五年進士，又相君弟，徘徊于藩臬司，累資而膺此擢，未爲躐級也。公在禮曹時，嘗辭督學任而不居，避卿寺而求補于外，陳情終養，子舍依依。令非主上深知公賢，起而將大用之，東山無再出矣，又何知有今日之擢？此海内士大夫所以争羡公之讓爲不可及也。吾鄉有劉躍泉先生者，嘗督學越中，識公于青矜（衿）。今其孫秉鉉、秉文爲清白後人，以文學著聲，蕭然四壁。而公分校禮闈，所舉士儀部何稚孝君，言事被謫，讀書觀静，門可張羅，乃吾鄙中君子者。公入閩，延士大夫以禮，最雅重何君，而以其師之故厚視其子若孫。仁者不背本，智者不失人。以公所善于師弟子之間，其過于人遠矣。余鄉者仗節鉞撫楚，與公共事久，已知公。公來，復不忘夙雅，驩余益甚。

天下事，果非輕浮刻薄者之所能辨，而有謙讓簡儉、器識深遠如公者，其勳業未可量，誠所望爲當今之大臣也。

賀憲大夫王公進參閩藩敘

王公之憲吾泉也，稱備兵使者。甫及年餘，風猷大著。會閩少參缺，主爵氏上王公名請擢。天子曰："可。"王公于是進藩參知云。

邸報至郡，薦紳大夫、三老子弟相與難王公去，而訝其遷之速。噫嘻！王公之去泉，則誠速矣。要以釋泉不釋閩，郡猶在王公覆露之下也。王公按察所分部，兼莆與泉。泉乃其備兵之所，于境内吏民相親，謡俗、要害，庚所習知，故王公于泉尤兢兢焉。先是，泉承兵燹之後，生齒未繁，文物未熾，民甫脱瘡痍而登袵席，旦夕惟寇盗是虞。潢池萑澤之間，竊發有之。分廵使者至，則惟正軍實、給兵興爲首務。矧是時，士大夫人人扼腕言兵，良家子弟習騎射、投石超距，以應上募，故不患無兵也。而今不盡然矣。恬熙已久，汙菜（萊）盡闢，道路詩書，闤闠子史。負耒之家，轉習觚翰；紈綺之胄，亦薌簪纓，郡冠履衣帶爲七閩最。文事興而武備弛，故其所也。且也海波不揚，水上樓船之軍，沿陸雲屯之士，卧鼓櫜弓，張虚聲，守故額而已。氓不寇盗之是虞，而常若虞于有所寃抑而侵寇。故今之憲郡者與昔異，其所批繩，在吏與胥之間，而其所調劑，在薦紳與士庶之際，要不耑區區束此戎行也。王公至，召將校問要害處，召父老問氓疾苦，進郡邑大吏于庭，問張弛興革，遂下功令，與軍民更始。以春秋汛，身自往海上廵歷各澳，校習戰艦，治軍簿至明。按籍稽伍，籍無漏伍；按伍稽士，伍無漏士。善技擊者，賞之；汰其脆弱者，去之，簡陸兵亦然。士卒自奮，以精鋭聞。馭大吏以禮，馭小吏以法，正己率屬，懲其最不恪者，以風其他，雖老胥巨猾讋慴，弗敢欺也。治持大體，往往提衡情法間。雖有所縱舍于下户，不知失法，即有所裁抑于右族，無致損威。務在全薦紳之體，舒士人之氣，而亦刷細民之寃。俾民情與士分交伸，執兩端而調適之，不隨不激，而政是以龢。王公之爲憲，此其大都也。

蓋嘗觀漢史，其闒茸不事事，畫諾坐嘯，舍姦人莫能擒制，故無足論。乃如趙子都、張子高之屬，故有意問大姓主名，以除强宗、抑大族，見奇爲能。雖其鉤箝之智行，能使枹鼓稀鳴，市無偷盗，至漢天子褒嘉，而威名及于匈奴，乃其所以削國家之命脉而傷士大夫之元氣者，亦自不少也。以王公視之，孰爲中行哉？《詩》曰："憲憲令德，宜民宜人。"又曰："敷政優優，百禄是遒。"王公之謂矣。天子今擢王公，夫猶以資轉也，治兵亦猶之分部也。天子故且懸不次之擢以待王公，第爲王公重去泉，爲泉重王公去，而姑擢王公于閩，以少慰泉氓借寇之思。少頃之而臬長，而藩轄，中丞之纛旋至矣，則何論待次也。吾父老子弟亦將以王公爲速遷乎哉？諸大夫曰："王公去矣，民以爲速，不亦宜乎？"于是乎敘。

賀按察使冲還陳公祖奏最敘

今天下外臺執法之臣，莫尊於按察使。按察諸臬大夫各有分部，督學使者無分部而有專職，或備兵，或海防，或主郵屯，皆分署部中，以統其成於按察使。按察使之尊與方伯雁行，彈壓郡邑吏而翱翔其上。官雖主於明刑，實經文緯武之所從出，非有全材碩望者，不足以當之。故諸臬大夫績滿，各以其署與職具疏奏耳。揆文者不必兼武，奮武者不必兼文，按察使績滿，不以其一署一職奏也。敬敷五教之文，皆其文矣；克詰戎兵之武，皆其武矣。功不必其身爲而道享于受成，事不必其侵官而美成于不宰，要以貞寮率屬、秉紀綱、風裁凛然而已。

冲還陳公之爲按察使于閩也，滿三年考于兹矣。都御史、御史具疏奏。天子曰："可。"予封贈二代王父母、父母如其秩，秩三品大夫云。異時按察使之官率再歲、歲餘而遷，遷或以不次而陟中丞之位，不則左右轄循資而旦暮至，鮮有能及考者。陳公爲按察使，及考，何以故？陳公貞寮率屬，而風采凛然也。夫閩，亦江以南一大都會也。上郡阻山，下郡襟海，澤中之萑苻憑山而嘯峒，海上之鯨鯢衝風而突浪，去來不測，竊發無常。故備兵之設，海防特重焉。上郡少文，下郡多士，椎魯之鄉或不嫻于文學，藻績(繢)之地反缺略于質行。靡以詩書，風以本實，故督學之設特重焉。人文既開，武備亦設，水陸之防禦多，糧糗不得不備。薦紳之繹絡至，厨傳不得不飭。冗雜宜清，蠹蠹當剔，故屯鹽、郵傳之設特重焉。分署不同，率繇文武兩端。陳公未必其身爲之，不爲之爲，乃其深于爲者也。陳公在事三年，治樓船將領之軍，以委之海防；習良家騎射之選，以付之備兵；課青衿鉛槧之言，以關之督學。飭疆候舘垣之𩜹，清戍守要害之田，以問之郵屯使者。公自以其身坐堂皇之上，不吐不茹，一張一弛，爲諸司先。考郡邑之吏而見之，上與都御史、御史相調劑，爰書非奏成不以亭讞，法非古義不以傳。其疏若天網，其細若秋毫，其屹若山立，其平若衡程，高明沉潛，參和不偏，歸于正直，則惟公其人。故自公爲按察，守令之大吏其順旨若流，尉丞之小吏其畏威若神，海波不揚，安堵如故。四方之學者斌彬質有其文，公不自揆文，而衆文以爲文矣，公不自奮武，而衆武以爲武矣。秉其紀綱風采，受諸司之成，公亦猶之乎行文武之道也。蓋嘗觀唐、虞之際，咨岳命牧，三載三考，而知明刑之績之爲重也。彼其宅若揆，亮若采，黜陟幽明之際，可謂核矣。要以司空、司徒各能其官，典禮、典樂分掌其職，朕虞不以作共工，納言不以妨播穀。而士師之命則不然，五刑、五服之法，于弼教乎何與？三宅、三居之衆，于蠻夷寇賊乎何關？而帝命獨惓惓焉若是乎其寓兵于刑而著教于政也。大刑用甲兵，中刑用刀鋸，薄刑用鞭朴。大者陳諸原野，小者致之市朝。兵乃刑之大，而因天討。制刑所以懲不惇、不庸、不和、不衷，而輔其典禮之所不及，謂之曰“政事懋哉”。蓋至于有苗之分北，然後爲庶績之咸熙，則猾夏奸宄之徒不至干正于帝廷，而刑無刑，罰無罰，文德之誕敷可知也。此皋陶之所以能，其績獨最于伯益諸人之首也。其陳公之謂哉！

陳公執法中臺繇御史起，今且寖寖建中丞之纛矣。聖天子孳孳求理，惟是東顧島夷，釐正天下士文體，兩者爲兢兢。陳公寬栗而簡廉，温恭而彊義，亦有九德，翕受敷施，爲天子斟酌太和，遷苗廸教，舍陳公奚以！陳公其邁、種之臣，社稷之衛乎！

贈觀察大夫五臺朱老公祖入賀敘代

今上御寓之三十一年，是爲癸卯。癸之言揆也，歲支之成也；卯之言茂也，日出之始也。成則有始，周還以及無窮，玆其不可爲歲算云。惟是八月，於時正秋，于律南吕，萬物胥悦，聖人篤生，洽以其期，是稱萬歲。故事，閩藩入賀，按察遣一人，行臺使臣以朱公往。

朱公先守建州，以循良第一擢治兵使者，來憲吾泉。貞寮肅紀，詰武修文，甫半載，及是將行，郡司馬、司農、司寇二三大夫相與徵不佞言，爲朱公贈。夫今天子所日增月引者，壽耳。千秋金鑑，歲各一上。朱公之行，亦循常例修恒敬也。然而，與他歲不同焉。王者受命，三十年爲一世。主上自踐祚積久，道成化以至于今，必世之徵，已符其曆，又加一矣。四方恬熙，九有宴如，此亦仁天下之盛際也。故曰，與他歲不同也。朱公亦臬使，入亦得採境内政事、謡俗、大小吏廉否，籍而告天子，以備黜陟，與藩使埒。然而，與他臬不同焉。朱公之去二千石，未久也。問以臬事，則詳言臬；問以守事，則併言守。守於令親而顓居一郡，臬於令隔而兼轄數郡。朱公之晉爲憲，紀綱風裁，不于治郡時損矣。故曰，與他臬不同也。蓋不佞嘗讀詩，至《天保》，以爲臣子之善壽者，莫如山阜、岡陵、日月、松柏之祝，然猶以單厚、戩穀之禆，但止于人主之一身耳。及讀《鹿鳴》、《采薇》、《出車》諸篇，其承筐之將賓及于巖藪，而其薄伐之威震疊于戎夷。然後知人主之爲壽，不徒以其身，而所謂孔固多益、莫不增庶者，必合中外華夷，然後爲福之遐而壽之無疆也。令斯之時，其爲天子使者，不有《南山》之父母、《皇華》之驅馳，稱愷悌而爲龍光，足以當《蓼蕭》、《湛露》之錫，則亦安所歌定爾而答之上？而今皆出朱公有之矣。國家棘闈，三歲一闢。今天下大比士，值以聖誕之月，嵩呼之聲殷殷起于殿陛，而徹于海寓，食苹呦呦者繼之鹿鳴。故一時也，播酋獻馘，倭奴屈膝，邊塵不驚，海波無揚，雖亦遣將出六月之師，而旋即克之，玁狁之于襄，一月之三捷，何以遠過？則主上之爲壽，固已合萬國而受百禄，而又有稱壽如朱公者。一以爲《南山》之臣，而父母德音之是茂；一以爲《皇華》之臣，而諏度謀詢之是周。其于稱上旨而膺眷，又何難焉？彤弓可藏，而零露可湑矣。

昔帝堯之時，華封氏效聖人祝，使壽，使多男子，而及于富。夫天子不言有無,富非聖人之所宜有也。主上之壽,平格于天。而青宫之位已定,各授之職。獨開鑛採金之使,猶留于外,爲四方煩耗之虞。朱公入而獻,以佐三呼,尚言革言罷,慎無如華封人之壽,猶以富爲祝也哉,斯又進于《天保》歌之上者也。朱公治兵吾郡,輯盗拊民,禁游閑之黨,塞告訐之門,作九歌、講六諭以化民。而挾編其行伍,賓大夫士有禮。它諸功狀爛然可紀矣,不佞未遑悉數,而姑與籌其爲賀者如此,朱公其勗之。

贈都督王公總鎮七閩敘代

王公之都督吾閩也,蓋稱大將軍云。先是,不佞持節按應天,識王公于裨將間,知其爲干城腹心之選,轂而推之于朝。王公遂積資勞,立奇功,中外威名大震。而陟今官,握大軍軍閩境上,爲東南一長城,豈不亦貴重用事哉!請言閩往事與王公籌之,可乎?

夫閩,亦一都會也。上郡阻山,下郡帶海,嘯嵩之夫,憑藉窟穴,乘汛之夷,出没上下。兩者竊發,而島奴尤甚。世廟之季,侵犯内地,攻城陷郡,至勤吴粤諸道兵,乃鼓而殲之。閩人苦倭患,可見于此矣。吾以爲今昔不同,事有難易。往者承平百年,恬熙日久,民不知兵,倭至,縮頸股慄,相率走耳,蓋脆弱之兵也。積十數年,倭習中國,中國習倭,人慣于兵,家自爲衛,兵不怯賊,賊怯兵矣,軍亦遂以强。迄于今,海波不揚,餘威猶震,沿澳之民,人人可兵,不望走而見敵怯也。故昔之練强兵難,而今之練强兵易。往者閩、廣兵興,竭天下財力之半,而不苦乏絶也。議餉則餉,議儲則儲,縱金恣出入,行反間,享士卒,大將軍得便宜爲之,懸官予而不問。今則不然。閩未嘗被兵也,而給食當事苦不足矣。卒然有急,國胡以餽之?故昔之議足餉易,今之議足餉難。閩人言善陸戰破陣,必言戚將軍當事時。戚將軍將數萬兵,嚴部行伍,營陣倍道擊賊壘,晨至晨破之,夕至夕破之。一不勝,以大勝收之;一勝不得,以小不勝掩之。今則不然。朝鮮失守,遼左戒嚴,閩内地故安堵無恙也。雖戚將軍丁斯際,行兵如神,無所用之,何從見奇?故昔之著戰功易,今之著戰功難。寧獨此閩!昔之防倭也,防于閩以内，其對壘在數十里之間而主戰；今之防倭也，防于閩以外，其先聲在數千里之遠而主守。戰則一大創之而已，敵破而功成也，守則非百年無事之計不可矣。戰之功易見，守之功難立；戰之功計日，而守成之功無歲可休。雖戚將軍丁斯際，亦惟兢兢坐幕府，省約文書，籍事運籌而已，安所見奇？雖然，奇非王公之所願于閩也。漢隴西將軍嘗從行，陷衝、折關、格猛獸。文帝曰："惜乎！子不遇時。"帝亦知材氣無雙之士，非所展其才于謙讓不遑之世也。藉第令當漢文世，廣軍得見奇，以萬户侯貴，漢海内必幾無幸矣！

王公在閩，幸而際櫜弓卧鼓之世，則又安以奇爲也。王公褒衣緩帶，有儒者風。行師制勝，出之韜鈐，本以仁義。自起偏裨至上將，有所擘畫，事後輒驗。閩地以樽俎折衝之，易其所易，亦易其所難。王公不捕虜首級，倭賊亦不入界中。人言王公無奇，無奇，乃所以爲王公也乎。戚將軍戰閩功高，奇見天下矣。厥後天子移將軍北邊郡，日惟治軍簿、享士，戒勿與虜争鋒，而奇不損。何以故？無所用之耳。王公不奇于閩，故也。今天子東南顧，拊髀思良將以一戰却倭，獻馘闕下。非異人，任必王公。王公之奇，從遼左起矣。戚將軍奇在南，王公奇在北，夫非虚語也。

贈郡太守淮南竇公入覲敘

今上二十九年辛丑之春，會大計吏。四方岳牧侯伯各以其所居地治行功狀，入就太宰試覈其能否，條奏之。吾郡太守竇公當以覲行。

方是時，閩大比士，公既賓其文學異等，應省辟者以上。于是遍致郡孝廉九十餘人，客以賓禮，列上坐，勸駕屬酒，于以應明春天子臨軒之辟。諸多士逢之，蓋特數云。孝廉諸君子相與言曰："漢制，上計吏入，二千石謹察屬所有好文學、出入不悖所聞者，與計偕，詣太常籍奏。後世此法不變，明典因之。今竇公入，其得偕竇公並時至闕下計者，唯吾諸生行。天子坐明堂計吏，竇公首以賢能應格受賜宴，賜裹蹄、織文之絲，亦唯吾諸生行聿觀之。竇公既以破常格，寵諸生而優之貌，竇公行，安可無贈？"乃相與丐不佞言。不佞謝曰："唯唯。否否。

漢制，二千石察可者與計偕，擇民年十八以上耳詣，始爲博士弟子。其高第以爲郎中，有不事學若下材者輒罷之，不可與諸君同日語。諸君之歌《鹿鳴》而上公車也，各後先有年矣，非若今日而竇公始以名聞也。竇公又賢，有善績可書，天子方且歌《湛露》、《彤弓》以待竇公至。而設科射策，訪子大夫如不及，竇公之入計與諸君之偕竇公計，誠未易區區以漢制稱耳。”于是，孝廉諸君争前言竇公賢。

竇公居近二年，謹身帥先，風諸令長。爲政戒烹鮮，務寬平不苛，與民更始。獨于虎冠之猾，武斷之雄，痛法繩之，吏是以重足立也。先是，府史倉胥相倚，乾没冒支軍糧，以數千百石，當事者蒙匿不能革。公核而寘諸法，所追補軍食，給一歲之半。兩造待讞，片言以亭，爰書多傳古義。爲民興利，禱雨雨應，祈暘暘應，答若桴鼓。時和歲登，盜賊衰止，尤加意于建學造士。盡斥俸入葺黌宫，造祭器樂舞，修尊經閣，傍及他輿梁道路。進諸生，訓以本實，品藻其藝，振雅黜浮，薪槱數十百人。詢輿論之請，特祠祠蘇先生，四方學者鄉風焉。冠蓋盈門，羔雁盈庭，延見無虚晷。接必以貌，行不張蓋，大夫士悦其有禮，多羶薌之。冰蘗之聲凛然，無疆外之交，束修之餽。人人一口，言竇公賢，大都似此矣。不佞縉曰：善哉！諸君之述竇公之績也，是足以稱上計矣。乃諸君行且與竇公之計偕，竇公之所欲藉手而報上者，無亦唯諸君之以。吾且爲諸君颺言之。在昔，神爵、五鳳之朝，吏治特盛。彼其時，潁川、白(渤)海、南陽之理，豈不凛凛以循良見稱？至問其所爲守，其精止于詔令條教之宣，而其粗極于樹畜鉏鉤灌溉之事，故其效僅至于殷富，而其治不過于姦人去入它郡，詩書禮樂之化，無聞焉。文翁以文化蜀，所遣士詣京師，可令爲學官弟子。則其蜀郡僻陋耳，非謂其地之可爲也。河南守吴公治平，爲天下第一，它善治狀，不可概見，獨以薦洛陽生材，爲漢循吏首，則守之先得士，可知已。[賈]生奮其二流涕、六太息之疏，關漢室廷臣之口，誠哉！其詞聞天下，乃宣室之對，前帝席而纚纚言之，鬼神之知雖多，亦奚以爲？非吴公負生，則生負吴公也。郡國固推弘，弘容貌偉麗，對策召入，雖其位至三公，侯平津，而其學以阿世蒙譏，亦何貴于舉者？

吾郡故多孝廉，而晉江獨多，甲于天下。無兩賓公會其地之可爲，諄諄以興賢作人爲首務，于諸君賓之延之，不啻國士遇之，相與褒崇其節概，而黼藻其文章，則亦培育此賢良方正之士，蘄以有人前多士而對稱旨。太常藉奏于廷，天子問子大夫："郡國刺史何人？"其爲賓公讚厥職也大矣。賓公無負諸君，余故願諸君無賓公負也。漢天子徵龔少卿入，王生從至京師，教以不自言功，受長者褒予，以少卿居郡其所辟引爲議曹者，此嗜酒亡節度之夫耳，一旦而計出此，故足術也。今從賓公計者，盡明經宏詞之儒，不止一議曹生。賓公爲世文人，淩厲千古，吏事多經術緣飾，非如少卿之椎魯少文。借吻應對間，諸君但不激不阿，無家修廷壞，而以河南守重賓公，何必王生哉！縱有王生計，吾知其無長者于賓公之前矣。

賀郡二千石靖翁趙公奏最敘

今上初即位，勵精爲理，三日一視朝，赫然有懲毖訪落之思。進元老儒臣，與講學諏治；修已廢之官，而行更新之政，中外奉宣，吏治蓋蒸蒸云。吾郡守靖翁趙先生，以三年政成，得抱功狀入奏。

故事，外臣滿考，有奇勛殊績，都御史、御史代具疏，請天子褒嘉而綸錫之。先生及以是時稱治行第一，薦紳大夫相與揚厲其盛。葉某問敘于光縉，光縉腐儒也，何敢開一喙。然嘗敘先生所課多士文最中略稱先生之最矣，先生不以爲僭踰而許予之。請終誦言，可乎？縉竊謂先生之滿最，與他時守最滿不同。三載考績，例也。先生上功，適當聖人受命之興、改元之朔，上方渙覃恩，錫封增秩，在朝諸臣無不人人沾被，而外臣受上賞者或與焉。先生適逢是典，其爲異數者一。守所居郡一耳，先生初守延，再守泉，所至皆廉能見褒，於延什一，於泉什九，合兩郡而底厥績。儒者論治算效，期月而可，三年有成。先生治延，期之可也，而刺泉則三年之成也。其爲異數者二。先生三年中，初下車爲萬曆之末年，再閱歲爲泰昌之新年，今則新主踐祚之年。儒者曰："父子相繼爲一世。"今禪代已三易世矣，而先生之政淪洽與俱。先生之三年，蓋必世之三年也。其爲異數者三。而先生之異政，則有可言者。延郡憑山，泉郡帶海。延地迫阸，而俗喜樸野鮮文。泉地薄積聚，但好儒而備於禮。故其城郭、人民、室廬、市肆、服物、采章之華，延不如泉。其多豪右勢家、惡少子弟，武斷禦奪，扞罔作姦，而爭鬬告訐之風起，延亦不如泉。乃其民各安于耕種殖利，儉嗇畏罪，重犯法爲邪，文雅未興，但知官府。無彊宗大族，猾賊任威，恃勢侵漁，而有司之法易行，泉不及延遠甚。泉于七閩爲劇郡，延可卧而理也。先生守延僅數月於此，第舉一二宿蠹鳌之，其教已不肅而成，化亦不言而理。治泉則異於是。先生本之以廉潔，出之以簡易，行之以嚴静，謹身率屬，一切與吏民更始。法所得行，倚法而平；法不得酌，酌法以正。要於政和訟理，無齟齬巨室之患，而不令庶民有歎息愁恨之心者。此其大都也。簡兩造之辭，寬贖鍰之金，給行伍之餉，發賑饑之倉，通海運之穀，修城垣橋梁之墮，諸種種，務以次具舉。往永春、崇武之警，一且倚峒而竊嘯，一且鼓浪而突來。當是時，[時]人心惶惶，虞變將作，先生不動聲色，但下令戒樓船水軍，沿澳守要害，毋使登岸，賊移舟去。山寇發，先撫後捕，殲其魁，餘黨散落，去入他郡，未幾悉平。微先生，民不安堵矣。

先生治本經術，尤垂意黌序之事，所廣厲獨多。每試士，輒按其文高下之，不以干請塞孤寒之路，士靡然嚮風也。嘗梓其文最序之，與士論觀書作文之法，序之言曰："墨濃筆飽，尚餘伎倆，不幾宣洩太盡乎？"嗟乎！寧獨文，輓近以來，謡俗世風，物窮於華，用窮於奢，小人窮於詐，士君子窮於巧。舉郡邑民間事，何者非宣洩之盡？而頻年水旱，值遼左兵興，括四方財力以備虜，加派增賦，羽檄棼馳，追輸之吏四出，舉郡邑間奉詔令，不得已而行之事，亦何者非宣洩之盡！夫然後知先生之意念深矣。其與士論文也，正其所以論治也，而亦其爲國家恤民隱之深心也。昔班孟堅敘循吏，首舉河南守吴公、蜀守文翁爲言，夫非以薦士興文耶？至所稱二千石，有治理居民富而去見思者，不以歸明習文法之吏，而歸經術潤飾之儒，不以予鉤距摘伏之官，而以予廩廩德讓之君子。則先生之爲最，其儒效彰彰可覩矣。今天子冲齡神聖，裁决章奏，不復留中。銓司有所推擇，朝奏夕報可，百僚師帥，誠千載一時。先生最書至，天子問刺兩郡狀，而知其爲三易世親民之長吏，下璽書徵入，列于九卿，當其在先生哉。請以是爲先生最。

賀郡貳守夢灘舒公榮薦敘

毅皇帝朝，舒文節公以軒對第一，官翰林。抗疏沮天子南幸，被杖，落職閩舶。於是，閩父老子弟至今相傳，有舒狀元云。又甲子春秋，爲今上御極之十六祺，而文節公有孫曰夢灘公，繇六舘師出貳吾泉。

泉于閩爲劇郡，地憑山帶海。先是，嘉靖季，泉新中倭，海舶亡命，勾接爲導，乘汛出没，蹂躪郊郛，枹鼓晝起，幕府幾不能捕，海防舘之設始此。於是郡貳守之職，始耑治水陸軍，偵督盜賊矣。又中丞臺、御史臺、藩司、郡大府有姦未戢，獄未平，間從關決。郡太守缺，以署攝之。赤白之羽，旦暮上下，不勝蝟至。蓋公初至泉時，士民私相議曰："是故舒太史公後人也。有能紹明世次舊聞，本詩書禮樂之際，意在斯乎？奈何其畀戎行、視師海上也。"又私相議曰："是掌成均作人者。文士操呫嗶，頤頰修雅嫺，以表章儒術，儼然受中原士北面，易善耳。奈何能令文亡害且習兵也？"已而公就職，勝任愉快矣。

公褆身軌肅，於法無所操舍，治軍簿至明，汰老弱，稽部曲，著爲絜令。令步歸陸，船歸澳，餉歸士，卒歸伍。捕逐小盜，大盜不起。每春秋汛至，公親水上軍，節度約束之，鯨鯢之波不得揚也。事已，歸府中，盈庭之造，片言亭讞，各厭意去。進邑弟子，與譚經講藝，士斌斌乎觀人文矣。以署大府，大府政立辦。公持吏則習吏，治兵則習兵，介胄則習武，纓緌則習文。即與公褒衣緩步、議論雍容、習其雅嫺者，不知其堪軍旅事也。揮袂出號，斥堠嚴明，又亡不人人駭謂宿將，而不知其爲文士用也。世亦有言絳、灌無文，隋、陸無武，彼自謂治孫吴曉兵，袒後無賴耳。令白皙書生持籌戈船間，安在不賦詩退虜爲？夫胡不於公乎觀之邪？今且無遠引，龔、黄二三君子，經生也，廩廩德讓矣，能令盜賊去入他郡中。即文節公，當日舘史筆辭林，以經術當主上旨耳。一旦批龍逆鱗，氣凌冰霜，節重兩朝，不稱骨鯁臣乎？至謂其入閩，布威宣德，遠夷心服，又何其障一方長城也！賢者固不可測哉。公第貳大府於此，令而施隼設軾，領專城之寄，又或郎司馬，佐中丞，歘歷中外，而憲文武、禮樂、甲兵，何施不可？

公今受御史薦書矣，吾郡自隆、萬來，貳大夫者不一，其人不聞受御史薦書也。公今受御史薦書，御史特爲公具薦書以請，均可異哉！公嘗謂，吾文節公後人，而閩又王父過化地，吾不可使重負閩。噫！斯公之所以兢兢循理者與。

贈郡司馬慎翁舒公榮擢序

今上即位初，大計天下吏。去冬，郡司馬舒公以覲行。故事，郡二千石缺，署篆者代入計。舒公不問代，自毅然請行，兩臺高之。既竣覲，天子嘉其績，銓司氏奏擢公兩浙運司同知。

舒公歸抵泉，邸報亦至。薦紳先生相率賀之，有問者曰："舒公貳吾郡七年矣，上功狀至茂也，天子而褒增公秩，胡不使爲刺史而以大府屬公？乃於運司猶貳之也，非待公不次之意矣。"舒公謙讓謝曰："不佞承乏兹郡，夫非貳也哉。貳于權不得專，而于職易稱。此六七年間，可幸無大罪于諸大夫百姓，而獲有是擢，亦惟居貳之以運司，亦貳乎秩中大夫横金矣。且東南財賦地，鹽榷，國計需焉。今邊餉日苦不足，大司農告匱，不佞無桑、孔之能，但使鹽法清而受成于主者，可少佐軍興之萬一。不佞官雖貳，亦繫縣官重也。不然，謂畚負何？不佞聞命，方日夜飲冰，敢有他覬而厭薄爲？"諸公聞之，愈益稱舒公爲德讓長者。於是，舒公將釋吾郡以去，士民攀轅，道路爲枳，郡邑諸博士掌故先生相率徵言於不佞，以祖其行。語不佞曰："舒公，有道君子也。好士親賢，而於吾屬掌文猶所雅重云。延見多折節，不以苛禮相繩，有古人下交揖客之風，是以難其去。願得善爲辭者文之。"乃不佞拘儒也，匿影山中，不敢以陽鱎自取薄於舒公。然亦聞舒公之爲司馬矣，舒公言司馬職易稱。請言其所以易，及今之所以難，而以頌舒公之伐，可乎？

郡司馬居大府之次，舊以清戎爲主職耳。防海之設，蓋始於隆、萬初，其後始有專璽之降。凡事關軍中尺籍、符伍、烽火、斥堠、羽檄上下之類，可無盡關白大府，得便宜操縱自如，司馬之權始專。先是，郡嘗苦倭患矣。自有樓船水上軍，沿海澳嶼，統以將領。春秋汛期至，司馬親至其地，發汛兵守禦，闌内外地出入，海上之烽警始息。恬熙日久，海波不揚。其後司馬至期，但春秋發汛而已。五六十年間，不聞有他虞也，不可謂居是職非易。然始未嘗不簡詰張皇，後漸以玩愒，因仍虛名，循行故事。伍缺不補，船漏不葺，其所名樓船水上軍者，汛至則募而兵，撤則非兵矣。司馬但如期無失備耳，然猶曰浪静也。今竊發生矣，無論島夷巨家之猾横出而弄大海之波，下户之奸没入而充宦門之幹，是惟無動，動則盗夸也。卒然有急，胡以禦之？是尚得晏然稱易乎？近年崇武、永春之警，鼓浪、嘯峒倏至突生，亦可爲寒心也。當是之時，水陸無備，百姓驚逃，賊艦薄衛所城下，至于無兵可與争鋒。當道檄中南路兵將，竟無一人至者。永春旋復煽亂，邑亦無兵，郡城中惶惶，大小吏相顧，但謂此司馬防海之事，而以委其事于舒公。舒公獨自往矣。海賊至，舒公奔而海；山賊發，舒公奔而山。所幸舒公居官清慎，庭無暮金，字民以卵翼，拊士以挾纊，七年之間，其忠誠心有以取信于士民，故單車所臨，賊徒解散，賢于千百之師，招之則來，撫之則定。其受俘者獻之幕府，其不盡受俘者亦去之他界，而境内晏然。微舒公，郡洶洶幾殆！故舒公得言易也，然不可恃爲常矣。

嗟乎！天下之患，莫大乎名存而實亡。名甚美，而其實有不測之憂，省兵之與省餉是也。虛弱不知其虛弱之繇，耗損不知其耗損之端，尤莫大于上欲作而下不應，下欲議而上不從，彼此牽制，首尾横决，議兵之與議餉是也。聽之，則已覆之轍不可終尋，反之，則盈庭之咎莫必其議，此國家之隱憂，宇内之通患。今遼左失守，困於無兵無餉之苦，率坐于是。語朝庭而天下可知也，語天下而郡邑可知也。故曰，今之爲吾郡司馬難也。公今行矣。公居郡，所職者兵防耳，今分司在鹽矣，鹽亦此時之蠹蠹甚也。公故佐主者計，即未能遽清其源，但以居吾郡清慎之操而疏通其利，于官名公私之間，於其助國計而勁邊，不已多乎！不佞聞友人莊泰岩方伯云，公爲典試時所舉士，博學宏詞君子也。然公每值郡邑試，輙退遜不肯任雌黄。而間拔一人於暗投之中，其人未幾遂以成名，人以此服公善知文。郡邑篆缺，公輙以防海爲讓，端不居代，而以授已右者。優游卧理，舘事亦稀，寛洪德讓，多此類。其信懷士卒，感化盗賊，亦以此。不佞所善友潘士觀，爲公故郡參知，公或便道歸，兩人相勞苦，問居郡事，有如問不佞縉，幸爲謝曰："遯人也。但時時作杞人憂於桑梓慮耳。"則贈吾司馬編足徵矣。

贈别駕台麓歸公奏最敘

聖天子在宥，握機秉樞而依日月之際者，非三吴相君邪？吴故材藪，三相君並時參密勿，登賢宅，雋海内，士望風會度，蠅附千里，而況姑蘇乎！以故縣道在所，借吴産分符，如農逢歲，以爲士習。相君知必非賢不可，于是吾郡别駕得台麓公，亡不人人愉快矣。

公博學嫻文，蚤有聲白下。先是，公兄伯給事公司吾郡李，吾郡人久已聞公名，今二十年餘矣，而公始至泉。泉屬邑七，劇居其三。晉江，一都會也，俗好儒，備于禮，民儉嗇畏罪，頗有桑麻之業。而矜懻好氣，喜争訟。次亡如南安。南安，亦一都會也，其俗類晉。獄訟少减，豪姓猾胥逋賦舞文，沮格自便，往往地猺而輕犯法。次亡如同安。同安，瀕海一都會也，俗與晉、南相類，然近漳，人依海習水，剽輕易發怒，多盗，好鬬喜争，視晉尤甚。公佐郡，大府職儲耳。公不激不隨，用寬和爲理，時其出納，剔其蠹蠧，不鞅掌而賦辦，廩廥盡滿，聲遂籍籍起矣。當事諸公廉公名，益不欲閒公。晉令缺，借之晉；南令缺，借之南；同令缺，借之同。公于是按病投劑，視族動刀。治晉以寬，蠲徭省禁，下不忍欺；治南以嚴，鋤强剗暴，下不敢欺；治同以敏，抉陰粝黨，下不能欺，所至樹冰蘗操，無暮金也。罪民貧不中贖者，予其鍰，鍰金禄入，分給貧士，士依之如雲。其署晉時，亡以異於署南時；其署南時，亡以異于署同時，凡三易篆而民三便之。事已，歸府中，廩廩如故也。公居官處大府與令之間，蓋不難佐府而難代令。公謁大府則府，入縣廷則令，易其易，亦易其難。今滿三年考矣。聞公初至時，民觀者如堵，至相與私目曰："是故司理公家弟也，是嘗有德于泉人也。"又相與私目曰："是今三相君里中人也，賢而後可知也。"已而公治郡，斌斌步前武矣。南硎多金，非虚言也。客有走温陵，入長安，三相君時時問歸公何以。

故事，郡邑吏滿考，僅守令長不得舍郡邑去。公兹入，奏牘闕下，郡狀十五，縣狀十七，條對稱上旨，有如問吏家安在而賢若是，三相君得無拱手對曰："臣姑蘇里人歸某哉？"給事公繇吾郡里給事黄門，公以吾郡泉增秩賜金不久矣。公在郡，藩大司沈公、郡二千石貢公、今朱公、舒公、李公並公善。暨署邑，今三令長並吴産，又以見吴多君子，公獲上馭下有道哉，余故以復台山徐君之請。

賀郡司理景范劉公奏最敘代

今天下郡邑吏、佐相最，莫若理官難。守則郡最，令則邑最，清戎則甲兵最，儲餉則錢穀最，各有耑城與分職也。理官，名職一郡獄耳。理官不但職一郡獄，又且兼旁郡國行事。御史按部，必徵理官以從伺，爲耳目。理官無論所居郡，凡所至郡邑，大小吏掾與其刑獄、錢穀、甲兵之事，御史所欲論薦，理官得陰偵之，御史所欲勾稽，理官得陽覈之。理官于郡大府末佐，一依御史臺風旨，詣行在權，寔與御史擬。上監司大吏，下掾簿小吏，無不人人嚴重理官，以爲是御史所使，陰微入短長者耳。不獨是，三歲一大比士，理官又得受他省御史聘。舍職事封疆，越境數千里，入簾内，考品藻人才而貢之天子。所推轂褒揚，足鼓吹天下士，則又何但主文無害區區守府中三尺也。

景范劉公爲吾郡理，今滿三年考矣。當公未至時，聲華材望，久已藉甚，人仰公如神明。公已至郡，上官大吏争嘗公以法，始以吾郡中之獄讞，已奏成使覆之，未奏成使亭之。辟亡遠近大小，關決于公，公游刃應也。已，則以他郡國之獄讞，公又輒應之，立至立奏。公冰蘗自樹，決獄傳古義，不爲深文巧詆，常使人得見其寃狀。據法如山，法亭必别其原，罪所宜懲，不問勢家，罪所宜釋，不問下户，要以奉法而正。以故公爰書常報可，庭無滯犴，亦無寃獄，久之御史重公名，行部必徵公以從矣。御史而南郡，則公南郡；御史而北郡，則公北郡。公自是席無暇煖，車無停驂，七閩陬澨將千里，無不遍也。他縣道官吏賢否，無不核也；百姓饑旱疾苦，無不諏也。以閱軍實，以稽廪庾，贏縮蠹蠧，無不洞觀也。公于郡大府當，于監司藩臬當，于前後中丞臺、御史臺盡當公者。御史觀風，或二千石試士較文之役，必倚重公。公從緒使中衡文，一顧而增價，再顧無留良矣，士執經立就郢者紛如。甲午歲，粤大比，公以粤御史聘入粤，分試事。所拔士爲解首及他中累黍登剡靡不平。昔稱上駟也，則又閩粤斌斌乎，于公觀人文哉！公何但一郡一職最也！往余筆耕吴會，見公毘陵，公以青衿名。及公應南宫召，見公都下，公以孝廉名。余既以冠玉美公，間得公應制言，讀之，蒼平其淵也，沉乎其毅也，蔚乎其有華也，是澤于道德仁義者之言也。即之温然，望之崖然。與之抵掌譚國家事，洋洋乎，纚纚乎，若決懸河之口而亂鈞天之奏。余故心折之，知公爲天下士矣。公一出，而治行若兹異也。

噫嘻！公第初試官耳，名理官之擢，不召入爲給事，則爲御史。公且以此時侍交戟之内，而依日月之光，勛業可勝道哉！余嘗怪班孟堅分儒林，循吏爲兩傳，列申公、轅固、夏侯勝之徒于文學，而稱潁川、渤海、南陽之理曰"居民德，去見思"，則以爲廩廩德讓者之稱，是非能齪齪工紙上言耳。後世學者因之，治詩書者刀筆法律，明法律者芻狗詩書，一厠皐、蘇之廷，不復問賈、董之室，而摛藻春華，始無益于殿最矣。倘以公所最理官狀，一稔之《儒林》與《循吏》與藉，第令班史勒休，吾不知於公乎奚稱也？請書之以爲公贈。

賀邑大夫惺涵顧父母奏最敘

令甲内外臣三載一考績，例也。其于邑令尤重。令于民最親，往往以進士試官者爲之。士方屈首受書，一旦釋經生之技，驟而使之南面，文法初習，敭歷始事，雖有長材異能之賢，朞月改火，治效未可概見。積而至于三年，短長得失，昭然睹矣。故令非三年，不滿考。其或三年間不一受都御史、御史之薦書者，雖滿考，不得身受封與併封其所生之父母，蓋重之云。

吾邑大夫顧惺涵公，此所謂長材異能而賢者也。大夫以萬曆戊戌第進士，初謁銓，除吾閩之崇安令。甫及朞，政聲籍甚。天子當大計後，察大夫賢。崇安地淳而簡于事，不足以竟其能，乃徙大夫令晉江。大夫爲晉江又二年，其治功狀益高于令崇時，都御史、御史薦書一再上，于令甲滿考而得封矣。通二邑治具最以聞，晉事十九，崇事十一，廉能卓異之勳，爛焉可述。大夫不自赴闕下，御史代爲之奏。綸音下涣,二尊人受榮,兹其一時也。蓋嘗合大夫之最而論之。崇安據建州之上邑,界閩越、豫章之交,于賓客上下、車馬厨傳之供,煩矣。其民畏罪寡事,不甚鞅掌,可與卧而理也。晉江隸泉郡之内邑,稱鄒魯文獻之區,于詩書、禮樂、歌謡、絃誦之風熾矣。其俗喜華仰機,不盡儉樸,不可與卧而理也。故操觚染翰之英,崇安不能望晉江之萬一;垂紳搢笏之彦,崇安不能望晉江之千一;甲乙賢良之登,崇安不能望晉江之百一。以至網罟之所布,耒耜之所刺,圜石之所嘉,案牘之所問,晉江五之,崇安三之,晉江蓰之,崇安倍之。難易之相越,煩簡之相去,若莛與楹,大夫既有以爲晉江之難,又何問崇安也?

吾且言大夫之治晉。晉事之難者,莫大乎延見士大夫而薪槱其子弟。延見多,則關情多;薪槱多,則游揚多。概徇之,難乎其爲法;概絶之,難乎其爲情;概收之,難乎其爲材;概棄之,難乎其爲例。調停則首鼠兩端,觭重則低昂互見,不能薦紳家人人皆愜其願。然而無以難于大夫。大夫接賓無虚晷,蒐士無留良,待訊者揆之情與法之間,而求試者參之材與例之際。法可執,寧詘情以伸法;材宜儁,寧抑例以盡材。不遺寒畯,亦不右高華;不失平讞,亦不盡淵察。以故得大夫之聽者,有所任德;而不遂大夫之請者,卒未嘗有所任怨也。蓋大夫初至晉,搜蠹剔蠹,用公與明,而無難色;行之數月,寬徭省刑,用仁與恕,而無倦色。及今三年,冰與蘗交淬,吏與民交宜,材不用而自焯,禮不肅而自恭。有谿谷之度,無虚憍之氣;有恬愉之色,無卷婁之容矣。誰謂大夫果難晉哉!宓子賤、巫馬期,此二賢者並夫子高第,其于令單父,均也。一堂上鳴琴而治,一戴星出入而治。從晝諾之徒觀之,或以戴星爲苛繞;從烹鮮之徒觀之,或以鳴琴爲廢耗。勞佚不同,而當時皆調于可,適于治。然而,後世之論政,未有舍戴星而可言鳴琴,則先勞無倦之説也。大夫鳴琴于崇,而戴星于晉。吾今至大夫之室,行大夫之庭,琴聲且洋洋從中堂起矣。晉江雖繁,卧理之可也。柄衡者不朞月而遷大夫劇,知大夫之爲僊令,況此三年而最乎!敢敬揚之,以爲大夫賀。

賀邑父母宇滄徐公考績敘

自古吏治之盛,推神爵、五鳳間。彼其時,趙、尹、韓、嚴之屬稱于有位,以鈲箝摘姦伏，豈不如神？傳循吏者不以予，而以歸之廩廩德讓之輩，粥然其若無奇，汶然其無所見稱，卒之居民德而去見思者，乃若人之在此位也，則何以故焉？急刻之吏捷于見功，循良之吏緩于取效，兩者材德殊致，鈍利相反。譬之烏喙之已病，可以一食，而不可以再試，久與之茹敗矣。參苓蓍朮之服，雖不能一時之立有效，而遲之可以收功。此庚桑子所謂"日計之不足，而歲計之有餘"者也。

宇滄徐公之來令吾邑也，歷三歲于兹矣。晉江故稱難治，而輓近爲尤甚。正、嘉以前，禁網疏闊，而人遵法；隆、慶以來，制度詳密，而人畏法。蓋至今日，制詳而反略，密而反疎，則人人玩法矣。謠俗自奢而之汰，人心自競而之争，獄訟自繁而之刁，財賦自逋而之竊。舞文之奸如山，不得以問；武斷之雄如敞，不可以問。世變江河，遠不如初，不但其繁簡厚薄之趍也。聽之則愈以滋，争之莫可爲力，此亦善爲理者更革之一時矣。徐公至，審時觀變，追俗爲制，察其所以繇，不在刑威而貴德化。于是，罷一切束濕，戒烹鮮之擾，而樹拔葵之風，持一腔真誠，與薦紳氓隸相縮結。自下車以來，何時不延接，第無齒于陽鱎魚耳，不以問大姓主名爲威也。何時不亭讞，令無滯肺石耳，不以奏書成手中爲巧也。何時不催科，寧政拙取完國課耳，不以增户口異等爲奇也。何時不笞杖，寧失出而從末減耳，不以徵官屬陰罪爲能也。明足以照覆盆，而貴不察之明；材足以剸盤錯，而尚不用之材；威足以讋刁奸，而行不健之威。徐公以至誠予人，人亦以至誠應之。吏不敢欺，氓不忍欺，上獲下信，四境之内大穰。薦紳士大夫一口誦徐公賢，自是而徐公之聲聞遠矣。

三載之中，薦牘再上，及有今考稱最，予封官如其秩，豈非廩廩德讓君子哉！人言徐公治無奇，無奇，乃所以爲徐公也。令徐公而急于見奇，刑不加緩，而務峻毛摯之威，立察淵之智，不直甯成之怒，則展温舒之用，氓其亡幸矣！漢世循吏，潁川、渤海多良守，而令之名不稱。孔門諸弟子，往往有去而善令者。宓子賤、巫馬期令單父，端木賜令信陽，仲由令郈，毋許、毋距、毋暴、毋奪、毋擅愛民。尼父纚纚乎其言之要，以君子之理不欲多于繩墨之外。賢無自賢，而德不見德，是乃聖賢之所以稱上治者耳。斯道也，徐公幾之矣。然以徐公賢，上官大吏多知之，而褎然得奏于斯最，安在其循吏之無名哉！

賀姚岑孫老夫子治莆奏最敘代

蓋今令莆者難於嘉、隆哉。往嘉、隆間，莆遇島警，會干戈甫平，湯火新脱，里廬空虚，灌莽蔽野。於斯之時，氓不復虞寇矣，而虞無以爲生。夫有衽席噢咻之已耳，下即媮媮快也。故上之施德易，而見奇捷。今櫜弓卧鼓，畆棲野被，絃誦相聞，鳴吠四達，號稱極治。而網疎民玩，姦僞萌滋，憑山嘯峒之夫竊發，民不虞爲生矣，而復虞寇。上之人衽席噢咻之策，不得盡施也。奸蓄而未逞，壞生而未極，顯有治形而微見亂徵。于斯之時，寬大則以爲漏網，嚴核則以爲烹鮮，倚而不察則任欺，察而不倚則任怨。蚤議之，有杞憂之嫌；卒防之，又有釁事之誚；沿習之，有膠刻之苦；洗刷之，又有掣肘之牽。人相仗而廢自我，唼唼者妬而媒其短；人相仍而革自今，洶洶者懼而阻其成。蓋至于今，而令莆者于以見奇難矣！然而，不足以難吾姚岑孫夫子。

夫子以名進士至莆，按土風，稽舊牘，調劑寬嚴之中，而衡酌興罷之宜。爲莆議海、議兵、議餉、議鐲、議徵、議屯田、議水利、議荒糴、議防守，諸如此類，每一議成，上都御史、御史，有折而聽者，有上下反覆而後從者，要以朝上夕報可，什行八九，亡阻格矣，而黎氓亦晏如也。廣業之寇，羽檄交馳，鈴柝不晝擊乎，不煩一旅，俘二渠致之庭下。蓋卒授方略，實成算云。大都吾夫子智嫺于機宜，才足以剸決。其恩如雨濡，其威如霜壓，其決如河懸，其游如刃解，談之鑿鑿，行之犂犂。今《莆陽政議于襄録》，具是矣。林生學曾曰："予讀《于襄録》，亡時不舉手加額也。"蓋泉人受賜焉。令廣業不弭，揭竿成群，蔓及旁邑，又或走汀入漳，沸生蠭起，即泉地不得高枕卧矣，豈惟莆！昔黄潁川聰明識事，吏民不知繇出，稱神明矣。至令姦人去入他郡中，竊私心怪之，以爲旁支郡亦天子赤縣也。趙京兆發摘如神，左右馮翊、扶風犯法從迹喜過京兆界，鉱筩有遺術焉，乃嘆息咨嗟于二輔之不得兼治。彼天子京兆理乃爾，況一令乎！業于彼，創艾于此，乂安矣，易且無兼也。趙子都其譎者耳，次公稟稟稱德讓矣。以去姦如彼，假而在，且三舍避也，功名待丞相時損耶？今都御史疏至再上，奏夫子行第一，當得最，大抵皆莆事云。噫！最豈唯莆哉！學曾，泉人也，忝夫子門下士，故不復論莆，且論其最于泉者。

賀學博安吾馮公榮獎敘

今寓内稱文章家，輒推毘陵云。毘陵自應德唐先生以言詩弁冕南宫，爲中原嚆矢，縉紳學士多宗之。隆、萬之間，人文勃發，一時龍城諸儒垂橐鞬登壇，有若孫學士柏潭公、顧吏部涇陽公。今吾郡劉司理景范公，以博士家言鼓吹白下，令四方青衿子望風而景附之。是時，安吾馮公與之均茵，互爲桓文，聲著吴越之墟，人莫之軒輊也。其後數公相繼起，取天下前矛，馮公獨留滯膠序中，以明經辟起家，授吾郡司訓，非其稱矣。知與不知，聞馮公名者，盡扼腕爲冷局，公獨心自計博士掌故官，爲天子育英材課士，士所從致身青雲者。于是弘薪槱之道，建青氊之席，鳩諸生譚詩講藝，稱引先王，觀聽如堵。有論難者剖晰當否，纚纚應之，品之以藻，程之以實。謹察可者與褒嘉，罄折繆爲恭敬。然自考訂古今外，有關説事請，輒麾去，修脯之及，間以予貧。署邑篆月餘，剖判若流，而門無暮金也。郡邑守令逮卿大夫，亡不人人推重公，諸弟子翕然宗之。先是，吾郡中士浮慕孫學士數公名，如祥麟威鳳，不可亟見。一傳其片言隻字，相與鼎吕，奉爲蓍蔡。及獲卵翼于今司理劉公，則莫不鼓刀奏技，立郢人之容，而争伯樂之顧。已聆馮公鐸，益靡然鄉風矣。馮公雖博士掌故官乎，與司理公提衡於鄉，引重于官，一以爲父母，一以爲師保，文學自其天性身修者，官未嘗亂也。諸多士入郡大府而不違則，從讞法得經術，造黌學官而取大則，繇文章瞯德行。虚而往，實而歸，廢然于劉大夫之庭，而充然于馮先生之所，士可謂奇遘矣。昔人談五陵裘馬之盛，歆艷白下，而吾温陵不與焉。今温陵冠帶衣履甲于中州，每三歲一闢棘闈，士充天下貢籍者，泉溢額之半。夫樹木茂者根必撥，木華榮者實必披，而况于人士乎！彼就北面而弟子者，類有沾沾自奇之心，則必有睨傲當世之志，自非五經紛綸、積學望儒如馮公者，孰從而師之？噫歎！馮公之不爲孫學士諸公也，詘于遇耳。然馮公奚必其身爲哉！桃李不言，下自成蹊。以馮公吾庠所教士，有揭旗鼓居前而得當也，亦馮公之爲也。樹人者，畸於人。其馮公之謂乎？

馮公爲司訓未及年，中丞許公之獎檄至郡。弟子某輩以請不佞曰："異數。"不佞曰："何乃獎遲之？"而薦書奏馮公名翩翩上矣。吾郡士得馮公爲之師，得劉公爲之理，經學治行，自毘陵起，而又有先刺史汪公，今相程公、姚公、陸公，並吴越間人，勸賢興學，加意造士，不但士之遘奇，乃馮公遘亦奇也。

贈參軍孫婁石署篆安溪序

自國家三途之格分，史掾之望制科也，若霄壤然。而文人奇士困于游詞殘簡之間，往往虞于志之不得信，而命之不可猶。不欲終挫其英雄豪傑之氣，逃而去之，俛首而就于府史雜流之一局，以爲可藉是而名一職，猶足稍展其生平之略，而勝于稿項以老者之爲泯泯也。故其途不遠，其致位不尊。士君子亦陸沉其間，然終不與曹屬爲伍。身不得不詘而道未嘗不高，名不得不匿而美未嘗不見，上官大吏多貴重之。而常有自脱略于曹事之外，每于折腰奔走之暇，時時從界中賢士大夫游，以陰見其風雅，而士大夫亦願與之從游，此古今高士吏隱之大都也。

吾于衛參軍得孫婁石君。君蚤歲治鄒魯家言，以善屬詞聞姑蘇間。就有司試，屢不利，淬厲益甚，意鞅鞅不自得，欲脱屣去者久之。一旦見伯兄以京經歷秩滿，贈二尊人，乃嘆曰："斯足榮吾親矣。士何必盡繇明經辟，然後行所志乎？詩書、法律，本無二事。蕭、曹、丙、魏，從刀筆起，顧所樹謂何耳！"乃去而學文無害，雖非其好，然未嘗不意當也。給事功曹，廉能見稱，屈諸同舍，人無以少文易君。吾鄉吏部丁哲初公、户部林沖漢公，君曾爲其侍曹，咸器君。君竟考授海澄丞，恪於奉職，事必咨令長而後行，令長善之。會令缺，當事者以君署篆。海澄劇邑，夷市之路通，寶貨充斥，君秋毫無染焉。但延接賢士大夫，以禮下之，簿書細瑣，藻以經術，人嘆謂儒者作用未之先也。例，代篆者得入覲。君攝令以行，歸未抵澄，擢吾泉衛參軍。參軍之視丞局署冷矣。君在事未三年，忽有此遷，多扼腕者。君怡然受之，齋閑庭空，無所事事，獨喜與名士相造請益甚。是以吾邑縉紳先生，如二千石傅承宇公、儀部李心湖公、比部潘會滄公及孝廉江纘所、王參漢諸君，並與君來往，驩甚亡厭。即以余楗户謝客，足不履郡邑之庭，而不能不爲君一促膝。每與坐談，嗑然大笑，兩人俱廢矣。余退而思之，司銓氏豈無故而左遷君，無亦見君有清遠閒雅之致，不宜以倅佐之猥冗相煩，而故置散局于吾鄉有文之地，以供其恣取，而果有以成君之雅與遂君之高也？昔漢孫寶、陳遵並起家郡吏、京兆吏，御史大夫署寶爲主簿，寶徙入舍，不之辭。大夫怪之，遣人謂曰："高士不爲主簿，子爲之甚説，何與？"寶笑曰："士安得獨自高，且不遭時者，何爲而不可？況主簿乎！"遵雖亦入公府，居西曹，而門外車馬交錯，郡國豪傑至京師者，莫不相因到遵門。遵所與人尺牘，主皆藏去以爲榮，所到衣冠，懷之恐後，其高如此。

嗟乎！君惟不遭時而不得自高，故徙舍而居此位。即不然，邑之佐、衛之幕，高縣主簿亡幾耳，豈高士之所屑，而君乃願之邪？然君不以其位卑者自詘，而以其高節者自亢，交結不替于賢士，而書辭榮臧于儒林，此乃陳孟公之所以震動乎坐中，而君之所以踵美于驚坐也。子嚴、孟公後皆爲刺史，秩中二千石，官爵功名不減貴盛。今資格限人，仕非其途者，終其身無由一至令。君而生漢世，列爵備守，豈止是乎！一日，客有以君受檄署安溪篆，語余者。余笑曰："縣官不破格用君，但澄令缺，使篆澄，安溪令缺，使篆安溪，不可謂非知君矣。第恨不即真耳，真則令也。高士不可爲主簿，豈不爲令哉？"客大笑，以余爲知言。

贈乾伯張長君令武義序

今之仕而初試官者，往往言令難，又言爲越令難。奚以故也？令于民最近，其事最瑣，一邑之中，獄訟、錢穀、甲兵，靡密煩碎皆屬焉。而爲令者之人，去公車之期未遠，于文法未盡習，故以爲難。越内地多善邑，令必選有聲華材望者居之，人各鬬捷，以治行相犄角，非茂異未易見奇，故以爲甚難也。

余以爲此未足以難長君也。長君與余上公車數矣，今年春始就銓，得金華之武義令。人謂長君新試令，又令越，奈之何無難？噫嘻！士君子顧平居所自抱，與出而奉職循理何如耳。善擇地而受事，當官而畏難，長君非其人也。長君之尊大夫曰洞齋先生，其初亦縣令起家，先之永淳，再徙之臨海，聲名卒從臨海起。爲御史大夫，風猷遍中外，赤城之人至今思之。越令何負于先生，先生不賈譽，而衆譽莫之先者，即張先生無難也。金章墨綬，父子見稱，兹其一轍矣。武義何足以難長君！長君雖新試令乎，而不可與經生初涉世、漫不更事者道也。士之子恒爲士，大夫之子恒爲大夫，弓冶箕裘之間，于朝家政體之是非、四方謡俗之利病，亦已耳之熟矣。而矧其先畏壘過化之地，芳規猶在，步武足述也。余與長君友，長君嚴事余，余亦謬處于他山之攻，然余于佔僤外亡涉。長君之材什倍于余，輒能于蒐獵淹通之暇，有所揮于人情物理，以用其奇，而不徒詞章括帖之爲沾沾，而且遜于余，自以爲不若。其餘勇足以泛應，而其虚懷善于茹納。余即稍長，而溟涬然弟之。而至于儆所不知之事，詘不能辦之力，無不咨長君而後行。長君亦時時問余，無失也。今第俾一武義耳。武義僻而狹，地不當郡國之衝，俗刁訟，然好義而近古，少士大夫，易以誘勸。以長君材，游刃投之，可卧理。藉令而寘之劇郡巖邑之墟，以悉展其驥足，更恢恢地有餘矣，尚何難焉？長君平日所引重，惟善余，于同年則急王君懋良，輓近驩許君世臣。既便道抵家，將行，吾三人相與祖之，而以贈言屬余。

余何以益長君哉？顧余見今人讀書，直利禄之塗耳。其有徼一第、博一官，遂指爲經史税駕之所，寘口不復道，尋弁髦之。吾知長君不爾也。長君今日政，吾且以所學質。長君上下千古，與余讀班氏史，持論謂漢人稱循吏多虚聲欺人，不獨王膠東之僞也。余然之。長君之耻居漢吏明矣，余亦不以是願長君。長君所誦法惟孔氏。孔氏諸弟子爲令者衆，莫如宓子賤、巫馬期之令單父。一以鳴琴治，一以戴星治，兩者勞佚煩簡不同，而適于理均也。長君將何居焉？吾夫子之治魯，三月而國大治。世儒但稱其聖人過化存神之妙，而蘇子瞻以爲此必有不言而信、不怒而威者矣。余何能以聖人望人，但滋爲令而强民信，易發怒而督民威，宜若不可爲也。長君無易武義，亦無難武義，第以其鳴琴之心，行戴星之事，簡易而無苛，清净而寡欲，則上不役、下不窺矣。或曰："此子儒者之迂談也，非所以陰陽世路。"余未操刀而言割，其奚當之有？無已，則質之王君。王君爲僊居令，有聲于吏事，饒爲之，必有切中于上獲下信之情者，而余與世臣非其人也。長君曰："余亦聞之王君、許君。"余縉是以序之。

贈郡刺史蘿陽程公歸養序代

往癸未歲，南宫之辟，不佞某蓋聞之程公云："余先君子即世，獨子寡母，煢煢相守。微余母閔，無以有今日也。"某蚤失怙恃，蓼莪在念，聞程公言而悲之。迨程公既從南曹郎出守吾郡，循良政成，百姓戴程公如戴父母。程公廼時時與薦紳大夫言："吾母老矣。吾南來時，母期以及瓜歸，而母子相融洩也。吾如不以此時尋子舍，尸饔之謂何？將無叱馭乎？絶裾乎？"語畢涕下，去國懷鄉之想，程公蓋勃勃也。亡何，直指行部至泉。事竣，程公遂上疏陳情丐歸。

于是，郡士民相與造程公留。韋袷者曰："郡試士以千萬數，異時豪子弟占額，妨賢者路。程公一品藻，所拔士無留良矣。微程公，吾屬安所見材？程公未可去。"笠糾者曰："郡肥蠨煽虐，連荒失歲，氓三餐不能一飽。程公一請禱，澍雨降，嘉禾廼起矣。微程公，吾屬安所救活？程公未可去。"跗注者曰："當事轉輸不以時，軍亡見糧，或侵漁至半給者。程公隨解隨給，發金亡開封，士全餉不乏絶也。微程公，吾屬安所投距？程公未可去。"駔會者曰："異時官買者，官不予價，索市物如追呼。程公罷禁之，鬻所貴所賤，市價相準也。微程公，吾屬安所牟贏(贏)？程公未可去。"已弁冕者曰："程公神明識事，亭讞以法，矜恤以情，察見淵魚而不烹鮮，恩翔鸞凰而不鷙擊。門謝暮金，廷延吐握。程公來，吾儕大夫《羔羊》自矢矣。程公未可去。"大夫、國人以言挽程公，程公謝，不能得。則又相率走都御史、御史臺、藩臬諸大司留程公，上官大吏亦亡不人人程公留者。檄三四下，程公求去愈益力。都御史、御史乃以危言激程公，謂海氛且熾，程公不宜辭難。又有願代程公叩蒼穹、祈閔太夫人無恙者。郡不可一日無程公，可知也。程公不得已，出而視事，又復請。都御史、御史偵程公意堅，不能留，于是程公遂得請。噫嘻！賢哉，閔太夫人之爲母；而孝哉，程公之爲子也。

夫宦路之稱畏塗久矣，乃士君子一厠足登簪組之籍，靡不蟻羶丰禄，鷄肋一官。至有憂讒畏譏、徘徊遷謫而不能去者，媚竈倚冰、脂韋巧鑽而不肯休者，其孰能如程公之爲决也！無論此，即以陶征西之子以官鮓餉，豈不念及于其母？其母却鮓而不欲以官餉饍也，亦豈不願言于其子？然徒勤使者問安否來往耳，未聞語其子以昕夕視母饍者。《陟岵》之母、《四牡》之大夫，抑又異矣！母曰"無棄子"，子曰"懷歸"，則胡其棄而不歸乎？而以咎于作歌來諗之無人。夫有以將之，豈其無以諗之？程公今日之得請，此其明券也。閔太夫人不欲其子之禄養，而欲其身養；程公不願其身之仕養，而願其歸養，此其事輓近世皆無矣。以閔太夫人視征西母，其賢過之；以程公視風人、《北山》諸大夫，得無泚顙而汗下乎？説者曰："如士氓何？"此李令伯所云"報劉之日短也"。程公入而視，堂以上毛相屬，裏相離也；出而視，堂以下毛不相屬，裏不相離也。鴻雁之替與烏烏孰急？彩衣之戲與金緋孰榮？三天子都婺星高照，有倚門焉。程公入，而母子勞苦也，則婾婾快矣，惡郵其他。謂程公有所制而不得去，有所憚而不敢去，有所擁而不能去，皆攀轅而不得者之論，非程公之本情也。不佞某抱負米之恨，而有三十鐘之戚，聞程公去，不覺惘惘矣。令而嚴慈親有一在，此身寧甘爲魏闕有乎？上樂天適，中樂人適，官何必上卿，樂何必隼軾。北堂萱背，故人生極樂地也，吾竊以此榮程公矣。毛檄再徵，東山復出，求忠于孝，誠程公後日事，不佞某未暇爲程公羡也。程公之榮在此，不在彼。

送皖侗袁父母致永春政敘

韓公子有言曰："輕辭古之天子，難去今之縣令。令訾厚而非薄也，勢軼而非瘁也。故古傳天下而不足多，其視讓天子，猶棄監門之養，而離臣虜之勞。今一日身尊，子孫累世挈駕，故人重之。"斯言也，似而非矣。令何可以難去爲也？夫其難于去令者，其不善爲令者也。令，一邑之長，亦爲天子親民耳。令不得其職則去,得其職則不去。其令誠兢兢蕲得其職,而觀(官)于令矣。官于令者不得令,而毋以令爲也,去惡得而不易?其令不兢兢蕲得其職,而家于令矣。家于令者不得令,而有以令爲也,去惡得而不難?故惟善于令者能不難于去令,而不善令者不能以觀。

袁令公之令永春也,亦既善矣。三載之中,迎刃之所解,游刃之所應。蠹無不搜,蠹無不剔。利于民,無不興;害于民,亡不革。良善之家亡不進,獻古之族無不退。鋤猾抑姦,省刑簡訟,旦夕不休癈。其矻于爲理之事,若簡櫛而數炊;其亟于求理之心,若建鼓而求亡。而其易以剸理之力,若莫不中音而合于桑林之舞。公之心,猶以爲未足,凡事所當爲,志所欲爲,而時未得爲,勢不可爲,必毅然以身爲之。亦往往有齟齬而不合,掣肘而難遂,而公或發之爲憂時憫世之論,手推席而髮指冠,不勝慷慨矣。公是以萌有去志,蓋于今而始果也。公惟其必善于令,故不難所以去令。公之言曰:"使我不知令,不能去也;使我知自令,不能遽去也。我知令,不必知自令,即不去,何爲?使上官知令,我不必去也;使上官不知令,我不必遽去也。上官知令,我若不知令,我即不去,何待?此陶靖節之所以解彭澤,而越石父之所以謝晏嬰也。"余聞令公言而壯之。今夫世鷄肋一官,沉酣仕路,或鐘鳴而不休,或覆餗而無悔,不黜不行,不逐不去。甚至委體于淵沙,鳴弦而揆日。何以故?患生于難去其官,而倚宦爲市也。人言令厚,而公枵槖矣;人言令佚,而公卷婁矣。索公去于得令,不可;索公去于不得令,亦不可。公第蚤時以見志耳。雖捐虞卿之印,不足爲公危;雖掛逢萌之冠,不足爲公惜。公絶繳鴻飛,飄然遠遁,略無少徘徊于懷。簪組之榮弗有,又何顧吏議之隨其後也!

公行矣,余將誦《哀郢》之篇而以傷公去,公且笑余以爲鄙;余將歌《招隱》之賦而以榮公歸,公又嗤余以爲纍。咄咄令公,得無且《北山移》檄我?公笑曰:"無我令,無我令,我脱柴柵之纏,而出鳴鳩之樊矣。若其爲我治布衣驢,若爲我歌,我爲若飲。"余于是唱《陽關》,公于是賦《歸來》,舉酒相屬,杯盤狼藉。歌罷而興亦闌,不知其令乎?客乎?白駒不得縶,遂大呼而別。

送邑父母范公遷藩邸理南歸瓊海序代

范公令吾永春五載,以治行聞。左遷藩理官以去,非其當也。

報初至,邑薦紳士庶相與訝其非真,扼腕求其故,不能得。客就余而問曰:“范公擢藩理官,有之乎?”余曰:“有之。范公安得而不藩理官也?”客曰:“何謂其然也?范公廉于持身,公于行法,善拊循我民,不阿上官之譽,不狥卿大夫之請。事往往直行己志,旁邑國有受獻占者,正法杜絶之,權有力之家,是以屏息。造尊經閣,以興學。奸民集衆,陰謀不軌,倉卒偵縛之,悉散其黨,事上,議竟格。然微范公,吾邑民無如矣。范公居官循理,宜授以不次之擢,奈何而藩理官也?而以爲固然,何與?”余曰:“此乃范公之所爲藩理官也。夫直道之難容,久矣。脂輪炙轂,則險絶可致;而推舟于陸,雖没世不行。今子之所以頌范公者,政范公之所以起謗于權門而失譽于上官大吏也。今者,大計吏脱范公于中山之篋,斯已知范公矣,欲無藩理官,得乎?”客太息久之,曰:“然則,藩理官可就與?”余曰:“范公又安得而有藩理官也?”客曰:“何謂其然也?賈洛陽通儒也,而傅長沙;董菑川醇儒也,而相江都;鄒陽、枚乘之徒,文藻之儒也,而曳裾王門。士君子不得志于朝,則王相而已矣。何地不可徙?何官不可居?區區擇地與官,非儒也。范公儒者與,緣餙吏事,多本經術。今宗室日繁,藩事多故,此亦范公經世務之秋也。藩理官何不可爲?而以爲非然,何與?”余曰:“范公必不就也。天子可去,今令難辭,吏隱陸沉,各行所志耳。或厭薄乎淮陽,或避世乎金馬,而非所論于范公。范公骯髒而不下,樸直而不迂,一百里令,尚不足騁游刃之伎。但一短用之,馭于大府之繩墨,且時有枘鑿齬齟之虞,又安能守寒署冷局而此拘拘也?吾故曰,范公不就也。”

俄而范公至,余睇之逌然、適然,略無失官之容,而絶芥蔕之意,從容與余言,曰:“吾快矣!吾快矣!吾今可以去矣。”余問之,范公曰:“吾世居瓊海之上,來而令萬山百里之中,乃世上之風波不起于舟檝顛危之間,而生于深箐叢林之所,此昔人之所以戒畏塗也。吾鞅掌而離此患久矣。衣冠可柴栅我,簿書可桎梏我，其我承我事與其承事我者，能顛倒而雌黄我。我以爲有法，人以爲無法，而法卒不可無也；我以爲先事，人以爲生事，而事卒未嘗生也。意見相左，則東西易嚮，而誹譽長短之言起矣。此亦仕人已覆之轍已。吏未必盡賢，亦未必盡不肖。藩僚所以處人于非賢非不肖之間，其名曰轉官，實使之謝事以去。余何敢自謂賢？上官、國人安得而不肖我？五年于此，自度奉職，可幸無罪。主上今幸釋我去，吾不去，其奚待？人以我爲彭澤之歸，而賦去來之辭，則强腰已折，吾不能；人欲我爲長沙之行，而續弔郢之章，則倦翼應還，吾不屑。吾始所謂窮海之民也，吾今去而蹈南海上，聊肆吾志已矣，又何問一官爲？”余聞范公言而悦之。

余故知范公之必不就也。余懷《鴇羽》之嘆，有父不能將。今幸入子舍中，得昕夕視而問安否，家大人可無恙，吾父子兄弟煦煦相樂也。夫然後知作詩“來諗”之無益，而尤懼上人之不我釋，爲具疏以請。忽聞范公言，而快其得去。余不復以餐吏宦情挽公，則固致嘖嘖而私羡矣。于是以范公言轉聞客，授問客使書之。

贈鴻逵董君先生序

瓜步有董君鴻逵者，吾鄉計偕諸君子所稱賢主人于江淮間者也。余逐隊年久，亦往來主其家。先是，諸君子或繫籍以去，或退而家居，而今所與董君執賓主之驩者，皆非吾嚮時諸君子主而驩董君者也。獨余尚徘徊公車，三歲一再過其廬，然董君亦寖以老矣。

董君家于州之河滸，當水陸舟車之衝。四方之賓至，上下如織。水用舟，陸用車馬，輒就董君問之。非得董君一言，不能僦價而取具以行。以故董君之舍，士君子之投跡者多。昔聖人刳剡作舟，取諸《涣》；其制服乘致遠，取諸《隨》，而其用則備之于《旅》，以通萬國之涉，而結車軌于千里之外。余之交董君也以旅，其藉董君爲利用，亦在于涣與隨之間，則董君固吾儕之指南也。余于董君家，不得名居停，或一餐而蘧廬之，又或但即次之宿。然其初一見，即有以知董君之爲人,今不啻稔矣。

董君温而恭,恂而雅,與人愿而信,廉入而寬予,雖萍逢掉臂之交,不負人心膂之託。人有屬以事去,去後而券之,如手相符。是以長君忠實之聲,不舟檝而浮,不驅車而馳,不策馬而逐。上至燕趙,下及百粤,凡董君覯者,幾半天下,亡不人人愛慕之,不獨吾閩諸君子爾也。客有欲贈董君者,適余至,董君欲得余言之。余笑曰:"吾旅人也,但以旅言。"余今者問董君舟,董君以舟應。問董君車,董君以車應。問董君馬,董君以馬應。余之旅而不知其旅也,實董君以也。舟之乘木虚也,孚之道也。車之以輗軏行也,信之道也。馬之無詭御竊轡也,馴之道也。馬馴而後良,車信而後堅,舟虚而後可游于世。董君客應人而自有主,備此道也。昔莊生宿于主人之家,主人殺雁,烹不能鳴者,彼直以莊生爲善鳴者耳,此真莊生之主也。陽子宿于逆旅,逆旅之家惡者貴,美者賤,彼能不以貴賤爲美惡也,此真陽子之主也。董君誠主人也。董君視過客,無貴賤美惡而一之,其人之浮沉不問也,久而能敬之。恨余無驚人之鳴,不能使人"十饗而五饗先饋",而董君猶欲急余言,其將使余有所開吾喙乎?余亦不知我之材不材如何以鳴董君,但向者入董君舍,見董君視主家事,有迎將者、避席竈者,而今且與之争席矣!不但今之主董君者,非昔之諸君子,即董君,亦非復昔人也。董君殆將舍筏而上津者與?余于是乎言。

别彭興祖歸姑蘇敘

白下有彭君興祖者,其王父曰孔嘉先生,以善詞賦書法著名嘉靖中。孔嘉殁,世争傳其片語隻字,珍爲世寶。余不佞居恒慕孔嘉之爲人,及讀弇州王先生所譔誌,益欣然,若庶幾見之。

今年夏,興祖自姑蘇入閩,持弇州王逸季手札謁不佞。不佞倒屣出迎。其人如玉,久與之語,衡縱今古,若懸河也。興祖于詩法唐,歌行、近體,靡不規倣;于字法晉,楷、隸、八分,靡弗攻極,蓋翩翩奇士云。興祖與不佞言,尠少喪怙,厥兄伯不善問家人生産,而蕩于貲。興祖稍長,與母相依,居立四壁,至不能給饘粥。弇州先生愀然曰:"當吾世而令興祖貧乎,謂孔嘉何?"乃徙興祖之太倉,假舘授餐,興祖遂用是肆力博士家言。屢試不得,則以游道成名公卿間矣。余聞言而壯之。丈夫生而弧矢四方,上者朱輪赤轂,靡盬王事,馳驅中原;次亦贏糧裹足,竊笑窺觀。此太史公二十而布衣游,南浮,北涉,過梁楚而後歸也。要以多錢善賈,長袖善舞,所爲説力曷可少焉!假令長卿游梁,主父偃游齊,客困多厭,令其後不有上書奏賦,安在其天子恨相見晚乎?興祖游故貧,然年未逾三十七,北客燕趙,西客秦晉,南客楚越,足跡幾天下半。所至多厚遇者,名公鉅卿,往往繆與恭敬。夫豈無故而偶合哉?興祖既交驩不佞,語不佞曰:"吾入閩,于山得武夷、清源,于水得大海,于人得足下。"噫嘻!不佞何當一齒數,廼清源、大海時時作興祖鼓吹矣。

不佞有友人江國馨君、許世臣君、張升伯君、余家弟綬,興祖並不佞紹介之。自是,吾郡中士延頸交興祖益衆。興祖托宿月臺,國馨招之清源山,治竟日飲,不佞及世臣觴覺門者再。質明,上巢雲山,升伯載酒繼之。劇飲和歌,天籟遂響,不覺大驩。興祖遇世臣尤奇,世臣所著有《夢覺篇》、《五游篇》,出以授興祖讀。興祖卒業,不啻出世,目擊道存,僊僊乎已神游蓬島上矣。是夕宿覺門中,世臣以夢語語興祖曰:"龍翔海外爲風驅,觸石浮飛九色敷。氣結樓臺隱處現,身翻露雨有中無。片雲托蟄光常吐,白日浴鱗影不孤。尋到桃源交霧起,誰人識得此江湖。"興祖所得于僊授者始此。興祖其人游乎?其天游乎?興祖之鄉有曇陽真人者,王弇州先生所稱爲得師者也。興祖蚤已受王先生知,請歸而以是游冥券之桃源真跡,我知其必有合矣。

贈葉生箴甫歸松溪序

吕使君令松溪時,試邑士,拔葉生箴甫爲第一。箴甫遂用是以髫年補弟子員,能有聲庠中。後十餘年,箴甫留滯諸生間,再罷省辟,意悒悒不自得。今年春,吕使君來別駕清漳。箴甫于是持所著制義,走三山,道過泉抵漳,謁使君而請焉。使君大奇之,應弦之技,當不是過也。箴甫告歸,使君語之曰:"子閩人也。吾聞閩有李宗謙先生者,天下士也,善陶冶人,士被其賞識,往往倚就聲價。子盍往師焉?"箴甫敬諾。

時余友人彭興祖氏亦客使君所,語箴甫曰:"足下不識李先生,吾當爲曹丘也。"箴甫與吕使君俱大悦。興祖先入泉,過余齋中,述吕使君命箴甫語語余。余不知有使君,知興祖也。不數日,箴甫至,興祖與之偕來。箴甫執贄北面余。余讀其言,疏越而有致。吾户屨雖滿,得士如箴甫,足當一奇矣。笑謂興祖曰:"足下姑蘇也,箴甫與余俱閩産,箴甫産于松溪。姑蘇有虎丘,松溪有湛盧,吾晉有清源。三山可具足來耶,而鼎峙若是。"箴甫逡巡舌舉,興祖大笑起舞,語余曰:"吾吴有劍,干將、莫邪居其二。虎丘之上,劍池存焉。松溪故括蒼地,亦有劍,湛盧居其二,歐冶氏所造也。令不有薛燭氏,其不以溷于豪曹、魚腸、鉅闕之伍者幾希。今虎丘、湛盧之跡具在,而劍氣不存矣。吕使君以先生爲明于講劍之術,余鉛刀無足當淬勵,願得先生召湛盧氏而砥之。"余曰:"劍者,國君不得已而用之者也。足下從容吟壇之上,明月在抱,清風在懷,前無敵國,後無勁兵,龍蛇生于指下,金石響于空中。假令延浦雙龍遇足下筆,亦且掉尾低頭而去,尚安所事此爲?箴甫所謂學萬人敵者也,然吾聞之,湛盧之劍尚不如純鈎,詩人稱文德爲純,劍以武用事而以純名,此歐冶之所以高天下也。箴甫亦今之湛盧,願箴甫文而純之。吾清源之山有石出之泉,其光如鏡,其白如月,其冽如冰,涓涓之流,長如江河,水旱不變,春秋不知。誠得是水以淬湛盧之鋒而洗其鍔,所向無前,當與純鈎争列矣。投之庸冶,淬以多藥,濡縷死人,此徐夫人之劍所以不純而易敗也,輕試而折于彊秦也。"興祖然之,箴甫唯唯。于是,余與兩君登小雲之關,入蜕室之巖,攀百丈石而下,啜石乳而飲之。飲共數杯,興祖飲而白雪生,箴甫飲而紫氣見,余亦不知何劍何術,欲再講而不能矣。箴甫歸,興祖復索余贈之。余不能作别言以益箴甫,但爲次之如此。

景壁集卷之二

壽　　序

大方伯翁朱公祖華誕敘

國家外臣之尊，至左使極矣。左使倨藩臬諸司之上，以下東一方郡若邑，守相令長，頫首而禀其令。官吏賢否之覈，風俗淳漓之運，禮樂刑政之實，錢穀甲兵之數，亡不於左使乎受成，而後以咨白於都御史、御史，循資一遷，則大中丞之纛可以立建。異時居是官者，率積資累勞而得之。雖有華譽清望，敭歷非二三十年不能至。或於耆艾之後，乃勝職而愉快，鮮有春秋未央之年，可優游而致此位。

以今觀朱公，殆不其然。朱公二十而第進士，起家棘寺曹、刑部郎，出爲備兵使者。以至長粵西憲，擢閩右轄，不朞年而稱左。其官有序，非有不次之遷；其進以漸，非有捷徑之取。然自朱公第進士之日，數至於今，不滿二十年，則已稱藩臣極品，而秩於百寮之長，曰二品大夫。縱有善逢年者，不能鬭其捷也。朱公於是時年僅僅四十餘耳。禮，四十曰彊仕，五十曰服官政。謂四十爲道明立德之時，方可出而授職，爲國家善一官而辦一事也。朱公則已左方伯矣。統轄全省，保釐甸宣，勛名無出其右。進之而五十，則且領尚書，握樞要，爲貳公弘化之位，何但服官政之爲兢兢！禮以爲筮仕之初，乃朱公大業富有之後，所不可得而多見者也。

夫閩，亦東南一大都會也。上郡阻山，下郡倚海，網罟之所布，耒耨之所剌，幾無餘地。珍錯之所産，果布之所湊，幾無遺財。其君子嫺於文，其小人佃於作，幾無遺力。而國家布功令，所以沬之、濡之、整之、齊之、勾之、稽之、譏之、察之，幾無遺策。自朱公之爲左使，靡不具舉焉。朱公本之以精明，行之以渾厚。其屹立如山，其虚受如谷。其量足以容，如萬斛之舟；其材足以剸，如三峽之流。批答若響，經畫若素，而壹出之持重老成之見，不爲急刻峻峭之法。以故其政善而俗安，吏畏而民懷也。往者朝鮮兵興，大工鼎建，閩召發無虚時。今日徵戈鏊，明日徵鑼鍰，議兵議財，不勝騷繹，爲左使者難之。朱公至，而海波不揚矣。省縣官歲費之半。採金之使四出，税額以數萬計，朱公鎮以不驚不擾，無失國課而止，中涓人不能加也。費不瀟然，全閩賴之。

漢賈洛陽以少年之材，通達國體，而不能馴其剛鋭全盛之氣，論者謂長沙之行竟以年敗。公孫平津奮迹羊豕之間，八十召見，容辭瑋麗，令漢天子大悦，而在位阿世，以曲學蒙譏，則頓挫久而至是，亦何取於春秋閲歲之日遠也！朱公有洛陽之年，於今鼎盛，而正直忠厚，有弼亮四世者丰度。望之汪然，即之儼然。朱公社稷之臣哉！

按察使�翁饒老公祖壽序

饒公之始入吾閩也，以督學使者。秉公懸明，旌別士類，人文翕然丕變，學者宗之。天子嘉其賢勞，特晉參知，仍視學如故。歲丙午，棘闈再闢，賢書復出，公所造士，稱得人益盛。乃從參知秩改備兵温麻。踰年，遂長閩憲。公之有大造於閩，七年于兹矣。

按察使之尊，與方伯雁行。上與都御史、御史相調劑，列諸臬大夫之右，而下彈壓其郡邑吏。其官雖主於提刑，而於其職兼統，與諸司之分署專部者不同。臬大夫之職，或督學，或備兵防海，總不外文武兩端，而皆隸於明刑。刑非但奏爰書、停讞法之謂，乃文經武緯之所從出也。公爲督學時，博士家子弟之言，抱鉛槧者以千萬計，公臨較之。及爲備兵時，良家子弟之選，習騎射者以千萬計，公亦臨較之。精疲于揚榷去取之勞，而身歷乎樓船水軍之險，文士無留良，武士皆用命。若是乎，公之勞以瘁也。今但凜紀綱風裁，貞寮率屬於堂皇之上。敬敷五教之文，皆其文矣；克詰戎兵之武，皆其武矣。昔公之爲憲，分而理之；今公之爲憲，統而治之。昔公之受成，事當其勞；今公之受成，道享其逸。凡公嚮所爲揆文、奮武之規，種種皆可詒之後。而後有踵公之躅者，不過薪櫍其已滿之蹊，與整飭其素堅之壘，公惟有所茹吐張弛，歸于正直，爲諸司先而已。吾知公之明刑，亦猶之乎行文武之道也。蓋昔唐虞分命之際，司空、司徒，各能其官，典禮、典樂，分掌其職。朕虞不以作共工，納言不以妨播穀。而獨至於皋陶之命，曰明于五刑，以弼五教，曰蠻夷猾夏，寇賊姦宄，汝作士。則甲兵乃刑罰之大，克允乃折衝之化，而因天討制刑，以懲其不悖、不庸、不和、不衷，政所以輔其典禮文章之所不及。古之人寓兵於刑，而著教於政，所從來也。此可以觀公之爲按察矣。

是月之九日，爲公懸弧辰。公門下士王世鄉、周思兼、周鼎爚等，相率問壽於余。余蓬乎杓之人也，何足以壽公？竊惟天地間萬形皆有涯，而惟斯文之道脉與生民之命脉爲無盡。培則國之元氣，而振則國之神氣。命脉不可殘也，兵刑欲其衰而止，止之而入於弛，國之神氣索矣，法當有以振揚之。道脉不可僿也，文教欲其盛而開，開之而傷於靡，國之元氣漓矣，道當有以懲抑之。故至治未嘗去兵，而但以不試爲武；至仁未嘗去刑，而但以不用爲威。乃其於文人、才士之用，則欲其可楨可幹，如珪如璋，風以詩書，敦以本實，簡其賢，汰其不肖，而褒異其尤良者，以風厲學官，而廣登崇之路，誠敷政優優之方，而亦人身節宣之理也。道之真以治身，其緒餘以爲國家，土苴以爲天下。公化行於教成，而勝遏于亂略。好生之洽，不犯有司。民不歌《萇隰》，士不歌《六月》，而《鹿鳴》三歲一再歌，其出爲土苴、緒餘者如此，則反而以壽斯文斯民者壽其身。專氣抱神，斟酌太和，亦若是已矣。此作人之所以壽考，而朱英緑縢烝徒增增者，所以萬千歲而無有害也。請以是爲饒公壽。

汪使君入賀歸壽太公七十敘代

汪使君之郎武部也，太公兩峰先生得封如使君官，稱武部郎。使君繇武部副閫憲，備兵吾泉，太公則又稱按察、備兵，金緋貴倨矣。五月之朔，太公懸弧辰也。使君念太公春秋高，太夫人且老，思一歸膝下，奉千秋觴愉快焉。會天子萬壽期且至，藩國諸臣入賀，故事，按察遣一人往。臺使者奏使君，於是使君以入賀行云。

使君逌然曰："吾今可歸觴吾父矣。吾鄉者奉璽書待罪兹土，職掌在兵，鞅掌在事，吾不敢以私請也。吾今惠徼釋臬事往，而又以萬壽往，并而壽吾親也，不可哉？吾快矣！吾快矣！"使君乃戒車馬，飭騶從，齎捧藩國上表，望北闕道，取道徽婺，太公所居里也。使君且行，郡三老、大夫、薦紳先生相屬祖道張東門外，舉手加額，願使君亡恙。相顧（顧）語曰："是行也，使君得兩壽焉。天子萬年壽，壽用縣官禮。太公千秋壽，壽用家人禮。禮固不同與，敢問壽之也何若？"以質王子。王子訊之曰："萬壽八月，太公壽五月。使君之壽太公也，以旦暮及矣，請先言太公壽。敢問太公年幾何矣？"曰："七十。"曰："日飲食得無衰乎？"曰："聞强步，日三四里，少益嗜食，和於身也。"曰："使君之去太公也，幾閱月矣？"曰："已再稔。"聞其别也，太公囑之矣，"善事事，無庯老父爲"。豈非欲其身事視君，而家事視國也哉？王子瞿然曰：若是，則請言太公壽。夫父之於子，猶君之於臣。君使而遣之臣下，出而竣事，入而還報焉。奏便宜當否，亡不一一稱意旨，獲主上驩，然後天子大説也。父於子亦然。使君受太公訓，入閩在事，浹一年矣，事纚纚然舉也。今且歸，歸而抵里門，車馬威儀甚都，婺人以爲寵。使君下車，步入家，升堂拜太公翁媪。太公見之驩甚，父子相勞苦，喜而後可知也。太公其何以問使君？令使君持觴伏地，前起而壽太公。太公問所以歸里中狀，使君拱手對曰："天子萬年，眉壽無疆，兒今者叨諸外臣入賀也。兒已倍親而仕，幸獲便宜，以侍父誕，則亦維主上之賜。"太公曰："甚幸。"太公又問所以憲閩中狀，使君又拱手對曰："兒建節至閩，可幸無罪。兒治兵則兵奮，弭盜則盜緝，撫民則民安，教士則士勸。卵翼挾纊，兒不敢自謂能，則亦維大人之賜。"太公曰："甚幸。"太公又問所以壽闕下狀，使君又拱手對曰："兒之奉大人驩也，頃刻矣。兒且馳驅都門，以及誕入。内廷之臣入，諸方之臣以次入，蠻夷君長獻琛貢贄最後入。兒綴立諸臣後，可幸竣事，維主上與大人之賜。"太公亦曰:"甚幸。"使君歸而壽太公,家人晤語,意大都似此矣。夫壽親之道,莫大乎壽君。太公坐而受觴,起而覿使君,筐篚干旄,皇皇走長安道,得無驩然色喜哉!彼道河東,僅僅爲其父多買田宅,盛置奴婢,與其父歲省視,則公卿大夫上牛酒爲壽者,此霍司馬、張太尉之屬壽其親者耳,非所望於使君也。諸薦紳大夫曰:"善。令使君入而賀天子,問憲閫中狀,則使君語具是矣。"

人主以四海爲壽,卿大夫以主上爲壽。今天子春秋鼎盛,萬壽不啻焉。四夷賓服,南北嚮風,人無夭札,野有黄耈。太公生熙洽之世,褒封顯融,杖于鄉國,有如九十百十杖于朝。天子之曆益遠,袒割而問之,舍太公奚以哉?太公壽,固縣官爲之矣,又不但以家人祝也。汪瓜瓞最遠,吾郡弟子員汪生度者,太公支餘派也,此所謂用俯伏如家人禮者也。故於其請壽,爲具論如此。

郡大夫雲陽汪公祖壽敘

蓋嘗觀於《詩》,而得盛世上下之際,其所以善爲壽者,抑何其有加無已也。夫以下之有所願於上,欲其俾戩穀,俾單厚,斯亦遐福而我益矣。而又以之爲邦家之光,茂德音,遐眉壽,其極至於山陵岡阜之增,日月之恒升,松柏之慜茂,謂非此,則無以答其日用飲食之德,而且以爲未足也,蓋至於保艾爾後之蘄,而其願極矣。夫不徒有以永永於身,而又欲駿發之於子孫,莞簟之夢,熊羆之祥,載牀、載裳、載璋之朱皇,而曰:此家室君王而大人之所占也,抑何其無已也!

當堯之時,豈不亦標枝、野鹿,汒乎淳備。而堯觀乎華,華封人祝之,曰"使富","使壽",必賡之曰"使多男子"。且以爲不懼,不辱,而不多事。是聖人之所養德,非君子之所聽熒也,則三代而盛,可知也。然上之人,其所爲壽者,或以有國爲之君。而下之人,其所以壽之者,貴出於天子諸侯之賓客,而微至于克敏之農夫。兕觥可稱,公堂可躋,雖以天子之尊,絀而與華封之百姓,既辭之,又問之,既去之,又隨之,略其崇卑之分,而逌然於謦咳問答之間,則不但下壽上,而上壽下,大略可睹矣。今之壽汪大夫,殆庶幾於是焉。

大夫以名進士起家,歷晉留都户曹郎,奉主上命,分理淮南度支事,褎然有聲。出守吾泉。守於官爲刺史,於秩爲二千石,於職爲親民,而得以稱於邦之人曰伯,近乎古之所謂有國而爲之君者。自大夫既至泉,罷束濕之條,嚴笞杖之禁,廣薪櫝之途,却贖鍰之金,脩穌釋法,與氓樂生。郡大饑,大夫素衣步禱,發槖賑之條,爲荒政十八。煩及河渠,卑及商通,細及貧病醫藥之務,鉅及積貯戰守之宜,靡不纚纚中窾肯也。大夫蒿怛於目,而簡櫛於手,鞅掌不以爲卷婁,緒使不以爲物絯。炤乎若建鼓而求,燋乎若操藥而脩。然而雲氣族而雨,四序經而正,日月之光不荒,生熟之斂無崖。大夫壽吾郡,亦既畫然去、挈然遠矣。

於是大夫之誕辰至,郡薦紳士氓,弁冕者、章縫者、跗注者、笠糾者、髻舞象者、白髮顛墮者,相率而[爲]大夫壽。一以爲宜富,曰:"受天百禄,唯日不足。"歌《天保》。一以爲宜壽,曰:"樂只君子,邦家之光。"歌《南山有臺》。一以爲宜多男子,曰:"吉夢維何,維熊維羆。"歌秩秩斯干。大夫端拱而聽之祝,而無所辭也。孝廉諸君問李生,李生曰:"吾爲華封氏乎,然華封氏有祝,而堯皆辭之。華封氏非能知聖人也。彼所謂聖人使者,止於鶉居而鷇食,鳥行而無彰,脩德於其間,而無殃於其身者也。華之祝,不如《詩》之頌。詩以美爲遍群黎邦家,大夫以之矣,大夫則何辭之有?大夫所云爲衆父,可以爲衆父父者也。所云盛世,上下交相壽者也。"壽既畢,大夫曰退。已,李生退而與諸君望大夫門,且有懸弧焉,其持羊酒往賀時乎。李生又庚有所論著云。

郡二千石雲翁朱公壽敘代

今年冬臘月之三,吾郡朱大夫誕辰也。其先六日,封翁府丞公八十加七矣,蓋懸弧期相次云。大夫從邸舍中望錢塘之水,盻會嵇(稽)之雲,浮清源之觴,北鄉百拜,稽首而祝曰:"某小子奉天子命承乏是邦,今一歲所矣。可幸無罪,實大人式誨之。小子之不從伯氏子驩膝下也,亦唯天子命。惟是大人進匕筯,善自飯,以歲加一而百無恙,小子幸且無北山之虞。"則大夫於是時儼然在子舍矣。

又旦日嶽降生申,大夫坐堂皇,郡七邑以內,冕衣裳者、縫掖者、跗注者、扶杖者、携負者、衣大布者、服短後者，車馬筐篚，相屬於門，蹐公堂而稱壽。大夫則又有祖父母之呼，儼若進父老而子弟之也。而諸父老子弟，亦儼若繞膝下，觴而祖父母、父母之也。門既闔，大夫戒壽者入。於是不佞汲語諸大夫曰："若奚壽？"曰："請以酒壽。《泂酌》不云乎，'挹彼注兹，可以餴饎。愷悌君子，民之父母'。壽宜莫若酒。"又曰："請以詩壽。《卷阿》不云乎，'君子之馬，既馳且閑。矢詩不多，維以遂歌'。壽宜莫若歌。"又曰："請以幣壽。《豳風》不云乎，'載玄載黄，我朱孔陽，爲公子裳'。壽宜莫若幣。"不佞汲曰："諸大夫之壽，末也。吾嘗試問乎女，令大夫在吾郡，桁楊推焉，刑戮望焉，農不狎野，工不安肆，商不列市，雲氣不族而雨，草木不黄而落，米踊騰，糶國量，澤若焦矣。大夫能自樂乎？"曰："不。""又令大夫在吾郡，歲錢穀出入何若？决獄平反何若？察屬吏賢否何若？有一未當，百姓未親，士大夫未附，聲聞未起，解澤未流，封翁太夫人能大夫樂乎？"曰："不。""今雨暘時矣，囹圄虚矣，百姓熙熙若登春臺，大夫之聲不脛而達七閩，無翼而上九閽。第令而封翁太夫人，食不滿數升，體不安几杖，大夫能封翁太夫人樂乎？"曰："不。""令封翁太夫人耳加聰矣，目加明矣，鶴髮鮐背，四體加康利矣，翔於壯夫而健若少婦。第令而不伯氏太僕公以家食昕夕視親，問膳安否而定省之，大夫又能封翁太夫人樂乎？"曰："不。"曰："若是，則知所以壽大夫者矣。大夫之壽，始乎壽民，中乎壽親，既乎壽身。壽民以悦親，使民俞；壽親以怡身，使親俞；壽身以治民事親，使身俞。自大夫之爲郡，吏不夜呼，犬不晝吠，商無難得之貨，士無反道之行，氓無佩犢之思。大夫人有羔羊之節，臣妾之晝然知者效職，而芚然愚者不敢愛力。大夫不詧而辨，無爲而理，鸞鳳翺翔而七邑安矣。七邑安，則大夫安；大夫安，則封翁太夫人聞且益安。大夫以其爲民父者壽父母，而以其壽父母者壽身。慈孝之風洽，而内外之豫通，血脉精神，不既彊固乎！夫江漢大而後尊岷嶓，衡霍大而後尊崑崙。大夫有伯氏，而封翁太恭人壽，即大夫自壽矣。吾聞大夫之壽親，得養生焉。"

於是，酒壽者進卮匜，大夫曰"酌我三"；歌壽者進謳謡，大夫曰"賡我三"；幣壽者進玄纁，大夫曰"衣我三。吾其飲若酒，聽若歌，被若裳，以昕夕從少宰氏之祝規”。不佞汲復進曰:“孝子不匱,永錫爾類。壽親之道,則又在壽身矣。”國人諸大夫皆曰:“少宰氏則君子也,贈人以言,而大夫善之。”人各自觴而退。

郡太守雲翁朱公祖壽敘代

吾郡朱大夫剌泉之明年,臘之三,其誕辰也。先是,大夫之誕辰至,郡薦紳諸先生若三老子弟,相率謀大夫壽。大夫避席謝曰:“否否。不穀父若母老矣,不穀今者奉璽書,便道謁雙親,幸從吾伯氏觴吾母誕,媮快爾。今而去膝下遠也,今不穀望白雲盻盻焉。不穀未有以觴吾父,安可受觴?不穀不能爲吾民請命于天,而使肥蟘虐兹土也,食不半菽,野亡青草,枵腹待哺,什家而九。惟是不穀罪,不穀亡以謝國人,安可受觴?不穀奉職三月爾,不穀不敢謂上官知我也,令而不穀幸獲免顛越,亡大罪於大夫百姓,而得以筋力答主恩,不穀將遑處乎?不穀慮莫知稅駕也,安可受觴?”於是誡壽者勿入觴。諸薦紳、三老、子弟如令,第以其日從大夫北面鄉子舍頌封翁壽,或稽首致詞而已。

今年冬,大夫之誕辰再至,諸薦紳三老子弟復相與謀曰:“吾今可以觴大夫。大夫鄉者不欲先封翁任壽也,而封翁則既壽,又詞致之矣。天念大夫軫我氓,而嘉禾惠我也。鄉不幾半飽,腹今果然也。上官知大夫信如列眉矣,薦疏赫然上。而國人、而天子奚而不大夫賢也?何但及期哉!吾今可以觴大夫。”

維時入觴者冠冕在堂,縫掖在階,扶携在陛,筐篚在門。大夫儼北面之雍雍與與,安受其祝。而不佞某侍天子經帷,不得列賀中,則先期走都下授簡。大都語不佞壽者,不一二啻矣。曰:“大夫仁。大夫見民饑如己饑,見民寒如己寒。杖不上十楚,督有淹嘉石者,放亟去。間關決不得從平反,爲吁不食也。”曰:“大夫明。大夫受爰書、發奸伏如神,寃抑者、罪誣者,訊各厭意去。不但卷其口,且怖其心也。奸吏重足立,無舞文者。”曰:“大夫寬。大夫罷一切束濕,以文無害,以平持之。身自詣約所,講諭讀法,煦煦愍愍,若家人父子然。”曰:“大夫廉。大夫却贖鍰,戒賂遺,公正不發私書,不受請寄,而郡之庭無暮金也。”

曰:“大夫謙。大夫延見賓客,薦寵僚屬,虚懷折節,如恐不及,郡弟子員荷甄拔保全者甚衆。仁則静,明則遠,寬則悠,廉則立,謙則益。是五德者,大夫之所以壽也。”不佞乃拜命之辱,遂颺而言曰:“旨哉壽也。其大夫之自爲壽乎？蓋又有壽大夫者,壽有三難:曰天壽,‘保佑命之,自天申之’是也;曰君壽,‘邦家之光,萬壽無疆’是也;曰親壽,‘魯侯燕喜,令妻壽母’是也。天壽高而邈,不可窺;君壽尊而顯,不可徼;親壽老而頤,不可必。祉錫於昭昭之中,而福降于冥冥之表。莫之爲而自來,不可致而自至。乃大夫一至泉,能令風調雨暘,若五穀蕃,八蜡通,而旱暵之年化爲樂歲。大夫與高枕卧治矣,得天壽。又能令聲譽流通,上下胥獲,不期年而徹九閽矣。天子方且召賜宴龍光而壽愷之,得君壽。封翁太夫人,于于以嬉,衣金緋,安於室。大夫亦蒸蒸以理,衣金緋,安於官。封翁太夫人歲復一歲,大夫亦歲歲矣。内外父子交相歲也,得親壽。大夫備兹五德,而臻有三難,以難老其身而永錫其民。夫安知筭之所止,而測後天之所極哉!”

大夫繇名進士起家奉新令,歷數年而刑部郎。又數年,而今二千石,貴倨矣。二千石之上有藩臬,藩臬之上有中丞,中丞之上有三孤,有九列。官歲積而崇,勳歲積而著,夫壽何莫猶是也!歸述之大夫,大夫曰:“敬受觴。”

郡司寇寰翁李使君壽敘

李使君者,楚中奇士也。以己丑登進士高第,授吾郡司寇。使君之司寇吾郡也,逾年于此矣。先是,使君之誕辰至。蓋初試官也,郡薦紳士庶,新飫其澤而禔其福,亡不人人鱗集仰流,躋公堂而稱觥。於是政和刑平,七邑以内氓無寃狀,湛恩汪濊,群生澍濡。而懸弧辰又至矣,稱觴蓋載舉云。使君之門下士某某輩,從不佞乞一言,頌使君壽。不佞不克辭,乃颺而言曰:“使君鍾靈在楚,而筮仕在閩。不佞閩人也,而楚語,請以楚壽,可乎?”不佞嘗游楚,周覽楚名山大澤。太岳以神臯據上游,泰衡賓四岳而當席,岑崟參差,日月蔽虧,交錯糾紛,上干青雲之狀,千萬載而弗震弗騫。以爲壽莫如楚山。則又有三澨七澤,岷嶓導波,滙爲洞庭,黏天浩瀚,大浸弗溢,大旱弗涸者矣。以爲壽莫如楚澤。則又有産於物，曰南金大貝、隋珠翠翹、丹青赭堊、雌黄白坿。而華罍之美曰珩，荆之和氏曰璧。其多年所，以千五百歲爲春秋，曰冥靈。以爲壽莫如楚寶。其産於人，致於言而工於書，則有若鬻熊、倚相、屈平、宋玉、唐勒、景差諸賢，若《離騷》、《九歌》、《陽春》、《白雪》諸賦，使天下後世耳而豔之，目而傳之，歷千萬禩不茀廢也。以爲壽莫如楚材與楚辭。乃於今得所以壽使君焉。

使君生乎沔襄之間，荆門亦一都會也。弘治中，睿宗分封入郢，肅皇帝實由此起。自是而承天故郡，稱人主湯沐矣。使君生而效靈於是，包二嶽、絡七澤，以畀使君。使君之以孝廉上公車也，幾二十年所。使君綈袍皂衣，左圖右史，發而爲文，抽關啟鑰，所集有精一要旨，詩若文著于世，爲楚辭。一出裨縣官理，驊騮初服，太阿初試，爲楚材。乃使君材又不獨鬻熊、倚相、屈平、宋玉、唐勒、景差諸賢，僅以其文張楚矣，而何論騷辭九賦也？世傳楚俗剽輕，少矜重，易發怒。乃以余觀使君，朴而茂，沉而毅，其括若囊，其重若吕，其容若春，其納若谷，其慎若履冰，其决若懸河，一何與楚風不類也！楚故多寶，而使君性恬澹，寡嗜慾，斥絶玩貨。莅泉以來，公正不發私書，問遺不受，請寄不聽，冰蘗自樹，而使君廷暮無饋金矣。使君温恭下士，接大夫以禮。按牘四顧，姦吏重立。民持兩造訊者必徐别其輕重枉直，得情後已，不故爲片言取訊，博能察聲也。以故郡大府而上，若中丞臺、御史臺，若藩諸司，獄無巨細，必關使君决。使君上爰書，論奏報可矣。噫嘻！使君今且爲理官乎，令遲三歲考，虚省臺而召使君，使君勳烈寧可勝道也！吾聞楚有龐公、老萊子之儔，行年甚高，然第以其齒壽耳。申公子亹耄矣，傳稱其老楚國而知戒，則亦自身壽也。當周之東，視汝、沱、江、漢爲南服，荆郢其故域也。召伯南行，甘棠蔽芾，千載遺茂焉。壽莫大於壽國，其次壽身。使君今未央者歲耳，余何能測使君壽，顧以使君視吾郡猶南也。

今天子化行南海，七閩被之矣。兵革不興，狴犴衰止，使君則豈惟讞職文亡害，將蔽芾於今，而勿敗於後。斯其爲使君壽者與！使君之必不徒爲申公子亹之算也，不佞諗之矣。諸君入而壽使君，請以江漢爲上尊，泰衡爲加豆，陳之以楚瀝，縮之以苞茅，賦之以郢歌，奏以洞庭之雅樂，而後賁清源、紫帽之茗，以佐一觴也。使君瞿然曰:"在楚楚觴,在閩閩觴,吾觴夫閩者耳。"因誠壽者入,各相觴相茹茗而退。

郡伯蘿陽程公壽敘

程大夫刺泉之初年,爲今上在宥之乙未歲。是歲春大旱,徂秋不雨,民告饑。大夫既至,寬徭省刑,發粟賑糴,脩衆庶之穌。連冬及春乃雨,麥始熟,其占爲有年。既而彌月不雨,四郊亡青,百姓苦焦。大夫於是乃齋居減餐,素衣露禱,籲告于雨師,爲七邑之民請命。越四月九日,大雨。一雨數日,畦灌霑足。民大悦,市野驩呼,狂若更生,頌曰"程公雨"。

又十六日,大夫之懸弧辰至。郡薦紳弁冕、下及鎛趙之夫、帶縱之子,莫不躋公堂而稱兕觥。孝廉諸君相率徵余言以壽。余惟壽之義,至詩人備矣。彼其稱君子爲父母者,爲"邦家之光","德音不已"乃起而賦,曰"有桑"、"有楊"、"有栲"、"有杻",以祈其"黄耇"、"保艾"也。《天保》之壽,進于是矣。若九如之祝,皆下人至情,願致忠愛於公者,不亦備而無遺乎!然以余觀程大夫今日所爲壽,則莫若《大田》、《甫田》之詩。其詩之繇,曰"以御田祖,以祈甘雨",曰"有渰萋萋,興雨祈祈"。彼所謂農夫之慶也,始於"同雲",終於"克敏",而極於有遺秉滯穗之利,不過其"南畝"間,"婦子"之寧與其"田畯"之喜。乃當是時,所以奉"黑騂""黍稷"於"曾孫"之若者,然且介之以"景福",壽之以"萬年",惓惓然若無以自頌美。歸德於公,而且願天之"雨我""及私",而後爲報也。然則,"穛穧"不愈於"桑楊","霢霂"不勝於"恒升"乎?"薿彧"不茂於"松柏","坻京"不益於"岡陵"乎?今予與子壽大夫於此,令五日不雨,高黍無苗矣。令十日不雨,下稻無穮矣。不苗不穮,歲且洊饑,獄訟繁興,盜賊滋起。大夫且側身熏心,寧丁厥躬,即欲晏然於堂皇,受四方千年之觴,則大夫快乎?又使余與諸君効華封氏之祝,莃韝鞠腟,侍酒,賜餘瀝,而奉觴上壽也,能使大夫快乎?大夫出而視四境七邑之内,原隰畇矣,陰雨雰矣,百穀播矣,千耦耘矣,青青者穜,有厭其苗。則百姓安,而大夫亦安。時和而政和,政和而形和,而精神之和應之矣。大夫誠與時爲春,而不失其兑者也。大抵大夫爲政,剛不及吐,柔不及茹,敏足以應機,誠足以化物。以故居郡未及年,法度俱已脩明,政刑盡已具舉。其樊然者愁其心思而不搰火馳,其謏然者役其四體而不絯緒。使應之而愈多,出之而愈有,余與諸君居然在卵翼之下,覆露之中,求所以壽大夫而莫可更僕也。而姑出於時雨降,年穀熟,亦會其時耳。《詩》曰:“芃芃黍苗,陰雨膏之。悠悠南行,召伯勞之。”噫嘻!大夫之爲百姓,勞亦足矣。諸君入而壽大夫,請歌《大田》、《甫田》,歌《黍苗》之首章,予然後賡之以《南山》,申之以《天保》。

邑大夫泓翁蔣老父母壽敘

大夫令南安之明年二月八日,其懸弧辰也。先是,誕辰至,邑諸薦紳先生若三老子弟,人人躋公堂稱觴,誦大夫壽。願大夫壽,歲歲加一也,而澤加渥,官加崇。於是,大夫歲又加一矣。諸薦紳先生若三老子弟,復踵屬至門,謀大夫壽。大夫出而膝席,再拜而謝曰:“不穀胡可載舉觴?不穀居亡善狀,幸大夫國人不之罪,而得一日居此土也。亦既受大夫壽矣,不穀未有以謝大夫國人,更辱賜乎?夫誕故歲歲有也,不穀胡可載舉觴?”於是聞者人人私相顧,謂誕歲歲有也,而大夫之政,不歲歲同矣。乃人人言大夫政,以酒至後先而起爲壽。

有大夫曰:“肥蠵煽虐,我民無良,陰懷異志,伏戎于莽,弄兵于潢。大夫捕逐之,而反側安之。《詩》不云乎,‘罙入其阻’,‘有截其所’。‘赫赫厥聲,濯濯厥寧。壽考且寧,以保我後生’。願大夫壽,與威無極。”有大夫曰:“城之隍矣,樓堞傾圮。誰崇其墉?誰固其圉?大夫增之,式廓賴之。《詩》不云乎,‘召伯是營,有俶其城。寢廟既成,既成藐藐。王錫申伯,鉤膺濯濯’。願大夫壽,與城無極。”有大夫曰:“大夫作山,封之培之。維黽正之,與民攻之。不日成之,以作鎮厥邑。《詩》不云乎,‘保彼東方,魯邦是常。不虧不崩,不震不騰。三壽作朋,如岡如陵’。願大夫壽,與山無極。”有大夫曰:“大夫式士,譽髦宜之。顯擢其長,陰棄其短。以薪以槱,爲大夫之楨。《詩》不云乎,‘倬彼雲漢,爲章于天。周王壽考,遐不作人’。願大夫壽,與教無極。”有大夫曰:“大夫字民以雨露，馭吏以雪霜。耕者安耒，職者安紅。狴無淹囚，邑無逋税。四菁甌窶，嘉禾歲登。豪胥屏跡，黎元信之。《詩》不云乎，‘樂只君子，民之父母’，‘樂只君子，遐不眉壽’，‘樂只君子，德音是茂’。願大夫壽，與政無極。”

諸大夫國人言壽畢，次以及不佞。不佞起爲壽，舉酒酌大夫，曰：“大夫飲之。善哉！大夫之爲壽也，以壽民者壽身。”又以次遞舉酒酌國人諸大夫，曰：“諸君飲之。善哉！諸君之爲大夫壽也，而以壽我民者壽父母。”於是諸大夫國人揚觶酌不佞，曰：“子飲之。子之壽大夫也，謂何？”不佞膝席曰：“不能滿觴，亡已亦稱《詩》乎？《詩》有之，‘爾受命長矣，茀禄爾康矣。豈弟君子，俾爾彌爾性，純嘏爾常矣’。大夫其何以徼此寵於天子？往者御史勞，大夫賢矣。今御史行部至，又大夫賢，又且爲大夫具薦書請。天子春秋鼎盛，加意吏治，交戟之内，虚省臺而召大夫。令聞令望，爲君子使，大夫有焉。願大夫壽，與君無極。”諸大夫瞿然曰：“吾鄉者誦大夫壽，澤加渥也。如子言，大夫官加崇矣。即擢而去我，而崇墉在，而高隼在，而遺政教在。《崧高》、《閟宫》、《殷武》諸詩，雖千百歲，賡可也。”大夫曰：“觴則不敢，勉於詩言，敬聞命矣。”時孝廉鄭君啟芳在酌中，進不佞曰：“不可無識。”不佞唯唯，敬敍識之，而闋之以《卷阿》之什。

年伯澄江潘翁暨伯母賴孺人並壽敘

潘君士觀，吾同籍中所有具慶者也。尊人曰澄江翁，母賴孺人。士觀昆弟四，長君士達，舉於母莊，甫二歲，賴孺人始至。士觀居仲，及叔季弟生，各有母，賴孺人皆子之，與翁拮据齊老。士觀舉于鄉，又若干年，今年壬寅，翁春秋進而八十，孺人七十又七。十月之二十一日，爲翁懸弧辰，孺人設帨後於翁六日，蓋相次云。

士觀謀所以觴翁及孺人，委仲熙圖之，而令光縉言爲壽。噫嘻！士觀之壽翁難，而賴孺人之迓此壽，於士觀尤難也。翁爲封侍御公之長子，弟侍御公及封吏部公而兄之。當是之時，封翁慷慨有大略，行義好施，誦於里中。翁爲家督而善劑之。封翁以伉爽，翁尚馴謹；封翁以恢奇，翁守繩墨，父子不盡相規隨而相弓冶。久之，封翁亦善翁有質行，爲能孝也。蓋及侍御公貴，翁有子士觀、侄士鼎，相繼領賢書。士鼎以解首成進士，官吏部郎。而翁雖早歲罷諸生業，亦已有太公之呼，居顯融章灼之世，第士觀猶阨一第耳。夫惟士觀之未第而貴，蕭然在公車間，而必竭甘旨柔毳以當二尊人之驩。雖其累裀鼎食之後，官家之餉，無以是過，且能令二尊人安然享之，老而猶有嬰兒之色。故以爲士觀之壽翁，難也。士觀兄弟非孺人所自出，一脉之中，胞乳各四。後先彼己，難言之矣。而今皆子，又有子而子者。士觀未有子，以一月兩胤之，殆天所以昌翁後，而完其祉。要非孺人有衿裯之惠，鳲鳩之愛，其何以並翁壽而臻此！於今日，孺人不有子，而子衆多。士觀昆弟不私母其母而母孺人，則孺人貽之也。吾不難士觀之壽孺人，而難孺人之所以壽於士觀。世人言壽親，不論親志之適與不適，子力之竭與不竭，而但藉口於官膳法醖，以能爲親養而榮，此不過勢之所偶有，時之所得致。士觀故未貴，即貴，而駢集以上之翁及母，苦不爲士觀難之矣。士觀於吾同籍中，最善李仲熙，而不鄙夷光縉。光縉不敢言事父之樂，仲熙昕夕聞其親封翁膳，又與潘翁兩大人並居里，必能言所快於士觀。如士觀母子之際，非光縉，其孰能督之？光縉不生於嫡，而諗吾安人劬勞之難，故以爲士觀之母難也。

是圖也，直取椿萱之茂，以寓祝頌之意，於其所以壽未之盡也。縉是以表而出之，以語世之爲子與其子於嫡者，而庶幾以博潘翁之一笑。

蔡纓泉封翁暨太安人並壽敘代

自不佞某游沙塘蔡先生之門，事其兄伯纓泉封翁也，是時，封翁之伯子吏部君，方斤斤守諸生伎。嗣不佞綰史筆詞林，而吏部君亦且用經術起家，第進士矣。繇永豐令召入司空曹，封翁、太安人得封如其秩。其後不佞長宫宷，祭酒南雍，而吏部君遂以清譽最貤掌銓司，益重司事，封翁、太安人，人輒呼之曰“吏部”云。今畿内秩，稱貴顯者莫如吏部。吏部自冢宰而下，無論少宰，即諸曹郎、它曹郎，不敢均茵伏。秩不上五品，而進退百官自如，朝列士各引分以遜。遠方下吏，望優游清華之班，如金門僊客，至相與指目，以爲上之私人。蓋隆、萬來，吾郡薦紳間，官是秩者不一二氏。即一二氏，疇有爲逮父母存乎？逮之不以偕，偕之不盡老亡恙，而又未必其懸弧辰相次也。奚但吾郡中，即與吏部君並時銓曹諸大夫，其有逮父母存，如吏部君二尊人者幾？吏部君豈惟上之私人，實天之私人。

吏部君敭歷中外，幾二十年所矣。累晉加顯，二尊人若不知也。封翁冠素被菲，于于而行於鄉，太安人謝縞釋綺，愉愉而處於室。里有紹介見封翁者，間以關説請，封翁逡廵謝弗遑，曰："吾門豈市門耶？"非公事，不敢之郡國。入其縣廷，户外呼擁至，深自避匿，庭時時設雀羅也。接人無貴賤，循墻滋益恭，下士喜施，太安人輒佐之矣。貽書誡吏部君曰："虞衡一職爾，周稱天官，六官係焉。萬一引士類臧否弗當，弊吏治廢置弗恪，豈惟負官，謂負天何。"封翁不知其子之貴而誡加謹，吏部君亦不知其身之貴而守父訓加勤，内外父子交勉，十餘載一日也。吏部君自試令迄今官，不遑將父母久矣。天子仁聖，憫吏部君念父母篤，出參知粤東。及以瓜期，便道謁雙親，媮快也。吏部君既稅駕，戒郵使，止騶從，須以臈之誕日上二尊人壽，而後行部。二尊人固督促趣駕，曰："安得繫於親而後於君哉？"吏部君不獲已，乃先月張筵納客，舞綵爲驩。噫嘻！賢哉，二尊人矣。

蓋不佞讀詩，睹《陟岵》、《鴇羽》、《北山》、《祈父》諸行役，歎從事之獨勞，恨有母之尸饔，至佗（侘）傺咨嗟於息偃在牀者，休歸而不可得，以爲上人之教孝非也，乃其爲父母者，又不聞有勸勉撫諭之言，以堅其經營靡盬之瘁，而徒爲之志其所陟之岵屺，啟其瞻望而患其不來，則所謂教忠者，又安在哉？封翁趣其子之行，以慈而勸忠；吏部君共其父之命，以忠而成孝。君不遺親，家不棄國，推此義也，雖《北山》之人子，《陟岵》之人父，可以卑陬而汗下矣。吏部君既貴倨，封翁、太安人又壽而賢，此所謂天之私人也。乃主上私吏部君也，獨以其官哉！

壽江少卿達泉公七十敘

蓋公成進士起家，今幾四十祺矣。踐大寶當陽者，凡三易世。吾郡中諸與公同年進存者如晨星，何論在事哉！豈僅吾郡中，癸丑南宫之選，今繫籍亡幾矣。公解組家居，未五稔也，數歷爲最久云。

公初試貴溪，旼㫪壘之，是時分宜喜乾没，黄門柱下，以貲當選，公故不得充竽，徘徊郎署間者若干年。分宜屏棄，華亭握樞，公故南宫所舉士也。公斯時僉憲豫章矣，人謂公步武尊膴蜩掇耳，竟以榷揚關事，忤部長旨，尋萋菲落職。公徘徊州郡佐間者，又若干年。蓋貳郢之命下，公被再謫矣。郢故地重民揺，又楚相梓里，一時楚藩諸大吏繹絡走江陵道，人人號相君知我，公獨不通一刺也。理挐劇棼，剖判若流。每爰書上，中丞王鳳洲公、楊本菴公報可之，目爲老吏，後先薦剡，公始得秩二千石，佩金紫而設隼軾。會侍御劉㫪所公，列楚相諸罪狀，楚相頷之，傅會鍛織，遣戍粤西。潯人望見避匿，公貰酒坐上座，與相結也，存遺無虚日。侍御公竟斃戍所，公厚瘞之矣。人嚇公曰："如張相君何？"公正色曰："侍御公骨不朽，吾亦不朽。安知相君哉！"噫嘻！令楚相在，公必無幸矣。公之官，不止四品，秩不過中大夫。宦轍所履，寡善地。遷徙粤東西之間，乃其峭直激卬、百千折而不頓。蓋嘉靖季，天下争希韋脂合，招權以墨，而公之廉自若。再變而隆慶中，天下争矯行雄談，承旨以圓，而公之方自若。三變而萬曆初，天下争密荼束濕，奉法以刻，而公之恕自若。以故公數起數廢，而人枘鑿。迨其後也，厭涼者解凍於冰山，附炎者失煬乎媢竈，旅失幾夸，悲矣，而公綰綬又自若。公今雖倦游乎，税駕最後，樹棠千里，以與逢年善敗，何霄壤也！公不官於家貴，好行其德，族戚中，仲若叔無弗乘軺，内外若侄無弗被采。弁待而室，笄待而家，竈突冷待而火，枲褐不完待而纊。交游朋儕，假公帑若寄。公第喜曰："吾彰主上賜耳。"一門之内，訢訢韡韡，孝謹無與比，萬石君家遜席謝弗如矣。郡致公爲鄉大賓，蓋推月旦云。

今年春，公年七十也。懸弧之旦，長君國馨氏謀稱觴上公壽。邑薦紳大夫先期貤書予，徵余言。鳳翔曰："不合，政以合也。不大，政以大也。桃李敗於華，松柏樹於堅。山嶽厚，故不騫。漢無極，故不涸。公閉乎無鍵，行於不貸，吾安測後天之所底，如其左於官而右於家也？得是者，可以葆生，可以全天。"

觀察大夫志翁陳先生七十敘

世廟季，志齋陳先生以《易》學起家，第壬戌進士，敭歷中外，急退懸車，及今上踐祚之二十九年，凡三易世，而先生巋然稱老於鄉，蓋年七十矣。

先生貌端而莊，性方而毅，坦易無有他腸，高朗不可繞指。望之儼然，即之温然，聽其詞確然。遇公正必發憤，當言則言，無所避護，不以得失陰陽周旋人世。寧迕而拂，無唯而阿，誠所稱質直君子也。初繫籍主南户曹，旋曹禮部，以重望顯出守廣陵。循良政成，猶以中郎時抗節不阿，失當權者驩，謫州守。徘徊郡貳間若干年。再爲禮郎，先生之勁氣猶故，不以一挫刓方。及臬憲江右，樹蘗飲冰，剔蠹搜蠹，益發舒其生平所自矢。遇有建白，不遺餘力，終不效世人囊括首鼠、模棱而已。然亦由是，益枘鑿齮齕而歸矣。

蓋嘗試觀之，嘉靖末載，脂韋成風，天下茅靡。先生以盛年筮仕，驊騮初駕，干鎁始剸，凛横秋之霜氣，而行於炎蒸隆夏之時，固宜其不與俗耦。隆慶初，宦路稍稍廓清，正人彈冠，巖士賜環，而乘人闕捷，此亦一時。先生嚮用殷始，方且騁逸足於中原，决芒刃于箐汜，而先生何少阻也！由郡而州，由守而相，淩厲頓挫，盡已備嘗。今上召入，始復舊物，而世風又一變矣。權相招鬻，薰焰灼天，附冰倚山，通膴立致。先生丁遷徙之後，而益厲平居之塞，問遺不行，骫骳不事。其談達足以開人之胸，其戆直亦能取人之憚，雖欲不税駕而休，善刀而藏，不可得也。先生而既歸矣，角巾私第，始居城隈，再匿山谷，車跡不及通都，足跡不入郡廷，梅溪之麓，菟裘營焉。先生棲息其中，嚶鳴相和，塤篪相宣，日率諸子姓問詩問禮，與農人問耕，與場人問圃。賈其餘勇於創祠田、脩家乘，與成梁治渠之勞，逃而托其意於植草、浮白、吟風、嘯月之快。吾里中一切芬華競麗事，曾不當先王之一眄，他巧故機利可知已。故有鬩而待先生平者，有陰行不善而懼先生知者，亦有受先生譴，立自責不容者。雖其盜賊，往往相誡，不入境内。先生以直道帥人，人亦薰先生德，無怨先生者，相立祠祠之。此先生輓近年之大致也。汲仲孺守高不屈，難惑以非，面折不能容人之過，先生似之。乃其出爲淮陽太守,至不肯受印而發憤於積薪之歎,則何如先生之可遷可謫,郡伯可而州守亦可?陳仲弓、王彦方之里居,義行稱於鄉,盜賊化之。但當其正色於此,徐譬於彼,挾遺絹與布之術,大直若詘,道固委蛇,此亦先生之所不爲。庚桑子之穰畏壘,晝然去而挈然遠,其殆庶幾與?要以先生政於官,則蚤休如鴻冥之不可弋,而人或以爲拙。政於山林,則深藏如魴厚之不可餌,而人或以爲膠。今先生不拙不膠,以適時逢世則可,此生所枉撓者多矣。《乾》之動直曰大生,《坤》之直方曰廣生。孔氏謂人直爲生,罔爲幸。故夫直者所以生生之本,而安身立命之道也。天地惟直,故能長久。松柏以直而後彫,竹筠以直而脩。物亦有之,而矧於人!

先生行年七十,此七十間,國事之沿革凡幾更,郡治之淳駁凡幾變,里風之沃瘠奢儉凡幾易。即先生之一身,其仕止隱見、少壯艾耆凡幾遞遷,先生翛然、逌然,以直道完其真已矣。故先生壽也,又況其耋耄未央乎!縉蓬乎杓之人,其何以盡先生?姑與諸君而試言先生之匡,請入而一觴之。

汝寧刺史震翁林老先生九十敘

今上即位之二年,林先生算登九十高矣。先生誕嘉靖癸巳,歷聖明踐祚,已五易世。登賢書辛酉之秋,再復辛酉,成進士乙丑之春,乙丑又將及焉。從州守起家,敭歷中外二十餘年。其以郡刺史懸車三十餘年,甲子一週天,加週之半,於生之歲,起甲子朔,今五百有四十甲子矣。世運之汙隆,人事之榮枯,不知其幾滄桑,先生巋然而稱達尊。鄉薦紳諸公,不乏老成,齒未有居先生右者。此所謂邦之大老而聖世之人瑞也。

是年夏五之九日,爲懸弧辰。諸與先生令子國壐、國兼君游者,謀所以壽。直指徐奕開君,屬爵言於李子光縉。光縉惶恐不遑,向讓徐君者再,徐君曰:"先生有道大年也。君逾稀之年,亦非小。且君能不受名利之韁,自逍遥於閒曠之野,波浪不驚,烟霞足老,故將躡先生年而後之。其於先生願神養性之道,當有窺焉。上先生壽,宜莫如君。"縉非能假倏渾沌氏之術,當何以測先生秘?

客有言曰:“先生居平嘗自謂‘譬上不得,譬下有餘’。又云‘知止不辱,知足不殆’。此十六字者,先生所三復而有味其言也。衛生之經,當不離是。”於是光縉瞿然曰:“非然也。先生有爲之言也。夫取譬於有餘不足之間,則猶見不得也。求止足於殆辱之知,則猶恐其及也。此何足以概先生?昔有行年五十,知四十九之非者。又有行年六十,而六十化者。矧八十、九十乎?然則先生何壽?先生嘗一日從容語光縉曰:‘天地間最難得者,禄位名壽。吾儕奮身,致位宰臣,極矣。名首南宫大廷,極矣。近里中士紳已有之。獨百歲有位,人未之見耳。’縉拱手應聲曰:‘先生其人也。’先生默然而笑。縉今請以斯言壽先生。夫世途所艷羨者,崇階也,榮名也,於先王尊年尚齒之義,輒忽焉不講。其並齒於德而特伸之侯王君公之上,非泰山巖巖之聖,不能有。故爵曰人爵,名曰浮名。謂爵可夤援求,名可襲取得也。壽則不然。天之所予,非人之所設。雖有天子之尊,不能强蛄菌之易,盡使老於椿蓂,而何有採華掇榮之士?故稱壽於天,謂之平格,必甚盛德,乃能迓之。先生壽可謂得天矣!試借上古九十歲畸人以觀先生。有八十一年始生,後歷九百六十歲者,以彼九十如人幼初生嬰孩之日,猶龍氏之年也,古之僊人也。有八十隱釣於渭溪,九十乃顯榮者,以彼九十,直人生方壯盛彊仕之日,臧丈人之年也,古之聖人也。有著《抑》之篇自戒者,於九十時,猶令人毋老耄而舍我,人稱睿聖,衛武公之年也,古之賢人也。有聞治《尚書》名召之,年九十餘,老不能行者,天子使太常掌故往受之,濟南伏生之年也,古之儒人也。四畸人者,年或滿百,或踰百,皆以久特聞,而老氏之長生久視爲最永。吾不知於林先生何居,但以縉所覩記於先生,蚤歲治伏氏經,以《尚書》顯於時。既已繫籍,繇州守起,秩不上中大夫,以户曹郎出守九江、汝寧二郡,棠陰滿於三吴、梁、楚間。居官無時不親吏事,而以其餘情發之論史、抄斷、賦詩、托詠,有《淇澳》君子之風。故蚤廢無牢騷不平之感,未嘗講老氏谷神玄牝之説,治縮伸吐納之術,而無煩思愁慮,滑其天和,壽遂以延。行年今九十矣,其伏生之年乎?伏生但言書,授山東學者,林之先未有第進士,自先生昉,其後諸子侄遵教,多以《尚書》著,而旁涉《易》,官至卿執、詞林,一門貴盛。不知伏生九十時，有斌斌於是否？其衛武公之年乎？《邶》、《鄘》、《衛》風，聖人所厭棄，而首《淇澳》謂武公能悔過自警，戒卿士國人耳。今世風敗壞，俗尚兼併，淫暴已極。其崇厚敦讓，秉正移俗，先生一人而已。先生九十温恭，威儀抑抑，未知與衛武公孰多？其臧丈人之年乎？九十鷹揚，晚也。先生則賦歸早矣，暮齡而晝繡，漏盡不知休。通人羨爲窮富貴，達人鄙不釋重負。營丘之争，義士猶或笑之。令斯耋期有授先生以通侯之印，先生肯受否？先生生於世廟之初年，去弘、正世未遠，宇宙混龐之氣未甚漓，士大夫廉恥之節未盡喪。先生獨鍾其清和醇固之美於身，故深厚而不薄，寬宏而不隘，和易而不迫，謙讓而不亢。孝友孚於家，惠澤遍於四方，其行誼表乎鄉閭。天乃錫先生，使盎然長存，爲輓近世觀其生之至人，即以登玄元老氏年，奚不可？老氏貴嗇，先生積散善費，不儉而亦嗇；老氏貴玄，先生絯使善應，不寂而亦玄；老氏貴柔，先生公正善憤，不絀而亦柔。繇先生還視未懸車前，身所爲政滿功成之行，皆浮雲過太虚之事；繇先生熟視懸車後，世所争招權鬻名之貴，亦蚊虻競形影之勞。先生何殆何辱？何知何得？但處於至有餘之地，更有何餘而抗其上，行乎恬愉常足之鄉，安往而不得所止也！縉故曰：先生有爲之言也。縉媒媒晦晦，自投無用，安受斧斤，固將問道於具茨之山，空自迷于襄城之野。先生進，滿百踰百。縉年亦老，伏生畸哉。先生其猶龍乎！縉無所望後塵矣。”

徐君進而言曰：“吾聞至人之鄉多壽人，物無疵厲，人不夭札。孺子之室，去先生希韋圃不數武，而近塵垢粃糠，受鑄先我。吾與若刳心焉。庶幾其食福於先生，先生之謂天人。”遂相與觴先生，順風再拜，人各稱天壽而退。

賀鎮江太守葵翁許先生壽敘

吾郡人文浡發，其以胞乳兄弟登進士繫籍者，往往不乏人，乃伯仲並時爲二千石、抱功狀入覲闕下者，前此未之有也。許大夫葵翁，與次君同葵先生，實始應之。

次君既以桂林太守擢粵西備兵使者，翁復守鎮江二年。主爵者上翁治行第一，宜首擢以風天下。疏數上，天子未俞其請。甲子春，翁竣覲，便道入里。九月之誕辰且至，兒某輩貽書燕中，語余圖所以壽。

翁居郡蓋兩計于兹矣。天子既深知翁賢，又不難以臬憲兵權，畀次君使握，而顧難於翁者，何也？無亦鎮州留都股肱郡、跨吴抗越，擁長江上流，爲淮北咽喉，非得經明行脩、深厚雄傑、仁明愷悌之君子，不能勝其任而愉快。天子難於其代，故不即擢翁以去者，爲東南根本計也。周昔盛時，諸侯來朝，王人賓之，亦有稱及於鄂韡兄弟之際，但不過授以彤弓，湑之湛露而已，不聞有品秩尊崇之者。郡守古之列侯，下璽書褒予，贈秩賜金，其典蓋起於漢神爵、五鳳之間。是時，潁川、渤海循良相望，不必其親兄弟並起而蒙此賞。獨萬石君家之子，皆二千石，建於諸子居長，孝謹最甚，則又徒奏事惶恐耳，不能於縣官有所繫輕重也。天子將大用翁，畀之以其善地，故擢次君而先之，以明示其爵賞不慳之意。而鎮州，故劇郡，羽檄旁午，舟車繹絡，江中鯨鯢鼓波出没，今但得醇謹如建者當焉。吾不知於惶恐乎奚居，安能大有聲稱於朝廷若是？翁爲郎五載，先教化，後刑罰，無大小，游刃應之。吏胥重足立，天塹晏如。盜賊去，入它郡。是以天子知爲長者。次君之於翁，若不敢雁行於元、季兩方之間，寧區區以其年哉！

《蓼蕭》之燕臣曰“壽愷”，《天保》之祝君曰“萬壽”。夫壽者，天與人之所交際，君與臣之所同歡也。今天子久道化成，萬年之觴，咸稱曆過，必世之期，躋天下而仁壽之 。百姓嘻嘻，如登春臺。况三輔在事之臣，主聖則臣良，多歷固其宜也。敢以九如爲祝。

參知象翁周先生配江恭人齊登七十序

參知周象林公，壻于江，配恭人爲達泉少卿公之女。江之先，壻家未有顯者，通籍貴仕，自參知始。其女兄弟，亦未有稱命婦貴者，貴自恭人始。參知第進士，繇中書省給事黄門，依日月清近之班。恭人從參知秩，受天子綸封，繇孺人進稱恭人。被恩逮至榮，一時内外家艷之。今參知年已登七十，十月之十三日爲初度辰。恭人年次之，以明年之二月□日設帨，並筭稀矣。少卿公之子國棟、國聲、國表，請於封翁習泉公，圖所爲參知與恭人壽，而以其爵言屬不佞。不佞謝主臣。

夫參知之蚤貴，人知之，其蚤廢也，人亦知之。乃若有以自善其廢也，人未之知也。當參知居諫垣之時，政今上踐祚之初。江陵相秉樞之始，上下勵精，宫府一體，天下翕然以賢相歸江陵。參知爲其所舉士，且以諫官隨宰相，於事得言，於言得盡。參知感時竭衷，發憤建白，上以報天子，而下酬銓宰之知。臺閣相引重，分誼固然。及江陵漸移初志，奪情之議起，參知始不得不外去矣。當是時，舉朝諸臣，有攻之者，有留之者。攻者什一，留者什九。參知留之以爲廢父子之倫，攻之亦非師弟子之義，故不與衆攻之以謝江陵，亦不與衆留之以謝天下，姑不署名於留疏中，而微見其委曲感悟之意。不惟鬩江陵者之不諒，即江陵亦以參知爲非附己也。參知是以有越藩之命。參知之出越藩，不於江陵已敗之後，而於其未敗之先，則其心跡亦已暴於天下。乃忌參知者與嗛參知者，共齮齕未已，猶摘其前事爲名。參知是以有判靖州之命。謫而不仕，參知志也；復出而仕，非參知志也。江陵已敗，尊甫杜林先生始强參知出。未幾，擢寧國令，去交戟之地遠矣。參知無牢騷不平之意，若不自知爲天上遷謫之客。留心民事，安意爲之。上官大吏，人人稱參知爲長者君子，争敬慕之。民愛參知若父母。會大計，螯者以它憾未已，借前事聲言於堂皇。參知寘不辨也，但掛冠去。夫攻江陵者，未必非其初善江陵、與師江陵之人，但借一時感憤之名，以竊附君子之稱。其再出而重用事，豈盡有以副朝野之望？乃其後也，天地不交，政權内移，南北分形，中外虚耗，而曩之盡言以攻其師之失，但啟後來招黨沽名、門墻操戈者之漸，天下始扼腕而思江陵之政，而亦諒參知當日事。其形迹泯而用意婉，乃所以敦在三之誼，而無傷國體也。然而參知之廢善矣。流俗不察，猥爲參知政不滿，不過謂參知出，舊物未復耳，歸而槖蕭然耳。大位能通人，亦能困人；多財能佚人，亦能悴人。今且無論垣屋之治，牙籌之執，憔神極能，爲守虜使也，乃有道之所不屑，令參知以此之年尚徘徊于仕路之間，倘非九列，亦卿貳矣，而當此天聽彌高之世，大臣有空縶不得去者，有告老不待命欲行者，進退維谷，譏讒薰心，鐘鳴漏盡,莫知税駕,欲自愉快,得乎?

參知居官之日短,而懸車之日長。逍遥于烟霞之鄉,寄情于詩酒聲歌之娱。朝家之得失不問,世人之寵辱不知。輓近游戲臨池,上與王逸少父子爲友。其身螽閒,其神螽完,故其壽當最永。江恭人與參知並時,貴與偕貴,隱與偕隱,今偕老而康矣。北門之命妻,其夫貴而尤於貧。梁孟之齊眉,夫不貴而不見尤於賤。然則恭人之爲賢,異是也。參知無室謫之嫌,老而有舉案之風。出不憂貧,處無憫窮,享有厚祉,恬愉終身,惟恭人是以。恭人佐參知者,大也。參知百歲,恭人亦百歲。繙語畢,以請命于封翁若舅。封翁逌然曰:"旨哉!子之壽參知也,高華封之祝矣。先兄少卿公而在,當亦以吾子之言進。"遂命書以侑一觴。

覺石李公老年丈先生七十敘

覺石李公之筭七十也,以是月九日爲懸弧辰。公之子户部君,自長安奉使,便道歸里,稱觴上壽。與户部君同官同年之友,相率丐言於相國葉公、宗伯何公,以張其事。而吾同籍宗伯黄公,亦有言爲爵者先。大率稱公在州邑時,任事剸割之才,與受户部君顯揚之遇,纚纚備矣。客有體公微旨,索余言者。余笑曰:"子以卿相言爲未足乎?使余何所開吾喙?"已而深惟之,公今筭七十矣。七十筭者,今日事也;居官之績,往日事也,是皆以往事壽公者也。余竊謂,壽公以居官之事,不如壽公以棄官之事。與其惜公未盡之才以壽公,不如洩公未竟之氣以壽公。客曰:"何爲其然也?"余笑曰:"公居官善治狀,人人能言之,何俟余言?余頓挫一官,未盡者才,而今已矣,亦無復言矣。獨其生平磅礴之氣,蓄而不盡洩,猶時勃發於語言慨嘆之間。初欲用之以壽天下,今但歛之以壽一身。此非人所及知,余是不得不爲公一洩而快道也。"

余長於公一歲,與公同貢籍,素善公,知公最深。公學有本原,淹貫經史,根極理奥,尤暢曉世務,發而爲文,如闊刀大斧,如長江大河,氣勃勃不可一世。士有經綸天下之志,亦欲掇巍登膴,以大用其才。五上春官,嘗以文受知舘閣,竟無一人能用公文者。其俛首就黄陂令,非公好也,然公亦不輕易一令,聊籍之以發舒其氣。不阿上官,遇事直任,無所避護,精力能推行之。其大者,見於裁抑楚宗之豪,而其次見於清漕運之費。革里中推收之弊,覈倉積乾没之奸,與片言平鹽人之市。其最異者,則禱雨祈晴,渡河反風之應。行之二年,教化大行,盗賊屏息。能使百姓信而士大夫譽,宜稱上最。乃一劣轉,而守陸涼,再調僻而令新昌,竟無一人能盡公才者。公既爲州守新昌令,益非其好,氣未嘗少挫,更欲有所用其未足。任事敢爲如故,治行如黄陂時,竟以是中蜚語,考功氏欲再不及公,而公拂衣歸矣。世唯未有用公之文,故亦無有以盡公之才;惟未有盡公之才,故亦無有以阨公之去。長材短馭,方枘圜鑿,公之浩然,固其智也,則公之所餘而尚完者,氣耳。夫孰知公之所以壽,即在於此。官爲貴人榮人之物,亦最能殰人而易摧折人之路。志氣得行,卑秩可尊,貶道狥人,高位反詘。自古言賦歸之辭,不欲於風塵折腰。居官寧有不折腰者?折腰非辱,挫志爲辱。折腰而但以五斗,此靖節之所以去,而姑留其氣以買於舁籃、漉巾、菊叢、松徑之娱,屢徵而不應。彭澤之風,至今猶存,寧以其令則唯當日解綬去之爲高耳。

自公之歸,余亦不喜仕,與公時來往。見公搆眠鶴亭,養鶴亭中,任其自舞,而九皋其聲。公聽而翫之,以爲娱。或獨處而醒睡,或客至而留飲,余亦頻至,而促膝於公。公喻適志,談笑自如。不惟公鄉者纏繳柴栅之苦無論已,且誰能繒弋公者?而公之神王矣!余嘗謂,士人才氣,居官不可無,無之則脅肩病畦。善入世者,垢而不就,攝身不可有,有之則攖心挫神。善出世者,外而不斥。公既不忍挫其氣於官,身退而氣完,今歛而葆之於身,必且爲專氣,爲致柔,載營魄而抱一,可以全生,可以容物。壽身之道,無出于此。仲尼稱壽於禄位名之後,名且非禄位人所必有,何况於壽!而其論仁壽,必言知樂,不以予之華囂之地,而歸樂於山水之鄉,則公之壽,當在此不在彼,明矣。又户部君致位通顯,爲公吐氣。八年宦于外,今始歸,携二孫驟見,祖公孫父子兄弟嬉嬉融融,此又生人莫大之樂,而不可爲筭之壽也!余是以不復勦公黄陂、新昌事,而稱公今日所以壽者,然未易與戀利禄、滑性、傷生之人道也。

壽茶陵守幹宇李會長兄先生七十一敘

穆廟之初，吾儕諸兄弟爲文社者二十餘人。公與其兄伯中江公，爲社祭酒，諸君相敵國，一時名震郡中，余不佞縉亦與焉。其後諸君相繼起，公以萬曆丙子領鄉書，與之頡頏。余徼有天幸，于諸君獨後殿，然猶獲與公垂櫜鞬于南宫之役也。旅邸舟次，勞苦平生，各相勸勉。每談及兩家先人世誼事，則相與抵掌欷歔，已泣下者，于今且三十年往矣。公既通宦籍，歘歷于楚、粵州邑間，而解組歸者，又六七載。顧余尚拓落如故。余緬焉思之，嚮與公並時載筆登壇，後或登巍第，或晉卿秩，或參藩臬之司，或終甕樞之牖，今皆無存，即存者，如晨星矣。其以冠紳謝事，瀟然於衡泌之樂者，唯公。其不屑與鶩鶩争食，而充然與公追里社之好者，唯余。吾兩人各有攸見，未可盡謂人世間之戮民也。

今年夏六月，公懸弧辰至。里中薦紳先生，爲文章詩歌以壽。余自長安歸，留滯未抵里，不能從賀客後刱席稱觥。及一税駕後矣，公出詩若文授余，余謝曰："備矣。但公貴後事耳，諸生時未之及也。居官事耳，政家時未之及也。垂老事耳，少年時未之及也。吾今爲公一颺言之，可乎？"蓋自先猶父定安公，與尊甫懷燕先生游，余尠少時輒聞有先生矣。

先生積學，有道儒也，蚤即世。時公與伯氏方少年，負讀書名。公補弟子員，先於伯氏，而伯氏之材遜公遠甚。伯氏喜員，公居方；伯氏喜動，公善静。伯氏弟畜公，至事所欲爲，必諮公而後行，有不愜公意者，公正色諍止之。伯氏嚴公如其父，人不知者以公爲伯氏畏友也。伯氏後亦深信公，暨殁而已。居長，季弟尚少，錢穀出入遂不復問，一以聽公。公與伯氏共治書，獨脩業，息之溢其舊産之半。季弟稍長，三家共析箸，貲亦不衰，大率本公之端嚴爲多。公爲諸生時，氣嶽嶽不可一世，發之文章，俊拔峭偉，如其爲人。余蚤無所知名，獨心不善世俗之爲文，見公譔著，輒心折焉。而深有羨公兄弟之相畏愛，無隕先業，振其家聲，則以公爲當世有用之材也。公竟阨於一第，非其質矣。公初授安化令，尋擢茶陵州守，董湘鄉邑事。夫以公之材能，何位不可居？令則令，守則守，而處之若令若守之間，名若伸之，其猶抑之。未幾，復調粵臨高令以去。又未幾，以藩理官歸。當事者處公，亦誠太隘。然公初不以是少貶其道，以陰陽於大吏之前，而蘄其歡。雖沉抑於下位，往往有約結不得施，而已見其能，於處楚、粵二中貢人，寢採砂之役，罷徵積之派，蠲補礦之金，晏然不動聲色，而陰折其權鐺之横，以貽七澤五嶺之安。蓋公嘗自云："生無媚骨，拙不依人。"其能有建明以此，而枘鑿於世，亦以此。則公之施於家，什已七八，而其用於官者，什無二三也。天下事，非骫委巽愞之人所能爲，大都似此矣。

太史公傳萬石君家，盛稱其孝行馴謹無與比，而按其徵詞，不過謂父子兄弟但以貌逡廵惶恐而已，不能有所激亢，其流爲畏葸之過。子孫碌碌，居官充位，不有匡言，而孝謹亦衰。乃其稱循良吏身脩而官未嘗亂者，雖其家人骨肉之際，抑何其按道而相繩，略無假借也。然則，公居官政家之事，燕翼於後世而表著于國人，大略可睹矣。公第阨於位，不大究厥施耳，不然，勳猷可勝道哉？余猶記與公同宿于逆旅之家，兩人相咨嗟，發憤不遇。余語公曰："天豈困孝弟之人哉！"公亦爲余慰籍。余今終坎壈已矣。公即不大貴於身，而施及于孫子，業已掇巍科，能拓公未竟之志，於曩者語，公未爲不券也。公今年七十，猶日手一編，雜以論著，精神不少懈。公自千百歲人，乃余之券公壽也，亦無爽矣。

沅州守紫南王先生八十二壽序

紫帽山雄武榮南方，其陽之麓爲金坑，達人君子世居其上，曰紫南王先生。先生之尊大人閒齋廣文先生，舉先生晚。少奇穎聰慧，善治書屬文。既補諸生，從紫峰陳先生學。起家賢科，除沅州守，約己裕民，庭無暮金。性坦直，不陰陽上官意。幾三年，解組歸。沅民畏壘之，淑政收郡乘中。歷嘉、隆季，及今上紀元之二十一年，於是先生筭八十加二矣。月之五日，值先生懸弧辰。先生居故山，去邑治十里，郡治倍之，雅不欲遠致客幰，薦紳冠蓋車馬榮寵，誡謁者勿入壽客。李生縉於先生子爲筆研交，孫爲貢籍交，事先生如父、如大父行，竊自效華封氏之義，摳衣踵門加額賀。

先生不納客而進李生，李生入爲壽。先生子若孫與同里中三老子弟，人人推李生先酌者言。李生膝席謝，里三老故推李生。李生不敢具，質言以請三老，曰：“若何壽？”三老推席而起曰：“華封氏祝聖人富，而先生富。然先生不自富也。秩爲五品大夫，居不廣武，食不兼簋，衣不完彩，敝車羸（羸）馬，踽踽獨步。與田夫、野叟、牧童、樵豎語，煦煦嘔嘔，曲直居間，急人於困，不孫者待以忍濡，人不知爲貴，則何事之有？”曰：“華封氏祝聖人壽，而先生壽。然先生不自壽也。春秋之筭高矣，夙興晏寢，課讀問耕，蓐食而辰，昃食而午。人指使而先生躬，人倦而先生勤，人耄而先生智。馬不跨鞍，行不扶笻，躩躒如壯夫。談笑擘畫，鑿鑿不易天下。人不知爲老八十，則何辱之有？”曰：“華封氏祝聖人多男子，而先生多男子。然先生初煢然也。一父三母基於其身，一傳而子，再傳而孫，三四傳而曾玄。子姓男女，屨接簪摩，不知其幾千百指矣。先生之膝下，繩繩也。多賢且材，舉孝廉文學掌故，垂鞬登壇，盡世聞人，則何懼之有？”李生𨚗席謝曰：“合三老言，足壽先生矣。雖然，夫孰知先生不自富之所以富也，不自壽之所以壽也，煢然者之所以多男子也。先生吏而廉，不家於官，而政於家，故不自富乃以富。先生老而箴，不以閒就佚，而以勞就佚，故不自壽乃以壽。先生厚積而薄發，位不滿材，聲不暢實，不盡於身而於子孫，故不自多乃以多。流水之不腐也，運樞之不蠹也，注酌者之有餘挹不足也，柙劍者之笥而鈍、發而新也，皆自爲也。夫是三者，先生自爲焉。先生之取數多矣。”三老曰：“善。子之壽先生，已此乎。”

李生前爲壽曰：“吾聞壽有稱岡陵、本山川者，《詩》有之，‘維嶽降神’，語所自也。故地善則以地壽之，俗善則以俗壽之。李生即欲借崑崙之高，爲先生壽乎，日月相隱爲避光，太史公以爲無之也，虛而不可名詰。即欲指衡霍之大，爲先生壽乎，賓四岳而當席，不能具足來也，遠而不可卒致。先生之居，紫帽在前左，迤列當户。横者如亘，聳者如特。川至日升，松苞竹茂。先生聚國族，長子孫，逍遥笑卧其間矣，寧不兩峙乎哉！”先生莞然曰：“富不能也。壽今吾所自有，孫子委蜕耳。山川，上世所居也。菟裘，吾老焉。其何似之有？孺子溢吾美，吾愧矣。”李生唯唯否否，賡歌之《天保》之什，先生傾耳而聽之，遂稱觴而退。

金壇邑大夫友兄悔庵楊公老先生華誕序

悔庵楊公,與余友,天下至歡也。今去爲金壇令,一日,自金壇遣其子次君,特書謁余山中,問余起居。余讀之,空谷足音,跫然喜矣。夫安得有世途上貴人,而問烟霞之友也者?余是以不洗耳而拭目,知楊公之心許我也。

於是王生孟俞造余,請曰:"楊公爲金壇有聲,今懸弧辰且至矣,以閏十月之二十一日。蓋自嶽降初生之後,至今始再值一閏云,他歲不盡爾也,侈是事者奇之。孟俞將裹足入金壇,親往駕(賀)焉。願得翁一言,藉手爲壽。"余曰:"如不請,吾固將言之。夫先王造律授時,其必置閏,何也?日月之行有餘,積餘所以成閏。大小餘皆餘也,故閏者天地之餘氣。其必再閏,何也?歸餘盡,則餘者無復餘,而盈朔中矣。故閏者,天地之中氣。其有後閏,又何也?餘不可窮也,前餘盡而後餘起,别積則後無復餘,四序正矣。故閏者,天地之正氣。且閏此於癸亥之冬十月,爲二十四閏之終。合之,當得二歲,湊周天六十數之全焉。前甲於是終,後甲於是起,此又天地貞元之會也。楊公今日誕,可謂得天矣。"王生曰:"唯唯。楊公,君子人也。孟俞蚤歲與之友,楊公方負盛名,以文辭見推,試輒高等,食餼郡庠。已與之深交,共居負郭窮巷。楊公食貧甚,篤於天性,孝友淳備。餼廩之入,以供尊人,舌耕之金,以給昆弟,一家衣食業盡賴之。尊人喜俠,不避貴人,遇公正輒發憤,然未嘗得過里中,多長者稱,有楊公爲之子也。"余曰:吾亦聞之。楊公諸生時,嘗以文授余,余得其所爲言,深厚雄傑,醇實爾雅,有弘、正君子之風。余以其不爲世俗文也,而心折焉。楊公第進士,讀禮家居,余與之處,又得其所爲人,敦樸愷悌,静恭持重,有鄒魯君子之風。余以其不爲世俗人也,而身下焉。今又聞其所爲令矣,本之文學,發之政事,其必爲武城、單父之君子無疑也。楊公之免服赴銓,人盡謂當内補,非大行,即評博,於掇臺諫、銓司易耳。乃楊公竟授金壇令以出,豈當事者睹公有循良之才,而故試之於劇邑?抑楊公自願爲天子親民,不欲以優游無事之京秩,爲攘取要路之捷徑也?固已異乎世俗吏之用心矣。

金壇，古潤州屬邑，一善地也。吾聞邑有古龍山，高皇帝龍飛渡江所登，而駐蹕之峰。雖峿嶁之高，雲雨興焉，日月起焉。即恒、霍、泰岱不啻矣。余未能一至而覽其勝，然嘗往來潤州、京口間，每登北固之山，覽長江之流，洶濤拍天，平波千里，浩渺無際，輒私竊自嘆，吾儕而有事此方，其豪心壯懷，吞吐乾坤，洗日浴月，顧不當如是！已乘風揚帆，直抵金山寺下，一柱砥流，萬波撼之，不能動也。爲竚足久之，拾級而升，陟妙高之山，汲江心之水，酌未盡杯，塵慮滌矣。輒私自竊嘆，吾儕而有事此方，其峻節危行，凛冽一世，凌厲風霜，顧不當如是！已西向順流，舟行二十里，泊焦山下，妙高不如金山，而樹木蓊鬱，薜墻苔堦，芳亭曲徑，幽閑寂静過之。蓋焦隱士之跡，猶有存者。余徘徊不能去，私竊自嘆，吾儕而有事此方，其釋法任道，因應無爲，脩和衆庶，顧不當如是！然皆竊有志焉，而未之逮。試爲之盱衡前後人，其經歷此邦，往往有藉是而致通顯，然竟未有人焉能留此江山之勝，而開後人千歲之眼，於今則楊公其人也。楊公亦聞有延陵季子之概乎？太史公稱其見微知清濁，爲閎博君子。余獨賞其掛劍心許之事，道若小而甚大，行若庸而甚奇，豪杰之操，聖賢之軌也。夫以言許人者，言甫脱而旋背之；以身許人者，身未委而旋收之。此皆指天日、揭肺腑相誓之時，所許者非心耳。夫唯心許，許者不言，所許之人不知，畢世而踐之，終身不易其慮，曾謂今世而有若人乎？有之，於事親必孝，事君必忠，居官必廉，任事必勇，天下國家賴之矣，雖千百世下，執鞭所欣慕也。昔者，吾夫子稱之矣。季子辭吴而逃延陵之封也，夫子繫之曰“有吴”，曰“延陵季子”，明乎非季子莫之有矣。吾人所有惟此心，心無一有，而無所不有。無有之有，乃可以常有。使必如今人居官，竊竊然盡欲據天下之有而有之，安能長有而無失哉？其不至於市交誤人國者幾希。江流長在，樹劍不存。非江山負人，人自負江山耳。楊公仕於延陵之鄉，而又當委贄許人之始，固知其見必不出此，而無與世俗同也。

余與楊公，初爲文字之交，後爲道義之交。楊公仕，而余不仕也。余栖雲漢之表，處無碍於楊公之出；楊公依日月之光，出無妨於余之處。楊公生於十月之閏月，在亥，進而交於子，得天地之復。余生於十月之三日，亦在亥，而未離乎戊,得天地之剥。復者,造化之仁氣,其不可無也,人知之。剥者,天地之義氣,其不可盡無也,人未之知也。余所以有順止之觀,楊公所以獲攸往之利也。大抵士君子之生,或窮或通,或顯或晦,霄飛泥蟠,若有天意存焉。夔、龍之不爲巢、許,與巢、許之不爲夔、龍,皆天也。余已矣,衣冠非吾事矣。朝綱國政,是在楊公異日任。夫其善爲季延陵者,乃其不爲季延陵者乎?楊公夔、龍之勳,自延陵起矣。第無負其所以許人之心,酬主上之知,而副中外之望。累官增秩,唯上命之,亦唯楊公爲之。天以閏餘正中之氣生楊公,其所畀楊公者厚也。如但以今日閏,則固未爛之勳,亦未央之年矣。區區使富使壽之祝,乃世人之壽人,非予之壽楊公也。王生往而致吾言,楊公其有心許我否?俟其歸,吾且一一而問之。王生再拜起,曰:"壻奏敬授命。"遂書以行。

壽學博二溪曾公八十敘

今天子新即位之二年,二溪曾公筭登八十矣。中秋月之八日,其懸弧辰。曾公之子胤昌圖所以壽,將丐言於里中有位者之筆。曾公聞之,色不之許。乃與其孫文學琦觀謀曰:"大父嘗言,李君宗謙著《純庵公傳》,言纚而核,余被華袞之及爲至榮。今大父誕且至,吾欲請爵言於縉紳先生,以當不朽,而不吾許,意者其欲屬李君乎?兒其致命於李君,言大父仕而隱,李君不仕而隱,兩人皆有遯世之思,而托於臭味之同。或李君河漢之言無極,驚怖其賀客,而可使大父一開頤也。兒爲我言之。"於是曾公之孫文學謁不佞請命,如其言。不佞緬焉長思,不覺䣛之前於席也。

往世廟季,隆、萬初,吾里中多篤學好古、經明行脩、語先正君子,其以後進善文詞,崛起諸生間,亡如蘇紫溪、李文節、温純庵公。而純菴公所友善,亡如曾公。庚癸之試,蘇、李兩先生相繼領賢書,純庵與曾公鎩羽,而名益藉甚。丙子,胡二溪先生試士,寘純庵公第一。文論出,人士盡披靡也,所可雁行者,唯曾公。不佞於諸公稍後起,意亦不可一世,不能不心折於温、曾。直謂温公當日試文,凌出蘇、李兩先生上,前後人無及焉,余謭謭不足道也。温公與公,均博極群書,寤寐《史》、《漢》。温公沉而深，婉而摯，渾而古，變化曲折，有荆川、鹿門之風。曾公不無稍遜，而精鮮偉麗，如萬花春谷，色色艷妍，燦然奪目。不佞猶記兩公爲文社，稱曾公文者，必曰與純庵公相伯仲。其有他評榷者，亦必曰與純庵、二溪相伯仲。其人人推服如此。凡兩公文出，里後生少年争傳寫。不佞素不喜時義，然出於兩公之腹、而落于不佞手腕中者，亦自不乏也。不佞至今談之，猶爲色動。無但温公，即曾公，寧非一時之雄哉！温公既第進士，官户曹。曾公竟留躑庠序中，掇一明經，歲薦分劍州之鐸，寒氊冷署，非其質矣。然氣嶽嶽未嘗少挫，竟不諧于時。尋棄官歸，閉户謝客，優游以老者，又若干年。今八十春秋高焉。足下欲得不佞言，言非吾事也，然試爲曾公破千古之障。

鵬之摶也，鷦鷯之巢也，孰不謂鷦鷯小而鵬大。而吾以爲非也，莫大於鷦鷯，而鵬爲小。何以明其然也？鵬之負也，青天；其飛也，垂雲；其摶也，九萬里；其息也，六月。背重而難負，翼大而難舉，風遠而難待，去久而難息。而且蒼蒼視下，莫得其歸休之所。故凡天下之居高履危，天不可負而勞不得息，終身役役於榮辱得喪之塲者，皆摶摇之類也。故曰鷦鷯大而鯤鵬小，一枝安而九萬危，此堯、許之别，庖人、尸祝之辨也。庖人熱而有味，勞與穢莫甚焉；尸祝冷而無臭，逸與潔無踰焉。能知庖祝清濁之所以分，則知鷦鷯小大之相去遠矣。天下之最能張人移人而不肖人者，莫甚於勢位利禄。而其能使人久而羶悦不可倖而得者，未有過於名壽。然不可以兼受，造物亦未嘗概以予人。或豐於此而嗇於彼，或縱於前而靳於後，有餘不足之間，往往互相爲勝。觀之温公，位不極而壽不永，可以徵矣。曾公唯不有九萬之摶，所以有一枝之安。於吏則隱，而身無重負；於遯則蚤，而息不待旬。爲鷦不爲鵬，爲祝不爲庖，身不出環堵，而有藐姑射之神，多壽固其宜也，不佞亦惡乎待？然而曾公能一去并其身與名而匿之，曾公不欲使人知，人亦亡有知曾公者。干旄弗造其門，繒繳不射其影。不佞猶有蓬之心，憤文章之日壞，不屑濫瑟竽之好，笑枳棘之非路，不欲争鷄鶩之餘。所以逃遯至此，乃能匿其影，不能匿其名，猶不免掛雌黄於燕雀之口，或弋而逐之，或艾而薰之。此王子搜所以呼，而韓伯休所以耻也。嗟乎！身隱而老矣，又何論名不名哉！吾故以是壽曾公，必欲數曾公行而稱之,恐非曾公不爲名爲賓之意也。文學其歸述之,何如?

别駕肖浦許公七十敍

恬愉之説,蓋出漆園氏,而後世養生家祖之。漆園氏之言曰:"使天下欣欣焉,人樂其性,是不恬也。使天下瘁瘁焉,人苦其性,是不愉也。不恬不愉,非德也。非德也,而可長久者,天下無之。"則將就藪處閒,徬徨乎塵垢之外,而以爲恬耶?則將徹勃解謬,逍遥乎廣莫之内,而以爲愉耶?聲利爲柴栅,并與聲利而詘之;紳笏爲纏繳,并與紳笏而逃之;羶行爲卷婁,并與羶行而棄之。彼其視一世濃艷可馨可羶之事,皖皖然若交臂歷指於囊檻之中,去之唯恐其不速,決之唯恐其不盡,而自以爲恬且愉也。此以恬養愉,非以不恬養愉也。不恬之愉,唯真恬真愉者能有之,吾於許肖浦公徵焉。

公所謂西浦公後人也。西浦公以嘉靖間成進士高第,陳情歸養,終身不仕。家故饒而拓於貲,席上世素封之稱,而公世其後。當是時,公褎然爲貴公子,食則常珍,居則聯欐,其車輿足以逸身,其輕綺足以煖體。游閑冠劍,便嬖使令,足以恣所好美。予是以概公之生平,其所少者,非悴悴而不愉也。當公之入成均,挾章句,治鉛槧,于時觚翰之事,公爲政。公抽心擢肺,咿吾不休,焚膏繼之,學一先生之言不勝其媛姝矣,不可謂恬。及公之謁司爵,而署光禄、主大官内外饔,于時珍醞之事,公爲政。公正己束下,闌出入之錢必問,俯仰饍夫、署長、中貴人,則不勝其鞅掌矣,不可謂恬。及公之倅鳳陽,税正陽關,當舟車水陸之衝,于時譏榷之事,公爲政。公釐弊剔蠹,算一歲緡錢幾何,用以佐歲計、備軍興而止,無脂韋染指其間,灌輸上下,行如流水,公又不勝其輻輳矣,不可謂恬。夫不恬則不愉也,不愉則非恬也。以予所觀公,皆不恬之而皆能愉也。公爲士無争名,即蹶霜自如也;居官無争榮,即貲郎自如也;處利無争嬴(贏),即財貨要津自如也。迨公以未艾之年,當郡司徒績理政成之日,而拂衣、而解組、而掛冠歸,于時山林之事,公爲政。而公益愉愉快矣。公以其知止知足之心,爲不辱不殆之行。卷其簿書期會之能,而托宿於詩奕;賈其韃橐鞭弭之勇,而休歸乎沼嶼。

里居而雲卧，人貌而天行，文章以課子，絲竹以娱賓。舜跖不寘于心，堯桀不挂于口。此又公之所以既愉而恬、不恬而愉者也。夫壽之道，亦愉而已。不恬而不愉，則有譁囂之病；恬而不愉，亦有耽寂之苦。唯不恬而愉者，恬亦可，愉亦可。陸可沉也，吏可隱也，金馬可避也，丹穴可擅也，軺船可酤也，菟裘可營也，日月可依，烟霞亦可餐也。三旌可以位，屠羊亦可以反也。如此者，其名爲攖寧，攖而後成者也。公之壽，殆得於是與！

公行年七十，而有嬰兒之色。生長乎富貴之鄉，而履蹈乎仁義之操。一以爲陶、猗，一以爲龔、黄，一以爲曾、史，一以爲喬松、偓佺。方且蘧廬乎天地，旦暮乎古今，畏壘峴碑於長堤萬柳之都，彫三光而不老，吾何以測其筭之所極？恬愉之道，蓋公兼之矣。予葆真有年，齒少長於公，請以假脩渾沌氏之術，再與公揚摧之，公其無索我於方之内乎？

壽季君何象維六十敘

今年庚戌，季君象維花甲週矣。九月初七日懸弧之辰，黄花盛開，茱萸滿觴，子姓賓客咸在。余與丘君雪臺，造一樂之堂而請壽焉。丘君謂余曰："吾兩人並托於季君，稱兒女之親。今入而爲壽，客有如請酌言，而先足下，將安所致辭而祝之？"余默然良久，曰："季君，維翁先生之少子也。如客問我，我第以維翁先生之壽壽耳。"丘君大悦。

已偕入，諸客問壽，余讓丘君，丘君固推余。余笑曰："吾與丘君言，第以維翁先生之壽壽耳。"客曰："謂何哉？"余曰："維翁先生，隆、萬間所稱大老也。其碩德重望，遺風餘澤，至今有以繫桑梓之思，而膾炙賢士大夫之口。季君爲先生之子，進自今以往，壽與先生並，不亦多歷乎？先生生正德，及今萬曆，登嘉靖壬辰進士，見後之第壬辰者。朝家之沿革，仕路之浮沉，世族之興替，衣冠之榮悴，盡在先生遍閲中，而先生遂以久特聞。余是以願季君之如先生壽也。先生壽躋九十，值歲初度，賀客盈門，終日百拜，愈恭愈和，置酒高會，周旋几席間，更闌客散，整容如初，非甚盛德，何能如是？余是以願季君進七十、八十、九十壽，康寧如先生也。先生七十一時，李相國先生爲文，勸先生善息。先生笑而加餐。其後先生進八十，鍾雒長公出守趙州，多致金馬如椽爲先生壽。時相國方首南宫，官詞林，亦以文進，觀者榮之。余譾譾不文，惡能壽季君？唯是願季君二子通顯，異時致名公卿賢君子言，如李相國之壽先生也。"

客曰："有加乎？"余曰："有。季君之壽，本之先生。試先言季君之能爲先生壽，而後壽季君，可乎？先生早歲登第，敭歷中外，未五十而懸車，優游林泉四十年餘。篤於人倫，施予獨多，里戚仰給日衆，先生不厭頻，季君未嘗代先生以無解也。長君二千石公宦于外，次君忻州公游國子，不能昕夕先生側。問興寢視膳，惟季君。季君事先生、莊夫人甚謹，先生篤愛之。莊夫人即世，事如夫人王猶其母。恭事兄伯、兄仲，無幾微忤。女兄弟自如夫人出者，視之無異。分貲多義讓，即先生有遺命欲予之，季君弗受也。先生晚年，如夫人又即世。季君慮傷先生意，日致朋雅，與先生奕棋談笑，故先生之壽，雖天和之自葆，亦季君能周旋膝下，有以康其體而懌其志，人謂季君爲孝。季君坦直和易，善周人急，有先生渾厚博大之風。少治博士家言，以材見推，先生注望之最。受知于丘厚山公，郭青螺公稱其文如周用齋。五上省辟，丙子已及格報罷，方伯劉節齋公閲遺牘，大異之。中年數奇，無復志科舉之學。左圖右史，禮法自閑，間寄興於風月管絃，未嘗失也。先生仕早廢，如窅然喪天下於汾水之陽，不知弊弊一世之爲事。季君不仕早廢，如巢一枝於深林之遠，不知爝火浸灌之爲勞。浮大樽者於江湖，樹大樗者于櫟杜，先生享有遐齡，季君當如是矣。"

丘君曰："不然。李相國之初壽雒翁也，春秋高矣。相國進善息之言，適也。及其再壽，猶以前言爲太早計，而蓬乎若杓之人。季君六十耳，未央之歲尚遠，豈以是而遂可屏息休居之時？足下殆自有蓬之心夫！"余笑曰："人有畏影惡跡而去走者，走愈疾，跡愈多，而影愈不休。夫外有所逃，而中有所競也，故喘息流汗而不可止。余唯不早自休陰而與影競走，故受目攝至今耳。余所謂蚊虻之勞也，季君敏於余遠矣。"丘君忻然曰："如足下言，世人與影競也，亦多矣，寧獨足下！季君所師事，惟相國先生。相國稱季君有前人風，學問識趣，非今世人所及。

足下壽季君以父之年,吾且壽季君以師之譽。”余起而嘆曰:“吾愧矣! 吾愧矣! 相國一言,而季君千秋之頌備,吾何乃鄉者多言也。”余慙然自廢,不能舉觴。丘君及客,乃以余言觴季君,各自觴而反。

壽詹季公守齋先生六十序

名不虚立,士不虚附,誠哉是言也。以余所睹記,詹季公之爲行誼,郡大小吏及薦紳士庶,無不人人知有季公之名,而争附季公之德者,兹何以故也? 季公爲侍御企齋先生之季子,司寇咫亭先生之介弟。其初爲青衿,席有父兄之藉,亦翩翩一佳公子耳。乃世之稱公子,非乏矣。令季公而僅僅連冠劒,飾車騎,治宫室臺榭以自愉快,則亦與世俗豪公子爲富貴容者等,安在其以高誼見稱,而聲施於世也?

季公恢奇慷慨,輕財善施,喜賓客,所交游多長者行,户外車轍常滿。事司寇先生,甚恭且謹。先生爲御史時,以直諫賜歸,養高雙虹。季公築脩樓以就兄居,足跡不溷城市。先生客至,同先生客之,季公於是名聞諸公間矣。先生再起,入總内臺,晉貳司寇,益隆重用事。季公不以是自貴倨,務爲折節,諸公稱之。先生既養高東山,門可張羅。季公用是,亦益行其義。事非公不爲,郡邑庭非公事不入。捐貲脩繕,非巘洞講院之觀,則虹梁道路之屬,謂安溪爲水木本源地,尤有德於安溪之民。脩城隍,造浮橋,搆名宦鄉賢祠,以奉侍御先生。賙其宗之貧者。友人告急,隨力賑之。宰里中約,正公發憤,事白不望其報。先是,家於溪之滸,沿溪居民倚爲表正。里回禄延燒,列户無所得食,季公發粟家給,人盡感季公之義,勒石以誦季公。後徙之城居,比閭諸君子,争交驩季公,若多一賢豪云。

歲丁未,地大震,颶風淫雨交作,東嶽青帝宫壞,城堞盡圮,洛陽橋傾。臬使者姚公、太守姜公,相與徬徨,議修復之,而難其任。衆推季公,有沮季公者,季公曰:“是役也,上佐公家之勞,下以造德於鄉人。吾不任,當誰任者? 縱不足於費,而傾橐以輸,吾願也。”於是鋭身肩之。城之役,取於公帑,橋與宫之役,取於衆緣。其未給而先，不給而補，則取於季公之篋中。季公蓋不勝鞅掌，且煩耗矣。自嗇財慳用之人觀之，見季公之瀟然費，鮮不笑其爲愚。自袖手畏勞之士觀之，見季公之棼然騖，誰不嗤其爲鄙。而妬能忌善之夫，又有訾之以浮議、嘖之以煩言者，而季公不爲之動。及其後也，上官、國人皆賴之。無論知不知，盡歸功於季公，雖婦人女子，亦誦季公有百世之伐矣。

萬石君家之子弟，恭讓馴謹，誠無與比。然以慶之在相位，且不能有所匡言，而奚有布衣操行者乎！則亦其畏慎無能，有以使之然也。卜大夫輸家財之半以助邊，公孫丞相非之，以爲非人情、不軌之臣。信斯言也，其必營私自利之圖，然後爲軌於人情乎哉？彼身爲布被脱粟之詐，固宜其俳擯之出於此也。漢天子尊顯式以風天下，卒無有應者。令富人皆不匿財，争趨式之下風，則亦無以見卜大夫之高於人情矣。其後言舡筭鹽鐵之害者，不出於醇謹之丞相，而乃其所詆毁非人情、不軌之臣。然則，天下事豈一區區抱咫尺之人所能爲？而藉口於人臣節儉之説者，安在其於縣官能有濟也？季公之急於公家務若此，其以爲人情乎哉？其以爲非人情乎哉？吾爲季公之賢於人也，遠矣。

是歲六月初七日，爲季公懸弧辰。客有問壽於余者。余謂季公以垂老之年，尚能奔走於大風烈日中，不辭勞瘁，不見卷婁，爲百姓成兹三大役。其神精氣力，必有大過人者，此壽徵也。運樞不蠹，流水不腐，蓋季公之謂耶！公孫丞相八十封侯，班孟堅不稱其壽，而獨羨卜大夫之以壽終。壽固不在年，而矧其多歷年所也哉！始吾以季公爲佳公子，爲貴弟，後乃知其爲偉人、義人，而今且以爲壽人也。後言義者，必引季公以爲名。季公之壽，將與其名俱永矣。入壽季公者，江君某某及余縉，皆交驩季公、而與郡人共陰席季公之祉者也。余之所以壽季公者，倘亦士大夫國人之意，聞之司寇先生，以爲然否？

尊師泉山林先生七十六敘

蓋不佞光緒舞象時，受《易》于林先生所，時先生久樹幟藝壇矣。先生蚤有盛名，弱冠補文學子弟，以文雄郡中，詘諸同儕。督學使者至，試輒高等。郡二千石俞蒲山公較郡士，得先生牘，大奇之，以弁冕諸生，先生遂翕然益有聲。諸拾先生咳唾者，往往徼甲第去，而先生竟老白首，淹抑故吾也。先生與家季父魯泉公、從父雲泉公同象川林先生、仁山莊先生十數人，結社爲筆研交，亡不人人遜先生席。光縉猶記少小時，家季父與先生相對壘，每先生一牘成，家季父稱善，觀者亦稱善。光縉從旁跂足目之，時雖微知識，然心駭異，以爲先生文必且以旦暮瞬息千里矣，不然，何人人俛首也？比光縉負笈從先生，則先生年踰五十，氣猶勃勃壯。

先生于書靡不窺，而獨習宋箋，講《易》以蔡虚齋、陳紫峰傳説爲宗。論文自漢司馬而下，最喜蘇長公兄弟文，朝夕誦之，即千百遍不厭也。應制義，喜深沉結撰，不欲任口信手。以故目下人以再，先生或以一，然而先生推上駟矣。先生久教授里中，後先從游者不下百數。光縉最後至，顧是時並受業者若而人，先生獨光縉許予焉，以逮家弟綬。先生有問難，不以咨他生徒，而諏光縉。光縉間自吐一識，先生首肯也，謂李生起予邪。光縉守先生業至于今，而先生婆然休矣。先生已脱躧弟子員，卷其餘力于山水泉石之娱，而賈其餘勇于詩律堪輿之好。空室蓬户，逍遥自得。光縉往從長安歸，謁先生于故廬。先生尸居一室，牀笫蕭然，巾履癯然，鬚鬢皤然，而先生神則益王也。先生故善病，不喜湯液，病間作烹茗攻之，先生每一飲，若可數盂。性嗜堅坐，不任酒。故先生老而嗜益癖矣。先生少失怙，事大父孝。兵燹以後，諸父淪喪，諸從諸弟侄殯葬嫁娶，一切事倚辦先生。先生雖貧乎，悉力撑支，不他諉也。平居寡笑語，逡廵退讓，擇地而蹈，擇事而言。蓋光縉兄弟事先生若干年，不見有疾言遽色者。光縉每適先生所，廢然而返，忙然而若有失也。不但光縉，以里少年薰先生善良者，何勝數哉！先生今七十又六矣。嗟乎！科目之限人也。

漢制：士詣博士受業，如弟子試，一歲能通一藝以上，補文學掌故缺。其高第以爲郎中，補郡太守，補左右内史。而賢良明經外，其有孝弟力田，敬長上、肅政教、順鄉里者，令相長丞上屬所二千石，或舉以爲嗇夫三老。今此制不行，士畫一科目，如射鵠然，自不以經義受有司之辟。雖才如遷、固，而行列曾、史，置不及格矣。先生亦不有天幸耳。以先生之行之學,令生漢世,高可以取師傅侯伯,次亦不失補郎吏、立博士,而先生竟棲遲至不名一貢也,謂先生何? 漢施讐之于《易》,丁恭之于《春秋》,可謂深矣。假不有其徒張禹、魯伯、承宫、樊儵之屬,爲推明而游揚之,其位必不尊,而其業必不顯。光縉兄弟,碌碌無足齒數,先生之門下高第,其以先生之學顯者,不爲無人,而亦無有爲禹、伯、宫、儵之事也,則何但光縉哉! 然先生以行褒矣。

世之知不知,愛先生者如父,事先生者如師。先生于于徐徐,以享遐齡。而又有長君、次君,能媮先生志,讀先生書。先生寧可以科目限乎? 世有爲先生空扼腕者,請以吾言一洒之。

壽李將軍松山公六十一敘

余縉之交李松山公也,自萬曆丙戌始也。公之尊人曰東橋先生,好文喜士,四方諸薦紳官都下者,多與之倒屣來往。其後公繼之,亦以交賢豪長者爲名。

上即位之初,公以少年材氣無雙,掌神樞營中軍事,統羽林麾下軍萬五百餘人。上舉行新政,祀東西郊,謁陵寢,幸太學,公皆盛甲胄,帶劍跨馬,護駕以從。上見公修儀偉觀,問爲誰,左右以公名對。上大閱,公馳射穿札,發矢命中,得賜金,自是公名遂赫然于蹶張佽飛間。余與家弟綬,新計入長安,猶見公從事行間,稱偏裨將。吾鄉先輩諸大夫所與公平昔相驩者,尚多臚列于有位。公一見余,遂謬知而國士余。余是以與家弟居停其家。余交公,于諸大夫最後,公之急余,若或前之。從是爲余同籍、同社、伐木、臭蘭之雅者,無不人人把臂公。而公皆與繆恭敬,接杯酒慇懃。不謂荏苒三十年來,公久已謝事就閒,而嚮之引重交驩之客,盡爲長安間奕棋矣。獨余落莫逐隊,猶能三載而一見公耳。今年癸丑,余復從南方至。公驟相見,與余勞苦若平生。已相視笑,旁若無人。余從客問公曰:"公今老矣。往與公並時搴旗登壇者,尚有人乎?"公曰:"無矣。"余又問曰:"往與余並時踵屨于公之户者,尚有人乎?"公曰:"有之,但晨星也。"余爲之動容。夫使余而非數刖數蹶,尚安得而與公煦沫于今日也? 寧非古今間一大奇事哉。無何，公之懸弧辰至。吾友人張叔儀、洪貞發等謀所以壽公，言于余曰：“某之善李公也，後于吾師，宜張一言壽之。”余唯唯。

李公慷慨豪爽人也。事親孝，與人信，質行敦義，不侵然諾。父家故貲置不問，捐金結客，至無留門，傾橐欵之。尤善騎射，知孫、吴書，從軍整行陣，馭部曲以法，與談塞上事，能纚纚具要害得失之所以然，有封狼胥、禪姑衍、臨瀚海之意。然自余與公游，見公户外無短後衣者，盡紆青拖紫與韋袷韋縫之人。公是以雖桓桓武乎，而雍容揖遜，有儒者敦詩書風。大抵得接賢士君子爲多，而竟不能奮身取大將軍印，亦以此。昔漢李將軍當文帝世，嘗從行，有所推(衝)陷折關及格猛獸，文帝惜之曰：“如令子當高帝時，萬户侯豈足道哉！”後人嘆李將軍數奇，輒以斯言爲扼腕。然李將軍亦幸不遭時耳。假令萬户侯可封，漢天下無幸矣。今上右文之世，邊陲晏然，兵革不事，雖有雄謀猛氣，安所用之？公寧少萬户侯之封，而不欲以四方受一將遇時之禍，沉抑固其宜也。余嘗持是爲公反覆，老不獲用，何以故？漢大將軍青至尊貴，不欲有所招士，令天下賢大夫無稱焉。乃其致位漢廷，寵眷于群臣無二，則亦以不招士致然，遂使驃騎將軍倣此意而行之。然則，士故不可招與？夫誰使公好士，及老而猶數奇也？士亦無復有推轂公者。余之負公多矣，然使公不蚤脱行間，釋兵柄就閒，尚欲以垂老之年，據鞍顧盻，而示可用，願得塞上軍一當之，豈惟非國家之福，尚安所優游而享此遐齡哉？

公之壽，從此益綿綿遠矣。今之奉千秋觴，旅至而上公壽者，皆非昔以干旍及公之人也。此亦足見公之春秋高，而余猶及以今日並後來諸君子而壽公者，倘亦有天幸焉。公之遇不遇，勿論可矣。

姑蘇程秀峰七十敘

太史公敘貨殖之客，而略道當世千里中之賢人所以富者，令後世得以觀擇，彼蓋有所見也。范大夫易姓于陶朱，端木賢廢著于曹衛。熙熙穰穰之地，安得盡謂高人名流無溷跡于其間？余是以往來姑蘇之上，舟泊城下，往往步入肆中，庶幾見有若人者與之觀采,久之而未有得。乃今程君瑞之,其人也。程君之父曰秀峰公,明春辛亥年七十矣。正月十七日,其懸弧辰,程君圖所以壽。適余自長安歸,程君造于舟中,再拜乞言。余未識程君,不能爲秀峰公壽;余既識程君,即程君可以壽秀峰公矣。

初,余之接程君也,程君以市道見。與余徵物貨貴賤、饒鮮,酤有餘、不足之算。余以程君爲市門中人。及余之再接程君也,程君以雅道見。出所得四方大夫士詩歌墨跡,使余目之,而以所繪觀音大士像,求余言爲讚,余乃知程君爲翰墨中人。迨余之三接程君也,程君以游道見。招余坐千人之石,飲三泉之水,登天池之峰,乘風步月,朝往暮歸,劇然而醉,適然而反。余乃知程君爲山水中人。《語》云:"不知其父,視其子。"余即未見秀峰公,已知其與他賈人父不同,而矧其班荆以往也。

秀峰公先,徽之歙人,後徙之姑蘇,爲姑蘇人。徽人善賈,人人挾重貲游江湖間。南走粤,北入燕,與四方争什一之利。秀峰公獨居吴門,坐賈自如,桑麻布帛、青紅綺繡之觀,士大夫人民被服所喜好,倚之爲業,綦置其家,與時變化,寖成善賈。程君收業而息之,秀峰公始不復問争時鬭智事矣。秀峰公游于賈,多長者行,與人矜然諾,本之誠一,好行其德。人有貸金五百餘兩,貧不能償,焚券予之。少善病,因而習醫,用其方全活人,既愈,不歆其能。喜交結賢士,市義之聲日聞,士亦以此多之。程君所爲善吾儕交游,蓋本此。余于秀峰公不數覿,相見必于其樓。昔人有云,仙人好樓居。疑秀峰公晚年謝事就閒,故亦築樓以棲耳。然所云城樓候仙人益壽者,大抵皆並海上閬州方丈之處,遠不可卒致。秀峰公所居樓,在闤闠譁囂之區,車馬輻輳之所,而亦有以養生全年,此必有善息之道,不可以語人者矣。《列仙傳》稱陶朱公之筴,在周爲鴟夷子,在漢爲東方生。積著家陰陽低昂之術,與導引吐納之理,通其緒餘以治賈,而其精以治身,未可謂盡謬妄不經。乃朱公之子長男,智不能知負郭窮巷之莊生,竟以取敗。此非其子不能捐財之過,乃生平不好儒之失。

秀峰公能以修業聽子孫,而程君又能與宇中名士游。好文之家,其後必有達人。吾故知秀峰公之爲壽者，大也。程君既以壽言屬余，友人池致夫、張叔儀氏過姑蘇，復使申之。兩君歸而致程君，言余所爲佐稱觴者如此，走筆張之，如虎丘、天池入吾清源、紫帽間矣。秀峰公讀之，能無一笑？

徵君閔汶陽先生六十敘

余往來瓜步，善饒君德成、閔君子遠。子遠之仲父汶陽公，以醫名江淮間，四方之問病求藥者，争赴其門。公嘗著有《脉經翼》，子遠請余敘之。余之言與公之書，不脛而走萬里，人人知閔公醫名，若以爲倉、扁再世也。余三歲一渡淮，輒造閔公廬，公授余禁方，余服之良驗。余既爲德成壽其母七十，又爲子遠壽尊人六十。二章出，于是瓜人士争致余言矣。

去年冬，余復渡江，子遠先以試事赴郡城，獨德成與仲統謁余耳。余問仲統曰："尊君何去？"仲統起應曰："家君應病者請耳。亦即謁先生所。"俄汶陽公至。余别汶陽已三年，驟見公丰神清和，無改于昔，嗟異久之。公既出，仲統請曰："家君明年六十矣，五月六日，懸弧辰也。往者家伯父六十時，得先生言，推明所以内視還照之道，伯父持是爲衛生之經，而算日加益，體日加康，先生賜也。願徼一言爲家君壽。"德成從旁慂余。余謂德成曰："欲使余何以壽閔公哉？"德成曰："閔公，儒者也。少與兄伯共治書，兄伯病目，早廢。公體羸善病，因輟詩書去而學醫。早歲從郭繼唐公授古方書，道既通，乃師事王太史宇泰先生。太史以文章高天下，尤邃于神農、黄帝之言，與公語，大奇公。太史名位貴倨，病家無敢致者。公載太史之道以行，沉潛寡言笑，輕財重義，多長者行。凡有病欲救、不敢之太史家，輒問公，公皆應之。無論巨室編户，按脉投劑，無不立愈。故公户屨常滿，歲起病人以無數。嗟乎！公第早廢書耳，不然，以公仁心爲質，令得位于時，樹立可勝道哉？"余笑曰："公幸而廢書也。使公守鄒魯業，以此時挾世俗對偶之文，庶幾而覬一投，有不枯槁自病乎？安能治病人？公以醫道行于世，無失令名，有以也。"德成曰："不然。公治醫，陰陽變化，隨俗爲宜。使公不廢書，必善觀時變，當得貴，何但醫聞！"余笑曰："公不廢書，能效國手乎？今病多矣，失今不治，浸成蠱疾。曾有一人能診一脉、取一方而立起一病者乎？秦越人以此驚桓侯，望而却走。今方且泄泄焉，相與視爲康彊無恙之人，飲酒御肉如故。病有六不治，信巫不信醫，其一也。欲不逃去，得哉？吾故曰，公幸而早廢書也。”德成語塞，余亦别去。

今年春，復從長安歸。會閔公于主家，德成、子遠、仲統相率勞余。余曰："吾今知所以壽閔公矣。夫必飲上池之水，授禁方于異人，然後可以爲醫，則天下無醫。人又必視垣一方，盡見其五藏癥結，然後可以醫人病，則天下無醫矣。吾不敢借此而壽閔公，閔公仁心爲質者也，孔子稱仁者壽矣，吾且與閔公言仁道。昔子貢問博施濟衆爲仁，孔子以爲堯舜之所病。夫病，雖聖人不能無也。以聖人所不能無之病，則天下後世之人，與同病者多矣。未立者，尸蹷者也；未達者，氣轖者也。聖人予以療病之方，而問以可生之路，不過曰己欲而已，近取譬而已，世未有不自愈而能愈人者也。凡可施濟人者，無如醫。而善爲醫者，但取方于近。索禁方書于忽然不見之人，其密相授受，雖其子孫，不使令知，致天子詔問，所能治病書有無，此皆遠其方以爲之。扁鵲、倉公之所以神于醫，然非自壽之道也。故秦越人能言脉，而不免以技見殃。齊太倉長能决人嫌疑，定可治，而病家多怨之者，身亦幾不勉于殆。公於脉法，無不知也。以診人，言陰陽順逆，無不當也。于病家求解，富貴貧賤，無不應也。公不以醫爲家，視人疾痛如己疴癢，人亦多德公，無怨者。公又爲《脉經翼》、《傷寒論》，以廣仁心之傳。人不必問公所受學幾何，公亦不必自言，歲嘗治有驗者，盡王侯貴盛之家。但病者之體輕，而公亦意適矣。凡公之所以壽人者，乃其所以自壽者也。余挾有起衰之方，亦欲試其伎于天下，人未有應者。今老矣，將返而求之，覓長生久視之道。公素有禪侶羽士往來，曾遇有異人得秘受否？有之，而不輕泄漏，亦私以告我，我固將自秘。瀛洲蓬萊，豈必在玉堂金馬，公其有以語我來矣！"

養齋留翁八十敘

蓋嘗聞養生之説于猶龍氏，唯柔與嗇之爲尚。曰專氣致柔，非柔乎？曰治人事天，莫如嗇，非嗇乎？彼其于柔而守之，而以爲常勝之道；于嗇而服之，而以爲持身之寶。柔則善下而不先，嗇則善翕而不費。養生主之經，宜無以過此。乃按之儒家之言，直養反若矛盾而不合。老以柔，而吾儒以至剛；老以嗇，而吾儒以至大。老于氣欲食之，氣化神而爲無；儒于氣欲充之，氣化道而爲有。是以宗老氏者詘儒，宗儒氏者亦詘老。夫孰知唯不先者爲能先，守柔之所以爲强也。惟不費者爲能費，重積德之所以無不尅也。且吾儒者，亦何嘗廢柔而用剛，廢嗇而取大，以恣睢其彊陽之氣，而泄越其此生之精神？惴縮可主于寬博，而集行必惜乎毫芒，謂此柔此嗇也。故善言養者，于儒、老見其合；不善言養者，于儒、老見其分。是道也，吾以徵養義于留翁。

翁爲守吾先生之伯子。先生之兄伯曰屏山先生，先生弟之，富而好禮，以儒見稱。翁世其家學，與弟仲孝廉公並時治《尚書》。孝廉既舉于鄉，翁尚留滯膠序間，應省辟，屢罷免，竟棄去。余于翁非其雁行，然當翁之爲諸生時，猶及與翁執鞭弭周旋。余每見翁于坐論間横縱今古，博極群籍。至讀其爲文，喜深沉之思，而盡歸之爾雅，蓋慕而心折之久矣。數年來，始獲從事游若兄弟，則翁已脱屣弟子員，而余亦坎壈公車不復問。翁不以余爲非遭也，而遣子以參君急之，并與其二孫時問業于余，余是以習翁之行益詳。大抵翁生平行事，政暗合老氏之所爲致柔而服嗇者也。

今年春孟之二十八日，爲翁懸弧辰。客有問壽言于余，曰："古者尚齒八十，杖于國。翁今其年矣，宜何以壽之？"余曰："八十耋算也。然上而之大齊，遠矣。吾安知翁之所極？但翁自稱爲養齋子，吾且與翁言養義。吾欲借天子袒割之禮以言養，近于迂；吾欲引仙人煉服之術以言養，近于誕。翁善得老氏之柔與嗇，吾且以衛生之言壽之。"客勃然曰："留翁，儒者也。非鄒、魯之書，不以讀；非閩、洛之説，不以道。其著號曰養，蓋得之孟夫子直養之旨。而子以爲符老氏，謬矣！"余笑曰："此正留翁之所爲善養也。留翁名不籍賢良，聲不出州閭，非有高官大位，可滿行其所志，必欲概儒者剛大之氣，于掀揭彪炳之業，雖行如曾、史，而身爲匹夫則不能。吾故知留翁之不可也。留翁生于閥閱之家，自少至老,有厚生而無玉成之事。其博聞强識,足以傲人之所不知,而困人之所不辨,而無矜容,無盛氣。詘于勝己者,而下不若己者,雖遇卑賤,未嘗有聲色之加,可謂非柔與?性喜施,振人不贍。然無他嗜好,不羡華囂,衣無紈綺,夏葛而冬褐,盛暑不張蓋,隆冬無着緼,敝巾穿履,徐行市中,一僮子隨之。今老矣,人未嘗見其乘肩輿及人之門者。居家以淡爲宗,可謂非嗇與?既已不遇,而春秋亦漸高,乃益柔其心于悲喜順逆之違,而嗇其精于飲食卧起之節。不惟翁于人無盱睢,而迎將避竈者,今亦與翁而争席矣。太白若辱,盛德若谷。其志柔,故其骨堅;其精嗇,故其神王。翁是以八十年間鞠躬篤行,至老不衰,稱于世爲儒者。游吉利之塗,而食昌熾之福。一子二孫,皆賢且才,多祚故其宜也。吾故曰,留翁之善養,于儒老見其合也。昔漢伏生治《尚書》爲儒,萬石君奮不言躬行,近老氏。伏生年九十餘,老不可徵,天子遣太常往受之。翁不獲以《尚書》顯遇也。假令而生漢世,以此之年,尚當詣太常之召。萬石君之馴謹,得老氏之柔爲多,人以爲齊、魯諸儒莫能過,其子孫盛矣。然至于在相位,無能有所匡言,則亦其不儒而無文學之失也。留翁以玄牝之秘養其身,而以文學之士養其子,于老有合,而于儒無悖。其子若孫,又且以儒道而顯融彰局于世,何至如萬石君家,但審謹無他略也!”有味哉,君之誦留翁而以爲儒也。余過矣!余過矣!余(下原缺)

景璧集卷之三

壽　　序

艾齋蘇長君六十敍

艾齋蘇長君者，吾里中篤行君子也。長君治毛氏《詩》，郡學者多攻《易》，鮮授《詩》，長君獨以《詩》著。蚤歲補郡弟子，有聲。試輒高第，諸君中言《詩》者，多推轂長君。

長君有丈夫子二，長子廸，次子介，垂髫充掌故員，能以《詩》三百五篇世長君之業，繇是長君家稱《詩》者再世矣。不佞言《易》里中，四方從游之士，不但以問《易》，至五經滋多。於是乃其稱説《詩》教，必以蘇氏子爲推首。不佞自二子及門，而問奇者日益衆。與之從則從，與之横則横。二子故善余，余之得二子，亦畏若敵國也。不三年，子廸果以善《詩》上省辟，褎然爲當世聞人。子介負冲天之望，而脩垂雲之翼，即未一搴旗登壇，士多退舍者。於是長君憣然曰："吾學夫有所試矣。"乃稍稍脱躧其故業，勗二子脩而大之。二子遵其父訓，日稟學於余益急，不一舍而徙其轍，則長君之教也。長君逡廵退讓，罔以意氣加人。擇地而蹈，擇事而言，與人無疏戚貴賤老少，牧之以謙，性惡棼華，恬居一室，布衣徒步，出行市中，顔色愈和，望見知爲長者。義方之訓，先之以禮，不納於軌不止。旦夕授二子《詩》，督之洛誦，及其副墨雌黄筆削之間，一歸之不佞爲政，自己無所瑕墨矣。漢儒言《詩》，自魯申公、瑕丘伯、轅固生、毛公之屬，其教各有所傳，然皆其門人弟子轉相授受，徒衆日益盛耳。《雅》、《頌》之篇，家學世業，獨韋丞相賢，以《詩》名齊、魯間。傳其子玄成及其兄子賞，後皆至大官。《魯詩》自是有韋氏學。雖其父兄子弟亦傳之，亦不聞有胞乳伯仲如蘇氏子者，抑何其寥寥也！“未嘗爲牧，而牂生奧；未嘗好田，而鶉生宎。”人必以不祥而駭之，變齊其耕，厭殄其報，先河而後海。或源也，或委也，有授之者矣。長君之以其子顯，固其宜也。

長君今六十，於此六十之數，以吾《易》先天之教，爲卦氣一週天。週而始之，引伸觸類，以至於百千萬億，不可得而原也。《禮》有之，六十曰耆，頤指使，則老而不自用其力，唯以意指使人者耳。古有八十著鷹揚、七十取平津者，一何其太蚤計而遽息若是夫！或一道也。善息之道，休於不休，爲於無爲。己不用，有受之用；自不勞，有代之勞。箕及裘相紹，塤與篪相宣。子顯融彰灼以迓其成於考，考遹而觀之，而若無所與焉。所爲指使者如此，非徒佚其軀而以行不鍵之野、游無垠之門也。六十之週，無乃後百千萬億之始乎？《易》與《禮》之教，並於長君有當焉。或曰：長君善《詩》也，且以《詩》壽。《詩》不云乎，“樂只君子，保艾爾後”，長君艾其後人，今而喜可知也。吾郡中以兄弟後先掇科第並時顯者，若而人，至長君子，可縷指而數。其以經學起弁冕一世，則多用《易》聞，罕有《詩》著，意其在二子矣。長君壽於《詩》，不佞且以《詩》壽。如其既週而七十、八十以及百十，則當問壽説於先天。

中表林以觀先生敘

季君，閭巷布衣也。吾謂非閭巷布衣也。或曰：“季君身不越闤闠之外，名不上賢良之籍，隱約市肆間，久賈相矜，節駔儈而牟利耳，何以知其非閭巷布衣也？”太史公敘儒及俠，俠謂之布衣，儒空室蓬户，不得志於時，亦謂之布衣。讀書獨行，義不苟合，抱咫尺孤行於世，士窮無所委命，此布衣而儒者也，俠者鄙之。權行州域，力折公侯，馳騖於閭閻而不入於道德，此布衣而俠者也，儒者亦惡之。吾以爲，此兩者均不足以概季君。

季君雖布衣乎，身爲瀛里中人，而里中徒步之士罕與季君儔者。季君兄弟三人，伯以讚，仲以采，余均視之爲中表。但余得長事伯氏，而於季君不熟來往。客有言季君之材力、風智於余者，余欣然慕之，是以一訪其廬。見其堙溪壘石以居，鑿池引水，左右前後環屋百餘間，致四方賈客輻輳。其中不類鄉曲尋常之居，有運策傾蜀之意，則已心異之。此其知權變而破拘攣也。已按其謦咳，覆其行事，及與之共擘畫吾儒林净寺之役，季君之能，其有所試矣。季君輕財喜施，不侵然諾，好周人之急，與伯仲並時起貲。伯用恂謹，脩長者之行，仲以儒聞，恭儉無與比，季君獨豪軼伉慨自如。先是，郡用宋咸平、景德間錢，有倡不售者，邑爲之罷市。貧民無蓄金錢，無所得糴，列户之突爲冷。季君發脱粟與糶，人争持錢出，季君皆納之，錢竟不復布，而一時乏者乃始無饑。上官聞之，盡高季君之義。里有窮人，餓不能復忍，語人曰："吾乃得寢所矣。"聞者駭之。已自經于季君之空舍。人以報季君，季君笑曰："某也於我無仇，直以我爲能殯埋彼也。"乃自請於官，亟收之。季君之好行其德，類如此。季君遇事無所避，材猷、膽力能推行之，其忠誠望人之腹，其談吐折人之喙，故凡有紛未解、寃未平，往往不待白於有司，而争直於季君之廬。宗有義舉，非季君倡而居間，不能得也。歲颸風作苦，净樓傾壞，衆議繕脩，固推余。余爲之語捨身捨心法，極陳其乾没冒破爲不可，議者難之，後盡逃匿。余以委季君，季君鋭身以肩，竭晝夜力，自飧而急於公，百堵具作，余藉以不勞觀厥成。此余所謂能長有所試，非苟而已也。閭巷布衣之傭，智不出挈瓶，守不過擔石，拘拘作竈上騷除，得金而莫所措，此何足爲季君道！季君非儒非俠，而有睹大體引義之行，與不歆能伐德之風，質行著於身，而廉潔退讓稱於鄉人，吾故曰非閭巷之布衣也。漢公孫平津、卜關内侯，其初皆布衣牧羊豕，太史公不布衣之。而但於功見言信之俠，陰譏其以術取宰相卿大夫無足言者，彼直後取貴耳，假令不封侯賜爵，能脱閭巷之稱乎？一文章有辯論，一不習文章。有文章者，三公而布被，不習文章者，徒步而輸家財之半，人皆不情之。然與文章而三公，猥瑣齷齪爲世側目，何如不文章而徒步，其俶儻奇偉之行，猶足發舒人豪杰之氣，振公私不贍之急也！人顧賢不肖何如，于布衣何嫌哉？余以是知季君之賢，於人遠矣！

季君之懸弧辰至，里中諸君多壽之者。夫壽，固季君之所自有也。季君於是治布衣三日飲，余與諸君共觴之。諸君爲誰？守齋詹君、仰成某君，而余縉落落，人謂我布衣之腐儒云。

史長君肖觀先生六十敘

蓋不佞燥髮時，聞世宗朝楊忠愍公上封事，論嚴相不法狀，天子大怒，論棄長安市。嚴相陰使人微敢有收視者，輒捕之，藁街三日，人人誡勿收也。時觀吾史先生約二三同舍郎亟收之。嚴相啣先生，先生落職。嚴相敗，先生用是起官，至大鴻臚，貴倨矣。不佞生也晚，不及事先生。居恒慕先生正氣勁節，如泰山喬嶽，順下風而不可得，則欷歔久之。令予與先生同時人，先生必不怒目攝叱我也。怯夫慕義，何處不勉焉。余雖不能至，心嚮往之矣。余是以善先生之伯子。伯子者，肖觀長君也，予知其非庸人云。

長君少治書業儒，入學補弟子員，試輒異等。性静俞不喜蹋踘、奕棋諸雜伎，亦不喜廣交游延譽存故人。請謝賓客，終日坐扁室，據梧手編于于也。蓋是時，吾郡中冠蓋初起，諸薦紳家子，席貴盛勢，往往跨耀争高，出連冠劍，飾車騎，叱咤閭里間自雄耳。不則，挾姬妓劇飲，遺簪墮珥，酒色相徵也。又不則，入郡國縣廷，關説鬻大夫權也。又不則，役貧侵弱，豪武斷鄉曲也。長君雖父先生乎，冬衣一裘，夏服一葛，行不張蓋，出不肩輿，隨無二僮，饛簋而飧。長君不知爲父貴也，人望之不知長君爲公子貴也。監司歲時行部，存問先生家，長君輒匿不自見。郡守令有善先生者，或與先生同年進，長君不以故謁也。即謁，未嘗以私請。外有持刺至，介長君爲干謁，長君愀然曰："大人知，譴我矣。大人以廉，我以汙，安比子乎？"立巽謝其人而遣之。

先生不家於官，終窶甚，居不能廣椽，疇不能十頃，割橐中遺不能百千緡，長君悉推之母弟、異母弟，無問也。獨身自與其内人滌器雜作，迨其輓年，棄儒問産，益寸累銖積，而貲亦以起矣。其菲衣敝冠，不腆供具益自如，人又不知長君爲公子富也，長君可謂善嗇矣。

養生之説，出於老氏。老氏謂深根固柢，長生久視之道，莫若嗇。夫嗇之術，其粗可以積居，其精可以養身，而其微之至能使天地之氣不費而常盈。故纖嗇筋力者，治生之正道也；秏侈精神者，招曆之大機也。陶朱氏嗇於財而十五子，嗇氏嗇於家而穀儉，彭聃氏嗇於身而玄牝谷神，皆是嗇也，長君可謂善嗇矣。

嗇則少費，少費則節而無慆行。嗇則薄嗜，薄嗜則澹而無越思。無越思則虛極，無慆行則静篤。去奢去泰，守雌守黑，行乎不揵之塗，鎮乎無名之樸。夫孰測其極，孰知其紀哉？是之謂早復重積德。故曰，無不克，莫若嗇。問者曰："老氏不云乎，甚愛必多費，多藏必厚亡。嗇而不棄，則謂何？此儉之所以難遵，而事之不可偏循也。"不佞瞿然攝衣謝曰："吾過矣。吾嚮者慕史先生矣。史先生忤嚴相時，身與家之不惜，而何乃耑言嗇也！史先生善用柔，壽于國；長君善用嗇，壽于身。嗇爲長君言之也，長君真史先生子哉。去炎炎隆隆之行遠矣。"

象西陳次君先生五十五敘

紫余陳先生有孫曰象西次君，里所稱孝友君子也。峰生也晚，不及事陳先生，而從蘇先生游。蘇先生每與余横縱古今，輒喜言陳先生軼事，間指稱其後人，則時時嘖次君賢云。余不信里人，而信蘇先生之一言，吾胸臆間之有陳次君久矣。其後次君之子若侄多從余游，余是以知次君益詳。

今年中秋十八日，爲次君覽揆辰。里父兄、三老、子弟與次君之族戚，相率造余，丐言爲壽。曰："令蘇先生在，則蘇先生文之。蘇先生所知者，惟子。子其出一言，爲酌者先。"余主臣謝不遑。次君之子、文學雲卿輩固請之，復出蘇先生贈《世澤編》授余使讀。噫嘻！蘇先生之亟稱次君，有以也。余乃進諸客而問曰："若之來壽者，何人也？"曰："吾陂中之氓也。不則，亦有田受陂水灌輸上下，而以年年食次君之賜者。"余曰："若何以壽之？"曰："吾儕里人也，以里人壽之耳。秫於田，醪可濁，釣於溪，魚可餌也。"余曰："若之觴之，僅是乎？"曰："紫帽山之陽，明月出焉，溪上之清風徐來，吾取而豪次君之興，次君固陶然也。"余曰："善哉！若之壽次君也，其壽云何？"客曰："次君乃孝友君子也。次君之父曰西浦公，爲陳先生仲子。次君生十四而失恃。西浦公游國子上舍，及是始歸，歸而困床笫間。次君方總角，昕夕問湯藥，不刻晷離。饔飧甘脆，盡次君手指供。即非次君治，西浦公食不甘也。瘏瘁子舍間久之，西浦公即世，次君年十八矣。煢然儒慕，亦用是遂輟讀業。嚴兄如父，析箸多受𢘑，無以纖啬幾微違伯氏意。授季弟使讀，鉛槧筆楮之需，立索取應，不知其異胞乳也。課四子庀易，斌彬有聞，視侄亦如之。輓近掌陂之役，嚴啟閉，時瀦洩，罷一切稅陂諸繁費，至不難出橐中金，爲鄉人利都，上下皆賴之。蘇先生作《世澤編》，本此。是以吾里中人，盡一口謂次君孝友，而慷慨仗義，非今世人有也。"余於是揖客而言曰："余所聞於蘇先生稱亦如是。"及今日天朗氣清，門外之山光水色掩映中庭。次君在阼，子姓盈門。余入自東序，乃執釂揚觶上次君壽。其曰："次君真陳先生後人也。蘇先生謂陳先生之學以孝弟爲宗旨，以宇宙爲襟懷，而天機圓融，渾無町畦。乃其遇鄉有是非利害，如陂夫水利之類，輒殫力以争。今次君皆如之。陳先生榷淮安關時，嘗語人，論王道則鈔關可無設，洿池網罟，仁者不爲矣。"夫陳先生則其爲吏者耳，次君但閭巷布衣也。萬石君之孝謹，其子建、慶，皆能世其質行，然不過醇謹而止。雖以其在丞相位，亦無他大略可爲百姓言，終不能有所發舒乎父家之風，何次君而可爲也？陳先生名高乎縉紳之上，其樹於四方之人易。次君混跡乎隴畝之間，其澤於鄉之人難。陳先生不言道，而一翰一墨，種種道妙，非有道之士莫之能識。次君不言學，而一步一趨，暗與學符。雖里婦、田畯，亦知有次君能澤我者。吾故曰，次君真陳先生後人也。余何能後蘇先生而文，姑以蘇先生之頌頌之。

日暮酒闌，俄焉風來，俄焉月出，客把酒曰："吾里人之壽至矣。"余曰："子以里人壽，吾以兩先生壽。吾之壽次君也，大於子。兩先生而賢人君子也，次君亦君子也。"客曰："吾儕真里人也，不知其大。請書以副于《世澤編》之後。"

學瑞陳長君六十敘代

世宗肅皇帝朝，瑞山陳先生秉節東粤，風采炳著。而又有遵岩王先生，脩古文詞，主盟中夏，爲後學師。兩先生居同里，相與至驩也。寓縣人士望兩先生如泰山北斗，願順下風北面膝行而不可得。是時，王先生善鑪冶後輩，而罕許可，顧獨具眼不佞，甥不佞而館焉。陳先生有長子曰學瑞君，甫及草，載筆翩翩，千言立就，王先生大器之。蓋自是，而長君與不佞，並坦腹於王先生之門矣。

長君性嗜學，寓目成誦，年未二十，補邑諸生即首邑諸生，輒試輒高等，食郡邑餼。不佞記王先生視不佞學時，召邑中賢豪少年，結社對壘，旬一再角，而上下其駟。每不佞一牘奏，王先生拊掌稱善。至手長君牘，稱善亦如之。曰："人以陳生爲貴公子，吾乃知其非貴公子也。"聞者亡不人人謂得長君如敵國云。長君歷數試，弗偶。可奈何？乃脱躧弟子員，去而游國子矣，則裒然稱國子上舍。國子中亡易長君者，而長君竟弗一當也。故事，國子生不第進士而滿歷者，輒授丞、簿、功曹、郡邑倅以去。有志之士，角距剷落，或俛首爲之。長君勃然曰："吾入貲以郎也，如吾父與吾内父何？吾安能垂冲天之翼，而與鷄鶩争飽哉！吾將終不詘節，羞與絳、灌者伍矣。"陳先生名重於九鼎，氣高乎泰岱，每出按郡國，藩臬守令諸大司且人人震慴，何論抱關小吏哉！有子而抱關小吏乎，趦趄卑趣，薾然無丈夫顔。即陳先生，弗子矣。陳先生弗以子，王先生肯以甥乎？由此觀之，長君雖家食，王先生未爲弗知也。長君氣嶽嶽，意不可一世。世不王先生，誰知長君者？長君不得駕，自甘於拓落而羞升斗。然業已卷其觚翰佔僤之能，而賈其餘勇於池沼臺榭之觀。左圖右書，春花秋草，陸博在前，矢壺在後，箕踞豪飲，酒後耳熱，聲滿天地。以爲此足以娱百歲，而適於鞅掌卷婁者之所爲也。向令長君戀一官不自割，折腰於風塵之中，卑躬於大吏之前，脂韋取容，伺顔喜愠，不寒股慄，即病夏畦耳，其能有此樂哉？

不佞與長君並王甥，並辱國士之知。不佞受主上厚恩，備員中外，驅馳已極，慙無以自補，然不可謂無天幸矣。不佞猶人適也。如長君，其天適乎？故於其懸弧之辰，書之以侑一觴。

方次君起東先生五十敘

方次君者，僊游之隱君子也。次君有子曰君言、君啟，宿三日舂，走百里，入温陵，持雉羔之技謁予。時不佞方閉户謝客，離物而立於獨，戒守閽者勿入。兩方踵門，閽人辭，使通之。不佞跫然曰："嘻，異哉此人！而犢薌李生耶？"急倒屣逆之，與之坐。二子秀而慧，斌而有文。讀其應制言，纚纚翩翩，元方難兄而季方難弟也。《語》曰："不知其父，視其子。"余是以得聞方次君云。

次君少受《尚書》，以善詞雄邑中，詘一時操觚子，推爲藝壇祭酒。丙子之歲，督學使者胡二溪先生以古文辭倡閩中。學士即不舍筏超乘，能先秦兩漢語者罕，一當居前，以爲卑卑不及格矣。次君以是時受胡先生知，補文學掌故弟子，此殆有所合，非苟而已也。次君雖應省辟乎，乃其志嫯然而不顧，儻然而不受，有不任風波之態，而解脱韁鎖之思。嘗自謂，名者浮漚也，利者腐鼠也，聲色者柴栅也，紳笏者纆繳也，澤雉畜樊中而神王不善也，靈龜曳塗尾而留骨不貴也。丈夫生不五鼎食則已矣，奚以之控頤、别頰、傷口中珠乎？苒荏數歲間，稍不利即脱躧弟子員以去。人有駭次君爲太蚤計，勸之匏繫者，而次君不善也。次君風而吟，月而弄，冬而裘，夏而葛，出而作，入而息，于于而卧，徐徐而行。問耕於伯成，問圃於漢陰，問牧於小童，問釣於任公子。賈其餘勇於花鳥泉石之間，而逍遥於天地之内，自以爲至媮媮快矣。嗟乎！次君第蚤廢，不願應進士舉耳。藉不然，而以此時繫賢良之籍，持梁刺肥，以豢其安，懷印結綬，以據其尊，小則折腰於風塵，大則遭睡於驪瘖，同塵闒捷，沉瞑不反，寧能有是樂乎？又不然，而以此時鷄肋一青衿之味，發詩書之冢，治學一先生之言，口吻弊于蠹編，思慮損於游詞，飾小説以干雌黄者之口而不可得，又寧能有是樂乎？次君之樂，次君之自喻適志也。劍以淬而利，亦以多擊而缺；馬以服而良，亦以銁百而敗。用與不用，試與不試，貴所自財耳。要以山木伐於直，洌井竭於甘，文豺災於皮，白龜刳於神，有名不如無名，有智不如無智，成則毁，廉則挫。完軀全年之道，唯媒媒晦晦、羽儀不用者勝也。折脅摺齒以求之，脅肩劄席以守之，又其甚而棄國捐印以逃之。始知建鼓之求亡，終如囊檻之交臂，縱然營於窟而脱於網，噫嘻，亦殆而已矣。

然而次君之壽，在此不在彼。或曰："次君有機、雲也，奚必其身爲之？"或曰:“次君之鄉有九僊焉,以夢授人。次君得其黄白飛昇之秘,故不用世而且出世。”神僊寓言,吾不敢知。乃元方、季方之爲千里駒也,不佞已先言之矣。次君甫及艾,閒閒晏晏,玄覽達化如百歲僊人。正月之二十一日,值其懸弧辰,兩方自百里外謁余丐言,故爲之具論如此,令歸而張之,以佐一觴。

贈隱君擢吾陳先生壽序

陳隱君,非粤人也。隱君生吾晉之安平,挾伎能,隱姓名,少游湖海之間。今冉冉老矣。其初居南海,爲南海人,後徙之增城,爲增城人。粤人多習之者,是以粤之云耳。吾晉人謂隱君爲晉。噫嘻!隱君不但晉人也,蓋逸人也,高人也,區區伎能,未足以道隱君也。

隱君之尊人好神僊黄白之術,狹其鄉人不足與言,乃之羅浮山之下居焉。終日于于守一丹鼎,按鉛汞之升沉,驗龍虎之變化,七還九轉,以自媮快。王公貴人,有聞其風争致之者,終秘不與,竟辭去,然亦終不顧妻子也。隱君稍長,聞尊人所在,裹足而趣之。至則見其爐火星然,藥物不繼,齎糧且休。乃身自之增城賃一肆,治追黄琢白之伎,取稍以給。大抵亦祖其黄白法,而粗用之云。凡隱君所攻金,窮人物花草之變。粤故多明珠、翠翡、珊瑚、犀、玳瑁,不得隱君治爲飾,諸珍産亡所用之,是以人多市之者。隱君笑曰:“此幻金也,非真金也。如其真,則點鐵鐵化,點石石亦化矣,又何但花草蟲魚之似爲?”聞者初不之曉,隱君但戲弄自如。於是往來於羊城、鰲海間,子舍無定所,出將父,入將母,奔走於道路。至瓶爲罄而橐爲虚,怡然無倦意,見者憐之。其尊人竟不歸,尸解。於是隱君櫬而與其母合葬於安平。泣血三年,乃復挾少子以從,尋其父鼎爐之跡,以畢金丹,陽爲攻而陰煉之。輕貲喜施,吾閩人入增者至,輒望隱君爲家,隱君具糇糒欵之。增人士知非常人,往往就市肆中以覿其采,則亡不人人願交矣。余不識隱君作何狀。其伯子主孔從余游,主孔攻古能文,爲余畏友。今者省隱君歸,與余言,余是以聞而壽之。昔陶朱公變姓易名,之陶致富,後之人遂從而僊之。吾以爲朱公非能僊也,彼以其身脱跡于五湖之游,而終不忘于熙熙穰穰之行。始有意于求名，繼有意于求利，雖其旋積之而旋散之，何如不積之爲高也？故其子中者游俠，長者惜吝，一鼓弄于莊生之頰，而朱公之技亦窮矣。

黄白者，天地日月之精。治之則器，鍊之則道，鍾于奇人材士，則抽黄對白爲文章。器爲家寳，道爲身寳，文章爲天下寳。多金而積之，私而有之，則有以益子孫之愚而增其過，此陶朱公之所以失也。以今觀隱君，握至寳於身，公其器而私其道，以可見之珍麗分之於衆，而以不可盡之精華洩之於子。未嘗積之，而常散之，其貲之有亡不知，其子之利鈍不問。故贏得亡過當，而其子終當有以文名。安平人喜賈，賈吴越以錦歸，賈大洋以金歸。隱君二十年脱躧其家，久客不歸，即歸，亦瀟然矣。余是以謂隱君爲高人，爲逸人，且以爲非安平人，而何論粤人哉！

秀山朱君七十敍

余未識朱秀山君，顧獨聞惠安之鄙有小柘者，其鄉多名人俠士也。一日，余自山中精舍歸，友人紀生子登與朱君之子文郁叩余閽而入，爲朱君中秋誕而請爵言。

余倒屣出迎。兩生坐定，余顧謂紀生："余向不知朱君，今知朱君之子矣。《語》云'不知其父，視其子'，即子而可知朱君也。朱君之算幾何哉？"朱生起，應聲曰："老父年七十矣。猶健步善飯，钁躒如年少也。"余首肯久之。余曰："朱君何里人？"紀生未對，朱生曰："里名小柘耳。"余曰："吾聞小柘之鄉多君子。吾同籍中有江君霄臺、林君充寰者，柘里中人也。或致令而處，或佐大府而仕，其風可以立懦，而其材足以剸棼。朱君亦知其人乎？"朱子瞿然曰："兩先生爲里中山斗，吾老父懿親也。相與周旋之日久矣，所不能藉兩先生以謁先生者，此老父之所腐心耳。"余笑曰："此足以壽朱君矣。"余又進朱生而問曰："吾聞小柘襟海，地斥鹵，不善水草。信然乎？"朱生曰："不然。柘之陰則海，陽則山。紫帽遠隱插天，龜峰侍左，秀山列右。老父家於龜山之麓，風晨月夕，雨夜霜朝，所相看而不厭者，惟龜山耳。秀山著號，蓋本諸此。然而大風怒號，巨浪拍天矣。當砥柱者,誰也?”余笑曰:“此足以壽朱君矣。”余又進朱生問之曰:“子算幾何矣?”朱生刴席曰:“小子未三十也。往老父艱於得子,四十餘得小子,五十餘而得介弟,商瞿之膝下非繩也。余小子無良,無以當主器,但守博士家掌故業,未徼寸進。少弟冲齡,粗知章句耳。何能裨老父驩?惟先生一言是庇。”余笑曰:“此足以壽朱君矣。”紀生前言曰:“若是乎,先生之稱壽而不竟其説也?噫嘻!我知之矣。昔人云,稱人之賢,必本其山川父兄師友,此厚道也。先生之壽朱君,殆謂是乎?稱鄉有道,儗其倫也;原本山川,遡其生也;數及子孫,侈其胤也。先生稱壽之誼備矣,而未盡也。朱君居常折節爲儉,以義豪里中。初行貲東西粵,貲稍起,遂挾以歸,分散予貧交,給族戚之乏。娶待聘,婚待嫁,竈突冷待舉火,知不知夜半叩朱君門,朱君不以無爲解也。最後廣祭田,設儒生之田,以供祭祀,與游黌鉛槧者費。朱君之爲德於家,大都若此矣。里諸公聞者,是以多朱君之誼。”余爽然曰:“如子言,朱君不但賈人也,俠人也,蓋有德人也。吾知所以壽朱君矣。”

古今以來,著姓者二,於魯稱朱家,於齊稱朱君(公)。朱家用俠聞,朱公以賈富。此二者俱非尋常齷齪之人也。吾觀朱家脱季布將軍之厄,一掉寸舌,遂能動汝陰侯之聽,而罷漢天子宿昔之讐,何亢慨也!朱公計然筴既已用之國矣,去而耕海畔,戮力致富,復徙之陶而止之,不欲久受不祥之名,豈非明盈虚進退之義者?然君子猶以爲俠犯禁,而不可爲也,吾不願以是壽朱君。朱君無所事於當世之俠名,蓋亦慕陶朱公之爲人乎!朱公數徙而擇陶,何如朱君之居柘。朱君以爲生於是,聚於是,何必天下之中而有無交易之路也。朱公之子,長者重棄財,少者輕犯法,負郭窮巷之莊生,因得而鼓弄之。此非朱公居富益貨之過,則亦不好文之失耳。

今朱君之子,長以文名,少知就塾。余一見朱生,逡廵退讓有文人材士風。而紀生亦與予言,朱生爲文社中畏友。余乃知朱君以布衣然諾之軀,可雁行於里薦紳衣履之列,良有以也。故曰,“足以壽朱君也”。紀生曰:“先生之壽朱君也,一奇至是乎!允元聞之,古有壽山福海之説。又云,‘龜千歲,長滿尺二寸’。朱君居龜峰之麓，不知此龜幾萬歲所矣。請借龜峰爲朱君壽。”余爲之一笑，并次其問答語授朱生，使張之，以侑一觴。

寓西兄伯壽敘

兄伯，非凡人也。或曰：“子何以語兄伯非凡人也？今宇内高人奇士，或置身於青雲之上，或榮名于白簡之間，高車駟馬，前呼後擁，親戚以之畏懼，市觀莫不贊嘆。若兄伯，皆無之。所謂游賈人耳，安在非凡人爲？”

余笑曰：“何域内之談，無越俗之觀也。若且未知行賈間之有賢人乎？太史公敘列今古，上而天子、王侯，下而公卿、將吏，奇而劍客、謀臣，鄙而滑稽、佞幸，以至日者龜策之儔，無不備載。亦已窮人物之態，而晰賢姦之辨。必終之以賈人，何也？寧直以其用財致富，可恣意好，免貧賤而已？賈之爲道，其鬭捷可筴權變，其周游可度地形，其决斷通乎行法，其奇勝合於用兵，大用之富其國，小用之饒其家。此千役萬僕之能，太史公所以稱爲當世千里中之賢也。令皆發憤於詩書之業，而奔走于軒冕之途，驕語仁義，雖太公、管子，將彊富而無筴矣。吾故曰，賈中有賢人也。若何爲以賈凡兄伯哉？”或曰：“子兄伯之賈也，亦若是。”余笑曰：“兄伯有所長，非苟也。余家世治書，不喜賈。有之，但坐窺市井耳，不喜行賈。兄伯自其王父繇吾儒林徙安平。安平人多行賈，周流四方。兄伯年十二，遂從人入粵，尠少有誠壹輻輳之術，粵人賈者附之。纖贏薄貸，用是致貲，時爲下賈。已徙南澳，與夷人市，能夷言，收息倍於他氏，以故益饒，爲中賈。吕宋澳開，募中國人市，鮮應者。兄伯遂身之大海外，而趨利其後，安平人効之，爲上賈。太史公稱卓氏、宛、孔、程鄭之屬，遷葭萌，遷臨邛，遷南陽，雖亦不求近處，運籌鼓鑄，因通商賈之貨，然未有浮海道、市東南夷者，安在其可凡兄伯也？”

或曰：“若是，則安平之市無凡夫矣。”余笑曰：“未易言也。古今使絶域、窮河源，亡如張博望。身所至之國，歸歷歷爲漢天子言之，能令天子欣然有大國奇物之思。然猶藉漢威靈與其財力賂遺，去十三歲始還，竟乃致之。何如吾兄弟一匹夫，挾漢薄物，而歲取其王面錢以歸也？當是之時，中國之人新與夷交，語言不通，嗜好不同，而譯者用事。兄伯身所之夷，與語輒習之，見其國王，王以爲異人。是以徵貴賤不復問譯，而取信於兄伯。兄伯不之詒也，遂爲雁行中祭酒。夫夫也，凌大海之波，泛條枝之窟，睹扶桑之上下，識魚龍之變化，而能掉三寸舌，通華夷之情，行忠信於蠻貊，此亦魁然一奇丈夫也，何必讀書！而安在其凡兄伯爲？"或曰："賈若是，非凡賈者，亦多矣。"余笑曰："不然。白圭教人爲賈，若猛獸鷙鳥之發。非謂其能發也，能收也。安平人任發，兄伯取收，故居然可免於患。其初，兄伯之吕宋，皆身自往，自榷使出海上之税，歸之中官，兄伯策其必敗，遂不復往。不數年，好事者言夷地多金，遣使偵之，夷人疑有它謀，遂屠戮中國賈人以數十萬。令兄伯俱去，能獨免乎？愚者闇已然，智者識將然，鬬智争時，先一市人，此余所以不凡吾兄伯也。"

或曰："天下瓌才奇貨，皆聚京師。若兄伯誠非凡，奈不入長安何？"余笑曰："否否。人抱一奇一筴，俱可入京師，見天子，獨賈人不可見天子。桑弘羊、孔僅，賈人子也。一入而以心計言利，遂令縣官與商賈争貨，海内爲之騷然，故不可也。往歲諸賈人輒相率至京師，所有翠翡、玉石、珠璣，外得之海上，内輸之宫中，至空左藏之金與之市，大司農厭苦矣。兄伯以爲，開縣官黷貨之心，而牟國家無名之費，非賈人事，而不爲也。故長安雖麗，未嘗一至而問焉。此余所以不凡兄伯也。兄伯爲人伉而爽，重信義，不侵然諾，好扶人之急，賙人之窮，居家以孝弟爲先。其曾王父與余曾王父共穴而葬，兄伯出橐中金，脩塋設蒸，倡諸族人，人以此重。兄伯氣嶽嶽不肯人下，身侈於用度，所致萬餘金多費之，不封殖，其家貲至今不甚起。子長者脩息，少者治書，令無失吾儒林之風云。"

或聞而謝曰："吾乃今知若兄伯矣。賈先，敏也。知禍，智也。蚤息，斷也。曉譯，奇也。不貪縣官利，義也。敬祖重宗，孝也。貨殖何傳，進於賈矣。若兄伯今年七十也，請以爲兄伯壽。"余曰："唯唯，否否。周家以農立國，漢以孝弟力田舉官，令商賈無衣絲乘車，重租税以困之，所以重農而賤末也。民農則樸，無鬬智而仰機利；民農則重，無走騖而任地着；民農則復其産，無涉險而凌風波。用貧求富，農不如賈；積德累行，賈不如農。故兄伯輓年税駕於賈，而息肩於農。

築廬田間，鋤雲耕月，笠雨簑風，釀禾而醉，飯稻而飽。徐徐陶陶，春秋不知，榮枯不問，而兄伯老矣。夫是道也，息可休寧，静可止遽，此兄伯所爲壽也。余是以竊有志而未逮焉。少頃之，余且退老於梅峰霞壁間，去兄伯廬不二十里而近，昕夕造而問農矣。兄伯無言利，余亦無言名。"客大笑曰："兄伯誠非凡。言若是，則先生之過人遠矣，先生真天下士也。"各大醉而别。

黄師母沈太夫人七十敘

沈太夫人之壽七十也，先一年己酉，觀察長公自豫章貽書入閩，抵李生光縉，曰："明年春暮，家慈及稀設帨，吾且問四方立言之士，請其爵言以當千秋之驩。吾子受先人知最異，得無意乎？"光縉拜命之辱，不覺喜溢於顔也。蓋自吾葵師先生典閩試，縉獲被其舉首，去今二十五年往矣。未有以稱先生知人之明，夙夜冰兢，惟隕越是懼。幸而長公不棄，令得載筆，吐一言以附諸名公鉅卿、操彤管者之後，佐堂下舞斑之娱，豈非爲門人弟子之大幸哉！

夫今之壽太夫人者，得非以先生爲詞臣，徊翔於清華侍從之斑，太夫人從以其秩而稱恭乎？又非以觀察爲臬臣，敭歷於藩省甸宣之長，太夫人從以其秩而稱淑乎？此太夫人之貴，未足以盡太夫人之壽也。古今稱婦德淑懿，必徵諸詩。《葛覃》稱儉，《采蘋》稱敬，《鷄鳴》稱勤，皆克相其君子，爲後世儀。乃其所執而恪者，不過於衣服袛績，與夫筐莒倚釜、雜佩贈報之事，于國家之文章政事，不與焉。聖人係地道於坤，而稱之爲臣。三曰"含章"，或從王事，五曰"黄裳"，文在中語。臣道也，亦妻道也。則又從而廣其象，曰爲母、爲文、爲衆、爲柄。夫文，非婦人事，矧柄、文而至於衆，此惟士君子振藻操衡者之所能有，而以歸之母道，何也？吾蓋以太夫人觀之。太夫人於先生，有妻道焉，於觀察、孝廉，有母道焉。先生爲一代文人，觀察、孝廉爲父子。太夫人受其夫與子文明之譽，爲文母，爲令妻。濡毫染翰，總父之柄，而以文章爲政事，先生是矣。展采錯事，分政之柄，而以政事爲文章，觀察是矣。先生代言於左右，觀察分猷於四方，柄而有以柄也。太夫人佐筆札於先生，問平反於觀察，授經史於孝廉，不柄而有以柄也。婦人之章，含而不露。必有其夫與子爲從王終事之臣，乃能宣洩而昭明之，而坤儀之厚德亦陰以附著於猷業彪炳之用。則太夫人之有今日，是矣。

先生蚤已掇解首，魁南宮，綰筆詞林，侍講金華，爲天子文學寵異之親臣。然且嗜書不倦，非譔著不以親，非竹素丹篦不以問，非四方文人才士不以接。邸内一切政悉以屬太夫人。故太夫人之相先生，不於寒卷青燈之下，而於金馬石渠之上；不於米鹽錢穀之細，而於鑾坡視草之大。先生進講幄，咨咨獻納，天子降心聽之，輒有槧絲官膳賜予，以勞成事。太夫人獲與其賁，而翟珮之加薦錫。觀察公得之，而憲文武，孝廉得之，而策賢良。此太夫人之所謂文也。大抵先生之文，其鴻鉅著之綸扉，其弓箕以施孫子，而其緒餘、土苴，則以衣鉢其門人子弟。先生分試禮闈，一再典七閩、順天試，掄拔士良多，四方稟其程爲模楷。士及先生之門者，依先生以就聲價，其未及先生之門者，亦傳響而赴先生之鵠。光縉譾譾無能，猶然分北面之席，而聆獨知之契，它斌斌可知也。蓋先生之柄文日廣，其翕然而宗先生之文日益衆。士無論知不知，於先生稱師，即於太夫人稱母。而太夫人含章之美，亦衆矣哉！班女昭博學高材，能受詔而踵其兄東閣蘭臺之書，屢蒙帝召，享有遐齡，乃于伉儷之美未盡，蘇坡公咨嗟嘆息。王夫人之賢，敏而知書，能識予意，及爲學士撤金蓮之時，坡公但自身被而已，王夫人不能有所分焰。幸哉！太夫人有其文，而又有年矣也。

太夫人並先生逮主恩，今七十年於此。其先生雖晚即世，其以恭、淑人，睹觀察公登外臣極品，又十餘年。公父文伯之母，九十猶績，與文伯論備官，推極瘠沃淫善之理，片言流芳，照耀千古，稱爲至文，宿儒未之能道。此足以方駕太夫人矣！太夫人九十、百十時，母年母訓，當亦觀察公、孝廉公魯國夫人之母也。光縉以言《易》受知先生，故於其壽太夫人也，不稱引《詩》，而但以《坤》文之説進。

望雲獻壽序代

中秋之朔，天朗氣清，程太夫人之設帨辰至。大夫羅陽公，從清源邸中望雲爲壽。凡我在事二三大夫，相與擊木賡歌以賀。既次成帙，郡司馬姚公爲兄弟和恭之祝，敘而弁諸首，屬純仁使申言之。即純仁言，寧有加姚公哉！

然今之所爲壽者，《詩》也。純仁少習《詩》，幸以三百篇聞，承乏郡理。無已，請以《詩》言。蓋以余讀《詩》至《風》、《雅》，《行役》諸篇，其善爲父母言、抒侘傺無聊之思者，莫如《陟岵》。彼其嗟"予子"、"予季"、"無棄"、"無止"者，可謂愴以切矣。然由有陟岡而望其兄，則所謂代養於親之側者，非無人也。《北山》之詠，進乎是矣。曰"憂我父母"，我獨賢勞而已，其"鞅掌"、"畏咎"至嘆息於"栖遲偃仰"者，而不可得，而且以"嘉我未老"爲解也。夫以其子在膂力方剛之年，親齡豈暮境乎？桑榆未逼，杯棬未痛，則猶有以無恤云耳。《祈父》之咏，進乎是矣。曰"轉予于恤，靡所底止"也，且以母之"尸饔"，其親側之無人而不爲問寢視膳者可知，第云自日用飲食之耳也。《鴇羽》之咏，又進是矣。曰"不能藝黍稷，父母何食"，"不能藝稻粱，父母何嘗"，則且虞其饔飧之不足，而至於慘怛呼天，而莫之應。《四牡》之咏，乃始爲之，言曰"是用作歌，將母來諗"，蓋號天不得，而令其呼號君父以自通。或者上恤其"懷歸"，"靡盬"之私，而"騑騑"之牡，"嘽嘽"之馬，庶幾其及瓜期，有以税駕也。詩之人於君臣父子之間，不能兼得，而私爲懟者如此。

以今觀諸君壽太夫人，則不然。大夫成進士，起家郎南曹，以至官二千石，施隼設軾，貴倨矣。大夫不得賦緜上以感其母，雖樹蘖拔葵，而"不稼不穡，取禾三百廛"，亦足以供甘旨。煌煌出温陵道，入海陽，大夫之子餳而進之王母之前，則所云"尸饔何嘗"之慮，大夫誠無之。顧太夫人獨有子，彼"陟岡"而嗟予弟者，大夫不能有也。大夫即方將，太夫人即大年，而太夫人筭七十五於此矣。知年愛日之養，大夫豈不願及膝而效之，而無奈萬里作歌爲也？諸君即欲爲大夫獻"岡陵"之祝，亦宜有以抒不遑之思，而少諗其萬一。乃諸君齋戒以言之，鼓舞以儛之，若是其驩喜欣愛而略無悲傷不平之詞，以詩怨若彼，以詠快若此，其故可知矣！大抵周人詳於情而略於法，經營四方之士寧爲怨爲慕，而不敢以私請。明興，詳於法而通於情，盡瘁事國之臣，雖忘私忘家，而未始有遺其親。

故内臣許終告，外臣許邸養。官舍子舍，兩者遞兼。士進而有以盡其爲臣，退而有以足其爲子，此明興之法，所以通於遊宦者之情也。

大夫官南曹時，迎養太夫人于白下。今兹之壽，大夫雖覊于官乎，然諸君作歌，不以其來諗，而以其稱觴，則非束於法而詘於情可知也。此"望雲"之所爲壽也，《國風》憂怛而不傷，《小雅》怨誹而不亂。讀是詩也，和而平，莊而有則，洋洋乎《大雅》之風矣。

封周太恭人七十敘

周太恭人者，余甥參知以衷君之母也。太恭人以四會宰杜林公秩，稱孺人。其後，以衷君成進士高第，給事黄門，掌諫院有聲，天子貤封其二尊人，孺人又稱太。以衷君既參知浙藩，秩中大夫，又以其秩稱太恭人云。

太恭人自陳嬪于周，周爲晉江右族，冠履奕赫，子姓斌斌起，代有聞人。太恭人始至時，杜林公爲諸生有聲，太恭人篝燈佐之。杜林公既上棘闈，應南宫辟，於是以衷君以髫齡補文學掌故員矣。以衷君穎敏甚，下筆晷刻立就，杜林公鍾愛之，太恭人亦鍾愛之，杜林公嚴督之，太恭人亦嚴督之。是時，周有吏部屏山公、二千石萍野公，杜林公以其猶父行，材藻聲名相掩映。而以衷君爲後先昆弟，甲諸雁行，相繼射策繫籍，一時望周家盛者，盡以歸功於太恭人。太恭人上佐其夫，下課其子，以及諸猶子之貴者、賢者。杜林公名既盛，所知交盡邑中薦紳先生、賢豪士。而以衷君雖年少，從弟子，列士亡不遜席争納履均茵，以故其户屨常滿之。太恭人聞爲杜林公至，灑掃盛帳具，大喜。聞爲以衷君至，灑掃盛帳具，益大喜。聞諸猶子之貴者、賢者至，杜林公與誦説先民，稱家訓，則又喜。太恭人於是豐酒饌以糈，間脱簪珥佐矣。杜林公謁銓職四會令，太恭人偕之官。簡飭邸舍，周毖閑衛，戒臧獲曰："外鞬無少踰。"杜林公竟爲四會有能聲，乃以上官枘鑿齟齬，謝事歸，太恭人無色脘也。亡何，以衷君第進士，授中書，爲名中書，擢給諫，爲名給諫。以衷君立交戟下，依日月之光，時以聽，嘉納如流。聖主冲齡，初服鋭政，累上奏牘，天子輒轉圜。一時以衷君用諫議顯於臺中，光于梓里，太恭人無色艷也。以衷君一旦離天子左右，中蜚語聞，尋而遷謫，尋而休廢，蒙世媒蘖，盛年引退，韜晦亦已蚤矣，太恭人又若弗知也者。日與杜林公優游相愉快，安受以衷君柔毳甘脆之奉，而以蘄其叔季子與諸孫之從青衿起也。

蓋太恭人今年七十矣，月之八日爲其懸弧辰。友戚中佐以衷君舉千秋觴，屬予文之。夫閨閤女婦，或有得於其夫，未必有得於其子；或有得於其子，未必其夫與子偕顯也。又或偕顯矣，而未必其偕老善無恙。冀缺之耨，妻饁之敬，相待如賓，則亦田舍間夫婦耳，不聞其老而算。齊孟光德曜，齊眉舉案，稱偕老矣，又不聞其夫拜何官，封何職秩，而以其子顯榮，謂何也？公父文伯退朝，朝其母，母老矣猶績。第僅僅爲其子能備官，稱瘠沃勞逸之理，曰"無廢先人之言"，蓋悒然有遐思焉。此以福德於今日，奚如太恭人之有以夫貴也？又有以子貴也？十餘年孝廉之婦，二十年文林郎之妻，又二十餘年給諫參知之母，以享有七十年而稱恭人，稱偕老於人間世，則又不獨其身被綸恩，受天子貴倨也。語云："天非人不因，人非天不成。"太恭人稱德福於天人間，可謂備至矣。是日也，杜林公壽七十五，太恭人壽七十，合百五十年之身，爲周家作則作範。參知以衷君捧巵匜侍左，余女恭人執巾櫛侍右，以逮諸若子、若婦、若孫婦簪摩屨接，羅列環上壽而後退。退而入賀者客，則不佞請從諸君子後。

蔣母吴太孺人壽敘代

聞之令甲曰："節踰五十始旌。"於是，吴太孺人節年五十又六云。太孺人有子曰蔣光彦君，奇士也。以經術亡害游國子上舍，國子中亡偶蔣君者。乙酉之秋，蔣君裒然受京國薦書矣，一時蔣君名大震都下。乃蔣君時自謂僅有母也。

蔣君之言曰：彦不穀，三歲襁褓時，先君子敬齋公業見背矣。是時，吾母年二十二也。慟哭搶地，殞寢自廢，幾至忘生。吾王父母急呼，謂之曰："而猶有兒在，而計畫亡復之邪？誰爲代而夫而父也者？又誰爲代而夫而子也者？吾夫婦老矣，而兒少，而奈何欲棄此三歲孤也？"蓋吾母始稍稍强就食焉。吾母孝謹事舅姑，毀哀思君子，而又昕夕徬徨，俟不穀藐諸長也。不穀能就外傅，使就外傅；能知書，使課知書；能佔俾觚翰，使治佔俾觚翰。舘穀脩餔，豐具之矣。門外有賢豪至，則大喜，間從旁窺之。對壘無徙業，則益大喜。或與爲棋奕、蹋踘諸雜劇，立鞅鞅大望也，召不穀訶曰：未亡人忍濡至今，爲孺子在耳。而若此，奈而母、報而父何？”語畢，淚簌簌下。不穀見吾母言必闔門，行不踰閾，食不庋肉，衣不穿繡，旦暮絣緇，椎布緣作如寠婦也。以語人曰：“藉先世餘貲，可幸無拮据。顧吾苦爲此者，極難也。將以明吾嘗蘗丸膽志，夫且令吾兒知吾楚，知學也。”不穀用是益兢兢無敢旁涉云。微不穀，吾母無以有今日；微吾母，不穀亦無以有今日。天乎！吾母子相依倂命也。蓋蔣君時時語諸同年友者，大都若此矣。是月二日，太孺人設帨辰至。李君宗謙輩述其語授不佞，令不佞文之，不佞爽然也。

不佞居嘗怪太史公不立節婦傳，至所稱巴蜀清特附見《貨殖傳》中，曰“家亦不訾”，“用財自衛”而已，它亡述也。此夫順風而呼，聲加激耳。夫清以窮鄉寡婦，能令秦皇帝聞其貞而客之，至爲築女懷清臺，此寧但區區守業假富見奇哉？語節而待富，無以處夫非富者也。太孺人雖富乎，菲約如食貧，以禮爲衛，以子爲天，自存而存子，樹孤而孤立爾，蓋三十年一日也，何論富乎！可以富而成，必非富而敗矣。共姜之有《柏舟》也，其令名永，至今讀其詩，直凛然有生氣。公父文伯之母老矣，反覆於沃瘠勞佚之訓，懼穆伯之絶祀也，故老而猶績。太孺人及可旌之年，於此矣。蔣君又且成進士，載其訓，服之官。天子又且錫綸封表宅里而旌之，其將爲共姜妻與？其將爲公父文伯母與？蓋不獨年壽，而名亦壽哉！太孺人之壽以節，而節不以富也。予訊之李君，亦然。

贈天封節壽序

國家令甲褒予婦人之典有二。其代夫受名、蚤嫠而貞者，年及五十，格有司上其節，覆實而旌之，自里婦以及士大夫之妻，無間焉，問其節之可以旌耳，不必皆子貴也。其有已成名繫籍而仕者，最滿三年考，大吏奏其績，嵇（稽）勛而封之。自孺人以及恭、淑夫人之秩，無間焉，問其績之可以封耳，不必皆母節也。

母節矣，子貴矣，及可旌之年，而又逢得封之典，有旌而封者，有封而不旌者。非節之成虧，旌之靳予，而封之有先後也。令甲：封之與旌，不得一時並。天子綸典，先旌而封，則得封。先封而旌，則不得旌。司勛氏惟以其官，按其所奏之最，封所生如其秩。旌之典嗇，不賁綸言，不脱里媪呼，第表樹於宅里卓楔之間。一旌之後，無再旌焉。而封之典隆，得賁綸言，得脱里媪呼，而焜燿乎翟冠象服之錫。一封之後，且數封焉。故旌之予從夫，不可以兼封，而封之予從子，可以兼旌。以彼其節間關荼苦，忍濡終身者，爲其子耳。子第進士貴矣，又善治狀，天子嘉封及母，而爲之表其節於絲綸綍涣之間，斯不亦榮足而無憾乎！即制而兼旌，其爲旌也，大矣。封不論母年，而旌以年格，要以迓休徼寵。稱旌之年，於封之日，非既艾已耆之筭，何以承之？此壽之難也。蓋今於蔣太夫人有焉。

太夫人爲吴赤山公女，歸贈公敬齋先生。篝燈佐讀，成世名儒。不五年，贈公捐賓客。是時太夫人年二十有二，令君呱呱三歲在抱，太夫人矢志鞠之。獨居當户，藐諸是煦，不轉不卷，用財自衛，不見侵犯。令君稍長，督使就傅。《柏舟》自矢，熊丸和之。令君竟藉是讀父書，以文擅國子舍中，掇巍科，登壬辰進士。墨綬江山，循良之聲藉甚。御史疏令君滿四載考，宜封父母如其秩。先是，令君除江山時，欲請旌太夫人節，以初試官，未之上。及今奏功狀，蓋于制得封矣。以太夫人從夫之節，則當旌，旌則自以其名著；以太夫人從子之貴，則當封，封則以其子之名著。然太夫人竟用子封而不旌，功令使然也。是日也，太夫人設帨之辰，於月重陽，於日初二，律中無射，筴符生數，花甲週天又加四焉。王言有赫，眉壽無害。翟冠法帔，令君製之，自須江至；稱觴丐言，姻氏醻之，自里中至。士庶加額，子姓繞膝，洋洋殷殷，爛其盈庭。於是客有言曰：未亡稱寡，堅忍一生，備嘗之矣。松柏青青，歲寒後凋，其冬之正乎？太夫人之貞難。微貞，則何以有此節？曰六十四筭，當六十四卦。後天周矣。無成代終，安貞應地，其坤之永乎？太夫人之年難。微年，則何以有此壽？曰鞠子子憫，成孤孤立。命寵榮矣。雖有杯棬，不廢匕鬯，其震之亨乎？太夫人之子難。微子，則何以有此封？夫其三難者也，時亦有難易焉。節誠難矣，節者所以爲年也。未艾以前，守貞之日也，太夫人之節難。既艾以後，保貞之日也，太夫人之節易。壽誠難矣，壽者所以爲節也。及旌以後，西曦之年也，太夫人之壽難。未及旌以前，東曦之年也，太夫人之壽易。封誠難矣，封者所以售節與壽之勩也。令君未第進士以前，奮翼之蜚也，太夫人之封難。第進士以後，順風之蜚也，太夫人之封易。太夫人當其年之易，堅其節之難，及其年之難，享其封之易。耳不必割，髮不必截，臂不必斷，冥靈之筴不必筭，懷清之臺不必築。一念之貞，天壤敝矣；六尺之存，身名永矣。要以始嫠之居，岌岌煢煢，惟令君不克成是懼，何問有年？何知有封？然太夫人鞠不可知之子，而以底于立，自完其從一而終之志。令不有如是之年，必不能視其子之貴。即或用子貴矣，亦以其官贈耳，必不能及其子之封。不可以無此節，何可以無此封？不可以無此封，何可以無此年？今功令以封，故不及太夫人旌。

天子深嘉其節，詔詞臣撰美而揚之，以彰灼播聞于世。而太夫人年又六十四於此矣。其爲赤山公之女者十七年，爲贈公之妻者五年，稱嫠稱節而爲令君之母者四十餘年，其以令君貴稱太君、稱孺人者又六七年，而始際有今日封。匆鹵莽其耕，繁滋其報，蓋其難如此！令君第始封耳，敭歷日久，勛位無極。太夫人筭亦無極，又且有恭、淑人之封至矣。母貞子貴，申命于天，所云"天封壽節"者也。

封孺人黄母吴恭人華誕敘

今年秋，閩賢書上，黄君潤甫首以戴經應。吾郡故多人文，異時登薦剡，溢省額之半，戴經滋多於是。乃今僅潤甫登壇執耳，斯其獨步矣。潤甫之尊大夫曰復齋先生，以名進士爲御史，持繡斧出行滇南。母曰吴恭人，當大夫初繫籍時，司鎮江理，吴恭人舉潤甫。潤甫實産於鎮，故以鎮名。及大夫冠桂後惠文，以逮遷二千石，謫里居而捐賓客，是時潤甫歲十三耳。而今公子翩翩，爲國中人豪矣。於以弁南宫而踵大夫之武，著於天下，曰聞人，豈不亦捷得乎哉！潤甫既獲雋，不佞縉道北上，會潤甫於三山。潤甫介余門人李弼卿氏，再拜嚮不佞言曰:“鎮不佞少而孤,義方失訓,瞻岵繫念,所不至顛墮以徼有今日者,吾母氏之勞也。維是十月九日,爲母設帨辰。不佞幸濫竽多士後,以無貽先大夫羞。願以是日獻母觴,敢胥君一言,洽酌者命。”不佞唯唯謝主臣。弼卿故彊之,且與不佞言吴恭人德甚悉也。弼卿于潤甫爲姻家,又以是時同貢籍,故其知恭人特詳云。

弼卿氏之言曰:“恭人相大夫起家,大夫爲御史時,至烜赫矣。驄馬驅馳,持其家棅,恭人不加豐焉。大夫既已捐舘舍,稍改觀矣。藐諸煢疚,鞠其餘孤,恭人不加詘焉。其以督潤甫君甚嚴誨,不弛夏革,而其以拊孽子甚慈愛,不失鳲均。大夫有寵姬,能《柏舟》自矢,恭人只諒之至,與共飲食卧起,無復問鄉者衾裯也。玆皆人所難者。潤甫徼今有天幸,固宜其藉千秋以答罔極。”余訊之潤甫,良然。潤甫,少年奇士也。纔一當而號上將, 不佞遘之若棄繻,若循墻,伉爽温恭,無矜容盛氣,殆其大受者乎?不佞猶及侍大夫公,潤甫有父風焉。乃讀其所薦牘,奇矣。不與世爲茅靡,不與世爲流波。潤甫故失怙,誰教潤甫砥中流而文若是?恭人於是有斷機之風矣。賢哉,恭人!我知所以壽之。

今夫里中,女芳年則稱婦,暮齡則稱母,此尋常閨閤有也。其高者以爲命婦,命婦懸於夫貴,百不得一焉。又其高者以爲令母,令母徵於子賢,千不得一焉。此非尋常閨閤有也,乃如恭人進於是,恭人兼有父矣。《易》坤爲母,初索乾爲震,其廣象爲文。三之繇曰“妻道无成,而代有終”。五曰“黄裳”,“文在中”,母道以之。妻道近於臣,故“含章”;母道近於父,故“居體”。含之文秘矣,居體則美在中。其以“暢四肢”、“發事業”者,何彪炳而文章章,此施及文子之説也。婦人當夫在,梱言不出,内行不聞,其君子賢,大夫章,不得不含焉,不含則制義擅矣。必其以桮棬飾匕鬯,以熊丸代弓冶。子之賢,有位繇之,安得云婦順無文也?令舌戒於牝晨,厲禁于鴟哲,徒區區尸饔于中饋酒食之間,謂稱母何?恭人婦大夫公,大夫公值非囊括之朝不用,慎出以直諍顯,而咎譽隨之。恭人第不司不遂,以佐大夫公爲名理官、名御史,于章含矣。乃其以大夫公之文文主器,不獨母終之,且父始之。潤甫君今既用文薦,蜚英騰茂,播之儒林,登之天府，炳炳煌煌，此亦暢四肢、發事業之一時，奚而非恭人黄裳之文也？詎寧可一二有乎？蓋萬不得一焉。吾故曰："恭人兼有父也。請以是爲恭人壽。"弼卿曰："善。"

不佞再颺言曰："未也。士之初賓於鄉也，主者歌《鹿鳴》以燕，曰此足以視民矣，寧以式敖，將俾使之。故《鹿鳴》之次，其章爲《四牡》，所云'集于苞栩'，'不遑將母'者也。潤甫往者無昕夕去恭人膝下，今弓旌伊始，子舍中寧潤甫有乎？潤甫一旦而天子'皇華'，'周爰咨諏'則能，'作歌來諗'則不能。無已，有《天保》之答，在君親無二理，壽君政所以壽母。潤甫識之。潤甫入而稱一觴，徑戒車抹(秣)馬，駪駪獻天子羔雉矣，吴恭人其必有以語之往。"潤甫曰："敬受命。"

黄母莊太孺人六十敘

户部黄君瑩甫之母，蓋有兩孺人云。其一贈太孺人者，留母也，而又有封太孺人莊母者。當其在封翁肫齋公時，莊太孺人爲如孺人，今從户部君貴，受天子之封，得與留孺人並稱。大矣，甚哉！太孺人之有功於封翁也，不獨有功於封翁，而且有功於留太孺人。封翁爲恭肅先生之仲子，留孺人爲其仲婦。封翁領嘉靖甲子圻賢書，稱世聞人。留太孺人豔於得子，而子户部君。户部君不生於留太孺人，而莊太孺人爲所從出之母。封翁捐賓客，户部君甫三歲耳。兩太孺人並蚤寡，莊太孺人僅二十二歲而嫠，其蚤尤甚。人以衛《柏舟》之節與留，而不無難太孺人爲陳女、戴嬀之去。太孺人獨堅持其不轉不卷之志，與留太孺人同冰玉。殷斯勤斯，以鞠其藐諸之孤，三十年間如一日。留太孺人之子户部君也，不知非己出也；太孺人之子户部君也，不知爲己出也。留太孺人未嘗亢分以自高，而有疑于詘體之嫌；莊太孺人未嘗不引分以自遜，而略無不猶之蔕。事無大小，必諮請而後行，留太孺人但問其要而已。

户部君聰穎絶倫，恭肅先生愛之。自舞象及成童時，寘之膝前，教以六籍百家之道，間語及國家典故事。户部君雖尠小，輒能識之。稍長，即負有文聲於世。户部君出則奉恭肅先生之訓，入則受兩孺人約束惟謹。留太孺人用寬，太孺人用嚴，終留太孺人之身，於户部君未聞有所收威。間少不得當，太孺人必爲之荆請，或自督之以身，同跪謝乃已，其慈不弛訶如此。故户部君成進士高第矣。一出而試官，其明敏廉潔，鯁直不阿，有恭肅先生之風。雖弓冶箕裘，淵源使然，未必非熊丸之教，有以貽之也。户部君初令南海，兩太孺人與俱。及徙之餘姚，莊太孺人獨自往矣。每户部君退食之暇，太孺人語之曰："恨不有母留在，令而在，汝入且問平反矣。"户部君遵其教，不但以母莊致勗語也。是以户部君政平聲起，擢去而民思之。古今稱賢母教者非乏，至其以如夫人見稱，無如陶士行之母湛。士行有母嫡在，史不稱其母，而但言所生湛。則母嫡之未必賢，而湛之令淑可知也。陶家世貧，湛欲其子之交結勝己，至剉薦截髮以供客饌。及爲吏，以一坩鮓遺湛，貽書責之，憂其以官物餉，此不可謂非賢矣。然吾以爲，户部君母子之事過之。士行之母嫡，其不可方於留太孺人，明甚。湛雖賢，不過教子成令名耳，不聞其以節稱也。户部君爲封翁子、恭肅先生孫，太孺人誠無剉薦截髮之苦，而户部君廉且正，不至留一坩遺太孺人之憂。母貞子賢，終惠且敬，以完慈節。此人世最難之事，而士行母子間之所未嘗有者也。當是時，非有莊太孺人，則安得有户部君？雖留太孺人能無自失於中河之汎，其能綿封翁之胤而享有今日之贈乎？吾故曰："不獨有功於封翁，而且有功於留太孺人者，大也。"

今年七月之八日，爲莊太孺人設帨辰。留太孺人之兄伯養齋公，謀所以壽之，共姜伯姬流芳于古。問太孺人之壽者，誠不必以其年也，而太孺人未始非年也。太孺人年六十於此矣。五十以前，孀居荼苦之年也，其處之逆而難；五十以後，累裀受封之年也，其履之順而易。太孺人既有以備嘗其逆且難者，又何難於順且易哉！太孺人之節與留太孺人並稱。其嫠最蚤，其功最大，則其所以食報於天而安受户部君之養者，亦必最厚。壽固其宜矣！余於户部君爲蚤知，户部君長事余，即留太孺人在時，亦知有李生光縉者。莊太孺人以余爲户部君李范之交。范逵嘆息士行母之賢，謂"非此母，不生此子"。余不徒知太孺人節也，而且知其成留太孺人之節。余之知，竊自謂深於逵遠矣。養齋公曰："善乎！子之壽莊太孺人也，而吾妹之賢益彰矣。"遂書之，而入以壽。

聚國壽言代

今上即位之二十三年，江大夫之宜人逾耆矣。宜人生於世廟之乙未歲。嘉靖初服，道隆化新，天錫之徵，婺星始見。宜人設帨，及以是期，東璧辟生，營室胎陽，於月交十，律中應鐘，於日初五，筴符生數。大衍之數五十，六十而一成，六成而三百有六十，是爲周天一大成。蓋及今年，花甲既週，又始加一十。母爲乙，乙者，一也。自一而數之百千萬億，不可縷指也。十二子爲未，未者，昧也。自昧而爽之曙暘昃中，不可紀原也。一成自此止，六成自此始，是月也，純坤之卦矣。坤厚載物矣，德合無疆焉。宜人之筭其在未央之際乎，于時族戚旅進爲壽。

以良寅不佞夙就甥舘，聚國而請曰："宜人之誕至矣。歲令協矣，介福受矣，宜及以天人瑞，請卿大夫有德位而文也者而張之。"良寅曰："唯唯，否否。吾儕誦法孔氏，孔氏論士孝則宗族稱，論閔孝則父母昆弟言。夫不以爲私論，而以爲核録也乎哉。内言近而阿，則徵外言，外言遠而誣，則本内言。要以不阿不誣，言内外無間，宜諸國族君子。"於是，伯舅國馨氏進而言曰："余小子之母陳宜人也，生我也，母胡宜人也，鞠我也。少不知失恃，比長而後知之，維時齒寢加長矣。所及今棅家者，爲政者，宜人乎。余小子不有陳宜人而有陳宜人也，則宜人之有以母也。微宜人，誰顧復之？"良寅曰："賢哉母！宜歌《閟宫》之燕喜。"仲叔舅國棟氏、國聲氏進而言曰："伯氏有母，余小子亦有母。小子之母於宜人也，庶也。小子不知其庶也，生我者惠逮之矣。宜人子，小子也，無以異於子伯氏。唯是小子獲垂鞬，不廢弓冶，其宜人之以。"良寅曰："賢哉母！宜歌《周南》之《樛木》。"季舅國表氏進而言曰："仲叔有母，余小子亦有母。小子之母於宜人也，众庶也。小子不知其庶也，生我者惠逮之矣。宜人子，小子也，無以異於子仲叔氏。唯是小子徼薦書，不廢弁冕，其宜人之以。"良寅曰："賢哉母！宜歌

《曹風》之《鳲鳩》。"已，太公習泉君暨二三季自廟門之外入，進而言曰："余不穀之友於伯氏也，其猶父乎。居授舘，食授餐，衣授帛，籩豆儐我，飲酒飫我。我不穀老矣，次者逾艾，次者逾壯，壹伯氏是毗，宜人中慫臾之。"良寅曰："賢哉丘嫂！宜歌《常棣》之七章。"已，從猶子立甫氏暨諸季諸從自應門之外入，進而言曰："余小子之鞠於伯氏也，其諸父乎。給若予，取若貸，索若寄，賫于公家，惠于宗人，於今四世矣。富倚乘軺，貧倚舉火，一伯氏是毗，宜人中慫臾之。"良寅曰："賢哉伯母！宜再歌《常棣》之末章。"已，余内封恭人自歸寧至，進而言曰："女之有今日也，惠徼象服魚軒，歸我宗周。女子有行，惟宜人賜。微宜人，鞠藐諸孤無貳息，女於何出宿、飲餞，膺天子命寵？"良寅曰："賢哉母！歌《葛覃》之卒章，《閟宫》燕喜宜賡如初。"已，郡司寇國材君使自粤西至，陳書進言曰："余小子之有今日也，惠徼通籍授事，服勞王家，節理專郡，唯是宜人賜。微宜人，遡我伯氏，遂及諸侄，於何剡篪射雉，充天子命吏？"良寅曰："賢哉伯母！歌《文王》之二章，《常棣》翕、耽，宜賡如再。"最後，大夫達泉公作而言曰："余不穀，起家食貧，先封公蓽路，不具瀡脆。不穀弗敢以官物餉，徼是禄餘，輸而致之，無問贏寡。余宜人不敢慳，殷斯勤斯，鞠子之閔斯，不失衾裯，安負弧矢。宜人無江汜之悔矣。不穀不善逢年，數起數躓，宜人曰，'安其職之爲愉快乎'。不穀是以幸無虞於窶讁。不穀非有大造我二三兄弟，維兹雁行在序，君賜不敢私也。則亦惟宜人，能無貽不穀辠。"良寅曰："賢哉大夫之妻也！'北門'三舍矣。宜歌《采蘩》與《思齊》之首章。"堂上之歌既闋，主人延賓客入。肺腑之族入自西阼，賡如子姓言，州閭之族入自東阼，賡如大夫言。

升歌翕矣，衆賓止矣，大君帥子姪、昆弟奉卮致辭，就良寅請曰："參知奚歌？語有之，'内言不出梱，外言不入梱'，參知辱吾家子婿，行梱内外之間言，莫如參知。參知奚歌？"良寅半刴席曰："唯唯。"歌《天保》。《天保》所謂"單厚"者備順也，不單則不厚；所謂"戩穀"者全昌也，不戩則不穀。片美非難，完懿爲難。如君子言，宜人之懿完矣。繼室以聲，子亡論已。莊姜之嫡，塞淵淑慎，《衛風》所爲賦《碩人》也。然以陳戴嬀則惠，而不無致訧於嬖人之妾；以公子完則慈,而不無異視於州吁之孽。故征參昴者或寡和於塤篪,友琴瑟者或失儀乎桑中。取節匪厚,微瑕匪穀,單而戩之,以莫不除,以莫不宜,其旋元吉,斯多益耳。《天保》之繇曰,“是用孝享,曰民之質”。孝者,百順之原也;質者,衆嘉之會也。惟其有事宗公之孝,是以有逮衆妾之睦;惟其有無攸遂之質,是以有嗣徽音之文。婦道也,妻道也。成則母道,無成而代有終,則坤道也。坤稱乎母,安貞之吉,應地無疆,宜人不可爲年數矣!主人使申言之,良寅言:“無間宗族昆弟者言。”請醻大夫曰:“唯孝友于,‘刑于寡妻,至于兄弟,以御于家邦’,大夫公之謂乎?大夫錫老,宜人偕之,媲德作合,於萬斯年。大夫飲斯!”大夫避席受醻曰:“衆飲之。”各以次揚觶,聚國稱千秋而退。

蔡沙塘先生林夫人壽序

沙塘蔡先生者,博雅有道君子也。配曰林夫人。先生以嘉靖己未第進士,起家户曹,出僉楚臬,參東粤藩,解組而歸,去今四十餘年往。先生翛然老矣,猶康躩健步,以風度文采標掇當世。林夫人與伉儷而齊德,可知也。蓋先生自蚤歲繫籍之時,以及中年家居之後,其不混不滓,弗爲世俗之所爲者三,而堪世俗之所不堪者亦三。林夫人皆有以佐之,成之。先生始得以獲有道之稱,而成君子之名。

今夫士,其初,患弗能貴;既貴,患弗能大貴;又患弗能富。既富且貴,得之於身,又患弗能有之於子。此三者,世俗之所謂焦火凝冰、鬬捷取徑,而不憚龍斷以求之者也。然而,皆先生之所羞也。先生歷宦二十餘年,位僅至中大夫,俸贏不充於橐。蚤退就閒,輓有子調中,但督之明經而已,終不以暱愛故爲投刺獵名也。人競而先生恬,人墨而先生白,人巧而先生拙。先生之自高物表如此,林夫人所以遂先生之高,亦如此。敝車羸(羸)馬,浪游飄跡,貴士弗堪;不治第宅,多蓄書畫,夸士弗堪;門可羅雀,琴奕自娱,炎士弗堪。而先生安之,林夫人亦安之。先生喜節喜嗇,林夫人能儉能豐。先生老而好古,游神於翰墨竹素之間;林夫人老而猶績,尸饔於黍稷蘋蘩之際。先生不以瑣細自煩,林夫人不以瑣細煩先生,是以先生得休居焉。蓋嘗試論之,爲士人之妻易,爲大夫之妻難;爲大夫之妻易，爲有道君子之妻難。士人於未遇時，其妻能篝燈贈佩，感憤激昂，佐其夫以成功名，可謂賢耳。大夫之妻則不但是，彼見其夫之一旦尊且榮，甘富貴之心生，而苦貧賤之志詘，誰復以其廉成夫名者？"終窶且貧"之謫，《北門》之賢，大夫不能無遺憾矣。此王仲卿之妻所以止其不知足也，君子譏之。樂羊子之妻以不飲盜泉懟其夫，王霸之妻不以清脩宿志懟其子。雖兩君子非常人乎，彼婦人者，其於富貴榮華之事，蔑如也。推是道也，而以相君子於仕止、進退之遭，出不求通，處不厭窮，無歆羨於前，無係戀於後，可不謂有道者與？先生之有林夫人，近之矣。

先生仕而高也，王太原不仕而高也，兹其所以異也。先生性夷，于對客堅坐，丰韻襲人。年八十餘，往往臨池作蠅頭小楷，觀者謂逸少復出。林夫人嫻文字，能讀漢曹大家《女誡》七篇，及老，猶頌《孝經》以教其子調中，字解而句釋之。漢制以《孝經》列學宫，士通者得計偕爲郎，今是書廢不講久矣。先生於善書似逸少，得晉；林夫人於知書似曹大家，得漢。晉、漢人在伉儷中，先生、林夫人非凡偶也。曩者稱先生爲博雅君子，不獨先生雅，林夫人亦雅矣。光縉小子以父行事先生，慕先生風如不及北而所甘心焉。故於其壽林夫人也，亦竊自附于登堂拜母之誼云。

王母蔣恭人姑氏八十序代

余小子光彦，奉上命分守東粤，會瓊崖之間有征黎之役，方移師海上，轉輸糧餉，以給軍食，羽檄旁午，事至棘也。一日，余兒德瓚致諸猶父之命，貤書來言，吾姑王恭人者，歲春秋八十高矣，明春初五日爲設帨辰。孫宸卿、隆卿相率獻千秋觴，王之子姓姻戚，丐李相君之言爲壽。吾屬忝肺腑之親，聞姑恭人之行最熟，可無言以佐？於是，走千里問壽於光彦。

彦有母尸饔，今年亦八十也。"靡盬王事"，"將母不遑"，思一入子舍間問安否，而遠不得致，其何以壽恭人，且亦安能使余釋兵革干戈而治筆札哉？雖然，姑恭人之事，王遵巖先生可得而言也。王先生以古文辭崛起七閩，與毗陵唐應德先生鴻溝一世，中原士翕然宗之，争致其言爲榮，至相與嘆息咨嗟，於執鞭、忻慕而不可得。姑恭人以一介女流，王先生爲之儀，而從其大夫有道之貴，尊稱于家之人曰恭人，豈非至榮也哉！方是時，王先生已謝政家居矣。王先生之門干旄踵至，户屨常滿，丐言者、問奇者、式廬而造請者，王先生吐握無虚日，酒漿饈脯之供，咄嗟立應，靡不精辦，此姑恭人之材也。王先生喜湛恩而好講論，走筆揮毫，雲煙滿室，嬉駡怒笑，咳唾皆文。于室中往往有所意令色授，姑恭人輒意解之，曲當其驩，而時霽其怒。此姑恭人之文也。王先生往矣，姑恭人年甫二十四耳，曰未亡人之身。當家難孔棘之時，鎮定拮据，以衛侵犯。鞠其非胞乳之子，而慈其蘭立鵠峙之孫，今孫而曾矣，閨門整如，堂室翼如，廟寢奂如，老而修王先生讀書瑞像之所，肅其家聲，此姑恭人之節也。姑恭人事王先生之日短，而嫠居貞守之日長。當王先生在時，王先生之名行于世，人知有王先生名，即知有姑恭人。王先生既即世，王先生之言傳于世，人知有王先生言，亦知有姑恭人。姑恭人之以王先生重也，久矣。余盱衡百代，鏡覽當世，如命婦封母，世不乏人。其爲文人才士之配，百無一二覯也。斷機之婦，賢矣，曰夫不足于學耳。當姑恭人歸，乃王先生道立政成之年，安所効房中之儆？築臺之婦，貞矣，史稱其用財能自衛耳，不言其儀而特者何人，孰與姑恭人執巾櫛于王先生側，日耳目其文章之觀？蘇東坡材藻辭翰，流麗千古，此足以方王先生。王夫人能通書解余意，時進先君語以相告誡，而察聽客言，知其人于輙持兩端之外，類有識者。姑恭人殆庶幾近之，而享年視王夫人特久。王夫人不能相坡公于顯融排擯之後，而姑恭人獨不廢桮棬于王先生已捐賓客之日，以永其傳。此又姑恭人之所以難也。

彦少失怙，封母矢《柏舟》之志，與姑恭人之操同，而母年亦相次。今者母八十，彦鞅掌行役，援北斗而祝，望親舍如天上，私心猶抵今憾焉。聞姑恭人壽，不揣弗文而纚纚言之，亦竊附“作歌來諗”之意也。如但以其文而陳于王先生之堂，此猶持布鼓而過雷門矣，彦何敢言哉？

壽蘇師母柯淑人七十五序

柯淑人者，吾師紫溪蘇先生之配，從先生參知秩滿，封淑人。今年筭七十又五矣。十一月之十日爲設帨辰，先生之子姓因戚圖所以壽。介鄭生之豪、龔生某請于李生縉，曰："先生在時，所賞識天下士多矣。于吾鄉最特達之知，無如李文節先生。其最蚤知，無如足下。文節先生以名位高天下，足下不有名位，亦高。令文節先生在，淑人壽，當侈一言張之。今以屬足下，何如？"縉聞之，不覺赤之發于顔也，惶恐翻席謝曰："如公等言，縉負先生多矣，安所置辭？然使縉而可拜命之辱，則是縉未甚重有負于先生也。試颺言之，可乎？"

縉竊謂，先生、淑人，均今世無兩也。先生科名盛矣，如以科名，則猶有跨先生右者。至利不能染，名不能牽，木鐸當時，斗山百世，惟先生有焉。淑人翟帔榮矣，如以翟帔，則猶有加淑人上者。至貴而能儉，老而能勤，瘏瘁一身，翼燕後人，惟淑人有焉。故淑人者，真先生配也。先生博學雄辭，漁獵古今，自爲諸生時，已氣蓋一世。淑人佐之，能以名聞。及已弁七閩，高第進士，起家部署爲水衡秩宗，淑人隨之邸，事靡不當先生意。先生分試南宫，識李文節先生于奏牘中，文望益振。四方士争得以爲師，于是先生出督兩浙學。是年乙酉，長公時欽舉于鄉，淑人自是始不復偕先生之官矣。先生仕無擇官擇地，視學三年，道大益方。後徘徊于商洛、蒼梧兩藩臬間，亦惟先生自往。淑人第家居，握内政而已，而靡不兢兢爲先生守無成代終之道。宦中之事，聽之先生，多寡不問禄入。家中之事，付之長公，有無不問歲收。漠然不知其身之貴，而粥然若一無所能之婦人。及先生與長公相繼捐賓客，淑人始脱身不勝作苦也。于斯之時，先生之遺産無幾，少女未嫁，三孫尚幼，或甫勝衣，或在襁褓，冢婦又復弗存，可謂至難極苦。淑人垂老之軀，拊之鞠之。以其荻畫者，代子而父，仍以其含飴者，代婦而母。盛裝遣非己出之女，督三孫就傅，使善讀祖若父之書。旦自操作，夜矻矻不休，身堪粗務之事，家無執清之人。銖寸積累，以俟三孫之長。今三孫俱以髫年補諸生，及弁而娶，淑人乃爲析箸，視先生遺能有加焉。是誰之力與？淑人當先生在時，于治産事雖甚窶乏，無一可問。不如是，則近室謫，無一成先生之高。及先生既往，于治産事，無一不可問。不如是，則失家節，無以緜先生之澤。

淑人今七十又五，春秋高矣。遡而論之，淑人之相先生事，有難有易。爲大夫之命婦易，爲君子之令妻難；佐先生之居官易，樹長公之藐孤難；未六十以前之事易，既六十以後之事難。其善始令終，無貶先生高風，抑又難。故淑人者，真先生之配也！蓋聞之里中，諸貴人母爲佛會，以受戒祝釐爲名，因而飲酒遊山，以鳴貴盛，勢家榮而慕之。有欲致淑人往者，淑人堅拒之，曰："老婦荼苦，不能從也。"自是鍵户益力。後有監司，爲先生門人，親枉車駕造先生之廬，從官叩門，久之弗開，但嗟異嘆息而去。淑人以禮義自衛，且與其衛家如此，故克底三孫于成立。此淑人之能賢，益以見先生之道大矣。縉囊所謂，先生、淑人，均于今世無兩也。縉學先生之高而未能，但無意于升斗折腰之勞，以是爲重負先生。故亦不敢勤勢利誇耀之言，以侈淑人，而但詳其所自爲壽者。先生師百世矣，則淑人壽，夫寧有涯哉！

壽黄夫人六十敘

黄夫人者，司寇詹咫亭公元配也。當穆廟世，以御史上封事，直言敢諫，名重朝廷，是爲司寇公。司寇公繇南海令召入爲御史，是時，莊皇帝初，復録先朝遺直臣，省臺耳目之官，真吐其敢言之氣，批鱗逆頜，和顏受之。司寇公侍交戟仗下，獻納屢報可。因論宫闈及財儲大計，二疏入，上怒，詔逮御史廷杖。時司寇公未索主器，疏且上，黄夫人知之，不以阻。既忤旨，都薦紳人人爲司寇公危，又爲司寇公身後危。黄夫人持大義決之，而陰自涕泣徬徨，不令司寇公知也。司寇公甫杖畢，得削籍爲編民，即日就舍都門外。黄夫人與俱，奉醫藥，扶起，司寇公可幸無恙，而以生全歸田間也，雖主上厚恩乎，黄夫人厥有力矣。

在《坤》有之，坤三言地道，而廣之爲臣道，爲妻道。其繇曰含章，又其四曰括囊。司寇公于分則從王，于美則可貞，于道則無成。矧上亦既納其言，虚己而聽之屢矣。第令黄夫人于是時沮塞其兑，奚不可者？囊之不括，而咎譽隨之。何以故？殉職故也。臣之于君，妻之于夫，一也。臣從君之事，有犯無隱；妻從夫之事，有順無逆。司寇公當求言納諫之聖朝，直以行其忠，故敢于極言而不悔。黄夫人佐英偉特達之君子，順以成夫之忠，雖至于瀕危而不懼。要以宇宙間丈夫、女流，其齎躬而事主，結褵而從夫，不知何限，乃如司寇公、黃夫人，天生之爲社稷衛，爲君子逑，詎寧有幾也！斯不亦真伉儷也乎哉！

司寇公既放歸，徘徊泉石間，又若干年。一日，黃夫人迎謂之曰："昔人移孝作忠，今不可移忠作孝乎？鄉者屬之君，幸完骸骨，殆主上留以嗣先人之遺也。可奈何令就館者乏人？"于是，爲司寇公廣姬。未孕，復一姬進。斂己顓居，時時令諸姬往御司寇公所，三五之東，衾裯之抱滿矣。不數年，司寇公舉丈夫子六、女子二。提襁者、勝衣者、舞象者，繩繩蟄蟄，相繼序出。黃夫人皆母之，而皆子之。視諸姬無仲季，等若累藟；視諸子無胞乳，等若屬離。以至其所生之母，自忘其襁褓；其所出之子，各忘其桮棬。則黃夫人之爲嫡、爲母，有以風之也。迨今上神聖，再起司寇公，擢不次而躋九列，貴倨矣。黃夫人居不與偕，自以身棅家政，督諸子之弁者使就學，而以諸姬隨之京邸。司寇公再忤于時，甫艾而歸，黃夫人還所手管鑰，壹禀司寇公，以其猥瑣委諸姬。司寇公爲德于鄉，門張羅雀，黃夫人亦不預户以外事也。夫惠以逮下，難矣。而于其芳齡宜子之年，均以愛子，難矣。而于其諸妾衆多之胤，宵征而嘆，不猶難矣！又遣之從官，而昕夕于在公之嬖，此其事世皆無焉。

蓋聞之，司寇公之爲諸生時，躡蹻贏糧，走長安太學中游，數困。黃夫人從往，趣司寇公使讀，篝燈佐之，鷄鳴而起，瘏瘁不休廢。司寇公益用是自激卬，以經術顯。漢王仲卿之妻近是矣！願(顧)仲卿學長安，其妻能以言呵怒于牛衣流淚之時，而不能不止仲卿于京兆上封事之日，則富貴之念重，而貧賤之羞詘之也。雖仲卿伉壯，不用其言，果以書上，乃其與黃夫人慫臾夫志而始終不渝者，竟何似也？冀缺妻之如賓敬矣，不過其隴畆饁饁之容；孟德曜之舉案恭矣，要亦其帷簿肅雍之態。王霸大妻不忘宿志，乃其子蓬髮歷齒見客，未知禮，有足羞者。必其佐君子有大造于邦家，子姓奚裨焉？司寇公在朝則朝重，在野則野重，在家則家重，黃夫人皆成之。黃夫人妻而順，以成司寇公之忠；母而慈，以成司寇公之孝。卒以名位並著，孫子多材，勳垂兩朝，慶流百世，是誰之相與！坤至柔而動剛，至静而德方。柔静，故無成；剛方，故能代。有終寧獨臣道也？妻道也,亦母道也。統之,則所謂地道也。“安貞之節,應地無疆”,其黄夫人之壽乎!

壽莊母洪安人七十敍

蓋光縉從友人何師稷伯君,識安人之叔子,曰莊君育。叔子諄行嫻詞,多博外家語。顧獨善光縉,握手稱兄弟弗置也。已,光縉又與其兄仲治筆研交,逮識其伯。若李光縉,獨有母安人在。何兩君亦有母,叔子則有父藩伯石坡公、母洪安人,具慶矣。我三四兄弟相挽對席,相與譚三母佐大人辛勤起家狀,亡不人各纚纚悉也。或夜分不休,或五鼓乃罷,或相嘆嘖,推席而起,以爲猶幸哉,人有母如此耳,何但叔子道其母詳也。

聞安人于歸時,藩伯公業已登薦書矣。又十一年,嘉靖丁未,成進士,安人從夫貴,而如不知也者,俛而事舅封翁、姑太安人甚謹。諸中饋米鹽醬醯,細碎粗糲,不以關伯姒身,自手治之,日取當二尊人驩。藩伯公爲袁州理,是時,分宜賄成,權傾中外。藩伯公宦于其土,堅不通一幣。人爲藩伯公懼,安人不動也。已,徵入刑部曹,改尚寶丞。所邸舍與分宜子旁署,晨昏車馬繹絡闐門,藩伯公堅不交一刺。人爲藩伯公懼,安人不動也。藩伯公丞尚寶九年矣,居鞅鞅不得調,食貧冷局,幾自比于斥阨。人又爲藩伯公懼,安人不動也。以私語藩伯公曰:“若亡冰山耶? 今日取潤,明日失暘矣。”藩伯公爲嘿,首肯久之。以故藩伯公出無艷于通秩,入無虞于窶謫,于于長安中,引分自遜復若而年,累遷至長西粤,轄東藩。不但藩伯公稱外臣極品,貴重用事,而安人亦貴倨甚矣。人人爲藩伯公喜,安人不動也。東粤多齒角、玳瑁、翡翠、珊瑚、珠璣,藩伯公不銖寸顆粒從民間取具,安人珥不增餙,衣無加采,粗練皂素,一如京邸時。夫婦人喜華,自天性耳,不聞能謝縞釋綺也;椎布操作,或田間諸生婦耳,不聞其貴大夫妻也;其知力才能,不出精女紅、酒食、紝織事耳,不聞識丈夫大誼而通宦理也。安人可謂賢哉!

光縉記叔子語:安人從尚寶時,天子未央視朝,藩伯公早起待漏下。是夕,安人竟却寢旁皇，治湯櫛。藩伯公晏朝未歸食，安人且却匕箸也。即而今，休歸老矣，晨興晏寢，痞以爲常，則何論敬姜績也！安人有丈夫子四，孫子秀發盡斌斌，質有其文。是月某日，安人七十誕至。吴君天成、陳君秉樞輩，委光縉壽之，光縉否否唯唯。而欲張安人事乎，世有樞筦彤管在手，而不令口訊譚，安人如目也者，李生謂莫若矣。李生非能文，而能核也。余母與安人同里縣，年七十又高，徒步善飯，不下安人。令歲歲假不訊者譚，舍何君叔子，奚悉哉？不然，而何乃向者推席也。何師稷君曰："善。穀亦聞之叔子氏。"

壽余母黄孺人六十四敘

余聞之洞齋張先生云，邯鄲令余重菴公者，真孝子也。邯鄲公娶于黄，爲黄孺人。邯鄲公之孝，非黄孺人不能成。余聞而異之。邯鄲公以嘉靖甲子領鄉書，與張先生爲同藉。久困公車間，好深沉之思，能爲高瑋俶儻之文，行于世，余但知其爲奇士，不知其爲孝子。邯鄲公既繫籍而即世矣，余始得張先生稱孝之言，每自恨其當吾世而失邯鄲。及與先生之伯仲子游，其仲光禄君爲邯鄲公婿，余因是以識邯鄲之伯子上舍，所聞于邯鄲公之孝益詳。大抵光禄君之述其岳丈人，與張先生言亡爽也。今年夏五月，黄孺人之設帨辰至，光禄君自爲言，問壽于余。余素羶邯鄲公孝，而身弗及之。藉第令而可以一言讚黄孺人，猶之乎羹墻邯鄲矣！

邯鄲公甫六歲，失母鄭，太公再娶于林。林奇妬，所以虐邯鄲公與弟者非一。邯鄲公晝出就傅，夜入子舍，身猥瑣之役，常出于蒼頭厮隸之所，不能堪。名爲子之，其實僕之。余太公知而莫之禁也。邯鄲公身幾不自免，而心常甘之，不敢以是拂母之恚，亦未嘗出一言自鳴于太公，但時時用計脱，并陰脱其幼弟與俱。邯鄲公補弟子員，婿居于黄。自是，而林之失慈始不得屢行于邯鄲，而邯鄲公之事之，其委曲亦益至。及邯鄲公上計偕，黄孺人來歸于余。是時，太公猶食貧，林妬悍之性未艾。同母弟一，異母弟二，家中衣被、食飲之費，以及二尊人柔毳、甘旨之供，盡倚辦于邯鄲公。黄孺人脱簪佐之，無後先彼己之嫌，以底姑于驩，而無失太公之養，門内訢訢熙熙。林姑亦稍釋，而不復有加于邯鄲公與黄孺人矣。人謂邯鄲公之顯而且貴，有以感悟之，而非也。夫以天子之尊，帝室之女，且不能使其父若母無焚廩浚井之使，而何貴一孝廉與其爲孝廉之妻者？此張先生所謂邯鄲公之孝，非黄孺人不能成也。無但此，邯鄲公之爲令僅數月耳，變起倉卒，宦橐蕭如。黄孺人以一介女流，携二幼子，間關于百千萬里之外，歸而奉太公以餘年。取邯鄲公所遺田，與夫諸弟瓜分之，無問母異同也。諸弟善耗，貲本立散，後諸孫饘粥多不繼。黄孺人隨乏給之，日糧歲衣，不待告而應，且爲之豫蓄以待，無獨邯鄲公同母産之遺爾也。姑虐施，黄孺人皆德報。諸所以鞠林姑後者，往往與姑反，若不知邯鄲公之有舊時事，而愛倍之矣。督上舍君兄弟學，惟恐其類諸叔從博家游，時時詗望之。以故上舍君之交無俗客，而文亦遂有聲。噫嘻！黄孺人能代邯鄲公以子，又能代邯鄲公以父。微黄孺人，此三十年間拮据經營，不但邯鄲公之子未必盡肖，即林姑産之後人忽諸矣。兹其成邯鄲公之孝之大者也！

王休徵之事繼母以孝聞，史稱其夫妻屢受其非理使。以余所聞，黄孺人于林姑，尤其幸者耳。休徵年八十餘，位至三公，子五人俱顯，有封侯者。邯鄲公僅名一令也。邯鄲公有休徵之遭，諸季乏玄通之行，且以其衣食業累伯氏丘嫂。所幸黄孺人母子、兄弟之間，始終善忘(亡)恙，即休徵之夫人，不如矣。天之所以答休徵孝者如此，其售邯鄲公者如彼，無亦有黄孺人爲之配而足也，可謂賢哉！大孝之徵，必得其壽。邯鄲公孝而嗇于禄位，是其算宜在孺人。黄孺人食孝婦之報，而安受其子孫之保，壽夫惡有極也？余姑以是復光禄君之請，假張先生而在，其必有然乎吾言矣。

景壁集卷之四

壽　　序

壽方母鄭太孺人八十序

駕部方公孟旋，天下士也。不佞縉往來三衢間，羶方公名久矣，鄉未之荆識。丁未之夏，始一識方公與錢受之太史于虎丘山寺，其後每三年輒會之京師。初相見，若敵國，久且臭味之同，不佞之急方公，亦猶方公之急不佞也。兩人並久困公車間，不佞特甚。相與談身世事，又皆蚤失先嚴，而僅有母。方公與不佞言，母鄭孺人年已七十，且“八十健匕筯，嗜粥和于身”。時雖在萬里外，望雲之天，語及有膝前舞斑之意。不佞于是知方公之有母可事，縉煢疚人，不如矣。方公既已成進士，念不佞弗置，來訪邸中，問去留安所歸局。不佞告方公以無復應進士舉，方公爲嘆息久之。不佞笑謂方公曰：“公方今第一人也，更誰復先公者？名第可勿論矣。公生平自幸有母，今而後善養禄養，何所不可？于以授天子綸封，易也。不佞安敢望方公？長霄壤别矣。”方公大笑而去。

方公今爲南駕部，奉委抵家。是月二十八日，太孺人之設帨辰至，所爲致四方如椽之筆，治爵言上壽，不一而足。須江徐生恂如猶以方公命，欲得不佞縉言侈之。不佞烟霞人也，不作廟廊之觀久矣，安能爲方公稱太孺人壽？蓋試思之，今之壽太孺人者，寧不以方公今已登進士科、官駕部，不比向孝廉時，爲菽水授瀡之母，而赫赫煌煌乎哉？但進士科而足以壽方公母，世之登進士者，不乏矣。但駕部郎而足以壽方公母，世之郎駕部者，亦多矣。竊謂方公之能壽母，與他人之壽母不同。他人之榮親壽，一進士官可耳。方公有進于是者。徐生亦知方公之所爲壽乎？吾試問，若有猝語人以“西安方駕部”者，人未必知也，即有知者，必同官有位之人也。有猝語人以"西安方孟旋先生"者，無人不知也，雖未髫操觚之子，亦知其爲青來閣真儒也。噫！持是説可以壽太孺人矣。

仲尼説卦，稱坤爲母，又從而廣其象，曰文、曰衆。聖人不言文于父，而言文于母。婦人無遂事，梱言不外出，母安得有文？且不獨文，而衆之，若以爲天地玄黄之錯，而衆美之攸萃，此何以説也？嘗因是而考自古聖哲之生，多發祥于母教。玄鳥之降，履武之歆，詩人不以歸厥考，而本之姜娀之二氏。其事鴻濛有無，不可據矣。乃若吾夫子之聖，非天所生以開斯文之統乎？從遊之徒，得其文學、聞其文章者日益衆，而萬世以爲師，初亦少孤而僅有母。孟夫子願學孔子也，遡其所自知學，曰"有母三遷"焉耳。大聖賢且然，文人才士之僅有母者，可知也。方公當世文人也，尊人鳳梧先生蚤世，鄭太孺人教之，弱冠遂以辭雄越中，竟高天下。其平居所得于家人母子之誨，吾不知其何如，即太孺人能有得于坤之爲文，亦不知其何如。然不佞讀方公與諸人牘，往往及母鄭教言，而明發識之。其貽徐子卿云："陪老母喫薄飯，或時聽其口中出一字一句，無意義而實可思量語，便欣然以終日。"夫然則太孺人之爲坤文，别有他在矣。有辭之文，非文也；無辭之文，乃真文也。意義無可思量，非文也；無意義而可思量，乃至文也。是以方公深有得，而邃于文辭。約而多致，沉摯而有餘思，高出蒼天，深入黄泉。凡一字一句，若脱太孺人之口，而落方公手腕中者，盡不脛而天下紙貴，四方學者師之。其北面受方公之業者，爲及門立雪之師；其非北面讀方公之書者，爲私淑聞風之師。人以方公爲師，莫不以太孺人爲師之母。方公之文日新，師方公之文日盛，則母太孺人之年日永。故方公之善爲文，政太孺人之善爲壽也。此不佞向所謂無人不知"青來閣真儒"也。故曰，太孺人爲坤母，文而衆者也。夫莫衆于文，亦莫壽于文，甲第之崇高，名位之顯融，不與焉。

歐陽文忠少失怙，母鄭太君荻畫教之。文忠後官樞密，参政事，累封太君爲越國夫人，進魏國。太君之齡亦高，文忠所以崇者甚至。然當時則榮矣，萬世而下，稱文忠之有賢母，未必以越、魏一品之封，乃文忠琬琰之垂，照映今古，能與母俱存于天地間也。方公，今永叔也；方母，亦鄭母也。夫安能窺方公累秩之所封，與太孺人後算之所極？但以今日壽難老之錫，信莫如文矣。必謂方公之嚮用伊始，藉名與位爲太孺人鋪張揚厲，此明廷著作者之任，非不佞縉事也，且非方公所以索言于不佞意也。縉與方公相急亦以文，故獨言文以授徐生，使轉聞而觴之。夫爲貴人之母，與文人之母，修短久近，則必有分矣。

封太淑人張母黄孺人八十序代

張太淑人事觀察洞齋公，起家進士，累官至按察使，從觀察四品封，稱恭人矣。其以太淑人稱，何？太淑人之伯子乾伯君爲武義令，三載有聲。按臺金公、鹽臺左公，合剡薦之。武義君且抱功狀入最，于令甲當得請，進觀察階，而改太淑人之恭爲淑。蓋太淑人之受國綸恩，昔從夫，而今有子也。余于武義君同鄉年籍，是時觀察官侍御史，有君子稱，余獲事之于京師。觀察既敭歷外藩，勛名益著，余不及左右之，然心嚮往。余聞之觀察里人云，觀察之媛黄太淑人者，女士中之賢也。凡觀察自爲士以及大夫，操觚秉鉞之勞，皆有以相之。而武義君三載一上公車，余晤之邸中，間與談觀察行事，往往爲余言太淑人賢。余是以知武義君之有二尊人，非薦紳間所恒有也。邇者，余自留都抵家。武義君初授令，歸謁太淑人，訪余里中，請余次觀察世，不但聞觀察爲詳，且并太淑人之相觀察，而一一耳之。賢哉太淑人！蓋今年筭八十矣，十月之二十二日爲説設（設帨）辰。武義君先期肅幣而通謁者，丐余言爲壽。

余謂婦人女流，或有得于其夫之賢者，而未必貴；或有得于其夫之貴者，而未必賢；或其夫之貴且賢矣，而未必有得于其子；又或其夫與子皆貴且賢，而或己之德不足以承，其年不足以待，皆不可以言福，而非所論于太淑人也。太淑人之歸觀察，當未第進士時。觀察以文章道藝弁冕一世，四方士翕然師之而羶其名，觀察之學蔚爲儒宗。太淑人有得于觀察之賢，可無鷄鳴脱簪之警，但解佩贈之而已，故太淑人爲名士之妻。及觀察已第進士，最臨海令。今上即位，召入爲侍御史，持繡斧出按吴楚，正道直節，著稱驄馬間。累進藩參而長臬憲，太淑人有得于觀察之貴，可無牛衣流淚之阻，但不爲室讁而已，故太淑人爲賢大夫之婦。觀察既懸車捐客，太淑人老矣。子武義君踵觀察之躅，而鳴單父之琴，寬和簡易之政，一如觀察之爲臨海時。人以爲鸞鳳，人以爲父母，人人以爲神君。御史薦而最之，太淑人之封秩有加焉。太淑人有得于觀察，而又有得于其子武義君，可無官餉鮓魚之却，但令修職無怠而已，故太淑人爲太君之母。然太淑人之德皆有以承之，而其年又足以待之。觀察之律已莊，居無媟褻之容，御無侍妾之奉，而太淑人與之爲舉案之恭。觀察之居官淡，門無四知之金，家有園葵之拔，太淑人佐之以葛覃之澣。凡觀察所爲禄餘之入，太淑人不以私之父母家，不以畀之女家，亦不以縱諸子之出入不問，但封之以待觀察之需。故觀察不家于官，而室不至窶，則太淑人之力也。觀察事贈公與太恭人孝，太淑人善與舅嫜；觀察愛弟主政公材，太淑人睦其妯娌；觀察捐上世藏以分弟姪，太淑人之慫恿爲多。教有三子，武義君稱循良，次者光禄，次者文學，並爲世間人。稟父訓而服之，而壹歸于太淑人之母德。此足以伉儷觀察矣！

其以前四十年之日，受觀察之始封；其以後四十年之日，受武義君之加封。蓋八十年于此，享其夫與子之榮，而沐主上之褒者，不數數。猶益匕筯、善飯而迓之，晏然而如一日，可不謂大年乎哉？夫人有爲士人妻者，而名士之妻鮮；有爲大夫婦者，而賢大夫之婦鮮；有爲封母而貴者，以命婦而兼太君之母鮮，太淑人皆身有之。太淑人今所以勗諸子之道，無以異于相觀察之道；而受此淑人封之年，則非鄉者受觀察孺人封之年也。太淑人有此封，何可無此年？此封太君之尤難者也。太淑人于百年殆蜩掇之矣，何乃言八十哉！

封太淑人張母黄夫人八十壽序

張太淑人以今年丁未壽八十，是月之二十二日爲設帨辰。太淑人之伯子乾伯君爲武義令，祝太淑人之算于邸。同郡諸令長、僚屬，與其邑之薦紳士庶，無不躋公堂而稱觥者，曰："願太淑人之有以壽也。"仲子晉伯君守銓光禄，祝太淑人之算于都。凡吾郡士大夫之宦都門，與四方士之善晉伯爲友，無不就僦居而稱觥者，曰："願太淑人之有以壽也。"其所以昕夕侍太淑人膝下，獨季子文學君觀伯耳。文學君祝太淑人之算于家，張筵致客，率子姓兄弟而獻千秋之觴。凡吾里中之士大夫與其戚屬朋儕，無不造其廬，旅入而相與賀。即許子于國、予小子光縉，亦綴立諸客後，僉曰："願太淑人之有以壽也。"

夫依日月之光，則光禄君爲遠，北斗可酌，將援之矣；戲班綵之娱，則文學君爲近，瓊漿可甘，將獻之矣。余聞天孫之南，其星爲婺女，狀若婦功之式，與屬爲天少府，于分野爲越。而乾伯君所居邑，正金華寶婺之墟。婺星明則婦道昌，以太淑人當之，有金母之象焉，于上壽之義爲尊。参伯爲太淑人壽，道備此矣。乾、晉二伯先期貽書，使光缙爲爵者言，觀伯復面屬之。光缙唯唯，是以不得辭。

太淑人事洞齋先生以進士起家臨海令，官侍御史，晉臬副、藩參，至觀察使，貴倨矣。太淑人從先生秩，封自孺人，至恭人。先生以慎，太淑人以勤；先生以廉，太淑人以嗇。故先生隨所居位，得壹意于堂皇之政，無入室之謫，而不有幾微梱内之嫌，則太淑人以也。生平撙節半通，寸枲不妄予人，亦不輕自用。事贈公與贈恭人孝，甘毳必手供。贈公喜施好客，曲順其驩。先生愛其弟主政公材，太淑人與姒無間。督参伯嚴，暱而能誨，馭臧獲不廢楚而得驩心。門内肅肅忻忻，先生始終以之。夫以孝二尊人則婦道，以順先生則妻道，以訓参伯則母道。此皆太淑人之已事，人能知之，人盡能道之。竊以爲，壽者，年也。壽太淑人者，必于其年。吾且歷舉古今之爲賢母，而以太淑人今年壽言之。雋不疑之母，從不疑之官，每遇行縣，問所平反幾何，即不疑多平反，母喜笑，爲飲食語言異于他時，不則，怒而不食。乾伯居邑三年，有鸞鳳而無鷹鸇，太淑人不必問而喜可知也。此乾伯之所爲太淑人壽也，吾以爲賢不疑之母遠矣。潁考叔爲潁谷封人，侍莊公食，公賜之肉，考叔曰："小人有母，未嘗君之羹，請以遺之。"陶士行爲吏，嘗以坩鮓餉母，母責之，一曰："汝爲吏，以官物餉，不可也。"分君之羹則可，餉官之物則不可。晉伯丞光禄，大官之餘可分，不必請而後遺，太淑人可無却也，此晉伯之所爲太淑人壽也，吾以爲賢考叔、士行之母遠矣。《鴇羽》、《四牡》之臣各有母，彼以身靡鹽于王事，而將母之不遑，恨母之何食何嘗，無亦有母獨子，而其身鮮兄弟，故至此。乾、晉二伯，夫亦有文學君居太淑人之側，故可無尸饔之慮，而朝問膳夕視寢，太淑人亦藉是庶幾有以解其予子行役之思，此觀伯之所爲太淑人壽也，吾以爲賢《鴇羽》、《四牡》之母遠矣。公父文伯退朝，其母方績，文伯曰："以歜之家，而主猶績乎？"母與之論瘠沃勞逸之理，而惟恐其廢先人之祀。母則賢矣，而子未善。參伯守洞齋先生之訓，其于向義性也，不以勞而後善，不待瘠而後知。乾伯爲令有聲，受御史臺之薦，且奏最，而進太淑人之恭人封如今稱。仲季二伯嚮用伊始，而季又且以文聲，太淑人不以老廢績，而無怠童子之備官者。此太淑人之所自爲壽也，吾又以爲去敬姜之賢遠矣。

乃吾二子與參伯交，于太淑人有母道焉。茅容有母，郭林宗重之。郭之重茅也，不以爵禄名位，但以草蔬之一飯而勸之學。縉不能使參伯重，明矣。范巨卿與張元伯友，告歸，期以二年後還拜元伯之母，其母設醞待之。及期果至，盡驩而别。夫與其但驩飲于登堂之拜，何如吾二子之時時登堂？而光縉于今日得論列古今之賢母，而有以壽太淑人年也。乾伯在越，晉伯在都，觀伯但以觴太淑人之餘瀝而觴二子，二子其何敢讓范巨卿之驩？《頌》不云乎，"魯侯燕喜，令妻壽母"，太淑人之謂矣。二子爲誰？許子于國、李子光縉，而又有乾伯之壻王良夏，並入壽。

壽封孺人張母黄宜人七十敘

今年戊午，上石守張元白公配黄宜人，筭登七十矣。十月之九日，其設帨辰也。宜人從元白公令武義最，受天子綸恩，封孺人。既轉上石州守，遂有是稱。誕期且至，子文學君憲巍圖所以觴，請壽于余，曰："世父與先大夫至驩也，宇中士莫不聞。惟是先大夫無禄，小子有母，圖南不遂，無以當母驩。今兹七十，燕喜無繇。私謂之先大夫者，惟世父；其可爲家慈壽者，亦惟世父。願得一言侈之。"

余笑曰："足下亦欲壽母乎？吾鄉者與尊公游，足下未誕。今稱于世，爲名士也。尊堂亦七十，獻椒上壽，母子融融媮快哉！但令尊公而在，則何如？往尊公自上石歸，吾欲及懸弧日，吐一言爲尊公寫生平之奇，并祝其偕老，而今已矣。

足下而使我壽宜人,我言之,即所以壽尊公也,言何可辭！余始交尊公也,自萬曆己丑始也。兩人並計偕,初識面于京師,遂稱把臂矣。當是之時,尊公爲佳公子,爲名孝廉。通議公方貴重用事,持繡斧按楚,以及數轉,長憲西蜀,黄淑人皆與俱。家種種務壹棣于尊公,仲、季二叔不問也。户以外尊公理之,内是(事)則宜人是問,無鉅細精粗,靡弗辦者。通議公既致政,尊公與二叔分居析箸,黄淑人不復尸饔。宜人修翁姑甘脆之奉,爲諸姒帥,仍先之。客至,供帳備極豐潔,非任不辭。通議公篤孝,遇贈公、林太恭人諱,孺慕不衰。牲犧蘋藻,宜人必手治著存,因之尊公是以遂色養之孝。通議公亦往往稱于諸婦爲賢。此余鄉所得于耳,而習聞者也。尊公自與余游,兩人相摩切,幾上公車,旅邸舟次,水陸共之。宜人知尊公善余,亦佩贈我。然余每與尊公並登塗,見尊公行劍外,纖悉畢備,不煩而理,稔宜人平居籌燈力爲多。尊公謁銓,宰武義,但與謹扃鑰、闌内外而已。儉約節嗇,倍于家居。尊公入無受室謫,以廉能見褒,宜人封從其秩。及刺上石,辭不偕行,遣袍裯者往朝夕左右,而留其所生子于家,身自拊之,延傅課讀。稍長能文,尊公乃始歸見,大喜過望。此余卿(鄉)所得于目,而習見者也。宜人未舉足下時,尊公以難子爲慮,宜人寘一姬,又一姬進。壬辰之春,余與尊公在京師,足下新生之訊至,余爲尊公喜且賀,而一時吾鄉同在京師者,無不人人賀尊公。其後,足下聰穎善文,著聲郡中。弓冶故有自,荻畫之訓,則本之宜人。宜人慈不弛訶,愛而能均。尊公即世,足下學已成,乃移課其少子,引與食飲,共居起。修餔筆札之應,不殊己出,仍有加焉。此又尊公捐賓客後,所不及知者,而余得之,余輓近所耳目爲最詳者也。宜人始乎爲婦,中乎爲妻,最後稱母。五十餘年間,其所以相英偉博雅之君子,而能與之閑有家于内,通世務于外,不徒有婦功,抑且有母德,可謂賢矣！余長于尊公一歲,而老妻亦七十。比筭于宜人,福德皆不如。顧余隱矣,其能與我偕遯者,何人也？吾不欲以是爲宜人似。夫壽宜人者,何必他引也。宜人之上有黄淑人也,黄淑人之上有林太恭人也,非其封母,則命婦也,所謂婦肖其姑者也。《詩》不云乎,'思齋(齊)太(大)任,文王之母。思媚周姜,京室之婦。太姒嗣徽音',恭、淑人有徽音,宜人嗣之矣。令而世世嗣之，子盡肖其父，孫盡肖其祖，婦亦盡肖其姑。其於宜人壽，不已多乎？足下其勉之，無但一舞班稱觥爲壽也。尊公初余善，後有許世臣之雅，均稱莫逆。足下幸試以吾言一質之。”世臣曰：“善。”乃相與入壽。使予子君録同文學君而牘奏于宜人之前。宜人曰：“老婦幸甚。”辭畢而退，徑醉而出。

壽江母王孺人八十序

王孺人者，江君國表所生之母也。國表君蚤掇賢科，爲秦川博士，故將有所用其未足。以母嫡胡恭人之艱，歸讀《禮》山中。今年春，不得預于南宮之試，猶伏在子舍。會母王孺人八十設帨之辰，國表君以是日舞班爲壽。江諸君子相與索言于不佞縉，曰：“王孺人春秋高矣，曩胡恭人在時，不得以壽請。今竊有請也。國表方筮仕嚮用之初耳，假令以此時，或在官，或登第在京，且當此國事多艱之日，簡書可畏，靡盬不遑，欲環膝下奉一觴爲母壽，得乎？國表以經營四方之軀，得與八十垂老之母嬉笑舞蹈，融融一堂，此人生之極樂，千秋之勝事也。何可無一言張之？”縉唯唯。縉亦聞之室人云：“少卿公之有胡恭人也，江之人母儀之，而又有王孺人、張孺人者，皆被化于胡恭人者也。王孺人居于胡恭人之下，先張孺人之至，其引分自遜，所處尤難。輓事胡恭人益虔，至老不衰，非世婦有也。是宜據事直書，爲吾江氏孝謹之勸。”縉是以核其事，詳稱之。

少卿公爲南北部時，王孺人從其父，産于金陵。年方十五，始得進而事少卿公。當斯之時，胡恭人未有子，少卿公有陳恭人之子，而蘄于得孫，亦以繩後爲念。故王孺人至後，復有張孺人至。張孺人舉國棟、國聲兩君，少卿公、胡恭人大喜，以有子，故愛之。王孺人久而未有息也，後十餘歲而始舉國表君。此十餘年間，均亦被胡恭人之惠逮。而少卿公與胡恭人之所鍾情，不無優于張孺人。而王孺人自以其命之不同，退處耑居，怡然安之。不惟上之不敢望于胡恭人，而下之亦不敢自擬于孺人張。參昴衾裯之際，未嘗有幾微不以之恨，而朝夕唯諾于胡恭人之前，以見呼召趨事爲幸。及已舉國表君于諸兄後出，而少小岐穎，少卿公深憐之矣。人謂王孺人婉順之報。少卿公宦于外,所至輒輿胡恭人,携兩孺人與俱。邸中事壹稟于胡恭人,兩孺人無所預,王孺人尤不欲預。懸車以後,家政整齊,門内肅肅雍雍,無間言者。婦子遵教,王孺人畏慎尤謹于諸婦。國表君登賢書矣,王孺人以子貴,且已有婦而稱姑,宜可稍養尊而安受其子若婦之養。然且于少卿公、胡恭人,若奔命悚惕不遑者。少卿公即世後,張孺人亦不存。胡恭人老而獨處,諸子婦分居,惟王孺人在侍。王孺人不自知其身之老,朝而入,徬徨于胡恭人之側,暮而出,始就乎子之居。以七十歲餘之小星,奉八十歲餘之樛木,二老相護持,如葛之纍,如履之綏,豈非江家不兩值之境,非恒有之事,亦瑞矣哉!

王孺人今亦進八十矣。大抵江之興,當其盛時,衣冠之祚啓,詩禮之教行,一宗之中,一門之内,其丈夫子靡不式于少卿公之友而興于睦,其女婦人靡不遵于胡恭人之惠而歸于順,王孺人尤其首化而先被者。今跡其生平所受、所享,取諸少卿公若嗇,而其有功于少卿公、胡恭人之後,則甚豐。天之報之,亦甚不爽。自王孺人之有國表君,蘭徵之祥既臻,肅宵之勩亦酬。矧享此遐齡,長受其子之貴,雖以少卿公、胡恭人,並時起諸昆弟、妯娌之人,今鮮有存者,而獨王孺人稱母于家,巋然爲江氏魯靈光之存。國表君奉觴觴之,兄國棟、國聲兩君率諸孫、族人稱壽從之。吾不知國表君此日惡可已之樂何如,竊謂三公之貴,鼎甲之榮,不足與易矣。豈惟國棟、國聲君深私感羡,所不能得母張于今日,即以不佞縉,負《蓼莪》之痛,亦不能不垂涎于國表君今日母子之際也。故不揣爲津津道之,以快國表君愛日之孝。且使江之子姓知少卿公之人猶有壽未艾者,抑或有所感發,而無替其孝謹之遺風云。

壽黄母張孺人七十六序

余與友人張君伯魯遊,伯魯間語余:"有女弟適黄,其姑孺人亦出自張。從家人稱,爲族姊妹;歸于黄,則婦,姑也。姑孺人是以愛婦甚篤,于他婦過之。孺人今年算七十有六,妹之夫步霞氏天録,圖所以觴。介某請先生言,願一言壽之。”余曰：“否否，唯唯。足下先世與寒宗代居儒林里，余幸及事澄江先生。足下爲先生猶子，先生之子仲京、叔儀，皆余畏友。余所善者張耳，未知黄也。矧閨中之範乎，如足下不言，余何能言？”于是，伯魯纚纚悉霞山公蓽路啓山之狀，與步霞氏所以沿父計然之筴，而推本于孺人之善拮据，皆實録云。

伯魯之言曰：“姊孺人歸黄時，霞山公方業儒，家故貧。孺人始至，與姑作苦，菲糲不自勝，旦夕瘏瘁，竈突時冷。霞山公乃棄卷行貨，賈東粤間。户内事，孺人獨肩之。倭亂歲荒，家人蕩折，益尤甚矣。其得保聚如故，謀詒今日，霞山公賈筴所至，孺人佐之力也。霞山既起貲，于是廣致賸，留滯粤中，數歲而始一歸，孺人不問，恣其意好。有子八人，非己出者，視如子，列青衿者二，遂用貲聞。霞山公即世，孺人遣子步霞往修而息之，世其父業。孺人大喜，享有今算。然自余妹之適步霞，侍巾櫛，稱孺人婦，孺人已擅利半世，不如當年纖嗇苦矣。”噫嘻！此所謂孺人壽也。

太史公傳貨殖，盛列當世之賢于賈者，然皆賈丈夫之行，鮮及于婦人。惟有卓氏見虜略遠遷，夫妻推輦，致之臨卭，竟以財傾滇、蜀民。則卓氏妻雖多智，猶與其夫偕遷，而後即山鼓鑄，富可致也。寧有如孺人，身不出閨閤外，當寇亂播遷之後，能撑支一家人衣食業，而以成夫贏得過當之名者，此其材賢卓氏妻遠矣！里中人言，孺人當倭亂時，賊來急，人各奔竄。孺人獨自匿，欲走之張林母家。行半里，見一佛亭，驚訝曰：“吾于歸時，無此亭也。”躊躇四顧，俄見一老人至，問曰：“婦人何去？”孺人曰：“欲之母家張林耳。”老人曰：“此去則山林虎狼之區矣。可尾吾行。”孺人隨之，見有林木蓊蔚，老人遥指曰：“此而母家地也。”孺人前行，老人忽不見。因還眄前所見佛亭，皆無有。此其事傳至今，世多奇之，謂孺人有母福，故能獲鬼神呵護。孺人不獨有母福，且有母材。是時，孺人一少年女婦耳，能不驚不悸，完其軀，不見侵犯，而卒能完姑與家人，以基于緒，非有母材而何？

去今將六十年往矣，朝家已三易世，長安奕棋，桑海幾更。孺人健匕筯，善飯如故，可不謂壽乎！孺人而追思于始終難易之際，昔之所以鮮，今之所以多，即聚國而滿引呼觴,夫何不可！伯魯曰:“善。”世好所從來矣。

壽王母陳孺人七十七序

陳孺人者,紫南先生之如夫人也。王先生有子十人,自孺人出者,是爲今文學王君某。文學少有異才,王先生最奇之。嘗遣使受郢于不佞,不佞深器其文,當且掇大名于世,而王君竟不能一當,非王先生之好矣。王君居自恨以才見棄,而有子士拔,年少有聲諸生間。今年春,學使者試士,寘士拔高等。王君以其文授不佞,不佞曰:“是子也,高朗洞達,必即應弦,爲君吐氣。”已,上省辟。賢書出,士拔果褎然舉如余言。既歌《鹿鳴》歸,諸與士拔同貢籍,圖所以壽陳孺人,爲王君稱“有子”之慶。王君乃以壽言屬不佞,不佞推席起曰:“吾今知所以壽陳孺人矣。不佞曩見王君數年來蔞落不得志,抑鬱于中,而時發于猖狂自恣之論。甚且有托而逃,倏而削髮,又倏而留髮,非儒非佛。見者目攝,媸人以爲顛,智士諒其爲狂。而不佞獨憐君有窮人無歸之志,自以爲負王先生之望,而寘身于無所容之所,故自示若髡黥至此耳。今不于其身,于其子也,王君喜可知矣,陳孺人喜可知矣。即起王先生于九原而問之,亦必謂大喜而慊于志。吾今誠知所以壽孺人矣。”

孺人安平陳龍季女也,家故貲賈,游淮揚間,素以俠聞。見王先生于孝廉時,有慷慨人豪風度。念其女可使依,遂托衾裯。而孺人以得事王先生爲幸,故亦不難屈節,自安于不猶之命。朝夕于嫡宜人之側,奉之甚篤,嫡宜人敬愛之。王先生宦于楚,爲沅州守,嫡宜人偕孺人與俱從。孺人舉王君于邸中,有燭光之瑞,故王君生,而王先生甚以爲奇。王先生自沅州歸,諸子衆多,析箸甚嗇,往往有食貧之慮。自以其身鞅掌細瑣,蕲爲子孫地。孺人輒寬譬之,僂糲綜理,能當塞淵之賞,且不獨爲己子計。見王先生最後所生子四人,分貲甚薄,命王君割己腴田三十石畀之。王君遵命,用是益貧。而屢試屢蹶,抱才見抑,其意有約結,而不得通以此。今有子孝廉矣,王君自以爲何如哉?

古今稱次室而賢者,無如陶士行、周伯仁之母。伯仁之母李,父安東將軍求爲妾,其父兄不許。李自請行,謂連婚貴族,庶大益于將來。其後生伯仁兄弟,並列顯位,李遂稱方雅之族,竟如其請。士行之母湛,父聘爲妾。元亮生而貧,湛紡績給之,使交結勝己。士行少爲吏,監魚梁,以一坩鮓遺母。湛封鮓責之,不欲以官物而增吾憂。此二氏俱後世所稱賢。吾以爲,湛尤賢于李。李不過欲子之貴盛,爲外氏作烜赫之觀耳。而湛則導其子,以居官能廉矣。當其剉薦、給馬、截髮、供饌之時,其所以成子之名,而不以貧故廢客之禮,一何其伉爽激烈,有偉丈夫之風。士行之爲晉名臣,良有以也。以今觀孺人,其初之屈節而事先生,故亦有連姻貴族之意。而王先生故不貧,王君有其友至,孺人即灑掃帳具,亦何至有挫薦、截髮之事?然王君負奇磊落,雖數奇蓬累,終不屑以凡庸士自居。却鮓封書之教,孺人固未之試,但即其命王君割腴田予弟,其不欲子之重利如此。假令王君今日貴,以官物餉孺人,孺人必却去之遠矣。孝廉新發于硎,一第猶掇之也。訓廉止貪,此亦孺人指日事。吾固知孺人之必爲湛,不爲李。

孺人年七十,壽矣。夫壽寧有涯哉!王君欲我而壽孺人,不佞願王君父子壽孺人以士行之母。余蚤知王君,今又知王君之子。即于王君未盡券,猶夫知人之鑒也。王君觴孺人畢,當以餘杯觴我。王先生而可作,聞不佞壽,爲舉一大觴無疑矣。

壽林節母王孺人六十八序

今新天子即位,是爲天啓元年。林節母算登六十又八,正月十六日,其設帨辰。伯子櫄謂母節已及可旌之年,乃自著節孝行略,請傳于不佞,欲以誕日書而張之堂,且以待後之觀風者採焉。不佞唯唯,謂林生曰:“余聞君有母節久矣。即不請,固將傳之,第于稱觴慶,謂何哉?吾且爲君言壽,而以傳俟他日有如椽之筆者,于君何如?”林子徹席曰:“幸甚!師欲壽吾母,亦知吾家母節之所以難乎,櫄請詳言之。曾王父娶曾祖母許,生王父兄弟二人,長即吾王父新峰公,次叔祖尚泉公。兩公並以文學稱,而並蚤世。王父娶祖母劉,舉先孝廉奕新公。尚泉叔祖娶叔母黄,不有後。王父即世,叔祖已先逝年餘。叔母孀居,稱未亡人。當是時，孝廉年甫十三耳。哀哀三母，若許、若劉、若黄，共撫一孝廉之孤，藐諸是煦，形影相附，其難一。孝廉娶吾母王，舉橚兄弟三人，如綫之續，可以無虞。既補弟子員，力學淬勵，母王拮据佐之。己卯，舉于鄉。弓冶之傳，庶幾不墮。不謂再上春官，下第歸而遽逝也。于斯之時，橚年十三耳，次者勝衣，次者在腹。以二十九歲之母，共九十二歲之曾大母、七十歲之大母、五十六歲之叔母，而共撫此十三歲、八歲之孤，以待此未生之遺産。昔之孀者三，今嫠而四矣。白髮相垂，稚子相泣，其難二。蓋自是，而吾母王益又難矣。上奉二老姑，中事叔母，下則慇斯懃斯，視我三孤。苟可當姑驩，鞠子憫者，母不遺餘力也。一年而祖姑以九十三歿，十有五年而姑以八十五歿，十有九年而叔母以八十九歿。營三大喪，殯殮、祭葬之供，皆母手肩之。母之治姑喪也，無以異于治太姑喪；而其理叔母喪也，無以異于理姑喪。又且爲叔母設蒸田、築夫壙而厝之。課橚兄弟業書，修王父遺編故牘，梓《尚書日録》行于世，諸種種事，犂然具舉。母材母德，可謂兼之。然險阻備嘗矣，其難三。師其何以先爵言？橚入而上母壽，即添籌不啻也。”

余笑曰：如足下言，敬聞命矣。夫新峰公者，非宇内所聞名、指稱爲文章士者也？余至今讀所遺論，猶使人擊節忻慕，願執鞭而不可得。奕新亦以薦賢書，以能文見收矣。于一第蜩掇之也，而皆不獲文章之用，此何以故？天地間，莫貴于文章，而莫難于生文章之士。其有間世而一出者，天皆厚畀之而顯用之。大者陟巍膴之秩，次亦無眉壽之害。而于君家獨不然。往往抑折其文士之能，以增修女貞之操。故新峰公父子之算，常居其不足，而若許、若劉、若黄三母之齡，反處其有餘。今王母節，又且邁古稀矣。則天所以豐君家，而以節義崇文章之益，尋常富貴，不足道也。今無遐遠引，即孝廉公己卯同籍諸君子，有位履公孤、身居相府者，此名位之極也；有策射大廷、臚傳首唱者，此名第之極也。以孝廉公功名不就、壽命非長者視之，存亡顯晦，何但霄壤！如律以君家四節之崇，彼輕于浮雲，此重于泰山。文章以節義成，未必以富貴成，有逈然不相敵者。孝廉公未可謂盡天靳也。

昔太史公作列傳，序將相大臣、賢人君子多矣，而獨首西山之義士。至考信于六藝，而獨録其《採薇》一歌，且附見顔子淵之好學，顯驥尾于夫子。雖不用夭絶，莫之能傷，豈非文章奇窮之士乎？至其列女懷清節于《貨殖》，高其自衛，不見侵犯，至以躋之越大夫之貴，端木賜之賢，謂秦皇帝之悍，臺客而尊禮之。然則，名位富貴壽乎？文章節義壽乎？兩者提衡，輕重自見。故夫讀林先生之書者，必沿流于婦節之貞；而雅重四母之節者，能無遡源于父書之教？余故曰天之豐君家也，以節義崇，文章之益也，未易言也。余于是益嘆富貴之易滅，而更羨松柏之後凋也。故獨以此稱王母壽，一切貴女命婦之壽，却不道。世有知文章之士，當三復而景行于斯矣，毋徒藉口于三難爲不幸也。

壽彭母陳孺人七十敘

陳孺人者，彭君興祖之母也。先是，興祖入吾泉，挾臨池風雅之好，游吾士君子間，多倒屣者，興祖獨善余。久之，人知其爲彭隆池先生之孫、蠡湖公之子，則無不人人急興祖。余于是知興祖之有貞母陳孺人矣。又十年，余始會興祖于京師，兩人驩然道故。余問陳孺人無恙，興祖前席曰："猶善粥，和于身。"去冬，余過姑蘇，興祖會余舟次，自寅至午，促膝而譚。余忘其異鄉，興祖亦不知余之非里中客也。將别，興祖拜手曰："歲來秋仲，家慈登七十矣。當先嚴見背時，家慈尚芳齡，孀居荼苦，俟余以長，以有今日。余不孝，居無以將母驩，乃自辱足下知。所爲徼華衮者非一，而未及一言以逮吾母也。願及是時爲文之。"余許諾而别。

今年春，興祖過越入閩，先之漳，經夏而始至泉。余適從長安歸。興祖訪余，余與班荆而坐，浮白而飲。兩人相與追惟十五年前齋中事，不覺前會遠而身世殊矣，爲喟然一歎。興祖起，膝席曰："家慈誕且至，鄉辱足下諾，請言之爲爵者先。"余亦半釵席："微君請，吾固不爽斯盟，矧拜命之臨也。"語畢，興祖泫然淚下。余謂之曰："尊慈有《柏舟》之節，吾且爲君侈口而道之，鼓歌而進之。咄咄，興祖何不豫若是？得無謂吴、閩各天，好事者堅挽君不使去，不能及是日舞班爲娱與？抑吾漳、泉多外國異物、海錯山珍之屬，客中貧，不能多致遺歸，博尊慈一笑與？抑令甲六十當得旌，尊慈七十矣，而有司不以聞，天褒未之逮與？”興祖曰：“非然也。旌，吾願也，而吾力不能致。女懷清築臺，《柏舟》不築臺。後世談節者，不以秦皇帝之客加衛共姜之上，則有聖人删詩之存。在家慈之節與年，誠及格。然能致仁人君子之言，以爲榮而垂不朽，亦足矣。吾雖久客，而得與足下相從事于境上，此昔人之母所以願其子之從牛醫兒也。陶荆州爲吏，以官鮭餉，其母非之，况羇旅乎！吾不能致異物歸母，有之，亦母所以却匕筯也。”余笑曰：“然則奈何？”興祖曰：“吾先王父不願餼諸生，徵辟亦不就。吾父爲諸生，食貧而蚤世。母間關鞠余一人，余不能掇巍膴榮名以爲母禄，但區區守筆楮、治聲律，以是爲可世先王父之躅。而母老矣，余鬢今亦霜，菽水如故，此余所以悲也。”

余笑曰：“君未知其解乎？余無暇遠引，姑借彭孔嘉先生當日事，爲君一籌之。彭先生第不食諸生餼，與不受御史檄，一入棘耳。假令不憚披髮跣足而入竣場事之役，以彭先生材，掇甲第何難與？而先生不屑也。又不然，當桂溪、分宜二相徵辟，不難以其身先後應之，待詔金馬，旦夕可致，何憂不富貴？而先生又不屑也。先生惟有如是之高，故人卒不得以一時之榮而驕穉其千秋之業。隻字片語，流傳人間，人争重之，如襲珙璧，後進模以爲楷。人至今羶其名，而恨不得一見以爲奇。較彭先生之所得，與富貴孰多？君何必羡富貴榮名乎？富貴榮名，善居之，能使親寵；不善居之，能令親辱。即君以此日而高車駟馬入吾里，則亦吾里中一二大夫干旄相及耳，市人怖，而市人引車匿矣，何以令吾郡士争投刺背踵相屬于君之庭也？君入漳，漳能言之士爲尊慈壽；入泉，泉能言之士爲尊慈壽。余不文，亦在壽中，他吴越士可知已。君以一身千秋之業，致四方之士而頌尊慈之壽，不亦甚侈乎哉？夫婦人之守貞，猶士君子之守義也。士無難進之節，而詘身以狥，人比于鑽隙踰墻爲失義；女無不卷之操，而改醮以他適，等于輕塵弱草爲失貞。譬彭先生于女子之貞，所謂十年不字也；譬尊慈于士人之義，所謂不事二君也。松柏青青，春夏也正，而歲寒後凋不改焉。節而能壽，固其宜矣。

陳孺人真彭先生之婦，興祖真陳孺人之子哉！”興祖聞之，不覺解頤大笑。

余顧謂興祖曰：“此吾兩人今日之劇談也。微足下來，吾談不及此。令余搦管淫思竟日，談亦不及此。足下鄉欲得不佞治爵言，亦止此矣。”于是不復文，但序次其問答語，授使者歸之。興祖于漳，外國産無所致，海上異香使者歸，而焚香致吾言，侑陳孺人觴，吴中諸君子，其無以余爲造次之談。

壽洪母江孺人六十序

洪母江孺人者，武科進士君景曙之母，余姊氏適文學江望台公所生女也。文學尊人愧泉公以孝友起家，文學詩禮繼之，内教淳備。孺人生習女訓大義，少嘗至渭陽之家，余睹其容儀端莊有貴徵，心内奇之。既笄，歸參知新齋先生之孫一泉公子孟俊君，爲曾孫冢婦。是時，一泉已不問家政，姑蔡又善病，孺人入門，遂代姑柄家。拮据勞瘁，佐孟俊君讀。孟俊胞弟二，女弟二，冠婚嫁娶，各底成立，丘嫂力也。既舉景曙君伯仲，鞠而教之，是爲慈母。未幾，孟俊即世。二老垂堂，景曙君年方十一，仲若女或勝衣，或在襁。孺人以三十餘芳齡，拊藐諸孤，形影相吊，間關不可言矣。無何，二老又賓天。仲、季叔及姒相繼殁，纍纍遺孤，并以累孺人。孺人左煦其子，右卵其侄，是爲貞母。景曙君既長，延名師傅之。孺人亦欲其子用文學起，以無壞參知箕裘。景曙屢試不利，去而學武。孺人以爲非父祖本業，始而恚之，見其志堅，不得已從之。景曙自是有弓馬韜鈐之習矣，是爲良家子從軍母。景曙不半年遂登武科，捷武會，舉進士，待銓闕下。孺人始稍稍愜于志，以爲文武並兩科，亦丈夫子投筆請纓之路也。今受天子命，以都指揮體統行事矣。

景曙與孺人之軍中，春秋二汛，出防倭海上，視樓船水軍。孺人爲誡營士出入，晝夜擊刁斗不休也。是爲將臣母。繇此而上，景曙建奇竪功，揚威萬里，佩大將軍印。孺人爲上將、名將母，可指日算也。今年五十九，明年加一，登六十矣。孺人之兄表王籲卿及胞弟世奕等，相率問壽于余。余笑曰：“若姊氏今亦六十矣。余相者奇其有貴徵，今果然乎！然此六十年間，繇前言《柏舟》存孤之操，已完其終，其難在既往。繇今言棄儒策勛之事，甫開其始，其難在將來。此皆孺人永保之算，而未央之年也。吾姑自今日難壽之。”

孺人，一女流耳，前後遭各有難焉。爲慈母易，爲貞母難；爲儒生之母易，爲良家子從軍之母難；爲文吏之母易，爲武吏之母難。然則，爲國家相臣之母易，爲大將軍帥臣之母難。何以明其然也？母之慈子，天性也。離褁生之，又乳哺之，孩則懷之，長而提撕，不姑息暱之，如是而已。故以爲易。至于孀居守貞，則有熊丸荻畫，爾父伊何，不勝悲惘者矣，所以難也。士之子恒士，本業也。母之教子，或斷機，或徙宅，甚則客至罍空，截髮剉薦，如是而已。故以爲易。至從軍治兵，則有徂東不歸，倚門倚閭者矣，所以難也。有子服官，母遺書却鮓，無失廉名，間至其邸，問出入平反幾何，如是而已。至于爲將，則有受命忘家，臨軍約束，忘親者矣，所以難也。國有大臣位極公孤，父母無恙，不過安坐席寵，累封極品，如是而已。至大將破虜，國之安危存亡係焉。雖空幕南之庭，勒燕然之碑，亦有望玉門關而嘆生入者矣，于尸饔何有？是以難也。夫此數難者，孺人後來事，亦孺人之所以壽也。古今名將之母，史傳不可勝紀。有戒其子徒讀父書者；有隨軍擊賊歸告母，母恚而舍之者；又有知廢知興之母，決其子去就者。未知于孺人母子間何如？惟是衛、霍兩將軍，並以同母生，姊得幸主上，以肺腑備行間，故大軍屢出塞，所斬獲亡失略相當，而益封不已。太史公不滿焉，謂和柔以媚于上，于天下未有稱，此非所望于孺人之爲母。然孺人有景曙君材，知書知兵，文武兼之矣，見稱未有涯也。余亦壻于江，江故多貴女命婦。有第進士而封者，周參知君淑人是也；有第進士而贈者，陳二千石恭人是也。乃其登進士稱冠軍母者，前此未有，自孺人今日始。又有勸勿應進士舉，願與偕隱者，世無有也，余細君一人而已。閫外之將，不發家書，白雲之親舍，涴褕之子舍，無得而入焉。肥遯之妻，不厭貧賤，遍謫之室婦，拊心之窮婦，無得而望焉。吾尤以爲若而氏視恭、淑人之貴，爲尤難。然則，使景曙得以奮鷹揚之勇，而余能不失麋鹿之性者，夫誰之力也？

余老矣，濁世無以爲也，有欲强授余以衣冠者，余耻之。故且夫負妻戴，饁耕壠上,共棲息夫一枝之安。乃朝綱廢亂,邊疆日蹙,紅夷竊據閩内地。凡百有位,盡養交安禄之人,無能爲天子干城破虜。滅夷之功,豈非景曙異日任哉?景曙其勉之。遵母之節,瘁己之忠,節不受轉,忠不顧私。斯家之孝子,亦國之賢將。孺人于是時,年或七十八、九十,得受子綸封,等于文臣命婦。即爲景曙君介子推之母,奚不可哉?何乃言今日五十九、六十也。

壽黄母秦孺人七十一敘

秦孺人者,孝廉黄贊甫君之母也。其尊公曰珍山翁,弱冠補弟子員,擅文有聲。秦孺人歸于黄,篝燈佐讀,稱爲善婦。珍山翁蚤世,僅有其子贊甫君,方四歲,秦孺人矢志鞠之。贊甫君不舉于秦孺人,而舉于其所生母柯孺人。又有施孺人者,先柯孺人至,施孺人無子,亦子柯孺人之子,與其嫡秦孺人共矢志鞠之。方是之時,藐諸之勢岌矣,存亡未可知。三孺人者,皆芳齡也,秦孺人年三十四,施孺人年二十七,柯孺人年最少,二十三。以其不可量之年,煦其不可知之子,有子其得子者,又有不得子而子者。閶闔相守,荼薺相甘,以迄贊甫君之成業。已舉于鄉,而幾其第進士。噫欷!可謂難矣。今年之春,秦孺人算進七十一,施孺人進六十四,柯孺人進六十。以令甲例,及格而逮可旌之年。三孺人色顧相笑而相泣也,已而相謝曰:“今而後,吾喜可知已。”夏四月之二十一日,秦孺人設帨辰,贊甫君圖所以觴秦孺人辭。贊甫君胥命于兩孺人,施孺人曰:“吾以而爲子。誰使而亦爲吾子者,秦孺人之賜也。微孺人,我安得子此于今日?幸爲請爵者言,以謝秦孺人之德。”柯孺人亦曰:“而謂我實生子。誰使我而能爲而母者,秦孺人之賜也。微孺人,我安得母此于今日?幸爲請爵者言,以謝秦孺人之德。”贊甫君唯唯。于是具以其語語光縉文之。

光縉非能文也。光縉不生于嫡,而吾封母氏鞠之憫。居恒念人子生而不及識父之面,與揚母之勩,不可以爲子,而俱已矣。方且有“風木”之痛,方且有《蓼莪》之悲,忽聞贊甫君之語秦孺人其事,適相類而難尤倍焉,不覺涕之盈于襟,而刴之前乎席也。蓋秦孺人自爲婦時,舅氏方賈游燕、粵間,以輕貲任俠聞。

珍山翁治儒者言，不問積居，户以内秦孺人爲政，擘畫綜理，能無累珍山翁讀。事姑陳稱孝，代珍山翁以子。又代以兄，婚嫁其弟妹，脱裝奩佐之。事珍山翁甫三載，主器未索，即爲置施孺人。又亡何，而柯孺人至矣。秦孺人與之居，食共簋，枲共紝，坐共第。柯孺人既子，子之；施孺人亦子，子之。取夫弟之女爲施孺人女，女之。誰爲腹之？而誰畜之？贇甫君不知，柯孺人亦不知。今無論珍山翁在時，參昴之東，衾裯之際，肅宵征者謂何？要以中流汎，而《柏舟》歌，髦儀既失之，後死矢可共，不至渝志，則秦孺人之爲德，可知也。柯孺人以子爲天，而以嫡爲衛耳，施孺人不得有矣。夫以莊姜之妻，戴嬀之媵，其淑慎且賢，能勗仲氏以先君之思，而不能已于大歸之去。至今其瞻望者佇泣，遠送者勞心，雖非其夫人之無以有之，則亦以不能有其子之故。令施孺人稍稍有不以之嫌，而彼其睇此毛不屬、裹不離之孤，即不靦忍于一去，必且感憤于一决。其何以依依無侵犯至今也？故以施孺人而安意于柯孺人之上，柯孺人而不難詘施孺人之下，嘞磎不生，妬娼不起，不卷不轉，並待惠于秦孺人。秦孺人下逮之，以共成此三節。此其事，世皆無矣！

蓋嘗試論之，秦孺人之節，非小節也；秦孺人之年，非小年也。合衆節爲大節，合衆年爲大年，其以秦孺人而七十一年于此，即兩孺人而各六十餘年于此。兩孺人而各六十餘年于此，即秦孺人而一百九十五年于此。秦孺人不得年，則兩孺人不得節，藐諸不存，而孤不立矣！秦孺人何可以無此年也？且奚往而非秦孺人之年乎？贇甫今駸駸嚮用矣，其于揚母勛猶掇之也。贇甫其及是時取大官膳、上方醞，坐三母而進之。累裀之泣，負米之恨，第于其陟岵時急耳，則猶可年年而問此栝棬也乎哉！慎無若緡蒿之弗子也。贇甫勉之矣。贇甫入，而復兩孺人之命，上秦孺人觴。秦孺人觴之曰："李生言是也。此吾三人嚮者所謂喜而後可知也。兒識之。"贇甫長跪曰："謹受教。"

壽洪母何孺人七袠敘代

萬曆乙未七月二十四日，爲我外母何孺人懸帨之辰，蓋春秋七十加一矣。

異時其女從壻之官，不得爲孺人壽。且也所子未定，即壽，孺人樂乎？會濂奉大母之諱歸，釋服之月，值孺人誕日。而君重孝謹，當孺人心。綵戲于孺人之側者，有若子女；而修祝者之辭，有濂爲之壻，何可以無舉觴也？

觴既具，孺人愀然不樂，已，泫然涕下曰："嗟嗟，而忍觴而母乎？孀自歸洪氏，爾父發憤下帷者若而年，謂功名可唾手取，而竟阨諸生也。慷慨然諾，無悋衣食人，散千金之產，而竟食貧以老也。夫士有大才而不用于世，則必享有清明壽考之福。爾父故躩躒，不謂一疾不瘳。傷哉！易簀之旦，吾女越在萬里，嗣續之計，未有所托，恨不即偕爾父地下。以兒女故，忍而稱未亡人，而忍觴而母乎？奈何忘而父也？"語未既，子女各欷歔涕下，不能仰視者久之。于是壻濂趨而進曰："濂不佞，以吾翁未食之報，而知孺人之必壽也。又以吾翁如綫之緒，而知所以壽孺人也。天道猶酌水然，挹彼不足，注此有餘。公生而瑰瑋，以數奇難封，僅托于詩酒自娱。重誼輕貲，于于然安之，而齡猶靳乎古稀。以其有餘者，畀之于孺人期頤之算，非天之可必者乎？昔下宫之變，趙祀幾殄，賴程嬰力，宣孟有後，至今稱立孤之難。孺人笄黛者流，而知大義，不難以身弭齮齕之釁，子君璽以後吾翁。蓋終公所未爲者，指顧定之。毋論孺人之賢名與壽永，將洪氏百世之祀，皆孺人之年也，何可以無舉觴也？"

諸賓客來賀者，僉曰："旨哉！陳君之言壽，非啖桃吸醬之誕，而損益張弛之宜也。豈惟孺人聞之，蹙然開顏，即龍泉公之殁，猶生矣。"于是孺人斂容遍謝客，而受萬年之觴。

壽鄭母楊孺人六十五敘

鄭梅峰公之有子光禄君也，自楊孺人出也。梅峰公之配曰涂孺人，又有江孺人，蓋楊孺人至而三矣。梅峰公爲二千石一齋先生之仲子，呱呱之聲未喤，是時孫恭人尚在堂，旦夕望于得孫。涂孺人、江孺人皆宜子，而嗇于嗣。梅峰公高禖之請，弓韣之求，圖所爲自己瓜瓞之綿者，百計非一，而岌岌乎慮未有以父也。及楊孺人舉光禄君，梅峰公佹得之，而以爲慊于志。涂孺人無子而有子，江孺人有以子其子，大率皆楊孺人力，故楊孺人之有功于鄭爲甚大。楊孺人事梅峰公爲最後，凃孺人稺家政，江孺人佐之。楊孺人無所授事，時時執巾櫛于孫恭人之側，輒能當恭人驩。凃孺人有逮下之惠，而不能盡釋念于參昴之東。江孺人亦安不猶之命，而不能無介意于入宫之嫌。楊孺人壓于凃爲嫡，而于江爲後至，往往順事凃而以讓處江，閨門之内，是以無譁。久之，而光禄君生，凃孺人篤于愛，江孺人亦化于慈，三母相與提鞠之，乳哺之，鄭于是有《尸鳩》之風焉。故楊孺人之有功于鄭，爲甚難。

且楊孺人之得光禄君，非偶也。于《鼎》爲從貴，于《震》爲執鬯，至其得秀美而文之子，尤非偶。以余睹光禄君魁梧奇偉，篤學擅文，名于郡中，而有聲于都下。與余游，余奇之。李宗伯先生祭酒成均，試而大奇之，第滙池之翼未奮耳。今雖亦俛首而就光禄之秩，人尚以峻第目之，光禄君願再得一當而後已。梅峰公既捐賓客，凃孺人、江孺人相繼而捐，栝棬、熊丸之教，楊孺人獨和之。而又以及其孫，盡嶄嶄而露頭角，故楊孺人之有功于鄭之後爲甚遠。余不佞聞楊孺人賢久矣。不佞不舉于封母安人，而安人鞠余憫，吾母亦不使不佞知非安人出者。私心竊以爲，吾母子之間爲人世嫡庶所希覯之事，今質之楊孺人，當亦不殊。余是以與光禄君坐語之，而不覺其厀之前于席也。楊孺人之設帨辰至，光禄君丐余言壽之。

夫孺人之子，即凃孺人、江孺人之子；則孺人之年，皆凃孺人、江孺人未竟之年。梅峰公而百世，孺人年亦百世，何可以區區歲數算矣！昔陶士行之母湛、周伯仁之母李，皆古今所稱賢。夫尚有母在，史不稱其母，而但稱其所從出之母，其令淑可知也，寧以非嫡，故貶名乎？然伯仁之母尚猶有屈節之念，而欲藉是有連姻貴族之覬，故其後所以貽子于令名者，竟不如湛。湛安陶氏之貧賤，而欲其子之交結勝也，剉薦截髮，以供客至，此其見卓矣。人孰不欲其子之爲官，而湛獨不欲以官養。一坩鮓之遺，細故也，而以爲官物增吾憂，貽書却責之。士行而有母若此，不以功名顯，得乎？孺人席梅峰公上世之資，可以無挫薦截髮之苦，而每以紡績教其子之讀。光禄亦天子尚食官，寧無有鼎珍法饍可遺以將母，比坩鮓而過之？然而楊孺人寧尸饔，必不之受也。矧其陟巍膴而家于官者乎！范逵之稱湛，曰："非此母，不能生此子。"吾于楊孺人亦云。吾願光禄君壽其母爲陶氏之母，莫大之功名，不朽之事業，猶或可爲也。楊孺人之所爲壽，當亦不止此。

壽節婦卓孺人五十一敘代

卓孺人之母于黄也，蓋稱節婦云。孺人歸黄仰南君爲繼，十七而嫁，二十三而寡，嫠居二十有九年，今五十又一矣。國家令甲，即五十而始得旌樹，以卓楔表厥宅里，非五十者，雖有冰玉之操，不以與于旌列，兩臺諸司不得上其事，蓋慎之也。孺人于可旌之年，及以其期，有司得上其事，是宜亟請于朝而旌之。而孺人之子拱光，皇皇未逮意，蓋有待焉。惟茲九月十九日，爲初度辰。拱光先期介余兒允棻，問壽不佞。

噫嘻！拱光之意遠矣。夫寧獨以其壽，且將藉不佞言而實録之也。不佞于仰南君爲莫逆驩，兒棻又君壻，雖以肺腑，美惡敢溢？余惟節之與烈，均之名貞，而節尤難。夫其引義于自裁，感憤于縊決，不過一殉，而其事盡矣，非有歲月之差遲，間關之荼苦，足以凌厲而頓挫之也。又其烈易成，其芳易著，雖有暱者不得諛，雖有誣者不得抑，要以死生變而褒旌及之。而節則不然。非有不卷不轉之志，鮮不中途矣。矢操者行皎于秋天，而核名者心辨于暗室。不但植節難，而所以獲旌於是節者，尤難也。乃如孺人節，則難之難焉。

孺人歸于黄，是時仰南君有母林孺人在，其先室陳孺人歿矣，一女在髫，一兒在抱，喤喤呱呱。林孺人旦夕泣，思得繼婦如陳孺人也者而母之。孺人至，諸所以承姑鞠子，靡不陳孺人也，林孺人悦之。亡何，林孺人歿。又亡何，而仰南君亦歿。于斯之時，孺人哭仆地而復甦也，曰："未亡人何辭一訖，計惟是遺息在腹，雌雄未可知，天其或以昌黄氏宗乎？未亡人猶有藉手。"爲忍濡者久之矣，果舉男，及週而殤。孺人又哭仆地而復甦也，曰："未亡人今何辭一訖，計乃君子以孤寄矣。前子亦吾子也，藐諸之謂何？孤不立，未亡人何以藉手？"爲忍濡者乃決。不獨此，孺人又自計曰："吾君子之伯氏歿矣，丘嫂王孺人老，又善病，子獻臯方齠齔。五喪在堂，户外倥傯，此伏彼起，屬嫂焉而委之不可知，之子則奈何？"于是，忍濡不復死者益決也。以余聞，孺人孀三十年，尸居堵室，語言不外聞，行不踰閾，無故不下堂，不歸寧，見兄弟必闔户，外人罕窺其面。去綺釋縞，機聲軋軋，以課子、猶子讀。愛其女如己女，益篤于父在時。今其女有家，男有室，侄有婦，閨閤整整，貲亦以殖。二子不藉義方而聲籍藝林，卒孺人力也。壯哉！孺人可謂難矣。夫婦人，當其繼時，夫在而子其前子，斯已難也；又孀居而子其子，斯已難也。又子其伯氏之子，兩孤一身，獨力當户，始寡猶是，逾艾猶是，潔于冬霜，皓于皎日，五十年如一朝也。噫嘻！孺人所忍濡不死者，爲孤計耳。孤立，而孺人之事畢矣，何問年？又何問可旌之年？雖然，如孺人，惡可以無年哉！下宫之難，公孫杵臼老矣，以立孤委程嬰而自請以死，寧直其難。彼謂趙氏之孤，尚幼而已，所不可知者，年耳。不然，絝中之脱，山中之匿，攻屠召武之舉，當不以屬嬰矣。孺人睹大義，自許不死，彊爲其難。令不有如是之年，安得立孤？孤立，而有此于今日哉？

詩人稱引年之義，備矣。至于如岡如陵，如川如日，其所謂百斯男、萬斯年者，如太姙、太姒之聖，以全德享遐齡，姑未暇論。及其他婦人女子，若成風、若韓姞，令妻壽母，不乏其人。吾以爲莫壽于《柏舟》之共姜，彼其靡慝，靡他之矢，何但百年，雖天壤敝可也！然猶曰"兩髦我儀"之云耳。孺人儀則以其後至矣。孺人有《柏舟》之節，而遭更難之事，儒人惡可以無年也？且奚往非孺人之年也？如以其旌期，則五十而及格矣，余故表而出之，以俟今之觀風者采焉，而徒壽云乎哉！

壽饒太卞孺人六十敘

瓜步有饒家德成者，廣陵間奇士也。余素不聞其聲，甲辰歲，從長安歸，識于逆旅之家。睹其詞鋒迅發，與語，異之。已，竟晝夜之譚，我縱彼衡，兩人桴鼓相答，不覺大快，遂成把臂之交。德成急余，余亦不舍德成。頃之别去，德成送余于大江之滸，惘然若失也。丙午之冬，余北上抵瓜。德成來謁余，余語之大悦。及造其廬，德成夫妻盛帳具余。余笑謂之曰：“君以我爲郭林宗乎，胡不自況于茅容氏？容烹鷄饌母，自以草蔬同客飯，林宗賢之。君之飯我，何不如茅之飯郭也？”德成曰：“不然。茅之母不知林宗，故自饌鷄，其子不以供客。不佞有母，能知足下賢，此殆母所手治也。往者足下别不佞，不佞入而不庭者三月，母倉皇問曰：‘子接四方士多矣，何詘李先生去而不豫若是？’不佞拱手對曰：‘兒何敢以四方士相先生哉！’今者見足下歸，母問曰：‘兒何喜之甚也？得無李先生至邪？人謂登龍門，有以也。’不佞是以洒掃而待足下。”余笑曰：“余不如叔度，君亦非戴良，而君之母賢于戴母遠矣。”兩人因相視大笑。德成與余言母孺人行甚悉，余賢之。德成且爲余治三日飲，余爲舟子所促，尋别去。

今年丁未之五月六日，孺人年六十矣。余適從長安至，德成與其弟正叔、弟孟長、侄圍儀及余主家董鴻逵氏，相率丐余言爲壽，余唯唯謝主臣。顧余之知有卞孺人賢久矣。蓋聞之，孺人笄而歸君子望梅公。望梅公爲邑名士，凡身所從游，與從望梅公游者，非其抗旌，則其雁行。望梅公聲聞蔚起，孺人每篝燈以佐。家米鹽産事，不以問望梅公，使得一意于讀。望梅公業未就而即世。是時，孺人年三十五耳，丈夫子四，第四子其遺腹産也。幼子呱呱，衆子纍纍，未即成立。孺人以芳齡之婦，事一老姑于堂。又望梅公在時，多責債，一捐賓客，而悍宗、閭左眈眈，藐諸是圖，索者益急，岌乎殆矣。孺人不以爲難，矢志肩之。乃出望梅公所居屋僦于人，而自以其身與姑携諸孤處于居之東偏，湫隘甚。其獲僦金，什七償諸責主，而留其三供老姑甘毳之奉，佐諸孤贄脯之修。旦治絲枲，夜絣緈，同臧獲椎布操作。諸孤之中，德成能授書，使授書，叔若季能什一業，使逐什一業，各以職程督之。稍或弗謹，不廢笞杖，久之，杖痕斑成五色。人有勸止者，孺人徐譬之曰：“我嫠也，而彼孤，不得不爾。”是以三孤人人自淬，今各有子矣，而德成復以能文有聲郡邑間。獨其伯子與望梅公相次去，婦閔氏年十九，寡更蚤于孺人。孺人雖漸見諸孤長乎，而自苦其身嫠，更爲其婦之嫠苦，益自侘傺矣。故所以衈閔婦者，倍于諸婦，而撫摩其閔婦之子，他諸孫無與比。閔婦私自泣，孺人亦私自泣，閔婦放聲大慟，孺人亦大慟，忻戚悲愉，靡不共之。不啻自身，而惟恐諸姒中稍拂其意。亦往往遵孺人教，事姆如姑，拊侄如子，一門之内，不徒節稱，而且有雍睦慈孝之稱，則孺人以也。噫嘻！難矣。

古今稱婦節者，莫過于《柏舟》一詩。今按詩所道苦，但謂其“我儀”、“我特”、“靡慝”、“靡他”耳，未嘗及其身後所存之孤與子。若婦之賢，聖人以爲共姜之事，則盡矣。至採而風之，並列于《關雎》之妃，《采蘩》、《采蘋》之夫人。而矧其姑婦並節，樹孤孤立，此尤其彰明較著者也。處齊眉之日易，汎中流之日難；忍一身之痛易，分婦身之痛難。孺人兼其不幸而兩難之，吾不知孺人薺此荼苦，所度之一日當幾何日？所享之一年當幾何年？且又不知，今而後孺人子而子、婦而婦，所可爲瓜瓞綿綿之年，奚而非孺人之大年也？孺人之壽，又何論年月歲數哉！余鄉者言茅母，德成以爲失客于林宗，不欲自居于陳留之子。德成鄉者言戴母，吾以爲失教于傲兒，不欲居德成于汝南之從。吾何以壽孺人哉？吾且頌其爲《柏舟》之妻，而尤願其爲《北山》、《鴇羽》之母，百年“尸饔”，萬里“將諗”。德成其母以我爲非人情而俾子行役也，德成其亟圖之。德成曰：“謹受教。”入以告孺人，孺人乃大喜。

壽史母貞節陳孺人六十敘

貞節陳孺人者，史長君考齋之配，永州守禮齋先生之冢婦也。長君蚤即世，貞節芳齡孀居，矢志自衛，稱未亡人。史之人稱爲節婦云。今稱母何？貞節年六十矣，翁姑已逝，不復壓于婦行。其蚤歲所欲樹之孤，今褎然成人，壯而生孫。貞節不獨受母呼，又稱大母。其不仍名節，以婦而尊稱母者，宜也。嗟夫！惟貞節之尊稱母，此貞節之壽不可爲算數與！蓋聞之，貞節爲臨江守陳昇峰公女，少能讀《論語》、《孝經》，嫻于大義。年十七歸史長君。

長君生貴盛之家，攻苦力學，淹貫百氏，沉思敝吻，晨昏不懈。久之，寖成瘵疾。貞節以爲患，自屏居不敢色見，但時左右侍湯藥謹耳。長君竟不起。是時，貞節年二十七，所舉丈夫子甫一歲，母子煢煢，至痛也。貞節欲殉，度不可以殉。

翁姑皆以老，身爲冢婦，有子嫡孫而藐，奈何一決？故濡忍間關，鞠藐諸而長之，亦既能就外傅讀祖若父之書矣。未幾，復以瘵殤。貞節所爲日夜腐心，欲生不得，求死不可也。貞節謂樹孤未立，初志不遂，縱死何以報夫君于地下？故復從禮齋先生命，以夫弟之子續祀事，而身撫摩之，則今所稱子紹、壯而生孫者是矣。嗟乎！貞節之爲此，極難也。當長君見背之日，貞節以有子，義不可捨生，捨而無以成其烈也。則從夫之念輕，而顧子之義重。及子嫡殀殤之日，貞節以無子，義猶不可捨生，捨而無以完其節也。則痛子之念輕，而繼禰之義重。貞節揆于夫與子之間，而斟酌于得生不得生之際，始終裁之以義，而概以不諒爲正。卒能留不盡之軀，樹非己出之胤，有以執王父、父匕鬯之重，而不失其主震之傳，夫誰之力也？繇此觀之，貞節初之所最難者，不在于捐一生，而在于留一脉。其最後之所甚難，尤莫如形單影滅，而宗之祀忽諸。貞節危此身如朝露，惟恐無以報夫君于地下。又慮其空節以報，初志不可遂，不能徼一日慈母之稱。今幸而侂得之已，長子老身，脱節婦呼而尊稱母矣，宜諸君所爲請而壽也。

大凡壽人者，多稱引年。或以其已歷之算而鋪張之，或以其未添之籌而願祝之。亦明知瑶觴蟠桃之事未必有，而故借之爲三千八百之徵，以廣侈其説，雖儒者，亦樂道之，但不可以壽貞節。貞節之壽，原不在年之修與短也。貞節今六十于此，夫此六十年間，其有一日可舒之眉、可開之頤乎？無有也，貞節所謂度日如年者也。貞節之下壽，可以多人之上壽。人之壽有盡，貞節之壽無涯。貞節亦幸而六十壽矣。令不有如是之算，初之時，烈之得行，而亟以其身從之，貞節年二十七耳，二十七亦壽也。再之時，節之可終，不幸夭中道而棄之，貞節年三十、四十止耳，三十、四十亦壽也。壽貞節者，何必問年！謂貞節壽，其心不欲生之日久矣，何知有六十？謂貞節非壽，則此六十年閲歷亦已多艱，前此之荼苦已竟，後此之雲仍未央，又何啻于六十？大抵天欲以完貞節之操，故留之如是之生，而使之志之得遂，節可以終，雖貞節有不自知者。則自兹以往，奚在非貞節常生之年，而安得以尋常人六十之歲數論也！聖人録《柏舟》，但與其“不卷”、“不轉”之節，不紀其年，而萬世下未聞有短《柏舟》爲無年者，今亦何必區區爲貞節言年！然貞節何可無此年也？歲寒然後知松柏之後彫，如使貞節有無年之恨，則于其夫翁宗祧之繫、始終大義，不盡慊于志多矣。余故于其誕，爲諸君反覆道之，而不覺咨嗟歎息之無已也。

壽安平節母鄭孺人六十敘

余楗户深居，謝屏干旄，不入謁者，以静觀身心之理而頤養性命之和，不問筆研久矣。一日，張叔儀氏以其從弟洙之懿親節母鄭壽言來請。余問曰："節母爲誰？"曰："安平李生某之母也。"余曰："壽幾何矣？"曰："花甲週矣。"余曰："令甲，節非六十不得旌，此於可旌之格合也。然則，子將以吾言及設帨期入安平，登其堂而壽之與？"叔儀曰："非然也。李生之尊人曰某公，蚤歲賈于粤，携節母與俱。夫妻併力，俛拾仰取，因家焉。亡何，夫即世，二孤在襁。欲輿櫬歸，而以一孀婦挈兩幼子，間關不可卒致。是以竟忍濡粤居，修遺貲而息之，以俟二孤之長，蓋岌岌矣。當是之時，李之宗人有同貨于粤者，見其形單子少，而貨亦非貲，其視眈眈，惟藐諸是圖，以幾倖于不可知，遂欲一旦而利其有。節母弗之從也，拮据卒瘏，守其業以無失。下有以塞睥睨者之心，上不至秏丈夫之遺，長子老身，《柏舟》之操凛然。今膝下孫子繩繩矣。粤之人稱之，以爲古閩多禮義家，雖其婦人女子，亦知節烈也。"

余聞之，曰："噫嘻！如子言，吾有以壽節母矣。吾居平嘗怪太史公不列貞婦傳，而但附巴蜀寡婦清于《貨殖傳》中，何齷齪不倫也。説者謂，秦俗卑陋，尊禮不逮貧，一婦人能用財致富，遂有以名聞天子，抗萬乘而顯天下。太史公直用是刺秦風云，非重清之能也。繇今觀之，寡婦清巴蜀人，其所稱得丹穴而擅利數世者，亦不過蜀中之富人，去秦天子之都遠矣，秦皇帝何以知而客之？豈亦從其夫去蜀入秦而賈于秦邪？夫賈客而亡，而清以一婦人身處于棄禮義而雜戎狄之俗，能自衛不見侵犯，故秦皇帝重之，築臺而稱之曰客。言以蜀婦當秦客，亦尊顯以風世俗之意，此其事亦奇矣，未可以是盡劇秦也。儒者有言，死易，立孤難。婦而節，誠難矣。乃其樹節于賈人之家，則尤難。至孀居他鄉，備嘗險阻，而始終不少渝其節如鄭母寡者，尤難之難也。彼賈人相矜以賈，去文學而趨利，非有詩書禮義之習可以化誨其閨門，而又熙穰于財利之鄉，崎嶇于桑梓之外，肉骨無可依，而意好得自快。雖丈夫子而當此，不免揺惑，何況婦人！吾故以鄭母節爲難也。節母，吾安平人，今稱節于粤東，爲粤東人。太史公不繫清以秦，而客之，且本其所自始曰巴蜀寡婦，意可知矣。余是以壽鄭母節亦安平之云。節母年及格矣，百歲算不啻也。其後旌不旌，尊顯未可知，然今日事與巴蜀婦適相類與，不覺一搦管而張之，以竊附太史公傳婦清于《貨殖》。子其爲我而授之二子，以示粤人。清得太史公言，名垂千古。吾言殆不虚矣。"

史母沈孺人壽序

吾温陵里中，家絃户誦，人喜儒，不矜賈。安平市獨矜賈，逐什一趨利，然亦不倚市門。丈夫子生，及已弁，往往廢著鬻財，賈行遍郡國。北賈燕，南賈吴，東賈粤，西賈巴蜀，或衝風突浪，争利于海島絶夷之墟。近者歲一歸，遠者數歲始歸。過邑不入門，以異域爲家，壼以内之政，婦人稟之。此其俗之大都也。婦人以夫爲天耳，其性嗜財，纖悉益甚，能不隤丈夫本業，坐而息歲入，斯已賢已。乃有不然，相夫以賈，課子以儒，篝燈熒熒，别啓山川，有斌斌文學之風，尤足多焉。吾于沈孺人見之。

孺人蚤歲歸小樓公，是時小樓公方始産，積居轉販爲業。始窺邑市歲酤所出入，臝（贏）得三之，爲小賈，孺人問有無焉。繼行旁郡國，歲轉轂以百數，臝（贏）得五之，爲中賈，孺人問多寡焉。最後，四方郡國無所不至，珠璣、犀角、瑇瑁、絲枲、果布之貿，轉轂以千萬數，臝（贏）得十之，孺人乃不問有無多寡焉，而一意以節縮佐之，素衣浣服，藍縷如初。小樓公久不歸，不但米鹽、户役、筦鑰之事，委稟孺人，雖其丈夫子五，不遑程督之。一日，小樓公自外歸，孺人迎謂之，曰："聞以賈富矣，未聞以賈貴也。可奈何使諸子而賈人子乎？"乃與小樓公擇其聰敏者仲若季，使就傅，小樓公心善之。已，小樓公又以賈出，孺人身自課讀，燃燈爲度，丙夜方休。能誦使誦，能文使文。小樓公即世，課仲若季益力。仲若季以屬詞聞太學中,交結四方賢豪士,雖其父行,願延頸交,則得孺人之訓居多。太史公傳《貨殖》,略道當世賢人所以富者,于諸賈人,備矣。乃其稱“奇勝”,不過“博戲”、“販脂”、“削洒”、“賣漿”諸雜役,一何鄙也!卓氏行遷,夫妻推輦巴蜀。婦清擅利丹穴,豈不亦女中名流?僅僅以市道聞,不曉詩書六藝爲何物。曹邴氏益尤甚矣。洙泗之間,斷斷如也,文學自其天性。邴家起冶,父兄子孫久賈相矜,國人效之,遂令鄒魯“以其故去文學而趨利”。吁!亦足羞也。史有孺人,兩君興于文,遂變史氏賈風。安平不諱賈,孺人不善之。孺人道貴,賈之道富,孺人可謂知軒輊矣!語曰:“不知其母,視其子。不知其子,視其(下原缺)

景璧集卷之五

文　序

左國書序

《左傳》、《國語》二書，並左丘明氏所著，傳爲《春秋》經羽翼，明矣。史遷不云乎，“左丘失明，厥有《國語》”，大抵其盲後所作，謂出他氏筆，非也。既《傳》矣，又《語》何？或以《傳》爲内傳，《語》爲外傳，《傳》依經編年之體，而《語》則採摭于列國之遺籍也。豈《傳》中所紀載，其蒐獵猶未廣？而均此二百四十年間之事，或内之，或外之，于義又何居也？仲尼生衰周季，王室不綱，政教凌夷。假魯史以修《春秋》，寓一王法，其事略，其文微，其爲義嚴而正，隱而不彰。雖以游、夏七十子之徒，不能口授其秘旨。左氏生當仲尼世，懼後世學者失其意，弗詳於事，固蔽其文而滋舛于其義。故按經爲之傳，蒐羅列國，或依例以詳，或附録而見，使當時侯王之行事與聖人筆削之心法，昭於指掌，而後之讀之，遵塗而可尋，深思而有得。此其爲《春秋》之素臣也。

《春秋》續雅詩，存王迹也，爲尊周室而作，故謂天子之書。而夫子之微文奥旨，寓於褒諱抑損之中，不盡以書辭見。乃己之所爲《傳》，依經之文，因魯之年。雖以周天王之尊，事之僅存，但附載於十二公諸侯之間，不無使後人疑於有魯而無周。真謂夫子以天子之權與魯，而身竊二百四十二年南面之權，故輓年復分國爲語，首周於魯之上，而次魯於周之下，使天下後世之人，知《春秋》之所以作，乃據魯而親周，非舍周而與魯也。齊、晉、楚諸大國，不惟不敢望周，且不得望魯。夫然後共主之分明，而《春秋》大一統之義著。《傳》以魯爲綱，年爲體，邾、莒、杞、蔡之小，靡不備載，大一統之義也。《語》以周爲綱，國爲體，魯、齊七國之外，不復再録,亦大一統之義也。魯,望國也。齊桓、晉文,伯之盛也。楚子問鼎輕重,鄭射王中肩也,無王之尤也。吴,泰伯後也。定、哀之際,魯國微矣。吴、越争攻,卒以滅吴,遂成楚强。始周終越,良有深意。其於齊,獨紀桓公之勳,而于晉事爲詳。次則詳于楚,尊周攘夷之義,不言而可見,其有功於《春秋》尤大。

夫子作《春秋》,書"元年春王正月",開卷第一義也。魯奉周正朔,不應改元,書"元年"罪魯僭也。書"春王"於"元年"之下,不以"正月"屬魯,存周祀也。儒者以元爲大尊魯,而失之。以"春王正月"爲夫子改周月行夏時尊夫子,而又失之。執斯説也,幾無周矣。《春秋》所慮者爲無王也,無周也,故一涉筆而遂稱王,《公》、《穀》以下罕窺此義。《國語》先周,得夫子"王正月"之旨矣。夫子自謂"無毀譽,而附於三代直道之民,知我罪我",以屬《春秋》。至其所與同恥者,則不予他人,但歸左氏,得無曰,"左氏,魯之遺直"耶?乃其所好惡而得所恥,他不可概見,獨見之於《傳》與《語》,則知《春秋》之義者,信莫如左氏,而以爲艷而誣,過矣。

瓜步饒君德仲本二書而手抄之,録其節文,著其章法,約而不漏,詳而有要,亦分而不混,無失左氏之意,蓋于二書有深知者,余故與詳論之。

春秋質疑序代

宋王荆公疑《春秋》,經筵不以講,學宫不以列,萬世非之。荆公疑其所以治《春秋》者耳。《春秋》,孔子之刑書,筆則筆,削則削,雖其門人弟子,文學如游夏,不使贊一辭。平居之雅言不及焉,必其斧鉞華衮之微旨,有未易以語人者,而安在其後世諸儒盡管窺之而蠡測之也?

漢元康、甘露之間,召名儒大議殿中,平《公》、《穀》異同。宗《公羊》者詘《穀梁》,尊《穀梁》者亦詘《公羊》,賈長沙獨訓故《左氏傳》。中壘校尉歆篤好之,白《左氏春秋》可立,至移書太常,責讓其屈。三者遞興廢,然《左氏》不得與《公》、《穀》並重矣。荆公之時,胡氏書未出,彼其睹漢以前儒爲《公》、《穀》氏之學者,或用以繩下,或傳爲峻文。雖以董江都之賢,治《公羊》與胡母生同業,不免于菑異事應之説 。而張禹之善《左氏》,其流爲陳欽子佚,以授王莽,陰移漢祚。其心竊非之,是以敢罷去之而不顧。疑其治《春秋》者,而并以廢孔氏之《春秋》,此荆公之大失也。蓋至胡氏之學興,而三傳茀廢矣。非胡氏之能廢三傳也,左氏詳於事而略於義,後世讀之者,第好其文而已。《公》與《穀》則不幸而出於漢世也。吾以爲左丘明生魯春秋之時,與夫子同恥。又身掌國史典故,其所著書,即於義例未甚明,于事故詳,故譔述當不至大謬。《公》、《穀》及夫子之門人,沿流得之,子夏蓋示有傳授者。義例之興于左氏,烈矣。至其二家之互相抵牾,則榮廣、眭孟之徒爲之也。胡康侯當宋南渡之世,折衷《春秋傳》以進其意,主於納牖、褒諱、抑損,不無附會焉。核非不精,而精或以鑿;裁非不嚴,而嚴或以拘。其炳大義者故多,其不盡符者亦有之。孟子曰:"《春秋》,天子之事也。"又曰:"《詩》亡,然後《春秋》作。""事則齊桓、晉文,文則史。""義則竊取之矣。"摛事於文,左氏是已。《公》、《穀》,義之所繇興也。但孟氏稱天子之事,孟氏不言假南面之權,諸儒言孔子假之,夏時冠月之類,不啻多矣。故其書之所可疑者,衆也。孔門惟子夏可與言《詩》。《詩序》,子夏之所作也,宋儒黜以爲非子夏之所作也。三百篇之詩無淫者,詩人廢而詩有淫矣。何者?序亦不幸而出於漢世也,則又何論《公》、《穀》乎!魯魚亥豕,其訛相似,其誤不遠。郢書燕灼,解之愈精,失之愈甚矣。

楊先生於六籍,靡所不窺。讀《春秋》,間不滿胡氏説,輒置疑焉,彙而成帙,以質四方。楊先生者,《春秋》之孝子,《公》、《穀》之慈孫,而胡康侯氏之忠臣也。故弁而論之,以爲麟經鼓吹云。

南華膚解序

莊生之學,本之老氏。太史公謂老子深遠矣。其稱莊生善離書屬詞,排擯儒墨,雖當世宿學,不能自解免也。則《南華》廼雄譚滑稽之書耳,惡知莊生?太史公文致其辠,謂芻狗萬物,無有天下,其禍爲申韓。至於引繩切情,慘礉少恩,而道德之意實始基之。宋儒沿其説,遂以爲商鞅、韓非得其輕天下而齊萬物之術，是以敢爲殘忍而無疑。秦以不祀，而天下被其毒，則亦老聃、莊周之使然。夫詎寧不寃也哉？

商鞅、韓非之去老聃、莊周也，百有餘年。至其嚴刑峻法，殘滅誅夷，則商鞅、韓非自爲之。人固有生而惠龢者矣，有生而苛察者矣。騶虞之不能使殺也，鷹隼之不能使不擊也，虎豹之不能使咆哮、不噬囓也，皆生使然。彼所以行其督責而肆其斬艾者，必出於《道德》、《南華》之書而後有。則齊有《權書》矣，鄭有《刑書》矣，刑名法家，豈盡昉於柱下、漆園之後？而毒痡四海天下以亡者，亦老聃、莊周使之與？且老聃、莊周，亦何嘗草芥生民、浮萍當世而泛汎焉胡越天下爲也？其自言曰："父子之恩，無所解於其心；君臣之義，無所逃於天地之間。"則豈不愛其父，亦不敬其君者？知雄而守其雌，知白而守其黑。不可上也，下之。不可先也，後之。去町釋畦，養中集虚，人情物理，不可謂不深計矣。獨其法主於鍊心，其用妙於出世，其説詳於道而略於器，精於治身而土苴於治人，故置其心於都無是非之鄉，而養其生主於游蕩轉徙之塗，謂不如是，則心不灰，形不槁而竅不死也。夫物固亦有是非，人亦有生死者矣。莊生不過無是非其心，生死其念耳，非真渺天下而以爲皆無是非，無生死也。曰："無欲以觀其妙，有欲以觀其竅。"又曰："無之以爲用，有之以爲利。"又曰："道有情有信，無爲無形。"則老聃、莊周之道，曷嘗耑言無哉？謂無天下者，皐之而非其皐也。老聃、莊周以爲無有其心，而人則以爲無有天下也。謂老聃、莊周之道偏於衛生而嗇於爲人，則可；謂有害於人倫世教，則不可。今之視老聃、莊周之書也，若異物然。顧精之則可以養生，高之則可以御氣。不則得其意而善用之，驕者可使下，薄者可使厚，煩法令者可使簡，多嗜欲者可使淺。初亦何害於吾身與吾民？不原其得，而索其所以失，六經之書，孔子之道，有用之一再傳而失者，何論老莊哉！

吾故曰："非無天下也。"晉人尊其無而清言之，而置之名教之上；宋人詘其無而讁論之，而斥之名教之外。晉言宋論，則奚擇矣！孔子不問禮於老聃乎？如老聃而無有禮也，孔子必不問之矣。莊生，學老聃者也，則又何皐焉？故不揣而採擇前人之説，謬以己意增益之，名曰"膚解"。

讀史偶見序

人言子長千古良史，第屬事辭工耳，而是非不能無謬。吾謂子長之良，不盡在辭。凡世儒之所雌黄，而執爲子長病者，乃子長之所爲寓指深遠，而微之於褒諱抑損之中者也。《史記》之作，蓋本《春秋》而爲之。孔子之作《春秋》以續《詩》，子長之作《史記》以續《春秋》。孔子所寓王法，乃隱、桓、定、哀之間，當時天子諸侯之事，褒貶進退予奪，不可以書辭見，故約其文而微其旨，而以其《傳》俟後之君子，如左丘明之徒爲之，然而失者已什之二。以及《公羊》、《穀梁》之世，説益紛紛矣。

太史公以爲一字斧衮之嚴，僅仲尼之聖得爲之耳。且不可口授於七十子之徒，而不能使其後傳之者無失其意。矧已無聖人之才，不有筆削獨取之義，而當天漢之統，四海一君之日，非如《春秋》時天王式微、諸侯專恣、大夫擅權之世，有論關朝家、言涉指斥、所當忌諱尤甚。縱其文其事，亦嚴若《春秋》，而後之人未必有如左氏之爲素臣者既傳之，又語之，艷而富，詳而不遺，則褚少孫之補，足以觀矣。是以不敢自居于擬經之嫌，而竊自附于世傳之體，舍書法爲論次，易編年而分紀。其所搜羅，上自陶唐，迄于麟止，事不得不肆。其所譔述，有本紀、年表、世家、書傳，文不得不煩。凡《春秋》中大書特書，數萬之文，數千之指，《史記》皆無之，而指又不得不微。《春秋》之指微，其辭約；《史記》之指微，其辭博。故其所寓指，不能如《春秋》之簡而嚴、直而正，而不無有所假託於反言、寓言與旁引曲證、比合連稱之類。或陳詞在此，而寄志在彼；或于本傳不見，而反于他傳見之；或若褒而反貶，或若略而實詳；或其人不必帝紀、世家，故帝紀、世家之；或其人不必同傳，故同傳之。又或鄙汙之人、瑣猥之事，不足以志且録，故録而存之；又或借古以見今，援夷狄以附中國，不正言今時之失，而姑于它書雜傳以附著之。諸如此類，皆太史公之委曲宛轉，以陰見其折衷可否，所欲言而不敢盡言之意。而讀者不察，往往泥之言中，不逆之言外。此所以有後六經而進奸雄、羞貧賤之譏也。大抵揀奇木於鄧林，則叢中之雜難分；索玄珠於罔象，則渺間之妙莫見。

《史記》與《春秋》，誠不可同日論。而讀《春秋》者，詞約不能得其博，與讀《史記》者，詞博不能得其約，其於意害志均耳，而何乃謬子長也？然《春秋》不欲多書法，僅及于二百四十年之間，而不以概上世。子長概上世矣，而無書法，但借裁於《左》、《語》之書。宋人作史，則滋多於是也。上下于周、秦、漢、唐間，人華衮之，而事斧鉞之。其儗《春秋》乎？其不儗《春秋》乎？何漢人儗則非，而宋人儗則是也？吾不知於子長何居？故併及之，以俟後之信子長者。

史記鈔序

儒者言：太史公之書，凌厲千古。其書始於軒轅，迄于天漢，作十二本紀、十表、八書、三十世家、七十列傳，凡一百三十篇。採經摭傳，網羅舊聞，竭半生之精勤，乃勒成之。雖以班孟堅之材，登其堂而入其室，東京之業，辭法體裁，祖述爲多，未易自以瑕瑜稍有所增更益損。觀者病其小牴弗能勝也，安在其易去取而要删之？蓋今之尊龍門者，衆矣。腹笥吻筆，幾同鄒魯。乃其習是書有二：宏覽之儒，不喜飣餖；尋摘之家，無取泛濫。或全獵之，或半蒐之，兩者互詆，而尠聞者姍焉。要以岱巔不盡陟，安知其高；河源不盡泝，安測其深。得一漏萬，誠無佗於大方，而嘗寸臠者知全味，窺一班者知全文，舉本而該末，猶或可爲也。

駕山陸先生，於子史百家亡所不讀，獨酷嗜子長，概其全書一傳一記，字訂句櫛，上公車而後車塵馬足間，不離唇吻。手鈔一篇，充然自得，步趨咳唾，無非太史公者。具足而後偏舉，取其便易覽耳，非删子長也。吾以爲子長之美，盡在此矣。善乎！太函氏之節左氏，曰："此力詘者之爲，殆不任而分重者耳。有全力者務舉其嬴，不則將以是爲朝三。"陸先生鈔《史記》亦然，讀者其無失先生之意。

史編抄斷序

震西林先生於懸車之暇，蒐獵群籍，本之《通鑑綱目》，參以二十一史，繇三代及秦、漢，以迄唐、宋，上下數千載，凡天子、諸侯、公卿大夫之是非得失，與夫世之治亂、盛衰、興革、存亡，靡不揚扢，隨意涉筆，次第存之。蓋是時，先生年已七十餘矣。歷七八年而始成書，命曰《史編抄斷》。抄，取其成説，詳於其事；斷，出自己意，嚴於其義，此先生微旨也。

嘗因是論之，仲尼本魯史作《春秋》，以寓王法。其褒貶、予奪、進退，亂臣賊子滋懼。自言曰："其義則丘竊取之矣。"則但嚴其法於華衮斧鉞之一言，而不載其本事，此斷自聖心也。其抄則左氏爲之，編年則《傳》，分國則《語》，合二書而始備，以翼《春秋》。使後之人覽其辭，曉暢其事，不至牴牾疏略，以無失吾夫子大書特書之旨，記載之抄詳焉。故《春秋》爲素王，而左氏爲素臣。其後歷代諸史，作者如林，撰著非一，大抵皆抄法也。司馬子長作《史記》以繼《春秋》，不敢擬於作者，自以爲述故事、整齊世傳而已。今按其本紀、年表、世家、書、傳之作，雖推本於五帝三王，而載秦、漢事獨詳，與《春秋》書法微文，不可同日道矣。仲尼生春秋之季，十二公之行事，耳目未遠，人人能言之，而刺譏、褒諱之意，不可以書辭見。故略其事於抄，而嚴其法於斷。子長生當漢武世，四海一君之日，王法昭明，非有筆削可取之義，其所當忌諱尤甚。故隱其指於斷，而肆其事於抄。子長之不擬經，而但附于世傳之體，舍書法而論次，易編年爲分紀，此子長之識所以獨高千古也，寧直以其辭哉！孟堅《漢書》體裁、凡例多依子長，其辭法間亦祖之，而意見識力殆不能及，論者尚有遺議，何況其他。宋司馬作《通鑑》，依左氏編年之體，于事抄詳矣，間或以論斷附之，終不能効《春秋》謹嚴之法。朱文公擬《春秋》作《綱目》，以綱爲斷，而以目爲抄。抄則因之《通鑑》，而斷則本之《春秋》，其事與義，蓋燦然也。《春秋》書法僅及二百四十二年之間，而不以概上世。《綱目》一書，概上世矣，又列書法，折衷于周、秦、漢、唐，人華衮之，而事斧鉞之。其煩簡豐約，吾不知于《春秋》何如。要以當代人核當代事，見聞易以確，而不無指摘畏避之嫌，其微詞常難。以異代人譚異代事，語言得以遂，而且有承藉因仍之便，其直辭常易。《春秋》之斷當其難，《綱目》之斷當其易。吾猶以《史記》無書法，其委曲宛轉，以陰見當時譏切褒誅所欲言，而不敢盡言之意，自《春秋》而外，較之他書，良工心苦，爲獨難耳。

先生筮仕入官，敭歷中外，于官路世態備嘗已熟。而家居静修簡出，留心書史，證驫今古，本之公心，出之恕心，而會之以深心。或按其時勢而明其功罪，或原其心跡而略其事情，或沿前人之評，或翻已成之案，是是非非，要於其當抄。不依編年而世次明斷，不依書法而崇否定，簡而能詳，嚴而不苛。此先生之抄與斷也。

世俗末學，一掛賢良之籍，便以經史爲息肩，壯年鼎盛，甚已芻狗。先生胸次灑落，精神彊固，不知老之將至，矻矻前聞。其發之文辭，議論英偉，筆力遒勁又如此。是編出，使寡聞渺見之士讀之，可以開其固陋而發其聰明；使博學洽聞之士讀之，益有發其聰明。先生之有功於後學，大矣哉！

咏史約言序

古今載籍之博，無過於史。史非一朝一代之書也，混闢既久，興亡靡常，事變繁生，乾坤互换，詳則不可勝紀，不詳則往事得失之林不可考而原也。故其使人多聞見，爲學者所要觀，莫如史。而其簡牒浩瀚，使人苦於難盡觀，厭棄而不欲觀，亦莫如史。噫！今之人能讀史，而撮其要蓋亦鮮矣。大抵三代以前之史，多詳於君而略於臣，三代以後之史，每詳於臣而略於君。君者一人而已，臣者事是君之人，不勝多矣，此其繁簡詳略不同之大端也。

夫虞夏、商、周之書，《國風》、《雅》、《頌》之詩，非聖人之史與？然以吾夫子之删述，不過載典謨訓誥之文，存王室盛衰之變而止。因其舊詞，去其煩重，聖人初未嘗以己意附益一言其間。雖以臯、夔、稷、契之帝臣，伊、傅、周、召之王佐，亦惟各附其君以見，非必人爲之特傳，事爲之煩稱也。《春秋》，魯國之史，聖人因而作之。曰："吾假是以存王迹而已。"是非二百四十二年之事，於萬八千字之中，則亦天子、諸侯之進退、予奪是詳是慎。間亦有書王室之卿士、列國之大夫，如宰咺、宰孔、季友、仲遂之倫，必因王事而始及之，非專稱也。且聖人於是書但掇其綱，而遺其目，以其詳於事與詞者留以俟《左》、《國》之後人。而萬物之聚散，未始不在《春秋》中，所謂約其文辭而指博者也。聖人之史，詳於君而略於臣，故書不泛濫而能約如是。後之爲史者不然矣。事競於多，而言侈於富，曰"吾以成一家之言"也。於是一人之筆，一代之事，至於漫衍，幾乎充棟汗牛，而史乃壞。傳紀之體，前此未有，自漢司馬倣《尚書》之遺，而稍更之。編年之體，荀、袁而後，獨宋司馬準《春秋》左氏之意，而沿襲之。論史者皆以二書爲正，然繁而多端，博而寡要，不能如聖人之史約矣。何者？彼皆略於君而詳於臣，其所分傳紀諸編，紀帝王之政，不過什之一二，而載將相大臣之列傳，且什之八九。《春秋》斷二百四十二年，多矣。必欲以一人之舌筆，括上下數千載，人録而人贊之，欲其無泛且濫，不可得也。自司馬以傳紀作史，班孟堅因之。後作者前、後《漢紀》而外，如《晉書》，《唐書》，《五代史》，《宋史》，《元》、《金》、《遼史》之類，悉沿傳、紀例，而編年之體幾廢。以爲不如是，則不能網羅得失，藏名山、副京師而俟君子，人物傳益滋舛矣！其人卑鄙不足録，但以高官大爵存之。其蹟寥落無足採，於他傳别附見之。意見涸淆，跖、由莫辨。既蕪穢眩瞀而難以讀，甚至翻覆朝代，别類分門。欲便簡閲之彙尋，適啓望洋之浩歎。噫！昔譏史遷者，以是非謬聖人，今且謬聖人以爲是非。異論臆見，直欲剖破吾夫子之定論而奇駕其上，欲使讀者概觀而盡信之，此必不可幾之數也！

李巨川先生於古今史靡不讀，憮然有慨於斯，乃不復仍傳、紀、編年之體，而以帝王爲綱，歷朝賢奸臣附著其下。始于盤古，迄于熙朝。一代掇以一歌，而備見其位統之閏正，享祚之長短，政治之汙隆，謂之曰考。贋者訂之，疑者信之，億萬載不可憑之踪，數百千卷不能詳之楮，一開卷不半帙數語而可盡，亦約甚矣。此所謂詳於君，而略於臣者也。傳不必列焉，可也。寡聞之士見之，可免面壁之譏。即宏覽之士有悟，亦不至書肆之誚。讀史而能撮其要，先生其庶幾乎！王文成見今天下僞書叢出，發憤於祖龍之焚爲尼父删述手段。雖有激之言，然亦可爲學古要删者樹幟論也。後有欲觀要者，非盡删其不必存之傳，不可矣，當以先生書爲嚆矢。

蔡忠惠公文集

宋蔡忠惠公，以端明殿學士出守吾泉，惠政流澤甚長，泉之人至今畏壘之，春秋歲祀勿絶。今郡守爲吴興蔡公,下車以來,大造我民。乃景慕公特甚,釐其祀典,葺祠宇一新之。遍索公遺稿,郡無有存者,得抄本於莆陽盧使君家。乃翻閲校訂,授廣文張君某,重校梓之,蔡公自爲序以傳。

梓成,緡讀卒業。嗟乎!公仕於慶曆、嘉祐之間,事仁宗願治之主,與韓、范、富、歐諸君子同朝共事。當是之時,宋天子方鋭意太平,屢延執政,問所宜行。於公亦深嚮用,故公得從諫院出入端明殿之間。正言讜論,每形章奏,雖言或用或不用,亦已發舒其氣,而建白其所欲爲。其大者,見於奏災異,斥執政,言唐介不宜貶,言韓、范宜居政地,言西北二虜不宜和諸疏;而其細者,具見於進呈劄子諸書,其最委曲,莫如進龍茶一論,借别茶、試茶、得地、盡材之説,寓人主邪正真僞之辨,以盡賢才之用,言隱隱不露,陰爲天子針砭。宋天子亦時時降御札褒嘉,予其忠悃,至爲字其名曰“君謨”。則公之語言文字,不可謂亡當主心矣。余泉人也,知有公治泉而已。公剌泉多美政,世遠事湮,不可殫述。其至今昭昭留人耳目,惟公所造萬安渡石橋,與當年勒岸左手書記。橋壞則葺之,圮則隆之,然無改公之舊記,一百五十二字耳,一點畫無磨滅也。染翰之士則賞其畫,抽詞之士則贊其聲,一以爲遒勁之書,一以爲簡古之論,而行橋安瀾者無論矣。則此一百五十二字,已足不朽公,况得公之全集而以行於世也!夫字,心畫也,心與手應;文,心聲也,心與口應。公心神至今在焉,其於兩者兼之矣。余獨怪公之畫(書),人知其軼蘇、黄、米、趙之上,而不知公之文,可厠於歐、蘇、曾、王之間,至令其散佚漫漶,幾不復傳,此誠天壤間一大缺典事!余又怪宋乾道世去公殁未遠,王梅溪公來守泉,過莆入晉,徘徊公境上而不能去。及訪公遺文,則郡與學皆無之,亦得之莆陽世家,後乃授鋟,事與蔡公今日舉合轍。夫當公世,泯泯猶然,何况易代!

梅溪公簡之當代之年,蔡公能表章之隔世之後。梅溪公與公同官同地,蔡公於公,不但官同,地同,又姓同。公今日之遇蔡公,尤奇也。蔡公治郡,廉平不苛,治行倣於公,得公守閩劄子遺意,次第施行之。其羶薌公,不獨以文,人謂蔡公爲端明後身。玆舉也,吾謂蔡公兼梅溪公之躅矣。公之文,歐文忠公稱其清逌粹美，梅溪公稱其詩文出於氣之剛。前人之説備也，何俟余言。

太師張文忠公文集序

張文忠公當肅皇帝朝，以言禮稱上意，六年而首端揆。遇合甚奇，恩寵甚渥，勳猷爛焉。去今七十餘載，孫太守汝紀始輯其遺文，類而録之。初《諭對録》，列宸章睿藻於前，附公條答於後，一諭一對，如相賡載。次《奏對録》，則公自上手疏封事，不復列對聖諭矣。并及其平日應酬、贈送、序、記諸篇，今總爲一書。敷奏之文，仍前《奏對》而稍增補。詩與文特始加詳，有奉勑譔者，有恭和御製者，洋洋纚纚，靡不備載。概公生平撰著，盡在是矣。屬縉叙之。

縉莊誦《諭》、《奏》二録，諸所以序公備矣。或以公爲言禮驟貴，或以爲非盡繇言禮貴；或奇其投合之易，或稱其不避是非之難；或以公爲能不失相之柄，又或著其相才之高，相業之盛。令縉搦管揚言，何能有加？然諸序中直侈公當日事耳。請言其文：絺章繪句，繡飾鞶帨者，經生之文也。黼黻皇猷、鋪張治道者，宰相之文也。經緯天地、炳蔚帝王者，天子之文也。天子之文不與臣下同，宰相之文不與經生同，而公之所爲文，又不與他相同。凡公所遭逢之事，非朝家恒有之事也，故公所譔著之文，非文章家恒有之文也。自古名卿鴻儒，負經綸述作之才，立朝之章疏，名山之副藏，鉅篇短裁，集而成帙，皆謂之文。然儒者博極群書，追秦儗漢，孕宋苞唐，綱羅雖富，組織雖工，不過勒成一家，蘄以不朽自命，非必盡關于朝廷國家之故。士大夫竭忠攄悃，感時憤事，如賈太傅之策，晁太常之論，陸宣公之議，蘇文忠公之《策略》、《策別》，能于廟謨國是有裨，或以條奏，或以進呈，第出于臣下一時之意見，未必上心之所欲詢。其言或用或不用，或聽或不聽，皆積日夜熟思預擬而成之，而後以効之上，非能取奏於咄嗟俄傾間，上驟問而下猝應也。夫主臣相驩，召見面議，上世有之，至勤天子之筆札，連章累牘，反復諭對，御書之下逮，讜論之上陳，稱爵字、别號而不名，自古及今，未之嘗聞。惟公之身履之，亦惟公集中見之，他文章家，曾有是否？公初登用於正德之季，時年已五十矣。肅皇帝以茂齡繇藩邸入登寶位，繼嗣繼統之議未定。新主尚少，舊臣恃恩，往往執刊定之成禮，以膠父子兄弟之轍，主心不能無孤。公雖新進，宿學老成，能據禮援經以與之衡，而關三事大夫之口。天子倚之，自是遂復用公。爰立之命，出于帝賚，外不繇廷臣之推，内不緣中涓之口，爲中興實相第一盛事。故凡上欲有所爲而未就，或有所擬而未决，輒下手札，非時遣小黄門齎以問公，立索回奏。而公援筆隨應，如《議農蠶》、《議郊祀日月》、《議禮器樂舞先師廟號》之類，事無鉅細，制無豐約，必俟公商確而後定，而公遂發舒其所爲文如此也。

仲尼序列古帝王，不以文章與虞夏、殷周之聖人，而歸之如天之堯，盛稱其文爲焕。豈他聖人盡皆無文哉？君猶天也，君之文乃天之文也。堯之文思，開天闢地，敬授人時，其君咨命，其臣陳謨。而其大者，乃在於禪受、揖遜之交通，父子、君臣之轉局，而不失父子、君臣之正局，成勳華之協首，開萬古文明之秘，故仲尼焕而天之。肅皇帝以天之文爲文，公以肅皇帝之文爲文。大位公若禪受，不以世及拘也，温旨藹若都俞，不以簾陛隔也。國統以正，系統以明，治隆而化洽，禮備而樂和，天地官而百昌序，此文之至也。夫惟有王者之興，然後有名世之從。能議非常之禮，而焕未有之文。漢文帝新自代入，周絳侯爲相，重厚少文，問之錢穀刑獄，不能置對，安知文章？洛陽生通達國體，文能應之，而少年喜事，不中機宜，卒莫能移謙讓不遑之志，其言後亦卒驗，直至再世而後行。此猶經生之文耳。天子嗣統，依稀代來，好興三代禮樂，不與謙讓者媲。公通達遠過洛陽，而遭時遘會勝之。功名著於當身，文采表於後世，真所謂宰相之文哉！如其證今覈故，掞藻摛辭，則文章之剩技耳，非所以盡公也。

張文忠公世家序

當肅皇帝踐祚之初，相君張文忠公者，其中興之佐而名世之臣也。人但知公議禮之合，而不察其執禮之正，鮮不以爲近於阿；人但知公取相之易，而不察其居相之艱，鮮不以爲疑於驟。夫孰知公之所以合而非阿，驟而非易也！

當是時，上有欲尊崇興獻帝后之心，而公獨持其繼統非繼嗣之論。在廷諸臣所以呶呶而與公辨，直以公之言弗爲敬皇帝地耳，非昭聖太后所以擁立意也。自非主上深信，其誰不詘公之説，而謬公之旨？及夫升祔、大饗之議起，嚮之諸臣所爲與公辨者，或默然而無言，又或靡然而慫惥。而公乃深明其非然，以爲帝而考之可，帝而宗之則不可。其所争於全統半統之間，疑若與繼統之論相矛盾，而禮實相成，于帝心不無順拂。雖其後竟亦不之從，而當日沮於其説之正，持於其執之堅，且不得不少輟而姑待也。張昌侯之獄，帝有心矣。雖延齡有殺人之罪，亦有所不懌於昭聖太后之故。令公而不有危言感動其間，謂昭聖何？謂四海臣民罪公之言禮何？公是以惓惓以昭聖之春秋高爲言，寧以言觸帝之怒，而終不令有殺前朝國舅之名；寧以身蒙帝之譴，而終不使有傷昭聖太后之心。至帝出重語以喝止，公竟持論不已。後乃霽威以聽，悉緩諸當論者。終公與太后之世，延齡得長繫不死，公之力矣。公惟有深明於大一統之義，故始終以全統之説進。有所排衆紛而伸之，不爲阿；有所詆衆諛而阻之，不爲忤；又有所曲全而庇之，不爲私。夫然後天下臣民，不但有以諒公之心，而且怡然釋喙於公當日之議。其若不爲孝宗、章聖地者，乃其深爲孝宗、章聖地者也。公爲相，多所興革建明，帝亦多聽之。以中涓鎮守之官，歷二三朝所不能革，公一請而收之，如逐腐鼠。其行政不爲不專，受上倚毗不爲不篤，獨考而不宗之請，天子終忤而不合，然亦公没後而後行之。論者謂公在，難乎免矣。嗟夫！公所正者統，所持者禮耳，何知禍福？何知榮辱？兹其所謂名世之臣哉！

天子大尊顯公，賜第宅里中，又爲之建寶綸樓以藏御札，皆前後相臣所未有。然公歸亦貧甚，今子孫之家，不踰中人産。令不有賜宅以居公，廳事於旋馬何如哉？公之孫二千石太衡君，輯公行事，自《國史・傳》而下，以及墓銘、傳記之屬，彙爲一篇，名曰《世家》。按，《史記》帝王稱紀，將相大臣稱世家。公中興賢相也，故以世家稱焉。光緒入甌，太衡君命使序之，因僭附于卷後。

田亭集序

國家詞垣之臣，以文章爲職業。當其史局編摩、鑾坡視草之時，濡毫染翰，爲文而已。一旦而履端揆、參密勿，則鄉之給筆札上前，咨討典章、證嚮今故者，政啟沃主心、潤飾皇猷之所從出。故以爲天下之文章，莫大乎是。乃其所爲文，不尚摹古，大半祖宋人遺，期於明易爾雅，無失王言之法。舍是，則無以當舘閣體也，而棄寘不道矣。明興以來，舘閣先賢前後著作，言人人殊，率繇兹轍，不軼尺寸。其勛業與文章稱，亦往往爛焉可述也。

先是，吾鄉薦紳，罕居是官。莊皇帝登極，首策賢良，黃宗伯先生以第二人應之，後始有進士及第者，先生實嚆矢云。先生官史官，遷坊局，領南北雍，二春省，以至起大宗伯。位不爲不尊，歘歷不爲不久。乃先生居官在事，僅十三年。它非其請給里居之暇，則其辭辟不赴，巖居、川觀之日。故先生之勛業不可概見，而時時見之於文章。其大者，如《請建元良》、《論時政》、《乞休》、《辭用》諸疏，體國識時之真衷，與夫出處進退之大義，炳炳烺烺，揭如日月。而其次者，以暇日餘晷，旁及于經史之折衷，道德之渺論，鑿鑿乎皆不刊之見、有用之言也。蓋先生自繫籍後，毅然以天下士自任，而盱衡當世之士。無如金馬玉堂之上，曾希有遜席者，而尤不屑爲雕蟲繡帨之文。故博而求之載籍浩瀚之間，以尚友乎千古。抽金匱石室之藏，窮二酉五車之蕴，博聞强識，繙閱不休。逮及里居，謝絶世好，門可張羅。或匡坐一室，或淫思竟日，造詣益深，採摭日富。心所謂是，雖前人已駁之論，力主之而不以爲偏；心所謂非，雖古人相沿之書，力排之而不以爲擅。其於歷代之信史，勝國之遺史，字標而事核之。是非進退，不謬聖人。間勒爲成言，以俟知者。其窮矻之勞，有經生所不能堪，而其總覽之富，乃宿儒所不能殫。故發之於文章，渾厚博大，亦窮工極變，模物肖形，揮洒縱横盡若是。此先生經世大業，寧第區區效括帖爲能也！

大抵先王(生)之居官，如其爲文，而其爲文也，亦如其居官。先生居官，直行己道，進無炙轂，退無終南。相自徐文貞公而下，秉權當軸，寧無知先生者。而先生循資望自如，未嘗一凌躐而借寵於冰山之門也。故先生爲文，亦直攄己志，古無句棘，今無卑趣。書自鄒、魯六籍而外，諸子百氏，寧無當先生專嗜者。而先生建旗鼓自如，未嘗一餖飣而乞靈於捧心之里也。夫文章家之相齮齕也，如敵國然。禘漢則祧宋，禰宋則逐漢，匪但格有所偏，抑亦材有所限。先生苞而孕之，具體而化之，按法則靡有不合，欲揭而名之，不可得矣。故先生之文，何嘗無舘閣體？亦何嘗專儗宋人？出入歐、蘇，而拔歐、蘇之幟。步咸陽、西京間，則無意求合，而若逼真肖之也。太史公上下千載，網羅舊聞，但止于元封、元狩之前，漢後未之及也，先生之蒐獵過之。其褒誅人物，論次其文，但出于比事屬詞之體，名理未之及也，先生之述作兼之。

先生嘗自言，尚友千古則有餘，以友天下士則不足。光縉小子淺鮮，誠不知先生於古人書所知世而論者，當醉心於何代何氏，而竊睹其意，若不欲於今人中求之也。光縉亦何敢以今人求先生。要知先生文，其不爲遷、固者，乃其爲遷、固者乎？矧先生有名山之藏《嘉靖大政編》在，載明聖盛德，述功臣賢大夫業，不廢不滅，功莫偉焉。參是，可不朽矣！讀先生書者，其亦可以觀先生陶古鑄今之學，而無失述往思來之意哉。

月令採奇序

是書也，吾邑學博巨川李先生所輯而著也。聞之，先生蚤歲治博士家言，喜觀古人書。客有語先生讀《吕氏春秋》者，曰："是書當秦世懸之國門，予千金，人莫增減一字。"先生亟取讀之，心知無奇，第秦法重，國人畏威箝口，無敢雌黄耳，書則可增減多矣。於是本《月令》紀候之意，博採群書，彙而集之。歲分季，季有總序；季分月，月有月令；月分日，日有雜記。而又有五行生旺論、調攝占候諸説，各附於月日之末。凡有一事一奇、可前民用者，靡不攟摭，種種具載，大都先生意亦欲以補《吕覽春秋》之所未備，而破其千金不增減一字之説，以露其奇於千百載之下。故書成，而自名曰《採奇》。噫！揚扢亦已勤矣。

余謂儒者載籍極博，當以六經爲正。今按六經中，多虞夏、商、周之文，或混言其理，或詳記其事，或全録其辭，或分析其義，沿革相仍，世代相次有之，然弗詳其年月。編年紀事之體，自《春秋》始，其後《左氏傳》、司馬《通鑑》因焉。於年月則詳矣，而時日尚缺。至於一年十二月，三百六十日，無一挂漏，可與大統曆書相表裏,惟此書爲然。余嘗讀《月令通考》、《歲時廣記》,以爲明天道、察民故,可一覽而盡。乃其精而有要,詳而不煩,尤不若先生是書。是書出,使賢知之人讀之,可以昭昭修德;使愚不肖之人讀之,不至冥冥舉事;使上之人讀之,可以茂對時育物之政;使下之人讀之,不至犯非時妄作之令。其于開物成務,誘知破愚,至矣。然吾夫子有言:"民可使由,不可使知。"以爲知,則鑿也。老氏亦曰:"聖人于民皆愚之。"先生欲使人日日而省,事事而遵,得無與使由不使知之意異?先生蓋欲使小人由,而但令君子知也。非故語灾、語祥、語怪、語神,而以駴不可知之明也。先生靈心爽性,博學宏詞,以道禔躬,惟日不足,有鄒魯時習風。來訓吾邑,誘進多士,誨人不倦,無亦于是書若有助云?

四書大意序

國家以經術取士,《學》、《庸》、《語》、《孟》,刊播學宫,令士通一經以上者皆習之。其説則宋朱紫陽氏之註箋。上舍是無以録士,士舍是無以奮身,譬如轅門懸的,雖有穿楊之技,不得越正鵠爲舍矢之破,如以妄發中秋毫,弗及格也。蓋嘗伏而思之,聖人立教,良有深意。寧直以紫陽氏之疏,淺而能深,遠而能近,驟讀之,若訓詁,尋繹之,可括聖賢之宗旨,亦所以約束四方士子之習,使之專心抑志,悉入吾朱氏之教中。賢智者不得騁俶詭之思,即愚鈍者亦有所循爲從入之路,且以昭天下同文同倫之盛,人無容自用自專爲也。

二百餘年來,朝家之取舍,詞林之崇尚,月異歲更,風氣日開,質文互異。乃其沿閩、洛以遡洙、泗,粹然出於正,有畫一而無二三。間有奇僻之士,敢於悖經叛註者,督學憲臣得而削之,棘闈擯不收録。有則禮官參糾之,不惟以譴士子,而且問主者。功令如此其嚴,故先正諸名公,繇是途以進者,靡非遵道守正。其大者,黼黻皇猷,勒勛彝鼎,次亦宣力四方,德讓見推。立朝有忠厚正直之稱,居官無蠹國害民之事,治教所以休明,賢哲所以輩出。士習日醇,文體日正,率此之繇。輓近以來,始大謬不然矣。異説漸興,微言遂絶,人持一木鐸,家設一門户,標目樹幟,杏壇自居,乃掃朱氏註而弁髦之。其初不過一二人,謬游恣縱於坐皋之談，欲以傾四座之聽，而其後遂浸淫蔽錮，入於士子之膏肓。其初不過偕佛乘一二語，竊附鄒魯之言，而其後遂竄入其中，甚至合三教四尼，抑吾儒，伸夷狄，而駕其上。其初不過摘註疏一二，欲以作紫陽之孝子，而其後遂忍於操戈辟戟，叛而去之，徑爲考亭之賊臣。其初不過嫚駡宋箋，自伸己説，其後遂敢於輕詆聖賢，謬吾夫子之所是。是楊墨，進五霸，先告子而後孟氏。謂堯、舜當千古君臣、父子莫大之變者。其顛倒不經，極矣！夫有邪説者必有暴行，有詖行者必有淫詞。一夫唱之，四方簧而鼓之。其拍肩而隨者，又皆世所指目爲聰明才辯之士。文體學脉，始胥胥大亂。害政害事，而率獸之禍興，無禮無學，而賊民之端起。今世事日非，已漸見其微矣。噫！豈細故也哉。此吾惠邑侯繆公《四書大意》之所爲作也。

繆公噣目當世，見私學競熾，功令難一，自公車時已不勝文衰之懼，乃採集諸家説，一一參其疑似，考其是非，酌以己見。有發明傳註者收之，能補註之遺者亟收之，間於註稍異、直窺本原者，并收之。一切隱怪外道之言，悉屏絶無遺。蓋去者什八，而存者一二。捜羅可謂富，揚扢亦已勤矣。今按其所删存，大抵皆萬曆後諸有位人，或買聲士所揮麈而談、涉筆而記者。如吾鄉先正蔡文莊、林大理兩先生《蒙引》、《存疑》二書，昔盛行海内，稱羽翼聖經，不與焉，亦世變日下使然耳。繆公之言曰："説惟從舊，而鄙俚者不收。間參新説，而詭誕者必黜。大約指點切近，唤醒沉迷，爲後學開明爽直捷之路。"誠哉！是言也。顧繆公猶竊竊然慮人之儒腐我。今天下獨不得儒腐者而用之，有儒腐之人，必守功令，慎名教，非聖賢之書不讀，非先王之道不言，此真儒腐也。天下惟臭腐爲能神奇，往往見先正君子，一出而擔當世道、轉移元化者，正惟此守腐之儒。彼掀髯得意、敢放言高論而不顧者，正孟夫子所鄙爲泄沓之人，以陰陽希富貴、徼倖誤人國者也，繆公又何邺掀髯者之儒腐我哉？人亦有言，秦人焚書而書存，宋人窮經而經絶。學者繇是言以折衷之，則註脚爲已多，况章意乎！不然，其不至筌蹄是書者幾希。此又繆公編《大意》外之深心也。天下何可一日無儒腐之書，亦何可一日無儒腐之人！嗟乎！繆公維世教之慮遠矣。

冥冥篇序

蘇先生之論《易》曰："冥冥，生生之爲冥冥。"有味哉！蘇先生之言也。《易》之道，冥冥而已。有冥冥而後有生生，既生則昭昭矣，而昭昭未始不反於冥冥也。非冥無以爲生，非生生無以見冥冥。

夫冥冥者太極也。一之生二也，二之生四也，四之生八也，八之生六十四也，此生生也。而生於無，復歸於無，豈不冥冥乎哉？六十四卦之首《乾》，《乾》之首元。元也者，無也。三百六十四爻之首《乾》初，《乾》初之首潛，潛亦元也。元起於貞下，而造亨、利之端。潛極於勿用，而爲有用之始。冥冥之生昭昭也，所繇來矣。故《乾》言元亨利貞，而《坤》亦兼言之也。《屯》之元亨利貞也，得天地之交也；《臨》之元亨利貞也，得天地之長也；《隨》之元亨利貞也，得天地之時也；《革》之元亨利貞也，得天地之變也；《無妄》之元亨利貞也，得天地之一也，而未始有外於元也。諸卦或言元，或言亨利，又或言利貞，隨舉言之耳，而不必兼也。有言亨而不必元者，言元則未有不亨；有言吉而不必元者，言元則未有不吉。無攸利者，利之反也；匪正者，貞之反也；凶、咎、吝者，亨之反也。悔者，元之復而貞之漸也。言卦則爻可知矣。見者，用也；亢者，勿用也；愓者，用之危也；躍者，用之疑也。无首者，深根寧極而勿用之盡也。凡爻之言元亨利者，用也；无攸利者，勿用也；利於貞者，有用而勿用也。用者潛之著，而勿用者潛也，而未始有外於元也。天地之數始乎一，一者，用也；大衍之數虚乎一，一者，勿用也。一，即元也。生天、生地、生卦、生扐、生五十有五、生萬有一千五百二十，而未始有外於元也。有得於元，而《易》道盡在是矣。元則可貞，貞則可用，用其所可用則得，勿用其不可用則亦得，可用而勿用、不可用而用則失。得則亨利吉，失則咎吝凶。趨所以爲不避，避所以爲不趨。開物者，開此者也，成務者，成此者也，而未始有外於元也。有象者，有象象者；有變者，有變變者；有辭占者，有辭辭占占者。象詞，用也。變占，用其用也。名訟、名師、名旅、名歸妹之屬如此者，正名也，非托名也。象雷、象風、象山澤、象水火之屬如此者，實象也，非假象也。涉川可以爲婚媾，决藩可以爲脱輹，逐馬可以爲鞏牛，執鹿可以爲履虎，如此者，該詞也，非偏詞也。六位者，六虚也。三畫者，三極也。動者，道也。相雜者，時物也。稽實以待虚，不可爲常也，而未始有外於元也。潛，勿用之謂冥冥，冥冥之謂元，元之所生謂昭昭，昭昭復冥冥之謂生生，生生之謂《易》。是易也，心易也。

蘇先生所謂不知其所以生生也。夫惟不知，乃深於知。有味哉！蘇先生之論《易》也。剖羲皇之秘，發周、孔之旨，補程、朱之遺。先生終日言，不離乎是矣。

爲善陰隲書序

文皇帝即位，嘉與天下臣民，亹勉爲善。詔侍臣採輯古今有善行者一百十有五人，紀其事跡，著其顯報，彙而成帙，曰《爲善陰隲書》，親灑宸翰，頒布天下。大哉天言！揭如日星。一時中外臣工，下逮海隅士庶，捧讀傳誦，誰不蒸蒸象指，祗承德意。二百餘年，舊本漫漶，民間罕見全書。今興國令蔡某得之，御史劉所重梓，乃復刻以教邑民，使光縉序之。光縉草茅賤士，何知揄揚？

竊惟古聖賢教人爲善，詩書所載，言不啻詳。曰“積善之家，必有餘慶”，曰古人“爲善惟日不足”，曰“爲善思貽父母令名”，無非叮嚀人以善之意，而未有指事言應者。“陰隲”一言，則本之周武王之訪道，而箕子與之言疇，曰惟天陰隲下民是也。其所云“相協厥居，我不知彜倫攸序”者，若言天之隲民，直默相於冥漠不可知之表，不令上人知云耳。書名《陰隲》，蓋祖諸此。

夫人主所以能使天下忻者，爵賞也。爵賞之所及，誰不羶薌焉？其所以能使天下慴者，刑罰也。刑罰之所加，誰不屏息焉？則亦惟是，重其爵賞，飭其刑罰，以陰沮人不善之心，而明開其向往之路，夫何敢不從？而奚俟援天以歆之，托福田利益之説以動之？今按書之意，若曰，此一百十有五人者，皆善人也。人不必問貴賤，善不必問鉅細，但有某人行某事善，天便以某祥應之矣。或初貧而終富，或先賤而後貴，或當身顯榮，或累世公卿，或朝至而夕有效如取諸寄，或事過已久易代而始得之。遲速遠近，容或不同，要之未嘗爽。究其所以臻是者，夫非君上之能隲人善也，天隲之也。非天之能隲人善也，人之善自隲也。此書中誘人之微意也。今夫盤庚之遷也，三諭而不從，則爲之稱"爾高后降罪作大戮"以懼之，而以冀其萬一之聽，《多士》、《多方》之誥，與反覆于禍福利害，曰"天惟畀矜爾，予惟致天之罰"，若家人父子諄語，不啻詳焉。此皆有所拂逆於上人之心，始不得已爲開曉徐譬之論。雖亦可以得其從而無失，而不免于多言，固不若陰隲書之勸人於孅，上不言而下諭志，宜大聖人之所爲惓惓也。

從世教化不明，王澤衰息，四方群國之吏大抵惟薄書期會是務，其於誘勸愚俗之道，不以爲故事之虚文，則以爲迂闊而無當。間有一二慕古之士，舉行上世條約，則又附以己意，作爲歌曲，取愚民易曉者，使里巷謳吟之。然而，入于俚矣。上可發大聖人之深心，下可激百姓之懦志，遠可彰天道之降鑒，其於化民也雅，而能入簡而易遵，惟是書之廣厲爲然。賈長沙云："刀筆之吏，不知大體。"能移風易俗，使天下回心而嚮道者，類非俗吏之所能爲也，竊於興國亦云。

韓魏公祠紀實序

泉之祠韓中令、忠獻也，自宋淳熙間始也。中令爲泉守，以清源邸中舉其子忠獻公。中令歿，忠獻公歷相三朝，德望蓋世。邦人思之，因取其謚額於郡治之北堂，曰"忠獻"。其改郡國大隱菴爲中令、忠獻公祠，梅溪王先生實始創之，西山真先生遵之，汪仲嘉公勒石像祀其中，而梁丞相克家爲之記。春秋俎豆，畏壘不絶。歷胡元及明，改州治爲衛，祠遂廢，像碑没學舍荒翳中。爰稽郡誌，止祀中令於名宦，侑忠獻於鄉賢，乃耑祠猶未啓也。及今新安程公，以名進士來守是邦，拜瞻遺像，慨然以修舉廢墜爲己任，倣王梅溪祠大隱菴故事，就郡廨治祠宇，舁像並祀，復額"忠獻"於堂北之陰，修曠典云。

嗚呼！中令父子之勛爛矣。無論當時靖康、景德間，去兩公之世未遠。雖後至于今千餘年，玉凡幾更，步凡幾改，城郭凡幾遷，隼軾凡幾建，而兩公名於泉，不茀廢也。公之祠，故亦嘗廢矣，豈其廢之，必有興之。至令人推本其所以始興之者，不徒以見兩公之德，而且以識真、王二先生之賢。直道在人心，可知已。父之以子重也，理有之。舜之重瞽瞍也，禹之重鯀也，其下則張安世之重湯也。子聖而父不賢，子賢而父不肖，所云不得而子也。中令之子忠獻也，世其美矣。彼其時以諫議大夫召還，道卒。百姓千里奔奠，豈其無德而致然者？如必區區執先河後海，事泰山先配林之説，則峴山之泣，其謂之何？忠獻公治晝錦堂於相之後圃，歐文忠公記之矣。北虜之所舉手加額，而問亡恙者也。然而遡忠獻公之生者，或相之，或泉之，一以其桑梓，一以其郊禖，兩者並繫思焉。

千百世而下，泉之人猶仍指而稱之曰："此吾鄉之賢先哲也。"蘭芷托根，無在非芳，山川人賢，靈傑交重。不然，清源山之麓，朱芾斯皇於是邦者，世豈盡乏人也？既謚而堂名之，堂去而名在矣。既祠而像勒之，祠去而像在矣。夫名則復，可堂而額也。像則復，可鐫而新也。亡者亡矣，不亡者雖千萬世而不毁，此程大夫徵不亡於亡者之禮也。分祠則各侑於賢人之間，以示公焉。耑祠則並侑於父子之配，以示特焉。斯禮也，證嚮今故，而以補名宦鄉賢之所不及者也，於義備矣！非程大夫，其孰修明之？政莫大于祀事，程大夫之爲政，與真、王二先生，何以異哉！

陳紫峰先生年譜序

此紫峰陳先生之年譜也。縉生也晚，不及事先生，而竊讀先生之書，蓋儼然有羹墻之意，私心猶嘆其未竟。及得先生之年譜，而反覆窺之，然後知世之貌先生，未易以區區語言文字盡也。縉謹按先生之譜，其在經生時，幾三十餘年，其挂冠謝事者二十年。乃其繫籍之後，遷徙於南北曹郎間，刑而户，户而吏，僅五六年，而先生遂請將母以去，隱不復出矣。先生居官之日少，而去位之時多。且當筮仕之初，南曹多暇，功業無所表見，而僅見於榷淮安關務。是官非先生所樂居，第令無浼而已。先生進無得於事功猷爲，退而樂道教人，往往發之於文章。其生平之精神學問，疑盡在《淺説》、《通典》二書。然先生不云乎，"余所談未盡管中見，必細論顔子之所謂彌高、彌堅者而後至也"。然則，先生之深造可想矣。

先生之學，不尚口耳，不離日用，捧持一敬，而歸本之人倫孝弟，造履平實，天趣圓融。與門人弟子相問答，隨叩隨鳴，徹上徹下，而嗒然有以相忘於魚兔筌蹄之外，不爲訓詁詞章所拘縛，而其精者廼在於身心性情之間，其大者則見于去就進退之際。道闇然而日章，俗學未之識也。先生自初第時，即無意於仕進，屢疏求退。既退被召，竟不復出。人始以先生爲不欲仕，夫先生非不欲仕也。譜記先生徙居之南，張襄惠公祖而送之，先生臨别握手，語曰："《北風》雨雪之詩，吾兄得無意乎?"嗟夫！先生豈無故而求去，亦豈無故而率人以去！其感憤時事，蚤知遠害之旨，隱然見於言外，寧但以其親隱而念母不置也。人莫知先生之所以去，先生亦不以其去之故語人。其後朝紳多被禍者，先生獨飄然於繒繳之所不加。即襄惠公，其初未之信，迨事後之悔，始深自愧先生爲不可及。此先生之所以卓然獨高也。襄惠公稱先生"求仁而得，時哉屈伸"。蘇紫溪公之傳先生，謂"有得於《乾》初之潛"。夫仁者，當理而無私心之謂。潛者，成德爲行之謂。孔子不以仁與由、求、赤之仕，而賢夷、齊之去。潛之爲道，樂行憂違，確不可拔，惟深潛純粹之人能當之。兩先生豈溢美哉！

今先生之道，無以爲世用，又或有意于去，未忘于出。縱不有藏拙梯榮之心，亦不能無幾微係戀之累，則亦安所稱仁，而于潛亡當矣。道術破壞，異學並興，人多詭説奇行，借筏竺乾，竊壇鄒魯，偃然以師席爲盡在己，而道學之名反爲終南之徑。經生學子又從而採摭其説，以應有司科目之求。朱考亭之註疏，幾爲室戈者集的，屢煩功令禁之而不能止。夫然後知先生之書，大有功於學者，其名"淺"、名"典"，良有深意，即先生終身行未離乎是矣。讀先生之書與譜者，於先生之風，倘其亦有興乎！

顧生語録序擬稿

癸丑之春，余從長安歸。舟次廣陵，顧小侯所建遣其子農長，謁余舟中問業。時農長甫垂髫，出平日制義，大氐皆已經名筆評隲者。余卒業之，謬有雌黄，爲之盡堊。農長立不失容，意栩栩得也。余留躕數日，别農長去，臨岐囑以固膚堅骨之理，農長深然之。又二年乙卯，余北上，取道大梁，不復走廣陵河下。然聞之，農長列青衿矣，郡、邑試第一名，赫甚。余謂農長且旦夕脱穎耳。明年丙辰，余北歸。入里門，所建以書來，則農長仙去已逾年也。余爲之泣下。彼蒼妬材，酷乃至此哉！已，讀其所寄二集，一《靈香記》，則四方才人墨客誄農長詞，言多酸楚，讀不可竟，余不能添無益之悲。一《文純子》，爲農長所自著書，類王仲淹。仲淹殁，門弟子共謚之，曰"文中子"，故亦私謚農長爲"文純"，遂以"文純子"名書。余欲序之，爲躊躇者年餘，筆不能涉也。

嗟乎！農長，一弱冠書生耳，安得而有謚？且安得而私謚？夫謚者，國家所以褒邮大臣，死後而易其名，非奉朝請，不得預焉，未聞謚而私也，僭踰甚矣！一不可。謚之有文也，與他謚異。國家所以優崇舘閣詞臣，自非詞臣，雖宫保九列之尊，不得預焉。未聞草野書生而謚文也，矧少殤之子乎！二不可。按謚法，文無稱純者，"於乎不顯，文王之德之純"，純則天矣，詩人所以頌文王也，安在其以文純而私謚人？縱所建愛農長，其人深知農長善，將尊農長爲聖人、天人乎？必不然矣，非安農長於地下矣。三不可。余於農長有一日之長，故爲之去其謚，易編名曰《顧生語録》，非薄農長也，余之愛農長也，異於他人矣。語録之書，前此未有，蓋起於宋儒講學明理之言，一時話柄，久掇而成書。其在于今，率薦紳先生宦成後者爲之，欲以其言鼓吹當世，聖賢自命。然亦當其身則行，没則已，不能强人以必從，而久存其説於世。最後則山林草澤之夫，志鬱結不得通，往往藉口立言，效矉益滋。於是矣，錯出汗漫多充棟尤甚，則老生宿儒之事，其用意固亦無惡於天下。然道不可言，言不在多，此擬《易》、擬《論語》者，不免于萬世之非議也。

乃農長以弱冠之年，能有暇力及此，可謂至奇矣。蒐羅古今，不謂不勤；淹貫經史，不謂不博；比詞連類，不謂不巧；標刺是非，考訂疑似，不謂不辨。何物寧馨而靈心慧照若是！昔賈洛陽以十九之歲，受吴公之知，屬詞聞於郡中。農長之受知郭公也，庶幾近之。洛陽《新書》善通今，農長博古，曉暢不同，蚤智則一。速成者速虧，多智者多敗。賈洛陽之所以失，未必農長之所以得也。洛陽自傷于《鵩賦》之遭，以致夭絶。農長雖不幸，而琅然于死生之際，似爲過之。太史公爽失於洛陽，余於農長亦然。農長可不謂文士乎哉！加以爲“文純子”，則“文中子”先失之矣，余不敢知。

忠孝廉節繪圖序

是圖也，王司農衢源公爲廣文時所作也。蓋用以自勗，亦陰以自負云。今按圖所畫，若諸葛武侯之爲忠，狄梁公之爲孝，越清獻公之爲廉，陶靖節之爲節，千古而下，其人猶可想見。而公又取諸草木禽鳥之有合是四者，比之，興之，廣而賦之。每一披閲，未嘗不令人憬然深思也。夫諸葛武侯心乎漢，以成其忠；狄梁公心乎唐，以成其孝；陶靖節心乎晉，以成其節。此三臣者，值炎祚將灰之世，丁天后牝索之晨，適司馬板蕩之日，遭際不同，志事各異。故或鞠躬而盡瘁，或委曲以行權，或忍詬而潛機，或高蹈以見志。

《出師》二表，讀者謂與《伊訓》、《説命》相表裏。而賦《歸去來》一辭，蕭然於北窗清風之下，即羲皇上人，不翅快焉。令狄梁公而終身子舍中，不出而徘徊於女主之朝，五龍不夾飛矣，唐其何幸之有？士必皆曾、史，則凡女無家矣。女必皆任、姒，則凡夫無室矣。彼亦事暗主，處濁朝以使之然耳。俯仰宇宙，如三臣遭者幾？奚必士君子人人如葛、如狄、如陶，而區區按其行事哉？趙清獻公之介，何人而不可爲也，皎皎白羽，目所共見，泠泠清音，耳所共聞，而北門興嗟者衆矣。口酌清泉，心甘盗飲，晝問四知，夜營三窟，借問檄於絶裾，抱捷徑于終南，未已裂麻，先擬賜環，則所爲不愧屋漏之功少也。謂古今人之不相及，可乎？有開誠布公之心，何事非忠；有望雲思親之心，何念非孝；有不爲五斗折腰之心，何志非節？淡泊而寧静，守閒而嗜書，與琴鶴之操何異？而方其對主褫衮、當朝縱博之日，大直若拙，道固委蛇。其陰陽與俱之衷，惟焚香告帝乃可耳，人其孰能知之？士君子亦齋明此心，而四者之能事畢矣。

王公之寤寐羹牆，有以也。王公少而孤，彊而仕，初令僊居，載丞四明，岾屺在念，冰蘗自矢，盡節官下，公家之利，知無不爲，蓋庶幾焉。誠心直道，不屑婞阿，居官不承大吏風旨。今解綬歸矣，猶整衣冠，嚴居起，凛若上帝之臨女也。王公於四先生何如哉？王公舥然曰："我則安能？吾今但尸居環堵間，時抱膝而吟，時廢莪而涕，時撫絃而嘯，時漉巾而昇，放花植柳，移竹栽萱，聽鳴蟬，仰蜚雁，煦哺鴉，逍遥於千歲松、五百歲椿之春秋，不知人世之孰芳、孰彫、誰辛、誰甜而已矣。"宗謙生曰："有是哉！王公之鄉往也。"書以識之。

許鍾斗文集序

國朝元品，自王守溪以來，輒推子遜爲超乘。謂其矻若吕鼎，湛若冰壺，能爲諸元而不爲諸元也。制舉義出，方内奉之爲泰山北斗，獨古文詞不少概見。今春其弟蒐枕中遺稿，得若干首，請正於予。予讀之，不覺惻然悲，又欣然喜也。悲之者何？爲一代惜九鼎之才也。喜之者何？爲千古揭天球之寶也。以彼其才，使時獲從心，年能待力，無論江東、濟南，罔獲專美，即眉山、昌黎、咸陽、西京，不足當一吷也。雖然，有子遜之才，則不能以年掩，有子遜之文，則不能以世掩。年與世，遞相謝也。所不朽者，獨此人心精靈發而爲文耳。有昌黎、眉山，則不可無于鱗、元美。有于鱗、元美，又安可無吾子遜乎？子遜撰著雖未富，然試讀其序、記，精核哉，如泛太湖雲夢焉。讀其舘課，魁瑰雄麗哉，如泛大海焉，又如觀玄造焉。其爲文，包羅《左》、《國》，吐納《莊》、《騷》，出入揚、馬，鞭箠褒、雄。其爲詩，鍊格漢、魏，借材六朝，同工沈、宋，登壇李、杜。天府之高華，人文之鴻鉅，觀止矣！是子遜自足不朽，予何庸表章？聊爲海内之賞子遜、企子遜、思子遜而有遺憾者，未獲覩其全豹也，故付諸剞劂氏，而銓叙之如此。

喜雨編序

胡侯下車明年，白藏之秋旱魃柄政，爲田畯憂。齊民狂走失措，廩廩然莫必其歲。侯踈(竦)然齋宿謝膳，步禱於郊，而時雨如期集。邑之民胥神其事，謡歌鼎沸，士大夫争載筆而登之，蓋志喜云。

嗟嗟！如以雨而已，總之皇乾之尸柄也，侯胡能程捷於一禱哉？聞之，“位賤尚菒”者，惟民。“權輕飛羽”者，唯民。然而專精屬意，上通九天，豈其燠暘風寒，玄穹不自制，而蔀屋與有權乎？是故草野燎原，帝既墨色，嚶咻馨香，雖罄璧，亦屬彌文。善乎《淮南子》嘗言之矣，林不及雨，雨不及陰陽，陰陽不及和，和不及道，故天生司牧，將使之飲民醇和，而與之偕於大道者。詎其居恒束濕烹鮮，一遇赤旱，始倉皇請禱，足以自塞云乎？必不然矣。謂夫纍纍赤子，康匏爲食，剪茆爲居，藉以神明貴倨勝之。號召風雲，十九霖雨，域中十一，四郊之中，鬱爲愆陽，拂爲伏陰，是道之所不載也，謂人和何？由斯相提而論，請雨，蓋一黌之善政，而喜雨，豈非一班之民情乎？侯以文學雄長於時，人指額文章家耳，安所熟治理？不者，必賈胸中經術之餘，以爲媮快，烏在其乳哺褓褓耶？顧侯獨持大體，左右近侍，毫不得見意表異，見欲雕琢。堂皇晏如，未嘗持武健嚴磤，以博精明之譽，亦未嘗織一文、密一網，以上干天地之和。所謂出斯民於塗炭，而清波之，非耶？斯其懷萬物，友造化，毋論焚巫之謬，不可同日而語，即土龍矯首，泥人伏立，贅物耳。不然，當官壅作霖之膏，恒陽勤空文之禱，豈非波臣處於涸轍，徐俟西江之濟，得無索吾民於枯魚之肆乎？又不然，睠彼一犁之雨，襲而據之，不過席天工以爲己力者流耳。烏乎喜？即喜，亦雨焉耳已。

司空圖有言曰：“鹽止於鹹，梅止於酸，此其可美者。而其所以可美者，則又有出於鹹酸之外也。”此喜雨之喻也。然而，天至遼邈也，侯之字甿民之恬愉，若叩宮宮應、叩商商應。矧明天子至靈聖也，一旦歌風升聞，其何以報侯哉？雖然，江陵、弘農，諸循良有故事，余不佞，且偕歌風之民，共拭目矣。

醒蒙編序

是編亦李巨川先生所彙輯而成也。先生學博而材高，湛思廣記，而善著書。當其在諸生時，即有慕聖賢之志，不但以攻應制言自豪，蓋嘗上下千載搜羅前聞，窮古今治亂安危之跡，洞天地人物事變之賾，隨所見所聞，而各筆之於書。其來訓吾邑，前後所刻，凡三種：一曰《詠史》，約言帝王之統備矣。曰《月令》,採奇時序之運周矣。而是編獨後出,先生最焦神攻苦之書,而自命曰《家塾醒蒙》。

今按是書之中分門别類,凡自昔聖賢之懿行,儒先之格言,有關於人倫世教可法可師,與夫無行誼之尤不善可爲戒者,種種臚列。先生間或以己意折衷之,復終之以天道報應之説。使人讀者,開卷見其善,便勃然有感發興起之思;見其不善,亦悚然知懼,有不敢自肆之意。大可見之當官行事之實,細亦不失爲禔躬行己之要。繇是,則可爲君子;不繇是,雖貴盛,不免於小人。其於警世誡俗,較前二書,道尤喫緊。先生謂:“庶幾可以教家,而成教於國者。”誠哉是言也。先生不尊於官而尊於道,其生平所實踐,治心繕性,充然有得與化,誨其家人、子弟,多本此書之要。亦欲居位得時,厝之朝著政事之間,公此書於天下,以開群生之蒙。乃竟阨於遇,輓始坐一青氊之席,但被書以《家塾醒蒙》之名,若無能以舉遠然者。蓋先生之自序,有悲傷不遇之意焉。昔太史公輓年作《史記》,自謂聖賢之書,皆發憤之所爲作,而咨嗟歎恨其道之鬱結而不得通。揚子雲作《太玄》,輕其書者,以爲後人覆瓿之用,而桓譚獨稱其卓越諸子,策其書之必傳。

嗟乎!世莫知先生,寧能盡知先生書哉!功利溺人,誰能不波,世不知有道德仁義久矣,見先生書者,其有以醒乎?其無有以醒乎?余不敢知。然余固知其可傳,真後來醒世之針砭也。大《易》繫《蒙》於《乾》、《坤》、《屯》之後,揭爲聖功之本。先生名書以蒙,與《易》養正之義同,其旨深矣!

天中詹言序

此余友人恒卿蔡君諭雒時所爲作也。恒卿爲諸生食貧,下帷攻苦,博極群籍,六經子史,靡不淹貫。不屑爲世俗帖括之言,以善屬詞聞郡中。其坐青氊于雒,與多士相劘切,所撰著尤多,余未得傾篋取讀之。恒卿既自雒擢令興國,一日,以所較《天中詹言》集寄余問序。此何足以盡恒卿也!語云“嘗寸臠者知全鼎,睹一班者知全文”,是集之謂矣。

恒卿與許太史子遜，並鉏同人，後先造余問業。子遜低徊於余之門十餘年，余與縱横坐論，奚啻敝吻，蓋始一大悟而進於成弁南宫以去。恒卿初謁余，余與立談，片晷之間，點雪洪爐，恒卿不言而去。再見而入矣，三見而從。余最後讀其言，如解弢，如墮袠，如奏我以太清，泠泠相和。不期年亦遂掇賢書。恒卿之才，敏於子遜。其學宏博，其人高朗洞達，操行端潔，不與世浮沈，而遇不勝，竟阨于一第，非恒卿之好矣。恒卿與余言，居雒六載，一博士官耳，鞅掌特甚。雒，故周所營邑。昔人所稱"思皇多士生此國"，國者即此，其地今嵩、華、龍門之山，瀍、澗、伊、洛之水，依然如在，獨所爲人文少也。昔求之兔罝野人而有餘，今索之章縫士類而不足。又是時，天子新封福藩，錫壤分采，學宫學田，盡括入王居，以充不足。掌故之官，寄宿民舍，絳帳無可施之地，鼓篋非來學之所，雒士患之，當事者於是徬徨矣。卒之宫墻鼎建，俎豆維馨，而士有皈依，伊誰之力？大抵恒卿居雒官，以廣文爲職，而六年間與多士談經講藝之時，什不遑二三。其疲精竭神，太半在聖人之居，視匠石土木之事。雖諸大吏之尊儒重道，雅志興復，實恒卿費决之力居多。且於帝子來臨之初，千官雲集，上下如織，奏箋啟牘，往往出恒卿手。恒卿終日馬上，仍兀兀治筆札不休也。冷秩如彼，奉職若此，而僅僅遷興國令以行。世誰知恒卿者？然恒卿之藻思雄文，盡濬發於是矣。讀所爲《儒學學田記》、《多士録序》與它諸大吏碑銘，可知也。

嗟乎！士君子功業文章，非高官大位不行。然大位有時竟盡，功業亦於其居官時見稱，過則已矣。或身退而遂泯，或世遠而無存，至其可久傳而不朽者，獨文章在耳。雖其人有事功名位之聲，不得文章，亦不能長留不茀廢。夫思召伯者以《甘棠》矣，勿翦伐之甘棠，何如《甘棠》之一詠？甘棠久而猶敗，詠則至今傳也。是集也，吾且謂恒卿之《甘棠》矣，何但以文！如以其文，恒卿悉出而盡梓之，當必有爲恒卿定聲價者，余何敢言？

閔氏脈經翼叙

醫之爲道，主於生人，不主於殺人，故昔人作醫經，與制刑書不同。乃不知醫而誤用之，其輕殺人也，反甚於刑。今夫訊獄者，猶五覆而參奏之，無高下其手焉。醫舉手高下，生死立判。差於指掌之間，而禍延於四肢之際，割斷人父子、兄弟、夫妻之情。使蒙其害，被其毒者，知而不敢非，怨而不敢議。故學書者費紙，學醫者費人，此善喻也。夫誤有二，庸俗之醫，主於市利，中無所見而妄于投劑，其殺人也以指；聰慧之醫，主於沽名，中略有所見而輕於著書，其殺人也以筆。殺人以指者，害止于當身；殺人以筆者，禍延於後世。傳者云，"盡信書，則不如無書"，醫書尤甚焉。

今按閔君所著《脈經翼》，大抵謂：《脈經》作於西晉王叔和，其書分別人脈，合二十有四種，洞人受病之源，最爲簡奥精妙。但其文字彷彿先秦，不可膚解。高陽生乃改作《脈訣》，爲五七言韻以繹之，使初學便於誦讀。而文字一更，義指遂舛，陰陽浮沉之分，幾至東西易嚮，而不可究詰矣。以故閔君正之，明叔和之所以得，闢高陽之所以失，以指迷者之信，而捄病者之生。其紬繹之砣，至於一字不解，不恥廣詢。又取《素問》、《靈樞》等經，取類分部，勒爲一帙，名曰《脈經翼》。更數歲，屢易本，然後成書。可使淺醫之人暢其詞，亦可使深醫之士悟其旨。假令叔和而在，必以閔君爲孝子。籍使高陽生見之，亦當闔門咋舌，順下風而謝忠臣也。可謂仁人之用心矣。

昔太史公傳秦越人、太倉公醫，往往神其事。越人飲上池水，受方於長桑君，而長公師楊中倩，盡得其書，但令秘而勿泄。夫彼以僊方，故禁之而不使人間有耳。吾以爲非禁其泄，禁其輕泄也。泄之而得國工，可以活人，泄之而落庸手，則必至於妄殺人。老、莊言道德，彼豈欲人死者？而申、韓用之，遂至于輕天下而殘萬物。趙括之讀父書也，蓋俗儒盡然，而况於醫乎！秦越人云："越人非能生死人也。此自當生者，越人能使之起耳。"斯言也，乃千古真醫之訣也。善爲醫者，但能自得其當生之所以起，其于古方書忘蹄忘筌，何不可之有哉！此又閔君望學醫之意。區區辨經訣之是非，閔君不盡爾也。閔君歙人，生於廣陵，又爲廣陵人。

醫方集宜序

醫之道，《本草》於神農，《素問》於皇帝，未始有方也，而方之所從出也。二聖人豈不能爲方,以開天下萬世之先?而恐後之人按方而執之,不知有神明變化之用,則必有不適於宜,而其誤至於殺人者矣。聖人爲宜不爲方,故曰“神而化之,使民宜之”,此聖人無方之神也。

方之説,蓋起於長桑君之授越人,曰“我有禁方”,使毋洩,而後盡與之。然方而曰禁,取禁而秘之,豈惟不令人公,且有不使人知者矣。雖善於宜,而未必盡爲天下用。此越人得之,所以能隨俗爲變,醫聞天下,而不免於自禍其身,則亦以其方禁而不洩之故。其後,太倉公授禁方於元里,決生死嫌疑,藥論甚精,而病家多怨之,亦坐此耳。善哉!漢文帝之能用方也,詔太倉長而問之以技所長,所能治病,及所受學何師,何歲,縣里人何病,與醫學已其病之方。具悉而對,帝亦纚纚聞矣。然意所對者,不過切脈、診色、藥病所宜與所授書之善爲方耳,非有關於天下國家之利病。且其所授書之人,至不欲令子孫知學我方。若是乎,慎而不輕,隘而不廓。而漢文帝悉以公之天下後世,而盡除千古之肉刑,發三王所未有之劑,以回造化之脈,遂使天下人無殘膚缺體。英布不黥,孫子無刖,人無病而嘻,不藥而愈,熙熙若登春臺、行華胥。此其於上池、元里禁方書所稱奇稱妙,其宜何若?而論者且以爲,帝聞太倉長藥論,悲其意而除之。故千古善用醫方者,莫如漢文帝。

嗟乎!醫方之宜,亦難言矣。苟得其宜,小用之,可以無病於身;大用之,可不病於天下;精用之,可以起一時人之疾;化用之,可以養千萬世人之和。無方者,聖人、神人之宜也;有方者,賢人、智人之宜也。賢智人隔垣見一方人,聖神人無垣見萬方人,顧所宜何如耳!聖神人不可得,而以望於賢智人之不拘方,此丁竹翁先生《醫方集宜》之所爲作也。聞丁之先所傳多異事,朝城令公讀書龍洞山中,始遇異人授秘方,其事跡與長桑、元里相似。朝城公得而行之於令,大抵皆活人之政,而不專以已病聞。其書之方,久亦散軼,不盡傳。竹翁先生,儒者也,乃始搜檢而表章之,參以古方,益以己所證驗,集而成書,曰《醫方集宜》。竹翁豈欲以一方之方必天下哉?有味哉,其言曰:“仁者以天地萬物爲一體,而有義存焉。義者,宜也。舍方則病仁,執方則病義,吾集此以待知方之宜而已。"竹翁之意遠矣，非專爲宜醫者待也，蓋將以待夫後之人。有能好方書而精者，無結轖於方之中，可以壽身。又有妙方書而化者，無窮施於方之外，可以壽天下。故竹翁之後人最善用集方之宜者，莫如郡司理公。

司理公之所職者，刑也。而所期者，刑無刑也。按獄必以律，無輕失出入，此有方也。獄無小大，必以情，情而矜之，時而舍之，此無方也。有方則民不犯法，無病仁。不有方則法無冤民，無病義。竹翁有集方，能大用、化用而不能小用者，司理也。郡少醫，病則召巫而祝。往歲疫盛行，民病多死。司理傷之，乃刻是集行之郡中，以濟病民，於是全活者衆。此又精以有方妙無方，而教民用者也。赤張滿稽言"有虞氏之藥瘍也"，"病而求醫，孝子操藥以修慈父，其色燋然"。司理之刻斯集，夫亦有燋然者矣，所謂爲民求醫者也。夫然後司理之善用方，可知也。用方書活民而民活，竹翁之道益行。《易》曰"神無方"，又曰"德方以智"。無方則神，有方則智。竹翁之集方與司理之善用方，仁義合矣，而進於智，雖道濟天下可也，何乃奇禁方哉！

字海慈航序

余友人陳衷愫氏，蚤歲治舉子業矻晝夜不休，所與對壘多顯者。其後試弗利，不他徙業，但攻書法益力。而衷愫之王父養吾先生，以善書著文學茂材間，衷愫因而箕裘之，晉唐法帖，一一步趨。久而探其妙，乃作而嘆曰："技蓋有是乎！"乃集王右軍而下古人諸家書譜，若《筆陣圖》、《十二問》、《成心頌》、《溯源》、《通考》之類，彙纂成篇，命曰《字海慈航》，以開世之作者。而六書之法，點畫形象之變，在此矣。

夫書，六藝之一耳。習之則技，精之則道。孔門之教，言文不言書。文以載道，書以行文，即文而書在其中也。孔子於藝曰游，而於射御曰執。孟夫子以射譬聖智曰中，而於教人彀曰至。執者，持而循之謂；至者，履而造之謂。不有所執，則不能有所游。程度不立，不可柄而執也。不有所至，則不能有所中。儀的不設，不可招而至也。故必有法者，而後有法法者。廢法而從事，聖賢不能，況書學乎！余每觀晉、唐世書法盛行之時，雖以天子之尊，名公鉅卿之賢，相與講習其法，嗜而攻之，相角相高，即寒士不啻。其肄之之篤，至於寢食盡廢，池水皆墨，甚則拊心嘔血，剖塚斲棺以求之。夫寧有聲色臭味之足以移人，而耽視之若此。攻之愈急，則其法愈微；其法愈微，則其及愈渺。世固未有捨法而凝神、不凝神而合天者。

然則，是編也，驟而按之，若拘攣煩碎，能令人苦，而有自然神化之道存焉。此晉、唐諸君子之所以没身而求，憬然而悟，而不可盡以語人者也。蘇子瞻謂鍾、王之迹，蕭散簡遠，妙在筆畫之外。唐顔、柳始集古今筆法，而盡發之，極書之態，而鍾、王之法始微。噫！此爲滯法者言也，非爲廢法者言也。釣不綱，弋不射宿，聖人以爲鄙事，後世以爲神化。此惟天縱者能之，豈所概於尋常之手哉！夫惟有所執而至之，而以游於中也，則幾矣。是編乃述其所以執而至者，而何可少也？

净寺紀序

净寺始議修時，衆皆難之，今工幸告成矣。志齋陳公著《戒殺議》，以禁末俗屠牛之非，哲初丁公作《明善堂記》，以遡本初敬天之美。由陳公之訓，則辭嚴而義正，使人悚然知所畏；由丁公之訓，則旨遠而思長，使人翕然知所興，均于世風大有裨也。余自慙多言而無益矣，安能復置喙哉？雖然，竊有概於中。

寺建自宋紹興間，去今七八百年，久矣。當是時，縉紳大夫家，閥閲相高，豈無廣宫大厦、名園崇臺，誇耀一時？今不惟無一留者，且不知其幾奕棋而幾桑海矣！此寺巋然獨存，雖極頹壞，猶令修復，何以故也？夫亦治搆者之人，捐金公之，不以爲己私有也。惟其不以爲己私有，是以可千百年而不廢。今夫人竭半生之力，傾不貲之費，以治宫室臺榭，不過欲身有之，而以遺其子孫。乃其不終有之端，遂蘖於此。繇既去之後思之，其當日蚉虻之勞，不過代他人牛馬之役耳，何怪其不能久有此乎！故今之修寺，與寺之所以得修，亦繇其初非一家一人之有，是以能長存至今也。昔蘇坡公爲其父老泉公捨吴道子《四菩薩像》，浮屠人惟簡，作大閣以藏之。坡公語簡曰："此唐明皇帝之所不能守，而焚於賊者也。余得之以獻先君，先君最嗜之。今爲先君捨而與子，子其何以長守此？"簡曰："吾以身守之。"坡公曰："是終子之世耳。"簡又曰："吾盟於佛而以鬼守之。"坡公曰："世有無佛而蔑鬼者。"坡公非欲簡之自爲守也，以爲吾不有，而爲父捨之，以教天下之孝，自非無佛蔑鬼之人，有無父之心，而甘自同於廣明之賊者，其奚忍取之而以爲快也？

吾今亦竊坡公之意，修之以公。斯世之知事天者，其或後有畏天、不畏天之人，此坡公之所不能必於菩薩閣也。余亦惡乎知之，但知今日之可修，以俟後人之能修而已。

饒廣陵讀孟子序

今之學讀孔、孟之書者，繹其理而已，不問其法也。以爲索之法，則小矣。讀老、莊、荀、韓之書者，核其法而已，不問其理也。以爲質之理，則謬矣。故曰，三代無文人，六經無文法。夫非無文也，文不足以盡其人與法也。必區區執文法以譽聖賢之書，猶之負土累石而增泰山之高，鮮不笑矣。雖然，立馬百體，不謂之馬，不可也。聖賢之言，猶化工；諸子之言，猶玉葉。化工不期神，而神巧出焉。爲玉楮者，三年而不成，一朝而敗矣。故夫文法者，亦聖人百體中之一也。余觀孟夫子書，宋之時，或非之，或疑之，或評之，又或箋之。非與疑，此毀日月也，不足道。而評與箋，千載尚有遺論焉。若是乎，讀聖賢書之難矣。

廣陵饒君，潛心好古，語多妙解，往往能脱註脚之外，更出七篇字訂而句隲之，太抵祖蘇明允之意而滋多。於是，吾未知于孟夫子道何如，然亦可令今之爲文者，悟聖賢道法之一，更不必借法於老、莊、荀、韓，拾咳唾而亂真者矣。此亦釐文體，一道術之一助也。饒君之矻矻，可知已。

温州府志序代

余受符東甌，甫下車，考政問俗，惟條晰興革利病是亟。適郡之新志成，請序於余。余披閲之,纚纚具矣。開局,編摩,前三守及一二薦紳爲之。余後至,不任載筆,亦不敢受勞,但及觀厥成,不贊一辭也。

余因是竊思之,夫魯,天子之事守,《春秋》,亦魯國之志也。仲尼因之作經,寓法於褒貶進退,以爲華衮斧鉞。考所筆削,書地爵名氏,不過隱、桓、定、哀間赴告、策書、征伐、會盟之事。當時則載,非時則已。未嘗遠引旁涉,上記軒轅,下考夏、殷。杞、宋之無徵,但闕之而已。蓋其甚也,網羅天下放失舊聞,上下千載,勒成一編,太史遷始爲之。班孟堅稱其"不虚美,不隱惡",然至于是非之際,猶以爲頗謬聖人,有遺論焉。大抵蒐囊太多,則考核難據;推略益遠,則瑕瑜失真,傳信闕疑。雖生當聖人之後,尚有所存説而不敢盡,乃欲以一人之臆見,一時之懸斷,令終古及今行事,皆詳而無略,皆得而無失,鮮不誤矣。夫若斯乎實録之難也,故與其强執而信之,不若姑俟而疑之;與其訂燕、郢於往昔,不如慎亥、豕於今日。兹掌斯事者,紹正之大都云。

余按:東甌舊有志,始自漢、晋,迄于明興。數千年間,一郡遺文古事,靡不畢集傳矣。舛踳故有,雅馴亦多,乃弘治以後之書缺焉。薦紳先生問以弘、正軼事,往往難言。顧弗深考,竟弗傳。或時時見於他説,多不可信,是以當事者抱慨於中,思一編輯之。從始事底卒業,竭六七年較讐力,約煩補遺,于舊有加。今告成書矣。

夫此東甌地耳,錯山、帶海、滙江、經河,如故也。要害何常之有?漢時爲東海王稱孤竊據之都,宋時爲天子駐翠華之所,而今但東南名郡,藩大吏與二千石所建旌設軾,而治百姓者也。郡邑亦何常之有?或以屬會稽郡,或屬臨海郡,或爲永嘉郡,又或名縉州不置郡,或廢括州爲永嘉,或廢永嘉爲括州。唐人置温州,屬越。宋因之,後改爲瑞安府。而今則以郡名温,永嘉、瑞安,俱隸邑也。吏治亦何常之有?王逸少、謝康樂兩君子其著者。春草池不流連乎?出游賦詩不廢閣乎?而今守若令,但競競(兢兢)奉三尺,救過不贍,何暇論繩墨之外也。廢興乘乎勢,沿革因乎時,變通存乎人,夫亦表時記事而已。今無暇詳引,請言其概。往者弘、正之際,甌稱治郡矣。恬熙承平,民不知兵,三衛九所,星布雲屯，但其設令有備耳。彼一時也。嘉靖之季，島夷内訌，驟薄城下，相顧無兵，内地被其躪蹂。後是以有增營增募，多置樓船軍之議。隆、萬以來，海波復静，軍士但坐食，仰給縣官，費月餉，歲支無以繼。近是以有言汰言練，罷應募兵之議。然而，已設者終不可罷，糜費者竟莫能省也。昔苦無兵，兵以强，今稱有兵，兵以脆，此其故可思也。一謡俗也，昔何以樸，今何以靡；一文伎也，昔何以馴，今何以雕；一訟獄也，昔何以簡，今何以煩；一供億也，昔何以减，今何以增；一財賦也，昔何費而有餘，今何節而不足？當亦輓近世通變失得之林也。

按之舊事，何必盡同。仲尼修魯史，但口授其弟子，爲有所譏刺、褒諱、挹損，不可書見。太史公言漢廷事，有所表見，多不虚，如其指也，亦少褒矣。往往於《封禪》、《平準》諸書中，微見其刺，使人深思而自得之。今史氏貶法盡廢絀不用，大率治行志、人物志所稱，有賢賢，無賤不肖，乃近古長厚，不非大夫、不招人過之意。夫借勸以爲懲，舉一而風百，褒予不虚，獎溢無爽，礪世摩俗，宜若可爲矣。仲尼論政，布在方策，此其大略也。寧能無失，存之以俟君子。一郡權變，近俗易行，亦有頗可采者。班孟堅謬史遷，其自《漢書》，反貽人目睫之論。滋議之難一也，蓋自古嘆之。余何敢知？但且政此爲方策矣。

臨安縣志序代

按，邑志輯於嘉靖初年，隆、萬以來，纂修之議缺焉未舉。而邑中之沿革、廢置，與夫污隆、盛衰、孅惡之故，前志不及載，間附見于郡乘中，然未之備也。余承乏兹邑，夙夜競競（兢兢），問政利病，採風考俗，稍稍有聞。又嘗值歲荒，奉賑窮山極谷，親履其地，得之目擊爲多。乃以所見所聞，參之舊志中所傳聞，或缺略而不盡，或乖舛而未合，以請于邑薦紳先生、賢士君子，議相與復輯之，以俟來者。事既竣，爲志者十，爲目者六十有三，條貫畢舉，巨細靡遺，事纚纚具矣，余乃序之。

夫臨安，非錢武肅王所興地乎？當其匹夫掘起，從軍討賊，臨第一彈丸始事之區，乃能奄有東南并十四州之地，授之後人，以俟真主之興，封府庫，籍郡縣，歸命于朝，故蘇子瞻稱其有功於朝廷甚大。噫嘻！子瞻亦但就已事論耳。其後宋室南遷，而天子宫闕之都偏安杭郡，則錢氏一旅實始基之。綿趙宋帝祚之傳，又百餘載，而臨安始稱内地矣。此尤其功之大，而子瞻之所未及言者也。獨怪臨安置縣，繇漢迄唐，歷代既遠，桐鄉鄰令，豈盡乏人？何當事者竟無有一人懷根本之慮？即以武肅王開國雄圖，力能築杭城七十里，而不能爲湯沐所生之民，蓽路啓山，造城郭溝池之固。但歲時至邑中，會父老子弟，衣山木以錦，誇富貴榮耀而已。至今吏兹土者，尚有遺議焉。夫山川亦何常之有？在錢氏爲勳貴之鄉，在趙宋爲京輔之地，今第武林一隸邑耳。延袤僅百餘里，民散居鄉落間，官舍倉庫，寄于孤山之頂，至褊淺矣。而東達吴、越，西通徽、寧，初以爲山陬僻壤，不置傳郵，今使客繹絡，往來如騖，供億繁苦，至與衝邑無異。臨安豈變於初哉？昔何以重，今何以輕；昔何以簡，今何以疲？此亦世代之變，時事使然，不可得而沿也。

邑故多奇峰幽澗，而天目之山、苕溪之水爲最勝。其浡發於人文，鍾爲材人傑士，往往有之。然以昭明太子修禪山中，掬靈泉而復已盲之目，此山遂以目名，爲其所據。無論他羽客緇流，不得而奪，雖以武肅王英雄蓋世之姿，跨有郡邑、甲兵之盛，亦不能改此山之名，争爲己有。甚至邑治有遷徙，世俗有互换，法令有遞更，東西兩目之稱，千百世而如故。然則，山川以人重耶？人以山川重耶？余是以蒐往牒，採輿論而成書，而於官書《人物志》，尤所重也。賢有司三歲一遷，其在事賢否優劣，昭人耳目，去後之論易公。獨其鄉人往哲，如吴越王以武，于常侍以文，開越國而成《晉書》，初亦何費雌黄。而有不盡然者，其人已往，氏各有喙，或此抑而彼伸，或甲可而乙否，孰從而一之？余佚賢是虞，亦何敢妄華衮以滋愛憎之門。但寧刻無濫，於舊志所傳官師人物外，其有宦績可書，而鄉評足録者，令三人，廣文二人，鄉薦紳四人，節烈多於是矣，而孝行無取焉，其嚴如此。

太史公網羅舊聞，上下千載，周游歷覽幾天下半，始退而修《史記》，然且不免於是非謬聖人之議。余以夏蟲語冰之見，揚扢幾何？惟是百里提封廵行，無非事者。蓋嘗登天目、天柱之峰，覩所謂龍飛鳳舞，憑而弔之，十錦花封之蹟，猶若有存。而與後子孫遺黎朝夕從事，士大夫君子幸不鄙而語余以故，得存而論之。是非謬否，余不得而知之矣。

萬曆集序

《萬曆集》者，儀部何稚孝公所譔著之集也。以出自聖主右文之世，故名曰"萬曆"。天子神聖，於萬斯年。公後有作，富有日新，擬議變化，滋多於是矣。何公以萬曆丙戌成進士，繇刑曹晉儀部郎。會島夷釁起，上疏言本兵事，忌者沮，被謫家居。結茅石鏡山下，寂寞著書，爲《名山藏》。朝吟暮誦，寒暑不輟。兹其網羅今古之外，時見之應酬響答，積久而成帙者也。于詩，備歌行、排律、五七言近體；于文，備序、贊、傳、記、表、誌諸雜體，種種臚列，稱大國之風矣。

蓋吾鄉以古文辭主盟當代者，前此推王道思先生。王先生初喜擬古，非周、秦、兩漢書不讀，語非漢人上不道。後始厭其鉤棘，乃棄而步趨于歐、曾之門，而雄深博厚先之。以爲但宋人法，非也。濟南、弇山二三君子，始推尊北地之業，是能秦漢人者，并廬陵、眉山之法下之，而往往詬其食宋人之遺。不知彼之所侈己而奉一尊，政王先生之所吐棄而不屑道者也。千古文人，惟南華老僊善用奇。芴漠無形，瓌瑋無傷，稱引人與事，姓名語言率自造，不用古人典故，卒能使後人稠適其書，適得怪而用之，而若不知曼衍爲寓言。此神化之手，萬世之雄也。惟眉山坡老善用虚，於才甚高，其蓄甚厚，一揮毫千百萬言立就，而不使一實語。嬉駡怒笑，咳唾自成，渾不見有渣滓之跡，而使人終莫窮其萬斛之源。此變化之手，千古之雄也。龍門司馬之爲史，乃證嚮今古之書，而記事之文也。其褒諱必以正，而不堪用奇，其參訂必以實，而不得用虚。乃其良史材見推，後世莫及，則不以搜羅縛（博）綜之富，而以其模寫肖像之神。讀之，能使人可泣可歌，或拜或舞。此實而未嘗不虚，故萬世稱奇絶焉，亦變化之手，千古之雄也。余嘗持是以概觀著作之壇，而齊一衆家之喙。其奇也，往往得之虚，而其虚也，未嘗嵩有所儗。何公之文，不竭不帨，亦虚而已矣。何公於書，亡不窺極，自放逐以來，無牢騷不平之氣，聲利不挂胸。誘進後學，從遊益廣，問德乞言，户外履常滿。居恒走筆，應之富而廉出，頃刻之間，雲蒸霞變。不多摭前人事以供吾具，未嘗結古人句而益吾藻。觸之目前，流之胸臆，淋漓百態，情境皆真，坑谷各滿。即游刃中桑林之舞，殆不是過。其於詩也，亦若是耳。律隨意轉，聲出天放。何者？虚故也。

何公不摹儗漢、宋人，漢、宋人不落何公儗。何公之鳴，有聲無色，天籟也。儗則跡於人，爲比竹之音，而人籟矣。拍肩而入宋室，矯足而登漢廷，兩者互譏，何公不爾也。王先生有所儗，以博綜醖釀之厚，麗則以行其實。何公不有所儗，以幽遠閒曠之趣，疏越而致其虚。王先生文已盛行於世，雖或祧之，或祫之，然終不能少貶其名，傳響如嘉、隆間中興，而稱作者。乃何公亦變化之手，而萬曆間一代之雄也。何公作《名山記》，見其書者，無不怖江漢而無極矣。其以何公爲千古雄人乎？後自有定何公者。余淺鮮，今未能具道之也。

張洞齋先生文集序

先生非有意爲文也，無意爲文而文著焉，先生之所以文也。先生非無意爲文也，有意爲文，然而不以文擅焉，尤先生之所以文也。蓋古今撰述著作之家，代不乏氏。類皆有意含毫，文章自命，當抽辭搦管之日，慮亡不搴旗建鼓，高門自峙，而天下後世之人，遂從而文稱之。夫夫也，能儗古自好者也，然而是非誹譽之言起矣。本其所儗，而譽之是之，則亦因其所儗，而誹之非之。同則以爲合轍，異則醜其效矉；抗之則俎豆於賢人之間，抑之則浮沉于巴里之誚。家營一壘，人執一耳。敵國更霸，自相桓、文，誰定一尊？道不同，不相爲謀，各從所好耳。故夫有意爲文者，文之名所繇增，而亦所繇損也。

漢、宋遞興，龍門、眉山鈞稱一代。禘漢何必祧宋，祫宋又何祧漢？晉江、毘陵，千里響應，虎視中原。北地崛起，歷下、瑯琊嗣興，乃始有遺議焉。幾令二陵一朝廢明主而失諸侯，且欲并眉山之法噤之。豈必人人真寘足于漢司馬庭，始稱古邪？然則，文人靡定之喙，大略可睹矣。以余觀先生，殆不其然。

先生少負材稱，繇名進士起家。生平於書無偏好，於作無旁附。最喜尚友蘇子瞻兄弟，而于東西漢作家，心何時不北面之。乃其入官所稱引，在潁川、渤海之良，其終身所歸依，在濂、洛之二三夫子，而以考亭爲鼻祖。故謂先生有意爲文乎，先生不汲汲以文見奇也；謂先生無意爲文乎，先生之語言咳唾，無非文也。先生爲令，以真令名；爲御史，以真御史名；爲藩司臬長，以真藩司臬長名。至于辨晰理學，爲道德性命之言，又以儒名。先生何嘗耑以文名世，世惡得而文士先生，然先生之文彬彬矣。先生坐堂皇，走筆爰書間，卒然立就，矢口成章。以爲律則皆文，以爲文則皆法。所著有《觀風雜言》，士大夫盡司南之。彼手中之奏也，游刃合桑林之舞。矧其淫思以往者也，出入歐、蘇之門，過問漢、唐人之路。文學孝悌，自其天性，質言篤論，本之躬行。輓年亦喜汪太函、左司馬言，而先生之步武自若。先生不模儗古人，人莫名先生所儗。故無意於爲文，文而不以擅者，此真先生之文也。

景壁集卷之六

文　序

儒林李氏族譜序

吾家上世舊無譜牒，季父定安公嘗草創之，但記其名字、生卒耳，未及詳也。縉竊有志焉，而未之遑。今老矣，廢跡屏居，于人世寵榮紛華之事，一切浮雲。寄傲于儒林景壁間，時自呼爲儒林人，間亦名景壁人，但自喻適志耳。一日，諸姪際泰等造余，請曰："上世未有家乘，當吾叔父世而復失之。派系未著，祖德弗揚，謂俟來者何？"

余不覺惕然懼也。于是取定安公舊譜，反覆詳之，而復借薦紳家一二已刊之譜，以參得失之林。大都今爲譜者，多致詳于名位顯著之聲，而滅没乎布衣草澤之行，以爲此貴室也，巨族也。王、謝之燕，飛入尋常；牧伯之家，降爲皂隸，室族亦何常之有？申徒嘉不云乎："先生之門，無執政也，安有家庭、父黨間，其重若彼，其輕若此哉！"余是以特起義例，著爲新裁，壹是以率祖率親爲本。世系有圖，東西有序，世次有紀，蕚韡有編，祖德、壼德有傳，世壽有考，恩命有考，封塋烝嘗有考，以至輸役、徵文之事，上關祖訓，下詒孫謀，諸種種臚列，靡弗具載。但他人譜諱言貧，余不諱言貧；亦耻言賈，余不耻言賈。以爲儒不厭貧，而廣求田問舍者，非君子之道。人世起家，自讀書下，用貧求富，而仁義附，誠莫如賈。《史》列《貨殖》，不滅賈子，又何論宗人族屬也。吾家代無顯人，不多仕宦，即宦有位，無崇階峻秩可烜赫于世。廼其樹蘗拔葵，清白再世，上膺天子之封，廉吏何不可爲？亦既昭揭而焜耀矣。悠悠宇宙，全人有幾？况一宗中，使必律人人以求全之備，則齊民無奇節，畢世無全瑜。余是以核所見聞，隱行可書，無葑棄焉；寸長可録，無苛責焉。如其善本纖細，而積可致巨，則收之。即其人非顯著，而行絶乎儔伍，則亟收之。余繙少喪怙，惟母安人荻畫教是遵。余故闡揚祖德，而于母德獨詳。人不生于空桑，奈何概婦人無遂事而忍令没不稱也？紀善于家，與取善于鄉，不可同日道。吾直以是觀法吾子孫後人，使覽鏡斯譜，而見上世父祖之有善行。無微不録，則有勃然易興之心，而蹙然不能自寧之意云耳，非故濫收溢美，而欲以徵信於鄉，邀譽于國者，則何庸過刻責爲也！且吾上世古、質、朴三祖者，異人也。彼其所搆自然軒，今瞻夫子宫墻矣，故曰儒林李氏。按郡乘，質庵公初搆是居時，儒林不在是。歷宋、元及今，數遷始，至天順間，廟門猶西向，不由斯地。嘉靖初，更而南之，得門而入，杏壇闕里在目中矣。以其時考之，正當先主政薦剡之年。昔人三遷以就學宫，今徙學宫三易地，而聖人之居以近。豈當是時，輦輅啓山，卜地卜宅，擇而取之？抑若天所助焉？非偶也。

太史公傳《儒林》，首重鄒魯，本六藝之文，以遵夫子之教。聖人授諸子經術，言《易》爲先，自授商瞿、子木，而後傳受者不絶也。知名者，諸儒以此耀之。吾家以《易》學名，莫如賓渠公，而主政公、長史公繼之。質庵公肇基其跡，賓渠公倡明其道，主政公、長史公濬發其源，自是而儒林不虚矣，皆異人也！所謂異人者，明於六經之道，而潤餙世務之業，此又吾譜中所不可一二見者也，故既兼收罔失矣，而特正《易》傳本家學，以告後人之學《易》爲儒者。

譜後自敘

故事，譜成，必致有位者之言，敘首末簡。余非不欲致也，私竊自念，有位人如椽之筆，能藻潤耳，未必能悉吾家事，抒吾悃也。乃借太史公《自序》之意，與諸子侄再申言之。蘇明允先生著《族譜》引，謂“子孫之于祖宗，其初一人之身，分而至于無服。無服則親盡，親盡則情盡，情盡則喜不慶、憂不弔，相視如塗人矣”。此譜所以作也。

夫譜系雖詳，不過按其世代、年月，與其人之名字、生卒，具載之耳。其餘親盡、服盡、不吊、不慶、相視如塗人者，未能遽改也，安在其譜作，遂無至塗人爲？

則以望之"未塗人"之人，而庶幾其可無忘忽。嗟乎！明允先生之意念深矣。凡人謂祖宗所自出，皆人也。雖聖人，必有父祖，其與"塗人"一也。明允先生之所謂"未塗人"者，非謂服與親未盡之人也，謂不自"塗人"其身，而後可以"無塗人"乎族人。

吾宗自始祖迄今凡九世，瓜瓞雖綿，支屬未煩。近者猶在五服之中，而遠者未至于袒免之竭。雖亦散處流寓，不盡聚國，而憂喜未始不相聞，慶弔未嘗不來往，則亦與親盡、服盡不相識如塗人者殊科。乃其窮經發跡，致位服官，受天子綸封者，皆非塗人也。若施政于家，不家于官，孝友廉潔，吾主政公爲最，此吾宗人所共見習知，而人人能道者。余不肖，爲主政公子，不能踵其遺躅，拓其餘緒，而以可無途人之身，空自曳尾于塗中之跡。垂雲之翼，已鎩羽于控地，而五石之瓠，但慮樽于江湖。枵然無所容之軀，祗自同于櫟社之樗木，明王之所不臣，盛世之所見擯，亦足羞也。然明允先生嘗離此患矣，先生之名，竟並天壤，萬世下，未聞因其不仕，而遂以途人溷跡先生者。人謂縉父子間或仕或不仕，多難能不可繼之踪。先主政居官、處家，庸德之行也，人自不察耳。縉則難免于屈轂堅匏之誚矣。吾願後世子孫，效主政公鶺鴒之好，而勿希余不肖鷦鷯一枝之僻也，則亦可以無途人乎族屬矣！

太史公作史，敘其父談著論六家之指，而終之以悲嗟涕洟于自身之不免禍，求爲途人而不可得，而發憤幽思之所爲作。余不投于世網，終身可爲塗人，無鬱結不得通之道，而竊自效于明允先生之用心，以著斯譜。吾子孫有不甘自塗人者，取是譜而讀之，油然生孝敬之心，其亦無途人我也乎哉！

族譜自敘代

吾宗故有譜，世遠代更，子姓蕃衍，派別益分，及今弗修，後有不可得而原者，余慨于中而竊有志久矣。會余官大行，奉使持節魯藩，竣役還朝。燕齊之間，舟次無事，于是出舊譜復訂而世次之。歷數歲月，譜始成，乃爲之序。

某曰：余讀舊譜，始于唐貞觀，輔乾公刺史泉州，家于泉。迄宋、元世，吾許氏代有聞人，卿相薦紳臚列，不啻詳矣。夫豈無爛然足侈，而吾寧闕不以信，敘譜世次，斷自七山長君垕公始，蓋其慎也。孔子生于周，雖自稱殷人，而孟僖子遡其爲聖人之後，但曰其祖弗父何及正考父而止，更不復逮其始殷之初，所以降玄鳥而命生者。遠代之不必録，可知矣。太史公敘家世，亦遠追于重黎氏，而以爲周程伯休其後也，然略言之，忽而未始詳，以自托于若疑之意。至次其父談所生，但自後于司馬錯之裔，且不以附之在趙、衛之顯者。大聖人，名史氏猶然，而況吾人！

七山長而下，詳哉其言之矣！垕公之瓞綿綿，豈其上世之盡無人？然與其疑而誣之，則不如闕之。傳信則無所不信，傳疑則無所不疑，而可弗慎與？雖然，其猶系始祖稷何？此余之特書也。按舊譜，稷之後輔乾公，三世耳。繇貞元而後至于今，數千餘年，其子姓昭穆已不可得而譜。乃其遺風餘蹟，猶有存者，今薦紳先生類能言之。至令人過賜恩山之下，徘徊其讀書之處而不能去。吾許氏毋論已，且以吾一宗之人，馬鬣之封，纍纍此山，生者之精神，死者之體魄，藉以長存而不散，其誰之波乎？君子之澤，五世而斬。夫以此不斬之澤，雖百世不遷，可也。而矧其聲名行事，猶彰彰如是，安在其湮滅之？余是以不復考其世次，而但系于七山長之前，而特稱之曰始祖，以示吾宗人詩禮衣冠之自，令世世子孫奉祠勿絶焉。

嗟夫！天下有貴人，無貴族；有賢人，無賢族。族非能大人，人能大族。不然，王、謝之閥閲，雖千百世存可耳。吾子孫尚于吾所以置遠代而特始祖之故，其油然有興也哉！彼以許爲大岳之後，邈矣。太史公世序重黎，後世猶有非之者，余不敢具道之也。

許氏重修族譜序

是譜也，觀察大夫許賜山先生所修也。先生博極群籍，負良史材，以名進士起家，歷内省外藩。官大行時，奉使魯藩，舟次無事，考舊譜，參之睹聞，編摩可謂勤矣。先生卒于官，未遑授鋟，距今三十年往。長公世臣始克梓之，屬光縉序。

縉按，薦紳士大夫家譜，故多有之。然皆自一世昉，未聞有特始者。先生之譜，以七山長公爲世祖。七山長生于元，遡而宋，而五代，以至于唐，上下近千餘歲。昭穆世數，缺焉無傳，而獨録毗部公稷。若推本其許氏之所自出説者，爲《禮·祭法》，有虞氏"祖顓頊而宗堯"，夏后氏"祖顓頊而宗禹"，殷人"祖契而宗湯"，先生竊其法而用之，以附于宗近祖遠之意。夫是以祧宋而祀唐？非也。先生以爲，七山長而下，可得而原也。七山長而上，不可得而原也。不可知而故附之，近乎誣，誣非孝。可知而故略之，近乎忍，忍亦非孝。先生置其所不可知之原，而不欲强七山長冒以其非親之禰，故敘譜斷自七山長始，蓋其慎也。毗部公之去七山長，遠矣；其去今之世，則尤遠。乃其山川之祊、讀書之澤，猶有存者，今學士先生類能言之，不獨許氏孫子也。以某澤則可追，以其世次則不可原。如以其不可原之世，而并没其未斬之澤，則亦近于忍，而非孝。先生又不欲其誣之也，故但祖毗部公一人，而不復詳其禰别之系，昭穆之派，以惑千百世子孫之信。嗟乎！先生之見遠矣。

夫譜所以尊祖而收族也，非以誇閥閲、耀觀美也。尊祖謂之孝，收族謂之慈，世未有不收族而尊祖者。自孝慈之道不明，而率祖率親之典，爲趨炎附勢者之所口實，乃有非祖之祖，不族之族。兩者皆譏，而冒族之失尤甚。夫夫也，妄稱遠始，寧直知其德行道義之可師，不過欲托于名卿世族之裔，以自脱其閭左之羞耳。然亦徒騰之于口，甚則借之于書，未嘗有衣冠、原廟之設與烝嘗、祠典之及也。朝爲掉臂，暮號宗盟，此富貴人之所事，非貧賤人之所爲。彼以我爲宗，我以彼爲宗，平居無諸父、諸從之呼，無故而伯叔之、弟昆之，非富相敵，則貴相埒也。不然，亦路人之、胡越之已矣。夫心無兩心，心之情無兩用，其所伯叔而昆弟者在彼，必其所路人而胡越者在此。有以貴富而相收，必有以貧賤而相棄。此厚薄之分，低昂之勢所不得不然者也。矧其所驟引同宗之家，未必人盡富貴，亦宗其富貴者，不宗其貧賤者。勢在，即塤篪不啻；一旦勢去，并伯叔、昆弟之名亦去矣。如是收族，族益亂；如是尊祖，祖益涣。名不正，言不順，事不成，政此之謂，而况混譜牒之中乎！先生之不誣遠代，而獨詳七山長後人，良有以也。

余讀《譜》世系以下諸雜志，大氐尊祖者什三，而收族者什七。狄青、郭崇韜之事，不必真賢人君子而後能辨之。古今稱大孝，政以其匹夫邁跡，非天子後之故。宗廟之饗，亦瞽瞍以上人而已。令必如世儒所稱堯宗而顓頊祖，則亦後世冒遠祖張皇者之爲，當亦不以大孝歸之矣。祖宗之精神，寄之子孫之身，本支不貫，則廟侑不妥。收族故尊祖之大者，先生教孝勸慈之意，良出于是。但區區泥特始之義，以爲先生異，亦謬乎先生之孝思矣。明興以來，許氏之聞人可數，獨先生開甲第之先，功業文章爲最著。後之視今，猶今之視昔。先生雖繼禰乎，當必有毗部乎先生者。世臣克成父志，後來之文獻足徵，夫誰之力與？此亦先生之孝子也。

塔江劉氏族譜

塔江之有劉氏族也，劉九哥其始遷之祖云。按譜，九哥名拓，福清人。宣教公之子，忠烈招撫公之孫也。宣教公，譜逸其名，生四子，伯曰振，叔曰藝，季曰文，九哥居仲，于族行一百廿九，呼九哥。其不名拓，但呼九哥何？匿之也。其匿名何？胡元禍宋，景炎之初，端宗播遷海上，都督文信公移屯于漳。招撫與妻兄林處士，同就家起兵，以九哥爲行軍令史，欲以應信。元兵攻福清，招撫遣兵拒之。兵敗，林處士死之。招撫匿海旁邑，元索之急，執其妻子詰反狀。林氏叱賊而死，招撫自經死，元盡誅林、劉之族。當是之時，劉子孫其得脱于鋒刃、散亡而逃存者，無幾矣。宣教公與其兄學士公俱遇害，子拓幸而免耳，乃自匿名姓，時對人自稱九哥。繇海濱潛行入泉，將依文信公于漳。至泉塔江，見地荒僻，初避亂僦居焉，久遂家于是。生三子，皆不名而郎之。塔江人莫知九哥何處人，何名何姓，但因稱九哥，亦九哥之，而郎其子，是以得免于難。九哥因山海魚鹽佃作之利，逃性命于亂世。然而，招撫公、宣教公未盡斬之宗禋，漸已肇基矣。

今塔江子姓蕃衍幾千餘指，皆九哥、三郎所傳之裔也。此塔江譜所繇著。其不以九哥爲始遷之祖，不可得矣。塔江諸劉，近乃證譜于福唐之北里，然後知北里之劉，爲塔江所從出之祖。招撫公之爲國死也，宣教公之爲父死也，一一皆核之。或莫詳其所以死，而靡不歸義于招撫。又且按譜窮宗，自招撫公而上之，若季父實夫、瑞州公龎、奉直公八成，至直功公國均，爲本支之宗。自直功公而上之，若經略公彦、博士公詢、太宰公詵，至中丞公處約，爲族支之宗。而以竇州公天錫，爲第一代始祖之宗。臚列而系之塔江譜之前，若水木之有本源，若衣冠之有弁冕，斌斌皆宋臣也。簪纓蟬聯，名號彪炳，譜牒華冠備矣。人以爲北里之能重塔江也，余謂塔江之有以重北里也。何者？忠臣、孝子，兩者並重于天地間，不可偏廢者也。有招撫公之死，便不可無令史公之去。招撫不死，自竇州公而下，世受青紫，一旦而没入虜廷，謂左衽何？生無益也！令史不去，自招撫公而上，世綿瓜瓞，一旦而駢首同戮，謂滅宗何？死無益也！招撫死而大義明，雖天地鬼神能諒之，而未必關君父存亡之故。令使去而心跡微，即父子兄弟不及語也，實陰係子姓興滅之端。吾故曰，塔江有劉氏譜，非北里重塔江，乃塔江能重北里也。北里之譜若存若亡，誰昌誰熾，余無暇具論，姑自塔江一派言之。

當胡馬猖獗，間關潛行之時，元混一海内，威令文告行矣，何以去之而若脱？何以索之不能獲？出萬死一生之餘，而寄身于海陬一席之地，卒以蓽路，繁兹奕葉。豈非至權奇極智，而能若是？余獨怪劉人請祠忠烈時，有司反覆論議，摭當時死事故實，胡無一人語及宣教父子者？袛令孤忠隱德，一死一生，憒憒滅没。北里之不知塔江，亦猶塔江不知北里，及至今合譜，而後知之。而苛論者，猶以不與父祖皆死，非舍生取義之正。此猶責招撫以倉皇舉事，不死于血戰之日，而施于自經之後也，溺其旨矣！孔子序列三仁，死者仁，去者亦仁，且置去于死與奴之上。夫子爲殷後，故先仁之也。微子不去，宋不封矣。後所謂弗父何之辭，與有宋厲公之授，當屬之誰氏？孟僖子稱孔丘聖人之後，蓋指微子言也。吾夫子亦自稱爲殷人，至欲取徵于宋而不足，自以爲吾能徵之。聖人曰："宋，吾祖之所自出也。"微子非仁乎哉？大聖人之不貴徒死，而重宗統如此，何況吾人當國家殘破後，以孑遺之軀，基雲仍之祚也！

然則，斯譜也，謂塔江即北里之譜可；謂非塔江之譜，無以完北里之譜可。今二譜合矣，余按而稽之，宋時多名卿顯宦，元世何寥寥也？則忠義之家，恥仕元故耳。何明興二百年來，未有顯者？孔子徵殷于宋，嘆文獻之不足，而獻尤所重焉。譜則有文矣，其所爲徵文之獻者，何在？余是以不無厚望于劉之後人也。踵忠烈之風，振詩書之躅，是在塔江、北里諸君子共勉之哉！

莊孝子傳敘

莊孝子者，今贈太僕少卿方塘先生之仲子也。先生當世廟初，第進士起家。官僉事，用直道忤時，蚤廢于世。退居青陽里，政于家，施德于鄉，鄉人多賴之。嘉靖之季，島夷内訌，所過殘滅，直薄郡城下。民争逃走，城門閉擁不得入，哭聲震天。先生請開門納之，所全活以萬數。身自與弟晦募鄉兵三百人，後先殺賊，破四十餘壘。賊大恨，剜先生父塜，剖其屍以去。先生及弟徑走賊營，奪父屍出，晦竟死賊中。撫臣上先生功，事亦竟寢。會朝鮮用兵，上欲廣勵天下，詔録斬倭死事者。孝子于是欲上疏請，言臣父某、叔某，先年擒殺倭有功，叔又死于賊，宜贈與蔭。當是時，余逐隊長安中，孝子持疏謁予。予讀而心壯之，然亦未嘗不誚其迂。安得有一介書生而欲叩闕下，言其父若叔四十年前之功，而以覬天子恩澤乎？即吾鄉之薦紳先生，宦京師者，亦多沮之。孝子默不聽，疏竟入。上允大宗伯、司馬議，孝子果得贈其父方塘先生爲太僕少卿，而蔭其叔之子世百户，人以是多稱孝子孝云。

嗟乎！先生之起兵殺賊，亦不忍坐視其鄉之人肝腦塗地，而爲此以紓閭里之難耳，初何計有身後之贈？而先生之弟，所謂寧死無悔，亦痛其父之暴骸骨于中野，而以爲不共戴天之讐，故誓不與賊俱生也，亦何知有死後之蔭？其贈與蔭，乃孝子欲藉是以沐天子之寵，起其父若叔于地下而顔色之，而未必其生前不言功之本情也。然孝子之初請命，亦難矣。浮議沮之，不爲惑。一握笑之，不爲止。間關萬里，淹繫歲月，不爲懈。咨議落落難合，侻得侻失，不爲摇。空橐傾貲，稱貸佐之，不爲悔。僂身行燕市間，朝宗伯門，暮司馬舍，至神若焦而形若憊，不爲疲。孝子亦幸而終得請，故足孝耳。不然，世俗以成敗律人，不少也，孝子之心，其誰能諒之？人有謂孝子：明例，死事者録其後人。孝子即請得蔭，不能及其身，而但優其叔之子，孝子敝敝無益也。孝子默然，笑而不答。然則，孝子之用心可知矣！

孝子既贈先生官，又以先生之弟，但蔭而不贈，于恩典有格。復身之北闕下，欲爲其叔再請。乃行至武清之客舍，暴病以死。嗚呼！孝子不死，其疏必上，叔亦必贈。孝子死，爲叔請贈之疏亦遂寢。孝子之孝，果堇堇竭力于其父哉？"孝子不匱，永錫爾類。"此又其孝之大者也。

王孝子傳敘

王孝子，惠之崇武人。余未嘗至其地，接其爲人，但從吾平江母家，耳孝子聲，心内慕之矣。當是時，葉令絅齋先生爲政。吾渭陽江龍川公令善客，與令言：孝子年十三，從父之郡南安行賈。倭亂，父被擄去。孝子身自投賊壘，請代父死。賊感其孝，俱釋之。葉令聞而大異，親造廬請見。延之閣中，教以茅容烹鷄供母食之孝，蓋進之于道云。孝子遂大寤。人重葉令，因以重孝子。匹夫而能致縣官之尊，爲不世盛事。衆庶榮而慕之，孝子之聲益著。余所聞于渭陽之稱述如此，去今五十餘年往矣。

萬曆末，修郡乘之役，余得從黄宗伯先生後。時共事諸君，方執筆修明薦紳賢大夫之業，余請于宗伯曰："太史公作《史記》，尼父列于《世家》，伯夷首乎《列傳》，非終身布衣耶？下至刺客、俠士、賈客、日者，一節一行之奇，皆不弗廢，安在其耑黼黻富貴人爲也！草莽閭閻，豈盡無賢？"宗伯問爲誰，余以王孝子對。宗伯異其孝，使傳之。傳出余筆，列之詳矣。獨髫齡脱父之事，不載入傳中耳。宗伯以爲，此孝子之遭，乃難能不可繼之行，使必人人冒死而蹈白刃然後可以言孝，則平居無孝子矣。故特紀其子舍中，問寢視饌之勤，扶輿居起之慣，無傾刻離，無幾微失，若近而遠，若粗而精，若人少之所可能實，終身之所不能盡。《禮》所稱"孝子之至，視于無形，聽于無聲"，王孝子以之矣。余以是傳孝子，黄宗伯亦以是可爲孝子傳，其于孝子之存歿，均弗之問。故孝子身猶在，而行與名登乎郡誌，無俟于蓋棺論定之日。此孝子之特幸也，豈非遭哉！

仲尼與游、夏論孝道，嚴矣。至所稱孝，不以歸武城、莒父之二宰，而以與不仕費之閔賢。以爲此無間于父母、昆弟言者，則孝之爲道，可知也。孟氏稱事守之大，不及有天下國家之賢人君子，而但以曾子之養志爲可。得非以曾子之養，人人所可自盡而得行之孝耶？飲食，末節也。問請，恒事也。其不以是而少傷父母之心者，道也。人各有親，親各有志，而人各有道，不能自致于親。曾子養志之事，幾爲絶德，而不可復覬于人人。孟夫子則又本生人孩提之初，知愛之良以發之。庶幾其有人焉，未漓赤子之真，而暗合於道者，不必其讀書、學問，鑿知慮、牿仁義而後能也。聖賢之望人孝，可謂切近而深至矣。王孝子殆暗合于道者與！

人皆謂，王孝子不讀書，未嘗學問。夫今之奔走利禄，藉口《鴇羽》，子舍不入，尸饔不問，絶裾而行者，夫非曾學問、讀書之人乎？孝子惟不讀書、學問，故知竭力事親而能孝。不然，學慮多，而良心汩盡矣，其不爲有妻子而熱中者幾希。余四歲孤，無父可事，當筆《孝子傳》，輒慘然生悲，泚然汗下，幾乎廢斯管矣。惡乎敘之！孝子蓋暗合于道者，未易言也。

張侯回生傳敘

余讀《張侯回生傳》，覩其事，可異焉。大都渺茫幽窈，不可究詰。若真若夢，若有若無，《齊諧》之所不至，湯、棘之所未聞，殆幾所謂語怪者與？非也。河之爲中國患也，所從來矣。元光之中，河決瓠子，輒塞輒壞，至勤漢天子自臨決河，沈馬璧，從官負薪。雖揵石菑，而薪不屬也，河決猶未已。于是，築宣房之宫，僅乃勝之。夫以漢天子威靈，疲中國百姓力，而寧河決若斯難也。侯是時一書生耳，成寐蘧覺，化假不知，安得有至崑崙、窮河源，信所云極力而疏導哉！此與愚公厝土石奚異？噫嘻！鄭擊駭鹿，夜夢其處。尹營世事，昔夢作役。宵之所夢，無非旦之所志，故象不必耳目，媾事不必古今。有神交意極，見境皆真，而何疑于侯？

崑崙之説，出《禹本紀》。自張博望使大夏，言河源出于寘(闐)，其山多玉石，而太史公遂以爲無之也。今以侯之言徵之，安在無崑崙乎？無亦中流失楫，河菑衍溢。侯慨然有拯溺灑沉之志，天亦將使侯復禹跡，媲明德，故魂遊神覽于條支、弱水之鄉，直陰授而默示之與！語載：禹治水土迷而失途，謬之一國，名曰終北。穆王遊之，三年忘反。夫惡知神之非迷，而神至者耶？夫惡知崑崙之不爲終北游者耶？侯今令涇邑于此，有如天子聞循良名，徵入大用，或倚侯爲治河使者，侯可出石畫建萬世安矣。張博望之大夏，去十三歲乃始歸，爲漢天子言河源，率誣罔無據，徒奮人主廣大氣于遠夷、外夷爾。金帛、牛馬，歲輸巨萬計，使者相望于道，海内幾致虚耗。此于侯何如？往不必大夏，歸不則累歲，一死一生，爲中國累。假令太史遷而在，欲按圖書問河所出山，當于侯促膝矣。余所知侯者，惟此關蕭之事。神怪不經，余不敢深言之也。

崔先生傳敘

楚嶽先生者，荆人也。子自明崔公雅游至吴，與余姑蘇友人彭興祖相善。余入武林，兩公並寓杭，興祖爲紹介，同造謁余。余攝衣見，周旋俯仰，心甚異之。崔公辭去，余謂興祖曰："人以崔公爲山人，崔公亦自謂山人，崔公非山人也。"興祖笑曰："何居？"余笑曰："是何人耶？如以爲山人，胡無曳裾之容；如以爲非山人，又有稚都之態，雍容紆與。豈嘗列薦紳軒冕間，稱儒者流也？蠖伏此泥塗中，又何以故？"興祖曰："唯唯，否否。崔公發跡武會科，紆金拖紫，爲褊裨將。"余益駴異之，何無短後容也？崔公其初爲博士弟子，屢試弗售，憤恚不自得。始一逃而從軍，又不自得。乃再逃而墨客，匿名自晦，所至不令有司當塗者知，但與四方文士來往，久亦嘿而逃去也。崔公既習余，一日，出鄒愚谷先生所爲著尊人傳，授余讀。余卒業之，乃知其王父桐岡先生，發巍科，宰百里。父楚嶽先生，以文章弁冕一時。家學淵源，有繇來矣。而所得先生之行事，于傳益詳，余是以嘆先生之不存也。

先生起家掌故，窮理讀書，嗜古攻文，源本六經，貫穿百氏。教授生徒，娓娓不倦。此儒者分内之學。孝事桐岡先生與母高孺人,生盡其養,没盡其哀。周人急,厚施薄望。此儒者分内之行。胸次洒落,志意浩然,愈挫益伸,不掛窮通得失之念。高談嘯傲,軒然霞表。此儒者分内之養。皆可以見先生之高,而未足以盡概先生之大。吾獨以先生之所難、輓近世之所不再見者,惟讓歲薦一事。明例:士貢澤宫,非食餼後試科舉正額者,不得辟。當是時,先生年垂暮老矣。同庠友胡君紹寅,廩四十年,僅應一遺才試,有司訝不及格,欲舍而薦先生。先生曰:"應試等耳,何正何遺?紹寅貧甚,病欲死。吾幸免四壁,尚善飯。紹寅當貢學。"使者從之。先生竟死青衿。嗟乎!難矣。士君子生天壤間,尤物移人,聲色貨利,稍能自好,皆易割去,惟功名一念,最羶逐人,雖賢者不免。材名相亞,禄位相傾,其競益甚,苟可鬬捷,靡不批繩矣。居高位者猶然,何論一博士官!負壯年盛氣者猶然,何論一垂老人!矢天日、盟肉骨者猶然,何論一共貢之友!余故以先生爲難。吾夫子序列古之賢人,仁伯夷、叔齊,至德泰伯而逸虞仲,屢嘆延陵季子之賢。若是乎,聖人之貴讓也。孟僖之稱聖人,以其祖弗父何讓有宋于厲公,遂知其後有達人。讓,豈易能哉?然則,知先生之讓者,足以概先生矣。

傳咨嗟嘆息于先生之不遇。遇不足以重先生,不遇乃能令先生重。使先生早掇巍第,但有位人耳。又使先生不讓胡而身自辟,但坐青氈人耳。于先生何重焉?紹明先生之業者,不必皆門弟子之顯;克昌先生之後者,亦何待世掌絲綸之貴。先生之門,無執政矣。令崔公以此時招權席寵,取大將軍印佩之肘間,而令人有衛、霍不好士之誚,則亦安足以昌先生?崔公敦書能詩,隱約如儒生。驟見之人莫名,所以久習之,有目擊道存之妙,乃所以箕裘先生者,大也。余是以并具論之。

張母陳孺人節孝序

語曰:"死易,立孤難。"節之難于烈也,蓋所從來哉。烈之道在死,一死足以塞責;節之道在不死,忍百死不足以完懿。烈之道,如揭昭于中天,死之日,人得而稱之；節之道，如匣光于暗室，雖没身，而人有不及知者。烈之所殉者，夫耳。彼爲其無子，而殉夫以死，死生變而目瞑矣，自裁引决之外，夫遑䘏乎其他？而節則不然，有先君之思，則不可無鞠子之憫，未亡之軀，忍濡以待，爲孤計也。而藐諸不可以知，孤或未必盡樹。即樹矣，或樹于成童，不樹于有禮；又或樹于身，不樹于世。匕鬯不能不喪，箕裘不足以嗣。《終風》之暴，願言者有餘懷焉。則何以有辭于逝者？故語節而不有以子，子而不有以能子。雖冰玉一生，終矢其"我儀我特"之志，無隤其"靡慝靡他"之初。要以所子之不有天幸，但可謂之居貞，而未可謂之完懿也。噫！亦難矣哉。

余友人孝廉張翼新氏之母陳孺人，蓋庶幾焉。孺人自陳歸于張，相再軒公。再軒公之父曰永安公，再軒爲其伯子。藉有文聲，孺人篝燈佐讀。再軒舉于鄉，生丈夫子三人，長孝廉，次翼瑞，次翼奇。再軒上公車歸，忽捐賓客。孺人哭不欲甦。當是時，孝廉甫十二歲，次未離膝，又次未離抱，纍纍呱呱，無可爲怙，惟母孺人是依。孺人曰："夫賫志亡矣。未亡人猶有子，舅永安公禄于宦，吾可無饑寒苦所慮。孤未長，長而或不能讀父之書與竟父之志，是以悲耳。吾以子爲天，而以財爲衛，吾不死可矣。"于是乃强起，與其孤居。匪無甘旨而食不下咽，匪無簟笫而棲不遑息。三十餘年之間，拮据瘏瘁，旦夕不輟，惟課子是毖。能就傅使就傅，能句讀使句讀，能屬文使屬文，提撕訓督，各以其長少爲程，勤怠爲差。和丸繼之，斷機又繼之。而時自莊處一室，無故不歸寧也。三孤中，孝廉最長。一日，涕語曰："汝家督也，况于父之謂兄！汝無以父殁失弓冶，吾亦無以爾父殁懈棬棬。不則，爾無以子，吾安取未亡爲？"于是孝廉感其言，率諸弟學益淬。今三孤皆以文名褎然于公車泮水間，率孺人力也。

夫世之言節者，往往咨嗟嘆息于夏侯令女之事。彼見其不忍于夫之死，至截鬢髮、劓耳鼻，以爲不如是其難能，則英爽不足以激發來世。而有孀居矢志、立孤孤立者，但以此爲閨閤帷第之庸行，無以駭于觀而怵于聽，輒堙没而不見稱。懷清寡婦，家世不貲，守業自衛，不見侵犯，如太史公所述，斯亦足貞已。秦皇帝築臺而客之，而萬世之下，猶有遺議，無乃爲其不貧之故。夫不論《柏舟》

之操與否，其不死而有益于夫家與否，而必于殘膚體爲奇，則奚以寡夫完軀者？而必于甘貧賤爲苦，則奚以寡夫不貲者？此中庸之所以鮮能，而攻屠召武之後人，或以程嬰爲過死也。世無有難張孺人之節，而嗟其不貧者，請以吾言一洒之。或曰："孺人事舅永安公與其姑，孝也。代夫以父，又代夫以子，斯不亦難乎？"嗟乎！不孝有三，無後爲大。微孺人節，三孤之材不材，未可知，三孤不得子，再軒公亦不得子矣。孺人之孝，莫大乎是。他婦職善狀，亡論可也。

貞節傳序

程鄉有文學林君名宸，奇士也。往余師蔣醒局先生令平遠時，余嘗造山城中，會文學于邸舍。是時，文學方以少年盛名，爲蔣師所物色。余一見，相視莫逆，自是兩人各私羶薌矣。蔣師因與余言，文學邑之大柘人家，世敦禮義，善客喜施。父曰日照，雖蚤世，以質行著聞。母李氏，歸林甫歲餘，舉文學。亡何，夫病歿。值寇賊亂離之中，能自衛以免于難，忍死存孤，矢志不渝，可謂貞矣。第未逮可旌之年，不得遽爲請而旌之。要以其節，雖古烈婦，何以加諸！余時聞，已心識之。去今三十餘年，程鄉李先生來訓吾邑，爲文學渭陽家，貞節，其女兄也。余豚子某某，得禀教于先生之門，而先生亦與余稱李氏之宗，來往驩甚。余問文學若何？先生遂詳及母貞之事。余乃知，鄉得蔣師言貞節，猶稱未亡人。文學既舉三子，食餼于庠，貞節乃始三日不食死。余聞之，益高鄉所聞矣，爲嗟異久之。文學亦從是屢以書抵余所，遣三子業問余。今年夏，寄《平遠誌》，書請曰："孤不孝，未有以揚母節。母生前苦節，具在誌中。邑薦紳諸公多傳者，故將梓之。願乞一言爲序。"

傳稱，貞節夫疾甚時，會寇亂。家人悉避去，貞節獨不去，夜分扶夫同出避難。疾愈革，自知必死，論貞烈勿死，善爲存週歲孤，遂逝。時貞節年十七，初絶粒幾死，後乃從夫囑，稍就飡。家被火，挺身捄夫柩，臂爲焦爛。終身拮据，容瘠骨立。一日，召子文學及孫浩然，笑曰："林宗祀有托矣，我可報夫于地下。"遂不食三日死。余不及讀諸公傳，但按誌所載，與蔣師及李先生所稱節，不爽也。

仲尼言夏、商之禮，致嘆于宋、杞，而必取徵于文獻。則惟是公卿大夫、稗官、國史之傳，其言爲足信耳。夫使余之談貞節也，將惡乎信之？宇縣之隔，則遠而無據；闈閤之幽，又微而難知。無亦徵文獻而可乎？獻則蔣師與李先生之論定矣，文則採之邑誌中。誌所以傳信，爲國人千百世不磨之書，較獻存爲尤確，蓋實録也。余姑信誌言而敘之。

誌載節烈董二氏，其一爲貞節，其一爲邑大夫計夫人。而秉筆者，直序貞節于計夫人之前，豈士人母可據貴人命婦右？夫亦有微意焉。計夫人之死也，死于亂賊之流言也。當大夫鋭身殺賊時，賊急而遣奸相傳言，大夫已身陷賊中。計夫人遂以爲真死，伏劍以殉。烈矣！令不信而稍需以緩死，即終無死焉，未失也。貞節之死，死于藐諸成立之後也。亦可以無死，而貞節死焉。吾謂貞節尤難。計夫人非有必死之心，而倉卒聞變以死，則感慨使然。事不可逆計而豫議也。貞節自扶病逃賊時，自籌必死久矣。不幸而不得死，間關荼苦，不知其幾蕢筴，而幾霜露，但矻矻爲文學計。幸而得文學遂所天，貞節以得死爲愉快，則非死不足以售志。此貞節之所以寧不食死，未宜與計夫人猝然死者，同日道也。昔下宫之難，杵臼、嬰二客共謀所以存趙氏孤，杵臼死而嬰不死。及趙氏之孤成，死者已十五年矣。嬰若可以無死，嬰以爲今不報，是以我爲不成，遂自殺。貞節之死，儻亦趙氏客報成事之意耶？吾故謂貞節爲難。然計夫人死，請旌之，且祠之矣，貞烈何寥寥也！雖亦受監司守令之褒，而天旌今未逮焉。則節之難成，不如烈之易著也，蓋所從來哉！余是以于誌貞節者，重有感云。

九節傳敘代

余不佞，承乏武川，辱列邑諸君子後。東陽郭振龍公善余，兩人引重，相驩亡厭，不獨寅協之雅也。東陽公與余論邑事暇，各譚及先世，因出家所垂《九節傳》示余。余恨無劉中壘向、范太史曄之材，爲之闡揚休美，而以屬余友人李宗謙氏。宗謙論之，言纚纚詳矣，余是以敘。

竊惟古者天子觀風，太史陳賦民間之謡俗耳，于朝廷爲近。故不但輦轂之邇，宫闈之密，上而徽音之嗣，下而蘋藻之化，列之風雅，可爲世勸。雖以其四方列國之婦人女子，如《柏舟》之爲熾，《墻茨》之爲醜，一貞一淫，若霄與壤，且得與《王風》並垂，揭日月而昭天。何若是其播聞之易，而掩抑之難也？此道廢，而閭閻之美惡始難以上聞矣。秦世而後，漸開旌典。然以太史公網羅千載，但于秦紀女懷清臺，它貞淑亡稱者，豈秦俗棄禮義、尚有功，雖閨閤亦化之，而貞女烈婦之少與？抑國無公評，旌不逮貧，懷清不富，將無所名聞、客受天子之尊禮與？太史公不爲清特傳，而以列之卓氏妻之流，則當時之築臺故可知也。嗚呼！上世之褒異，詳于見而略于聞，其採予常真；後世之褒異，憑于聞而忽于見，其雌黄多僞。至使朝廷風世勵俗之盛典，反爲人家子孫請乞之弊竇。旌者未必節，節者未必旌，而濫竽之羞與蔽賢之嘆，往往各參半矣。予蓋于郭氏九節烈，有感焉。

夫此九節烈者，自月娥夫人而下，以及女參，或有激焉而死，或無激焉而不死，或有子焉而死，或無子焉而不死，世次相及，嫠苦相類。其死者，慷慨于亂離幽鬱之中，雖刑耳割鼻，烈未之或過。其不死者，間關于零丁荼苦之日，即完軀保身，義無以先之。其死者，凛凛英風，至今猶令人鼻酸涕下，嗚咽而不忍聞。其不死者，屹屹善道，但使人慕其玉潔冰清之操，舌舉而莫可議。令劉中壘、范太史而當今日，吾不知其何如亟稱？乃以節烈若彼，以亡聞若此；其守義不爲不正，從死不爲不決；輿人月旦不爲不定，而天子之旌書卒亡一下逮者。兹何以故也？嗟夫！人家最不幸有嫠居之事，與其丁斯際而取共姜、伯姬之名，不如爲獨主老績之母。但羊肉不慕蟻，而蟻自羶之；貞婦不慕名，而名自隨之。則宅里之表，卓楔之樹，綸綍之及，斯亦司風教者敦奬之不可廢，而郭氏之闕甚矣！夫誰之責與？然以余所睹諸夫人節，類本乎性情，止乎禮義，各認其是，自完其天，非鶩名也。旌不旌于諸夫人乎，何與？無亦其天性然耶！文王之化，遵行南國。其《行露》之女子，亦有以自革，而不肯受污于暴俗。劉夫人秉道于元亡之初，金夫人正志于靖難之時，乾坤新闢，化行俗美，郭氏婦有足徵者。

吾又知，國家之教遠矣。節義之漸爲經術也，經術之本于節義也，所因然也。郭之先以節義著，其後開有聞人，有潮州公，有永州公，今又有東陽公。經術蓋所從來哉！潮州公云："諸母氏苦節，子孫力微，無能爲白觀風。今冠履斌彬盛矣。蓋無鬱而弗彰，論易世而後信，當其在今日乎？當其在今日乎？"

節孝雙旌序

蓋聞世廟間，里中有韋古愚公者，真孝子也。父蚤世，母蔡氏以《柏舟》自矢，守孝子至長。孝子亡昕夕惟節母是依，不須臾違膝下，勯力以旌母節。有司上其請，尋不果，孝子哭三日三夜，目遂廢。越十餘年，始克旌。孝子驩喜過望，明乃始復。節母死，孝子念父，歾時幼不能勝哀，不知擗踊之節，于是服斬衰者六年，廬于墓左。歸之日，鬚髮盡白，人不識其爲孝子。韋孝感歷歷有徵，事載郡乘中，郡到于今稱之云。先是，孝子歾，郡邑舉以聞孝，不果請。去今五六十年矣。孝子之孫孚敬，乃始得請于督學徐公、沈公，而直指使者何公上其事，詔旌之，表其門，曰"韋孝子某之門"。

嗟乎！若是獲旌者之難也，其猶有古道之遺乎！以予所聞，孝子母之節，拮据荼苦，幾五十年。以未亡人之軀，衛藐諸之子，與其宗之人不利于孺子圖者居。卒扶孤以長，而成孤以立，可謂彰灼較著。即一請而遂旌之，何不可者？然且上之人反覆咨諏，以核其真，至于子之悲號哭泣，其不得豫于褒列，目之爲盲，而精爲之敝，乃始賁天子綸音之錫。孝子而既旌其母矣，孝子之行亦藉以益聞于世。當是之時，誰不知有孝子難者。下之人不靳于請，而上之人猶靳于與。必達至五十餘年後，其歾者之魄與存者之喙，各無遺議，而其孝之行與事，所以慊于人之心而符于天之應者，盡招揭于信史紀載之間，可以深信而無疑，然後援令甲而旌之。蓋其難如此！夫旌者，所以發潛德之幽光，而礪世勸俗之具也。不以閭右假，不以編户靳，顧得旌者，謂何耳。與之而得，其人則重；與之而不得，其人則輕。察其人而慎與之，則重；不察其人而濫與之，則輕。直指使者觀風所部，有貞婦孝子，間歲一舉。而聖天子之綸音，賁相望于閭閻之下。然臺使者不能核，徵信于郡守令之牘；郡守令不能核，徵信于黌序之口。月旦操頩，借譽隨之。于是貲有力、顯子孫之家，得關請以行其私矣。旌者未必賢，賢者未必旌。宅里雖表，棹楔雖榮，然而不足以樹于風聲，則惡在其有以重也。

嗟乎！旌之有以重韋也，人信之也；而韋之有以重旌也，人或未之信也。令世之節旌者，盡如孝子之母，而孝旌者盡如孝子之子。桑中不以貞，絶裾不以孝，則不獨旌重，旌者之人重，而其所舉旌者之人，亦與之俱重矣。太史公發憤秦風，詔不逮貧，懷清築臺，堇于富家女一有之，故列之《殖貨》，以見微意。自衛用財，它所繇尊禮可知也。孝弟選舉，當漢世有餘譏焉，又何論輓近矣！招權者市恩，鬻財者市利，以朝廷褒魂之典，爲里巷市府，古道不幾蕩然盡哉？予是以深有感于韋節孝之旌云。

獎烈編敘代

何生翁悌，儀部匪莪公之伯子也。博學能文，與余季子德璟相友善，私心器之。余承乏東甌，有從里中來，言翁悌死者。時季子璟在邸中，余入以語璟，璟訝爲非真，天不宜奪文士如此亟也！已而果然，爲之出涕。又亡何，有從里中來，言翁悌之妻王氏死者。余入以語璟，璟瞿然曰："翁悌有子劭在，何爲死？"余心是之。已乃聞翁悌殁未幾，子劭繼之，而王氏始以其身從之矣。嗚呼！烈哉。事見儀部公所自著行次中。于是，郡邑大夫及薦紳學士相與傳之，褒異、慨嘆、歌咏，以侈其烈。太學生楊孟孺氏，復彙而梓之，命曰《獎烈編》。傳入甌，余卒業之，蓋不覺掩卷而涕也。

嗟乎！貞烈相其君子，彼以身托于士人之妻，平居効明星之儆，而解雜佩之贈，亦欲與伉儷偕老，致身青雲者耳，而豈料與俱死哉？死非貞烈之得已也。故室家和平，琴瑟如初，貞烈可無死也。令而夫亡子在，藐諸可煦，貞烈不必死也。貞烈爲子劭亡而死耳。貞烈非爲子劭死也，爲子劭死，所以爲翁悌死也。子劭不死，翁悌身死而猶存；子劭死，而翁悌無一綫矣。孤存與存，孤亡與亡，貞烈所知者，翁悌而已，何知其它。蓋嘗因是反覆，而益傷貞烈之不幸也。當吾贈公殁時，母恭人芳齡蚤寡，哭泣欲就經者屢。雖云奪于王母之愛，不竟行所志，亦爲有區區不肖之孤在。令非天不泯吾贈公後，當是時，母恭人其不以烈逝者幾希。故母恭人之不爲貞烈，天也。貞烈之不能如吾母恭人節，亦天也。嗟乎！天而欲有以成貞烈之節，子劭安得遽死，貞烈豈能以一死，畢終身之事哉？余每私致恨于母恭人之封而不旌。如貞烈死，與其烈旌，不如節而無旌矣。不旌于節，猶有後，仍烈，但一死而遂已也。旌而及之，庸可後乎？矧不旌，而猶有封也者。此余所以益悲傷于貞烈之不幸也。

共姜居于衛，共伯死，以《柏舟》自矢，靡慝靡他，衛人義之。雖不逢天子採風之世，而猶幸今大聖人刪存之筆，録其言，以爲世勸。萬世之下，貞心如見焉。何者？得大聖人之褒，無所事于天子之華衮也。此直千古之特遭云耳。吾夫子而後，貞婦淑媛，寧復有此哉！故夫世之高節烈者，重王言矣。而總之，必取信于鄉評，倘亦是編所以備採風之意歟！

奬烈編序

同安邑大夫李公，下車數月，尚德緩刑，正俗以禮，諄諄教化是務，士氓翕然化之。閭閻市井之間，婦人女子，亦知自衛。是以邑嘉禾里，有趙烈女殉夫之事云。

烈女名三□，□聘于里人何公保爲妻。年十六，稍知書，未笄。三月間，公保病歿。烈女請于父母，服衰衣，夜奔其家，朝夕哭奠，坐立不離柩側。見翁姑以禮，不失婦道。五月二十九日，縊死于夫傍。觀者如堵，亡不欷歔泣下。事聞邑大夫，大夫烈之，爲上其事于兩臺諸司大府。邑薦紳學士，相與爲詩文，以表揚之。余門人陳生世灤，彙而成帙，問序于余，余是以序。

烈婦世所時有，烈女非世所時有也。婦之烈，或激于其夫之愛，情之所不能已；又或感于其夫死後，計畫之囏，勢之無可奈何。無有藐諸之依，又不屑爲輕塵弱草之事，乃不得已而自裁以殉之，以畢夫之訣，而完其從一而終之義。君子謂其舍生取義，不以等于無故之溝經，而稱之曰貞、曰烈，令甲亦得而旌之。而矧其未醮之女也，非有衿褵之歡，亦未嘗牽于禮制，無復可嫁之義。第以其身曾托于髧髦之儀，至不難一死而從所未及識面之夫，可謂烈矣！

余猶記萬曆初，吾邑有孫烈女者，殉其夫吴以死。當是時，事出創見，士大夫、國人無不甲乙其議，或以爲可死，或以爲不必死，有謂女子未嫁，禮無許死之文，至欲等其死于過中失正之條，如俠丈夫妄以身許人，感憤而傷勇者之爲。然君子多非之。後其議竟格上官，請于朝，下詔書，樹卓楔褒之，而貞魂始揚，人心始快。乃鄉者吾郡已刊之典，宜諸君之華衮不置，而大夫之亟爲請也。孔子删詩于鄘，首録《柏舟》，其貴貞如此。至所述南國之遵化，多婦人女子之詩，如《漢廣》、《行露》之章，不厭申復，若以爲非聖人之道化薰蒸，必無以革其民間淫亂之習。漢非加廣，而若或方之；露非加多，而若浥之。以女子之瞿然顧化，而男子可知矣。故下人之風俗，即上人之德教，盛際猶然，何況輓近！

漢黄次公之治潁川，天子下詔稱揚，獨首舉其百姓鄉風，孝子、悌弟、貞婦、順孫，日以衆多爲言，兹漢治所以有近古之意也。趙烈女之貞，雖天植其性哉，亦被服于大夫之化使然耳。假令是烈而出于採風之世，正删詩者之所必録，而大夫治行方新，廣厲風教，惓惓以旌趙氏烈爲首務，此其最知治體者。吾故因諸君之稱烈，而推本言之也。《語》曰：“風行草偃。”信所從來矣。

三　美　傳　序

予讀《清溪誌》，睹林之軼事，可異焉。其一，林先生鴻儒，以文學傳。其一，林公應欽，以奇童傳。其一，林公鴻賓配黄孺人，以貞節傳。稱林氏三美云。

予按，文學之名，自吾夫子設科始。僅游、夏以南方之學，得其精華，褎然見與，其餘門人高第，不以預于其列。太史公傳《儒林》，不載文學。班孟堅著《六藝志》，不詳文學之稱。漢置四科，文學與賢良、方正、孝廉，並途而進，大抵皆明經講藝、掞藻摛詞之士應之。董江都、公孫平津諸人，其最著也。奇童，古亦有之。如終子雲、孔文舉之流，皆以小時了了、語言應對，夙慧異人。幼則負奇，長而成名，不以童稱，朝華夕零，爲奇不終。兹君子之所以戒闕黨乎，然斯亦異矣。《柏舟》尚已。夏侯女、陰氏妻，斷髮截臂，割耳劓鼻，義士猶或難之。用財自衛，不見侵犯，概之女貞，未易言也，矧其嫠而貧者哉！要以此三者之值，人世稀遘，蓋有幸不幸焉。文學而得駕，不以文學稱矣；奇童而得年，不以奇童稱矣；貞婦而得從，不以貞婦稱矣。今日之奇童，異日之文學；今日之文學，異日之公卿。朝上公車，暮登鼎鉉，親則虎觀、石渠之儒，疎則郡國、四方之吏，奚而不以文學起家者爲之？而其初則寧馨跨竈、奇而見褒于人者也。與其築臺，不如舉案；與其引鏡，不如斷機。驩合矣，而不成子姓；成子姓矣，而不要其終。斯孀居之見志，非閨房之上願。故奇童之不爲文學也，文學之不爲公卿也，吾以爲丈夫子之值其不幸也，而何但貞婦乎！凌雲之幹，阨于蓬蒿；鴻漸之翼，困于羊豖。譬則持玉以與人，旋投之，旋收之；發鉶于新硎，故利之，故折之。或不終成其材，或終成其材，而賈用莫之售也，兩者皆困。而文學之不遇識者，尤傷之。

余讀林先生所著《尚書日録》，令生當漢世，漢天子聞之，且有如晁太常遣受書故事，其所遭時，豈盡出濟南生下，而何落魄如是？雖然，士老明經終牖下衆矣。殤子之小年，嫠婦之無家，亦多矣。而何文之？何奇之？何貞之？林有三稱，萃于一門，聲施不泯焉，此又不幸中之幸者也！余是以合而論之。

西事紀略敘代

《西事紀略》者，今直指劉公使靈州時所紀事也。靈州于漢爲朔方，據京師肩陲，賀蘭、盤銘，西控諸番，北邊匈奴。異時國家設爲巨鎮，董以督臣、文武將吏，吭扼固原、榆林間，附衆威敵，用固吾圉，率一意備胡耳，不虞内叛也。

壬辰兵變，孽蘇逆哱父子起，至于乘機擁衆，勾虜陸梁，戕撫臬，幽天潢，魚肉蒼赤，竊元昊故事，沿邊益急矣。天子赫然震怒，特遣魏大司馬，節制諸道軍，葉司馬、朱中丞，分道進擊。謀臣如雲，猛將如雨，材官畢集，蹶張並發。聚四方兵，竭内帑金之半，師持八九月，乃始克之。是時，上命直指劉公行邊軍，載筆矢石間，稽攻城、野戰、卻敵、捕虜大小功，獲首級多寡差次，及諸將領用命不用命，敗軍、死事、入虜、降寇者，狀義士、貞女，一一以聞。賊既平，公于是具實上書，報天子曲折。上御皇極門，受獻俘磔市，論功行賞，有如疏請。公又著《西事紀略》，始自倡亂，迄于底定，綜其本末，正其月日，紀戰鹵行地，察所繇失之者。要以成功爲統紀，觀所以詳略及所以褒諱，亦當時失得之林也，較所具疏詳哉。

公既持節按閩，不佞某承乏閩臬，稟功令，受約束，間得請是紀讀之。嗟乎！公用意微矣。夫逆哱降虜耳，蠢爾小酋，沐朝廷圭爵，受冠帶，食既稟，業已自托于内屬不叛之臣。而一旦鬨呼，遂敢越志横行，謀奸社稷，彼其戎心叵測，犬羊性然。顧所以激釀偕釁者，誰也？彈丸么麽，不能當一郡騎士半，必至命三大帥，發四方諸道兵，乃克殲滅，傳首詣闕下，故可知矣。此其難不在賊，而在虜。虜據套侵内地，非一日也。氈幕絡于河西，倏去倏來，名與中國共市貢，心日啖之。常幸有羈縻招畔，邀之約結，擁部落至，獲中國金玉、子女、財帛利耳。賊寡虜衆，賊脆虜堅，賊師曲，虜勢張，不並制虜之道，安從得賊望風潰也？紀所著魏大司馬、葉司馬、朱中丞，功具是矣。兵難猝度，事責速效。以趙營平上金賊方略，漢天子必知其計，猶再三下報書，敬問虜何時誅，兵何時決？若不可期，另望制全，差猶亟之也，何俟今日醜哉？于是，紛紛疑魏大司馬軍者，言逗留矣。天子知魏大司馬亡他，有詔逮繫，非投抒（杼）也，所以塞言者口，而激當事者之心。又天子逆知，魏大司馬蚤善水攻，策捍擄，築堤灌城，下軍籌，有完畫。又知葉司馬、朱中丞兩幕府，能善魏大司馬策，規隨後先，左衡右拆，則于賊何有？故令魏大司馬暫輟行，間釋劍璽，而以殺賊破虜後効責兩幕府。兩幕府竟用水勝，則聖天子所以善鼓舞，御將之術，魏大司馬鮮晝之算得而兩幕府協力之功多也。微直指，不能首大司馬功；微天子神聖，不能善直指言。不則，大司馬業已坐法免，不與于凱旋捷奏列，幾亡尺寸竪矣。

蓋不佞讀太史公《衛霍傳》，兩將軍並時出塞，大將軍青數擊匈奴，捕鹵級勞多；驃騎將軍亦絶大漠，第曰"有天幸，未嘗困絶"耳。寘顔山、趙信城之捷，大將軍功去驃騎遠矣。驃騎歸而益封，諸吏卒皆侯。大將軍不益封，軍吏卒無一人侯者。豈其時無杜後惠文之法，募府自上功狀不明？抑漢天子以親貴幸驃騎，故掩抑之與？夫功罪不核，則賞罰不當；賞罰不當，則勇敢不先。或戮力而拘諸原，孰積勞而席其寵。長沮英雄之氣，漸啓鞅望之懷。此李將軍廣之所以引刀于失道，而太史公之所以扼腕其數奇也。然以太史公當武帝時，親睹兩將軍、東西尉治軍攻單于。至今讀傳中，揚厲差次、刺譏褒損之意寓焉，夫各有攸當已。乃其推言李陵功，以降胡爲報漢，以失節爲願忠，又何虚美也？事不揆所繇來，稽終始，安能得當哉？周柱國佯没賊中，陰以報國，不有是紀白心狀跡，幾與李陵降埒矣。深謀忠計，誰知之者？噫嘻！兹公所爲進于史也哉。于以警貪懲懦，揚貞魂，作士氣，爲萬世規，奚不可者？何亶助聖天子命賞之一時云。

德政録序

《語》曰："不習爲吏，視已成事。前事不忘，後事之師也。"盡然乎哉？蕭規曹隨，古記之矣。藉令曹相國承相何之後，當漢興之初，禮樂未備，服色未正，挾書之律未除，而更有所藻潤廢置其間，漢治寧雜霸乎？吏尚守職，不尚因循，治禁紛更，不禁明作。宫徵異調而和，酸鹹異味而劑。廢一調一，誰能聽之？以水濟水，誰能食之？水溢而表不徙，此昔人之所以貽刺于刻舟也。文翁以文治郡，召父以儉率民，次公以察去奸，少卿以緩罷賊。鈍敏異施，巧僿殊尚，各惟其宜耳。必以興學校爲有文，則勸課農桑者似椎魯矣；必以罷捕逐爲不苛，則陰伏參考者類武健矣。要以德讓廩廩，家俎豆而户尸祝，其于循良均也，何必威嚴並茵，齊軌行事，亦不侔焉。

惠安，固泉之一劇邑也。嘉、隆以前，墨綬之吏，人各爲政，遞興遞廢，因革靡得而原云。穆廟初服，東粵絅齋葉大夫，除宰是邑，鋭意興理，輯所挈令，命曰《政書録》。按而讀之，謡俗政事，居可覩矣。迨及大夫劉公在事三年，政平俗穰，善治狀不可更僕。邑薦紳士子乃彙其所建白事宜及他功令，梓爲是編。夫彼一時也，邑纔兵燹，蕭條之餘，呻吟甫起，禁網疎闊，生齒之户未盡繁，山海之利未盡竭。其小人力于佃作，倚市門者，無綺繡之服；其君子文于鄒魯，瓚黄流者，絶侏㒧之語。囹圄空虚，獄訟衰止。間一二豪右家武寇爲雄，然坐堂皇者，可得而問也。獨其法有所未備，制有不盡詳，媮快溺于道德，寛大病于廢耗。是以葉大夫一起而振之，明敏密察，法本乎情，而議當于法。一時人心如晨起振衣，精神百倍。今寢異矣，文明日曜，上下相遁，家蓄户息，游惰益多，家紈户綺，俗尚愈多。相役以財，編户擬于鉅室；相君以力，閭左埒于有司。任誕者恥言引繩，叛經者敢于操戈。扞罔犯禮，好氣喜争。士君子猶然，而衆庶可知也。何嘗無法，竊其法陰阻之；何嘗無制，抗其制陽奪之。聽之則難以行，糾之則不可問。于是姦僞萌起，澆薄不振。令劉大夫當今時，而畫諾坐嘯，仍前人之故事，不漸有更革轉移，而徒以辟婺絲之誚，徼飲醇之稱，其將能乎？今《政録》具在，大都緣飾儒術，本之以欵誠，行之以漸次。恩不以下户釋，威不以勢家奪。以挽回風俗爲本，教化爲務。甚者懲其奢靡不法，以視好惡。凡所興造，如倉社、橋梁、養濟院、城連房諸大役，皆議法于獨創，而患防乎未然。官無煩費，民不稱擾，則其忠誠心有以信上下故也。

嗟乎！兩大夫皆循良令也。葉大夫當亂平之始，元氣初復，網漏者多，阻格時有，其缺失在紀綱，故必詳于政而飭以振刷。今大夫承治安之極，醇風已散，人窮于詐，物争于聚，其敗壞在風俗，故獨周于教而返以本實。因時絛教，追俗爲制。夫各有攸當，非苟而已也。昔人云："推舟于陸，没世不行。江河行山，勢莫以挽。"飭無法之亂易，救有文之弊難。蓋二書並傳于惠，而是編尤其卓卓者哉！觀風者尚擥鏡于斯，則何但功狀臚列，又可以稽世變矣。

武榮春色卷序

周大夫父母南安，南安大穰。三年政成，御史大夫代上功狀，郡薦紳學士多頌之者，于鋪張揚厲之言備矣。是卷也，大夫之門下士王某某等，欲爲大夫美治行，而托之圖，史氏載筆以誌，儀部何匪莪公因命之曰《武榮春色》，授余弁之。

余怪其圖所披載，但山川、城社、官府、廬舍、溝渠、道路、園池、橋梁與田野、耕耘、鳥獸、樹木之勝，若于大夫循良績無預者。玆何以故也？夫豈不欲稱大夫伐？大夫之伐，無得數而稱也。大夫寛大簡易，出之精明，平不至縱，廉不至激。亦嘗踈其節目而不耑，有長厚之稱。亦嘗照于覆盆而不徼，有神明之譽。以故三年之内，吏不苦民，民不知吏，政和事簡，上下乂安。但覺溪山之靈謐，草木群生之和樂而已。蓋昔司馬子長、班孟堅並傳循良。孟堅于渤海、潁川之政，纚纚其詳之也。以爲不如是，則不足以表其廩廩德讓之風，不同于鉅箒發擿者之爲。而太史公獨不然。其所稱居官，而未嘗亂，若高車拔葵之事，盡猥瑣無當。即不然，亦其刺意爲身修者耳，何與于盡心百世之治乎？班孟堅敘循良，太史公敘而不敘，然而太史公之見卓矣。功隱于無功，名隱于無名，百姓不稱，亦無失行，此乃古之循良也。孔子删《詩》，次載《召南》。夫豈無豐功偉績之可詳？而詩人無一語及循行事，但舉民間俗以爲言。至于葭之茁，豝之五，甘棠之蔽芾，若非是，則于政無稱者。稱之而無所得稱，故其稱止此。後之人不知，謂南國之人有德于召公，見樹而思之，指騶虞而譽之。夫居民譽，去見思，此班孟堅之所謂循吏。當太史公世，且未之稱，又安所論于周初之盛際乎？大夫不汲汲于干譽，民亦無得而譽之。圖斯勝者，倘亦詠《甘棠》之意與？春色不言大夫，而歸之武榮，有以也！

思樂甘棠册敘

州刺史方公，以嘉定守來刺福寧。在州甫二年餘，政平獄清，士興于文，閭井樂業，枹鼓不鳴。異績上聞，天子召入爲武部職方郎。將行，州博士潘君藻勒石于州學思樂亭中，以永甘棠。博士之兄大參君士觀記之。博士仍令善畫者，圖秦川山海城邑景物之勝，而自弁曰《思樂甘棠》。思樂者，公作泮宫所自名其亭也，蓋以甘棠稱公德讓云。博士君貽書走温陵，屬不佞縉序之。

不佞拘儒也，守一室自媮快耳。然亦嘗從東越歸，踰白鶴之嶺，涉飛鸞之渡，抵州治城下，踰宿而去。于所稱大姥、支提諸洞天，未之極目。然亦知州治逼叢崗、環海間，爲東西甌要害，地難爲理，而易以生亂。公守之二年，不吐不茹，遂稱極治，可謂賢矣。不佞不能按圖揚厲，但借其名義，可與？

《甘棠》詠于《風》，美召伯也。善政以惠小人，南國之民德之，其周之興乎！《思樂》詠于《頌》，美魯侯也。善教以勗君子，泮水之士樂之，其魯之盛乎！古今稱《關雎》、《麟趾》之澤，莫厚于周，而其崇禮教信義之治，莫重于魯。合周、魯之風，以美方公之伐，夫非虚言也。方公去，有蔽芾之思甘棠在異日，而居有戾止之觀思樂者當年。兩者並茂，誠兼有之。吾尤以公之思樂政其甘棠者也。公留心民事，潤以經術，爲政除煩苛，尚廉平，寬私鹽之禁，定歲輸之限，減贖鍰之金，通溝渠之利，增置樓船，點綴山川，諸可爲州人興革防禦，何不具舉？而尤毖慎于宫墻、俎豆，以尊聖道而開來者。士丁斯時，如游棫樸而趣槱薪，如濟旱麓而同飛躍。夫文教者，王政之端也。士人者，庶民之首也。邑有絃誦之聲，故野無干掫之警。試披圖以觀，屹屹洋洋，雲飛川泳之處，何非公樂地？公于焉從邁，于焉説憩。思樂之亭，可留峴碑；桃李之蹊，蔚爲茇樹。居而民德，去則見思，固其宜矣。余故曰："公之思樂政甘棠也。"

今遼左用兵，疆埸失守，天子拊髀思頗、牧之臣，非得之素心推循、親民稱良者不可。故召公入，以職方郎握兵樞，得簡四方將帥之官。《詩》所稱平夷"獻馘"，來"元龜象齒"之琛，而"懷我好音"者，端于公深有望矣。"思樂"之詩曰："維民之則，允文允武。"公殆其人也夫！

在是篇敘

余友人張乾伯君令白陽，守古望，署欒陽、横槎間，此其勸俗、諭夷之文與爰書、紀事諸雜著也。先是，尊公洞齋先生，以直指觀風行部，刻有《訊讞》、《孚獄》諸書。是編蓋視其成事，爲之梓。既成，張君自標其篇首曰《在是》，而使余序之。

孟夫子論士事，曰："居惡在？仁是也。路惡在？義是也。"而以不殺無罪、不取非有者當之。夫士即賢，亦閭巷布衣之儒耳。縱一旦居官受職，亦安得遽有殺人之事？士必不殺人，而後可以爲仁人，則人有終其身而未嘗殺一人者，亦概得爲仁乎？吾以爲不殺無罪之仁，惟不取非有之義當之。居民上者，而一挾取非其有之心，其殘膚剋骨、草菅民命，有不可勝言者矣。筆之殺人也，甚于刀。而政之殺無罪也，無以異于挺刃。意所欲取，義不得取，倚法阱之；不可盡取，悉法窮之；不得立取，急法比之。深文巧詆，鍛鍊周内，而以恣其谿壑無厭之奪，則富者傾家，貧者立斃。此夫殺人不操弦刃，而盜跖居民上者也。太史公傳循吏，特予燔機拔葵之相，以爲廉不取，義在是矣。乃石奢、李離，亦稱循理，豈仁不忍于殺人，而忍于自殺與？此太史公之微旨也。無亦曰，與其過聽而殺，則不如自殺云耳。任威猾賊之吏，其所誅夷甚衆，亦有廉足爲儀，身死而産無他業者。乃其初也，不全一馬，其後家貲累巨萬。何以故？則未有敢于殺無罪，而不敢于取非有者也。士與大人之事，足以觀矣。

余與乾伯友，乾伯深于經術，曉暢世務，平居議論，常本仁恕。余亦以不忮求相勸勉。乾伯一入官，以廉耻爲先，寬平不苛，正俗以道，停讞率附古義，下筆春温，鸞鳳翔而鷹鸇鎩。笞抶不上十楚，鍰金取積穀而止。遲無暮金，徵賦之餘，吏以追鍰請，乾伯愀然赤發于面也。當其令白陽時，余嘗接其境内，士大夫與余言，張君爲政，吾邑獄無大而皆小矣，罰無重而皆輕矣。余察其廉潔良然。古望夷方，空有州名，乾伯不能有所表見，其治行稍見于署巒陽、横槎，大率準白陽令而行，而是篇具是也。

曾子敝衣耕野，終身不仕。陽膚問刑，語之以道，而惓惓以得情勿喜爲深囑。夫勿喜之爲仁，俗儒所知也；勿喜之爲義，俗儒未之知也。凡人之詫治獄而喜得情者，未有不以非義終也。曾氏所謂道，孟氏所謂事，余讀乾伯是編，吾歸之無失道矣，乾伯以爲然否？

修濬記敘

海寧王君鳳岡，尉武榮之三年，擢建州西安檢以去。邑人思之，勒石道左。薦紳學士多頌之者，彙其言成帙，命曰《修濬功德記》。

余不識王君作何狀，王君亦未嘗通一刺于余，兩人久矣不相涉也。一日，余友人持是記授余，余寓目之，言人人殊，多本如椽之手，而吾里中何儀部公亦嘗敘而亟稱之矣。蓋竊怪之，凡爲有司誦功德者，必于其尊官大吏，動有可書之績，王君一尉耳，有何名位可以動人，而令士大夫交口述之，多所稱譽也？又竊怪之，凡有司樹功德于民者，必其爲尊官大吏，事無掣肘之虞，王君亦一尉耳，有何權力可推行之，而能綽有成功，蒙此聲于士民間也？大都記所稱王君之爲民興利，其大者在修城郭、濬陂之役。而士大夫之頌王君績，其最著者，亦其勯精竭力，奉公不䘏私之事。然以余觀漢、魏世，如西門豹之鑿十二渠，召翁卿之開通溝瀆、起水門提閼，類能有所利賴于民，爲百世規。乃當是時，豹則鄴令耳，民尚少煩苦不欲也。翁卿爲太守，先治上蔡有聲，吏民信之，權何施而不可。王君雖亦徼有上官之檄，而詘于位輕，水道之興復，金錢之經費，寧無有齟齬乾没其間、盡必如意者？而民不擾，財不耗，溝渠流溉，雉堞晏如，夫誰之能邪？而奚取大官爲？亦何至苦邑人之父老子弟，期百歲後而後思之？彼其能與君子相來往，而儀部公嘖其爲不俗之政，有以也。

夫吏有崇卑，安有雅俗哉！一小官也，而柳下惠爲之，則官不小矣。一委吏乘田也，而孔聖爲之，則委吏乘田不卑矣。而安得以官俗溷聖人也？謂簿書刀筆爲俗吏者，非吏俗也，人自俗也。儀部公載王君好爲民興治，又能詩能書，謂之不俗。王君不俗尉，尉始不俗王君。不然，其不以溷簿書刀筆者幾希。昔陳孟公，一西曹俗史耳，嗜酒廢事，至不拘也。班孟堅傳之，稱其涉傳記、贍辭、善書，“與人尺牘，主皆藏之以爲榮”，“所到，衣冠懷之，惟恐在後”。千百世下，始無以卑吏小孟公者，則孟堅之言在耳。誠哉！其有不俗之政，不可無不俗之文也。王君不爲俗政，何儀部公不爲俗文，兩人相與雅久矣。余縱無不俗之文可以雅王君，然亦何敢俗王君也？非余能王君雅也，余得之何儀部也。

攀轅圖敘

張大夫爲吾郡司馬，以詰戎兵防海爲職耳。大夫善于其職，不獨視樓船海上軍，治軍簿至明也。同安令缺，則署令篆；郡大府守缺，則署守篆大夫。署令若真令也，其署守又若真守也。三年之間，七邑之内，時和歲豐，市野安堵，海波不揚，盗賊屏息，獄訟衰止。吏民愛之，以爲大父母，又若以爲父母。御史疏而薦之，政聲籍甚，于七邑佐守爲最。忽大夫一日有蓴鱸之思，上書于兩臺藩臬諸司，丐休求去。于是士民傳語相駭愕，則相與躋公堂而留之。大夫閉閤不視事，爲叩閽排闥而入，讙呼之聲動地。大夫出見，上自縉紳，下及黎庶，以至士卒行伍、胥正吏掾之屬，無不人人涕泣請留，郡廷爲滿。大夫向讓辭者再，争前留之不能得，則又相與揭竿樹幟于郡治之門，晨昏以擊鼓爲度。鼓聲聞，城内外父老子弟畢集，千數百人，環而守之，惟恐大夫之釋政而去已也。又不得，則數百人相率贏糧走會城，赴兩臺諸司而留之。于是，兩臺諸司馳檄貽書，勸大夫留。大夫不得已，稍稍出視事。百姓乃仆旗偃鼓，驩呼如更生。亡何，大夫復上書請去，稱病甚，願乞骸骨，放歸田里。兩臺諸司復勸勉檄留之，不能挽，大夫竟解組去。將戒車行，國人擁郡門三日夜。行之日，薦紳大夫設祖帳于東門外第一山之麓，洛陽之濱，扶杖者、負弩者、奔而走者，纍纍車前後，至道爲塞，而車爲枳。大夫出温言慰諭，盡伏地泣，攀號不肯去。

夫仕之必有止，如春之必有冬，晝之必有夜。自非漢吏久任之世，誰能長子孫于官者？大夫誠亟歸，即未歸，尋當以擢去，亦將不釋大夫之行乎？吾揣諸大夫、國人之意，以爲非主上遷大夫秩，大夫尚可留。得借大夫于歲月間，而挾纊卵翼我，猶愈大夫一朝之急去已，故若此其汲汲戀戀也。何君公之去沛郡，但曰“去後常見思”。召翁卿之去南陽，亦曰“南陽爲立祠”而已。兩公皆以治行第一見推漢廷，民愛敬之，其思與祠至今赫赫傳紀中。第未知當是時兩公去，曾有是攀轅擁道之事否？有之，而史何以不書也？寇金吾之出潁川，天子不拜，郡百姓遮道，請借一年，漢天子亦聽之。彼能得借于九重之尊與未受郡之時，此不能得借于在事政成之後，雖古今人不相及，何難易頓殊若是？此諸大夫、國人之所未喻矣。故因參軍孫君文質之請，于大夫善治狀不具述，但論其事如此。

三署記敘

吏之視其官也，若傳舍然，寧非不數歲而一遷之故邪？署令篆之吏，抑又甚矣。朝承乏而暮解綬，不可歲月淹也。豈惟傳舍之，且蘧廬之耳。蓋有懷一時苟且之心，藉令篆以行其私，亦有約結而願施之材，詘于非真令而無以行其志。藉令篆者民詬厲之非真令者，往往自以爲局外，但坐嘯而俟去。然則，越俎代庖之事，終不可爲乎？非然也。參軍孫婁石公，署清溪令，三視篆于此矣。其初之署也,令缺而未有以代也,故者已去,新者未至。上官大夫第借公而例委之,未有以奇公也。再之署也,則上之人奇公矣。公已稍見其長,上欲更擇于佐倅間,無有易公者,而以爲熟路也,然猶出于上官大吏之予。三之署也,則非但上官大吏之予,而繇國人之請矣。公未至,而匍匐以迎之;方至,而鼓歌以舞之;既至而去,而樹木伐石以思之。士大夫又相與揄揚賡歌不置,即以公爲父母不啻也。清溪僻萬山中,其民椎野好訟,而輕犯法,號稱難治。且人之情驟與處則喜,久而頻則厭。喜則願望之念生,厭亦得失之情起。公以署令之名,而當難治之邑,一而再,再而三,民不惟不厭,既願望矣,又思戀之。公無苟且之心,亦無詘而不行之志。公不自鄙其非令,民若忘其非真令也。此真爲令者所不能强必于民,而公何以蒙此聲于清溪間?吾故曰,越俎代庖之事,何不可爲也?清溪三年間,而三易令,怪也。而公三署之,奇也。三署而三成名,若以達公材者,奇之奇也。

公以文亡害起家耳,于經術了不相涉,乃其潤飾吏事,清廉公慎,與儒者無異。邑黌宫頹矣,前此爲令者率漫視爲迂圖。公初署時,即發憤欲修之,而逡巡未之敢。最後,自發贖鍰金,以授更始,不動公帑,而宫墻翕然一新。至勤學使者褒嘉,于文教大有助焉。其他諸興革,可知矣。公蘧廬其居,而長子孫其慮,居德去思,故其宜也。漢何子廉,自郡吏起爲司空掾,後徙潁州守,代陵陽嚴詡。嚴受徵,官屬設祖道。嚴據地哭,不以其身憂,而虞其代己者至,或有所哀于潁川之士庶。嚴不知爲子廉耳,如代者之署也,人人盡如君,則署者善,而授署亦可以無虞于出境矣。公代署且然,藉第令而即真代也,當何如?夫公亦今之子廉也,余是以序。

誡俗編序

是編也,同安邑侯李公誡俗之所爲作也。今之俗,敝也,甚矣。其失非可一端盡,而其浸淫漸漬已至于成,亦未易以朝夕更也。蓋余猶記尠小時,吾里中薦紳先生、父兄、長老,人多質行,事尚本實,椎朴少文,有恭儉仁義之風。去今僅數十年,而質文淳澆之變,判若異代隔世之事,概不可復得矣。人窮于詐,物窮于華,禮窮于僞,財窮于靡,法度窮于弛,議論窮于多,鑽刺窮于熟,士節窮于卑,舉天下一毫之事,無不窮且盡者。即一事而百度,可知也;即一邑而四方,可知也;即郡國而輦轂之下,又可知也。獨同安然哉?

侯新從長安來,其于朝請之甲乙、時政之是非,蓋陰有蒿怛之思,而私懷杞人之慮。既至同,下車問百姓疾苦、利病,與之更始。一旦見其謡俗凌囂者如彼,而淫侈者如此,遂不覺其思憂過計,而欲以禮教隄防之,因著爲《正俗》一編,以告邑人,甚盛心也。

夫風會之不能無流,與末流之不能無失也,是從古聖人所無如之何也。聖人不能使其俗之無失,而但能有以維之。然吾觀其將有以矯拂世俗之際,往往有齟齬扞格之慮,徐開其所未悟,而寬譬之以所當然。詳之,悉之,反之,復之,如父兄于子弟,石師于嬰兒。令惟恐其不聽,而教責以必從。頑民之馴,訓誥多方,盤庚之遷,叮嚀三命,此其彰明較著也。夫以聖人之誘誨,天子之權力,然且不能責風移俗易于歲月之近,而何况一令長之爲諄諄!然則,侯有五載代遷,傳舍其官之慮,良非迂矣。故天下之事,其將弊也,患在于上之人不心察其非,而狃于俗之所安。波之所頽,恬不自覺,至以其身率其下,而波靡以隨之。尤莫患于上之人,心能察其非,知之而不肯言,言之而不肯爲,而因仍苟且,不玩愒以爲細故,則以爲此非吾事,而任其衝横潰决,至于莫可收拾。此兩者,皆生于傳舍其官之心,泄泄沓沓,相視固然。天下國家之務,所以坐受其壞,率此之故也。

嗟夫!侯之見遠哉。昔班孟堅傳循吏,而首文翁。彼直謂潁川、渤海之理,其種樹、畜養、勸農桑、屏盜賊之法,但有以治之,養之,而未有以教之。誘進化俗,惟文翁爲能耳。夫文翁所謂導其源、開其翳也。刀布之齎遣,行縣之與俱,其于人羶榮慕利之心,猶易以投。今俗則異是矣。文明久開,狂瀾以倒,廻之爲難。但此編一出,力而行之,上好而下必甚,于以抑汰止競,世風豈小補哉!雖持此正天下可矣,而何論區區一邑也!

敘鸖鶴迎暉圖

鸖者,福也。福以壽爲先,故鶴稱壽。鸖鶴者,言雙壽也。林君爾宅之尊大人，曰體受先生，今年壽八十，母蔡孺人，壽七十六，偕老矣。是月之十七日，爲先生懸弧辰，畫史氏作《鸛鶴圖》以祝之，蓋取古人鶴筭之意云。

余李生縉按，鶴之義，于《易》曰："鶴鳴在陰，其子和之。"説者謂君臣交孚之象，吾以爲父子之象也。于《詩》曰："鶴鳴于九皐，聲聞于天。"説者謂中外誠形之喻，吾以爲朝野之喻也。唯其子有在陰之和，是以其鳴有于天之聞。壽先生者，備是道矣。

先生蚤歲治博士家言，不利，棄去。讀《太史》、《穰苴法》，已薦鷹揚，尋棄去。老于典、謨、子、史之間，賈其餘勇以課子若姪。性恬淡，不喜華囂，居家篤于倫義。父受軒公，以孝義見褒，先生則之。兄伯贈侍御公，蚤世，勗侍御君讀，猶其勗爾宅君兄弟讀。蔡孺人綽約與俱，陰行其善，不使人知，終莫之揜也。先生雖不仕乎，而以詩書鳴。侍御君和而第進士，爾宅和而領賢書，諸子斌斌，和而多文學。天下四方士聞有侍御與孝廉名，即聞有先生也。爾宅又且依天子日月光，先生之聲將聞于天矣。昔蘇子瞻爲雲龍山人作《放鶴歌》，稱其"二鶴其馴而善飛"，"清遠閑放，超然于塵埃之外"，可比德于賢人君子。嗟乎！龍山人之所善者鶴而鶴也，馴之可以比德，即軒之亦不免于受敗，此玄裳縞衣之鶴也。先生之所取壽者鶴而非鶴也，聲不必鳴而亦和，鳴不必臯而亦聞，非玄裳縞衣之鶴也。《易》所稱"好爵縻"而"中心願"是也。

杜少陵云："獨鶴不知何事舞。"鶴雙則舞，獨則不知舞矣。是以詠"白鳥"者，稱"鸛鶴"也。先生今日壽，是已。舉案、戲斑，孫曾羅列，鳴乎和乎，聞者其天乎！不知足之蹈之，手之舞之矣。

萬谷長春圖敘代

今年甲寅中秋之月，十有七日，爲今聖天子萬壽之期。中外臣工綴立嵩呼，以致無疆之祝。是月之十有二日，乃吾郡司馬大夫萬百谷公懸弧辰。佐聖人應運之生，後先不偶也。旬月之間，萬年之頌，千秋之慶，起于海邦，達于天聽。若王者興而名世從，可謂間值矣。于是郡邑諸生許某等，圖所爲大夫壽，而竊《天保》九如之意。遠則匡廬、大江之勝，爲大夫嶽降之鄉；近則清源、紫帽之峰，筍江、瀛海之流，爲大夫棠茇之舍。授畫史圖之，題曰《萬谷長春》，而問序于余。

夫語壽于上下吏民之際，詩人之稱述備矣。原本山川，摭引物類，《詩》皆有之，未聞有借谷而言壽者。谷神玄牝之説，蓋起于老氏，養生主之家宗之。如所謂“上德若谷”，“爲天下谷，德乃常足”是也。余以爲，谷者，歸也，下所歸往也。谷者，受也，所受納于上也。故谷虚而能盈，谷静而能聲，收而吐之，是爲天地之春。蓋明興，聖人之生，其享國長久，道洽化成，無如世廟。今上以冲齡踐祚，已四十餘年，且遠過其曆，壽與天長。大夫之家，自尊人貳卿公而下，以逮督學公，勛猷名位顯于嘉、隆之季。迄今大夫與督學公之子給諫公，方顯融而踵其後，世受國恩，簪組相望，爲天之佑。此其受納于上者也。大夫貳吾郡，以清戎爲職。甫下車，署郡邑篆，無虚日。郡承平日久，法度寖弛，豪右爲政，扞罔萌生。大夫本之精明，行之仁恕，整齊而振肅之，人始知鮮犯矣。士君子安于禮，其小人不敢玩于法。時和歲豐，如登春臺，爲人之助。此其下所歸往也。

夫萬，盈數也。一人以萬谷爲春，《詩》不云乎，“君子萬年，萬福攸同”。語福壽者，皆稱萬也，主上受之矣。百，滿數也。有司以百姓爲春，《詩》不云乎，“百爾有位，百禄是遒”。語禄位者，皆稱百也，大夫受之矣。薦紳、士庶，方以千齡百算壽大夫，大夫旋以萬歲無害北向而壽天子。其壽大夫者，政大夫所以爲天子壽也。許生某爲觀察許賜山公孫，黄生某爲參知黄敘山公孫，兩公與督學公同壬戌南宫籍。而余則許觀察公之孫壻，居宇下，有通家之義，于是序。

升日爲祝敘

南安，泉之一劇縣也。異時豪右爲政，奸吏猾胥窟宅其中，令公欲剖擊之，不能得。每一令缺，都薦紳大夫宣言于朝，曰“是宜選制科開敏有材力者治之”，而司爵氏格于例，不一遣名進士往也。乙未南宫之試，東粤袁太玉公成進士高第，謁銓授南安令。命下，都薦紳大夫，人人賀得賢父母，以爲嘉、隆來未有也。報至邑，邑薦紳、士民舉手加額，亦如之。有就不佞請曰：“袁大夫，名進士也，而年少。漢制限年，貴老成長厚耳。謂新進何？”不佞曰：“否否。此非所以例于賢者。孔門諸弟子，由、求、商、師之徒，人人問政，宓子賤年最少，不問政。傳稱其治單父，鳴琴，不下堂而治，而至諸弟子中，獨以君子見稱也。漢公孫弘四十餘而治《春秋》，六十而徵博士，待詔金馬，不可謂不久于民間矣。朔方之難，廼十策不能得一。令洛陽少年與之並時置對，我知其纚纚也。《治安》一疏，擘畫漢家利病，至再世而後驗之。則何但絳、灌少文，雖容貌偉麗之夫，幾見能有當乎？夫士亦通達國體耳，何論年也？我有以知袁大夫矣。”

已，大夫至南安。下車問大姓主名，搜蠹蠹，稽宿弊，約法申令，與民更始。戒監吏于堂曰：“無舞文。”戒隸卒于庭曰：“無下鄉。”戒里甲于坊曰：“無逋税。有負縣如負嵎、憑城作狐、倚官爲市者，罪勿赦。”大夫一出，坐堂皇，按牘四顧，吏卒重足鵠立，不寒而慄，邑以内肅肅如也。大夫雖敏行法乎，然不束濕，不鉆箠。吏有虎而冠、姦如山者，廉得以重法繩之。至兩造具得情，哀矜往往數十訊，不加一杖也。爰書成手中，餙以經術，傳以古誼，上監司輒報可。延大夫以禮，用文訓士，擇其良者褒異之。于是大夫之庭斌斌多文學士矣。大夫去經生僅歲所，而警敏識事，練習國法，諳若老吏。其宅心以忠利惻怛爲主，乃其所居縣當官職廢耗之後，故明察輔寬和而行。批窾而導，游刃而應，亡不中理節解也者。大夫至一月，人嘗大夫以姦利，大夫霆擊之，而吏民不敢欺。閱月而後，人詘大夫以劇蝟，大夫緒使之，而吏民不能欺。數月而後，人輸大夫以情欵，大夫卵翼之，而吏民不忍欺。噫嘻！大夫以少年茂材，與洛陽生比肩千古。一在事，居鞅掌，使卷婁，即單父鳴琴不啻也，何論年哉！

夫日之日，其永也，必于昧爽也。及起扶桑，臻衡陽，而後對昆吾，則昃矣；薄虞泉，則昏矣。此所云暮晷者也。歲之日，其永也，必于孟陬也。及經南陸，過單，而後會鶉尾，則中矣；會龍豵，則短矣。此所云歲杪者也。故大耋爲日昃，暮齡爲窮冬，惟丁年鼎盛者稱焉。而四十、五十之閒，皆繇此起。《語》有之：“壯之年，日出之光；老之年，秉燭之明。”《天保》之稱壽，曰：“如日之方升。”蓋言永也。大夫其春日之日乎？其旦日之日乎？升未始有極矣！

大夫于官爲初服，于政爲初試，于名爲初起，于位爲初登，于年爲初壯，吾何以測其省垣台衡之所至，耄耋期頤之所極，要以日進無疆焉耳。是日也，律中應鍾，十二子爲亥，其交十，其數五，陽氣該，而大夫懸弧焉。諸君入而稱大夫觴也，則請以升日爲祝。

王母徽音卷敘代

須江有徐恂如者，奇士也。挾册從余友人李宗謙君游，宗謙爲其祖母王孺人著傳，述恂如少孤，煢煢母孫之際，言恫切而有餘悲。吾里中諸君子，讀者爲之感動悲歌，余乃叙之。

余擥鏡古今，其善反覆道人子迫切之情者，莫如詩《陟岵》之瞻望，《鴇羽》之靡鹽。是皆以其父母之不及養，憂思侘傺于懷。至于想其黍稷稻粱之不能藝，而不知其所嘗所食之爲何，又且代爲父母之嗟，以庶幾其子之行役，可以猶來而無棄，于情可謂亟矣！《蓼莪》一篇，備述其父母劬勞之恩，與生鞠、拊畜、長育、顧復之德，欲報之而無極。至令人讀之，爲廢書罷社，又何其慘怛而真切也！然皆多言父母之勞，未有及于母孫之事。千古惟李令伯《陳情表》，于祖母鞠養之私，欸欸言之于君父之前。且自恨其報之日短，令一朝離，雖盡節于官而不可。萬世而下，讀者悲之。然吾猶以爲徐生之于王孺人，方之令伯，尤其不幸也。徐生欲爲《岵屺》之瞻乎，"嗟予子行役"，其言不可聞矣；欲爲《蓼莪》之涕乎，少不識父母面，劬勞不能知矣。其煢孑孤苦之遭，與令伯同。令伯之祖母劉，嬰疾善病，年九十六，則令伯之所以依依于床褥間者，于日不爲不久，于力不爲不竭。何如徐生之甫及長，王孺人未五十以卒也。徐生有報劉之思，而王孺人無劉母之年。令伯嫌西山之日短，徐生則愛日方殷，日未西而遽下矣。令伯雖陳情不赴，其先歷職郎署，廩養猶及。徐生困于蓬蒿，鵬翼未奮，後縱有三十鍾之釜，不可幾也。故吾以徐生猶不幸。獨其有王父光禄公，今彊亡恙，此令伯所不能如耳。昔太史公著《伯夷》、《屈原傳》，爲之慷慨吁嗟，致不盡之感，則以其人足悲，而軼事可憫也。三百篇後，雅道廢矣。詩人騷客多流連光景之詞，無得于性情之正。惟杜少陵之詩，憂國播遷，蓋庶幾焉，故言而無益于人倫世教者，雖工何裨耶？

余讀傳若詩，慘怛其詞，而牢騷其情，有勸慈作孝之遺意，可以風矣。即以余未識徐生作何狀，且爲之掩卷淚下，幾不能竟，不知徐生見之，當何如其三復而流涕也。王孺人多淑行，詳于傳中，余是以不復贅。

陳情全疏敘

今年春，閩御史徐公行部至泉。泉二千石大夫程公，帥佐倅、邑諸令長，受成御史考。七邑之内，時和歲豐，獄訟屏息，盜賊衰止，百姓嘻嘻，如入華胥，如登春臺。程公廩廩德讓，奉職循理，概所爲善治狀，御史無不耳而目之。既竣事，程公飄然拂衣曰："吾今可以歸矣。鄉御史未按泉時，吾且以歸請，上之人或以我爲辭難云耳。吾懼得罪于大夫、國人，今可幸無罪，不歸何待？"

于是郡薦紳、學士聞程公言，相與偵之。程公意殊鞅鞅不自得，其色燋然矣。訊之，曰："吾母老也。病不能尸饔，又獨子，吾不歸何待？"于是程公援例陳情，丐歸養，疏上，都御史金公、御史徐公及藩臬諸大司、郡大夫國人，聞程公疏再上，弁冕者、韋袷者、扶卭者、舞象者、笠糾者、執戟者、衣短後者，人人慮程公去，意盡鞅鞅不自得，其色燋然矣。相與走而言于都御史、御史，曰："何可令程公歸也？程公之有以子，吾國人之無以母也。願以程公假國人已。"都御史及藩臬諸監司大夫，盡持程公，不予歸。曰："程公誠不遑，閔太夫人未耄也。泉，海上郡，島夷多警，波揚不寧。微程公賢且才，不可。程公宜以王事解家事。"疏既下，程公遂不得入子舍，意益鞅鞅不自得，其色燋然矣。曰："吾奈何無以子也？"出而庭見諸大夫國人，士驩于塾，農驩于野，商驩于肆，旅驩于市，如赤子之脱慈母之懷，而復抱之也，人無復鞅鞅不自得其色燋然者，曰："幸哉！程公之有以母我也。"若是乎，吏與民去留、仕止、悲愉、欣戚之異意也。

或以問不佞曰："程公守吾郡，以百姓之心爲心，吾儕百姓亦且以程公之心爲心。奈之何鞅程公，而以快吾大夫國人也?”不佞曰:“否否。程公何忍去吾大夫國人，吾儕亦何忍使程公鞅。而要以程公之爲子，與赤子于程公者，上下之間，各竭其情，各恤其私，則然耳。”然余讀《陟岵》、《鴇羽》、《四牡》諸詩，于行役大夫、爲人臣子者之情，不啻詳矣。乃其爲之母者，至于嗟行役而上慎旃，有猶來無棄之思，則何嘗一日不冀其子之歸? 而爲之子者，以不能蓺黍稷稻粱，至其父母何怙何食，則亦何嘗一日不欲其即歸，而以昕夕饍于親之側? 且當是時，其爲之上者，豈其生空桑無罔極之愛，而故聽其將母來諗之歌，而不恤然? 第曰“豈不懷歸”而已，曰“憂我父母”而已，曰“悠悠蒼天，曷其有極”而已。卒不聞其舍王事以去，而上之人亦不聞其釋之而去。而陟岵、陟屺之私情，往往奪于靡盬、靡及之公慮，而人子不以是貶孝，則其故可思也。

君親無二理，忠與孝無兩心。天地間不可逃之義，即此心不容解之恩。而致其爲人臣者之身，正竭其爲人子者之力。程公誠鞅于不得去，兩臺諸司誠不忍聽程公之去。然閔太夫人聞程公有以繫上官國人之望，則太夫人快矣。程公聞太夫人喜其有以繫上官國人之望，則程公快矣。太夫人快而勤匕箸，則四體安，而孝慈洽于家。程公快而事鞅掌，則七邑安，而忠慈成于國。此君臣、母子、上下、内外，交相快而兩相成之道也。吾且爲程公罷《北山》之什矣。程公真不匱之孝也哉!

陳情疏後序

程大夫刺郡之二年，樹蘖拔葵，禮賢下士，歲豐穀登，肺石空虚，海波不揚，七邑之内大穰。于是大夫念閔太夫人老，以疏請曰:“郡不獨一守，而母獨一子，願乞放歸入子舍，無令母子相離苦爲也。”疏上，兩臺諸司皆持之，聞者盡相顧，言人人殊。其小人戚，謂之必歸。其君子恕，以爲不歸。小人曰:“尸饔者，誰也? 上慎旃哉無棄，如之何不歸?”君子曰:“靡鹽(盬)者，誰也? 既已倍親而仕矣，如之何必歸?”訊之李生，李生曰:“大夫必歸，必不歸。大夫歸亦孝，不歸亦孝。必歸者，大夫之所能爲也。得歸者，非大夫之所能爲也。夫上之人，有制之者矣。大夫歸，則爲子，而母其母，奉太夫人躬而色喜，歸亦孝。大夫不歸，則爲母而子其子，貽太夫人名而色喜，不歸亦孝。”聞者未釋。已，兩臺諸司檄再四下，大夫不果去。

訊者曰：“子何以知大夫之必不歸也？”李生曰：“亦衡之而已。忠與孝之衡，無偏輕，亦無偏重。恩激于不可解，而有可轉移，則詘義以伸恩，而其重在親。義激于無所逃，而恩有可貶挹，則詘恩以伸義，而其重在君。當其于親重，君不得而有之；及其于君重，親亦不得而有之。要以急君非遺親，慕親非後君。去不去，同歸于孝，乃相衡而相成之道也。《陳情》一疏，流淚千古。彼所云事劉之日短者，其衡忠于孝重，固自有在耳。漢王子陽、子贛，其爲益州刺史均也。子陽行部邛郲，乃嘆曰：‘奉父母遺體，奈何數乘此險？’遂謝病去。子贛代之，至其阪，叱馭使驅之。夫豈無先人遺體？而或就或不就，則何以故？大氐子陽當益州無事之時，故得遂其鴻冥之志。子贛乃羌反絶道之後，安能郵其‘苞栩’之私？今無論漢天子不宜寘子贛田間，藉第令子贛自籌度，‘懷來徼外，蠻夷歸附’，其威信，即非尊不可矣。大夫誠亟于得母，閔太夫人誠亟于得子，然使上之人爲大夫衡，與大夫之自衡，其可去乎？其不可去乎？郡之需大夫，與太夫人之需，孰亟？大夫即不遑，亦何至賦緜上以感其母？太夫人故誠老而健，善飯和于身。郡濱海屬，島夷内侵，民纔脱歲饑而就一飽，烽火寖多故矣。微大夫，其孰輯寧之？是以知必不釋大夫之歸耳。”

訊者曰：“若是，則大夫快乎？”曰：“必不快。大夫故鞅鞅不歸也。”曰：“諸君鼓歌以儛之，則謂何？”李生曰：“有以也。《四牡》不云乎，‘是用作歌，將母來諗’。使臣瘏于王事有勞，而不敢明言，有苦而不得自言，至欲其作歌以諗之，而以蕲其上之人，萬有一之，或聽其侘傺無聊之情，則可謂已極矣。乃其情可憫，而其歌卒不可聞，無乃自作歌者之難與！大夫有勞與苦不自歌，而諸君代歌之，倘亦諗天子之意乎？天子行且計吏，三臺使者採而諗之，上一旦下璽書，郵大夫懷歸之孝，而褒其不遑之忠，大夫之勞益著，而情亦益伸矣。吾不知鄉者《四牡》之臣，曾有是否，故曰，大夫歸亦孝，不歸亦孝。”

全高録敘

夫掾，非儒也。俠，儒者之所禁也。兩者皆譏，而俠尤甚。漢世不輕掾，蕭、曹二相國起刀筆小吏，其後以文法亡害，給事功曹，辟御史大夫，位大司馬、三公有之。今視府史爲雜流，官不過佐倅、丞簿，青雲罕能自致，去漢法遠矣。俠自漢武誅翁伯後，衛、霍改節，天子切齒，四方豪傑以俠爲誡，布衣俠者雖衆，而無足數也。何況今世齊民以禮法，視民以好惡，禁明，令具，姦宄不興。藉第令魯朱家、劇孟、翁伯之徒復生，雖喜俠，何施？乃陳君重璧安在可以俠高？陳君不嘗爲掾乎？掾故卑，抱關之掾尤卑，曹無所事事。不比州郡曹中役公府、效薄能奏伎。上不以卑陳君已矣，又安在高而全之？

陳君貌侵，略涉傳記，贍于文辭，性喜擘畫，常傾坐中。俛首掾曹，羞與同曹者伍。居自謂，不挾氣負奇，非士也。嘉靖之季，郡苦倭，亡命之徒應之，脅從以萬數，勢猖獗甚。官不能兵，陳君以爲遭，奮然曰："可奈何，徒苦生靈爲邪？"身請之上官，僂行入賊壘中，與賊開譬大義，反覆百端。賊酋長不能絀，願投戈解去，卒爲良民。郡人賴之。陳君以三寸之舌，賢于十萬之師。賊既平，謝掾事自匿，絶口不言入壘事。諸公聞者，愈益多陳君義，亦用是始以俠聞。噫嘻！謂陳君掾乎？掾而非也。謂陳君俠乎？俠而非也。趙禹、張湯之屬務刻深，掾而不俠；劇孟、郭解之徒任眦睚，俠而不掾。惟漢成帝及王莽諸公之間，齊人之樓護、杜陵人之陳遵，俠從吏起。護之俠，不過盛賓客、得聲譽耳。陳孟公多大略，以驚座見呼，更始初，爲大司馬護軍使匈奴，單于詘脅孟公，孟公陳利害曲直，單于奇之，遣還。奇節適與陳君同。第孟公爲西曹時，極輿馬、衣服之好，門外盛車騎交錯，日出嘗醉，曹事數廢，則又不如陳君逡巡守抱關間，及其時而制奇無窮也。

陳君上功幕府，幕府擢陳君爲臬功曹，則猶掾陳君乎。陳君避不就，固宜。去今三十餘年，郡大府淮南竇公至，聞陳君高，用諸生言，致陳君蜡賓。陳君又避不就，則猶自以掾吏故。竇公不掾吏陳君，寵之冠服，以全其高。陳君雖高乎，微竇公，無此聲施矣。或曰：“條侯得劇孟如敵國，猶以其時。竇公採軼事，過之耳。”陳君有子豸臣，以儒術聞，負笈從余，余與之言。

漢陰永日卷敘

蓋不佞之得周司理，若敵國云。是時，司理以孝廉上計偕，名震都下。不佞從友人張升伯氏急之，司理不以不佞爲狂生，謬以爲非庸人也，間倒屣不佞。司理而不佞枉，不佞簪擁屨于户外矣。司理既已成進士高第，節推東郡。不佞拓落如故，自是不復會司李，幾數年往。今年冬，不佞北行，取道鄒魯，逢司理于塗。不佞匿車中，爲過也者而去之。司理望見升伯，亟下車立談，延入府中，使人追及不佞。不佞後至，司理笑曰：“昔人云‘不見李生久’，信然哉！足下獨不欲主人善客乎？何避人若是。”不佞曰：“但見公，使人大慙。”因相與噱然一笑。是夜，司理盛帳具，達旦不休，酒酣以往，腑鬲盡嘔。司理出《魯署停雲卷》，授升伯使敘之。升伯纚纚千餘言，其詳著敘中。司理顧不佞曰：“若爲魯言悉矣。漢中之陰，家君爲政，幸足下爲我言秦。”不佞謝主臣。司理再三請之，不佞曰：“漢陰永日，可乎？”升伯曰：“善。”命書之，庚委不佞言爲頌者先。

于是不佞敘曰：余讀漆園家言，至漢陰丈人爲圃畦事，鑿隧而入井，抱甕而出灌，何搰搰然勞也？子貢過而迂之，鑿以木機，泆以桔槔，斯亦用力寡而功多已。乃其聞之，而忿然色，以爲機心機事之不足械，而必欲忘之，墮之，以庶幾于純白備，而神之能定，身之能治，棄天下于芻狗土苴之視而後已。濠上生之設爲此論，且云吾子貢之賢，爲之卑陬不自得。至自處于風波之民，直欲駕之東魯聖人之上，雖吾夫子，亦以假修渾沌術而駴之。甚矣！濠上生之暗于治理也。夫善爲政者，握其機而已。機者，張弛寬猛、遲速輕重、前後小大之間，無所不宜，無所不可，何可廢也！不善用之則械，善用之則道。《易》言樞機，《書》言機張，皆是物焉。令必冥冥其心，睢睢其事，行失其道不及知，志迷于獨不以廓，而屏其機于不存。夫機亡，而國家事亦因以殄矣。亡但治天下而不足，以區區漢陰，第令丈人執是道以往，能自爲乎？夫一日而不能灌一畦者，丈人之圃也，昧其機者也；一日而浸百畦者，賢人之圃也，守其機者也；時雨降而浸灌不事者，聖人之圃也，神其機者也。機何必無，亦何必有，變而通之，隨時而宜之，應不着于胸中，傳及于無方，如是而後爲聖人之道耳。修渾沌如丈人，未始全于神，而適以假于術矣。吾故曰，暗于治理也。

漢陰公㓜而習儒，長而明經，非鄒魯之書不以目，非濂洛之言不以口。稍長，從其父封翁問稼問圃，抱甕引槔之事，俯仰勞逸，曾一聞其概。今出而坐堂皇，世務、經術，夫亦愈知吏矣。四境之間，百里之内，財賦之登耗，繇盈縮焉，獄讞之枉直，繇出入焉。游刃藏刀，各惟其宜，鳴琴戴星，適于其當。羽檄之棼拏，簿書之旁午，安在其可息機而渾沌應之！我故知漢陰之不術丈人也。今夫漢陰之令邑，秦之隸也。司理之居郡，魯之邦也。孔子删《詩》，于以列齊、魏、曹、豳諸國備矣，而不存魯風，豈其汶沂洙泗之濱，無一二語遺者？周公之風，周其所以風魯也。《豳風》一詩，築場納稼，詳哉其言之矣。魯人之好農而重民，謡俗可知已。《小戎》、《駟鐵(驖)》、《無衣》諸篇，抑何其擱于戈戟，而農事蔑如也？是時，秦地戎風不賡上國，而聖人録焉。無亦阡陌開而井田耕鑿之遺澌滅，無有存者？今雍、兖之區，去古已遠，誠不知何若。要以變魯、變齊，聖人難言之矣。箕裘一心，弓冶一道，凛凛德讓，無忝鞠躬，並稱長者。但必執令于理，不無短于風裁，而行理于令，豈盡無乎長厚？東西殊土，郡邑異宜，追俗爲制，各有攸當，何必盡同。所云機也，漢陰第握機卧治可耳。其不爲漢陰丈人者，乃其善爲漢陰者乎？漢陰産于楚三湘七澤，其湯沐地發軔于越丞，畏壘于秦令，而更火傳于齊、魯海岱之墟，則以司理爲後人。吾聞楚多奇，奇于人，則有若孫叔敖、倚相、觀射父、屈原、宋玉、景差之倫；奇于文，則有若《離騷》、《天問》、《惜誦》、《九章》、《九辨》之賦。皆繇楚聲馳騁中原，不朽千古。竟司理所至，並足升堂。楚有冥靈，五百歲春，五百歲秋，楩枏千章，孰多楚材。何若漢陰之喬梓，漢陰之日永矣。

司理矍然曰："吾乃今知治之貴機也。余所謂學製未能，操刀而使割耳。

夫猶其引于人也，安能機？予固將驚之邪！其以聞家大人于漢陰，或足以與此。"

沈將軍寧海赴浙江都閫詩卷敘

沈將軍節鎮浯嶼，又徙而之石湖，十餘年于兹矣。今擢浙江都使司僉事。沈將軍平日喜與郡大夫士能文章者游，及行，相與賡而贈之。嗟乎！大丈夫即起行間，何可一日無賢士大夫也！漢大將軍、驃騎將軍並以深入虜庭，捕首虜功多，裂地封侯，貴幸于郡臣無二。然大將軍于賢大夫，不能有所親附。霍驃騎亦效此意，不肯招士。是以太史公鄙其爲將于天下未有稱也。則雖取爵邑，而位通侯，而廷臣不之重，士君子不之予。即可以當帝心之驩，終未脱乎短後無賴之習，亦何取于益封爲矣！李將軍終身不一當，無尺寸之功以得封邑，太史公爲之慷慨淋漓。據所揚厲，衛、霍兩將軍尚未望其藩籬，而况于程不識、李、蔡之徒，聲名在下中之輩。則亦忠實心誠信于士大夫，而非但以區區没石射雕之伎，足令太史公反覆而褒予也。嗟乎！人皆言文士賦詩退虜耳，而雍容持議論者，反能有以發舒其無雙之氣，而與之優于詩書禮樂之埸，則爲將而好文喜士，斯真爲將者矣！

吾閩當世廟季，稱名將者，亡如戚元敬。元敬好士，殺倭擊賊，有勳勞于閩實多。余觀其與王元美、汪伯玉兩君子媾，稱之不輟口。每讀其所爲敘元敬戰功，至今猶令人勃勃，若睹其當日登燕山、臨瀚海之事。元敬功高而不廢，名久而不湮，則兩君子之言，可足千古焉耳。沈將軍沉毅有謀，材略勇力不下元敬。而交結賢士大夫，敦悦有禮過之，薦紳間所不可卒致者，多願與之從游。然元敬一釋閩，即掛大將軍之印，而階上卿一品之崇。沈將軍視鎮十年，不得調，幸而擢，僅例轉僉書以去。嗟乎！元敬之功成，官崇而名益盛，而吾閩苦兵矣。沈將軍破西番，却紅毛夷，臨敵制勝，以不戰不殺爲能。衛、霍之所不肯招，李將軍之所私自恨，沈將軍皆無之。士大夫竟以此多沈將軍。吾故喜沈將軍之能爲元敬，而尤願其去閩入浙，可無爲元敬也。沈將軍所親附多賢大夫，類能以言重沈將軍者，而最驪儀部何稚孝君。稚孝負良吏材，著書立言，方以文行世。此亦異日者，沈將軍之元美、伯玉也，而余愧非其人矣。

浯江别意敘

筍江之水，東流入海，經郡城治之南，曰浯江。江之上，長橋亘之，溪海相滙，一望浩瀰，竹筏巨艦，出入上下。其陸則車擊肩摩，戴負來往，入漳抵粤，繇此塗適，吾郡之一要津也。同菴吴先生，掌吾邑教三年，作人廸士，嘉善矜愚，訓以詩書，文以禮樂，圜橋之内，靡然向風，桃李之蹊，不言而成可知。天子聞其賢，擢爲萬州學正。于是，青氊之席遠矣。邑人士相與設祖道帳具，别于此江之上。

是日也，薰風微來，拍浪不興，潮滿水平，波紋如縐。遠而睇之，古木參差，山青日碧。函丈當筵，儼然清源、紫帽之上尊也。士人斗山依依，不忍别去。俄而汐退，峰頭吐月，輿夫趣駕，征馬南嘶，扳轅臨岐，不覺淚下。士有問不佞曰："何爲其然也？今天下文獻，首推吾閩，閩以温陵爲嚆矢。先生振吾邑有聲，天子誠褒先生，高可以佐一郡、令一邑，次不失補六舘師，即以博士掌故遷，宜置先生于文明之域，吴之南，越之東，取大焉。萬州僻南服海島中，羯夷甫開，絃誦未著，安足辱先生重？"李生曰："否否。此乃天子之所以重先生也。先生温恭退讓，篤學嫻詞，言有壇宇，行有坊表，蒐獵百氏，稟之箋註，文以歐、蘇爲堂室，北面諸生，時時與陳説先王，紛綸五經，鏗鏗伉伉，使人虚往實歸。大氐先生質行儒者，于文學其天性也。今天子加意儒林，惟是端士習、釐文體爲兢兢。功令屢申，不足以禁，而以責其成于督學使者、博士官。督學使者試士，歲一槱薪，于文學弟子之分隔；博士官課士，昕夕相程督，于文學弟子之分親。鑪冶人材，型範轡類，宜莫如博士官諗。故上之人重之，要以先生爲博士，何所不宜哉！萬州，古交州域，漢天子所罷置珠崖之郡也。珠璣、犀、玳瑁、齒角之所生，果布之所湊。于物産奢，而于人文儉。其邑屋州閭，不能當温陵之什一；其冠帶衣履，不能當温陵之百一。其小人雜于黎，而鮮禮義之教；其君子啚乎華，而乏藻繪之章。謡俗喜好，與中州略不同。然而風氣之未澆，混沌之不破，人人知尊師重傅，無翹然自喜、傲先輩長者之心。士不習奇衺（衺）之行，不文軋茁之言，離遁不生心，庶幾亡詭于道，即中州有文之國，弗稍如之矣。天子以爲文教風萬士，非斌彬不可，玆所以重先生也。"士叒席曰："然則，先生以晉人之教教之乎？"李生曰："否否。教晉人之士以實，教萬人之士以文。晉人文有餘，瞿曇貝葉之説，乘其高明，實喪而爲浮爲詭。萬人文不足，學一先生之譚，狃其尋常，文失而爲固爲陋。剖固陋而文明之易，還浮詭而本實之難。先生難其所難，必不難其所易。追俗立教，惟先生能斌彬焉。風萬士，非先生不可。玆所以重先生也。先生行矣！送先生者自崖而反。先生道五羊，出五嶺，而南下泛瓊海之波，達儋耳之國。方舟濟之，樓船蔽空，扶桑東覩，皎日起焉，文明麗矣，吾道南矣。諸生候之水濱，得無津筏乎？"先生曰："諾。"于是作歌。

諸士歌曰："浩浩兮浯江，振鐸兮此邦，哲人兮無雙。"不佞歌曰："渺渺兮浯江，萍水兮相逢，分袂兮語嚨。"先生亦歌曰："悠悠兮浯江，遠去兮青艭，無謝兮玉缺。"不佞觴先生者一，諸多士觴先生者再。先生取斗酒自勞，勞不佞者三。不佞飲先生醇半斗，亦醉，先生飲一石，徑醉二三矣。乃别。

贈　言　敘

彭君興祖，姑蘇之婁東人也。少以詞賦聞，性喜游，先裹足入都門，客于燕趙之間，多厚遇者。遂入秦，適晉，入蜀，過大梁，泛三湘七澤之墟，出豫章，浮江而並會稽、五陵，其時所來往也。最後入閩，登武夷，過三山，脱馬清源之鄉，謁李生，李生傾蓋焉，把臂歡甚。興祖將别去，閩諸君子往往賦詩以贈，興祖乃出所咏，徵諸君子贈言。生觀之，有歌行，有排律，有賦，有騷，有古，亦有五七言近體，洋洋乎備中原之音矣！

夫燕、趙多悲歌慷慨之士，白衣變徵，易水之音也，讀之，猶令人瞋目而指冠，其聲憤以壯。《上林》、《大人》、《子虚》、《反騷》、《羽獵》、《甘泉》，蜀之音也，纚纚自神化中來矣，其聲艷以富。歌嗚嗚快耳者，秦之音也，《無衣》、《駟鐵

(驖)》之舊,漢世《柏梁》,其鉅而麗矣,其聲宏以大。《離騷》、《天問》、《招魂》、《哀郢》,楚之音也,屈、宋諸君子鳴焉。景差之《大招》,淵明之《歸來》,思遠哉!怨而言,怨而不言矣,其聲愴以切。蘭亭修褉,吴越之音也,江左風流,山陰絶勝,其聲飄以洒。鄭之音細,魏之音儉。《弔湘》、《鵩賦》,雒陽少年之音,極其變矣,其聲憂以傷。大都風氣各别,輕重不齊。竅于人籟,本于山川,千載共調,曷足怪者!以今讀諸詩,良然。

興祖與不佞言,好閩音特甚。閩舊不以歌行聞,興祖獨犂然有當也。吾閩何稚孝君,與興祖言,吾亦愛吴音。吴、閩均大江以南,樂操土風,不忘舊矣。無乃鍾儀南冠之意乎?余獨怪太史公周游歷覽,辨中原方俗、要塞纖侈,與民人羯羠、謡俗孅惡,可謂昭指掌矣。而卒歸于物土膏瘠、徵貴、徵賤、用本、用文之事,以不餘力讓財爲奇勝。又其道當世千里中賢人,令後世得觀擇者,不過蜀卓氏、宛孔氏、曹邴氏,與馬醫、賣漿、酒削、販脂之流,不聞列有文人材氏與賡咏而歌嘯也。豈其時無岩穴君子?抑太史公羞貧而未之及與?語不云乎,“小人送人以財,君子送人以言”。興祖貧,廉不受人。如諸贈言,又以見海寓多君子矣。

景璧集卷之七

制 義 序

昭代諸元折衷總敘

南宫三載一闢，第一人曰會元。元者，大也，始也，非其弁冕多士之謂也。謂其文能爲天下倡，後起者翕然和焉，而尊爲始，故謂之元。吾嘗持是，以折衷於歷世諸元之間，名公非一人，鴻製非一手，文字傳播非一時，乃其真能始倡，而以天下和者，可縷指而數也。

洪、永尚矣。宣、正之文有言無體，未體而始爲體，則有若劉呆齋、岳濛泉；成化初之文有體無法，未法而始爲法，則有若王守溪；弘、正以來，文法森矣，法不詘於思，思精而理不鑿，則有若唐荆川；嘉靖之初，文思闡矣，思不窮於藻，藻暢而辭不乏，則有若許石城。英華太盡，宣洩或傷其神，是以貴含蓄之文，則有若瞿昆湖；委頓不已，淺薄必損其氣，是以貴醖釀之文，則有若傅錦泉。此數公者，或間世而一出，或步武而嗣興，皆首和而先爲倡者也。餘自宣、成而下，正、嘉而上，諸元之文，或朴或華，或簡或煩，或瑜不掩瑕，或瑕不勝瑜，於規矩準繩，初無離合，第因時不失其和耳。劉、岳之倡難見，王、唐之倡易知。王、唐倡而倡者也，瞿、傅和而倡者也。嘉靖之金、蔡，和非其和，以沿流而開靡腐之門；萬曆之袁、顧，倡失其倡，徒作俑而長勾棘之風。王荆石倡而未離乎和，李九我和而無意於倡。以陳吉所之脩潔，令不丁綺靡之季，爲和而已矣；有田、鄧、馮之冲融，倘非起冗汰之後，則倡而已矣。謂吴因之虚幻爲能倡，讀者有遺議焉；謂許子遜淺易非爲和，豈其然乎？

大抵文字之變，其興常難，其壞常易。繇洪、永迄正、嘉，更數聖，歷十數公，相劑相成，人文始一大備。嘉、隆及萬，不數年，一壞而靡，再壞而詭矣。靡之體散，詭之體亂；靡之法直，詭之法鉤。靡少思而膚於藻，詭抑藻而鑿於思；靡神薄而氣猶流，詭氣屈而神反槁。靡之失，繇朴入煩，積漸以至；詭之失，繇工入巧，簧簪而成。靡者，厚之薄也；詭者，薄之僞也。禁靡在約言，遏其流而自止；禁詭當明學，源不正則愈熾。比來文體日蠹，屢煩功令，不足以熄，兹其故可思已。此諸元之雌黄，二百餘年之折衷也。但曰"元耳元耳，已售之文，聲價定也久矣"。太史公不云乎，何知仁義，嚮其利者爲有德。乃矮人之觀塲，而耳食之通患也，吾不與深言之矣。

昭代諸元折衷上

國家以經義取士，寓内重之。其趣嚮標的，無論古今升降，一概以南宫元墨爲準，所從來云。洪、永、宣、正諸元，會墨湮滅不存，僅劉呆齋定之、岳濛泉正一二遺傳，古色稀音，斯已尚矣。成、弘而後，去古未遠，風氣漸開，文明猶隱。薦紳學者但務心得，不工脩詞，渾然噩然，如未吐之英，如未雕之璞，如未調之羹，如未醴之酒，充乎其有餘味，闇乎而無其光，色象可想，不可議而已。繇今而考，如章楓山懋、費補廢閣、吴匏庵寛，墨之不傳，姑無暇論。王文恪公鏊獨建前矛，啓鑰開端，體法森具。後來作者，如唐、如許、如瞿、如傅，皆祖述于是，而莫出其範圍，他可知也，豈不亦經義之鼻祖也哉！

梁厚庵儲而下，墨行于世。或見其全，或佚其半，或留其一，言人人殊。要之，未離本初，皆有餘于理而未備于詞，不如王文恪之爲兼美也。趙半江寛之簡而切，儲柴墟巏之融而精，程念齋楷之俊而瑋，錢鶴灘福之邁而奇，汪石潭俊之朴而瑩，陳友檜瀾之約而古，倫迂岡文敘之平而暢，魯北蓮鐸之秀而圓，董中峰玘之淵而醇，邵端峰鋭之蒼而雅，鄒東郭守益之典而正。至霍渭涯韜，吾讀其孟墨，不覺神情燁然矣。倫白山以訓、張龍湖治，或神氣横溢，或筆力轉折，文不可概讀，均之大雅。此數公者，學各有所成，材各有所至，其間寧無長短瑕瑜，然皆不出于規矩準繩之中。嘗寸臠者知全鼎，覩半班者知全文，即不及覩諸墨之大全，亦可覘數公之概已。人言文章之盛，必推弘、正，亶其然乎？世廟以後，浸變古初，如英斯吐，如璞斯琱，如羹斯調，如酒斯醴。其初則美，其再則傷，其後則漓矣。李愚谷舜臣、趙浚谷時春兩會元，其墨有傳有不傳，總不離弘、正者，近是。唐荆川順之精鍊峻絶，遂開工巧之門，其一變也；許石城穀瀟洒流麗，大暢藻繪之風，其再變也。林東城春之繼荆川，未去其簡，猶有渾朴之遺；袁元峰煒之後，石城益充於繢，不無披靡之失。陸平泉樹聲能清虚不塡，但傷於煩，不如瞿昆湖之雅化；胡日門正蒙有含蓄不露，但失於平，不如傅錦泉之醖釀。瞿之妙悟以神融勝，傅之真積以力厚勝，兹其荆川後獨步者也。許石城少讓頭地矣。自是而降，愈趨愈極。曹含齋大章不作錚錚之響，而聲色可尋；金星橋達猶餘矯矯之氣，而陳庯不剪。蔡蒼宇論墨而外，失之腐矣。辛壬之間，寓内文章雷同，靡曼腐敗不可讀，金、蔡二公，實陰壞之。王荆石錫爵一出，而洗其陋，起衰之功，寧可誣乎！惜乎其發露而無餘也，是以談者有遺評焉。

噫嘻！弘、正諸公，其文皆簡；嘉靖諸公，其文皆煩。簡之初，但法未備；煩之後，其詞必靡。韞極而流，絢極斯爛，此亦其勢然耳。英吐之盡華也，璞琱之盡鏤也，羹調之盡味也，酒醴之盡漓也，勢也，何况於文！然未有如萬曆後，一變而入於舛者也。

昭代諸元折衷下

世廟之季，文靡極矣。王荆石會元，矯以高偉雄傑，冗長習氣未之盡革。陳吉所公崛起詞壇，精簡雅練，洗而更之，天下始翕然思變，兹其起衰之力乎！田鍾台公繼之，漸以冲夷而去其斧鑿之跡，故其文開朗而有餘光。鄧定宇公又繼之，復以清凈而寫其沉寂之思，故其文渾含而有餘味。繇簡入鉅，以素寓絢，愈變愈高，一軌於正，此其粹然者也。嗣後作者，浸以不如。孫月峰公鍊而精矣，推敲之極，不無費力；馮愓庵公婉而頓矣，思索之深，時露苦心。以方田、鄧，均避頭地。假令兩公並轡，馮可先孫，孫未必先馮。謂孫居右，或未之然。蕭漢冲公清虚而嗇於味，李九我公流麗而迅于鋒。或飄輕而無餘，或淺易而太盡，可言具體，不可言兼成。要以雅道均未之失，但涵養不如耳。

丙戌而後，元道壞矣。袁玉蟠以枯槁爲收斂，而氣不充；陶石簣以藻繢爲充實，而識不大。其尺幅相似，乃其所以能高人者，曰詞不蔓也，而渾融博大之風，則莫有存矣。乃如袁之論義，以時事插入，一動主司擊節，而海内遂効其矉，文壞之端，此實其濫觴云。吴無障公厭其脩餙，一變而入於空。其識儘高，其養亦潛，但題設一骨子，篇立一面目，不無鑿空杜撰、師心自用之失，而文章之規矩繩墨皆幻之，至開學者異説之竇，而雅道遂爲大傷。以故，有識之士，譽公者與刺公者，常相半也。湯霍林公秀媚入人，但少丈夫豪傑之氣；顧遴初公弔詭欺世，一概野狐亂道之習。謂湯"冲和"，此與耳食何異？而稱其有一二漢官之遺，或庶幾焉。顧之失，不但其本初遠也。許鍾斗繼之，以詞則正，以識則淺，於作法間，有窺勘於理道，尚少發明。葢其當軋茁鈎棘之時，能一反而出之通暢平易，當事者遂以是爲可以鵠天下，抑亦其有天幸者與？

大抵學術本於人心，文章關乎世運。嘉靖之季，隆慶之初，朝野更新，治化休明，其文近雅。萬曆新御，官家法令密如秋荼，其文近刻。庚辰而後，汰操切，尚寬柔，其文近薄。丙戌以來，是非溷淆，議論日多，始脊脊多事矣，其文近亂。乙丑之有陳也，甲戌之有孫也，丙戌之有袁也，此皆其世初變，而其人應之也。陳之後文漸純，至鄧而備矣；孫之後文漸易，至李而極矣；袁之後文漸巧，至顧而甚矣。陳之功，卓乎不可尚，田、鄧不恒有，孫、馮亦間值。吴其丙戌後諸元之白眉乎？許以一箄障狂瀾，謂不波流則可，謂可以起衰，則未也。是有待乎豪傑之興，而當世道清明之會，如陳、如鄧者，乃能桴鼓而嚆矢之也。

文閑序

余謝罷征途，匿影山中，焚棄筆研，却蠹魚不與親，門無干旄之至。有至者，逃不出見，戒閽人勿納刺。楗户獨嘯，取適自喻。一日，蒼頭入告，有持書自雪上來者。余笑，非遺我也，誤耳，使辭之。其人入見，指余姓名爲詢。余訊之，乃知爲求仲韓先生書。嗟夫！先生文名滿天下，不遠數千里，問淪棄老生，何歟？

已，授書，則有《文在》、《文閑》二集，與其書偕來。余啓函，因而卒業。集皆應制言，文四千六百餘首，先生各自序之。而又有宣城湯先生、苕水沈先生言弁諸首。宣城先生咨嗟反覆於文在之天，蓋有他人不能喻，而先生獨自傷者。吾以爲，宇宙雖大，真文章有幾？真能文章者有幾？自有宣城師弟子之文行於世，文何時不在，而問他名家也？維是先生之序《文閑》，欲自附於孟夫子之閑先聖，其憂深慮遠之意，不能不使人有慨於中。余生平精心此道，今已矣！乃老驥伏櫪，時猶悲鳴。每遇試文出，取讀之，見其破壞割裂，日甚一日，輒私自痛恨，而且不無望於有位能文者之人，竟無有人焉能起而振之。今幸而獲見先生斯刻，朗然爲鵠於天下，其蒿怛之心與網羅之力，讀者如見，而矧其雅志同抱者也！

夫文之敝也，積漸以至，非獨其士人失也，當上與下之人，兼受其責。今天下無文矣！其敝不在奇，在庸，庸而人誤奇之。不在異，在同，同而人誤異之。似是而非，此唱彼和，讀之若不可以句，索之則淺陋而無味。誦之竟篇，至令人不知作何題目。初第一二弄巧負名之人爲之，本無文品，偶然弋獲，遂以簧世。後率多庸衆人勦襲效之，亦或不察而亟收之。士當操觚時，寧有遠志？第爲射富貴功名地耳，何知仁義。亨利者爲有德、爲深造之文難，爲餖飣之文易。彼見上人所收録而易欺者在彼，所擯棄而難逢者在此，誰肯爲其難，而不以僥萬一之售者？固宜其江河日下，波頽川逝而不可還。今治佔僤爲辭之人，即後來操政事之人；今以言應舉之人，即後來取人以言之人。其技止此，則其見止此，所繇進身之路亦止此。自率率人，展轉相仍，夫寧有極？此孟夫子所謂"相率而塞仁義"者也。韓昌黎謂之塞路，正路塞，則邪徑開矣。今天下文，率繇邪徑以行，惡得勿閑。以文閑文，文不可得而閑也；以秉文閑文，始可得而閑也。孟夫子之閑聖道，拒之放之，非盡拒放。虚弄舌端之人，必其有生心而作政事之權，能盈人以言，而顛倒天下者耳。彼街談巷議之口，如隙中之鬭、市閧之争，則亦何煩置喙矣。身閑之不得，而始望於能言拒者之人，夫非得政可言之人與？其人又不可得，乃身自守而以待來學，夫亦真不得已者矣。

先生之爲斯刻，倘亦不得已之心乎？竊謂閑今之士，變今之文，必有高天下之才，無其才，則不能閑。必有高天下之膽，無其膽，則不敢閑。又必有高天下之位，無其位，則不得閑。而又必天未喪文，道不終否之時，無其時，閑之終難爲力。往者嘉靖之季，文靡蔓極矣。乙丑南宫之役，司文者挾其才與膽，乘秉文之任，與士心思變之時，一舉而澄汰之，天下文遂翕然而歸於正。施及隆、萬之間，斌斌稱盛。此其往事已。文在者，位未必在。位在者，文未必在。兩者缺一，化成實難。先生有其文，未有其位，而先有其閑文之志，令觀人文者，盡人人如先生，豈憂文壞哉？今天子起先生田間，固將出矣。韓昌黎之起衰溺，歐陽永叔之變軋茁，此亦先生異日任也。先生今以此而待學者，夫即有真豪傑聞風而響應先生者矣，先生之功大矣哉！

文　則　序

文非小技也。淺言之，但士子羔雉耳。深言之，則傳聖賢之神。夫文至傳神，亦難矣。矧程之格式，拘之對偶，而又羶之聲利。如今之應制義，而欲其四五百言之間，悉發大聖賢千載不傳之秘，於風簷寸晷之下，使之游意以出，涉筆而成，其相咤以爲難，固其宜也。

大抵文之道，千變萬化，總不離形、氣、神，三者近是。形有肉，有骨，有色，以字句爲肉，以格調爲骨，以英華爲色，不具不謂之形；氣有聲，有脉，有勢，以音節爲聲，以連絡爲脉，以呼吸爲勢，不充不謂之氣；神有精，有機，有趣，以奥渺爲精，以活潑爲機，以解脱爲趣，不化不謂之神。形以載氣，氣運形中；氣以載神，神行氣中。太瘦則傷肉，肉欲堅，不欲腐；太肥則傷骨，骨欲峭，不欲露；太枯則傷色，色欲鮮，不欲暗；太促則傷聲，聲欲清，不欲濁；太離則傷脉，脉欲沉，不欲浮；太緩則傷勢，勢欲蕩，不欲散。合而言之，形欲疏，不欲密；氣欲厚，不欲薄；形欲圓，不欲方；氣欲强，不欲弱；形欲高，不欲下；氣欲和，不欲粗。形氣相迎，往往若相反。用形在取材裕，用氣在運筆慣；用形在字句之裦益，用氣在全篇之卷舒。他人面目，非形也；塗脂粉，非形也。竭自己血脉，非氣也；張模樣，亦非氣也。要之，以神王爲本。神不可强，在觀書，在明理，又在恬性，在小心。着粗心不得，騁粗才不得。養到神到，精以理融，機隨思轉，趣從景生，行乎自行，止乎自止。形肥可，形臞亦可；氣寂可，氣豪亦可；着語講可，不着語講亦可；抒聖賢之精可，寫自己之意亦可。如行雲之去來，如游龍之上下，倏聚倏散，倏大倏小，斯其至矣。

是道也，諸先正君子多有之，今其文臚列猶在。雖代不數人，人不數首，然皆其形獨立，其氣不撓，釋鉛華之相，而游神化之天，可尋而不可執，可悟而不可造。如其先天開天，作者雲興，終莫出其範圍。吾且以王文恪、唐中丞兩先生爲鼻祖，雖爲執鞭，所忻慕焉。輓近以來，雅道傷矣。如用之，則吾從先進。

文 彀 選 敘

荆卿論劍燕市，與魯勾踐博。勾踐叱之，荆卿逃，而以爲非人也。卿自負於劍術無兩矣，擿秦王不中，中銅柱。勾踐乃私自甚其不知人也。夫不知荆卿之善於劍，觀敗而後知之，此夫不以成論人者也。高漸離匿作宋子，擊筑賜酒，一坐稱善人，不知其爲漸離。與其善衣，更容貌而前，而人始知其爲漸離。以音則不知，以衣冠則知之，其於知也，外矣。彼其徬徨不忍去，竊言是非之時，奚一而非高漸離也者。鍾子期往，伯牙不鼓琴，爲無知音也。九方皐之相馬，見其牡而以爲牝也，見其驪而以爲黄也。令而區區於牝牡、驪黄之督，惡識其天機之所以然？

噫嘻！此亦不佞竊言是非之時耶？不佞容貌不能更，不敢以非叱者。乃其不稱而目攝也，逃已久矣。宋弼虞公則知之，召使我出言。彼有善，有不善，余是以技癢復生，謬彈作者。雖然，彼皆已有德而享其利也。不佞無乃亦善衣客人乎？安在其牝牡、驪黄外爲哉！宋公曰："非然也。"相視而笑。

大題方家文彀引

吴延陵季子觀樂，近自二南，遠及夏濩，小自邶、鄭，大及齊、秦，蓋至舞韶、箾者，然後喟然嘆曰："至矣！大哉！蔑以加此矣。觀止矣。"太史公周行人間，觀風俗、要塞、纖侈，其人民、羯羠、懁急、矜重，物所鮮所多，土膏饒薄所宜否，總之曰："亦其一大都會也。"人心之靈，竅於山川；矢口之音，協於比竹。故地重者無清聲，足高者無微言。俠人之歌多慷慨，盛世之詞尚雅都，蓋文之變，大都似此矣。

今按是編觀之，代不一人，人不一地。乃其爲文，有蹁躚而逸，有莊嚴而重，有雍容而飭，有騷渺而幽，意態不同，音節亦異。其大若宫，其細若羽，其止若槀，其累若珠，其高若泰岱，其深若滄渤。龍門所弗及跡，延陵之所未聞，無不輻輳臚列其中，一披閱而可盡讀者。本之靈竅，原本山川，釐正雅俗，參伍同異，深思自得，其所爲至者、大者，雖觀止焉可矣。必曰，"爲羔雉設也"，安在其夏裘爲？則操豚蹄望歲者，而爰居駭亂也，是編當覆瓿矣。

文　彀　引

李宗謙曰："文何弘、正哉？繇隆、萬而後，有弘、正也。弘、正亦自近代矣，彼不漢人也，而令人尊如漢人。即漢人，亦自近代矣。誼之後有舒也，遷之後有固也，卿之後有雲也，比肩而至，隔世而生，未聞絶響也。文何必尊古而卑今？人心之竅，總之古文者，不離是。"曰："漢文敝經義也。漢人不但病理，又使人病文。"噫嘻！何罪漢言哉。摭漢言者，蒙其皮也，而遺其神。矉婦不西施也，非矉也，貌醜也。優孟可叔敖也，非服也，談善也。善醜不在人，在我。脱胎神肖，何今非古，雖古亦今。耑耑不可史而經，必錮人耳目，斃矣。曰："斯集也，謂何？"齊求鼎，周人曰："武王伐殷得九鼎，凡一鼎，九萬人輓之。師徒被具稱是。"齊懼乃止。鄭人置履，先度其足，至市亡操之，反歸取度。市人曰："奚不試以足？"曰："吾信度，亡自信也。"噫！今之望弘、正也，有不如齊人之駭鼎乎？吾以此爲度則可，信之而忘自信，則不可。

小題方家文彀引

國家以經術辟士，制義所繇來矣。洪、永而後，作者霞蒸，代不乏人。最盛無如弘、正，蓋是時文明盡開，混樸未漓，搢紳學子醞釀墳籍，蜚英騰茂，渾厚爾雅，有大羹玄酒之風。浸淫披靡，至嘉靖之季極矣。卑辭儕俗，猥云及格，豪舉之士，至相睞不敢發一識。始稍稍引去，躝足于晉、魏、漢、宋之間。隆、萬以來，益憚習括帖，往往跳六朝而上之，而人争慕古焉。乃所謂混元者，猶未盡也。夫黄虞不古於秦漢乎哉？六籍不古於左、史乎哉？宓姫不古於莊列、兩司馬乎哉？舍經而信史，廢理而談玄，以故宕軼者失足于啣橛，超詣者恣臆乎操戈。人倡己和，户説涉論，猶不能化，動相命曰"古"。此雕蟲之技，匪壯夫之爲也。不朽謂何？失其故能矣。夫射妄發，未嘗不中秋毫，然而不得爲善射者，亡常儀的也。斯集也，無乃爲常儀的者與？不佞蓋揚榷而評隲焉。讀者由是求之，以極於人文升降之變，夫不有瞿然顧化也哉！

大觀堂選義題言

大觀之堂，倨筍江之南，友人張升伯君野築所棲也。堂左右編以竹籬，植花卉雜木，争芳獻妍，自爲春秋。亭窗遠眺，清源當户，紫帽後屏，千叠萬畦，閃奇不可名狀。門滙小澗，刺艇上下挐音，聽之又若戛金。不佞與張君講藝其中，兩人機穎相叩，得之雲山景物爲多。極目之暇，尚論今古間，取諸名家制義，評隲之，寓友善天下之意。搜擥既廣，浸以成帙。噫嘻！大觀宰是矣。

寧獨此集中，諸君皆寓縣賢豪，各原本於山川，竅而爲言，風景不同，音節亦異。試取而披讀之，劍閣之險也，太行、王屋之迤也，泰岱、衡霍之勝也，與夫黄河、彭澤之淜沛，金陵、吴越之佳麗也，一開卷而可悟，然而皆中國大觀也。有目者可得睹，有懷者可得致。今有舍内地而取槎於博望，借筏于陠陀，渡大海，謁須彌王，竊侏㒧音効之，惟恐其不肖也。歸而披緇削髮，招於人曰奇人，必挐而去之走矣，以爲非其族也，而況於文乎！有之，而吾堂中無取焉。

續大觀堂選義敘言

不佞與張升伯君，棲大觀之堂，倏而月更，又倏而歲更。堂外之景象，不知其凡幾更也。花木爲開落,日月爲升降,晝夜爲晦明,寒暑爲春秋。竅中之籟于喁異聲,空中之色纖落異彩,山光溪影,魚泳鳥飛,上下異態, 奇不勝收。首春之日,兩人晨起振衣,仰而觀,俛而睇,目接心怡,不覺日中。升伯憑几而嘘,笑謂不佞曰:“吾以爲奇矣,則又有奇至者。吾乃今知朽腐遞神奇也,神奇遞朽腐也。”因再索寓内諸名家言,共予續訂之,而篇中之奇,亦不勝收矣。不佞曰:“吴季札使魯,觀十二代樂,見舞韶箾者,而以爲觀止也。吾與若之觀,其有止乎? 其無止乎?”升伯曰:“無止也。”兩人步堂前,立檻外,而簷角之星落,山間之月出矣。不佞曰:“果然哉!”越曙,因出是編,授剞劂氏,使續之。

序赴鵠

余自長安歸,舟次于虎丘之寺下,方孟旋、錢受之、瞿元初、王季和三四君子,訪余舟中,因招飲于頃月亭。日暮酒闌,山光月色,輝映襲人。諸君興發,相與趺坐于生公講臺。錢君語余曰:“今天下之文,何如哉?”余笑曰:“無文也。以爲障,非文也;以爲無障,亦非文也。李宗伯先生謂,今日文衰之極,是矣。”錢君曰:“信然哉! 今者欲正之矣。正之愈力,辭愈舛。此馮具區先生所以失,而欲求之野也。余向者讀足下所選次《文瞉》書,而始得其司南。足下何不網羅先後諸名公文而併集之? 擇其正者,以發時人之覆。”余笑曰:“不佞敗鼓之皮也,擊不鳴矣。足下與方君方執牛耳登壇,四方士無不章章赴足下之鵠,願足下圖之。”錢君謝曰:“不佞亦具有隻眼,但不能如足下嚴耳。”瞿、王兩君默然、嗒然,方君莞然而笑。酒既罷,方君解纜南下,錢、瞿三君復飲予于閶門之舟次,因出其所自著稿與所選《悦響編》、《惺惺編》及《拂水山房近稿》數十種,笑語余曰:“此亦足下求野時也,請以大刀斧擘正焉。”余笑而受。舟中無事,日拈百餘首筆之,存者什二,删者什八。令受之見之不過曰余嚴也,然良者僅此矣。以其原本出受之之鵠,故名爲《赴鵠》云。

爽籟敘

先正諸君子,以小題名家。如王守溪之嚴,唐荆川之精,錢鶴灘之奇,瞿昆湖之雅，張小越之鍊，諸理齋之逸，邵北虞之豪，茅鹿門之宕。諸著作具在，類以渾淪磅礴之氣，抒明白正大之辭。令人讀之，如聆鈞天，洋洋盈耳。隆、萬以來，樹幟藝壇，多稱作者，然寖不如矣。至于近日，士扼腕而争言奇，乃其庸益甚，徒令先正之體法蕩然耳。以穢爲贍，以俚爲雅，以浮漫爲博，以跳越爲巧，以臭腐爲新，以草野倨侮爲仙風道骨，相激相靡，至于濫觴之極，棘目滯吻，不可勝言。

余閒坐小亭，頹然自放。適友人以肆間刻授予，予爲寓目涉筆。其庸者、滯者、俗不雅者，並退舍去汰，無有存者，得二百餘首。雖氣象之渾噩，規模之廣大，不並茵於先正，然亦新聲之越也。員而超，儻而不放，天籟爽矣，因命之曰《爽籟》。夫爽，非文之極品也。以起近衰，步武先轍，則當自爽始。濠上生不云乎，"厲風濟，則衆竅爲虚"。籟之出，虚也，所從來矣。

敘續爽籟

籟者，大塊之噫氣，而人竅之吹萬也。氣之噫也，夫寧有極耶？然非以今日之風聲，而呺之後日也。竅之吹也，亦夫寧有極耶？然非以今歲之人文，而已于來歲也。故前之所作，後壓勝焉；乙之所操，甲遜鋒焉。譬若于喁之相隨，冷飄之相和，謞激叫譹宎咬之相逼而來，日夜嗣代乎前，雖有南郭子綦之聽，終莫得而窮其原也。季札觀十二代之樂，至舞韶箾，而觀止矣。文章之觀夫，且惡乎止哉？余選《爽籟》，傳者爲之紙貴。友有請續者，余續之。嗟夫！神奇腐臭，腐臭神奇，往過來續，日新富有，故所從來矣。

吹籟敘

蓋今之譚文者衆矣。譚日益盛，徑日益岐，而文亦益以亂。大抵其嗜尚，往往與昔人相反。昔人之所喜者，今人之所惡；而今人之所争而趣者，政昔人之所叱而走也。昔之氣貴其厚，今欲其薄；昔之格貴其方，今欲其員；昔之詞貴其清，今欲其濁；昔之意貴其潛，今欲其露；昔之勢貴其長，今欲其促；昔之骨力貴其剛，今欲其柔；昔之聲象貴其和平莊雅，今欲其叫囂俚俗，以追趨逐嗜而投衆好。

昔之拙,誠不如今之巧,然昔之文皆奇,今之文皆庸。昔猶有不朽而至今行于世者,今或一時煽動,未幾而響盡矣。此何以故?其端有二:能文者衆,人人自以爲班、馬;知文者亦衆,人人自以爲歐、韓。上之鵠不端,而下之轍亦不一也。嗚呼!班、馬不常有,韓、歐亦豈常有乎?無怪乎鼇文之議,所以日紛紛也。薦紳先生蒿目當世,有謂棘闈無文,失而欲求諸野者。是編崇雅去浮,倘亦求野之意與?

郢質編敘

穆廟以前,吾郡中薦紳先生貴惇樸,尚本實,退然而不耀,冲然而有餘質。非已射策繫籍,不敢出片言於世,人亦罕覶刻者。豈其材能射鵰應弦倒矣,乃於生平技亡當也,固不敢侈然高標作者自命耳。經生後進,步武先程,亦往往謙虚退讓,無沾沾自喜之習,蓋淳風云。數年以來,此意澌矣。未藍而言青,方朦而賈勇,纔一操觚,便以菑木互相標譽,直欲凌當世長者,出其右,至不得問妍媸也。汗牛充棟,豈無耐人炙膾,而厭棄去者良多。還淳反本之士蒿怛憂之,以爲務華絶根,好名任誕,士習固一變與!不佞居以語弟侄輩,學務潛脩,無貴表暴,不欲令炫美,急自見所長。而里中諸君,有就相印証者,以膚謬瑕瑜之,不諱他錯,而以攻玉,然亦幸見信也。彈射日久,浸以棄目。

一日,諸君請曰:"宜鋟諸。"不佞瞿然謝,士偈偈招人,知不可也。諸君曰:"非是之謂也。夫既獲盡堊矣,而堊又或慢也,願庚以就四方之善斲者。"於是不佞不敢秘,再取而品藻焉。不佞試問之:"有跳理漏法,參玄入禪,詰曲爲高者乎,宜亟去。"僉曰:"然。"蓋去者半。"有勦陳襲舊,膠尺守寸,卑卑寥寥者乎,宜亟去。"僉曰:"然。"蓋去者半。"有水花鏡月,中宫諧商,沉酣醞釀,纚藻翩翩者乎,宜及格也。"僉曰:"然。"蓋僅有存者。彙既成,不佞以詢諸君曰:"堊盡乎?"曰:"盡,堊而不傷矣。"不佞謝曰:"夫非不佞能也,諸君爲之質也。郢人堊慢,若繩翼,於堊無幾矣。斲而聽之,其心虚。堊不盡,斤不使止,其志恪。立而容不失,其神定。虚故能下,恪故能專,定故能堅。宋元君無一焉。雖有成風之能，鮮不傷手矣。匠石非吾事也，更有爲諸君匠石者，諸君聽之哉，無第曰不佞則嘗斲之耳而以沾沾也。”

聽　新　序

今寓内文，又一變矣。昔指爲玄，今皆障之；昔指爲奇，今皆庸之；昔指爲妙語，今惡道之；昔指爲獨解，今破裂之。凡昔之相詫、相異、相倣、相效，若以爲靈均未睹之秘，隔世不聞之語，今相懲、相誡，禁之若畫地之不可犯，侏儷之不可溷。無亦世趨之變，相激使然耳。予讀今之文，或以機勝，或以力勝，或以風骨神色勝。泠然颯然，有曲終奏雅之妙。此亦一時之新聲也。夫文無高下，隨時高下。適於時，雖下里可以寡和；不適於時，縱鈞天不免駭走。令王文恪、瞿文懿諸先生而當今世，斟酌於今古間，方員輕重、淺深疾徐之節，當亦有以調衆適之宜，而難以刻劍合矣。語不云乎，“聽古樂唯恐卧，聽新聲則不知倦”。予故非善聽，但忘吾倦而已。涉筆未竟，雨林生請鋟，出其半授之，而以公諸同聽者。

去　浮　補　敘

《去浮》之續集，命曰“補”。夫以其浮而去之，以其非浮而存之，又以未盡存者而補之，憂浮之意，可謂亟矣！車之行也，前軒而後輊，軒者上，輊者下，所輊故所軒也；舟之游也，前浪而後波，浪者揚，波者平，所浪故所波也。一矉百捧，一于百喁，嘘則成風，聚則成俗，好醜無常，趨舍靡定，世變有之，文亦宜然。夫安知神奇之非臭腐乎？臭腐之非神奇乎？今日欣之，後日厭之，往歲美之，今歲惡之。當其神奇，不可强而臭腐也，其趨若跂矣；及其臭腐，不可强而神奇也，其遠若脱矣。勦襲厭苦，參佛爲套語；沉迷忽醒，背經豈名譚？今不知謬覺，自知其謬也。力破者難挽，陰奪者易從。不令而自返，不誡而自同。有喙不得尚，有權不得留。相激使然，曷足怪焉。今曰去浮，即未去，而去端徵矣。事有先聲而後實者，其斯之謂與！

大題稠適敘

往者,天下之文合轍矣。如是,則及格;非如是,則不及格。衡文者按繩墨程量之,尺寸不爽。一經主司之品藻以出,無論識不識,拭目而觀,合喙而贊,更無復有雌黄相牴牾者。今則不然。人持一意見,家分一徑蹊。無但爲文者隨其資之所去,趣舍向背,不相爲謀。雖以衡文之家,均具一隻眼,而是非好醜之相去,譬若厲與西施。故以其掇前矛,而有定價之文,亦無以厭天下士妍媸之口,蓋衆調之難適如此。“大音不入於里耳,《折揚》、《皇荂》則嗑然而笑”,此無他,適與不適也。余讀今之文,天下之所祈嚮,又一變矣。凡輓近所適者,如竺乾、柱下、漆園諸書之語,今皆廢之。但不窮工極雕,不止于雅道,未知何如?要以其適入耳,而溘然笑,大抵颯颯皆新聲也。故曰《聽新》,又曰《稠適》。資章甫而適越,則所適不得矣。一夫之目且不可,又何論稠也!

正振雅編序

語曰:文還之質,猶移江河而行山也。然乎哉!五德之運,循環終始,極則必變。大冶盡然,何况於文!今之文極矣,亦窮而變之一時乎?五聲之變,而清者高,濁斯下矣;五色之變,而素者先,絢斯爛矣;五味之變,而玄者尚,醴斯漓矣。激濁莫若清,崇絢莫若素,本醴莫若玄。三者用而爲貴於天下,謂之雅道。時文充棟,不盡雅馴,讀者苦之。故由寓目所及,擇其稍近是者,額之《振雅》。

續振編敘

予讀先正制義,氣和而平,詞莊而雅,非洙泗正脉不以傳,非詩書法言不以道。令人之讀之,如侍正人端士之側,肅然歛容,不敢肆也。後稍稍雜以腐,令瞑史之喙,而弔詭濫觴矣。雖非周道,猶在衡、岱之間,去鄒、魯未遠,洋洋大國之風,有一二存者。輓近則相率治椎結之譚,中華僪語,乃足羞也。要亦附聲不知醜者爲之,名家不盡爾,故採而續焉,以俟知者。

鹿溪講藝敘

今者，李生來自燕，與蘇生時欽和筑燕市中，人叱之，以我爲非人也。李生嘿而逃去，過齊適吴，莫知名姓者。之越，將入閩，舟自鹿溪之濱，江陽令蔣君善兩生交，出訪，治布衣驩，留三日飲。邑人士聞令善客，相率偵兩生爲誰。已，願從遊者相踵也，不覺而李生户屨滿矣。李生惶恐謝主臣，諸君故强之。李生大笑曰："諸君不知精之不逮也，吾乃所謂數北者耳。人有刖其左右足者，吾第無三足，有之，亡一存矣，奚辱諸君之過而問也。"乃去之九清之鎮，諸君又從之九清之鎮，相與借令君言爲紹介。蘇生驚怪之，諸君前語曰："向者，令尊公蘇先生較士吾越，諸生獲品藻，得師焉。今蔣先生父母吾邑，諸生獲品藻，得師焉。李先生至，吾人人自以爲御李也。願吾屬温陵有三先生。"李生大笑曰："諸君誤矣。今有馬於此，九方皋相之，造父御之，風逐電追，可謂非良馬乎？有劍於此，干將鑄之，歐冶砥之，陸剸水擊，可謂非良劍乎？而以問之市人族庖，彼自月更刀折，驪黄牝牡之未知，安在其能别駑良、識利鈍也？吾與諸君，並取大於蘇先生之門，諸君過而辱我，使江陽之人疑我於蘇先生，而我又若邑中竊賢大夫、淑人之權，我過矣！我過矣！"諸君擁不肯去，争出其文使正之。李生不能却，謬彈射一二。諸君立不失容，李生亦不自知其運斤之成於風也。居數日，觀者成帙，珠聯錦錯，應接不遑。蘇生曰："宜梓之，以識同事。"諸君索余稿，李生笑曰："其將吹吾吷者耶？吾自知劍術之不精也，亦已久矣。"乃不匿其醜，出畀之。諸君持去，兩生遂取閩關而歸。

名解元序

是編也，始於隆慶丁卯，迄于萬曆庚子。數十年來，相繼執耳登壇、首《鹿鳴》而歌者，何僅諸數公。但或其駿發時，不有稿行於世；既行矣，有久而失其傳，爲後人耳目之所不及。兹姑就其所及者編次之，去其譌而存其真，非有意要删之也。

蓋嘗合而觀之，學各有所至，材各有所極。或潛而邃，或流而利，或馴而雅，或徜而徉。或匠心而造，或合喙而鳴。或推敲而不知，或坦率而自然。或如萬花之容，或如蒼松之幹。或如垂紳搢笏于廟堂之上，或如占勝于一丘一壑之間。或如大將之用兵，多多益善；或如老僧之談禪，語語皆玄。又或初利時未勝，名勝後乃勝。或釋褐時能工，宦成後愈工。或用後發高先至，或以繼起掩前修。此有目者之所共睹，亦有耳者之所共聞。究稽厥變，則世趨使然，有可言矣。前數公用意，後數公用詞；前數公貴識，後數公貴材；前數公寓絢於素，後數公破樸爲雕。穿鑿不如渾成，露奇不如韞雅。寧無有砥柱而廻其瀾？則是編具在，可一覽而竟也。要以獨步一時，傳芳四海，率繇人力，豈盡天幸？諸公尚矣！余何人斯，而使得續貂附驥其間，爲完璧之玷。玆其所以悚然懼，而恧然汗下者也。

甌東衡士録代

今宇内文章，推越武林諸西郡，稱爲文勝，甌以東少遜焉。夫甌之人文，非絀也。聖主開天，真儒翊運，肅皇繼統，賢相爰立。青田、永嘉，其最著者，甌材於斯盛矣。鴻傑間值，政不在多，矧其斌彬者乎！

余入甌，縱觀諸勝，崇崗之崒嵂，溟浸之波濤，城市之巨麗，技貨之繁華，魚鹽珍錯之輻輳。景物氣象，顧我清源。至所稱雁洞、奇峰、怪石，吾武夷三十六峰，殆髣彿似之矣。一日之試手諸士奏牘，其思深以沉，其音高以重，其氣雄以勃，其詞瑰以瑋。即不盡雅馴，亦洋洋乎多大國劫人之風。廼其輕機逸致，反不同越調，而肖閩音，令與閩人士馳驅上下，未知伯仲孰多。奚獨山川之繆錯，亦風氣輕重遲速之齊有使然者？昔人以甌地屬閩郡，後乃入越，良有以也。昔王逸少居守，托興臨池，第文藝家一剩技耳，而春草之名，流麗千古，何如得士，可以資延攬而助政教。今天下士，所與越抗衡者，惟吾閩。余閩學也，反覆諸士文，誠不無莊舄越吟之意，而一時之雌黄，未必非後來之勝事。且天子羔雉，將于是乎在，故樂與諸士侈談之。

先正録序

《先正録》成，紫溪蘇先生業有弁諸首矣，而庚索言於縉。噫嘻！令縉言，安益蘇先生哉？大都蔡先生文，沉潛雅粹，龢易春（春）容，如太羹玄酒，愈淡益濃，讀者知爲有道醇儒。陳先生文，鞭駕風霆，睨傲六合，出經入權，有吟風弄月氣象，即天挺人豪，不能過也。二先生之稟受稍殊，發而爲言，材藻亦異。乃其湛道德之經，服仁義之正，粹然而匭於轍，則一矣。二先生學相師承，以窮理爲要，持敬爲宗，而壹主於紫陽氏。其所著説，亦久已蓍蔡於世。獨應制言不傳，經生學士罕窺之者，間獲其一二隻語，相傳如拱璧。是編出，人益睹先民之程矣。

薄酒用而玄水貴，稻粱飯而黍稷先，玄黄用窮，而卉衣爲尚。今天下文，稱靡曼極也。則有欲起衰存雅，懸的樹招，斤斤示人，士嚮舍二先生言，其奚之？縉少讀先生書，童而藝之，長而遵焉。而又旁先生俎豆之宫，不數武而近，高山仰止，景行行止，于是編，直一助云。蘇先生稱不敢知先生而信先生，乃縉何能知？縉故嘗信之矣，又篤也。

天一山稿敘

胡思泉先生，當世廟文靡之季，天下士争習冗長，獨以雄渾古質之文崛起詞壇，爲起衰嚆矢，四方學者宗之。世所傳《天一山稿》，是也。

蓋是時，隆慶初服，功令方新，限字之制行，人文翕然丕變，有去浮從雅之思。先生困公車之日久，不屑爲世俗之言，至是始一出而應明旨，遂成進士。諸與先生共時起，如周用齋、陳霽巖、許見魯三先生，皆能爲簡短之辭。或以精切，或以澹宕，或以恣縱，並鼓吹當世，而先生兼之，直凌出其右。三先生祖歸太僕，猶露其跡于象貌之間，使人讀其文，知爲太僕之遺。先生祖王文恪，泯不見有幾微彷彿之似，即酷嗜王文恪者，亦不知爲先生所從出也。先生之文，立乎無方，行乎不測，高出蒼天，深入黄泉，來如泉湧，去如雲散。或破已陳之窠，或開未有之局。長之短之，虚之實之，離之合之，卷之舒之，中音合舞，各臻其至。要以窮聖賢之奥，攄胸中所欲吐而止。瑟工竽好，先生弗問也，故能獨步一時。初，先生文出，拘攣下士見，如爰居駭亂。光縉束髪爲文，即知慕先生高，昕夕司南之。人見縉嘈嘈若語，嘿嘿若思，以爲孺子口中，所囁嚅何物。已乃知爲先生言，則相與驚怪却走矣。及縉稍能廣先生傳，爲先生拔其尤，以躋于荆川、鹿門、北虞、小越數先生間，而吾郡士始知有思泉先生者。

舉業薄技，精之則道，攻之則法，盡美善爲難耳。使我有括帖，于人非文也；使人有括帖，于我非文也。我無以包孕後來，文未工也；後來有出我之包孕，文未工也。備是者，惟文恪、唐中丞爲然，後則先生。先生之至者、高者，前無古人，後有作，無可思議矣。論者猶致疑于先生之非上，第不能如文恪公魁天下，其言易行。嗟乎！世之知有文恪公文也，寧以上第哉？使文必上第而後傳，南宫弁冕多矣，何獨先生文，能流傳至今也？

郡後進有志之士，往往恨不見先生全書。先生孫問欹公，以名進士適佐吾邦，授是編使鋟。昔嘗寸臠，今享全鼎矣，多士之幸也！光縉私尚友先生，爲四十餘年神交，今始得附一言集中，光縉之幸也！竊謂今天下文，敗壞極矣。即以先生言，傳爲天下鵠也亦可。

許子遜合刻序

當許君子遜之弁南宫也，一時文聲震動天下。四方人士翕然宗之，奉其言爲司南。今子遜往矣。先是，梓有九十九首，吴越之間，家傳户誦，至今猶然紙貴。宇中薦紳學士過銀同者，往往問遺稿於尊人封翁，而以所已見爲未足也。封翁乃搜之篋中，得二百餘首，盡鐫之，問敘於余。

夫此二百餘首者，海内人所未及目，而余曩所彈射而手評者也。當是時，余持以示人，人無識者，獨余識之。自子遜一先天下，廟廊之上，黌舍之中，何人不讀其書？何人不羶其名？然耳食附聲者也，饗利而知有德者也，蚤知宜莫如予。予能知子遜文，謬托於他山之攻，竊附于根荄之識，然不得敘其文於名盛顯融之日。遺簡殘編，乃使余復讀之，未免淚下。則始終、今昔、窮達、死生之際，令人有遐思矣。

文章與時高下，遭其時則行，時過則已。榜元第能使文行耳，不能使文傳。如可使文傳也，則南宫之歲一闢，前後作者，其已行之卷，爲芻狗之踐爨多矣，何獨不朽子遜言？而今若新發于硎也。世之評子遜者，有欲躋之唐中丞、瞿宗伯之右，有謂言人未能言之意，開人不敢開之口。夫業有定價矣，余縱有喙三尺，何能阿所好而更溢言？但雞肋有餘味，食蹠者必數千而後足。能善讀子遜文，得其機，神悟其格法，即九十首，亦已多矣。有涯者年，不朽者言。人謂子遜非大年，吾不信也。

敘焚舟集

余受知黄葵師之門，當是時，方伯長公新登第，次公履素垂髫耳。今履素褎然領南畿賢書辟矣，余初聞之，不覺屐齒之折也。余素困公車，每逐隊道檇李，必望宫墻而入，立雪竟日而後去。出奚囊中之作，以受師郢。師成風盡堊，有一言當師意，師輒爲余拊掌起。師之視余言也，語余爲獨契矣。師亦出履素作視余，余屢讀屢心折。師見余遜席，若爲履素代主臣者。余竊窺之，師蓋喜溢于顔云。大抵師視余猶子，而亦以其私望子者望余。余是以每謁師，輒虚而入，實而出，不但得之師，且并得之履素也。自師没，余不復鼓伯牙之琴，于履素，亦罕聞大雅之音。兩人相見，但嗚咽而别。今年秋，履素得雋，歸梓《焚舟集》。余適至，授使讀之。噫嘻！余之獲此於履素，猶吾師之手授也，履素真吾師之子矣！

吾師以文章模楷一世，士被其獎識者，且能令四海相傳響，而矧其鳳毛麟趾也！履素狀貌、語言、意態皆師。其于文也，亦師之委蜕矣。粹而白，端而雅，無世俗艷冶鄙俚之詞，而出之明白正大之格，即寘師集後，髣彿肖之。余猶記師在時，語余"履素病弱"，余稱"其文不弱"，師首肯之。丁酉歲，余謁師，師出履素戰敗之牘，謂余曰："吾謂其幕庭可空也，何乃陰山失道？"師之奇履素，十年前已若兹矣。人謂師没，而天下無文人。余技窮此道，無能優孟師。方伯長公之下，有履素在，安所俟余？縱使余能知履素之文，何如師之自知其子也。語曰："醴泉無源，芝草無根。"繇履素觀之，非然哉！非然哉！

序黄履素制義

黄次君履素，已成進士，盡梓其制義數種，編各有序，袁小修君合序之，備矣。貤書入閩，欲得予再選而彙刻之，以言弁諸首。語云："良弓之子，善學爲箕。良冶之子，善學爲裘。"此非虚語也。當隆慶初，宇内稱文章家，輒推尊吾葵師先生爲鵠。先生嘗語人云："制義小技，工之實難。着一毫粗浮不得，着一毫放肆不得。單靠才情不得，單靠天資不得。離不得，即不得，遠不得，近不得。束縛天下之英雄，使之俯心揖志，以就規矩，便有禮陶樂和一半光景。"先生坐進此道，而亦以此教人。故先生之文精而不鑿，雍容而不迫。追金琢玉，不傷本璞；流英振藻，不露高華。每一編出，神聖工巧，靡所不備，薦紳學士多宗之者。詞壇有志之士，亦有一二能竊先王之道以行，而過庭授受之真，不能歸之。先生之子長公中丞，蚤已陟峻。第先生晚年，最愛履素，耳提而面命之。故履素於先生學，趨步尤真。自先生典試閩後，中丞公又建纛吾閩矣。揆文奮武，靈式折衝，靡非先生斌斌之遺。則所謂天下文章，莫大乎是也。今履素文具在，其博綜煅煉，深厚典雅，於先生不無退遜。如以規局醇正，機調輕和，按先生之精神法度，何所不合！謂先生之委蜕也亦可。

嗟乎！先生殁，斯文喪，而異學興矣。先生衣鉢之傳，幾絶綫於當世。獨其箕裘弓冶之善，爲朝野中外所艷稱。則中丞其化成之文，履素其發硎之文也。昔賢有西河夫子之疑，至使人數以爲罪。余受知先生，今荏苒老矣，莫落無當。間嘗竊先生咳唾，以轉授人，並未有人焉疑我於先生者。使余而亦有西河先生之疑，雖擢髮而數余罪，余俛首甘之也。嗟乎！衣鉢之不能如弓冶也，所從來矣。故因録履素文，并及之。

復古課兒集序

蔣九觀公，與余同貢籍，既第進士，歇歷中外，分藩粤海雷、廉之間。無事携二少子與俱，課之讀書作文。二少子方垂髫，能載筆道今古。最少爲余壻，奇益甚。蔣公慮其才高識淺，效矉世俗之文而誕焉，每命題，必自標一作爲之鵠，積久，幾成帙矣，名曰《復古課兒集》，寄以遺伯、仲、叔子三君。

三君久有聲詞壇，叔子在公車間，且詘中原士而下之。得乃公文，不覺自失。授余緇卒業，余瞿然曰：寧獨課兒！乃尊公憂世趨之意耳。蓋今天下之文敝矣，説者謂江河日下，不可挽也。余以爲不然，世故未有真豪傑者出而亟反之耳。往者嘉靖之季，文糜爛冗長極矣。新鄭在事，乙丑南宫之試，慨然滌而新之。一時人心耳目，如撥浮霧睹青天，不勝快矣。其後限字之格行，士多應之。醖釀於隆慶之際，萬曆之初名公因之輩出，今其文具在。郁郁斌斌，深而不鑿，典而不浮，贍而不穢，和而不激。儒者喜言弘、正，未知孰多？道隆化洽，人文世運，並躋熙明，可謂盛際。今浸淫不可言矣。海内操觚，靡不人人言奇，竟不聞有真奇者。大抵與世廟之季無異，辭無當於理，雖累瓦結繩，總歸浮庸；意無當於題，縱鑿空杜撰，衹成卑拙。滑稽游戲，鄙俚益甚，相沿成風，卒不可止。但令衡文者有蒿目之憂，而亦不無拊髀之嘆。此蔣公復古之所爲作也！

蔣公早歲治書攻苦，精進此道，今輟業久矣。乃一涉筆，辭與意會，不追琢而成文。其言似淡似易，而格度雍雅，風味沉厚。淺窺與巧索之士，不能道隻語，居然一先正典型。余嘗謂，今天下真文，不在經生行卷，而在宦稿。蓋亦於近代名公言，有一二賞心者，蔣公今又其一矣。如以課子，余豚子雖少，粗知掇句，然亦不令之見世俗之文。英雄之士，所見略同，大都固若此也。

公餘稿敍

此葉先生公餘近稿也。先生之學，原本六籍，驅駕百代，汪洋浩博，不可窺測。其初，起家爲應制之文，以雄傑奇古之詞，寫軼宕不羈之氣。凌空絶塵，噶矢一世，海内翕然宗之，無不退舍以避鋒鍔。其後，官詞林，視草明廷，爲著作之文。間亦抒之時藝，壹滌豪邁之態。如鳴和清節，玄白簡易，出之自然，還歸大雅。及今爲天子端揆，翊贊萬幾，代理絲綸，黼黻皇猷，鋪張帝道，此其時矣。文云乎哉，廼先生於黄扉之暇，游意涉筆。豈未忘故習，而生技癢？蓋今之文，敝也，極矣！穿鑿者支，澆薄者漓，儇輕跳越，浸成卑弱，卒乎壞亂。先生蒿目而憂。夫文之馴駁，世之汙隆繫焉，故特筆之，平而不陂，中庸而不可，能風天下而樹之鵠，厥慮深矣。其姪葉生成章，以計偕入見，先生手授之。授葉生者，政所以授天下之經生學子，俾之知所嚮而爲文也。起衰濟溺，道在于是。葉生梓而公之，倘亦先生覺天下意與！

同年制義敘

子言之曰："事君先資其言，拜自獻其身，以成其信。"乃古之言也，如軫方，阿意旨者，訴爲曲學；今之言也，如轂轉，投時好者，喜其及格。遞升遞降，倏彼倏此，信惡乎成。文人、學子相與嘲曰："不適意、不阿意而爲文者，推舟而使陸也。雖工繡飾，何益？"以故人無堅持，與時浮沉而波靡之。衆尚平，以鄙倍爲平；衆競奇，以屈詰爲奇。卑不敢自吐乎一識，高至聱牙而不可讀。勢趨相激，亡怪使然。今且懸功令，風天下以式，蓋天下争騖正矣。至奇醞于至正，不知正而譚奇，匪奇也；至正匭乎至奇，不知奇而譚正，匪正也。故能破拘攣者，必畫尺度者也；其逃而之弔詭者，庸無見者也。舍《陽春》而里耳，奏土缶爲鈞天，能有當乎？在兔忘蹄，在魚忘筌，惟人所自得耳。阿世，非學也；可高下，匪文也。諸君于文，毋乃有牛鼎意與？非也。又有炙輠其行，道詘委蛇，陰陽人世，與俱上下，其覊合也，寧獨文哉！故願與諸君共信之，非徒信于文也，信于行也。

黄明立制義序

予與黄君，蹶公車數矣。予無方舟淺深之能，不屑茅靡以干世趣。猶之刻舟求劍，舟徙尚按刻而求之，以故亦往往被叱以走。獨黄君能與世陰陽，人員而彼不方，人右而彼不左，油然于竽好無忤也。余誚君爲炙轂，君亦誚余爲枘鑿，兩人心相驩，而各以其信爲羔雉。卒之兩無一當，始相視而笑。金躍于大冶之中，而欲與造化捍，殆不可哉。

今天下之趨，又一變矣。凡鄉之所稱奇、稱怪，令海内之士靡靡從之，如夜蛾赴燭，今皆一切罷去。而染濡沉溺之既久，有欲去而不得者，君獨超然于塵障之外。余讀其所爲文，聳而瑋，雅而都，贍而不穢，鮮而不詭。博大昌明，如撞千石之鐘，而倒三峽之水，洋洋乎大國之風矣！君之文屢變，至此始不離其初，蓋所謂還友而歸于質也。昔之爲將者，見寢石以爲伏虎，關弓射之，没石飲羽，已而知其非虎也，則不能。衝風之衰，蓬弩之末，類如此。君之力亦末矣，屢挫而不折其勁猶故，此正射鵰者也。不應弦而倒，吾不信矣。

蔣中葆制義序

蔣君中葆，吾黨中奇士也。年十三，載筆翩翩，遂能道古。尊翁觀察公令江山時，余一見之邸中，試而大奇之，以爲必即大發。觀察公訝爲溢褒，旁聽者或竊笑余，何物寧馨，而遽可凌厲一世若是？而今果然矣。

中葆才高而意廣，于書靡所不窺，發而爲文，縱横馳騁，不拘繩尺。能開人所不敢開之口，而常有拔山扛鼎之思。近喜自豪益甚。余屢讀其文，屢咋舌下之，而亦竊窺其有牛鼎之意焉。間以語人，人未之信也。今者，中葆與余言，入棘奏牘，當事者賞其奇，欲首之，復以其傷于奇，故稍下之。噫嘻！中葆材故鉅，惟有所稍貶于追趍逐嗜之間，是以不能無遜其犄角之勢。人以中葆之奇爲能盡其材，而未知露奇未足以盡中葆也。使中葆而竟其材之所極，必且累丸于静，而弄丸於虚。我知其無與桓、文矣，雖爲天下士，可也！

又

余識蔣生中葆於垂髫，知爲奇士也，每從其尊人二千石公擊節之。未幾游泮，又未幾受知於沈文宗公，大加獎溢，食弟子餼，皆未弁時事。中葆于是名遂著，幾與吾里中諸父行有名之士，相均茵者。不但均之，又且抗旌前之矣。蓋中葆之聲日起，而其學亦日博。于鄒魯言外，旁涉它書，極其材情所至。故願登相如之堂，而入賈誼之室，不但區區作博士家語也。二千石公入東甌，中葆隨之。是編乃邸中日所撰著，以受郢于尊人者。而千石公以授余讀。蒼而勁，淵而古，縱横變化，出没無常。如市南宜僚之弄，如公孫大娘之舞，如荆卿之擊燕市，睥睨旁若無人，足當藝壇中一大奇品。余從游之士多矣，其以年少負奇如中葆者，亦絶少也。騏驥取其善蹄，登之天閑，則不欲詭啣竊轡；鏌鋣取其善斷，帶之上殿，則不欲摘中横衝。東野稷之馬鉤百而反，秦舞陽之匕首濡血而斃，皆用之非其至也。其積不厚，其負無力。木鷄之望無景，嚮應者反走。中葆庚越此，而坐進此道，夫誰桓、文者與？

敘近漢亭制義

此張乾伯平日與余所對壘之文也。乾伯於古典無不窺，於人情世故無不涉。性寡交游，獨善余，余亦急之。吾兩人居共榻，行共茵，萬里而應公車，擔簦而出，被刖而歸，雪夜風朝，馬足車塵，靡不與同。其相與程衡今古，予之所可，乾伯因而可；乾伯之所否，予因而否。雖無時不覿面，但有莊見，無媟見；亦無時不對語，但有正談，無謔談。故自吾里中人，以及寓内凡所獲倒屣之賢豪，知有宗謙生，即知有乾伯。去歲甲辰，乾伯將謁銓，余梶之。乾伯謝曰："吾兩人亡一當久矣，縱有弋獲，未必兩徼。吾其甘受黥，而蘄以補子之劓，可乎？"余爲之氣短而别。

乾伯既得武義，便道抵家。語予，欲梓其所爲文。余笑曰：此所謂惜已破之甑也。雖然，唐以詩賦取士，杜少陵聖于詩，竟不能博一第。宋置明經、博學宏詞諸科，蘇明允能以文詞高千古，而終其身不預於進士之舉。安在其以第不第論文也？士之遇合無常，而文之雌黄有定。杜少陵、蘇明允雖弗第，其名與言至今存。彼其時褎然登進士高第者，今且不知其烏有矣。鄙諺曰："何知仁義，饗其利者爲有德。"不識此語誠然乎哉！吾乾伯之文具在，世有不耳食者，自能瑕瑜之。人或以予有污而阿所好，予是以不復啓頰稱也。

李仲熙稿序

此余友人李仲熙次君之業也。次君清遠高雅，不羶利禄，有特立宇宙之意。其爲文酷如其人，按題命理，按理敷詞，抒所自得，清虚微婉，質而有章。如泠風之和，如游雲之行，如大羹玄酒之遺，鈞天太清之奏，不可以臭味聲色尋也。余每讀，三擊節，津津若不輟於口。

客有聽者，曰："君生平少許可，每嫉當世之爲文，壞亂不可讀。異哉！獨有味次君言也。如所亟稱，次君當褎然上第矣。竟不遇也，何故？"余笑曰："子所云皮相也。而不聞大音不入里耳乎？次君第不遭時耳。使生當文體昭明之世，其於上第猶掇也。次君惟不使今人遇，余所以津津次君文。"客曰："然則，盍少貶焉？"余笑曰："令次君貶，不足爲次君矣。孟夫子所云未聞以道狥乎人者也。夫文，心聲也，道所載也。士以此爲進身之具。文可貶，道亦可貶乎？文之有品也，人品關焉。故凡藉口趨時，舛駁穢亂以逢人而苟取富貴者，非有品之言，則皆無品之人也。次君以爲少貶而不可也，寧不仕焉耳。"客進而問曰："次君遇于時，則奚似？"余笑曰："次君有用世之才也。假有授之職，勛業未可量。我知其非世俗富貴中人矣。天之靳次君遇，亦天之未欲興斯文耳。文章關世運者也。今天下文，率多衰世靡靡之音。次君文而得行于世，必爲天下鵠。且使次君而棅文任，亦必有以鵠天下之文，則衰溺起矣，何憂文壞哉！夫文之將興也，必先有一人開之；其壞而欲返也，必賴有一人挽之；如其終壞而難以即返也，必得有一人留之。開與挽者之人，非得大位不可，而留者之人，則不必有位。而言在當世之人，未之楷，而後之人楷之，且因其言而并以知其人。然則，次君言何能一日而不留於天地間也，殆天使也夫。"客笑曰："君之不遭時也，亦次君也，獨奈何？"余瞿然曰："余何言哉！余所謂山中之雁，以不能鳴烹也；余所謂櫟社之木，以不材終天年也。余今廢而老矣，居然免於人刖之患，於余其幸也夫。"

題三北草

楊伯子瞿崍君，與余不佞同游于就李黄學士之門，學士時時稱伯子奇云。伯子之尊甫曰文源君，伯子世其《易》學。是時，方少年弱冠，以善詞屬文聞于郡中。其後，伯子游益廣，名益成，則伯子聲越闤闠而南北矣。

伯子初治觚時，守宋箋成説，施以繩墨，餙以藻繢，不失尺寸，後且洸洋自恣也。而今伯子將舍津筏上之。伯子氣慷慨雄爽，不受樊籠，抵掌談事，往往能自擘畫。其爲文,酷肖其人。伯子每沉思有得,或劓剥鳌正,以質不佞,不佞稱善。即不佞間嘔,伯子亡不止茵受轉圓(圜)聽也。蓋不佞與伯子爲千古談,莫逆者,什之八,而其能伯子鍼砭者,什之二。噫欷!竟伯子造,可亡中原矣。

今年春,伯子與其尊甫並計偕長安,不佞邸相次也。伯子過不佞,講劍術。不佞以含光進,伯子用濡血匕首。不佞瞿然曰:"我乃怯而非人也。"已,不佞果不能用怯勝,而伯子亦默逃去,相於邑久之。方舟南下,達齊魯之都,浮淄青之河。伯子徘徊四顧,弔魯曹沫、齊管仲之爲烈,因自出其應制義,命之曰《三北草》,一劍自況云。有是哉,伯子之壯乎!劍不淬不利,養不深不邃。伯子歸而匣之,三年而試之,直之無上,當之無前,則殷帝寶矣。

温陵游草小引

濰陽多君子,有從余游者,鄒君友實,亦在游中。今年初夏,鄒君復自濰陽來,持所爲應制義與五七言近體,謁余一枝亭。余卒業之,翩翩有致矣。予謂之曰:"此所云射鵰之手,而彼之爲屠龍之技也。以應羔雉,兩者孰先?"鄒君笑而不言。余復謂之曰:"宋人罷詞賦,置明經科,國朝功令因之。令足下而生開元、大曆世,當先盛唐諸詩人而見賞矣。經國大業,不朽盛事,以爲今安屬哉?"鄒君默而不答。余復謂之曰:"足下通才也。耑治亦精,兼治亦精,何論本業與它涉乎?乃足下之工應制文也,如其工詩也。詩遺逸,足下文亦逸;詩喜瘦,足下文亦瘦;詩尚瀟疎,足下文亦瀟疎。詩不怕山澤語,足下亦往往載仙風氣象。"鄒君吁而言曰:"詩雅道,不盡如是。殆謂予之不嫻于藻也。有是哉!所習非所用,冠章甫而之越,何但瑟竽矣!"退而不庭者近月,廢詩而耑工文。旬日之間,得文十三首。今之文,殆非偕來時之文也。逸而峭,清而澤,疏而不漏,飄脱而莊,斌質有其文哉。昔人謂,詩工能窮人,文則惡能窮人,第恨不工耳。若今之工,雖一日千里可也。歸而見黄陟明、謝伯元兩三君子,亦復以是語之。

衆白編序

語有之,"雖有點瑕,不損連城"。非貴瑕也,貴其璧也。"雖有寸腐,不損合抱”。非取腐也，取其木也。此品之説也，人無完美，士罕通材，必以點瑕寸腐，棄天下士，而失士者衆矣。衡文者，始不得不採其品，而以兼收之，曰“如是，庶可以幾衆白云耳”。而何世趨之誤也！上之人以其爲連城也，不欲以其瑕掩之，而下之人乃指瑕以爲瑜也；上之人以其爲合抱也，不忍以其腐棄之，而下之人乃指腐以爲良也。見録有一二用老、佛語者，而頂焚老、佛矣；見録有一二背程、朱註者，而操戈程、朱矣。不知此上之所略也，非上之所尊也。器取者特收之牝牡、驪黄之外，而矉效者至紊之蒼素、白黑之内。浸淫之過，甚于日燭；是非之錯，若指馬鹿。上之人又不得已而禁之，三令五申而不足，乃咨嗟發憤，而咎之曰，“品之説，誤之也”。今之衡文者，將言其品乎？將不言其品乎？夫貴瑕而席燕石，取腐而莳樗櫟，第其迷罔者耳。一旦而寤，未有不以戈逐者也。品之爲用于天下也，所從來矣，何可廢？

是編也，史君世念所私自爲衡者也。並觀博選，不失粹白，無亦品取之而已乎？史君翩翩負儁材，故藝林中之連城、合抱也，品之上者也。

程士編序

制舉藝至今日，蓋窮文之變矣。翩翩豪少年，抑中庸爲無奇，賈其力于方外祇園諸書，遺理標異，操末續巔。入之乎圖魅之幻，比之乎棘猴之誕。最下者發人梁罝，不離于衷。豈所可驚肆筵，而不可驚獨坐耶？自非奉海内名碩家言，爲之倒狂瀾，則輓近經生，將安所屬耳目，而趨法程日守乎？

余邑侯胡先生，就李聞人也。操如椽大筆，絶不射時好。其所爲文，唯立乎正印環中，要以澤于理道。試膚求之，其飄飄乎風師灑道，雨伯飛塵也者；其鏗鏗乎響遏行雲，聲振林木也者。顧此班之一，而非豹之全也。侯以彼其才，庫貯九經之富，龜稱五總之靈。不難于豪少年，角赭蒼而獨計乎。啾發投曲，感耳之聲，而不可比律吕者，非《韶濩》之音也；弔詭譚空，艷俗之觀，而不可張的鵠者，非中庸之程也。蓋其搦管時，用意固已遠矣。用是攄之爲文，掩面鉛華，嘘聲天籟，立言孤詣，一稟于先民。遡之可翊關閩之疏，極之可傳鄒魯之人。以此而砥茅靡之頹流，是謂鳴《韶濩》于六經，調玉燭于藝圃。睠彼洼淫，不鑿自夷已。嗟嗟！經生可人少一通哉？不佞缙，偕都人士，固乞而壽之木。且也，以“程士”弁于其首，説在廣厲而勗磨云耳。藉多士伏首作蠹是編中，人食而人肖之。異日者，圖魅化爲形色象貌也，棘猴化爲羽儀鱗角也，伊誰之程耶？侯之衣被詞人，膏雨作者，其陰收程督之功，又何可斗斛已！

君侯别號寅賓，早歲列賢書高等。客秋剖竹，來宰蒼巘，杜召徽音，載在口碑，兹不具論。論其前後種種，懸書國門，蓋就李白眉云。

方吴合併稿序

此方孟旋與吴伯霖兩君近作也。兩君久負才名，並意氣豪軼，眼下無中原士。而兹其北上時，風朝雪夜之間，地之所經，景之所歷，意與象合，言與意合，故其文宏偉鉅麗若是。孟旋尤其錚錚者矣。余久不見孟旋文，驟而讀之，使我心神俱豁，若揖兩君於燕市上，而與之旁無人也，亦快矣哉！孟旋以此編相睎，貽余書云：“以我之言合于世，不合。還以世之言合于我，亦不合。”士顧自得耳，何論合不合也！且今世之所以合者，何如也？今世之言，而可與孟旋合，孟旋亦未必與宇中一二知己者合矣。知希者貴，孟旋以爲然否？

黄伯仲北山譚業敘

乙酉之秋，黄、蔡兩夫子，掌吾閩試事，得黄明起、明立兩君牘，大奇之。于是，兩君遂並時掇賢科云。已，不佞從兩君旅見，每兩夫子嘖嘖兩君材，亡不三擊節也。一論三策，梓入録中。是時，兩君名業已震都下矣。丙戌春，南宫試士，明起遂大魁天下。明起蓋鄉會一再試，而文皆録，傳播儒林，爲多士式。今且奉天子命，讀書中秘矣。明立雖不即第乎，而握奇韞珍，意氣軒舉，若將以旦暮立取前矛者。以故，海内士獲其隻語，争售而摹効之，如襲寶然。

一日，明立以伯仲全稿，授不佞卒業焉，蓋爽然自失也。大都兩君伉爽喜負，沉酣六籍，搜抉百氏，故發而爲文，明起則聲與意會，情境俱融，冲夷馴雅，出之矩律;而明立一落筆,焜焜象表,縱横揮霍,莫可控制。明起如廻轅按轡,容足弗失;明立則駕輕就熟,且不知其瞬息而千里也。雖軌矱不同,意象各别,總之,則軫方轂圜,各極其技,以命其材之所至,而未始離于轍焉耳。不佞碌碌,久阸諸生間,顧獨遜明起者,真天下士也。乃明起歷數試而鮮一當,明立則以彼其材厠足黌宫,不可得矣。一時耳食之夫,誰不目攝兩君?竟能以一青衿、一韋布,並時建大旗鼓登壇,鞭弭中原,珪璋廊廟,此豈非遇益蹇而文乃益工哉!語曰:士亦有偶合。然不困阸,惡能激乎?不佞于兩君文亦云。

化奇編序

客有持《匡山問業》授余者。余卒業之,大都江右與浙東士之作也。其言淡宕多奇,拔其尤,以授余兒君録。兒讀之,笑。余怪問之,對曰:"兒讀王守溪諸先生文,不能不正襟。讀此,欲翩翩舞矣,能令兒快。彼遵塗,此散步也。"余爲一大笑。語云:聽新聲,不知倦。非耶?黄口小兒尚厭拘攣,世趣可知矣。然非是,不足言奇。蕪穢龐雜,非奇也。因名《化奇編》。

鄒有年制義序

余聞之謝生伯元云:"九龍鄒有年者,奇士也。其言呼吸山川,吞吐煙霞,追馬琢班,祧唐宋而祫周秦。"余竦然,心異之。安得當吾世有若人,不與一抵掌而談?名高相媾,謂此生大快何!

今者,余從長安歸,塊居一室,仰天而歔,嗒焉若喪。忽户外有敲門聲,謁者入之,則有年貽書余,與其應制義偕來。告予曰:"吾過湯義仍、黄貞父,而問奇焉,而未有定也。"噫嘻!有年其以予能定若文乎?余未知操斧,安能引繩?余講劍燕市中數矣,人叱我爲非人也。其何以復有年?有年而既問湯義仍、黄貞父矣。義仍爲高渺變幻之音,貞父治幽寂恬淡之語,各臻所極,傳響儒林,海内人士翕然宗之。有年贏糧而趣,自崖而反,尚安俟予?陳元愷謂,有年妙契玄理,翛翛在道山絳闕間。玄之爲道,以虚化氣,以氣化神,致極守篤,歸于自然。

有年而不通玄理則已，有年而通玄理，其于文乎何有？問奇者之揚子雲，子雲之後，無復子雲也。有年但言己之所欲言，勿優孟古人，勿矉婦乎今人，即不朽具是矣，何區區逢年之足云！

敘洪梅合刻

洪君貞發與余善，梅君欽之不遠數百里，慕而致之，與同精舍。兩人相敵國，欽之不敢均茵，遜之若師，論文必以貞發爲程。庚戌之春，貞發從南宫歸，欽之與約，羸糧入温陵，竟不果然，未嘗不相傳響也。欽之出其近作授貞發，貞發合而鐫之，余是以得寓目焉。

欽之曩爲文，輕清綽約，今能蒸蒸厚矣。沉而密，婉而多致，大都步趨貞發氏爲多。貞發一奔軼，瞠乎千里也。昔用形，今用神；昔蹠實，今轉虚矣。欽之乃昔日之貞發，吾惡知貞發之所極也。瀛海之外，又有瀛海；九州之外，復爲神九州者，夫文亦若斯焉已矣。洪君貞發素以文名，但今所爲文，非昔日之文矣。貞發生平力學苦心，其文詞贍而氣重，意深而力厚，讀者一見，盡知其非薄積淺發之人，然不無傚世人，以借資取多勝者耳。

余嘗與言千古之文，惟南華老仙能用奇，其事與言多自造，不用古人典故；惟蘇坡仙能用虚，一揮毫可千萬言，而不使一實語，皆凌厲千古。漆園之下，僅有眉山，餘無如焉。聞者皆笑爲迂，惟貞發首肯之。貞發自南宫歸，盡罷向所讀勦襲之書，瞑目趺坐，或至竟日。間一落筆，但嘔心而止。重者今轉而輕矣，厚者今轉而鬆矣，直者今轉而有曲折矣。此貞發日減之文也。貞發如黄鍾大吕，不作細響。今且建之以太清，調以自然，行流散徙，不主常聲，從雲中而下矣。

視笑稿敘

林君可揖、洪君彦雍，爲文字交，對壘敵國，搆相引重。將梓其所著義，爲來日行卷之徵，先授予讀。予爲拔其尤而序之。

予聞兩君相友善，而又有何君宇青、張君一魯，亦與之友，所稱于人，爲四誼者也。昔亦有四人相與爲友者，相視而笑，莫逆于心。交道能使心莫逆，止矣。而先之以視笑者，何也？大凡交之所以不全，始而相嚮，卒相背戾者，其端皆發于眦睚。故全交之道，莫逆難，視笑未易得也。論文之道，猶論交已矣。今夫以文授人，必先無刺于人之目，而後無礙于人之口，與無逆于人之心。未有棘目而無礙口者，亦未有礙口而無逆心者。奈談文而耳食者衆也。目擊之，未必無刺；口誦之，未必無礙；心惟之，未必無逆。而但信于耳，曰"是某氏之所前矛也，某達官貴人之所録而弁也"。瞽夫取道，拍肩隨之，效矉而忘其醜。文乃日益潰亂，不可收拾。

予之讀兩君文也，但與可視吾笑耳。洪君之文，順風揚帆，瞬息千里，流而不滯；林君之文，因風轉蓬，拍浪千傾，廻而不傷。要皆抒材情之所極，而合理道之致。其玄若屑，其神益王，有天然發笑之妙。今兩君文具在，兩君自相視，莫逆也。以視何、張兩君讀，莫逆也。予一讀一擊節，但無礙予目與予口，即無逆予心矣。噫嘻！技至此乎，即以此徵行卷于天下，令天下而耳食耶！目論耶！同聲而笑，發妙何如哉！吾願兩君以爲交者爲文，尤願以爲文者爲交，兩得之而兩非俗也。文章事功，何爲不可？故并具論之，以質之何、張兩君。兩君曰："命之矣。"

吴弦所制義序

此吴先生應公車時作也。當先生解首粵東，一時名起，其文温醇爾雅，傳播儒林。先生故將自鼎吕于吴、楚、閩、越間，而中原人士亦且以是遜先生爲嶺海人豪，而以倫、霍三先生首南宫故躅，跂予望之。乃先生竟淹抑不第，屈首青氊，墨授百里，蓋振鐸吾郡，而先生再蹶矣。夫文何常之有？用則享以千金，不用則棄如敝帚。非前工而後拙，其所爲遇合殊也。先生之文，亦第不遇耳。雖非不遇，不足以見先生。

今天下文，靡敝極矣。以體法爲迂，以跳越爲奇。其中實尠知識，而混沌者自以爲玄；其外實寡見聞，而掇拾者自以爲博。一夫弋獲，千夫取道，天下翕然從之，如夜蛾赴燭。先生非不能爲，乃鄙而不屑爲也。珍饌羞而貴玄酒，玄黄餙而衣大布，先生不遇以此。鈞天之奏，和鸞之鳴，先生之枘鑿以此，其絶塵亦以此。揚子雲之書出，當時用以覆瓿，而桓譚筴其後之必傳。卞和之璞，亦幸其刖而有是泣耳。令蚤知而小用之，其于喪寶多矣。故與其小用，寧無用。無用之用，古人立言之士，莫不皆然，何獨先生？噫嘻！此未易與俗人言也。

滕王閣制義序

陳伯子姚生，豫章奇士也。余不識伯子作何狀，常于海内制義傳播間，覩其名，得其所著言，讀之，竊有意乎其爲人，是必中通外朗，澤而媚于詞者也。已，余友人林生可圖，從三山歸，得伯子義三十首，授余讀之。余嚮睹一斑，今嘗全鼎矣。伯子殆得文之清者與！

夫文之貴清，猶五音之尚宫，五色之先白也。清之爲道，宛轉闢生，無所不入。清而疏之，是爲清秀；清而腴之，是爲清麗；清而峭之，是爲清特；清而婉之，是爲清潤；清而奇之，是爲清越。總其品，曰清貴，而壹匭之于正，曰清雅。濁則文腐，而無所復入矣。今天下文，所以日弱而不振者，惟其多腐敗不可讀之語耳。吾以爲變文之衰，當從清始。

伯子之文，清也。其氣爽，其色鮮，其音涜，颯颯乎衆美生矣。吾且以是觀伯子之進焉。不見夫匡廬之山乎，薄青雲，凌白日，于氣清矣。朝霏夕靄，變幻萬千，高故也。不見夫彭蠡之水乎，瀰長空，澄素練，于色清矣。恬波怒濤，泋湃無際，大故也。夫高大者，厚之積也，清之極也。文何莫猶是也？伯子而坐進此道，何但豫章之彦，雖天下士可也。

四子文心序

吾黨李君發初，與陳君國暾、蔡君叔韓、粘君以焕，四人相與爲友。其初，第以文字相敵國，引重爲名高。最後，深相得，益驩甚無厭，遂自托於金石之交，要神明爲信，形骸各釋，而肝膽俱披矣。因出其平日所爲文，會而梓之，曰《文心》，以附于同心臭蘭之誼，不獨以語言文字也。

夫四君，盡當今人豪，意氣方新，材名始著。其結綬彈冠之美，尚在異日。于世俗交情交態之事，未之有涉。我何敢遽稱未然之好，與不必然之辭，以相褒韙？但據今之訂文爲文者言之，人情喜諛，所從來矣。近博士家尤甚，一字掇勝，便足班、馬；片言初就，遽詘歐、蘇。而慕名附聲者，亦往往附和，不知其醜，而遂忘其陋。又有不盡者，明知其雌，而故黄之。面贊而背非，口稱而腹誹，欲以塗人耳目，而先欺其真衷。有相與彈射者歟？有盡堊而不傷者歟？郢立既無其容，成風亦□其手。兩者交病，爲文家一大詬厲。以之觀于四子，道相成而詞相鎮，于會文輔友之際，偲偲如也，諒必在于世態之外者矣。

國暾之文，如湧地之泉，流注多滿；叔韓之文，如峻削之峰，轉摺多巧；以焕之文，如萬谷之華，點綴多致；發初之文，如横空之雲，清越多奇。分之專門，則各操其勝；會之調劑，則其成其美。家脩廷獻，斯道盡在是。此真文也，亦真交也。余不揣，故樂爲諸君道之，亦竊附攻玉之意云。

漱石編序

黄長公俞言爲文，于是三易稿矣，余亦序之者三。初之序曰《海上編》，再之序曰《畫水》，今之序曰《漱石》，皆長公自命名，而此獨借古人漱石礪齒之義，以自鳴其磨淬不移之意也。

夫長公，非宗伯公貴介子乎？以任子上太學，獵一官，亦足自貴。而以爲非科第射策之途，功名不出于自致，不可也。而必欲自奮身于青雲之上，以是故矻矻不休耳。此正昔人所云燕雀安知鴻鵠志者，噫！亦足壯矣。長公貽書與余，言今天下文，争趨於輕纖佻巧，不可止也。恐盛世之音，不當如是，矯之者其在渾厚之間乎？故長公所自爲文，力厭夫世之卑趨，將一出而矯之，而不屑與俗人同調。不脩尺幅之徑，而有黄鍾大吕之響，渾朴而不鑿，深厚而弗迫。視鄉者畫水之言，大小濃淡之觀，良自有分。嗟夫！大音不入于里耳，“折揚皇華”，則嗑然而笑。今之人，喜給佞而疾長厚也。世途之上，何事不然？逢世者以是爲梯，貴捷得之巧。能則矜夸榮使,不能則相與詆其枘鑿。奚但藝文!文其人人所繇進身之路,於夜蛾赴燭易耳,宜其潰亂而不可止也。使長公非有衆醉獨醒之見,不能爲是言;非真有是昔非今之思,不敢爲是言。今天下無文矣!狂瀾既倒,衝流難捍,日甚一日,何知稅駕。萬一有韓、歐兩公者出,長公斯言,宜起衰反正者所亟收也,余故於是編三致意焉。

題韡韡軒社草

江君國棟兄弟,讀書于月臺精舍,額其軒曰"韡韡"。鳩十數君子,對壘角藝其中。國棟故伉爽負奇,多兄弟,諸君子翩翩來往,氏各胞乳矣。不耳,把臂驩,相得游,與兄弟亡間也。然以余所觀諸君子材,實難兄弟哉。微獨其材,令諸君子鼓筆和墨,奏壹牘成,能抵掌亡别頰乎?又不,則竽瑟無異好乎?能儕而同聲無專調乎?且諸君子業相敵國矣,又令而鞭弭互執,櫜鞬相垂,與周旋中原間,雖偏師乎,又誰而退三舍避乎?雖親兄弟,吾知其必不能也,何問友生哉!蓋聞之,諸君子不壹其材,而壹其致。間馳驅上下,相鎮以義,相攻以辭,亡不伯仲彈射,人人引當否,微言短長也。已而相視莫逆于心者,人之見之,以爲友生也,而兄弟也。於戲,奇哉!

諸君次所治言,累百成帙,謁李生。蓋李生卒業焉,則又去者半,留者半矣。人謂李生曰:"何諸君子之讓,而子之狂哉?"李生自以爲非狂也。雖然,臣則嘗能斵之矣,微諸君子,夫誰與爲質乎?余且兄諸君子,而溟涬然弟子哉。

蔣生制義敘

余從長安歸,訪蔣大夫于須江之上。大夫出就江干,載酒爲布衣驩。余去而之九清,大夫適以公事至,招飲于九清橋。橋蓋大夫所新造者。是夜,天朗星稀,碧月當空。大夫顧余嘆曰:"嗟夫!以子而長安陌上,安能使余有令客也!"因與余道文章之所以然。余張目視之,余亦有喙三尺,不但舌在,爲辨其是非、得失之所以不然。大夫亦視余,首肯者久之。兩人相視,莫逆于心。

大夫有季子德璟，年方舞象，載筆道奇。大夫出其文使讀。余讀之，畏若棄繻矣。謂大夫曰："季方如此，元方可知也。"大夫復出長公藝授余。余曩者識于鼎，曾得其文彈射之，猶以爲流波耳，今瞿然而顧化也。意深而沉，詞遒而爽，雄渾高毅，而有餘力，不復道世人一綺障語。其承蜩之技，弄丸之手乎？夫畫者，畫魑魅，不畫狗馬，謂易見而難似也。文章惟其似耳。佛乘非玄，漢鐫非古，掇拾餖飣，總屬腐庸。世人斤斤奇慕之，不察而奇收之，又不已而奇禁之。何奇之與有？亦足姍矣。此于鼎所以挈而去之走，而余所云是非、得失之所以不然也。須江之東，有步鰲山，聳峻飛動，鹿溪横帶，俯臨百雉，城中煙火從足下起，千奇萬態，于鼎之文似之。嗟乎！余讀于鼎言，飄飄乎有步鰲之想矣！大夫以余言爲溢褒。余引而西顧，須臾之間，鰲頭月出，雲合雲散，大夫抑以爲非奇乎哉？

書　藏　序

仙景山者，余所自營菟裘之處也。山從西來，發源於五臺山，過宕山，逶迤東下。稍轉而北，起梅山，轉而南，起坪山。梅山四虚特峙，復轉而南，與坪山會，起高庵山，埠山。三山並立，高庵中尊，形似架筆，左右兩空。梅山塞右，紫帽山塞左，五峰雲屏，紫帽插天。余先是夢有神授"紫帽峰前落影中"之句，偶過而心動焉。因徘徊其下，俯仰四顧，見鴻漸山當前，與高庵主賓，而遠近諸峰環翠，大山在外，小山在内，夾脉中出，爲仙景山。如員金，如覆釜，登而履之，若平地。從下望之，則有肩突起，微茫之砂隱現似勺字。數武之丘，凡郡中所稱名山，如清源、獅岩、羅裳、華表、靈源，與梅花、覺海、片瓦諸勝，遠在數百里外，一舉目羅列可睹。鬱蒼佳麗，名以仙景，良不虚矣。余是以窀穸於是，爲異日腐骨之藏。因思吾後來所藏者髑髏耳，委蜕耳，不足以敵此山之奇，但爲之污，躊躇咨嗟者久之。

大抵天地間惟陽爲善藏，陰則不能。陰之所藏者，形也，而陽之藏以氣。故聖人於《坤》爻，但曰含，曰括囊，曰閉。而于《乾》初之勿用，則曰陽氣潛藏，而以不易乎世，不成乎名者當之。夫氣之所宣洩，莫若言。言之無文，行之不遠。

與其流落人間，爲醬瓿覆，則不如掩醜而藏之愈也。余是以搆小廬於丘之東麓，將昕夕其中，且盡梓三十年來所撰著鄙俚猥瑣之語，殺青而藏之。與《易藏》並貯此中。予非敢自托于名山之藏，第令吾子君録與後若孫，異時登斯壠，簡斯集，亦知父若祖矻矻窮年，白首不衰云耳。舊聞可次，夫亦愈知學矣。客曰："子不欲污山以形，故污山以言乎？百歲之髑髏，傳生爲鼃，爲陵舄，烏足生程、生人，出入于機。夫非形生人也，乃氣生也。氣莫如言，子之言千轉萬變，生而未始有窮也，矧其必傳者與？山以人輕，亦以人重。形不知污，何況于言？"余避席曰："惡乎知之。余知有掩醜而藏耳。夫天地間，最朽腐而不可以語人者，此物是也。唯山藏嫉受污，吾故是以藏之。"客爲一笑。

易　藏　説

今博士家言《易》，第先資羔雉耳，求所以行也，非求所以藏也。然而，《易》難言矣。孔子之學《易》也，于五十假年之後，而其贊《易》也，在七十從心之年。是時，孔子老矣，其于《易》也，若終身焉。儒者但見其讀《易》，韋編三絶，遂以爲聖人之矻矻于《易》若是，而不知其蔬水曲肱、浮雲富貴者，政聖人之學《易》而可以無大過者也。

《易》道統于乾，乾始于潛，而終于亢。夫惟能潛者能亢，乃其亢而有悔也，亦卒歸於潛而已。進不知退，非不退也，不退于退，退不知也；存不知亡，非不亡也，不亡于亡，亡不知也。惟不知，故知之，而不失其正，此聖人之藏也。人知潛之爲潛，而不知亢之歸于潛，遂謂聖人無亢。于是，戀進固存之説出，而人始奔競富貴之塗矣。貴無其位，高無其民，賢人無其輔，此其事千古聖人惟堯舜之天子能行之，非湯武所能及也。故湯武有得天下之誚，而堯舜無失天下之嫌。文王退居臣節，自處于不貴不高之地，以賢輔殷，服事不改。孔子無位無民，賢人自輔，攝事三月，老于行而已矣。堯舜，君之亢；文王，臣之亢；孔子，匹夫之亢。堯舜亢于飛而潛也，文王亢于躍而潛也，孔子亢于見而潛也。大抵皆潛以善其亢，而亢以妙其藏。顔子則不能亢，但守其潛，而終身不仕矣。

孔子繫《易》，不以予他弟子，而獨稱顏爲庶幾。予其復也，予其潛也。復者，陽之潛藏也。曰顏子深潛純粹，曰潛心仲尼而夫子與之，曰用之則行，舍之則藏，藏而使人知賢人之藏也。聖人之藏，則有不可知者矣。巢、許非之，祖、伊恐之，沮、溺、楚狂接輿姍之，皆不知其藏者也。此大過人之行，孔子之所欲無也。故文王以亢爲有悔，孔子謂窮之災。嗟乎！士君子之窮而欲以免災也，惟有藏而已矣。汲汲求行，先資何有，辱之招也，是以君子惕之耳。

北 征 編

己丑春，天下士群赴于禮部。不佞不量恇怯，繆出與諸賢角。蓋是時，公車再上矣。間關險巇，騁望極目，山川景物，不知凡幾更云。里門初出，祝融困人。未幾，秋風蕭瑟，古木彫零，積雪滿坑，疾飈如矢，寒威中體，挾纊若亡，則時更而冬。閩地多山，其水多灘，叠嶂懸崕，十休而始一上，漸遠漸夷。長江濁河，平原廣野，一篳單騎，日行數十里，則地更而北。江南水耕火耨，種宜桑稻，其居重甍，其食蔬果、魚肉，被服文繡，家詩户誦，巧貨奇伎，鬬進奪目。淮、徐以北，民弗佃作，而樹于棗栗矣。茅椽菽食，蹴鞠鞦韆，騎射游戲，則俗更而朴。而又意與景會，情隨寓移，涉桐江釣處，如噓我以清風。登姑蘇臺，覽彭城都，則慷慨扼腕其無成。解馬東阿，三歸遺烈猶有存者，拜闕里，瞻孟廟下，低首徘徊不能去。入薊門，縱觀天子宫闕，冠履如雲集。時貰濁酒，醉步燕市中，則凄然如揖荆生、與擊筑而談劍術，且不知旁觀者，將目攝而咤我也。裂背而吁，解頤而笑，愉戚不時，意態迭革。雖不佞，不知其何狀。疋馬出都，廻轅南鄉，逆旅蘧廬，又更盡矣。反而觀之，乃七尺區區故吾也，何但文哉！故轍不轉，心手猶膠，然竊有感焉。語不云乎，“千里之行，始于足下。駑馬十駕，功在弗舍”。故往北發軔，而今税駕矣。夫學，何莫猶是也？

羲 經 北 征 序

不佞與計偕時，舟至淮上，天寒雨雪，崕無人行。解柮泊纜，漏下一鼓矣。

不佞與家仲氏,推篷四望,皓品如銀海,凄絶慘澹,不覺欷歔。點燈對坐,舉白微醺(醺)。相與取古人書揚扢之,索以乾坤之精,宓姬之秘。蓋不佞謬談之,而家仲氏輒謬聽之也。兩人相視微笑,莫逆于心。不佞跫然曰:“孔子嘗讀《易》矣,韋編三絶,鐵擿三折,漆書三滅,而猶曰假我數年,則于《易》斌斌也,何若斯之艱也?今舞象之童,握觚之子,手授周編,輒哆神解。裂先後天旨棼拏之,遂以爲遊無上而洞無極,豈不謬哉!蓋孔子卜得《賁》,喟然而嘆,以賁非正色也。吾思大質素者,白當正白,黑當正黑。夫質文何餙也?而况卮詞乎?寶珠不餙,白玉不斲,大道無言。我是以不懌我孟浪之言。”家仲氏唯唯。因立索槖中藏,歸祝融氏,煨燼不留。拊掌自怡,且不知竊觀者已行其副矣。興發不復寐,開窗卬眺,雪霽色清,殘星在衣,若隱若見,遂不覺東方之既白。

詹詹自嘲

余生平無他嗜好,唯沉淪此道,童而習之,至于今,伎癢未能什私。竊自念,與時高下,非文也;隨俗俛仰,非士也。故自操觚以來,不欲效人一矉,不欲學人一步,但竭其愚衷之所至,以仰企乎先正之則而已。往者,世趍尚平矣,往往喜同而惡異,余不能爲同;往者,世趨尚詭矣,往往喜異而惡同,余不能爲異。世俗所咤慕爲奇者,余不有之;功令所釐禁以爲障者,余亦無之。余非故操瑟而立竽門,理道如是,體法亦如是,則亦如是以求之,庶幾于真詮一或有當焉,而何問人之非譽巧拙也。趣好既殊,鴻和亦寡,朝夕左右,但與蠹魚爲伍。而猶賴其口餘,可啗吾目。余以是合前後所戲作,彙而笥之,欲葬之蠹魚腹中,以充一飽,而答其勩,不覺爲好事持去。噫!此非予欲懸國門也,余殆芻狗之久矣。

甲乙彙編自敘

光縉曰:余諸生甲乙時藝也。余守諸生幾廿年,數戰數後殿。日者與余道,命實弗猶,髡管城之首,亡益也。有目攝者,勸余徙轍焉,曰:“夫夫也,何出此不可讀語,無乃瑟工而竽好與?”余弗爲動也,以受郢于君禹蘇先生。先生挈之迷塗，引之大道，蓋惟予能受盡言，亦惟先生盡余堊。余立不失容，兩人相眎，深相得也。從丙逹壬，余蓬累甚。間有嘲先生具眼者，先生弗爲動也。游揚愈益力，貤書誡予曰：“世人隨聲雌黄，誰知足下？願足下亡自悔。”噫嘻！微先生固吾信，余幾刓方矣。乙酉之秋，惠徼天幸，繆取彀于黄、蔡兩夫子之門。于是人不余信，而信三先生。三先生一顧，令余增價。已取制義梓之，評而弁諸首。噫！此非余能也。余之遭三先生也，命也。夫士不困阨，惡能激乎器。虚則受，滿則吐矣，學何必沾沾自喜哉！

之燕草自序

昔楊子涕岐路，爲其可以南，可以北。故之燕者，南行向于郢，識者醒其轅，而亟反之。指南之需，所從來矣。方今靈蛇之家，雄軌競道，數數然也。李生希踪邯鄲之武，謝轍故敖之蹊，岐路之南轅可虞已。頃游道廣大，敬摘若干首，藉手剞劂。倘辱于方以内知己也，僭人質而人印證之，蓋庶幾哉！反轅于南，程功于北，而破涕爲笑，或在兹與！藉曰博河之潤，傳鳳之□，李生不穀，深有負乎斯言。

擬試十六草自嘲

語有之，“談虎色變”，傷于虎也。數北之軍，收合餘燼，聞鉦鼓聲起，奮呼賈勇。自念一當思鄉者陰山失道，幕府召對簿，惝然廢矣。騎有指曰：“此故李將軍。”李將軍何乃“故”？吾今問部曲刁斗矣，毋令程西宫笑我也。

圖書集序

不佞與張君升伯，棲大觀之堂，對壘者年餘。今年春，徙而就近漢亭中。堂附城里許，大江滙之，汪洋溯湃，氣象萬千。亭峙張君所居室前，數武而近。牖闥洞開，横河闌之而通大海。月臨子午，潮長，則河聲入亭中，鏗鏘若璫響矣。耳之泠然，一奇也。不佞笑謂張君曰：“先河而後海，抑先海而後河乎？”于是，張君指掌譚河源矣。

不佞治《易》,張君治《尚書》。張君數與不佞言河所自出。自洛入于海,大都本《禹貢》故水道,以悉今之通閼利病,而笑漢武帝塞匏子之爲歌。蓋不佞亦以天一地六而言《易》也。《易》有圖出于河,《書》有書出于洛。兩人客經相論難,穎鋒各勃發。夫安知河之非洛,而圖之非書耶?已及四子言,則鄒魯同聲,不分主客矣。退而各筆之,稍次而成帙。客有請梓者,曰:"其近漢之璧乎?璧主圖主書。是編出,圖書合矣。吾怖其河漢而無極也。"兩生謝主臣,遂仰天而觀,不覺大笑。

錦泉先生易義序

蓋自穆廟甲戌及今上庚戌,南宫凡十三闢,以羲經占會首者凡八人,而吾郡居其二。大都自弘、正來,論《易》墨者,其確深博大,當以傅錦泉會元爲稱首,後先俱莫之及。至其韋編著作之富,亦未有能如之者。嗣是有興,各臻其妙。一時,《易》墨出與其稿行,並能令四方讀《易》之士,翕然誦之。其趣造亦各不同,或以沉質,或以流麗,或以簡飭,或以虚婉,或以和媚,或以率易,或以清俊,或以敷平。得其一至,遂無雁行,而率歸于雅正,無纍結鈎棘之音。《易》尚潔净,蕪穢非《易》;《易》尚精微,粗陋非《易》。此諸會元所以斌斌相繼而獨步也。世更二代,歲踰三紀,已陳者芻狗久矣。兹合而鐫之,低昂多寡不必論,均可懸其的,爲有志者覽觀焉。

題易十家言

往不佞與諸君並驅均茵伏,不佞蓋數後殿,而一執殳。時以睇諸君,亡不人人稱上將,一日千里,何不可爲者,而奚但得若敵國哉!不佞近長安罷歸,壯心灰矣。間不已已,繆亦有孟浪之譚焉。乃觀者不以覆瓿,而以菑木也。不佞心恧之,悔弗自勝。一卒業諸君家言者,盡烺烺象表耶。不佞恧益甚。嗟乎!不佞與諸君,如雷門布鼓矣。不佞故蹇劇,何敢望諸君多豪舉盛負。顧不佞舞象時,業已醉心經生藝,今猶伎癢也。然且染絲靡定,岐哭猶悲,忙然無以闖述造之塗,而齊一雌黄之口。蓋文之難工也如此,謂諸君何?諸君於《易》,可謂珷玞矣。夫稽實以待虚,員神而方知,寧獨《易》理哉!《易》之文,曰相雜,曰旨遠,令而滞棘于喉吻之間,蹇淺于註脚之近,此夫商徵專調,而鞶帨外繡也,豈惟弗《易》,即于文奚當?鄙諺曰:"何知仁義已,嚮其利者爲有德。"噫嘻!彼直爲冥獲耳,烏覩諸君之大乎?下士聞道,大笑之,不笑不足爲諸君。夫人方目攝我,叱不佞走也,而何呶呶講擊劍之術也?世無乃馮婦不佞哉,諸君爲不佞謝之。

文遠敘

《易》義之文,非《易》。初也,第青紫羔雉耳。今之爲《易》義者,又非復《易》義之初也。昔人譚《易》,尚與《易》近,今人譚《易》,去《易》滋遠矣。《易》有先後天之旨,卦有畫,辭有彖,有爻,言德體,言象變,假數明理,因占著用。雖亦不出乎人倫日用之事,而稱名指類,與《學》、《庸》、《語》、《孟》之辭不相溷同。雖亦包極乎天下萬世之變,而於混元爲最古。凡一切漢後人語,出于諸子百家,稍涉不經者,並不得而雜亂之。故治《易》言,與治四子言不同,精深邃古,比于它經爲奧。

夫子曰:"其旨遠,其詞文。"此萬世論《易》文之準也。《易》旨精微,夫子恐人之淺近其旨,而以爲"遠";《易》詞潔净,夫子恐人之俚穢其辭,而以爲"文"。合旨于辭,而《易》文始備。今人往往相反,不但非旨,且無文矣。索之,則粗淺而無味;讀之,則龎贅而可厭。但剽竊一二佛、老、《選》、《騷》之字,以文其鄙倍無當之説,遂相咤曰:"遠且文也。"及反而治四子言,雷同通套,亦復如是,而《易》辭滋壞矣,又何論旨?揚子雲擬《玄》,蘇東坡誚之,謂"淺易其語,而艱深險怪其辭耳"。論者謂坡公爲子雲千載知己。坡公亦深明《易》道,而于吾夫子"旨遠詞文"之意,蓋有合焉。余有味乎其言,故兹刻,但録其沉切而近有文者,爲世風云。

易咸序

咸者,虚也。大《易》之義,變動不居,周流六虚。虚之爲道,衆妙出焉。咸取象人身，言拇、腓、股、脢，實矣。獨四不言心，夫其所以去心者，虚也。吾以爲莫虚于心，尤莫虚于心之籟。口亦虚中之象，輔夾舌之爲用也。以聲不以相，與拇、腓、股、脢，同乎哉！然而，不免于口説之騰，則多言數窮。聲不能虚耳，人以言言《易》，亦聲也。《易》貴變貴流，而一歸之于虚。今譚《易》家，往往取言多局滯而不變，機窒而不流，採摭纍結，以雷同爲勝，刺喉棘眼，甚則引漢後事與事而蹠實之，于後天之辭，背馳遠矣，何論先天！余是以删一切繁穢，存其近虚者，而命之曰《易咸》，借以明《易》辭尚虚之意云耳。

易賁敘

《易》曰："賁者，飾也。"又曰："賁，無色也。"夫以爲飾，疑於藻繪而文矣；以爲無色，又疑若素而非文矣。此兩言者，若相刺謬而非也。夫惡知飾之非文，而無色之爲至文哉！孔子筮《易》而嘆得《賁》，蓋嘆飾也。今天下之文，可謂窮于飾矣，而言《易》者尤甚。不本之先天渾噩之旨，而塗飾以衰世謬悠之辭，飣餖掇拾，一咻百和，恬不知怪，謷然相咤，以爲有餘，不知此乃不足而中餒者也。孔子曰："丹漆不文，白玉不雕，寶珠不飾。"質有餘者，不受飾也，飾則其不足也。今之文壞，大率繇此。夫主上亦明禁之，而屢申之矣，輒不能止也。《賁》之五曰丘園，上曰白賁，而二之象曰與上興，言其與上而興于丘園之白也。衡上之命，不可謂士；同俗之敗，不可謂興。噫！亦太甚矣。今兹之選，不能概其無色者，而但録其不盡飾，亦文明貴止之意云耳。無曰世趍如江河，終不可止也。此亦觀夫人文之一時也。

陳公步論草敘

陳公步，四明間奇士也。不佞道須江，公步授生徒于須江之左，就舟次訪予。不佞倒屣之，邂逅相遭，得若敵國。推篷對坐，移語竟日。不佞擊筑，公步稱善；公步和歌，不佞再伏。兩人交驩，遂成刎頸。于是，公步出平日所爲應制言，授予彈射，予不覺舌舉矣。已，又見其論草，大抵其讀史時所自著也。咄咄！

公步良亦苦哉。

古今稱良史材，亡如班孟堅、司馬子長。子長生于秦燔之後，遺經雖殘，去古不遠，僞書未出，得失之林昭然。其所浮沉褒誅，大率多秦漢間事，非勝國之遺，則當代之著。月旦初評，網羅實多，故其美惡不虚，然且以爲是非謬于聖人。孟堅承人主修文之詔，載勒一家，以子長之書爲草創，而已增更之，於以徵往述來，不可不謂易要删繁矣，則又有致譏目睫之論。若是乎，評古之難也。何況以千百世後而雌黄者乎！承訛襲舛，信耳無憑，管窺蠡測，任心莫據。不存不議，古歎之矣。要以剖胸中之奇，决千古之惑，見不必鴻濛有，而議不必古今道。參之作者，又何難焉！公步謂，昔惟眉山父子，今則瑯琊先生，不欲自攘臂其間。夫眉山之後有瑯琊也，誰謂古今人不相及哉？公步于書辭似六朝，裁大義出兩漢上。其論當自傳，無俟予爲玄晏。即予之不玄晏，公步所知矣。

表學軌範題言

國家罷詞賦，以經術試士，士弁髦詞賦爲何物。即對偶聲律之文，功令弗廢焉，至謂非羔雉嚆矢也，居則高閣之，往往從棘中試取具耳。宏博之士，間以其餘力旁及之，顧人不一二工，歲不一再習也。夫未縫而使製，未操而使割，謂弗藝何？

四六蓋五七言之變體，而用不同。五七言若律、若絶、若賦、若歌行，雜出于騷人、征夫、游客、澤叟之手，不必盡公卿也。間以抒其悲愉、淫佚、嘆老、嗟窮、憂讒、畏譏之態，不必關獻納也。故詞欲騷、欲逸、欲幽、欲渺，興發於山川景物，而趣托乎花鳥蟲魚。四六之有表也，所以誦主德，述下情。其體則君臣、廊廟，非山澤也；其事則鋪張、揚厲，非咏嘯也；其法則莊嚴、端雅，非翩躚也。慷慨激長，近乎誇；纖巧綺靡，近乎冶；鄙樸寒瘦，近乎俚；纍結堆垜，近乎軋。俚之與誇，病在不工；軋之與冶，蓋工極而反失之。律吕相宣，宫徵相調，淡而能雅，莊不失易，是爲難耳。四六始于六朝，盛于唐，而大興于宋。駱賓王而後，韓、柳、歐、蘇、曾、王，其錚錚者。明興以來，弘、正之間，洋洋乎多宋人風也。故刻目(自)唐始，以迄今日，百五十三首。

景璧集卷之八

碑　　記

中丞徐公去思碑

徐公膺天子簡命，開府吾閩，逾三載于兹矣。秉鉞以來，吏貞于度，帥禀其律，山無嘯峒，海不揚波。探丸揭竿之盜，伏而不得發；樓船下瀨之師，聚而無所試。民鳥耕象耘，力于佃作，士呻吟其詩書，冠履相錯，鷄犬相聞。威信旁洽，吏治蒸蒸，而轅門之内肅然。東南濱海之區，斯亦一盛際已。夫誰之賜也？蓋徐公之有大功于閩。

其難有五，而遣師奏凱之伐不與焉。往者榷税使出，歲括金于民間，而額不可盈。當事者不得已，分兵餉五萬餘鏹以佐之。一制爲成額，其後遂不復減。又不能枵軍士之腹，于是借别項徵應以餉兵。醫瘡而剜肉，折東以補西，而藩司橐告匱矣。徐公惟是檄諸游寨將領，按籍稽伍，按伍稽士，見存者簡之，已缺者虚之，有不急者裁之。夫兵精則勢强，冗去則食減，如是歲省餉金三四萬兩，而借支之害可免。此難者一也。往者島夷犯朝鮮，召四方兵討之，東南爲之騷動。是以閩海上生事者，有傳報倭欲寇鷄籠、淡水之警，而當事張皇矣。議增置戰艦水軍，復費藩帑金以數萬計。閩，甌脱地耳，中使既歲輸之陸海，官復洩之尾間，東南民力有幾，堪再竭乎？徐公在事，海上仍報聞，公第傳令，謹風汛，厲材官，修備而已，不增兵與艦矣。官以亡費，尋警報亦寢。此難者二也。往，中貴人出，藉國課爲名，塹山發鑛，阻塞關梁。所在圉寇牙爪相屬于道，百姓騷繹，有司至不可問。徐公心患之，密遣人往按其事。某津口私設税，某奸豪不法狀，籍爲一册。已，詔下有司徵税，乃出其籍，應報應逐，問遣如法，無得脱者。人以徐公爲神明云。此難者三也。閩上郡阻山，下郡襟海。徐公甫視事，甌有爲白蓮教于山中，四方亡命烏集數千，蠢蠢發動。昆岡之火，徒令玉石俱焚耳。徐公但遣吏發捕，殲渠魁而止。已，紅毛番駕巨艦，入泉内澳市漢物，陰欲據要害地。有請討者，徐公遣將軍、辨士，諭以威德，尋果去。于斯之時，人言擒獮，公主縱舍，人言征勦，公主慰諭。三寸之舌，一介之吏，賢于百萬之師，兵不血刃，境内晏如。此難者四也。先是，閩省寺田，多爲奸僧勢豪占没。兵興以來，存寺者抽入官餉，其已官買、追價解京者，得以田隸民籍，例不復追餉。近年，有司清覈大過，併追及之，而田經數氏，市牛問馬，株連者衆，追呼益擾矣。徐公察知其情，悉罷免之，薦紳士民，翕然稱便。此難者五也。他如肅郡邑之吏，興學較之化，嚴郵置之禁，寛舖行之恤。今歲祲，發倉粟、疏壅糴以賑貧民，而給行伍，所全活者萬數。爲政多此類云。

徐公不炫智，不耀能，澹然無爲，不蘄多事。刑以不苛爲平，兵以不弒爲威，吏以不貪爲良，將以不虐爲武。時時有所興革，轉移于不動聲色之中。雍如謐如，不露其跡，而仰流承沫，陰受其賜者，竟莫之知也。故有蕩平之勳，而不聞有擒將殺師之苦；有更張之略，而不見有改絃易轍之煩。于人情無所拂，于國體無所傷，于鼎鐺之使、豪貴之家亦無所狥。自好奇喜功之臣觀之，若以爲無功無名。而不知無功之功，無名之名，徐公之所以保釐閩方者大矣！公真文武之憲，而社稷之役也哉！徐公將釋閩節鉞以去，將帥、士民，自折衝、果毅而下，三老、子弟而上，人戴挾纊之恩，家食卵翼之賜，相與俎豆而社稷之。而麾下某某等，願得余一言，勒之道左。余是以不具論，紀其大者。徐公之功，故爛然可睹矣。

郡太守雲陽汪公去思碑

去思者何？汪大夫去，而泉人思之也。大夫繇泉守擢閩按察，爲備兵使者，去泉亦有年矣，今乃思而碑之何？大夫向釋泉，未釋閩。今去而參江右政，去泉滋遠，氓思滋深，是以碑也。其猶繫太守何？大夫有德于泉甚深，泉人至今思之，猶以其守，仍舊稱也。往大夫爲守時，分與士氓相親，節宣其勞佚，拊循其疾苦。郡七邑中，有寃鬱而未伸者，愬于大夫之廷；有幽滯而未揚者，入于大夫之轂；有仰縣官而給食者，取哺于大夫之廩。大夫挾之，纊之，卵之，翼之，若慈母寘赤子于乳抱之間，立嗄而立有應。是以百姓但見德，而不見思。及大夫已爲臬憲，分稍與士氓不相親，紀綱亡不整齊，風裁罔不振刷。郡七邑中，既寃鬱而得愬者，不盡赴大夫之廷；既幽滯而得揚者，不盡游大夫之轂；既仰食而得哺者，不盡待大夫之廩。大夫但周之，渥之，曁之，及之，若赤子脱父母之懷，而立于其膝，猶時應而時有嗄。是以百姓或見思，而不必盡思。而今則不然。

大夫所晉之秩，自臬而之藩，其所涖之地，自閩而之楚。去二千石益尊，去郡益遠，而其去居大府之日益愈久。不但露冕之行、陽春之脚，不可以耳目常而旦夕被，即以臬憲時之飭尺籍，節郵傳，其功令之所過，滲漉之所餘，隼軾于旄間，一再歷吾洛江、晉水之墟，猶使郡之人徼望其清塵，而借擁其車枳，今亦不可得矣。

夫人之情，離則思，聚則不思；離之久則思，離而未久則不甚思；既離且久，其去後足以繫人之思則思，不足以繫人之思則不思。甘棠之茇憩也，當茇憩之時，則甘棠而已，不以爲召伯也。召伯去而蔽芾，乃不以爲甘棠，而以爲召伯也。麥穗之兩岐也，當兩岐之時，則麥穗而已，不以爲張公也。張公去而樂可支，乃不以爲麥穗，而以爲張公也。非前之忘，後之戀，而去留之至變也。郡人孔邇大夫，大夫去之久矣，既衣冠之，俎豆之，而猶未足也，則惡得而勿思。大夫居郡三年，樹蘖拔葵，禮賢羅士，善治狀不可更僕。其留意郡瘼，在《荒政》一書。今年春，郡不雨，夏乃淫雨，颶風拔木，暴漲没人廬舍，禾盡仆，歲以大歉，而民無饑，則有大夫賑糴之規在耳。郡到于今受其賜，民是以思。

大夫諱道亨，别號雲陽。第癸未進士，皖城人。今爲江西布政司參政。

漳郡二守雲樓杜公署晉江縣篆去思碑代

杜公爲漳郡司馬，蓋有廉能聲云。先是，晉江令缺，郡司馬郭公攝其事。郭公既致政予歸，令復缺。郡諸佐相□缺，當事者以杜公請。御史大夫徐公，檄杜公署之。杜公乃以鄰郡大夫來視晉江事。閲五六月，政聲藉甚。新令且至，杜公將釋晉江以去。余及邑薦紳大夫祖帳于郊，父老子弟擁車後行，相屬告予曰："杜公之政，耳目之詳矣。維是君與杜公，相知最蚤，于國人卿大夫間，引重最先。杜公且行，吾儕不能挽之。願得君一言，以當峴山之石。"

予謝主臣，曰："余不文，不足紀杜公伐。但謂予最知杜公，然哉！然哉！予博士成均時，杜公與益所唐公爲同郡士，並入上舍。予識之于諸生試牘間，一時兩公聲溢都下。唐公既大魁天下，杜公領順天書，予藉是負有知人之鑑。今幸借杜公來父母吾邑，兹杜公所以驩予甚也。然吾試問，若朱仲卿之部桐鄉，何君公之刺沛郡，皆各以其官官所居地，而在事之日久，吏民深相得，故去後常見思若此，杜公第視篆數月耳，何以令公等思之深而戀之切也？"僉前對曰："杜公惟不數月而孚政旁達，能使人思之不置，此余儕不忍釋杜公之去也。往者，杜公當盛夏，以單車入吾境上。時方苦旱魃，禾黍立燋，杜公爲我民露禱。尋又苦暴風淫雨，飛瓦拔木，里不聊生。杜公乃釋訟寬徵，郵民疾苦。下車未數日，遂試士，邑待試數千萬人。杜公竭晝夜力，不以炎蒸與勞苦爲解，所品藻率多良士，士論翕然。杜公以廉平行法，輔之精明，剖判如流，爰書立奏手中，兩情輸服，各厭情去，願質成者聽之，贖爰金不問也。民是以有父母神明之稱。吾儕卵翼于杜公之日淺，而杜公覆露我，即膚髓浹不啻矣，吾儕安能不德杜公？"余笑曰："如諸君言，杜公過南陽之杜遠矣。昔杜時爲南陽守，人稱之爲'杜母'，以方召翁卿之'父'。然史但稱其拓土田、修陂池耳，不聞其有課士欽賢之事。孔子譽公孫僑爲衆人母，而不言父，亦謂其惠而未知教耳。杜公爲政，先知人得士，其使民慈不廢嚴，蓋父母兼之矣，于南陽杜母何如哉？"聞者愈益欷歔涕下，車枳不可行。余寬之曰："諸君以杜公爲釋晉乎？杜公未釋晉也。泉、漳接壤之區，瀕海相沿，盗賊竊發，去入必之吾郡。杜公防海，治水陸軍至嚴。今歸而益備干陬，修樓船，令萑苻不得鶩，鯨鯢不得鼓。寧但漳海上，内界吾郡實陰受賜。杜公何必身居晉而後令晉重哉！"衆譁然曰："如君言是，但以餘波及我也，吾儕安得不思杜公？"

泉之氓送而及之境外，漳之民逆而及之境上。泉之氓曰："我公去。"漳之民曰："我公歸。"二郡譁囂，歡呼與號涕之聲震天動地。余聞，爲之惘然。既別杜公去，乃次其與父老子弟相對語而紀之，伐石勒之道左，以識不諼。

杜公名□，字□□，别號雲樓。乙酉順天進士，松江之華亭人。

邑尉王實齋君弭盜安民碑

永春僻萬山中，土高水深。先是，風俗樸野，民饒于居積，田多土著，自非下户，亦有數畝之田可耕。人但知畜佃作爲業，非有仰給機利之事。歲豐則野棲畝被，家給人足，凶歲亦可免凍餒之患，境内晏然，稱爲善邑。輓近以來，習尚奢侈，富室子弟效游閒公子之華，往往傾貲鬻田。山林土田之利，半入薦紳豪貴有矣。主家悍幹，增奪無已，農人稱貸以償。債賈又從唆之，田中甫空，而瓶已懸罄也。矧水旱頻仍，居民嗷嗷待哺。他邑起冶賁山之雄，招四方異籍夫役匠作，緐食其中。價穀益涌，散之不能，輒生異心。官吏之徵輸追逋日急，痛法繩之。其初，皆良家子弟，外迫于殘膚，内窮于枵腹，始生不肖之心，思與爲亂，故擅動摇而枹鼓起也。往者丘巖之變邑，已見于前事矣。

方是之時，奸人顔叔暹爲謀魁，潛引爐夫，勾納亡命，閭里無賴少年應之，數十爲群，漸致千百，嘯聚山谷間。竪旗揭竿，放銃露刃，所在劫掠，百姓驚逃，廬舍爲空。變起事聞，遠近戒嚴，晝夜鳴柝。郡有司議移兵勦之。尉王君請于邑侯周，曰："是第遊釜中耳。器械未備，人皆脇從，安能爲亂？但密致其魁首，餘可遣一人往撫而定也。"侯然其議，尉自請行。于是，先使人密訪顔叔暹，縛致之。賊見事窮，勢稍分。尉乃單騎直抵賊壘。賊倚山爲峒，列栅爲營，忽聞尉至，驚相語曰："此四父母，素能拊我，非虐我也，宜善待之。"開栅陳兵，延尉入坐。尉至，泣與衆語曰："若等皆邑良民，何爲至此？吾當爲若歸報上官，許捐細過，放釋寧家，毋肝膽塗地。"爲與陳説其死生利害之機甚悉。衆皆俛首泣下，即時解散，亡者過半。餘黨百餘，且相率去之他郡。尉乃督土兵，邀之際頭洋，擒拏一十六人，衆盡潰。未幾，賊魁亦授首矣，檻送轅門，立誅之，盗遂以平，吏民安堵,尉之力也。尉有機智權略,出之忠誠。居官持身廉潔,拊民如子,百姓信之。故能以單車之使,立談之間,感悟盗賊。微尉往,無但寇亂未已,縱大兵可移,賊可勦,荼毒甚矣!安能不煩甲,不費糧,底安寧如故哉?

國家以資格限人,重甲第文墨之士。其以文無害起家,輒刀筆易之,置雜流閒散之局,當上吏大官猥瑣役耳。乃如尉,弭盗安民,奇出經術緣餙。上而以曹吏爲無用,可乎?漢丙少卿爲丞相,忍受嘔茵之小吏,其人卒能白邊塞虜所入郡,少卿始詳對詔問,見爲"憂邊思職",受天子勞勉。尹子况爲平陽吏時,田子賓以河東守臨見,子况自陳"文武兼備,惟所設施"。人以爲倨傲不遜,子賓大奇之,自以爲材不能及。古人不以曹掾吏挫英豪,竟使知名,流譽朝廷,多此類。尉有奇勛,當事不顯擢則已,有抑其功不使上聞者,終令跼蹐于風塵車馬間,瘁于官以死。嗚呼!亦足悲矣。

尉暴卒無以殮,士民争捐金佐之,無不痛哭流涕者。因爲伐石勒功,徵言于余,以留峴山之泣。

重建北新關題名碑記代

北新關故有題名碑,列當事者姓名、籍貫,以垂來禩。其碑自嘉靖三年,新都潘公鎰爲政,始肇建之,前此未有也。三十七年,吾郡汪公萬仞,來掌是役,復重新之,相沿至今,增修續鐫,臚列可紀。近遭回禄之菑,是碑燬烈焰中,煨燼無存矣。余不佞,奉命承乏,可幸亡罪。將竣役,乃伐石登名,復爲之記。

余按,誌所稱,弘治以前諸君子在事姓名,無可記云。其可載而述者,斷自弘治六年。始或以主事至,或以員外郎至。然亦但能記其人之姓字,與科目、品秩之僅有存者,他行事無少概見矣。世廟而後,去今未遠,耳目猶新。諸君子相繼擘畫,曹隨蕭規,確有成法,至今遵之。宜代不乏人,美不乏書,乃班班誌册中,褎然見褒者,潘、鄔數君子而外,抑何其寥寥也!大抵榷關之設,專爲緡錢,佐縣官急,不領于民事。居事職者,率以户曹郎爲之。或其人從縣令起家,曾已習郡邑錢穀之數,其于算舟車、當計會,猶不易,矧進士而初除爵者!彼其平居治儒者言，驕語仁義，而以是爲興利之臣，非吾好，一旦而彊授之，失其質矣。利之浼人也，如蠅點然，不必盡污衊也。蟬脱之操難白，而染指之嫌易生。寘夷跡于熙熙穰穰之地，猶必或遠之。此樹廉之所以難，而善職之所以常不易也。

不佞蓋嘗因是而上下之。洪、永之初，杭州所在縣設税課局，以收商税而已。有分局，而無專關，其於榷之途猶分。宣、成以後，始創是關。御史曹郎分遣監收，有專官而無定員，其于榷之權猶散。自關設，而途不分矣。自别員不再委，而權不散矣。途合則商賈之輳多，權聚則掣肘之患少。其便宜得以行，而其灌輸易以盡籠。是時税法初定，課額未增，當事者雖不能如洪、永間諸臣弛禁于無爲，分部而雜出，然猶可按額取盈，足國用而止。今跡其行事，不過詳于立法，而核于驗放。高者以廉潔自防，次者以簡易通商。平其筭納，時其啓閉，以此爲能于官耳，非有所牽制于得爲不得爲之中也。而今則異是矣。國初，歲額不下二三萬，今增至四萬有奇，商人苦税重也。近者中貴人出，復增二萬四千多矣。算軺告緡，中貴人得問其事，權似聚而實散。商無所占匿，財幣行如流水，而常慮無以招致天下之賈人，途似合而實分。故昔之虞在網疏，而往來之路通；今之虞在網密，而交易之路塞。昔之苦不足，在正額常供之内；今之苦不足，在經費轉輸之外。上瘠下困，國人慮中飽矣。事變相反，故難爲也。假令嘉靖初一二君子復生，握筭而當今日，區區抱不涅不緇之名，畫一于市籍多寡之間，求劍刻舟，能有濟乎？

不佞濫竽諸君子後，豈惟嚮往，且武步云。又嘗爲須江令，于越東西民賦財力，粗涉其概，猶然聞命飲冰，臨籌幾無一展。故既揚前人之休，復以今日所尤難者，願與後君子揚榷之。如其變化足術，民不益賦，而天下用饒，此心計折（析）秋毫者之所爲也，余不敢道之矣。

御史商燕陽公祠記

今上即位之初，其五年，特遣御史商公持節按閩。會是時，中丞惺庵龐公開府建纛，鋭意興理。商公寬大長者，與之協衷。按部所至，旌别廉墨，問氓疾苦。

法所便，共修之，所不便，共汰之。吏治蒸蒸，七閩之内，政是以和。

先是，閩甫息兵燹，承平未久，元氣初復，閭里猶虚。徭力差歲一編，吏胥陰高下其手，富可避輕，貧不免就重。丁是役者，官府厨傳之供，輿犬廩給之費，雜然取辦。或一日而費百金，傾家不足以應，百姓苦之。龐公始議設條鞭之法，度一歲郡國官給費幾何？民間丁米幾何？通融均派之歲輸綱徭銀幾何？民不出力而出財，如驛傳、倉夫、庫子之類，官自爲募，不借辦于民。令初下，多稱不便，有欲沮者。商公立主其議，爲請于朝，毅然行之。他如嚴官市之貨，止舖夫之役，皆著爲令甲，禁不得復漁。一時市野歡若更生，勝脱湯火而就衽席矣。大抵得商公之堅决爲多。商公以報命去，道路攀轅，至行爲枳。所在立祠祠商公，去今三十餘年，益思商公不寘，祠商公于名宦，士氓乃大悦。邵郡亦請祠商公，郡故有龔御史祠，日就圮矣，協力新之，祀商公于左，龔公居右，屬余爲記。

夫御史，以舉賢、絀不肖爲職也。令商公當是時，但區區問郡國主名，簡一二循良吏疏于請，縱鸞鳳可翔洽，第一時綜核之明已耳。而今治辦去矣，果足繫父老子弟之思乎？御史以鋤强暴、擊奸爲職也。令商君當是時，但區區問大姓主名，察一二豪右寘于辟，縱豺狼可屏跡，第一時鷙擊之威已耳。而今摘發湮矣，果足繫父老子弟之思乎？且今此之若父老，若子弟，纍纍請祠商公，與其歲時伏獵（臘）而奔走于商公之祠下者，未必盡歸日身受卵翼之庇，而遮留枳道者也。歸之壯者已老，而老者已盡矣。人非一姓，歲更三紀，其當日商公所行條鞭政，今亦狃爲故常。

閩何以繫商公思若是？除一人之害，不如除萬姓之害；興一時之利，不如興百世之利。立法易，議法之爲難；議法易，力主其議之爲難。龐公主謀，商公主斷，沮格不行，矛盾不生，閩世世利之，祀商公勿絶，良有以也。余觀漢世，直指繡衣之使出，半行天下，驄馬爲雄，埋輪爲魁。豈不博有赫赫之名，而終不能與南陽、桐鄉之吏並民德而見思。閩所在郡邑，盡爲商公南陽、桐鄉之地，其不專以惠文彈治明矣。《詩》不云乎，"天作高山，太（大）王荒之"，"文王康之，彼徂矣，岐有夷之行，子孫保之"。既作而荒，復夷而康。詩人所以詠祖孫，歌世德也，其茂若此。

商公有德于閩甚厚，今其孫等軒君，復以進士首南宫，來令兹邑。其德澤邵人畏壘之，此亦商氏之所荒、所康，前有其作，後有其夷者。民之戴商，厥惟舊矣。峴碑見泣，甘棠不伐，而矧其濟美象賢者也。吾是以樂其請而記之。

重建節愍周公祠記代

瑞故有忠愍祠，祀贈按察使周公憲。公安樂人，起家進士。當正德壬申間，擢江西按察司兵備副使。時華寇久據巢穴，擾南瑞界，勢甚張。公至，率兵討之，連破鷄冠等寨，乘勝逼華林。賊窘，歛衆自保。公約將士會攻，兵不繼，中伏敗死。其子幹，赴難亦死。事聞，上詔贈公官，謚節愍，建祠祀之。額以謚名，并公之子與從征死事者偕祀。後三年，安義盗起，高安縣主簿袁琺，亦以討賊死，子鳳翔殉之。一時蒙難，與公父子相似。詔贈其官知縣，以春秋配享公祠，祠勿失。事詳載他碑中。

嘉靖初，御史儲公良材行部至瑞，首謁公祠，檄有司重修之。去今八十餘年，世遠事湮，祠宇丘墟，未有修而復者。余初至，適臨秋祭，見公棲神無所，有司設篷以獻，爲之愴然。公血戰，父子俱斃，遺瑞人安，至今賴之。可奈何不爲公一妥侑，使公露處，謂崇德報功何？無亦今聖天子御極四十餘年，休養生息，天下乂安，兵革不試，瑞父老子弟，但知有裘馬之休，而遂忘其抱（枹）鼓之警。雖其吏兹土者，與斯民共享安謐之久，亦以爲可拱手卧治，縱有馬革裹尸之志，將安所用之？其于公之祀典，直玩愒爲奉行之故事耳，余竊以爲非然也。

夫勸人以忠，豈必殺身？必殺身而後可言忠，則治世無忠臣矣；勸人以孝，豈必赴死？必赴死而後可言孝，則明時無孝子矣。公之父子，不幸俱死，而公之受禍獨慘。本其忼慨激烈之志，亦官以備兵爲名。事以殺賊爲急，不得不親行陣、冒矢石，爲將士先。至于被執而不屈，視死而若歸，則所遭之變然也。公之精英靈爽，何時不在天地？而其忠義感發，何日不在人心？即以公殁後不數年，而有袁高安父子之死。人最愛者莫如生，而其所最怕者莫如死。何一時烈丈夫之多？豈非聞公之風，而發憤討賊，兵挫不辱者與？此足以徵公矣。臣之事君，如子事父。怯夫募義，何處不勉，奚必盡死？令世之爲人臣、爲人子者，能以公奮不顧身之心，而不顧私家之營，又能以公之子急殉父難之心，而急殉公家之事，則人人皆奉公循理之忠，竭力致命之孝，國豈憂無臣，家豈憂無子哉！此聖天子所以贈公、祠公之意，亦吾有司所以奉明詔表忠魂，而維持世教之盛事也。公之祠，其有裨于聖化大矣，何可忽諸！

余是以與諸公共鼎新之。工肇于萬曆甲寅年某月，竣于乙卯年某月。祠既成，享公中堂，配公者左右坐，列以次，禮制如初。廟貌則煥然復覩矣。峴碑墮淚，千古同然。過公之祠，讀余之言，而不爲公一歆泣、灕然矜奮者，非夫也。予承乏捐俸首倡，協佐厥成則某某，董役則某某，咸與有勞，例得並書。

惠安縣重修甘雨亭記

邑治之陰，有登科山。俯瞰城中，烟火千家，檲簷相錯，孔道車馬，繹絡其下。近而眺之，如出趾踵，遠峰在望，畝畦基（棋）置，如繡如畫，一奇觀也。先是，劉筆山使君爲令兹邑，多善政。于簿書之暇，問俗覽勝，因建登科書院于山之巔，以壯士民之觀。萬曆戊寅春，不雨。劉使君率民步禱，天乃雨，旱魃不灾，禾麥以起，是歲大穰。邑人德之，樹亭此山，額曰甘雨，與書院並稱勝。詳具瓊泉莊先生記中。

去今餘二十年往，羅侯始至。侯爲政樹蘗拔葵，寬徭省刑，禮賢下士，好與民興利。大率慕劉使君之爲廩廩，而規隨倍之。今歲大旱，侯亦步禱，不數日大雨霑足，是以亡飢。邑人循劉使君時故事，伐石建靈雨亭。二亭相去上下數武而近，侯鄉讓者三，不能止也。亭既成，侯乃登臨，喟然歎曰：“嘉哉！禾乎。美矣！城郭之固。吾與爾民，優游而樂于此，殆天之賜也，余何力之有？”已而入劉使君亭中，有傾圮者，侯仰而思，俯然太息：“吾奈何乃今獨居功，而掩前修之美也？”出贖鍰若干兩，重葺之。亭翕然復新。士民來觀，至相涕下，而益以頌侯之賢于罔極。

噫！劉使君之去邑久矣，雨暘凡幾經，豐歛凡幾易，前後令凡幾至，且其時父老子弟相率而造此亭，不知其凡幾生存。而劉使君今已總憲于昆明、夜郎之間，乃我民之離卵翼，猶有望厥亭而峴山者，不以久而或諼，誰謂民心之不古也？古今記喜雨，獨最蘇坡公之亭扶風，"雨玉"、"雨珠"之歌，推極于太守不有，造物不功，爲千載之名言。夫前守不自有，而有前守之有。昔歸之冥冥，今名之昭昭。君子可不問而知功，小人問而見德，寧非揚休述美者之責乎？第不知當子瞻後，而嗣扶風者，曾有如羅侯否？此羅侯之所以爲不可及也。召翁卿之爲南陽，通溝瀆，廣灌溉，歲增至三萬頃。杜公君（君公）修陂拓田，亦如之。南陽爲之語曰："前有召父，後有杜母。"隔世猶媲，况相及乎！不佞縉是以于劉、羅兩父母亦云。

劉使君諱弘道，字志甫，號筆山。蘇州人，甲戌進士。羅侯諱繼宗，字思源，號澹所。建昌人，己卯進士。

莊贈公清丈清源山畞功德紀

不佞縉，早歲讀書清源半嶺山舍。每旦起，山外曉日初升，落雲滿地，則有持斧斤、荷插帶索之樵人，自城内外至，若出雲中，百數爲輩，暮則人各負蒭而歸，與夕陽俱下。從上瞰之，若林立，若魚貫，雲關斜谷間，鳥道幾壅。蓋嘗私嘆先王之政，山林川澤與民同利，此意猶有存者。孔子觀于鄉，知王道之易易，非虛言也。今叩之山僧野叟，云山之樵路絶矣。一草一木，盡没豪勢家之有。厲禁設，斧斤不得入也。他所産所收，可知已。山雲如昨，人情已非，則又不無慨于今昔、汙隆、大小、公私之變云。

余匿影家居，浮雲世界，不通謁者。一日，有父老子弟數十輩，叩閽請見。余披衣出。相率前言曰："吾儕小人，居清源山之陰，聞明公之名久矣，不敢瀆也。屬有所請，願明公不棄，而賜之言。"不佞曰："父老奚請？願聞其概。"父老言曰："某里中有肖陶莊公者，隱君子也，有大造于里人舊矣。思所以報之，無繇也。厥德不彰，謂湮没何？非得明公，無所揚厲，敢以爲累。"不佞唯唯謝主臣。父老于是争前言曰："吾儕山居，他無以爲衣食業，所種者山之茶，所耕者山之田。往者清丈役起，清源，郡之主山，亦在丈中。邑令彭侯，議以清源茶百株，實賦如一畝。時莊公爲督，抗言：'山地确，茶百株無幾也。株高不能尺，採不盈掬，而畝之賦，其奚堪？'令意悟，卒從公擬，以株萬爲畝。且請蠲畝十，賦茗以供游者。令皆從之。公又令人各所以種茶自占，官不復問。于是茶賦大減，令之賜也，公之力也，其敢忘諸？"語未畢，又有杖而耄者，揖諸父老，言曰："諸少年鮮所更，以是爲盡公德乎哉？清源田賦，故隸三十九都。公力言：'洞田也，而民其産耶？宜歸清源，隸開元寺。'清源今有田，皆公力。予睹記，四十年來，清源六十租，今石八十租。衡以百，今四之，又六之，且駸駸加八矣。諸少年不記，以某甲占籍乎？不記曩者，連逮數十人，榜掠數十百，而輸鍰且二十人乎？民胼胝皸瘃，盡地力輸之僧。僧不耕而食，猶眈眈俎上肉，不盡不饜。非公深慮遠識，此田豈可問？且安必榜繫株連，不甚于金剛之努目也。若之何而掩莊公之大德？"耄者語泣下，諸少年盡泣。

不佞憮然曰："噫嘻！命之矣。桔槔鳴而後知時雨之潤也，爝火殘而後知日月之明也。公已矣！後公者，皆不如公，宜其思也。公窮鄉一布衣耳，非有席父兄子弟之勢，而可與縣官争得失利害也。山所産所收，歲非有一茗一粒之供，爲公家有也。公亦非故輕弄唇吻，而以市恩邀譽于鄉之人也。當事則盡其言，事已不任其德，施澤于鄉人，而以歸功于令。謂仁人利溥，非耶？此其人今亡矣！且當是時，官嚴沮格之令，無敢迕者。公不難衡命而逆耳，以動縣官之聽；縣官亦不難反令而轉圜，以狥莊公之請。上恤下隱，下達上情，片語相投，吏民各盡其仁。此其事今亡矣！即今，此之父老、少年，必未盡與公並時共事，不見德于事始之日，而誦義于没世之後。其于公讚美揚休，不以勤如椽之筆，而以假遯人之喙。古之遺愛也，直道之風也，不波之民也。今亦亡矣！僅有，不亦善乎？昔庚桑子北居畏壘之山，畏壘大穰。北山之民德之，相與俎豆于賢人之間，庚桑子不釋然也。莊公居北山猥，没齒不居善。有譽之者，公在，不釋然久矣。而余與若，今竊竊焉稱揚之，得無非莊公意乎？雖然，峴淚行人者，誰也？使後之人登斯山，有過而讀者，能得公當日之用心，與官民相成之美，必不忍有争山奪田之事。山林川澤，可弛厲禁，與民同之。王道雖至今行，可也。尚何今昔、公私之變，不可亟反哉？"故表而出之。因追憶吾所及見于山中古風之存，并以告來者。

南安學諭劍峰龔先生生祠記

郡邑吏有功德于民，去而民思之。既去而思不忘，則立祠祀之，歲春秋不絶，此古誼也。故南陽、桐鄉，流麗千古，後世相沿爲故事。輓近滋多，郊關之外，畏壘俎豆之宫，往往相望，然未聞有祀及于廣文先生者。廣文先生之有祠，自龔先生始。

龔先生以明經起家，繇建寧訓擢南安諭。振鐸三年，士遵其教，佩其德，依依絳帳，不啻成蹊。念先生任滿且擢去，相與謀鳩金伐木，築宫搆亭而祠先生。弟子中故多貧，無不人人樂輸。祠成，儼然門墻在望矣。亡何，擢王官之報至，則相與欷歔扼腕，嘆先生不宜去，尤不宜左遷去。留先生席，北面立雪者三月餘，復勒石而碑之，問記于不佞。

縉不佞，灑然異焉。請試問之，龔先生所居者，冷署耳；所望者，寒氊耳。道尊而位弗崇，分嚴而權不重。非有專城之貴，能使人畏奉；亦無神明之政，可爲人稱述。其率先諸弟子，勝其任而媮快，粗不過鼓篋來學之規，精亦不出乎説經講藝之事。其何以蒙此賢聲于膠序間，而使諸君思不忘也？且諸君尸而祝之，社而稷之，何爲哉？先生雖去仙遊，去武榮不遠，宿舂糧而可至。疑問易以相質，造請可及其廬，而竊竊然以先生爲去已也，亦惑矣。吾是以不釋于諸君之言。

傅啓光、黄光藻等争前言曰："不然。吾儕何可一日離先生也？先生之教人也，以道不以權，非以文而以行也。先生之尊人達吾翁、母陳孺人，食貧喜施，不逮禄養，先生以爲恨。故自爲先生時，每鷄鳴，夜必誦《孝經》一通、《曾子問》、《喪禮》篇，有泣下者，痛父母荼苦。既入仕，飲食節嗇，寸絲不以着體。來諭吾庠，先德行，後文藝，以孝道廸諸生。時時舉其尊人質行爲言，而嗚咽隨之。每凌晨，先叩首啓聖先師，然後及其尊人。歲時忌節，設奠必恭，作三日哭。諸生偶有遺饌者，先生以獻，攀几跪號，竟不忍食，乃以頒其左右。諸生自是相誡，無敢遺饌者。此先生以孝教人之大也。其事先師尤恪，葺啓聖祠，補諸賢神主，置籩豆祭器七十餘種，皆出自其俸餘。廟中焚香不絶，上丁臨祭，物必躬閲。所得聖胙，廣頒諸生，無私寸臠。諸生以文請，謝却弗任。間與談論，原本六經，月試課士，所評隲俱確。辭進見之贄，新進修脯，聽其自將，貧者却不受也。諸生中有未伸寃狀，自爲白之上官，不使其人知之。或出自上官批辭，爲具申牒而止，終不受謝。其人固請，先生曰：'安有服冠裳而身市井者乎？'拒之益峻。故先生雖居官，而貧益甚。有不逞之徒，揭火露刃，强掠先生齋。先生篋無長物，僅搜敝衣數襲以去。時有建文明閣公銀三十兩，貯先生所，盜搜之不能得。先生揚言曰：'幸也！此未入盜囊耳。'其忠信廉潔，造次不違如此。吾儕何可一日離先生也？今先生去矣，于何考德問業，是以思而祠之。"噫噫！此寧可要結勉强得哉？

漢文翁以文雅誘蜀，蜀人立祠堂祀之。彼猶假大府之尊，而親行其飭厲之權。然不過遣諸弟子明經史，傳姦令，吏民榮其名跡，覬而慕之耳，于修身淑人之道，概乎未有聞也。先生一博士官，無其權，而能有其道。士爲四民之首，孝爲百行之原。先生廢《詩》，人人罷社，其感發與興文孰多？昔仲尼論居下位獲上，本之順親信友。先生廉潔有于身，而孝慕動乎人。思親之念，無日可休，于身能誠，于友不爲不信。顧不能使上官大吏，一疏一牘而薦，先生竟沉淪下僚，左轉以歸。豈資格之限人，抑士論與官評或錯迕而相左與？然假令先生不左轉，按格而例遷，亦擢一郡授而止，于先生乎何裨？自古仁人君子，名垂千秋，而道師百世，寧必盡高位顯庸之人哉！諸弟子俎豆先生，先生去而道存矣。吾故知，先生不以此而易彼也。

詹大司寇咫亭先生歸寺焚修田記

按郡乘，報親寺在南安金鷄橋南，興國六年，孫明威將軍所建也。寺故有田租壹千餘畝，宋、元入明，僧世守之，相沿鮮失。其初，起于僧之私兑，勢家因陰奪之。後官清查給餉，請給者益衆，而田始盡没于豪右之室矣。

先是，隆慶初，咫亭詹先生爲侍御史，以抗疏直言，被杖賜歸。築巢雲巖，爲棲隱計，飯僧齋誦其中。時兵備使者喬純所公，出郭訪之。見先生清苦寂寞，以報親寺餉租伍拾畝遺先生，爲巖僧香火費。先生却不受。喬公笑謂先生曰："于飯僧均也。楚人之弓，楚人得之。先生何固焉？"先生笑受之。然自是報親之義，先生往往深念矣。先生嘗語人："梵寺多借佛乘爲名。佛棄父母，而名報親寺者，夫孰非人子乎？欲報之德，昊天罔極。君亦親也，爲人臣子，安在其一日忘報哉？"

先生愛惜斯名，每過金鷄，見寺宇傾圮，輒咨嗟徘徊，有意興復。會宦僧廣旭，議募緣重建。先生遂立主張其事，捐貲成之。塑世尊像于中堂。久湮梵地，不盡丘夷，先生力也。未幾，廣旭亦捨去，虚無人者久之。先生臨疾革時，呼長公定卿，囑之曰："報親寺餉租伍拾畝久留，非吾志也。爲荒寺僧逃，俟之耳。我死，如招有僧至，無失佛地，可以此田歸僧自餉。"手書云："爰有檀施，除地鋪金，大興祇樹之林，緣建報親之刹。因寺在而僧亡逃，致象凌而人廢棄。寺載庄田，内有一頃。請之自人，歸之在我。始受非意，原無愛想之牽；今還焚修，以充香積之饌。豈曰種諸福德，是願捨大慈悲。變兑者曾知墮落苦海，争承者孰悟回劫恒河。住持常供妙明，法界給與僧守。"此先生所書語，以授長公，而令其歸田于身後也。

甲寅之歲，邑侯趙公清寺隱匿田八十畝，招僧廣新，奉佛給餉。長公定卿于是賫先生所手書及田，悉以歸寺，并割所自兑田伍十三畝，請于邑侯吴公，給帖付廣新。吴侯深嘉納之。合所清田，共一百八十三畝，于香積焚修之用，足矣。屬余縉爲記，以招功德而垂永久。

縉謂斯舉也，先生廣錫類之志，其于報親之思微而婉。長公遵父命之遺，于報親之孝顯而彰。先生不忘囑于易簀之際，長公不渝成于瞻屺之後，而又割己私田，以畀益之。皆見道之明，識幾之蚤。薦紳家削佛金者之所難，而以空言佞佛者,之所未嘗有也。或曰:"與其歸之,何如初之勿受?"余曰:"非然也。微先生受,斯田亦烏有矣? 尚可歸乎?"或曰:"先生能歸之,未必能保之。有欲得而給者,奈何?"余曰:"先生第可還,則還之,他非所計也。"昔蘇坡公捨四菩薩版,以授屠人惟簡,助錢爲閣以藏之,欲爲尊人老泉公施捨,而慮其不能守。問惟簡曰:"何以守之?"曰:"吾以身守之。"坡公曰:"是足終子之世而已。"簡曰:"盟于佛,而以鬼守。"坡公曰:"未也。世有無佛而蔑鬼者。"坡公以"爲吾親捨也,天下豈有無父之人哉? 其知有父者,必不忍而奪此,而自居不孝之名。其不知有父者,奪此而後快,與廣明焚菩薩版之賊何異? 吾欲使天下人争爲孝子,而共守之也"。倘亦先生遺命意乎?

先生直以是可少留報親之名,使世之爲人臣子,履斯地者顧名而思義,有所觸而動其思親圖報之意,則何至兼併而禦奪之,如坡公所謂與廣明之賊無異者,此先生仁孝之用心也。微長公孝,其孰成之? 先生可謂有子矣。吾故推明之以告來者,而併以"身守"、"鬼守"之力語廣新,廣新其勉之。

郡太守姜公生祠田記

姜公守吾郡,三年政成,入覲奏最,擢廣東按察司副使以去。郡士民思其德不寘,謀祠公于洛陽之江上。故事,郡邑侯去,有功德于民者,設祠祠之,祠必于附郭第一山之麓。洛陽有祠,宋蔡忠惠公之外,無聞焉。其以祠姜公何?

歲丁未,地震,橋大圮。公捐俸挈力修之,民謂公之功與忠惠公埒也。忠惠公祠,開橋岸之南,乃民居輳集之處;公之祠,起橋樓之右,當波流四虛之間。大盤石亘江中,巖與橋齊,廣可數丈,其平如砥,公祠依焉。巍巍瀰瀰,天造地設,出忠惠公祠上,若增勝矣。蓋吾郡士大夫道出橋行,每過公祠下,入謁公,恍若公在事時。接公于堂皇之尊,而道容睟範,藹然可掬。出凭欄四顧,風辰月夕,雨夜霜朝,景物不同,氣象萬千。或潮至而浪平,或水涸而石出,或流光若疋練,或號怒以排空。然而旅客、征夫、篙師、漁子,車馬安橋,舟檝安瀾,奚而非姜公之賜也! 祠既成,惠邑民德公尤深,相與捐金五十兩,置田十石,擇道士一人守之。歲度田所入，半給道士食，半儲爲父老祝公誕之需，庶幾歲歲祠而勿失。

噫嘻！公今之忠惠也。公之勳，不必待祠而後存，祠亦不必待田而後守。若是者，皆郡人畏壘之意，而豈公南面不釋然之本心哉！公治事，如農之治畔，以仁爲種，以廉爲耕，以四術五教爲耨，以三尺爲耘，湛恩穠澤，汪洋無際。以七邑間海晏山寧爲宇，野棲甽被爲田，家絃户誦爲尸祝，故公去而民不諼。譬公之覆露我民，如洛陽之春，如大海之潤，莫測其涯涘，歲數之所極。譬斯民之竊竊欲俎豆公，于榱題甽畦之區，猶之操豚蹄、笞溝車之歲也。雖然，亦足以觀公之德政與民心矣。公善治狀，詳祠記中。其修橋勤勞，見公自記。余是以不具論，論其所以設祠田者，勒于石。

浦城梅氏義田記

梅氏之有義田，自養初長君始。長君之父曰仰山翁，王父曰中山翁。中山翁以素封著，輕財善施，載在浦誌。仰山翁陰述之，務好行其德。實産事不問，豪有力家設機阱誘之，往往爲所侵奪。于是，中山翁之貲落矣。長君年稍長，毅然舍詩書業，僂身與之争，始修而息之。纖嗇筋力，貲是以復。久之，長君嘆曰："吾今可無虞饘粥矣。吾宗人有食貧者，奈何令此贏而彼詘也。"聚族而謀之，籍其朞功之屬之貧者。度力所克舉，勢所能逮，剖槖中藏爲之地，出金錢數百千緡，置田租二百餘石，與宗人規，歲所熟所收，擇一掌記出納之，大都以予貧者。其不能婚者，葬之。少而孤之與老而無妻、死而無子者，子而鬻者，不具修脯延師以教者，歲給之有差。約爲九條，令世世守。始于萬曆之癸酉歲，迄今三十餘年。梅氏之子姓，雖其貧乏之家，亦無甚凍餒之人。夫非長君之賜與？今年乙巳，長君之仲子上舍君，裹糧入泉，予會之于里門上舍。君因出其《義規》授予讀，請予記之。

夫宗法廢而後有義田，義田非古也。古者，卿大夫家仕世其官，官世其禄，以繼别子居之，謂之宗子。故家之有宗子，猶國之有君。其權分尊，而其采地之入厚。一宗中之貧富、肥瘠、有餘不足之數，宗子得而周詳體悉之。法之所以行，而恩之所以逮，常公而且遍。自封建易，而宗法之不能獨存久矣。仁人君子求所以爲德于宗，而常苦于無可繼，乃始制爲義田之設。則不必其宗子而後爲之，其或旁支子之胄，財力可以君，而積著得以行，一旦有激于收族敬宗之大義，不忍坐視其溝中之瘠，則亦可隨力與分而振之。其周澤未必渥，而能使其宗之衆賢，而貧者有所成其材。而不然，亦不至糊口于四方，不可謂非義也。夫豈獨義，又且不疏不遠，以敦其睦，有油然之仁焉；不争不奪，以公其饗，有雍然之禮焉；不減不增，以時其給，有劃然之信焉。此亦古宗法之遺意，而睦族之道之所不可廢也。世風輓降，人自爲家，膏田良畝但以遺其孫子，何知族人？又有不腆千金，市交結客，出門遇窶人子，未嘗動容。愛羽毛而疎肉骨，朘越瘠以益秦肥。夫安有如長君？長君一閭巷布衣耳，非有土卿相之貴，無陶朱倚（猗）頓之富，于梅之子不稱宗，而割其授子孫衣食業之半，以食宗人，不區區肥身嬴家之計，長君之用心良苦矣。販脂千金，洒削鼎食，今日敝貂，明日跨印，人貧富何常之有？長君夫亦猶行古之道，陰寓其誘勸宗人之意，以之爲成學、達材、争時、鬭知之藉，非但爲脬腹待餔之資也，去世俗之見遠哉！

雖然，封建以郡縣易井田，以阡陌開法之行也，何必其無弊也。繇今起之，則爲義，繇後沿之，則爲例。按例而予，得者未必恩；拘例而不盡予，不得者且生怨矣。或曰："何必後日，夫今有授者，有不敢授者，則固有不任德者矣。長君何知受德，亦何知受怨？"善乎長君之言曰："宗之有貧困，猶身之有疾苦也。"令人人之用心如長君，義田雖千百世規，可矣。長君謝主臣曰："此非予能也。吾父祖中山、仰山翁之志也。"其孝而不爲名高又如此。

重修周宣靈王廟碑記代

甌郡故有開元寺，居文廟之陰，左掖爲周宣靈王廟，莫考建所繇來。歲久傾圮，湫隘不治。拓而新之，自郡别駕沈公始。余來守是邦，而廟適成。問其鳩工採木之費，蓋資之募義者，沈公亦捐俸佐之。軒偉壯麗，規制恢然備矣。

沈公與予言："不穀以事至開元寺，過宣靈廟，初不知爲何祠。夜夢入一神宇，神金冠絳衣，色若重棗。不穀叩之，神起座接，又有坐座上，類接余者。醒而怪之，問左右，盡以宣靈王對。視宛如夢中所云，類接余者，乃王之行宫也。駭異久之。以語于衆，衆子來若靈使，是以有斯役。今觀厥成矣，願得一言爲記。"余否否唯唯。

蓋聞之，儒者多不言鬼神，但言無有。夫鬼神，何嘗無也，人身一日無神，則形骸不貫；宇宙一日無神，則世道不張。明有禮教，幽有鬼神，兩者先王並重之，以維持人心風教，所從來矣。故大《易》言彌綸天地之道，必先言鬼神之情狀。乃其所謂鬼神，不以形體爲物，而物曰精氣；不以魄降爲變，而變曰魂游。則其道可知矣。精虚化氣，精乃不散；魂游六合，魂乃不滅。不物之物，其物有真；無變之變，其變無窮。若無而有，若虚而實，若渺茫而焄蒿，若彷彿而昭著。乃不生不滅之祕，非方生既死之説，此天地間之真鬼神也。但人非神不靈，神亦非人不依。而神之接人，又不于耳目森著之頃，而往往假之于夢。夢者，人之魂與魄交，而所以合于鬼神之道也。亦惟志氣清明者爲能有之，而常人不能。高宗之夢帝賚也，帝真賚之也。孔子之夢周公也，周公真見之也。此聖人之事也。其交以神，不以形；其合以道，不以氣。思之愈篤，見之甚真，非但依稀于形象之接而已。他若齊景公之夢五丈夫也，鄭簡公之夢黄熊也，虢公之夢神人執鉞而立西阿也，諸如此類。或夢而吉，國以昌；或夢而凶，國以亡。神率先告之，然往往有事後之驗。大抵明之禮樂，所以賞善罰惡，而使庶士人之心，陽制于其法，而不得肆。幽之鬼神，所以福善而禍淫，而使士庶人之心，陰懾于其機，而不敢恣。而有司操法之所不及，神或冥助之。故神之見夢于郡有司，與庶士人之夢不同。士庶人之機（禨）祥在一身一家，有司之機（禨）祥在一郡。然則，沈公之授夢，殆非偶然也。

余按記，宣靈周姓名洪，字仲偉，新城緑渚人。母汪，夢龍浴金盤，故誕。天性孝友，膂力百鈞，亦異人云。但記所載不同。一謂汪搆危疾，聞徽婺有顯神，促宣靈往禱。宣靈不得已行，次衢，聞母訃，内裂僵逝于舟中，以孝死。一謂宋端平間，胡元雲擾，屠僇中原，宣靈奮布衣，謀聚義兵北伐，會真德秀率衆撓其計，宣靈憤恚而逝，以忠死。二説未知孰是。嗟乎！死孝，死耳。死忠，亦死耳。宣靈死而殉母，則可以教天下之爲子者；如死而殉君，則亦可以教天下之爲人臣者。今不必問其所從死，求忠臣必于孝子之門，殆庶幾兩盡其道與！生爲正人，没爲明神，精靈千載，魂氣如生，固其宜矣。

余與沈公並視事此邦，沈公先余至，其布德行惠，明罰飭法，焯有成績。廉静寡欲之心，與神之聰明正直者合，故神來相之。余不敏，兢兢一念，庶幾無戾神衷，亦或冀其佐我也。吾儕誦法孔氏，孔門論道與法，宜妻子，和兄弟，順父母，以教孝而繼之。鬼神之德之盛，則有洋洋其如在者。無自用自專，無生今反古，以教忠而本之，三重寡過之善，曰"質之鬼神而無疑"。神人無二理，治人事人無二事，總不越忠孝兩念。故凡施政于家，行法于官，有不可與人言者，皆其不可與鬼神知者也。余是以慄然懼之。

愚夫愚婦，語之以道德，多懵然而不能知；奸胥猾吏，繩之以憲典，或悍然而不肯顧。有或從旁而譚鬼神之事，地獄火城，輪劫萬千，則亡不人人駭汗而咋舌，縮頸而怖走。此其誘勸愚俗也，捷于道與法矣。則斯舉也，上可以儆在位者矢志秉公之心，下可以沮扞罔者犯義壞法之志。斯亦爲政之大本大端，而沈公所以歆神立廟之意也，寧區區宣靈一夢之爲異哉！余所以喜而記之。

重修戴雲山寺記

德化之山，惟戴雲爲最高。以其山崒嵂峻絶，頂上雲棲，暑月不散，故名戴雲。去縣治三十里，抵郡城有五日之程，于郡最遠，而郡治之脉發源于此。繇尖山生雙陽山，迤邐以及清源，爲郡陰之主山。則郡中之人文，輩起斌斌，甲于天下，雖鍾靈于清、紫，而實脱胎于戴雲。此山之所係于泉者，大矣。山高三十里而遥，陟其巔，遠望之，萬山紛錯，而獨清源之山，正與山對，如子與母，伏在膝前。山盤旋，如屏横亘，不可里計。左通福州路，右入泉州。樹木蓊蔚，薄雲霄而虧日月，上有雙塔，雲常蔽之。有方池，廣十餘丈，水分九溪，支派而流，直抵永福。祖膊有詩云“一池分作九條溪”，是也。寺居山之中麓，頂趾上下，各十五里，相傳爲梁開闢二年所造。寺後有石屏，有天柱石、儒冠石、一線泉。西有石室，石如鳳朝陽，高僧蜕骨其下，曰祖師室，又有祖師墓。石屏之上，左鍾右鼓，皆奇觀也。鉢盂爲賓，三山如架，桃源、天馬插其外，周迴環抱，四面皆列峰。寺下水田，畝畦鱗次，可以給衆僧食。寺負子揖午，山門之内爲庭，前殿奉大佛，後殿祀慈感、祖膊二肉身。東西兩廡爲僧房，大抵亦山之開窩云。繇山下望之，寺在雲霄之上。已，登頂上塔，俯瞰之，前後石屏、鉢盂諸山勝，列趾踵下，雲合霧起，高下不知何處。俄焉日出，半開半合，梵紺若隱現其間。雪朝雨夜，月色風聲，閃忽變幻，不可名狀矣。

余考之郡志、《開元寺志》，但載戴雲山，不及寺。紀祖膊禪師，不及慈感。祖膊名智亮，居開元寺東律巷，袒一膊行乞于市，後去之戴雲中。累月不火食，堆壓而坐，有虎馴伏其側。人叩之，雨暘輒驗。祖膊自言曰：“顯在戴雲，身在紫雲。”志以爲，“化于開元之院居，其徒泥肉身于殿旁，後乃載而祀之戴雲”，似矣。至傳祖膊爲慈感法門弟，慈感駐錫此山，亦化去，泥其身，故祖膊與並祀之。按，寺後有祖師墓，不知爲慈感之真藏否？如涅槃也，稱肉身云何？豈慈感深于禪寂，并其名與行而泯之？抑後之人神祖膊，而并推及于衣鉢之師與？志載，祖膊爲正覺智廣法門弟，儻所云正覺者，即慈感其人也，戴雲爲祖膊之有，祖膊爲慈感之有，戴雲重二師乎？二師重戴雲乎？余嘗怪朝市、山林，兩者並重，出處無二道，住世、出世無二法。今富貴之士，功名之客，冠蓋之相望，襜帷之相次，赫赫烜烜，黄門粉署之居，開府專城之地，誠非若人不有。然乍住乍去，若蘧廬，若傳舍，烏有非吾物矣，夫安得而終據之？乃宇内之佳山水，奇峰怪石，往往爲禪刹佛子之所竊。即其人已化去，而其名與像，猶能與此山此刹，歷千百禩而不毀。既毀，而尚有修復者。猶或可藉其名像、精英、靈爽之存，爲廣募修復之階，而刹地因以長存。且亦非功名富貴之家，能有意而興復之，而常出于禪刹衲子之人，貧寂苦行者之所爲，亦甚足怪也。

戴雲寺之住持上人圓朗，從山中來，介余友林可圖道南、謝文長朝元謁余。

與余言:"寺年久傾頹,幾四壁(壁)矣。賴諸善信力普化而更新之,山門殿宇,可幸無虞。近年,僧如玄、里人陳性,賣石屏後山樹,與冶爐人百金,開山烹鐵,將盡赭之。地脉絶,金石流,寺幾與煨燼等。朗欲贖以完此寺之觀,人多捨而助我者。願得一言爲左券,勒石寺中,爲後永鑒。"噫嘻! 上人一貧衲耳,而能鳩善信家數十百金,全山寺于頹垣烈炬之中,豈惟其菩提心有以取信于人,亦其智慧大也。信斯言也,袒膊重戴雲山,上人重袒膊矣。上人勉之! 余足跡未及登此山,忽上人爲余誦"異草奇花人不識,清風明月與心齊"之句,恍吾身之在雲中,清風明月無不在。奇草異花,上人其株移而語我來,我將識之也。

重建第一山青帝宫記

天下五方之山,以泰岱爲東嶽。《虞書》云"舜東廵狩至于岱宗",是也。太史公云:"作事者始于東南,收功實者常于西北。"故古者天子法之。新春始事,必居青陽左个,車旂服玉,色尚青蒼,以東方爲萬物發生之地也。後世東嶽之建,始于唐高宗乾封元年封泰山,以其神周流天下,無所不至,勑郡國所在東嶽行宫,以祠青帝,而從泰岱之稱,命曰東嶽。吾郡嶽建在仁風門外,第一山之陽。誌不載其搆于何代何年,但云"建置修葺不一,至宋紹興,規制益宏"。則其繇來久也。

今上即位久,道化成,天地太和,山川鬼神應之。三十五年秋,地大震,颶風淫雨交作,青帝宫盡圮,帝像壞。郡士民徬徨,兵備使者姚公、太守姜公、邑令李公,謀興復,難其任。進父老子弟,問邑大姓,誰可肩此? 僉前言曰:"詹侍郎介弟文學君仰憲,仗義有材,猶足辦也。"禮請之,以董其事。詹君議木石費之所從出,或曰:"巨室可募。"或曰:"城中可募。"或曰:"通都可募。"以問于姚公、姜公、李公,並曰:"可募之。"而猝未有應也。詹君乃先自捐金百餘,爲經始費。收舊木貯之,諏吉鳩工,盤土闢基,按舊更新,于焉始事矣。已,姚公發金五十兩,採石列左右栅,以攔旁出。而姜公先後發金百餘,李公損金二十餘兩,他外邑令,亦有佐者。匠石雜作,工木並興,日費不知凡幾,盡領給于詹君。詹君勯力紓籌,寒暑不倦。度舊木可用,用之,不可用,則貿以新。緣金得給,給之,未得給,則自發槖而畀之。費是以省,而役不譁。向殿柱用木,今石之;向無層簷,今重之;向一殿,今列而三之。殿後開軒窗受明,左右直以兩巷,垣屋翼其外。中爲正殿,祠青帝像。傍塑女史、女御侍,六甲、八穀,在帝左,尚書、大理在帝右,左右二執法在端門。東爲弘文府,祀内階帝君。西爲陰隲司,祀陰德君。闢通天露臺,著尊崇之象,以嚴祝釐之所。巍巍煌煌,視昔加廓矣。詹君屬光縉記之。

夫青帝者,何神也?大戴《月令》稱,孟春之月,其日甲乙,其帝太皞,其神勾芒。而太皞配木之説,吾夫子亦嘗對季康子而言之。則所謂青帝宫者,疑即其人,而非也。老聃有言,天有五行,水火木金土,分時化育,以成萬物,其神謂之五帝。古之王者,易代而改號,取法而象其義耳。此所謂有其神,而無其人。先天地生,後天地存,非生而爲帝,歿乃復爲神也。余是以考之《天官》,紫薇、勾陳,大帝居焉。五帝座内輔太微,外垣亦如之,有四方諸侯王之象。東方曰青帝,靈威仰之神;南方曰赤帝,赤熛怒之神;西方曰白帝,白招拒之神;北方曰黑帝,叶光紀之神;中央曰黄帝,含樞紐之神。位各有所居,職各有所掌。以順大帝之序,而總其權于青帝。故六甲授時爲木正,八穀司耕爲火正,大理平刑爲金正,尚書納言爲水正,並隸于東垣之屬星。今夫天地間,精華美麗之象,莫耀于文章;而其充積盈溢之盛,莫熾于德行。一爲亨府,内階星主之;一爲利府,陰德星主之。内階藉南垣而躔文昌星之東北,陰德星籍西垣而躔尚書星之右東。木火相交,金木相裁,此乾始而亨而美利,利天下之道也。大抵東方有帝,爲乾之元,于四德爲仁,于四時爲春,于五行爲木。仁無所不該,春無所不至,木無所不生,則元無所不統。文章者,木生之英也;陰德者,木性之仁也。謂帝居岱可,謂東西南北嶽皆帝居可。謂帝行春可,謂春夏秋冬令皆帝行可。謂帝旺木可,謂木火土金水皆帝旺可。此之謂統天。孔子《説卦》,于後天之位曰:"帝出乎震。"震,東方也,而齊之、見之,以至于戰而勞,而歸其成于東北之艮。震、艮終始不離一,東帝之道甚大,而其妙萬物者亦甚神矣。然則,行宫之成,上應天道,下通地理，中植人紀，一郡之精神命脉繫焉，安可一日廢乎？吾亦知帝尊居紺宇星宫，何必人世？然郡人所以致陟降臨汝之意者，舍是，其奚以圖之？

是役也，謀先于衆，則始議難；勞肩于身，則獨任難。金需于募，則立辦難；役持于久，則稽直難。詹君當此數難，以興大役，募有虚名，而費無冒破，卒底于成。神人賴之，厥功懋矣。

重修萬安橋北記

李光禄季君介庵者，吏部郎抑齋先生季子也。季君繇文學登國子上舍，謁銓，授廣西按察司知事。季君擘畫有材諝。時值征徭，兵事旁午，糧饟轉輸，悉委重之。能于其職，擢丞上饒三年，授光禄丞以歸。季君謝事家居，明農介鄉，種稻釀酒，醉客爲娱，不與郡邑間事。會地大震，洛陽橋梁折，太守姜公圖修復之，延詹君守齋董其事。詹君言于太守曰："橋跨海南北，中流巨石横亘，搆亭闢其上。亭以南屬晉江，北屬惠安，費當二縣均之。仰憲，晉人也，請治其南橋。北之役，非得李光禄丞呈春、文學張翰臣不可。"太守于是使人延季君，季君堅辭，不肯出。詹君故强之，季君乃前言曰："橋之事，明府以屬呈春，呈春不敢辭。顧橋北之難，半于橋南，費亦再倍。南不過一二橋梁折，扶欄頹耳，可一葺而補也。橋北之壞甚矣。水道更移，曩者深坎，今爲平沙，水盛則四溢横流，穿溪蕩浦。風濤復噬嚙之，淵趾剥落，梁榻低于南四尺，潮漲輒没，人不能行。殆未易治也。"太守然之。季君乃自上其議，大都謂舊楯不可輕拆，拆則多費；亦不可盡仍，仍則易壞。斟酌于拆與仍之間，可以用費省，而成功倍。匠有獻定嵌金木柱策者，季君從之。于是設架横，上通人行，下受工作。伺潮退，從海底累石結趾，攲者正之，缺者補之，以達于梁，而橋道平矣。太守既去，季君亦没。邑人誦太守之政，而德季君之功不衰，相與伐石，請余記之。

夫季君，真抑齋先生之子也。往，惠安未城，王中丞議築之，士民洶洶，難于慮始。先生首决策，捐負郭膏腴地入于官，城始完，迄今爲利。嘉靖季，島夷爲亂，直薄惠安城下，城危急矣。先生率百姓，流涕擁令登陴，親冒矢石，禦賊七晝夜。自行千金,以携賊黨,賊解圍去。當是之時,不有先生,城幾殆。其慷慨扶義如此。季君俶儻,酷肖先生,先生亦以爲似己。授事以來,身之海上橋,程督如法,突露衝風,暴日冒雨,歷晝夜、寒暑不輟,竣而後即安。先生出死力,全居者于鋒鏑之危;季君捐物力,貽行者以從橋之安。事有緩急,功有遠近。要之,以輕貲好義爲本,材諝爲運,功成而百世賴之。故曰,季君真先生之子也。此一役也,季君身不辭勞,口不言功,費于帑金無所動。民間募緣,但塞虚名,季君往往自辦。有與季君同事者,而發議決筴,散金給役,盡出于季君,故惠人稱季君之功獨多。

噫嘻!丈夫子生而具鬚眉于人世,進則盡職于官下,退則樹德于鄉人。隨所居地,皆足爲不朽計。區區守銅臭、作子孫牛馬者,非豪杰之士也。季君可謂人豪矣!季君今即世,人謂直勞瘁以死。不勞不瘁,非足爲季君也。往先生没,惠人思保障功,亭之,碑之,又請祀之。殯而送葬者千餘家,至今言及,有涕下者。論久而定,績久而彰,今公道復明于季君矣。余于其請記,又以見惠之多厚俗云。

重修巢雲書院記

巢雲書院者,咫亭詹先生爲侍御時,退居所營也。先生當穆廟朝,以柱下惠文抗疏論宫闈事,批鱗觸忌,削籍放歸,始搆此山爲終隱計。山故有巢雲洞,久已荒蕪,廢爲灌莽之區,無有存者。先生闢而治之,巢雲之名始著。則山以先生重。先生直聲震天下,既歸隱此山,朝端之上,望先生如泰山喬嶽,可仰而不可攀。惟恐其高卧而不復出,有以高士名峰者矣。則先生以山重。

已,今上起先生山中,將大用之,先生始出。不數月,拜都御史大夫,二年晉貳司寇。于斯之時,先生身依日月,位望益尊,中外倚之,始不得棲烟霞而有此山,山亦不能爲先生之有矣。及先生予告歸休,再尋山盟,巖居川觀,如是者二十餘年,門雀張羅,有司莫見其面。羽儀薦紳,蓍蔡後學,道德有于身,而行誼聞于鄉人。"高山仰止,景行行止",先生有焉。然邇先生之所以處而出,與出而復處，往往以巢雲居爲先生東山始基也。繇此言之，先生重巢雲乎？巢雲重先生乎？今先生没矣，歲久寢壞，長公定卿乃葺而新之。扶其已頽，拓其未備，焕然一新。奉先生主，祠于其中。嗟夫！先生蓋至是而始得常有此山也。

天地間，誰爲吾有，誰非吾有？以爲吾有，則非吾有者尚多；以爲非吾有，則吾之所不有者，乃真有也。自古賢人君子，皆以其蘧廬非有之地，常占爲千古長享之物。韓退之有陽山，柳子厚有西山，歐陽永叔有滁山，蘇子瞻有吴山、西湖、羅浮、赤壁。終數君子身，何嘗有之？百世而下，想其人而不得見，而本其山川以存之，則以爲數君子之有之也。齊景公有牛山而不能有，而徒托之一涕。惟其欲身享而自有之，是以終于不可有，晏子笑其不仁矣。先生在時，或出或處，時止時行，未嘗匏繫爲鑿坏逃穴之舉。于此山，何嘗長據爲有，但往來嘯弄于其間耳。長公今始爲先生有之，山固以先生重也。風朝月夕，先生或御雲氣而至，未可知，乃先生神何往而不之也哉！

重建平陽學記代

學校之設，非專爲文也，而文亦君子造道之事。孔門四教，必先重文，洙泗之間，齗齗如也。文學自其天性，游聖人之門者，難爲言矣。雖以吾夫子之自與，亦惟得與于在兹之文。然則，鄒魯之學，安在其廢文爲也？我國家重經術，取士以文。士非繇學校，不出；非從文章之塗，不著。名公、鉅卿、真儒、學者，羽經翼傳，尊主庇民，勳照于竹帛，光垂于俎豆。其初之起家，必且用經生言，應辟舉，而藝爲文。詞章之重，所從來矣。

吾甌之平陽，故有學，創始于晉太康世。宋元祐始遷鳳麓，迄明興，至弘治初，屢修屢葺，悉仍舊貫。數百年間，科第輩出，斌斌爲盛。雖其時之多材贍智，蓋亦地靈所助焉。其後有司更之，徙其址向，而科目寖以寥落，邇益稀甚。青衿學子，亡不人人扼腕，思復元祐之舊。而築室之議，阻于道旁，經始之費，病于財詘。旋謀復罷，寢閣異時。而黌宫之舍，日就傾圮，雖當事者難爲力矣。

汪令君始至，四顧廟廷，憮然興嗟。詢問其故，諸生争前言曰："葺之，亡益也。唯是敝邑諸生，不興于文，則亦黌舍非利之故。形勢家有成言矣，請亟圖之。"汪君于是按故向，尋舊址，揆日鳩工。諸木石、瓦磚之費，不問公帑。初出之捐俸，再發之鍰贖，最後則得之士民之協助者。肇于甲辰，迄乙巳，而工告成。先師之殿、明倫之堂、尊經之閣、欞門、曲池，焕然一新。植木引繩，元祐之基，猶有存者，嘿相符合，尺寸無爽。堵觀之士，拊掌稱奇云。

汪君問記於余，余進諸生，謂之曰：今兹之舉，爲尊聖乎？爲興文乎？興文，故所以尊聖也。夫子之道，萬世爲士。其天階則無可升，其宫墻則數仞，宗廟之美，百官之富，惟當時及門之徒見之。吾儕後學，去聖人之世遠，無所得門。繇從入在六經、《語》、《孟》之間，而嘿會之爲性道，濬發之爲文章。士君子羔而雉之，以資廷獻。而上之人亦從而廣厲之，曰，此六經之科，而孔子之術也。故欲尊聖，無如興文。形勢家之言，于經不載，而鎬京辟雍，必擇而取之于豐水之東。維王卜之，維龜正之，則成周天子之學，猶然考宅，而何疑于四方郡邑之膠序？今諸士以復元祐爲言矣，令有司不以應，而惜費避勞，以益蓁蕪，此有司之失也。有司而既治之，令多士不乘時而灑然自奮，以協文明之運，此亦士之失也。諸士試自思，上所以締造而更，下所以踴躍而赴，不慳財力，不恤繁勞，而以肇兹勝，何以故？亦欲諸士之雲蒸霞變，有所改觀于否塞堙鬱之後耳。諸士其何以應之？文王爲辟雍，庶民攻而不日成。詩人名之曰靈，而頌之曰於樂。莫靈于宇宙之文章，亦莫樂于譽髦之輻輳，則亦其時思樂。泮水之士，可薪可槱，而金玉追琢之章，有以供辟王左右之趣，而庶幾無負于鐘鼓之奏，夫然後靈臺囿之設，爲不虚也。諸士今不得咎地形矣。其尚砥行修文，斌斌嚮風，以無虚有司改作之意，而相與拔茅彙征，濟濟應弓旌之會。于以稱于世曰："此平陽今日之元祐也。"守若令，不均與有休哉？諸士懋勉之。

瑞安縣學重建學宫記代

瑞在甌郡之南，故有黌設，歲久漸圮。釋菜之宫巋然一魯靈光，而諸講堂、誦舍，以至博士退食之所，多剥落者。余始至，祗謁先師，多士環集，濟濟斌斌，心甚善焉。至睹其學宫鞠草，不足以振譽髦，爲梗于中久之。既，聞之鄉先生王暘谷公，其言曰："縣集雲中爲龍發頂，左行結龍山，屬甲，右行結峴山，屬辛，自辛蜿蜒，東結邵公嶼，縣治嚮嶼嵋焉。學倚縣，而扞乘嶼脉可耳，東偏則龍脉脱矣。龍自西而東，水自東而西。今隨龍之水入城中，直瀉東去幾十里而遥，謂襟帶河，與仍貫而新，不如革也。"余是以從諸士議，條《改學疏水便宜》，請于羅二守公。公時署郡篆，允之。適大府長樂林公至，議乃上，三院、兩臬並報可。余于是率博士官弟子，諏日定向，鳩匠庀材。學工始己亥二月二十五日，河工始戊戌十二月初五日。費不煩公帑，余捐俸以倡，間出贖鍰金佐之。薦紳學子、一二素封家，多助之者。甫及朞而功告成，規制視昔加備矣。

明倫堂之前，爲先師廟，廟前爲兩廡，爲戟門，爲鄉賢名宦祠，爲櫺星門。門外跨街，左右列柵，中爲泮池。傍池有登雲步月橋，人環橋來往。中堂左右爲兩齋，後累土爲山。山之上爲敬一亭，右爲啓聖祠，爲文昌閣，爲青雲街，其外則儒學門。水故道從乾亥方入，直出東門下，今塞之，鑿艮寅方水門，曰環璧。水逆折至學宫前，過縣治、濟民橋，與乾亥水會，爲右合襟，歷數十折，出龍波門。門亦余所議復也。宫既竣，侑先師其上，余與博士官、弟子入，肅然瞻之。如徘徊闕里之下，而泰山之在望，金聲玉振之在懸。登敬一亭山，俯然四顧，水曲如環，灣如抱，支如弦，瀠如穀（縠）。又龍山之址，陡門通海，余開復之。河海相吞吐，無但其泮水思樂，邑且稱鉅觀矣。余請學使者洪公記之，博士官、弟子，乃相率徵余言以記。余則安能？

竊謂當夫子世，善推尊者，無如端木賜。彼所云天階之不可升，日月之不可踰，斯亦已知聖矣。乃必盛推其邦家之得，與斯立、斯行、斯來、斯和之化，而又于生榮死哀之後，豈明知其莫宗予而空言之，爲吾夫子溢美者，如世儒之所云，非帝非王，而可帝可王之云爾也！杏壇之師席，與帝黄屋左纛，何異？而功又倍之。數仞之墻，具有宗廟之美。百官之富，雖千萬世而下，人人可見焉。不但當身之及門而止，此乃夫子之所爲得邦家也。萬世爲土之説，宋人之操論後矣。今夫子之宫遍天下，而是賜之譬宫墻、譬宗廟，蓋于斯而信。而雖其愚夫頑豎，有語以東魯之鄹人子，皆知其爲聖人，過而問其所祠之宫，無不易容滌慮者。此亦道立綏動之一徵，而矧其得夫子之道以往哉！顔淵，夫子之所稱好學也，喟然之嘆，曰彌高、彌堅、在前、在後而已。今夫宇宙間，誰其高不可仰？其唯天。誰其堅不可鑽？其唯地。誰其瞻忽不可執？其唯四時與日月。夫子之道，所從末由者如此。子思子所以有無不持載覆幬，而代明錯行之説也。而賜且以區區之墻仞，爲足盡夫子之美，而蓄其富，無乃猶及肩之見與？而非也，而又奚以今之宫爲？雖然，孟夫子不云乎，“觀于海者難爲水，遊聖人之門者難爲言”。今聖人之門不可及，所可及者，言也。不有難天下之言，不可預于聖人之門，而觀水有術，瀾可證聖，無本則涸，成章則達。君子之所以恥澮盈，孔聖之所以嘆逝川也。

余之改學疏水，所願諸士志道意，良出于此。必曰：“但藉是可借梯于雲路，而徼靈于地脉。居者佔俾，出者榮華。”乃嚮聖門中之羞矣，余不敢以望諸士，諸士勗之。

重建學記代

余承乏平邑，邑故有學宫，日就傾圮。余始至，謁先師廟，怪而問之：“何以不治而令若兹？”諸生争前對曰：“學始創于晉太康世，宋元祐間，始遷凰鳳山下，負子揖午，地靈則人傑，科第斌斌爲盛。其後更以丙壬偏正稍差，山水背殊。邑不興于文，或職是之故。今與其東葺西補，無益于人文之數，不如更之，以復元祐之舊。”余弗知堪輿者言，但聞諸生請，不覺憮然。于是，下其議問之薦紳，薦紳以爲可，問之國人，國人以爲可。已乃請之上官大吏，盡以爲可。余乃揆日鳩工，捐俸以倡。邑有力家輸金佐之，盤士築基。宋元祐舊址隱隱若存，按之尺寸無爽。朞月之間，先師之廟、明倫之堂，巍然一新。仍搆爲尊經閣，增前之所未備。噫嘻！此非余一人之議，諸上官國人之公議也。亦非余一人之力，諸上官國人之協力也。今幸告成事矣。然以余樸樕無能，乃數十年來，人心所欲更之役，相仗而莫先發，一旦而肇興于余之手，余之際此，豈非幸哉！

竊以爲有三勝焉。按舊址，凰鳳山爲主，蛾眉山賓之。巾字山居左，九凰山居右，寶塔凌峥居右前。兩水合襟，集于明堂，流文昌橋，會江口而入海。蔚蔚蒼蒼，如龍翔，如鳳舞，如貴人振笏垂紳，如彩筆干雲眉月。帶之如繡如畫，如支如弦，文星閃爍其間，氣象萬千，忽然在睹。此謂地文，得地者勝。隆、萬以來，議更議復，盈庭之發，不知幾何。昔何屢沮？今何頓興？此殆天意，非人謀也。經始于癸卯，卯者，日之初。次第于甲辰，辰者，日之升。而落成于今之丙午，午者，日之中。大明中天，離照四方，多士際之，奮庸彙征，此其時矣。仲尼嘆才難。盛唐虞之際，亦惟中天之運使然。今天子萬曆，堯舜之治，遠過元祐。廟成，適與運會。此謂天文，得天者勝。經之始之，多士助之，庶民攻之，詢謀僉同，無相齬齟，謂之和。畢力忘勞，成以不日，謂之靈。鼓篋來學，靡然嚮風，謂之樂。才爲楨幹，文可櫄薪，弓旌歲舉，羔雁成群。此謂人文，得人者勝。臻此三勝，以應盛舉。猗歟休哉，非偶然矣！要以仲尼之道，萬世爲上。俎豆宫墻，遍天下郡國而是，而何争奇于一山一水之勝？山水效靈之説，其應在諸生。有司之應運易，諸生之應運難。有司之應在今日，不過一締造興革之艱；諸生之應在來日，不可無道德文章之盛。余今庶幾可幸亡罪，多士其懋勉之哉！余且爲拭目而藉手矣。

是役也，參知唐公、前太守陳公、今蔣公、貳守江公、别駕蔡公、沈公、節推吴公，實允其議，余其請命而後始事。如協董厥成，則教諭某、訓導某、縣丞某、主簿某、典史某及諸生某、耆民某等，並與有勞，例得並書。

重修啓聖祠記代

啓聖祠之設，前此未有也。其議蓋起于世廟時，釐先師孔子祀典。相臣張文忠公，請以主易像，以廟易殿，以至聖易大成，稱師而不王。制從之。文忠公因復上言，祀孔子而不及叔梁大夫，于尊崇之道未至。且進顔、曾、思、孟于堂上，配享孔子，而退其父伯魚、顔路、曾點于兩廡，于父子之倫未安。上並可之。詔天下郡、邑、庠，各設祠廟，左祠叔梁大夫，而以四賢父配。子雖齊聖，不先父食，于禮備，于倫協矣。

蓋嘗因是竊論之，夫子之道，其大如天地，其明如日月，其行如四時。則叔梁大夫，乃所以生天、生地、孕日月而胎四時也。天不生仲尼，萬古如長夜。不有叔梁大夫，鄹人安所稱子？當萬古亦不旦矣。然按，孟僖子稱“聖人之後”，“其祖弗父何，以有宋而授厲公，及正考父佐戴、武、宣”公，“一命而傴，再命而僂”，“三命滋益恭”，“循墻而走”，其後“當有達人”。若是乎，生聖人者，淵源之遠也。周人之法，追王及季，大袷及稷，禘祀及嚳。仲尼非帝非王，其道則帝王之所未備，但祀叔梁大夫，而不逮正考父以上祖何？仲尼，師也，儒也，禮如是止矣。此正所謂不以天子非分之禮行之者也。禮之中，義之正也。獨怪夫天生聖人，爲萬世宗，宜篤天倫之幸，乃孔、孟何以少孤，顔淵有父，無繇而自蚤世。伯魚之歿，伋尚少。聊曼父之問，蹌前喪之慼，聖賢之心，恫乎有餘悲矣。顔路請子之車，夫子以才不才告之。夫非謂鯉之才，當不若顔氏子耶？此亦聖人之自語其子，不欲質言之云耳。鯉故未可少也。顔子繇博文約禮，卓于能立，夫子以爲進矣。乃其教伯魚，亦曰：“不學禮，無以立。”鯉于聖人之立，殆庶幾與？夫子平日詔諸子學詩，至謂伯魚，直舉《周南》、《召南》授之，欲其師文王也。夫子自居于文王歿而文在兹，但以望其子，而不以予他門人，豈非才者而盡若是？伯魚之言不多見，即其對異聞數語，所重在學，而不貴聞，渾而不露，誠哉，聖人子也！曾點言志，夫子與之，充斯言也。順天因人之政，不過如是。夫子之所謂爲國以禮也，喟然之嘆，豈與其放浪物表者哉？世儒執是，謂曾子父子相反，非然矣。

嗟夫！聖人之父子，其用情與人不異。令孔、孟生，而得其父一日之養，豈非終身之大幸！惟其不然，故孔子不免致嘆于事父之未能，而孟氏亦有不恔心于不可爲悦之際。此聖人之真衷，非謙言也。夫子與曾子言孝道，謂其可幾于孝。參事父，問徹，問與，未嘗離父食之側，即一羊棗之嗜，有不忍違者矣。然則，父子分祀，豈盡聖賢意與？大抵聖人之門取大，夫子猶言天大，日月星辰盡是焉。猶言地大，山嶽河海盡是焉。其所以祀而有斯舉，亦魯人事泰山，先配林三主，先河而後海之意。禮本自始，樂本自生，所以尊師重道，隆其所自，不僅以家人、父子之禮論矣。《禮》曰：同堂以爲樂，異膳以爲尊。惟其于夫子而尊之，所以别而祀之之道也。

廟故有啓聖祠，歲傾圮，折其東隅之半，几案在風日中。余始至，瞻之憮然，安得吾夫子天覆萬世，而令叔梁大夫露處乎？捐俸亟修，閱月告成，侑而妥之，而記之以斯詞。

瑞安重修城隍廟記

余入東甌，諸大夫、士君子多善余者。余爲之登九山，陟巽峰，泛舟江心，訪僊巖故跡，周覽雁蕩之勝。望山川之繆錯，觀瀛海之潮汐，浩浩瀰瀰，鬱鬱蒼蒼，誠越東之一都會。去甌入閩，道過瑞安。瑞安，善邑也。余舟抵城下，將低首而去，邑侯陳君使人逆之。余出謁，相見執賓主之禮甚歡。侯有臨卭之善，恨余非司馬長卿之客。侯國士我，欲留三日飲，余不能從。侯置酒，延上坐，顔色俱和，肝膽相傾，真所云"一見如舊交，半晷足千古"也。將别，侯舉盃酹余曰："主人無能繆客，唯是敝邑之城隍廟，將就圮矣，前令君林公發鍰金葺之，未經始以去。不佞承乏其後，兢兢罔敢墜，捐俸以佐。今可幸役竣，願足下言爲記。"

夫斯舉也，侯有三善矣。肅明神之祀，一也；不遺前人之美，二也；先成名而後致力于神，三也。侯德孚政平，洽于神人，何俟余言！然按誌，邑城隍廟，凡幾遷矣。乃天子所封，爲顯祐伯，以監一方之民，而與令抗衡爲理也。故邑城隍之尊，擬于令，而威命靈爽之權，行于冥漠不可知之表，而時昭昭于人之耳目，陰有以相令君之所不逮。一邑之中，錢穀獄訟之事，令爲政；旱潦疫癘之事，神爲政。令受命于君，顯持其法，而使人之所信；神受符于天，幽著其機，而使人知所畏。然莫密于世網，猶可疎而漏焉；莫恢恢于天網，不可逃而活焉。則所謂聰明正直而壹者，誠莫若神。固宜侯之奉而祠之，祗肅敬共而不敢怠也。夫爲政之經，莫大于治人、事神。世未有慢神而不虐民者，亦未有務民義而不敬鬼神者。

侯自下車，即留意民事。明不察于淵魚，聰不窮于伏擿，公正不廢私書，廉直不受請囑，而一本于誠信不欺，以仁心爲質。故其决獄多所平反，罰必加于非類，而宥罔及于惡德。以此孚祐神，神是以格之。不然，雖廣壇紺宇，餙丹堊而青黄，亦有司奉行之故事耳，非侯所以爲對越監觀之意也。

余觀瑞安之邑，崒嵂者山，山有靈；滙流者海，海有若；通道者河，河有伯；墠壝者社，社有厲；廣隰者田，田有畯。其順逆、安危、登耗，皆統于城隍之神。神悦豫則戩穀至，神怨恫則鞠凶至。侯爲民禱，神靡弗應。虵蠵不虐，年穀順成，山寧海謐，市井戲嬉，如游華胥，如登春臺。夫誰之賜？問之百姓，百姓不知，而歸之侯；問之侯，侯不有，而歸之神。神有大造于邑，政侯之有大造于邑，侯可謂得政體矣！長卿客于臨卭，歸著《凌雲》、《上林》、《子虚》之賦，以廣侈漢天子之麗心，識者譏之。余亡當侯客，而何敢爲鬼神誣罔之説，以簧鼓邑人之聽。但具道明馨之所以然，令侯而前席我。邑所憑依，將在神乎？抑在人乎？侯其必有以籌之。

侯名某，字某，别號某。甲午進士，江西之德興人。

資生宫記

清源山左轉，盤獅子巖而東，爲賜恩山。山故有巖，塑釋迦牟尼、觀世音佛，供奉其中。巖之上，爲歐陽行周先生讀書室。兩山屏夾，稍西而前，中夷若窩，後石磯峩，左右翼以兩澗。右峙有石，面光如鏡，相傳曰“一鏡石”。城雉環前，雙塔倚天，層巒横亘，鴻漸爲賔。紫帽倨前右，滄海滙前左，内頃千畦，棊畫鱗比。遠而瞰之，色若浮青，又若纖碧，蔚蔚蒼蒼，一大奇觀也。舊此地無祠宇，樹木蓊靄，藜藋牧畜之區，罕知之者。山嶽藏精秘，蓋有待云。

余聞之世臣，戊子之秋，夜夢女神與賦詩譚玄，根極道妙。其後或夜一夢，或間夜夢。詳具《夜夢略》中。世臣詰之姓名，不肯言，但時自嘑爲碧霄玉女。久夢偵之，微見其踪，乃知其爲衛房元君所分部掌西宫事者也。居西液臺前，職女婦孕産事。間治械繫至，如對簿狀。訊鞫譴宥，直指人因受世相沿，斥佛家輪廻説，與天堂、地獄、刀山、火池、燒煑、剥剔、鋸割之刑，以爲誕無有，而若見之。

時推論人世盛衰興敗，一歸之孅惡，要以徵往懼來，警世爲善耳。神又言，西曹無分署，往往從曹垣中決事。無尊居，不如東曹有分署便。廼自卜前地，授世臣爲築齋宮。世臣方闢地未遑，江少卿達泉公，聞而謀同志，捐金肇舉之。于是宮且成，扁其額曰“九天分曹”，曰“資生法界”，曰“夢覺門”。諏日樹宇，懸對句命名，皆神自創也。神初見夢時，携鏡往來，曰“鏡照六眉”，疑所謂“一鏡石”者。即言所居室前有雙塔，今皆歷歷驗。噫！亦奇矣。神以語世臣，屬余記之。

記曰：神故有是乎？及考其所謂衛房元君者，或云九天玄女，或云周柱下史李耳母，並不得其據。獨所稱太液池之作，出漢世，史不過侈。其中有蓬萊、方丈、瀛洲、壺梁，象海中神山龜魚之屬，以爲此僊聖所棲也。不聞其以女子神分主之者。傳載，周穆王觴西王母于瑤池之上，又漢武帝時，西王母引青鳥與上元夫人降殿中。或云，太液池即瑤池，衛房元君疑王母。不然，豈其上元夫人者耶？何殿居也？或時與作太液池之應，相叶耳。然不可考矣。東木之真，西金之妙，高襲氣母，遐棲弱洲，所居多雲氣，無土石，樓蜃有上無下。或太液殿池不必有，有之，必不在人間。漢帝所擬作，徒罷百姓力，塵國偏微，非其真也。且神而九天虖！虚可憑，風可馭，少廣可坐，大荒可挾，而空洞六幕可遊也，何必宮？何必兹地宮？神出入變化，無地也。夢中多見境，幻地也。無地，唯神有之，幻地，惟夢覺者能見之。其他十方衆生、善男女、頑夫悍婦，不可得而覺，不可得而懼也。夫惟乘其貪生怖死之情，慴以畏祥信機之事，而臨以焄蒿昭明之像，以興起其忠利畏憚之本心，而人始亹亹思善矣。佛法至空，空一切有，三十二相至有，有一切空。空以誘智，有以驚愚，並誠世勸俗之道也。

兹宮之設，凛凛森森，聖真托焉，玄同宅焉。宮中見，故亦夢中見。夫安知宮之非夢乎？夢之非宮乎？宮與夢，其均幻也夫？其均使人覺，使人懼也。夫神不言姓名，而言其德，曰資生。大《易》不云乎，“至哉坤元，萬物資生，乃順承天”，而神可知矣。即不問姓氏與何神，可也。

漢關前將軍漢壽亭侯廟記

今天下祠漢壽亭侯者，遍郡國而是。其在吾泉建宮俎豆，毋慮百數。而獨吾儒林里中，廟貌爲勝。詢之故老，不知創所由始，相沿至今。上自監司、守令，居是邦者，以迨郡薦紳、學士、紅女、嬰孺，亡不人人奔走，禱靡不應，應靡不神。先是，某從父相國雲泉公，爲記廡壁，光縉獲弓韣之禱于侯，乃伐珉記之。

李光縉曰：今所爲頌侯之烈，與侯所以繫千百世之人心者，得非以一念殉漢之忠乎？竊以爲未盡侯也。夫帝室之有隆替，國統之有存亡，自生民有主而來，誰代無之？何但漢？其歷朝死事諸臣，當改姓易命之秋，殺身翼主，而極忠無貳慮，何但侯？然皆一時能使人嘆息咨嗟，傳之久而名存耳，未有若侯靈響。今凛然如生者，國于天地，必有與立。惟是生人五倫，兩儀不得以墜，二曜不得以晦，人心不得以死。侯始遇玄德，朋友也；約盟而後，兄弟也；及推爲中山靖王裔，而主事之，則君臣父子也。平居無里閈之驩，非胞乳之共，不有折（析）圭擔爵之素。匹夫相友，然信以死。先兄而後臣之，間關周旋，各盡其道。此侯之所以獨高千古也。

先主得孔明而魚水之，侯不悦，侯豈爲新間舊、少加長之私情乎？蓋謂彼兄弟也，而分三國；我兄弟也，而盟一心。惟其有所不足于諸葛氏兄弟之間，所以不無致疑于三顧君臣之際。侯之爲人，弟道可見于此矣。孔明請先主于吴爲援，通婚姻之國。侯罵其婚，絶其使，侯不欲教子二也。權身爲漢賊，侯忠漢，假令屬其女于亂賊之子，而有所私善于吴，不惟悖先主，且悖漢。故以婚姻爲完蜀計，則可；侯爲其子計，則不可。下邳之役，操有心矣。侯不臣操，操亦終不加侯。侯爲漢報操，操豈爲漢故而全侯也？彼其賊漢天子，逐天子后，敢于手刃而無疑。一旦見侯凛凛軍中，所稱臣而母事者，乃其平昔嫂呼之人，無幾微禮失。不惟明主臣之道，而且遠叔嫂之嫌。遂不覺神悸而魄奪耳。夫良心之發，義理之屈，雖賊瞞亦有之，而況天下後世之人心乎！何國而無君臣，何家而無父子，何人而無兄弟、朋友、夫婦？且今之奔走而禱于侯者，奚而人也？非其感于行役之義，則其動于瞻陟之情。原隰之可懷，嚶鳴之求聲，九十之卜其儀，五六之期其詹，而皆以問于侯。侯儼然在上，若挈天綱地，維以詔人，不言而人心自肅。天下之争祀侯以此，不但以其殉漢而死事也。

郡人廟侯于孔氏宫之左。孔門之教，莫大人倫。《春秋》之誅亂賊，誅其悖乎倫者。若不嘗藥、不逾境、不討賊之類，不必其身親弒，而後斧鉞之。諸弟子中，所推勇惟仲子路，迂正名，死結纓，夫子皆過之，而許其弒君父而不從，則能明倫理之正，而不失食禄死難之義也。侯素好《春秋》，是以知正統，知仇孫、曹。使其得吾夫子爲依歸，當其在仲由之右與？郡人祀侯甚恪，不盡所以祀，故以此語之。其或有不忠、不孝、不悌、不友、不信者，無得入此廟。縱禱于侯，侯亦必不之應矣。

關聖廟記

侯之事昭烈也，古今人偉其忠矣。侯則忠矣，而所以得完其忠者，智也。漢獻不君，董、郭肇孽，孫吴、曹魏建號立國，往往弁髦帝室，不知有漢天子之後久矣。玄德初起，雖云帝胄，而孤貧販履，無尺土寸地之階。一時材名之士，如荀文若、周公瑾、魯子敬之輩，不難歸吴，則北歸魏，而中山靖王之胄，無擇焉。而惟侯知之，侯蓋知有漢，故知有漢天子之後。匹夫相遇，而相然信以死，豈其無故而弟昆哉？無亦環眎諸劉之輩，若焉、若表、若璋，盡孱弱闇懦，不能自振。而有大志如玄德者，可以留如綫之緒，而嘘既燼之煨。侯之與漢，始委志于此矣。

東奔西竄，雖死不貳，何論間關哉！世每奇孔明之得先主，而醜文若之事曹公，胡不以侯觀之也？夫隆中未出，劉豫州已有聲于吴、魏矣。仗之以名義之正，加之以枉駕之勤，故諸葛公之識先主也，常易于侯。荀文若之歸操，其初心豈遽無漢哉？特其料主擇君，無侯蚤智。故誤以挾帝爲秉忠，僞兵爲倡義。迨九錫既加，彧悔亦已後矣。使侯而無有興劉之識，必不知北面于有度之君。彧而有如侯之見，亦何至飲恨于壽春之死！然則，侯之知主，猶在諸葛公之右。而以死漢視彧，彧其汗下于九原哉！而何况于老瞞之徒也？或曰："侯之死荆州也，謂何？"噫嘻！侯爲漢死焉耳。侯不云乎，"吾受劉將軍恩，誓以共死"。則侯忠也。乃其死，而得以爲漢之名終，而不如彧之死漢而入于魏也。是則，侯之忠且智也夫！

塑三義像記

郡故有漢壽亭侯廟，靈響特異，士民奉之甚恪。廟左右堂，左祀壽亭侯，右祀平浪侯晏公。不知所從始，久沿莫敢更。萬曆甲辰歲，奉佛者遷平浪侯于堂之右偏，而中塑觀音大士像，爲善信女皈依之地，識者非之。壬子春，移大士像于月臺之禪室。而里中孝廉張汾，文學楊君某某、何君啓昇、張君某，相議塑劉先主、關壽亭侯、張西卿（鄉）侯，附諸葛武侯祀于其中堂，位南向，而奉平浪侯于前廳，位北向。塑既成，表漢時共事之雅，開泉人未有之祀。觀者如堵，縉記之。

夫古今言義者，皆屬之君臣，而于朋友則言信。然信近于義，而言始可復，則信亦義之符也。雖謂朋友爲義交，可矣。乃若兄弟，未有言義者。其親本乎父子、夫婦之生，其倫秩乎胞乳先後之序，乃天之所洽，非人之所設，安得言義？兄弟而以義言，則自劉先主于關、張始也。先主起涿郡，壽亭侯起解州，西鄉亦涿郡人。三人生不同地，居不同族。先主雖中山靖王之後，一販履之夫耳，非有爵位名號、蚤有聲于天下。而卒然相遇于崎嶇草澤中，意氣歡投，約爲弟昆，此識見有大過人者。卒之間關險阻，死生不分。其信嚴于天地，炳如日星，可謂知大義矣。然人知其義，而不知其所以義；知輔先主之爲義，而不知其約謀興漢之爲真義。蓋當是時，漢室雖不綱，獻帝之共主猶存。以曹瞞之奸，猶知藉其名，挾其威，以令諸侯，而九錫之加，必假漢天子詔而後受之。寧以先主爲漢裔，壽亭、西鄉爲漢臣，而不知爲帝室謀者？令其初相與盟，先主即有帝制自爲之心，壽亭、西鄉，亦自有帝先主之意，以此挾力起兵，窺伺漢室，則先主亦孫、曹之等，而壽亭、西鄉，亦公瑾、司馬仲達之流耳，安在爲義哉？

今按，先主之稱漢中王，在建安二十四年，而其即帝位于武擔之南，在魏黄初之二年。皆曹氏廢帝自立、遇害發喪之後。而當其顧諸葛武侯于隆中，惓惓以伸大義、興漢室爲言，武侯亦以其帝室之胄也，故寧與其兄分事，而不肯一失身于孫、曹。則先主之心噓炎漢，關、張信之，武侯亦知之。而當獻帝之在時，其無稱王自帝之心,明矣。先主與孫、曹爭雄長,其用心與孫、曹異。先主之心,扶漢者也;孫、曹之心,無漢者也。先主欲扶漢,則不得不仇其賊漢者;壽亭、西鄉欲爲先主而扶漢,則不得不效死力于先主。先主仗大義之心,與壽亭合;壽亭爲漢室仗大義之心,又與西鄉合。此三人者,其狀貌之恢奇,可一望而知;其議論之慷慨,可一聞而決。固宜其片言之約,遂定爲終身之券,寧爲漢死而不悔也。匹夫慕義,相然信以死,後往往相悖戾,豈必其終而始渝盟?良由其剖心示信之初,已懷有苟富貴、圖私利之志。一旦形分勢隔,猜嫌遂生,而戈矛遽露矣。譚、尚之相攻,丕、植之相迫,豈非以利哉?司馬懿于曹丕至善,而叡愛禮懿尤至,乃其殺曹之子孫殆盡,政向之所引爲股肱心膂之臣。然不于其誅爽、弑髦之時,而在芻牧臨履之際矣。彼其所昕夕覬而垂涎者,有魏之鼎在耳。

夫自古未有非輕大利之人,而能與人成大義者。壽亭、西鄉,以君臣之義,完兄弟之好;武侯釋兄弟之好,完君臣之義。或先弟而後臣,或先師而後臣,則先主以義始,而三臣以義終。魚水之歡,同休等戚之愛,非偶然也。史稱,先主于二人寢則同床,恩若兄弟,而侍立周旋,不避艱險。武侯亦自表于先主:“臣死之日,不使内有餘帛,外有餘財,以負陛下。”其見大義而忘利如此。嗟夫!使世人而皆能見義以忘利也,則恩誼之情篤,而身家之心輕矣。以處君臣、兄弟、朋友之倫,何所不可哉!余故特表而出之,以爲世之臣、弟、友者勸焉。

關壯繆侯廟鐘記

廟故無鐘,萬曆甲辰歲,里人冶金爲鐘。即成,懸于廟楹之左,請銘于予。予方與坐客談漢事,及侯。客曰:“壯繆義高千古,讀子之廟碑,備矣。敢問赤壁江之捷,曹公敗走,間出華容道,壯繆遭之。令以此時誅操,豈非興漢之一大機?竟不遺一鏃,謂何哉?”予應之曰:“否否。壯繆侯可謂知大計矣。當是時,豫州未跨荆、益,三分鼎立之勢,未有所成。權易玄德,如杌上肉,所深憚而不敢與爭鋒者,操耳。操死,而天下之大勢在吴矣。斫几之劍,非移之玄德,而誰與?其誅曹而帝吴,不如留操以爲吴患,猶可以固孫、劉之交,而借荆州之土。此壯繆釋操之深意也。豈區區戀一己之私恩,故德魏而遂以忘漢哉!”客曰:“子可謂千古獨喻矣!”里人聞余言,請銘不已。予曰:“鐘大叩大鳴,小叩小鳴,不叩則不鳴。予所謂鳴侯之心者也,姑且以釋曹之事銘之。”銘曰:

金可鎔,蠡可追,簴可移。侯心如日,無可疑。釋曹以分吴而爲劉兮,知之者誰?周郎之所不及料,孫仲謀之所不能期。老瞞倖脱于計中,諸葛公聞爲出奇。試撞鐘而一問兮,如受如響,如答如止。聲鏜鏜鋐鋐,神凜凜其若當時。

景壁集卷之九

碑　記

帝　像　記

帝在太薇垣、五帝座之東，天上靈威仰之神也。于德屬元，于時屬春，于行屬木，于方屬東，于色屬青。内座在華蓋下，夾天皇大帝之居，以大德生天，下方各有帝，司時秉政，帝兼統之。天下郡國，祀帝必于東方，以象泰岱分嶽之義。泉故奉帝殿，居郡東之第一山，去今六百載，因之。

萬曆丁未歲，颶風拔屋，像貌盡堙。豈士民之奉祀不恪，帝心弗寧與？抑除舊布新，其一時也？募緣鼎建，作冕旒帝像，爲神人主。信士詹仰成，實首造之。時戊申端午月十一日之辰。紀曰：

郡城之東，鳳山之崇。位彼中央，青帝是宫。巍巍青府，爲五帝宗。至仁育物，盛德攸同。忽焉震怒，天乃大風。下民敬渝，達于帝聰。有廢必興，無感不通。帝曰朕作，象此垣中。于昭顯相，肇迄造攻。佑我生民，在帝厥躬。

景邑弘文帝君祠祀

景寧黌宫内地，故有文昌祠，祀弘文帝君。歲久祠廢，像寄于明倫堂之東偏。有司因仍，荒落不舉久矣。潮陽賡泰角君，來令是邑，朔望視學，進多士與論講。每覩斯象，慨然興嗟。謂明倫非帝居之座，欲亟圖特建。第文廟傾圮未修，不遑先及耳。角君下車，以夫子宫墻爲首務，既以闢賢關，通泮水，修廢舉墜，焕然改觀矣。思樂泮水，士頌角君之功。角君乃集多士而謀曰："余按《天文志》，内階六星在大帝座右，匡戴文昌，北斗魁居其前。《志》所稱天皇，弘文舘之内階是也。世相傳,文昌帝君即此。其神掌人間桂籍,鄉、會試,帝君必先嘿定其人,而後棘闈衡文之官,録其文與人,以符應之,是以有朱衣暗點之説。則士子之登庸、文運之汙隆繫焉。雖居玄冥渺茫之中,而顯與宣聖之教相翊贊,並有功于國之文治、天之斯文。今宫墻儼在望矣,獨此尊帝之所,聽堙茀而不之復也,謂崇文何?邑人文閉塞,科第不興,或此之繇。宜專祠之。”多士欣然,靡不樂從。角君遂捐俸以倡,擇地鳩工,鬻木石,搆祠于邑,向之龍脉。外爲大門者三,内濬月池,前堂五楹,後堂如之。架樓高二丈五尺餘,奉帝君像祀其上,魁星在前,朱衣在左,文星臨之。樓前可通日月,憑欄眺望,遠邇山川形勝隱現,可稱奇勝。軒廡玲瓏,那諸生肄業其中。創祠租三百秤,以供會文之饌,邑斌斌始多文學矣。計費金二百餘兩,三月始竣事。不費公帑,大抵角君之拮力獨多。乃馳役入閩,索記于不佞縉。

不佞謂,角君之嗣帝,恪矣!斯役也,有三勝焉。角,令君之姓也。二十八宿,先角。文星莫耀于角,角有蛟龍之象。解首稱角,狀頭稱龍。角君姓與之符,爲邑肇斯舉,而祠帝于龍向之脉,以開列宿之精,而應天上文昌之府,非偶然也。得人之勝。邑以舊青田地,景泰間析而爲縣,始稱景寧。景爲瑞星,與卿雲並稱祥。景星見而賢人出,所繇來矣。景、璧二星,文昌所司也。景星應縣,縣星應景,適凑天階之符,又皆括蒼郡。蒼,東方之色,南離垣麗焉。得地之勝。今天子新元,歲逢辛酉。酉、戌,皆大比年。于酉屬胃,于戌屬奎,胃、奎之間,東壁起焉,至于營室。前甲將週,後甲始矣。奎、壁,文明之象,甲第聿興,哲人蒸蒸,此其一時。角君肇祠,又有營室之義,興文育才,以翊帝運。得天之勝。合是三勝。角君爲斯舉,朱鶉啓座,龍首携杓,開于角,成于井,而所謂斗、牛、奎、壁之章,盡燦爛一方,此又勝之勝者也。

夫聖人,天也。聖人之文,亦天之文也。夫子嘆文之在兹,而自幸其得與于天之斯文,則夫子之文章,亦天道已矣。文翁化蜀,古今侈談。然不過起學官,偕弟子詣行在,使吏民見之而榮其人,未聞神以天也。角君作景寧士,既抽鄒魯之鑰于人,又設神道之教于天,道明教行,厥功茂矣哉!爾鄉先哲,有起青田而應五百年名世之興者，夫豈異地，多士宜必有以應之矣！故特記之，以告來者。

重修天階景璧樓記代

白嶺當武義縣治之北，臺山居左，誥山居右，兩峰翼峙嶺間。穿複道以出，如褒斜谷口，懸高臨下，陡峭鳥絶。頫瞰邑屋，廛聲市烟，可收一望。其麓坦夷，畝畦相錯，車馬繹絡，羽檄交馳，繇斯地上下，誠婺州西南一要區也。舊設有婺星樓，以壯險隘之觀。癸卯燬于回禄，金碧煨燼，但故址猶存耳，未有議興復之者。

余初至，道嶺上，四顧興嗟。斯樓繫一方保障，安令付烈焰中？已，往來郡城，登眺愈頻，徘徊久之。山僧野老，咸向余言，緣金可募，載造層樓，增武川佳氣之勝。言與余意合，余乃捐金以倡，士大夫、百姓輸金佐之。于是仍故址築基，計工程度費，不煩公帑，踰年而樓遂成。塑内階帝君像，祠其上。余因額之曰“天階景璧”。是日也，余率諸博士官、弟子及諸父老在役者，束衣冠瞻拜。五色卿雲，從日下來，其光燭天，爲章如錦，文明之象麗矣，觀者莫不舉手加額。時至事起，天運人從，兹一時也。屬余記之。

余按郡乘，婺地古揚州域，于星屬牛女，于分野屬越。婺星在女星北，有宋時，金星與婺星争華，因以名郡。樓之名婺，蓋昉此。郡分次當玄樞之居。北方七宿，壁爲文明，掌天上圖書之府。内階六星在文昌北，北斗魁之前，景見于壁。邑以北爲尊，治以文爲尚。白嶺扆北而覿南，縣治應其鶉首，于璧方適合。樓與其名婺，不如名璧，此余有“天階景璧”之稱也。

《天文志》云：“北斗爲帝居，運于中央。”“斗魁匡戴六星，曰文昌宫。”今天下學宫，多祠文昌，以此。文者，精所聚也；昌者，揚天紀也。至問其所謂文昌，則以歸之梓潼君之神。考之《化書》，梓潼君，即張惡子。有七十二化，或化爲蛇，或化爲卭池龍，又或爲漢帝子，爲雪山神，又或出迎唐宗于梓潼嶺。其事多誣妄不經，倘有之，亦未必能掌天上文章事，爲近帝魁之神。又考之，文昌宫六星,“一曰上將,二曰次將,三曰貴相,四曰司録,五曰司命,六曰司寇”。其所主,類皆建威武,正左右,賞功進,佐理寶之事,于斯文之廢興無關焉。無亦世人沿文昌之名,而又以其前于斗,爲斗魁之所匡戴,故遂以文明象之與?《星志》云,内階六星,在文昌東北。天皇幸文舘之内階也,是謂弘文帝君。疑世所圖縞衣素舄,青童白馬,而相傳謂文昌君即此。其神指爲梓潼君者,謬也。儒者又疑之,以懸象著明列宿之次,乃能下而與人通其語言文字,聽其鐘鼓管籥,饗其牲牢酒醴,遂以其事出耳目之外,詘而不敢道。然則,大《易》有帝出震見離之説,與《記》所稱騎尾箕而返仙籍,皆非與?天之有帝也,星之有君也,所從來矣。越躔牛女之墟,天階臨焉,所鍾多文士、畸人。括蒼于越,篤生兩文成,爲帝者師,爲聖人徒,此其徵也。武邑亦牛女野,邇來寥落,人文獨缺。豈天光不臨,地利少與?

余登斯樓,仰而觀,俯而睇,于形象合矣。《易》不云乎,“觀乎天文,以察時變。觀乎人文,以化成天下”。天文,則景壁是已。游精八極,取材百代,居掞天藻,出敷國華,以上應奎璧之宿,無遜兩文成先生學,爲世名臣,此謂人文。故願與多士勗之,不但區區談天官家星宿之神,而以决千古之惑也。故黜諸菩薩皆不祠,獨此弘文,余意有攸屬矣。

弘文天府記

世傳弘文帝君掌人間桂籍,即天上文昌星之神。所謂有其神,未必有其人者。或云,“帝君生于梓潼,唐僖宗幸蜀,梓潼君出而迎之。生有七十二化”,非也。余按之《天官書》,文昌六星,在紫薇垣北斗星東北,内階六星,躔文昌星之北。内階者,天皇幸文舘之第一堦,稱弘文天府是也,文昌帝君居焉。階有二星,一曰景星,天之瑞星,一曰璧星,天之文星,皆文昌所司。故謂之天堦景璧,亦稱璧籍帝君。北斗七星,四爲魁,三爲杓,有天下大魁之像。尊祀帝君者,必塑北斗魁于前。朱衣之神之説,起于歐文忠公之知貢舉,有眼迷暗點之奇,後世祀者因之。秉軸翰二史官,則萬曆丁未春試,余于棘闈中,夢彩雲麗天,二使官至席舍前，與余言，欲相隨入翔雲中。余是以塑及，前此無有也。天聾地啞，疑未必有無，亦天機不漏洩之意。不可耳聞，不可口授，以是名斗樞中人，亦邃且嚴矣。文之帝君，爲天斯文，然不但掌人間舉賢之事，凡人世文人才士，鍾靈孕秀之奇，其生出莫不受命于帝君。帝君南離垣之神，事皆統成于青帝。青帝爲震宮，帝君爲離宮，乃亨不離元之義也。余是以弓襡之禱既售，乃擇第一山之峰，青帝行宮之左，塑帝君像及諸從官供俸之位，嚮離明垣，傍青居，非但神明德合，且地利勝矣。先是，大魁像位于帝座之左，東向面壁，取東壁圖書之府。今金壇令楊悔庵君，移入後堂，併塑大魁像，高七尺餘，爲春秋三首之兆，自爲文以記。余是以亦記之。

夫自古名世之生，皆不偶然。或以嶽降，或以謫星，所稱尾、箕、奎、度之星，降誕于人間，往往有之。然三代盛時，帝之賚弼，唯以發人主之夢，而後其人符而應之。如殷宗之夢傅岩，文王之夢臧丈人，爲千萬古一極奇事，未聞繇選舉司權者。自科目之制興，而糊名易書之例起，棘闈中，主司之雌黄進退，始有不得操其柄，若聽神之所嘿移陰授。歐文忠公以朱衣之點，而取軾、轍，此其明徵也。一時軋茁之習，翕然丕變。後世盛進士科者稱之，而帝君之權始著。有謂春秋之試，人榜未開，天榜先定。帝君于冥冥中，預列姓名，以俟主司，衡文特與符合，不能有越。如是，則人無權，惟帝君有權。帝君至公而無私，至明而不暗，其陰自操鑑，必精且核。然亦有以淺陋而能欺主司之目，以請囑而得徼士子之倖，似帝君亦不能違。如是，則帝君無權，而人有權。又有謂，吾人之榮進素定，其賢愚貴賤，皆定于有生之初，非臨時可安排布置，鬼神不得而私諸人。如是，則帝君之權不于衡才，而于生才。大抵功名之事，天人各參其半，而天之道常居勝，人不可自繇，亦不得而逆知也。

余獨謂，士有三品，道德、事功、文章，並稱不朽。國家以文章取士，則文之一途，士舍是無以進身，尤道德、事功之所從出也。故聖門之教，必先文。至吾夫子自謂文，亦以歸之天。若曰，“文在兹”，曰“天未喪文”。舍天無所爲文。如此，其得與斯文者之未易也。然則非帝君，其誰司之？世人之尊帝君，有二説。繇前之説,則舉才賢之事。斯文公器,不宜濫也。盛世之文不常有,以衡文得真才爲先。而文體之汙隆,其權在帝君。繇後之説,則生才賢之事。天心惜才,不虚生也。盛世之才不常有,以間氣育真賢爲重。而人才爲盛衰,其權在帝君。噫嘻!帝君之權,繫國家重矣。余遯人也,鴻鵠高飛,雲霄羽毛,何問世途?而蒿目文壞,江河莫返,不無貽人心隱憂,故于帝君,有後望焉。惟帝其念哉!

觀音大士像記

筍江之滸,石梁連亘,故有亭供養觀音大士菩薩。四方善男女,皈依受命如響,繇來莫得而考。萬曆辛丑夏,江水泛漲,溢入大士亭,漂像以去。或云,沿海歸埔陁洛伽山故處,疑是也。里人張升伯偕仲、季,捐金募緣,取大旃檀,依唐相閻立本畫像,作莊嚴妙相。像既成,手臂指目,具慈悲性。都人作禮,屬光縉記之。

謹按,《楞嚴經》載,觀世音菩薩從世尊座中起,頂禮白佛。座列于阿明律陁憍梵鉢提普賢優波離大勢至法王子五十二菩薩後,豈亦其世尊學弟子耶?但據其所白,于時有佛出現于世,名觀世音,教我從聞思修,入三摩地,則所思之佛,亦名觀音。疑今世之所尊奉大自在之身,即此其佛,而未必其受記釋迦,與諸菩薩同時頂禮者。相傳以爲古正明法,如來近是。或云如來分尊,菩薩地近,如來欲廣行其教,令衆庶易以皈依,故近處菩薩權位。或云大士色身,即女身,又或云非女身。佛有身無身,法身是身,身即非身。觀音亦如來,如來亦觀音。同是佛性,同是佛法,在世離世,性法空寂,是名如來。離世救世,性法慈悲,是名觀音。心無如來不滅,無觀音不生。法生法滅,不生不滅。道有體用,權無尊卑,一而已矣。

今大士像于此,指語人爲大士像,衆皆然之;指語人爲過去之大士像,衆未之然也。夫惡知現在之像,非過去之像乎?今居大士像于此,指語人爲大士像居,衆皆然之;指語人爲大士像埔陁之居,衆未之然也。夫惡知埔陁之居,非偏微塵土之居乎?佛等,佛性不等。佛號五十二位,元是一位;三十二應,元是一應。以觀音見，觀音非觀音；以如來見，觀音即是觀音。本之世尊，亦復如是。是爲偈。偈曰：

觀音如來身，真身本無二。何以振潮音，繇入三摩地。潮音天籟響，有聲無有意。萬竅生萬劫，世音言言殊。苦難逐音聞，忽然度一切。觀音以觀觀，非目亦非耳。聖性無不通，實以聞中入。聞入流亡所，思修空覺滅。潮音應世音，所應無住心。心生念不生，觀聽滿十方。臂首千萬億，亦以無身故。寂滅無滅滅，閻浮自消化。救世出世法，牟尼亦復是。會得慈悲性，乃証波羅密。如是聞法者，但願降慈悲。心地即佛地，劫盡是須彌。莊嚴名佛像，大士元無相。南無有真言，摩呵唵修唎。

長台里慶雲橋記代蔣九觀

長台，亦江山一大村落也。東去縣治四十里，從清湖嶺後轉折環曲而上，叠嶂層巒，深林長谷，烟火輳集，自成一方。溪之派，繇仙霞、括蒼、綰轂、秀峰諸源之水，奔湧流注，西與石門溪會，而入于騎馬、尖下，歷清湖，以達須江。異時爲木橋者三，上橋、中橋，但其居民耕種出入之便。惟下坂頭一橋，内通括蒼，外達城市，上下繹絡不絶。其初，亦架木爲之，然皆遞修遞壞。其創有石梁也，自隆慶庚午始也。經行二十五載，民甚便之。萬曆甲午歲，溪水暴漲，截梁奔流，橋遂以圮，久之益甚。每值四五月間，洪流一至，自秀峰至沙堤，勢俱若望洋，而木橋盡壞矣。往來者衆，揭厲既不可行，舟楫難以並濟，但相與竚立南北岸，翹足俟渡而已，然不無怨苦也。余曩令須江時，亦知兹橋失利，爲長台方民之患。但當是時，有鹿溪、九清二橋之役，未遑併力耳。鹿溪在縣治之南，造舟可濟。九清去縣稍遠，而地當閩越之交，薦紳士大夫車馬所出塗。長台雖亦旅道，但括蒼一路。余是以先九清，而于長台稍緩議，而次第及之，非故遺長台也。余既去須江，此橋缺焉未舉，于余心不無遺憾。及今而始克治之，其事不經始于有司之營，而起于民間倡義者之舉。余聞之，不覺爽失矣。

按，新址去舊跡，移寘數十丈，就水緩灘平之處。秋冬則溪涸石安，春夏水長，陽侯之勢稍緩，亦不至盛怒，可以無虞于噬嚙。徐山與塔山相對峙，南北横亘，架上虹其中，形勝若天造云。費則民自輸之，以晦産算緡，以歛緡給役，各無不均之嘆。其餘或佐之上户，或得之募緣，又或得人家勝事之樂輸，用藉是以無乏。採石鳩工，不三年而橋告成，而履之若康莊矣。乃相率求記于余。

余猶憶曩之橋九清也，其始事，一何難哉！議財則不敢煩公帑，議力則不忍騷百姓，以吾縣有司之權，斟酌于財與力之間。亦嘗捐俸以風之，而民多義應者。然且不無戒于道傍築室之謀，與蠡穴冒破之慮。今兹之民，不假靈于上官，而衆謀僉同，群力畢舉。弗需歲月，用亦不耗，遂倏然迄有成績，何其易也！夫九清之未造也，民病之矣。吾亦但覺其病，未見其難也。及其造也，民難之矣。吾亦方知其難，未享其便也。吾今自東甌歸，道九清之上，然後知其爲民甚便矣。環車枳道之民，乘空而行吾中橋，四顧溪山，草木蓊鬱如故，舟人無艤船之待，輿從無褰裳之涉，數年前之勞，此一日之逸，于吾心寧無愉快？第瓜期已迫，不能迂道入長台，登慶雲，一睹螭龍之勝耳。要以便民，當不異是。此父老子弟，所以竟吾未就之志，亦吾所欣欣而樂聞者也。父老又言橋肇工時，有慶雲五色現，觀者咸呼瑞應。時至事起，天人協從，理有之矣。昔九清橋成，士民落余，余灑酒方行，四面雨下如注，獨橋左右百武内，天朗日霽，萬目共睹，如得天幸。慶雲名橋，豈欺我哉！

余去須江十餘年往，并州在念，追憶往勝，歡若目前。而父老子弟亦不忍忘余，至以新橋之記，不屬他有位，直走余問記。且欲得余言，樹百年規。其風俗之厚，士民之美，概可見矣，寧但區區一梁成也！橋爲墩者六，爲洞者五，高二十五丈，長二百有十丈，廣二十六尺。而又以其餘力築石埠，造橋宫，削夷峻道，以完兹勝。計前後木石工貲，共費金一千六百兩有奇。董役某，捨田助緣某，例得並書。

初建清湖石梁記代

縣治之西南，曰清湖鎮，負郭可五十里而近，當浦城、平昌孔道之衝。闤以南，大江以西，估客行商轉轂入越，繇此地上下。閩薦紳大夫，宦游他郡國，及四方之宦閩者，或不道信州，間從迂道出入梨關，輻輳而來，水稅舟而陸稅車，清湖亦一要會也。

湖綰轂諸山之水，春夏瀑漲，沏湃奔湧，下注富陽、桐廬，入錢塘江，波浪泊天矣。潦稍降則溪窄，石激水懸崖而勢益急，輿徒繹絡其上，涉者病焉。先時，官設船以濟，已苦不給，富豪家置私船佐之。輓近更樹伐木，佈棧爲橋，然隨佈隨壞，不一二歲，頹然就圮。余始上計偕，屢過玆土，土人告余地步。余望南北堤，競步呼舟，聲如市鬨。舵師艤船不能待，有從橋走，橋夾兩木，無横欄，若羊腹(腸)九折坂，不可縱武也。一人引而前，始縮足隨之，其危如此。蓋余嘗慨然興嗟曰："是安得須江之事我爲政！"不揣徼命在事三年，鎮父老子弟始以橋請，謀伐石治之。余瞿然曰："吾志也。"問父老來，若緡奚取？曰："不煩公帑。"若役奚出？曰："不煩公隸。"若石奚採？曰："不煩公費。"余于是捐貲倴先之，民争出給，上户輸金，中户輸粟，下户輸力。凡得緡若干，募工鳩役，易舟以梁。亡何，工告竣。余出步橋上，坦而履之，走若康莊矣。

余竊怪，鄭東里大夫之治鄭，與忠儉而斃侈汰，至于都鄙上下、封洫廬井之屬，靡不整然有條，而犂然且舉者。夫豈不知爲政，而纖悉治若是，乃何其靳一溱洧之輿扛也！事有缺而偶遺，亦有待而後舉者。《記》載，溱水出西山。及近郭，乃與洧合。平時深及膝而已，下秋水溢，高十仞，不可以橋。夫以其不可橋而姑置之，非得爲也。又况其乘輿可濟之水，則非若漢之廣、江之永，不可以淺深揭厲而行者，即于政，何不平之有？然且不免夫君子之遺議。若是乎，政之難矣。余何敢望東里大夫，庶幾以政平而辟人者，而亦安可覬父老子弟之悦我？顧是役也，蒿目怛者久之，必且俟三年而始克舉。不知伊而始所褰裳望濟者，何日亡也？謂東里大夫而至今可頃刻需乎？余是以有愧于大夫僑也多矣。鄭人誦大夫三年，吾與之又三年。誰嗣之？有洶洶之懼，然後有晏如之功。余苦父老，歡然從之，無煩苦不欲也，則何以故？夫非余能諸父老子弟之力耳，余又以見邑之多良民云。

橋經始于某年某月某日，竣於某月某日，凡幾閲月。長若干丈，廣若干尺，趾有幾。董其役者某某，列(例)得並書。

樂邑東塔山鐘樓記代

東塔山峙縣治之東，高二百五十丈，形如卓筆，稱爲東岑，亦曰文峰。其塔則宋熙寧間，令葛逢所造也。僧梅，塔主者。始建塔院，設鐘鼓其中，晨昏扣之，聲聞數十里。童謡曰："青龍有角，財富足。青龍有聲，文運興。"蓋其讖也。紹興丙子歲，五色祥雲施此峰之上。明年，王梅溪先生遂以射策首大廷，人相傳爲青龍聲之應云。然亦遞興遞廢。記載，僧義懷一童其山，塔圮而鐘與俱亡。淳熙中，復興此塔，鐘亦更鑄。既成，而聲清越，但非故物矣。明興以來，疑或此鐘之存，簨簴久而不移，山川益以宣暢。正、嘉之間，科第蔚起，一時居九卿者五六人。地靈人傑，又其一徵。

嘉靖末年，倭亂兵興，當事者不察修文之意，用以奮武。此鐘移鑄軍銃，太和之音遂不復聞，人文亦漸不如初。余行縣至邑，登峰四顧。弔王梅溪先生讀書之處，猶有存者。獨鐘聲缺焉絶響，躊躇久矣。余乃命官給直，鑠金爲鐘。已而父老來言，得鐘于永嘉深山中，鑄自元泰定，經三百載，而古韵鏗然也。豈神器秘藏，應時而出耶？移入塔院中，築高樓懸之。仍搆文昌閣于其後，鐘高則聲益遠，文昌乃天府第一之階，有文明之象焉。春秋雨雪之朝，風月之夜，鯨音動而紫雲飛，左角青龍若揚鱗奮鬣，從尾、箕、奎、壁間起矣。衆請爲記。余記之，乃銘曰：

倬彼文峰，奠于正東。器以鐘之，厥音曰宫。宫聲之動，響應蜀銅。龍聳其角，文明與通。卿雲瑞祉，挺生名公。我來守郡，法古文翁。文翁搜剔，搜剔夷風。我亦宣湮，虡業維樅(摐)。靈式多士，鼓鐘逢逢。山藏啓祕，達于玄聰。珪璋王國，于焉降崧。前修可紹，道化隆隆。

玉峰塔記

浦邑治之陽，有山曰南山，其塔曰玉峰。元至正間，玉林、月庵二上人所建也。塔前爲佛殿，中奉世尊，後爲大士堂，前爲山門，左右有方丈厨舍。正統中，邑人林善，與僧普安、道圓，募緣建之。而塔峙其陰，高聳特起，遂占此峰之勝。成化三年，道圓之徒志浩，復重修正殿，鑄銅鐘貳千斤，晨昏叩之，修齋誦經，莊嚴益熾。浦諸山故多梵剎，無踰此者。歲久浸廢，塔就傾圮。萬曆三年，增員嶧修之弗克。三十年，郡司理嵇公，署篆斯邑，與徐公檢吾，共登此峰，四顧徘徊，不覺興嗟，遂議修復。邑長者梅君養初，鋭身肩之，暨邑人蘇職，倡金始事。革舊更新，缺者葺之，撓者隆之，費出不貲，而塔是以完。乃自捐橐中金數百兩，以佐募金之半，則梅養初之力居多。嵇公既擢去，邑士民難去後思。梅君復首議，建祠于南山之麓，居于塔之右方。棠陰與貝葉相参錯，而塔益增勝矣。

梅君之仲子欽之，爲上舍生，以才名聞，仍搆精舍于祠右。不遠數千里，致吾友人洪貞發君，與對壘其中。室如斗大，而容兩才人藻思逸發，幾與塔峰争高，不啻乞靈也。洪君以是年己酉領賢書去，聞是事者哆談之。余北上，道浦，訪兩君讀書故處，欽之爲余具酒肴。時余友孝廉張君叔儀，爲新客。欽之兄伯在座，酒酣以往，促席劇談。四人機穎相㗭，若不知塔影落杯間也。因相與發興登塔，拾級而上，遂窮其巔。皇華在北，吴山在東，西山居左，天馬居右，群峰迤邐，如獅如虎，如屏如障，鬱鬱蒼蒼，皆塔上奇觀也。俯而睇之，城中萬户，魚鱗繡錯，出跐踵下。早煙暮霞，竈突烟乘，若相吞吐，閃爍不可名狀。南浦之水，横亘前流，折而之東。水盛則溪没，涸則石出，舟楫上下，車馬繹絡，來往不絶，可一覽而盡。吾兩人嘖嘖稱奇。余顧謂欽之曰："奇矣！奇矣！微尊公挈力，兹塔之夷久矣，吾儕安得而窮此？"欽之謝主臣，屬余記之。

夫寶塔之創，蓋起于佛家得舍利而供儀之，不敢以輕易藏，而托于象龍，以寄其真體。其後禪剎多有，不必有真人大士之體遺也。或以木，或以磚，或以石，甚則鑄銅鐵而爲之，而塔始兹多矣。又其後也，唐人宴進士于曲江，題其名于慈恩寺之雁塔，而塔之勝事，始跨于金馬、玉堂之上，後世艷制科者仍之。迨至今日，流入于堪輿家之説。凡城郭、宫室，有塔當前，或插今人不相遠。吾且以塔爲墮淚之碑，吾且以塔爲干雲之筆。而余何人斯，章句之腐儒也。洪貞發君元卿、張叔儀君汾,並與予爲他鄉之客,蘧廬而歷此都,得附語言姓字于塔之上。噫！亦異矣。吾又且以塔爲相如之柱。然則,塔以佛重乎？抑以儒重乎？安得概指爲福田利益事,于斯文無與哉？欽之曰:"未也。吾邑方令分有言,大士堂未修,塔未完也。"余正目視欽之,欽之嘿然首肯。余故知欽之能以儒道佐佛力所不及者,其在今日矣。

登瀛林氏祠堂記

林之先,自睦齋公昉也。睦齋公生二子,長東湖公,次直齋公。東湖公之子通衢公,居郡之登瀛里,以林爲姓。直齋公之子某公,改籍南安,始姓李。其後,東湖公一派,亦有從李姓者,世所稱李卓吾先生是也。獨易庵公爲通衢長子,于宗爲長孫。仍林姓者議李,李姓者議林,誕信相非,世遠事湮,莫從考據。然昭穆不紊,祭祀僉同,姓分而族不分,此亦薦紳家一大奇事云。

今所設登瀛祠堂,祠睦齋、通衢耳。後皆稱爲文章,象以木星,而地靈人傑,往往徵應。故建都設邑,在在有之。而塔始不爲沙門梵天之寶,反爲學士文章家之用。佛教歸儒,玆其一端。是以後世之修舉廢墜,亦不盡出于緇黄之輩,而薦紳豪有力之家,反爲之攖其力而擔其勞。至賢有司之留心民事者,于簿書之暇,或過而問焉。夫佛之道,以施捨爲慈悲,而不無待捨于人。儒之道,以博施爲好義,則但取辦于己。佛道主陰,如月能照,猶有晦時;儒道主陽,大明中天,垓埏畢著矣。故佛道常不足,而儒道常有餘。儒之餘,反能爲佛之庇,此塔之興廢可睹已。使非有好義君子,及其壞而更之,其何以長存至今也！梅養初君,生平多長者行,厚施薄望,樹德于鄉人甚多,玆其施捨之一耳。然言義者,難之矣。余騁望無極,有擎天一柱之思。欽之與余言,指其水曰:"此南浦送別地也。"指其山曰:"此江淹夢筆山也。"而皆去此塔不遠,余竦然異之。夫稽公之有祠也,政事之遺也。其南浦之別,與梅之有精舍也,文章之寄也。其彩筆之夢,與古四代祖其中,亦易庵公支屬自奉其先耳,直齋公派不與焉。是舉也,從易庵公言,則小宗之祠,從睦齋公言,則大宗之祠。禮,支子不祭。雖謂之大宗也,亦可。

按，祠地始創于通衢公，搆屋而居，是爲入登瀛之祖。傳之易庵。弘治二年，易庵公歿，以分其二子，長純齋公、次履齋公，共居之。履齋公之子爲太平守西泉公，純齋公之孫爲平樂守豐瀛公。太平以循吏著聲，平樂爲己未南宫第二人，皆挺生于斯地。大溪橫闌，紫帽插天，地靈人傑，良非偶然。其後子孫蕃衍，居湫隘不足以容，各相歸併。兵燹繼之，煨燼爲墟矣。建祠之議，久已缺待未舉，分有斯地，搆小屋賃人而已者。及今上萬曆己酉，純齋公之長子義方公、其曾孫燉，始謀于宗諸父昆弟，相與議建之。是時，燉之子而廷，與太平守公之孫奇樸，並先後登賢書，故燉毅然有斯舉。而樸以猶父行，提衡其事。耀亦純齋公之裔，協力董之。宗人各義輸以佐，得地輸地，無地輸財，而燉之首倡挈力爲多。一年，功告成，祠焕然一新矣。祠中勒言，宜以請當世如椽之筆。緡小子，何能侈一言，乃先大人主政公壻于林，而平樂公王母爲吾李氏之姑，光緡于外孫行，有玄仍之意焉，諸舅、諸表，是以見命，緡何敢辭？

今夫人莫不有祖，其初，祖一人之身耳。繇祖而下之，而孫，而曾，而玄，以逮雲仍，而及于耳，有不可知者矣。此不可知之人，上而遡之，以至于祖，則固一人之身也。其人不可知，而知共以爲祖者，千百世可知也。未有人而不知其祖者也。請試言之，睦齋公之派，姓氏分矣。氏分，則未易萃也，各掇其姓，不二其宗者，何以故？易庵公之居，析地分矣。地分，則未易統也。昔營私室，今爲考宫者，何以故？東湖公之胄，財力分矣。財分，則未易齊也，一人首義，衆搆協力者，何以故？則睦齋公諸祖，英爽肸蠁之靈在焉耳。故藉祖之神靈，斯祠之建，若易爲力。然以通衢公二百餘里所留之地，易庵公百餘年所遺之居，一經于兵燹之焚，而棄諸榛莽，再落于併兼之手，而夷若委巷，祠乎何有。西泉公之所未及議，平樂公議而不可諧，則上世未興之典，曠焉耳。若拘以爲曠于典，斯祠之建，實難爲功。今廟貌告成矣。大氏難與易之間，天與人各參其半。雖諸孫子之孝思展矣，蓋亦祖德茂焉。或曰："平樂公而在，則謂之何？"某應之曰："平樂公，賢大夫也。古者，大夫立廟三，曰孝廟，曰王考廟，曰皇考廟。凡廟皆特建，其典制崇重如此。平樂公以爲輻員未廣，則規制未備，非大夫尊崇之道，故不爲也。然匪是，則終祭于私寢矣。令平樂公而今日在,當必以爲義起。若夫敬宗收族之説,則林、李分矣。尚且本率祖率親之道,而不廢敦睦之義。于分族别姓之後,而矧其共派子孫哉?"縉是以不敢復勦説言之也,但敘其始末,肇興之難如此。

清源王氏祠堂記

王氏之先,故祭于寢,有特祠自今始。按譜,王始祖爲六致政。三致政邈矣,其詳不可得而原。云斷自四處士而昉,下至隱齋公,爲繼祖之宗。隱齋公之兄伯,曰學士公,其次子曰雪齋公,後並忽。諸宗之子姓蕃衍,濟濟斌斌,盡毅齋公裔,爲大宗。毅齋公分二派,曰素履公,曰遯軒公。遯軒公分四派,曰塘峰公,曰實齋公,曰清樵公,曰敏齋公。遡而上之,素履公大宗之嫡,遯軒公而下,是其繼别之宗也。乃是時,素履公之胄寥矣。

宗之祀,遯軒公獨自撑支,廣設祭田,至今因焉。其子塘峰公,初兄弟四人共居,後乃别啓山林,或徙浯渡,或徙壇山,而以遯軒公所貽屋,價歸清樵。今所搆王氏祠堂,即其處。三兄弟雖析居去,留屋金若干,委清樵公創祠于屋畔公地中。故遯軒公繼别乎清樵公,得以議大宗祀事。而肇基廟跡,從兹始矣。亡何,清樵公貢歿于京,弗克舉。其仲子仰西貴,欲舉之,宦歸不數月而歿,亦未之遑。且堪輿家時時言,屋畔地非利也,議遂以寢。去今已三世,清樵公之伯子養泉、其子時賓,與仰西公之子衮祥,始協力爲之。其地則不仍屋畔,而取諸賓、衮祥所捐清樵公之屋。其費則出塘峰諸公遺金,不足而繼以衮祥兄弟捐貲之輳。其制則倣諸同堂異室之規,爲通堂者二,中列三壇。其祀則自四處士,遞至隱齋公、毅齋公,于宗法爲正。遯軒公以肇禋祀;塘峰公、實齋公、敏齋公及敏齋公之子拱峰公,以捐金祀;清樵公以子若孫有功于祠祀;養泉公以其子捐地祀;仰西公以子捐地與貲,仍開衣冠之原祀。實齋公之孫婦,以貞烈故,並義起祔祀其中。祠始事于萬曆辛丑之四月,及秋而工告成。廟貌嶄然,于祭典備矣。賓、衮祥等,屬縉記之。

竊惟《禮》云:"自仁率親,自義率祖。親親故尊祖,尊祖故敬宗。"敬宗,尊祖之義也，乃其尊敬之大者，莫如祖廟。大《易》有之，《萃》曰假廟，《涣》曰立廟。夫廟不立，則涣不萃；涣不萃，則廟必不立。《萃》之繇所稱爲假，有廟者不過用大牲而止。聖人第不欲人于報魄反本之時，而不極肥腯馗薌之盛屑屬，然開天下以儉于親也。乃其言立廟于涣，則有若涣機，若涣躬，若涣群，若涣居。如此乎，其教人之融異爲同，破私爲公。此何以説？吾以爲，皆通于尊祖敬宗之義，而所以交于神明之道耳。今夫稱考于廟，而洋洋如在其上者，初豈非一人之身？其後世數愈遠，派别愈多，繼禰之中，又有繼禰，繼别之後，又復繼别。至于服盡親祧，若漠然其不相屬，而反而追其始之所自出之祖，未始非吾身也。試令執途之人，强而入吾廟，仰視榱桷筵几，寧必其生哀乎？春秋霜露之降濡，寧必其有悽愴怵惕之念乎？彼其入室，而僾然見于位，周還而肅然聞于聲，出户而聽，愾然其有聞于嘆息之聲者，謂何？則以其子孫之精神，與祖考之精神，萃而不涣也。而豈其一土一木、一壇一墠，能使人愛存慤著，以至于是？故宗廟嚴則祖尊，祖尊則孝敬起，孝敬起則族收，族收而宗人之涣萃矣。杌所以爲棲也，居所以爲儲也，躬所以爲獨也，群所以爲衆也。聖人欲人立廟皆涣之，杌不涣則無侑地，居不涣則無佐金，躬不涣則私不破，群不涣則公不同。彼且爲聚訟，彼且爲築室。胡越其宗之人，視祖若宗，如淳維之先，而其視祖若宗之祀，不如一叢林之域。有高治第宅，侈園池臺榭相夸耳，安在其肯斥上世所饒資，椽先人居，以尸祝而俎豆之也哉？今觀王氏孫子，破拘攣而肇諸舉，類能以支明宗，猶之以箕裘繢弓冶，變而通之，不失先懿。涣杌、涣躬、涣群、涣居，四者之美具矣。

是舉也，廟貌既崇，籩豆孔修，孫曾咸在，亦用大牲之一時也。執燔于是，薦俎于是，侗侗乎其恭，愉愉乎其忠，昭穆以序，尊卑以和，斯不亦尊敬之至，而仁義之風也哉！噫嘻！王氏其有興矣。“見大人”則利，“攸往”則利，“引吉”而“利用禴”，“涉川”而利“有功”，聖人以是爲萃涣假廟後之吉祥善事也。王氏之孫子，其勗之哉！他諸規畫，詳具私記中，不備論。

啓祚祠記

王子良夏，于居宅之左搆祠，祠尊人别駕衢源公、母嫡傅安人，而陸如安人祔焉。祠既成，奉主其中，額曰“德讓君子王先生啓祚祠”，問記于余，余唯唯。客有請曰：“廟祀，禮乎？”余曰：“禮也。大夫祭于廟，士庶人祭于寢。王公起家賢科，百里稱宰，五馬稱侯，其有專廟，宜也。”曰：“祔如安人，禮乎？”余曰：“非禮也，以義起也。傅安人無出，陸如安人與汪如安人並淮安氏，陸亦無出，而能委曲翼汪舉子，有功于王公與傅安人甚大。祔于廟，宜也。”曰：“王氏自祖毅齋公入泉，傳至王公，五世矣。王公非世官，初起也，以啓祚名祠何？”曰：“王公非載啓勳閥之祚也，而能啓文章甲第之祚也。王之先，金陵之汴城人。宋靖康之變，侍御公岷扈蹕入浙，家于衢。自毅齋公從高皇帝定天下，以軍功封飛熊侯，受職于泉。王繇衢入泉，從此始。傳至今二百餘年，子姓稍蕃衍。然其初，皆紈袴世胄，祖弓矢汗馬之習，不聞詩書。近猶有登武會科，而專閫一方者。乃其崛起，治鄒魯家言，用儒術顯，受郡邑民社之寄，廪廪以德讓君子見稱，惟王公一人而已，前此未有也。謂王氏之祚自王公啓也，亦宜。”

王公學有本原，潛心《易》理，搜二酉之藏，窮百家之辨，爲文渾厚爾雅，澤于道德。自從己卯領賢書，授當塗諭，擢令仙居，參佐四明。所至並有廉能聲，其寬和政成，上獲下信，所居民德而去見思，于仙居時尤著。仙之人立祠祀之，相與俎豆于安洲之學宫。嗟乎！桐鄉之祠，歲祀不絶；峴山之碑，隕涕後人。凡爲公鳴琴講席之區，奚在非畏壘尸祝之地，而何區區論肸蠁于一堂之近也！然以余所觀，公當賦歸拂衣之時，未有居第，僦人屋以居。公略不以垣墻未治爲意，則何暇計及于身後棲神之宇？又見公初即世時，長公甫垂髫，公惓惓後顧，惟子之影隻是慮，則安能必後人能自貽以靈寢之安？今肅肅翼翼，爲公考宫者，誰耶？士君子燕翼貽謀，但自善高山之作。苟有其荒之，則亦有其康之者矣。奚必汲汲營營，窮子孫所不可知之事，躬締造之而後爲安也？公靳于一第，而其學足以紹濂、洛、關、閩之傳，獵上第者不啻焉。公抑于一官，而其治足以追潁川、渤海之理，躋上卿者不啻焉。異時，文武兩途並重，其後士大夫往往左文右武。甲胄韜鈐之臣，位上將軍，貴于武臣無二，且不得與士大夫伍。而章句佔俾之儒，一厠足賢良之籍，三公九卿可拾級而致。則所爲文武輕重之勢，異也。今飛熊侯之官缺，待不襲久矣。子孫廢秏幾亡，其先自非公啓詩書之幌，而經術吏事，因以彰灼于世，誰復知飛熊後之有人者？天將復興王氏，其必有踵公之躅，而斌斌繼起者矣！故公之所啓，謂啓小宗之祚，可；謂啓大宗之祚，可；謂啓飛熊未啓之祚，謂啓飛熊已啓之祚，亦可。

夫是舉也，于公稱作，于長公稱述，于傅安人稱慈，于陸如安人稱惠。一堂之上，衆美集焉。要其綿公之瓞，而使公今日能有斯祠者，夫誰之力與？此又當論于廟制常禮之郊者也。余是以復申言之。祠始事于丙辰四月，落成于八月。宇不加恢，而整齊簡嚴，肖公爲人，令公自繕，當不逾是。春秋時享，俎豆日新，意公精神焄蒿陟降其間，後子孫有作，遡生身之源與榮身之自，其世世崇之無斁。

種德堂碑

種德堂者，王隱君竹泉先生之堂也。隱君世居邑中，其初治鄒魯之言，以屬詞聞，爲文人。後因家難，廢鉛槧業，徙而之俠。慷慨雄爽，人緩急委命，爲俠人。最後不復入郡縣庭，退隱于邑南之大賢坂。築堂以棲，村落雜處，開局濟藥，起死扶生，人賴之，爲有道仁人。人是以相與顔其堂，曰“種德”云。

隱君家故不貲，賦性喜施，仁心爲質，本之自然。見人疾苦，蹙動眉宇，聞人有急，鋭身拯之。暮夜叩門，不以匆卒爲辭，不以亡爲解，人之赴之，如赴其家。隱君是以有聲于諸公間。邑長吏聞隱君賢，往往以難平之事，授隱君直，隱君出片言，人厭心去。間爲田家上辛苦狀，悽愴切直，幾爲百姓哭者，長吏亦聽之。邑多匿賦，以清丈屬隱君。隱君不欲負上官知，親履畆與較，止舍鄉亭，鞅掌十餘年，田乃均，然終不伐其能，歆其德也。既而嘆曰：“吾乃閭巷布衣耳，可奈何而輒豫縣官權乎？”耻之，逃去。隱君居自念，丈夫子生不能握大斗，斟酌生民元氣，已矣。所可廣濟人病者，亡如醫藥施博，而費不奢。于是廣行其方，聚四方人，聞病而劑之。至者日數十人，或不下三四人，隨問隨捨，不受其直。有就隱君診，隱君診之，有不就隱君診，隱君隨至其家，不辨閭左右，給藥幾何，悉應之,試亦多驗。人或奇病,或病不可已,問隱君,隱君不以望走爲洞垣,亟欲活之,有使起者。里病疫,病家忌傳染,多避去。隱君日再視病,不懼侵也,病亦不能侵。人以此愈德隱君。

隱君尤善施貸,歲大歉,貧亡食者,出粟賑之。死不葬者、殣無主者,鬻棺持畚鍤掩之。其好行德,多類此。古今稱善醫,亡若秦越人、齊倉公。倉公"或不爲人治病,病家多怨之者",乃其所診切類,皆王、后、御府、郎中之屬,編民下户無治焉。而越人又自神其術,沿人、俗、貴、愛,隨變于婦、小兒、老人之間,以取盛名。兩人竟以得怨與名敗。隱君施德不爲名,不嵩游卿相家,而善愈細民之疾,人亡尤隱君,隱君亡醫名,又寡怨,此所爲種德也。

隱君修貌偉觀,年八十餘,疾行如翔,猶觀書不倦。少年托跡于俠,竟非其好。輓近益游神于堪輿卜筮間,喜譚古今人物事。慮身殁,禁方不傳于後,仍採《神農》、《黄帝》以下諸書,參之己見,輯爲《醫林》,並所著《文史格言》、《易林》、《地理家言》,行于世。隱君名山,字進之,號竹泉。有子錫命,篤行力學,爲邑名士,與余善。

玩易堂記

錦田之勝,發源于紫帽山北。中龍一支,蜿蜒左轉,而起電山。錦泉先生世居其麓,位當西南,得坤之地。清源前右,雙陽前左,紫塔後屏,葵山衆峰列左。旗山自紫帽西來,横亘于右,迴抱前挹,爲電山。近按環中之區,土秀水明,蔚蔚大觀備矣。是爲先生邁跡之所。又有土寬夷,勢如平岡,在電山右,特與紫帽峰作對,位正西北,所謂艮地也。先生介弟錦里公之子、孝廉有遴君,開别業于是,名其堂曰"玩易",扁其亭曰"西來紫氣"。孝廉君自謂,讀《易》其中,而時有紫雲氣從西來也。

余慕此方名勝久矣,恨無從一至耳。今者,孝廉君招余游,余從東方來,已遠望而心異之。一及其門,見紫帽山當前壁立,如達官貴人執笏端坐,又如列案,如卓筆。入則當筵,出如見賓,南望如孫顧祖,還觀如祖抱孫。塔上日麗,如舉筆生花;塔間雲横,如揮毫散綵。余至遊兩日夜,凡山川、土田之概,可登可臨,可餐可掬,靡不極目。求所居地能與陵霄紫氣面相吞吐,惟君之别業爲然,可與先生黿山下居,並稱兩勝。坤得位西南,而收功實成于西,先生居以之;艮得位東北,而始作事起于東,君别業以之。此皆察理觀象,默于《易》有深契者也。

《傳》曰:"君子所樂而玩者,《易》之辭。"玩《易》者,誠莫如辭。先生以《易》辭,高天下久矣。前後有作,皆莫能及,爲世儒宗。君善其弓冶,得無意乎?聖人興而名世,從躍見,此其時也。昔有騎青牛之客從東方來,望氣者知其非常人,客而留之,著書數千言而後去。今之客,倘亦有若人乎?紫來不耑在西也。君于《易》深矣。氣與道合,人與天符,地利亦若天所助焉。君之名,且從兹東北起也。昔人論人,必本其父兄、山川,余故是以記之,而遡本于《易》學。

裳雲樓記

樓以峿高而爲尊,遠見爲奇。樓中之觀,清紫之環列,溪海之滙流,日月之明晦,風雨之去來,烟火之晨昏,花樹之開落,皆足供奇,而凡有樓者之所共適。至于中城處高,不纍不層,兀然突起。開窗俯瞰,宫觀室廬,千櫚萬簷,伏在趾踵,則惟此樓特尊。樓之陰,君所自居屋,其陽則尊人侍御公祠,望羅亭在焉。而司寇公與公舊址,宅其東偏,亭起于中間,作屏作翰,于前若承,于後若翼,有祖孫父子創垂述作之義。遠而望之,羅裳山爲賓其下,則二祖與侍御公所寄荆之地也。封中白雲迤于羅亭,閃忽而入樓户,有來陟降,岵屺當前矣。士大夫名園勝榭,以侈游宴,一時非不傑詭盛麗,誇耀人耳目,旋即荒蕪,無復靈光之存。謂但奮廣大心,非有關于倫常世教焉耳。

斯樓也,孝思可作,燕詒無窮,雖百世在可矣。樓名裳雲,良有深意,余故表而出之。

遊清源記

曩余讀書半嶺山舍,雨雪晴霏,朝夕其中。白雲有時來往,余無頃刻去也。

予爲主，白雲爲賓。已，予舍此山而他館，已，又越闤闠北矣。復自北而南，其不朝夕此山者，若干年。間杖履一登眺，經宿而已。余有時來往，而白雲無不住也。白雲爲主，予爲賓。余苦家絆，厭市囂久矣。一日，興發不能止，遂偕仲兄宗聘氏、弟爾熙氏、友人黄弼夫氏，乘落暉徒步出郭，上觀音巖、彌陀巖，抵巢雲書院，頹然一睡也。

旦起，紫帽在望，清源在背，郡居如棊，溪水如帶，白雲滃然四至。余笑謂諸君曰："主人顧我矣。"未幾，旭日初升，岫雲解散。不知其去我以客，而讓我以主也。予啞然一笑。未幾，陳學源氏以晨至，又未幾，江葦甫氏以晡至。諸君從遠望，疾呼之，如空谷傳響，一大快也。予既以自笑，又笑二君者，年四十、二十餘，始一識此山。二君相視笑曰："黄弼夫三十矣。識不識，無能繫山重。顧男子生而弧矢，謂何哉？"于是，諸君聞弧矢之説，四望拱手嚮予曰："旦而升者，日耶？夕而恒者，月耶？蒼然茂者，松柏耶？崎嶇泉石間潺潺者，泉耶？大小羅列如纍丸覆盂者，崗阜陵耶？巍然屹然亘古長峙者，北山耶？"蓋月之三日，余懸弧辰也。諸君謂予矣，予否否謝弗遑。余始俛而思，仰而睇，揖諸君而前，曰："不童者，山耶？不涸者，溪耶？不波者，瀛海耶？堅如漆者，城百雉耶？畝棲野被青黄如錯繡者，嘉禾耶？我與若優游登此山也，誰之賜？"諸君曰："子意念深矣。"于是引滿白浮，呼盧大醉。寺鐘呟塔，新月懸鈎，溪燈漁火，若明若滅，若有若無，萬籟無聲，挽而就寢，不知城樓中漏下且幾鼓也。

質明，攝衣携盤，取道山腰，左折而上。憇半嶺亭，解衣盤礴坐。上里許，石可坐者百人。石乳涌出，清冷若甜，即所謂清源者，郡名泉以此。人飲可半盂，快矣！進謁蜕巖，登太清閣，過紫澤宫，裴、董兩真人，欣然庶幾遇云。俯瞰向所棲巢雲處，下伏在趾踵。尋天然圖畫故址，猶有存者。雖宇舍傾圮，而氣象萬年，無可觀也。予與諸君共歔欷者久之，嘆興衰之有日，羨溪山之無盡。振衣而舞，跱足而立，忽不覺白雲澌而夕陽下矣。予臨下百仞，無恂志，直躚躚欲狂耳。陳學顔慄慄不敢引而前也，江葦甫氏、爾熙氏稍引而前矣，足踆循而顧却，弼夫氏、宗聘氏一履如平地乎。東轉大道岩，循半嶺巖而下。巖去洞漸低，景物分一半矣，不如諸上峰勝也。鳥道巉絶，行不能廣武，局背脰肩，肩僂如蘧蒢，又或如離疏。或以脱躧，或以扶節，甚且有赤足者。豈能先登而不能下陳耶？葦甫氏、爾熙氏，以壽叔母歸矣。予不能三日亟去也，無令白雲笑我耶？然使予與二君歸，並借山籌一奇也。歸者庚集，居者糧盡，呼童炊芋充饑。予從山下來，望山亭上居人如僊云。薄暮酒，繼以博飲，以奕飲，以詩歌飲，以樗蒲褋飲。予不能酒，酒酣而筆淋漓矣。幼侄、穉兒，間日再至，陟崔若蹶，履平若翔。江立甫氏興最豪，亦至。卒然相觴，爲石上舞。自是各相繼具一日飲，作十日遊。舉危石而上，濯清泉而下。時與牧竪、樵夫，褋坐而語謔，又與曉天、曉覺二上人，趺坐而談玄。又時縱步傳餐于太加、妙覺、獅巖諸洞天，勝不能盡述，事不得盡紀。大抵遐覽者醉心，騁望者極目，而諸君之遊，樂哉！

興闌將歸，四霧雨注，乍合乍散，澗聲如雷，山色如洗。果（杲）日清空，落霧散彩，如特峰，如列嶂，如層樓，如疊閣，如奔龍，如路獅，如飛仙，如胡僧跪，五色閃爛刺人眼，奇不可名狀矣。各大觴予招飲，徑參石佛而去。一木一石，皆在頂上也。忽白雲復從空中起，如別我者。余笑且慚，徘徊不能去。諸君曰：“白雲寧子主耶？子亭亭青雲客也。《詩》不云曰：‘倬彼雲漢，爲章于天。’子以分之立甫氏、弼夫氏、葦甫氏、爾熙氏，而以白雲主者，暫寄之學源氏、宗聘氏。”而予則世所指目，爲李生光縉者也。庚寅十月朔記。

江陽盛事記

當蔣公令江山時，余北上往來江陽之墟，江陽諸君子多問業于余者。余問蔣公治行狀，諸君子争前言曰：“前此令，未有也。”余笑曰：“諸君居是邦耳，厚道也。”諸君子曰：“否否，不然也。蔣公真長者，善父母我民人。”各纚纚言甚悉，余爲之拊掌而去。又數年，蔣公既擢去。余道江陽，見有搆祠于道左者，問之，其人曰：“吾儕百姓思蔣公不置，故且思而祝之也。”又數年，蔣公之去遠矣。余復道江陽，見有設牢醴而祝于祠者。問之，其君子曰：“蔣公善下士而子弟我。吾儕及蔣公誕，爲蔣公祝釐于上帝，願歲歲無恙也。”其小人曰：“蔣公善愛我民，而卵翼我。吾儕小人，各以冬日促膝跪進，望蔣公几，祝歲千秋，餘波再及我也。”余聞，深維之。夫寧有所强而然耶？蔣公非善父母民，何以令民既去而長思之若是？吾鄉者，但不非大夫之言，妄矣！妄矣！爲歎息去。

今年冬，蔣公以温州守擢歸，江陽之民相傳，言蔣公將取道縣治。余適至，見江陽父老子弟驩呼若狂。少者曰：“我公至。”長者曰：“我公未即至。”則相與偵郵檄于溪之滸，若嬰兒望慈母之來，翹首跂足，而恐其他去。又相與約，裹足贏糧，走數十百里外，挽蔣公舟而南之。既至，必除道焚香設案，負韊矢鱗集，先驅後擁，郊迎以入。蓋蔣公未至縣，余先得之市語如此。余買舟且行，則又有逆余舟次者，徐生廷言、程生德光、鄭生士光、王生顯卿、蔡生應顯、蔣生一相、徐生應元、王生錫命之子汶，相率向余言，蔣公之生祠，左右各有樓店，左爲祠有，右爲徐生廷言之有。徐生欲自充祠中歲收賃，爲衆祝釐之用。諸生不欲令徐生獨處厚，争出金以償徐生之半。徐生堅不肯受，諸生强之，以質于余。余勸徐生受金，分蔣公之盛德，而望衆君子之腹，不亦可乎？徐生唯唯，各厭情去。

嗟夫！桐鄉之祠，畏壘之俎豆，古以爲特典，今以爲故事。然方去有之，既去則已，久則淪爲破屋頹垣矣。筵幾(几)没荒草中，歲時伏臘，誰問之者？寧能歲歲祠勿絶，久而愈不諼也。吾不知蔣公既入縣，見并州諸故人，當如何畢吏民之驩？如衆君子之竭蔣公報，可謂深且切矣。班孟堅稱，何君公所居無赫赫名，去後常見思。吾又不知君公既徵入爲御史大夫，如再過鄉所治郡，士民百姓，曾有是事否？其君子益增修于報，其小人樂再覩官儀，此誠江陽一時之盛事，吏册中所未及多見者。余于蔣公爲同籍友，既幸吾鄙之有君子，而諸君多出于門下，亦因以知其風俗之厚、士民之美，不覺喜談而樂道之。故爲紀其事以授徐生，俟觀風者採焉。

却西番記

大西洋之番，其種有紅毛者，譯以爲和蘭國，疑是也。負西海而居，地方數千餘里，與佛郎機、乾絲蠟兩國主並大，而各自君長，不相臣畜。俗尚、嗜好、食飲相類,去中國水道最遠。譯者云,在崑崙西北,春夏晝長,秋冬稀見日,或爲崑崙高所掩也。地亡他産,産白銀,國中用度,以銀爲錢,鑄輕重大小有差,傳安息云。錢如其王面,王死,輒更錢,效王面焉。今和蘭國錢,面未必王,然皆銀爲之。佛郎機、乾絲蠟兩國所用錢,率類此矣。和蘭人富,少耕種,善賈。喜中國繒絮財物,往往人挾銀錢,船以出,多者數百萬,少者千餘,浮大海外之旁屬國,與華人市,市漢物以歸。先是,吕宋澳開,華人始船海,涉境上貿易。吕宋第佛郎機之旁小邑,土著貧,亡可通中國市。其出銀錢市海物,大氐皆佛郎機之屬,而和蘭國歲至焉。于是,紅毛島夷始稍稍知與中國通矣。華人利其銀錢,率一直而數倍售之,輒偵其船之至不至,酤一歲贏息高下,有守冬以待者。近歲,吕宋殲中國賈人,不盡死者奴虜之。自是,漢財物少至。和蘭居佛郎機國外,取道其國,經年始至吕宋,至亡所得賈。譯者詒之曰:“漳、泉,可賈也。”先,漳民潘秀賈大泥國,與和蘭酋韋麻郎賈相善,陰與謀,援東粤市佛郎機故事,請開市閩海上。秀持其國之文至,不得請。是秋,艘果從西南來,趨彭湖島。紅毛艘之渡閩,自此始。時萬曆甲辰之七月也。

人長身紅髮,深目藍精,高鼻赤足,居常帶劍。劍善者,直百餘金。走舟上若飛,登岸不能疾行。舟長二十餘丈,高數丈,雙底,木厚二尺有咫,外鋈金錮之。四桅,桅三接,以布爲帆。一桅堅樹,二候風之恬猛爲升降。中横一杆,桅上有斗,斗大可容四五十人。繫繩若梯,上下其間,或瞭遠,或有急擲矢石。舟前用大木作照水,後用柁。水工有黑鬼者,最善没,没可行數里。左右兩檣列銃,銃大十數圍,皆銅鑄,中具鐵彈丸,重數十斤,船遇之立粉。他器械精利,非諸夷比。既次彭湖,譯者林玉以互市請,而漳、泉奸民,又從而誘之。事聞,兩臺以爲招外夷生事,繫玉獄中,且頌言誅秀。下監司、郡國議,議曰:“彭湖乃漳、泉門外,許之,必多勾引。久宜窟穴,廬室其中,或易以梯亂。利一而害百,宜驅之,不則勦之便。”于是中丞臺移檄,檄沈將軍士弘往勦之。

先是,沈將軍嘗以雪夜凌風浪過彭湖山外,破倭奴于東番,聲名大振。中丞公念沈將軍勇,度非其人不可,故復以其事屬將軍。將軍憮然曰:“彼來求市,非其寇也,奈何勦之？勦而得勝,徒殺無罪,不足明中國廣大哉。不勝,則輕罷百姓力,詒朝廷羞。不如諭之,第令無所得利,徐當自去也。”以請兩臺檄將軍禁沿海民,亡姦闌私市物者。將軍鉤得其一二,抵于法。久之,夷知其爲將軍禁,漢物不可得,聞其名,畏憚之。將軍私自度,諭人而羈其使,非策也。乃請出譯者林玉,身自坐小艇,與俱入夷舟。酋麻郎望見玉來,喜不自勝。睹將軍容貌、舉止非常,問玉曰:“何人也?”玉曰:“此沈將軍,出我于獄中者也。”衆皆羅拜,争前言曰:“敬問將軍來,謂何哉?”將軍曰:“吾奉制府命,移大軍勦汝。吾念若小醜効順,不足煩征討,特來勞。若無久淹吾地耳,若亦知市不成乎?”麻郎愕然曰:“來者俱言事成,將軍言不成,何也?”將軍曰:“若但幾倖輸税金耳。亦聞張嶷往吕宋採金之事乎？天子怒而誅之,傳首郡國,示天下,却金不復用,而安用若金爲？此吾所以言市不成也。”麻郎曰:“有當事者爲我地,將軍未知之也。”將軍厲聲曰:“當事者,皆朝廷臣,肯受郎金？言受金者,紿汝也。法應斬。且奏請權,嘗在撫按。互市事至鉅,必院道熟議,方敢上聞,疇能自擅？若可擅,潘秀不死矣。今令若守空島中十餘年,終無所市,留無益也,不如去。”是時,差官及同事者,以題請啗麻郎。麻郎信之,亦遣人賫金二萬,艤舟將渡海爲輸税計,適將軍至而止,故將軍言之也。麻郎既心感將軍釋林玉之恩,又聞兩臺必重處潘秀至死,自知事不濟,相顧失色,約將軍欲歸。久之,尚未有行意。將軍召將佐謀曰:“此夷徘徊,必有中泥者。試張航爲歸計,以餂之。”麻郎見之,果以艇見將軍,跪請曰:“郎輩惟將軍命,將軍何遽去也?”將軍詫曰:“郎不去,恃汝舟大與？壑可藏,力可負,鑿可沉,撞可破,何若中國舟大？其高際天,其厚蟠地,以八風爲舵,以五雲爲航,以日月爲兩桅,以四裔爲環檣,以禮樂仁義爲檝,載而行之。天亡疾風甚雷,海不揚波,故郎得安瀾至此。郎不聞,沈將軍破倭奴于東海上,海水盡赤？郎試自料,剽捍孰與倭奴？控弦舞刀,孰與倭奴？吾不忍若頸之續其後,故諭而歸汝。郎不從吾言,吾去矣。郎請後勿見我,毋貽空自悔也。”玉以將軍語勸郎,郎縮頸墮淚,曰:“將軍言是也,德我深矣。吾處窮海甌脱,何敢望中國地。第吕宋僇華人驕我,無所從賈,故逐徙來。將軍若討之,請殺益王頭以謝將軍。”于是,麻郎率部落盡脱帽叩頭謝。將軍設燕,饗之旦夕。郎以銅銃彈及國産物答將軍,將軍却他玩及銅銃不受,受銃彈。郎感泣謝别將軍,三艘皆揚航望西海而去。

《記》曰:“人言沈將軍勇,沈將軍非徒勇也。東番之役,議者以戰爲不可克,而將軍用戰勝。西番之役,議者以勦爲可殲,而將軍不用勦却。人欲按兵,將軍深入賊地;人欲興師,將軍單艇見虜。凡將軍之密謀秘策,皆與議者反,而卒成兩奇功。將軍以一夜之師,貽海上百年之安;以三寸之舌,勝傾國百萬之衆。前如脱兔,後如處女。敵人開户,參彼己權變,出奇無窮。此其爲沈將軍也。”余未識沈將軍作何狀,久已籀沈君典先生名。先生以文章高天下,將軍爲其猶子,起行間,沉毅過人,才氣無雙。將門有種,非然哉!非然哉!而至今偏裨,不一當上將印者,何也?

景壁集卷之十

説

易象春秋説

是役也，堂搆既成，楊君某揭郭青螺先生記，大書于下廡壁。記但謂："侯好《春秋》，重罪吴，輕予魏，與《春秋》惡桓、罪盾之旨同。"《易》象未之及也。

一日，予讀《易》齋中，有文學友人，以侯見夢語告余。其言曰：余家事侯，懸像堂壁，夜夢侯從壁間下，握余臂而上。問："子讀《易》，曾知《易》與《春秋》大旨相通否？"余不能答，但曰："《春秋》義正，《易》理微。"侯曰："不然。知《易》則知《春秋》矣。《春秋》開卷第一義，書元年春王正月。千古諸儒，莫得其解。子知之否？可以《易》先天説卦'數往者順，知來者逆，是故易逆數也'之説參合看，便知《易》象、《春秋》，旨原相合，世人莫之察耳。"余忽聞，大異其言。立年月皆魯，魯則無周矣，無周是無王矣。《春秋》以元年爲魯失，《公羊》以爲魯得；《春秋》以"春王正"爲周月，胡氏以爲夏月。侯所謂，千古諸儒，莫得其解也。若是，則《春秋》二百四十二年之中，其書"元年"者，皆非予魯之意，而其書"春王正"者，無非留周以尊王之道。然則，魯元可無書矣，其猶書何？《春秋》以爲王迹熄矣，魯雖不得與於天王一統之大，猶周天子後人，不可謂非正統之裔，不得與齊、晉、秦、楚、吴、越列國同類而並觀，故加元年於王正月之上，以示正統之猶有歸耳，而豈明以天子之元朔與魯哉？其以爲與《易》之逆數通，則何以説也？

《易》之有數也，圖之從中分也。起《震》而數至《乾》，順也；起《巽》而數至《坤》，逆也。然而左右方之，數皆逆也，此亦千古諸儒莫得其解也。試參而觀之,《春秋》,首元也,尊王也;《易》,首乾一也,尊天也。乾上而坤下也,震倚坤下也,巽倚乾上也。自下而上曰往,自上而下曰來。數往者,順天定位也;知來者,逆地定位也。而以乾一爲大始也。震始於乾一,巽與坤,亦始於乾一也。一統乎八,乾統乎坤,以乾一始,以坤八終矣。故曰:《易》逆數者,本乾也,非區區貴逆之謂也。此《春秋》書"春王正"之旨也,所謂天王大一統是也。其必先起震何?震非乾也,而乾之嫡派在焉。究其至,則乾矣。起巽,極於坤而已,不得與乾並也。故起必先震,此《春秋》書魯元年之旨也,所謂正統猶有歸是也。《易》象、《春秋》,旨原相合,侯得無謂是與?

大抵當侯之時,漢靈不綱,三國鼎峙。論天下一統之大,則當以漢室爲尊;原立國統系之正,則當以昭烈爲重。吴之强,魏之大,皆漢室之罪人,紛紛竊據無取焉。謂侯重罪吴,得矣。必謂輕予魏,非侯之本情也。侯蓋以《易》首乾,《春秋》書正月,大一統之義尊漢。而以《易》起震,《春秋》紀魯元年,存正統之義予蜀。侯好《春秋》,千古之人知之,而其默有契於《易》象,千古人未之知也。陳壽志三國而尊魏,司馬温公作《通鑑》而寇蜀,即以蘇坡公作《正統辨》,猶以魏爲有統於當時,而名欲進之。此皆未得於《易》、《春秋》之説耳。余是以因侯之見夢,而冥會侯在天之意,遂有感於韓宣子"周禮在魯"之言。而參吾夫子贊《易》,作《春秋》之奥,以補郭先生未有之藴,使後學讀《易》、《春秋》者,覽鏡焉。侯獨好《春秋》乎哉?

名子字説

男子冠,父命而字之,古之道也。録見已冠,余字之曰元言,又爲著其號曰霞孫。客問其説,余曰:"責其爲成人之道也。"余晚而艱得子,深以爲慮。嘗一夕,夢天上官人持一牒,如朝家文檄授余,視之,首末不甚著,但中有云:"其後二子,一名李君録,一名李君會。"余嘿而存之。兒誕,遂以録名。意生會且有待也,而竟不符,未知何故。蓋嘗思之,録者,國家大比士,而録士子之文也。加君於録,而居會前,諒有深旨。

夫士所先資，而成信於君者，言耳。言之無文，行之不遠。但士幸以文進，既進而事君，能不悖所言者，有幾？余家世讀《易》，竊取《易》之文言曰："元者，善之長。"而以元言字之，非第以言也。孝爲百行萬善之元，有子所稱"本立道生"是也。君子"事親孝，則忠可移於君，順可移於長，慈可移於衆"，善寧有窮乎？《冠義》云，成人云者，"將責爲人子，爲人弟，爲人臣，爲人少者之禮行焉"，而後"可以爲人"，"可以治人"，率是善矣。兒於宗祧爲元孫，體元有長人之善。余尤欲其顧祖思義，率祖攸行之意耳。故又别名之曰霞孫，明其爲霞璧山所降之孫也。不忘祖，則能知父矣。余既以答客問，客遂援筆書之，授兒弦韋。客爲誰？友人張叔儀君，與余善。

汪贈公畫像説

汪袁州公爲其尊人畫遺像，三易筆而後肖。聞者駭之，以語李生曰："異哉！袁州公斯不亦去親愈久，而貌親愈真乎？初何不克肖，而後乃肖之，若是者何也？"李生曰："非圖史之能，而袁州公之孝也。初之繪，臨簀而圖之，親方死而其形在目也。袁州公痛矣，而未始思。再之繪，思矣，親去未遠，袁州公猶或有貌心焉，思而未始極。三之繪，袁州公之思極矣，無復有貌心也，至於莫可形容，而但托之自身之悲憂慘怛，與語言動作，以寄其真，故畫者之臨筆亦隨之。初取諸贈公之形，而莫得其神。再取諸贈公之影，而併失其形。其最後也，不以形，不以影，而若得之袁州公之舌。夫非舌能貌之，而神能通之也。袁州公之神，與贈公之神合，繪者之神，又與袁州公之神合。意與象合，聲與容合，筆端與唇端合。然後盤礴焉，然後目成像而手加筆，肖固其宜也。孝子思親之心，何所不致，而奚疑於髣髴形容之著乎！昔蘇子瞻爲其父老泉公捨四菩薩畫像，非老泉公之像也。而以爲其父所甚愛在是，而捨之，而閣之，而欲人世守之，即父像不異焉，矧畫先君像於其上哉！去今千百世後，當時之所畫、所捨者，俱不可見，但一讀子瞻《捨菩薩記》，于老泉公像，若目擊之也。則不以其父畫之容，而以其爲子者，報德罔極之心，其言永天壤而無敝。余今讀袁州公《遺像記》，雖從萬里外，不啻贈公像之在吾目矣，又何但畫也！”

戒　殺　説

殺生之戒，出於釋氏。釋氏之戒殺，爲定性成佛設也，非爲免罪過設也。今之爲釋氏者，曰“佛道慈悲，佛道惡忍。人生世上，過罪莫大於殺生，功德無量于放生”。不務禪定，放浪如故；不事清真，貪饕如故。但舉肉食，一切廢之，甚至滅祖宗血食之祀，以爲奉佛。捐金錢，適市鬻已捕之禽魚，群拜而釋之。雖蛇蝎載路，蟣虱生身，而不敢殺。噫！亦愚甚矣。夫見死聞聲，不忍之心，人皆有之，奚必釋氏？薄嗜慾之性，節飲食之味，此亦吾儒日用身心間所有事。釋氏之戒惡可盡，非但釋氏之説，出於慈悲，而其意，主於出世，與道家化精、化氣、化神之秘，同歸一轍，世人未之知也。人生有父子、兄弟、夫婦、朋友之倫，則必有耳目、口鼻、四肢之用。世緣世法，不容偏廢，百酬酢應感生焉。於是此身之精神，不能不洩，而與物交，而恃此血氣以爲用。

氣者，血之光華；血者，氣之榮衛。人日間動作，五臟之氣洩於五形，則氣外耗而腸胃不充，故易饑。饑非食不飽，食非五穀菓蔬魚肉，則血亦不能華，而氣易以竭。故人生不廢也，血活則生，血稿（槁）則死。人之生死利病，靡不繇血。佛道則不如是。人之色身，血欲其盈；佛之色身，血欲其虚。人之色身，血虚則氣竭；佛之色身，血虚則氣滿。人之色身，血氣附乎膚肉；佛之色身，血氣麗乎心性。參之玄門，不外此理。然非斷絶世緣，無以至是。沙門之法，不有父母兄弟之戀，不有夫婦男女之媾。削髮逃空，不介人世，以爲必如是，而後可以趺坐終日，無肢體應用之勞，與漏精耗神之事矣。静心定息，六根可捐，血氣不用，肝氣不漏於目，腎氣不漏於耳，胃氣不漏於鼻，肺氣不漏於口，五藴皆空，不復思食。食柏葉可，飲水可，辟穀可。血化爲碧色，還而空。純身是法，純身是性，暗室放光，白晝出定。久之，則亦可端坐而化矣。此之謂不死不壞，此之謂佛。然當其入門，不能蹴至。茹蔬長齋，以禁止其生血行血之物，所以净身而去垢也，亦所以不華血也。但釋氏只言心性，不言氣血耳。舍血氣，則心性安所寄？舍空氣血，而心性之本體亦無從覓矣。

仙、釋無二理，亦無二訣也。此亦出乎人，入於非人者能之，而豈人人所得行之事哉？故能爲禪宗者，則茹齋戒殺之教，亦所繇以見如來之路。不然，薄入而多耗，適足以伐其軀而已。雖歸鳥獸於山，放魚鼈於海，撤如天之網，借西江之水，無益也。余惧齊民之惑也，故爲是説破之，非爲佛氏張説法也。

傳　神　説

林君茂元，自清漳入泉，以善寫著聲，薦紳學士多致之者。余方揵户不見客，友人張叔儀氏爲林君紹介，使余見之。因爲余圖二小影，其一冠緇布，尚左而立於獨；其一做古人焚香告天之體。圖既成，余仰而睇，俯而思，余於儒之道未既其實，于巾服衣履不能無愧，而屋漏衾影之事，負慙多矣。林君殆以筆諷予，而使余藉以弦韋與？客至立觀，盡稱爲肖，而于二圖，亦互有低昂。其論余不能自鑑别，而但取鏡於人言，竟莫之憑也。乃余性嗜思，寡嘻嗔，而局齪拘攣，不能作悦人面孔，私心拙之。一見圖我者，其嘿若有所思之狀，與拘而不敢放之態，以爲生平藏醜至今，即妻孥朋友多莫之識，彼林君一筆露盡矣，不覺爲之汗下。客有病其額太廣，於余顙不相似。林君笑曰："形體，末也。吾得李宗謙神耳。"

大抵俗師寫人像，但五形取具面孔及顴而止。人耳豈從顴間生耶？兹俗師所以失也。林君曰："吾并人鬢腮輔頰間而載之。"余視之，良然。而肉眼相沿，且以爲詬，又何論皮相天下士哉！林君每運筆，輒凝神視余，若侵入余目睫間，余爲毛骨俱竦。林君執筆停思，余立不失容，兩人深相得於形骸筆墨之外。而林君又往往於隱約髣髴中，索余容所不及斂之處。故一走筆，而余之形神俱無所逃遁若此。噫！亦奇矣。余笑謂林君曰："人言秦越人生死人，君殆不死生人。"聽者大笑，以爲詭言。昔文與可作篔簹谷偃竹，與蘇子瞻詩云："擬將一段鵝溪[絹]，掃取寒稍萬尺長。"人盡笑爲妄，世豈有萬尺竹哉？惟子瞻能知而實之。此竹數尺耳，而有萬尺之勢。人年有盡，而神傳之筆不可知。則謂林君之不死生人也，不亦可乎？不然，則萬尺竹之勢，非與程懷立爲子瞻傳神，大得其全。子瞻舉僧惟其畫曾魯公像，於眉後加三紋，以贊之。而且予之曰：“懷立舉止灑然，如諸生。”予於茂元亦云。

茂元瘦而清，兩目神精奕奕，能曉鄒魯家言。又嘗從見羅先生，講止脩之道，其畫蓋有得於書者。畫家貴神，儒家貴道，茂元能盡余之神，余不能自盡其道，余負茂元之筆多矣。林君謝曰：“余之畫公也，以影。公之畫余也，以聲。影必待見與識者而後知之，聲則亡不之也。篔簹竹何在？眉後三紋亦何在？所不泯於世者，蘇學士之言耳。余殆有天幸哉！”余主臣，林君亦主臣。乃相與大笑而別。

洪君爾鴻字説

洪君名士也，高文雄詞，卓邁群倫，有鴻漸冲天之志，而卑棲燕雀之處。余奇其爲文與其爲人。一日，造余請曰：“字所以導名，不佞遵，於字未有當也。或呼爾道，或改爾周，於余心未愜，請爲字之。”余謝主臣，曰：“爾鴻可乎？”按，遵者，循也。率舊章曰遵，會王路曰遵，養時晦曰遵，皆取循義。乃博觀宇宙間，奮翮翱翔之物，其飛有漸，而行有序，莫如鴻。《詩》不云乎，“鴻飛遵渚”，“鴻飛遵陸”。其飛言遵，亦取循義。夫以衮衣繡裳之相，勳爛王室，名垂後世，而象其孫膚几几之安，於遵陸與渚之鴻，則鴻之爲遵，義可重矣。而其説備於《易》之《漸》卦。余謂聖人之繫鴻於漸也，猶其係龍於《乾》也。《乾》六爻皆龍焉，《漸》六爻皆鴻焉。他卦廣喻取象，不盡爾也。《乾》之龍自潛而見，至于天，高矣。亢則出乎天，飛之上，高不可極也。《漸》之鴻，自干而磐，至于陵，高矣。逵則出乎人位之外，高不可極也。龍，雲從也；鴻，路雲也。龍可見，鴻可儀，均天衢帝庭之異瑞。然則，謂鴻爲士林中龍也亦可。聖人第以其飛而遵也，故於漸特致詳焉。

抑鴻言序，有兄弟之義。洪多顯者，余識爾載、爾介諸君子，盡翩翩起，據于陵于磐之勝。君之鴻也，後舉者逵矣。鴻飛千里，横絶四海，今日事也。遵渚遵陸，信處信宿，異日事也。我聞曰："君子遵道而行，吾弗能已矣。"此吾夫子之言遵也。君誦法孔氏，以言《易》名世，余故字遵於鴻，擬鴻於龍，而申之以遵道弗已之説，以答君請。洪君以爲何如？

張子字士策説

張子名廣樂，余友人張叔儀君之子，觀察澄江先生之孫，大宗伯黄儀庭先生之外孫也。與余兒君録、外孫何承宬同就傅。沉静和緩，秀雅而文。張君於冠而字之，本昔人夢至帝所，聞鈞天廣樂，帝授以策，因字曰"士策"。

客有請其説者，余乃爲之推明曰：冠者，禮之始也。冠而字之，成人之道也，故古者重冠。吾以爲重冠事，莫若使士知自策。昔吾夫子言後生矣，後生者，别於稚年之謂也。其言曰，"後生可畏，焉知來者之不如今也"，此勉來而策今也。孟夫子言大丈夫矣，大丈夫者，别於小丈夫之謂也。其言曰，"丈夫之冠也，父命之。以順爲政者，妾婦之道也"，此借小而策大也。夫士非擇人，凡公卿、大夫、士之子，皆士也。其所謂居廣居、立正位、行大道者，又盡人而具也。何人無後生，何冠無父命，何彼丈夫而不可爲？士惟知自策而已。策之早，則可畏；不策，則爲四十、五十之無聞。策之力，則彼丈夫；不策，則爲卑陋之妾婦。此《冠義》所謂成人之者，責其爲人子、爲人弟、爲人少者之禮行，而後可以爲人也。士可不自策與？

後世賢良策士之法，蓋起於漢，而至今因之，惟進士一科爲特榮。天子臨軒親問，曰策士。士貢而試於天子之廷，曰射策。其典綦隆，其名甚擅。士君子生能赫然有聞於世，而以大丈夫自命，爲公爲卿，爲賢爲豪，非從此途無由出，而皆其後生少年者爲之。吾郡隆、萬以前，未有膺是典者。鼎甲及第，自黄先生始。其後浡發嗣興，皆已破之的，而後車之轍也。

張先生起家南粤，對策明廷，敭歷中外，閩粤之人榮之。兩先生道德文章勳業爛焉。余觀黄先生進退以道，居然古之大臣，令人起名世仰止之思。而張先生備嘗險阻，邁跡其身，又令人生奮迅激昂之氣。吾儕聞者，莫不興起，有不洒然矜奮，非士也。尊公世其弓冶矣，而況爲若孫乎！

昔有冠而作頌者，其辭曰："率爾祖考，永永無極。"是道也，周公所以冠成王也。自天子以至士庶人，一也。士策有祖若父之訓在，幸無忘鞭策。或曰："於敬名謂何？"子欲聞樂乎？鈞天之樂，歌八闋，有其聲，無其器。樂之始，和之元也。暴厲非樂也，嘽緩非音也。仲尼不云乎，"文之以禮樂，亦可以爲成人矣"。此爲廣樂也。名字之意，或出於此。請以是策爲冠頌。

彦法字説

洪生名楷，字彦法。《釋義》云："楷者，法也。"有請更以"令"者，問於予。予曰："何居？"曰："晉裴叔則爲中書令，故云。"余笑曰："洪生誦法孔氏，將稱於鄒魯，爲儒者。何必晉室清談，謬悠無當也？且令於法，何如哉？法者，百世不易也；令者，一時誥人也。法本諸身，其身正，不令而行，令乎何有？"於是字洪生者，稱"法"矣。

洪生請説於予，予曰："法有三義。有爲人法者，孟夫子所稱，舜爲法於天下是也；有法乎人者，孟夫子所稱，人可爲堯舜，而自願學孔子是也；有無所法，而人待以法者，孟夫子所稱，豪傑之士，雖無文王猶興是也。爲天下法，則可聖；法乎聖，則可賢；無法而待人以法，則豪傑。如有所望而震，有所狃而退，但以聖賢爲不可法與不敢法者，非鄉人，則凡民矣，能無畏乎？又安所稱於世爲丈夫？洪生於三法者，何居焉？"洪生避席曰："生承人楷也，非楷於人也。"客有請曰："孟夫子言法先王，荀氏以爲法後王，何也？""太史公所以言俗變而相類，議卑而易行也。姑自世近易行者言之。法亦有三，有道法，有文法，有世法。道法，則佔僤士所昕夕誦，爲脩詞之原也；文法，則操觚士所筆研攻，爲羔雉之贄也；世法，則繫籍士所緣飾，以游利禄功名之路也。道非文不著，文非道不顯。如其世法，縱孔孟生今時，舍進士科别，無他徑矣。"洪生避席曰："楷竊有志，未之逮也。"余笑曰："人能弘道。文，莫吾猶人也。"

余讀洪生文，雲蒸霞變，出奇無窮，於一第蜩掇耳。世法則以問之逢世者，子歸而求之，弓冶在前，步武可繼，有餘法矣。士君子立身行己，自有法度，無但務法人也哉。

名洪有説

詹守齋君，以邁稀之年舉次子，里中父老市牛酒賀之，蓋祥事云。今年十一月初二日，其莽盤試志之日，守齋君造予，請曰："吾先兄司寇，初舉主器，丐名於黄恭肅公。恭肅公舉《易》卦之鼎爲名，其後諸子侄生，俱從卦取。予長兒名晉。晉，昭明也。是子生也晚，當以何名?"余曰："先天六十四卦，無非至道。如其名卦之下，獨繫元亨，六爻皆無咎，吉利之詞，惟'大有'爲然。聖人喜'泰'，喜'夬'，其喜'有'尤甚。名從洪列，當以'有'稱，曰'洪有'。請竟其説，可乎?"

《大有》之爲卦也，從六五，一柔有五剛，言也乃聖人言。大有不係於五，而係於上，且以爲自天之祐，何也? 五，受祐者也。九，居五之上，乃天象也。凡祐人以有者，莫如天。繇君今日言之，其得是子也，奇而晚出，不期有而有也，殆天意乎? 君家之有，大矣。企齋先生之有司寇，大也，其有守齋君，亦大也。司寇公立於朝，主上公家之事，知無不言也，有用享天子之義。君處於家，州閭公正之事，知無不爲也，有大車積載之義。兼是二者，均足以受天之祐，而臻有吉利之慶。故天之祐司寇公也，於其身，貴爲天子之貳卿，而正氣直節聞於天下。其祐君也，不於身，必於後。行稱當世之長者，而高德厚誼，聞於鄉人。君晚年多陰德，長公，孫子蟄矣。君今又再索，天賚君之勣，大矣哉。

《大有》之卦，《離》上《乾》下，辭曰"元亨"。元者，乾也，善之長也，道德統焉;亨者，離也，嘉之會也，文章賁焉。丈夫子生，道德凝於身，文章焕於天下。咸有則一德，富有則大業。此又所以名"洪有"之意也。請以是名，俟其長也，以吾説勗之。詹君曰："善。"

楊子堯有字説

楊君懋復，以文章樹幟藝壇，與張君叔儀相友善，余壻何肇淳，因與締交。

於是三人各遣其子,並就師肄業,間問奇於余。三子習同經,年同庚。張子士策以去冬冠,何子中貫以今年春冠,及今初夏,楊子亦將冠矣。楊子名焕,少即聰穎,寓目成誦,落筆纚纚,充蔚有文,與張、何二子相鼎立,識者奇之。楊君欲命字,以尊名問於張君。張君曰:"堯有可乎?"蓋本吾夫子之贊堯,"焕乎有文章",故云。以告余,爲之説。

有問者曰:"堯,大聖人也。其文如天,光四表,格上下是也。千古無媲美焉。以命後生小子,可與?"余應曰:"孟夫子不云乎,'人皆可以爲堯舜'。服堯服,言堯言,行堯行,是堯而已矣。堯寧非人也哉?"聞者一笑。余乃説曰:"焕者,文章之華也。文有從火而爲焕者,亦有從水而爲涣者。從火之焕爲日,日麗乎天之象也。從水之涣爲風,風行水上之象也。風水相遭,如鱗如緬,如縠如霧,婉蜒淪漣,相推相淩,文章生焉。然不得風,則不成其爲文,此有待而文者也。日行中天,爲光爲輝,爲威爲焰,昭徹宣朗,常照常鮮,文章著焉。然無處非日,則無處非文,此無所待而文也。天與水不同體,日與風不同用,焕與涣不同義,於相成而爲文,均耳。今國家設爲制科以取士,士非文,雖挾伊、周之術,明曾、史之行,無繇置身於公卿大夫之列。故文章之貴,儗於道德爲羶。楊君之名子以焕也,得無有貴文之意與?文萌於寸心,搦於寸管,而其受主知也。磅礴於天地,昭揭乎日月,乃其浩浩乎來調於自然,而出于無意。蘇老泉先生之言曰:'風行水上,非能爲文,而不能不文。'涣,天下之至文也。文不涣,則掇拾餖飣,非蹇塞黯暗之文,必且組繪雕鏤之文,文不可而焕矣。雖謂涣即焕也,可;謂所以焕也,可。孟夫子道性善而稱堯舜,其指言曰:'堯舜之道,孝弟而已矣。'吾以爲,人性之真文章政在于是。如以文也,亦遇主揚名之一,羔雉不可不講也。余故借涣明焕,以足堯有之義。"

何長君中貫字説代張四井

余與何肇淳君爲友,其子長君初名承宸,今更名承藻。藻與宸並稱玉,而藻所以飾冕,居於元首之尊,《禮》所云天子之玉旒是也。又,藻有翰學華藻之義。

天地間，至貴者文，故以更名。肇淳初贅于衷一師李先生家。長君誕于儒林里，少而慧，舞勺勝衣，能作對句，李先生奇之。爲今藩幕敘洛公長孫。稍長，遂以文聲。近移居于師門之東偏，與余兒同就傅。長君沉潛嗜書，不敏於誦，與語善悟，下筆輒有驚人語。余每讀其文，翩翩奇也。更扆爲藻，良有深意。及今弁矣，會藩幕公以轉官入里門，父以字請，命曰中貫。余不揣爲之説，以闡“貫”字之義。

《禮記·玉藻》：合朱緑絲爲繩，以貫玉也。玉非藻不以貫，貫非玉不成藻，合之而貫之義始備。其在儒者，席珍待聘，亦玉也。握管摛辭，亦藻也。六籍百氏，融會貫通，亦貫也。冠鄉書，首南宫、大廷，弁冕天下，亦冕也。得是者，謂之貫玉；不得是者，謂之瓦碎。長君具有材藻，或以是勗之耳。李先生當世山斗，以文章高天下，士一經其鑪冶，裒然掇巍科上第。士爭及其門，相誇爲登龍，望依就其聲價而不可得。而矧其誕降於家，爲女氏之子也！河洛之間，龍龜出焉。肇千古人文之秘，啟苞呈符，小洛、次洛，兩先生具是矣。肇淳君方以文學世其弓冶，瀚海波瀾，施及孫、曾，貫玉固其宜乎！

一貫之説，夫子以語曾參，參能唯之，而不以語門人，似未易爲少年者道。然夫子言忠恕不遠，只在于子臣弟友之間。人寧有舍子臣弟友而爲人者乎？則亦當無所爲貫矣。貫者，成人之始，將責其爲人臣、爲人子、爲人弟，以成其爲人者。不然，藻繢雖工，無所取於榮身之技也，可不惕哉！

略跡居説

林君國兼，治亭於園宅之右，尊翁震西先生額曰“延月亭”，著詩以紀之。林君自名其亭後之軒曰“略跡居”，客問其故。林君曰：“余疇昔之夜，夢羽衣道人以四字授余，曰‘略跡禪師’。余未解略跡之説，道人曰：‘脱略形迹也。君性如是，用以相贈耳。’余醒而韋弦之，軒是以名。”

客述以告李生，曰：“林君治鄒魯之言，守掌故之業，禪非所宜師也。將射策賢科，與四方士厠足於明廷之上，跡非所宜略也。名居之義謂何？”余笑曰：

“儒者攻禪，禪亦攻儒。林君之不師禪也，既聞命矣，必以略跡爲不可乎？試與子言之。將枕山棲谷、避空逃虚之爲略乎？則交戟之内，無通人矣。將獨行一意，離群索居之爲略乎？則巖穴之下，無儕類矣。此莊生惡跡而去走之喻也。夫有形則有跡，跡何可一日無哉？何分榮通，何分隱約，何分稠衆，何分尸居？今我、若，與林君坐於此軒之下，其有我與若也，而有林君也。人各有形竅、知識、語言者，跡也。我與若出，而林君獨坐於此軒之下，其不有我與若也。而林君也，行坐卧起、歌嘯其間者誰，亦跡也。林君步而出於此軒之外，前有亭，後有樓，亭有月，樓有山，窗闥户牖，開闔隱現，玲瓏殊觀者，跡也。林君休而入於此軒之内，左有經，右有史，經可誦，史可讀，几案盤盂，蓄古今器，色色臚列者，跡也。林君時而縱觀於亭與軒之外，方池曲檻，天之光，雲之影，鶴之唳，魚之泳，花卉之開落，鳥音之上下，日月之明晦，風雨之去來，時作時止，遞轉遞换，亦跡也。推是言之，兹地兹軒，昔爲荒草之徑，今爲攬勝之區，今爲下帷之居，後爲緑野之堂。一坵數椽，世態靡常，亦跡也。身之所涉，而跡在焉，身所已涉，而跡移焉。而吾心一無所徙倚於其間，則何不可略之有？是道也，林君得之尊翁先生，而不以語人者也。先生寥廓如天地，光霽如風月。林君爲其仲子，坦夷和易，不設城府，於人無町畦，有先生風。雖出而搏捖乾坤，可矣。何問居哉！”林君曰：“今者吾略我矣。子言跡，亦跡也，言略跡，亦跡也。彼謂我禪，子謂我非禪，亦跡也。我夢亦跡也，略者其誰耶？”各啞然一笑。

一枝軒説

深林一枝，蓋許由辭天下之言，而濠上生述之。兩方，君言、君啟，治小軒于居之東偏，讀書其中，額曰“一枝”，本此也。

余入莆，兩方招余登九鯉僊室，道其家，宿軒中三日夜。余與之爲千古譚，長方出《一枝軒記》。余讀之，大抵臚列其軒之所有，不啻詳云。余笑問曰：“堯致天下於許由，許由辭不受。兩方謂其大天下而有乎？抑小天下而無乎？”長方曰：“無之，故不受也。”余笑曰：“非也。無則有天下而不與矣，奚爲而不受？

彼其視天下大，堯之所勞，己之所不堪。舜、禹之所代，身之所不能勝。若恐其解一旦重負而畀我，其何以塞百官岳牧之望，而箝虞賓在位者之口？故授之而適適然驚，寧居堯於日月、時雨之尊，而自抑于鷦鷯、偃鼠之賤。逃之惟慮其不遠，遠之猶恐其不潔。而舜、禹小之，直以此爲尋常交手相持遺之故事，坦然受之而不辭。夫惟不與天下者，爲能無天下，而許由不能也。”次方聞之，曰：“然則，無一枝乎？”余笑曰：“否否。兩方安可無一枝？吾不願一枝之爲不兩方有也。”曰：“如是，則有一枝乎？”余笑曰：“否否。一枝安得有兩方？吾不願兩方之爲一枝有也。”長方瞿然曰：“男子桑弧蓬矢，以射四方，一枝之不可余有也，則聞命矣。敢問其有一枝也，如之何？”余笑曰：“汝不聞一枝之説乎？人心本有，居與食累之則無；人心本大，居與食累之則小。居取諸深林一枝之居，居不亦適乎？食取諸飲河滿腹之食，食不亦快乎？簞豆變節於萬鍾，蔬水浮雲乎富貴，吾是以願兩方之有一枝也。試嘗爲之語曰：兩方難爲兄弟，一枝可足乾坤。倘有味乎斯言？”兩方憮然爲間曰：“是道也，許由辭之以爲高，堯舜齊之以爲大。余小子名軒，安知及此，先生勗我矣。請書之。”余是以及次其説。

敬恕軒説

敬恕之旨，自吾夫子發之。夫子以脩己之敬語子路，以終身可行之恕教子貢。然二子皆易之，而夫子終莫之許也。仲弓問仁，子曰：“出門如見大賓，使民如承大祭。己所不欲，勿施於人。”言敬、恕，即仁也。後世儒者，見夫子不以仁與雍，而以三月不違稱回。謂雍之重厚簡嘿，與回之深潛純粹，不能無辨，遂并夫子之言仁者，亦岐之。而克、復、敬、恕，有乾道、坤道之别矣。此世儒剖析之過也。出門使民之時，何必非視聽言動之交，而整齊其心，平等其情，以無失禮於衆寡、小大之施，豈不亦可以克己而歸仁乎？

敬者，禮也，所藏乎身。不恕者，己也。非禮，曰勿；施不欲，亦曰勿。勿之爲言，果決而不疑之謂。兵家所云，一鼓而殲之是也。夫子均以勿語二子，二子均以敏而請事，是皆貴擔當之勇，而略無猶豫退讓之意。吾以爲兩者並乾道也，不敏則不善法乾，而私意係之矣。子路之少脩己，謂己小也，非敬小也。謂脩己以安人，安百姓，則可；謂安人，安百姓，而後己脩，則不可。功有先後，而道無本末也。故儒者言敬，當言君子之所能，不當言堯舜之所病。

夫子以一貫語賜，及其問一，則以恕告之。夫子明言恕之爲一矣。曾子之唯，而以一貫爲忠恕。曾子之言忠恕，即夫子之言可行也。乃直指其爲聖人之一，非借學者之事，而姑以明之。忠者中心，恕者如心，中之本體，自然而然。稍勉强而求合，則於中必不如矣。如之心一，不如之心岐；如則聖人之心，不如則常人之心。老安，少懷，朋友信，此聖人之恕也。子貢自居於恕，曰“吾亦欲無加諸人”，而夫子非之。夫子以子貢爲未能恕，世儒以爲未能仁。曾子以忠恕爲聖人之道，世儒以爲學者之道。區區於無與勿之辨，而無爲自然，勿爲勉然。嗟夫！人有彊勉其心，强爲其事，而可以終身而不二者乎？孔門諸子，子路不及問仁，夫子不以仁知之。喭心未化耳，故語之敬。賜不受命而貨殖，人心之町畦，多生於欲利，夫子惓惓以恕語端木，良有以也。雍言居敬行簡，敬以居言，密於敬矣，簡其行恕之方乎？夫子不以敬恕告回，而言克、復、無伐、無施，犯而不校。語敬恕者，莫如回。二子皆從敏進，參之學本諸魯，如其唯也，敏孰如之？曾子曰：“夫子之道，忠恕而已矣。”此真知聖人之學者也。

余友人張晉伯氏，嗜學好脩，抑己近人。其尊公洞齋先生，著《諸儒辯旨》，于聖賢傳心之要，講之素明。晉伯習聞敬恕之説，竊有志焉，於居之東偏，額其軒，以自勗。余故明其爲乾道，而以敏語之。使知爲至誠無息之仁，未易以因循苟且學也。

省　齋　説

張君叔儀，名其讀書之齋曰“省”。余問之曰：“何居？”張君對曰：“儒者言省察，亦曰省約。兩者若殊旨，要之人心惟馳騖故昏昧，亦惟黯暗故譁囂。病未始不相根，用以弦韋云耳。”

余聞之，欣然曰：“君是之省，善矣。但儒者之言省察，不如子思子之言昭省。省即察也，省而復察，分別太甚，旁見又生矣。求明反暗，此昔人所以有交戰而癯之失也。内省不疚，亦孔之昭。蓋從昭得省，非繇省得昭。昭者，吾心之動機，亦吾心之靈機動，故可省。疚不疚，惡不惡之所從生。假令此中無靈明之竅，能一省而洞然乎？善利舜跖，間止一分，多察何爲矣？故吾謂，言省不必復言察也。省生於昭，昭不生於昭，此所謂潛，即所謂淡也。心淡則潛，心浮則濃。然人多知耳目之浮，而不知最浮莫若心。若焦火，若寒冰，若懸天而撫四海之外，非心耶？故又言伏。伏者，伏其心而不出也。不伏不足以言潛。潛而伏之，耳目心志不用減損，自然淡矣。故吾謂，言省不必復言約也。孔門諸子多聰明才辨，都不能用省己法，惟顔、曾能之。顔之愚，參之魯，並得潛道，故省私而發聖人之藴，省身而傳夫子之宗。曰屢空則不有矣，曰一貫則不二矣。又何淡如矣！此乃孔門昭省之説也。”

張君性恬而静，寡笑語，却棼艷，無世俗蜉蝣之態。此歸而深心理會，面壁三年，讀書工夫或庶幾焉。余故曰：“其以省名齋，而本潛。”以語之古今人論夫子省顔子於退，自省之乎？抑使人省之乎？或曰：“省其心齋而已，非真省也。”此聖人之事也，吾儕當自省耳，何暇省人！

聽篴小説

余素不嗜絲竹之音，嗒然斗室，仰天而歌，據梧而吟，自愉快矣。吾里中有莊生某，善篴者，衆皆善之，亦以善書聞。余久知莊生之書，未聞其篴。

一日，余友人張叔儀氏，與其兄仲京氏招余飲，及余婿何肇恂氏、侄文簇氏。莊生已先入座矣，洞簫横笛，長短咸具。客人有善曲者，更闌夜静，鏡月中天，炎蒸稍退，薰風徐來，酒酣以往，客浩歌，莊生取長笛吹，次吹洞簫，再後吹短笛，或和或獨鳴。聲琅琅泠泠，無斷無續，若斷若續，細而不纖，清而不穢，廣而不衍，柔而不靡。如鴻濛躍，如荆卿怒，如泣嫠，如哀郢，又如變徵。謂竹聲乎，則人言；謂人聲乎，則竹音。不知人籟竹與？竹籟人與？以與曲相和切，闋盡無不協也，無不人人協也。奏行市中，一市人皆稱善。行吹則隨躡，止吹則住行。堵聚囂甚,得莊生響,則衆喧立止,各傾耳聽。莊生自僂行出,有指笛莊生者。余喟然曰:"善哉!笛乎,何爲臻此?"問之客,客不知也。莊生釋笛而言曰:"吾亦不知也。吾聲竅於喉,調於舌,轉於脣,度於竹,而發動於指。吾縱吾指之所以然,而不知管孔之放與遏也。笛如是而已。嗟乎!令使予擬心而符口,又使擬口而符竹,復擬竹而符指,則幾無笛矣。"聞者爲之爽然。

昔蘇坡公賦赤壁之遊,客有吹洞簫者,其音嫋嫋,而不書其吹者之人,使百世之下,但知有坡公之客,而不知其爲誰。王子猷聞桓子野善吹笛,而不識,遇於岸上,令人與相問,請其一奏,桓爲之據胡床作三調弄,而主客竟不交一言,何也?吾今識莊生笛矣。後世倘不以我爲蘇,而知以莊生爲桓,得非今夕之快事哉!莊生𢇁席曰:"聞有吹簫引鳳者,今何引也,而善先生?"余笑曰:"予所云屠龍之技也。諸君鄂鄂少年,其猶龍乎。君之篴引龍矣,何啻鳳!"余笑,客亦笑。客再歌,莊生再弄,周旋十數歇。東方且白,客乃與主人共嘯而別。

三笑臆説

虎溪三笑者,徵士陶淵明、浮屠慧遠、簡寂觀主人陸静脩也。皆異人云。

或曰:"三人生不同時,静脩最後出。遠公成佛於晉義熙十二年丙辰,静脩成道於宋元徽五年丙辰,相去六十載。淵明生晉興寧乙丑二年,少遠公三十一歲。宋元嘉末,静脩始來廬山,去遠公三十年。當是時,淵明以無絃之客、作羲皇上人者,已二十年餘,距遠公世五十年矣。安得有並時偕步作虎溪之笑?或好事者合儒、道、釋而擬圖之,非真也。"噫!斯言也,直井蛙語海、夏蟲語冰之見耳。其考年則核,其談真則拙。大抵静脩以簡寂入道,其來廬山,訪遠公遺跡,欲以參禪,而遠公露靈見之。淵明自賦歸後亦棲真于此山,一時並現真身,若與静脩爲生前方外之交。三人或有身,或無身之身,或有聲,或無聲之聲,精會神發,不啻莫逆。遠公頓忘其不過虎溪之戒,而静脩與淵明遂不覺相携,越虎溪數百步,拍手共笑,聲滿岩谷。山間之老人高叟,髣髴聞且見之,遂相傳言,爲千載奇事云耳。

嗟乎！人第不能出乎人，入於非人。有出人之人，便有非人之人。巧而值之，與相來往，夫安知晉水天地間，無是人與是事者乎？有之，想非高蓋軒車之人，所得與偕笑也。余以笑發妙，乃自失笑者三。

議

王孝子復讐議代

余讀王弇洲先生集，見其所紀王孝子世名爲父報仇事，心駭異之。讀竟，爲欷歔涕下。及余來令入婺，謁孝子祠，并取其《遺傳》讀之，大都與王先生載不剌謬。但王先生謂，父被仇傷且死，孝子猶受遺命，"無直之官，而骨折我"。《傳》稱，"孝子游學外郡，訃歸，則父殮數日矣"。略有不相同耳。

嗟夫！孝子之死，善矣。獨惜當時無一人破拘攣之議，其所以貽孝子於死者，尚未盡善也。謂孝子所手刃者兄，從而欲被之以干犯之名，此忘父之言也。夫人既殺孝子父矣，孝子且讐之，安知兄乎？但是時，孝子自誅讐人，束身請死矣。爲其殺吾父而誅之，又以爲吾殺而欲死之。孝子以是爲可快於志，而吾身之死生，可以無問。則孝子之欲死，乃其本心也，寧復有濡忍不肯决之意者？當事諸人，惟不圖所以生則已，亦知高其義而欲生之，乃猶拘拘執子孫擅殺行兇人之例，檢其父之尸，以從末減，而卒以速孝子死。則雖欲生之，而反死之矣。吾以爲，孝子議父檢，故死；即不議父檢，亦死。孝子處心積慮，何嘗以須臾忘讐？其所以隱忍，不即快於一擊，亦謂其仇報，而身必死，後顧未有蹤耳。不然，袖中之劍，不待蝴蝶山之下而後揮矣。故五六年間，孝子但陰自飲泣，以未得死所爲恨。一旦有以衝仇人之胸，而碎其首，孝子且朝殪夕報父於地下，而未有以暴此心於人人，以寒仇家之膽。是以疾入獄，而自請縶耳。誰謂孝子來，而不欲死也？則何以檢父尸，以生之？且欲生孝子者，亦無庸檢父尸爲也。律曰："若祖父母、父母，爲人所殺，而子孫擅殺行兇人者，杖六十。"此待檢而釋者也。又曰："其即時殺死者，勿論。"則不待檢而釋矣。孝子雖非即時殺，而可與即時殺者同日語。凡人命用財者,真人非殺人父,肯割五十畝田,而以畀十五六歲之孤乎?則孝子今日殺,雖謂之即殺也,亦可。矧籍仇遺而還之金,必非卒辦。若是,宗長老之與和者可問,又盡彰彰若是。假令予而訊斯獄,吾且爲之請曰:“夫夫也,非役人。乃爲父報仇,孝也。謀人於同室,而不使人知,智也。陽受和,而陰却之,不利其有,廉也。蓄之數年,矢志不渝,信也。顧父不畏死,勇也。此必綱常之衛,非節俠之行也。豈其無故而妄殺人者哉?宜釋之無問。”

雖然,孝子必不以吾釋而遽已也。孝子死,則爲天地間之完子;不死,但可免于扞罔之罪人。孝子之死,必也。吾故曰:“父檢亦死,不父檢亦死。”生孝子者,可無庸檢爲也。孝子不死,不共戴之義不明。孝子之妻,不死孝子,亦必不旌。夫死孝旌,妻死烈旌。夫妻之死,可哉!死而可旌,生亦不當以末減罪之。此柳宗元所以駁徐元慶之議也,乃不揣而追議如此。

鬮餘别議

别議者,蔡敬集兄弟正鬮外别議也。往者,析箸定鬮,實奉母張孺人之命。張孺人殁,請舅太史二水君,敘之詳矣。敘云:“父祖相繼没,王母、王大母又繼之。次甥未成,立長甥。獨當户,勞勩實備嘗。”又云:“長甥贏二百石,與汲古一齋翼室閒地在其中,優長且賞勞焉。禮也。”

夫禮,則正矣,何别議爲?維是溪東之田,實租二百陸拾捌石叁斗五升,大内撥出一百六十五石零,而以汀林租、林大租,三十五石,湊共二百石,爲優長田。其溪東優長外餘田,各對半鬮分,次君未免有肥瘠不均之形,議欲再匀之,以請兄伯。長君初有難意,謂田匀,而毋鬮更矣,紛紛當何時已?既自躊躇,憣然而改,謁余言曰:“小子不願受優長之田也。與其匀田而改前鬮,違母命,不如予田。”余忻然作曰:“有是哉!足下之遠見也。吾與若籌之。以令祖參知公遺子若孫之田,即取二百石優長,未爲多也。但以子所已受令祖若父之田,即不取此二百石優長,未爲少也。田縱匀,雜説尚生;如田一予,煩言悉止矣。足下其亟行之。且足下不見參知公之厚介弟乎?歲收有千鍾之入,伊誰之賜?足下能善體此意，無隤祖父孝友聲，足下真參知之孫矣。”長君起，謝曰：“此小子本志也。”於是遍告諸父、諸舅，請命於太史君，不願受優長之田。初言，人未之信，已，知其情真也。次君聞，不欲受。勸受者半，勸勿受者亦半。次君謁余，請曰：“先生勸伯氏予小子田，有諸？”余謝曰：“此令兄本志也。吾何爲勸之哉？第慫恿使堅决耳。”次君曰：“先生爲伯氏，則善矣。小子不敢受也，亦不可受。”余笑曰：“父之有二子，猶身有兩手也。左手持物，畀之右手，豈他手乎？何爲不可。兄者，況也，況父爲兄。父愛其少，兄亦愛之。故兄予，則弟受之矣。此令祖參知公已行之往事也，何爲不敢？人知能讓田難，而不知能受田亦不易。百鎰之金，非孟夫子不能辭。七十、五十鎰之金，亦非孟夫子不敢受。彼惟視兼金若鴻毛，故揮之無有，即納之亦無有。此聖賢之行也。陳仲子惟驚利若怯，不敢受兄之禄，而以一鶃之微，貽母子兄弟反脣之稽，故孟夫子蚓之矣。王諸樊兄弟以次相傳，致位季子，季子不受，反以生亂。假令季子慨然受王諸樊之讓，安得有窟室之事乎？足下第受之，輕視百石之田，而重視胞乳毛裹之誼。塤篪可奏，而乾餱之愆亡矣。”次君瞿然曰：“有是哉！先生之抑長而伸少也。”余笑曰：“非也。吾伸長而抑少耳。吾伸令兄之讓志，而成其爲友兄；吾抑足下之貳志，而成其爲悌弟。”次君笑而出，語人曰：“李先生命之矣，吾將需命於太史舅。余見太史，力言予田可受。所受者狹，而所全者奢也。”已，次君受田，其議則諸父、諸舅共成之，詳具議中。於向所云匀田之議、優次長之議、抵補之議與最後失額之議，皆不復道矣。此余所謂“田一予，而煩言悉止”者是也。議既成，長君入謁。余見其喜動顏宇，問以何得而歡之甚，長君曰：“予田之議成矣。小子得行所志，先生賜也。”已，次君入曰：“受先生教，不敢逆伯氏之賜。”余謝主臣。

嗟乎！余非能勸長君之辭，而能勸次君之受。即有議其辭與受之非者，余安所逃罪？然自是，而長君無失友名，次君無失恭名。閨門之内，鬩墻不生。骨肉之間，角弓不形。即有譽其辭與受之是者，余亦安敢居功？昔有弄丸而解難者，丸者，員也。員，活不滯之謂；方，則難以轉矣。余處兩君間，所謂丸道也。余外人也，何敢預蔡氏家事？長君於余，有及門之誼，每以是相質証。余所爲破拘戀者如此，幸兩君之聽之也。長君真參知公之孫哉！余但述其與相對語耳，如敘而傳之世世，則有張太史在，余何敢言？

史烈婦議

烈婦，史姓，陳宗球妻也。球死，烈婦殉之。左伯貫齋楊先生傳之詳且核矣。楊先生以懸車八十之年，猶觀書史，揚扢古今，不廢述作。間所傳著有之，然未嘗輕以華衮加人，獨於傳烈婦一篇之中，反覆致意焉。且若私咨嗟嘆恨於共姜、夏侯令女之節，不無傷於激而過於苦，反不如烈婦之死爲善道，可謂褒溢之至矣！先生寧直爲太夫人母鄙之親哉？夫亦有所感而傷，不能自已於言也。余是以讀其傳，悲其烈，不揣爲之議。

議曰：史烈婦之死，死於烈也。史烈婦之烈，烈而正也。夫人所最惜而難一決者，死耳。凡生人之事，多可假，或假仁假義，假廉假讓，假爲謙恭恬退之行，皆有所飾以文其欺，而惟烈不容假。烈則必捐軀損命死，而其事畢矣。苟其義可以烈，而其人能死而爲烈。縱或動於意氣之感，過激焉而烈，或迫於窮蹙之遭，過苦焉而烈，君子猶當以其死而原之，不必毛爲之摘，而瑕爲之舉，而矧其殉義而正者也！丈夫子之烈，與婦人女子之烈，等烈耳。其所以烈，不能無異。丈夫子之烈，苟非其心不知有身，絕無有少顧惜係戀、痛不忍割之意，則其身未易以死。婦人女子之烈，苟非其心但知有人，絕不能無顧惜係戀，痛不能割之意，則其身亦未易以死。婦女子所知之人，乃我特、我儀之人，《柏舟》所云“人只”是也。天之道無私，人之情有係。所係者人，而所以係者人，而所天也。天存與存，天亡與亡。縱欲自釋其留戀、不忍割之私，轉卷而有他慝，不可得矣。此所謂義之正也。烈婦爲夫死耳，夫生而烈婦不得死，夫死而烈婦不得生。烈婦自揆於義，可以死而無生，則於其侍夫誓死附耳。瞑目之時，神已與俱去，烈婦之死久矣，不待懸帛氣絕之日而後死也。

余竊以是議之。烈婦之死，有所係也，爲所天也，而亦可無係於死後之恨也，故決於一死而無疑。假令當是時，夫死而有子，則當間關而存其孤。烈婦死，藐諸誰顧復之？烈婦不得死也。又不然，夫死不有子，而鮮兄弟，烈婦雖欲死，以殉夫爲正，而不能不徘徊於高堂父母之養，烈婦未可以死也。又不然，夫有弟，而未婦；已婦，而善養姑嫜不與己同，烈婦雖不得不死，而不無幾微憾於子舍間，菽水之供，烈婦亦未可安意死也。今觀烈婦與家人訣，所以慰舅姑、勗夫弟、與夫弟婦娓娓語者備矣。烈婦以是爲得死所，而無憾也。夫死而有子，存孤，烈婦事也。夫死而無子，立後，非烈婦事也。烈婦爲夫死耳，而以其身後之托，姑以聽之後人。烈婦曰："夫死，無復生矣。吾非死，無以生之。惟是夫生之日，乃吾死之日，則吾死之日，乃夫生之日。善吾死者，所以善吾夫之死而生也。吾死矣，其以夫誕而從一終，有以也。"是日也，尋丈之帛，萬目之瞻，千秋之名，萬古之綱常在焉。堵觀之人，號聲震天，痛聲震地，一以爲陳妻，一以爲史婦。夫妻凛凛，並有生氣。不謂烈婦能生其死夫球，不可言矣。吾故曰："烈婦死，有有係也，爲所天也。可無係於死後之恨也，殉義而正者也。"

嗟夫！世教陵夷，廉恥道喪，風俗敗壞。士人貴客，失身權門，改顔易面，奚啻再醮之婦！而皎皎英風，反在女子、婦人。貴女命姬，夸耀風流，飲酒遊山，溷入緇黄之會，而死生不貳之操，反出於貧人之婦。孔子删詩，首《柏舟》於《鄘風》。聖人維世坊淫，良有深意。此楊先生所爲反覆致意於傳史氏婦之烈也，非徒區區發幽光、備觀風者採也。楊先生之慮遠矣！余蓬乎杓之人，秉彝之好同耳，又復何議！

孫烈女議

孫烈女者，許聘于吴君廷桂，年十八，未嫁也。吴君卒，氏聞訃，哭請于兄，斬衰奔喪。入門拜舅姑，撫柩大慟，哭奠三旬，闔户取帛縊死于夫柩之側。議者謂，未歸之婦，可以無死。時論紛惑，不勝異旨。

光縉曰："今之議孫氏烈者，或口摭於禮云，而不揆其繆也。"《禮》曰："婚禮既納幣，有吉日。婿之父母死，婿已葬，使致命女氏，曰某之子有父母之喪，不得嗣爲兄弟。女氏許諾而弗敢嫁也。婿免喪，女之父母使人請，婿弗取，而後嫁之。”又曰：“女未廟見而死，不遷於祖，不祔於皇。姑不杖不菲不次，歸葬于女氏之黨。”吾以爲，借此而訾孫氏死者，皆非也。禮言“後嫁”者，非嫁於别氏也。“婿弗取”，方免喪而弗即取也。曰後者，緩之詞。後則可以嫁矣，言婿後取而嫁也。而以爲終守前説，而不取女，則嫁於他族者，誤也。世儒曰，婿弗取，則可嫁。安在其婿死，不嫁而死耶？此惑於昧禮者，而失於孫氏烈者也，非禮也。婦死而祔於夫，葬而同穴，禮也。不遷不祔，而歸葬者，爲婿在，安所祔也？寧直未廟見哉？令未廟見，而女、婿俱死，亦將主弗祔夫，葬弗同穴，而歸於女子氏之黨耶？其不言俱死而祔者，此孔子所不必言也。世儒曰，未廟見而死，則歸。安在其未婦而死耶？此泥於似禮者，而失於孫氏烈者也，非禮也。《禮》又曰：“取女有吉日，而女死。婿齊衰而吊，既葬而除。夫死亦如之。”夫吉日，則未嫁也，未嫁而稱夫何？蓋曰，既已許嫁焉，則夫之而已，是未嫁而可夫也，非夫則弗之吊矣。雖然，其不言除，而死何？聖人以爲未嫁，而斬衰以臨其喪，則婦也。婦死之，可矣。其或除而死，或除而不即死，而終身不改適者，則聖人所不能必也。故《禮》言除，不言死。然不曰既除而嫁之，則聖人之意可見矣。聖人設爲禮，以防天下之淫。縱不欲人之迂激怪誕、輕生滅性，如後世聶政姊者之爲，亦何至禁天下後世之烈，而以殉夫爲非正哉！故吾以爲，孫氏女之死於吴，禮也。氏許聘于吴，未成婦也。未成婦而婿死，非婿在不及廟見者比也。氏於吴舅姑，無不見也。執夫喪禮，無不盡也。氏不待既除而後死也，以爲心則勯矣。氏死，謂未廟見、未成婦，非也。氏不嫁而死，爲婦吴也。生不婦吴，死婦吴也。氏死，祔於吴，禮也。謂非吴婦，而例歸葬於孫氏女之黨，非禮也。氏安在不可死爲？宋共公卒，伯姬嫠居，舍失火。左右曰：“夫人少辟火乎？”伯姬曰：“婦人之義，傅母不在，宵不下堂。”遂逮火而死。伯姬死，年已六十矣。遠火完生，於貞何害，而伯姬弗從也。由世俗觀之，不訾爲矯行，必目爲曲謹。《春秋》書“宋灾”，“伯姬灾”，“伯姬卒”，賢之也。曰“婦人貞爲行者也”，與其失而生，寧過而死耳。夫《春秋》不非伯姬，何甚孫氏烈哉！如已氏也，或激於不辰之生，而憤恚乎百殃之途，不得已而就斃，而以《春秋》卒伯姬之意推之，君子猶深偉焉，况未必激乎！從容殉義，視死若飴，烈烈貞風，流馨千古，麟筆而在，當躋氏於伯姬右矣。

嗚呼！世風輓降，人無完節。馮生者，托跡於微、箕；箝口者，比良乎夔、契。意欲揚譽，東陵爲潔；意欲抑毁，首陽爲涸。薰蕕失真，雌黄任口，訾議可勝道哉！《禮》者，聖人之坊也。《春秋》者，孔子之刑書也。論孫氏烈者，惟折衷於《禮》與《春秋》之旨，而氏之死正矣。

論

葉氏雙節事

葉生機仲，自松溪南走三山道，與余姑蘇友人彭興祖入泉。興祖謁余齋中，余久不見興祖，忽聞其至，倒屣出迎，不覺喜溢於顔。兩人坐定，對語移時。余見興祖尚有顧盼欲言之意，從容問曰："何與君偕來之衆也？"興祖曰："非然也。余今者自松溪來，有葉生機仲，名樞，年少嗜學，攻詩能文。余見，敵國之。機仲久羶先生名，願就先生席北面焉。余是以與俱至。機仲幼孤，其王母與母並蚤嫠，兩世孀居，以苦節著。邑人難其事，上之官，四方立言之士多稱之者。機仲思得先生言華衮之，恐不可卒致也。先生得無意乎？"余謝主臣。

明日，興祖與機仲入謁余。機仲致辭，率如興祖言。因出諸君子所爲雙節詩若文，授余讀。而清漳别駕吕使君，亦有言其中。余深惟之。興祖，姑蘇人，去松溪將千里，與機仲萍逢之交耳，即能知雙節事，言或未必甚核。吕使君先爲松溪令，令之分尊，去今且十餘年。其爲歲久，倘非其在事時，詳聞《柏舟》之操，而深知其荼苦，何以今亟稱之不寘之若是？余縱不信機仲之言，不能不信興祖之言；縱不盡信興祖之言，不能不深信吕使君之言。余是以按其事而論之。

機仲之曾王父章，以明經起家縣令。生子鑒，爲機仲祖。娶妻黄，無子。側室生子孔清，是爲機仲父。清四歲，鑒没。陳年二十四，與嫡黄矢志鞠清以長。方是之時，倭寇犯縣，人争駭遁。陳扶黄挈孤，佩刀自禦，以死衛之，寇是以無敢侵犯。孔清娶林，生樞，方三歲，清又没。林年十九耳，嫠更蚤於姑陳矣。屢欲自經，姑救之，得不死。婦姑相依，藐諸是煦。而貲又益落，日食不能半菽，至厭覈糠，人益難之。林幼失恃，養於嫂氏。嫂見其夫亡，諷之更嫁。林正色以拒，自是不復往來嫂家。深居一室，但紡績供二姑養。黄姑没，與姑陳殯葬如禮。强宗有欲奪夫穴者，林呼天大慟，執義争之，其人愧屈去。姑陳病没，焚香頂禮，請以身代，瘟不爲祟。人呼爲葉氏雙節。

噫嘻！此兩節者，其稱未亡人同，其侍子於不可知之年同，而所遭所事則不同。陳所事者，嫡黄也；林所事者，黄姑也，而又有夫所自出之姑也。陳之功，以生子清爲大；林之義，以守子樞爲正。陳去令公宦歸之時未遠，其居未絀。林當屢世孤寡之後，其貧益甚。藉令鍪没時，嫡黄無子矣，不有陳生清，則令公之祀，再世忽諸。黄無子而有子，令公無孫而有孫，陳之力也。藉令清没時，陳又無子矣，不有林生樞，則令公之祀三世忽諸。陳子死而未死，令公孫亡而未亡，林之力也。陳所爲不卷不轉，間關險阻。其初，第以俟子清之立耳。子長而婦，以爲可慊於志，而無負於從一而終之義。乃子死，則又窮矣。藉令不有林以嗣其操，陳之守雖正，其義誠堅，而壓於衾裯之分，名抑而未著，義鬱而不彰。林不但執己之貞，成姑之志，而且揚姑之名。故人知有節婦林，而亦知有姑陳，不以其側室之故掩之，則林之力也。吕使君之言曰："一家兩未亡，爲撫遺孤在。"又曰："劉與湛和熊，箕裘永百代。"此足以盡雙節之概矣。

或問曰："吕使君則誠知其節矣。當在令時，不以請而旌何？"興祖從旁語："陳是時壓於分，不得旌。林限於年，未及旌。陳今八十，終矣。林年五十八，及可旌之格。邑人請旌林，并及姑陳。此乃鄉所稱，爲成姑之志、揚姑之名。吕使君缺待未舉，蓋有俟也。"李生曰："興祖言是也。"余初不識機仲作何狀，繇興祖得機仲，一見遂知其有文士之風。《語》云："不知其人，視其友。不知其母，視其子。"余之爲機仲稱母節也，則猶以興祖也。興祖亦吕使君所善士云爾。

王節婦李氏事

余與李君拯同里居，嘗聞其伯姊適王者，節婦也。蓋吾里中人，知不知，無異議云。李君一日與余友人林可圖氏,持儀部何公所爲《節婦傳》,授余讀。傳稱,節婦年十八,歸王顒。顒少受書于余同年隆安令許南岡公,與秦耻罍、洪心岾二公相友善。體羸嗜書,久之,坐瘁瘵,嘔血而死。婦年二十三,欲殉之。顒父鵬泣語,以顒未緒,令顒猶子生,可長而子也。婦勉就鵬言,竟不死。自是,不門户外,置一機寢室中,軋軋之聲,自辰達酉。及夕初定,則閉户自安,不設膏燭。飲食指使,惟一婢自給。以顒弟子爲子,今三十年一日焉。余讀而實録之,是以爲論。

論曰:旨哉!何儀部公之傳節婦也。不稱奇,而稱庸。其言曰:"中庸不可能,婦道亦自有中庸也。如李氏所操,何容易哉!"斯言也,足以蔽節婦矣。大都世人喜異,録節婦者,往往藉口于孀居之苦,必採摭哀毀事,如損性、殘形、截髮、斷臂之類,難之以爲奇,而閨閤日用之常,輒忽而棄置不道。甚則借禨祥夢寤語怪,以神之。故其言多誇張而失實,不無起人之疑信。婦人無遂事,夫死而不得從,但自衛耳,何奇之與?有婦必見奇而後節,無以語于無奇者矣。仲尼删詩,但存《柏舟》,爲萬世夫死而守義者之宗。今按是詩,曰"我儀我特,靡慝靡他"而已。雖亦不見諒于"天只",若出于侘傺無聊者之爲。然不過自矢其不嫁,非有他奇苦而至于難能。乃婦操之所不易,實在于是。此中庸之所以爲不可能也。

夫婦之倫,等之父子。故子之孝,婦之節,遭極于愁窮無歸。其發乎至情,而止於禮義,惟是庭闈肉骨間,無失其大常而止。使子之事親,必刲股、廬墓而後孝,則尋常無孝子矣。使婦之事夫,必截髮、斷臂而後節,則尋常無節婦矣。夫子與曾參論孝道,至于際天蟠地而横四海。乃曾參得之,而養志只在于酒肉問請之常,至淺近而易從,而且後世無及焉。吾以爲語節婦者,亦若是而已。與其使人譽之以爲奇,不若其無可非可議,而無庸以奇爲也。節婦能立顒嗣以完夫,能閉户自安以完身,能機聲軋軋,一婢自給,不縱不佚以完節。談李氏節者,操止此矣。傳乃侈言其庸道,而操不易,蓋難之也。信然哉!信然哉!余信何儀部公言,而因以信婦節,參之里中所傳聞無爽也,故爲具論如此。

讀三節傳

三節者，吾郡學博陳先生之大母林孺人、與其配許孺人及所生女也。婦姑、母子，殉節死烈，詳具傳中。傳出，督學使者、御史請於朝而旌之，郡邑有司爲立石，如禮葬之。陳先生授吾泉，光縉間謁先生，沐餘教，抵掌道今古，驩甚無厭。先生因出《三節傳》，授先縉讀，并口道當日事，而泫然淚下也。光縉擊節久之，乃爲之論曰：壯哉！三節之爲烈也。人知其烈，而不知其難；或知其難，而不知其所以難。蓋有各盡之道，相成之美，而又有兩召之機焉。

林孺人當夫歿時，年二十九耳。長子在襁，少子在腹，煢煢呱呱，居立四壁。於斯之時，即不惜一生而以死殉夫，于忼慨易矣，而藐諸之謂何？其難不在死，而在生。故林孺人以不死難。許孺人當賊至時，城中之火起矣。四顧狼奔，纍虜載道，倉倉皇皇，莫必其命。於斯之時，假猶惜一死，而以生從賊，于忍濡易矣，而失義之謂何？其難不在生，而在死。故許孺人以不生難。其所謂十四歲女者，髫而未笄也，幼而未字也。倉卒賊至，其母雖死，而父有可怙，難或可逃。於斯之時，寧無顧一死，即不死，而以生從父，不以死從母，于忍濡亦易矣。而萬一失義之謂何？其難亦不在生，而在死。故陳氏女以不生難。林孺人之不死也，爲死者生也，乃其心則死矣。死則其事不可畢，生而後其事畢也。許孺人與其女之死也，爲生者死也，乃其心則生矣。生則其事不可畢，死而後其事畢也。以久近言，則不死之日久，而死之日近。死一決易，而林孺人之生難。以緩急言，則不死之勢緩，而死之勢急。生間關易，而許孺人之死難。以長少言，則明理識勢多在長，昧理暗勢多在少。死婦烈易，而女子之死爲尤難。或以節而完夫，或以烈而不辱夫，或以其生而爲夫與子，又或以其死而爲夫與父。姑不得强之婦，夫不得强之妻，母不得强之女，是之謂各盡之道。

林孺人之不死於父没也，子少而不可死也。其不以投井而死於賊至也，身老而不必死也。許孺人與其女，俱投井死也，爲有夫與王姑在，可以死而不得不死也。林孺人不生，則孤必不立，無以有許孺人與其女之死。許孺人母子不死，則賊必不悟，無以有林孺人之生。即林孺人生矣，而許孺人不死，生而有遺憾也。即許孺人死矣，而其女不死，死而有遺憾也。婦死全姑，女死全母，以死完名，以俱死悟賊。故林孺人之得以完節死，天年死，而不死於盜賊之手也，許孺人母子貽之也，是之謂相成之美。

有節守之姑，而後有無失節之婦；有烈死之婦，而後有無失烈之女。姑善其婦，婦如其姑；母善其女，女如其母。平昔之觀化既深，一時之感激亦易。視生若浼，視死若飴，自然而然，初無勉强。故許孺人與其女之能以不辱死，並時先死，而不死於盜賊之手也，林孺人風之也，是之謂兩召之機。

雖然，尤不可不得於陳先生。當是時，林孺人之伯子死矣，仲子守貢在都下。令不有孫若陳先生，又令陳先生羶慕功名，越視肉骨，濱九死，間道而赴科舉之途，城陷而陳先生不在側。許孺人欲生則失義，而不可以生；欲死則遺姑，而不得以死。生死維谷，不但身不免，而女亦不免矣。如有賊猝至，而斃王姑於鋒鏑之下，則奈何？故林孺人之有以生，生而有以免難，許孺人與其女之有以死，死而有以殮終也，陳先生以身翼之也。林孺人節也，妻道也，母道也。許孺人與其女烈也，婦道也，女道也。而陳先生孝也，子道也，孫道也。均所謂各成其道，相成而相召者也。所全者大，而所風者遠，此難之難者也。

讀郭氏九節傳

節烈之事，不多經見。《詩》録共姜，《春秋》紀伯姬，寥哉其言之也。太史公不爲賢婦人著傳，附女懷清於《貨殖》，特悲哀于聶氏姊之死。秦風陋，不逮貧節。俠非女婦事，厥旨微矣。班孟堅因之，亦不傳婦人。范曄著《後漢書》，始多傳者。援刀、引鏡、截耳、斷臂之奇，始往往聞于世。然或代有，或異氏，未有一門四世、守義相屬者。噫！何郭氏婦之多節烈者也。余讀其傳，嘆息咨嗟久之，乃爲之論。

論曰：余睹郭氏節烈事，可異焉。世名郭氏節烈，當名所以夫等節耳。遭際不同，生死亦異，未可以一概論也。余爲之反覆，自劉夫人月娥而下，及郭女參，凡九人，並抗節聞。或死或不死，大都有可以死者，有可以無死者，有可無死而不得不死者，又有可死不死而更有難於死者。

月娥夫人尚矣。橋東之郭，其初僅願學公一人。娥歸，年二十一耳。身六月而願學卒，十月子永堅生。四月之間，雌雄未判，橋東一派，不絶如綫矣。毋論夫没而娥有他志，藉第令即死以殉夫於地下，謂腹中孤何？呱呱誰顧復之，更安所綿瓜瓞乎？夫人之義，以不死爲正。此所謂可以無死者也。

永堅公之妻曰金主娘，堅以遺孤養母孝，母没，金來歸，年二十。與夫拮据歲時祭饗，腆具哀毁，可謂賢矣。生三子，曰安泰、安鼎、安桓。夫無恙，子未成童，何以死爲？遭里中亂，倅（猝）遇賊，將污之，欲不死，得乎？令以其夫與子之故，而忍濡於一決，奈受亂何？金駡不絶口，死而事畢矣。此所謂可無死，而不得不死者也。

安泰公之妻曰劉秀英，安鼎公之妻曰劉紗靖。鼎卒無子，泰卒有子敬賢，甫五歲，英夫人撫子以長，子没，鞠其二孫，兩世賴之。義不死，可矣。靖夫人之裔絶也，即蚤裁決，奚不可？而亦不死，以其有伯氏姆之寡，可依終身。自衛不見侵犯，難矣。此所謂可死不死，有難於死者也。

敬儀公之妻曰王瓊英，敬熙公之妻曰陳慈貞。英夫人歸六年而儀亡，貞夫人歸五年而熙亡。結褵之歡，衽席之愛，非久也。又並無子，輕塵弱草，轉卷易耳。即不然，雉經殉之，亡不可。兩夫人靡他慝，然亦不死，爲有姑在，夫未後也。英養姑，終其天年。貞築壙，與夫同穴。竟遂所志，難矣。此亦所謂可死不死，有難於死者也。

厥禎公之妻曰劉阿嬌，厥蘊公之妻曰戴芹英。嬌年二十一而禎亡，英年二十四而蘊亡。嬌有子崇，英有子經，芳齡蚤嫠，二孤弱在幼冲。死易，立孤難。丈夫子慮之，何况婦人！兩夫人不以此時睹大義，出於溝經之計，君子之祀忽諸。嬌勤機杼以教崇，英授詩書以教經，存孤孤存，經復用儒術顯，抑又難矣。此亦所謂可以無死者也。

女參之死事，與郭諸母異矣。諸母之可無死，與其可死，而得不死也，爲未有以逼之也。金母之死，逼於賊也，則亦非母兄弟與諸族人也。參適蕭，而蕭生没，參不欲嫁，其母兄私以參許人，參拒之。蕭諸父與惡少年受他姓金，計奪參志。參聞，竟縊死。死故參志耳，至不得含笑以死，而使扼腕作苦於納賄、不知義者之逼，斯足哀矣。倘所謂可以死者耶？可無死而不得不死者耶？

蓋嘗試論之，娥夫人其前矛也，女參其後勁也，諸母則所謂中權也。一夫善射，千夫决拾，諸母是也。蘭槐之芷，漸之縻醯，女參是也。岷山之出，其源濫觴，娥夫人是也。娥夫人不有腹中之遺，則亦不生矣。金夫人不有逆賊之犯，則亦不死矣。女參之死烈，與金夫人同，所以處死之故則異。靖夫人，英、貞二夫人之不死，遭與娥夫人異，所以處不死之貞則同。不死非偷，死亦非倖。有子不死，非諒；無子不死，亦非苟。諸母所守之孤，皆娥夫人所綿之孤；諸母所矢之信，皆娥夫人所成之信。六月之煢遺，宗祊拓焉；一時之間關，數世遵焉。風聲于前，而順風者呼，娥夫人之風爲最遠；功信于後，而勸功者勉，娥夫人之功爲最大。然娥夫人能支吾於僞漢亂兵之際，而完一生；金夫人反不能逃脱於鄉民乘亂之寇，而抛一死。金夫人之所强欲污者，乃流賊行劫之輩；女參之所强欲污者，反出於族戚子姓之親。閭里之魁，憯於紅巾；肉骨之貪，甚于跖蹻。生不渝者六七，死不顧者一二。總之，遭家不造，變非獲已，然從容與忼慨殊踪，令終與捐生媲烈。金夫人、女參，尤其不幸者矣。此余鄉者所謂未可一概論也，故爲之論著如此。

王氏貞烈事

王烈婦者，吴君熹妻也。吴君故孱弱，又業儒，家徒四壁。烈婦歸吴三月，而吴君病矣。烈婦減飡籲天，願以身代，病良已，已而復病。吴君死，烈婦哭幾隕，强起治喪，抱夫幼弟，朝夕奠，取歛布絞索藏之，以死自誓。舅姑、母兄勸之，不能免，烈婦竟死。

李光縉曰：烈婦之死，正哉！烈婦之歸吴也，僅十六月。其以夫妻亡恙者三月，而以其餘之日，逡廵藥餌，旁皇膏肓也，十三月，伉儷之情未篤也。噫嘻！

烈婦所仗者,義耳,何論情乎?如以情死,必以情生矣。烈婦死於十六月也,義也。令君三月病,即死,烈婦亦死;又延而再歲、三歲死也,烈婦亦死。烈婦以殉夫爲義,死爲正,何知久近。説者謂,烈婦死,姑、母、兄寬譬之,烈婦曰:"婦之盟,已矢之帝矣。"烈婦非矢之帝也,矢之旲也。烈婦知有旲也,矢亦死,不矢亦死。如以矢成,必以不死敗矣。夫論烈婦者,論其大者耳。烈婦之毅然死也,爲夫死,無後身也。夫有弟,可代而父母身也。有藐諸孤,烈婦不可死。菽水誰其代之?烈婦不得死。不可死而死,非也;不得死而死,非也;可死、得死而不死,非也。死其可死,死不失義;死其得死,死不失孝。烈婦之死,正也。

不知者曰:"如舅姑之譬何?"夫死生亦大矣,不可以激成,不可以靡敗。斷髮、劓鼻、割耳、斷臂,爲激死也。令不激亦死,如以激死,以不激生矣。不死不得激也,死不得靡也。激與靡,所遭謂何耳?乃其可死,必死,均也。烈婦之可死也,不以矢而死也,不以勸而死也,而又以從容死也,統所謂死之正也。

王氏貞烈事

何生翁悌死,有傳其妻貞烈王氏欲以死殉者。余聞之,曰:"烈則烈矣,未可死也。夫有子劭在,何儀部爲明於義者,奈何其遽許以死也?"亡何,而子劭病,又有傳貞烈欲死者。余聞之,曰:"烈則烈矣,未可死也。子劭病,未即死,何儀部爲嫻於情者,奈何其遽許以死也?"又亡何,而子劭死。父子相繼没矣。所知嘖嘖,相與傳貞烈欲即死。余聞之,曰:"今可以死矣,且必死。"客有難曰:"貞烈猶有女也。夫死,而其胤未有嗣也。而君以爲可死,且必死,何也?"余曰:"否否。婦人以夫爲天,夫死,則從其子,故亦有以子爲天者,女非其所天也。子劭死,貞烈一死,而其事畢矣。貞烈不死,不但女可嘍啃,將不可畢之事多,生不如死之易塞也。立孤者,立己所自出之孤,非謂死夫之嗣胤也。子劭而不死,已有子,已顧復之,此貞烈事也。子劭而既死矣,無藐諸之可煦。其以不若敖夫之後祀者,此非貞烈事也。有夫翁與夫之弟在,貞烈以殉夫之死任諸身,而以其夫之祀事,聽諸儀部君與後人,於義正,於心安矣。余故以爲可死,且必死也。”貞烈竟得請於儀部君以死。

嗚呼！烈哉。婦人者，依人者也。有夫與子可依，則生；無夫與子可依，則死。此義之大較也。故凡夫死而無子，藉口於立孤之説，而忍濡於不死，以見侵犯者，未必非依人之説誤之也。丈夫而依人，苟且於功名富貴之間，雖丈夫也，而以爲妾婦。矧婦人無可依，能不苟且於死生存亡之際，雖婦人也，吾必謂丈夫矣。彼王貞烈者，真烈丈夫之事也。

忠孝殊恩論

世廟季，郡中倭夷攻城掠地，焚廬發塚，賊勢猖獗甚。海濱諸婦女逃竄郡城，城閉不得入。賊猝至，直薄城下，老少哭聲震野。時方塘莊先生亟白令尹，啟筦籥納之，全活者數萬家。公於是自募敢死士冥行，間殺賊。賊大怒，發公先大夫墓中藏以去。公偕弟用晦，帥麾下馳入賊壘，奪父屍歸，用晦死之。閩中丞公，列其事於朝。又三年，公之子鳳章，復具疏請。今上詔贈太僕少卿，用晦贈太僕少卿，用晦世襲衛百户。

李生光縉曰：公之勳，偉矣！公於國則忠，於家則孝。顧不以是時亟旌公，及今朝而始褒予，何以故？大抵世宗之末，閩粵多壘，南苦倭久矣。謀臣蝟集，猛將群起，無不争首級捕虜者。於斯之時，不患無功，而患有功。故主上慎予之，以爲不如是，則無以抑冒占倖賞之心。及今承平，遼左失馭，北患虜急矣。將嬉櫜弓，士晏卧鼓，誰蒙難争首敵者？於斯之時，不患冒功，而患無功。故主上亟予之，以爲不如是，則無以厲力戰死綏之志。或殉之而死，或殉之而不死，或請之而得，或請之而不遽得，兩朝行賞，遲速輕重，各有攸當。非徒區區不忍傷公意，以成其讓，而故於稽軍功、滯爵賞，直待今論久而後定也。然光縉所觀公，亢直不阿，枘鑿於時，久已謝事家居矣。邑屋封疆，危急存亡，非其所帥寄也。假公當是時，袖手於孤城之嬰，觀望于賊擁之臨，或兵破士北，城池失守，生靈亡幸，夫誰得以縱寇敵罪公者？而公不難以其身嘗賊，以親尸殉之，其弟殿而死之。而又出父骸於萬死一生之危，卒使賊酋授首，四郊安盂，可謂難矣！令文武吏而人人請纓，不顧家、不顧死，盡如公，蠢兹島夷，封可也，創可也，豈憂遼左哉？

天子不但贈公官，而以風示天下，曰："如有臣莊者，不難以尊官褒顯之。"噫！厲世之意微矣。式鼃怒勇，鬻骨致駿，忠魂可褒，何况飛將！文臣據鞍，武吏何堪？則有藉口於靈筌之抑，致譏于越俎之庖，而以死事爲邀功，世官爲後幸者，不但非今上拊髀公之意，且于肅皇帝慎褒之典亦失矣。公於先主政一泉公，爲同年友，其子鳳章君與某善。某既得讀是録，乃具論如此。彼鳳章者，亦孝子也。

試　論

聖人之喜怒不繫於心

聖人之心，無所繫之心也。惟其無所繫於心，故亦無所繫於天下之情，而喜怒順焉。聖人之喜怒，與人同；而其爲喜怒者，與人異。謂聖人無喜怒乎，聖人未始無也，時喜時怒，天下不見其有。謂聖人有喜怒乎，聖人未始有也，忘喜忘怒，天下不知其無。滲滲乎其清也，洞洞乎其容也。不爲物絯，不爲緒使，定於四虛之途，而行乎六合之春。心無所繫而已矣。夫繫之爲言也，大《易》蓋嘗借之。有繫而不使去者"無妄"，言"或繫之牛"，是也。有繫而不可解者"隨"，言"拘繫之，乃從維之"，是也。有繫而恐其危者"否"，言"繫于苞桑"，是也。有繫而失其安者"大過"，言"繫于徽纆"，是也。繫有得有失，有吉有凶。執繫牛徽纆之説，雖庸人孺子，欲求自脱於囊檻柴栅之外，不可一日而有繫。通拘繫苞桑之誡，即天子尊居大寶，懷執玉捧盈之心，不可一日而無繫。而獨以爲聖人之無繫者，何也？聖人之心，不有所繫於喜怒也。

聖人非惟無繫失，且無繫得也；非惟無繫着，且無繫脱也。夫聖人，亦人耳。豈能別具一胸膓，别處一世界，絶竅塞兑，掩聰杜明，崖送反建德之居，儵忽遇渾沌之野，略無所喜怒者哉？不觀之天乎，天無心也，亦有喜怒。其照爲日月，濡爲雨露，祥爲和風慶雲，温如春，燠如夏者，天之喜也。其擊爲雷霆，摧爲霜雪，災爲怪風淫雨，凄如秋，殺如冬者，天之怒也。然天心何繫之有？倐然往，倐然來，既去則無迹，太空如故已矣。夫"僨驕而不可繫者"，真人之心乎？"其熱焦火，其寒凝冰"，"排下而進上，上下相囚殺"，"其疾俛仰之間，而再撫四海之外"，如之何繫之？此人之心也，非天之心也；亦常人之心也，非聖人之心也。於是以不可繫之心，而强納之於不得繫之域。初游游汎汎，如浮不繫之舟，如江湖大海之中，無所飄泊。迨其後也，膠膠擾擾，堅而不得化，拒而不可入。見徽纏而以爲苞桑也，睹拘維而以爲繫邑也。此心牢不可破，爲不轉之樞，不徙之轍，而喜怒始從繫之矣。喜之繫心也，多溢。愛溢則私，譽溢則偏，賞溢則僭。舉天下呶呶以售喜焉，不足矣。怒之繫心也，亦多溢。憎溢則僻，毁溢則忮，罰溢則濫，舉天下洶洶以售怒焉，不足矣。喜之繫者，不能使之怒也；怒之繫者，不能使之喜也。且以其繫喜者，轉怒於拂吾喜之人，而以堅吾喜也；且以其繫怒者，轉喜於媚吾怒之人，而以峻吾怒也。天下之人，方且竊竊然，伺立規避，然莫之知其喜怒之所繇入，與其所繇出。如鬼神之不可測，如重關堅壁之不可開，而天下遂因以脊脊多事。則亦其心之有所繫，以至於此，豈聖人之心哉！

聖人之心，無喜怒，而未始無喜怒也，無喜怒者，天之體也；有喜怒，而未始有喜怒也，有喜怒者，天之用也。天下不得繫聖人之心，聖人亦無所繫于天下之故，一天而已矣。其喜，一天喜也；其怒，一天怒也。於是有彤弓、湛露之錫，於是有車服、采章之庸，於是有流就、宅居之刑，於是有郊遂、遠方之徙。聖人持此，爲天下用，固未嘗私自與。曰："此吾所以自飾喜飾怒之具，而非天下之所得議也。"而聖人之喜怒，始無所繫於心，而亦未嘗有所繫於天下。爲日月之無私照，爲風雨之無私潤，爲雷霆霜雪之無私搏擊摧折。有時爲和風慶雲，有時爲淫雨怪風。其開霽宣朗也，無與於霹靂晦冥也；其霹靂晦冥也，無與於開霽宣朗也。聖人之喜怒無繫，夫固如是耳。舜之誅崇伯也，不以子故宥之，無繫喜也；而其升崇伯之子也，不以父故棄之，無繫怒也。武王之伐殷也，獨夫則誅之，而封武庚、箕子，客微，無繫怒也。周公之相成王也，兄則封而使之，及其畔，决意誅之而無疑，無繫喜也。假令數聖人者，執之以先入之見，成之以泥滯之心，殛父必無録子，夷君必無留臣，則禹可無司空之封，姬公亦不必有破斧之舉矣。

何以爲聖人之喜怒？何以爲聖人之心哉？此無他，聖人之心虚，虚則無物，如空洞之淵，無可係也；聖人之心明，明則鏡物，如止水之鑑，不得繫也；聖人之心忘，忘則化物，如浮雲之吹，無從繫也；聖人之心順，順則因物，如旋圜之轉，無有繫也。不惟人不知其非繫，雖聖人亦不自知矣。是故可喜則喜，不以怒奪，舉天下授之不爲私；可怒則怒，不以喜罷，與天下誅之不爲刻。喜可怒，旋復怒；怒可喜，旋復喜。既誅既殛之後，人或陟之，或封之，不爲誕。聖人無繫之心，舜、禹諸聖人，足以觀已。

天下之喜怒繫於人主，主一笑而天下嬉，主一嚬而天下慼，况喜怒之大者乎！國君一怒，伏屍百萬，流血千里。怒之所繫，尤甚於喜，故明君聖主尤慎怒，不可不察也。堯登具茨之山，問治天下之道於小童，小童曰："夫治天下者，亦若是而已矣。"堯自問曰："奚以異於牧馬哉？"牧馬不繫，此治之道也。馬喜則交頸相靡，怒則分背相踶，馬知已此矣。而燒之，剔之，橛之，絡之，前有橛飾，後有轡筴，皆繫馬而失者也。此繫天下者之過也。無繫，非聖人不能也。

中正貫天下之道

儒者之立言，以維道也，其爲慮也遠，故其爲防也周。夫道至於中，止矣。舉一中而貫天下之道，夫寧有餘理者。而儒者之言道、言中，又從而附之以正。若曰中非正道，不可得而貫也，得無支離其説，而駢枝其目乎？噫！非然也。聖人以一中相統系，期於傳心而已。非故强爲之言，以名不可名之道，而破混沌之竅，且亦不虞後世之滋其弊也。其流愈遠，其失愈差。或飾其似，或竊其真，舉自古帝王傳心之密秘，反爲異端曲學争立門户者之借徑，而中之道始爲天下裂。儒者於此，始不得已言中，復言正，以維之。使天下後世，知中之有正，而僞中者之非中也。非故添名目以求益於中之外也，而中道始明。中正貫天下之道，此張子之言也。噫！可得而論矣。

夫中之説,何昉乎?昉於堯、舜也。堯之授舜,曰“允執厥中”。中之外,無他言也。舜之授禹,曰“人心唯危,道心唯微,惟精惟一,允執厥中”,十六字之外,無贅説也。堯、舜之心,不過謂道惟此中,中惟此心。如是,而本諸心,精一而執之,中在是,道亦盡在是矣,而未始有貫之説也。貫之説,蓋始於吾夫子。夫子之語曾子曰:“參乎,吾道一以貫之。”夫子之所謂一,即堯、舜之所謂中也。然夫子未嘗明言一爲中也。堯言中而不言一,舜言一而不言貫。自夫子一貫之説出,而中之道,不待言而益明。曾子唯之,唯其一也,而以忠恕明之。此曾子之善悟,夫猶爲門人言也。忠者,中心也。心無偏側爲忠,忠即中之謂也。以是爲夫子之一可,以是爲堯、舜之中可。此曾子所以應速而無疑也,則亦言貫於忠足矣,而兼言恕,則謂何?夫猶爲門人言也。曾子知心之爲中,中之爲一,而一可以貫天下之道。恐門人茫然、杳然不見之,無可依據之地,不但一不可知,且十百千萬之蹊徑生矣。故指忠於恕以曉之,庶幾因恕以知忠,因忠以知一,知貫不至,有所蠢蠹於吾道之内耳。一貫之有忠恕,猶執中之有精一危微,皆從工夫於本體而言。孔門之傳語,與帝廷之授受,言中、言一、言貫,奚有二哉?

使天下後世之爲道學者,皆能本此心忠恕之真,以會危微精一之奥,則大中至正之道,可行可明,則何至廑聖賢之憂,而故設爲防閑不得已之論乎?奈之何,學中者之多謬也。人樹一赤幟,家設一木鐸,以無忌憚之軀,偃然自崌於杏壇之席,滋肆其喙鳴,令天下簧鼓而從之。直謂狎主道盟,雖堯、舜、孔子復生,亦不是過,而大中一貫之道,始晦蝕不可明矣。愚不肖之徒,驅罟納穽,自失其中,無論已,而隱怪稱述者出焉。雖當吾夫子世,猶有以無非無刺之愿德,謬自托於中行,而竊入堯、舜之中者,至令吾夫子賊之,而排斥不遺餘力。則子思之時,可知已,兹《中庸》所爲作也。中而庸之,子思之心益滋戚矣。無亦曰:中能貫天下之道者,惟其庸也。猶日用而飲食,不可須臾離也。故中爲天下之大本,和爲天下之達道。

今之反中者,無忌憚矣。吾且以庸維之也。子思之言中和,與曾子言忠恕之旨同,均有當於夫子一貫之道,而子思子爲道衛中之意,獨深切焉。孟子之時，道又裂矣。夫非願學孔子而言稱堯、舜者乎？乃孔子時，稱堯、舜之中者，猶托乎中之似，而孟子時，亂堯、舜之中者，徑據其中之偏。楊以爲我爲中，墨以兼愛爲中，子莫又以執中爲中。舉一廢百之見，居自睹於天地之全，而率天下於禽獸之歸，不正甚矣。故孟子以正閑之，斥其爲淫辭詖行，而距放之。不寧惟是，又且尚論夷、尹、惠之行，指其爲清、任、和之偏，而以融之。孔子之時，三子不能集，而孔子集之。是則孔子之中，而一貫之道也。舍是，則失諸正鵠矣。於是有經正之説，有巧力至中之説。言中必及正，其義蓋發於孟子，特孟子未嘗合中正而明言耳。張子始言之，大抵秦火既灰，聖學榛蕪。雜于漢，黄老于晉，佛于唐。有宋真儒輩，而理學大明。從入既殊，徑造亦異。或以頓悟，或以漸進，或以窮理，或以言静。不謂於道非嘿契，而學無深得。乃佛、老之説，浸淫人心，往往有汩入於其中而不自知，陽闢而陰附之者。是以張子有憂焉，思所以留堯、舜、孔子之道於世人，而不使如來見性之教，玄牝守中之説，中於人心之膏肓，而蠹賊吾儒心性之學。則欲與之言庸、言時以爲中，而彼固羹墻堯、舜，俎豆孔氏者，非有流汙之行，與局曲無忌憚之習。而其没入於邪也，尤甚近理而大亂真。則不如之言正，則邪正分而真諦明，中道可得而傳矣。此中正貫天下之道，張子之論所繇發也。

嗟夫！中一而已。堯、舜以精一抽其鑰，孔子以一貫明其宗，曾子、子思以忠恕、中和揭其要，孟子以時中定其局，此萬世道統之真派也。中，何庸之有？庸之，則有憂矣。亦何閑之有？閑之，則滋懼矣。未有中而不正，未有正而非中者。道既中之，又正之，已琢其彫，還反其樸，殆末學衰世之意乎？吾尤以張子之貴居正，終不如聖人之訓執中爲真切而渾淪也，此所謂儒者之學也。

王者以天下爲家

人主不以天下視天下，而以家視天下。夫唯以家視天下，然後天下可得而家也。今夫人自庶人以上，莫不各有其家，寧獨天子！然而天子之家，與庶人異。庶人之所有者，家耳。環堵之外，是皆行道掉臂之人，不得而問也。天子則不然，天下之地皆其地，天下之人皆其人。令天子而區區然但自顧其家，而不有其天下之人，則與庶人之家何以異？安在其天下爲？不惟天下不可有，而其究也，且併其家而失之。故人主之有家，自有天下始也。而其有天下，又自其有家、與不自有其家始也。

蓋嘗試論之，渾闢既剖，族類寖繁，天下之生人，各爲家也久矣。論者曰："大道行，而天下公。大道隱，而天下家。"信斯言也。則是輓近波而家始誰也。假令當大廷赫胥之世，執其人而詰之，若同禽獸，若族萬物，無有遠邇親疎，渾同其域，人必以不能。何者？人之必有家，家之必有比閭族黨，如天地之不得不分，雌黄之不得不剖也。故語以人無其家者，亦大非人情已，而何況于天子！然必語天子以但有其家，亦不可。天子之家，不可以界域限，不可以封畛守也。故明主之有其家，與庸主之有其家，其初若無以異。明主謹其廷户，庸主亦謹其廷户；明主設其藩屏，庸主亦設其藩屏。然而，庸主但有其家，又不有其家；明主不但有其家，又有其家。但有其家者，不可以家家之；不但有其家者，乃可以家家之。庸主居於深宫，目不睹旒纊之前，耳不聞奥窔之外。但宫欲其瑶，臺欲其峻，帑欲其盈，金玉財帛欲其輻輳棊置。以爲不如是，則絀而不可以爲家。於民曰彼有家。彼自家耳，於君上乎何與？若然，則天子之家雖其甚巍、甚崇、甚恢、甚拓，亦僅一環壁間，猶可跐授而目量者與？夫民之欲家，與天子同。天子有以家之，民始各以其家，而合成乎天子之家。蔀屋可以奠王居，編户可以基帝室。不然，民且蕩析離居，不能自家，安能爲天子家？而天下亦遂以涣矣。故明主之家，亦家天下而已。

夫天下大矣！自人主之家而下，悉數之。大都宫外有畿，畿外有郊，郊外有圻，圻外有服，而又有甸服、要服、荒服、衛服。中國内，赤縣神州者九，大瀛海環其外，天地之際也。其中殷輔幾何官？纓緌幾何士？鎛趙幾何農？劍戟幾何旅？車擔之輪歲酤幾何？煙火鳴吠幾何？州何里？受姓何氏？保氏何族？其究至於不可得而原。無寧此掖庭、永巷之内，其爲妃、嬙、世婦幾何？寺人、巷伯、貂鐺幾何？而天子之身，煢然而已。此以視大夫、士庶之家，奚啻霄淵。天子欲以一人，而整齊之家已難矣，奚以之而天下爲！王者之家天下，不於天下，而以其家家之。一家之人，父子兄弟，至戚也，臧獲至相屬也。王者於天下，堂上無十里，堂下無千里，畞無南東，子無西東。父師可，赤子可，父母攸暨，可爲父父，亦爲衆父父。陛以下盡毛相屬，而裏相離也。其視縣道，無以異輦轂；其視輦轂，無以異庭除。故曰，王者以其家家之。然而，王者又不有其家，宫以内不自私也，宫以外不自利也。粟不必鉅橋，財不必鹿臺，積不必大盈。船無筭，緡無榷，弓旌蒲輪相望，不慳爵賞，歲役民不過三日。不貴異物，不賤用貨，採金求車之使不出。民間多蓋藏，而上橐若洗，王者不言貧矣。故曰，王者以不有其家家之。

然而，王者又有其家。一家之中，心志相通，嗜欲與同。家督必勤其撫摩，時其噢咻。何者？有之也。王者家天下亦然。溺，己溺；饑，己饑；不獲，己辜。宵啼露處，曰家何聚廬；反裘負薪，曰家何半菽？未明求衣，日昃求食，富民而不貧，佚民而不勞，生民而不傷。王者之心，若慈母之於其子，若孝子之操慈藥，以脩其父，其色焦如。故又曰，王者以有其家家之。至此，而不得不與庸主異矣。蓋王者不自有其家，民始得以有其家；民有其家，而王者之家亦遂以有于天下。

敵不生於舟中，戎不興于車側。廬不剥，土不崩，瓦不解，東盡扶桑，北盡流沙，西盡碣石，朔南暨聲教。王者逌然四顧，雖其梯山航海之民，重譯獻琛之衆，若進而納之帡幪之中，俯而置之几席之下。以莫不來享，莫不來王。而華蓋紫極之居，雖千萬世可也。是遵何道哉？蓋嘗反覆於商、周詩書之際，見周人之所以體悉其臣下者，雖家人、父子，不啻過之。故以一行役之人，必爲之諗其將母，而至於速諸父、諸舅，以逮乎兄弟家室之翕和。若曰，吾一家之云耳。何不委曲而繁盡也！

盤庚之遷，慮民弗從，黽勉其同心，稱先後汝祖以臨之，則又摯矣。曰："吾與汝父若祖，故我家也。而何可以不從我？"聖人家天下之情，大略可睹已。後世有天下而欲自有其家者，莫如秦；不有其家者，亦莫如秦。秦人重於失天下，慮其守之不久，而享之不長，焚書、銷鏑、金城千里，此不亦重有其家之故？然人有家，莫不有愛其子孫，而秦人皆患之，皆殘之。一夫作難，而天下去。咸陽之宫，且付之烈炬矣。大抵秦之所以嚴刑峻法，重有其家者，乃所以不有其家。而家天下之主，尚其於周、秦之事，可深長思云。

策

泰　　交

君臣上下之際，曷嘗不貴交哉！《易》言之矣，上下交曰泰，不交曰否。通塞之判，治亂之源也。若是乎，交之重已。夫語交而至於地天，則至同矣。簾不知高，陛不知卑，何言牖也！堂上無百里，堂下無千里，何言巷也！乃納牖於坎，遇巷於睽，聖人不以是爲於交道有妨焉。世之降也，風之下也，未必非求納善遇者之一策也。唐虞尚矣，歌可賡、言可颺，都俞可吁咈，弼違無面從，至親渥也。雖其啟明、嚚訟之子，亦且得與四岳諸臣共咨議之，而不以爲嫌。一轉其父子之局，以通於君臣之讓，此真泰之交也，而心志之同也。

三代而後，此交不再矣。秦漢以來，尊君抑臣，第沿習朝儀之故事耳。其齋居稱朕，但使聞聲，不令群臣見其面。惟秦二世惑於斯、高之言，而卒以亡嬴。漢後帝王多不盡爾，仗前螭下，臨大臣，見群臣，有所奏對，遂即御前參決。加訪問以爲常，而造膝面談於便殿間，一舉行之。召一二執政大臣，命坐賜茶，商確朝務，則以爲特恩，然非曠典也。言有用，有不用；聽有行，有不行。即不可罄於面奏，始不能無假於章疏。裂麻、補牘，時亦有之。非盡如後世，有懷入告，非筆札無以聞者，亦動煩天子批答矣。我祖宗朝常行之，大臣有召至平臺者，有見之無逸殿者，咨政訪道，遭逢爲盛。肅皇帝晚亦深居，然時見閣臣、九列於西園，有賜直入宿者，不可謂面恩、晝接，盡無其人。今始成稀事矣。皇上初年，不輟臨御，嘗一召大臣於暖閣，問以邊事。後遂廢不行，雉尾弗開，雞籌徒報。中外臣工，思一睹聖顔而不可得。今者，召見文武百官於慈寧宫門，聖子神孫，宫階森立，誠一時奇事。然生以爲，非昔日暖閣之召比也。上誠神聖親政，群下有所獻納，第國事、邊事耳，於宫闈肉骨間，無預也。匹夫兇逆，震動青宫，此其故非細矣。

生從遠方來，不知忌諱，竊意上斯舉不於視朝之所，而於慈寧之宫，不徒召百官之入，而且引皇太子之出，聖衷良有深意。無亦曰，父子之間，人所難言，此朕家事云耳，非廷議所可决者。聖母神靈實明式之，大小百官耳目咸在，亦足諒朕志之無他矣。衷有所自苦，而不得明言其所苦，則無務以言觸之。意有所欲婉，而必委曲求伸其所婉，則無務以直怒之。緩言可，遽言不可；微言可，顯言不可；大臣言可，小臣言不可。空隙而導，順機而投，達之以人於無間，宜於上意得安，而群疑可釋乎？田叔處梁孝王之事，足以觀矣。誅及於羊勝、公孫詭而止，而它無問焉。叔惓惓以太后爲言，梁獄辭燒，於情切，於事婉，而其所全者大也。上之所欲言者，父子兄弟之事也。臣下之所爲上言者，處父子兄弟之事也。納牖遇巷，是亦一道，然非愚生之所可深言也。

紀　綱

今天下紀綱壞矣。夫非紀綱之自壞也，其所以凌夷者有漸，而其所振起者無術也。非惟無術以振之，抑且相安相視，汎汎於因循苟且之中，聽其自壞而不知覺也。

國家紀綱，自列聖相承以來，驀然丕建，燦然脩明，何時不振肅於天下！皇上踐祚，益遵守之。初固畫一，如執樞而運，揭日月而行，中外乂安，扞罔之奸不作，天下幾於富彊。輓近以來，而法度廢耗矣。大都紀綱，法也。而所以張紀綱者，權也。紀綱非權不行，權非紀綱無所用之也。往者魁柄初收，瑟張在手，上不欲以權予人，恩威之權，自己操之。操之之過，而至於視天下四方，無可與任紀綱之人，而自以其意爲紀綱。雖其公卿大夫，亦且悴然莫敢自必，誰其引當否，争是非者？權日聚，而紀綱漸以散矣。及其振厲既久，玩愒漸生，視嚮之所爲予奪立見、空署盡逐者，亦稍稍倦怠而不舉，則又聽其權之所釋。而紀綱之權，不在朝廷，不在政府，而矢口言事之臣，得以分賞罰得失之權。悠然泛然，莫知其所適。權日分而紀綱益以散矣。上所欲予，下得抗疏奪之；下所欲去，上不得堅决留之。雖端揆政本之地猶然，莫自必其去就之身。而山林衡泌之人，得以操朝士之進退，而任其雌黄。數年以來，士大夫所以相争相競，劘刃而未有已。雖明知之，而不能制之，制之而益以熾。甲負則乙勝，此抑而彼揚，權益去乎下，而紀綱遂大散於上矣。

夫裘之挈也，不挈領而挈裾，裾必不順也；綱之舉也，不舉綱而舉目，目必不隨也。今天下四方，亦誠無事矣，而衰亂凌替之形，已釀成於有可知，而浸淫於不可極。如執事所云，軍譁伍，士譁庠，亂民譁野，生以爲，此未足慮也。脱巾有呼，定之而已，不則，軍法可從事矣；卧碑不守，教之而已，不則，齊民可使伍矣；潢池有弄，平之而已，不則，禽獮可使服矣。法制禁令之所得加，教化之所可行，凡百有位，泄沓於燕處厝火之安，無復以國家事爲意，而分軫别户於悉王悉土之世，以南北相傾軋，體統不分，是非倒置，此黨錮之所以禍漢，而朔、洛、蜀三黨之所以弱宋也。此其無紀綱之大者，所關於國家非細故。是在諸君子自破營壘，以篤靖共之誼，抑亦皇上威武神靈所變化者乎！

籌　邊

國家都北平，設九邊以防禦，而遼爲左臂，外與虜接，其東北則建酋也。暖兔虎暾，更逼遼地。延綏横截河套口，卜赤兔爲順義後，雄視虜中，皆能與中國抗云。

往者嘉靖中，虜犯順内地，直薄都城下。肅皇帝震怒，逐而去之，然亦踐蹂爲梗。至今上踐祚，威德遠播，四夷賓服，有呼韓入朝、突厥稱臣之風。時奄酋俗以幼子故，請封婦人爲内主。上允當事者議，毅然許之。歲約市馬，歲繒金有差。而建酋在島顔夷三衛地外，舊不有水草善地，近乃得之。茭牧耕蓄其中，勢乃益强，稍稍苦遼民矣。夫嚮與虜市，亦欲藉是邊境稍寧，可緣而脩戰備耳。今市已四十餘年，歲繒奉虜，不知幾十百萬，内地稱極疲也。曾不聞有弓馬劍楯之脩，而但以虜爲市，恬不知怪。議者曰，今欲脩中國備矣，歲金不可暫已，安能堪此兩役，且令夷狄責我渝盟乎？而何以失虜驩也。中國所侍老婦人殁矣。卜赤兔無大志，而貪漢物，歲繒日益。虜馬入内地即倒，名爲與市，實則奉之。長此安窮，虜安得無驕？中國安得無憊乎？且也建酋名奉貢，實邀重賞。每一入，竭中國民供奉之，所費亦不貲。假令省此二費，以給塞上，兵可少瘳矣。議者曰，沿邊軍士，皆給食於内帑，大司農苦不繼矣。欲不與虜市而脩備，則必罷歲繒而增軍。歲繒罷，虜必鬭，軍增則餉日益，不如勿罷便。夫罷而使虜鬭，誠非一時之利。然能必其長與虜市，而虜終不鬭乎？發之自我，其遏有源；發之自虜，難以制矣。且與其奉虜金，何如奉戰士，是則可爲也。

太史公著《平準書》，稱武帝用桑弘羊言，搜括民間財筭、舟車、告緡錢，盡以委之將士。席中國廣大氣，用能通東甌，事兩粵，空幕南王庭。武帝籠財物用以攻虜，今中國籠財物用以事虜。倘上震怒，二虜漸窺伺，我發帑金予沿邊將士，預備戰而謹城障，使虜不得入。然後罷歲市金，虜鬭無能爲矣，何憂虜哉！

宗　　藩

今天下之所因循，束手而不肯議者，莫如宗藩。而其所扼腕卷舌，而不敢議者，亦莫如宗藩。何以故？自高皇帝得天下後，分封建國，以授諸王。其後藩分愈多，世增歲益，以至于今，綿綿瓜瓞，百千萬億。其初，皆高皇帝一人之子孫也。匹夫編户，父祖蓽路藍縷而啟山林，尚欲傳之後人，不以弓冶而失箕裘，何况天子！然其所以不肯議、與不敢議之故，則有可言者矣。

漢懲秦孤立，大封同姓。反者九起，淮南、濟北諸王，慮亡不帝制而天子自爲。是以賈長沙奮其芒刃斧斤之論，爲漢帝涕泣言之。今諸王國亡尺寸地，但衣租食税而已。雖有庶人之悍，旋起旋滅，無能爲矣。故曰，不必議也。漢諸王地數千里，大國萬家，小侯自倍。其後子孫驕軼，忘先有雜在傭保之中者。主父偃采賈生之筴行之，益以不振。今宗室又甚矣！無論將軍，中尉而下，一升一斗，動仰給於縣官。生齒日夥，禄石有限，給之不足以支，不給則鬭然而噪。彼亦自以爲天潢之親，法之所不得加，令之所不得施也。故曰，不敢議也。

夫天下之人，公卿大夫，各有差等；農工商賈，並有職業。此纍纍若而人者，幸而生得隸名於天子之牒。雖其甚俊且材，進不得厠足賢良之科，退亦不得荷插負襁，並庶人耕於野，操尺寸而游都市。無所試其翹然見奇之心，則必有所蓄其嚚然不肖之志。無禮義以閑之，有饑寒以逼之，固宜其窮且盜也。大抵其初之爲此制者，鐵券方新，帶礪方盟，其子孫之新生者未長，諸王之子長可王，次不失尉侯。上但慮其有黄屋左纛之奸，而不虞其末流有瓶罄及罍之耻。是以相沿相仗，無一人先發而持其議，是故弊積至今。

賈生，一洛陽少年耳。其所忼慨而籌帝前者，乃帝親兄弟之子，談人骨肉之間，侯王之事，而預筴其不必然之變，直指而無所遜。主父偃日暮途窮，羇旅而入帝廷，且毅然舉而分行之，弱侯王國，易於反掌。彼隔世猶然，况今明天子在上，賢公卿在下，諸藩雖有如粤、如鄂、如汴、如楚，方之漢世，猶其無仁義之小者。而上方寘其一二狂于，李宗人兢兢用是，奉三尺唯謹，則一舉而變通之，非難也。親盡則祧，祖廟猶然，况子孫乎！或曰，開四民之業則可富，通入仕之路則可貴，擇宗正之官則可賢。而又有按察之最，有督學之課，則可防其不肖。其人非無事而坐受食，歲能省縣官之半，是或可爲矣。矧漢所更置在侯王，吾但更其屬籍，諸王之食禄如故，藩封如故，又何憚而不爲此也。

理　　財

今天下之財，絀矣。試令漢桑、孔二大夫，持籌而當今世，經費轉輸，佐縣官急，能有及乎？大都漢世耗財之端，其衰病所繇，今皆有之。而其一時籠牟苟且之法，亦有盡用之於今。其出入、通塞，大略有不盡同者。謹按太史公《平準書》，文、景恭儉之餘業，耗之武帝爲多，大半用之奉戰士，通東甌、西南夷，塞瓠子决，而其後乃增宫室列觀之脩，海内瀟然煩費矣。其令天下出貨補官，入爵除罪，至選舉陵遲，吏道雜而多端。筭船告緡遍天下，籠之非一籌，取之非一計。然武帝盡用于朝廷諸費，而内帑之入不與焉。

往者，國家南征倭，西征播，竭三省力，竟乃勝之。費水衡金錢數十萬計，河蕾衍溢而未有已也。括贖鍰金,輸之京師,公卿大臣,有减廪禄以助者。鬻爵之令,靡所不開,朝增夕易,以生僥倖之竇。此於吏道何如?榷關之吏,歲額日浮,而使中貴人預其事,商人苦税重矣。雖日下令,財幣行如流水,而常不足以招致天下之賈人。採鑛求金之使日出,發山塹谷,徒靡有司貲耳。實則括之民間,而不領天下之經費,以取盈於上。供子母之數,則又爲之剌其額,曰吾久之則可以罷矣。至於今,而未罷也。其與中貴人忤、逮繫而囚請室者,何故?嗟乎!令今此之財,囊括而取之,亦傾橐而用之,一如漢武世,以奉戰士、奉河伯、奉土木宫室,雖士馬物故,罷亦相當。而幕南空庭,猶能奮中國人主廣大氣,則何至今蠹而積左藏也?

夫既欵虜和市,歲發繒金數千萬計,名爲交易,其實予之。中國財幣經此兩耗,一則輦之宫中,入而不復出,而不無虞於漏卮;一則輸之邊上,往而不復還,而不無虞於陸海。其入利之孔,若與漢同;其出利之孔,反與漢異。漢世用以威虜,今用以奉虜;漢世以多費而括民財,今以不肯費而括民財。耗之朝廷,有已時也;耗之夷狄,無已時也。漏之上供,不可覈也;漏之内帑,益不可覈也。已之,恐生太平之釁;覈之,又有鼠器之嫌。反不如元封、元狩間,有名之費,欲其無絀,惡可得乎?噫!此非心計握筭之吏,所能卒易也。執事猶津津然,言《管子》"牧民"、"山高"、"輕重"、"九府",無乃謂鑄山煮海,可開萬乘之業與?噫!亦幾乎無筴矣。

天　　人

今之談天戒者,太史公論之詳矣。其言曰:"太上脩德,其次脩政,其次脩救,其次脩禳。"夫禳者,祝史脩詞,矯舉以告道,幾乎巫矣,王人弗道也。乃政救以德,則何稱焉?儲財積穀,以備旱潦,名曰救。省刑蠲租,以釋逋囚,名曰政。齋明其心,祓濯其德,側身脩行,祗正厥事,名曰德。德脩於無形,政脩於未然,救脩於已患。不度德,不脩政,不詔救,而沾沾祈珥,保章察祥,肆師幾衈,眂祲觀煇,安宅敘降,非克謹天戒之道也。

夫天亦何有心於人主哉？乃其賞曰天命，罰曰天討，符瑞曰天降祥，災異曰天譴告。冥冥茫茫，其應不爽，則又不若無心者。蓋天無心，而有聲與象。迅雷風烈，和風時雨，天之聲也；景星朗雲，日食歲祲，天之象也。天不能以心語人主，而聞之以其聲，見之以其象，而心若寓焉。天之心，豈真曰，吾如是而喜，如是而怒，如是錫予而譴告哉？是在人主自得之。故君德無愧，則聲與象正，而天心喜可知也；君道有失，則聲與象變，而天心怒可知也。人主而得天之心，於喜怒聲象之外，務德政已耳。

成湯憂旱，六事自責，蓋德政脩哉。寧直禳救備，而旱不災也。謂肥𧔥見陽山，謂爲桀餘烈，謂以身爲犧，彼不泥氣數，拘事應耳，好事者溺其旨矣。頃者，旱魃爲虐，上齋居步禱，爲民請命，至虔也。慮守令貪殘，黔黎愁困，親發德音，至明也。減織造，釋繫囚，蠲諸祲地賦，至仁也。脩政脩救，無餘事矣。而復夙夜焦勞，檢身不及，上意所脩，可謂非德與？顧以視成湯六事，何如也？宮府一體，上下同，而朝建夕罷，甲薦乙彈，臚言風聽，詔令屢更，政豈盡節與？蠲恤洊行，實惠播矣，而水旱頻仍，黎庶失業，陶型多累，杼軸幾空，民豈無失職與？宮室非崇也，而慈寧鼎建，藩邸煩興，金榱璧璫，甲第連雲，民力豈盡省與？女謁非盛也，而裯衾席寵，椒掖承恩，陳乞多方，賞賚無節，倖門豈盡禁與？苞苴有戒也，而或以闕闠爲精神，以趨侍爲向背，金錢鬻法，窺徑通神，私竇豈盡塞與？讒言有禁也，而朝臣舛迕，謬戾恣睢，毀若鑠金，譽欲□□，分曹樹黨，設險相傾，讒說豈盡殄與？有一於此，天意拂矣。

是故行金石之政，退繭絲之令，除土木之興，嚴帷靥之戒，崇索絲之風，樹松柏之節。雖歲成蜡通，而常若旱乾水溢之將至；雖民安物阜，而常若流離瑣尾之可憂。則内無失德，外無失政，脩救且不足言，况脩禳乎！昔齊景問貴天而仰視，晏子曰，天非蒼蒼之天也。人主而不貴蒼蒼之天，則幾矣！

宗藩互市

蓋今天下之法，所當熟議而徐變者，其事有三。曰宗藩也，南兵也，黠虜也。

然而上之所以蒿目怛中，下之所以游談聚議，欲變而卒弗克變者，是何道哉？則未得其變法之人耳。夫高皇帝之初，族屬未煩，廪禄未廣，猶可給也。而今則漸夥矣。麟趾瓜瓞，綿昌浩衍，續食縣道，動千百爲輩，大司農不足以供，至併室雉經，變易姓名，而宗藩始告病焉。變何容易？高皇帝之初，羽林蹶張，留充宿衛，無譁伍也。而今則漸逞矣。無賴應募，徒手充伍，一不如意，脱巾大呼，動戕主帥，所在騷然，而南兵始告病焉。變何容易？高皇帝之初，宣、太、燕、薊，盡設重鎮，無廢禦也。而今則欵關矣。唵答歸王，順義請封，通關互市，慮或渝盟，卒然心異，何以待之？而邊防始告病焉。變何容易？夫非變之不易也，所以變之人不易也。

大都天下之事，有出非常，則常人相仗，莫敢先發。自非有淵然獨覺之慮，確然不可奪之守，其孰能易之？是故泥宗室之禁，則庶民之業，從仕之例，不敢議開矣；泥守衛之額，則弱脆之兵，强悍之卒，不敢議汰矣；泥和戎之便，則通關之使，塞下之市，不敢議絶矣。夫以天下之大，北距狄，南際蠻，窮岩版築，負一才藝，皆從寒士受上人之薦，而不肖者，亦莫不從事于南畝。今也，舉天子玉牒之懿親，無罪而圉之一城之内，而厚困民以供之，非筭也。奈何泥焉，而不爲之所也？以天下之大，無一人焉不俛首聽于法。故雖擁連城，將百萬之衆，二赤衣吏，猶得以片紙詔縶其頸。今也，荷戈嘯聚之徒，至執券索負，逆天子之吏，而莫之敢問，非筭也。奈何泥焉，而不爲之所也？以天下之大，重譯納欵，邊塵無驚。不乘此時，于薊鎮諸方宿重兵、豐糧餉，令材官騎士簡練有年，而徒區區通好，質尺寸之利，而不虞其變，非筭也。奈何泥焉，而不爲之所也？

故議宗室者，有如王荆公，執親盡則祧之説，而諸侯悚退矣。議兵者，有如文潞公，汰冗求精，以身當之，而邊儲稍息矣。議虜者，有如韓魏公，停歲賜，絶和市，而諒祚上表謝矣。無優游于牽制，無躁動于倉卒。裁其恩數，開其四業，汰其老少，脩其備禦，國事其有瘳乎？然聞之，唵答請王，舉朝相視，無敢慨然以和許者。賴今上神聖，破拘攣之議，闢首鼠之説，廟筭有當，治安迄于數歲，又何難于今日之設備哉！而何况于議宗、議兵乎？語有之："神明者，聖王之資也。獨斷者，天子之柄也。"則變法易令，有聖天子在，草茅賤士何敢知。

景壁集卷之十一

贊

帝君像記并贊

萬山第一之峰，舊爲青帝行宫。萬曆丁未歲，殿宇傾圮。信士詹仰成，募緣鼎建，規畫一新。中爲正殿，以祠青帝。旁開兩堂，東偏爲震方，籌當子午，位揖南離，文明徵矣。議以弘文帝君居之。乃諏己酉年正月十四日午時吉，塑像啓土，天開地符，時至事起。李光縉謀之，詹仰成、許于國實造始云。按《星志》：内階六星，居紫薇垣左，躔文昌東北北斗魁之上，所稱爲天皇幸文館之内階也。弘文帝君帝正其神，世誤傳爲文昌君、梓潼君，皆非所以尊帝。帝所掌天下桂籍，司文章之命。世間文人才士，摛華振藻，騰茂蜚英，帝靈式之。帝鶉首其居，景見于壁，權贊乎東，祠帝于青帝之左，位正當矣。贊曰：

巍巍青府，帝翊其真。蒼精赤曜，玉魄金神。朱鶉啓座，参首會閩。在天見象，化成于人。籍開軸動，天際龍津。出日入月，光翼紫宸。

魁星贊

絢彼七星，爲樞與衡。璇璣參權，揚光摇精。魁象天麗，二曜齊明。人文之賁，掇錦擢英。杓携龍首，厥纏會庚。北斗昂望，帝闕特旌。

朱衣贊

手持龍籍，身衣朱衣。居帝之傍，秉文之機。空中暗點，功贊紫薇。先其首肯，日月是依。

秉翰贊

中書之令，宸簡之司。居帝左右，給札龍池。玉毫在手，錦繡雲披。濡墨染翰，珪璋明時。

秉軸贊

帝開龍軸，于垣之東。軸中日月，手代其工。明明天榜，秉此至公。昭揭天下，聲達帝聰。

張仙翁像贊

惟張仲兮孝友，兆懸弧之是有。長弓挾左，彈丸脱右。昔有玉局，今來窺牖。何以迓之，珠弄于程君之手。載摛之辭，載酌之酒。秀峰兮崧高，信吾言之不朽。

畫鯉贊有引

王閒齋先生貢澤宫，有以畫鯉遺者。先生時掛之精舍中，見其鼓鬐揚翅，有乘霧化龍之狀，以授紫南先生。嘉靖庚子，先生果領賢書，今花甲週天矣。逢年更新，祖武可接。長君士興、其仲氏士章、季氏士明與其子孺璞，並斌斌爲世知名，登龍攀鱗，此其一時也。余是以見其懸鯉，聳然異之。乃贊曰：

龍門之下水瀰瀰，玄駒化龍不可知。青身無鱗成赤字，三十六鱗鱗最奇。繇來蹄涔非容尺，池中水畜不多時。歲逢庚子秋浪湧，雷奔水擊曝腮期。大魚數千上不得，點額頭頭誰者螭？莫是洛游修三丈，直取天池最上坻。生角有翼騰化去，呼吸風雷任所之。

井鷄贊有引

友人王觀甫君，家有養鷄，溺于井，連十四日夕，忽鷄首露水上，救之，復甦，雄鳴如故。事見王君《井鷄傳》中。余瑞而異之。夫非獨鷄異也，其井亦神井云。余按《易》卦，鷄，巽象也。巽乎水而上，水爲井于巽，井鷄之名，有取焉。《天文志》：南方之初宿，曰"井"。東井八星，主水事。又爲鶉首，爲鳥注。爲羽翮，爲嗉，爲尾，有朱鳥象。《禽經》云：朱鳥者，赤鳳也，亦名丹鷄。《春秋運斗樞》曰：玉衡星精散爲鷄。合有井鷄之義。王君名“異鷄”，適與此符。《玄中記》所云“天鷄”，是也。子丑天開，桃都日照，天鷄即鳴，天下鷄皆隨之。余是以繹其名，爲之贊。贊曰：

祝祝天鷄，起于東井。上参首昂，文明之徵。舊井無之，杜鄠所興。朱冠莪莪，金距稜稜。恒窗作語，芥羽排膺。自尾不斷，得勢者凌。兼姿五德，終當奮澠。十日反走，于天翰登。曙光一唱，湛露斯承。

潘士雅得龜贊

神龜千歲，乃遊芳蓮。主人得龜，莫紀其年。益自外來，降于上天。主人顧之，延頸而前。首大不縮，尾肣于肩。文明之瑞，毛與時遷。春蒼夏黄，秋白冬玄。分州布卦，點甲周環。畜之盂中，咽若噴淵。伏而不食，操曳翩躚。假我靈兆，吉事百全。主人當此，譽望昭宣。彼主人兮，獻賦入燕。元龜啓行，爲天下先。

自題小景贊五首

題緇布冠圖萬曆戊申十月，時年六十。

爾爲我景，我即爾真。緇布其冠，方其履，褒其衣，而垂其紳。不媟不褻，不嬉不嗔。黯然欲有所思，尚左而獨立，若無與爲親。一枝天地，書史非貧。少而孤，長而學《易》，年四十、五十而無聞。獨役役于註脚，且悠悠以終身。

題焚香告天圖萬曆戊申十月。

謂爾即我，胡同衣冠于宋臣？謂爾非我，若彷彿乎吾真。天無常鑑，心即是神。但衾影之無愧，凛對越之在當身，吾何敢自附于名君子之後塵？彼何人，余何人？此畫史之警我，庶觸目以銘心，而憣然有得于書紳。

題坐皋圖萬曆戊午十月，示兒君籙，時年七十。

斯人也，無位而空有其名，無德但自好其身。無人知之，無一人不知。無人用之，無一人不用。是何人耶？人謂文人、名人、高人，而自謂漠然無能之人。或謂之非道不去處之人。

題遯翁卓立圖天啓辛酉五月，時年七十有三。

此林藏谷君，清漳遠寄之筆也。君自謂："想中模寫，肖神尤真，不啻面覿。即蘇坡公作《遠景樓記》，不能及之。"余爲之一笑。

君有遠筆，我有遠神。非我在君，孰傳以神？非君在我，孰寫吾真？覿斯像也，儒服文身，正合余意，闇然出塵。舉世混濁，誰是獨醒？龜龍蜿蜓，何頑何靈。鴻冥千仞，卓立亭亭。愧余未逮，遯翁爲鄰。如其有之，千秋一人。

題騎青牛圖萬曆己未孟冬，時年七十一。

縹縹老人，皓首白眉。有鹿呦呦，遊于深山，食彼周萍。不知何年何始乘，爲此老之龍驪，而騎且安之。聞西崑有桃，垂垂離離。其熟滿枝，將往而啖，盜食天地之奇。而種桃僊子，已遣人隨後捧桃而至，即鹿與俱馳。問老人何人，或曰不知，或曰李樹下七十歲初生之嬰兒。青牛白鹿，隨其所宜，而繒繳莫之能施。

題端姙圖七十自題并及，時戊午年之十日。

吁嗟乎白頭！我年非高，汝年非低。並是七十，與汝偕隱，德與吾齊。我友天下，汝正中閨。我子汝子，甘苦同薺。侶我清風聲，與我並馳南北東西。師我友我，人人聞爲李衷一之妻。

莊華東先生像贊有序

余識公叔子户部君，于蘇紫溪先生之門，相見驩甚，遂締交焉。其後因以識公。公修儀晢貌，隆準美鬚，舉止雍雅。爲文學有聲，以《詩》、《禮》二經分授四子。户部君用《禮》起家，未第，而公卒矣。既成進士，主户部政，未及封公，亦卒。士大夫悲户部君，并以悲公。公敦倫質行，道在孝慈友恭之間。儀部何匪莪公，誌之甚詳，述户部君請銘之言曰："先人知李宗謙，宗謙亦知先人。稱先人動軌古人，步趨以之。”有味哉！户部君之善頌其父也。以儀部君之言，爲可信于世，又以余言，爲可信于儀部。儀部君附載之銘中，彰公之德至矣。户部君在時，欲得余贊公像，未及請。歿後，公季子文學以銘謁余，曰：“願一言爲先人贊。此余弟意也。”余讀銘而悲之，户部君真以余爲能知公哉！乃爲贊。贊曰：

惟公知余，惟余知公。步趨古人，篤行則同。爲善于鄉，以文學終。有子登第，未逮綸崇。雖則未封，亦達帝聰。其德則大，其報匪豐。儀部銘之，余言與通。睹公之像，曰惟華東。君子如在，百世其風。

毅峰張長君小像贊有序

先主政公，與從吾張先生締莫逆交，不佞及父事先生。而先生之子毅峰君，弟畜不佞，兩人驩甚無厭。毅峰好古修文，事親孝，與士信，斵雕返樸，不峻城府。其逡廵退讓，擇地而趨，有質行君子之風。像所肖其貌耳，貌不能像，圖不盡爾也。不佞因而贊之。贊曰：

有木柜格兮，出自西崑之陽，樹于張仲之鄉。貞白鹿兮姿龍虎，虧日月兮凌雪霜。枝葉扶疏，冬夏青蒼。誰徬徨無爲其下，曰從吾先生之郎。逍然其遥，倏然其昂。汎汎乎其若廣，肅肅乎其若莊。不冠亦不纓，黄履與青裳。施巾于髩兮，脱世網于不張。坦腹而嘻兮，如吾意以徜徉。正而襟，端爾拱，亭亭瑟瑟，而柴立乎中央。斯時也，舞白鶴兮天際翔，吹洞簫兮嫋音長。九光芝兮，王者香。千歲桃兮，蟠花昌。君子迓之，臻厥祥。不知者爲赤松子之從，知之者爲如綸如綍、看五大夫之章，毅峰峰上福穰穰。

題楊悔菴像贊

聖主新祚，哲人彙征。公方筮仕，班聯帝京。匪曰新進，世篤忠貞。宗伯、岳伯，爲國老成。公踵其躅，三楊並聲。德器深厚，學問淵泓。從容鎮定，步徙不輕。五更三點，待漏未明。挺然特立，正笏垂紳。趨蹌鵷鷺，身依紫宸。天顔咫尺，問此何人。今服庶官，後社稷臣。有道君子，日新又新。

外王母貞節陳孺人像贊

貞節歸外王父江直庵公，二十二歲而嫠，子芹山公甫四歲。余母安人，其遺腹産也。王父貲故饒雄于鄉里，既蚤世，貞節拊其一男一女，所少者非財，旦夕荼苦，惟藐諸不底成是虞。芹山公爲文學有聲，余先主政壻于江，母封受天子綸恩。貞節持是，爲可慊于志也。卒年六十六，于令甲得旌矣。有司卓楔之，竟弗克請。惜哉！光縉小子猶記尠小時，從母歸寧。貞節老而猶績，瘠形澼服，弗澤于容。今睹其遺像，良然。孀居之冰玉可睹已。乃爲贊。贊曰：

及格者年，未請者旌。雖則未旌，亦有節貞。子也儒聞，女也夫榮。厠冠紳之列，而享翟帔之盛。孺人樹節而節立，存孤而孤成。迄孫子之繩繩，暨余小子亦不泯其後嬴。本淑人内外世澤之宏。千百載其猶芳兮，追《柏舟》而與之平，又何羨于築臺之女懷清！

題　跋

讀尋墳記

李光縉曰：余讀諸葛賓梅公《尋墳記》，蓋潸然流涕云。余少喪父，不能葬，强而後克葬之。傷哉！貧也，幾無以子矣。公宦橐若洗，以垂老之年，尚能捐金，竭手足力，尋遠祖數十世已堙之遺塋，而出之荒草叢林之中，豈非至孝哉！仲尼少孤，不識父墓。母死，殯于五父之衢，人以爲慎也。聊曼氏之母知之矣，告而乃合葬于防。聖人所不知，待問而後知之，聖人不以爲諱也。父墓且然，況遠代乎！四尺之封，泫然之涕。聖人哀痛之至情，與吾人何異？吾故知，公之有餘恫矣。或曰："公父、祖兩兆窆未營也。公欲穸父而先祖，欲穸祖而先遠祖。先河後海之意，源委不當如是耶？"令公遲數月不捐舘，吾見其封若堂矣，今墓木拱可也,而遽奪公年,何哉?

此李師讀先大父賓梅公記,有感而作也。葵山祖塋,叠遭兵火,遂委荒煙。先祖解綬歸,按譜稽穴,披蓁窮碣。仁孝所格,遺封頓獲。記之作,不徒寫悲喜之情已也。先祖厭世二年,李師悉取遺文讀之,見斯記而悲。今誦是篇,愴心傷懷,淋漓楮表,更知讀記者之有餘恫矣。吾祖其亦慰生死知交於九原也哉。

門人諸葛羲謹識。

讀旌義李公傳

李公,所謂閭巷布衣耳。貲雄郡中,急公捐私,聞于天子。至今絀帝尊賓宴之,可謂難矣。世論公者,或云俠,或云非俠。又欲俎豆公于魯仲連、陶朱公之門,庚左袒之,竊以爲未類。俠莫如翁伯,翁伯不敢"從他縣奪人邑中賢大夫權",彼直不有其大夫權耳。令如公管墨綬于旁近縣,尊臨其鄉人,勢得行所志。陰賊之心,眦睚之發,何但一楊主掾家!公得以其時三假令,親握事柄,里不聞有得失者。傳稱其所至不自潤而多惠績,此于俠何居乎?則何論輕財喜施也。魯仲連辭爵于却秦,范蠡修業于陶居,各遇非其主,有所托而逃。必以例公,非其然矣。令連受爵,非智士也;令公辭位,非順民也。公以貲應縣官急,與欲用于家之意異。崇卑貴賤,惟天子使。故尉可,令亦可。公第不以真令顯乎,使位稱其施,興學去姦,中外爛然,勛與潁川、渤海等争烈矣,俠乎何有?

讀謝烈婦傳

謝季子應祚以夭没,其妻死之。儀部何匪莪公爲之傳,稱其去婦王貞烈死五十有餘日云。或問于余曰:"今者,何文學之妻死矣,謝季子妻又死。兩月蓂莢未盡,雉經者相望。何世烈婦人之多也?豈其聞風慕義者與?"余應之曰:"死生亦大矣,何可傚效爲也。壯夫臨難,忍濡不肯死,爲生故耳。豈以貪生怖死之情,婦人女子而無之?然決而就死者,彼必有植其性,生而與輕塵弱草,不同質也。兩貞烈後先爲其夫以死,人各見其是,豈有倣乎?有所倣而激,則必無所儆而靡矣。"吾以爲，謝烈婦之難，不在于死，而在于死而有不欲徒死之心也。

當季子初没時，烈婦扃門，取帛自縊死矣。令此時而即死，其或出于一時感憤之激，與望風而有好名之心，或未可知。而貞烈不即死也，再之死，則難矣。其死而不得死之痛，備嘗之矣。此非激于好名者之所能復試也。懸帛之斷，家人急救之。若爲不死之計，而取決于筊之祝，曰："腹有孕，則以身許遺孤，天與我筊三；腹無孕，則以身許季子，天與我筊二。"既擲，果二，貞烈遂死。噫！亦筊二耳，假令筊三而腹無孕，將許之季子乎？將不許之季子乎？又令腹有孕而筊二，將不以其身爲遺孤許乎？我知其必不然矣。死非貞烈之所欲也，貞烈欲其夫有後，而身可無死也。彼其就縊而死矣，而天不令死，是堅之也。貞烈故自分其必死，而尚徼幸于萬一之覬。或者天未泯季子孤，而未亡人可以完其後，此貞烈願也。至于一亡可冀，始不得不賫志逝矣。貞烈非有欲死之心，必依違而不能死；非有不欲徒死之心，必悔恨而不能再死。貞烈以義自裁，非以其筊也，亦非但以其死也。死豈貞烈之得已哉？

下宫之難，公孫杵臼欲生而不得生，故死；程嬰欲死而不得死，故生。臼以其死而成嬰之生，嬰以其生而成臼之死。烈烈丈夫，一生一死，相儕爲之，而始名千古難能之事。貞烈，一女流耳。筊三，則爲嬰之生；筊二，則爲臼之死。卒之，自引決于一死，無苟且于一生。吾故曰，死而有不欲死之心，貞烈之所難也。徒死，非貞烈之所難也。

讀蔡共節傳

共節陳者，蔡華山公配也。年十七，歸華山公。嘉靖乙卯，華山公以文學應省辟，未入棘，病亟，歸卒。時共節年十九，子龍明生甫十月。共節痛哭不絶，欲殉之，有藐諸在，又兩舅姑足依，人多勸止，得不死。間關百阻，撫孤以長。冰玉之操，終身一日，孤今老矣。孫于聲以萬曆乙卯舉于鄉，共節完始令終，没年八十四，于節可旌，薦紳傳之。

先是，蔡有孫貞烈者，于共節爲翁伯母。翁伯殁，貞烈年二十三，有子呱呱，與姑守之。未幾子殤，姑尋没。貞烈畢喪，遂自經死。事頗與共節類，但貞烈死，而共節幸不死耳。貞烈而既旌矣，共節能泯泯乎？余讀《共節傳》，蔡又以《貞烈傳》至，故並論之。

李光縉曰：吾與蔡得節烈兩孺人焉。兩孺人皆蚤嫠也，一稱未亡人，于嘉靖之壬辰，一稱未亡人，于嘉靖之乙卯，相距二十餘年間。芳齡同，子幼姑老同，欲矢志存孤同，初欲死而見以爲未可遽死同。其後以子没而死，子在而不死，若不同。而要之，殉夫之志，不轉不卷，終無不同者。

死生，非所論也，然亦各有難易。貞烈之難，難在一死。當其引繩自經之際，自馮生之人視之，豈不爲難？然一死，其事畢矣。俄頃，英風千古如在，何其易也！共節之易，易在一生。當其忍濡不死之日，自惡死之人視之，豈不謂易？然一不死，而萬愁起矣。備嘗險阻，與死爲鄰，何其難也！貞烈不幸而子死耳，假令如共節之遭，有可綿蔡氏一綫之緒，何至割裂而遽殞其生；共節亦幸而孤之存耳，假令如貞烈之變，中道有不可知之事，豈終靦忍而空惜此死？故貞烈以不背夫之盟，得死爲正；共節以不泯夫之後，得不死爲大。但貞烈之死，不死于夫殁之日，不死于子没之日，而死于姑之没三年喪畢之日。夫亡就子，子亡就姑，非殉姑也，乃殉夫也。此權于義之通，而正者也。共節之不死，以一生長六齡之孤，以一身衍三世之䏶，以九十稱未亡之年，爲妻代夫，爲母代父，其不殉夫也，正殉夫也。此適于義之正，而大者也。吾尤以共節爲難。孤立矣，身未必壽；身壽矣，子孫未必賢。共節皆兼有之。且其孫舉乙卯鄉書之年，乃先生父赴省辟瘁死之年。天若豫張其期，而以是酬共節勤者。豈非難哉！人亦有言，烈死易，節守難。如蔡氏貞，雖節烈並稱可也，即寘節于烈之右，亦奚不可？令甲，節六十始得旌，況八十、九十乎？噫嘻！共節旌可矣，旌可矣，是在觀風者採之。

讀蔡烈婦傳

烈婦，吕一元女，蔡生國襄之妻也。歸蔡生甫六月，蔡生忽遘疾危。烈婦手湯藥，昕夕扶起，籲天請代，而蔡生死。烈婦哭不禁，期以三七之日請殉。及期，朝奠不哭，易吉，告靈柩，辭舅姑，見諸屬戚，從容有禮，縊死于夫柩之左。觀者烈之，金邦泰君傳其事。

李宗漾曰：論烈者，當權之夫與後之間，不當論其適之久近，與其情之親暱也。夫有後，則立後爲正，而死爲溝經；夫亡後，則殉夫爲正，而生爲失節。以此兩者，概之中庸，均非正道。烈婦豈非正哉？烈婦以六月夫而死也，假令夫有後而數年死，烈婦必不死，不以暱而死也；夫亡後而數日死，烈婦亦必死，不以不暱而不死也。烈婦死，爲有其夫而藐諸之亡人耳，非爲其暱也。以暱而死，必以非暱而不死矣。謂烈婦拙也者，拙所以爲烈也；謂烈婦怯也者，怯所以爲烈也。傳稱，烈婦不知書，不習禮，其父兄盡椎魯少文，非有姆訓以閑導之。烈婦生畏約退拙，歸寧見蔡生，猶步縮面赤，怯不敢前。噫！烈婦不拙與怯，不能烈矣！

吾觀士君子，闊武雄談，稱《詩》，述《書》，騁泛駕之足，決懸河之口，以爲天下國家事，惟縱横，無不如意。一旦臨利害，決死生，則或有縮頸慄肱，甘首鼠而不辭者。此無他，機智開而利害熟，故忍濡生而畏避起也。不爲之爲，曙于有爲；不用之用，瞷于有用。果毅出于沉潛、英瑋本于淵懿者，士君子猶然，何况女子也！史紀婦節，自曹大家而外，其以博學曉書詞者，亡幾矣。夏侯令女之截髮、劓耳也，孫翊妻之誓謀潛刀也，其初一婉軟婦人耳。閑以帷廧，飾以結褵，中饋無遂，逢人則羞，初亦何常見婦才之有，而至于矢己志、刃夫仇、決勇士之所不能決，籌智士之所不及籌？豈其平居無幽閑貞静，誨人以容，乃能轟轟至是？故其爲蔡烈婦怯與拙者，乃其不爲怯與拙者乎？婦烈有繇來矣。

烈女傳後跋

古今論烈，自《柏舟》而下，班班史册中，如斷臂、截髮、劓鼻、割耳之倫，不難毁肢體以杜求者。然皆于既儀特之後，從一而不終，計畫無所之。不聞以女曹娥自沉于江，載父屍而出之。彼十四歲女也，其至誠孝感，足以泣動神人，乃其屬毛離裹之恩，莫解于心，而罔極于天，其竅猶相屬耳。非如兩髦不識面之人，而但許嫁之已也。駁馬結褵，其儀未施，死而以其身殉之。噫！如烈女者，亦難矣。然萬世之下，稱曹孝者，不但以其沿江之號，而亦以其縣長之改葬，與邯鄲子禮之碑文，則冢祠之褒，華衮之贈，亦曷可少也？林烈女死，名堙滅者數歲。會今上詔褒貞魂事，始聞于令公，乃合葬之。宗伯李先生又碑之，烈遂以彰灼于世，知與不知，盡爲嘖嘖。語有之，“附驥尾而名益顯”，誠哉是言矣！余讀《烈女傳》，亦云。

虎南真人虛慧傳跋

是書出錢兼山先生所親授、于虎南真師手録而傳者。按，虎南真師，乃吾邑章寄亭先生。書稱其即世後登仙籙别號，大抵亦南無伏虎之意云。

先生誕有異質，年十三，補郡弟子。于書已無不讀，以嫻辭見推。嘉靖丁酉，先生年二十一，學使者江午坡公拔先生首郡庠。是秋，遂領閩解。當是時，吾郡人文方啓，劉南郭、陳見吾兩先生相繼解閩，文聲震天下。先生嗣起于鼎立，爲三牛耳。中原他有解者，莫能及也。越三年辛丑，先生落南宫歸，卒于淮陰之舟中。惜哉！先生才藻雖盛，居人世之日淺，著作未富，其不泯于世者，獨其聲望與墨文一二試牘存耳。先生之登仙籍，游佛界，其説蓋起于吴門，初未有人知者，自是書傳，吾里中人，始嘖先生爲虎南真人矣。

夫文人才士，生而鍾靈異之質，或以文章著，或以事功顯，又或不幸，而大用不售，蚤赴玉樓之召。然皆嶽降非凡，歿而精魂不滅，復還仙籍，如騎尾箕、奎星奏事之類，往往有之，安得謂先生無是事？然先生閩人也，胡不靈現于桑梓之邦，而托于吴以顯？無亦此時吴越間釋教盛行，雖薦紳學士，有冠進賢而落髮爲僧者，有絶詩書、棄妻子，去而奉沙門之教者，人心如醒如夢，或易于招徠，先生乃神道設教于是與？抑先生雖生于閩，而卒于吴，前身故吴中之僊客謫人也？錢兼山、屠赤水兩先生皆宇中名公。錢先生梓師言以傳，屠赤水自越入泉，登先生之堂，拜先生之墓，咨嗟涕洟，徘徊而不能去。寧無深信于中，而稱弟子皈依若是，則其書必非誕漫、而不可信者矣。

不佞縉，迂儒也，知讀先生生前之文而已，今又讀先生化後之書，先生仙乎佛乎不可知，總之，先生天下士也。赤水贈先生云："一代文章宗工，千秋道學津梁。"斯言諒矣。

爲善陰隲後跋代

《陰隲》一書，成祖文皇帝所以誘勸天下，而與臣民共爲善之意也。大哉！聖言。昭揭中外，歲久漫漶，民間莫得藏本，臨淮知縣、今考授御史臣劉思誨重梓之。臣鍾有受新命之任興國，道淮，克見是書，復刻以廣其傳。

蓋嘗伏讀而深思之，文皇帝靖難底平，奠鼎燕京，一纘高皇帝之緒，再洗乾坤而登之日月之明。當是時，以聖人之德，居天子之位，更法定制，考禮易樂，威武神靈之所變化，紀綱禁令之所讋服，大小臣工，下逮黔黎，以至海隅日出之邦，夫誰不濯心滌慮，若文命而訖聲教。乃猶廑聖慮，惓惓以陰隲爲善言，采輯古今事成書，御序以致叮嚀之意。若曰，此天地鬼神，冥施禍福之報，厥類惟彰，幾微不爽，所以助皇家政教權制之所不及者也。故陽予之法，懾以慶賞刑威之公，而使天下畏；陰予之隲，歆以富貴福澤之私，而使天下悦。若是乎，聖人與人爲善之心，一何深切而著明矣！

今按是書所臚列，其人不必盡達官貴客，而或起于匹夫片念之孅；其事不必盡深仁累澤，而或動于見聞偶觸之惠。或賑恤在一時，而慶貽于奕世之後；或施捨在當身，而福流于子孫之遠。或婦人女子之所爲祥，而其澤之長，烈丈夫之所不及臻；或禽魚髑髏之所爲德，而其報之異，人懸想之所不能知。隱而顯，微而彰，中孚而明信，如桴鼓之答，如左右券之符。人無尊卑貴賤，善皆得爲之，陰皆得隲之。要以書所録之善，冀望于無位之人者，什二三；而責成于有位之人者，什七八。庶人爲善，善止一家，其隲尚小；長吏爲善，善及邑屋，其隲差大。推此而上，位愈尊，則其善愈遠，而天之所陰隲，當亦愈昌熾矣。陰隲之損，非貪則酷；隲善之益，在廉與恕。廉者，所以生心之本；而恕者，所以活人之方也。然非廉則恕，必不行矣。不殺無罪爲仁，不取非有爲義，兩念皆善，而道相因焉。匹夫爲善，陰隲無窮，非輕利不可，況士大夫乎！反覆是書者，所宜深念也。謹跋。

兵制考小跋代

大學士史先生，官史局時，編摩是書，備昭代聖史之録，名曰《兵制考》。藏其副，未易以示人。兹且出，而應天子樞筦之命。適遼左用兵之時，思所以寢虜氛，振軍實，釋九重拊髀之憂，故授之鐫，以公人人，使知祖制蓄威養鋭之本，準其初設，誠行之，甚盛心也！

竊伏讀之，高皇帝之所以取天下，文皇帝之所以靖天下，與列聖相傳之所以守天下，兵制盡在是矣。聖人受命而興，以一劍成帝業。親冒矢石行陣之間，于戰勝攻取之事，最所周詳。及天下既定，防患思危，爲宗社千萬世計，設大營衛，分内外軍布之。各以京師爲根本，其居重馭輕之意則一。而時勢不同，要害遂別，沿革因之，遞更遞變，亟重者先，其勢然也。高皇帝定鼎金陵，何嘗不制虜定邊？江淮乃其門户，于倭患亟，而虜患寬，故樓船之設特詳。文皇帝定鼎幽燕，何嘗廢海禁？備倭九邊，政其肩背，于虜患亟，而倭患寬，故雲屯之壘獨重。後雖兩都並建，陪京次之，霄旰（宵旰）之所經營，軍政之所廢置，自京營守衛軍而外，靡不在邊。于是，中國之轉輸粮餉歲出，司農金錢，亡不竭之于邊矣。夫制之不能久而無更也，更而不能無得失也，是聖人所不能如之何也。獨其制變易更置之權，不可不操自朝廷。如五軍府之更爲三大營，三大營之更爲戎政府。或分或合，或統以武臣，後或兼以文臣。又如，中涓典禁兵之重，班軍充營作之役，或罷或不罷，或已而後仍然，皆廷臣議之，天子獨斷行之，則何更而不可。即失，而易于更。惟是名似美，而釀禍實深；邊將不以聞，廷臣不敢議；以中國朝廷之尊，不得行其更革予奪之命；絶之不可，制之不能，姑隱忍以狥其請；彼豢而益驕，我朘而日削，則今之欵虜市，是也。九塞之兵，欲不衰耗虚憊、日就脆弱，不可得矣。

司馬子長負良史才，網羅千古舊聞，而作《史記》。特詳漢事，獨缺“兵制”一書，但于《律書》附見之，曰“吹律聽聲，兵械尤所重”云。班孟堅因之，作《漢書》，亦不詳漢南北軍之制，而但于《刑法志》見其微。豈漢當幕南空庭、韓邪請塞之後，人主廣大氣已竭，太史預識其凌遲衰微之漸，當不在邊境之不知兵與？先生當神宗朝，兵衅甲銷之世，烽火不驚，邊陲晏然，朝野恬嬉，可謂和樂。而先生之所隱憂，獨在于此，詳考是制，以爲世鑒，不待今日遼左無兵，喪師失地而後見也。子長、孟堅，削而不書，先生詳而不略，作史者良有深意，其于識微遠見均耳。嗚呼！欸不絶，則邊備終不可振。即日取兵制而訓討之，未見易爲力也。此先生所欲言未盡，而微寓其旨者，先生之慮遠矣！

戲　墨　跋

余睹雪坡道人《戲墨》，可異焉。凡一十七幅，種種有幽致，字畫詩歌，飄洒絶塵。畫荆棘曰："純是小人，絶無君子。"或云道人托言也，道人生正統世，見當時有貂璫之亂，故云。其讓侯爵而不就，亦以是故。得道遺世之人，如挾雲御風，于富貴何？有彼其視世俗所名爲賢人君子，而奔走于功名利禄之途者，盡以爲荆棘。莊生謂，人之君子，天之小人也。奚必真小人哉！古今讓節，自夷、齊而下，人皆能名所以。獨許由讓天下不受，莫名所以，且令萬世後，疑其人與事，而以爲無有也。太史公遂并其塚而疑之，曰，"余登箕山，其上蓋有許由塚"云。"蓋有"者，非真有也。異之深，信之至，若疑生焉。余聞道人亦有塚，生前自擇，死後埋之，不示人所在，子孫但望藤蘿樹以拜。或云，藤蘿從禪榜中起，香花聞數十里。言若有若無，余亦曰"蓋有之"云耳。語道人讓者，問藤蘿可也，不必問荆棘也，總莫名所以也。

奏　疏　跋

我朝藩王分封，不裂地而予田，事權不假，但令衣租食税而已。國之制也。往福邸未就國時，神宗皇帝不忍膝下之違，而難其去。廷臣屢疏請封，不能得。一旦得請，上意欲富之，恣所請輒予，給莊田二萬頃，跨連梁、楚、齊、魯間，青、齊派田尤多，中使清丈，躪蹂特甚。一時中外臣以出就藩封爲幸，無敢抗疏言者。

同節姜先生，時以參知守登、萊，獨上疏，力言其濫予踰制，基禍永害，爲國家宗社深遠慮。反覆數千言,詞甚切至。嗟夫! 父子之間,人所難言,矧天子之愛子乎! 當此剪桐之初,豈不念其後子孫長世世爲王,自今日始,而思爲之地。且以天子之父,而行于天子之子,非有違帝制、分茅胙土之事,則何請而不得,何欲而不遂? 而乃預筴其未必然之隱憂,奪主上之所甚愛,靳之以所得行,而不可踰之度。其以爲非人情,必矣。孰知上之寵異愛子者,不盡在是? 昔賈太傅當文帝世,痛哭陳諸侯王疏,請衆建而分其力。誼蓋逆知其不再傳,當有七國之禍,以爲削于後而激之變,不如早聽其自分而小其國,此善筴也。惜當時大臣心害其能,帝亦弗之用耳。不然,七國無自起矣。其後,主父偃祖其議,而行之元光、元朔之朝,終漢世,遂無諸侯王之患。

先生上《莊田疏》,蓋亦慮是,非故抑上恩也。儉藩禄也,所以成天子莫大之慈,而善其封也,倘亦賈太傅之遺筴乎? 雖與《治安疏》並垂今古,可矣。然誼所言者分國,在天潢親屬之間;先生之所言者分田,乃聖明父子之際。均之通達國體,而情之親疎、所言之難易,又自不同也。先生刺吾郡,有去後思。去益久,思益至。適有傳是疏入泉者,士大夫争讀之。人仰其正氣直節,以爲去後猶見先生云。噫嘻! 先生之烈遠矣。

節孝録後跋

韋孝子公既已受天褒,于是冡孫敬乃始輯其《節孝録》,付之剞劂氏。大都自郡乘外,或傳或贊,或詩歌,多正、嘉時薦紳先生著也。入隆、萬來,其以頌韋公孝,一二譔著間有之,然終不能多于往者。以光縉樸樕,亦既孝子傳矣,冡孫氏復强光縉使跋之。令光縉言,安得有加? 且安得加于諸先正長者之言也? 光縉是以不敢贅,論其軼事。

往者,孝子請旌其母節,天子予之,卓楔賜其額曰"貞節之門",去今五十六年。鄰失火,延燒數十家,孝子居亡不煨燼者,獨是卓楔巍然烈焰中,回禄不能菑也。鄰有力家慮火及,遣人乘火推墮之,焚益急,坊竪益堅,其人自仆于地,鄰懼乃止。堵觀人人竦立,以爲孝子神猶在,能與火争力也。傳載,孝子廬父墓時，天久雨，棵垣將壞，有白衣神人呼孝子出，孝子應聲出，而廬圮矣。此猶孝子身在耳。至孝動天，古今有之。卧冰出鯉，泣竹生笋，孝矣。及以其身也，生則竭力，没則已焉。乃孝子没，再易世也，何靈爽若是？其爲孝子神撑支乎？事奇。其爲它有神而孝子撑支乎？事亦奇。孝子之言曰："吾廬于是，穸于是。"廬今爲孝子堂斧矣。廬可丘，故可水坊不可火也。殆天完其孝，而故留之與？今天子旌孝子公孝，仍其卓楔而新之，額曰"節孝之門"。孝子之爲孝，于今益烈矣。後有過而問之者，猶從指之曰："斯額孝子孝者，故孝子之明瞽明復，勯力以旌其母，而當身手樹之者也。"則不獨孝著，而母節亦著。母子相依，名敝天壤，可矣。故獨表而出之，以補郡乘中旦評之所不誌。

節傳後跋

不佞縉，弱冠時與林君爾臣對壘治筆研，爾臣往往語及母陳孺人嫠居孤苦狀，亡時不淚簌簌也。爾臣再歲孤，縉亦四歲孤；爾臣僅有母，縉亦僅有母。縉又亡時不爲爾臣淚簌簌也。爾臣今駸駸且嚮用矣。于是孺人年六十又八，令甲當得旌云。懿節淑行，聞于郡中，賢孝之聲藉甚。先是，今少宰麟泉王先生傳之，繼吴郡大司寇鳳洲王先生又傳之。兩先生以氣節文章，提衡中原，弁冕海内，士被容接，轉相艷慕，咤爲奇遘，而何况受一言于華衮哉！蓋兩先生之傳出，而孺人節，昭昭日月揭矣。今其傳具在，試取而讀之，忍死存孤，間關百折，垂暮不衰，雖共姜、伯姬，胡以異焉？

縉居嘗慨太史公不立節婦傳，至所述巴蜀清節，斯已奇矣。而區區稱其家不訾，用財自衛，抑何其卑瑣亡當也！以今讀王先生蔽賢語，然後諗太史公之意，微矣。彼誠謂秦風陋，舉不逮貧也。假清而寠人婦，空室自守，能令秦皇帝築懷清臺、見尊禮耶？然而清之名，至今不泯焉，不以秦皇帝之臺，而以太史公之一言，其微詞，足信也。仲尼予《柏舟》，録其詩，不詳其事，而後世信之。夏侯女、□氏妻之儔，傳其事者，割耳、截臂、斷髮、割鼻，詳哉其言之矣，而後世亦信之。雖其人之節烈哉，得所附而永也。以孺人節，即不傳亦信，况其傳乎！即不詳亦信，况其詳乎！而况其傳且詳者，又兩先生也！孺人行不踰壼閾，而聲或能徹九閽，則兩先生言之爲券哉，某是以不具論其所可徵者。

疏

請重修唐四門助教歐陽行周先生不二堂疏

郡温陵福地，舊爲資壽寺釋氏梵公之所也。嘉靖初，郡太守童南衡公、别駕陳少華公，改原城隍廟爲参戎府，始移城隍像祀之。革浮屠之居，爲明神理幽之宇，此政之善更者也，郡人今賴之。

先是，寺後左有小山亭，祀朱文公先生畫像。右有不二堂，祀歐陽行周先生塑像。按之郡誌，不詳其搆于何年。據父老相傳言，謂文公爲同安主簿，每抵郡城，必登小山，稱其山川之美，爲郡治龍首之脉，每徘徊數日而後去，自書曰："小山叢竹。"而于不二堂，文公曾修之。今所懸對句，曰："事業經邦，閩海賢才開氣運；文章華國，温陵甲第破天荒。"此文公華衮之言也。若然，則不二之堂，更古于山亭矣。大抵前代搆此，良有深意。

郡龍脉發于清源山，轉賜恩山，從東北隅入城治。起崇福嶺，過虎頭山，中抽爲今福地，資壽刹之。當是時，有識之士，不欲使府治正脉盡爲浮屠氏所據，故構此兩先祠，以高壓其後。一爲閩開道學之祖，一爲閩開甲第之祖。不徒寄高山仰止之思，且以寓五百年道脉歸儒之意。則寺之所以廢，與郡人文之所以興，未必非賴于此。去今千百年往矣！歷代久遠，遞壞遞修，遠事不可考。蓋萬曆初，郡太守丘厚山公嘗捐俸修葺。二十五年，先生後裔、觀察八山公，及侄生員承光煒等，見廟宇就頹，于郡太守程羅陽公，呈請修整，不費公帑。給示所呈，委宜修飭。仍禁戢占住不二堂聚徒博賽、污穢作賤者。近年，太守竇淮南公、蔡五岳公，仍後先剪除其占住之人，以隆崇祀之典，均有功于斯文。

今小山之亭，傭流賃處，穢瀆已甚。而不二之堂，傾圮益甚，户牖無存。廳事中爲居民往來之徑，至有毁先生像而剜掘其壇位者，俎豆荒然無矣。不佞縉卧病山中，鲜出門庭，偶造斯堂，見先生之像不存，不覺愴心淚下。安得先正故宫，而一朝湮滅如是？乃髣佛間，若先生之臨吾前，迫而視之，見先生于堆土中，衣服粉碎，頭面猶存，乃扶而起，以授道士，使藏而奉之，而先生之道貌，盡在不佞縉雙眸晉接中矣。亦奇矣哉！因以告余同年黄仲石公，謀興復之。議未及舉，而八山公之子承東，偕其族昆、孫姪輩，相率造不佞請疏，欲以聞上官，再塑而新之，并修其堂宇。此義舉也，亦孝思也。先生遠嬴，可謂有人矣。

先生崛起于唐建中、貞元間，與韓昌黎諸公同舉進士，稱"龍虎榜"。其道德文章，聲稱至今在人。而先生所居之里，所遊之地，輒能使之爲重。山以詩名，橋以歌嘯名，讀書之巖以歐陽名，堂以不二名。手書墨蹟，千百年而不茀廢。則先生之精英靈爽，何時不與朱文公並流行于清、紫間？夫寧以像之興廢爲存亡？然郡人所繇尸祝，而善弓冶之學者，未始不于像焉寄之，烏可廢也。夫褒崇往哲、誘進來學者，賢大夫之業也；追繩祖武，景慕前修者，賢子孫之事也。文翁修舉學宫，破蜀地陋風，班孟堅以冠循吏之首。孔甲爲聖人裔，憤詩書燔棄，抱祭器爲陳博士，太史公列經術諸儒之前。昔人之重文教，而不忍遺其先業，類如此。後之視今，猶今視昔。然則爲先生後者，當何如也？嗚呼！斯文未喪，大道若揭，烏號之弓已墮，曲阜之履猶傳。吾鄉近多彬彬鉅卿鴻儒，項背相望。苟遡其詩書世業之所繇來，與冠帶衣履之所繇盛，則于先生啓後之功，當有遐思焉。毋徒曰："此歐氏子孫事也。"願相與協力共成之。謹疏。

重修清净寺募緣疏

竊以吾儒之道，東魯爲尊；異氏之端，西天各别。維兹清净之教，不同佛乘之宗。蓋其道主于事天，而其法先于尊祖。不必外别其派，捨世身以皈空；何嘗内棄其親，沿衣鉢而他父？業即士農工商之業，人爲父子兄弟之人。説其真言，諒不在飲食拘忌之跡；微其奥旨，倘亦有神明齋戒之方。所嚴者天而非神，可無尚鬼之誚；所宗者法而無像，何煩迎骨之譏。雖語不諧乎唐音，和之者寡；而經無從乎漢譯，讀之爲難。然惟不易以中國之書，是以得免乎僞經之雜。宣則同調，即異齊可以合鳴;悔則净心,但頂禮而無供養。依一年之運,定一日以爲齋;按七政之期,遇七日則有拜。禮實嚴而難犯,法似近而易遵。豈無當儒者之慎修,可沐浴以事上帝;抑或同墨子之薄葬,亦封樹而掩其親。故士有譚禪譚玄,是書固推援之所未及;而儒或攻佛攻老,此道則彈射之所不加。均非震旦之真傳,當是竺乾之一派。

據此層樓之設,豈非壂土之奇。籌坎離而宅其中,通震兑以作其會。門以南爲向,堂以西爲尊。叠叠重重,規制異人間之廟宇;昂昂噲噲,翬革髣天上之樓臺。峙文廟之東,則如鳳有翼而龍有角;崛武臺之北,宛若虎斯隱而豹斯藏。一柱于雲,並紫帽峰而作對;七級凌日,參開元塔以爲三。寧第壯法門之觀,實足表儒林之勝。乃積歲月之頹壞,兼值風雨以飄摇。屋雖未顛,棟其撓下。若及今而葺治,猶有靈光;必徒任其丘夷,終然瓦解。誠净教之存亡攸繫,亦斯文之典廢所關。爲此募緣,共成勝事。善根有觸,何必問入主出奴;福地無邊,但冀發同心雅念。落筆即爲實願,喜捨請無虚言。

謝元君疏

伏念縉少而學《易》,長僅知書。象數不分,何知谷神之大道;功行猶暗,屬意内景之微言。妄窺九天,終鮮一得。説焉莫曉其自,記則不知其詳。幸荷元君,神聖七宫,掖女慈仁。憫此顓愚,開其靈哲。大夢大覺,豈强探之能聞;説幻説真,由玄通之指授。矧傳珠璣于天上,復錫華衮于人間。律諧宫商,恍惚殿上之降;聲戛金石,勝來瑶池之觴。慶通幽明,恩沾母子。况彼擊雷之有意,授以青筆之非常。爲此感恩,特疏申禱。伏願天命玄鳥,嶽降生申。起甲子于枝頭,更添籌乎海屋;敷乾坤于朵裹,乃振藻于日邊。某不勝云云。

又

伏念某命途多舛,覺路未通。載齒髮于人間,未由寸竪;抽腸胃于掌上,但塞空言。影隻形孤,未叶熊占之夢;舌鈍齒敝,猶鎩鵬摶之摇。知同衆生,慙墮惡道。繇來汎苦中之海,幾時登筏上之崖。所恃耿耿丹衷,自盟久禱;猶賴赫赫神鑒，時庇餘庥。錫以篇詩，數及名姓。金石同鈞天之調，珠璣爲雲漢之章。況馬鬣罣封，曾停法驂以登覽；而象牙噴起，實藉靈通而指揮。言將起種于青房，且賦壽極乎萱李。華衮已至，保祐亦多。顧聞來年公車之待，應有先時戒途之防。凛此皈依，伏願慈憫；轉禍爲福，易菑以安。青雀鏡（境）中，庶免風波之險；白駒道上，更無盜賊之虞。綵筆于焉干雲，長庚爲之入夢。河東已就之賦，望有得于吹噓；天禄不盡之文，尚更期乎點綴。縉不勝云云。

與李聚伯求嗣疏

祈生令子，以廣萬世之嗣者。伏以《詩》頌《玄鳥》，《禮》重高禖。故申甫之生，降自崧嶽；而宣尼之禱，應以尼丘。自昔靈秀之鍾，多有英賢之出。矧玆今日，更屬奇逢。

恭惟默德聖人，道以天真爲主，教以人倫爲宗。説法西方，流傳億千百載；傳經東土，遵崇幾數萬家。浴德浴心，往來同乎民用；齋日齋月，神明妙與天通。惟其不空乎眼耳鼻舌身意之根，所以繁生乎君臣父子兄弟之衆。禱無微而不應，祥有開而必先。言念文奎，名列辟雍，身居主器。衣冠世代，行當有報于泥金；弓冶家傳，竊願廣嗣于種玉。幸值天堂之鼎造，欣逢帝祉之來臨。至尊者天，奚啻山川之勝；莫大者道，更異弓韣之來。是在聖意之生賢，更望天心之與子。寶塔瓊樓之氣，今當屬之誰家；清源紫帽之英，知盡鍾于李氏。或《樛木》先而《小星》逮，則《螽斯》詠而《麟趾》歌。户外之矢斯懸，掌上之珠必再。下情不盡驩忭懇禱之至。

求　嗣　疏

伏以自昔賢豪之生，必孕山川之秀。崧嶽降而生及，帝武履而敏歆。故瓜瓞之綿綿，所以衍仁者之後；而《螽斯》之蟄蟄，無非篤君子之家。是其德福之相因，抑亦天人之符合。

恭惟裴聖真人，神游象表，德與天通。玄棲而化其真，登假以至于道。泉山洞曉，俯坐瞰乎城中；石室蜕春，引香浮于海外。蓋轉丹以伏虎，其人至人；必福善而降麟，與子則子。言念某爲洞齋先生之季子，乃浴江封翁之少孫。名夙列乎青衿，材殊超于藝菀。負有士人之望，無忝父祖之風。吹篪吹壎，鄂韡莫如兄弟；鼓琴鼓瑟，好合宜其室家。雖主器有人，大宗之雲仍已啓；而支流未愆，當户之懸矢猶虚。惟其得之爲難，所以禱之益切。矧閥閲之堂搆，新如翬如鳥之觀；而筦簟之寢安，適維熊維羆之叶。君子居之攸濟，奚以加焉；大人占爲厥祥，此其時也。爲此虔請，仰藉神庥。頭上好花，散予人間之萼桂；盃中喫酒，添來醉後之弄璋。或樛木南而索有初，或參昴東而貴斯從。不但三珠之來樹，且有五桂之争芳。韓稚圭産于清源，山靈于今再倒；張吉甫憲乎四國，孫謀及以萬年。下情不盡驩忭懇禱之至。

弘文帝君開光疏

恭惟尊帝，階首垣中，宿分天上。躔斗魁之北度，繫文昌之東偏。祚啓朱明，掌奎壁圖書之府；權參紫極，焕日月宇宙之光。帝紀以之揚精，詞林式其振藻。允矣文章之司命，昭哉金玉之會神。

維兹萬山第一之峰，實爲七閩無雙之地。矧逢大梁之會酉，適值青宇之開新。子午當籌，玄枵與鶉首相應；震離合德，青龍並朱鳥共飛。乃順天心，獨標帝座。巍巍赫赫，恍法駕之來臨；凛凛洋洋，瞻玉顔而至止。參首杓携于斗次，朱衣暗點于空中。給筆札而簡宸司，秉誥軸而揭天榜。不意人間之經緯，得依斗府之光華。乃有開必先之徵，亦破荒未有之事。三三紫塔，應聞雁聲之豪；九九青門，必來龍軸之動。天文合人文而兩耀，帝心同士心以胥康。爲此妥虔，不盡驩幸。

啟

上岳石梁公祖啟

恭惟老公祖大人，學本性成，道繇妙悟。闡濂、洛、關、閩之秘，紹鄒、魯、洙、泗之傳。蚤掇賢科，望已隆于山斗；繼登峻第，籍遂繫乎聖賢。秉禮秩宗，士推寅清之雅；出守牧伯，人稟德讓之風。旋振鐸乎七閩，遂敬敷乎五教。慨士習之多舛，繇文體之日漓。始猶濫觴，今同逝海。離經叛道，名理不存；聱牙棘喉，體法何在。是皆哺糟啜醨之句，反詑開天闢地之能。間有竽收，轉相矉效。上好而下斯甚，瀾倒則障難東。豈唯語言文字之非，抑且心術政事之害。所賴明公之視學，幸作斯文之主張。課士以文，相天機於牝牡驪黄之外；責士以實，辨才品於規矩準繩之中。衡鑑無私，瑕瑜畢照；樵薪有道，葑菲不遺。有時自製鴻章，間以程品多士。示之模楷，奉爲司南。啟鑰抽關，多前賢所未發；洞膚極髓，豈末學之敢陳。思正道之難明，提撕每竭肺腑；厭閩音之重滯，指摘直中膏肓。教澤方新，文風丕變。

顧縉譾陋，何當甄陶。四歲失怙，五十而始得子；十歲知學，七十猶然無聞。天未息之劓黥，人復甚其斥逐。鴻冥已後，雞鶩何争。雖無據馬顧鞍之思，然有老牛舐犢之愛。惟中丞黄公之憫念，予其藏不責其行；亦宗師大人之殊知，憐其身更録其子。於窮儒則罕有，于國士爲深恩。能不中結，忍甘自外。嗟巾袍之已老，恨面目之可憎。心欲謁而足不前，影未露而顔已厚。是以遂堅匿於無人之野，益自矢不敢及有司之庭。豈欲沽名，但求藏拙。望大人廓天地之量，庶小子免雷霆之誅。何以爲祈，惟有多男之祝；無階可答，難忘寸心之藏。雖絳帳之暫違，儼門墻之伊邇。肅此荆謝，仰冀海涵。不勝感激惶恐之至。

上蔡五岳公祖啟

伏以隼軾初開，新瞻儀仗；画熊甫釋，舊愛棠陰。遥制暫違孔邇，洪潤尚煦餘波。恭唯老公祖大人，中朝碩輔，盛世真儒。學有淵源，紹孔孟之詮諦；道無專主，融儒釋之異同。謂經術所以緣飾，而禪教或能補苴。故於道化脩門之中，默寓因果誘俗之意。陽春有脚，冰蘗無塵。比及四年，大穰七邑。廩廩循良之譽，赫赫神明之稱。行真治真，睹西山之復起；後蔡前蔡，羡端明之再生。已奏最于天朝，膺增秩之寵命。司分臬憲，職掌備兵。温陵爲縣宇名邦，可卧而治；

建州據閩國上郡，坐鎮何難。德讓先乎龔、黄，風裁隆於丙、魏。緬惟居郡之日，每宏禮士之風。

縉何人斯，特蒙優異。憐其抱刖，惜此數奇。卓額見褒，學者侈爲榮遇；命車枉顧，市人駭其殊逢。謬許文章之能，再加名世之錫。素無求見，幸不譴訶；臨别進參，過受容接。座上温温之度，席前欵欵之談。此皆生平不敢徼，一旦得之豈非奇。獨恨垂老不遇之軀，當此吐握相看之日。豈無生色，驚寸舌之猶存；奈此窮年，嗟餘生之有幾。既絶争于雞鶩，忍自齒於陽喬。亦知聖世無錮人，葑菲畢用；竊念士人有高蹈，枳棘難棲。逃不爲名，寧知役世之疾；得之不去，遑恤有道之非。不藉明公，誰諒棄士。片息可留，竟是清源之朽蠹；二天尚在，長挹雪水之留芬。唯有鏤心，仰瞻大用。下情不盡驩忭戀結之至。

與雄邑中尊王具茨啟

伏以中州人譽，上第僊材。鴻製流傳，高握文章之柄；宏猷剸割，卓邁經濟之倫。學者尊爲斗山，朝端倚之楨幹。維兹雄邑，首輔神京。昔稱鎖鑰之關，今爲咽喉之地。非其質不可以畀，惟其人乃能克堪。顧學製於初，雖賢者不易；有游刃而試，獨明公非難。涖事未及三年，誦聲已洽四國。誠多悶悶之政，寧無赫赫之稱。鳴琴戴星，萌黎戀若父母；拔葵樹蘗，吏胥凛如神君。屬當青齊水旱之災，特軫人民流離之苦。招撫不知其數，賑貸如繇己饑。飛舃雲邊，未覩鵷鷺之舞；馴雉日下，且看雞犬之寧。蓋其初，天子將大用之，故特試之近地；至于今，民瘼方有賴焉，仍復免其來朝。雖零露方新，有懷譽處；而彤弓肇錫，將饗一朝。睹君子之政平，衆但廩其德讓；遡仁人之澤厚，更有溢于至誠。適先弟盡瘁簡書，可憐匪躬之故；見孤侄空身擗踊，遂動我殯之心。即當日所以周旋，雖親生同此慘切。嘆昔人麥舟之助，未必行道之嗟；想彼賢樹劍之酬，亦是生前之許。是皆有故，非出倉然；何如殊恩，曲加意外。方爲子而殯其父，忽緣弟而問及兄。

愧光縉數奇坎壈之夫，何當齒頰；抑明公生平意氣之雅，猶憶姓名。侄子歸而備言，家僮述以爲語。聞之酸鼻，惄焉刺心。悼脊令之參商，衹餘涕淚；幸嚶鳴之遠和，但結懷思。倘冷灰之能燃，願自托於頸刎；或含環而可報，又何借乎軀捐。咫尺猶違，恨半腔之未抒；日月難待，先寸楮而求通。肅此申候，容圖伏謁；統在台慈，炤原主臣。

復陳方伯啟

老公祖大人，文章山斗，道德圭璋。學富五車，寧射父、倚相之敢望；詞傾三峽，謝宋玉、景差之能聞。自敭歷乎曹郎，冬、秋官之政畢舉；旋典試于滇國，譽髦士之長兼收。才猷益暢於朝端，官階遂崇乎臬憲。進專柏臺之長，爰陟薇省之尊。入閩以來，首重保釐之實政；履任而後，每隆吐握之虚懷。故延訪之誠，必先名輩；而寵數之賚，猥及寒微。夫士貴成名，非徒取其虚名；而學先適用，亦豈高其無用。

乃如縉，今復何言？才不足以通方，資無適于逢世。彼吸餌之陽喬，不甘自擬；如涸轍之枯鮒，縱活奚爲？冷灰既已莫燃，寸舌尚何足顧。欲奮鯤鵬之擊，則徒負鳩鷃之羞；欲争雞鶩之餘，又恐貽鴻鵠之誚。是以忍耻於既往，故且匿影于將來。嗗落堅瓠，但硜硜其自衛；屈伏蝹蠖，敢汲汲以求容。詎意落魄之殘生，反同鬻金之駿骨。使華遥降，衆以爲榮；玉函過褒，心生其愧。君子固伸於知己，政府亦厭其及門。士無周秦，貴賤惟人所取；鼎有柳下，真贋愛其自饞。何敢負明公、大人之深知，但恐是清源、紫帽之棄物。拊躬自懼，臨賜增慙。

賀憲副程蘿陽啟

伏以節鉞新專，克參文武之憲；冕帷舊部，載想循良之風。威儀復睹于漢官，功名不損於治郡。方拭目其風采，仍翹首于膏濡。士庶歡聲，山川改色。

恭唯老公祖大人臺下，朝野碩譽，寰宇人豪。昔當太守行春之時，已有中丞開府之望。民間佩犢，勞來稀有安居；道上攫烏，毫釐不敢少□。民以爲父母，赤子盡在懷中；吏以爲神明，奸人去入他界。誅罰不用，寬和爲名。一郡是以翕然，七邑遂有大穰。屬當吏民之鄉化，忽動母子之深思。陳情作歌，莫解尸饔之念；瞻雲陟屺，適惬猶來之嗟。棄黄堂而就萱堂，辟官舍以問子舍。既移忠以作孝，復轉孝而爲忠。慕以終身，帝命忽頒于北闕；召不俟駕，吏檄再起于東山。依日月之光，且補官於三輔；來璽金之錫，即長憲于七閩。統治遥臨，地若遠而非邇；行部一至，民喜往而復來。昔之扳轅，今爲負弩。道觀者莫不贊嘆，郊迎者争致先驅。豈天子寓意於用公，若陰畀以河内之借；抑我公加隣于吾地，特微示其并州之惓。在彼桐鄉之祠，但以身後；即若峴山之泣，亦止行人。何如公來，致令民舞。飢渴慰十年之想，帡幪同二天之私。

凡厥士民，光緒尤甚。迂疏見棄，莫酬國士之知；貧病侵尋，屢被非人之叱。鄉閭盡詆其弗類，明公猶以爲可矜。先年造廬，價增十倍；今朝錫貺，寵溢百朋。冷灰久不復燃，枯木頓覺生色。寧守涸轍之鮒，何堪吸餌之喬。謝不及門，此書生之故態；物莫盡志，亦寒品之當然。在緍何得言蓬藋之高，願大人深見宥形骸之外。衹陳蕪牘，仰切賀衷。

郡刺史汪石記啟

恭惟台臺德業鍾鼎，文學斗山。掇名賢科，曾執登壇之耳；通籍郎署，益展經國之能。文章緣飾乎簿書，才猷原本於經術。榷淮陽之税，陋桑、孔於不居；領泉郡之邦，追龔、黄而爲伍。蘗冰自樹，廷歌拔葵之風；鸞鳳化翔，國無烹鮮之擾。守符建旆，露冕行春。教士興賢，恩既深於挾纊；馭吏繩法，威亦嚴乎雪霜。矧是時四郊無青，藴隆之虐已甚；且阻春六月不雨，雲漢之憂慓如。猗與我公，撫及百姓。素衣步禱，天監璧馬之誠；發廩賑飢，人沾桂玉之賜。霖雨三日，望洽須臾；《荒政》一書，法傳經久。汲河南之便宜有在，富青州之遺法斯存。青青其穜，風拔禾者以起；鎛鎛多稼，日半菽者潦飢。婦飽男嬉，山寧海晏。已衽溝中之瘠，復登化日之臺。循良政成，澤留乎紫帽、清源之境；監司位重，權都乎三山、七閩之墟。秩既薦加，道遂遠播。

光緒駑駘下乘，樗櫟散材。碌碌無能，曾何成於刻鵠；硜硜自守，徒無齒乎陽魚。不意迂疏，反荷台盻。奚啻稠人之識，過辱國士之知。雖寸舌之猶存，慚斯髮其向短。數刖數泣，衆共笑其奚能；屢蹶屢貧，公獨知其不遇。何由一報，以答二天。爰當畏壘之驩，竊附峴山之慕。黄使君有如椽之麾，腐儒敢擬於續貂；惟明公溥如天之仁，土庶共占其蟄羽。乃謀伐石，用景高山。光縉不揣，謹將輿情及黄使君之命，僭譔成記，自慙弗文。謹此録稿呈覽，下情不盡瞻戀。

代李景春賀冢宰啟

恭惟大人閣下，三朝名輔，一代儒宗。從敭歷之望深，荷簡擢之命重。進居華要，入履清班。率屬陪京，曾首六卿之長；秉銓北部，益增八座之榮。蓋尚書乃喉舌之官，而吏部尤權衡之要。官曰天官，豈春夏秋冬之各職；而宰名太宰，實兵刑禮樂之攸端。天生聖人，厥有名世。主臣相得，朝洽魚水之歡；人法並行，國有鴻逵之漸。愚賢何至同滯，于（予）奪一秉至公。自銓綜而來，凡省臺正色之臣，不虞於解組；從遴擇伊始，雖山林被放之士，盡慶于彈冠。士氣因之益伸，吏奸於焉稍戢。允爲九牧之倡，旋滿三年之封。秩進二公，寶帶錫章身之寵；階崇一品，襲衣頒在笥之珍。誠聖明之倚毗，乃朝宁之端揆者也。

某樸樕下吏，樗櫟散材。承乏中臺，幸荷青盻；出行郡國，愧裂白麻。所幸直指七閩之區，曾經明公振鐸之所。知真儒之作用，桃李蹊存；睹大臣之事君，葑菲下採。敢不貞其度，肅其僚，仰承冰鑑之風；惟有攄所學，舉所知，竊效颺言之義。下情不盡歡忭激切之至。

代何某某上陸三尊啟

伏以大造陽和，歜吹嘘乎寒谷；深仁霈澤，能濡沫於枯鱗。故欵段望伯樂之垂青，擁腫待公輸而斲削。僭扳干冒，懼罪惟深。

恭惟太公祖恩臺，鍾鼎名家，組圭鉅望。毓英金粟，自靈派以騰龍；紹學江東，作《甘泉》而吐鳳。洛陽爲之紙貴，元圃如有玉堆。既而車緹油屏，時展雲霄之足；銅章黄綬，人羡荆楚之才。家法宣公，座鳴司馬。飲冰茹蘗，軼景倩之真清；執版佩刀，逾顧和之速步。加以獎賞多士，汲引後生。遂使問字執經，願出公門桃李;而懷瑜握瑾,玉成廊廟珪璋。

小子某,末技醯雞,卑棲鶣鷃。安有九秋之想,能無千里之思。終日經營,竟不能越階序;一朝依附,抑可僥望翱翔。幸屬栽培,已握三天之湛露;願言曲庇,少施半斗之餘波。顧自分爲楚璺,知貽羞於遼豕。然可與其進,曾經郢路之品題;而庶乎有成,私幸齊竽之濫聽。獨見遺於縣薦,恐遣婦不得齊鄰;將厚望於郡收,是下客敢于楚相。伏乞千金之重,而借片言之揚。將希報乎曾津,庶免登乎枯肆。下情無云云。

代蘇心竹復六安胡州守啟

不佞某,淮東冗吏,聖世逐臣。本起自偃蹇之中,復叨此煩劇之任。材不足以泛應,識實歉于通方。唯行己不在于清濁之間,故適時莫當於方員之用。竟無以稱上意,遂不免於人言。罪過已多,詿誤豈無一失;勤勞徒負,奔走亦已兩年。反己自懟,于人何咎。

恭惟臺下,東粤儒彦,南國人文。蚤掇賢科,名已登于天府;今領專郡,秩遂進乎大夫。身跨五馬之榮,目無全牛之解。奏手以應,游刃有餘。廉平不苛,家家以爲父母;明察而恕,人人頌其神君。乃明公涖任之初,適不佞掛冠之後。但有覆轍之當戒,曾無芳規之可尋。前有美而後欲彰,吹噓則易;人有愆而我爲蓋,洗滌實難。慎無吹虀而懲羹,姑且因仁而觀過。或走我而去速,我不及追其既往;人以公爲來暮,公當勉副其將來。所幸遭際不同,時事亦改。昔乏易事之君子,今無難悦之小人。此明公之所可感時自奮,而不佞之所以日夜腐心者也。不佞非欲顧已破之甑,故嘵嘵以自鳴;亦豈竊龍斷之登,乃喋喋其未已。特後先在事,當日之心跡可稽;矧彼己同官,境内之士民足問。故乘俯躬而拜賜,不覺展口以摇魂。貝錦成矣,自甘林下之餘老;期月可也,賴有儒者之循良。恨無路可睹龍光,但傾耳而聽鳳詔。用兹肅函,可勝馳注。

代蘇心竹上閣下王荆石啟

恭唯老師王夫子大人閣下,天上星辰,久係鑾直之望;人間山斗,尊居台鼎之榮。荷上聖之特恩，歡洽魚水；簡端揆之首命，慶集夔龍。急詔徵還，虚位以待。甫順苞栩之請，益知夢卜之賢。義重君臣，道明進退。行不俟駕，本移孝以作忠；坐而貳公，用經文爲緯武。機衡新握，罏冶重開。斟酌元和，調陰陽以成歲；驅馳民譽，執謙讓而歸仁。優游於不宰之中，剸割于無形之外。品物於焉仁壽，群生爲之太和。雖南倭跳梁於外封，漸已授首；而西賊竊據乎内地，莫不成擒。九譯來朝，中國有姬公之聖；四封無事，夷狄聞司馬之名。小警芟夷，大猷克陟。唯啟沃是入告，致明主於禹、湯、文、武之隆；非仁義不以陳，稱賢相于伊、傅、周、召之盛。蓋相道得而萬國理，信王者興而名世從。值此泰交，孰不利見？

愧某章句小技，樗櫟散材。腐儒何知，曾借扶摇之便；刑官初授，未成槐棘之聰。乃福星不照於命宫，旅火遂焚其生計。抗疏自懼，覆轍難追。世無大賢，誰憐章子之孝；人皆同舍，盡笑不疑之貪。慮不免于濁流，何以逃其清議。所幸托於春臺，雖枯木朽株之資，猶有生地；况既蒙于海潤，即涸轍鮒魚之呼，豈無投天。且摇尾而乞憐，謹齋心以進賀。

書

與鄭春元書

不佞弟縉，與伯兄並游于黄老師之門，委頓數年，蓂莢幾更矣。閩越各天，無從脩候。兹托令客，幸登高賢之里，促膝竟日，嘔肝相照。九清别去，復勞遠餞。世塗險巇，相知戈矛。含沙下石，不擠不休。有如伯兄厚誼高情，使人啣結。

抵家以來，卧病避客，息機謝囂。里中之語，時喜時嗔，門外之事，時升時沉，並掩耳不問。而神或往來於鰲山、鹿水之間，馳嚮之私，何日不戀戀也。師門廣大，弟子所願昕夕，矧有召命在。但洪爾介督越學政，携(檇)李非弟某久棲之所。疑影之喙，亦可畏也。相見幸爲婉辭，令弟長公均乞呼致。

與蔣九觀舍人書

不佞入須江，荷諸君子不棄，得足下爲先聲耳。足下負高世之望，一有推擇，國人必屬耳目，而以不佞猶人也，誰不肩接隨之乎？落魄拙夫，可使屨滿，誠古今一大奇逢事。傳入里中，人人駭顧，有詆不佞以非分者。然不佞幸矣！足下極博群書，馳騁當世。氣之所凌，溟渤非大；意之所入，毛繭非細。無論須江，即婁東、震澤而西，誰與敵國？來年牛耳，必無他屬矣。謬托相交，遂驩天下。特恨此生寥落，無從一報知己。洪認韋公入里門，不佞有極口耳。以我宏材，當彼法眼，桃李逢春，奚庸點綴？然丁斯際，不佞不自比於曹丘生，人情乎哉。講藝梓竣，便幸發教，故將以此藉口也。盛情鏤在五内，戀戀之私，與楮俱馳。幸垂鑒。

與九覲書

弟縉落莫之日久矣。僂身入須江，何敢過望？門下不竟，兄翁謬爲恭敬，至令邑中士知令公有善客，而負笈從之也。且又格外周旋，不但助旅中費，而至爲豫給其兩饘粥之計，與其納媵之需。高情厚誼，雖胞乳奚啻？士之相知，貴相知心。鮑誠善管，要於其急時耳。令弟縉而此時呼擁過鹿溪，兄翁善於地主，不過其宦次交際之常，而何刺心若是？蓬累窮交，處以國士，延以上客，斯爲難耳。弟縉而諼大德非夫矣！

入門以來，卧病避客，株坐無聊，追憶須江接膝歡洽，如同隔世，爲之憮然。太夫人壽旦，又膺榮封，主恩天壽，申錫並隆，誠子臣之上遇，而尊榮之極孝也。弟縉不揣，從諸賀客後，歌《柏舟》、賡《燕喜》，爲太夫人祝。又且頌《卷阿》、詠《下武》，爲兄翁祝。令舅氏不知弟縉之不文，使申言之，爲釃者先，斯天封壽節之所繇序也。敬録副上郢，咄咄蔣生，百世之嗣，惟父母是室，願終成之。臨楮馳嚮，更有副言。

復陳廷龍書

吾儕大心容物，何所不有；虛心游世，何所不無；自色自空，於吾何與？如以吾兩生媾，則何日不有，何日可無也？窮途久客，赴家爲幸。一入里門，世務蝟毛，反不如之客中快矣。追思江樓對坐，劍浦浮白，如天上樂，如隔世事。寥寥此軀，委蜕之續。卜姬未知何氏，辱問不覺凄然。盛從持手札至，嘿然而去，不告而歸，有蘧大夫之使，不能與坐問而授一餐，不知使何言而報主者？

復袁大尹書

縉無似，淪落久矣。以兹蓬累，奚不目攝。老父母獨惓存之，辱賜遠頒，而又爲李生計槖中之罄，即怙恃所生，不是過也。

縉雖窮阸乎，猶然戴齒髮人世，寧不刺心？顧其無能爲耳。寸舌雖存，而頭髮短矣。即縉，何可比仲熙？仲熙少縉若干歲，才語方盛，志氣日揚。縉則已弊其吻，而禿其穎也。入門卧病，不一見客，豈以失意羞澀，而爲書伏者乎！世路險巇，榮華如夢。人生亦自適志，安能時頂老頭巾，作市上役役逐逐狀。故且以一卧于徐，爲愉快也。何知園花，何知澗松，時而抱膝，時而枕肱，瀟然寂然，浩歌自足，乃其常然者，老父母以爲可不？入都門時，大計之事竣矣。見仲熙，道其所以令人駭悸，然亦知有含沙之日久矣。

吾儕辛勤而受一官，將自行所志。其志將行，則人言何恤焉？彼善毁者，故無奈老父母何。以仲熙有口，亦自爲公道昭白，不以私台臺也。即不然，不得爲仲熙矣。要以棅事者而肯信仲熙言，則政聲故自不乏。惜乎！縉之無以爲曹丘生也。使旋，附此申謝。

與江山陳公步書

大論持入閩，讀者無不辟易，相顧謂蘇長公、王弇州先生復出矣。咄咄！李生得附言以行，豈非厚幸？杯樽盛情，瀕行遠餞，扺今緬之，餘瀝在口，餘情在胸。入門以書達王明府，盛推足下與傾蓋兩驢之狀。前書可投，無忘終遞。洪認韋公未入里中，須之公部。有曹丘生，而宗謙其人也。遠地相念，惠我德音。

與門生柯書

日相對與足下譚文，詳矣。工夫當于其静處求之。昔人云，定神凝志，此自對症膏鋟也,願有味焉。往時讀陳君文,誠如所言。近見其新製,警而有體調,非復昔日阿蒙矣。其意態頓殊,若隔二手,故以爲來試,或有利處,第規局尚小耳。如更恢而大之,則九萬扶搖上之,何難乎?取捷之技非一,千蹊萬徑,均足適用。雖品格不甚高,而意態足觀。能當片長,亦是有就之器。如必人人都驊騮、騄耳,則世無服乘之馬矣。足下試屈指數,今之上薦剡者若而人,豈其盡洛陽少年乎?器使之道,不但觀人,亦自脩者所應講也。不然,其不至忽人輕世者,鮮矣。幸思之。

與門人王用恂書

足下妙齡,載筆翩翩。及此之時,令公加意提携,預於槱薪之列,青青者衿,則何幸如之!如其不然,日出之光,扶桑之塗遠矣。努力爲之,何事不可做?此君子之所以戒速成也。幸有味乎吾言。

與門人璩應聘書

足下虚懷,下詢馬蟻,瀕行勞玉,遠餞于郊,鄙人當之,不覺大慙。足下負倜儻之材,攄獨得之見,伉爽豪逸,盱衡一世。既以湧於詞,而復邃於理,射雕應弦,何施不可?來年牛耳此試,當露其一斑矣。

令親之事,竟何結局,有季諾在,何至相負。但令公至今馳書來言,猶以厚施爲恨恨耳。秋凉新作,無忘終教。

與陳用賢書

不佞入須江,户外之屨滿矣,足下其隗始乎?步鰲山頭,讀足下文,卒然彈射,遂定石交。過辱北面,賜餞賜賮,情文優渥,不佞何以承之?足下故雍容雅飭君子也。發而爲文,酷肖其性。邇來功令,禁奇懲詭,足下皆無之,但逡廵之意多,而峻厲之氣少耳。語有之,寧籍毋季,英雄本色,自别其人諸人趨爲也。講藝新梓,鬬芳競奇,人人拭目。佳稿曾添入否?值便,肅此申候。

與門生

不佞落莫無齒，數荷諸君子睠顧，相率下諏。以足下宏材，横絶一世，亦俛首而入黨中，萍旅巧逢，良厚幸矣。自慙半生未離引繩，安能運斤？以其盲眯，行此徑直，盡言相正，願足下亮之。或以爲韋弦之佩，或以爲他石之攻，在足下財擇之也。分袂逾月，北望悵悵，耑此申言，惟其炤之。

與門人蔣于鼎書

居須江月餘，荷尊君盻存，稠叠無已。重以尊丈推愛，如同骨肉。追憶署中，程量今古，又得讀季君奇文，抵今有餘快矣。恨兩地相隔，無從翼飛，庚覓兹勝。須江多士，謬相從事，則亦惟尊公之以。不然，寥寥老生，安能使負奇者過而問也？邇來吴越稍推閩士，吾里中奇文，其梓全集亦多。乃其鼓吹藝林，從浙中鐫，則惟足下與洪君先之，二集之首，不佞居弁，載令名以行，此不佞入須江極快意之事也，謝謝。毛、柴兩生，咸爲成材，倘獲加意培植，庶不虚爲曹丘者一熱腸耳。願慫恩之，則此兩生齒髮可戴，報以異日。二集梓竣，幸寄惠教。

與林門生

足下瑋抱，相見獨後。卒然相覯，令人撫掌稱奇。奈世鮮具眼，令足下有知希之貴耳。足下最嗜《左氏》，落筆取材，得之《左氏》亦多。乃足下文，其高古遒勁、超然絶俗者，以《左氏》；而其促去短調、有撓曲而氣少舒暢者，亦以《左氏》。願多讀韓公子書、蘇長公文，以調劑之。令而洋洋纚纚，忝溟渤以吐烟霞，豈非宇宙間一大觀哉！幸足下裁之。

與門人林際春書

足下意氣豪軼，睥睨一世，文亦疏宕，揮霍有力。持此登壇，故足抗旌。乃俛首而問不佞，其虚懷可概也。昔人爲文，至嘔肝血，琢字爲句，琢句爲篇，鑪冶幾經，不辭勤力，何以故？欲其工耳。斂從裒益之法，此亦今日所當講也。耑候，不覺喋喋，幸炤。

與門人鄭一瑾書

過辱不棄，載酒相驩，勞玉餞送，益難爲情。足下一操觚，良工心苦矣。聞之人，足下居獨喜鄭申甫之爲文。鄭申甫，吾故里中名士。然以其文攻足下短，非其宜也。足下所乏者，材與氣耳。天馬行空，瞬息千里，大海東流，巨浪拍天，何嘗不奇？何嘗不偉？局思累句，縱然成象，終乏大觀。足下而欲争衡一世乎？曷不取賈長沙策、蘇眉山文，熟讀之，則自有神動天行者矣。故人遠念，正言相嗔，幸勿爲罪。

與毛元敬書

不佞嘿逃至須江，僂身爲令客耳，自同跧伏、匿姓名于征夫逆旅間。不意諸君子以虚名相浮慕，名高引重，幾至分魯，此生有厚幸矣。承足下睠，傳餐授簡，欵曲獨至。不佞亦傾心嚮之，不惜齒牙餘論，爲足下針砭，有代斲者。于今自思，落魄拙夫，何誕妄至是？要以成足下瑜，而賈聲於世。即足下，不之督也。徵書不遠，扶摇又一時矣。抵掌有日，幸無相忘。

與門生王天甫書

謬辱相從，揣己非分，滿白譚心，益感盛情。須江之上，高賢窟宅，乃如足下神姿瑋度，綽約翩躚，自足殊絶衆尤。竊謂諸賢之中，與足下割鴻溝，則王茂庸其人。或爲龍游，或爲鳳舞，恣觀不同，均之高峙，鼎足三分，非璩德徵，不可矣。兹所云，皆人傑者也。不佞寥落，無能爲諸君子重。惟目未眯，而舌猶存。洪認韋公入里中，當且爲公道游揚，庶以振知己耳。講藝梓竣，便發教之。故將藉爲薦端，餘種種不一。

與門生王沛書

步鰲山精舍,快覩寺儀,卒然杯歡,遂成攘臂。至勤諸高弟之席,何厚幸也!既之九清,弗遑脩候。往往從江郎閣中,望鰲頭雲横月出,則王先生之皐比在焉。薰風南來,拂我多矣。葢不佞之極目於門下也,亦多矣。桃李蹊滿,薪槱必衆。令公來言,凡諸生過辱,俱録送,府案已發矣。其以何氏,補文學掌故員,爲門下生色哉,幸指教之。天姥夢游,千里咫尺。即不佞,其何時不神馳於鰲山、鹿水間?肅此走訊,不盡仰止。

與門人書

江郎接膝,不敢頻瀆,幸荷弗棄。不佞又驅車南矣。蘇君凉戾,無以謝於居停,而不佞復然。倉卒分袂,使人心慙。大作已梓入講藝中,令業師璩德徵,當代人豪也。亭亭獨上,誰與桓文?一字一句,均足爲門下型範,在步趨之耳。

與王雲從書

辱諸君子過從,載酒相驩。事傳吾里中,則人人相顧駭愕,謂不佞非分也。抵家以來,謝絶一切。惟諸賢高誼,緬想于懷,不能自置耳。晤足下以再,而讀足下文,數帙之外,未遑請益。倐然分袂,使人悵悵。足下有師若王用脩,其叔侄昆弟行,如爾昭庸,盡翩翩奇士,可賢可親,觀摩故不乏也。令外弟得雋之日,幸惠德音。

與毛國標柴良懋兩生書

足下厚積有日,不揣轂推。荷令公加意培植,寘之前列,府道之試,必屬青眼。昔列韋布,今青青者衿矣。徵書不遠,韶華易迅。足下既捷其東隅,又當收其西偏。垂鞬登壇,與中原士争衡,乘勝而爲之,無乃大快乎!

與門生書

足下之業進矣,所少者不馴耳。其故在耳目未甚宏,學不贍,而臨筆時不無取材之難也。欲去此失，其在博觀乎。士之遇不遇，恒也。吾胸中有不世奇抱，即卿相可蜩掇之，何論此銅臭之末！又何必槁形柴中，以自處於排擯之列。宇宙雖大，僅僅有我，任我縱横，任我播弄，又何礙之有？足下以爲彼輩能凌我、侮我，直是抱負未足，故膽力不大耳。不審安平市中，有幾人知書識字，足入賢豪之盼也？可笑！可笑！獨恨足下大翼未甚脩耳。翼果大，則風果厚，異時觀足下，如虯如龍，其誰不望而驚却而走？士君子心欲虚，膽欲大，勿卑人而尊己，亦不可人大而己小。不佞最不羡人富，何足下云云？願足下求富於己者。

不佞落落半生，犬馬之齒，何足比人？辱腆貺，又蒙金石之咏，當之汗淫淫下矣。然稔知足下之厚我也，謝謝。足下與柯生不同，柯生處於贏（嬴）膴之都，足下故貧甚，奈何贐不佞，而與柯生埒也？不佞不敢受，非故爲異同。不佞受柯生貺，於心安，受足下則不安耳。謹附歸，願勿相訝。且不佞與兩君處，豈以其物乎？三思之，何如？北上在月中旬，如有便，對我一譚。可與近作，再發教，諸未一。

與門人書

足下才氣宕軼，品局不群，所少者學力未足，潛思未極耳。如更宏其耳目，而細其心思，洋洋渺渺，神運化來，即中原可鞭笞也，何論繩正中諸君子乎！宇内雖大，豪傑幾人？做得一鄉善士，便做得天下善士。吾儕只要己學問，不必問人。願足下反求之，有此無限材足，何患做不得無限工夫也。嗣後有近作，再發教，何如？諸不一。

又

年來辱足下不棄，一晤之後，徒然神交，無繇再覯，耿耿之懷，何日以之？以足下材清馴雅，一軌于正，何至戢翼？無亦世趨奇于循轍之中，故不可無超塵之態乎，願足下酌之。

三年猶之乎旦暮也，不佞落莫久矣，争雄之興已灰，不得已驅車北去，逐隊了故事耳。乃其一脉之續,幸然有身,則猶以正月也。雌雄均未可知,然亦禀之司命氏。辱贐,不敢領,勞使者遠來,尤不敢卻,謹登受。謝謝。劉兄如相見,幸爲呼致,遠地相炤,苦無從面也。種種未一。

柬楊對陽書

薊門聚首,忽然分袂,乃擊筑相和,又旦夕矣。兄翁今且儼然爲弟子師,諸人士北面焉。桃李不言,下自成蹊。語云,教學半,鐸振而養,故益粹也。以來春天子臨軒,又且亭亭金馬客矣。

不佞弟無似,每一讀大刻,無時不爽然失、愉然快也。如身游貴池之鄉,與尊翁左右者,把臂相對,俟以來日。表姊夫某翁,故兄翁至慽,而今入幕之賓也,願善視之。草草弗盡。

與友人書

兄翁于蘇長公爲世雅,推愛波及不佞,飫其德馨。九清之上,把臂交驩,兄翁飲人以穌,春風披拂,薰我實多。煩玉載酒,遠送于野,盛情綢繆,何時已之!仗庇税駕里中,幸然逃于世網,閉户謝客,于于徐徐,自甘不材之棄。兄翁其有以振之否?

承委諸札,業已遞上。于蘇先生及長公記室毛生之事,令公差人至,報札如命。承諭兼金之餽,長公寄語,以助筆楮,兄翁可自取之矣。不然,當使毛生知之。

與黄御史書

不佞縉無似,蓬累以來,碰碰自衛,不願爲吸綸之客,其素所自守以故。敝同年洪使君入里中,間促膝坐譚,則亦在鄉言鄉而已,未嘗一啟頰。及越中視事,亦不曾於入越後奏尺一,而相聞問訃。洪使君阿堵間,忘其有李生久矣。今日令弟先生,齎華札腆儀至,不佞縉倒屣出迎,跪而受之,不覺主臣。咄咄!李生何能爲此？雖然，長者命之矣，必以縉爲銜命之夫，亦所不敢。但無成言，而遽然通書，竊以爲未可。憲體森嚴，書不可卒達。萬一蒼頭唐突，取怒敗事，亦未可知，不如稍需之。以二長公之材，大考兼收，所不待言。倘有遺珠，不佞縉於秋間，逐隊徑武林而通謁者，願百口爲二公子曹丘。要以得其意肯，入都門謁先生而報命也。徑披腹心，統在家表兄自盡述之。餘炤誓不宣。

與望奎書

久仰芳名，未遑識荆。輒從蘇脩翼君，聞妙文高誼，爲之爽失，恨無從托於攘臂之歡，摳衣通謁，故有日也。表姪，其爲家母舅之孫，妙齡治書，俛首鄉社，從里中兒取糈，此自吾儕未遇時故態。以某處屬門下管轄，意有干請，爲來歲計。後生名輕，未敢唐突，冒雨躡屐抵郡，仗不佞介紹之。而不佞又未嘗通紹介於門下也。蛩蛩相守，其交以神，鶴鶴相唳，其和以聲，穹壤比肩，何嫌未同。此自不佞所能得於門下者，故不惜浚恒如此。倘蒙台諾，不佞與母黨諸君，均有面目也。瑣瀆幸炤，尚容躬謝。

與介庵書

日辱俯吊，趨謝在即，晤對有日也。表侄某，爲先母舅某長孫，昔稱千金子。至俛首塾師，佃家兒取糈，非其體矣。然舌耕，其本業也，不妨儒者風味。今春荷令侄孫給舘庄所，甚當父老歡，有爲其子弟攀留之意。不揣欲代懇於令侄孫，未敢唐突，恃年家世誼，仗鼎言轉懇，再惠來年。不佞感刺刺骨矣。不日到貴府，當爲表侄百拜以謝。瑣瀆幸炤，并乞留意。

與莊對齋書

不佞弟縉，日從長安歸，道經貴邑，顧不願一通謁者、促膝爲快邪？乃是時，聞兒病急，歸心如旌揺，竟違見長者，計能炤之。時從心田兄仲詢動定，知足下養益邃矣。不佞再刖，鉛刀弗效，質也固宜。乃不佞二毛生也，而未有一日以父者。不佞爲西河一慼乎，則弗敢；爲延陵之達乎，則弗能。税駕以來，閉門謝客，纔强開頤，則涕泪隨矣。足下其憐我否？偶見貴伻，跫焉足音，附此脩候。

與江了蜕書

吾侄有琴瑟之樂，而又有桑梓之憂，憂倍於樂也。驟然聞之，不覺淚下。蓋吾侄少喪怙，數年來，母子相依，千愁萬苦，期得一日及其子之弁有室，庶幾小出荼薺中耳。不謂甫見其婦，而溘然長逝也。嗚呼！悲夫！顧令堂自尊君坳後，忍死孀居，爲存孤計。吾侄業已受室，雖次子未成童，而生平矢志，已酬其半。一日之姑，可塞終身之恨。此歸見尊君於地下，蓋有藉口也。夫有涯者形，無涯者貞，可亡者生，不亡者後。吾侄終天之憾，不在今日，而罔極之報，又豈區區在哭泣間也！吾侄其念諸。正欲馳价趨賀，適令仲兄至，忽聞此訃，爲之欷嘘於邑者三。魯酒一樽，腥羊二角，願托巫陽，薦之靈几。

計偕歸柬表兄書

命蹇之夫，落莫應爾。入門卧病，謝囂息機，至今未能見客。思吾生踰四十彊矣，㷀未有子，即富貴，何爲？不此時早自息肩，放蕩於山水禽魚間，空矻矻滑滑，河清可俟，人壽幾何？數日且杖屨村落，歌呼自快。清源、紫帽之巓，芒鞋殆遍矣。兄翁得無意乎？平江倚山憑海，輞川一奇觀也。又吾先人蹶里，足不至者十餘年，兄弟、故人之思，爲之愴然，固願一至焉。

歸來爲女兒圖，贅婿分家。侄文璧出居書舍中，而舊宅日就傾圮，間不無應脩治耳。此事稍閒，即驅車北來。幸爲語仲兄，多設濁醪、羹蓴菜，黄花開時，斗酒相勞問，顧不快乎！歲旱田荒，十石不能一斗，穀價日湧。吾兄情況何若？許以月望時，到敝廬相對，謹掃榻以俟。種種未一。

復何似洛納幣書

不佞縉與長君遊，以逮足下驩也，寧直友生哉！且兒女托矣。足下子爲僕壻，僕子爲若婦。例兩家親，不紹介，不相見。而僕源源也，見必脩飾幅而臨，況相袒幘也？約婚以兩譽，而鄉者面自締，不費別煩也，愉快矣。蓋不佞壯盛時，從長君家來，太夫人繇門間窺，曰：“兒得李生也。李生故拓落也，然負奇，兒無易易矣。”以故，僕舉季女，足下舉仲子，以週歲襁褓間，耦婚而齊鄭也，實太夫人意哉。今十四五年矣，兒女各髫成童矣。不佞與足下，猶守經生技，不佞於太夫人負乎？不佞竊自謂，以弱息異日者，執巾櫛事若伯父母、若舅姑，幸毋隤吾教與足下教，即不佞於太夫人，無負也。

不佞守拙夫耳，弱息不敢令被綺繡、食甘脆也。豈以非有，苟有，不使御之矣。士業脩於勤，女德成乎儉。《螽斯》之子孫，《樛木》之福履，奚而不《葛覃》始哉？僕女，足下女之；足下子，僕直子之矣。均之有父道，何當婦壻也！管敬仲云，士之子恒爲士，不見異物而遷焉。義方誠足下事乎。諸納幣，動卮詞相諛，足下猶不佞諛也。不佞不敢諛，請相與質之長君氏，以爲左券。

復何象洛納采書

今者，縉獲以季女，爲何象洛先生次婦也。寧但徼吾兩家先大人世好與，其二千石公昆季，於弟縉有道義之交，亦以其令郎次君之材足依也。次君年方垂髫，載筆翩翩，弟縉一見而奇之，以爲有觀察先生之風，私心欲得而東垣，而未敢以語於人，乃其獎溢之心獨至。先生亦藉是，遂以次子委禽焉。此其文定之祥，良非偶矣。

縉竊自惟落莫日久，空負有知人之鑑，往往從文字間射覆，亦幸有中者。中屏之選，當不爽於次君。丈人不能使次君重，次君行且使丈人重。以異日者，大有聲於天下，使海内知不知，咸耳而目之曰：此小洛先生之孫，象洛先生之子，而李氏之壻也。弟縉不亦有榮施也哉！先生腆其幣帛，而辱之命，曰：儀不尚縟，詞不貴飾。故弟縉亦不敢侈言無當，而但敘得壻之幸如此。《易》不云乎：“其君之袂，不如其弟之袂良。”弟縉亦且以其女而貴行矣。諸不宣。

復何象洛親迎書

時維陽復，標（摽）梅届期。不佞弟四女，于歸何甥之門。先月重陽，不佞馬首北向，不及親迎而醮之。何親翁象雒先生，預治鳳柬之文，授縉使答，曰："願亦與一言，爲子若女之光。"不佞縉受命唯唯。夫吾兩家之世誼，與令先大夫之盛德，賢壻君之儁材，鄉者言之備矣。維是日也，不佞羈身萬里，往送之命，權在母氏，其亦禮"無違夫子，以順爲正"之道。夫順之職，在婦人；而召順之原，在夫子。自居於可違之地，而責婦人以順正之供，此前脩所未聞也。君子勤，婦人不得惰；君子儉，婦人不得奢；君子莊，婦人不得褻；君子貞，婦人不得嘻。婦人無名，從夫之名；婦人無爵，從夫之爵。機之斷，簪之脱，雞鳴之儆，夫寧非弼君子違者？有違之正，乃所以爲無違之順，故以爲内助，又以爲益友。宜家之道，不在專婦人矣。

大《易》之言"女貞"也，"无攸遂，在中饋"。今席蔭家之女，不復問中饋事也。未貴而驕，已貴而汰。魯敬姜之老夫人，猶績必親，門必閾，兢兢然瘠汰之辨，内外之防。今少年女婦，偃然不澼不絖，而不爲夙興晏罷，此何以訓也？語有之，學弛於内讌，仕窘於室讁。不佞平日以此勗女，臨行使申之，庶幾賢壻君可無讌與讁之虞云。若夫《螽斯》、《麟趾》之慶，自有尊門之德福在，無待不佞縉亟稱矣。不宣。

復黄調台親迎書

今成婚者，親翁之主器，而弟縉弟五女也。女之有家也，于歸之日，女道成矣，而婦道從此始。乃其脩婦儀，勤婦功，而完婦德，並在夫家，而父家不得預焉。故聖人論"利女貞"，《家人》卦備矣。大率皆夫家之事，而尤致謹於初爻，曰"閑有家"，又曰"志未變"。竊以今授室之日，政閑家之日也。親翁宦業新成，華搆新遷，弓冶新拓，標（摽）梅新實。凡百懿美，靡不方新。弟竊附同籍，淡約日進，而君袂不如娣良，反之吾心，猶不餘歉。令器以初弁之年，負邁世之姿，當艷交之始。矢志永堅，是爲難耳。挽鹿提甕，鮑司隸之妻也，賤息未必能然，吾願令器之爲鮑司隸也。斷機勸學，樂羊子之妻也，賤息未必能然，吾願令器之爲樂羊子也。訓子厥初，教婦新來，富室貴家，蚤諭尤急。未變惟今日，閑亦惟今日，得無意與？來命稱其既往其辭以頌，私心善其將來。其辭以規規亦所以爲頌也，不識可否？《螽斯》衍慶，自天申之，則吾兩人均有厚望矣。不宣。

代江習泉爲乃姪孫再納采書

蓋自先兄少卿公，與少司徒黄先生約爲婚姻，兩家世好所繇來矣。惟是某之姪孫某，復揆所以室，議婚于執事之令妹，僕私心幸之。夫寒家之有少卿公也，猶崑侖之起，而梁父之特也。肇跡開基，而禮樂衣冠之原昉焉。尊門之有司徒公也，猶衡霍之大，而泰岱之高也。積功累德，而名位勳猷之隆極焉。齊、鄭之耦，婚媾已非一日，今再世矣。兹之議，乃少卿公之孫，而執事亦司徒公之派，而通政公之胄也。高門久峙，莩葭方新。令吾少卿公父子而在，當亦允協。少卿公往矣，僕請之宜人。宜人曰："世德之家，其女必淑。此吾家婦也。《螽斯》繩蟄，政在斯人。"於是肅幣納采，而將之以斯辭，統在尊慈。

代江習泉爲乃姪孫繼娶書

日者，僕承家丘嫂胡宜人命，以舍姪某之子某，議姻于執事之令妹，相與敘兩家世德之所，有成言矣。兹御輪且週，宜人遣迎正之。僕爲告于少卿公曰：禮重委禽，亦先嗣續。兹惟孫某，復揆所以家，爲百世之嗣計耳。語有之，驩合矣而成子姓，成子姓矣而要其終。寧非今日之侈事哉！韓樂之土，非所敢言；蹶里之迎，惟黄是取。矧出自司徒公之派，而通政公之胄，與令伯兄之教，其於女訓大義，聞之必熟。是行也，于歸之宜，《螽羽》之振，此吾家今日最屬望者也。於是以胡宜人之命命之，而僕再申之斯言，惟執事炤而納之。

代許奕賜長子繼娶書

僕冢子某，議室于執事之令孫女，辱執事命，以及親迎之期，車舝且歌。僕申之以言，曰：唯兹兒於僕爲長子，於先大夫爲冢孫，宗祧係焉。今迎婦以歸，爲冢婦，爲冢孫婦。昔人稱長子爲家督，婦亦如之。長子在，諸衆兄弟之帥，而長婦,則衆婦中之表也。厥職亦匪輕矣。僕有三子,婦亦如之。諸姒有先今而至者,今兹之來,妙齡而倨其上。能睦能順,又能長而先之,此僕所深願也。兒居嫡,未有嫡孫,郊禖之請久矣。懸弧之望久,稽之以俟今日。是行也,《玄鳥》可命,《崧高》可降,居然而首瓜瓞之綿。自我先大夫而上,誰不嘉賴之?又僕所深願也。兒治鄒魯家言,亦頗得《詩》、《書》之教矣。泥蟠未奮,蠖伏未伸,不無望于斷織之婦。且先大夫爲廉吏,令先君亦廉吏,清白子孫,其家均不能貲。今而後,能相之安之,以君子而有聞于世,可庶幾無終窶之讁。此又僕所深願也。如尊門之閥閱,執事之姆訓,内則之閑,所從來矣,何待僕喃喃哉!統在尊慈,炤納不宣。

回永春劉親家婚書代

蓋不佞荷親翁高情厚誼,以令器締姻長女。十年前,賜恩山之約,及今而成之。此始有天合,非徒然也。蓋嘗論之,東床之坦高矣,而猶有待于覿面;雀屏之中奇矣,而寧無預于射覆。是皆以其選擇去取之心,而陰爲可否禨祥之兆。何如吾兩人者,不再龜而從,不兩譽而親,杯酒間之一言,而萬世之嗣,遂大定也。琴瑟之端,起于金蘭;而巹牢之合,諧其家室。始乎父子,因其友朋,而成其爲夫婦,一舉而三祥備矣。是日也,桃夭有期,牽車且歌。惟其諏之,敢不拜命。幣采輝煌,爛其盈門。惟其賜之,敢不拜嘉。于是齋沐肅衣冠,而告于廟,以家嚴之命命之,進使者而登受,并書上復。不宣。

代江世响喪中娶親書

蓋自尊大人憲副公,與家伯少卿公爲筆研交,而伯氏因與翁爲姻戚,世好所從來矣。是以家弟某,亦以其伯子某,議婚于令郎次公之仲女,親迎之期請已有日,而合巹之諧成于一旦,使家弟而獲睹斯舉也,豈非至驩極願?乃禮有不必拘,而嘉耦可成,皆至禮也;期有不必預,而台命可遵,即佳期也。惟大聖人能不拘告娶之禮,亦惟真君子爲能諒猶告之心。時所宜行,勢不得不行,而義又可行，雖議禮之聖，猶委曲通之，以成萬古之大孝，何況今日！是行也，可以完家弟爲父者之慈，于初願不拂；可以動家侄爲子者之孝，于明發益真。婦姑子母之歡，宗廟子孫之嗣，發祥受祉，從兹伊始。于是上告於先公、先伯，以及家弟，敬遣之迎，惟翁有以教之。不宣。

代許復江世响娶書

惟自令弟受朋君，與家仲兒約婚姻，男之議親迎也，女之議于歸也，請期已非一日。今者結褵之舉，特出于伯翁之新命，不佞父子可可敬承。伯翁之所議者，權也，今日之事也；不佞所欲申者，經也，萬世之嗣也。夫權，則已行之矣。禮以《關雎》爲正，縱禮有所不拘，琴瑟鐘鼓之樂，不必有其形也，取其和焉耳；期以《桃夭》爲正，縱期有所不預，何穠肅雍之車，不必有其聲也，取其敬焉耳。此亦權于禮者之禮也。萱堂可問，母命與父命何異？以桮棬而當鉛槧，所爲刑于者，在丈夫矣。巾櫛可侍，姑訓與舅訓奚殊？以井舊而代尸饔，所爲順正者，在女子矣。此又不易于禮者之禮也，兹不佞之所謂經也。權行于一時，經成于萬世。上可綿先公孝友之聲，下可啟今日振蟄之盛。倘亦令弟約婚之初意乎，伯翁猶父也，幸有以教之。不宣。

泉州文庫

選堂題

（明）李光縉 著
陳 茗 點校

景璧集

（下）

泉州文庫整理出版委員會 編

创于1897
商務印書館
The Commercial Press

景璧集卷之十二

傳

黄學士先師暨配沈淑人師母傳

光緡小子受先師知，今三十餘年往矣。庚子之秋，先師没，緡適入越，中途聞訃，狂奔造門，三號以入，失聲而出。及師之厝，閩越各天，無從執紼。雖已宿草，亦得拜於墓下。但自恨落莫，無當世如椽之權，可効一言摹師之神，而以傳於世耳。丙辰冬，師母之訃至。長公中丞開府閩邦，爲位而哭。緡以門下士入，乃不得如曩哭先師時，拊膺頓足、放聲大慟、作家人父子泣，則轅府尊嚴，分有所拘也。中丞貽書語緡家弟，狀母萬餘言，至痛矣。緡不敢取讀，且不能身之檇李，使人致賻，請之次君，次君乃出其狀，并先師碑銘誌狀，寄使緡合傳之。

嗟夫！世法之拘人也，甚於山川矣。緡鄉謂，言非名位不傳。今反覆以思，當時孔門諸弟子作《鄉黨》篇，記夫子語言行事，豈必盡出于有位之手？以弟子事師，猶以子事父。藉第令父致大位，子非備官，能載筆譚父遺事，亦將以僭踰非分爲不可哉？緡是從次君命，請於長公中丞，而傳之。

先師諱洪憲，字懋中，别號葵陽。浙之嘉興人。娶贈節推沈圜川公女，以師貴封孺人，從中丞公貴封太淑人，是爲師母。生子二人，長中丞公履常，次進士君履素。自緡游師門，於淑人稱母，受師如子之愛，兩公並與緡善，若兄弟云。師之先代有聞人，曾王父、王父皆貴。師祖邃泉公，以嘉靖丙辰進士，歷官憲副，娶葉恭人，生師及師伯御史貞所公。

師幼穎異絶倫，五歲就外傅，日誦千言，目數行下，一過不忘。十歲能文，十五業大就，遂有文聲。就督學使者試，畢松坡公大異之，拔寘第一。曰："是必以經術冠天下上者。”師名大振。當是時,嘉靖末季,文運衰靡,學者争爲爛漫之文。師獨厭苦,在諸生中慨然有起衰濟溺之志,以斯文爲己任。下帷攻苦,沉思根極,剗去括帖,力挽世趨。素有羸疾,勞太甚則齒血如涌。師不以是休廢,亶精益力。三上省辟報罷,士多目攝,不爲改步。

隆慶新元,詔釐文體,師遂褎然冠賢書,制舉義出,天下鵠之。

戊辰,不竟試歸,習静山庄,潛心理道,邃然有得,文日益工。

辛未計偕,憲副公同入覲。師出棘不自懌,告憲副公曰:“是非故步也。趣裝歸耳。”放榜,第二。憲副公大喜,師卧床不起。憲副公曰:“汝薄第二耶?”師應曰:“否否。非科名不滿兒望,文未盡兒志耳。”初改翰林院庶吉士,尋授編修,補内書堂,授中涓書。

乙亥,與修《大明會典》,直起居注。

師爲江陵所舉士,丁丑會試,江陵欲得師充同考,屬意第三子。師力持不可,以兄伯侍御公預試列,藉口爲辭。江陵恚甚,且甘心焉。會憲副公訃至,師以憂歸,事乃解。師讀《禮》三年,以著述自命,蒐羅古今,焚膏繼晷,不減經生。服闋,補原職。

壬午,皇長子生,充正使,頒詔朝鮮,賜玉帶、麒麟服以行。朝鮮君臣聞師盛名,享覿加禮,師皆却之。癸未,分考禮闈。

乙酉,主福建試。先是,福建未有詞林官典試者,有之,自師始。故事,棘中鑒士,御史爲政。功令初行,權歸内簾。是時,楊廉峰公爲御史,風厲行事,諸司震悚。忽見權輕,操有意以待,及見師温良雅度,秉鑑公正,乃大悦服。聞之師云,將放榜定解之時,争者譁嚻。有言師故治《尚書》,解首不宜先《易》者,師不聽。有言同考多進士官,解首不宜自廣文出者,師不聽。争者未已,師徐曰:“吾知衡文耳,不知其他。”已拆卷,則小子光縉也。師負斗山之望,七閩士久已拭目,聞主試命下,人人争思出其門,私相射覆,牛耳當歸何氏,則有謬指目者,已而果券,士論翕然。師聞之,大喜。縉謭謭從是稍就聲價,非縉能也。

還朝,考九年滿。丙戌,陞侍讀,充經筵官。嘗進講“亹亹文王”章,以視朝御講本支嫡庶之説進，反覆開諭，上竦納之。

丁亥，《大明會典》成，陞右春坊右庶子，兼侍讀，充日講官。

戊子，主順天試，王君衡爲舉首。王君，故文肅公子，然才藻高天下，墨文出，見者無不辟易。師嘗私語緍，若且讓頭地矣。忌者至指私宰相子爲難端，朋言熕興，攻擊屢至。天子怒而杖之，削其籍，雖有旨覆試，文各合格，不能使人釋也。師屢上疏求去，上免留之。

己丑，陞詹事府少詹兼侍讀學士，掌院事。天子雖深知師，言者未止，師於是引疾益力。疏十上，始得請。師既歸，王君錮不得入試者十三年。

庚子秋，師告逝。是春，王君得上南宫辟，會、殿二試，俱第二人，人以爲公論明云。大抵名高取忌，直道難容，釁不起於順天試之日，而在於劾田畫規、殷浩貽書之時。江陵既殁，懲羹大過，權無専握，調停之議起，而朔、洛之黨漸分。其人以忤江陵得罪，自負盛名，謂鼎軸可立致，而師規切之幾千餘言，流布中外，入主出奴，附和者衆。矧師負有公輔望，此抑彼伸，欲甘心久矣，不去則不快，遂用試事以爲名耳。縱不有順天之役，萋菲成貝，豈無他端？亦明知王君才，而十年錮之，正恐其試而即第，師緣此復出。師不死，王君必不得試，故師死而後王君第也。師不幸而死，王君幸而第。令王君終不第，師之事安在終不白乎？王文肅公謂可俟心平論、定咀嚼而後知無味者，亦事後之譚耳。論何嘗不先定，特難免有味者之長咀嚼也，而要以於師何浼哉！

師偉姿觀，襟懷廓落，威儀雅都，莊而不矜，易而有度。一步一履，一咳一唾，盡皆文章。從入詞垣至長宫宷，所至和風慶雲，人人山斗，多就之者。政府諸公，倚以爲重，下至玄菟樂浪之人，使節遥臨，想望風采，亦知雅慕。進講上前，行立跪起，從容不爽尺寸。天子屬目焉，問何官姓氏。其立朝見尊禮如此。

生平無他嗜好，獨喜觀書，與人談文。通籍三十年，禄賜所入，不以他費，購書而蓄之。每得一書，手加點竄，不竟不休。故鄴架之藏甚富，而目中無全書。爲文原本六經，取衷《左》、馬，詩宗初唐，俳偶文汰六朝，宗宋。最喜蘇子瞻四六言，酷肖效之。作述日益多，在中秘時作《讀書草》，侍明廷時作《鑾坡制草》，使朝鮮時作《輶軒録》，讀禮家居時作《易説》、《春秋左傳釋》，附《老子解》、《蒙莊獨契》，又有《讀禮日抄》，歸田時作《秀水邑誌》。

晚年編《碧山學士集》，蒐輯國朝作者，成文憲一家言。當其二典試時，程士，録五經策論，盡出其手。文有改程擬程，精深雅鍊，上廢弘、正，下關近代，宦稿尤其斌斌者矣。師以博士業起家，嗜之獨深，至老不厭。時時技癢，搦管爲之。長公中丞蚤已成進士，以教其少子，間亦出以教人。四方士有執文字贄者，無留門，延入與語，亹亹不倦，是以縉亦得竊其緒餘。常語人曰："此王制也。即唐之詩，宋之表也。精詣其極，故足流傳。君子有從周之思，切勿視爲羔雁。"又曰："經義雖小技，工之實難。着一毫粗浮不得，着一毫放肆不得。單靠才情不得，單靠天資不得。離不得，即不得。遠不得，近不得。束縛天下之英雄，使之俯心揖志，以就規矩，便有禮陶樂和一半光景。"如師言，豈惟應制文，乃憲章祖法之大者矣。師殁，而異學興，雅道廢，賓興幾於聚訟，軋茁習熾，文益壞亂，卑靡不可禁，學者思之。

師母太淑人沈姓，年十九歸於師。兩家皆世宦，尊人贈公與憲副公相友善，贈公能識師於尠小時，知爲天下士，故以女相托。淑人初歸，師已負盛名。但體羸，苦讀淫思，齒血涌出。淑人憂之，勸止不能得，委曲承事，恐拂其意，病亦良已。師於親經史外，家人事寘不問，惟淑人是肩。又憲副公儉嗇，操家嚴，散諸子餐錢常苦不給。淑人愈益徬徨，操作瘏瘁，雖處貴室，無異食貧。佐師以文學起家，繇解首掄魁南宫，官史舘詞林，居上左右，供明廷著作之役，於職甚閒，於事甚雅，而於分甚貴倨。他人履之若適，乃師以宿學重望居之，反若卷婁不得休沐。上代人主之綸言，下應公卿之文請，四方士問奇者衆，師濡毫染翰無虚日。淑人輒蚤起晏罷，與俱也。師初授舘職，俸不供朝夕。淑人自節縮纖悉，左支右吾，不令師知，師亦弗知也者。治肴核精以饍師，自執粗同臧獲最下，非糲甚諸生婦，師見而勞苦之。三年，師秩滿，封孺人貴，拮据猶然。師常對人言："吾憂切北門，而可免室謫者，非吾家世不貧也，乃細君力耳。"

初年，舉長公中丞。又十餘年，始舉次君。師居平患獨子，淑人亦以爲慮。

次君生，師意未滿，猶欲多男。淑人知之，於是爲廣置媵。《江汜》、《小星》，一惟其意，自歛己耑居以聽。中丞幼羸不任勞，師每對淑人言，“有師如我，惜無受教者”。及已補弟子員，淑人請曰：“今將何以教之？”每入，必以是規。故師之課督益厲，中丞亦用是，遂以少年掇科第，敭歷至今官。後課次君，亦如之。次君少聰穎，師望之殷，每見其多病，滋不悦，咎淑人不蚤言。淑人以寛俟爲解。次君竟禀教惟謹，今成進士矣，大率淑人力居半焉。

淑人不惟有婦才、婦德，且有婦智。事博雅淵懿之君子，其識蚤慮遠之見，常有以佐其不逮，而先其未至。始以善吾師，而終以勗二子。師譽望過人，爲同官所忌。酒後論事，言多慷慨，或至犯時忌，側目者衆。淑人聞，以爲言，師善之，然終不能止也。典試事起，謗議滋多，師乃服淑人先見，萌有掛冠之志，呼淑人與偕。淑人大喜，慫恿速之行。尋有阻者，不果。淑人怏然拂衣先歸。未幾而攻者益力，師曰：“吾悔不用内人之言。”他如師賦歸後，托志聲妓、移疾内室、養痾西湖之事，皆苦口極諫，卒如其言。淑人事師，其智能先事，多此類。師之移西湖也，以次君應秋試，病起倉卒，中丞公藩参視河濟上，惟次君在側，計莫知所出。或曰：“病革矣，不可歸。”或曰：“不可不歸。”次君首鼠兩端，意在不往，遣人請命於淑人。淑人至，厲聲曰：“汝父，聞人也。四方耳目於是乎注，可陷之非禮乎？速歸，無再計。”將行，師呼筆命次君留試，次君涕泣不可，衆皆語次君從命。淑人獨排之曰：“汝父病甚，非治命不可從也。”於是遂行。師歿，果以士子初塲日。次君是以無後悔。淑人於倉皇急遽中，其决大疑，定大計，又如此，丈夫子不能及也。

師既没，長君中丞自濟上奔歸，哀毁過節，淑人慰止之，勉以大孝。治喪甫畢，纔及家政，指授興革，訓誨孫曹，戒飭臧獲，井井有理。中丞與弟析箸分居，實奉淑人之筴。十五年間，萃禧迎祉，履於太和，門内肅雍，不嚴而治。中丞繇参知擢廉憲，左右藩伯，進應天大京兆，出持節越，撫閩，稱都御史，爲一方社稷之臣。次君以己酉登應天賢書，丙辰成進士，晝錦里中，承歡膝下。此皆師在時所未及見之事，而淑人獨觀其成者也。淑人才長，德與師配，而福祉倍之。壽多於師十五歲，相師於金馬玉堂之上，幾三十年。其爲中丞、進士之母者，又若干年。四海人士出師之門，讀師之書，知有師，便知有淑人。師去閩已遠，過化猶存。中丞公建纛一年，揆文奮武，民悦士附，恍若見師之至。

師母歿，抑又有山頹木壞之感矣。中丞擗踊苫次，羈於王事，未得代。天子俞禮臣請，賜並師祭葬，留半載始歸。歸之日，百姓呼號送之。故閩人思師與淑人，哀慕獨切云。

李光縉曰：《鄉黨》記聖人事，纖細雜碎，至詳矣，而不及相魯、誅卯、却萊之事，何也？太史公作《孔子世家》，譜其年，叙及之矣。掇《鄉黨》語于篇後，而繼之以文章性道之論、高堅前後之嘆，終於達巷黨人博學無成名之言，又何以稱？無亦曰紀聖人之事，不如紀聖人之道；貌聖人之形，不如貌聖人之神。夫子之教，天下萬世者，文耳。相魯非聖人之大，博學乃在兹之文。攝相不終，而事功無就者，乃夫子所以無成名而大也。太史公深知夫子之大以文章，故又以《春秋》之筆削終焉。夫文非至道乎哉？此太史公千載卓識也。縉是以竊取其意，以窺師之不朽，亦以其文，不以其位。世扼腕師之不相，而空惜其事，白師精神流行宇宙，不在于是。相不能使師之言傳，又何庸區區爲師辨謗誣也！

大宗伯儀庭黄先生傳

先生諱鳳翔，字鳴周，别號儀庭。晚營菟裘于東郊之田亭山，有終焉欲止之意，更號止菴。然先生自見志耳，人稱儀庭先生云。

先生爲封中允友竹公仲子，有兄伯岐山公。中允公娶王太安人，載舉先生，堅骨秀神，廣額高顴，修不滿六尺，有高天下之志。少小即警敏絶人，觀書沉潛，經目成誦，笥腹不忘。八歲時，塾師試之駢語，先生應聲而出，今傳之，曰："亭陰獨坐，優遊山水兩忘情；野色閒觀，恍惚雲霞皆獻狀。"分明有唱名五色雲見意象，可謂奇絶。聞者駭之。稍長，習胡氏《春秋》。《春秋》，孔子刑書，微詞奥旨，學者罕通，於諸經爲孤行。中允公以先生敏而善記，使授《春秋》於學博蔣友泉公。先生習其師説，本經據傳，折衷以己意，每奏一牘，宏博遒勁，師輒稱善，間遜謝弗如也。故先生自弱冠，即以善《春秋》聞郡中。時王遵巖先生方設比論文，誘教後進，得先生藝，親造廬訪之。先生已出就精舍，中允公避匿不見，王先生坐廳事中，俟先生至。先生以髫年，入揖尊貴長者，不懾不迫，步止從容。王先生益大奇，與坐，語曰："貌雖侵，而文章氣概俱高，異日者必魁天下。"里中聚觀如堵，人盡榮之。遂致先生爲諸郎文社交，而先生名自是益起矣。

乙卯，補邑弟子員。戊午，就郡伯北潭公試，拔寘第一。辛酉，應省辟，舉《春秋》第一人。是年倭夷煽亂，所在爲梗，先生不獲就禮部試。

乙丑，南宫之役，房考常公拔先生牘爲上卷，以二場文混落《易》房，不果進。先一夕，常公夢彩鳳棲其左臂，被石彈去。及拆卷，代先生名，乃董石也，常以此奇先生。先生亦陰自負，歸益肆力文章，與臬長張洞齋、藩伯洪心菴諸公，對壘敵國。張公素推服，每讀先生文，曰："黄君器業，真詞林品也。是當應大廷，破吾郡之荒。"先生以是深與張相得。

戊辰，遂成進士，出里中蔡砂塘先生門。蔡爲户部，以《春秋》房考，能識先生也。穆廟初臨軒策士，注意賢良，先生卷進，御覽手拔第一甲第二人。郡故多甲第，前此未有以及第官史舘者，相與望若天上事。報一至，薦紳學士翕然改觀，始人人思所以步先生之躅矣。先生初授翰林院編修。故事，内堂教書用資深詞臣，元相徐文貞公不欲其邇大璫、通關節爲玷，乃以屬新第三人。先生於是與會稽羅公、蘭谿趙公，共攟摭往牒，凡中涓之有行誼者，彙成帙，授小奄使讀，與訓釋字義，俾各通曉而已。亡何，先生以疾請里歸，堅卧不出。中允公强之，乃行。

壬申夏四月，仍補編修。七月，遇今上覃恩，封中允公、王太安人如其秩。中允公没，訃至，奔歸，哀毁如禮。甲戌，襄中允公葬事。乙亥冬，就道。丙子，復補編修。會《世宗實録》成，進修撰，記注起居，纂修《會典》，管理誥勅，充經筵典書。

是年丁丑會試，以先生爲同考，所拔多知名士，大參宫亭公其首也。時天子冲齡，江陵秉政，以奪情罪諸言臣，怒南皋鄒公特甚，欲斃之杖下。先生昌言于朝曰:“此孤忠,即不使生,奈天下綱常何?”囑宫亭公多方周旋。鄒得不死,先生力也。然獲罪江陵,自此始矣。江陵請假歸葬,趙御史獨稱疾不如會。江陵疏謝,列會葬臣名,遣御史,總憲陳某希旨論罷之。王恭質公時爲户部,劾總憲媚竈狀,并及江陵,獲譴以去,所應得覃恩制誥,未及請。江陵意不欲予,先生以管制誥得視草,給以遺之。江陵大怒,又是時編諸言事者疏,多非江陵本意。直則取罪,曲或貽譏,同事者持兩端首鼠,争遜避以去。先生慨然任之,悉編入,一無删去。江陵愈益怒。庚辰春,當試士禮闈,江陵欲以其子占試額,授意於先生,言欲以先生兼《易》房,爲其子地。先生固辭。江陵聞之,恨怒益甚。先生乃乞假,奉使益藩,比年還朝。亡何,而江陵殁矣。壬午,比士,兩畿主試序當及先生。王少宰篆竊江陵寵,威福中外,亦欲中其子,遣人微示意於先生,欲得先生南。先生不應。王乃謀之江陵,以與沈晴峰太史。江陵物故,衆議譁然,沈龍江公遂乘是辭南都試。蒲州張文毅公代江陵相,意屬先生。先生不可,曰:“已推兩公往也,奈何攘之?矧龍江前輩乎?”兩公竟行。先生自是亦不復與典試事矣。先生於文毅公稍稱相知。

丁丑,録文多倚辦先生,至是故有推重。竟不果,則先生之辭力也。先生守史局十餘年,僅一分南宫試,以此尋陞右中允,管司業事。未幾,陞右諭德,掌南翰林院。南中閒局,詞林視爲劣轉。蒲州公故善先生,亦不欲得先生往,以問先生。先生答曰:“投閒置散,政進修地,何必擇官?”先生遂往。踰年,陞南國子祭酒。先生正堂規嚴揆歷,集諸生朔望會課,第其文高下之。曠期未滿,雖達官貴人爲請,不少狗。一切膳夫乾魚銀,有司徵解不時,常供缺乏,特請申飭。例出入無得問者,特赴該科注銷,自先生始。

乙酉,遴士,拔寘前矛,盡宇中人豪,榜下多入彀者。黨御史傑以監試操切,爲諸生所譁,寅夜粘帖詆之。御史上疏,歸咎成均士。先生抗疏以辯,御史理詘。先生尋亦以疏請稱疾丐休,歸而與太安人母子相愉快也。

戊子冬,起國子監祭酒,先生不欲往。太夫人趣裝與之偕,先生乃行。適《戴經註疏》成,先生上疏進呈,以勸聖學、勵聖政、建元良、蚤諭教爲請,借經納誨，敷奏愷切，上嘉納之。尋陞禮部右侍郎，兼翰林院侍讀，充經筵講官。先生乃與東阿于公、富順李公，同心典禮，一時寅清，歡然相得。先生嘗齋宿郊壇，夜夢有遞刺者，曰："于尚書使者也。"啓函視之，有"空山一淚憑誰寄，萬古孤魂祇自愁"之句。先生異之，醒，述以告兩公。于公曰："于尚書非眼中人耶？"旋有奏掾呈副封至，則浙中丞傅爲于少保請易謚疏。于公謂先生之夢徵也，先生益慫恿之。少保得易愍爲忠，悉先生力。

是時上深居静攝，朝講稀御，宫府異體，省部諸署，一員見逐，空司以去。而邊事告急，外帑不繼，常供徵索無虚日。先生與兩公憂形於色，不言無以自見。先生乃上《陳事疏》，其略曰："用人理財，兩者最急。宋臣有言，平居有極言敢諫之臣，則臨難有敵愾敢死之士。今吏部員外郎鄒元標，直氣勁節，業已受知陛下。頃銓司特擬召用，而聖意頓改於前矣。建言謫外諸臣，如潘士藻、孫如法，臺省交薦，銓司請爲量移，而章疏從中寢矣。彼獲重譴，伏草莽，如盧洪春、李沂者，又何望也？士氣日摧，則人心不奮。一旦有急，誰能恥邊疆之多壘，效先軫之死敵哉？臣以爲宜亟拔擢也。《禮》有之，曰：'天子不言有無，諸侯不言多寡。'生財大道，豈君子所諱言？惟是多寡有無，付諸閭閻畎畝耳。今户部二十萬歲進，已非舊額，積爲常供，屢經執奏，未蒙俞允。謂實内藏耶？是營私也。謂給經費耶？是妄用也。額外之輸，貯諸内帑，經費賚予，外廷弗知，安保無濫？矧祠廟宫觀之建修，歲時齋醮之禱祀，費復數十倍此者乎？東南之財力已竭，西北之邊務方殷，募兵養士之費，勢急燃眉。臣以爲，不特賜停止以佐軍興，反裘負薪之喻，可爲寒心矣。"疏入，不報。

又是時儲位久虚，人心危疑，臺省諸曹屢請册立，上甚厭之。山陰王文端公爲相，上密諭以册立事：如明年春夏各衙門不來瀆擾，便於明年冬傳旨册立語。遂與先生及富順公具册立儀回話。上震怒，各奪俸三箇月，并責閣臣以不密之失，是後無敢復言。先生乃上疏云："臣聞，太子天下本也。方今天下大計，莫急於蚤建元良。而册立上儀，春曹實典之。臣叨貳，徒優游素餐，奈官守何？奈國恩何？皇長子年且十齡矣，朝野咸拭目而望前星之耀。鉅僚郡寀，章奏頻繁。

夫亦仰體陛下之至愛，愛皇長子也。又以愛陛下愛皇長子者，愛億萬年之宗社也。惟陛下一發德音，諏吉明春，具儀册立，然後出閣講學，次第舉行，慰九廟在天之靈，遂兩宫詒謀之願，慰中外仰望之心。宗廟靈長之慶，於是乎在。”疏入，又不報。先生以二疏並留中，言不用不去，非人臣進退之道。又不可嘵嘵自明，有乖大臣之體，但上疏稱病丐休以去。大率謂行能淺薄，病勢日亟，不得處“非其據，有失周任，陳力就列，不能者止之義，曠官竊禄，負罪尤重耳”。疏入，亦不報。待罪月餘，始得回籍。蓋自是先生無意復出矣。先生之去也，以稱病行，其端爲翌皇儲，不能安於其位。當時惟文端公與同事兩公知之。故後二年，文端公亦以争册立去。其疏辭有云，“黄侍郎以忤旨放歸”，蓋指先生之行也。

壬辰冬，上以廷推見先生名，起先生禮部左侍郎。癸巳春，改吏部，並照舊兼官。報至，所知勸先生行。先生曰：“吾曩以請册立歸，今東宫虚位如故，安得靦面就列。且母年八十餘矣，絶裾，吾能忍哉？”遂上疏，稱母老身單以辭。疏未下，陞南京尚書。天子知先生清望，旨下不准辭。先生復具疏辭尚書之命，言甚切至：“傾葵向日，遠在萬里。慈烏反哺，近在庭闈。臣願爲其近者。夙夜在公，難于報稱。菽水竭力，易于承歡。臣願爲其易者。”疏入，天子亦憐之，先生始守子舍如故。

又歲甲午，天子念秩宗重任，西京原無分别，非先生清望不可，再起尚書。先生又上疏辭，力陳其母老子單之苦，天子初弗之許也。疏再上，比前諸疏更剴直切至，謂：“身屬臣母，則急公之誼，不勝其私。而心戀子舍，則知年之喜，不勝其懼。是使臣奉自愛之軀，操不專之念，而欲効覆載生成之報也。安所用之？”疏入，天子心憐，竟予辭。先生始用新銜在籍調理。先生以册立歸，以母老辭，及東宫已立，先生言未爲終不用矣。丙申之歲，太安人以天年終。先生望東山兩臺之薦剡，銓司之啓事，歲無虚月，推東宫侍班者一，推掌府者一，推南北宗伯，推内閣，最後枚卜七人，列先生名第三。朝野望先生旦夕之出，然先生終無意起也。

先生居官，耿介自守，所履清班善地，未嘗爲政府私人。華亭、興化，身出其門，事之以道。史舘諸公，以文章行誼相引重有之，不能欵布腹心。初抑於江陵，偃蹇郎官十餘年。及進宫寮，淹滯留都。與諸先生同年進，先者登揆路，次亦躋卿貳、列宫詹，先生尚次且於五品不遜之列。雖有張文毅、王文端兩公，最稱厚善。而癸未之南遷，庚寅之請告，兩公亦不爲挽。旋歸旋起，屢推屢俞，竟無有一人致先生出者，則先生出處之道可知矣。

先生通籍四十七年，立朝僅十三年，優游里居者三十餘年。養晦耽寂，絶無愠色。布衣菲食，匡坐小齋。不蓄古物書畫，亦無園池臺榭之觀。用器無雕鏤，居屋不漆堊。坐小車以出，不盛騶從。林泉多年，無生得失。庭可張羅，足跡罕及公門。有司以干旄至，初亦攝衣冠出見，娓娓道時事枉直利病，爲公正條陳，間施恩於不報，最後并謝絶，匿不見也。

天性孝友，中允公殁後，事母太安人益虔，外而官邸，内而子舍，依依孺慕，垂白不衰。丙申，丁太安人憂，哀毁如喪中允公時。與兄伯岐山公相友恭。伯氏中絶，爲置似續，營其窀穸。修子姓族譜，不贍者振之。與里中諸大老六七公爲率真會，遍游名山，賦詩以紀。平居議論，以忠厚爲主，然性狷介，不能面容人過失。子孫三十餘人，訓之以禮，悉遵教如之。

學術一稟紫陽，務躬行實踐，不設道學之名。官中秘時，退食之暇，惟有鍵户讀書。老而家居猶故。苞孕極富，而撰著獨多。其辨經證史，感時觸事，或發憤之所爲作，往往見之文章，如《非家語説》、《讀諸子史説》與《諸蔓記》諸篇，可見已，它應酬文無論也。文依舘閣體，亦不專擬宋人，步武咸陽、西京間。最喜《項羽本紀》，并其序列之意而善之，無時不醉心焉。先生嘗自言："友天下士則不足，尚友古人則有餘。"生平以龍門爲衣鉢。

壬子春，郡守陽公纂修郡乘，請先生爲總裁，同事林省菴公、何匪莪、蘇石水公，光縉得涉筆其間。先生曰："先輩行誼可稱，不妨廣爲蒐羅，第勿作過情之譽，則瑕瑜自不相掩。"凡所進退人物，先生不自疏舉，以公之共事者，先生但受成而已。然每一傳成，必經折衷，或自再著。先生不但淹通前聞，又且明世務事宜，故事理爛然，而纖悉畢詳也。書成，人或病其太寬，而直道固存矣。

先生年方踰六十，自營永宅，扁其棹楔曰"止菴先生神道"。止菴之號本此。搆山廬其麓，自爲記之。稱引原涉治父塋，司空圖引客坐壙中賦詩之事，所言皆達觀，而逍遥自適過之。人或訝先生太早計，先生弗卹也。又嘗爲蔡文莊先生修祠宇，贖祭田，其泛應周密，耳聰目明，抒思運筆如故。但時時對人言，甲寅之歲爲歸化之期，亦嘗以語光縉。人莫之信，今果然矣。易簀無他語，謂長君諸子曰："吾受國厚恩，死復何求？國家自有優卹老臣之典，爾輩勿妄干恩澤。喪事不過七七，哭泣不必過哀。"言畢遂化，享年七十八。有司具詞以祭，爲請卹典於朝。鄉邦士民悼失典型，言及有淚下者。

所著有《嘉靖大政編》、《編年集》、《田亭草集》、《詩集》若干卷。適宫亭公來參閩藩，爲先生梓之，今行于世。

李生光縉曰：縉事先生也晚，自得執筆札受郡乘之役。先生意在寬嚴之間，縉硜硜爲先生所包容多矣。然有執益堅，持益力者，先生不難虚己，夫然後知先生天地之心也！先生與縉言在朝時事，不無知希之感。序《田亭集》，不以委里中如椽而光縉，何哉？光縉稱先生居官如其爲文，爲文如其居官。先生讀而色笑，以語長君，謂宗謙知我，光縉何知！聞之枚卜廷推之日，有稱先生於朝者。當知海宇中，身在江湖，心不懸魏闕，惟黄先生一人。而南皋鄒公序先生"繼陳紫峰，遡蔡文宗，可稱鼎足"，此真知先生矣。或曰："先生止菴著號，早退故云。"光縉非之曰："孔子不云乎，所謂大臣者，以道事君，不可則止。此先生之止也。人以先生不作相，大用未究爲恨。先生惟不作相，所以爲先生。令先生不早止，則先生相矣。先生真古之大臣也。"

周襄敏公傳

蓋德、靖之世，稱名臣者，曰周公襄敏云。

公登正德戊辰進士。初謁銓，除户科給事中。歷工科、右兵科、左户科，都凡九載，陞太僕少卿。又六年，武宗賓天，肅皇帝自楚邸入嗣大服，是爲嘉靖壬午。公以是年陞僉都御史，廵撫延綏。三年，通僕少考，考四品。九載滿，陞副都，改撫宣府。病在告，尋起，以原職撫保定，兼提督紫荆諸邊關。未幾，陞兵部右侍郎,加右都御史,出總漕政,尋加左。陞南京刑部尚書,改户部尚書。考二品滿,加太子少保。致政,卒于家。贈太子太保,謚襄敏。

公自起家及謝事,踰四十餘年,代歷兩朝,主事二聖,凡所居皆顯秩,凡所擢皆不次,以至建中丞之纛,席八座之尊,一品加玉,寵數優異,可謂遇主矣。大抵公在位日久,著勳樹績,不可更僕,其大者有三難焉。

武宗之朝,逆瑾司璫,含憲竊命,氣焰薰天,呼吸霜雪,廷臣斃死杖下者不可勝數。餘黨憑靈,流毒益甚。是時,公黄門小吏耳。疏不上則危社稷,疏上則危其身,而全軀悟主之道絀也,其難在擊奸。今按前後所以疏逆瑾罪者非一。有都督馬昂貪虐,論逮當伏辜,昂陰請瑾爲昂進娠女弟,武宗納之後宫,寵幸無比。昂自是出入掖禁中,上下憂惶不敢言。公奮然曰:“當亡使吕嬴得計乎!”遂抗疏,力諍不可。疏入,武宗大悟,入遣還馬氏女,詔罪昂。當是時,令不聽公,事幾殆。中涓史宣輩襲逆瑾威虐,以迎佛織造爲名,詐傳欽賜黄棍,欲笞死御史,所過騷驛,有司屏氣。公持論疏止之,民乃甦。公既卿太僕,搜蠹剔隱,馬政振舉。時乘輿南幸,諸内使横索馬疋,官貰馬,馬不得具。内使恚,以語侵公。公凛然不動,自馬數正供之外,未嘗增一策也。内使以故懾公。公之難一。

肅皇帝龍飛,永嘉秉政,數數言中貴人暴横狀,上爲裁革鎮守、監鎗、市舶諸内使,而鼎璫之地清矣。乃達虜時時深入,犯内地爲梗。癸巳之歲,擁大衆薄都城下,京師震驚。公是時以都御史行邊事,戰則議修械,守則議修築,而鎖鑰干城之權重也,其難在制夷。今按公前後所以築垣增堡者非一。帥抗公雄,將蒞任,故事,偏裨以下離鎮,遠迎之。公戒止之,曰:“虜乘虚突至,則奈何?”已而虜果薄紅山墩,去鎮城僅數里。公命游擊張鳳統部兵逆擊之,都指揮卜雲縱步兵千人後援,虜驚去,以爲神。總制馮公清久鞅士望,將卒鼓噪圍帥府,幾致大亂。公挺身諭以國法,毋自取族誅,爲立散金錢月糧予給之,衆感泣解去。公治邊兵久,勞苦成疾,上疏乞骸骨歸。天子温留不能得,尋用九卿科道官薦復起公。公至紫荆關,虜聞風退去。巡按御史李新芳激變廣平,公安定之,并論列御史乖戾狀,上震怒,降罰有差。掌院王公廷相論公,以庇其屬,上繇是不直王公,名益著。公愛士卒，鑿邊灌田以萬頃，軍市租餉士，歲時處給，衣糧無乏絶。虜入，士卒皆用命，願一戰擊虜。公之難二。

公於是擢少司馬矣。才猷方略，出大司馬張公右，張忌之。會總漕員缺，諷公使行。吏部擬原職補公，上不允。閣臣李公時奏重任非廷臣有才望不可，上命加右都御史，總漕政。是時，公所防抑者，河水患耳。疏則虞洩，不疏則虞壅。築則虞激，不築則虞溢。公持兩端籌度之，其難在通漕。今按公所疏修泗州、鳳陽二陵寢，可考也。公又造新莊閘，築堤湖，防水滲洩，以安漕行。時旱久，徐、吕二洪水竭，糧艘不得上。公躬履山東、河南二省，利泉源二百餘處，入于洪運，道乃通。辛丑歲，章皇太后梓宫南附顯陵，至真州，諸護從議避江險，改由陸行。公曰："有旨。且廬州山徑險巇難容，繇之，則不無開山榷挽之費。"乃發慈州，至通州，達承天，省費以鉅萬計。公之難三。

公爲尚書，而勳益爛矣。公立朝以忠厚正直爲本，順命不阿，衡命不抗，往往以片言動主意，天子止輦受之。以故公歘歷任多危疑地，以功名終。慑公者不修郄，忌公者無枘鑿，即受公擠者，亦無從報中山之篋。而知公用公者，上自九重，下逮四裔，且以公之身係社稷安危輕重。公成身退，優游引年，錫老於天，受福於君，生榮死哀，豈不備至也哉！

公諱金，丈夫子二，長仕，以公蔭卿，次履，官府别駕，并有醇行。孫都事君，手其父别駕公所譔事，丐余傳。

李光縉曰：襄敏，社稷臣也。蓋以今策襄敏三大難，去德、靖世，又異矣。貂璫不爭權而爭意，胡虜不欵塞而欵市，河災不虞徙而虞守。貂璫爭必權，爭不可久也，詘之而已矣。胡虜欵必塞，欵不可久也，縻之而已矣。河菑守必徙，守不可久也，决之而已矣。三者於我無敗形，於彼有勝徵，聽之則養驕，不聽則猝擊，故難爲也。雖然，令襄敏公在，夫復何憂？余讀治水患、護陵寢疏，公意念遠矣。明者見萬里，不能明者不能矚眉睫。如此可保百年無事，襄敏其庶幾乎！

右庶子九石黄公傳

今上恭己無爲，慎簡用人，廷議推擇，疏多留中。於賜環之命，尤不輕授，久缺不行。九石黄公，以春坊諭德請告，里居已五載。去歲戊午，閣臣疏叙起公田間，遷右春坊右庶子，兼翰林院侍讀。命下，中外頌天子神聖，善擢用公。公具疏疾辭。人謂公故無恙，當即出，疏第表其易退難進之道耳。及疏入，果不得請。乃邸報至，公先數日逝矣。人始知公爲真疾，訃者傷之。薦紳先生想公爲人，追其行事，多傳之者。

公諱國鼎，字敦柱，别號九石。王父嵩明公，以歲薦起家，貳嵩，有善政，嵩人祠之，載《郡乘·人物志》。生公父贈翰林院編修，娶葉孺人，始生公。公未生時，嵩明公以禱於清源山，應禱而生。四歲能讀《論語》、《中庸》，嵩明公命以對句，應聲皆奇。八歲讀《易》，能文。十五歲游泮，遂有文聲。乙卯，中本省鄉試第七人，公年甫二十四耳。明年，罷公車歸。纔入閩，聞贈公疾，五日夜馳至，猶及嘗藥視殮，以未及禄養爲恨。讀《禮》三年，涕泣不絶。乙酉，仲弟二守君領賢書，與共計偕。戊子，當復上，以葉太孺人春秋高，不果。竟丁其艱，後以善病，不應公車者再。坎壈幾二十年歷，戊戌始第進士。

公少負材名，沉淪日久，醞釀益深。當其在成均時，宗伯黄儀庭公爲南祭酒，試公居首，亟稱爲天下士，公氣亦嶽嶽不衰。及登第，牘出霸州劉給諫房，名第不前，人以爲詘。已，以廷試二甲，應館選第一，改庶吉士，士論快之。

公爲文平易爾雅，不喜鈎棘，亦厭人模擬。既讀書中秘，明國家務。閣試、舘課，撰著日多，率寫胸臆。雖深抱杞憂，往往見志，而略無憤激不平之態。諸公重之，稱其得舘閣體。

庚子，授編修，同修國史。辛丑，南宫之試，擬公分考。公以仲當應辟爲辭，數請乃免。

壬寅，請給歸襄嵩明公塋事，獨力肩之，不問仲季。事竣，還朝，考三年最，得封贈公、葉太孺人如其秩。

丙午，管理《起居注》，編纂奏章。初典吏曹，繼歷六曹。公謂是役也，異日國史實取材焉，一字弗當，如衮鉞何？乃核之獨詳。

丁未，分考禮闈，念里中孝廉多治《易》，請改閲《詩經》，主試從之。所拔多名士，大狀黄玉崙公，實出公房。當拆卷時，諸房首卷皆南士，僉謂未當，而人各難易置。公遂自請改北卷弁首，人以是多公讓。

尋奉節册封楚藩。曩時藩府多弁髦封使，公至楚，先移檄藩相："有不肅者，吾將以聞。"是日齎册至，王以下罔敢不祗敬。公於餽遺無所受，漢陽王聞公清嚴，贈冰桃瓜酒而已。是秋，便道里門，始克厝嵩明公。旋繳節入朝。

己酉，奉命出典浙闈，得士九十人，後多掇巍第者。與同事諸公歡相得，稱一時盛事。

明年庚戌，輪次管理誥勑。時諸省直指及瓜多逾期，郡邑最難，於題奏貤封者稀，代言頗暇，公是以得静攝養痾。公嘗自言："東方生避世金馬門，我今日謂矣。"

公自官翰林以來，地與政府相密切。其前後相繼秉樞，非公大座師，則教習師，不則亦桑梓同年之知，於寅援易入，名位宜易起。乃積資十五年餘，始擢至春坊諭德，不過五品官耳，則尚以叙遷也。公不因人熱，大略可睹矣。

四明首揆，歸德次之，政府開嫌，人私黨附，南北之司紛如。公嘗與予言，於四明嘿有規切，有言之而聽者，有不聽而無復悔者，而人莫之知也。及兩公並去，朝紳之勢偏重在北，孰不知公爲四明門下士，而無有指摘及公，則公之忠誠心，有以取信於士大夫耳。李文節公與葉福唐相公，並時爰立，協恭輔政。文節被人言，避位於荒廟之中，福唐處於綸扉之上，文節不以是疑福唐之專，福唐亦不以是難文節之讓，機密重務，必先就商確而後上聞，兩釋猜嫌，不啻弟昆。公以鄉情年誼，來往二相間，渾合無異同，宜可免於人言。而攻文節者，并以嗾公使去，何也？然不以公爲居相之黨，而疑公於將去相之黨，公不因人熱，又可睹矣。

大抵公用意忠厚，真情懇摯，見文節卧病荒廟中，平昔相善之人多引去，甚至有排擊、自明非黨者，不容自恝於懷，間日一視，一日再視，容或有之。人非不知公之誼重，但利文節之去，而欲絶其再出之路。見福唐之屢推讓，以爲非公必不能得於二相，而使之深相結，故借文節之事，遂以瓜葛鋒芒蜚語中公，非真短公爲殷勤於泠相之門也。公惟不致辯,第上疏求去,而朝議遂息。爲公疏解者,有"比巷誰無瓜葛,坦衷未見鋒芒"之語,則公一去,而心跡自明,身雖退而名故益重矣。

公既歸五年,逍遥自得,無復出山之想。久之,公論定。兩臺疏境内人才,輒薦公朝端之上。鄉擠公者,轉而思公,天子亦念公,遂有是宫庶之擢。詹事韓公移文到邑,趣公之任,令有司親登門勸駕,可謂榮遇。其如公遽逝不起,何哉?公居官以文章爲名,而未嘗廢世務不講。遇國家事得失利害,官非職掌,謀戒出位,既不得行,仍不得言,往往憂形於色,或私擬章奏,著之議論,但自恨空言無補也。福山令韋衷芹公、尋甸守蔡方至公,先後以忤礦被逮,公草疏欲救,爲舘師臨武曾公所止,不得上。但於杖後百爾周旋,令無瘁獄中,公猶以不得疏救爲憾。其扼腕時事,多慷慨約結類此。

公温良雅度,外若易與,中實難犯。於人靡所不容,而行事每依正直,好人之善,不能庇人之過,人亦不敢干以私。居京數年,喜行陰隲善事,偏施恩於急難之人,或周旅困,或助客喪。及拓修會舘、首建義塋之類,靡不勖力爲之。人羶公義,公略無德色於人。公尤善罕譬,委曲諭人,引用成語,雜以恢諧,談言微中,聞者絶倒。嘗與予言,都下士紳有喜佛、爲公談禪者,曰:"此真諦也,得未曾有。"公笑曰:"余亦有禪,更古於佛。"其人曰:"有何妙諦?"公曰:"人心惟危,道心惟微,惟精惟一,允執厥中。"其人笑曰:"此非禪也。"公曰:"余言亦有本。孔子不云唐虞禪,佛生於衰周,唐虞不古於周乎哉?"其人大笑而去。余謂,公此言似謔而正,可謂闢佛談柄,入《世説新語》中。

公事大父母、父母孝,温凊(清)甘旨,至老不衰。事諸父恭,友愛三弟,於貳守君宦中書問,恩意尤篤。族戚姻黨,陰藉其庇。里歸杜門,庭可羅雀。茹淡衣素,不敢以炫燿誇閭里,足跡不入郡邑庭。惟鄉有大利病,或人抑鬱不得伸,爲公正發憤,則不惜緩頰,知之必言,言無不盡矣。水旱癘疫,躬率步禱,貸金賑饑,爲富室倡。尤好奬引後進,與彈射文字,多極意去。客至,無貴賤,無留門,延接愈益恭,雖臧獲隸卒,無疾聲厲色相加。輓喜臨池大書草書,人拱璧之。更進於道，户牖駢對，盡皆格言。東山歌嘯，聲滿天地，于于如也。公蓋於出處、進退、死生、存亡之際，達觀諗矣。臨終易簀，不及家事。忽手書云："參合於太和，委運于適然，吾當默還造化，再度乾坤，不憂不懼，順受其正。"書畢，遂卒，時年六十三。

所著正集外，有《四書質問》、《易經初解》、《左國迂評》，藏于家。

李生光縉曰：戊戌之役，余與公並計偕，舟車寢食共之。公兢兢惟不得博一第是念。自言此行若謁銓，可得州守，爲五品大夫。余哂之。公今爲翰林，貴倨矣，亦竟以五品大夫終，豈其讖與？公幸而翰林，亦非幸而官翰林。翰林之官，爲天子文學臣，吏事不得涸之，安坐談笑，立致公卿，此公所爲幸也。但使公朝政不預，民事弗親，拘攣於出位之戒，經綸注厝，百不展一，則亦以官翰林之故。李文節公爲翰林時，余往謁之，與余言：吾儕起家取第，名不必鼎甲，官不必詞林。有之，非致身相位不可，不然，雖有鹽梅舟楫之才，安所用之？不如試部署州縣官，易行所志也。余訝其非。然今繇公觀之，信然哉！信然哉！然重公者，何必居相位也！

少司寇詹先生傳

先生終于正寢，遺命誡諸子，勿求人作傳與狀。傳，非先生意也，然儀部何匪莪公述之，宗伯黄先生又狀之。縉素沐先生道義之愛，是以亦不揣僭一言而傳先生。先生，古之大臣也。夫有賢人君子之心者，未必有豪杰之材；有豪杰之材者，未必有賢人君子之心。有其心，乏其才，或有餘于醇謹，而在位不能有所匡言；有其才，乏其心，或過任其意氣，而臨事容不免于譸張。合是二者，以禔身體國，可言則言，可爲則爲，當進則進，當退則退，大臣之道蓋庶幾焉。詹先生其人矣。作《詹先生傳》。

先生諱仰庇，字汝欽，别號咫亭。憲副企齋公之仲子也。

弱冠補安溪弟子員，稍壯游南辟雍。嘉靖甲子，領應天薦。明年乙丑，成進士，初授南海令。

隆慶三年，召入爲御史。以言事削籍歸，尋起廣東參議，又復歸。最後起參江右藩，憲副山東，轉南京太僕寺少卿。不二年，晉左僉都御史，協理院事，再晉刑部右侍郎，貴倨矣。憲副公登弘治乙丑進士，以户曹郎選雲南道監察御史。先生登進士亦乙丑，其爲御史所隸道亦雲南，稱述作奇觀云。

先生令南海時，年甫二十六，英姿浩氣，才猷敏贍，治辦有餘。上官不能詘以難，亦於上官無所阿奉。民間利病興革，往往不繇建白，直行己志，事成然後奏之。手批口答，剖决如流。吏胥重足，不敢欺以奸。盜有捉人於野，匿空舍中，露言之，得贖金錢以某日送至某所，其人莫敢問，但如其言，乃得出。先生廉知其狀，具得根株窟穴所在，請捕卒於備兵使者，擒薙之，盜乃息。游徼卒獵賄其土之盜，而誣指泉漳人行貨者，捕之，官將以爲戮。先生督其寃，出之，所全活以百數。先生初試官，其明敏識事，法行禁止，皆此類。

既入爲御史，益留心國事，發舒其所欲言。數月之間，上疏者四。上命户部購寶石珍珠諸物，責三日取辦。大司農馬鍾陽公、都諫魏敬吾公，静之不能得。先生具疏入，極陳"南北多事，兵興乏餉，不宜貴異物，糜數萬金，爲無益費。且珠寶多藏中貴人家，索之急，則價愈倍，徒肥私橐，不可也"。明年春，内官監辦製烟火進奉。元夕，火藥突發，延燒内房十餘間。先生復具疏入，言"逸欲害德，近習僨事，宜嚴懲不恪，以凛宴遊之戒，而塞諛奉之階。并請敕廠衛禁革民間上元燈市，止淫救奢，莫此爲甚"。二疏辭皆切直，然斥及中貴人，中貴人嗛之，以是疏上，竟不報。會是時，陳皇后遷居别宫，寢疾危困，先生廵視皇城，遇醫官自禁中出，與先生言后起居狀，先生嘆曰："事關聖德，孰有重於此者乎？奈之何，舉朝相仗無一人敢言也？"遂退而具疏，疏曰："臣聞天子有后，猶天之有地。今皇后殿下，乃先帝所賜陛下，以正位中宫者也。陛下宜遵先帝之命，篤宫闈之好，以爲宗廟社稷之主，四方家人之則。近聞皇后久出坤寧，置之别宫，寢食起居，不侍左右，抑鬱成疾。皇上略不省問，如萬一不可諱，謂聖德何？臣願陛下一聽臣言，還皇后於坤寧宫，時賜問慰，即臣譴死，猶賢於生。"上故不手批章奏，覽先生疏，爲心動，批其疏曰："皇后侍朕多年，無子，近且移居别宫，或可適心,竟却疾耳。爾不知内事,妄多言,姑不究。”旨下,中外歡傳,謂先生一疏能感動上意,成主聖臣直之名。然上見先生疏屢上,亦不無疑先生戇矣。書先生名于屏間,每聞外庭疏至,則曰:“此又詹某來耶?”其見憚如此。

亡何,詔先生巡視監局庫藏。異時省直輸糧,中貴人監收之,率没其羨於地者,先生令滿斛而止。外官吏輸帛内監,内監取額外鋪墊,稍不厭意,即經年蠹朽,無所得入,先生令亟入乃罷。中貴人益畏惡之。先生於是盡簡監局中簿籍,按籍勾稽,每歲間地租、畦租、房租,税入若何,從何支用,令内監官一一條析。内監官不從,但以揭報。先生遂復具奏,大都言:“内官監錢糧,如各庫廠及房租、地税,各有歲額,本監率用漏賣與夤緣乾没,動以供進爲名,利填溪壑,而過歸朝廷,當何罪耶?且人主之嗜好,左右視爲趨向,四方係以安危。今該監所開工作諸費,如鰲山、花欄、龍鳳船、韆鞦架、金櫃、玉盆之類,皆作無益,以害有益,乞悉罷諸匠不經者。勑户、工二部,及科道、視庫廠等官,逐處查稽。在外地者,委順天府行之,毋滋國蠹,以重民咨。如是,則上能躬行節儉,内監諸臣亦凛然知畏肅矣。”疏入,上震怒,責先生悖逆狂妄,着錦衣逮至午門前,杖一百,黜爲民。先是,先生二疏中,發中貴人奸利事,中貴人故欲甘心之,至是攻擊益力,憤益甚,遂從中齮齕,摘疏内一二字,以爲不恭而激上聽。上猶以前言中宫故,怒先生不悛,而先生遂不免重譴矣。

當是時,先生幸不死耳。所欲死先生者,諸貂璫也。上初無死先生意,而淮南、西蜀、江陵三相公,所以論救先生者甚力,先生是以得放歸。既旋里,先生之直名播滿天下,而先生若不自知也,自目爲天子逐民而已。於朝論諸公,無所存謝,但屏跡幽居,往來於巢雲山、雙虹榭之間,枕流漱石,以自愉快。

今上即位,詔復諸言事臣譴廢者,先生亦在起中。但他賜環,皆用原官,先生獨從外轉。命下,遷廣東參議,輿論駭之。先生削籍,江陵方秉樞,以延攬賢士大夫爲名,嘗與先生言時事。江陵有所不可,先生然之。及先生被杖將歸,屢屢書問,遣所善客過先生所,欲得先生附己,迂道入南京,爲己游揚。先生嘿然行,江陵不悦,曰:“我知詹君,詹君不知我也。”又,大璫保者,與江陵相表裏,驢甚。保以前疏，忌先生入，江陵憚拂其意，且惡先生不黨己，故不復内召先生。先生聞命，忻然就道。抵任甫閲月，丐疾而歸。督撫殷石汀公爲之請至再三，歎服。

又十三年，江陵卒，大璫保逐。蒲州相公居政府，姑蘇二相嗣興，盡能知先生。太倉相公官史局時，曾以一言慫先生諫中宫事，又嘗編先生疏于《實録》中，相知特深。至是，益推重先生名。而海豐太宰楊公、大司寇關西李公、副都御史南昌魏公，一時以中外宿望，布列大僚，並欲得先生出。於是先生再起田間矣。

上將大用之，姑從初秩，起江西參議，轉山東副使，漸除京秩，授以大位，遂遷爲南京太僕寺少卿。數月，晉左僉都御史，未幾，復轉副。先生久卧，東山一出，人心屬望。入長安門，人共指之曰："是穆廟中持霜簡伏蒲忤天子廷杖真御史也。今協理中丞，副内憲矣。"先生以是多振刷論建，申飭御史出廵事宜，定擬章奏體式，爲吾邑蔡虚齋先生請謚，倡明道學，諸如此類，侃侃有條貫。中官鯨者陰撓朝政，閣部力攻之，上猶豫未決，得先生疏入，力言"巨奸不除，群疑未釋，乞亟處分"。而鯨即得旨逐者，先生力也。朝議益以重先生。

先生晉刑部右侍郎。故事：刑曹郎上爰書於大司寇，侍郎署"行"字耳，不一問當否也。先生笑曰："是左右侍郎爲贅郎耶？不然，何取充位若是。"命貼紙牘，未詳其可否。時大司寇爲李漸菴公，每見先生有所論駁，未嘗不歎息稱善也。李公遷都御史，代者未至，先生與左少司寇更迭省訟，曹事爲簡。其憂世憤時之心，正紀綱、崇體統之論，略見施行，聞者忌之。會有齟齬先生者，先生遂移疾歸。姑蘇相公謂先生去，位不配望，使人扼之，曰："少須，則大司空可及也。"先生謝之。時淮撫闕，關西李公方進長柏臺，議暫借先生淮上，以俟召還。先生直答云："大臣進退，以道耳。僕能避世，不能避人。"疏六上，始得請。先生飄然出都矣。

先生心地澄徹，舉止鎮定，具有膽、智、識、力。膽能當事，智能籌事，識能先事，而力量能推行之。自弱冠時，即負有倜儻不羈之能。憲副公没，伯氏繼之，季弟尚少，芟夷家難，不讓餘力，老成人不能及也。倭亂發人塜取贖，憲副公塜有來言贖者，先生以計監之，不使歸報，蹤賊後，輿柩以歸，賊遥望不能逼。膽智有力，從少已然。故一出爲縣令，以至列柱下，陪卿席，其嶽嶽錚錚，不挫不詘之氣，大則有以批天子之鱗，次亦有以寒中官之膽。於死生無所避，於禍福無所移，可進可退，而不可招使來、麾使去。其吏治精詳，世務曉暢，無論已。

先生既退，遂絶意仕進，遡先世清隱公，居佛耳山下，復著號曰"佛耳山人"，益留連溪山如故。佳晨芳夕，修禊登高，倣洛社故事，所至多賦咏，布衣筍輿，蕭然出行，人不知爲詹侍郎也。初但絶跡公門，不與人通。關說私書，干旄造廬，猶出見之。後乃逃匿，行部使者、郡國守相，至圖一顔面，而不可致。然每伺先生言，爲時政興除。先生雖不預有司事，其或民瘼可蒿怛，但仰屋一竊歎，而閭閻畎畆中，已陰蒙覆露矣。

晚益嗜學，書册未嘗去手。亦喜觀佛書，綽有妙契，剷剛益柔，印之大道，胸無蓄疑，模棱首鼠，非其意好。虚心精理，慎毖小物，求古禮文之事，行之于家。朔望瞻拜祖祠，教誡子弟，雍雍如禮。戢家童無生事里中，輒則自繩以法，門内井井肅肅。故亦治第宅，慎居積，而未嘗侵尺寸於人。高門深楗，庭可張羅。以故先生居鄉，其君子有所慕而進於恬，其小人有所憚而弭於争，玆表正之風大也。兩臺薦剡有云："宇宙偉人，乾坤正氣。縉紳罕面，走卒知名。"識者謂中先生之實。

今年春，先生詣清隱公故里，望佛耳，徘徊而歸。夏，忽遘疾，語所知曰："吾其與世訣乎。"病二閲月，不御酒肉者四十日，辟穀者七日。先期沐浴，就于正寢，溘然長逝。神閒氣定，朗朗不亂，得正還真又如此。未易簀以前，夜有大星墜于城南，先生實應之矣。卒年七十一。大夫、士庶，如失典型，國人悼之。

李生光縉曰：先生可謂大臣矣！人見先生起驟貴，遂以爲易進，而不知先生之進，故甚難也。人見先生亟去位，遂以爲易退，而不知先生之退，甚不易也。脱百死而始生還，可謂易退乎？養高二十餘年而始再起，可謂易進乎？先生所謂豪傑之才也！世未有竟先生才者，故其階陟於崇，而其爲卿止於二，經國大業，十未展其二三。令先生削籍時，有所委曲於江陵之請，少司寇之位，奚待再出山而後可至？且或遲留于淮撫缺之借，大司空之及，亦旦暮事耳。而先生皆不之屑。賢人君子之用心，宜如此也。然當先生抗疏言，死生以之，則身且不顧，何知官階品秩之爲榮哉？世但以中丞、侍郎貴，謂先生大臣者，亦淺之乎窺先生矣。

刑部侍郎洪静菴先生傳

先生中奇禍以没也，今四十餘年往矣，未有人傳先生者。往修郡乘，將列傳先生，人盡寃先生死，至論所以死先生，往往甲乙其説。或謂發難於勘遼藩事，拂柄臣心；或謂非然，撫臣啣先生者，以他陰事羅織殺之耳。先生心跡白而未白，猶在兩端首鼠之間。今年春，先生之季公子况因、其婿黄生道烱，紹介謁縉。問以先生當日事，季公揮淚具道甚悉，因出先生手書遺言，與黄、王二御史疏，及林宗伯《墓銘》以示縉。先生果以遼事死，而殺先生者，非他事，乃爲遼也。季公及其子爾㰖請縉傳，乃按季公所傳聞，核而譔次之，庶幾可不泯先生云。

先生諱朝選，字汝尹，别號芳洲，後更號静菴先生。自爲童時，穎悟絶人，書經目成誦，笥腹不忘。遇有對句，輒發驚人語。大理林次崖先生一見異之，以兄之女妻焉。

嘉靖丁酉，舉于鄉。辛丑，成進士。初授南京户部主事，出榷北新關。洗滌宿弊，惟通商惠民是急。度一歲國課幾何，抽貨筭緡，取盈額而止。既滿不復税，津梁不閉，任舶上下，商人便之。誦聲四達，卓絶前後。自是稱榷關賢廉，莫不推先生爲嚆矢，莫之能繼也。事竣，入督放倉儲，出納有法，倉鼠不得售其奸，諸所規畫，後人引以爲式。一日，自思所學未足，非古人“學優則仕”之意，乃上疏引疾歸。

道出吴中，因客毘陵僧舍，謁唐荆川先生。荆川久已聞先生榷關廉賢，心内鄉之，一見先生，遂與深交。考德問業，上下千古，一年始歸。先生若充然有得，歸復與王遵巖先生論文，講身心性命之學，僦舘相近，朝夕爲常。王先生晚年喜歐、曾之業，故先生所爲文，多本之唐、王兩先生。其格法步趨，亦惟是出入于永叔、子固之間。先生見聞益博，凡國家典章，經史微義，莫不淹貫融會，間著之議論，發前儒所未有，而其所學淵矣。

嘉靖己酉，病除，補南吏部。與自野殷公、吉陽何公、初泉劉公，以學行文章相交結，時有"南都四君子"之稱。吏部擢先生督西蜀學政。先生正文體，端士習，評隲其藝，高下之，出平居所深造，進多士與論説，人始斌斌向學。

三年，擢參粤西政。時分宜相有所不可於先生，因改調山西。歲大祲，寇盗充斥，先生多方撫輯，殪其元兇，破其黨與，晉人頌之。

分宜敗，華亭爲政，素善先生，遂以山西參政召入爲太僕少卿。尋晉僉都御史、提督操江，旋加副、開府山東。先生爲操江時，疏論盗所繇起，與所以止盗之方，鑿鑿可行，留都重地，賴以靖息。其在山東，禔身以道，馭吏以法，疏請議處驛傳，檄所司清郡邑差重役繁之弊，隨地遍差，因糧制役，富室巨户無敢避就。藩府官校有侵奪民田者，嚴禁革之，悉以歸民。齊魯之間肅然。

隆慶戊辰，入爲刑部侍郎。華亭去位，新鄭繼之。未幾，新鄭去，江陵秉樞。會遼藩獄起，詔屬先生往勘。遼庶人本以淫酗肆虐夙憾于江陵，是行也，江陵意陰屬先生矣。江陵與新鄭有郄，而善華亭。初入相時，詢華亭以海内人才，華亭舉二十人，首稱先生。江陵既擠新鄭，凡新鄭在事時所引用之人多逐去，而留先生，則猶以華亭故，乃有是命。先生手書遺言，云："命下之日，江陵先來下顧。坐定，言曰：'貴處傅應嘉謀反，今敝省遼王謀反。'余嘿然。及送出門，江陵又曰：'聞遼王有差人入京行賄。'予應之云：'果爾，當題奏。'乃疏奏：凡楚人入京者，皆盤詰，沿途差兵護送勘事官員。"信斯言也，先生未出京時，已與江陵意微相拂矣。先生遺言又云："余奉勑馳至襄陽，遼王不法事先已經副使吴道直，参議董文寀，都御史劉慤，御史部光先，知府游季勛、何子壽，會勘成招。余至，副使施篤臣抱招，請余書名耳。余不肯，曰：'未提一人，未審一人，據現案而成招，何須命我？公等自成可也。'施退。越數日，來見云：'遼王反形見矣。府中豎招兵旗。'余徐應之云：'勿忙。遼王果反，我則興師討罪之大臣。不然，則勘事之大臣。’使人往覘之，王果不反。反報曰：‘兵已圍遼府三匝矣，信息不得通。’王聞法司到，無路伸訴，豎旗府内，書‘伸冤’二字，王終日跪伏旗下候命。余曰：‘此得臣子待罪禮也。匹夫犯重辟求訴，問官尚當審確招詳，况親王乎？古人有焚梁獄詞者，可奈何媚權臣，傷國家親親意。’寘其事不問。亡何，施篤臣又來見，請云：‘老先生，招要改便改，必欲提人案，覆審三年，招亦不成。’余知羅織已定，不得已，應之云：‘除去謀反二字，餘俱依前。’兩院道府所勘招情，以遼庶人依戴掄、典楧事例，送發高墻，除其國。”庶人有母王氏妃在，先生曰：“母能累子，子不能累母。”斷給田十頃，屋一座，予贍終身，餘悉如法上聞。信斯言也，先生所以處遼獄之情，不可謂無曲意於其間矣。奏上，江陵猶以爲左，心内惡之。一時法司同往勘者，俱論罷。先生辯本有“權臣主使”之言，江陵忿益甚，遂以大計罷先生歸。大抵江陵私欲得於先生以謀逆不道誅滅之，爲毁巢覆卵之計，及見先生本，但論發高墻，國號雖除，遺孽尚在，能無死灰復燃之慮。即先生歿後，遼府人上書，猶有援先生爲左驗，則先生之在事，可知也。蓋自是江陵始有懼色，而忮心乘之，日夜思所以寢處先生矣。會劉畏所御史疏論江陵，指摘及施篤臣。先生云：“令我當日聽江陵主使，誣以反獄，今劉御史疏及我矣。”江陵聞，益大恚，謂先生不死，方且與劉犄角我也。又，當江陵奪情時，鄒進士南皋、吴翰林復菴疏列江陵不孝狀，削籍遠戍，先生曾移書壯之。有傳先生書達江陵所者，江陵見而憾益深，不可解。於是密使私人授旨於閩在事諸公，或起之田間，或啗以大位，又或懼以顯禍，冀以結其驩而速其謀。然有知先生冤，不肯從者；有身受先生薦，不忍從者。

及耿中丞、楚侗公來撫閩，亦微知江陵意，而素以道學善先生，其待先生如故。每咨以時政，先生傾心答之，略無所諱。有偶及藩司支放邊戍月餉事。時九江勞堪爲左伯，知之，啣先生爲陰短長己也。耿以憂去，勞代之。勞實希江陵旨，故得是擢，遂乘是思報效，藉快己憤爲名，陰遣邑令金伺察之。金日夜捃摭其無情事報勞，勞得之大喜，以聞於朝。江陵從中擬旨，削籍逮訊之命下矣。勞得密報，遂馳戎卒，逮先生下臬獄，不二日，斃之獄中。方械繫時，設兵防嚴甚，戒令親信無得至其側。一日一夜行五百里,趣至,遂殺之。或謂令絶飲食,或謂令縊殺,均不可知。然至先生死,暴屍四五日,不得收,蟲出户而猶未厭也。勞亦何憾先生深,而讐殺之至是?自非希相旨之過,縱以先生語言詿誤,有所得過,亦未必遽忍心而敢於殺。且以一中丞,而殺一侍郎,何易若是?厥後,黄御史疏先生寃,有曰:"朝選之死,非死王法也,死於權相之手也。亦非以罪過死也,爲藩宗死也,爲諫臣死也。"王給事列王篆罪狀,亦曰:"洪侍郎勘遼府事,意拂權相,果何罪乎?乃假手勞,以他事煅煉,迫令縊死,暴尸之慘。"今其疏猶在也。且聞之,勞過蘇州,見凌洋山尚書,凌問之云:"我與芳洲亦相怪,但我事過則休。與若相處多年,不知若敢殺人。"勞應之曰:"否否。"凌曰:"然則,洪誰殺之?"勞出玉篆小啟示之,内有:"不殺洪某,欲處以俎醢之刑。""我是以不得已而從之,非敢殺人也。"人言先生以遼事死,信然哉!然先生死未四月,江陵相亦死。母王妃果遣人上書,訟遼庶人無反狀。上久之深知其寃,命掠江陵家(冢)子敬修斃於獄,江陵竟亦以遼事敗。從後觀之,亦先生當日不案反獄,爲禍梯耳,宜江陵之欲蚤殺先生也。其如天道好還,人不獨殺何?

先生賦性剛嚴,介特不阿。學有淵源,尤明於義利是非之辨。居官廉潔,以名節自砥礪。始乎爲郎,致身卿貳,歷官四十餘年,家無千金之産,自奉布素,綽約若儒生。所至宦業,有學行政事之稱。惟不能容人過失,意有所不可,論有所不合,未嘗少貶以從人,人亦多憚之者。其致謗不免於禍,或繇於此。

先生死,子都察院簡較君競(兢)赴闕下,訟先生寃。勞假手權閹,欲杖殺之滅口。幸不死,而削之籍。人心益憤,後臺省諸臣交章爲先生討罪人。孫給事疏云:"自古來有大臣寃死獄中,故殺大臣,自勞堪始。知洪某得罪張相,羅織殺之,五日而後出,其殘酷有如此。子洪競(兢)萬里訟寃,此人子迫切至情。勞堪聞之,通賄馮璫,囑致重典。非陛下仁聖,止廷杖爲民,洪氏覆宗矣。其殘忍又如此。"上詔復先生官,競(兢)亦還蔭叙。勞與造謗者,俱遣戍,朝論始快,猶以爲殺人者死,勞未伏其辜也。

先生没年六十七,所著有《文集摘稿》、《歸田稿》、《續歸田稿》,多未就,而逮於禍，讀者傷之。子兢居官清苦，痛先生非命，母死，疏食三年，以孝廉聞，官至貴州貴陽府通判。

李生曰：先生按遼庶人獄，半從讞成者之議也，於柄臣之旨未甚違誖，然且不免於殺身之禍。假令一意相左，如田叔燒梁獄詞之爲，吾不知當何典以處先生？先生不幸而身死，猶幸不以黨附死。據法守正，於道猶榮，天下寃之。不然，畏威順旨，骫法以從，一旦時移事改，宗人訟寃，天子念誅夷之過，問勘獄者何人，東廂之恨，先生寧獨免乎？即可免於私憾，必難逃於公法矣。兩者均死，果孰爲得？夫殺先生者，與殺先生而媚人者，其初豈真有宿怨深仇哉？不過始于專權希寵之心，成于保位患失之慮。兩人心合，各行己私，而先生遂不免矣。江陵一時能相，諸公初亦人豪，一念之差，身名俱敗，貽禍無窮，爲天下僇。泰山、冰山之喻，吾儕可深長思矣！大《易》貴見幾之作，有以也夫。

郭少司徒公傳

吾鄉薦紳先生，以抗疏直言，被謫論罷，旋賜環，洊登九列，稱於世，爲名臣，咫亭詹先生、麟泉王先生，與吾友人郭希所公，斌斌最著矣。詹先生疏及宫闈，被杖譴歸，赫有直聲於穆廟之初。王先生論楚相專權事，削籍以去，時論危之。後兩先生俱從田間起，荷聖眷而膺顯擢，以功名終。郭公與鼎立爲三，正氣直節則同，而身無顯逐，謫無久淹，遭時逢聖，始終兩全，尤其幸焉。作《司徒公傳》。

公諱惟賢，字哲卿，别號希所，晚始更愚菴。稱於學士大夫間，曰希所先生云。祖贈公宣，父贈公常春，以慷慨孝友稱。

公生端嶷，少善誦，寓目不忘，歲十四能屬文。時遭兵亂，贈公歿，困苦特甚，公幾無棲身所，拓落市中。鄰余翁識公非常，聞於孝廉陳公惟立。試之文，公閣筆良久，余翁怪而撫之，曰："孺子未朝食耶？"公曰："然。"孝廉爲粥粥公，公乃下筆如流。孝廉大奇之，延與弟同塾舍。後屢試，無出公右，遂有文聲。

歲甲子，學使者丹陽姜先生拔以應試。又三年，奉新蔡先生復置高等，餼于庠。公之爲諸生，余獲以筆研與公周旋，對壘三餘載，每睹公言四子、言《易》，往往遜席也。公漁獵經史，最喜韓退之、蘇子瞻文，持以爲鵠，時採掇其語法爲文。好深湛思，主張在蹊徑外。下筆暢遂則大喜，稍不如意，憤恚竟日，不數易稿不休，以故公之學日博，而文日益進。

庚午，舉于鄉。甲戌，成進士。公始脱諸生困矣。公既拜官，令清江。念食貧久，不負所學，從今日始。遂一意樹檗，在邑五年，皭然不滓，節浮却羡，爲士民規。如甦郵傳、卒徵輸、革包攬之類，政是以和。用卓異徵入，清江人留之不能得，祠祀之。

公爲南京河南道監察御史。故事：南臺有掣鹺之役，鍰金以萬餘計。公歎曰："安有執法官自巇至此？户部司錢穀，御史司糾察，乃職掌爾，何以溷爲？"遂疏請歸其差于主事，如工部龍江廠主事掌竹木例，御史第持三尺監督而已。上是之。江陵秉樞，與馮璫相表裏，專擅自恣，畏人議己，以廷杖、謫戍、削籍禁錮言者。時吴中行、趙用賢、鄒元標諸君子，並在錮中。會皇太子生，恩詔中外。公上疏言曰："臣見罪廢諸臣，遠戍者堅志於瘴鄉，削籍者杜跡於衡門。創艾悔悟之日久，而慕君愛國之思深，耿耿孤忠，神明鑒之，行道之人惻之。今恩詔雖下，諸臣未復，請亟召用，以培正氣。"時江陵雖故，馮璫猶螯。疏入，遂謫公爲江山縣丞。公於是直聲始震天下矣。逾月，璫敗，上復召入爲御史。凡言官得罪被謫，多轉他官，公以御史賜還原職，蓋異數也。

公入，益發舒所欲言，不以一少挫遂沮。先是，故相行督責術，令六曹考成於政府，故户部錢穀之數，一令送閣查驗。公謂，漢相不答錢穀問，今奈何視而庖代，令宰相失體，有司奉行太過，致海内虚耗乎？會三吴困水，連歲洊饑，流殍滿野，公遂并論止之。某御史按楚，不會江陵父葬，江陵大嗛。御史大夫某希相旨，劾御史去。相敗，召御史入，而御史大夫猶在位。公曰："大夫何顔面見御史某也？"疏劾使去，上聽之。又，嘗薦遺佚諸臣可大用，如餘姚孫公、奉新蔡公、吉水曾公、富平孫公，數十人。疏奏，率擢用如公言。上於禁中部勒宦者習武事，刑部郎董基極陳其不可，坐謫。公謂，萬乘不宜邇凶器，請罷内操，而召言者，且請上復午朝，召對諸大臣商確時政。上怒甚，有旨責授南京大理寺評事。

公雖劣徙官乎，然天子深知公直，故不厚譴公，旋亦悔之。未幾，移户部主事，尋進吏部稽勳司郎中，改考功典。丁亥留計，其信公而大用公，始此。

公以數載惠文之官，一旦左遷入户曹，人疑公鞅鞅，公獨勤於其職，簸揚概量，必躬親之，若無介意。公耿直見稱，爲南中士大夫所推服。又留滯日久，能熟知其人物臧否，故一典大計，尚書李肅敏公、都御史海忠介公，諸一切汰斥，必得公片語而定。公亦勯心品隲，即揆府欲有所干撓，不能也。計成，時相弗善，改公尚寶丞。乞休，不許。

既入都，會上萬壽節，尚璽殿中，拾級聚足，不失尺寸。天子垂注久之，擢南京通政司參議、應天府丞，改順天丞。丞少與府政，職在校士。歲大比，公申飭科條，得人爲盛。視篆數月，權貴歛跡。旱魃爲虐，上廑甚，屢遣中涓偵京兆所爲，公方齋沐步禱，後獲有甘澍之應，上聞大悦。於是楚巡撫缺，遂以公爲右僉都御史。

公至楚，鋭志興革，鎮以廉静，辨名實，嚴朱墨，謝絶交際，以風群吏。楚米穀灌輸二京，賦一輸二，民苦浩費。公檄定賦役，著爲全書，楚民便之。荆府奏補逋禄數幾二萬，公請以太和山香税給之，餘以佐軍興，免派於民。潞王之國，上以景府湖陂土田房基税予之。景王，肅皇帝愛子，當時分封賚予異於諸王。景絶，國除，賦額但存空名。至是，潞必欲及額乃止，遣官徵税，楚民苦之。事聞，上切責撫按官，覈益急。公上言："額誠有之，但没已久，多虚聲不可問。臣體上友于意，爲王計畝，加增新淤浮生者，可得賦二萬有奇，溢於景額矣。王所遣官校，率府中人誅求急逼，但期取盈。楚地遭旱暵水溢後，民不堪命。臣以爲令有司徵解，免差官校便。"上是之。

公復言："國家設鎮戍，或移腹裏，守要害，如長沙、寶慶、衡州三衛之戍武岡是已；或調鄰省，戍遠地，如寶慶、永州、寧遠等衛之戍廣西、柳州是已。武岡戍，因正統間諸苗侵掠而設；柳州戍，因弘治借兵勦苗而留。初但一時權宜，後遂沿爲例。貧軍窮伍，糧糗不充，月支歲給，半入將領之囊，動生怨咨，歲無寧日。其在廣西一班，歷二千餘里，而戍瘴癘之鄉，凋瘵尤甚。臣以爲，三衛之戍武岡者，可分班上下，節其勞苦。其戍廣西者，不如撤之，令募土著之兵，而自爲守也。”上亦從之。

公復言治楚四事：一重辰、沅兵備之官，二專土司束酋之職，三禁官兵之私贖，四議給餉之次第。楚西南地鄰苗五溪、五寨之間，出没爲梗，擄我民生口，利其贖回，獲中國金帛爲得計。官兵幸無他亂，亦匿不以聞。有貧不能贖，官斂餉以佐者，隳軍士之鋭氣，滋異類之豕心，長此安窮？故公疏言之獨切。爲苗雷晟聰因縣令丈地起釁，攻殺護令者數十人，令以叛告，請兵之。公曰："此醜伍自相殺耳，非叛也，不可以漢法治。但計縛其酋長，餘悉令許贖，如夷法。"屠牛大饗於境上，諸苗盡服。此又公之不擒獮而威者也。

江夏令誤笞一庶宗，諸宗鼓噪，欲甘心令。公開譬之。上疏言，祖訓：宗人犯罪，但明賞罰，不加刑責。而禮部見行《宗藩事例》，亦有"無名宗人，一體究治"之文。律令祖訓，誠罪矣。律以見例，亦未甚失，且令實不知爲宗庶，第誤耳。請薄令譴，飭宗室無輕犯有司。譁者帖然。

興都宦者孫政參興邸佃鄒世林"逋負舊賦"，及潛江令，有旨令撫按官勿攝人犯，就中貴人問。公上言："陛下命臣撫楚，凡地方有不職事，臣無不得問，奚必中貴人？貴人問矣，使臣等勿攝，祖宗二百年來，曾有撫按官代守備勿攝齊民者？法不可也。"上爲之反汗。公留心楚事，爲楚百世規，請於上，可，見施行，有大勛伐於楚，多此類。説者謂公在楚時，其苦心未易以語人，人亦莫之知者。迨公去楚後，不數載，一蹂躪於陳閹，而憲臣、牧臣縶，再跋盭於楚宗，而撫臣殞。假令有公彈壓而調劑之，何遽至是！然後知公之才藻風猷，真重臣也。

公撫楚且四年，召入爲左僉都御史。逾年，始轉副，益貴用事矣。時上深居久，大僚强半虚席，言路如辰星，逐者不返，罪者不宥。又鑛税之事起，外吏多逮係。嘉禮未舉，元良未建，朝野憂之。公條上大禮、大政、用人、理財諸疏，詞皆切直，上雖不盡用，然鑒其忠，不甚忤也。公與御史大夫一齋温公共事久，每與温公争得失，互有牴牾，不相遜避，而意氣歡洽，事已如初。有御史某，夙嗛於温公。温公入，其人不自安，求去。公從中調之，後竟遷廷尉丞，人以是多公。御史臺員缺久，無行取攝左臺者，請令御史按郡國改差，得互自更代，無入京。公謂，御史回道考覈，祖制也，安得廢之？持不署名，議遂寢。公素有人倫鑑，自入爲中丞，益以蒐吏治、訪人材爲務，衮鉞具於腹中。戊戌、己亥，内外兩大計，從政者新，去留多取決於公。公竭所知應之，一如南考功時。公先後稱中丞且十年，不得徙御史大夫缺，無幾微見於顔面。忽聞母太恭人病，乃以歸請，上慰留之。無何，訃至，得奔歸。詔予父母祭一壇。廬居三載，門可張羅，然公終無意出矣。

公爲人明白坦易，鎮定周詳，遇事無模棱，臨利無染指，持論近恕，不好招人之過，未嘗狗人之失。立朝侃侃，有雷霆霜雪不能摧，而和風慶雲之時多。其忠誠心，有以信服於士大夫，天子亦然之。故能以其身繫世道之重輕，而其言有以明國是之得失。雖有裂麻之忠，卒不蒙攖鱗碎首之禍，縱聖意弗之善，但遷謫而止。凡所以眷公而倚毗者，他建言被逐之臣，多未之有也。

公自起家，敭歷中外，積資累勞，封知縣，封御史，並得贈父母如其官，四品秩滿，贈僉都御史，亦如之。今上即家起公爲户部左侍郎，甫拜命而歿。及訃聞，詔贈右都御史，予祭葬，録一子入胄監。廷議易公名曰恭定。祖父、父，贈副都御史，祖母、前母、母、妻，贈淑人。公死生哀榮之遇備矣。卒年六十。

李生縉曰：余讀公三臺疏草，公可謂名臣矣。人但知公既貴顯融之勳，不知其初所得於動忍者至也。余見公微時寄食托居，備嘗險阻，與牛衣涕淚何異？然公未嘗一充詘於人，與余言塵埃中不足者，氣嶽嶽輒不可卑棲態，有摩空絶雲之思，余心折而壯之。夫士未有不修於家，而能獻於廷者。公享有大位，以直臣見稱。繇困而亨，固其宜矣。公受業於李相國先生之門，李先生道德事功，古之名世。公步趨之，正直廉潔，肖其師門，淵源信有自也。

史觀吾先生傳代

孔子曰："剛毅木訥，近仁。"夫惟木訥，乃能剛毅。故其人捷給、巧佞、順比、滑澤，其中必巽愞而無特操。世有鈍朴遲重、見爲長者，平居無事，退然若怯，一旦遇國家大故，勁挺不阿，不可怵以死生禍福，則所謂仁者之勇哉！吾師史先生，其人也。作《史先生傳》。

先生諱朝賓，字應之，别號觀吾。少隨父商崖公讀，博聞强識，無他伎好。獨坐小樓，挾筴伊吾，市囂雜沓，耳不聞聲，潛心經史，踰冠遂以文名。

舉嘉靖辛卯鄉試第二人。歲丁未，會試第七人，聲震京師。是年與先生同進士者，楊忠愍繼盛，其最著也。先生初試官，主刑部政。忠愍時爲兵部，以阻貢市議下獄，免死，貶臨洮，旋入爲武選郎。而先生郎刑部員外，有聲西曹間。先生在西曹數年，以爲律令書繫國家詔獄大典，聖祖屢更乃成，仁至義盡，政教皆在其中，往往窮晝夜力分晰，凡奏讞疑事，必依律斷之。律所議宥，無撓法誅，律所宜罪，無曲法活。爰書傳以古義，曹中稱平。同舍郎遇有亭决，皆就咨請，推先生爲曹祭酒。

會是時，忠愍上疏，論相嵩納賄蠹國諸不法狀，列十大罪、五奸，言甚切至。疏入，肅皇帝恚忠愍戇，相嵩因指疏中有援二王語，搆忠愍下詔獄，杖之百。及送司寇獄擬，而忠愍創甚矣。時部尚書何鰲，爲相嵩門下士，侍郎王學，益其肺腑親也。相嵩方盛怒以待，兩人受其頤使，旦夕死忠愍爲快。先生適以員外郎署司篆，下先生議，亡不人人惴恐。先是，獄未下，嵩子世藩私以意授其黨李天榮，令預囑先生，必得楊甘心焉，即與美擢。李密爲先生語，先生正色曰："有高皇帝之律在，何可枉也？吾寧失官，無寧失律。"及何尚書議，先生言忠愍無罪，遂比忠愍以奏事不實律。何尚書曰："更有一比，盍思之？"先生曰："吾析律微矣。諍臣無可律者，律如是，足矣。更有之，則且減於此乎？"何尚書不能詘，乃自比其律，且云傅此庶得當。先生力持其不可，至爲泣下。獄數日未上，事益急。何尚書曰："急矣！雷霆不測，必如君執，夫固與俱靡也。盍以俟後解乎？"侍郎王學益嗔目先生，宣言曰："司官狗名，余老矣。余知主上意耳，何必司空城旦書爲？於是當以詐傳親王令旨罪絞。"自爲藁授先生，强先生署名。先生度不可奈何，乃署奏末，云："楊繼盛語雖詿誤，心實無他。惟伏陛下憫其狂愚，謫發遠戍，以全好生之德。"相嵩怒甚。忠愍竟論死棄市，而先生謫判泰州矣。

方獄上時，先生且自分重譴，與楊俱斃，人亦以譴逮危先生。及泰州命下，私爲先生幸者相踵也。及先生又以不獲出忠愍於死爲恨恨，吁嗟憤滿者久之。將之泰州，貽書與忠愍，曰："遇公之事，當以死争。賓之不即死者，尚冀公之存也。"忠愍亦復書云："批奸人腸，死則死耳，公何苦哉！天下事尚可爲，公其圖之。公幸而得存，縱吾死，無恨矣。"故忠愍自詔獄以及大辟，囚繫若干年，諸有就獄者、勞問者，忠愍第閉口不應言，惛惛若不辨謂何。一聞先生至，雖瘡甚，必張目視，曰："史年兄來耶？今者議吾獄，費心多矣。吾之得死所也，願也。"其雅重先生如此。

先生居平訥訥，言不出口，不峭稜角，不以材諝伐人。及一諍忠愍公獄，知與不知，盡以先生爲毅然正直君子。以故先生雖被遷謫，浮湛州郡倅佐間，而聲名益大起。入爲南户部，以艱歸。復補工部。其後，相嵩敗，子世藩伏誅。詔郵諸直臣，首褒忠愍，而以不次擢先生。先生乃以河南僉憲遷尚寶少卿，不數月，丞南大理。亡何，又徙應天丞，進鴻臚大卿，將大用先生。先生尋卒。

凡先生宦所居地，無論中外，並皭然不滓，有廉能聲。而其最彰明較著者，在不屈嚴相與部長，持忠愍公獄，士論韙之。歿之日，宦橐蕭然，居屋數椽，不蔽風雨，此足以觀先生矣。莊皇帝詔賜諭祭。鄉人高其誼，祀之學宫。

所著有《觀吾集》及《史氏内範》，藏於家。學者稱曰"觀吾先生"云。

詹某曰：某在南雍時，嘗稟學於史先生，先生以某爲非庸人也。王元美狀忠愍，謂郎史君稍持獄，謫矣，無乃謂少挫於末議云耳。當是時，忠愍不顧身剸刃，而清帝側之惡。彼其思得忠愍寢處者，寧必上意，虎咆鴟張，志在反戈，不磔糜不休，一時諸郎相顧脅息靡矣。微史先生，其誰抗之？謂國法何？後人從事後論人，遂謂：忠愍死，史先生不終爲之地。史先生寧但爲忠愍地，且不爲國法地乎？其議雖格不行，而律法正矣。史先生之事畢也，亦幸而受螫不至死耳。令即死，其必不以七尺廢三尺，明甚，斯不亦堅决也哉！

某從史先生學，竊有慕乎楊忠愍、史先生之爲人，而得托於石言之世，待罪諫臺，以言被杖幾斃，然未幾得放歸田里。夫誰之力與？主上何所不明聖，而遭時不同,故言路有通塞,而諫臣之死生安危繫之。夫然後知先生之所以難也。先生真仁者之勇哉!

蘇紫溪先生傳

鄉先正以理學特祀者,蔡文莊先生、陳紫峰先生,蓋至蘇先生而三也。蔡先生之學精而密,陳先生之學高而朗,先生之學淵微,本之文莊,而其超曠洞達,豁然俗外,氣象與陳先生相似。其晚年造理精進,尋繹有得,往往不拘兩先生之談,而有足相發明者。兩先生後,則先生一人而已。

先生名濬,字君禹。自爲諸生時,性即耽書。觀書史,喜見古人全編,不務尋摘。一過便了大旨,成誦乃休。從旁邑國教授生徒,主人家多藏書,先生出讀之,竭晝夜蒐涉,學是以富。爲文蒼淵宏肆,操觚士罕當之者。督學蔡、宋二先生以弁多士,先生遂有文聲。

歲癸酉,閩大比士。今中丞泰和郭公分《易》房考,大奇先生,薦爲解首。是時,四方士所爲尚文,雷同勦説,先生獨創矩矱,抒心得,出經入史,見者驚猶鬼神然。自先生之應制言出,士翕然宗之,文衰爲之一變。先生未及第,而名已滿天下矣。

越丁丑,成進士。今少師長洲申公得先生卷,以示張文毅公,語之曰:“此必晉江,非蘇則李。”李謂今宗伯李九我先生也。拆卷,果先生。人服申公爲知言,而先生之名益重。初授南刑部主事,亡何,丁贈大參公憂,孺慕三年,村居不入城市。讀《禮》之暇,博極群書,取《四書》、《易》,日著講説一編,授孝廉君檣使讀,命曰《兒説》。祖蔡、陳遺旨而衍明之,淺能使之深,顯能使之微。是書出,與《蒙引》、《淺説》並行於世。淹貫之儒,初學之士,無不師先生者。

服除,補工部,董慈寧宫役。綜核節省,與中貴人忤。楚相有疾,部尚書以禱詞命,先生不屬也。癸未,分衡南宫試,所舉多名人,李先生其著者。李先生文章德誼,鼎吕一世,一旦出先生門,人謂非先生莫之識。

尋改禮部,督學兩浙。先生程士以文,課士以實,重論策,興古學,在事四載，歷試者三，事比句犨，不遺餘力。謝一切請謁，即遺才不少通。先是，學使者遇大比年，期逼卷多，必先委其試於郡邑，倍額以進。先生令無設限，願就試者收之，以故得士獨多。士有久淹而忽受先生知者，亦有一受知而再三試皆高等者，人或以此訝先生。及先生去，累科賓興，十九出所鑒别，始服其公且明。先生校士精敏，手無停披，目無停閱，無卷婁容。以其餘力，旁及於應酬裁答之文，片言隻字，雲蒸霞蔚，譔著滋多於是矣。

既遷陝西參議，領商洛道。捐俸葺庠，與秦士談經講藝，時乘一欵段行村落間，問民疾苦，相勞如父子家人。鑛盜數百列棚旅拒，移檄解去之，商州大治。先生自入越徙秦，不携家，退食無事，浮白而酣，據梧而吟，仰思俯息，充然有得，涉筆記之，喟然嘆曰："吾鄉者教士於越，掞藻摛詞之事耳。鄒魯之精神命脈，未盡在是。"乃反而求之身心性命之間，訓詁章句之外，探羲皇之秘，繹孔、孟之旨，作《四書解醒》、《易生生篇》，要以補考亭之所未盡，而發蔡、陳兩先生之所不及，非故相牴牾也。而先生之造彌深矣。

庚寅，遷廣西按察副使，備兵蒼梧。尋參其省政，領桂平道。政尚簡易，興文化俗，任久而人安之。却筭緡金八百餘兩，冰蘖凛然。岑溪猺變，起廢將陳遴，以吴廣爲先鋒，身自督戰，旋討平之。先生雖在行間乎，圖書不離左右，著述日益富，修《粤西全誌》，浮沉褒誅，可爲信史。文有班、馬之風，他所纂集，如《酒經》、《得得篇》，其托意寓志也。《鷄鳴偶記》，乃躬行心得之精，希賢作聖之路，可與蔡文莊《密箴》相表裏，未易口語道者。

三年，以大參滿，贈王父母如其官。稍遷貴州按察使。先生以病疏乞休，有强留者，先生曰："用世如虚舟，存而不繫，過而不留，不以天下爲己有。出世如遊魚，遊乎江湖，忘乎江湖，不以己爲天下有。"遂歸。未一年，卧病卒。

先生於書靡不窺，於理無不探，不設道學之名，而深造有得。不學一先生之言，而咳唾皆文。居家以孝弟爲先，當官以義利爲防。終日弗欽欽，而内行淳備，無幾微失。廉不買聲，介不絶俗，氣高而不抗，行高而不激，名高而不揭。仕無擇官，官無闕捷。人之謫所，先生之遷地；人之叙擢，先生之不次。徘徊于藩、臯之司，留滯于瘴毒之鄉，略無少芥於懷。飄然鴻冥，不可縈以禄。出處之義明，去就之見决。非有道君子，其孰能之？

著書自釋經外有《漫吟集》、《三餘别集》。取材於漢，借聲於唐，縱横離合，出之自然，如雲之行，如轂之轉。先生嘗云："吾家一子瞻。"蓋隱以子瞻自况者。噫！此亦足以不朽先生矣。

縉事先生幾三十年，每見先生後，道德之心飄然而動，流俗之念茀然而廢。有人不及知而縉知之者，先生亦以縉爲可與深言，或俯躬以受，或傾耳而從。先生嘗自卜吉爲堂斧封，人執父祖墳以争，先生未之釋也。縉請曰："與其生前一抔土，何如身後千古名。"先生笑而讓之。有與孝廉君争海蕩地者，縉以語先生。先生曰："小人與小人争，小人也。君子與小人争，亦小人也。遂却不受。"先生既里居，縉謁先生。環堵間，湫隘荒蕪，笑問先生曰："將一葺而治乎？"先生曰："菟裘不在是也。吾且就木矣，何懷居爲？"吾以爲此三事者，其舍己之虚，從人之勇，退讓之誠，達觀之識，安貧樂道之趣，惟先生爲能。今亡矣夫！

先生胸襟廓落，洞極無際，喜登山臨水，觀化自適，引觴輒醉，醉輒歌，歌曰："函三爲一，吹萬爲聲。逍遥易息，不貸易營。衆人皆醉，我何獨醒？"縉三復之，有吟風弄月、"吾與點也"之意。此所謂氣象與陳先生相似也。

先生殁，郡大夫竇公、學官、弟子，請特祠祀先生，與蔡、陳兩先生並。

李光縉曰：言理學者詘詞章，言詞章者詘理學，兩者分途，各有專擅。要之，並至是爲難耳。先生可謂兼之矣。善乎，李先生之推本言先生也，"道以淡入"。先生之淡於利，人或知之，乃其淡於名，人或未之知也。飴宦之夫，進不知退，巧宦之士，以退爲進。捷徑乎終南，夜行於漏盡，皆非所以論乎先生。先生進不急進，退則易退，識時之宜，善身之用，其殆有得於《易》者與？先生稱陳先生爲"潛龍"，不惟善讀《易》，且善用《易》。縉于先生亦云。

張惺吾先生傳序

縉生也晚，不及事張先生，而竊聞其當世賢人君子云。先生之長孫穰鋟王、楊兩先生所爲先生傳,與其《三方保障事略》行于世。縉因得讀之。大都治兵殺賊、精兵具、修城守之筴,居其彊半,人亦以此奇先生爲有用之材。竊以爲未足盡先生也。

先生繇縣令起家,其所遭多戎馬蹂躪之時,其所居率邊陬用兵之地。郡邑生靈坐受荼毒,先生目擊而身當之,乃不獲已,以軍實見功。又不幸而適中當事者摧抑之口,而功罪半之,使之遷謫於遠方州縣、卒伍之間,徘徊而不得去。故先生之勛名,僅止于是。浸假而入先生于交戟之内,優游以履清班,得以惠文繡斧,霜簡裂麻,其紀綱風裁,寧可勝道!然而,終先生之身,竟不得居此位而行此志者,兹其所以爲先生也。蓋嘗試論之,先生官不過五品,秩不踰中大夫,誠不無積薪約結之歎,然據所設施,其揮霍之才足以濟時艱,其磊落之氣足以卑同儕,而當時秉樞筦軸之賢,亦有知先生爲豪傑士者,寧無可引重而梯榮?而先生乃淹抑若此。

先生之居官行事,多爲俗妬,而其涉世趨時,往往動與俗忤。人喜墨,善脂韋,而先生白;人喜巧,善鬬捷,而先生拙;人喜媚,善阿奉,而先生戇;人喜圜,善委蛇,而先生方;人喜援,善交結,而先生介;人喜遯,善首鼠,而先生任;人喜詘,善卑瑣,而先生亢;人喜易,博寬大稱,而先生峻;人喜掫,徒譚天人性命爲名高,而先生耻入其黨。人言廉、言潔、言一介不取予者,矯也;先生爲廉、爲潔、爲一介不取予者,真也。人言奉公、言體國、言不避害辭謗者,聲也;先生爲奉公、爲體國、爲不避害辭謗者,實也。故人佚而先生勞,人嬉而先生勤,人通而先生塞,人有名而先生無名,人有功而先生無功,人右擢而先生左遷。率之,人炎而先生凉,人富而先生貧。縉因是而概先生之爲人,以不貪爲本,以不屈爲用。其不貪財賄也,羶名之夫或能之。乃其不貪功名與禄位也,硜硜自好之士或未之能也。孔子曰:“我戰則克,祭則受福。”夫即戎講武,此亦儒者安民之能事,必以是而名先生用,陋矣。

先生宦不家於官,人桐鄉之;不家於鄉,人畏壘之。家食既久,廬不蔽風雨,田不充饘粥,先生怡然如初,始終不渝其操。人有迂先生者,曰:“廉吏何可爲也?”爲俗人所不可爲,爲俗吏所不能爲,然後能爲儒者之真有爲。噫!此足觀先生矣,惜乎先生多材長而馭短也。

滇南觀察大夫賜山許先生傳

先生諱天琦,字大正,别號賜山。父修職公元皋,母丘孺人。修職公年三十餘未舉子,丘孺人禱,有娠。夜夢盛綵帳迎于天河,旦舉先生,故以天名。先世有許稷者,舉唐進士,賜歸,讀書清源山中,扁其巖曰“賜恩”,先生號本此。

先生眉宇秀異,聰穎邁人。七歲就塾,日誦數百言,總角補弟子員,以善詞聞邑中。六籍子史,蒐獵淹貫,酷嗜秦漢文、《戰國策》,攻於《易》學,尤長論史。每一程量,雲蒸霞涌,須臾滿楮,高談瑋議,前無古人。督學使者試先生,輒首先生,先生亦往往以論策勝人。是時,吾郡王遵巖先生牛耳文盟,里中賢豪争及其門,片言華衮,私相鼎吕,顧獨推先生爲嚆矢,先生名大振。學使者餼先生,急徙先生食德化廪。已,念德化人文寥簡,歸先生晉江,先生遂從晉江餼。

領嘉靖壬子鄉書,越壬戌,成進士。是時,先生年四十三矣。先生未第時,以講《易》耑門,有聲都下,薦紳大夫多重之者。元相李石麓公、學士張西吾公,致先生爲弟子師。先生坐皋講論,人人取大,所居屨滿,所至倒屣以迎。及第進士,授行人,奉差三藩,風裁凛然。

尋丁修職公憂。服除,補行人。奏滿三年考,贈修職公如其秩。亡何,選工科右給事中,廵視庫廠。庫廠,中貴人窟穴,不可問。先生搜剔蠹蠹,間有釐革,徐與寬譬,令其自聽,不力争而枘鑿,中貴人多欣然從之。有某子甲,遣鄉嫗持八百金爲先生壽,先生正色叱去,矢不復通門,自是,無暮金矣。會元夕,有詔爲鰲山燈市,費不下四十萬。先生力贊其長疏止之,疏出先生手。已,得報罷,公卿聞而韙之。先生又疏海防四事,疏刑名弊源六事,具報可。凡先生所上疏,老成持重,通達國體,婉轉開導,不廢蹇諤。讀者謂,漢人奏議不是過也。

有兩廣總督墨而恣,先生疏劾去之,其人大憾先生。先生行人時,某相予歸,推先生典護。先生曰:“吾不能執殳也。”相聞而啣之。會相再召起,被劾者乘是修郄,陰擠先生。先生從刑科右給事中出參議粵藩,備惠州兵。廷論駭愕,先生略不介意,趣車就道。或謂先生曰:“惠賊猖獗,必繇贛抵粵,方可無虞。”先生曰:“官其地而先爲避,奚以覘險夷虚實,甦民疾苦乎?”遂繇漳入潮。舟次,果遇賊,先生遣諭更新,賊大感泣。既下車,拊循士氓,約己省費,均徭賦,與同勞苦。惠之歸善,故二十五里,已逃其半,自是亡者皆復。粤是時方用兵,將吏貪功妄殺,張首級爲補虜,上幕府,不相應,民不死寇,死兵。先生當紀功,嚴勑諸將吏毋殺掠平民,民以安堵。寇薄長樂,城閉,逃者不得入,老少跆籍,號哭聲震野。先生曰:“奈何以民予敵乎?”亟下令開門,悉入之,全活者數十萬人。賊亡所縱擊,隔水羅拜,乞爲良民。先生曰:“必歸而俘。”賊立歸所捕男婦數千口。先生廉其籍,遣之。有賊渠率朱良寶,故就先生撫,爲憲廵激,復叛。督撫檄先生未至,憲廵僞爲先生令招寶。寶曰:“是非吾許公令。”先生至,即自縛,涕泣言所以叛非得已,先生爲請而釋之。是時,微先生,俘者不歸,逃者不入,叛者不復,民尚奚聊生之有哉? 惠、潮之間,脱兵燹而就袵席,投戈講藝,裘馬休休,則先生之功德爲多。當事者調先生貴陽,蓋猶以前郄故。

年餘,擢滇憲副,備金騰兵。黔中地久無干戈,稍易治。獨其俗雜夷,不識詩書禮義,時扞文網。先生與之更始,以六籍教諸生,六諭訓齊民,俾相化誨,稍斌斌向風也。纔四閲月,嬰疾不起,黔人哀之,立祠祀先生。

先生有至性,事修職公、丘孺人孝,生盡其養,没盡其祭。馬鬣之封,出乎手治。族有譜,家有訓,葺賜恩巖,祀唐進士稷。居官以清慎爲本,自起諸生,以至大夫貴倨,一絹袍十六年,反紉而被之。甽畦不拓,垣宅不治,委巷蓽門,蕭然自足。人以關説請,則面赤不樂。户外有問業至,與論難反覆,啓頰津津,輒忘倦也。

學有本原,不勞涉它氏,其文鉅麗法漢,其理淵微法宋,其治亂民在黄潁川、龔渤海之間,而其化黔貴中俗,不出蜀文翁右。乃其憂時體國,上封事極言,侃侃有古直臣風。壽不配德,位不滿望,天嗇之也夫!

所著有《四書周易管見》、《續宋史斷》,行于世。學者稱之曰“賜山先生”。

李生光縉曰：六籍惟《易》爲最古。吾郡先生言《易》者，自蔡文莊始，其後陳紫峰、史筍江數先生繼之。至先生《易管見》，言卦爻象彖，著爲總論，羲、文、周、孔，四聖人之旨，始昭然合一矣。蓋反覆讀之，明消息之理，達盈虚之數，精闡鴻濛，大包法象，抽關啓鑰，善言《易》者，誠莫如先生。及睹其居官行事，時直時詘，能剛能柔，倏文倏武，隨時變化，莫之有極。知不知，盡以先生爲通儒。先生不獨善言《易》，又善用《易》矣！

陳志齋先生傳

先生諱學伊，字爾聘，别號志齋。先世自光州入閩，卜宅于南安之梅溪，爲南安人。後徙居郡城，爲晉江人。父梅江贈公，生先生兄弟二人。先生居仲，少治博士家言，聰穎善誦，年十三，能屬辭，十七補邑弟子員。

嘉靖癸丑，督學盧公試士，拔寘第一，食諸生餼。辛酉，舉于鄉。壬戌，遂成進士。先生自居黌宫時，即慷慨睥睨，有高世之志。所交游多名士，往往以氣岸詘之。或發之文章，或吐之語言，但攄其胸中之所自見，不屑與人附和、陽浮從而心内棄之者。既已入官，氣益嶽嶽，本以坦衷，行之直道。見人有陰陽俛仰，作周旋世態，心輒嫉之，羞與從事，甚或見之面目，然亦以是多枘鑿於世。而知先生者，則以先生爲質直君子。人亦有言："大直若拙，道固委蛇。"先生非其人也。

初授南京户部主事，督倉儲糧糗，平其出納，不以錙銖取潤，宿蠹爲之一清。

尋曹禮部，出守揚州。揚亦一大郡，先生以冰蘗自矢。其爲政持大體，廉而不苛，公而不刻，多非俗吏所爲。下車未半載，郡中滯獄與諸司所批發遲閣數年者，一朝受亭讞去，矜出尤多。爰書上，書報可，吏民賴之。

竟以部郎時失當柄歡，謫郴陽州守。人以先生坐遷謫，後必稍稍刓方，有牛鼎意，而先生之抗直猶故。有理官查盤至州，欲得先生道迎，執手板行屬禮。先生衣繡投刺，與抗主賓。其人大恚，面語先生曰："公今非守也，盍少貶諸？"先生亦大笑，分庭而出，竟不能有加於先生。先生居郴，除煩苛，郵里甲，兩造具質，務盡下情。郴多惡俗，如民間之未弁而婚，棄女而不舉，與鬪喪佐殯之類，一以禮繩之。申命教戒，不啻再三，俗爲稍移。郴近西粤地，粤有徭，郴亦有之。徭之法，偷一鷄，罪至死。郴桂東岗徭有以此殺居民者，官捕之，猺衆鼓噪欲亂。先生移檄諭，乃止。先生之忠誠心，雖蠻夷亦信而化也。

歲庚午，楚大比士，先生從事棘闈，薦舉多知名，後以次登進士顯重甚衆。出棘，而貳撫州之報至。去之日，士民老稚，攀轅泣者滿車下，車爲枳。

先生至撫，撫故多盗，强劫無虚夕。先生乃大申緝盗之令，與誣盗之條。異時盗發，不敢輕聞。一聞之官，其爲盗所扳誣，多負辜。黨夥多方夤緣，或以賄脱，不則亦但錮獄中，生隱禍耳。故官憚問，而人憚發，盗益熾。有群盗伏林間劫人，跡之，則衷甲雜行人中，幾無以辨。先生廉得之，按其情真，則條報上官，撻之通衢，斃之杖下。奸人股慄，自是盗賊屏息，民日以和。

越辛未，復入爲南禮曹，旋僉憲江西，分察湖東。先生竣守勁節，久已聞薦紳間。至是峼郡邑吏之上，益發舒其生平。事大吏以道，馭下寮以禮。民間興革利病，當言則言，無少忌諱；可爲則爲，不見遲疑。至於批駁情由，亭之法而止。或縱舍而先生入，或深擬而先生出，不伺上旨，不狥下情，未嘗有委曲彌縫，亦不效世人括囊首竄而持兩端。竟用是而取忤，居無何，中蜚語歸矣。

先生歸時，甫及彊仕，囊無金帛之儲，有爲先生扼腕者，先生逌然自適，若無介意，角巾私第，市屋以居。始就山隈，繼匿山谷，營菟裘於梅溪山之麓，車跡不及通都，足跡不入郡庭。間一二至城，與薦紳相存謝來往，事已，則飄然山中去矣。

好學不倦，無間寒暑，徧取百氏漁獵之。或撮其要，或參其詳，間自手抄，未嘗釋卷。迨及晚年，猶未明俟旦，起坐觀書。但于日昃時，則掩卷罷，閉目休神，不如向矻矻竟日也。至于易簀，猶簡閲遺書二十篇。故先生老而學益博，好詢朝家是非、時政得失與謡俗媺惡耳。中久無所聞，則從山房貤書問一二知己家，得有關切，輒以己意標識之，或陰爲可否，藏之山中，不以示人。

自宦游至家居老矣，所著有《清德堂集》、《五禪類抄》、《世紀》諸篇，大抵非名理則質言也。

天性孝友，悼贈公蚤喪，事母恭人益篤。母歿，敬事兄伯恭甚，雖隔山居，珍饈問饋不輟。自奉淡薄，於一切紛華靡麗事，泊然無有。爲一鄉興廢舉墜，不約束而明，不教誡而遵。父老子弟，薰其德而悦服，盗賊相戒不入境内。里中曲直，徐出一言，嚴於公庭，有陰爲不善而懼先生知者。

一都之内，彊不肉食，巧不愚紿，隸卒不螫，民得安耕於山谷田野間，皆先生之賜也。相與請於官，祠而尸祝之。令袁公俞其請，扁其門曰“斗山”，其堂曰“彰德”，李文節先生作記紀之。先生没，都民罷耒釋機，如哭父母。久之，而思益篤，携老扶幼，相率造先生廬，設主迎之祠中，旌旗鼓吹載道，所過之家，或奠或拜，或泣或號，其戀戀不忘如此。卒年八十。

李生曰：余晚而始事先生。先生間自山中單車入郡，必先枉李生之門。李生入謁，輒倒屣相迎，坐談非移晷不使去也。先生於人罕許可，李生至黯淺無當，不知何以故，得托於臭味之同。先生謂李生，“硜硜哉，不識有人世機械事”，余亦以此嚴重先生。人或姍先生拙，詆先生戇，然使先生不拙不戇，則亦世俗之巧適逢世者耳，不足爲先生矣。先生面折人過，似汲仲孺；其移正風俗，似陳仲弓、王彦方。兩人尚用術誘，吾猶以先生之直己行道，爲遠過之也。質直而好義，其先生之謂與？

景璧集卷之十三

傳

參知定齋許先生傳

許先生没有年矣。曩者將葬,大司寇趙心堂先生,以門下士爲先生銘。風水未利,佳城再卜,因不及厝而止。今堂斧斯開,其封若屋,而趙先生已没矣。先生之仲子曙,鐫其銘藏之墓中,而猶使縉傳之,附銘以行。趙先生之銘,且自謂不敢以卑誺尊,縉出趙先生門,其卑益甚,尚何敢言?乃辱次君之請,尤不能自已其高山之仰,乃不揣傳之。

先生諱宗鎰,字應衡,别號定齋。父贈公孟爵,母陳安人,生先生兄弟三,先生居仲。姿儀豐偉,性地寬和,方面長目,身修八尺,聲音洪滈,不事修餙,步中齊夏,儼然有方正君子之風,見者憚之。少岐穎,書寓目成誦,笥腹不忘,聞師説輒悟。稍長操觚,遂以文名。當是之時,文體未雕,功令若一,士守程、朱之教,如轅門懸的,不敢妄發而中秋毫。故先生之學,以鄒魯爲宗,閩洛爲翼,非六經不以道,非箋註不以遵。一切佛乘貝葉諸書,近世士大夫所喜談樂附者,先生輒麾之,以爲叛中國聖人之教,非其力不任,而其心不好也。爲文組織經史,抒之性靈,深厚爾雅,如太羹玄酒之味,如黄鐘大吕之音,絶不有飄輕卑藹之態,而卒歸于道德仁義,澤如矣。故先生一駿發,而其文遂盛行于世。

先生以嘉靖己酉領鄉書,癸丑成進士。初授浙浦江令,不數月而政聲起,當事者謂未盡先生材,調仁和。仁和,浙首邑,當諸路舟車孔道。又時值倭亂,制府胡公提大軍海上,調兵征餉無虚日。羽檄交下,樓舡水軍之事,咄嗟取辦,應稍後,吏多被其庭辱。先生倅應之,調度得宜,制府益倚重先生。先生爲仁和四載,寢以午夜,出以戴星,不勝卷婁,而猶能以餘力課督諸生,鐫生平制義楷式之。戊午,入棘闈。所舉士五人,後皆成進士,趙先生其一也。制府薦先生于朝,曰:“文章堪爲學憲,材力足任邊疆。”人以爲知言。

亡何,擢南工部主事,出理蕪湖税。先生却私餽,清兑鈔,通融于商税國課之間,無失歲額,而止額滿,則關梁不閉,任舟上下,商人歡聲載道。又以其餘資課士鐫書,興起斯文。税務一清。

三歲,轉副郎。未幾,轉正,出守蜀之夔州。先生治夔,因民之利,隨俗爲制。民病汲,則浚留潤、武功二井。民患火,則鑿六池。城卑,則增修雉堞而高其垣。俗不知禮,則爲立社學、擇師儒,纂《宜民禮要》,使人知遵。爰書出入,傅以古義,多所平反,全活二十餘命,囹圄幾空。加意黌序,刻文式以示之程,士稍稍知學,登賢書者遂多。三年入覲,嚴禁科派,不受餽遺。時有持兩葛爲贐者,跽而固請以附于若耶父老之誼,先生竟却之。是年膺天子褒嘉,以廉吏異等,賜先生宴。

尋擢廣東憲副,備兵南韶。粤故有大小羅山賊,種類以萬計,道通西粤,北界楚,多亡賴亡命。先生設兵爲備,扼鐵牛石、老鴉灘諸隘口,與各路鄉兵相應援,羅山稍寧。又有大廟山賊,肆掠江上。先生遏其入江要路,各置埠兵往來哨視。又有賊魁黄朝祖,據木山,界江右、兩廣間,先生請贛兵夾勦,賊已幾就擒,而巡撫以他寇徵兵。先生謂“朝祖縛在旦夕,不宜撤兵他往”,巡撫怒揭先生。時先生以轉行太僕卿,竟用是揭,左官貴州參議。先生怡然就道。

未幾,入賀,即途中晉滇南副憲,駐節臨安。滇士亦多才,然不比中州。先生教以明理作文之方,斥鍰金置田,贍課士費。俗耕種不植雜穀,穀價常高,遇水旱高尤倍之。先生始教民佃作,多植蕎豆諸種,佐歲收所不贍。郡地東濱海有玄湖竅,水漲,賴竅洩之。歲久閼塞,水無所洩,數百里膏壤廢爲澤鹵,茭牧其中。先生疏鑿之,竅復通。通瀘江水,遶山河口,出巘峒,達迷蒙界,溉舊田數千畝。田故有堤,堤壞水溢,先生大興卒築之,植木堤傍,堤不復潰,人呼爲“許公堤”。有巨賊普崇正,勾儂兵爲亂,崇正伏誅,儂兵無所歸,煽動不已。又有主魯寨者,亦倚儂兵負固。時議殲儂,并誅主魯。魯率衆數千竄交江,先生獨議撫，以散其黨亂。尋職僕剌，犅㺃諸夷，飄掠其天性。舊設有十哨兵屯田守禦，歲久田没，兵亦虚籍。先生清復哨田，練紅果之兵，簡職鮮之卒，令各耕守。又修哨田壩、嶍峨河，以時蓄洩，諸夷始受約束。曲江菁口路峻不可行，夷而平之。事無纖鉅，靡不具舉。先生治滇，修文飭武，興利除害，多此類。四載，政成，擢浙參藩，爲忌者所阻，而先生乞休矣。

先生爲人長厚端方，居官以廉静自愛，繇少至老，繇宦游至家居，四知之守，不愧天地，獨知之謹，不愧影衾。澹素悃朴，質任自然，無華囂事，亦無矯傲心。性喜談文，歷官所至，課士爲先，誨子姪較閲不倦，至老猶然。仕不擇官，官不擇地。通籍以來，惟初仕仁和，稱爲善邑，其後歘歷，非嶺海之區，則牂牁之境，所至綽有政聲，而官不過藩臬大夫。人有知先生者，亦有不盡知先生者，名繇此生，妬從此起，其不爲牛鼎之意，異也。

居家孝友敦睦，族有告急者，隨時賑之。爲令五載，俸餘僅七百金，盡持以予季弟，橐復蕭然。教長君暘、次君曙以《易》，世其家誡，令勿頒外事。仕宦雖久，垣不加拓，田不加益，廳事容旋馬，偏齋容膝。終日端坐觀書，無求田問舍。有欲争買先生田，先生寘不問，其人來見，先生方在客座，主者怒，爲加譴責。先生謝曰："讓畔，美事也。"竟予之。趙先生與方伯管公慕雲，並先生門下士。趙先生初督學政，後開府于閩，管公爲閩藩伯，造先生廬，先生但握手論心，終不以一毫關説相溷，人亦無敢以溷先生者。先生之爲人，大略可覩矣。先生子二人，長暘，先先生卒；次曙，能讀先生書。

李生曰：世何可一日無先生也！嘉、隆之初，士重經術，大夫惜名節，不嗜名而嗜學，不耻貧而耻富，出守廉隅之節，處崇恬退之風，清修自命，世不乏人，先生尤其褎然者也。先生之學，寧正無奇；先生之行，寧方無員；先生之官，寧拙無巧，三者可以風世。功利溺人，爵禄名位于先生爲過，然此道鮮有及者。軋茁之習熾，而脂韋鬭捷之竇滋，先生始不復存于世。嗟乎！世何可一日無先生也。

方伯鏡潭洪公傳

人言儒者不知兵，非然也。孔子曰："我戰則克，祭則受福。"無非儒也乎哉！問陳之對，以俎豆爲嘗聞，軍旅爲未學，此爲衛靈公言也。要以折衝尊俎之道，實不外是。至誠而不僞，至潔而不溷，至讓而不争，至定而不亂，莫如俎豆一事。得是道者，可以克敵，可以制勝，儒效所以彰彰也。故行師之事，不厭詐而誠，不厭貪而潔，不厭争而讓，不厭亂而定。世非真儒，莫之能知。吾以是有感于鏡潭公云。

公諱澄源，字子定，别號鏡潭。世居郡之錢嶼。洪之先，貴自参政新齋公，富始公王父長悼公，饒爲参政介弟，生公父静軒公儒，並以公貴，贈参政，母蘇氏封恭人。公生有奇徵，蘇恭人孕時，夢月入懷，既誕，贈公深奇之。

少警敏善誦，一經目，腹笥不遺。長善屬詞，以儒士應隆慶庚午試。癸酉，領賢書。丙戌，成進士，除户部主事，榷崇文門税，取如額而止。督通州倉，出納無淹期，軍民便之。出監江西兑，公與諸郡國期，毋失期，後至不如期，則案法參之，自是無後期者矣。

公爲郎久，次當得守。會桂林守缺，人謂公可私請易善郡，公正色拒之，竟往桂。桂，省會郡也。公至，興革必持大體，以廉立身，以正率屬，尤加意課士，廣厲學宫。靖藩子孫多扞罔，公要束以禮，而繩其不法者，諸宗不敢犯。先是，鹽賈人給課引，轉販東粤，事關府，可得千餘金。公曰："以二千石與賈人子争利乎？"立革之。已，革府史之加掾入貲者。已，又革屠牛肆之納鍰者。于是廉聲大著。會粤西兵興，無見糧。上官爲苟且計，議更先朝石斛，可多入，濟一時急。公曰："一更不復變矣。以小利貽百世害，不可。"大吏更色變，公争益力，乃止。在郡三年，精心民事，不設鉤箭，摘發如神。二賈人以妓相仇殺，匿屍水中，捕不能得。公陰偵其黨相與善者數人，立致庭中訊之，因出其屍，寘之法，人稱其神。他如禱雨祈晴、反風滅火之事，應多類此。門無暮金，贖鍰不入私橐，謁謝不行。上官某不無鞅望，以需紙爲名，公陽不省，以所需應之，其人大恚，露檄曰："人情薄如紙也。"公笑受之。已，察公廉治狀，大愧悔，削牘以謝。

公入覲，歸擢貴州按察司副使，備兵畢節。擢不于内地名藩，而于黔，猶爲未知公也。公歡然就道。畢節乃宣慰安彊臣所轄部，地廣兵强，名受冠帶，實羈縻而已。又,是時有播酋應龍之變,調彊臣兵進討。彊臣,楊脣齒交。有慮合謀,有多爲公難之。公笑曰:“是皆内地世受國厚恩,爲天子不侵不叛之臣。無論安,即楊,豈欲反哉?處置失宜,激使然也。吾知所制安矣。”既至,彊臣入謁,公以禮見之,餽遺無所受,體貌無所假。安見公威明,凜不可犯,而推赤置腹,能得其歡心,謂自有兵使來,未有也,乃大悦服。師興,泰和郭公爲總帥,計制播之命惟安,而惟公能得安死力,乃以公監軍。彊臣雖悉心聽命,陰持兩端觀望,私念公文人不習兵,可虚聲喝,則日夜張皇賊勢,欲以寒公之胆,而使自退。公不爲沮,躬率士卒,日行谿谷間,夜阻山爲壁,草宿地卧。忽夜半軍中譁言賊犯壁,鉦鼓之聲達于帳下,將校勒馬伺公,公知其詐,堅不起,頃之復定。公旦起,召彊臣,與從容言曰:“吾從出師來,頸已非吾有。若能進兵,則進。不進,先殺我,然後惟所欲爲。”彊臣知不可喝,兵遂進。大破播賊于大水田,斬首萬餘級,復燒之于桃衙,殲焉。酋遁入海龍,囤不復出。公乃與彊臣開後路以進。當是時,三道六大將所部兵三十餘萬人,無得嚮導,莫敢先發。惟彊臣習知要害,與公尋逕路,斬箐攀崖,蜿行三十里。公與士卒同勞苦,鳥道難行,下馬地步。一日,馬墜沮洳中,公傷脅幾殆,公不休,士盡感泣。踰月始達賊營。我兵出賊後,賊不及備,盡收賊右槽山坡一帶地,賊益蹙。是役也,一鼓可成擒。會蜀監軍忌公,以不欲使安氏功先中國將帥爲名,當事然之,移檄公勿遽進,聽蜀兵先入。公亦是其議,諭彊臣退。彊臣有難色,公力沮之。乃以所收賊地畀官兵駐營,而自屯龍壩口。蜀師進,公命出大軍後繼之,楊乃授首。

播平,論賞,賚公金帛,公拜受之,竟不自言功。先是軍興,懸賞格,有能平賊者,以其地賞之。安彊臣自負功高,未沾尺寸地,心懷不平。其叛目羅學茂者,更姓名安順臣,以彊臣侵播地上愬,督府責令歸地。彊臣忿不受命,曰:“沙溪渭河,故我水西地,奈何削我功未酬,而故罪之乎?”監司以督撫命,繹絡臨諭之,不能聽,乃以委公。公單車至,諭以利害,反覆陳譬,安乃聽命。約以地屬黔者歸安,屬播者歸蜀。播地而犬牙錯者,令安佃之,歲輸所入,奉貢勿絶。方是時,微公,彊臣幾不靖。

夷婦奢世續、世統以爭襲搆兵相攻，制府行勘。彊臣陰助世續，而匿世統。有司不得勘，亦以委公。公時已遷部思南矣，方有銅苗之撫。公得檄，星馳抵藺州，嚴諭安無助亂，出世續、世統，受有司勘。安從之，于是兵立解。思南當苗出没地，獨水硍苗歲爲梗，公撫之不能得，決策勦之。自是銅江、溱溪間遂平。

公素不受彊臣餽遺，秋毫無所染，彊臣畏憚之。及遷思南，以二千金贐公，公却之。彊臣感公恩厚，私貯金二篋，雜行李中，不使公知。行數舍，公覺，叱之曰："若事我久，深知我，何故相污？亟持去，不則有三尺在。"安大慚服，威廉之聲益著。故諸夷苗聞公名，無不風靡。

公長貴州憲踰年，擢雲南右布政。公甫至，值阿克之變，兵匝會城下，百姓奔竄，烽火蔽天，城中一日四五驚。公佐主者登埤城守，賊素聞公名，忽從城堞間望見公，下馬羅拜，曰："是不受安宣慰金、撫定我苗夷者。使蚤來，我苗人豈至此？"解圍去。然公竟以調給軍食，勞憊得疾，屬當入賀，猶强自持辭直指于曲靖。坐未定，疾發，遂不治。

公恂恂儒者也。以鄒魯起家，繩趨尺步，振藻摛英，著于官爲循良守。文墨經術，緣飾可耳，于軍旅之事，概未有聞。乃自二千石後，無官非夷地，無日不在師中。人初以公爲怯，安亦心易之。公往往以尺一之檄，三寸之舌，而賢于百萬之師。今按其行事，其推置以待彊臣，甚誠；其不受彊臣金，甚潔；其退師不自受功，甚讓；其夜半犯軍中不驚，甚定。此皆儒者雍容俎豆間氣象，非師中不厭詐、不厭貪、不厭爭、不厭亂之詭道。公用之，卒爲縣官討判招携，底于平寧，雖閑將略者，莫之能及。儒所稱仁，必有勇，公之謂矣。誰謂儒不知兵哉？

大都公生平温醇雅度，不立城府，以豁谷容人。爲諸生食貧，既貴能甘淡薄，不以官爲家，無田宅臺榭之好。遇族戚姻友，有恩意。人無貴賤如一，敵己以下，與均茵席，未嘗聲色加人。廉潔退讓，自其天性。故忠誠心取信于士大夫，雖夷狄亦信而化之矣。

公未没前一夕，有大星殞，公應之。民多流涕。櫬還，出黔中，黔人設祭于路。彊臣誠所部内地預厨傳以俟，櫬偶陷泥淖中，率數百人舁出之，曰："此我貴地佛爺也。"嗚呼！足觀公矣。没後始轉省之左使，又三年，司馬列川、貴功，議晉公京卿秩，而公不及聞也。卒年六十三。

李生曰：公真通儒也！平播之功大矣，公不自言功，賚公者莫名功，所以没而後官之，不從元勳之列，晚矣。公之功不在平播，而在制安；不在進敵，而在按師。安不靖，播之滅不滅，未可知。安在，其可使安任受功乎？讋夷人之心，尊中國之體，二事有大臣風。抑不使上聞，何也？善乎公之言也："播豈欲反乎哉？激變生災，開疆啓釁，夫誰之咎？未激則利其財，激之使變，則利其地，而欲借以爲功。輕中國百姓力，竟乃勝之，然生靈荼毒，膏血草野矣。"公不自言功，有以也。

今遼左告急，奴勢猖獗，動稱乏餉與兵，朝廷歲輸金遼境上，未嘗乏絶也。士伍耗矣，存積亦蕩然，金不用享士，用之豢虜。權門帥府，陰受中飽久矣。令人人廉潔如公，何玩愒潰壞至是？岳武穆云："文臣不愛錢，武臣不惜死，則天下治。"誠哉是言也！吾于是益于公乎有感。

少參朱肖簡先生傳

語曰："經術所以經世務。"誠哉是言也！自古未有經術不真，學問鹵莽，而居官行政卓然可述者，此昔人所以致嘆于政學也。不佞縉與修郡誌，考正賢大夫之業，得聞朱先生行爲詳，是以再輯而傳之。

先生諱安期，字子和，别號肖簡。先世居莆，始祖器高公，以明經博士，任泉山書院長。朱占藉晉江自此始。器高公再傳，爲中丞簡菴公鑑，以都察院副都御史廵撫山西，鎮守雁門。當正統土木之變，感憤上疏，勒兵勤公。在雁門十餘年，所條陳皆安邊大計，邊陲晏然，事見《天順實録》中。中丞公之子恬，司主事，行之日，百姓遮留于蕭灘道，車枳不能去，先生爲慰諭而行。先生在水部督上供廠，廠利孔所出入，乾没冒破之弊滋。先生慎勾稽，謹出納，杜中貴人請托，議舖匠諸役仍舊貫，何取名籍而數紛更之，以是爲部尚書歐陽約菴公所奬識，而汪南華公、張見山公，相繼爲正郎，賴先生協贊力居多。頃之，擢虞曹郎，代同舍郎督吴中磚廠。尋廠事罷，甌陽公欲還先生于朝，冀大用之，屢咨吏部改官，而吏部已出先生僉蜀憲矣。

先生入蜀，所治安綿郡雜漢夷以居。時夷民相安，地方寧謐，先生無所事事，但守畫一。間親廵其地，度地所宜，議治兵繕粮，與轉輸餉道，著爲絜令，以便永守。督撫黄恭肅公甚嘉納之。

再歲，轉參貴州，猶序遷也。報至將行，時直指侯代，境上藩臬吏駐節外道者，故事，皆往參辭。先生時聞擢報，謁謝稍後，以是失直指懽，被論劾，調補廣西僉事，備兵桂林。

桂林，省會郡，承平日久，民不知兵。忽有流賊突進城中，戕方面官，劫藩司公帑，無誰何者。先生急提兵逐賊，斬捕過當。賊平，拊循百姓如故。御史擬疏薦，未及上，而乙丑大計罷。先生歸，則猶以川中拂御史故。時御史方據要津，而先生亦以母太安人老，亟求去矣。

先生歸，猶及事張太安人。晨昏入子舍中，問食飲居起，與弟脱吾封公相友恭，以娛母志。母子、兄弟，訢訢如也，怡怡如也。先生自謂，但得母一笑，即三公不易，何論一官。先生自登第十五年，辛苦一令幾五載，始得一郎署。自外擢以後，所遷徙皆巴渝獞僰之鄉，旋調旋罷，非有善内地不次之擢，先生處之夷猶，隨所居位，自行已志，雖不無枘鑿于人，而未嘗有炙轂之心。先生行藏有道，力田逢年之説，未易爲先生言也。先生歸而食貧，無求田問舍之事，但新祖屋以蔽風雨，數畆之田，粗給饘粥而已，歲儉不免稱貸于人。居家户庭蕭然，門無雜賓，絶聲色奕博之好，兀坐一室，正襟燃香，觀書自娱，點竄删訂，自忘其老。人見之，以爲舊書生也。尤好汲引後進，文字受郢，與談竟日。課子孫讀書作文之法，如立程途，以授必趨，或其人作不能當意，先生夜自嘿思，有當于心，晨起索筆書之，幾數百言以示，率多命理，命曰《妙契稿》，學者傳而宗之。

先生蚤負盛名，既貴之後，模楷益遠，人得如椽之筆，奉爲拱璧，而先生之吟咏撰著亦多。如壬子南州、甲子西粤兩程書，半出先生手。隆慶初，郡修《泉志》、《永春誌》，必得先生裁定爲宗。先生亦自滿志于《桃源乘》一書，子孫依其教，竊其緒餘，往往掇科第成名。其門人弟子，猶守師説，不敢少變，則先生之澤遠矣。

先生享年七十有六。配李安人從先生貴，白首相莊，享年百有一歲，爲吾郡二百五十年來命婦未有之祥，景先生風者艷稱之。

先生著有詩文集若干卷，孫慶餘梓之，藏于家焉。

李生曰：先生醇謹有道儒者也。今按其居官，生平問學，十未展其一二。而真實之政，緣飾經術，用能修和衆庶，撫安夷人，儒效亦已章章。竟以蚤廢而不久于位者，何也？中丞公發跡賢科，致位節鉞，乃先生起家顯第，僅守參藩。大用若彼，短馭若此，國家用人得失之際，大略可覩矣。然中丞公之守雁門，與先生備兵蜀地，轅門隼軾，位不相及，皆能爲邊城要郡策安危長久之計，爲百世規。

嗟夫！使今之爲撫臣者，盡能如中丞公，奮中國廣大，揚威沙漠之外，遼左安有喪師之辱？使今之爲臬臣者，盡能如先生，安集有道，以善雜漢之夷，西川奚至戕官吏之變？今兩失其馭矣。至動天子拊髀之思，求其人而不得，則豈惟如中丞公難，有能爲先生者亦鮮也。當先生世，已無有大用先生者，何言今日！先生則可謂有用之儒矣。

户部郎温純菴公傳

先是，純菴温公没，子長公如瓛、次公如珀，梓其遺集，屬余縉弁之。余上下弘、正間文，逮隆慶初，自王守溪公而後，諸先正所著文論，爲後學鵠，採公之作良多。自是而世之經生學子，無不人人誦公文者。夫士君子没，所不朽于世，獨言耳。公之文行，即公之精神行也，雖百世存可矣，何以傳爲？長公固請余傳之，余乃傳。

傳曰：公諱顯，字公宣，號純庵。封主事西榕公學周之仲子也。母太安人金氏，生公與兄碩二人。叔曰籲，季曰某，公異母弟。公初娠時，封公夜夢人語之曰："是當生男，後必顯，當以顯名。"公生，遂名顯。公初號晦吾，取"晦于顯，闇然日章”之謂。登第後,乃更純菴。純亦不顯之德,與晦同旨,加不已焉。公生平所學,盡寓是矣。學者稱曰“純菴先生”,或曰“晦吾先生”,公皆應之。公高祖中書敬齋公,以文章學行取重當時,尤工于晉、唐書法。公爲玄孫,生有奇徵,伯父别駕古榕公,與封公曰:“吾子孫中,能踵吾躅,世敬齋公家學者,必是子也。”最器惜之。

公少甚聰敏,讀書過目成誦,而喜深湛之思。于諸史百家,靡不窺闞,然掇大意而止。獨喜太史公傳與眉山兄弟文,累素千萬餘言,竟無一字錯。臨作結撰,窮高極渺,竭精神之所通,與才力之所至,往往能發鄒魯之祕,其矩矱在先秦、漢、宋之間,故公之文于嘉靖間稱爲獨勝。

公爲世廟時諸生,及今上丙子,始登賢書。又三年庚辰,舉南宫射策,進呈爲第六人,乃成進士。世廟之季,文靡蔓不可讀。學使者姜鳳阿公試泉,公始爲精沈之文應之,姜大擊節,拔至第二,辟入五經書院,試輒居首,公知名自此始。

隆慶新服,人文一變,吾郡有廉憲蘇紫溪先生、今相國李九我先生,與公頡頏提衡,世莫知伯仲。李先生以隆慶庚午領幾(畿)解書,蘇先生以今上癸酉冠閩書,公留滯諸生間,至丙子乃一勝之。其發稍後,且不能空閩士之幟,人以爲詘方公之受知于姜。余未能屬櫜鞬從公後,但每讀公當日文與《天地大癗論》,至今猶咋舌汗下也。余渺學寡聞,然于雁行負望之人,罕所推讓,顧不能不遜席于公。私心以爲,清才豪氣,世多有之,乃其沉舍淵遠,不爲疏越淺易之言,則惟公一人。丙子之役,學使者胡二溪公,以古文詞倡閩士,晉江之試,余實與公從事。人多掇拾餖飣一二漢人語,以覬必勝,即余亦喜負沾沾。及公試文出,余啞然自廢矣。非公不能于簷晷間爲此文,非胡公不能知此文。去今四十餘年,文論具在,試一取讀之,誰不爽失,何但余也!聞之丙子秋將放榜,胡公以射覆語人曰:“解閩者,非温則劉。”温謂公,劉則紉華公庭蘭也。已而劉果省解,公亞之,人稱胡公知人。劉亦亢爽負奇,如醞釀深厚,不逮公遠矣。公之文,所以獨至今不弗廢也。公既成進士,諸與公同年進,人人争交歡公,魏公崑溟、顧公涇陽、姜公養冲,時與公來往,而劉公紉華亦在其中。每過坐必移時,或竟日夕,抵掌譚古今事，大快以去。權相子某，亦羶公名，以年誼欲屈致公，公輒辟匿不見，人以此多嚴重公。

公初授户部主事，兢兢奉職，榷場税務，稍有脂膏，力辭不任，獨一受解銀差往雲中。先是餉金多不足額，是年管倉主事爲公故人，公力言之，十五萬金盡如數往。將士得金，大喜過望，歡聲如雷，大總制吴公敬而異之。差還，管明智草場部，本科非有才學不得任。是時，肥鄉張公、霸州王公，相繼爲大司農，聞公有文名，引爲己助。具國計疏，纚纚數千言，其略有三：一曰慎取用以厚帑積，二曰嚴考成以重國課，三曰覈勘災以酌蠲賑。大率歸于勸今上加意節儉，停取外帑金，及倉儲漕運改折之議不可盡行，勿取辦目前苟且計。疏成，具稿上，司農公喜，謂之曰："小疏多煩大筆，諸公但鑄詞，公鑄意，陳可否利害甚悉，雖百世規可也。"親踵門謝者三，其見推重如此。

三年最滿，封西榕公、贈母金安人如其秩。亡何，進員郎，署正郎篆，協掌太倉庫出納主者，一切常例，任置不問，時奉法稽覈而已。會頒餉三大營軍，時與公任差者四，人人委金將領，公自給散，無致乾没。他營軍私相語云："奈何靳我温户部也。"公奉法循職，多如此類。

歲甲申，出監江西兑。至未數日，聞封公訃，遂奔歸。公素善病，不豐于體，至是哀毁轉增羸。讀《禮》踰年，尋病卒，時年四十八。

公皙面修覲，步止端莊，嚴静而肅，寡言笑，鮮交游。居平引重，有蘇、季兩先生，張錦亭計部、黄壽我别駕。其共舘舍昕夕，則亡如柯龍門縣令，曾二溪、洪仰莘二學博。識蔡侍御梅巖公于五經書院，因定交焉，游若兄弟，終身不忘。公蚤負盛名，意不可一世士，心内合者僅此。雖在諸生時，有志之士爲文社，争致公爲重，公亦罕應之。

事父母孝，奉伯兄恭，居太安人喪，哭泣踰節，駸成血疾，後常苦之。封公晚年生二少子，念兩兄嫡久已析箸，不忍再言分。公知其意，曰："兒初入官耳。不然，當悉以予弟。"遂自斥業與之均，封公乃大悦。公少師事李淮濱文學，李善楷書，公學之三月，書法大進。李應省辟卒，公揭金殮之，後奉差入里中，營馬鬣以葬公。雖困諸生久,然有盛名。有司相知者衆,周雲川太守、丁少崔二守,最嚴重公,得如敵國,待以客禮。爲孝廉,兄弟共居,未有專屋。丘厚山太守知之,有没官屋直千金,勸公出百金以圖,公辭謝不受。

公狷介出于天性,喜薦寵善類。蔡侍御公出按應天,公以差至,會之白下,爲舉所知郡邑屬應薦者。蔡公行部,果如其言,薦之。公竟不使其人知,其人知而謝,公却去也。故公没,人多思者。何儀部匪莪公序公集云:"公方正自持,以莊見憚。獨温恭敬慎之人,望知爲君子,而願交。"可謂知公矣。

公自抱病後,廢誦讀,減思慮,謝客冥坐,于古作、時義及他應酬諸雜著,多屏絶不應。在京師五年,譔著亦少。至托情寓物,與友人爲娱樂,遇琴則琴,遇奕則奕,蹻蹴劇戲,不厭其粗,各殫其精,然竟以病廢,過不有而涉不留矣。文不多見,梓者僅十之一。宇中稱文章家,必推公。有《試文論》行于世。

李生曰:余何以傳公哉?公臨藝埸爲文,出奇無窮,如獨當一面,意氣安閒,雖韓、白不能支。縱大戰數十合,往往以後勁取勝。如酣戰後,他將救殘傷不暇,公始整步伍,治兵自如,走水上之軍,奪鉅鹿之壁。凡公之過人者,皆于人之稿腹而立盡者也。噫嘻!此第公一斑耳。

公善著書,于書不多概見。居官在位未久,勳業無可紀。令公不善病而假之年,名山之藏,竹帛之書,烜赫可勝道哉!公没,行其言遠矣。彼汗牛充棟,無一言幾道者,于公竟何如?此余所謂"公之文行,即公之精神行"也。余能知公,莫能盡公,而不能不爲公嗚咽流涕。人能弘道,無如命何。誠哉!是言矣。

六安太守心竹蘇公傳

心竹蘇公,築飛鳳岡,搆廬于岡之前左,命予記之,既勒石于廳事中。已,公復欲得予爲傳,詳其生平履歷行事,使自觀之,而以示後子孫,俟來者。予笑曰:"公可謂達矣。然公去百歲期尚遠也,年彌高則德彌劭,公德未有涯,夫安能引其終預言之?得無太早計與?"公曰:"非然也。蘧伯玉大夫行年五十,而始知四十九之非。衛武公九十,耄矣,猶自示警于國人,曰:'毋謂我老耄而舍我,朝夕以交戒我。'若是乎古人之老不忘規如此。予惓惓蘄得公一言，豈謂能卮辭諛我？自念去知非之年已久，世人惟公蚤知予，庶幾可道吾非，以相規瑱耳。陶靖節未老，自爲文以祭。予今假手口于公，何不可也？"予是以不得辭。

公名舜臣，字哲甫，竹涯蘇先生之長子，故號心竹。竹涯先生偉姿觀，身長八尺餘，伍于薦紳士大夫間，高人頭地。公酷肖之，秀惠異于尋常。少治《易》，能文，長有聲士林，游國子上舍。隆慶庚午，李文節先生解順天試，公登其榜。今上癸酉，公從兄紫溪先生解于閩，公獲與並計偕。蘇、李兩先生文震天下，宇内名士執筆欣附，公皆從之，文遂益進。癸未之春，延予于惜日堂，與長公講藝，公亦對壘相彈射。如是者三年，余幸得而會公于京師。是年丙戌，遂成進士矣。

公第後守銓，會順天當比士，公以名進士得預同考。有以私囑者，公峻拒之。既入棘，其人試牘果落公房，公閲而擲之。囑者之人與公爲同考，入尋其牘，百口于公，竟不從，後以他房搜遺卷，薦于主者，公執益堅，乃棄去。後主者知其姓名，大謝公。公未授官時，其介如此。

初選爲刑曹郎，讞獄多平反。先是，有主獄者擬大辟，亭之法未當，公驚曰："誤也。幾失入矣。"爲剖析其疑律，生出之，得從末減者三人。大司寇公稱其明允，前主獄亦不訝其異己，公遂有能譽于刑屬間。時太倉王文肅公爲相，深知公，欲徙銓部，會公以疾歸家。居數年，入典奉常，公先簿正犧牲，粢盛，豐潔肥腯，弗中用者罷去，以勢請免，弗能奪也。有欲徙公部，或沮之，將推公外補。公笑曰："分定也。夫予昨夕夢六女子戴笠來請，其六安州乎？"命下，果六。

六，故膏潤地。公初至，即汰歲例金千餘。鷄鳴起，治文書，更闌始休。爰書自手中出，吏不得高下。以法繩吏，以禮正俗，以冰蘗律身，興學作人，士知嚮風，其于化導民尤亟。有衣冠之裔，而婦姑質公庭者；有下里婚嫁，先納采後渝盟者。公見，禁止之，諭之以禮，其人各自悔恨，獲爲母子、夫婦如故。贖鍰不多問，取備穀而止。貧不能贖者，釋之。故事，民間市田園，非先納券金于官，不得鬻，歲可輸千餘金。吏以税請，公曰："何多税也？第取券來，印與之。"士民一口誦公廉。他如清灌田之陂，新舘垣之署，散菜傭之豪，革民間括馬之弊，其爲六興利剔蠹，多此類。

公性方而堅，易發怒，不能阿意曲奉，人多枘鑿以此。時廬太守墨于守，暮金盈門。公但事之以禮，屢失其驩，蜚語相憾，略不爲動，竟嗾于御史，論劾之。御史，險人也，曾希旨上疏，以非法毒天下孝廉，士論切齒之，則其排擠公寃矣。

公歸，宦橐瀟如，携二鶴相隨，放之園池中，改"惜日堂"曰"超然"，稍更拓之，築小石山于堂之南，坐嘯其間，時聽鶴之飛鳴以爲樂。輓得飛鳳岡阡，不恡煩費，營以待老，堂斧廬舍具矣。昔公居六時，予渡江過廬，入六訪公。六卿（鄉）紳宋公之禎語予曰："蘇公守吾六，樸而真，廉而恕，于爲吏善矣，如自爲何？"蓋慮公之歸而貧也。今果然哉！公今年戊午，算方七十七。嘉平月之某日，其懸弧辰。

李生光縉曰：嘉、隆之間，士大夫氣節相高，耻讓相尚，居官不營通顯，有歸而貧甚者。今此風微矣，予猶于蘇公一見之。蘇公以十六年進士，始爲一州守。賦歸之後，居不加餙，畂不加拓，區區守先人故廬，纔搆一飛鳳岡，自謂極快心之事，然不勝鞅掌矣。此于薦紳侈用家捐數千金，修宫室臺榭之觀，奚啻泰山之一培塿，則公之不家于官可知。夫公非今畏途中人也。予老矣，自不知非，安能諛公？亦安能規公？請俟公于九十之年，《抑》之篇可作，願附一言其後。

霑益守何心赤公傳

余之傳公也，蓋潸然流涕云。余于公爲中表，其初識公也，自隆慶己巳始也。公之知余而善余也，自辛未始也。與公相從事于别業也，自萬曆壬申始也。後與公暫分袂也，自乙酉始也。而其遠與公違也，自庚子始也。公待銓京師，余三歲一計偕，見之。公既丞大興，出倅楚雄。余自是雖往來燕市中，無從及公矣。公之居滇，而與余違也，自庚戌始也。壬子之冬，公繇别駕擢霑益州守。未幾，公歸。余落第，纔入里門，公殁已逾月。數年之别，但分南北，片夕之訣，遂隔幽明。少年聚首，河清可俟，老而相棄，不可朝居矣，謂之何哉！余入而哭公，惡夫涕之無從也，乃爲公傳。

公諱居穀，字師稷，別號心田，後易田曰赤。封翁次洛先生之伯子也。母丁孺人，爲從祖姑夫丁少軒公女。公與余稱中表，以此。公之弟藩幕君，其仲子昇爲余婿。余女事公以翁伯，故公于從游中獨善余。公修儀偉觀，方面巨鼻，眉目秀爽，舉止軒聳，衣服雅都，多智慧權略，有深計。讀書善觀大意。弱冠補弟子員，遂以文名。學使者金公、姜公，俱異公。隆慶初，公與諸君爲羲經文社。余後至，未有知名。公一見，屬目余，以余爲不作尋常語，相羶薌焉。

當是時，封翁新殁，家政棼糾，外侮沓至。公以一少年書生，横塞禦其衝。郡邑長吏，每見公儀表語言，迥出常流，無敢易公，輒心器之，公之事常得白。然公終不以是妨書詩業，淬厲益至。先是，公垂髫有世講會，諸公多蚤發。公所最善，惟户部寰中張公。庚午之試，學使者周公寘公異等，與張應省辟，張掇科去，公自是以善張者問及余矣。

余素善廣文鄭春洛公。辛未之春，公乃致余與鄭，讀書于赤霞精舍，去城十餘里，吾兩人往反徒步，公亦徒步。坐則共榻，寢則聯席，搆思或竟日，咿唔同聲，通霄（宵）不輟，一時意氣爲之爽然。公少從楊困蒙、莊西麓先生學，最後受《易》于金南雲公。原本經術，根極理奧，而獵蒐日富，慕王荆石先生制義，步趨之。故公一落筆，其敏捷便易，不如鄭深沉變幻，余不右公下駟，乃其莊雅典重，炳蔚鉅麗，鄭自謂不能及公，何論余也！公信余篤于鄭，上下千古，縱横宇内，雌黄可否，必待一言而定。余所然，公然之，余所不然，公不然之。凡公所寓目，盡出余手披，無相剌謬，片語當心，合喙以鳴，推席而起，肝膽化而形骸忘矣。

公僅有弟，時方垂髫，丁孺人愛之，公延鄭公爲之師。其後挾册于山房野署，獨余與偕耳。其遵岩靈山、禪室，盡讀書處，住或一年，或四五年，公爲設書帷，置廳事，坐卧誦讀其中。公手一編外，無他技好，惟不喜暗室窺牖。讀罷，則縱步廊廡間。余能與公合，故兩人相投契，不忍分席也。余貧無所事事，得壹意于雕蟲，與蠹魚常作伍。公差饒内外務，種種身自肩之，室黄安人又善病，來反不時，一歸數日。余據梧獨坐，静虚生白。公一至，與偕來者，俱崖反矣。公静中之得亦多。公爲景，余爲甲，公著戴，余著封，兩人以此相高，知者曰“何李”，或曰“李何”。有嘲我者，曰：“若相引而登山也，令蹈海，則何似？”余笑應之曰：“海若不驚，汝河伯乎？”其見妬如此。

公萬曆癸酉受學使者宋公知，餼于黌，名日益盛，里中能文之士，往往致公爲文社弁冕。壬午，鄭春洛公舉于鄉，余以乙酉首閩書，而公以是年爲學使者王公賞識，與余偕省辟，居停榜下。公不自恚，爲余大喜過望，愀然語余曰：“遇不遇，命也。吾亦何恨？若今去，吾無與爲質矣。吾安能久匏瓜此弟子員哉？”余爲悽然。公忍濡三載，再上戊子棘闈試，又報罷。公憣然改矣。時詔郡國所在諸生，食餼十五年以上者，得從歲薦，加例入太學。公于是稱國子上舍，一時名震成均，六舘之師，有爲辟席。余屢罷南宫，歸輒與公尋舊盟，然公久已氣挫，余亦無餘勇可賈，不能如鄉者山齋時，可一鼓而前也。

甲午，公從都下歸越。庚子，遂决意爲守銓計，携家以去。居數載，余見公蹴屋以居，鬻米而爨，被服、飲食、賓客之費，日常斥數金，爲公難之。公恣意出入，于長安中貴人周旋應酬，備極欵曲。士大夫以公爲知已，人以是益羡公材。

已，謁銓，授大興縣丞。丞故卑官，以京秩七品，體貌未盡損，挽（俛）首就之，非其質也。縣事多闒廢，一縣堂遭回禄，後幾易令，不能搆，編蘆席南面以居，他勿問矣。公新至，即自捐俸金，改衙宇而新之。人笑公逆旅而治傳舍，公不爲邺。異時，丞倅官權子母歲月耳。但得上官批發，伺暮夜金取膏自潤。公一切鋤去，無使及門。有訊鞫，當情而止，不多贖鍰，逢迎上意。秩（抶）人不溢十楚，發于至誠。委公代中貴人税官，公耻而辭去，彊之乃行。月一再往，查逐日税入幾何，但無失額，商人德之。御史上疏薦公。三載秩滿，封二尊人如其秩。公未慊于志，徐語人曰：“吾父易孝廉巾袍耳。”

已酉冬，擢楚雄府通判。滇去閩萬餘里，公未嗣，久于京十餘年，欲取道歸家，論者阻之，竟入滇。公既至官，以督糧爲職，革常例，清積蠹。正夏税秋糧之額，出納親自收放，軍有給實，吏無乾没。條上，兩臺並報可。軍士請刻石爲後規，從之。署府篆，鎮南州篆，白鹽井提舉司篆。各舉行五事：招流移以實户口，闢土田以墾荒蕪，稽逋負以完賦額，講六諭以興禮教，饒積穀以備荒歉，在在見之施行,此尤其循良較著云。

公英偉特達。當爲丞時,阨于下僚,馭于繩墨,約結而不得施。出佐大府,比于丞貴倨矣,一旦握符綬,代太守行事,操縱得從便宜,迎刃有餘地,固其宜也。後太守至,與公共事數月,見公優于文學,明習吏事,凡事必諮公而後行。一時在事諸公,自藩臬大夫而下,州邑長吏而上,盡與公深相得。故公益發舒其所欲爲,政聲四起,士民信而愛之。三年,擢雷益州守,官五品大夫矣。當事者以咨(資)格畫公,尋大計,處公歸。公于是遂掛冠行。

公性至孝,倫常篤摯,恪于奉先,祭祀必豐。事小洛公若父,與鍾洛、象洛諸君相友愛,如親昆弟。母丁孺人秉家政,門内肅肅雍雍。公善承母意,一姊一妹,姊没,周邺其子,問遺妹家,歲月不絶。視其甥如己子,事無難易鉅細,不以關介弟。己未有子,弟蚤子,愛不啻己出也。丁孺人歿,治喪事及葬,重跂百繭,率身爲之,享弟以逸。其于母黨尤篤,丁碩泉公歿五月,腹遺擁衛至,長公之力也。

先娶黄孺人,再娶林孺人,並以賢孝稱。最後顔孺人至,公偕之官,爲公進一姬,先舉女,後舉子啓熀于楚雄邸舍,顔孺人鞠哺之,與共卧起,今舞象且就塾矣。余亦輓舉子,長公子七歲,此天不泯吾兩人後也。公爲二尊人襄大事,余狀之。葬黄、林兩孺人,余誌之。余輓與許世臣游,公亦與善,談神仙因果之事,公深然之。時公未舉震,茹素誦經,爲弓禱請神,授公詩,有“鶯聲風布煖,雁塔日舒班”之句。後公入楚邸,丈夫子生,適春和布煖之時,而雁塔峰居其邸前,言一一皆驗,公大異之。

公家居喜興作,精造器皿,諸雜劇率本己意。工作無休日,尤長于勾股之法、履畝引渠之事,故居官所至,多改作營繕,至是搆奉大士閣于雁塔峰前,起吕真人樓于城東山。蜚語中公者,竟摭是口實。

公離滇百餘日,始抵家。入門接族戚,存謝故人,家回禄後,諸侄分居,公出俸餘振之。旦夕望余歸益亟。尋卧病,數日卒。時萬曆癸丑之六月十七日,享年六十九。卒之日,世臣至床前,公執其手,書“子”字百餘以囑,惓惓以不見介弟及余爲恨耳。世臣泣與余言，余傷之。余于壬子秋將北發，夢訪公于空舍中，公先之矣，留題壁間，曰："我來君不見，使我何處尋？"余泫然淚，醒猶未收也。述語公猶子，令貽書勸公歸。今余來，果不見公矣。夢耶？真耶？何先見余徵也？于戲，悲夫！

李光縉曰：公與余及鄭，鼎立相敵國云。鄭與余領闈書，公不領闈書。然鄭以廣文終，余不授一職，公官至五品大夫，貴何必有賢科哉！余見公居丞，奔走鞅掌于風塵之下，必笑公爲瑣。公見余逐隊飄零，徘徊于江湖之表，心嗤余爲迂。繇今觀之，公未始失，余未始得也。公嶽嶽氣不可一世，貴人欲見之，避匿不肯見，以少詘爲嫌。余意其卑官不可爲，及見公無失禮于長安貴人，然後知公之善俛仰也。公能詘能伸，能大能小，所謂猶龍非耶？公不爲資格限，資格猶限公耳。不然，位望可勝道哉？鄭不大夫而死，又客死。公大夫死，家死。等死也，官不官，無論可矣！

雲南憲副紫台陳公傳

公諱詔，字子宣，别號紫台。公之先曰俊卿，居莆爲莆人，宋賢宰相，以功封魏國，謚正獻。五世孫谷晏，自莆入泉，因家焉，遂爲泉人。明興，多顯，數十傳至公。

公生貌侵，倜儻有大志。少善誦，穎毓絶人，以詞聞郡中。里有張翁者，知公名，致公東坦。使善相者相公，相者善之。以問日者，日者又善之。使其友人陳先生試公文，讀大奇之，驚而曰："國士也。人有如此材好美而長貧賤者乎？"張遂以仲女妻公。公妻于張，雍孫始稍稍給。讀益力，貧亦益甚，居立四壁，教授里中兒。年三十餘，不補一掌故員，人多以此笑張翁。張翁心知其必貴也。公沾沾喜負，睥睨自如。及督學蔡先生拔公于稠衆中，以儒士應省試第一，而公之名褎然大起。公于書亡所不讀，墨守宋箋，禀之朱、程，發而爲文，春容雅頌，不以稜骨勝人。人之讀之者，知不知，咸知其有養君子也。

庚午，領鄉書。辛未，成進士，初授工部虞衡主事。公屈首經生，目不涉户外事。一通宦籍，警敏明習，諳若老吏。每有擘畫，詘諸同曹，即大司空公雅重之。公是以有督戎廠之役。此一役也，中貴人爲政漁深，螽蠹澆窳不中于用，公罷去冒濫，覈其不法者繩之，盔札堅良，公遂有聲部署間。已，部議委公築兩水河橋，功告成，欽賚銀五兩，天子擢公爲部員外，贈父母如其官。

會莊皇帝陵堋壞，上及兩宫震念，命部臣擇忠誠能事者葺治之，部議推公。公是以有昭陵之役。此一役也，陵寢係王氣根本，浩費不貲。公節縮其間，典革各程于度。中貴人夤緣欲治正殿，公建白閣臣力已之，所省帑金三十萬餘，甫三月而功就。

已，聖駕謁陵寢，萬騎九斿，胥一塗出，議造朝宗橋，鑾輿經焉。部議復推公，公是以有朝宗橋之役。此一役也，倉倅受事，責成旦夕。公鋭身理之，平土築基，竅石鑲錠，須臾橋成。天子出，從梁行，坦若康莊矣。欽賚公銀十兩，陞一級。

會高郵、寶應湖堤決數十里，淮、揚之間，廬舍湮没，人民魚鱉。朝議非公不可。天子擢公爲都水郎中，出治河。公是以有高郵湖之役。此一役也，湖爲漕之咽喉，東南財賦所繇入焉。湖壞，則其患在漕。又衝之勢急，潰之勢廣，當事首鼠，莫之堅決。公乃按水道，完老堤，開新閘，石者砌之，土者培之，缺者補之，穴者窒之，要以疏壅、塞竇、捍衝流而止。先是，湖身高圈田數丈，水勢洶湧，易于潰入。公白當路，堤宜高三尺乃固。當路難其費，既水漲民漂，卒從公議。延袤四十餘里，屹如長城，其詳具《高郵志》中。

會海鹽、土石二塘大壞，汛潮至内地，勢若建瓶（瓴），幾成巨浸。越撫臣上其事，請罷不任者，以能臣往。朝議非公不可。天子改公爲浙江按察司僉事，管水利屯鹽道，督海塘。公是以有海塘之役。此一役也，塘爲吴之頂肩，東南財賦所繇出焉。塘壞，則其患在田。又遞捍遞決，數決數捍，物力虚耗，莫必成功。公按水道，條畫便宜六事，旦暮臨海上親指砌法。下廣上鋭，枎其惰者，使作環塘密布墾浪木樁，陡殺潮勢，鎮以鐵牛十二，造木橋五，居民便之。先是，議者謂役鉅，非幾十萬金、假十餘年弗克。公在役年餘，止費帑金十萬有奇，完土石塘五千六百餘丈，增修半之。開澉浦、白洋河如之，修海寧舊堋塘，亦如之。延堤四十餘里，静若安瀾。其詳具《海塘誌》及嘉、杭二郡《新誌》中。

大抵公居官數年，所履多劇地，非有優游清近之班可以養尊；所興多大役，非有雍容堂皇之安可以卧理。馳驅于暴風烈日之中，而胼胝于衝濤突浪之表。萬姓之利，犂然具舉；百世之功，蘙然丕建。而公之精神肢體，已不勝其卷婁矣。都御史徐公栻、李公世達、温公純、御史王公曉，交疏薦公天子。修海塘功，欽賚金十五兩。已，擢公雲南按察司副使。公意不欲行，有强之者，公冒暑力疾入滇，患耳瘍恙甚，遂移病歸。天子用薦公者言，欲召公起之田間，而公竟不起。惜哉！

公爲人逡廵雅飭，擇地而蹈，擇事而言，循墻滋益恭。爲諸生食貧，空室蓬户，布衣蔬食。既貴，不改其初，盡識官守，門無暮金，問遺不受，私書不發，喜抵掌談利病，事後輒券。謝病休居，宦橐蕭如，非公正不入郡守令庭。戚里之中，貧者賙之，死者葬之。家無甔儲，宗人告匱，輒分其半。愛季弟尤篤，剖橐中藏，與買田宅、市家僮，怡怡如也。好賢慕士，以身下之，或委曲推附，以周窮交之阨，士亦多歸之者。

没年四十有八，鄉之人，知不知，盡爲流涕。訃至吴越，吴越之人立祠祠之，春秋祀之海上。

李光縉曰：余讀漢天子塞匏子歌，而知河决之難爲治也。况于海乎！今河之爲中國漕菑也，數數矣，幾浸天子陵寢，至勤九重負薪楗竹之慮。獨不得有治河使者，與之沉馬璧，尋禹迹故道，假令公在，豈憂河决哉！越人言，公在海塘時，採石桐江，有神書現，授公築塘之術，公祠之。公殁後，與勒馬往還出祠中，人多見之也。異哉！公之爲烈乎。余道揚入淮，歷震澤之間，功爛然可覩矣。

韋孝子傳

孔門諸弟子，子游、子夏之倫，問孝不啻詳矣，而不聞以孝褒也。仲尼稱孝，獨轂閔子，必推本于父母、昆弟之際，何與？《蓼莪》廢泣，惟痛父者爲然，它讀

《詩》，不盡爾也。父没母貞，艱關不二，子孝乃見。作《孝子傳》。

孝子諱起宗，字弘繼，别號孤愚，郡之市曹人。父元，母蔡氏。孝子生三歲，父見背，母蔡泣不欲生，既憣然曰："殉夫，吾事也。謂藐諸何？我死，而韋之孤岌矣。"遂强起，以未亡人自矢。母姑促之嫁甚急，蔡不得已，陰置毒餅中，爲必死計。孝子心疑之，驚告大父母，疾救得不死。孝子依蔡居起，無跬步離者數閱月。稍長，問父事，蔡語之，泣嗚咽不自置，至廢寢食。時韋之宗，有不利孺子者，蔡徬徨甚，每督孝子就外傅，必出告反面，以爲常。一日，孝子出，蔡驚懼，不知所往。已，果之塾中。召笞之，孝子長跪受教，自是無母命，不離子舍矣。

謹身慎行，曲承驩意，寢視卧起，庭視饔飧。母意未形，先事迎之，母心欲予，竭蹶共之。母稍開頤，亦與開頤，母無見齒，亦無見齒。嚬笑悲愉，惟母是依，苟得自致，亡所不勯其情。于是蔡年六十餘矣。令甲，節五十始得旌。孝子及以是請里三老，上其事。蔡止之曰："吾忍死，懼韋之祀忽諸，而焉用名之？"孝子跪泣曰："起宗亦竭力以報萬一耳。"貲故落，饘鬻不自給，至揚母節，勉强稱貸，不問煩費，傴身造請，得諸公一言爲華衮。諸公心知孝子艱難，無間言也。會疏不果旌，詔核其事。孝子哭三日三夜，聲哀哀不絶，目遂廢，不出户者十餘年。郡有司聞之，愈益難孝子孝，爲聞于朝。旌書下，而盲復矣。孝子毁哀思父，瘏瘁報母，居自念母節未揚，雖張眼露眦，欲何之乎？旌而後喜可知也。蔡念外父母甚，遇忌日，輟不食，孝子不敢食，至爲制櫝主，祀于私舍之室。鄰失火，孝子抱神主，倉皇扶母蔡出，不及他器用財幣，居亦不燬。

蔡病革，視湯藥，親浣褕滌器，衣不解帶，目不交睫，累晝夜不怠，籲天减算，請以身代。殁，擗踊如禮，水漿不入口，慟幾絶，仆而復甦。既葬，廬于墓左。孝子痛父殁，幼不扶杖，不勝哀，追服如初殯。居于場六年，晨昏哭奠，風雨不廢。所親沮之，不爲止。比易麻歸，墓木拱矣。孝子召諸子囑之曰："吾廬于是，窆于是，死埋我于是，以我從父母于地下，吾樂若爽鳩矣，何乃問堪輿爲？"今桃花山，所指爲孝子塋，即其處也。孝子出而廬，黑髮豐頤，廬而歸，稿顔皓首。里中兒多不識者，所知驟見之，莫辨其爲孝子韋。先是，孝子將葬母，淫雨浹旬，人言天不佑孝乃爾。孝子號泣不肯食,已,四山滂沱,忽開霽如晴天。蝗蟲煽虐,蠶食松柏,孝子抱樹泣曰:“蟲乎蟲乎,松將不免。”蟲遂不入其界。有行人衣白衣,造孝子廬,相勞苦,謂孝子曰:“數日後,疾風甚雨,廬當壞,宜謹避之。”後果大雨,孝子遺其言,忽棟聲軋軋,又有呼韋孝子出者,孝子應聲出,廬遂壞,以是得全。人謂孝感所致云。

郡首相莆山俞公、西川方公、習齋程公、素峰葉公,聞孝子名,争致爲鄉大賓,扁其居曰“節孝之居”,易“會通舖”曰“節孝舖”。直指樊斗山公,額“孝行”褒之。

孝子年七十四,將歿,語不及身後事,連呼父者數十聲,俄淚下曰:“爲兒語母來,天旌至矣。”其没身不忘,蓋如此。郡乘載其事,人至今相傳,呼曰“韋孝子”。

李光縉曰:世儒謂廬墓爲過孝,非然也。子之于父母,情絀于無所伸,恩激于不得報。九天可梯,猶將梯之,九地可鑿,猶將鑿之。堂斧亦父母岵屺也。欲報之德,易簀猶呼,終身之慕,曷以加諸?忠臣叩胸而飛霜,孝婦含寃而不雨。慨諸孝感,良非虚言。以近所覩孝子居,延燒煨燼,獨節坊表巍然烈焰中,不拔也。至孝感神,矧兹人心論定亦已久矣。節三十七載而後旌,此其往券也,謂非後死者之責乎?其在今日也夫!其在今日也夫!

詹季公傳

人謂季公佳公子,季公非但佳公子也。言義者稱季公,知不知附季公以爲名。夫亦有所難,非苟也。緩急,人所時有,急人斯已難矣,矧佐縣官之急哉!作《季公傳》。

詹守齋季公者,侍御企齋先生之子也。名仰成,字爾憲,補邑弟子,以字行,亦曰仰憲。上世清溪佛耳山人,後徙之郡城,爲晉人。侍御生三子,仲司寇愳亭先生,季公少先生六歲。侍御歿,季公甫沖齡,先生弟鞠之。

季公少倜儻,與先生並孤,長事先生若嚴父。先生以世廟季進士,起家南海令。穆廟初，召入爲御史。先生上封事極諫，被杖賜歸，直聲震天下。出郭築雙虹榭，養高其中。季公作大觀樓傍之，不欲離先生左右也。先生客至，玄談竟日，季公侍酒亦竟日，間代饌以供客帳，人以是知季公之雅。季公父侍御、兄司寇，人焰季公，季公若不知者。有欲倚作姦利，季公謝絶之，不屑以父兄勢加人。

季公蚤歲治博士家言，文士多來往，後脱躧弟子員，捐詩書不事。而先生之門多貴客，延接益衆，季公于是游于薦紳公卿間，相過從飲酒爲驩，多重之者。先生再出東山。及予告，官階日崇，振飭家人子弟，勿犯有司清議。季公廼深自毖，不輕入郡國縣庭，于干謁無所請，謙恭于下士，與人益和，先生喜之。

季公闊達多智，臨事善擘畫，輕財喜費，耻務封殖，語人曰："吾先大夫與兄仲致位通顯，能有所發舒于朝廷國家，以詒不朽，故退而闔户就閒，不預鄉曲人事。匹夫慕義，何處不勉，吾終不能以經生布衣故，但規局自封，令身與名俱泯也。"是以季公行事，多越絶有聲。郡薦紳冠蓋相望，富室素封，里不乏人。然至某處有壞當修，問誰修者，人必曰季公。某所有新當搆，問誰搆者，人必曰季公。某賢吏擢當祠，問誰祠者，人必曰季公。季公不獨善慕義，亦材諝足述也。人以是仗季公，季公亦鋭身應之。郡清源山洞宇壞，修洞宇；浯渡橋石欄坂道壞，修石欄坂道；清溪邑城隍廟壞，修城隍；浮梁壞，修浮梁。造下沿橋，拓分司署，改城南月門。建二汪先生講院于郡縣治之南，地不足，捐己貲拓之，額曰"正學"。他賢守令有去後思，首義祠之。歲丁未，地震，城堞盡圮，洛陽橋傾，第一山宫頽，當事議修，推季公。或以難沮，季公曰："此非吾任，誰任者?"遂奔走于大風烈日中，三役並興，朝城市，暮山海，課督不休。城給諸公帑，橋與宫給諸私緣，隨給隨散，無留滯，無乾没。或公私之給未至，剖己橐先之，不則傾橐佐之，工是以樂趨事。先是，城作官估直千七百有奇，季公董之，省費之半，纍砌之固，前此未有也。

李文節先生爲相，聞季公名，每對人言稱其能。先是，開元寺東塔簷級壞，司寇先生修之，命季公佐其役。至是，西塔頂峰復壞，文節自京師捐金，以書屬季公修。季公架木鑄鐵成之，已報命，文節貽之書曰："人傑天才，郡中義事，咸藉修舉。浮屠今又告成,爲一郡壯觀,守齋芳名與俱不朽矣!"諸公聞者,愈益重季公義。文節里歸,謁宣聖廟,見其榱楹蠹朽,日就傾圮,議欲修之,以詢季公。季公度營幾何,文節深以爲然,廼以畀季公,殿廨舍自是焕然。其後,如修山川壇,修笱江橋梁,修朱晦翁、王梅溪、真西山三賢祠事,不屬季公,必諮季公籌畫,然後行之。季公感憤,瘁公事不肯休。兵使者韓公,議建石塔于溜石灣溪海滙流之處,亦屬季公。

歲大水,漂流民舍,郭外柩若骸無慮澤量,季公鳩倡義者,鬻地爲塚園若干畝,纍纍埋之。饑民流離,殍死相望,官開倉發帑以賑,必請季公問救荒策。季公具道所以,身自往城市村落間,隨處散給,益以己貲,煑粥與饑者食,或分以錢,人賴全活。季公任事,無首鼠,無避勞辭怨,衆危之不爲動,人誹之不爲沮,呴呴之口,初或不免,持之益力,敝敝頂踵竭矣。語人曰:"吾何知卷婁,但無所染指其間,奚用裸身示無有也? 事成後,譁者且信我矣。"其卒能擔當大役以此。

季公居自悼不及事侍御,上世祠宇,兄司寇締造之,已有酬罔極報。乃于清溪邑捐貲搆名宦鄉賢祠,祠侍御。歲春秋,身自至俎豆之事。生母朝夕子舍,問視惟謹。母病眼,走千里迎醫,睫不交者年餘。歿,殯葬如禮,人稱其孝。宗人請給,給之。不請給者,自知賙之。夜半有求,不以亡爲解。外家先炎後凉,處之若一,歲時代豐祀不絕。游閭里間,與人有所掖護,歸自喜曰:"今日幸行一善事矣。"家人覘其夜,公立庭中仰視,私語曰:"何可令此心不受帝鑒也者。"以爲常。門外多干旄至,亦時時存謝諸薦紳,雖煩費多,日苦不給,問遺未嘗廢絕。爲鄉約正,朔望集父老子弟,與講六諭,勸其善者,或簿譙其不善,俾之改,其人悛廼止。郡邑大夫益重季公,建白無不從者。

季公生二子,長上舍君洪晉,輓年舉次子洪有,人謂季公陰隲之報。季公與余言:"洛陽有鬻蠣者南來,道逢一老人,問何去,鬻蠣者曰:'之城市耳。'老人曰:'城中詹季公,曾識之否?'鬻蠣者曰:'某嘗持蠣至其家。'老人曰:'吾有書欲與之。'其人受書,忽不見。鬻蠣者持書至,余啓視之,云'子保養成人,大有心'。敢問何言?"余曰:"是殆非人者與? 大有心者,天心也。公幼子名洪有,

《易》不云乎，大有上九，自天祐也。”季公曰：“不然。父在則不必言子，養彼爲念，身後言也。余殆將死矣。”余聞，爲凄然。亡何，季公寢疾，數日卒。公疾篤時，忽冥目見有衣冠官人盛美晳少年，携一童子持牒，曰：“徵書已到，盍行乎？闍浮、兜率，幽明均樂也。”俄季公起坐，握麈尾自拂，召長君晉，與語曰：“吾行矣。”遂瞑。

訃聞里中，無貴賤老少，莫不流涕。先是，郡邑守令上季公伐于兩臺，請旌、請爵，議未及行，季公輒辭止之。至是，邑士民相率造大府，立祠祠季公。季公卒年七十三。

李光縉曰：季公歿，世仗義者無人矣。其初疑公、謗公，今轉而思公。李文節之亟稱公，有以也。文節爲相，事多獨任，罕所推擇于人，不輕許可，而以“天才人傑”歸季公，豈虚哉？太史公無取以術取宰相卿大夫位，鼢岩穴處士咫尺之抱，而以宕窮可委命者厠賢豪間，布衣榮名，是謂難耳。學者多言無鬼神，今按季公所自言，貤書于老父，持牒于美晳少年，冥漠之報，豈其無之？以季公行，余參之天人之間，當其食報也遠矣，何但貌榮名哉！

兩翁世德傳

潘真叟翁，諱泗，字德政，封侍御南圃翁之父也。真叟有隱德，好行其義。生二子，長笋峰公，諱實；次南圃翁，諱寛。

真叟年甫三十，賈三山、南臺間，主于鄭家，與徽賈客爲同舍郎。徽客誤遺槖金以去。時真叟已去鄭，之他舍矣。將促裝歸，過别于鄭，見架有槖帶懸者，偵之，知爲客所遺金，携之去，而時時之鄭家，徘徊久之，主人問曰：“客俱已去，今獨留，何也？”真叟愀然曰：“吾故有所待耳。”又一日，之鄭，聞户内有勃谿聲，疑問其故。主人具言，客置金篋中，遺而去，今來搜，不見，吾疑吾妻利以嫁吾女，客索急，女無以自白，趣歸欲就死耳。真叟大驚，曰：“誤矣。吾忍濡四十日而不去者，殆爲此也。”立之他舍，持原金以還。客跪泣曰：“吾生平拮据，盡此二百餘金。金去，吾命隨之矣。非君活我，幾索我于南臺江之滸，願割半以謝。”真叟誓不受。賈人義之，稱翁爲真叟。真叟一還金，而活主家之子與客之亡金者，諸公聞之，愈益重真叟之行。

真叟殁，南圃翁世之，亦以義聞。伯氏笋峰公病殁，舉家俱病，無與效湯藥，南圃朝夕左右，奉之如父，甚至滌溲溺器，衣不解帶，凡五六月餘。已，笋峰公病劇，乃陰自焚香叩天，謂伯氏才，願以身代。夜半割股于中庭，和藥以進。笋峰聞空中有人言：“汝病不起，而弟刲股和藥嘗汝，帝命錫之扁矣。”及藥入，笋峰泣語曰：“此非藥也，汝股也。人子以此愈父母疾，而以事而兄乎？汝兄不可愈矣。”因以其夢語語之，兩人相泣下。笋峰囑之曰：“汝嫂無子，吾有妾，子方在抱，不以子也。願得弟之仲子岳爲嗣，吾瞑矣。”南圃跪而泣：“兄病甚也，兄有子在，某之子所不子藐諸以長者，不見兄于地下。”笋峰力疾起，急欲取子擲之地而死之。南圃擁而匿之懷中，子是以得無死。自是，鞠之不啻若己子。既長，爲之娶，分貲多予之。笋峰之有後，仍率其力也。人謂翁愛兄而活其姪，有其父真叟之風。

真叟之後有封侍御翁，侍御之後有子封户部公、太守公。封吏部公又有孫參知公、主政公。他昌熾俱未艾，蓋其報云。

李光縉曰：還金與刲股，孰難？或曰還金難。彼所篤者胞乳之兄，而此所篤者掉臂之人也。親與疎之别，親易而疎難。或曰刲股難。彼所割者身外之貲，而此所割者肌上之膚也。身與財之别，財易而身難也。吾以爲此二議者，均未足以盡兩翁之難。真叟翁之難，不在于還金，而在于堅決四十餘日之俟。南圃翁之難，不在于刲股，而在于終善撫其兄所欲棄之孤。人故有慨而捐利者，或其臨財感激之時爲之，旋悔而繫戀生，初之揮鋤，卒之攫金矣。人亦有愛而分痛者，或其臨疾感泣之時爲之，旋隔而形骸起，始之取艾，後之喋血矣。此無他，矯僞不終，而好名使然耳。吾故曰：“兩翁之難，在此不在彼也。”青青于藍，冰寒于水，有父而後有子。刲股之繇還金生，前矛後勁，古嘆之矣。世德之報，所從來哉！宜潘氏子孫之多賢也。

張磐溪先生傳

先生没，子仲君孝廉作《家語》以存先生。《家語》，孔氏之别書也。説者謂,門人弟子所以述吾夫子之遺言軼行,《論語》所不載,《家語》載之。然亦不無一二滋惑,如"識童謡"、"辨專車"之類,反開後世之奇矣,故學者但通《論語》。孔子没後,惟揚子雲作《法言》儗《論語》。他賢人君子不茀廢于世,或以傳,或以誌,或以年譜,無聞有儗《家語》者,亦疑聖之嫌云耳。仲君既作是語,猶咨嗟扼腕于"至德之難傳"。古今稱至德者幾人,無亦謂先生有至德,而傳先生者之難爲名也。余何人斯,其有以傳先生哉?其無有以傳先生哉?至德吾不敢知,按仲君語而傳之,作《張先生傳》。

先生諱某,字廷琴,世居筍江之和光里石塔山下。有磐石抵溪,莫可深淺,因自號曰"磐溪"。與贈通議浴江公爲從兄弟,兩人並以堪輿之學聞。贈公没,通議洞齋公信先生學益篤,嘗語人曰:"吾家有仙人,仲父之謂也。"呼之爲"仙叔",時時對人言,稱"吾磐溪先生"。余與通議公之子乾伯友,而善仲君,是以亦稱先生云。

按《家語》:先生未誕時,尊人年三十,未索震。忽一夕,母孺人方就寢,睹祥光滿室,若有大人面壓體者,驚怖甚急,以被掩面,是月遂有身而娠先生。先生員頂豐額,長耳美鬚,目如電光,獨立空中,目不轉睛,視徹半空,識者議之。少小即寡言笑,絶嬉戲,與里兒同塾學,每遇暑夜,人多休歇,先生獨燈窗自若。諸同學忌之,托以鬼物,驚恐多方,不能得先生輟。

稍長,攻舉子文,蒐獵始富,六經、子史,靡不窺探。性復沉静,當衆人繽紛之場,面壁不亂。嘗觀書樓上,其下有姝日來井汲,同儕往往從樓間闚,先生正色拒之。恚者曰:"而欲專其美邪?"偵姝至,密伺先生,見先生危坐理書,各愧悔謝不及,其嗜學如此。後因二尊人喪,不能守博士家言,乃遂爲古人學。究極于天文、地理之辨,博而愈精,高出蒼天,深入黄泉,人不能儌之以其所不知,而困之以其所難測,隨叩隨應,援古証今,亹亹忘倦,雖當世宿學淹通之儒,不能及也。

領略解悟,不拘誦習,充然自信于語言文字之外,亦多有所標剥,以破俗學支離之失。謂儒者之所是而先生非之,或千百世之所信而先生疑之。論經傳,曰:“經言可信,子史傳註不可盡信也。”論《周易》,曰:“朱子成《本義》,晚年不自滿足,要重整頓過。”六經出孔子删述,誰疑其非是者,先生獨以爲不然。謂《十翼》非孔子所贊,《三百篇》非孔子所删,《春秋》十二公非孔子所筆削。序《詩》、傳《易》、修《春秋》,出子夏,删《詩》或出于子游。則雖吾夫子千億載所推尊之功,可賢于堯、舜,可高于百王,先生且不能盡信矣,何必他書,其時見牴牾無惑也。大抵先生之學,始于獨任,成于獨悟,本之以厭訓詁之心,而出之以師心自負之見。其言愚人之所驚,下士之所笑,上中之士有深信者,抑或疑參其半。然亦足以見先生之譔述論著剖破千古矣,未易與世儒拘常者道也。

先生性孝友,動法古人。燕居毋怍,視毋跛踦。執親之喪,饘粥粗蔬,跬步不入私室。有弟,畜之如父。弟死,拊其遺孤,割己田分畀之。中年病肺,夜不帖席以爲常,起坐未嘗不端容也。輓始舉仲君兄弟三人,弗爲姑息,亦弗事譙訶。三子終身所就,料之如神。已往不易其言,仲君竟能遵先生教,以文名于世。

先生多智有材,能精思巧畫,時出于技藝造作間,意想所到,制不必古人,有暗與古合,或高出古人上,種種奇絶,不可枚舉也。蚤歲從尊人徙家金田。金田賊發,劫先生爲盟主,先生計解之。賊莫能劫,人莫知先生所繇。其後賊猖獗甚,先生道遇賊,得脱去。又能脱二尊人柩于賊中,賊無敢犯者。先生獲有智,多此類。

先生俯察甚精,以《金剛》四字爲祖,郭、楊二書爲宗,其他地理書,如韓非入《老子傳》,非其類矣,悉屏棄去。謂人不精于《易》畫,于地道未有聞也。乃按包羲所畫六十四卦,去其乾坤否泰,以六十卦分爻設象,明地形之所以然,爲《地圖經傳》。人莫解其義,先生亦不以告人。先生不喜爲人扦壙,有請者,度其人可予,然後予之,必要重幣然後可。先生曰:“吾非爲利也。地脉有限,天機詎洩,不如是,示人輕矣,吾故重幣以難之。”故終先生身,所扦穴獨少。先生論地先穴法,尤重葬法。曰:“龍穴砂水,只在穴下。俗師求遠山外地,非也。”又曰:“吾葬法之精,可奪天工。直能使君子之生,皆爲臯、夔、稷、契,不爲龍逢、比干。古來地仙，惟楊公晚年差悟此法。”人多未之信，獨通議公父子深然之。先生善觀人，一見，便了其生平制行何若，人無逃先生之鑑者。口不道人家是非得失，但一登人壠，預策其吉凶、禍福、成敗、興衰之原，或某家當得貴，或某家當得大貴，或某家貴而未貴，或某家終當賤，以山運配歲運，纚纚言之，事後不爽。通議公益以此信先生。通議公與余言曰：“天不欲使吾仲父仕也，將假以極研地理也。吾仲父不以他技易地理也，則將爲天生賢才也。”此指天爲言也。

西州守乾伯君亦言曰：“張博望必使絶域乘仙槎，然後窮河源歸。吾仙叔尸居環堵，囊括乾坤，能以意言天地四方中華外夷地，山水脈絡，昭如指掌。”此指仙爲言也。先生之仲子亦曰：“子温而厲，威而不猛，恭而安，先君有焉。”又曰：“出辭氣，斯遠鄙倍矣。終先君身，無一言不雅。”又曰：“先君射覆，言多奇中。每一事驗，通議公輒聞而歎曰：‘吾仲父之聖至此。’”又曰：“吾在臨安，夢先君登大高山，巨石巉峭，上有金闕真尊，即是玄武。有人掖先君上，身觸玄武，色相頓裂，環包先君。先君遂即玄武爲。”此指聖與神爲言也。天乎？仙乎？聖乎？神乎？倘所云至德，不能加矣。其見于子侄之自推尊如此。

著有《易註》、《易釋》、《疑信經綸》、《地圖經傳》諸書，藏于家。

李光縉曰：《家語》稱先生德莫能名，學莫能究，才術莫能悉，乃其悉先生也，獨言决人家墳機應之事爲詳。儒者言義理，不言禍福。億中，非聖門所貴也。余是以傳先生，不復具道之矣。庖羲氏察地理而始畫卦，先生按畫卦以察地理。先生儗《易》，仲君儗《家語》而述先生。夫有所儗之也，余何以傳先生哉？桓譚稱揚子雲之書爲絶倫，問者曰：“豈能傳于後世乎？”譚曰：“必傳。”余于先生書亦云。

許長君傳

許長君者，觀察大夫賜山先生之子也。母陳恭人，同母弟三，長君居伯。恭人娠長君，及朞年始免身，時嘉靖之丙午歲。王父曰贈行人公，高王父曰榮壽公，並生于丙午。長公不生乙巳之臘，而生是年之仲春，噫！亦異矣。丙者，陽道之著也。午者,陰陽交也。于日屬中,于歲屬夏,于五行屬火。《養生主》云:“指窮于爲薪,火傳也,不知其盡也。”天地間相傳相續,綿延不絶,莫若火。周王火德,數過其曆。得是道者,可以養親,可以盡年。長君腹居十二月,祖孫應午,間世同庚,倘亦火傳之符與?長君生有奇徵,胎于是矣。

體若植木,骨瘦神清,耳上于睫,準高眼藏,廣額長腮,朗鬚束頦,臍下有骨,隱隱胄前,夜清偃睡,指按之則著。步止便翔,無廟廊之觀,而有吸風飲露之態。其柔若綽,其堅若竪。性坦而夷,直似拙,愿似侗,不華似樸,喜用似奢,然諾不侵,擇地後蹈。喜道人善,不阿人過,亦易發怒,而亡他腸,畦町間有之,而未嘗一設城府,臨事可以情告。此其生平大較也。

七歲就塾,十歲操觚,十六歲出試,十九歲補學宫弟子,遂有文聲。舞勺勝衣,贈行人公鍾愛之,日置膝上,夜携寢間,教以對句,應答如響。觀察公登鄉書,尠小見客,拜揖如禮,客多奇者。户部郎詹約軒公顧而壻之。

初學爲文,即抒胸臆,不勦人語。諸子百家不多蒐獵,但善彊記,晝夜洛誦,如羲皇周孔之書,本義註箋,背無一爽。故其博物洽聞,讃述著作,不能逮觀察公,而亦無失箕裘。觀察公横縱今古,咳唾皆文,坐臯之談,著爲成書。其後成進士,讀《禮》家居,生徒益衆,議論滋多。長君一一領略,發之文章,據理敷辭,雁行諸名士,足當一敵國。觀察公是以喜之。試輒高等,如督學王白岳、王麟洲、耿叔臺,郡公朱白野、丁少鶴、曹豫南數先生,多所奬借。乃數奇屢蹶,竟阨于青衿云。大夫繇皇華而給諫,繇給諫而藩臬,諸仲皆從,獨長君家督守里舍中。

是時父勢烜赫,公子翩翩,人争倚就。長君芸窗一燈,攻苦自如,若不知爲貴家子者,户外至可張羅。有兩仇家,陰相圖擠,挽長君爲援,長君赤發于面,正色絶之。其人卒他假當道,陰質長君,長君爲兩白而絶其釁,竟不自鳴。畏事若浼,類如此。

觀察公家世故貧,不橐于官,掾入亦微,歷宦中外十數年,無能廣陌治第,一畦一椽,稍有充拓,盡屬之長君。長君非得觀察公之命不行,或便宜舉事,事已,必以關白。終觀察公在時,未嘗擅一鏹一縷也。與人券,必以義,不受人投遺、滋取膏潤。人有鬻于長君者,各滿直而去。稟家政日久,與細君拮据,而但自殫精于楮研觚翰之間,外不預關説,内不問産事,故雖觀察公有可憑之籍,竟不能少有贏溢,但節嗇無私蓄而已。

觀察公訃于滇,間關奔扶襯(櫬)歸。事恭人益謹,恭人與長君同舍,已從仲居,長君必時時入于舍中問安否。貲故薄,共諸弟公析箸。初有疑長君私者,後見其假屋以居,歲無贈入,始無不人人諒長君貧。大都長君行先本根,性復恬淡,豐于祀先,重乎宗盟,内外貴賤之交,接之以禮,時緩急以情。當其勢在,于冠劍無所飾,于財帛無所嗜,冲然泊然,不以聲色意氣加人。故一旦勢去,人無羶附,亦無掉臂,卒未始不泰然也。

逮輓年,高閣夙業,授子一經。每自念丈夫子桑弧,即裹足贏粮,亦足歷聘,何必安車駟馬而後出乎?乃去閩適越,過吴入燕,縱觀天子之都,按故道歸,猶以爲未足,上匡廬,游洞庭,訪彭澤令故處。風雲之志既灰,烟霞之客入夢,冥思默想,意接神交,輒自得于微言玄語之外。其彼服食飲與人同,乃其省寸心、修隲行、寄侶于空中,而托真于物表,有人不及知而欣然庶幾遇者。既已畢觀察公菟裘,因自營玄丘以宅細君,而自留左,且尋來歸之路。或曰"長君達",或曰"太蚤計",自今以往,吾不知其所竟。

長君名于國,字世臣,號奕賜。近搆小軒,昭省其中,名曰"獨照",因自呼爲"獨照子"。

李光縉曰:予之傳長君也,亦以丙午歲云。火傳之符,又其一徵矣。余何以貌長君哉?貌以文人,無文用;貌以富人,無富用;貌以貴人,無貴用。《離騷》文而放,《新書》文而逐。金谷富而生悲,相印貴而車裂。長君故無之,即有,安用此哉?長君少文近于真,不富近于淡,不貴近于佚。近真故不械,近淡故不忮,近佚故不殆。其質行之儒乎?雖然,上與造物者游,下與外死生者友,爲芒乎、昧乎,未之盡矣。

余深知長君,相與廓域外之昭,間有聞于夢覺之理,故詳著其行于篇,庶幾後之人聞其風而慕之,得以擥鏡焉。余鄉耆壽長君,今復次其行事,爲之傳。譔既成,合而讀之,不覺有形神之别。倘亦濠上生名篇《養生主》、《人間世》之意邪? 長君命余使書,因筆之。

錢峰洪公傳

聞之里長老言,嘉、隆之間,有錢峰洪公者,畸人也。或曰:"洪公貧而能起富。"或曰:"洪公多長者行,落魄所至,人争歸之。"或曰:"辱人賤行,洪公不免焉。卒以貲名,不辱其身。"噫嘻! 自古賢人所以富者,如博戲、販脂、洒削、賣漿之徒,初何嘗不困厄,而後乃益饒也,比于一都之君巨萬者,與王者同樂。何但洪公哉!

洪公諱松,字國明,别號錢峰,邑之錢嶼人。錢嶼惟洪爲著姓。公生長其村,後徙之安溪湖頭市,爲湖頭人。最後居郡城,爲郡城人。父悠吾公,母林氏,生公兄弟三人,公居仲。先是,悠吾公家故非貲,然亦有屋可居,田可種。後與里中人争水利,其人病亡,以人命訟。時參知新齋公,以轉運使抵家,悠吾公爲其從父,入言寃狀,請鋭身白之官。參知公曰:"寃可白也,家立傾矣。與其傾于官,而無益于死者,不如償之。"如參知言,裸體而出,遂成貧人。

悠吾公歿,母林繼之。公貧無立錐之處,寄食于兄,從新軒公家居。無何,倭發難,野無青草,新軒公亦苦不給矣。公拂袖去,曰:"大丈夫不能自食,而奪人口餘爲耶?"去而之湖頭市。

公初至時,風餐露處,袖無半銅,市人無識公者。乃狀貌恢梧,不類窶人子,且擘畫有心計,與人言,人始奇之也。初,市中之貧人歸之,争取糈以餉公,公始得不死。再則,客于市之賈人皆歸之,與公逐什一,而公之忠誠心有以信服人,人倚公爲計。然後,環市之富族巨姓,無不人人賓禮公,延爲上座矣。市有道人,相公貌當不貧,輒周旋公。又有藍媪者,其人無嗣,入湖市木之客多駔驓其家。媪見公至,哀而給食之,遂留與居,視若己子。公是以得藉資于客中之殷者,持籌握算,反爲諸客先。公起貲從此始。

公治賈有三策，無財時作力，少有財時鬬智，既饒則争時。此其大都也。數年之間，立致千金。愈益居積，種樹牧畜，出貸子錢，收而息之，以貲雄湖市中，人往往委命公矣。

公豪俠有大志，輕財喜施，從貧已然。及富，好行其德，振人急益甚。于是歸錢嶼，禮葬其二親，卹宗人之貧者，召嚮取糈飼已者，人酬以數十金。道人殁，經紀其喪，追薦之，戒其黨勿受謝。厚報藍氏媪，存問者終其身。發金錢數千緡，修牛獅嶺，治湯頭橋，行人便之。歲疫，施棺木百餘，出粟賑饑，呈包糴于官，請禁之，氓賴以全活。公之施德多此類。郡諸公聞者，愈益重公之義。

公没，湖之人德公，父老童稚踵至，問公病、喪、葬者，數百餘家。子二，任樑蚤卒，任棟四歲孤，今能世公矣。

李光縉曰：人言空拳致富，非然也。悠吾公之出貸子錢也，多矣，公第執左券受後償耳。夫傾貲豈易哉？勸人以無故而輕貲，亦豈易哉？參知公力能脱悠吾公于阨，而教以傾貲與人媾；悠吾公亦不恃參知公力可藉，而遂棄家貲與之媾。此其事今皆無矣。力大者雄，角距者鬬，以大字小，是爲難耳。錢峰公雖貧乎，報于其父，及其身，蓋亦天所助焉。先貧後富，固其宜也。余故曰："公第執左券受後賞也，非倖也。"

黄季公凌峰先生暨配張孺人傳

不佞縉，嘗出郭登法石宫之臺，南望大海，見有塑像于臺之左，問之里人："此何像也？"里人争前言曰："黄季公凌峰道人像也。宰吾里社，有功德于人，故殁而鄉人尸祝之，去今五十餘年矣。春秋伏臘，猶走村翁，歲歲祀之勿絶也。"不佞因爲黯然長思，庚桑子北居畏壘山，畏壘之人欲相與社稷之，庚桑子南面不釋。然吾直以莊生欲以自信老聃之道，于堯舜之上，故爲是寓言耳，而未必真有俎豆賢人之事，特加于布衣無位之人。今觀之黄季公，日計、歲計之説，殆非杓言也。季公之爲人，可知已。

季公諱思遠，字子敏，别號凌峰。先世邑盧溪人，自晉卿公徙筍江，所居宅望凌霄之塔，因自號曰“凌峰”云。晉卿公四傳至贈計部儼齋公，生瓊州守後溪公，是爲季公父。瓊州守公娶丘恭人、如恭人二，生季公兄弟五人。伯仲蚤卒，叔參知似山公，公居季，最後則州守衷溪公。如恭人二者，季公所自出也。參知公少受《尚書》于大司寇陳公，季公亦從司寇受《尚書》，兩人自少相友善，忘其異産，故丘恭人愛憐之。

季公年少長，瓊州公爲委禽于龍潯張某，世以明經起家，孺人即文學養素公女。既娶，能佐季公讀，季公與參知公並有文聲。嘉靖辛亥，萬安朱大司空鎮山公來視閩學，拔參知公補博士弟子，季公亦同時補博士弟子。參知公壬子舉于鄉，戊午再上公車。季公乃與偕去，游國子上舍。辛酉，應順天試，濡滯長安中，友四方賢士。壬戌，參知公成進士。季公始歸，而待瓊州公與丘恭人及所生如恭人者。參知公初試宜春令，季公復奉丘恭人之宜春，就參知公養，而以是年甲子復就應天試，弗利歸。蓋自是，季公不復應制舉矣。間語人曰：“禄養善養，有吾伯氏在，我則安能？吾第朝夕問寢視膳，爲其易者耳。”

瓊州公善詞賦，飲酒浩歌，座客常滿。又是時，參知公新宦，丘恭人隨之邸。州守公方有聲諸生間，親則有人。惟是季公長守子舍，干旄客至，咄嗟取辦，第以問季公。季與室張孺人夜洒掃達旦，帳具不休，往往立應，輒能當瓊州公驩。參知公歘歷中外，位寖貴倨，州守公登庚午賢書，一時父子兄弟顯融奕赫，勢易跨耀，而季公居其間，處之淡如也。故終其身，亦不復入選人之格，棄貲郎而不屑爲，但自營别野于石崎之郙，時處其中，間奉瓊州公與二三墨客騷人，眺遨嘯詠爲適而已。瓊州公懸車之日久，而處于人間世之日長，以衛武公九十猶康之年，享萬石君家世德之慶，逸樂不絶，無一可憂事少芥于懷。間有西河喪仲之戚，而多福昌熾，季公善爲子，多方將順，竟消奪之，上可寬瓊州公之爲父，下能使忘鷗洲仲之弗子，諸公聞者，愈益重季公孝。

季公先瓊州公卒，是時年四十六耳，非壽也。張孺人故宜子，舉子多殤，年三十六始舉今孝廉君垣。季公歿，孝廉甫十一歲。瓊州公哭之慟，視鷗洲公歿時痛，不啻倍之。未三年，瓊州公亦歿。孺人與孝廉君母子相依，煢煢至戚也。

孝廉君自季公在時，稟季公學，已操觚能文。孺人于其父殁，課之益嚴，慈不弛訶，時時詔以“克紹乃父，無忝爾祖”之事，晝使就傅，夜課之讀，必得其熟誦乃已。居恒念孝廉身單影隻，祖父又喪，惟伯氏參知可依，亦時時稟學。參知公念季公甚，日呼而卵翼之，訓誨之，授經課文，不殊己子。孺人見從伯氏來，必大喜，問伯氏所課何以，兒何以應。能得其解則大喜過望，以爲可使知學，而亦使事伯如事父，習聞吾上世友恭之道也。

孺人佐季公事瓊州公、丘恭人及所生姑如恭人，曲盡婦道。諸凡季公所盡志盡物于瓊州公，半于孺人手治。甚則脱簪珥、傾篋應之，不使季公知。季公事參知恭，友州守公、瓊州公，析箸從其意屬，未嘗計較纖毫見色。有推讓山庄，甘自受觕者，率孺人慫恿之。孺人撫一子二女，拮据多年，鞅掌家務，支吾外侮，守上世田宅刀布之遺，無隤閥閱之風，以受孝廉。孝廉君已舉應天辟，今將成進士矣。大抵季公在時，參知公有不遑將父之思，班斕膝下之驩，參知公所不得行者，季公能身代之。季公殁後，孝廉君有藐諸弗利之慮，詩禮趨庭之訓，季公所未竟行者，孺人能身代之。季公猶處其易，而孺人之所值尤難也。孝廉君岵屺兩慟，蓼莪幾廢，每與不佞言，輒潸潸思父不置，而尤哀反覆于母孺人，有以哉！孝廉君積學能文，有聲都下，不佞輓識之並公車時，今與不佞善。

李光縉曰：吾鄉先生没，獲畏壘于里中民者三。張惺吾、陳志齋兩先生，彼有位臬大夫也。樹德累行，易遂所志，故多及人，殁而人思之。季公，一翩翩佳公子耳。而能使人不諼，遺像至今存，豈凉德而能致是？今薦紳家子弟，席父兄之勢，凌轢于鄉人，僎奪武斷，莫之敢抗，但快其速死而釋憾焉，此于尸祝何如？爲老氏言者，至以俎豆爲竊竊，目之爲杓人，指之爲鑿垣壁，植蓬蒿之妄。噫嘻！亦已甚矣。吾是于季公有遐思也。

莊主政君傳

友人莊主政君殁，余與張乾伯君造其喪，而哭之哀。越年且葬，其兄仲文學君著狀，屬余傳之。余涉筆方泚，投地者三，不覺涕泗之横集也。嗟乎！余何以傳莊君哉？非不能傳，無可傳，且不得傳也。君成進士甫三年，爲户曹主政僅一年，其有弘施之志而未逮者，無可傳。居官初發軔，行事不多概見，無大勛猷，但爲兆耳，不得傳也。余傷于傳之無從，姑述其略，以志吾悲。

君諱毓傑，字贊甫，别號立寰，惠安之霞曾里人。祖典膳公，與方伯石坡公並贈尚寶丞公子父華、東太公，用文學稱，兄弟四人，君居三。君丰神秀爽，面晳修幹，美髯長垂至臍，人以爲偉丈夫。少警敏絶倫，方伯公器之。初藝《毛詩》，後徙業戴氏經。習禮之家，苦浩瀚，窮年矻矻不能治。君熟誦强識，遂臻其妙，老于經者不如也。

年十八，補弟子員。時蘇紫溪先生督學兩浙，家方擇倩。孝廉君時欽，見君所爲文，心異之，檄以上蘇先生，先生亦稱善，君用是遂叨東坦。先生擢參關西，入里門。余謁蘇先生，始識君于先生之甥舘。一見其少年雅志，余心折君，君亦罄折余，兩人急相就也。余問蘇先生："婿君何若？"先生手其文授余讀，余卒業，曰："秀美有章，真逸少也。"先生笑曰："是子之材，當掇一第，但慮薄于福耳。"余默然無以應。然自是君有撰著，澤于藻亦稍稍王于神矣。蘇先生薄嗜欲，富于積書，君以先生爲步趨，且資其藏酉，以廣蒐獵，耳目益宏，性靈遂拓，議論本先生咳唾，發以己意，往往高流俗之上，以故君之文日進。就督學與有司試，所掇多前矛。

丁酉，舉于鄉。上春官，余與張乾伯會之于京師，君及時欽君同旅舍，乾伯得之邂逅，遂驩若平生，約爲婚姻。四人各落第歸，並舟南下，舟中對壘，不覺敵國。余縱而乾伯横，君亦負有喙三尺也。蘇先生上疏請疾告歸，余入謁，見君與時欽不在側，余問曰："贊甫何去？"先生笑曰："贊甫亦欲如足下，動師古人耳。但有父兄在，不免低頭就也。"然嘖嘖稱君，遠過其子矣。

君于是不復就甥舘，賃居于邑治之左門外，車馬華囂，且湫隘甚。君鍵户静棲，視若四虚之地，一編伊吾，無異諸生。素病嘔，嘔罷復讀，不則淫思竟日，無他亂也。家去郡邑庭不數武，非公事不入。四壁瀟然，迎母孺人侍養其中，太公時來往，曲盡菽水之驩。上世遺貲不與兄弟均，析箸盡以畀之，割自己膏田爲太公贍，蘇先生以是喜其篤行。初，君徙居時，蘇先生造廬，笑曰："廳事比旋馬廣矣。昔人爲相，不嫌居隘，從此而横金結綬可居也。"君然之。自君登第，及奉使歸，竟不易居，其砥行如此。

蘇先生殁，又明年庚子，時欽亦殁，君如悼喪其父兄，不勝哀楚矣。郡人特祠蘇先生，君有功于俎豆爲多。修其遺書，築其堂斧，賉其藐孤，藉以無替。三年癸卯，太公殁，君擗踊益甚，凡百喪費與窀穸，皆剖橐中藏，不以煩兄弟，人稱其孝。

丁未，成進士，觀政虞部。期滿，請給依親。李相國諷之曰："國家方選士鑾坡金馬，君無意乎？"君曰："主臣。傑忝先生兒女姻，欲引去遠嫌耳。"相國高其識，乃給假歸。

明年冬，謁銓，選户部主事。故事，初至曹，夜當巡警。法久玩，鮮入直者。君直夜必入宿，警柝人役盡諸司吏，廉其曠怠朴責之。人語君如忌器何？君正色曰："官各有法，吾執吾法，何忌之有？"役始加儆。已，管南石渠草場，管四門倉、白粮倉。四門倉廼列衛軍士糧饟，白糧倉則大内庾廩在焉。中貴胥人蠹蠹其中，君禁革諸例，出納以時，無得乾没。有中貴蒼頭作奸，君抵之法，中貴惶急，排闥入至榻前求解，君屹不爲動。中貴出而大恚，曰："官家豈少一主政？奈何衆辱我。"竟不能有加于君。倉故有木版，以遠卑濕，年久散軼，米多紅腐。君按舊制，請之大司農。曹長以匱辭，檄屢上，幾與曹長忤，度不得請，捐俸市木藉之倉。君初仕，其小心畏慎，奉公守法，亢直多大節，遂如此。倉事竣，請轉餉密雲，爲歸計。大司農趙南渚公止之曰："君廉且才，方大用，此行非君宜也。"君曰："母七十餘矣，岵陟又在望，倘得便道依慈親，一登先君子丘壠，是所願也。"始得請歸。

歸之日，余以春官罷試行，乾伯以武義令竣計行，並時出都，車塵相溷，鷁首相錯，自江達河，朝夕與共。君與乾伯豪于飲，余不善于飲，間談古人事侑之。君大慊于志，因著有《舟中稿》十餘帙，大抵皆前史遺論云。

抵家數月，未竟而卒。無子，僅女三。長即與張乾伯約爲姻者，先君一月卒。次許李相國子啓同。次未字。宗人議以仲兄次子𦚧嗣。

李光縉曰：余傳君止此矣。其有以傳君乎？無以傳君乎？君志在策勛，其表著于户曹者，十未一二也。千秋之業，百世之伐，余無得而述焉。豈識不逮、才不足？而命不長耳。蘇先生薄福之言，于是驗矣。不幸蘇先生之言中也，最不幸蘇先生之言不盡中也。禍莫慘于無後，位與算無論矣。遘酷于斯烈也，獨薄乎云爾。君嘗語人曰："吾生平所事者三人，于蘇先生父事之，于李相國先生師事之，于李宗謙兄事之。"余謭謭不足道，如其言也，志不在富貴矣。此余所謂無可傳，不得傳也。余雖欲勿傳，惡得而勿傳？嗚呼，悲夫！

張從吾先生傳

語有之：華膴之士則愉朝廷，枯槁之士則恬山林。兩者各據，而提衡爲政云。世有埋公子之名，身國士之行，囂不涉俗，高不修伉，恬愉兩兼，是爲難耳。要以敦人倫，事詩書，爲正經焉。其張先生之謂乎？

先生諱憲，字師賢，别號從吾。張之先自光州入泉，屬宋季蒲氏逆命，公避地于晉江登瀛里，遂家之。隱軒伯玉公耻□□□□□□，乃遣子福入郡庠，辟黄巖縣尹。福生旺，舉省進士，以孝友載郡乘中。旺生子二，長奉議大夫公元璽，次贈奉政大夫元瑩。奉議公即先生父也。

先生偉姿觀，隆準美髯，武步雅都。少穎異，善誦，與太僕選山蔡先生同塾舍讀，里兒各咋舌伏，稱爲二妙。是時，奉議公以蔡文莊先生《易》學起家孝廉，與陳紫峰、黄潛虚、蔡勉菴數先生，稱文莊高弟子，雅相善，講德談藝，爲學士嚆矢。先生時渺少從旁耳，能與長者謦，唯阿若抵觸。數先生駭曰："黄口乃諳宿儒語邪？"大奇之。奉議公既就職，擢北國子學正，先生隨之邸，以少年公子文雄國子邸中。奉議公請王司成公試，亦奇之。于是國子中士雖公子父行乎，人人投刺交驩，弱冠傾南北之美矣。先生在邸中，伊吾不假輟，隆寒盛暑自如。

奉議公遷郡貳，歸卒于家。先生哀毁孺慕，讀《禮》三年。既免，剖故簏簡之，壹罄如洗也。先生出涕曰："令大人以餘訾饒我，而我裝五陵公子，行連劍餙奇，逐鬬鶏走狗，蹋蹴相戲也，何如貧?”乃下帷發憤，日益盛。嘉靖丁亥歲，余先大人主政一泉公，與臬使者小洛何先生、四會令石江莊先生、廣文韋亭徐先生，結社于東湖精舍，對壘治槊，馳驅上下，士罕當其鋒，得先生畏若敵國云。

先生讀書不喜括帖，倚馬走筆，千言立就。獨弗善俛仰于竽好，數試不利。諸與先生同湖中社，人人得意去，高者登甲乙第，次亦從明經辟，而先生至不名青衿也。先生喟然嘆曰:“吾之不遭時也，命。夫屠龍不就，雕蟲奚裨? 且吾尚能以父年稱邑中弟子乎?”又是時，贈公有悍乎先生掇進士通顯矣。先生遂决去。時時賈餘勇于山隈、水涯、枰奕、觴咏之間，擊木而歌，帶索而吟，不自知其林木振、行雲遏也。輓近年，郡薦紳長老有擬洛會，醉翁、道樓二詩社争致先生，先生亦與焉。

先生居家樸儉，不輕然喏，擇地而蹈，于人厚施而薄望。事楊宜人孝，柔毳甘脆，曲中驩心。拊弟侄，賈則資本，儒則給讀。季弟旅化，歸襯(櫬)葬之。客有遺三十金于道，先生拾而守諸塗中，果尋至，持還之。其人割數金謝，先生笑曰:“人遺之，人得之，又何謝焉?”卻不受去。先是，奉議公歿，先生貧弗克葬。時中丞戴公出奉議公門下士，與郡守李公捐俸百餘金資之。勢塋菑風隰，先生得堪輿言，啓宅兆，果然。乃傾橐改築，并襄奉議公窆，所予之金立盡，不以貧故潤生筴也。其質行篤孝如此。

先生居不羡公子豪名，喜詩書自娱，以儒者稱。間語悍吾先生曰:“吾世繫籍聖賢，至吾身而反之，謂箕裘何? 然組綬之事子爲政，煙霞之事我爲政。子以愉，遺我以恬，恬不亦愉哉?”以故先生老至死，卒無競于紛華。三致鄉賓不就，應令甲冠服受，未嘗一日再着也。

先生配郭孺人，端莊静一，與先生同苦甘。入門脱簪珥綺縞，着短布衣，椎髻操作。奉姑嫜孝，居妯娌睦。先生之户外屨滿矣，洒掃、市牛酒，治旦夜不休也。課子供傅，腆具如之，厥子孫斌彬多秀發者。倘所云有道之妻，非然與?

先生歿，臬使者何先生爲之銘。又三年甲午，先生之子公隆始克厝，而何先生已蜕矣，乃以傳屬光縉。光縉既得狀，何先生于先生均世父也，傳乎奚辭?

李光縉曰：光縉之傳先生也，有感焉。光縉生而無以貌主政公也，而及事先生與臬使者何先生。光縉貌兩先生，幾于貌主政公也。先生年九十，何先生八十又九，以吾主政公生之日、死之年，鳧短鶴長，越若再世矣。先生厝，而銘先生者與銘者，俱不可知也。曉露易晞，西曦易下，信然哉！光縉之狀何先生也，詳矣，而不能詳于先生之傳。先生所稱陸沉也，箕陽、潁陰行事不概見。先生隱矣，焉用詳之？此鄉所謂埋公子之名，身國士之行乎？縉以讀何先生銘，大略亦若斯矣。

處士柯治宇先生傳

柯公，安平人也。或曰，非安平人也。安平人好賈，坐者列市肆，行者浮湖海。柯公非爾也。柯公，今世讀書人也。或曰，非今世讀書人也。讀書人諱窮，高者羶榮名，卑者耽利禄。柯公非爾也。柯公讀書，抱處士之行，而無其聲，古之無懷人也。作《處士傳》。

公諱香，字浮蘭，别號治宇。鰲橋公之子，贈刑部郎西巖公之孫也。先生莆陽人，後徙家邑之安平鎮。歷數傳，西巖公以子池州守少海公始貴，稱爲望族。鰲橋公爲池州守公介弟，先娶黄，生公與太學君馥，繼娶蔡，生馪兄弟三人，公居伯。

公賦性恬静，少寡嬉戲，敏而善誦，池州公器之。既長，攻舉子業益篤，謝華紛盛麗之好，一編伊吾，丙夜不休。就有司試弗利，不窺園者久之。是時，安平薦紳少，一二事大夫貴倨之家，豪子弟倚父兄爲政，往往氣行里中，侵凌役使，互相雄長。公獨闔户觀書，不預外事，經歲不一出，人不知有公，公亦不知有伯父池州公之貴也。故池州公殁，公脱然無生得失于人。

公鮮交游，非遇郡邑試，足跡不至郡城。自紫溪蘇先生贅于公家，于公爲妹婿，公乃與之劘切。蘇先生爲諸生時，材藻横溢，意不可一世，酒後議論湧出，倒海排山，公聽之忘倦，詘然兄事之。然每與蘇先生共洛誦，以遍數爲先後，公三之，蘇先生四之，即蘇先生亦自遜，以爲敏不如也。蘇先生以高亢，公以沉寂，兩人性行不相入，而驩相得，反覺臭味之同。蘇先生既掇巍登膴，而公久已辭筆研矣。人有謂公曰："足下于蘇君禹親，肺腑兄弟，而共事一時，今視君禹，何如也?"公怡然笑曰："彼方涉足畏塗耳。吾滿腹而棲一枝，日月時雨及焉。吾快矣！吾快矣！"蘇先生聞之，有味乎其言。蘇先生久宦外，間便道歸，兩人忽相見，班荆而坐，席地而飲，蘇先生不言宦中之事，公亦不作健羨之語，但引滿呼盧，依然布衣時故態而已。故先生于内兄弟中，獨嘖公爲有道之人。

公事鰲橋公與繼母蔡孺人孝，處仲季二弟友。于心無城府，于跡無町畦，睢睢于于，若不知有人世機械之變，舉世上雀角之争。季弟卒，無子。仲欲均析箸，公聽之，不問腴确多寡，惟恐傷仲之意。父子兄弟間，忻忻如也，至老而愛益篤。生平不曉握算，不持楱鑰，家人産事，初以委細君，再以畀諸子，使修業而息之。自尸居環堵，一盤一盂，一爐一扇，充然適，頽然放矣。鰲橋公晚而念季子絶，妻老，婦嫠，孫女未嫁，常嗚咽泣下。因改葬母封宜人，自爲之誌，曰："痛貇之殁，婦守節不二，將爲之立後。"嗚呼哀哉！斯言有足悲矣。亡何，鰲橋公殁，議亦寢。公不忍違父之命，深居以爲念，而卒不欲明言于仲。其重義輕利、友愛其弟類如此。郡大夫廉公行，禮以賓筵，公辭謝不應。卒年七十一。

李光縉曰：人言公晚而通服食練氣之義，屬纊之際，容貌若生，疑于尸解。斯言也，太過。公所謂混沌不死者也。嗟夫！世人之鑿混沌也多矣。賈人鑿以財利，交則相詐；貴人鑿以名位，迫則相傾。斯二者，皆公所不過而問也。公不鑿，故不死，不死，故若生。要卒歸于儒者，其心皆孩之，此所云古之無懷人也。謂公非安平人也可，謂公非儒也，惡乎可?

許長君傳

蓋吾温陵，有許長君云。長君諱東程，字元甫，别號正宇。先名東朔，入學補弟子員，以朔名行。一日，讀班氏史，至東方生滑稽詼談，陸沉金馬門，不善也，曰："令我去方而在朔耶? 人主左右諸郎，半呼朔狂人。吾乃非狂人也，安取避世朝廷間者爲?"于是乃更朔以程，人人面長君始不敢稱程矣。

長君貌頎皙，紅脣修觀，眉宇秀爽，而鮮鬚髯。聰慧善記，尠出就塾傅，里舍兒亡右長君。長君日誦數十百言，一寓目輒成背也。命以對語，應口如響，傅不能訾易壹字，人呼爲奇童云。長君既操觚翰治文，遂以善文名郡中。是時，督學姜先生試泉，于泉士多許可，得長君牘，郵奇之。長君遂總角少年，與父行知名士入棘闈，馳驅相上下。其後長君試高等，益翕然有聲。一時吾里中衢源王君、碩齋林君、仰恂楊君、麗泉黄君，無不願長君當也。數君子年出長君上，而心獨自下之，常引以爲賢于己。每雁行出市中，有望見者輒私竊目，曰："少而皙者，許耶？"于是人皆遜以爲長君賢于己。迨不佞交長君驩，則長君已樹幟藝壇矣。

不佞少長君一歲，居恒兄事之，即長君，亦弟弟也。寧獨其齒，以不佞材望長君，溟涬在弟行矣。長君與數君子游，數君子業後先陟竣第去，其久落寞與對壘稱敵國者，李生耶？蘇君而在，儀何敢言也。不佞並長君垂櫜鞬周旋，每目下，不佞以一，長君以再，不佞以再，長君以再再，長君猶淮陰九江大將，攻向無敵，不佞直絳、灌領褊師耳。長君猶穆天子神駿，瞬息八極，不佞厲十駕乎。不佞何以望長君？長君數試執殳，不佞則小敵怯而後殿矣。不佞自長君彈射外，不敢出片言隻句雌黄于世。長君則時露聲口于交游竹素之間，傳頌至紙貴也。蓋不佞忍濡待時，而怯公戰久矣。長君勃然曰："子怯成癖耶？第觀我，我且引兵一鼓行而西也。"已，長君果稱上將。

長君讀書，默觀大意，不效世儒喋喋佔佔帖帖也。經自宓姬而下，亡遺者。史自左、馬而下，亡遺者。文自賈、晁而下，亡遺者。最後，寓神于《莊》、《騷》、《大乘》諸編，探幽極玄，開關洞竅，發而爲文，洋洋纚纚，千言立就。理不必今人有，而抉倡之；法不必古人有，而創獲之。當其意與景會，材與情符，往往斥矩矱而伸其好，而若不自知也。氣嶽嶽喜自負甚，意不可一世，直凌出其上。與人論文，一不當，至叱咤去，以爲卑卑效矉婦矉者談耳，安知文也。蓋不佞數與論文，而數詘不勝矣。間不佞一再勝，長君爲淫思竟夕也，不自懌，曰："人言許李，如子言，反李許耶？"不佞默而逃去。

長君一操翰，殫精兀坐，遇食忘飡，遇言忘對，中夜有得，取火立書，若獲拱璧，稿三四易，必驚人乃已。入社會議論甲乙，長君片言而定。長君牘未就，人人意自得，最後長君出一牘，舉坐盡廢也。

長君家故貧，亡奕棋、聲絲、蹋蹴諸雜好。性不喜飲，而耑嗜書，市有奇書，弗購得弗休，得弗遍蒐弗止，不則宛轉借致之，手自録副。居嘔疾，喀喀十數聲，倏而呻吟，又倏而伊吾矣。且矻矻勞手吻，夜篝燈讀，病不能就榻，移燈入帳中，舉被自蒙坐，手一編，嗚聲達曙也。讀而嘔，嘔而復讀，又讀而復嘔。有寬譬者曰："君病胃甚矣，何自苦乃爾?"長君逌然曰："長卿病渴，著賦《長楊》。吾安得以病廢書哉？吾死即死耳。士與終不遇，生也何如死?"其勞手吻自如。

乙酉秋，罷歸，長君落益甚。病卧一室，形容焦悴，第几摇甈，謝素所來往誠勿入，而内不佞也。時不佞束裝將北上，入卧所相别，已而相泣，長君前涕曰："荆卿獨自樂耳，以擊筑燕市無人也，而誰與酒酣以往乎？無我，乃不爲高漸離也。"其慷慨無聊類如此。

長君事親孝，與士信，見人有過，正色相質，亡覆匿也。憤時著論，有國士風。饋，度可受受之；不可，即百金弗内。束修行以供二尊人，二尊人與菽水驩也。

居自念，吾父業儒不售，吾無乃更折閲耶？十八歲游庠，累試，督學使者有知，有不盡知，大率其獲儁過目攝云。最賞識覺堂曾先生、父伯定齋許先生、紫溪蘇先生，共謂當冠閩，長君亦自爲當冠閩，七罷省辟，人咤嘆謂無天矣。

卒年四十，殀也。所著有應制義，藏于家，自名曰《吹萬草》。子懋先、懋充，梓行之。

李光縉曰：余讀《吹萬草》，蓋潸然流涕也。士窮居獨行，懷君子之德。夫獨而懷之，安見功乎？其所可見者文爾。而論文者復然，以遇工，以不遇拙，低昂在顯晦矣。"力田不如逢年"，誠哉！是言也。或謂長君文以好奇敗，左、司馬，無乃爲隸人乎哉？聞有身顯而文傳者，不聞以不遇傳也。死而後論定矣。此誠有所長，豈虚附耶？長君不名朔而願長卿，長卿卒後而其書奏君《長楊》具是焉。史傳東方生食桃事，蓋萬八千歲也者，名何必朔，壽何必非朔也哉？令天假之年，功烈可勝道也？嗚呼悲夫！

劉長君傳

劉聲泉長君者，躍泉先生之伯子也。劉之先，未有聞人，第進士起家，自先生始。先生居貧故。嘉靖戊午，舉于鄉。明年，成進士，旋曹吏部。是時，吾郡薦紳緊籍罕居銓要者，先生一出而陟清華，聲望翕然，驟貴顯矣。長君爲其主器，妙齡嗜學，人不以爲貴公子，而以爲翩翩佳公子，蓋奇士云。

長君初名士芳，後以夢易世旒，字纘卿。母曰林宜人。劉先生蚤孤，童太宜人矢志鞠之，長娶于林。林宜人至，居久之，未有子，乃減膳以禱，是生長君。

長君少聰慧警敏，神姿豐偉，劉先生奇之。嘗以語林宜人曰："是子貌不侵，後當得貴。所不可知者，壽耳。"而時時課之讀。長君雖幼小，輒解所以也。劉先生出憲越臬，卒于越，諸孤中僅長君甫弱冠，扶櫬以歸，餘盡孱幼。蓋自是，而長君始任家督矣。長君上有母，下有諸季，而劉先生不家于官，宦槖瀟如，户内外倚辦長君。長君拮据肩之，不以問諸弟，而惟茹淡攻文，帥諸弟圖所以振清白之聲甚奮也。

長君讀書，蒐獵百氏，稟之宋箋，爲文粹然一澤于雅，不爲聱牙詰曲。補弟子員，試輒高等，學使者多異之。屢上省辟，屢罷報，氣亦益吐。長君不以少挫下人，人亦亡敢以折北故易長君者。長君間與人對壘，期以尺晷成篇，長君未滿晷而編就，如幾經鑪冶不啻者。壇中人人自廢，畏若敵國。

長君爲人逡廵長厚，擇地而蹈，呐不出口。與人處，寬洪坦夷，不竣城府，意所不可，正色相規，事已謝罷，摧激爲和，驩無留滯，人多願交之。自劉先生没，事林宜人居子舍中，益虔且毖，膝下承歡，出告反面，亡幾微違，雖極終窶，甘毳之供必腆。兄弟四人，塤篪翕合，絶無間言，長君之友于爲多。輕財喜施，戚屬有急，稱貸賑之，不以亡爲解。故長君居立四壁，人不知長君貧。長君承清宦後，貲本不贏，諸季盡長，復又析箸，日就凉薄，家務糾紛，食齒浩煩。長君欲謝世故則不能，以酬世故則不給。

輓近年乃越闤闠,之南北,時而往荆楚,時而歷檇李,又時而走舊吴,與先生之一二故人班荆爲快,騁望爲奇,抑亦有取資焉,而非其得已也。長君嘗之臨江,有富家,其嫡無嗣,妾生一子,夫死,嫡逐子出,而自立族子爲繼,以訟之官。時所司即劉先生門下士,妾無奈,擁孤泣長君訴,仗使緩頰,長君憐而諾之。嫡聞,持百金以沮。長君艴然曰:"而夫亡,絶夫之後,忍乎哉?而欲以厚利嚇我!"嫡度不可從,請長君居間。長君語以夫故業其二歸孤,其一歸繼,嫡從之。妾大喜過望,以聞所司,卒如長君斷。長君不受謝而去,以故長君游橐亦不羸(羸)也。

長君所至,與賢豪長者相結,名公貴人高長君誼,願與交驩,亡不倒屣。雖其同舟共舍之人,在在傾心。或横逆惡少相加,長君汪涵不與較,卒亦藉以無虞。有刀筆吏與長君鄰舟,目長君蓬累,笑謂長君曰:"人言吏爲狗,乃儒生纍纍,則奚似?"舟人聞之,裂眦以睬,長君佯不知也者,作《龍狗賦》以自解。後以其賦上先生之門人沈太若公,沈公奇其文,而大服其雅量。

長君居家禔躬,待人馭僕,動遵先訓。獨家庭父子間,劉先生任嚴,長君任寬,不以夏楚收威,而諸子亦各若長君訓。用文詞顯,無失祖武之繩,此長君之所以難也。長客(君)雖客于游乎,未嘗輟本業。庚子秋,猶應省辟。今年夏,長君後入越,冒死而歸,至建州,瘡發于背,抵家數日卒。

長君以貴公子治書不遂,而死于游,知不知盡傷之。卒年四十六,子有五,秉、鉉、文並邑庠生,受余業。

李光縉曰:人言長君豐于貌而嗇于性,有壽德,無壽相。劉先生亦云。劉先生慮長君貴而弗壽,乃長君之爲諸生魁然矣,竟不貴,至食貧以殀,言何半驗而半不驗也!今世人一登宦途,輒云膴仕,及臻厥成,家亦不貧。長君非盡人之子與?則何以故而令長君游?嗟乎!難言之矣。長君不貧不游,無以爲劉先生,貪吏何可爲?有以爲劉先生,長君惡得不貧不游,廉吏何可爲?然而長君寧游困,無寧游閒。太史公周游歷覽,足跡幾天下半,而敘《貨殖》羞貧賤者,何哉?此余鄉者謂,長君不貴公子,而佳公子翩翩,故足奇也。

貞夫傳

貞夫，漳之龍溪人也。林姓，名清源，字曰澄，别號樓山。少有大志，從伯父汝州長史薪山公學，父自村公督之甚嚴，居四壁立。弱冠教授里，而取糈給父母食。昆弟四人，公居仲。

二十七歲始授室，無何，自村公歿。公與梁孺人拮据，梁語之曰："子業讀，吾業紅。貧者，士之常也。"公首肯之，發憤益力。三十四歲，補邑掌故員，遂弁多士，藉藉有父聲。三十六歲，舉丈夫子三植，即今從余游林生龍光父。三植公生甫七月，梁病且卒，呼公至卧前者三，不出一語。公泣曰："知之矣。得無意汝死後，吾别娶，或不邺吾兒耶？"梁含而諾之。公自是終身不再娶。有勸之者，公泫然曰："吾豈爲一婦人臨訣語哉？第不欲令吾兒惹王休徵孝名耳。"竟不娶，亦無矜(衾)裯之奉，人以是難之。撫七月孤，教子讀書，及長，娶于張，生龍光伯仲，公乃大喜。三植公二十六歲而亡，婦張蚤嫠，孫尚少，而公亦已老矣。公語人曰："吾不再娶，爲若子也，今又歿。天乎？使而父無母，而子無父，何降割我家酷也？"婦張《柏州(舟)》自矢，公義而壯之。人亦有謂公早爲廣胤計，何煢煢至是？公終不自悔，惟二藐諸是煦。龍光今游泮矣。

公爲諸生，屢試高等，數上省辟報罷，終身食貧，壽八十卒。里人相語，稱曰"貞夫先生"。

李光縉曰：忠臣義士，古今有之，所名"貞夫"，我未之前聞也。君子貞而不諒，大杖可走，亂命可違，不告之娶，父子猶然，况夫婦間乎！

公讀聖賢之書，晰于大義，豈一婦子語能縶公手足，遂執不移？公良有所見，非區區抱咫尺義也。尤物移人，豪傑不免後先，彼已難言之矣。其子愈稱孝，其父愈無得于令名。公乃自爲地，非以婦人固守終身，卒踐其言，此亦儒者克己之學也。有夫婦，然後有父子。割股廬墓可孝，鸞膠不續亦可貞，吾故以是貞之。

梅峰鄭季公先生傳

語曰："何知仁義，已嚮(饗)其利者爲有德。"此非虚言也。富無經業，能者輻輳，不能者瓦解，誠壹可致，拙業以起，何况于儒！本之詩書，托于末業，非其志矣。要以順嘑，聲非加疾，其勢激耳。倘所謂富勢而彰者耶？作《鄭季公傳》。

季公諱承元，字仁甫，別號梅峰。其初河南人，始祖武略將軍興，從高皇帝定天下，有功，爵千户，徙家入泉，遂爲泉人。五傳至公。公之尊大夫曰一齋公，爲潮郡刺史。生丈夫子四，公居季，人稱曰"鄭季公"。公于昆弟行最後出，潮州公蚤已謝事，居罕當意，常憐公少，戲公膝上以爲娱。父行長者至，必使公出見，公應答如流。

稍長，使受《易》尤思所、林雙州兩先生所。微辭奥旨，有所質問，詘諸同儕，兩先生器之，時時與陳説太極二儀及天道人事得失之所以然，公欣然受也。既以就督學使者試，補郡弟子，文日寖有聲。公益俛首下帷，思出與里中賢豪角。會潮州公捐賓客，毁瘠三年，竟不果。服除，家政雜遝，户外之事蝟至，公謂匏瓜弟子員亡當也，請命于孫恭人，且削去博士藉，走而之建康、燕市，游國子舍中，爲壹意焚舟計。會孫恭人病且亟，又弗果。于是季公之貲落矣。

公乃去文學而趣賈。人詰季公曰："市門，非君子倚也。計然之筴七，什五施之國，什二用之家。公儒效未章，何以賈爲？"公嘆曰："吾之不獲儒顯，命也。夫吾欲守膠序，應闈書，而父歿。吾欲之國子上舍，應圻書，而母又歿。吾聞之，原憲匿窮，空室蓬户。子贛鬻財，連騎結駟。士無巖處奇行，而長貧賤，語仁義，太史公之所以羞也。"公善于完物，明于積著，剖橐中餘藏，出金錢數千緡，委二三蒼頭轉轂旁郡國，通四方異貨，逐羸得爲奇勝。身治産積居，不窺市井，不行異邑，坐而待收，與里中貴公子、當世之賢人所以富者，同樂觀時變，趨若鷙鳥之發，猶孫吴之用兵，商鞅之行法，人雖學其術，弗如之矣。一年之中，收息什之；數歲之後，收息佰之；最後息千之。公以此起家，作而嘆曰："吾乃大夫子，青衿也。久賈，寧吾事耶？如此不慙耻，則無所比矣。"乃鋭身出，與家僕俱，南走越，北走吴，酤出入金錢而卷之。

公雖游于賈人乎，所至與賢大夫結，治布衣交，傾蓋相驩，百金爲壽。名岳大川，徒步登眺，納之肺腑，游道寢廣，其視市井事玆薄矣。既歸，市田，就閒曠地搆亭一區，修竹數椽，雜以花草，亭內左圖右史，亭外治洿池半畝，蓄鰜鯉鱸鯽其中。晦朔春秋，不知將至，延薦紳賓客爲驩，開樽舉網，杯肴交藉，浩然長嘯。昔之蓽簬，今風月爲政矣。此其輓近愉快者也。

公爲人樸愿惇厚，奉二親孝，與人信，父兄子侄多顯，傴僂益恭。性不喜芬華，食無重肉，衣無襲綵，行不張蓋，施德于鄉。兵燹之歲，殍氓載塗，發囷賷粥，全活賴之。予人若棄，貸人若亡，焚券市義，分散與貧，厚施而薄望，富好行其德類如此。

有子揚卿，名士鳳，爲太學賢士，文振都下，問業于余，余得之若敵國。

李光縉曰：公所謂隱儒賈間者也。鴟夷子之齊適陶，三致千金，聽子孫修業而息之，遂至巨萬。此夫以賈息者也。以賈息何如以儒息？以末致財，用本守之，詩書其本業乎！公志在太學，不于其身，而于其子，後所修息將在玆矣！誠不以富，亦祇以異，長君翩翩爲世聞人，何必問素封也。

莊贈公肖陶先生傳

郡治之北，出朝天門外，倚城帶河，清源諸峰迄列如屏，其麓有隱君子居焉，莊贈公其人也。贈公生于北山之陽，歿而厝于梅山之陰。岳峰之區，寄荆之地，皆據有山川之勝。其初之祥，發于吏部君貴，能贈公以秩。公没雖久，其流風餘韻，猶寄于人心，而彰灼于人之耳目。縉不佞，既從北山諸父老之請，爲闡幽德，記而勒之第一之峰，以留硯山之涕。而梅山之人，拜公墓下，走祠中瞻望，而不得見，以爲贈公之音容在焉，不可使無傳于世。吏部君是以持所爲銘與狀，屬不佞縉并傳之，將勒石于堂陰，以授讀者。縉不克辭，作《贈公傳》。

贈公諱天夔，字慄夫，别號肖陶先生，清漳人。有諱光者，徙居泉山，爲泉人。五傳至河濱公，即贈公父。臨城而居，濱于河，故自號曰“河濱”。生二子，贈公居仲。河濱清遠閑曠，喜客善詠，有徜徉物外之態。贈公肖其爲人，且古有陶于河濱者，肖陶之號本此。

贈公蚤歲業儒，淬力讀書，後乃徙去。河濱公故不貲，又不問生産，中年喪配黄孺人，繼娶盧，家漸不給。兵燹之季，耗落益甚。贈公私自念兄伯多外游，不任家督，自區區手一編，食指日繁，悉待給于家大人，謂不堪瘏瘁何？于是棄詩書之業，而問耕種之利。初第躬胼胝，較陰晴，算畝畦，冀歲所熟所收，充家人一歲中衣被食飲，猶以爲未足。已而嘆曰："吾聞太史公用貧求富，農不如工，工不如商。吾其商于工乎？其莫若陶。莊生言陶善治埴，圓者中規，方者中矩，陶故有道也。耕之外，非工非商，可工可商，誠莫若陶善。我聞陶朱公矣，富好行其德，仁義附焉。朱公以陶居天下之中，虚資之而致富。我今亦以陶足國人萬室之用，實資之而致貴。且吾居亦北谷中地，方尺之土，可陶人郡。吾其資木于山，資水于河，資土于田，資火于薪，資方員于規矩，作硎作範，以應四方，出之不窮，使後之人稱之曰'我善治植'，不庶幾有道也哉？"蓋自是，而世之稱贈公者，或以爲長梧封人，或以爲漢陰丈人，又或以爲河濱陶人。大抵恣公所意好，皆寓名也。而贈公所爲，不窺市井，坐而待收，身有處士之義而取給者，實繇于此。贈公其有所試矣，非苟而已也。

贈公事河濱公孝。河濱公豪于詩酒，結社招遊，座客常滿，灑掃帳具無虚日。贈公豐饌應之，侍遲終夕，無有倦容。或客至不能猝辦，先治家中所素具，如田芋、野蕨、新笋、佳茗，出以供客飲，而後市盤餐繼之，未嘗以亡爲解。雖瓶罄，不使河濱公知也。故河濱公之快常足，每一浮白，出之浩歌，聲滿天地，人以贈公文子爲能貧而樂。尤善事繼母盧，委曲偵承，務當其驩，以無失河濱公驩，河濱公亦善之。女弟適林者，早寡而貧。贈公念其没也，爲歸其骨，而嫁其孤女。先是，倭亂，兄伯爲流寇所獲，贈公皇駴號泣，直抵賊壘尋之。當是之時，身幾殆，後賊稍懈，始與兄伯俱從間道歸。宗黨族戚有以阨告，鋭身赴之。歲耕陶所入稍餘，輒分散于貧，不歆德望報，人多就者。贈公篤于人倫孝友之行，多此類。

贈公雖隱于陶者，屏居壠畝間，足跡未嘗一入公庭。至有司出行郊野，止舍鄉亭，事有關百姓利病，往往口盡便宜，有所齟齬上官，意弗之恤，而上官竟傾心聽之者。往清丈役興，均清源茶畝，時彭令公議以茶百株定産一畝，衆相伏莫敢發言，贈公獨力陳其非萬株不可。彭公大怒，贈公争之，彊如是則茗英盡戈矛矣。令不能乃難，竟從萬株之議。清源山田賦故隸三十九都，贈公言于官，洞田也，而民其産耶？適恣占籍者溪壑耳，宜歸清源，隸開元寺。上官從之。租六十石，今八十，租衡以百，今四六之，又駸駸加百，瘠耕民以肥僧，非公當日遠慮意也。然清源今有田，皆贈公力。郡東北城河儲水衛城，備不虞也。故事，歲旱得引河水以溉田。豪勢家占畜魚其中，閉不使通，千畝如燋，農人告病矣。贈公請令通渠作水門，時其蓄洩。官乃下令穿河壖，贈公親率人，暴烈日中，自徵引水，苗是以興。有里中豪求婚于姚子甲，姚弗與，豪怪怒。會姚有婦自溺水死，豪遂嗾婦家攻姚，并誣其子以殺母，圖賴罪附會。獄將成，姚幾陷大辟。公爲訟言其寃狀，聞官察而信之，始得脱。此皆贈公未貴前所爲，不求知于人，而自行陰隲善事者也。

贈公，窮鄉一布衣耳。非有席父兄子弟勢，而能以片言取有司信，爲百姓興不世之利，開大辟之辜，大有德于鄉之人。北山之民相追思，畏壘而勒勛于石，有以也。贈公仁心爲質，仗義慷慨，自其天性，無意沽名，而名自隨之。

輓年有子吏部君貴，第進士，除饒陽司理，欲輿之官，堅不從。其厚施益衆，遜自避匿益深。干旄造門，使人謝勿見，有關説至，却不受。曩所與競田里間人，不以既貴謝絶來往，與婆娑嬉笑如故。但時時寄語吏部君，以于公門之大，與關西楊孔子之“四知”。吏部君歷李官，涉武部，進銓曹，載訓而行之。贈公之澤益遠。贈公殁，吏部君以未及授李官封爲恨，今已贈如其秩矣。其所當得于吏部封者，將來之綸逮非一。

贈公曩所云，陶以致貴，方寸之土，可陶人郡，其券也夫！卒年六十有八，稱古稀筭。

李光縉曰：余睹贈公貴，益信陶之道，大也。姚虞氏之興也，以歷山耕，而其徙于河也，以陶。《記》所稱“器無苦窳”，是也。姬周氏之興也，以教稼穡，而其自沮漆也，以陶。《詩》所稱“陶復陶穴”，是也。孟夫子論中國城郭、宫室、百官、有司，而歸之君子，且擬君子于陶，無亦謂陶之中，有君子人與？豈惟君子，聖人亦有之。

朱公陶而致富，贈公陶而致貴。朱公富，好行其德；贈公貴，好行其德。吾尤以贈公之善爲陶，去朱公陶遠矣。朱公富于居陶，不免使其子鼓弄于負郭莊生之口。而贈公有子吏部君，陶人而人不知，百官有司，盡入陶中，于君子自鑄鑄人之道，大矣。贈公以北山爲陶，梅山爲穴，"陶復陶穴"，惟其有之，是以似之。莊氏之興，豈偶然哉！

景壁集卷之十四

傳

錦山林先生傳

子曰："不得中行而與之，必也狂狷乎？"次狷于狂，而與其不屑不潔者耳。乃其言狂，或以肆，或以蕩，狷之失獨不聞指言之，何也？要以志寥廓者無垠，守畛域者有封。作《林先生傳》。

先生諱敦忠，字某，别號錦山。尊人曰坦齋公。先生少聰穎，從坦齋公學，授四子宋箋，輒通大意。稍長，治伏生《書》，旁及客經，超然有悟。是時，坦齋公有文行聲，所交游盡知名士，紫峰陳先生、筍江史先生，數過從論議。先生㓜小，竊聽若解，兩先生怪之。已，取讀先生文，大驚曰："是安得羽翼宗旨，出孺子口也！"

先生讀書不喜論著，不尚括帖，自鄒魯言外，嗜《性理綱目大全》及宋儒遺編，《莊》、《老》、《大乘》，寓目弗齒。最後，讀王文成《則言》、《傳習録》，擇其要者自爲註，曰："此孔、孟階梯也，其言易從，其教易入，以鼓吹聖經，並稱孝子。何必非閩洛忠臣？"又曰："語言文字，即體驗身心之學，毋第利禄捷徑爲？"先生既補弟子員，督學使者試先生授餼，自是試輒高等，數上省辟，入彀者三，俱棄去，則亦惟先生學不偶俗之以。先生嘗對人言："吾欲于談笑間掃道學模樣，主之以真實，勵之以刻苦，斯真道學也。"又曰："今學者基無尋尺，而臨深爲高。謂聖賢作用可超悟人，不知中行自夫子時已不多得，若狂若狷，須領過人頭。狂者天分洒落，地位儘高，若痛自磨刮，從根本上着力，久當有洒落處，此狷之可幾于狂也。"又居誦邵文莊之言，願爲真士夫，不願爲假道學。以故先生學，動準古先,静思默察,歸本躬行。

居家以孝弟爲宗,與人無機械,洞見底裡,久而敬之。擇話後語,畫地後蹈,正冠而坐,整襟而睡,終日矜矜,左規右繩,不亂尺寸。雖暗室屋漏,隆冬盛暑,箕踞跛踦之容未嘗見也。蚤喪慈,時柩權厝草間。先生孩而知之,每朔旦負灰而往,投隙而入,低徊不能去,嗚咽之聲不絶。于是坦齋公老矣,先生乃教授里中,取贄入與廪既供柔毳甘脆費,問寢視饍,曲承驩意。坦齋公或謝罷不食,先生不敢食。坦齋公歿,先生年五十,猶戀戀作孺子慕,寢食苫次者竟年,喪葬乙禀于禮。手築堂斧,操版鍤,與工役雜作,夜宿草間,神力爲憊。聞者益重先生孝。

先生尤晰義利,自諸生時所居負郭窮巷,布衣角巾,充然自快,雖貧,不苟取于人。郡司理袁公,延先生爲子師。豪富家以數十金關説先生,先生笑曰:"家世食貧,驟温飽,不祥。且書生獨奈何干長吏權乎?"後其人寃狀得自白,袖十金謝先生,先生立辭去。有故人以武功顯,請謁先生。先生臨況之,故人驕稺不自勝,先生策其必敗,謝不復見。故人致十金爲壽,先生不受,後果敗。一時,偵其事者作《二却金賦》,先生爲二賦解之。先生雖謙讓不遑乎,然用學官弟子推轂,數以行見褒。即不深知先生者,亦稱其鞠躬君子也。

輓年以選貢上春官,謁銓除職,初訓南陵,再諭海澄,屢遷至興化教授。先生隨所至進諸生爲程,隅其文上下之,與明倫講德,大抵皆根本切近之譚,不出玄入禪以惑人聽熒也。弟子中,賢者揚之,不能者誨之,貧者賙之,贄餽者却之。南陵有貧生,假先生俸餘,其一貧不能償,其一能償而欲取償于兄,謂其子當後,兄田廬可鬻貸也。先生聞,焚券也,"吾不忍取諸貧者,更不忍見不義而奪諸兄者"。又有一生,走竪子以刺領饋,先生封置諸几,入復刺。竪子持空刺歸,其人罪竪子甚。先生曰:"遺金在署。知若竪子乎?吾竪子乎未可罪。"持刺者急償之,拾金者竟持還。先生其辨介履度類如此。郡大吏督學使者,無不人人雅重先生。

先生之仲子司理君成進士,季子與其冢孫並時應南宫辟,先生乃解組歸。

先生去南陵而陵士泣，去海澄而澄士泣，去興化而興士泣。所去伐石紀德，澄之人請祀先生于名宦之祠。先生歸，郡有司致爲鄉大賓，辭不就。先生歿之先一年，嘗手編操守、器量、問學、韜晦、取與、義命、省刑、救弊、賑荒、恤下十餘目，令司理君弦韋之，每目中實以古人言行，而附斷以己意，詞不可盡紀。乃先生義方訓，大略似此矣，其後有達人，宜也。

先生卒時年八十。郡人士薰先生文行者，請以鄉賢之祠祠先生，興士請祠亦如之。遂相與追稱，曰"正學夫子"。

李光縉曰：先生所謂狷士也。狷者，踽踽涼涼，壹意而孤立，獨行而不偶。義不苟合當世，當世亦隘之。以先生操爲狷，不爲狂，終其身，無幾微苟且于人，而尸祝三邦，畏壘之士多就之者，又何以也？不言躬行，正學不阿，先生有焉。語曰："死而後論定。"澄之祀先生也，自其身存矣，又不俟以其死也。先生殆進于狷者與？

贈公敬齋蔣先生傳

語有之："天之道，其猶酌乎？挹彼有餘，注此不足。"信斯言也。人故豐于材而嗇于算邪？山木自伐，膏火自滅，剛自取柱，柔自取束，物誠有之，士或值然。要以身没名永，文采不泯于後，寸短尺長，有足術者。不知其父，視其子。作《贈公傳》。

贈公諱際春，字君育，别號敬齋。父曰赤山公，世居郡之福全所，地澤鹵濱于海，土不著五民，盡紈綺世户，良家子習騎射而罕詩書，獨蔣氏之家，以絃誦著。赤山公饒于貲，家法雍容，好行其德，開子姓以儒，名彬彬者。生丈夫子二，贈公居仲。

贈公少有沉資，丰骨稜稜，不與凡兒伍。赤山公器之，督就外塾，從鄭廣文先生讀。贈公不敏于誦，授括帖，咿唔可百遍，猶宛轉喉吻間，同舍生笑以爲魯。贈公自憤發益力，據梧終日，謝蹋蹴、奕博諸雜戲，不以遲鈍故遺餘力讓人也。一箚腹中，竟年不忘。穎悟解脱，往往絶同儕上。鄭廣文質所授書，置對甚悉，隨難立應，引明厥旨，聽者解頤。赤山公喜曰："兒政患太慧耳，何愚魯也？"人自是服贈公敏。

贈公治鄒魯言，以朱紫陽傳註爲宗，蔡文莊公二《蒙引》爲翼，不旁涉《莊》、《騷》、佛乘諸書。慕韓退之、蘇子瞻之爲文，下筆纚纚，藻繢翩然，大抵根于理而脆其辭，有春華秋萼之色，鮮蒼松老柏之態。遵巖王先生奇其文，以比之章公日闇，然亦嘗語人云："摩空白鶴，非樊中畜，但不堪地上老驥耳。"

贈公年十七，補邑弟子員，與其兄伯沂泉公，並稟學于賜山許先生。是時，許先生坐臯講《易》，邑賢豪争北面及門，人人取大。贈公以少年弱冠，雁行弟子中，有齒易之者。許先生與繙經解説，輒數起予，始大驚曰："蔣生非卑卑不異人意者，吾緜偨失之。"特設一席軒右聽講，與隨詣引當否，其見禮如此。贈公既受兩先生識，于是名大起，以擅詞雄郡中。所著有《四書日抄》、《易經記註》，並膾灸人口。游揚交結其大父行，贈公猶以爲未足，欲遍游天下之賢者，生平慕之，引爲名高，媾以敵國。乃遂舍其弟子員，趣之國子上舍。

及當行，病劇，不數日，汗不下，贈公捐客矣。時年二十四，蓋殀云。令君光彦，甫三歲。吴太孺人二十一歲而嫠，《柏舟》矢死，零影相依，知不知盡爲流涕。去今四十餘年，令君讀父書，以進士起家，滿江山四載，考最上，得封父母如其秩。制曰"可"，贈公稱文林郎。

李光縉曰：人言贈公殀，贈公非殀也。贈公享人世之日淺，他無可悉記，表見者文耳。以贈公生短後少文之鄉，崛起蹶張間，業以儒術顯，天不假之年，令雲蒸霞變，著于有位，而賫空志歿，安在其非殀也？遺書手澤，孤寄之矣。令君遂用是載其學行于世，乃如後算。不朽者，德與？稿項銷盡之。夫度修而絜短，果孰彭殤哉？長老稱王先生鑒射贈公文，如券中。嗚呼！其不幸而券于王先生鑒者，其幸而不盡券于王先生鑒者乎！人生而不識父面，痛何如之？《蓼莪》之廢也，悲夫！予少孤楚，與令君埒，是以論其軼事，潸然焉。

處士陳斗巖公傳

語曰："不知其父，視其子。"本所自也。余不及識處士，而識處士之子。伯子游國子上舍，仲子負笈從余游。處士不遑詩書，而能以詩書詒其後人，蓽路啓山，仁義附焉，此足以徵處士矣。

處士陳姓，諱珊，字子珍。先世居郡之市曹巷，爲市曹巷陳。宋末，徙南安壺公山衝斗，爲衝斗陳。處士生于衝斗，後贅居安平之顔，卜鄰之。陳之入安平，自處士昉也。王父曰壺峰公，父曰斗山公，並以壺山、衝斗著號，故處士亦自號爲斗巖子。斗山公之先有宗俊公，爲邑文學，屬詞有聲。斗山公繩其祖武，治鄒魯言，雖竟以布衣終，質行恭謹無與比，稱爲長者。處士爲其季子，少亦業書，長乃棄之。斗山公家故貲，子伯仲相力作，處士居卵翼間，初不甚貧，後遭中落，兵燹頻仍，父坳，兄竄，田園丘墟，室廬煨燼，賦煩役重，于是處士之家蕩焉若洗矣。

處士甫垂髫，逃亂入安平市，市人亡知之者。顔君道謀睹其狀貌，大奇之，遂許以季女。人多易處士而笑顔君，顔君笑曰："是兒當得貴，即不貴，且富矣。世寧有美丈夫而長貧賤者乎？"延之甥舘，多挈金錢財帛以畀之。處士藉以運籌鼓策，身與細君共纖嗇，所贏得過當，終不利其有，以歸丈人。丈人廉之，益縱金恣出入不問。處士其初鬭智，最後争時，行財幣如流水，若猛獸鷙鳥之發，人雖與共用事，終不如之矣。故人或折閱，而處士收息反倍之。處士行賈，北走齊、吴，南走粤。吕宋洋開，鬻財吕宋，轉販所至，人多重之，倚爲祭酒。竟以致富，埒于内家。内家用是亦益饒。久之，處士倦游矣。

一旦，與細君顔孺人謀曰："吾壻若家，若父材我，我爲若父報，非壻也，乃子也。衝斗亦吾湯沐，可奈何不爲吾父母地哉？"乃之衝斗，細君與俱。分散餘金，贍伯叔兄弟，以逮疏屬。襄斗山公與李孺人宅兆，身負土石，同傭雜作，取大宗祠再建之，以妥先靈，費不以問族人也。先是，衝斗有天竺寺，處士曾王父宗俊所建者，亦燬于盗賊烈炬中。處士併力新之，扶笷穿磴，卷婁不休。曰："吾老而菟裘于是矣。"其不忘先之孝類如此。

處士若愚若拙，警敏多擘畫。與人交，洞見底裏，臨財善讓，其于外戚尤謹，人人以爲顔氏婿足依。與顔孺人居，長子老身，有梁、孟風。生丈夫子四人，伯仲使授書,叔、季收業而息之。伯名鍾彦,仲名鍾淶,並余善。

李光縉曰:太史公敘《貨殖》,不列處士之義,謂處士貧而賈人多富也。然賈家去文學而趨利矣,雖其父兄子孫,亦化之。處士游于賈,而語仁義終其身。子姓趨文學益甚,人是以稱之曰處士、處士云。巖處之奇,不忘衡斗,夫妻推輦,行詣遠(下原缺)

鄭廣文馨甫長君傳

(上原缺)異等。又三年壬午,馨甫舉于鄉。馨甫蓋後先數十戰,而始一大勝哉。

馨甫爲人,氣嶽嶽意不可一世士,常翹然有垂櫜韃鞭笞中原志。既出與寓縣賢豪角,一不勝而怒髮指冠矣。退而謂不佞曰:“士何可蹶一第哉! 托觳音于九皋,吹劍首于一吷,我知其無能爲已。”益發憤,屏居一室,理諸生故業,而枯管幾成靈也。又上春官,又不第。馨甫念家貧父蚤卒,母僂糲課讀,幸稍脱諸生韁,竟無以供羶薌如故,則亦維是,寧俛首就廣文之席?

又是歲壬辰,馨甫上南宫試,主司從奏牘間識馨甫奇,收之額中。天子裁三百額,馨甫以溢額落寘乙榜,乃决意謁司銓氏,授羅定州學政。命既下,知不知爲馨甫扼腕也。曰:“馨甫宜鄒魯多文學地,令有文諸士北面之,奈何而居此徭俗窟宅爲? 以馨甫使教士于瀧,猶師曠治竽而玉爾、般輸營堵室也,非其任矣。”馨甫竟之官。不一年,而馨甫殁。

馨甫事母孝,拊介弟友,與人信,不侵然喏,不設城府,傾蓋相慕。語于人無發怒,有發怒則聲色俱厲,面目爲赤也,然無他腸。飄瓦虚舟,不念舊慝,臨財以義,周人之急,鋭身先之,輒爲傾橐,亦輒焚券。貲故落,時時問家人産,事米鹽會計間,與詩書雜治之,而能語令業不妨,衣食以無累矣。

既授官,馨甫乃自樹拔。至州庠中,有以脯修贄謁者,馨甫却不受,召語之曰:“吾爲禄仕,非爲利仕,無污蠛我。”于是州人士相戒,無以袖金贄先生也。州人鮮知學,隸名黌宫之士,南海番禺居其强半。習喜訟嗜酒,譏訕縣長吏以爲常,行飲市中,酒酣脱巾叫囂,與市人無異。馨甫立約,與之更始,間糾其弗率者,夏楚之。設青氈(氊)坐臯,與諸生論難。五日一會,六日一講,評其文下上之,而自操觚爲制言以式。州明倫堂與臯使者治廨隔垣而邇,異時督諸生升堂,聚散無鳴鼓,馨甫毅然使擊之,諸生以爲言。馨甫大恚曰:"講鐸不振,謂設堂何?"竟擊成響,一時士心鉦鉦,與鼓聲俱奮,爲之大快。臯使者陳梅江公聞之,愈益重馨甫,謂自州博士官已來,未之有也。學使者陳荆山公,召馨甫使校所取士文以梓,馨甫窮晝夜雌黄,尋瑜摘瑕,間一點竄,而青蠅去爲全璧矣。馨甫以是當學使者驩,而竟瘁以卒。

惜哉!卒之日,年五十又一也。瀧諸生問病視歛,爲位而哭,如哭其父。圖像祀之,送櫬千里,贈賻百金,道塗設祭,父老有泣下者。吁嗟乎!馨甫已矣。馨甫一貧如洗,五子三女,其伯子元鼎,爲邑庠生。

李光縉曰:余能識馨甫,莫能識馨甫夭徵。馨甫名宜第而不第,官宜崇而不崇,而客以死,謂何哉?人有言馨甫之死也,死于粤也。嗚呼!何獨嶺南表能死人乎?馨甫不入粤,亦必死。鶴長泣折,鳧短悲續,夫孰知馨甫之宦地爲死所也?嶺海滄滄,桃李紛紛,馨甫神往來五羊百粤間矣。又孰知死所爲其生地與?里有三生,馨甫失一焉。堊漫生鼻端,李何無與爲斲矣。於戲,悲夫!

錢孝子傳

孝子名應增,淮安之清江浦人也。其先爲吾閩晉江人。高祖錢某客于淮,生二子,大純、大紀,因家焉,遂爲淮人。後徙之浦上,至孝子,五世矣。孝子爲大純之後,生于淮,習淮人音。然錢雖入淮,世必有一人爲晉江語,以示南冠之意。孝子不但能晉語,且遍能閩語。以故閩過客、賈人,水問舟,陸問車,多就孝子之家,而吾里中計偕諸君子,每三歲至,孝子之户外纍纍不絶矣,孝子欵綣亦獨甚,以爲故鄉之士人,上客也。吾鄉人稱孝子爲晉人,淮之人聞孝子作晉人語,亦相與目爲晉人。蓋自是,孝子名聞南北間云。

孝子父名鐣,號蓬橋,母程氏,生孝子兄弟二人,長應元,孝子居仲。既冠,自著號曰“思橋”，識不忘父也。孝子少讀書，後因父蚤喪，家貧，輟所業，無以析節，賈行郡國。但自纖嗇恭儉，爲逆旅主人，以招四方之客，貲亦稍起。

身長七尺有奇，不侵于貌，多擘畫心計，里人有公事役，必以孝子爲祭酒。而性至孝，篤于天倫，務長者之行，故諸公聞者争重之。孝子父没時，甫十一歲，姊未笄，三妹俱少，伯兄雖娶有室乎，與父相繼亡，嫂徐芳齡，子夢龍在襁。母程氏撫自身兒女子之孤，而又同長婦之嫠，間關荼苦，以俟孝子長。孝子甫弱冠，乃身肩之矣。先是，母程初寡，居四壁立，日食不半菽，旦夜勞手指，供一男四女哺。又苦婦不充，時時泣下。孝子見母泣，亦泣，往往推口間食餟妹腹，而自忍饑。故孝子長，能俛拾印取，結客致金。所百計具柔毳而進母，被服食飲，不遺餘力矣。又分其贏入之半，以供嫂若侄與若姊妹氏之奩，屢起百金，給予若洗，孝子無矜容，亦無難色。嫂若不知有孀居苦，侄若不知有無怙苦，姊若妹盛粧以去，若不知非母氏橐中之遺，則孝子以也。

乙酉之歲，母程病篤，孝子問醫視藥，扶起居，衣不解帶，目不交睫。母病未已，藥不能效，走而請之帝，曰：“應增非母，無以有今日；母非應增，亦無以有今日也。令母死，應增亦死。應增請以身代。如母病可愈，昔人有割股愈母病者，應增亦如之。”于是擲之三筊，果許。乃割和粥而進之，母吃立愈。爲母戒血盆齋三年，誦經一藏，備嘗苦行，人多難之。數年，母復病，孝子復割股以進，病亦稍愈。時有請皂神者，陰囑以聽人語言，示吉凶爲繼。孝子僂身告之，時已夜分矣，河間兩岸寂無人行，忽聞有人聲曰：“倒生姜梨藕汁，和糖煎服，病乃可已。”孝子傾耳聽，渺渺若空中話，大驚而歸，按法和進，病果大愈，人以爲孝感。又四年，母病不可起矣，孝子悲號擗踊，若不欲甦，寢處于柩側，三年不入私室，致弔客遠近千餘人。諸公聞者，愈益難孝子之行。孝子居常製綾絹衣御母，母輒揮不御，受必謝曰：“微子能，吾寠人婦安服此？”及母病篤，孝子請捐百金，爲母治衣服與棺之具。母恚曰：“汝父家世貧也。父没，汝尚少，恨不可啓穴中藏而視之，汝父殮奚若哉？我今而當此華美也，汝父于地下有知，立譴我矣。”斥不欲受。孝子請諸戚屬跪而勸之，僅受其殮服之半，而木不令其盡美也。孝子從之。

孝子請母百歲後，當易父塋，與母别治。母泫然曰："汝不葬我于父墓之右，吾死不可含矣。"孝子初以爲父塋疑于水，故欲易，既殯而葬之，益信母之治命也。乃自念身猶及事母，而父蚤世，不可報，復爲父廬墓三年。人謂孝子賢，即其母亦賢母矣。

事聞郡邑，監司上之兩臺，表卓楔旌之，給冠帶，受孝子榮。是以淮與四方之人，至今呼之曰"錢孝子"。

李宗謙曰：余初過吴，道淮，聞有錢孝子刲股者矣。吾鄉一時諸君子主孝子家多侈言之者，余是以有慕乎其人。後數年，孝子之細君病，其女子歸寧，亦有刲股之事，則孝子風之也。人言江淮多長者，豈謂是與？孝子事嫂若母，撫侄若子。叔父文學公没，無子，迎叔母而養之十五年，送葬致客，不異母喪，淮人至今道之矣。此所云惟孝施有政乎，何乃耑言刲股哉。

别駕竹崖蘇先生傳

先生諱宗璽，字敦信，别號竹崖。先世有宋懷忠公緘入泉，蘇之姓聞泉中。後族屬漸蕃，徙居清溝，居龜湖，並懷忠公裔，而先生派自龜湖析也。居郡治凡幾世，至先生父曰至德公，有質行，娶于張，生丈夫子三人，先生居長。

先生少聰穎嗜書，年十四補文學堂故員，試輒高等。十九教授里中，里中士事若父行，多問業者。先生貌恢梧修面，身長八尺餘，人與雁行，高出頭地。微時居窮巷四壁，傴僂入户，巾褐不能齊具，衣敝屨穿，出行市中，市人相指目曰："蘇先生貧拓落，何廼魁然大也？人固有長美如先生，而貧賤者乎？"先生亦陰自負，以爲當得貴。已，先生以弟子員上省辟，不利。有訝先生曰："以君材貌，取名位如蜩掇，胡困踣廼爾？日者言，君造建禄而無官，君其命不猶也夫？"先生笑應曰："故貧也。吾無官，安得禄？富貴所自有，第未知逢年耳。"其卓然自信如此。亡何，嘉靖癸卯，而先生登孝廉科矣。

先生讀書，默觀大意，謝佔佔括帖語，《莊》、《老》、外典諸編，寓目蒐獵，以六籍爲宗。誨人諄切，與論説講解，稟之傳註，間附以己意折衷之，以理而止。

爲文喜深沉玄思，抽心擢肺，抒所自得，邃出于正。用是先生學褎爲儒宗，其及門士亦高第也。一時，與先生同貢籍者二人，人謂淵源浡發云。

先生上公車罷歸，游道益廣，生徒日衆，而文益有名。迨四上，又復罷歸，先生乃慉然語人曰："令吾旋師再櫜鞬中原，勇氣倍矣，而親老不能竢也。不則息戈弢甲，而俛首銜璧爲人，且以我爲非夫，可奈何徒辟人誚怯，而自甘與臯魚同恨哉！"廼遂謁司銓氏。銓未及，而先生之母張以訃聞。先生于是益撫膺長涕，恨禄仕晚也。

服除，起爲保昌令。保昌，故百粤之衝，水陸上下，羽書旁午，奸吏猾胥，窟穴魚蠹，地嗇鹵，民多盜。先是，令者難之。先生訪民疾苦，爲省繁費，均傜役，賓至厨傳，接之以禮，供應不屬氓間。察舞文姦利者法之，吏是以重足屏跡。作什伍保甲法，令各糾察相收，私連坐，盜賊去入他界。先生材故敏，剖决無留行。間以暇進諸生，與談經課藝，邑斌斌多文學矣。會肇慶郡大吏侵官帑八百金，事聞直指，直指檄先生按。故事，縣令無之旁郡國，入大府行事。先生辭弗獲，微有左驗，欲發之。郡大吏懼，遣人以利害得失游説百端，陰蘄解脱，最後，啗先生利，遺繒金五百。先生斥不受也，遂舉按其贓私以聞。郡大吏坐法免，然先生竟中蜚語，移襄城令。

襄城邑中州，俗愿侗，尚耕織，氓畏吏少訟，而重犯法。先生罷一切束濕，以經術緣餙臥治之，諸廣厲學官如保昌時。

居歲餘，擢瑞州別駕。愛民下士，持大體，按尺籍符，伍甲約束，謹遉邏，重干掫禁，封内帖然。直指行部，奇先生。先生雅有文聲，試士必屬品藻，所推轂當直指可。然性木强，不陰陽上官意，偶世脂韋，竟用是敗。是時，島夷犯閩，充斥道梗，先生歸，聞世德公訃，徒跣奔喪，尾賊後行，人益難先生孝也。

先是，先生未通籍，二尊人食貧，諸弟妹幼，門内數百指雍孫仰給。先生爲家督，藉修脯供，時時苦竈突冷。乃至是，剖槖中藏予仲、季，廢箸鬻財致産，衣食得無罄乏。先生歸時，兵燹未夷，税重田輕，急無所從鬻。宗人以蕪瘠田貿先生，先生曰："吾不市，若其溝中殍矣。"名爲市田，其寔賙之。先生之妹適王某，窶甚，亡作業，先生爲經紀其家。子姓不能喪，殯之；不能室，娶之；寄養人家，捐數金贖之。里孝子莊某，賣卜養親，貧而鰥，先生完其室，不二期，舉一子，人以此異先生誼。

先生居自念隱約甚，治家纖嗇，禄餘銖積用起貲。聞其甘，瀟索自如，寢無重褥，食無兼簋，衣無完采。一布裘三十年，出罕肩輿，或策羸馬踽踽獨行，間坐一小車，二蒼頭挽之，曰："可省輿夫費也。"輓與鄉諸君子結社，呼盧浮白，枰奕終日，盛帳具，自是多所存謝，而要以節儉爲率。見子姪有輟學嬉遊，衣絲襲縞，必深加噍讓，蘄改乃已。故其訓曰："學，猶殖也，不殖將落。儉，共德也，克共無賈。"格言哉！

先生之子三，伯哲甫君舜臣，以隆慶庚午舉順天鄉薦，萬曆丙戌成進士，官刑部主事。仲章甫君夔臣，季謙甫君益臣，與家孫懋賢君士昌，以文學斌斌世其家，並光縉善。

李光縉曰：家季父定安公，與光縉言，先生貧生也。後不及識先生貧，而睹先生通顯。時先生冲然穆然，亡富貴容也。今里中習，家紈而户綺矣。富者欲過，貧者欲及。士一掇名，盛騶從咤呼，聞先生風，可以愧哉！諺云：人貌榮名。世有生渺小致卿相者，而先生貴不能陟一第。士未盡皮相與？抑建禄之説，故半中耶？太史公傳日者，有以也。然先生以縣令，不難于發大府姦利狀御史，亦不難以太府屬令覈此。其事今皆亡矣，又可以覘世變云。

封君艾齋蘇先生傳

余曩者之傳李孺人也，以艾齋公命也。今公之子長汀君、寧陵君，復使予傳公。公歿矣，余悼公而傷長厚之不存也。余傳李孺人，稱引里中人語，從蘇姓，呼兩君爲大小蘇，以儗其才于子瞻之兄弟氏，而時呼公爲老蘇。公以余爲侈于言，由今觀之，余言非侈也。但欲使吾里中人，復見公而老蘇之，尚可得哉？

公諱存淑，字世與，别號艾齋。世居吾儒林里之燕支巷。父古泉公，娶丘集齋中丞公妹，寔生公。公不豐于貌，癯而秀，雅而有文，舉止雍容，言笑不苟。弱冠補弟子員，遂以文名。嘗稟學于李白齋公，器之，字以女，是爲李孺人，即世所稱李卓吾先生之妹也。

公讀書喜深沉默想，不以區區記誦凌獵相高。爲文引于繩墨，無聱牙詰曲語。當所極意，不擢腸肺不止。或累日一就稿，或一稿而更數易，以是多根極理要，一語可敵人數十語，對壘者盡遜席公，而公之精神亦用是稍稍頓矣。公故羸，力學益困，浸淫善病，喀喀不休。既病肺，又病脾，綿惙十年餘，人多危者。公瞿然曰："亡恙也，吾以讀書致病，亦惟書可以已之。"于是謝素所來往諸醫，自以意觀古方書，因却疾自療也。公雖病，手未嘗釋卷，時時取周、程、張、朱語録讀之。一日，觀蔡虚齋、陳紫峰二先生集，得所謂"心境静時心亦静，心生還是病生時"之句，遂益大悟。謝絶世囂，置功名富貴于度外，面壁竟日，若無一煩惱思議，脱屣掌故員不復匏繫矣，而公之病良已。大抵公以力學致病，至問其所以精進而有得者，亦本之病攝爲多。故終其身，于己無放言高論，于人無厲色疾聲。忍濡善下，擇地而蹈，雖在急遽倉卒中，無幾微錯趾，人一見，知其爲有養君子也。

公惇倫篤行，事古泉公、丘孺人甚孝。古泉公老而盲，護惜如嬰兒，問寢視膳以爲常。事諸父如父。與弟庶分業，多受觖，若不知非丘出者。病久，未有子，内外侮沓至，處之坦如。既舉兩君，嚴而教之，風雨寒暑，毋踰家塾。兩君尠少，稟教惟謹。公亦大慊于志，生平好古禮，居家教子，凡事必依于禮，冠兩君于阼階之東，筵賓而醮之。最後，使問業于余。余治《易》，公治《詩》，余爲兩君作《四子譚》，公首肯之。公庭訓説《詩》，余聞，未嘗不解頤也。

兩君先後領鄉書，寧陵君又成進士，繇南召令改寧陵，載公之教而行之，所至有廉能聲。公萬里詒書，但令潔己愛民而已，不問其他。布衣角巾，無改于舊。出不肩輿張蓋，挾一蒼頭行于市，貌温氣和，人不知爲封翁，猶從目之曰："此老蘇也。"其見敬于人如此。公私念上世多積德，未有顯人。兩君既貴，遂有慕效范文正公之意，欲大有注厝于家，而力未及行。曾割田數畝充祖塋祀，志非畢也。未易簀前，猶手抄薛河東《讀書録》，甫卒業而逝。

逝之日，長汀君以罷春官授職，先已入里門，得視公病，殯殮如禮，寧陵君可少免于終天之憾，人以公爲積善之報。卒年七十。

李光縉曰：世俗重通顯而輕行誼，見有慕效古人行者，輒嗤以爲迂，而相率爲華囂争競之習，流失甚矣！匹夫徒步，目不知書，其子偶貴，遂傲然自厠于薦紳大夫之列。凌轢巨室，侵漁下户，雖其平居等夷之人，至俛首而不敢仰視。此余所謂悼公歿，而傷長厚之不存也。公之學不及用于身，而用于子。公之政不得施于官，而施于家。噫嘻！公可謂質行之儒矣。封君能貴公，而非公之所自貴也。

徐封翁傳

封翁諱鴻儀，字采伯，别號振宇，侍御奕開君之尊人也。從侍御令滿時封，稱令，後改稱侍御，人尊之曰"徐封翁"云。祖司徒浯溪公，生子少浯公，以郡諸生游國子上舍，最後貳無錫令，卒于丞，是爲封翁父，丈夫子十人，封翁其第五子。

生有奇徵，長身皙貌，聲如石磬，于諸昆後出，年詘其下，而倜儻不羈，魁傑有大志，輒凌出其上。錫丞奇之，諸昆自以爲不及，他兄事者無論也。司徒貲遺故厚，錫丞居文學時，嗜書攻文，喜交結四方賢士，士多就者，倒屣帳具無虚日，以輕財喜施聞于郡中，不問家人産事，貲漸以耗。及封翁生稍長，錫丞之家詘矣。俛首授貲郎，非其好也。

封翁資敏善誦，獨不能頫首濂、洛、關、閩之談，爲文多出入語，屢受挫于學使者。見父晚年受多子累，諸昆弟少者未鵲起，長者螻落，一老親敝敝卑官，折腰而希升斗，意益不自懌。遂謝罷舉子業，喜爲俠益甚。時錫丞以鴻臚出爲縣主簿，封翁走之楚，從母孺人事錫丞于簿邑邸，分邸中鞅掌之半。封翁之胞弟季，錫丞厚期之。壬午棘闈之試，季應省辟，命封翁歸視季試。封翁不辭就道，抵三山，見季，心自喜。會季之姻某子甲，以他事爲偵卒所伺，學使捕之急，窮而宵遁，事逮季若同舍郎。封翁瞿然曰："大人千里命歸，爲季試也。季窘，奈試事何？且同舍郎何罪也？豈不聞所謂豪傑間耶？寧代季捕，庶幾稱大人之命。”挺身詣學使，自白曰：“某子甲，小人之姻，非季姻也。同舍郎無罪，罪當在某。”舒足受杖，繫累匝月，創甚，無悔。出行囊給諸旁費，事解，竟不問償。諸公聞之，益重封翁之行。封翁有姊適姚令公子，公子貧外出，姊病幾殆，封翁乃迎歸，視湯藥，歿自殯殮之，不以問諸昆。語人曰：“父母在外，姊死夫貧，無所歸殯，吾懼傷父母心也，何問費？”母孺人犯劇疾，楚郎訊至，封翁聞之，與季弟兼程晝夜行三百里，母孺人久已懸望二子之來，猝至一見，大喜過望，病遂立愈，聞者稱爲孝感。

已，轉丞無錫，封翁復偕二尊人之無錫。會歲大祲，野無青草，殍死者相藉。丞且出掩骼埋胔，暴烈日中，不四月，瘁病以卒。封翁晝夜哭，邑人傷之。輿櫬將歸，吏稟于令，例從後垣出，封翁以禮責令，諍出中門。櫬出之日，胥役、隸卒持梃格鬬，郵夫無敢入輿。封翁率季及諸蒼頭自舁而行，竟出如禮。是役也，封翁悲鬱于衷，義形于色，哭聲震天，淚下如雨，櫬行若飛，格者氣奪，道觀之人咨嗟讚嘆。邑薦紳孫柏潭、顧涇陽、堵太冲諸公，高封翁誼，争識其面，相率出郭，致祭河干。一見封翁如平生，立祠錫山祠丞。涇陽公倡道東林，天下賢士大夫順下風而不可得。一旦以封翁爲非常人，于是封翁聲遂從此滿矣。後侍御官白下，善涇陽之知，以此。

封翁廓落多度，與人交，不侵然喏，赴人之急，鋭身救之。有叩門請，不以亡爲解，素所蓄積也。錫丞宦歿，故業盡耗，諸郎分居，鬻司徒第，析箸益微。惟是閥閱聲望流轉已久，忽遭中落，撑支苦艱。事至，諸昆季亡應者，封翁獨以身肩，甚假貸以充。上世蒸嘗多有，後乃失之。封翁時亦居約，但寘不問。歲節忌辰，質明行事，雖不當直，香燭牲醑，必躬必親。家無宿舂，客至，尚留飲，豪醉如故。人不知爲四壁之居。

侍御兄弟多人，侍御最聰穎，勝衣舞象，日誦千言。封翁于諸郎中，特奇之，曰：“祖武有繩矣。”課督備至，見載筆翩翩，能道今古，色沾沾喜也。侍御弱冠有聲，補掌故員。亡何，領鄉書。亡何，魁南宮，成進士，授溧陽令，以廉能見褒。

三年秩滿，具龍章冠服而上封翁。封翁既以子貴，益發舒其廣大氣，不比曩貧約時矣。先是，侍御新就令，請封翁偕之縣，封翁曰："吾有母在。"彊而後行，席未及煖，遽趣駕歸。昕夕母孺人側，奉柔毳甘旨，伺所意好，不惜金錢致之。或難其侈，曰："吾父卒于抱關，已矣。吾往者菽水不可致，今有孫禄入，不以將母，非子也。日可費數十緡，但得母孺人加匕箸，吾快矣。"母殁，封翁年六十餘，哀哀作孺子泣，含殮祭奠，與牛眠馬鬣之封，自竭誠慎，胞季不使聞也。

封翁善費，侍御善承。俸入不充私橐，輦而致封翁所，恣其出入。封翁無私蓄，隨得隨盡。費之供母，費之祀先，費之饗客，分散予貧，最後費之土木宫室池榭之作，篋往往若洗矣。私奉養不簿，買田宅不以授諸郎，而公昆季。諸郎訝不爲己地，封翁笑曰："爾有兄在，當無詒爾貧。吾昆季多未有與也，故先之耳。"侍御君召入爲御史，持節視鹺淮揚，歸見封翁，臨行，謂曰："兒行矣，吾今無復問。但王父第何在？"乃取自所搆宅更張之，百堵具舉。匠作譁然，人怪其改作，封翁曰："于司徒第何如耶？吾無以見先人地下，姑假此洩吾憤，快吾意，何暇及後子孫師吾儉也。"嗟夫！封翁之意念深矣。

封翁以宕達之性，敦孝友之行，予人若棄，假人若忘，心内稍當，千金可擲。視世俗貴人父齷齪慳嗇，不啻霄壤。里戚誦義者故多，但峭直易發怒，不能面容人過失。于達官貴客前，間不避忌諱，以故疵封翁之短有之。侍御君被薏苡之謗，有波及封翁者。封翁大笑曰："吾豈神遊虎丘、北固間耶？何不行而至也。"及侍御君歸，第笑語之曰："朔洛翻覆，世事奕棋。吾日夜望子之來久矣，果然不出吾料。"自是不復見客，晤言一室之内而已。

未幾，病亟，彌留之頃，囑無他及，但語侍御君，出所有田宅均諸兄弟，建大宗祠，修東皐封君墳。侍御一一如治命。語畢，溘然長逝，時年六十七。

參知序齋李公傳

穆廟以前，吾郡薦紳大夫，未有官史舘詞林，其以進士讀書中秘者，史筲江先生後，李公序齋一人而已。公當隆慶初，與黄宗伯公並時登第。宗伯公繇鼎甲，爲編修，公以文學，改庶常之選，一時稱稀有盛事。其後舘選不乏致位通顯，皆踵公之後，而斌斌繼起者也。然公竟落舘職，亦歷省垣，竟浮沉于令丞、郡邑、藩臬之間。則公之居官立朝，非今人善宦可同日道者矣。

公諱熙，字穆之，别號序齋。先世隴西人，始祖悳自秦入閩，爲泉人。數傳至新喻諭南崖先生文獲，即公父。母謝恭人，生公兄弟五人。伯學諭峻齋公勳，季封文林郎公點，曰杰，曰燾，公居仲。公生有異徵，謝恭人方娠時，夢雷入室，覺而生公。

少穎悟，善誦，與伯氏學諭公同舍業。伯氏敏甚，年八九能文，公見兄撰著，模之成篇。南崖先生異之，因盡授以宋諸儒遺編。公時方㓜小，瞿然曰："男兒學，徒舉子恙雉耶？"

十六歲，補邑弟子，遂有奇稱。王遵岩先生負人倫鑑，深識别公。嘉靖辛酉，督學使者金存庵公試泉，拔公首晉江，士望歸之。是秋，應省辟，遂登賢書。隆慶新元歲戊辰，南宫首闢，公始成進士。穆皇帝命簡碩學之士，以充舘選，公與焉。

公蔚有文譽，爲人謙恭退讓，同舘諸人薌之，倚以爲重，舘試罕出公右。人預以公輔地儗公。亡何，以尊人憂歸。服闋，還京，宜留舘。當是時，興化相公已去位，新鄭首揆，吾鄉舊無奥援，公亦耻窺闞賁緣附人。新鄭以無私謁，訝之，諷使來見。公不從，因落舘，給事省垣，公不知愠也。語人曰："諫官與天子争是非，顧不重哉？"于時疏辠錮諸臣宜録用，陸公鳳儀、石公星、詹公仰庇、鄭公履淳，其人也。請特祀理學蔡文莊先生。糾閹璫馮保盜國柄，旁及戎政、車戰、秋防、互市、賑邺。諸疏言纚纚備，靡非國體，未嘗以私意排擊吹毛疵人，以故人多諒之。

莊皇帝升遐，馮璫交通用事，新鄭欲盡逐諸舊璫，使恩繇己出，諷公使言，公曰："不可。漢、唐、宋，前車可鑒也。惟朝廷勿假事權，士大夫無納交可耳。"已，新鄭敗，禍幾不測，果如公言。公見事識微多此類。新鄭去位，江陵代相，盡斥逐新鄭所貴重用事之人，公不在逐中。江陵欲得其私附己，以所欲論逐某子甲，遣人密授之。公弗爲動，其人嘲公拙，公謝曰："寧拙無巧。"江陵不悦。會公所條上某司馬、沐黔國、劉都護、宋主政諸不法事，悉江陵私人，江陵怒益甚，謫公丞南豐邑。公一斥出，于是不可復入矣。

公丞南豐年餘，始移寧國令。二年，遷南北部主事。三載，出守高州郡。又五年，轉粤西憲副，備兵桂林。所至非屈抑于下寮，則留滯于遠郡。又多翳障毒霧之都，爲遷吏逐客之所。公丞則丞，令則令，守則守，監司則監司，或調或不調，浮沉淹速任之，無置于懷，且不復念昔時有木天筆札之貴與黄門給事之尊也。公在南豐丞，無所事事，乃修《江右誌》，與諸生講學，與白鹿洞中倣朱文公教士規，士多就者。及之寧國令，故不同于丞矣。公不以遷謫優游自廢，獄訟必親，錢穀必理，簿書煩瑣必問，精勤敏于初授令者，上官異之。是時，政府操切，郡國承風，吏治以毛舉鷙擊爲名，公獨尚寬大，治一準之廉平。郡有大姓，負寃狀，激生他變。事聞，政府議發兵誅捕，逮繫無數。會中丞胡公取道至寧，公以夙雅，入力言不可，胡公從之，僅誅强梗者一二報命，然公竟以是拂政府意。居南北部，讞刑多平反。出守高州郡，可無馭于繩墨，然炎徼地耳，猺名雜揉，文法難繩。公至，罷一切，以廉静鎮之，獄訟衰止，民是以和。久之，威信大行。累年巨賊恃固不服，二千石莫之擒制，自相縛出降，餘黨去之他郡。其後備兵桂林，粤西猺俗不殊高、凉，公憲之一如高、凉時，以弭盗息訟爲務，盗亦不起。諸司皆冷局，獨府江有榷木、鹾二賦例，有羡帑，歲可得數百金。公攝憲年餘，署郡者以例請，公却之，移劄付郡，令貯之以備他需，一時同事諸公皆歎公廉。未幾，染疾，夜夢南崖先生促之歸，遂引疾疏致仕。三臺難其去，比得請時，已擢雲南大參矣。歸未抵家，舟次惠州河源，病劇，竟卒。

嗟乎！繇前觀公，毋論玉堂金馬，即黄扉青瑣，猶依日月之光，世之所以居公者，何其顯融！繇後觀公，無論令丞佐倅，即憲府黄堂，不無積薪之嘆，世之所以居公者，何其晦抑！非二相能頓挫公，峭直甘自挫耳。令公稍委蛇于新鄭之一謁，翰詹可坐有矣。又令公肯渝節于江陵之半囑，卿寺可立致矣。然亦不能不從二相以胥敗，非所以爲公也。余獨怪，江陵相禍敗後，諸不附江陵、或迕江陵去者,皆相繼召還,或起于田間,或升自散秩,不二三年而躐大位。公淹抑如故,並無有一人爲公頌言者。公亦不表暴自言,棲遲嶺表以卒。大抵依人而以就低昂,可浮可沉,非公素也,是可以盡公矣。

公動遵古人,學務寔踐,不事講説,惇倫篤行,友于兄弟。雖通籍後,居恒布素,絶聲伎,奉公事,叙圖書箴銘,手不釋卷。課子弟讀書,諄諄以義命爲言,子孫皆遵教。其猶子刺史弼卿君,以進士初令南豐,能于公謫丞之邑,振未湮之教,而存過化之神,蓋古所稱慥慥君子,故其流澤遠如此。

子三人,長君暹祥,次君會祥,皆卒。季君昇祥,及諸孫毓衡、庭椮等,多問業于余,與余善。

所著有《私警録》、《八戒》及詩文集行于世。卒年五十三。

李光縉曰:余讀公小傳,著却金事甚詳,諸公多異之者。予謂辭受廉潔,此儒者慎修常耳,即爲關西孔子,亡難也。公生平奇節,不盡在是。公弗及于諫垣,然以公居給諫時,視今時何如哉?往萬曆初,新主幼冲,雖有重相,權歸一尊,國是昭明,朝黨未分,公于是正色立朝,何嘗無論列?然所争者,國事耳,非有南北司水火之攻也。亦何嘗不彼斥逐,但去國身輕耳,非有盤結黨附之援也。公以是非返政事,以默陟歸至尊,以難進易退之身任去留。下伸歸潔之志,上明朝廷之尊。今曾有若公其人乎哉?藉口白麻,陰移政柄,朔洛分形,釀成亂本,國家事凌遲幾不可爲。蒿目世道者,陰以此嘆公之不存也。公真君子哉!

歙令碩園蘇次君傳

蘇次君爲歙令,未半載而卒。吾閩學使者鄭公,諗知其居官廉能狀,爲檄檄郡邑,祠之鄉賢。檄曰:"使余今日不言,後之人其誰知公者?"蓋悲其嗇于位,促于算,恐久而湮没不稱也,可謂知次君矣。嗟夫!士君子患無可知耳,奚必其位與年也?知次君者,亡如余蚤。次君之子肇煌,泣使余言,余是以傳。

次君諱懋祉,字子介,别號碩園,文學艾齋公之仲子也。艾齋公積學篤行,以儒見推。娶李白齋贈公女,贈公乃海内所稱李卓吾先生父。李孺人歸艾齋公,初故艱子,逮及中年,始舉次君兄弟二人。長即今樂亭論君子廸,名懋祺。次君少于兄伯二歲。艾齋公蚤善病,未有子,連得二子于病中,尠小並聰穎絶人,人以爲奇。長君爲人渾含愨惻,發于真誠。次君稍露鋒穎,而英風峻峭,意常不可一世。與兄伯同塾師,連榻共槧,易册而讀之,敏捷善悟,時過于兄。長君亦自遜席,以爲弗及。

戊子之歲,學使者試士,兩君以總角垂髫,並時補掌故員。而邑大夫鍾繼源公,尤深奇之,枉造其廬,名遂以起,人呼之爲大小蘇云。余與兩君同里居,艾齋公遣使就余問業。余是時負笈,從游之士頗多,然往往從遠方至。其年青才雋,居相密邇,莫如兩君。余是以于他及門出接坐論,間或有時,獨于兩君見,無問疏數也。風晨月夕,余嗒焉冥思,黯然有得,輒呼至與語,兩君相視莫逆。余縱則縱,余横亦横,次君之妙解尤速,機峰迅發,有啓余者。長君之文和易而則,次君之文聳峭而華。余嘗與次君以老氏有言“虚其心,實其腹,柔其志,彊其骨”,于文亦然,次君郢立不失容。甲午之試,長君領鄉書去,次君尚留躕黌序間。一日,從容語余曰:“吾儕取大多矣。若某者,何如也?”余笑應之曰:“足下第未發耳,一發,在阿兄之前矣。”次君莞然而去。

歲庚子,次君舉于鄉。越丁未,遂成進士。謁銓當得令,令又南召,于宛屬爲僻邑。人謂次君才而不著作明庭,亦當劇地,而奈何此蕞爾爲?次君夷然自得也。至南召,悉發舒其所欲爲。邑處萬山中,多礦穴,河嵩之間,亡命視爲逋藪。次君嚴礦盜,招流移,墾荒田,鋤猾胥。民間冠婚喪祭,著爲儀式,以救俗之敝壞。進弟子員,合試之,品隲其高下,自爲文以式。戒父老子弟無輕訟,無游惰,無以淫侈相矜,拊之如父,導之如師。不數月,邑翕然丕變,而文學靡向風矣。

臺使者疏其能,移宰寧陵。寧陵于中州爲劇土,次君至,一切以理南召者治之。彈壓豪强,務去煩苛,與民休息。先時,邑受河齧,河壖善地鞠爲茂草,人民流移。次君闢蓁莽,築堤垣,經紀城池,爲久遠計。整飭厨傳,給牛招耕,裁馬快工食,以充墩夫。兩造待讞,片言而決。贖鍰不入私橐,門無暮夜之金。爰書奏成，上官大吏盡報可，無相枘鑿者。邑執政卿貳之家，造廬問政，以道義相引重。異時，邑令罕當諸公之意，而獨與次君驩，數稱其美。故次君興一役，下一令，靡不人人意得，事無阻格，而上下無異議，亦克底有成績。二年頌聲四起。會以艱歸，資斧不充，諸公貸金以佐，又爲多方以請郵符。次君行，主僕三四人，行李蕭然而已。

讀《禮》三年，哀毁思父，喪葬以禮。間步出造余齋中，上下千古。余拓落自放，次君亦爲余惻然也。淡薄寧静，不改未第之初。時時對余言："子介若再出，當無兩截人矣。"

服除，補徽歙令。歙爲巖邑，得行所志。次君鋭意應之，新政方施，什未展其一二，百姓欣欣拭目以俟。次君勤于其官，未幾，以瘁卒。邑人聞者，莫不流涕，巷哭道祭，爲之罷市。

次君在寧陵時，今學使者鄭公爲守，諸屬令中，獨雅重次君廉，兩人深相得，于次君治寧陵狀，信之獨深，故不待郡邑士民之請，自爲檄，表次君賢，而俎豆于賢人間以此。

李光縉曰：余讀祀次君檄，蓋潸然流涕云。檄之知次君也，在顯融之後。余之知次君也，在根荄之初。當次君來稟學時，余見其與兄伯讀共書，坐共席，食共案，序則雁立，行必肩隨，踵及吾門，未嘗獨至。余語之言，歸必反告，如塤如篪，以順父母。余心内善之，知其必貴，不獨于文字間射覆也。《書》不云乎，"惟孝友于兄弟，施于有政"。次君之蒞官行政，本此。此余所謂知之蚤，而檄所未及詳者也。操是道也，雖十世知，可也。而使檄咨嗟嘆息于後人之不及知者，何哉？人生世上，位與年，何可忽也！悲夫！

曾氏節孝傳

《柏舟》語節，《蓼莪》語孝，《詩》載之矣。然以余所觀聖人删《詩》，録《柏舟》于《風》，但紀其不能奪于母之愛，有"靡慝靡他"之志耳，未嘗詳共姜之有子與否，與所爲子之煢者何如也？于孝之道未及。至其載《蓼莪》于《雅》，亦但紀其不能已于父母之哀,有"何怙何恃"之苦耳,未嘗詳其父母之有年與否,與所爲母之寡者何如也?于節之貞不著。嗟夫!一門之中,再世之内,母寡子煢,孤苦之際,難言之矣。今于吾里中曾氏見之,作《節孝傳》。

曾之先,自宣靖公昉,其後代有聞人。世居郡迎春門外之下淮里。嘉、隆之間,有文學曾帶河君者,名魁郡庠,名士也。隆慶庚午,學使者周肖魯公試泉,拔寘第一,文益有聲。余與並時在諸生中,猶及友其人云。

帶河君之祖,曰敬軒公,諱世惠,郡庠生。父曰曉泉公,諱一誠,嘉靖辛卯舉人。敬軒公娶邑之沙堤李氏女,生曉泉公,甫六歲而敬軒公殁。李孺人年二十六耳,至芳齡也,矢志鞠之。曉泉公長,娶雷山義門之吴氏女,生帶河君,甫二歲而曉泉公没。吴孺人年二十七耳,亦芳齡也,矢志鞠之。兩孺人皆蚤孀居,所拊皆藐諸孤,婦姑相守,以老而終之,各併命以樹帶河君之一身,宜其感泣而能孝也。曾氏是以有"雙節婦"之稱,而帶河君爲孝子。

今按之:李孺人生而端凝慎重,不輕笑語,習女訓大義,年十八歸敬軒公,爲諸生婦。能篝燈佐讀,俾君子無失業,有勸學斷機風。歸二年,舉曉泉公。又六年,而敬軒公殁。李孺人痛哭不絶聲,欲以縊殉之。已,悔而思曰:"未亡人有子在,存孤吾事,死非吾事也。可奈何以溝經之諒,忍使曾氏祀忽諸?"于是始不廢飡寢,慇斯勤斯,惟鞠子是憫。朝荻畫以教之,暮和丸以啖之。有稍不如命,則夏楚隨之矣。李孺人自孀居後,身無故不出閫,非有大事不歸寧,甘荼習蓼,備所不堪,絶無愠色。獨延師課子,則不恡費,往往疲手指以供修脯,必冀子于成立而後已。曉泉公而既長矣,能以文就有司試,十六歲補掌故弟子,李孺人始慊于志。

未幾,爲曉泉公娶吴氏婦。婦至,能佐姑勸君子力學,李孺人益喜。嘉靖辛卯,曉泉公以少年舉于鄉,李孺人大喜過望,以爲吾今可以報敬軒公于地下。吴孺人至,未幾而舉子帶河君,李孺人有孝廉子,又有孫,婦姑相爲悦喜,可知已。

乃曉泉公初上公車,歸不二年,没矣。妻以夫爲天,母以子爲天,孝廉没,而兩孺人失所天也,矧已立而將成之孤也,亦太甚矣。李孺人涕曰:"氏無子也,可以死。”吴孺人涕曰：“氏無夫也，惡得不死？”已而相泣，又已而相煦也者。李孺人語婦曰：“婦幸有子在。”吴孺人語姑曰：“姑賴有孫在。”李孺人自語曰：“未亡人二十六，忍死而寡。”吴孺人亦自語曰：“未亡人今二十七，忍死而寡。”于是兩孺人形影相弔，居地相憑，婦不欲觸姑之痛，姑亦不忍隕婦之淚。吴孺人但嗣姑之躅而行之，時而拊心，時而飲泣，唯冀以畢高堂之餘年，而俟不可知之子，以長兩歲之孤。吴孺人腹之，李孺人背之，吴孺人乳之，李孺人哺之。吴孺人以爲母者代爲父，李孺人以教子者仍教孫。晨昏誦讀，考其生熟，按其勤怠，非吴孺人之手拮，則李孺人之口瘏，嘵嘵譙譙，不啻共之。冰玉之操，間關不渝。婦與姑無以異也。毛裏之情，顧復不衰，大母與母，無以異也。

帶河君自少及長，脱于母之懷，便立于大母之側，出告反面，遵教惟謹，卒成名士，蜚聲藝苑。豈惟母教，乃李孺人訓與有力焉。聞之下淮里人云：帶河君事兩孺人，召必至，命必趨，家四壁立，饘入不授私室，晨昏甘毳之供，隨力自致，必先意承，于奉大母尤恪。李孺人臨没，誡家人不得啓手足，奉其治命，哀毁成禮。執喪三年，孺暮（慕）終天，人以爲子也，而孫也。其後一意事母孺人，怡顔愉志，無改常度。晚授生徒，從游者衆，臯擁無虚日。有隙輒竊入子舍，問母安否，視寢膳以爲常。見母嬉笑，舞蹈從之，間有微恚，必長跪得謝乃已。恚或未休，則以詬細君曰：“無乃爾得過于姑乎？”立自責不容，細君亦忍詬而怡之。非母意釋，不得釋，母子訢訢如也。帶河君無時不念母嫠之苦，處心積慮，但知有母，若不知身之貧與遇之弗遭時者。以故吴孺人亦安子之孝，而忘其嫠。吴孺人病劇，帶河君視藥親嘗，衣不解帶，焚香籲天，願減己齡之十以益母算。時吴孺人算已七十五矣，後果延十齡。帶河君竟以五十五先吴孺人卒，如符所請云，人謂帶河君孝感。

帶河君以文學終，不克行所志。今有孫大雲第進士，爲臨川令，卓異見褒，位望日起。遡曉泉公而上之，三世有光矣。總之，推帶河君孝，當原本于兩孺人之節，而李孺人尤所先焉。

李光縉曰：《柏舟》之婦，一而已，曾氏節有二焉。皎如烈日，凛于秋霜，皜乎無以議矣。帶河君非吴孺人不生,非李孺人不成,罔極欲報天而天也。《蓼莪》有涕,何淚可揮,奚以之忍自言孝爲?然余識其生平學問,文章雅馴,操行淳備,居貧不厭,嗜學不倦,不可謂非善守身矣。請代與齡之説,蓋本于《金縢》文王與世子之夢,事之有無,誕信不可知。謂人子所欲致之親,而不得已之情,則可必執是以盡孝。假令屋籌無添,益算非符,將謂孝道虧乎?非然也。孟夫子以不失身爲孝,曾子之養志可,則所言孝有在己。紹父之業,完母之貞,飭躬砥行,昌厥後人,斯其不匱者矣,此之謂能孝。

節　孝　傳

蔡孺人節者,孝孫謝雍崖封翁之繼王母也。王父曰默軒公暲,潮州守公冢孫,娶李孺人,生丈夫子二,長抱一公繼宗,爲封翁父,次北田公朝宗。亡何,李孺人没,抱一公甫五歲,次者在襁,兩孤呱呱,默軒公難其繼,是有節蔡。蔡孺人之歸默軒公,年十七耳。兩孤失恃,以蔡孺人爲恃。蔡之子之,若不知其非己出,兩孤亦不復知其非蔡出也。默軒公善之。居七載,默軒公没。是時,蔡年二十三,僅育一女。芳齡蚤寡,子非己子之孤,而家又貧,孀居間關,艱苦萬狀。爲蔡孺人者,亦難矣。令蚤自裁決,以勉爲其死之易,豈不稱烈?蔡孺人曰:"未亡人死即死,謂兩孤何?義有大于是者。難,吾不䘏也。吾非爲一女,爲孤未立耳。"語畢,欷歔泣下。蓋自是,而蔡始不復歸寧也。母子三人,更相爲命。提之抱之,顧之復之,益篤于父在時。未寒授衣,未饑授食,稍長受傅,督其咿吾聲以爲常。謝之人謂,蔡孺人無子而有子,兩孤無母而有母,蓋賢之云。

抱一公既弁,娶于魏,曰魏孺人,是爲封翁母。未幾,舉封翁。仲北田公亦已長。抱一公補邑弟子員,試輒高等。蔡孺人乃大喜,召兩孤語之曰:"吾今可報爾父于地下矣。"乃亡何,魏孺人没,後一年,抱一公亦没。時抱一公甫二十六歲,其所遺封翁孤,僅五歲也。封翁無怙恃可依,而依其祖母蔡。蔡孺人雖有仲子,年少不任事,遭家中落,累喪繁費,四壁貧甚,饘粥不自給,且時有不利之圖。封翁少復善病,藐諸之勢岌,蔡孺人抑又難矣。蔡孺人泣謂其子仲曰:"天乎！既殀吾夫，又没吾子，方孤吾子，復孤吾孫，吾鄉者謂可報爾父于地下，其無乃大蚤息，吾失矣。吾不意二十餘年後，復見此零丁孤苦也。”慟廢飡寢者久之。于是鞠封翁，扶抱提携，愛育有加。飯則喜，不飯則涕，間有微恙，憂形于色，視拊若父時，益藭愈危矣。

封翁性聰慧，有至孝。拗小時，蔡孺人與之語，能解所以。呼坐便坐，命食始食，不少拂王母意。蔡孺人暱之，于他孫中爲最。一日，偶以倦嬉，蔡孺人召責，惶恐甚，詰昕，摩其頂諭之曰：“夜夢爾祖取食榼中飴汝，此何祥乎？”封翁請其解，蔡孺人曰：“飴，甘物也，子必甘矣。吾茹苦而成子甘，子勗之。”言畢而涕。封翁感其言，嗜學不輟。封翁幼患疹，危甚。蔡孺人齋沐呼禱于帝曰：“奈何而奪人孤子後乎？若父五歲孤，若孤亦五歲，所不絶者，綫耳。有不可請，願以身代。”日減朝飡，疹愈乃復。封翁既稍長，患痘篤。時蔡所生女李適者方治奩，遣事亡不蔡孺人手指出。忽自舍奩事，以屬姒李氏代爲理，而身一意護封翁痘，不解衣帶者數晝夜。曰：“吾方寸亂矣，何知吾女？”其殷勤之惘有如此。封翁每出就傅，禀學于蔡，蔡孺人觸物誨之，間與語其父若祖遺事。蔡泣，封翁亦泣。

封翁居以不及事王父母、父母爲終天恨，事蔡孺人先意承歡，自幼至壯，定省未嘗少懈。一日，簡故篋中得遺札數幅，蔡孺人曰：“此若父手澤也。”封翁持之大慟，裱成一幅，珍若拱璧，時懸之座右。蔡孺人疾，浣褕必親，偶有違拂，長跪榻前，得解乃起。與叔析箸，孫嫗相煦。遣姑奩費，身自肩任，不以委叔氏。蔡孺人念其至誠，聽之不辭。承重三年，哀痛毁瘠，執喪如禮，割己分粒，充爲祠田，公之從昆，曰：“吾不有繼祖母，無以有今日也。”合窀改穿，停櫬編蓬，淋雨滲漏，以身覆蔽之，雨遂稍霽。人謂近郊且深數尺云。

没久而思，思極而夢。蓋于今八十餘，耄矣，語及，亡不淚簌簌也。其詳具《夢李令伯記》中。讀者奇之，以爲蔡孺人之節難矣。封翁亦至孝焉，稱曰“孝孫”。封翁以子吉卿、台卿貴，封中憲大夫。

李光縉曰：余讀封翁《夢李令伯記》，蓋灑然可異焉。《陳情》一疏，流淚千古，謂與《蓼莪》之意同耳。僞朝、荒朝，所不必辨也。當是時，司馬統曹寇蜀久矣。彼辭晉命，安得不云爾乎？要以赴蜀不赴晉，一疏之辭，能終身不變，令伯雖有是言，心自足暴于天下矣。令伯劉所自出，封翁非蔡所自出；令伯之父不孤，封翁父孤；令伯少事蜀蚤貴，封翁不蚤貴。封翁當兩君未第時，柔毳甘旨之供，莫恣意好矣。一嫞三世，樹孤孤立。蔡孺人之遭，難于劉。封翁竭力而貧，以睇令伯，惡在其多處幸也。令伯恨報劉之日短耳，封翁及貴，而蔡孺人死久矣，固宜其日夜刺心乎！

嗟乎！蔡孺人之墓木拱也。其孤已老，子孫已四五世，猶至今令人悲思不忘。豈其無純節淑行，而能至是？不有令伯，萬世之下，誰知母劉？孝子慈孫，故亦不可少哉！封翁之夢令伯，有以也。

王母慈節史太孺人傳

王母者，萬安令王季君鴻磐之母也。稱太孺人何？從季君秩也。季君令萬安將六載，膺御史疏薦，奏三年滿，天子褒嘉，贈尊人肖峰公封，母太孺人始受今稱。當是時，璽書甫下，太孺人算八十矣。豫章之士大夫、國人誦令公之績，推本母教之賢，相與徵行與年，榮而壽之。季君具述以對，兹行略所繇著也。今太孺人終矣，季君自萬安奔訃歸，哭泣既罷，將拊厝于贈公之墓左。不能自已于桮棬之慟，復不忍湮夫華衮之言，乃更録太孺人行，于贈言益加詳焉，授不佞繒傳之。作《王母傳》。

贈公肖峰，諱思賢，娶于史。史故巨族，太孺人爲史廉憲公福玄孫女，歸贈公，生丈夫三人。長某某，次某某，季即萬安君際逵，最後出也。贈公偉姿觀，善心計，初治鄒魯家言，後乃棄去行賈。與江少卿從弟愧泉公共本貲，江公守市門列肆，贈公徵貴賤于吴越間，鬻絹帛絲繒以歸。贈公觀萬貨，目量手程，無尺寸爽。貨出入所多所鮮，不具酤簿，久皆心識，灼數如列眉。年少江公遠甚，人倚祭酒。兩人遂稱大賈，卒以致饒。公既施其策于市，而以户内事畀之太孺人。太孺人拮据與居，與公操作瘏瘁，善事舅姑，曲當歡意。贈公致貨千里，無内顧慮，太孺人力也。贈公天性孝友，仗義慷慨。收息贏，得上供二尊人，下給諸昆。太孺人慫恿之，仁義附以行，故贈公非富春秋，已多長者行矣。

贈公竟以賈遊卒于武林之駔驓家，是時訃至，太孺人年甫三十二耳。季君兄弟三人，季君週歲，伯若仲猶纍纍，兩白髮在堂，贈公之兄蚤世，二三子未成立，弟季稍蕩于矩。太孺人收贈公餘積，亦有數百金之存，而一家無老少尊卑，被服食飲，盡出其中，太孺人不能以亡爲解。亡何，而翁姑相次没，周身與棺，竭誠盡慎，亦惟太孺人手指治，太孺人爲此極難耳。

不數年，而贈公之遺，耗費幾盡矣。又嚴于課子，豐于延師，聞有名傅，遣令負笈，不難捐簪珥以當脯修。其初以督伯若仲，最後命季君讀。仲學書不成，學賈，客死于粵。伯終蠹魚，以中道夭。獨有季在，太孺人于是所注心，惟藐諸季矣。家落益甚，不能支也。忍饑耐寒，併日而炊，竈突常冷，但荼苦以供季讀。聞之人，州守楊振奎公諸生時，季君兄弟皆師之。太孺人爲伯仲治師膳，每食必腆，知師至孝，甘脆必遺其母。及季君治庠學，太孺人家若洗，不能以贄矣。州守公憐季君材，感太孺人盛禮，于初寘之高足，而友教之。季君用是垂髫遂有才能聲。又其後也，鴻雁飄零，離居蕩析。季君猶自蠖伏，獨與太孺人依。衰母弱子，無天可問，誰憐之者？季君不得已，效秦人俗，出贅桃源，携太孺人入山中與俱。母子間關險阻，難爲言矣。季君不以貧挫于志，太孺人亦不以貧故挫季君志。每見季君從外來，氣嶽嶽不下人，夜讀書聲琅琅不絶，輒自喜，謂天且假是，息我黥而補劓也。

季君丙午舉于鄉，丙辰成進士，出令萬安。太孺人蓋自是始一開頤矣。季君之邑，輿太孺人偕養，猶時時舉微時困苦爲言，誡令毋渝志。聞季君堂皇外有鞭笞聲，却匕箸不食，入而問，多平反，則喜過望，亦以是思歸。歸一年，受天子綸封，季君具翟冠、霞帔、緋袍、束帶，致之太孺人所，太孺人命服在躬，喜可知已。夫孰知太孺人今日壽且貴，自貧窮愁苦中來也。豫章諸君子贈言備矣，或以陶母，或以歐母，或以公父文伯母，又或以瑶觴之金母，蟠桃之王母，皆太孺人母子間慈孝相成之美談也。

謂不復留，何哉？色笑未幾，擗踊隨之。季君自號泣，一官匏繫，殯殮弗親，昔不能哭父，今不復訣母，病已思痛，無淚可揮，宜其泣也。悲夫！

李光縉曰：婦人立傳，自漢范曄始，前史未有也。太史公不特傳巴蜀寡婦清，而以築臺客禮之事，附見于《貨殖傳》。豈清亦賈客之妻也耶？但云用財自衛，不見侵犯，其非以貧見志，明矣。卓氏之妻，與夫推轂致之臨卬，以受蹲鴟運籌鼓鑄。此于夫致富易耳，未見其能致貴于夫也。何如太孺人去之山中，食貧教子，不以蹲鴟而以鉛槧。子貴身榮，夫與俱顯，未知所贏獲，與卓孰多？人言非此母無以貴此子，余謂母非貧無以貴此子，誠不以富，亦衹以異，有味其言之也。異哉！王季君母子之際乎。總之，以贈公施仁好義爲本。

徐母王孺人傳

語曰："觀山于麓，觀河于涘。"誠哉！是言也。故不知其父，視其子。不知其妻，視其夫。余何以知王孺人之賢？余道須江，須江諸君子多挾册從余游者，余爲之客邸户屨滿矣。徐君廷言亦在游中，余是以知其父光禄公。作《王孺人傳》。

王孺人者，光禄徐某公之配也。光禄之尊人曰東溪先生，爲廣東左布政使。倡明王文成良知之學，節義事功，烜赫中外，稱世廟間名臣。光禄爲其仲子，好禮慕義，輕貲喜施，有翩翩佳公子之風。今年七十又三，老矣。王孺人其伉儷云。王孺人父曰王鼇。王，故邑之著姓。鼇有質行，里中呼爲長者，以故徐先生令光禄委禽于王。其初歸光禄時，徐先生方選貢入太學，數椽之居，一簋之食，畯素蕭如。王孺人處之恬然，旦則績紝，夜絣澼洸，以爲常。瘏瘁不分妯娌，居仲肩之。篝燈熒熒，佐光禄公讀。徐先生在國子上舍，光禄一意攻書，得亡内累，王孺人以也。

徐先生既第進士，起家李官，入給事黄門，聲勢寖隆。是時，須江不多冠蓋，徐先生一據要津，雖其邑人亦且改觀，何論子姓兄弟！王孺人獨拮据如故，衣粗食糲，不殊初婦時。徐先生敭歷既久，官至左方伯，位貴倨矣。禄資宦餘，漸積成富，一家之被服食飲出其中，恣所好美。王孺人何獨不然，簋不加味，衣無完綺，纖嗇爲諸娰率，里婦偵之，若不知其爲方伯家婦也。

徐先生既解組歸，築精舍于郊，坐皋講學，四方之士雲集。光禄時亦縶籍，爲天子尚食之官，游道益廣。干旄時至其門，倒屣不遑，帳具咄嗟取辦，王孺人咄嗟應之，不以倉卒爲辭，輒能當徐先生意。先生時時稱仲婦賢。其于光禄公之好順雜佩，所必問也。光禄公伉爽，施德鄉人，周人之困，急人之阨，鋭身不顧，間或輕貲，王孺人皆慫恿之，光禄公是以有尚義之稱。

事舅姑三十年，孝敬如一。爲光禄公蚤置媵，參昴衾裯，渾無間言。勸置義租百餘石，以贍族屬，宗之人頌之。惠邺子姓，嚴馭臧獲，米鹽煩碎，人不敢欺。閨門之内，肅肅雍雍，僮僕訢訢如也。徐先生没，四方送葬賻者萬餘家。客至，供之如禮。

没年未五十，光禄公至今思之。有子世光先生。孺人卒時，孫廷言甫五歲，孤耳，今爲郡文學，焯有文聲，問業于余。

李光縉曰：余入須江，聞有所謂徐光禄者矣。及與之遘，睹其爲人，逡廵退讓，生平多奇節，言語有足術者，其負長者稱，非虚也。以今所聞王孺人賢，光禄公之榮名，寧獨德茂，蓋亦有内助焉。徐先生往矣，箕裘益遠，模楷猶存。雖有光禄公之爲子，文學君爲之孫，要以王孺人婦德母材，功故不可誣也。《關雎》之作，本之衽席，有以也夫。

蘇母李孺人傳

蘇母者，蘇君子廸、子介之母也。兩君以才名聞里中，人睹其少年善屬詞，相次而掇賢科，呼爲“二蘇”，因稱之曰“大小蘇”云。人知有“大小蘇”，即知有蘇母。李孺人，女流中之賢也。孺人歸君子艾齋公，是生二蘇。人大小蘇其子，則往往呼艾齋公曰“老蘇”，亦因是呼孺人“武陽君”者。大抵賢其子才，而并借其眉山父母之號。噫嘻！亦奇矣。

孺人李姓，父白齋公。世所稱李卓吾先生者，其兄也。艾齋之父古泉公，家故貲，其母丘中丞集齋公女弟，内外家方富盛。孺人至里，媪族姒人人以爲蘇家新婦必艷粧巧飾，競來覘之。已，大拂所望，退不無呰薄語，侍婢有輕之者。孺人聞而笑之，謂艾齋公曰："安得君家讀書，而不聞君袂娣良之義也？"于是悉去其衣被之鮮者，但辮髪服澣，旦績紡，夜絣繲洸，與諸臧獲雜作，飼豕畜雛，必身親之。久亦當姑丘歡。姑丘治家方殷，率夙興晏寢，以爲常。孺人不遑益甚。姑丘質明起，孺人先鷄鳴起，姑丘乙夜休，孺人非丙夜不休也。一日，起稍後，自惶恐曰："姑譴至矣。"遂稱病不敢食。常煑茗，爐忽破，恐姑丘知，立購而草燻之，令如舊，不可識别。他畏憚皆復如是。

艾齋公爲文學諸生，蚤歲體羸，善攻文，慕深湛刻苦之思，連病不輟。孺人未有子，姑丘居自念，但一子未孫，復善病，終日憂懼，不知所出，往往泣下。艾齋公聞母泣，亦泣，每泣則病轉增劇。孺人寬之曰："子奈何如此而以遺父母憂也？"又以語姑丘："子病且良已，婦幸彊健，何慮弗身？"姑丘爲之收泣。乃孺人退，陰自涕洟矣。孺人積歲月侍病，減飡忘寢，醫藥禱祠之耗，疲手指以充，憂勞久之，亦浸成疾。孺人不自言疾，視米鹽如故。姑丘疑問之，以亡恙告。即病甚，彊起，終不敢令姑丘知也。艾齋公病少間，孺人亦幸有身。有詬者曰："汝夫婦俱病也，安得孕？"孺人笑受之。亡何，大蘇生。又二年，而生小蘇。人以爲孝謹之報。

姑丘先卒，古泉公病目廢，孺人佐文學，左右之如護嬰兒，矢溲裙褕，必手自浣滌，以與侍者，但恐其厭苦而生怨言。事古泉公女弟及寡女，如其事姑，及恩禮于其子若女。二蘇生，痛姑丘不及見，時抱之几前，指而誨之。甚愛暱，然不爲舐犢態，以治經校文親師取友之誨，聽之文學。而但身時其食飲，衷其衣服，問以出入，曰："兒有嚴父，我無和丸爲也。"間亦程督之，以佐義方，故二蘇皆篤于學，竟用儒顯。

子廸以甲午領鄉書，及子介薦于庚子，孺人弗及見矣。而蘇未掇科時，從余游。余材之，鄂不失容，與横縱上下，輒能起余。余時過其家，從長君文學譚，階除几席，整整如也。移時無户内聲，二子侍坐，遵父教惟謹，余心異之。艾齋語余曰："當不佞病時，非山妻，死什八九，無以有二子而至今日。"又曰："不佞之有山妻，非第養身，且養德。非第有夫，且有父。"故孺人卒，老蘇無時不思念之。其賢如此。

李光縉曰：吾儒林里中稱世族者，多言蘇公。蘇之先，未有聞人，至兩君始著。詩書之澤，自其父振，而母教爲多。人今知大、小蘇，余知實先之。余不敢自附于張安道之識眉山，而未嘗不預待以國士。獨未知孺人之自喜有子，于讀《范滂傳》何如也？當文學與孺人病，人詬以爲弗子，今不但子，且二子又俱才名，于上第猶掇之矣。天下事，出人意望外，何可勝量也！彼但以一時有無目皮相者，視蘇母今日子，何如哉？余是以亦大、小蘇子，寧以其姓。

伯嫂洪孺人純節傳

從兄伯肖雲君娶于洪，是爲純節洪孺人，相國雲泉公之冢婦也。

相國公起家陽山令，尋守濟寧、鬱林。是時，母徐太宜人春秋高，不能之官邸，而陳宜人與相國偕宦。三子中，僅兄伯弁且娶，留督家居，以昕夕問太宜人膳。純節新至，即代姑而婦，亦遂能婦。相國藉以將母，始無虞于尸饔。相國與余父主政公，後先並起，上世皆食貧，故相國初宦，猶嫌終窶，户内外應往往不給。純節爲大參洪新齋先生孫女，資奩稍盛，以故純節時時脱簪珥置質庫間，然不使吾兄伯知也。相國不家于官，其後禄入稍餘，一緡一縑，畀遺兄伯，而純節得問之矣。兄伯悉公之田宅，不爲私貯，出入有無，純節不鄦所以，相國以是稱之。

相國解相印歸，仲、季皆婦，純節率先爲諸姒表，所以事相國、陳宜人甚謹。相國召客，純節治酒食，達旦不休，不豐具不已。陳宜人性嚴，有所不懌，必惶恐請釋也。相國居太宜人憂，葬祭諸浩費，但以問兄伯，而純節能咄嗟取辦，應無後時，多從手指。相國捐賓客，陳宜人即世，伯、仲、季析箸，純節傾橐蕭如，人乃信其秉家時無自封也。

先時，兄伯繇諸生登國子上舍，及已終相國喪，復再上。旅櫬淮北時，純節年方踰三十，長子際春甫垂髫，次際泰在襁，純節始不勝怛悼矣。純節自孀居至今，藉相國餘庇，不艱于衣食，而生平履順日久，倏然荼苦，人以爲備所弗堪，而純節怡如也。以未亡人自矢，課二孤使讀，慈不弛訶，從是謝罷粉黛，璣珥不親。無大故不及廳事，宗有宴會，不復出應矣。節縮織嗇，于相國予貲無少耗，完以畀之二孤。今二孤能文有子，際泰復雙孕男，何儀部先生著《雙桂篇》瑞之，大率皆純節所詒云。

純節性恬静，寡言語嘻笑，遇事有言，不厲而威，仲、叔、季敬之。艷無矜容，淡無耗志，處之如一。故雖當中流汎柏之時，能不激不靡，以完節稱如此。

李光縉曰：吾家有兩大母，任母太孺人，徐母太宜人，並以子主政相國貴，與二王父蓽路藍縷，燕詒孫子，享年八十餘，尚矣。而余母江安人，與陳宜人皆從命婦，以賢特稱。純節即未用子貴乎，如以其植孤之操，非賢不能也。純節與余母略相似。余母守不佞孤方四歲，際春失怙稍長于余，泰孤少于余又甚，均藐諸矣。余母間關久而貧，純節即不貧，亦非貲。純節鞠己出之孤，余母鞠非己出之孤，互有同異，要之兩難。余母年八十二，純節有年，不可不知也。《詩》云："菁菁者莪，匪莪伊蒿。"余用以自悔，而亦以勗二子。二子勉之哉！二子圖其母像，余謂像者，形也，而神不載，故傳其行事如左。

黄母周孺人貞節傳

共姜之守，矢死而儀兩髦。傷哉！其激之也。割耳、截髮、斷臂，則又甚矣。斷者不可續，割者不可補，節立而形殘，夫寧不寃乎哉！乃知存孤孤立，不激不靡，完節終始，方諸夏侯令女，蓋其幸焉。作《周貞節傳》。

周貞節者，孝廉黄君鼎象之母也。年十八，歸鳴南公。公治戴氏經，錚錚諸名士間，而貲故落。貞節始至，拮据佐之，絣緋刺繡，操作而前，不分晝夜，機聲軋軋。鳴南公食餼于黌，用稍稍紓，貞節益節縮佐讀。羸則以市牛酒，充舅氏往來賓客費。鳴南公年幾三十，未舉子，貞節爲置貳。貳竟舉女，貞節舉男，即孝廉君也。

孝廉生三歲，鳴南公没。時貞節年二十九，一男一女，呱呱在褓。是時，嘉靖辛酉，郡患倭，人民流離播遷，廬里爲空，髑髏蔽道，榫榜紵帛，雖豪富家，倉皇無取具。丈夫至不能自掩，而貞節難矣。

貞節殯殮如禮，抱孝廉君旦夕哭不絶，矢不復甦。舅氏泣謂之曰："有藐諸在，吾夫婦老矣，婦奈何死？爲生者生，爲死者亦生。"貞節强起就殯。亡何，舅氏没，家益四壁，破室塵甑，粟無擔石，米無滿斗，竈突冷者連日，三飡不能一飽，而貞節又難也。

貞節乃養蠶治絲，旦攻刺繡，敝手指，鬻升斗給食，與兒女併命，涕而漣，漣而復涕，眼淚爲枯，繼之以血，數月夜未嘗一交睫，自是貞節之目病矣。漸翳漸昏，遂不復攻繡事，但養蠶治絲，鬻米給食自如。夫孀居，自婦人最苦耳。假令羸貲，美服被食飲，恣所意好，猶或囏之，而貞節貧也者。即故貧，而明目露眦，瘏瘁可爲，猶或囏之，而貞節瞽也者。蓋于是貞節難特甚。

貞節以笄黛之流，廢視之軀，席拓落之業，而撫尫羸三尺之孤，督使就外傅。已，使駢語洛誦，已，又使操觚成文，夜燃檠課讀，孝廉讀案左，貞節坐案右，不丙夜不休，儼若嚴父也者。一日，孝廉自塾歸，貞節出棼絲一篋，命解之。孝廉初受絲，解可數縷。已，急之，棼甚。貞節大怒，曰："吾豈不念女子事，而令若爲哉？特以天下事，寬則理，忙則亂。夫兒孤而性急猶是也。吾試汝，而汝憍恃。吾戚矣。"語畢，涕不食。孝廉跪請罪，竟其緒乃已。嗟乎！貞節當君子没時，岌岌惶惶，慮黄氏之祀忽諸，間關荼苦，爲存孤計耳。今何但孤立，受薦書，而駸駸向用者，孤耶？此貞節難之難者也。

先是，孝廉君患貞節盲甚，召醫視之，三易醫，痼不可爲。或謂晨以舌津採其醫（翳），久當自徹。孝廉依方行之，累歲弗效。忽貞節一夕，夢有媪□其額曰："醒矣。"貞節旦起，忽見鷄雛，能辨群數。不數日，見奕碁，能辨白黑。又不數日，能辨骰子，與諸母對局博往還，無跌失。噫！亦異矣哉。

李光縉曰：世所謂嫠者，財爲之衛，而子爲之天。此于周貞節何如也？秦皇帝禮巴蜀寡婦清，爲之築懷清臺，豈非以財耶？以沃思節，必以瘠敗矣。周貞節自衛不見侵犯，惡用財？瞑史興激，丈夫子猶然，矧女子乎！或曰：天瞑貞節，激之也。夫貞節不瞑，節復如是，松柏青青，獨春夏也，正何必窮冬哉！貞節有子，卒以其家享焉。盲既老而復之，其殆天之所以完貞節也乎？

唐貞節傳

語有之："死易，立孤難。"婦人以身殉夫，死即死耳，且一死而萬事畢矣，非有備嘗百荼之艱，間關萬苦之狀，故其爲烈也，難而易。節蓋有三難焉：藐諸不可知，一；身先朝露，二；貧賤則衣食奪之，富貴則佚欲侵之，三。忍此三難，樹孤孤立，没齒不見侵犯，斯不易耳。矧立其非己所自出之孤，而以夫兄弟子爲天，此尤難之難者也。作《唐貞節傳》。

唐貞節者，來賓縣學諭益山公女，蜀府左相見梅公姊也。歸于江，是爲達泉少卿公婦。少卿公生丈夫子六人，三子端甫，名中標，業書攻儒，與兄伯馨甫君、仲濟甫君，並一時有文聲。仲先蚤卒。端甫以隆慶戊辰娶貞節。是時，益山公已從明經辟官博士，少卿公貳守廉州，兩大人並有篤行君子之稱。而少卿公以孝友刑家，封翁期述在上，一門蕚韡雍睦，著于泉中。貞節家守父訓，閑于姆教。來歸，見江之子姓妯娌，肅肅雍雍，益自敬戒，克修婦道，宗人稱之。越歲，舉子曰炳。庚午冬，端甫赴廉州省少卿公，踰年始歸，染恙，抵家竟錮不治，踰年而卒。時貞節年二十五，子炳甫四歲耳。

貞節痛哭，矢不欲生，爲有炳在。且旬日之間，封翁期述又没。貞節念少卿公與胡恭人上哭父，下哭子，楚已極矣，更不欲以己身空絶，從益二尊人之痛，乃强就餐寢，與煢煢藐諸形影相弔。然貞節亦自是不復就粉黛艷粧也。紈綺不御，淡苦自茹，歛居一室，無故不踰閾，不上堂。家有宗讌，賓女會盈，堅閉户不肯預，但執巾櫛于姑之側，以爲常。子炳能出就外傅，課督甚嚴，不率則淚汪汪下，責以"汝之負我，即我之負汝父也"。少卿公與恭人聞之，爲却匕箸竟日，意甚憐之。少卿公既免喪，補貳郧陽，恭人隨之邸，痛貞節嫠，不忍舍之獨往，偕與俱去。乃子炳不幸殤于邸中，時萬曆辛巳春，炳年方十三也。

舉家俱哭，貞節大慟失聲，水漿不入口者三日。請諸少卿公與恭人曰："婦向所爲未死，爲有子在。今子死矣，婦不以此時從夫君于地下，當待何時？"恭人寬之，不能得。知其欲死，而時時謹護之。貞節私自吞金幾死，幸不死。又懸帛以縊，恭人驚救之，氣將絶矣，又幸不死。復廢飱，少卿公語恭人，謂之曰："吾二人且老矣。伯氏未有子，他諸子尚少，仲氏夫妻俱卒而絶。婦不死，猶可俟伯氏之子爲繼，無泯夫後。婦死，則夫之祀忽矣。慎無若仲之夫妻俱死，而子亡也。"貞節聞少卿公言，不忍逆之，乃稍稍起就食，恭人防亦甚謹，不得死。亡何，少卿公遷守粤西，舟次洞庭，夜深，舟中人睡，貞節私自出舟門，將赴湖死。舟人聞啓户聲，驚起視之，乃貞節也，報恭人救之，愴惶牽裾，裾幾爲絶，幸不死。恭人述少卿前語，寬譬益力，婦姑相抱哭，臧獲無大小俱哭。舟中長年聞者亦哭，鄰舟男女聞之，有泣下者。詰旦舟行，恭人與貞節相晝夜共寢處，貞節始不復萌死志矣。

歲癸未，伯媵舉女，貞節與恭人自粤西歸，遂抱爲已女女撫之。又數年庚寅，伯氏舉第三子熺，少卿公時亦謝苑馬政，歸老于家。乃就襁褓中定熺爲端甫後，貞節至是始有生色，而間爲一開頤也。晨夕乳哺，而不離左右，愛之不異子炳。稍長，嚴督之，亦不異子炳。節縮菲糲益甚，一縷一通，不輕妄費，守以待子與女之長，而遺之矣。今女已嫁，子熺亦及弁，知書能文。端甫死而不死，子炳亡而不亡，貞節冰玉自樹，荼苦備嘗，三十餘年如一日，可不謂難哉！

今貞節年六十，此所謂及格而可旌之年也。貞節奉少卿公與恭人，于諸婦中最篤。己亥冬，少卿公病劇，貞節陰減夜飡，冀以益少卿公筭。少卿公既捐賓客，貞節不夜食者復數年，不以舅没而頓改也。恭人病，侍湯藥，伺寒燠，無頃刻休。往乙巳歲，貞節病幾死，語恭人曰："婦以此日報夫君于地下，可矣。惜熺子未婦，不免累姑，坐是罪大耳。"奄奄二載，幸獲無恙。今年夏，恭人患痢兩月，諸子及婦盡旁皇，貞節以病後弱體，自不能支，强起與諸婦均勞瘁瘏。恭人數諭之，不能止。其至孝又如此。

李光縉曰：貞節之不死，正也。死，非正也。貞節而死于夫亡之日，則有子炳在，義不得死也。貞節而死于子亡之日，則有夫之祀在，義尤不得死也。貞節不幸而藐諸不可知耳，猶幸而身不先朝露，富貴佚欲不能侵，得以俟非自出之孤，而綿夫已絶之胤，不轉不卷，此余所謂尤難之難者也。

江之先，未聞有節烈守義，自貞節始，其後遂有黄烈婦之事。夫貧殀，無子，死之日，自縊以殉，里戚哀而聞之官，御史卓楔褒之。《柏州（舟）》可汎，貞節風之矣。"死易，立孤難"，蓋所從來也。

傅婦蘇貞烈傳

蘇封翁仲齋公之女，歸于傅，踰年，其夫傅生禧光以寒疾卒。七日，縊死殉之。國人哀其死，壯其志，相與誄之，曰"蘇貞烈"。

貞烈年十二，母恭人見背，封翁最憐愛之。傅生生六日而父亡，其母陳孺人鞠之哀。夫妻兩人，或失怙，或失恃，早已無天幸矣。貞烈在家爲季女，歸傅生爲季婦。十八而嫁，十九而夫没，及旬而死。一年之間，伉儷幾何？數日之内，朝露幾更。慷慨激烈，父兄不能諭，姑不能阻，從容就死，有足高也。其兄學憲君，悲號慘切，爲之狀。縉紳學士多傳之者。余是以不復具述，但論其事。

李光縉曰：異哉！貞烈之能得所死也。人但知貞烈死，而不知貞烈實不死。不惟不死，且能不死其夫。傅生，一少年孺子耳，于世未有指名。其殀以死，誰知之者？自貞烈死，人知有貞烈，即知有傅生，而傅生之名，遂因以彰灼于世。人莫夭于名死，而形死非殀也。但以形生，無益存亡，即彭年亦殤子耳，何知其修，何知其促？吾故曰："貞烈不死也。"

吾獨高貞烈之得所以死。貞烈非但有感于從一而終之義，遽慨然以身殉之也。彼見其姑雖善病，而有伯氏兄弟與諸婦朝夕于姑之側，有人焉。夫無子，而以伯氏之子爲子，則亦可無若敖其夫祀矣。且有王母代而母樹藐諸而立之，身死得有所藉手，是以上徑引其姑，而下無顧慮于其嗣，遂以爲可死，而即死也。假令姑獨子，子死而姑獨居，姑不得婦無以生，則貞烈爲其姑計，未必死。又或子繼而少，無王母之依，樹孤之義，有重于死，則貞烈亦爲其孤計，未必死。人言有孤有嗣，貞烈可無死。乃貞烈之得所以死，正以有姑與子，能無虞死後之邺耳。雖然，其即死而不復少需何？當夫屬纊之時，貞烈固已死，其遲至七日而後死，爲子繼未定，夫祀事未必也，寧以其傷姑之志哉？繼定之日，即貞烈畢命之日。今歲之十月，何如去歲之十月？完歸而共死，與于歸而同生，其足依何異？壯哉貞烈！我知其欣欣而往矣。

貞烈以閨中之秀，丁芳齡蚤嫠之苦，非有平居學問之素，使知有所揆度而後出于死，則見義遠也。使不有所揆度而自出于死，則天資合也。要之，得所死均也。吾故曰："貞烈不死也。"

善乎學憲君之語貞烈曰："汝有姑矣，欲死則當稟之姑。"蓋明以死與之，而不欲以生留之也。嗟乎！死生亦大矣。死豈易哉？與人以死，亦豈易哉？而矧其兄妹之際也。是以稱貞烈者，多本之父兄云。貞烈之得所以死，有繇來矣。

蔡婦劉貞烈傳

余獨遯山中，不問人世上榮枯得喪。忽有里人叩闔言者曰："文學蔡君獻卿子之升死，妻劉欲死殉之，期以五月初三日，遂志畢命，從夫蔡于地下。"余聞曰："夫死而妻殉，烈也。但死何容易？子姑待之。"至是日，里中爭傳言，劉貞烈死矣。堵觀者萬目，誦義者萬口，蓋真烈也。余嗟異久之。安得此世風波第靡、廉耻道喪之日，節義不明于士君子有位之倫，人以偷生苟免爲幸，而閭閻帷閤間，乃有英英女流，烈如斯婦者？天下失道，道在婦人，豈不哀哉！邑郡薦紳諸公多傳之者，余是以按傳所言，更參之一二親友所傳聞，乃援筆而續傳之。

劉貞烈者，余同年劉參知台巖公孫女也。父曰廷熠，參知公叔子。母楊氏，通政楊鍾魯先生女孫。熠未子，楊僅産一女，即貞烈。參知家故貧，數椽之居，四壁蕭如，鍾魯先生宦亦貧。貞烈幼與母相依，備嘗諸荼苦，習見内外祖清白食貧之風，非有如其世俗宦家女艷麗之習。參知即世，又從其父母依王母洪淑人于洛陽故廬。村樸益甚，去淫冶之俗遠，閑禮義之觀熟，故其女德茂也。

年十八，歸蔡生之升，爲文學蔡君次婦。蔡故大理守梅皋公後人，舊亦有閥閲流風。貞烈至，無改布素，持身以謹，奉姑嫜以禮，相夫以勤，無故不及廳事，閫内不聞其聲。蔡生雖年少，有大志，嗜學攻文，酷于臨池，摹晉人帖，手腕敝敝，夜分不寢以爲常。積勞成瘠，貞烈憂之，屢勸請休。竟以是得疾，不可起。貞烈號泣，籲天請代，弗能救也。蔡生臨危，握貞烈手，與訣曰："我死，汝將安歸?"貞烈泣曰："有從夫君逝耳。"蔡生曰："以何時?"貞烈曰："哭内可。"蔡生瞋目視曰："何必哭?"意欲其即殉也。遂絶。

貞烈于是無生想矣。舉聲一慟，淚血淋漓，已無復聲，氣息奄奄，若垂盡者。姑家人驚恐，急取薑汁灌之，良久乃甦。貞烈曰："婦與若子盟矣，何活我爲?"舅姑苦口相諭："兒死，殮事尚未竣，毋重苦我二人。"貞烈聽之，哭稍輟，然自分必死也。家中人護守益力，父母亦虞其死，遣臧獲更番衛之。貞烈自度不能得，乃乘間搥金花簪吞之，不死。仍搥金珥吞之，又不死。既而悔曰："吾已與若盟矣，若語我以何必哭，蓋欲我奠而不哭，然後死也?"乃忍死吞聲，延至初旬，跪而哭于靈前，請期以五月初三日。是日也，蔡生二旬後之一日。于死期近矣，舅姑初未之聽。父頻至其家，勸諭百端。貞烈曰："此天地間一大事，且與若壻盟矣，不欲有二心也。願父勿復言，母亦無復以女兒爲念。"父知不可回轉，告蔡人聽之。貞烈既得請，自是笑語如常，晨昏奠拜而不哭，唯旦取靈前供飯數粒，和茶啜之，不進粥，如是者六七日。凡人情有憂思不可得見則哭，貞烈以爲即死，見夫易矣，且有何必哭之言在，故弗之哭也。人見其不哭，但絶粒，或疑其意稍懈。有諷之者，曰："五月三日至矣。"貞烈笑曰："此吾生之日也，故將踐之耳。"屢促姑語舅治殯具，如夫君式，無稍溢貽婦不安。自縫附身衣服，并繯帶甚悉。奩中服御，分給臧獲，唯夫所遺圖籍筆研，固爲扃鐍，曰："留以後嗣，我不可知之子也。"

先是，貞烈于歸時，父以參知公所遺海蕩一所與貞烈爲奩裝。蔡生未没時，父欲以屯田相易。貞烈謂，夫家儒也，屯田非世胄不可，辭不受。蔡生命歸之，事遂寢。至是，貞烈請于父曰："壻在，不欲受蕩。今壻死矣，女亦將死，所不忍棄者，爲壻血食無地耳。願父書數字以畀壻，庶幾女藉是祀無忽諸。"父如其言，揮淚書之，永爲壻若女蒸嘗。貞烈遣媪持告舅曰："此吾父手書也。伯氏生男，當爲次子後，請以遺之，願世守祀勿替。"翁識之。及期，貞烈蚤起，沐浴更衣，將出就壇所。姑及諸母送之，不忍其遽出，有欲挽之入者。貞烈曰："姑勿念婦，婦出矣，不可復入。"出見，拜靈，次拜翁姑及伯母，又拜辭其父并内外姻黨。禮畢，登壇，無怖容，無戚色。手自結繯，傷一爪，婢旁語曰："且暫下，以俟人再結。"貞烈勃然曰："吾已上矣，安可復下？"遂自投繯。須臾氣絶，拱手面南，顔色不變，儼然如生。卒年十九。

嗚呼！烈矣。使貞烈死而于其初殯慟絶之日，烈也，其情牽于愛，未可知。使貞烈死而于其既殯吞金之日，亦烈也，其感憤于激，未可知。貞烈不以是死，而引決于五月之三日，先期以訂之，善後以完之，不哭以明得死，絶粒以示不生。盟之生前，踐之死後。期未至，無忍濡不決之心。期已至，無驚怖不寧之態。慷慨就義，從容中禮，非獨死能烈也。其所以處烈者，又盡善也。

遯人曰：余獨有味于貞烈"出不可復入，上不可復下"之二語也。所謂無再醮也，所謂從一而終也，所謂計不旋踵，慮無還顧也。義之正，理之明也。嗟夫！羞惡之心，誰其無之？唯于可不可之間，見之弗定，持之不力，未有不敗名而喪節者。以爲可復入，則必有狼奔鼠竄，而終不可出矣。以爲可復下，則必有垂首喪氣，而終不可上矣。此世間士君子，所不能矢口自信于顛沛流離之際，何物女子能晰理明義，死生不二，以至于是？此余所以獨有味乎其言也。使事君人者，盡若是言，寧復有忍耻蒙面誤國家之人哉？此道不明，乃有自謂是非駕聖人之上，取歷事四姓十二君、爲安社稷臣者，不知聞貞烈言，以爲何如？余不能不爲世道深致慨于斯云。

二烈傳

二烈者，黄氏烈婦、陳氏烈女也。其爲烈何？各殉其夫死也。安平之俗，好行賈，自吕宋交易之路通，浮大海趨利，十家而九往。歲夷酋發難，盡殲賈人，安平無一人得脱。訃至，家哭相聞，婦人、女子不知其幾人稱寡。二烈守義，不亦難乎！或已嫁而夫死，或未嫁而如歸，或先數月死不爲速，或後數日死不爲緩。斯亦足發舒其丈夫男子之寃，而振乎中國禮義之教，故足奇也。余是以合而傳之。

烈婦名孫娘，里人黄宗耀女。年十八，歸陳典箴之子章憲。典箴子四，章憲居仲，陳人謂烈婦曰仲婦。入門執婦道，姑蔡病篤，侍藥，密禱減己算以益姑年，人稱其孝。典箴賈于海外，其先輻輳，最後瓦解，數歲不得歸，子章憲與俱。語曰："千金之子，不死于市。"况夷狄乎！故典箴之父子，俱不免也。章憲從交買，烈婦身與姑居，朝夕共小姑英娘紡絍、攻刺繡，以爲常。典箴、章憲死，烈婦伏姑膝，慟曰："天乎！翁何罪？兒憲何罪？且兒無血胤，婦難抛者惟姑，其以菽水屬他兒若婦，婦願矢此身從憲事翁于地下。"姑泣而防之。初，英娘猶時時出寬譬語，已，知其未醮堉亦斃夷中，兩人遂相約俱死。越數旬，烈婦語英娘曰："吾今可以見若兄矣。"是夜，與英娘剪紙爲衣冠之屬，且設奠獻之翁若夫。哭畢，遂闔門沐浴更衣，自縊而死。時年二十三。

烈女名英娘，陳典箴女。性幽閒聰敏，與兄仲之嫂相類。姑嫂相與居，女見嫂識書訓，攻繡，心慕效之，事若女師，手指盡窮其技。先是，典箴以許于黄某之子崇繡。典箴之夷國，崇繡甫弱冠，未娶，贏槖與俱去。既不返，烈女聞之，泣不能出聲，但哭父若兄，聲嗚嗚不絶。嫂心知其志，陰約欲死，烈女首肯之。其母未之知也。嫂以語母，母百端沮之，不能止。嫂陽諷之，曰："我未亡人，從一義也。汝奈何以未笄之身，輕殉人一死乎？"烈女恚曰："義亦一耳，安有二？一許于人，終身不醮。吾殆將死矣。"兩人相視而笑，已而相泣。亡何，烈婦且死，女欲隨之死，烈婦梶之曰："姑不死于黄乎？死陳，非義也。"女乃止。烈婦既殯，女請歸。知其不可回，乃聽之。麻衣衰髽，赴于黄。陳之人白衣冠以送，道路觀者，人人泣下。入門哭夫，奠如禮。去烈婦死纔兩旬，亦縊于夫靈之側。時年十七。

李光縉曰：烈婦之死，正矣。彼所謂從一而終也，恨無從報夫讐于絶島外耳。援刀引鏡，斷臂截髮之義，奚以逾此？陳女未嘗有結褵之歡，合巹之雅，而能睹大義，與其嫂相然信以死，終始不易其言，可謂非烈者與？英聲感人，雖其家侍女、臧獲，有顧化者，夫死，亦雉經以殉。一人善射，百人决拾。誠哉是言！

余獨怪島夷難發，以彼男子數萬人，何無一出奇與夷抗，而駢首就戮？若人死貪、死愚，相率而入罟獲，女子不如耶！乃又有父兄之讐，挾重貲，更與夷爲市，雖夷狄亦鄙之。噫！此乃鄉者二烈之罪人也。

黄氏貞烈傳

黄貞烈者，江子甲耀之妻也。耀之父曰中樓。祖諱萬修，余外父儼之弟季，與江少卿達泉公爲同祖。萬修蚤世，僅子中樓，母嫠，少而暱之。樓席父祖餘蔭，故不乏貧。及長而蕩，不修産業，于是千金之家若洗矣。貞烈之父黄遷吾，亦貲聞，約樓之子與女爲婚。樓後貧甚，遷吾意有他議，樓以貧故，欲聽之。貞烈廢飡寢者四日夜，母詈之，貞烈曰："江不貧也。有初盟在，如何渝之？"父壯其言，議乃寢。

年十七，歸于耀。耀父樓蕩棄祖居，徙宅于村落間，徒四壁立，不蔽風雨。貞烈入門，略無恨意，脱所携簪珥，粗給饘粥。不足，佐以衣被。日不二飡，飡不半飽，竈突時冷，忍饑荼苦，與姑共之。已，盡出其嫁時所餘資，賃地數坵，勸其夫畊，謂耀曰："汝尚可儒衣儒冠乎？王姑老矣，父不知爲生艱。待汝讀書，活一家旦夕命，何異借西江之水，庸可及乎？讀故不如畊。"耀于是舍業就農，貞烈治績。亡何，所畊地半爲有力者奪，半屬樓還之酒家，夫妻之生計促矣。耀世族子讀書，擔束薪行賣，市人目之。貞烈仰糈于父，以其餘升斗釀村醪以市。夜攻女紅刺繡，收傭直易斗粟，充饑而已。不舉火枵腹者，夫妻日相半也。鄰婦見而憐之曰："郎富家兒，夫人又富家女，一貧至此乎？"貞烈第嘆曰："不貧也。吾甘之耳。"王姑死，樓復拆居鬻榱瓦治殯，將露處矣。夫妻身之城市，傍宗兄弟以居。貞烈獨與夫耀及幼女、媵婢村居自如，頹垣中，機聲猶軋軋也。耀困憊不自勝，癧發于頸，卧病年餘。貞烈窶益甚，媵婢又逃而之他姓矣。貞烈失左右手，乃與耀之翁姑城居。耀病篤，貞烈不解衣交睫者易月，泣語姑曰："兒不諱，婦固當死。”姑私以語樓,樓不之信也。

是月之二十一日,耀死。貞烈哭之哀,姑慰之曰:“兒死矣,婦年少,吾家貧,不能留婦。婦可去而父家,拘拘守咫尺義,無益也。”貞烈泣曰:“姑安得出不祥語。婦而可嫁,其不爲江家婦久矣。守義于前,失義于後,婦不爲也。”已,與姑索宗人佐金治棺衾之餘者,姑弗之與。貞烈泣曰:“夫死,婦不親繡事矣。婦假人傭錢市藥物,死,不欲負之也。”姑與之金,悉分以償傭者。已,與幼女訣曰:“母死矣,有王父母在。”已,與姑訣曰:“兒以丈夫身换一女婦死,第愛之。”又與舅姑訣曰:“婦欲舉一奠而死,貧不能,不如蚤從之。”又曰:“父母有次兒在,長兒生無以齒于人數,婦死,併與若兒俱人也。”廳事窄,不能數武,貞烈念夫殯于是,無以厝後死者。是夕,促舅姑舁夫柩殯于村居,舅姑難之。貞烈曰:“婦以死送之也。”柩行,遂沐浴更衣,縊死于夫之柩所,年二十有二。

李光縉曰:余聞黄貞烈死,蓋令人咨嗟也。烈婦,世故有之,然或以其夫之賢,不忍負焉而死。或以其夫之愛,不能割焉而死。或共享其夫之富厚,感激焉而死。又或其夫家、父家,皆窮且貧,慮計畫無復之焉而死。夫人之所難,一死耳。死而殉義,不問何以死也。

貞烈于歸四五年間,勞瘁饑寒半之,其夫之才無足依,父所少非財,若更有他志,何家之不如?貞烈生甘其貧,死而殉焉。夫朝化而暮從之,其果自引决如此,亦以完初盟耳。蓋其女子時之見卓矣,何必今日!

江自少卿公,以孝友起家,子姓習于禮義,多化之者,貞烈耳之熟矣。此所云江不貧也。噫!倘亦所從來哉。

柯烈婦傳

死生之際,豈不大哉!視生如棄,視死如歸,烈丈夫難之矣。何婦人、女子,争趨者衆也?陳、黄有雙烈,江有貞烈,後數日又有柯烈婦之事。一邑之中,五旬之内,雉經者相望。余既傳三烈,宜併傳之。

柯烈婦顔姓,父曰嘉梧,邑之安平人。烈婦蚤失母,少小知事父。父嘉梧愛之。既笄，歸柯日蕃。柯與顏並里中著姓。安平人喜賈，少事詩書，挾重貲浮海島外爲業，鉅姓子弟不免焉。是以吕宋癸卯九月四日之變，日蕃亦死夷中。訃初聞，與難之家疑信相半，但私相駭聞而已。今年甲辰，有自海上至，傳其事。安平巷哭相聞，烈婦知日蕃必死矣，哭之獨哀，陰以死自誓。是時，黄孫娘、陳英娘之事未起，烈婦屢言欲死，人未之信也。已，見其卻匕箸，絶粒食，又時時稍散其嫁時衣被，分于家人，人始防之。夫兄使嫂氏勸之曰："弟未有子，吾子後之。死易，立孤難。請毋死。"烈婦泣曰："惟伯氏後之也，我則不可以待。"夫兄知其志堅，以語父嘉梧。梧戒家人謹護之，烈婦無所得間。八月之四日，蕃卒哭，烈婦慟哭欲死。嘉梧驚入，頭搶地觸案者數，曰："余不忍而死也，而但有父。而死，父且與俱死矣。"相向而哭。梧于是强烈婦與歸。烈婦于色悲哀不能去，梧擁之去。

既入梧家，私自念父平日愛我，今日之事非愛我也，如遽傷父心何？姑忍濡者數月，但語及蕃，每每昏絶。柯之人來，揮淚送之。其弟語父曰："是固必死者，但勿與歸。"烈婦慮不得歸，佯不死，笑語自若。一日，請于父曰："爲女辦麻枲膏火，女且爲卒歲計。"父曰："此不死矣。"聞于柯，柯之人亦以爲烈婦且不死。九月四日，蕃死期也，又請曰："壻之小祥，女宜歸奠。"父許之。是日，鷄鳴起奠，哭哀甚，舉家俱慟。迨明，闔户投繯死。嘉梧大傷，鑿垣救之，不能得。時年二十二。

李光縉曰：烈婦欲死者，數矣。而不得即死者，即其父耳。令父而成其决，蚤從其志，死義在三烈之先矣。"父也天只，不諒人只"，此《柏舟》之所以悼我儀也。不轉不卷，及夫死期，竟以見志，兹其所爲烈婦與！

余嘗概而論之，雙烈自相成死，烈婦以相阻死，江貞烈速而死，烈婦遲而亦死，等死耳，等義耳，又何遲速成阻之可言！

林烈女傳

林烈女者，崇林毓之少女也。林之先爲漳人，祖元良以戍役入崇，始爲崇人。曾祖密，祖長英，父毓，世居里中，受廛市貨。父不曉詩書，但樸愿淳謹，推(椎)魯少文，鄉人稱之。生烈女，女幼警□□□□教以《女訓》、《内則》。性端静柔窕，獨自暗合。尠小時節，寡言語嘻笑，晝夜攻女紅，母不命休不休。家居闤闠，四壁湫隘，行不踰閾，里媪罕窺其面。父既受李生坤之子某聘，許爲媳婦。李亦廛人，其子復不授書，甫及弁，將娶。

萬曆庚寅之端午日，俗競渡，李子從之。鬬急風高，舟遂覆，李子溺水没。訃傳至家，烈女之父母泣，烈女泣，脱頭間簪珥投于地，數日不梳洗，飡寢稍廢，憔容蹙額，如不欲生。父賈人家，素不聞有殉一而終之義，且以女于李未成婦，而死何爲？不知其計且安出，第心異之，而與其母時時護啃，以寬其意。鄰媪有見者，諷之曰："以子之憂若是，曷不往而哭乎？"烈女曰："未受父母醮，安可適舅姑家？"聞者奇之。越七日，遭祖伯父喪，烈女與其母造哭，道過李家，令人呼李妹來，泣謂之曰："汝兄既亡，未亡人死且有日，幸爲語若父母，善匕箸自愛。若可善事之，以代而兄。吾語若請無復相見矣。"出衣帶間錢，泣囑之曰："爲我買楮幣焚靈前，以表我哭奠之意。"言畢，痛哭而歸。蓋自是，烈女足不及廳事矣。獨居一室，有小樓，望夫溺處，晡時必登顧之，凭窗而泣。母慮有他虞，防衛甚謹。

烈女度不得行所志，故爲開頤。母信之，勸使更嫁。亡何，有媒至，烈女曰："吾婦李也，復何婦？"族從母聞者心疑，謂烈女必其人未足依，姑拒之耳，勸母如其請。又一媒至，烈女曰："吾李婦也，請勿復言。"從母又疑，以語父，父叱之，母曰："女欲擇壻乎？"烈女慚而泣。一日黎明，烈女已盥櫛就紡，適見改媒致問名之請甚懇，父母許之。其所以駡詈女非一，聲色俱厲。烈女知不可回，遂改鬟再櫛，入室更衣履，艷粧甚飭，室户不扃，取帛自縊。媒去，母亟入，疾呼不應，走視之，瞑矣。

嗚呼！烈哉。時萬曆庚寅之十一月十一日，烈女年方十有九也。里父老子弟，環而泣者如堵，祟爲之罷市。去今十餘年，天子詔搜揚芳躅，事始聞邑侯羅公。公乃會士民捐金改葬，歸骨于李氏子之丘，將爲之請而旌之。

李光縉曰：吾温陵有孫烈女者，許婦于吴，未出醮，吴死，而孫殉之。當是之時，議論紛紛，許者半，不許者半，以比之食土之氓，不受禄而與其難，爲過中失正之譏。余著有《烈女議》，本《禮》經剖折其説以非之。薦紳大夫多張主者，議亦遂沮，孫得請于朝，旌且有年矣。林與之争烈，何寥寥至今也！

孫父家、夫家，並儒聞而居于郡城間，監司守令之所都，士大夫之所輳，朝引决而夕上聞，其于耳目近而休聲易著。崇障僻海島中，去郡國遠，地少閭右，貧無青雲足附，行部採風所不一至，誰知之者？堙滅不稱，固其宜乎。此太史公所以發憤于富懷清女之築臺。烈女無書史之覩，非有父兄、保姆之訓，而豈其天性邪？行雖烈，守義雖高，假不遇羅令公，其不以埒溝經之諒，終抑無聞者幾希。要以金石可貫，日月猶揭，終古不磨，亦何恨于蔽賢？吾以是知羅令公之闡幽貞，其于風化遠矣，寧獨林烈女之爲遭也哉！

林烈女傳

林烈女者，陳生廷策未婚之妻也。年十八，及笄將嫁。母謝蚤喪，父鰥居貧甚，不能備裝具，謝舅代治之，請至其家。無何，廷策病死，以訃聞。烈女大哭，廢食。

舅家問之曰："何爲？"烈女泣曰："吾欲往陳。"舅曰："壻死矣。汝未識陳，何往爲？"烈女泣，不食如故。謝以告其父。父至而梶之。林之人有語余者，曰："果往乎？"余曰："義念也，是必往。"烈女泣，返父家，父與大父並梶之。父曰："壻未幣也，而何往？"烈女跪泣曰："兒身許陳矣，幣許亦許，言許亦許，兒死陳耳。"父知其不可回，解之曰："吾無以奪子，顧我貧，壻家亦貧，汝死，如周身何？"烈女曰："爲身邪？"父又解之曰："死而垂名，死且不朽。如貧不能旌何？"烈女曰："爲名耶？"大父母亦以爲言，烈女跪泣曰："大父母、父誠憐我，不如予我死。即不予而防我，我亦死。顧死林與死陳，義孰正也？"大父、父不能奪。人復語余曰："果往矣。往可乎？"余曰："是真知義者也。往必死。"已，至夫家，縞身蒙頭，入門哀哭，啓纊視手足，昕夕哭奠，夜坐藁苫，詢及姑諱期，訂以逾月及期乃死。人復語余曰:“往矣,而死期尚緩也。果死乎?”余曰:“此從容就義者也。是必死。”語者曰:“何以知之?”余曰:“吾以死陳與死林之言知之。人莫難于一死,况婦人乎?烈女知有死,知擇死于林與陳之間,非識大義不能。我知必不渝也。”問其期,語者曰:“四月之二十六日。”至期,果自出殮衣服而縫之,縊死于夫柩之側。内外戚咸在,觀者萬目。

林之人自陳歸,復以死語余,詳其從容慷慨狀甚悉。言之,淚潸潸下。余亦淚,既而嘆曰:“固然也,是真知大義者也。是鬚眉丈夫子不能也。吾鄉者以爲必不渝,果不渝矣。”語者曰:“于吾先祖叔母李順香烈,何如?”余曰:“李順香婦而死,死封疆之臣也。烈女未婦而死,死委贄未授事之臣也。死均正也。”語者問及旌,余笑曰:“汝欲以浮漚償烈人耶?非烈女志也。然而,旌必矣。”其人請傳,余傳之。語者爲誰?林生道南,烈女之從猶父,時時以烈女事語余者。

李光縉曰:死難,亦非難,知義則無難。義者,争于毫釐之間者也。烈女死林,非義;死陳,義矣。令入門而急遽死,亦未爲深嫺于義,此余所以難烈女也。聖人不與人以非死,賢者誠重其死。今烈女死,是耶?非耶?輕耶?重耶?稍明于義者,當能辨之矣。毋第藉口中庸,而以空言過繩人也。

何烈婦王氏傳

王貞烈者,何生翁悌之配也。翁悌名九轉,儀部匪莪公之伯子。儀部公遷謫家居,著書山中,淡泊寡營,學問無所不窺。翁悌酷肖其父,嗜書攻文,遇有譔著,心肝爲嘔,人罕敵國。試輒高等,三上省辟報罷,淬厲益力。業舉之外,治聲律辭賦,自見其志,目爲通材。今秋八月初六日,以病亡,人謂儀部公失一文章之子,郡失一文章之士,相與叱咤,爲無天矣。翁悌歿踰月,妻貞烈王氏殉之。

翁悌生一子一女,子邵幼而善病。翁悌死,貞烈哭十晝夜,水漿不入口,以死自矢。所親勸之,貞烈未之從也。儀部公聞而止之曰:“吾有孫邵在。古人云:‘死易,立孤難。’婦勉爲其難耳,何遽狥其易也?”貞烈乃始就餐。亡何,子邵歿,貞烈哭益甚,仰天嘆曰:“天不留吾夫之胤,豈亡我耶?吾今可以死矣。”

乃自製斂具與縊帛，爲必死計。語兄世都曰：“妹以九月之十日，從君子于地下。兄爲我請之舅氏。”世都止之曰：“妹何遽爲此也?”貞烈曰：“妹鄉欲死，不得死，爲子在耳。今子亦死，妹不以此時明吾志，當待何時?”世都曰：“妹尚有女，未可死也。”貞烈泣曰：“女亦子也，吾豈不念之? 但我死，王父鞠之憫矣。夫爲名士，我爲名士之妻，可奈何不以今日成夫名，無失吾夫翁禮義之訓，而忍濡爲? 且聞之女媧氏能補天，妹死，于世道無補乎?”兄世都聞而壯之，以其言言儀部公。儀部公亦壯之，遣人寬譬百端，不能得。其母往止之，泣語日夜，佯若許以不死，心内益堅。身所遺衣布盡分與人，立召還市坊間所未償諸雜直，曰：“令人知我死無負也。”宗諸母相率入勸，語不盡了，貞烈以他辭亂之，且啼且笑，傍觀者相目以爲未必死，惟兄世都與母知其意堅決，不可回也。世都復以告儀部公，儀部公身自止之。貞烈出見，泣曰：“以婦今遭，宜死。等死耳，死不可知。不一二歲死，或半歲死，當誰知婦死者? 婦生不如即死。死，正也。”儀部公悲哀歎異，首肯久之。

先是，貞烈殗寢廢矣，是夜即大痲，旦，語人曰：“我得舅請，夜夢有長虹裹我身，吾志遂矣。”遂遣人告其母及已之姑姊妹，得以是日死，亡不人人知貞烈欲死者。臨盡之夕，噉粥一盂，酒數杯。傍竊語曰：“且死，何飲食爲?”貞烈聞之，私語兄曰：“妹數日不粒矣。兄視吾肢體冷盡也，吾恐出謁祖先尊長而不能成禮，故强就食耳。”是蚤，服殮衣，出縊帛，設繯床于廳事傍，議部公、兄世都及他叔侄内外戚咸在。貞烈出廳事，拜跪有禮，無幾微失。語儀部公曰：“婦殁，有靈敬佑舅氏百有餘歲。”語諸侄曰：“吾與他婦不同，汝叔甚高，吾不可不副之。”語兄曰：“妹行矣。爲歸于吾母，毋傷也。”堵觀者盡泣下。貞烈無戚容，無怖色，儀部公與諸親闔扉而出。將就繯，仍請儀部公入，囑以夫祀事及所以嫁幼女者，語畢辭出，遂縊而死。

嗚呼，烈哉! 貞烈爲弋陽令耀山公女，少讀書，性通敏，有丈夫氣。既歸翁悌，莊嚴相憚，確有範風。翁悌嶽嶽或操之急，忍而受之。室無贏儲，時苦不贍，菲糲自堪，捋荼不休，細事必親操，手爲龜裂。明于孝敬，恪盡婦道。故其臨死生大義,能朗然不亂如此。卒年二十八。

李光縉曰:貞烈之死,正也。不死于夫亡之日,而死于子死之後,死尤正也。婦以夫爲從,子爲天。夫亡矣,藐諸可煦,樹孤爲大,其能死乎?儀部公反覆咨嗟,嘆貞烈之薄于福,嗇于胤。嗟夫!福不薄,胤不嗇,貞烈無可死也。不勤不潔,不朗識,不韙于名,亦不能死。死而神間,要其終矣,豈非難哉?儀部公甘貧守道,遇此菑禍,天之報施,竟何如乎?卓有賢婦,稱其好道,鹵莽之報,未盡滅裂,此當論于灾祥慶殃之外也。嗚呼!天道于斯,正矣。

貞義杜姑傳

貞義杜姑者,杜氏姑也。其稱姑何?姑者,女子之尊稱。不名婦、名母,終身以女,故曰姑。其稱貞何?《易》曰:"婦人貞吉,從一而終。"又曰:"女子貞,不字。"從一稱貞,不字亦稱貞,故曰貞。其稱義又何?婦人嫁而嫠,殉夫爲烈,樹孤爲節,匪節匪烈,與母孀居,鞠姑再世,義不適人,故曰義。余于户部鳳林君爲年籍友,稍聞杜姑之事,心異之。作《貞義姑傳》。

貞義之父曰坦齋公,厥王父諱翼箕公,生丈夫子二,坦齋其仲也。坦齋不生于嫡,以孽故,爲伯氏所擯。伯析箸多自予,上世餘貲,伯得其九,坦齋不能一,以故家益落。坦齋娶于余,是爲貞義母。舉貞義女兄弟二,男子一,即朴然公華。坦齋蚤世,没年三十二,時貞義甫九齡,弟煢煢五歲孤也。余孺人以一婦人,拊二幼女與其襁褓間之子,而不無虞于鴟鴞毁室之難。居自念所不可即死以殉于地下者,唯藐諸之是煦,以無若敖于夫之祀,而以旦夜視其子,不即長,痛不勝言矣。時時泣呼貞義,謂之曰:"而幸差長矣,何不爲男子身,而使我蚤一日釋零丁之苦也?"貞義口噤不能應,但淚潸潸下,心陰刺之。

亡何,貞義稍長,伯姊已字,弟亦委禽。有以納綵承筐聞貞義者,余孺人將許之。貞義泣且辭曰:"母不記曩者男子之言乎?女不幸不男,無謂非男也。姊已嫁夫,弟未嫺于事,鴟張在傍,人情叵測,謂吾父何?願以身代男子家督,不願嫁也。"余孺人意難之,屢諷之嫁。貞義哭不禁,間稍諾其請,則嘻嘻然笑。

余孺人不能强，竟不嫁。于是，朴然公長矣。王孺人至，舉子毅庵公昆，余孺人及貞義乃大悦。不數年，朴然公没，年二十九，庚促于坦齋公。子毅庵九歲，稍長乃公五歲孤時，而兩世煢單，三婦人携之，其苦更倍。又是時，余孺人已老，貞義年三十五，旦夜與其弟妻婦姑子母相泣也。已而相矢無嫁者，以余孺人爲君，侄毅庵爲子。王孺人泣語曰："氏從夫也，姑得無難乎？"貞義太息曰："吾之不嫁，命也夫。方弟在時，吾尚芳齡，不以此時適于人，今吾母老矣，弟又没，弟之子尚少，安危不可知，尚復何顧乎！吾顧不願嫁也。"王孺人嫠而嫠，貞義不嫠而嫠，婦奉其姑，女奉其母，相與守一室，治績紝桼事，不刻晷離。余孺人既没，護毅庵孤益篤，旦出就外塾，貞義身送之，及門而反，暮則倚門望，以爲常。夜篝燈熒熒，督使讀，讀倦呼罷，假寐呼醒，如是無間歲月。逮毅庵弁，授有室，舉子六人，貞義亦已老矣。

貞義性恬淡簡默，而警敏有機權，曉暢大義，有大夫風。抱璞完貞，間關三十年，無悔恨意，若不知其身之有人世事者。遭家多難，拮据百端，卒繇擘畫，兩孺人受成而已。苦身獨行，蘄以感動宗人，宗人義而畏之。念父坦齋公擯居于外，蓬荻一區，身自控于大宗，請庚益田。大宗之人聞者，無不愧屈，乃割田百餘畝。大抵杜之先自坦齋公而下，祀以無忽，率貞義力云。

貞義享年七十一，卒之日，子姓近百人環而殯，哭聲聞數十里。厝于楊林山朴然公之墓右，祔主于繼别之宗，杜世世子孫祀不絶。

李光縉曰：余聞之户部君云，貞義其五世姑也，斯已遠矣。乃與余張皇言其軼事，不覺雪涕沾襟。此其言足信也。然竊怪之，貞義所以不許人者，徒以弟少，再撫弟之孤，守貞逾二十餘年于斯，不改適，宜矣。方弟娶而子，貞義長于弟六歲，未爲愆期也。不及時預身後計，而空自苦，無乃過乎？貞義，夫亦有所見焉耳。

魯義姑之事，後事譚者，以爲棄子而存其侄，非人情，不可訓，而不知其筴兩全也。雖婦人女子，亦有深謀秘慮，能以一時感悟之言，勝于十萬之師。令是時，徒戀戀于鞠子之哀，而委其姪于鋒刃之下，齊能不加兵乎？不惟完侄若子，且以完魯,諒非無故而大幸也。貞義見及此矣。

貞義所爲者極難,將以愧夫男子而兄者。夫以一女子,猶不難割其身以憐弟與侄,彼丈夫者,何人也?至情之動,敵國猶然,何况胞乳!所風于杜,豈其微哉?寧區區提六尺孤之爲難也。貞義居自憚不幸不男,跡其行事,偉男子不啻。杜之人貞之,悼之,不佞名之以義。魯義名姑,夫所從來矣。

郭母洪貞節傳

余初不識郭懋循,友人吴以能識之。懋循與其友張奕,行賈荆楚間。以能識之襄陽,一見甚歡,約爲兄弟。以能從粤西都事遷襄府,未之官,而與懋循兩人共貲本,入武林,深相結可知矣。余北上,遇以能以錢塘主家,余笑語之曰:"子宦游足跡,幾遍天下,得四方賢士大夫,誰耶?"以能笑曰:"魏公子存趙,而但與賣醬者游。賈中大夫不得于朝廷,而之市肆以觀采。朝士大夫,賢者吾不能知。吾于郡國間賈,得郭、張二人者,此太史所稱,爲當世千里中之賢,而得觀擇者也。"余攝衣起謝之。以能因爲兩人紹介謁余,余出見,不覺倒屣。兩人争前,言以能善弟畜之,得長事以能爲幸。余偵兩人于坐立唯諾之節,所以事以能狀甚謹。有言必聽,無取不予。有問而對,必起坐。意其人必非羞語仁義者矣,心亦羶薌之。以能因與余備言,懋循有母貞節氏,忍死孀居,間關萬苦,屬余使傳,余是以傳之。

洪貞節者,海澄郭懋循道卿之母也。父曰滄源公,名鳳,娶廣東布政司庫官洪某女,是爲貞節。滄源公補龍溪弟子員,善文詞著聲,氣嶽嶽不可一世士。貞節年十九,歸之。篝燈以佐户内,米鹽有無緩急,不使聞之,滄源公是以得一意于讀,遂爲名士。滄源公兄弟三人,滄源居仲。父竹軒公以行義取重鄉間,爲里人祭酒,里中事無大小,待以居間,食客常多。母郭孺人尸饔于内,竹軒公雖秉家柄乎,而意所欲爲,事所可行,必以分命諸子。滄源公矻矻博士家言,不得與伯季均勞役,貞節度身所得代代之,以無失滄源公孝,而事亦卒辨。至于二尊人甘毳之供,巾櫛之奉,則不以問妯娌,往往身自肩之,以故甚當竹軒公、郭孺人意。會有誣季弟殺人者，季窘急，無所委命，竹軒公、郭孺人日夜涕泣，求脱子于阨，而未有路。滄源公自以諸生故，乃脱身僂行，步入會城，爲季上寃狀，上官憐之。竟勞傷以死。時嘉靖己未夏六月之中旬，貞節年二十六耳。

滄源公没，舉家倉皇，貞節哭不絶聲。私自念二尊人尚有婦，己子懋循纔五歲，少或三歲、週歲，藐諸俱未可知，不如一決而殉君子于地下易也。絶水漿飲食，至形爲損。竹軒公于郭孺人譬之曰："婦有三子在，何自苦爲？婦在，則三子可幾。婦死，事與俱去矣，不如吾二人之速亡也。"貞節恐傷舅姑意，自是不復言死。哺其長者，乳其少者，提携顧復，篤于父在。懋循可就傅，使就傅，可授書，使授書，慈之甚暱，誨之甚嚴。間作嬉戲，必夏楚之，繼之以泣。亡何，二少子俱殤。貞節痛不自勝，又欲絶飲食死。竹軒公與郭孺人復譬之曰："婦猶有伯子在，舞象矣。日夜幾其長也，慎勿言死。與婦死而若教吾從子後，不如我死。"貞節遂立起就飡，而訓督懋循如初。

貞節性婉柔，睹大義，人不可惑以非。自稱未亡人以來，幽居房闥，無事不踰閾，非奉舅姑命不上堂，父母家非有大故不歸寧。或竟日侍姑之側，不去左右。媪有憐其少子亡而生黷，徑以弱草諷者，貞節正色拒之，絶不復通。懋循未弁未婦，不一肯見齒，長而後乃開頤也。滄源没逾年，竹軒公始捐賓客。又四年，郭孺人亦謝桮棬。貞節提一幼子，代其夫徬徨于子舍中，夜以繼日。又是時，兵疫交煽，十空（室）九空。貞節之家，徒立四壁，但敝敝一手指絍績絣繲，自啜糠覈，俯仰與二尊人喪葬費，聞者益難之矣。

懋循初力學攻文，有儒者風。後見母氏卷婁苦不充，己但晏閒博一讀書，不可，乃棄儒就賈，非其好也。貞節亦不之禁，以子能長，惠徽有孫，亦足爲有報滄源公于地下矣。懋循馴謹篤行，事貞節至孝，善病，因治醫，以能醫名。于貨不務贏得，稱爲廉賈。然諾不侵，擇地而蹈，無忝貞節氏之子。余所聞以能之道貞節如此。

貞節年今七十八。令甲，六十當得旌，貞節踰可旌之期遠矣。以能名可，官侍御吴鵬峰先生子，與懋循善，亦善余。

李光縉曰：語云："不知其母，視其子。不知其子，視其友。"此余之所以傳貞節也。《禮》亦有言："寡嫁（婦）之子，非有見焉，弗與爲友。"説者謂以迹爲嫌，非也。蓋言其寡母之子，無以樹立而自見于世，則君子弗與之友矣。夫見，何必名位之顯融？賈而好行其義，何嫌于賈？以能之識懋循，蓋其見也。懷清築臺，太史公稱其富，不録其子，豈非後耶？與非後而旌，不如後而勿旌也。旌不旌，勿問可矣，又何論富哉？矧其可旌者也。

景璧集卷之十五

行　　狀

中順大夫應天府丞兖泉丘公暨配封宜人勤肅李氏行狀

正德之中,贈光禄丘濳軒先生居吾儒林里,與先王父贈公坦菴鄰而相友善。先大人主政一泉公,稟學於先生之門,先生設臯安平,先大人負笈從焉,於師門爲高足。先生之伯子兖泉公,少先大人二十二歲,先大人父事先生,忘年與友,世好所繇來矣。縉猶及事公於懸車之後,復與公伯子孝廉君、仲子憲副君爲筆研交,亦嘗以應制言受賞於公,不可謂盡無一日之知也。公歿既久,今憲副君卜吉得厝公,而委狀於縉,拜泣而言曰:"孤不孝,親逝有年矣,兄亦蚤世。孤幸博一第,鞅掌王事,未有寧晷,無遑厝親地下,不人不子,罪莫逭焉。維是先京兆之交,今無一人存者。即與孤並時起,能知先京兆而秉如椽之筆,寥寥晨星也。則知先京兆者,宜莫如足下,敢以狀累。"縉唯唯謝主臣。

按憲副君所著公《行略》,公諱有嵩,字孔觀,别號兖泉。上世自元末諱子德公始家于泉。子德公生志明,明生崇,崇生璽,璽生壽民,即贈光禄先生京兆公父也。先生有二子,公居長。身不滿六尺,疏眉美髯,聲清澆,有鶴鳴九臯之響。少聰穎異常,五歲就塾,日誦百餘言。稍長能文,光禄先生教之治《易》,遂濳心《易》理。令旁涉胡、左《春秋》,每下筆,採摭胡、左氏語,讀者稱善。塾兒私相顧曰:"丘生好用胡、左氏語,今何當也?"已,公牘成,所用語非胡則左,靡不恰當,人始服公敏。

光禄先生負宿學重望,家故貧,四方争致爲弟子師。振鐸所至,公皆從之。

安平去家五十里，公甫九齡，從學舘中，挾册咿唔，丙夜弗休，久而解悟。聞有庭訓，朝習暮趨。故公雖眇年，而學能富，文能有名。

歲庚子，公年十七。郡太守俞蒲山公較士，得公牘，讀《泰山丘垤篇》，奇思湰湧，氣魄非常，擊節嘆曰："天下士也。"拔寘之首。時公貧未聘，太守詢知之，遍問諸薦紳間，有可伉儷公者。一日，語顧新山侍郎曰："泉故才藪，無如丘生才，異日當爲國器。公門有淑媛可逑，不佞爲蹇修氏，可乎？"顧公曰："諸孫女俱已許人，惟小婿李揮使朝宗一女未許。"俞公大喜，親往約之，遂令委禽。公一介書生，能致郡太守定婚勳閥，學者榮之，公盛知名以此。

公自是游郡庠，試輒高等。因約同志十餘人，對壘敵國，如陽山莊公、洞齋張公、登南潘公、華山粘公，皆一時名士，人人遜席。

公庚子舉于鄉，癸丑成進士。與仁山莊公，一時並魁南宫，出少師徐文貞公之門。初謁詮，授南京吏部主事。吏部故要津，南中獨簡吏治，進退之權不與焉。公不以是廢周物人倫之鑒，擇與賢者來往。南中士大夫閒無事，其高者掫徒講學，藉口于良知虚幻之譚，其下者飲酒遊山，托名于滄洲吏隱之趣。公皆謝罷不應，携故所肄書，洛誦邸中。南雍多藏書，捐俸以購，有借抄者。上自國朝實録，細至稗官野史，搜獵殆盡。人勸公休，公曰："古人學政，吾今政學，非効經生括帖，爲異日者當事致用地耳。"南中士大夫遷轉，贈章多出公筆，士望翕然歸之。以秩滿，己未轉正郎，公至是滿九載矣，贈先生吏部主事，封母林太安人。是時，徐文貞公首端揆，公爲所舉士，九載之上無書上謁，文貞公以此重之。銓部有擬公參浙藩者，文貞公曰："此端人也，向無片言及吾門，可留以司大察。"出功郎爲備兵使者，而以公代之。

公在南中日久，凡人物之臧否，吏事之得失，操行之貪廉，平居諏詢，本之輿論，參以己意，周知已詳。及一持衡，操筆去留不爽矣。先是，分宜當國，功郎用江右人，每值京察，輒庇桑梓，但去鄉貢及他塗數人以塞責。公以直道爲主本，察不可者去之，一時，江右甲科被察者十餘人。少宰尹公欲私其所親，公堅執不從。少宰盛怒，聲色俱厲。公毅然曰："此官如不可去，郎中願以一官殉之。"少宰語詘，太宰王公知不可奪，從之。時江右諸大老在南都，如大司馬李公、大鴻臚萬公，俱譁然不平，少宰側目尤甚。日久，拾公短，思所以中公矣。察事竣，報至長安，徐文貞公嘆羡不已，語黄恭肅公曰："丘君正人端事，蚤知必能大快士論。"葉少巖公，江右人，亦聲言於衆："吾鄉如熊某、胡某之類，皆在考列，稱至公矣。彼昵於鄉戚之私者，無足惑人也。"

旋擢公南光禄少卿。文貞公深知公可大用，公亦攄誠竭慎，嘔肝應之。嘗寄手書詢公南中人才，公即疏見麓蔡公、五臺陸公、宜山何公、鳳阿姜公、小江吴公、肖若朱公、楚侗耿公、觀吾史公、存菴金公、方齋史公、念堂林公等二十人以應。時並在下僚，後多爲名臣尊官，文貞公嘆爲知人。當是時，文貞公秉政，正人嚮用，分宜餘黨解散將盡，而望風承旨之輩陽爲炙轂，陰相枘鑿。文貞公以寬洪翕受之量，往往茹而不疑。公上書力陳其調停之不可，借《易》艱貞浮號之戒，與畢伯游，常安民所以規温、申二公之説，爲文貞公反覆開陳，文貞公嘉納之。後文貞公罷相，率如其言，然後知公之慮遠矣。

己丑，丁太宜人艱。服闋，赴部補光禄少卿。居寺二年，當穆廟恭儉之世，益務節省，珍膳正供之外，汰冗良多，皆可爲後事法程。秩滿，先生進贈光禄少卿，封太安人爲宜人。文貞公釋政柄，新鄭高公以相國掌銓曹。高與徐有宿郄，徐去，高盡逐徐所用門生故吏，且波及公。銓司屢儗公奉常太僕，俱不報。

庚午夏，始遷公應天府丞，實疏而遠之也。公筮仕所居官皆清華地，至是始親民事。甫下車署篆，修廢墮，剔蠹雪冤，抑擊豪强，樹操冰蘗，門無暮金，加意黌序，進諸生講藝課業。應天大比士，公爲提調，毖飭廉内外，得人稱盛。是冬，代大京兆入覲，斤斤持二幣謁新鄭，新鄭怒，立却不受，益不滿公矣。時文貞公門人，惟公與姜鳳阿公二人在南都。姜公去位，新鄭因囑南御史姚，陰摭公短。姚遂論劾公，誣以同年曹含齋公事，污衊非一。新鄭從中下之，公遂因以獲罪。冢宰楊襄毅公嘆曰："余登仕四十年，未嘗見中此奇禍者。"未幾，新鄭敗，公乃得白。南法司奏所論公事，與公無涉。江陵繼相，深惡新鄭，本上，心知公冤。會有某子甲爲江陵私人，亦以南中被察深憾公，慮公復起，遂力詆於江陵。江陵聽之,仍擬罷職,公竟以京兆終。

公既歸,杜門謝客,絶跡有司之門。姚出爲郡太守,公匿不與見,姚亦悔,居郡年餘,未嘗敢有加於公。公築木末亭自娱,逍遥寢卧其下,邀親朋共飲賦詩,自爲《木末賦》以見志,曰:"爲愛此君彊性直,高標名號寄山亭。"又曰:"任從棄置溝中斷,末節彌堅媿自銘。"大氐公自謂也。

公既貴,痛光禄先生殁,不逮禄養,奉封母至孝,事季父學斯公如父。季父貧無子,殁,立其孤,自爲誌,悲號慘切,築塋葬之,撫弟侄如己子。遇老嫠之姊,篤有恩意。族人貧者,賙之。生平交游,最善粘華山公,與之約婚。華山公殁,自千里外爲文以唁,一字一淚。與人簡易,然嚴毅寡言笑,凛不可犯,人不敢干以私。衣同韋布,食不兼味,終身無媵侍之奉,聲樂之娱,珍玩寶物之蓄。獨好藏書,其在白下所購所録,悉載以歸。輓年不應人文字,曰:"徒亂人意。"有所感憤適趣,發之詩歌,浩如也。課諸子藝文,字訂句削,馭以繩墨,秩有軼越,輒加譙讓,諸子禀教如之。公在時,長君舉于鄉,其後次君成進士,孝廉諸孫斌斌繼起。公雖不及見,亦多顯矣。公罷官歸未一年,新鄭爲江陵所擠,姚坐高黨被謫。其後公道昭明,姚爲粤西二守,以不謹註考,有交章言其作權相鷹犬,殺人媚人者,蓋指當日誣害公也。公亦何憾厥心也哉!

公易簀前一日,猶手書邀朋共歡午節,言笑自若,無一語及家事,但自追悔當相高時,引身不早。其朗然不亂如此。

配宜人,萬户侯李朝宗女,即太守蒲山公所爲公摽梅者。宜人頗有奩具,既至,知公貧,謝錦釋綺,有提甕挽鹿之風。事光禄先生、太宜人,瀡滫供具,能得其歡。躬操女紅,篝燈佐讀,公未罷不休。從宦兩都,節縮操作,成公以廉。兩膺綸封,翟冠、霞帔能具而不欲具,所服多嫁時衣,片帛寸縷,亦加愛惜,無致屑越。禄貲有入,自計簿,緡筭衡量,百不爽一。曰:"毋使公有内顧之慮也。"公凡事但責大體,不爲苛細。宜人濟以精覈,或過刻急,然明晰大義,佐公良多,公嚴而敬之。訓課諸子,偵其逸惰,動加笞朴,熊丸之教,勝於義方。諸婦分命奉訓惟謹,稍有過失,譴訶隨至。侍立之婢,屏氣垂眉,聞呼則惴慄恐後,罔不惕息，門内外嗃嗃如也。公已休歸，始稍稍營宅第，創産業，立祀田，大約出公擘畫，其間纖曲煩瑣，或問公，或不盡問公，宜人自裁之，事悉以理。公殁，長君、孝廉相繼殁，憲副君未起，外侮時有。宜人稟家政，晨昏拮据，臧獲、佃卒，約束如故。修脯之供，爲兒孫隆師取友，攻治本業，壹如公在時，而卒以無隤家聲，尤貴人婦所難云。

李生曰：士君子信於知己，而詘於不知己者，公亦幸而爲文貞公所知耳。材名相軋，權位相傾，雖賢君子不免焉。公受其敗，宜矣。余三讀公所上文貞公書，甚哉！調停之説行，非士君子之福也。水停則閼，脈停則病，事未有兩停而無害者。君子不能與小人調，尤不能與君子調。調不得其停則争，調而得其停則争伏，而争愈益甚。此公於文貞公之世，有以窺見其微也。高、張去位，覆轍相踵，其後前車之鑒，始務兩釋而爲調停，和衷未聞醖釀，至今南北相争如水火矣。夫昔之争局起自上，今之争局操自下。争自上，擠未甚也，争自下，擠乃益甚也。噫嘻！公之慮遠也，其如勢趨相激何哉？

中憲大夫廣東按察司副使小洛何先生暨配勑封安人誥贈恭人莊氏行狀

萬曆壬辰仲冬，小洛何先生卒于寢，是時年八十又九云。先生之伯子師魯君，以承天郡貳守擢慶遠刺史至，先生康無恙。乃無何而病，病伏床半月而殁。其季子師尹君、冢孫肇昌輩，侍先生膳，問疾迎醫，殯殮如禮。幾閱月，而慶遠君歸自楚，至於是，先生坳浹四旬餘矣。慶遠君慟不及訣，薦紳弔客相續，人人悼失典型。既卒哭，慶遠君舁弟造李生縉，泣請曰："孤不孝，家慈久即世，又不延我大人。夙夜兢兢，慮無以襄事。孤竊自惟，習大人行蹟，莫如李宫諭九我公，其次莫若子。孤且遣人走京師，丐銘於宫諭公，所圖不朽計。子其狀之，孤將藉是以請。"縉唯唯。

縉小子黯淺拓落，無能佐役，乃事先生之日久矣。先大人主政一泉公，於先生爲筆硯交，同舉同官，縉以通家猶子沐世父愛，即不能文，而能核也，曷敢辭？

先生初諱纘,以字行,諱元述,更字元孝,別號小洛。先生高大父貴易居邑鳳嶼,曾大父宗移居潯江,爲潯江何氏。大父燦明經補邑學生,已,從郡邑辟,受江夏尉。江夏公生四子,曰茂,曰京,曰雄,曰玉。雄即崐所公,封户部主政,爲先生父,娶柯氏,封太安人。先生未誕時,太安人夜夢一老人授巨桃,噉而吞之,俄有娠,遂誕先生。

先生有奇徵,四歲誦詩,七歲誦文,寓目再過,經月不忘。封翁心異之。封翁以貲落,教授里中,先生自蒼頭舞象從封翁稟學,未嘗就外傅也。年稍長,受業於孫東溪公、從兄孝廉何洛江公。兩公並名士,俱器先生。一日,張少保净峰公見先生于洛江精舍,試先生文,大奇之,語洛江公曰:"君家有千里駒矣。"時先生年十三也。先生里中有病疫,家人枕藉,無以供炊。忽封翁携先生過其門,病疫者聞厲鬼相誠辟:"何大人至矣。"其人立起而炊。後以其故謝封翁,封翁乃陰獨喜。里有神廟,靈響甚,里老父醉卧月下,神告之曰:"爲我語何公,所以貴者,長男也。長男當蚤貴,第進士,秩中大夫。"老父覺,以語封翁,封翁又喜。先生業已善,聰慧有聲,及屢見怪,人人咸指目,知先生非常人也。

先生讀書,默觀大意。子史百家,游覽蒐獵,以六籍爲宗,下筆立就,明理而止。與石江莊公、韋亭徐公、先大人主政公,十數人對壘於東湖精舍,不相下,而視笑相與,推先生爲嚆矢。

嘉靖壬午,先生年十九,補邑弟子員。三年乙酉,學使者邵端方公試士,先生著《立志論》,分晰道德、富貴、功名之義,而原本於寧静澹泊,學使者異之,拔寘高等。先生乃自號爲"百淡子"。戊子歲,肅皇帝簡京秩官掌闈試士,以石溪陸公、午坡江公二使者往,先生舉于鄉。又三年壬辰,應南宫試,時大梁高蘇門公爲分考,奏先生牘,遂成進士。

先生念封翁、太安人食貧,久官有司,不得迎養,乃疏請就惠陽教授,以二尊人偕。振鐸作人,談經課藝,惠斌斌始多文學矣。最賞識有曾公心泉、李公海雲,他旁郡邑人士,願北面者百數。

歲甲午,越(粵)大比,聘先生至。故事,廉(簾)内官受成御史,無簡拔。先生簡拔獨多，與御史爭解首，一時聲動簾內外。提調諸公力勸止，獲置第二，即敬亭陳公善，後爲大方伯，望重兩浙者也。是時出先生門，如張公小樾、陸公蓮塘、鄭公灌南、徐公澗濱，凡十一人，第進士者九。不出先生門，經品藻推轂，若汪公遠峰、翁公見海、張公臨溪、張公元洲、潘公天泉、茅公鹿門，後多相繼陟卿貳，爲世名臣，終身執弟子禮。又，先生從奏牘中奇茅公見滄，不當御史旨落去。時茅公同社友，與俱試者七人，既揭榜，六入薦剡，四出先生門，茅公獨憤悒不自得。已，得先生所授牘，奇特甚，乃益大喜。茅後以射策魁天下，見先生於京師，猶北面云。

乙未，擢國子博士，歷監丞，所試士益多得人矣。其最著，如陸公五臺、周公觀所、卜公鑑泉，皆名臣。

三年戊戌，遷南京户部主事，視太倉儲。先生出納，却常例羨餘千餘金，守倉吏高士頤私以禀先生曰："例也。今不取，遺後人資耳，無益也。"先生却不受。三載奏最，天子嘉其績，以先生秩秩二尊人。

甲辰歲，擢廣東按察司僉事，備兵嶺南。異時，韶、廣三府，恬平不被兵，册籍士伍，虚名取具。警報猝至，相顧駭愕，盜賊竊發，出没界中。先生奮然曰："吾職也。"按籍稽伍，按伍稽士，革其冒濫，汰其老弱，萑蒲不得久鶩。治尚簡易，持大體，罷鍎箣束濕，與吏更始。抶不上十餘楚，郡邑奏讞，必反覆詳審，確而後可。故論駁相左，非其指也。尤不欲持下吏短長，往往嘍啃之，將延見以禮，未嘗任聲色體貌陵出其右。先是，先生督倉儲時，有某子甲，以臺御史與先生共視儲，自貴倨驕穉。先生已出爲韶州守，隸先生屬，其人愧恧謝罪。先生一見，優禮欵曲，若平生也。

丙午，總裁粤試，得人尤多，張公印江、郭公敬賢、龐公惺菴，並入先生鑑，各表見于世。有縣令忤郡大吏，中以蜚語，聞於總督，檄按其罪，守道不敢阻。先生曰："何罪也？"遂身自詣，代見其寃狀，總督意稍解，徑還其檄，令乃得釋。是時，先後直指代以私憾相擠，論薦，罷劾，互爲牴牾。諸司、郡邑吏稱前直指鄉人，鮮得脱，而獨嚴重先生，知先生廉，無他也。先生故人爲四會令，被誣繫按察獄中，先生鋭身救之，不能得，則晡時就獄中出之，共食飲卧起。直指大嗛，欲陷先生，然亦竟知先生廉，莫誰何。

越丁未，先生擢少參，分守承天。承天，故郢中地，睿宗分封入郢，列于楚藩。肅皇帝龍飛繇此起，自是承天藩國，稱人主湯沐，宫廟陵寢在焉。上既幸楚，詔所在有司官修顯陵，繁費蕭然。先生撙節慎用，裁抑侵漁。事竣，上次第其賞，賜先生白金二十兩，大紅織金二表裏。上差司禮貴人使楚，諸司道迎，下車謁，旁坐。入先生界，先生與分廷抗，執主賓也，司禮不能詘。中貴人廖斌奉命鎮承天，陷御史包，被逮論戍，焰烈甚。部曲怒馬市中，逆諸司官從不引避，諸司無敢問。先生挈繩之，貴人大恚。先生曰："吾以法愛貴人耳。"廖聞之，乃大慙。京山有兄弟家殺客三命，埋山巔石匣中，年久無知者。先生忽一夕夢三人訟寃狀，共泣不已，心動久之，密訪得其屍，卒如夢，殺人者遂服辜。郢中人相傳語，以先生即博大長者，而神明不可欺也。

辛亥夏，遷廣東按察司副使，奉勑廵海。粤諸司無如廵海重。番禺，一都會也。蒼梧、儋耳，沿海上下，乘汛風聚散，亡命勾導，援枹鼓起，爲盗藪地。通商番舶輳集，揚、越估客繹絡，珠璣、犀象、毒瑁、絲枲、果布諸奇繒出焉，爲利藪。吏長子孫，舞文乾没，盗官府財物税幣，有姦如山，爲幣藪。先生故僉憲粤中，悉利孔弊竇及他要害處，至是著挈令，令糧歸士，士歸伍，商歸澳，貨歸商，税歸官，帑秋毫無侵越也。先是，司奏牘，新故相因累千餘章，大者連逮數百，小者數十人，遠者百餘歲，近者數歲，官不能盡裁决。每中丞御史臺會獄，以笞驗取完，不能畢也。先生披舊牘，刷可問問之，其久遠不可問者，爲寛文法，請兩臺註銷之，於是先生廷無滯事矣。放釋千餘家，吏民便之。先生雖握利權善地乎，而問遺無受，請託無取，門無暮金。有鄉薦紳某，以公事謁，佯暴病，痛弗能忍。時先生不携眷，留宿卧内。其人私遺四百金寘簀間以去，囑爲報仇。先生知，大怒，立還其金。舊直指按郡不至瓊，以臬司代，會直指欲倚一人往，人憚浮海，無應者。先生曰："公等不欲往，當已乎？予當獨自往耳。"諸司以聞，先生遂驅車行。黎夷叛襲化州，先生行部次白沙驛，賊猝至，持刃擬，先生神色自若。已，賊酋知爲何海道，相率羅拜而去。其信孚蠻貊，又如此。

乃竟以戇直執法撓吏部臺、御史家，罪責其豪子弟，兩貴家大憾，及察期，遂中以青蠅，被論糾去。報至，而先生之橐若洗也。兩臺諸司爲誦寃，先生笑曰："不穀以布衣位藩臬，私願足矣。上赦不穀罪，及老父母在，放歸田里，何憾哉?"立促駕去。部父老子弟攀轅號留，至車枳不得行。兩臺諸司諗先生廉貧甚，爲處鍰贖金七百兩贈，先生不受也，堅請乃可。先生所爲宦奚囊者僅此。

先生歸事封翁、太安人篤，問膳視枕，柔毳甘脆，不腆供具。得無恙狀，即嬉嬉笑。太安人晚眎俱廢，遇飯必手進。間封翁一卧病，徬徨問醫，夜不交睫，病間乃已。又善體封翁意，事諸父逸齋公如父，諸母如母，以及諸從父母而兄弟之從也。逸齋公子爲次洛先生，先生友愛備至。有異母弟三，禄入不歸私橐，悉以畀封翁市田宅，任析箸分矣。即諸弟，若不知非封翁有者。又若而年，封翁、太安人歿，先生時六十餘，猶哀泣孺慕云。

先生貌魁梧，修滿八尺。性寛洪惻怛，不設城府，與人處，肝膽相照。受人陰擠，往往不知，知亦不較，報之以誠，靡德不酬，靡怨不忘。容人如谷，假人如棄，拯人於難，如疴在身。聞有善事，喜動眉宇。見有招失，咨嗟竟日，而發於真誠無僞也。貴爲中大夫，淡素自持，臬襦浣衣，一袍三十年。脱粟而食，單褥而寢，入里門必下車，拜鄉之父老必徒行。縉紳士類，倒屣出迎，佃夫隸卒，整衣後見。循墻滋益恭，終身不以意氣加人。許以一諾，生死不渝，不復問貧賤富貴移矣。

先生在北雍時，福清何小山公，以官中事繫京師，橐次無資，先生自手袖俸餘金百兩助之。後事解，先生竟焚券。福清人至今以爲言。

大參黄東石公、孝廉項茂山公，與先生爲石交，以杯酒間約爲婚姻。已，二公歿，家稍落，人有阻先生者。先生潸然曰："吾心許之矣。吾女也當以若子婿。"遂家之，并經紀其衣食業。

高蘇門公歿，子蓬纍甚。適見海翁先生督學中州，先生自千里外寄聲提携，不令高之子知也。翁先生曰："以師厚也，而執不從，毋薄我乎?"高之子乃補諸生食饘。

先生所善清漳林竹溪公，兩大夫驩，至家人並出見，其游若昆弟然。嘉靖季，郡倭亂歲饑，先生家且不能給食，竹溪公移粟餉先生，食乃無乏。然先生不忍獨自給，而以給宗戚中之貧者。人以此重竹溪公，而益德先生難也。

先生資故薄，田不滿數百石，無膏腴之田，歲費餘百金，留無十金之儲。市租問舍，不奪便宜，未嘗與勢家競。里戚居間，多曲聽者，即不聽，未嘗不之郡縣廷爲人關説，事解，毫無自功之色。以故先生少至壯，宦游至謝事，有依若子者，有怙若父者，有望先生帑若家者，有擠先生而旋擠旋悔又旋德者，又有坐盛德包容中而終身不知者，盡以先生爲長者。兩臺諸司郡邑吏多重之去，貤書問，造廬請。中丞龐惺菴公、直指陳海山公、蒙近野公，皆廣人，先後持節按閩，輒先生訪，謂先生曰："得公問政，多所裨益。"又曰："自公離廣後，海上綱紀蕩然。"先生之樹德於官與家，大都若此矣。

迨其晚年，林居日久，施政亦多。正家規，廣祠宇，修祖塋，延師課讀，犂然具舉。七致鄉賓，三爲約正，鄉人薰之。與諸君子結社香山，枰酒相對坐，或夜分無倦容也。里中禱雨，徒走百拜。令辰慶賀肅冠，先生豐頤丹顔，矯於壯夫，人望之如神仙云。

最後，慶遠君以隆慶庚午舉順天，守趙州，貳郢中，所至持先生戒，清慎守官，治行翕然，乃膺今擢。而先生已矣。

先生配柔懿莊恭人，莊元鳳女也。以嘉靖癸未歸先生。性婉默，寡笑語，識女訓大義。入門執婦道，脱金珥，椎布，旦絣綷，夜篝燈佐讀，不辟瘏癘。及先生貴，節縮如初。率先諸姒奉舅姑，舅姑愛之。

恭人初歸時，柯太安人育幼子，偶病不能乳。恭人達晝夜不寐，抱拊爬搔，不致呱泣惱太安人恙也。封翁性竣急，以副室故，督過於柯太安人，太安人不自懌。先生時轉小參歸，長跪第前，恭人率諸婦膝鞠請罪，竟當封翁、太安人驩。太安人病目後，恭人隨先生並入子舍中，治巾櫛滌器，趨承益謹，進甘旨修瀡，立侍飯，以爲常。先生游宦所至，輒與恭人偕。秉政修猷，卓有廉聲，恭人無室謪，厥有助焉。

先生之仲弟郁卒于粤邸中，絶無嗣，先生痛不忍也。時恭人之仲子生，甫彌月，先生欲遣歸爲後，而難恭人。恭人請曰："夫宜後也，遂後之。何忍不自割而以廢大誼滅祀？"爲櫬行，立出之懷中，授以阿保，無留戀疾顧意矣，先生謝以爲有丈夫風。

恭人生丈夫子三，先生答訓之嚴，館穀修脯，悉屬恭人。恭人腆具之，無暱息者。爲先生蚤置媵，斂己耑居，就伯子養。二十年間，宵夙衾裯，不問抱往。家棟縱以委之，金帛贈遺，租税出入，米鹽豉谷多寡，恣所管鑰與意好矣。愛其女如己産，爲盛裝遣，無懸支嫡也。晚乃益信佛，受籙持戒，多茹素云。以先生户部主事考，封安人。以慶遠君趙州守考，贈恭人。享年七十二，先先生十五年卒，先生自爲文哭之云云。

噫欷！先生真所謂弘、正間人哉。先生歷甲子春秋九十年於此矣。其踰前甲子所生歲三十餘年，而其踰戊子之舉于鄉也又五年，以壬辰進士，及見今之壬辰者。聖主當陽，凡五易世，而先生猶巋然長存。渾沌益完，不隨第靡。爰真與淡，守神之宅，世羨弘、正，莫能𧹞弘、正所以，盍於先生乎稽之！乃綴其行事，以待名公鉅筆者採焉。

通議大夫四川等處提刑按察司按察使
洞齋張先生行狀

蓋嘉、隆間，吾郡稱文學君子，則洞齋張先生其人云。先生爲諸生，每出行市，丰姿偉儀，步止雍容，觀者如堵。光縉道逢，必拱立以俟，私自語曰："真君子之容也。"先生第進士，所爲文傳播儒林。光縉讀其文，益慕其爲人，而先生方馳驅中外，欲師事之而不可得。

萬曆己丑，識先生于京師，先生遺光縉書曰："吾生平惟好賢一念不能自已。"其所以待光縉者，不淺矣。乙未之歲，先生以西蜀總憲入覲。光縉與伯子武義君，並應南宫召，復會先生于都，昕夕左右，覩先生益諗。先生既竣覲，解組歸,携光縉于車塵鷁首間,或坐竟日,語移時。先生無疾言遽色,非禮義不以道,非國家事不以及,終日無褻媟之容,一動一止,光縉目擊之而道存。先生笑謂曰:“子其有以規我乎?”光縉拱手應曰:“非然也。故且尋先生于形骸之外。”先生曰:“余交海内之人衆矣,善觀我者莫如子。我歸而就木,子其狀我。”光縉謝主臣。噫嘻!光縉之事先生也,不於其顯融烜赫之日,而於其謝事退閒之後。至其可以觀先生也,亦不於其勳名事業之大,而於其威儀動作之細。乃先生何以爲光縉知之深,而身後不朽之遺,必欲取信于謭陋之言。先生之爲人,有不可以區區富貴論矣。

辛丑之春,武義君與弟光禄君,並光縉歸自京師。先生訃至,二孤擗踴泣,光縉亦泣。光縉自童髫時儀先生,先生歾而不及訣,且以爲恨,又何論二孤終天之痛也!三年,武義君謁詮,便道厝先生,以所譔行録屬光縉狀,曰:“許我先君之日久矣,有盟言在,可不踐乎?”光縉不敢辭。

按:張氏之先,自光州固始入漳。元至正,有諱康者,號建溪公,主安溪簿,因籍泉,世居笱江里。安溪公生永齋公惠,永齋公生子四,季瓊江公安,生隱逸公成遠。隱逸公生南野公儼,南野公生率齋公鑑,率齋公生洛江公堯,爲先生父。累贈中憲大夫,江西按察司副使,以行誼聞。語詳余文敏《汪司馬傳誌》中。母林氏,封太孺人,贈恭人,侍御林沙溪公女弟也。贈公生二子,長即先生,次主政公治樞。

先生諱治具,字明遇,别號洞齋。少岐嶷,有大志。太恭人携之歸寧,林侍御公奇之,指所居座,謂太恭人曰:“爾子他日座也,貴過於吾。”相見必客禮之,不以兒易。

先生讀書,不敏於誦,而善悟能彊識,入腹終身不忘。九歲,業舉子義,駸駸作成人語。十二歲,以治《禮》聞,受知郡節推葉公。十八歲,遂應省辟,名殷殷起。先生初習《禮》,已而好《尚書》言,竟治《尚書》。爲文多精思,出之矩矱,議論必本閩、洛,他門異説,絶口不道。時弔詭之風未起,但靡蔓冗長耳。先生獨抒心得,篇多至千餘言,亡不言言理窾也。於諸子書,喜蒙莊;於諸家文,喜眉山兄弟;於論學,喜《朱子大全》;説經紛綸,《尚書》滋多。《會解》,其諸生時所譔著也。五羊胡相江公、赤城金存菴公、京口姜鳳阿公,後先督學至,首先生名。一試文出,士争傳誦,先生名日高。

廼其躓場屋日益甚,贈公意不懌,先生長跽請曰:“天其或者假具以造治樞乎? 樞才敏於具,具再督而教之,成名易耳,毋寧以速第輟弟業。”贈公乃大喜。亡何,先生領甲子鄉書。隆慶庚午,主政公亦舉於鄉。辛未,同先生計偕。是年,先生成進士。又十年庚辰,主政公亦進士高第,大抵得先生之訓爲多。

先生初拜官,繇縣令起。時新鄭相掌銓事,重邊徼令,以進士初試官爲之,擇三十人往。先生得廣西之永淳。邑僻小,民醇訟簡,遠於文教。令出堂皇,無所事事。先生曰:“父母亦師保也,獨不可興化誨乎?”乃召其學宫弟子萬俸、田應秋及民間俊秀,爲講解文義,親自程督,諄諄若塾傅。旁邑子周統、周豫忠、姚子楠等,聞而從學,假舘授餐,士民榮之,斌斌多鄉風矣。邑舊無對公車者,及是,登薦牘者數人,人謂速化云。

淳之山有礦,賈人利穴金,廣賂當事者,請開鍊。先生力陳其不可,度不可争,廼設重税以困之,賈人計不賡本,旋告罷,淳人賴焉。先生爲永淳年餘,劇材無所施,民樂先生之循,先生亦安其土風之拙,但卧治之而已。不期月,而邑大穰,主爵者聞先生名,移浙之臨海。去之日,老者扶杖,壯者贏糧,攀轅附舟,夾江而下。立祠祠先生,置張公田以供祠事。

先生之臨海,人有言彼中多世族者。先生曰:“爲政不難,吾但無得罪縉紳,縉紳調則吾民安矣。”先生延見士大夫以禮,欵之以誠,動之以義。有一二倚勢者,繩之以法。其初若有所齟齬,久而人人盡以先生爲正直長厚,相與服而安之。俗健訟多獢,先生悉心以聽,剖决如流。署判或數百言,頃刻取辦,以經術緣飾之,各得其情而去。案既成,豪貴家弗能奪也。邑賦繁重,積胥因緣作奸。廼分縣之都爲四,都各有掾,掾各領都,以次受比,都掾更番輪直。收若干即解若干,庫是以無停儲,吏不得侵漁,名曰“全法考”。百姓便之。先生材故優,嫻於吏事,永淳蕞爾,什不能展一,至是乃發舒其所欲爲,立法追俗,無不如意。又是時，郡太守李磐石公，與先生相得甚，事必諮而後行，六邑之長，穆穆邕邕，多決策於先生，先生亦傾心焉。郡丞楚人王一麟，素鷙悍，忌先生，乃索追徵"全法考"，陰合巨室作蜚語中之。撫臺徐鳳竹公徐謀之直指鮑，鮑懼然曰："此法立，爲公乎？爲私乎？"徐色沮。先生竟以内召去。臨人所以祠先生者，如永淳。

時初行久任法，先生在事七年，以高第徵。會浙有他故，不得行。諸被徵者，盡先入臺省，先生後至，待命半載，始選貴州道試監察御史。戊寅，實授。視京、通二倉，兼理河道，宿蠹清焉。巡太倉銀庫，巡西城兼視十庫，屏中貴人，不與通。天子念先生勤勞，新糧運復以屬先生。

先是，先生未第時，贈公殁。居恒念贈公氣亢爽，不及沾一命爲榮。既通籍後，獨奉太安人與俱往。令淳，太恭人之淳。令臨，太恭人之臨。先生召入，太恭人里居，則時時遣人問安否不置。贈公、太安人而既封矣，主政公成庚辰進士，武義君以是年與計偕。先生乃大喜，謂主政曰："吾曩者語大人，汝才敏於我，今果然矣。吾幸備法從，汝登第，子葇歌《鹿鳴》，母老猶及見之，謂吾父何？"兄弟父子相賀也，已而相泣。於是趣武義君歸事太恭人以老。未幾，太恭人之訃至，先生旦夕哭，歸而與主政公瘠毁者三年。

服除，補湖廣道。上謁皇陵，先生扈駕，入老君宫，意欲留。先生上疏戒逸遊，語誠懇切直。上嘉納，趣回鑾，大雨如注，扈從諸臣，一口稱先生有回天力也。

奉命按南畿，先生曰："吾爲令時，受成於直指，今郡邑長受成於我矣。爲天子親民，莫若守令。御史總紀綱風裁，課吏賢否，當自覈守令始。"故先生行部所至，壹以汰貪聲、旌廉能爲首務。所推擇必於賢者，或以阿奉起墨譽，雖薦揚日至，弗予也。持繡斧凛凛，亦不以苛察繳繞繩下，張弛在不激不隨之間，太甚者去之耳。郡有寓訪會簿結盟，號稱"水黨"，百姓苦之，吏莫敢誰何。先生窮鋤其姦。嘗出行，有夫婦泣兒道中，詢其故，曰："兒苦囤户所掠。"問囤何以？曰："豪彊家陰蓄亡賴，以術迷兒，使隨去禁室堵間，私鬻之他省。"先生廉其實，立遣吏破柱取之，窮其主者，甦出以數百人。溧陽史氏，富雄三吴，佔人田數千頃，奪宗人室，夤緣江陵門下尤七，鬻權借威，冒官襲爵。江陵削籍，史受寄尤七有徵。人訟其事，先生特疏論史氏諸不法事，罪當逮。史雖用計脱，然稍稍斂手也。書生吴應期少年喜事，擬疏糾江陵，太平龍同知上之胡督撫，逮繫獄中。應期餓以死，吴妻鳴寃闕下。先生疏擬龍罪城旦，胡大臣，當法司議。大司寇舒繼峰公、御史大夫趙麟陽公，覆如先生疏，廷尉王麟泉公論坐抵償，不署名。政府心是先生，而重違王公意，竟坐戍。王公猶爭之彊，先生曰："吾惟和而不同，他何知？"既報命。

監乙酉順天試。近事，内簾將題榜，先一日取墨卷。典試欲如例，先生曰："弊竇也。"堅不肯予。取者曰："臨時遲悮，罪在何人？"先生正色曰："硃卷之事，簾内爲政。墨卷之事，簾外爲政。所不及期，而立拆立應。有妨録名者，罪監試。"竟弗予。先生令受卷者以卷號彙次之，三十卷爲一束。是日，題一硃，如號簡一墨進。典試服先生才，後爲例。時諸生占籍之議起，上怒，逐典試詞臣督學使，而先生以嚴功令稱旨，士論歸之。

會楚報代，上命先生往。楚地廣，轄十五郡，先生舉廉懲貪，壹如按應天時，而風厲過之。所獎拔亡小官，所論劾亡大官，要於賢否之當，不以途格拘人，吏治蒸蒸，有望風解綬去者。諸司入言事，按職掌問析甚詳。初見嘿然，其後纚纚，人謂之素練。楚多盗，捕吏籍干陬禁，督捕益嚴，實陰倚爲奸。按法之，廼止。犴狴繁多，爰書倍於他省。異時，御史訊讞，主文者先存帖記。先生見之，扯去，躬自省閲，引經據律，務在得情，竭膏繼晷，精力爲勯，吏無得輕重其手。郡國奏檄如蝟，手中批答，朝至暮發，無淹留者。俗有貧不能自食，同宗收奴之，所生子等之隷子，役數世如故。先生著令曰："爾視世以上何人哉？鈞子孫也。雖貧，必以宗人禮。不者，有法。"俗稍改。土司、酋長，夷性彊悍，動以小忿加大逆詞。先生見之，曰："細故也。以不治治之，足矣。何煩吏議？"及有司訊報，果然。按部廵荆州，過故相廬，欷歔不能去，詢其子之在楚者。時太君老蒙聖恩，特賜田租，天旱魃，歲入不足以供，捐鍰金存之。往王郡丞在台時，以計陷先生，先生按楚，其人已死，家惶惶之楚旁邑，意有急走他省。先生聞之，笑曰："吾而念惡，豈在今日?"禮之有加。其子入謝，慰之去。士大夫稱爲長者。上命採大木，楚鄰蜀邊地，先生命分其役，毋觀望。役竣，蒙欽賞銀十兩，紵絲一表裏。先生按吴，按楚，未嘗差一役至家。主政公卒于京，先生遣護喪，出尺符與之。故事，御史遣人，則有郵筒發縣，取鍰金，先生終事無隻字。既竣事而行，一切交際金幣悉貯之郡，以俟代者。

先生三按大都，一監試，居臺十一載，當得内轉。丁亥秋，遷江西按察司副使，備兵贛州。贛介楚之郴桂、粵之南韶、閩之汀漳，西南陲一重地，特設開府鎮之。其地山谷巖峭，猺獞窟穴其中。先生以名御史來憲是臬，人多憚先生者。先生上有都御史秦公、王公，下與守黄鍾梅公參相得，吏民化之。奸人挾養砂之術，簧鼓愚民，嘯聚成群，悉收縛亡脱。

己丑，代臬長入覲。辛卯，考最，贈贈公、太恭人如其秩。晉大參，分守饒州。饒，淮王封國，天潢之派蕃衍，歲禄時給，無譁者。饒造磁器，上供之額歲加，埏户竊官家物鬻諸市，器益窳，料派日苦不給。先生節而裁之，或以例進，卻無入。竟任，無一票一役至甆所。樂平、德興諸屬邑，民睚眦好鬭，化之以讓。誘進郡弟子論文講藝，暇延縉紳之尚行誼者，與之譚身心性命之學，及政事風俗之要，士大夫從之如雲。督學試饒，發吴推官拆卷，士子譁甚。吴懲其譁之從者。時六邑生咸在，集黨環其署三日，必欲吴至郡庠謝乃已。先生曰："是何法紀，安有諸生辱府官若是?"召之明倫堂，諭以禮義憲令，黨遂散。雖先生之處置得宜乎，亦其平日務興學教化，有以服士心也。

壬辰，入賀萬壽。癸巳，轉四川按察使。蜀道嶮巇，先生車馬之暇，猶呼童命几，披籍揮翰，間以吟咏。登白帝城，眺劒閣、瞿塘故處，怡如也。會蜀撫臺爲省城論劾，屬先生勘。先生據事直對，曰："吾入仕幾三十年，未嘗詘法媚人。今日之對，與劾章異，即曹譴不過削爵。人品關大節，一旦壞之，吾不爲也。"播居民避楊應龍，入附。時議驅逐，先生止之曰："播人即吾人也。人來歸我，如何棄之? 馭夷之法，太柔如奉驕子，固非；太嚴而故裁抑，亦非。亦在節制撫綏，以安反側。”于是人人安堵。先生入蜀，未及期，憲令方新。二事，其最大者。冬入覲，從吏白：“資斧安出？”先生笑曰：“吾繇縣令上計，于今四矣。悉取歲俸之入，不足則特從儉，于人絶干請，取交際成禮耳。”諸屬旅幣充庭，辭不受。蜀邊地獲狐，以皮進，先生拒曰：“吾一裘二十年，安用此？”立却之。

是歲大計，江西廵撫陸上考功狀，以二事指摘先生，當量移。其一謂建昌宗室告歲禄不給，閧司道門，失體統；其一則吴節推不受諸生窘辱之事也。疏至，先生歎曰：“歸，吾志也。無指讁我，我將去矣。但吾官江西五六年，覲賀半之，未嘗兼署建道，扳他人事相及，可乎？諸生辱府官至亡等，晏如處之，而吹毛求之，抑必聽其陵夷潰决後，起而收之之爲功也？”竟致政歸。陸者，主政公庚午房考，於先生號通家。當先生御史時，所以游揚陸非一。及疏入，人多短陸。但謂疏中有稱先生精明兼渾厚者，猶不失知先生之素，而先生且以是爲可遂吾高，一意去，不之憾也。

先生性端嚴簡静，讀書務得本原，以主敬、涵養身心爲要。臨事無小大，幾微不苟。爲諸生時，跬步必方，衣冠必整，一研一楮，不妄安厝，觀古人書，無任筆圜圈細點，如對聖賢。且其蹭經生之日久，儒先講明，靡不辯晰，往跡興敗，靡不蒐獵，經術世務，充然有得胸中。及已受事，適當彊仕之年，故一出而敷政，優游汎應各當也。先生不家於官，而貲亦不薄，人無以先生爲貪。身爲江陵舉士，江陵拔之臺史，敗則存恤其家，人無以先生爲黨。爲御史時，吏以嚴見憚，辭色不假，亦有被先生彈劾去者，人無以先生爲刻。無臘（蠟）言（梔）貌，陰陽當世，亦嘗中中山之篋，而官卒起，人無以先生爲巧。何嘗無修脯問饋，然於境内大夫或亢時里居有聲望者，或式其廬，或疏其名，竿牘不濫及，紹介無出境，人無以先生爲善援。所薦拔後多顯人，所締交後多君子。自爲令、試士，及御史觀風，往往於奏牘中卜名公鉅卿，有知其人於垂髫，後竟左券者，人乃以先生爲善樹人。其爲先生所舉士，愛如父，事如師，即不在先生舉列，而亦有以諒先生無他，始而服，終而愛敬者有之。

居家先人倫孝友，贈公自封縣令，稱御史、憲副，太恭人自封孺人，稱恭人，凡三錫命。庀贈公祠，祠自瓊江公而下，置大宗蒸嘗田二十畝。冬至、立春，祠二祖于廟，宗人來享。宗之寒者授衣，饑者授食。女兄弟五，贈公殁，而少始適尢公弦室，先生裝遣之，尢卒繇甲第起。事從叔父不翅同産。仲主政公即世，鞠其諸孤，舉上世業以畀，築室居焉。猶父盤溪公精堪輿，卜贈公塋，終身父之，材其子賡，引與季子同業，丁酉，果領鄉書。師方塘莊先生殁後，睎其子孫如肉骨。

先生忘人之過，記人之功。見人有善，即非素識，極口延譽。遇有過端，不明觸其短，援他事徐譬之。戒門下人無暴橫。寺田衛屯，力能得之當道，一概謝不受。晚年益遠聲色，家無媵侍，與黄恭人相莊。時致客一觴一盂，逍遥於大觀之野，臨池倣王氏書法，其所素嗜也。大氐先生行事如其心，入官如其所學，無孑孑之行以駭世，無矯矯之名以趣時。雖在倉卒倥偬之中，有安閑鎮定之操，施于家，著于有位，注厝雖多，總之以誠心直道爲本。先生嘗自言："吾平生所爲，唯此念之無欺，始終一誠。"又云："人非聖賢，安能每事盡善？德止于三，不妨浚明。"此足以徵先生矣。先生殁，千里來賻，淳人諸生陳縉縞服入陽，憑柩聲嗚嗚泣，圖像而歸事之，有以也。

先生宦中所著，有《四書初説》、《諸儒辯旨》、《初東集》、《訊讞藁》、《觀風雜言》、《孚獄要語》，並《尚書會解》行于世。

李光縉曰：儒家尚理，刑名家尚法，兩者相讐久矣。鼂太常能口傳伏生《尚書》，以爲家令，則削直刻深，基禍漢室，經術之爲世蠹，儒者羞之。先生治《尚書》言，如其説至深渺矣。其居官闓捷，無以逾人，要以其道。文法依忠厚而行，出之平恕，歸於正直。適用之學有本者，如是也。故觀先生之窮理繕性，而政事可覩已。人謂先生爲名大夫，爲真御史。吾不大夫、御史先生，先生邃然有道儒者也，此往者縉所謂尋先生形骸之外也。

中憲大夫少卿達泉江先生行狀

江氏之興，自先生昉。先生以進士起家，累秩至中大夫。封尊人期述翁爲户部主事，贈郎中。後乃冠紳輩出，世有聞人。先生之介弟習泉公，以其子户部君第進士貴，封平樂府推官。先生之子若孫用文詞顯，其少子孝廉君與户部君同登貢籍，以及群從斌斌多文學之士，大抵皆先生開之。野語曰："木根沃者枝葉茂，本所自也。"故喬松隱及千駟，葛藟庇其九族，積德累功，延及世世，殆先生之謂乎？

先生諱萬仞，字若度，别號達泉。始祖起宗公生觀生，觀生生嗣玉，嗣玉公生敏義，敏義公生復亨，復亨公生四子，叔子曰潮，是爲封翁，即先生父。母韋氏，贈太宜人。封翁生丈夫子五，先生其長也。生有貴徵，母太宜人異之。

封翁初年貲故落，依兄草蘭公。草蘭公愛封翁篤摯，大奇先生，每賈行他郡國，歸必鬻書授先生讀。先生寓目成誦，發憤下帷，一燈吾伊，或假寐，輒曲跽以爲常。文本六經，千言立就，對壘亡敵國。就督學使者試，以儒士異等上省辟，遂歌《鹿鳴》，時嘉靖丙午，先生年二十六也。

越癸丑，成進士，除貴溪令。貴，江右巖邑。先生甫畢經術，明習吏法，嚴核依寬大而行，邑治肅然。未滿考，擢南計曹司，榷北新關。酌課通商，舟人便之。爲主政三年，封二尊人如其秩。擢員外郎。

又二年，出僉江右，駐節分宜。是時，分宜秉樞。其子招權傾中外，倚山煬竈，附致無門。先生爲其鄉臬大吏，稍令猷骸，於以夤緣托知己，易耳。先生問遺不行，請囑不受，峻節凛凛，相子啣之。及華亭爲政，先生故南宫所舉士，人私爲先生幸，先生亦不通一刺也。

歲癸亥，京察修郄者以蜚語中先生，用曹郎時事謫判兩淮，坎坷從兹始矣。異時，遷客逐臣往往傳舍其官，第日優游署中，以俟擢命之至。先生奉職惟謹。分司泰州、富安諸場地，瀉鹵宜鹽，教煮如法，輸金京師，贏鏹却歸公帑。奉檄簡高、徐兩州廥，見郵置繁費，雜供不經，以是爲内豎狙獪巧索縣官糈者耳，奈何概天下士大夫，經兹土無一人賢者？亟條上革之，民是以蘇。御史衡陽朱公視鹺淮上，特疏薦先生可大用，遷德慶州守，則猶以前間云。州守亦大夫秩，進士初試官者爲之，然必於中土善地。德慶，東粵末壤，深箐密莽，猺獞雜居，不宜以處先生。

先生在德慶四年，始擢廉州司馬，名爲序轉，乃左遷也。其守德慶，裁冗役，節公需，省繇役，稽班舍，定税物，禁虚券，諸所擘畫，種種便民。州有洚水、思懷等十二營，將士偷惰，空壁無部伍。先生曰："力脆者，營分也。衆委者，地近也。"乃併大其營，令相去二十里，踐更各有汛地。某界賊發，則以某日某游兵抵罪，營中大振。與俞總戎議創猺，謂："兹江道兵歲靡金錢二餘萬，奈何任四山出没，不一鼓殲之乎？且以東土稍暇之兵，移德慶三月之用，因糧於高、肇諸餉，徵芻秣於蒼梧、南雄諸税，此亦爲東南决癰彈痤，而貽一方之安者也。"其後大軍征剿，率依先生策。

先是，州置招主數十夥，領牒販魚鹽，接濟諸猺。後招主以硝鐵往，獲猺中巨利，輒輸官府機事教之。齊民被截，不因招主無得贖，復套以重贖金，金出則招主攫其半矣，民苦之。時有議去招主者，先生曰："猺不得魚鹽，恐生變。"有議以營兵接濟者，先生曰："營兵何必不招主也，何如土著民便?"於是令招主無常適，無久充，任官參遣，歲更報代。舟發，驗無他挾，然後以二兵監之，過期者罪。自是，邀截之計阻，而機密免於漏洩。增置樓船水上軍，亘州南北岸二百里，更番上下，制僊崗、大石山，柏之旅高、新安、白馬、雙龍之壘，固石子、何木、大泥之犄角，分瀧水兵千人，四禦雉堞，六布村谷，州治堅於藩籬。

及之廉，廉居絶徼之區，爲交、廣咽喉。舊募狼兵團守，歲久法廢，聚族鴟張，妄擄掠邀功，當事者不能禁。先生至，特嚴保甲，練鄉兵，家自衛守，里有援助，獲狼兵不如命者寘之法，兵不敢譁。負海産鹽，鹽十五場，或近高、雷，或逼瓊、崖，動多遼隔，供億不支。先生司攝，始申議裁併，鹽政爲清。明珠翠翡，不入私囊，第禁氓盗採，及謹察縣官貼轃安南諸税而已。與二千石徐公驪相得，遇有大事，諮然後行。

歲辛未，召入爲南户曹郎。先生留滯州將郡二間若干年，至是始仍初秩矣。壬申，封翁不禄，先生以憂歸。今上改元，覃恩中外，詔京秩官得封其父母，先生於是以郎中故秩，贈封翁及母太宜人秩如之。甲戌歲，大計天下吏，先生復坐居廉時忤當路意，仍左調。大都先生剛方正直，於事無模棱，於上官無苛禮，不陰陽人意，雖未嘗以聲色加人，意氣不肯下人，故與先生處，洞底裏者多，枘鑿亦不少，其齮齕於官，率坐此。

服除，補鄖貳守。居鄖五載，入鞅鞅不得調，履之恬如。批郤導窾，恢乎游刃。中丞臺太倉王公、蒲坂楊公，負當世宿望，往往服先生爲通才。己卯，楚大比士，江陵相子入試。有諷先生曰："君淹阸甚矣。是役也，識相國子於試牘者，何憂不通顯哉？"先生嘿然。旋謁直指，果留先生與簾事，先生婉辭而歸。已，撤棘，相國子登薦，鄉諷者竟用是致殊擢，它諸房考概被優異。先生泊然如故，人無知先生者。

又二年辛巳，擢守西潯。潯，水國也，北黔南鬱，二江合流，商舟輻輳，民多淳朴。先生曰："此於匏瓜一司馬署，何如哉？"召父老子弟，問風俗所宜，蕩滌氛祲，與氓更始。禁婚嫁不及年者，游惰使歸本業。剖判如流，爰書成手中，吏無舞文高下。進諸生授粲課藝，第其甲乙。纖弊盡釐，毫利必舉。米薪之入，與民同價。樹蘖飲冰，僚屬象之。有上舍生混入賂章，求伸理，先生揭諸堂皇，蔽罪厥役。東商與潯民爭居廛，屬知故爲請，先生正容曰："吾郡主也，獨不能庇一居民乎？"其人惶恐退。先生之守正執法，類如此。挾纊行伍，軍有見糧，士超距爲用。大宣、峽山諸猺獞治以漢法，散其部落，夷酋翻樂其生，盜去入它界。先生自憲臬後，馭於大府之繩墨，乃今始稍稍發舒所自得，然而未之盡也。

當是時，侍御劉畏所公，列楚相諸罪狀，相大頷之，傅會鍛織，遣戍粵西。粵西吏人人避匿，及之潯，先生置酒上坐，歡若平生。有陰以禍福嚇先生，先生毅然曰："彼遷客也，必令禦罔兩而甘心耶？劉侍御不畏死，吾何惜一官爲？"愈加綣曲，存遺無虛日。代買田宅以居，又鳩郡子弟師事之。亡何，侍御歿，厚經紀其喪，建祠立珉，若不知爲相國罪人者。噫歈！此亦先生有天幸也。故至今頌劉侍御，稱先生於不衰。

先生以三十餘年進士，邅廻日久，始謫而倅，再謫而佐一郡司馬，十餘年始爲二千石，入計者再，僅僅以行太僕少卿終。初聞新命，丐休而歸，雖先生仕不擇官，不以是故拂衣。要之，冷署左遷，位不配望，人以是謂先生始終偃蹇云。

觀先生所以齬齟，其所以表豎當官之大略，可睹也。

先生天性孝友，仁心爲質。念封翁起家貧，宦資禄餘，畀致封翁，服御食飲恣所意好。析箸諸季，無分胞乳，各豐田宅授之。諸父、諸從周旋有差，於草蘭公後恩意尤摯，謂不忘微時德耳。爲封翁起墳塋，厝伯父與之同穸，土石浩費，不以分累。增祀田，庀墓廬，獨力肩之。江子姓兄弟，取給於先生之邸如其家，而視索於先生之家如其帑。先生不以頻爲厭，不以亡爲解，或傾橐畀之矣。終先生之官，仲若叔無不乘軺，内外若侄無不衣絲。士有以貨，竈突冷有以火，短褐不完有以枲，惟先生是芘。鄉曲朋友入先生治地，縱非故交，未嘗訑拒，往往厚遺，人以先生爲緩急。户部君嘗與人言："吾微伯父，無以徼今日。"封翁習泉公亦云。

先生載德甚盛，持禮甚恭，營壘誠固，不設畦町，涇謂（渭）雖明，不失混沌。于人無貴賤長少，客至存謝，帳具必豐腆。幽居暗室，整衣冠而坐。刻峭之行，鄙薄之言，疾之若仇。愛人以德，本乎至誠，面質不能護人之短。官居西粤，三入棘闈，振拔士爲多，一經推轂，終身拂拭，士多就之者。懸車十四載，率宗人以禮，宗人化之。肅肅訢訢，稱爲德門。輓登吟壇，洛社蹁躚。非公不入郡廷。子姪貴盛，門可張羅。賓筵三薦，鄉邦依爲典型，學者稱曰"達泉先生"。縉小子忝猶婿行，先生不以爲非人而叱之，步趨之日久矣，乃不揣爲之狀。

李光縉曰：人知先生爲孝友君子，不知爲正直君子。先生歷官非善地，而多相國之鄉。逢年善敗，亦有是言。先生雖不利於官乎，遞起遞廢，遞廢遞起，最後善息，以功名終。乃其無染濡失足之誚，亦惟先生爲能然。

嗟夫！人情如紙，世路風波，先生所爲，多與俗反。人以巧，先生以拙；人以利，先生以鈍；人以薄，先生以厚。汲仲孺感憤於積薪，曹子建悲傷于泣釜。位高者乘人，訾富者自封。一膜胡越，井石相傾，勢利所繇來矣。乃如先生，未易以古人求也，何迺今乎！

中憲大夫雲南按察司副使澄江張先生行狀

語曰："士不困阨，惡能激乎？"自古豪杰之興，非生而貴富，未嘗不流離坎坷，而後乃顯融也。鴻漸之翼，困於燕爵。霜飛之蹶，迹乎羊豕。羇旅而取卿相，褐衣而位三公，先勝後敗，不如先敗後勝。禍爲福梯，賤爲貴本，所繇來矣。士何必諱言窮也，余是以有感於張先生云。

張先生諱會宗，字于震，别號澄江，晉江之張林人。始祖道齋公，徙居郡城之儒林里。十四傳爲質巖公，復自儒林里遷張林，生樂吾公。樂吾公生寄泉公文，爲先生父，贈中憲大夫。母柳氏，贈太恭人，無出，置側室陳太恭人，生先生。

生有異徵，五歲敏穎絶倫，贈公慮村落無傅，又復自張林遷儒林里，傍黌宫以居。春秋携之廟庭，恣觀俎豆，先生遂習禮容。讀書必端坐朗誦，寓目輒記。鄰父郭達齋公異之，以女適先生，是爲封恭人。先生自舞象時，有文聲，直指使者試士，先生以垂髫入，御史讀奏牘，大驚曰："童子何奇也！"令得補掌故弟子。亡何，先生之王父母、父母相繼喪，廬居十餘載，始除服。就督學使者試，使者亦奇其文，第爲先生繇他塗取，故削其名，而先生坐困矣。

方是之時，岵屺交瞻，風木交愴，四壁徒立，併日以炊，菽不能半飽。又罷去其弟子員名，舌根益窘，亡厚遇者。先生乃東游粤，身無贏糧，航海入潮，僂身行朝市間，人不問爲誰，假貸無所得，客甚困。有日者言先生造，歲三十二當得貴。先生拊手曰："富貴，後自有也，此何虞他鄉溝瘠乎？"大笑而去。然自是，潮人稍稍知先生，争延先生。先生尋補邑弟子。忌先生曰謂先生故閩人，不宜占它省籍，及先生歸，紛紛搆之官，陰議革先生名。是時，先生甚困，裹足徒步，晝夜行二百餘里，疾趣潮，與潮士争去留。學使者試先生，留先生白眉庠中，則以材名故。先生復歸自潮，道出黄崗，剽行者目先生腰間有所持，匿夾道中伺先生，舞刀中先生輔，被創者三。方是之時，先生幾殆。盗敓金以去，先生甦復甦，匍匐入旅舍中。舍媪目先生貌貴，嘍唶先生。先生病創甚，水漿不入口十餘日，媪謹持之。先生創稍愈，謂媪曰："何以報母？"媪曰："後當富貴，無相忘也。"先生歸語人曰："吾往反閩粤間，出没大海波濤，而吾色不變。吾今者膽落於衆多之喙與不逞之刃矣。眎吾舌尚在，其鋒未可挫也。"氣益勃勃甚，目中大無粤之人，下之。

歲丁卯,學使者羅公試先生文第一,於是先生領賢書矣。是時,文體初釐,汰繁從簡,貞復楊先生捷粵解,而先生次之,爲第二人。貞復峭而古,先生麗而都,並以善辭爲變文者嚆矢。

迨辛未,先生第進士。蓋自是,而先生後乃貴也。先生初授太常博士。故事,博士官能,擢不爲給事,即爲御史。先生善於其職,值穆廟賓天,贊事祼禮,詘諸同舍,間休沐出,上必問張博士何在。歷陟司馬曹郎,猶序遷也。

出守台州。台俗朴嗇,人力本畏罪,重犯法。先生一意拊摩,不鍼篇爲智,不烹鮮爲能,不束濕爲威,治存大體,順民情。爰書奏成,傳之古義。出寃滯獄數十,郡稱神明。捐俸修學宫,進秀士與陳説,先生第其文,甲乙之,士斌斌嚮風焉。諸生貧不能娶者數人,爲備禮以聘。郡多豪貴,力能持吏長短,先生以禮下之,以法繩之,其人愧屈,不敢格法爲非。水大沴,壞民田疇廬舍,先生督下邑,多開支河,塞決濬淤,歸於大壑。廣東湖之瀦,築圓明、福興之塘,鑿嵩山之泥,水患遂除。治軍簿至明,諸鎮戍要地,餉以時給,軍無乏食。釐清屯田,以峙芻糗,裕邊計,士樂超距爲用。薦書凡九上,御史帥特疏薦先生,其略曰:"臣入其境,其禾稼被野,庾積豐盈。民之老者嘻嘻,少者于于,壯者早作而暮休。吏守其法,士勤其業,雖古循良,如文如黄,何多讓焉?"可謂知先生哉!會大計,考功郎欲處其台屬邑令,先生侃侃廷折,左其意,郡豪貴乘是齮齕先生。

先生調岳州。岳,故楚衝郡。先生一以守台州者治之,事以無劇。下車數月,郡初苦旱,先生步禱跪拜驕陽中,形神幾瘁,獲有霖應。發粟賑饑,遣使轉糴,爲推陳致新之法,民賴以瘳。亡何,華容又苦水,洪濤直侵城下。先生冒雨鳩役,築堤連亘百餘里,沮洳之區,翻成沃野,人呼爲"張公堤"。亡何,華容以西諸屬邑盡苦澇,先生冒暑往問其疾苦,檄有司給糜餉,就食者存活數萬計。又亡何,郡苦水,城垣圮頹,及岳陽樓址,土虚中隤,議者以荒故虞詘。先生發帑金,募千夫城之,未幾而頹者峙,枵者實,城屹於金湯,而饑民籍是傭作,得以亡死。又亡何,城陵磯苦火,延燒千餘家。先生半夜發士卒往救,平明發粟賑之,見遮道號泣之聲,爲之洒淚沾襟,左右諸人至不能仰視。先生守岳州六載,水火爲災，饑饉頻仍，朝夕瘏瘁，至廢飱寢，可謂勤矣。它與民興革，如量田、定稅之類，率稱是。荆藩搆獄，累歲不決，先生反覆停讞，備得其情，諭以東平、河間之誼，諸王遂大感悟。巴陵俗悍喜爭，先生罪其唆訟者，以鼠牙雀角譬曉之，巴俗亦化。與諸令長約，政先撫字，後催科。用是，賦稍不前。撫按停先生俸，先生夷然。屬邑令至，爲民語涕，悉郡公勞狀，百姓感激，課立稱最。大氐先生剌岳政與治台無異，而憂勤倍之。凡爲守前後十餘載，鞅鞅不得調，上官大吏多難之者。薦剡五上，乃始擢觀察副使，備兵滇中。甫及任，適前考功郎據津要，復修舊郄，先生於是解組矣。

先生賦性剛直，秉心坦夷，與人處，洞見底裏，不設城府。母嫡母，父諸父，弟諸弟，終身孝愛，白首不衰。不念宗人微時失，隨分施之，各得驩意。任太常時，友人寄金四百，其人歸殁，其子不知，出橐畀之，封識宛然。性豪於飲，飲未嘗醉，大白一浮，浩歌千聲。居官手荅如流，人不能傚所知。貴不忘約，召所德己者謝之。慷慨時政，發憤推席，惡脂韋巧宦，寧抱積薪之嘆。京秩外服，或調，或左遷，或數歲而始一遷，處之怡如，終不肯乘人而鬬其捷。稅駕田間，門張羅雀，于卧徐行，不齒户以外事。輓近失明，絶跡市中，薦紳學士罕窺其面。時呼子若孫，與之語辛苦起家狀，既而嘆曰："吾於向者入潮，何如也？吾事足矣。"

蓋寢疾數日而殁。墓在龍壽山之原。先生子汴、汾等，以是冬臘月初七日，奉先生厝焉。

李光縉曰：先生世於人間，其廹阨之年，與通顯者相半也。當其航海入潮時，可謂無知者矣。卜肆之中，猶有觀采者。雖其逆旅婦人，能陰識之於死生存亡之秋。及一登仕籍，何其多枘鑿也！世路之險，艱於風波，朝市之虞，惡於畏途，足以觀先生之概矣。人生如尺幅，長則任長，短則任短，悍者不知，獨無令唐舉、司馬季主之徒揶揄耶？此太史公之所以傳日者也。

太中大夫布政司左參政仰恂楊公暨
配封恭人淑勤黄氏行狀

吾社中十數兄弟，隆慶庚午之試，搴旗先登者三人，公與碩齋林公、麗泉黄公。公爲榜中第二人，聯捷春官，掇進士高第。自是社中離蔬而往、拔茹而升者，後先各有人，必以楊公爲嚆矢云。

公諱佩訓，字維式，別號仰恂。始祖曰不語居士，元時始居晉江，三傳至知善公。知善生祐保，祐保生璇，璇生和，和生寬，稱雲臞先生，生六子，季曰恂齋公，爲輝邑令，贈大夫，是爲公父。贈公生三子，公居長。母陳太恭人，孕公時有異徵。既舉公，始孩，聰穎絶人。稍長能文，總角游泮，贈公奇之。

公治《易》，以善《易》聞。爲文不拘棘纖巧，氣局鮮明，音節雅亮，穆如清風，渾如璞玉。知不知，一見以爲發硎利器。公少年弱冠，試輒前矛，督學使者姜鳳阿、周少魯二先生，盡賞識公。及已魁閩榜，南宫之試，爲趙蘭谿相公所舉士。初試主户部政，二年，奔贈公喪。服除，補户部，封贈公及太恭人如其秩。

旋榷滸墅關税。公始至，搜蠡剔蠹，無使漁穴其中。酤每歲課有幾，大率徵商船有幾，量定爲額，税半額，蠲其伍，稍及額，蠲其八，及已盈額，悉予之矣。不復税，但昕夕放泊上下而已。鑽橋例可得數百金，它無名征倍是，公一切報罷。諸有便於商、無病縣官者，刻爲滸墅事宜，至今遵之。事竣，却羨餘金不受，上公庾者溢舊解之半。公是以大有聲於部使間。

天子命公監徐洪兼董水部分司，公一如其所以理吴關狀。櫛風沐雨，設法通漕，漕艘籍以無失。北者先登，南者迅下，商船民艇，税抽如法，無失額而止，人多便之。東南轉運粟解至，予官軍餉，令給食者分給無後時。例有抽耗金，公毅然曰："此何例也？亟去之。"下令，令主餉官無侵尅。有指揮犯者，公請之朝，削其封，例及遂除。他裁革多類此。

三年，遷四川參議，駐劄涪州，公之入蜀自此始。故事，藩大司牘，但省城與上下文報答相可否。公不喜陰陽人意，持讞如山，吏憚之。會有大木之役，直指郝公欲論州縣科派者七人，合州守劉與焉。劉居官廉，公寃之，鋭身爲白。郝怒甚。郝司理姑蘇時，與公滸墅周旋，有不快於公。及按西蜀，遂修前郄。又是時，憲副漆公忭權相，再起備兵川東，與公同事。公雅重其人，驩甚無厭。郝忌漆公，直論去之，漆道涪州，公留飲十餘日始行。郝偵之，益怒。又是時，合父老百姓，伏闕上劉守寃，朝鞫死者過半，民呼寃益急，劉是以得不免官。郝疑公使之，益大怒甚。遂上疏論公，調公西粤。

公參粤一年，臨事慷慨，不激不隨，正己率屬，馭之以法。猺獞爲亂，總督遣蒼梧兵討之，凡發一籌，必諏公而後行。猺卒平，擢憲桂林。修郄者仍調公蜀，備兵叙、馬、瀘。

公再入蜀，又其一時矣。叙、馬、瀘三州，均蜀地，難比涪倍之。異時漢夷雜處，自膩酋患平，上採撫臣言，設平山治于馬湖郡。憲使者繇長寧徙鎮其地，視他路屹然重，錢穀、甲兵、刑獄發興如蝟，營營者新造之家。公游刃應之，釐軍實，慎封守，飭行吏無得生事。土酋受誡去，無侵掠者。按行屬郡吏，偵其吏貪貞淫狀以聞，人人惴恐。三郡久無甲第，公召人士爲文，捐俸出賞，馳其駟上下之，始斌斌多文學士。一時掇巍科者若而人，楊公楷、唐公禧禎、李公作楝、柳公芳陽、程公嘉賓、嘉寅、劉公時俊，其最著也。馬湖郡回禄爲災，延燒千餘家，公發粟出賑，賴全活者萬數。烏撤長酋故，其子阿六、阿七争立。兩臺遣二藩司議其計，檄不能定，公至，出一言而決。公忠信廉潔，有以服其心耳。播酋楊應龍習變，時有議撫者，公争之曰："虺不摧而蛇若何？"亟上三策，請征之。當事委公爲西路監軍，會北路兵失利，軍中傳檄退兵，公沮之，令堅壁如故，獨與參軍曹希彬殿後，師以歸。自是，言勦者盡如公矣。五年間，薦剡幾上，復封贈公、太夫人如其秩。

轉黔大參。未幾，御史彈撫者失概，擠公没入論中，卒從左調，人謂其川東餘波云。大抵公居官，多不利於蜀也。抵家未數月而卒。

公愛弟如子，愛異母弟如母，出官餘禄貲，持以畀仲、季，無失業。爲人温恭，不賢知先人。外不峻崖岸，而中有隄防，未嘗拒人，人不得而涸之。居官不微吏長短，下多就之者。乃其氣嶽嶽不能下人，竟坐是詘。往往中貝錦者之舌，位不配望，壽亦不埒德。殁之日，聞者傷之。

黄恭人初封安人，教諭黄西村先生女。教諭弟曰恭肅先生，以勛猷位望，鼎吕一世。恭人爲其家女，聞女訓大誼至熟。歸于楊，贈公爲輝令，太恭人從之邸，家種種務，恭人棅之。贈公既就閒，大參公成進士，昕夕甘毳所以奉贈公者非一，悉出自恭人治。恭人從大參貴，衣無羅綺，食無兼味，菲糲自甘，與臧獲同作苦，曰："吾以佐君子廉耳。"輓近年念獨子，爲大參廣置媵，進御君所，妬媢不生，衾裯之際，《樛木》之惠逮焉，即大參公難之矣。

大參公生某年某月，襄事之歲，以光縉執筆研侍公，使狀之。

李生曰：蜀道之難，古嘆之矣。九折羊腸，王陽畏道，然叱馭者可驅而前也，何獨難公！且公之所難者，皆在蜀，又何故焉？人鬬其捷，公按其轡；人走其峻，公履其砥。公以中原並軌之車，馳棧道上，左坑右谷，固宜其軸折也。

嗟乎！人情之變，多於九折，而仕路之險，惡於羊腸。孟門大行，何必盡蜀道哉！察公於死生之際，令不有左調，公玉壘浮雲，古今變矣，其不弔公於灩澦、劒閣之間者幾希。

順天進士次洛何公暨配孺人端質丁氏行狀

公諱元選，字元學，别號次洛。高大父貴，易居邑鳳嶼。曾大父宗，移居潯江，遂稱潯江何云。大父燦，以明經從郡縣辟，授江夏尉。父逸齋公玉，江夏公季子也，與封主事崑所公雄，並母周出。玉娶董氏，生公。

公少穎敏，不輩凡兒。十歲，從主事公授章句、經書、傳註，寓目成誦，主事公奇之。年十三，逸齋公捐舘，哀毁執喪如成人。時公年少，弗即葬，厝柩里之佛舍。公就外傅，昕夕省視，憑櫬嗚咽以爲常。佛舍僧異之，語主事公，主事公益大奇，鍾愛愈篤。

嘉靖庚子，公年十九矣，補郡弟子員。公身長八尺，目如電光，貌如冠玉，聲如洪鐘，知與不知，目屬公爲偉丈夫。公既游郡庠，郡賢豪長者延頸願交公，公傾心嚮之，如恐不及。公雖年少新進，乃其游知交大父行，天下知名士也。公退而深念曰："吾幸與諸士周旋鞭弭也，奈何鬱鬱索居，疏過從往來路哉？"遂請主事公，徙居郡城，奉母董孺人偕。公自是户外屨常滿矣。先是，逸齋公歾，主事公與公共居爨，至是析箸。公年二十餘耳，貲不當中人産，居約甚。

公不苦爲生鬻，獨念逸齋公羈淺土，卜地營兆，傾家貲之半焉。事董孺人甚謹，董孺人性峻，又善病，公怡顔承志，侍床褥，寒暑不輟。即以事出，夜分入子舍問侍者，無恙而後即安。董孺人病久，起居維艱，公時自襁負出坐廳事，倦復負而入也。是時，伯兄憲副公方宦游貴倨，主事公已老，季弟盡幼，户内外事鞅掌，悉倚辦公，公游刃應之。

公雖貴介公子乎，而折節爲儉，衣無完采，食不兼味，出不侈具，徒步入里屋中。與士大夫、長老未嘗均茵席。謝聲色、狗馬、蹋鞠、奕博諸游好，而嗜觀書自如。讀書晰微，皆睹大義，終日矻矻坐帷中，弊口吻，非其好也。六籍百氏，搜括涉獵尤多。博外家語，慕《左氏》、《國策》、司馬子長文辭，左右寤寐，下筆纚纚，千言立就，尺牘短裁，入室作者。弱冠游作怍菴公之門，怍菴公祭酒藝林，擊節公爲奇士。公亦酷信怍菴公，每日講口授畢，退即筆記，閲再歲，手録疏解累數十袠。築精舍於東湖臨江，引曹偶對壘其間，每一牘成，超乘而上，亡不人人退舍避、遜席伏也，至相與目公爲西京以上人。公意氣宕軼，承蜩一第，語人曰："吾儕屈首治書，置身青雲乎？寧落落羈鄉校内、匏瓜弟子員哉！"其發憤益力。讀罷，縱酒浩歌，嘯風弄月，充然自得。蓋公之氣愈豪，而養抑且邃也。試輙居秀才異等，歲戊申，督學周石崖公校泉士，得公牘，大奇之，評云："氣足逐風追電，力能倒海排山。"識者謂知文且知人哉。而公遂用是餼於庠矣。

公數歷閩試，竟報罷，慉然嘆曰："大丈夫居即不得志，游千里成名已矣，安得七尺軀蓬藁閭市間，作竈上騷除爲！"遂歷閩、越，浮江、淮，北涉汶、泗，低徊齊、魯之鄉，卒業成均，六舘之士莫與雁行。亡何，嘉靖甲子，公捷順天試矣。于時，祭酒陳松谷公、司業吕豫所公主試，洗馬林對山公、贊善殷棠川公、主政黄積菴公，並寓内山斗，特加獎異。已，益習其材，高其行誼，雅相愛重，驩若父子。諸與公並時舉若干人，無少長新故，疑義大禮，必訂公一言而决。大都公開敏有材，英邁習事，於昭代典故、儀制、名例、令甲，靡弗淹貫，即世宦宿吏，謝不及也。

爲人性倜儻，沉毅有大略，遇事擘畫，引當否成敗，事後輙券。善赴人阨窘急，常夜半扣門，祈見公，公鋭身解之。爲微見其寃狀曲直，居間得公一言若質。

喜賓客，客至，灑掃張帳具，市牛酒不休，與釂極歡而去。公蓋慕陶朱公之爲人，而益行其德。散金與貧，交疏昆弟、族戚婚喪不能自舉，隨力賑之。即非故識，驟以貸請，未嘗以亡解也。公嘗謂，焚券市義，直名使耳。吾予人，棄之；假人，忘之。彼沾沾自喜，非夫哉！以故公爲人貸負不下千餘金，多不責償，往往不令人知也。友某歿，子少孤家貧，落魄無以爲衣食業。公知，延歸，解衣授餐，給舍館之，其人竟以儒顯。友某歿，屬當元旦，公即日趨視，捐貲市棺槥，令家僮舁前行，而身後從，見者益錯愕，慕公義焉。

壬癸之歲，郡遭兵燹，灌莽極目，仆死相藉於道，上下洶洶，人無固志。公首發策曰："貧民負老携幼，逃亂城中，欲須臾亡死耳。得不死賊，奈死殍何？且一叵測，富寧獨生耶？"於是，會諸巨族籍里中貧户若干家，勸分出粟，以贍饘粥。民歡欣就食千計，視公哺若庫庾也。益相與慎譏詰，給傭募，修器械，番休輪直，具有成規。事聞，督撫王方湖公檄郡長吏，城守事宜，以公爲式。延致幕府，口畫便宜利害數十條，鑿鑿中窾，郡長吏愈益重公。

又二年乙丑，寇亂平矣。前是，猖獗甚，發墓中瘞，憲副公取大父母柩以避賊。是年也，公從南宫歸，乃請憲副公卜兆改葬，並肩鉅費，不問他昆弟也。議設祭田，營祀屋，建鄉塾，召子姓弟姪，耕者受器，讀者授書，家歸三年，漸施有政矣。材名日盛，賓客益進，冠履相蹈，閭門如市，公存謝亦寖廣，歲入益不足，供無憚費也。被服食飲不改儒素，第無乏而已，而嗜學日酷。

隆慶丁卯夏，束裝且北上，取前矛猶掇之也。病不一日，而公殁矣。殁之時，族戚皆哭。巷市聞者，無老壯，盡爲垂涕。賻死問喪，自遠方來，經累歲不絶。公殁十餘年，姻家太學生某往京師，僦公舊館柏林寺。寺僧知公戚也，亟還賃錢，延主方丈，備欵曲焉，曰："以報何主君耳。"公所居樹德，其去見思，又如此。

嗚呼！公世所稱豪舉士哉。及跡其行事，則恂恂儒者也。仁心爲質，引義慷慨，百里頌功，千里頌名，内外無間，是爲難耳。公之文，如漢司馬；好士，如汲、鄭；趨人急，如魯朱家、滕侯；材識風猷，不在趙京兆、張廷尉右；乃質行孝謹，如萬石君奮父子。天假以年，雲蒸龍變，有所用其未足，公僅如斯已邪？壽不滿志，聲不暢實，弗施之國，小用之家，世多悲焉。

公配丁孺人，榮壽鄉賓丁順軒季女，太學生煒女弟也。年十七歸公，屬公早孤，不及事逸齋公，而與姑董孺人相依，飲食匕筯，柔毳甘脆之奉，盡孺人手指出。公侍董孺人病，孺人與徬徨治湯藥，厠褕浣濯，不委諸婢，身親滌之矣。

性嚴潔，習女訓大義。念纖嗇作苦，治生正道也。夜洴澼洸，旦椎布操作而前。家有貲入，手自計簿，緡筴衡量，百無一失。門外以千旄來，則腆具不倦，時竈突冷，傾篋佐之，不使公慮有無也。公訓子甚嚴，孺人意承焉。舘閣名師，修脯取具，饔飧饍餉，珍備水陸，或意有贈遺問郵，恒從臾力贊其厚，曰："吾安能愛簪珥筐篚，俾君子困於義耶？"先宗人，次逮外家，以爲差。同母兄碩泉公煒没，遺腹産五月也，舉家惶惑，弗絶如綫。孺人曰："天負善家耶？生女則已，而男也，令我在，藐諸之謂何，奚庸懼焉？"已，生男，善調護之，往來經紀其家，俾克成立。人謂姑姪之親，猶母子也。始公諸生時，孺人身裘褐以佐，已掇巍科，澣衣布素節約如初。見里兒紈綺，輒戒子曰："丈夫子不能自食，竊父兄餘焰夸鄉里，此斵榴被文繡耳，不願汝曹有此行也。"公殁，持扃鑰益謹，馭婦以嚴，闔閤之内，機聲軋軋，僮僕千指肅如也。償公故負，散至千餘金，貲亦不落。建塾於家，延師教少子其中。賓至而饈之，庶幾長者從兒遊乎。長公穀、次公秩，翩翩稱奇士，所繇來矣。

光縉少且賤，無能爲公重。顧先大人主政公，於憲副公年友也，而於公爲外家中表。光縉少失怙，生也晚，不及聆公咳唾，猶得與公之二子相友善，握手論心，譚及父事，欷歔對泣，有愴惘之懷焉。蓋於公猶庶幾見之，如挹有道之風，而儀刑其遺踪，况及覩記於孺人哉！故不辭而爲之狀，以備名公鉅筆者採焉。

明承直郎四川清吏司主事環中張公暨元配孝淑林安人繼配慈恪賴安人行狀

余縉，與西州守張乾伯君游，猶及事其尊人洞齋通議公。通議有弟環中公，蚤歲材名與通議公亞,後先起家。通議爲侍御時,公主户部政,卒於京師,去今三十年往矣。余不獲把臂於公,公與霑益州守何師稷公善,時往來其間。余善師稷,因接公謦咳,則猶見公於孝廉之時。公亦以余能不爲世俗之文也,而有意羶薌焉,未可謂於公盡無一日之識也。公之仲子槃,爲余姊氏壻,而季子業、孫紀光,並問業於余。會余北上,諸孤謀所以厝公與林安人,而丐余狀之。顧公歿而伯子蚤卒,諸孤盡少,能言公之概,而不能得公之詳,余未有以藉手。時公之猶子西州君乾伯在粵,高唐君晉伯在齊,上舍君觀伯在燕,一時無所得簡。今年夏,余從長安歸,過齊,高唐君乃與余纚纚言公之行甚悉,而西州君復以書來會,余是以克狀公,因按而狀之。

公諱治樞,字明勵,别號環中。先世唐僖宗光啟中,自光州固始徙閩。元至正,有諱康者,號建溪公,繇漳入泉,主安溪簿,籍晉江,爲張氏昉。建溪公生四子,惟季永齋公惠留泉,居筍江里。永齋公生四子,季瓊江公安生隱逸公成遠,隱逸公生南野公儼,南野公生率齋公鑑,率齋公生浴江公堯。浴江公以通議公秩,累贈中憲大夫、江西按察司副使。娶林氏,爲侍御沙溪公女弟,封太孺人,贈恭人。年三十八生公,少通議公十四歲。

公生,岐嶷鐵面,清眉目,閃然有光,深沉寡言。八歲,治《尚書》,能文,容止端莊,酷肖兄伯。差長,師通議公,通議友而心器之。公讀書作文,惟兄伯之言是遵。每通議文出,輙自手録熟誦,以爲模楷。凡晝所讀,夜必復之。通議社會文歸,必誦通議公前,得其可,乃大喜。故公自㓜小即有能文聲。甫丱,補弟子員。學使者存菴金公、鳳阿姜公咸器公,居之異等。

嘉靖甲子,通議公領鄉書,公亦與副榜。越年乙丑,通議公上春官未歸,贈公遘疾歿,公嘗湯藥,慎含殮,悉勯心力,不以貽通議公憂。母太恭人哭過慟,公泣而慰之曰:“父歿,但有母在。伯兄羈萬里外,母傷,兒亦傷矣。”發憤攻苦,以慰母心,無所不至。

公爲應制言,秀而雅,精而核,古文藏書,游獵其中。於《蘇文忠公集》,則左右與俱,咳唾皆是。大抵通議公未第時,以文章弁冕一時,所譔者多依眉山體法，故公亦酷嗜之，人以爲兄弟家學也。

公以庚午薦于鄉，爲陸仲鶴公所舉士。是年也，與通議公共計偕。通議公既成進士，除永淳令。公落第歸，讀書小室中，苦心淬力，如儒生時。旋通議公調浙之臨海，輿太恭人偕。甲戌，公再上公車，遂之臨海見太恭人。同通議公入京師，又不第歸。歲丁丑，通議公將入覲，公復以計偕至，會之于武林。既入試，受知于陳肅菴公，竟溢格外。公嘆曰："吾不以不第爲歉，而以承驩膝下爲快。吾歸矣。且伯兄久宦，若子猶子，誰程督之？"歸而奉太恭人益恪，與西州、高唐二君譚經論文，二君悉遵其訓。己卯，西州君領鄉薦。公北上，舟次京口，喜謂同籍曰："家有小阮，乃今同揭旗鼓登壇矣。"

是年，公遂成進士，出幼峰余公門。時通議公爲直指使者，視京通庾。公觀吏部政。會太恭人之訃自家至，通議公哭不已，公哭甚，謂通議公曰："兄幸備法從，某登第，庶幾助母無等之年，而遽捐杯棬，吾兄弟有不終事之憾，謂何哉！"立促駕歸。三年之内，杜門讀《禮》，與兄伯營贈公、太恭人合兆，不遺餘力。

癸未，服除，通議公補御史，出按應天。公謁銓，授户部四川司，主事四川，兼隸應天六府，爲通議公按屬。公適署司篆，人以爲奇。時王繼津公爲大司農，于諸曹間獨奇公。一日，出各省糧册，盡委公稽筭，限以三日，公如限應之。大司農怪其敏，疑出吏書手，因隨手摘册中某郡糧額多少以試公，公隨答如流，大司農益重公，凡有事疑，必召公議，即事屬他司，亦以諮公。時覆册弊屬雲南司事，大司農因命公覆，公不得已承之。内欵云"册紙須極白極薄"，雲南司憾公越俎，抄案呈詆公，云："紙宜厚，不宜薄。"大司農曰："不然。用薄則洗補之奸塞矣。"其倚信公，多此類。

會有旨，借支邊銀十萬以實内庫，諸曹相顧錯愕，莫知所出。大司農以問公，公擬本云："糧屬邊儲，係國家安危，何可動支？且邊事不測，卒然有急，胡以應之？"疏入，借支之旨遂寢。邊軍告匱，司帑詘筴，上言不給。大司農以爲患，委公區畫題本。公倡言曰："本色運糧，支給有餘，陳陳相因，第腐敗不可食耳。其有郡邑阻山,不便水運者,宜暫改折以濟時急。倘異日太倉之貯,或有不支,則成憲在也。"大司農然公議,請而行之。亡何,部議推公監越兑。例:本科不外推。公以例辭,大司農曰:"固也。越弊多端,非仗公振刷不可。"

公奉命抵越,正量斛,驗燥濕,搜蠹敫(剔)蠹,運官與豪右無得侵漁乾没。時改折之議方行,江南諸郡或稱不便。公至,撫臺温一齋公以爲問,公馳書答曰:"法貴趨時,事在變通。云便者,徵本色可也。云不便者,全議折徵可也。"公謂,如杭之新城、於潛、昌化,邑僻山陬,距水甚遠,則全折爲便。如富陽一邑在東南、西南鄉則山徑,而折徵爲便;在西北、東北鄉則水運,而本色爲便。諸如此類,度地行之,不格成憲,國無滯兑,民不苦漕矣。一齋公深然之。公謂:"監兑有三難。兑司與邑令長相關,而邑大令多卓犖負氣,貌相承,心不相下,譬如人家傲子弟,難乎兄矣。難一。謂郡佐相而下,倅而屬,無論也,其非屬者,不視縣則已,視縣則尺一檄相加矣。屬視之,彼有决驁而不馴,非屬視之,則體敵而易於抗。難二。謂兑司之權尊,而無地方之職,所從事者,但徵發期會耳。而徵發之令,非藉郡大府、監司、藩長吏不得行。難三。"公著此議,而以最後之難,諸藩國在在有之,獨前二難在浙爲甚。故公入越,無不從人與交驩,亦未嘗以法假借人也。公竣事還報,所疏參與獎而揭者,並當輿情。人以是益服公能。

歲丙戌,又有明智草場之役。公夙夜勤勞,不以瑣屑少懈。有運芻秣少額者,法當罪,公令修葺場自贖。卒不葺,而妄揭場佐之官受其鍰。公廉佐者寃,重罪揭者,自是部中肅然。公視事未幾,忽疾作,屢上疏乞歸,主爵者以公有才望,欲留公,改公銓曹,故公不得請,竟卒於邸。

公生平所步趨惟通議公,若青之在藍,金之在冶。凡威儀動作之細,與夫持身接物、居官政家之大,靡不以通議公爲準。其讀書觀理,沉思邃詣,得之通議而庶幾近之。年少於通議,而壽不如。陟科登第,視通議公爲蚤,乃其致位通顯而享遐福,不及通議公。孝友篤摯,發於至誠,鞠躬秉禮,稱質行之儒,則於通議公直伯仲之矣。嘉靖辛酉,島夷煽亂,省道爲梗,通議公上省辟將行,戒公勿往。府試以公名上,公無奈應之。試罷,與通議公從間道歸,偵倭出入,徬徨海上,歷風濤之險，至崇武，捨舟登陸，幸無虞矣。兄弟間關，煦沫益篤。通議公嘗自題云："兄弟一經師友，天人三策文章。"蓋深喜公也。

公於通議公，兄事父事，不啻若師事之。同居共爨，兄貴猶然。至公登第後，車馬僕從益繁，始言析箸。公與通議公，家中事必相聞而相信，然無互可否。通議公宦外，西州君爲家督，曉暢世務，於公在猶子行，公亦事與商確，叔侄雍雍如也。

公處族屬，致恭盡節，無疾言遽色，雖子侄行，不面折其非，即有不平，但寬譬之改遷。隱逸公、南野公二祖宅兆，公自誌之藏中。初第進士歸，痛繼曾祖妣、祖叔朴軒公而下三世未葬，謀之通議公，與挈力厝之。

於外黨朋友，終日與居，飲之以和，不見有惰慢之色。既貴，務自貶損，不預關説外事，而獨喜爲人白寃狀。里有兄弟四人，其少子父母暱愛之，分財多私予，中子憤恚，屢與弟争，弟挾母訟之官，中子至受笞辱。公爲解之，曲全其父母兄弟之情，後其人竟忘公德，公亦終不自言。入官居越，四知自矢，除兑例之金，却暮庭之饋，故身没而宦橐蕭然也。

公歿時，通議公方出按楚。桀與椠稍長，家居。及在京而侍公疾者，獨賴安人與二幼子耳。公惓惓以諸孤爲囑，令無以貧薄故廢箕裘。其深自痛恨而視不能舍，直以辛勤博一第，無竟所志，且死而不及與通議公一訣也。公訃至楚，通議公亦以不訣公爲恨，哭不絶聲，不視事者月餘。通議公自楚歸，指畫諸孤爲公身後計，割上世清溪業畀之，公未有居宅，爲治垣屋千金，半出通議公袖中，卵翼殷勤，不一而足。吾鄉諸薦紳視公殮者，哭于燕。櫬過越，越吏民道祭公，哭于濱之滸。里子姓族戚，哭于家。嗚呼！此足以概公哉。

公先娶林安人，陽春教諭林彦佳公女。繼娶慈恪賴安人，文學賴顯道女。林安人年十八歸公，二十四而卒。在人世之日淺，不及見公之貴與通議公貴後顯融之事。相公於經生時，瘏瘁七載，僅遺桀、椠二子。歿之日，桀五歲，椠生纔五月。公自爲文悼之，悲哀慘切，反覆不置，大率稱内助己，或先意，或承旨，知非勉强而樂爲，往往出己意度外。其辭若予若憾，若怪若信，公蓋有餘思焉。

賴安人歸，以弱年修婦道，事姑太恭人甚歡，奉姆淑人至歡。未幾，公登第，兄弟並時貴，處於方盛之日。與公偕之官所，享用於林安人時爲易。乃以身當前後、彼己間，己出之子允榮、允業，而又有林安人子也者，拊而鞠之，以及于長，無分胞乳，孝慈無間，玆其所以難也。公歿，季子業亦少，伯子榮繼歿，賴安人爲未亡人，與伯婦共蚤莈，壯子而長其孫。間關三十年，歛己棅家，備嘗苦辛，於林安人時，難百倍之。卒無隤家聲，孫子鵠立，伊誰之力？不但有功於户部公，抑亦有大功於林安人。輓近患風病，伏笫褥七年。季子業先數月卒，賴安人毁之過，尋亦卒。

李生光縉曰：往通議公予歸時，余自京師與並舟南下，西州君終日侍坐。通議公與余言爲贈公丐銘於余文敏公時事。忽語余曰："吾老矣，知我者，子也。子其善諦觀我，異日我歿，其爲我狀而不朽我。"通議公歿，西州君以狀屬余，余立狀之，西州君兄弟以爲肖也，人人讀者盡以爲肖也。余今狀公也，幾浹歲矣。蓋問之諸孤與若侄，久而後能涉筆也，而諸孤猶若以爲未盡，何哉？公位不上郎官，筮仕不過三五載，所施設注厝不越部署間。錢穀、芻牧之事，學問、材諝可見之行，什未展其一二。夫豈詘於材而限於位，天不假之年耳。嗟夫！士大夫出而遭時，置身大位，名實俱榮，豈非以年哉！豈非以年哉！余是以不能不爲公嗚咽道也。

奉直大夫沅州知州紫南王先生暨繼配莊惠陳宜人行狀

先生諱承箕，字維肖，別號紫南。先光州固始人。祖審邽與兄潮、弟審知同入閩，權知泉州事，因家焉。四傳爲益都尉克，克二子，長文正公曾，次侍郎皡。皡八世孫登，第端平二年進士，始自晉江遷南安，一家馬坂，一家金坑。金坑派者，登四世孫元吉也。元吉生均祥，均祥生榮祖，榮祖生泰生，泰生生孟學，孟學生琡恭，琡恭生閒齋公疇，爲先生父。閒齋公貢澤宫，授常寧訓，時未有子，辭弗就，及舉先生，年五十矣。

先生幼奇嶷，對句應聲而出，閒齋公暱之。稍長就傅。紫峰陳先生與閒齋公善，見先生，大異曰："孺子可教也。"閒齋公闢小軒，延陳先生訓督其中。先生稟學惟謹，授《易》講解，輒了奥義。陳先生豪於飲，飲必令先生執弟子役其傍，曰："孺子性獷，吾以禮抑之耳。"先生斤斤步趨，文寖知名，弱冠補邑弟子。

讀書以宋箋爲宗，翊以子史，宏覽博極，爲詞人冠。嘉靖庚子，領鄉書，名藉甚。先生爲諸生時，有怨家以蜚語中先生，藩大司大怒，意寖處之，歲大比，使人錮先生無入棘，先生竟終闈無呵者。藩大司驚以爲神，及發榜，大驩先生。

先生以擘畫綜練豪，孝廉屬有公舉，前先生爲祭酒。會兵燹歲，郡太守議革諸孝廉續食者例，先生挺身，辨如懸河，太守不能詘。先生徑走白之上司，得請如故。先生嘗著有《造兵船兵器議》，每念夫廩、馬保、庫子之役傾百姓家，著議革之，令民輸顧役錢，官自召募，今條鞭之法倣此。後上其議，議果行。先生喜從有司陳民間利病，有關請，上官大吏多信之者。

歲乙丑，授沅州守。沅，楚劇地，當孔道衝。先生問百姓疾苦，予民便宜。州有疑獄，荒村失火，舉家焚死，官以罪其仇家，文致已定。先生寃之，曰："仇非大故，何慘如是？"出脱之。爰書奏成，人稱神明。士秀有文者，進之，品藻其文字，人靡然向風。是年，預薦書者三，先生教之也。州道夜郎，有竹寨、安江二水驛，上下過客徒陸走，罕繇之者。或乘船抵驛，止索過關夫鵲，徒充包折。先生曰："虛設乃爾。"遂革之，州上路爲便。水驛下路爲舊羅驛，二驛馬遞僅九十里，過客入州，候觀察使者勾稽符驗，郵卒寄馬民家，馬不得去。先生曰："不可中便乎？"减驛馬之半，酌取馬三十疋，州中遞撥上下，馬不困滯，二驛便之。州故有平溪、清浪、鎮遠、偏橋四衛，月糧歲減，各有完額。後平、鎮二軍常苦不足，至借支於清、偏二倉。當事者難無給食，先生設法均之，軍以無乏。里甲正派給應上司，歲剩金若干，先生不以潤私橐，毅然曰："州、縣正佐官往來厨傳之供，可無給乎？賓至而壞館垣，非禮也，其以是充之。"乃爲例。州治無井，官設水夫十餘，輪直汲水，歲費給募錢百緡。先生相地掘井，果得水，夫額遂除。裁革輿皂，損騶從十之三，省歲金不貲，他節縮稱是。先生不拘文法，行事類如此。

居官有材名，以廉平爲主。抶人不上十楚，或不任桁楊，煦言噢咻之，尤不喜扶婦人。吏胥走卒多善遇,誠無骫法而止。不受餽遺,門無暮金,持謝者却去。鍰贖斥佐公費,黌宫、官廨、輿梁、道路漸次修治。行之二年,沅人安堵。但不善陰陽上官意,解組歸矣。去之日,遮道留之,不能得。

先生既失意於官,退老於故山之廬,荔莱數株,荒塘半畝,冬一布裘,夏一葛衣,春日問耕,秋日問斂,與田父野叟相雜伍,人不知爲先生。居喜着小帽,人怪之,曰:"此陳紫峰先生家法也。"梅皋蔡公書錦里中,以微時德先生,盛騶騎訪先生里。先生頂帽礧磚荔下,從者不識,促問之曰:"汝識王大夫乎?"先生戲笑曰:"聞洗耳去矣。"蔡竟不知,留一布以贈。先生休官貧甚,橐中金幾兩,葛布幾疋,語諸孫曰:"吾豈不愛錢?先人有訓:子孫入仕,受賕枉法者,不如世爲摇錢樹。予是以不敢。"里有盗,不知先生貧,入竊先生,持一綿着、粟三斗以出。先生知,謂之曰:"速持之,勿令人笑我貧也。"盗亦大笑而去。

先生富於經綸,嗇於名位,謀於野則獲,謀於官則否。什一行之國,什九用之家。晚年苦爲生益急,蓐食呼童,種蓄煩碎,廵行隴畝間,矻矻如也。性通侻骯髒,不拘小禮,劑剛以柔,多智善用。後益精黄老之道,卒有横侵,谿谷下之。飭兒孫,語以微時事,曰:"爾父多失,不願爾曹效之也,但大體無糊塗耳。"持百金,建宗祠宇,宗人義之。與鄉人處,温言相欵。善可獎借,極口慰藉,意有不可,嫚駡蹲踞。然率用恩意鼓舞,故人人樂先生爲親己。曲直不能解,多就先生平。德先生者如父,憚者不敢爲非。終先生身,盗去入他界,世人不察,誤謂先生權行於鄉閭,非然也。

先生身修八尺,雙瞳炯炯,風韻瀟洒,翛然塵外。對客善諕,談天傾座,雜以詩歌,聞者解頤。老益康矍,行不扶筇,騎不跨鞍。技癢經生業,援筆就之,蓋八十猶自喜云。近有《式言篇》梓於世,其絶筆也。卒年八十三,里人思之。

先生初娶莊宜人、楊宜人,生丈夫子四,蚤卒。狀具先生自誌中。繼娶陳宜人,大尹陳西軒公女,少嫻女訓大誼,歸先生。先生父母三人,年高性嚴,有《葛屨》縫裳之風。先生性至孝,楊宜人徽音在前,宜人凜凜不克嗣是懼。夙興晏寐,虔奉姑嫜,延師課子。修脯豐腆,客至,呼酒取具。蒸祖先及楊宜人蘋藻,必手潔。鞠其子如裏離，生僅一男，鳲鳩均愛，無別胞乳。爲先生廣置媵者再，復舉子五。先生自爲孝廉，以至守沅州，迨歸田，五十五年間，什七在外，不遑寧居。三親五女十男，襄理綜助，賴宜人力爲多。先生剖田宅析箸諸子，以孝廉時所積居分散予嫡，而自纖嗇爲庶子計。宜人與分苦同僂糲，先生難之。其最大者，子長清諭君舉子孟遴，七日而其母卒，口哺腹鞠，顧復無刻晷離，以迄于成，今褎然舉于鄉矣，恢揚前緒，稱爲世聞人。噫！誰力也哉。

公生云云，子姓通計九十有八，多賢且材，婦婿配是，今而後，瓜瓞不可得而原也。斯不亦先生之極福乎？不佞縉，於先生之子廣文君筆研交，孫孝廉君貢籍交。及營先主政公菟裘於先生之里中，時時登先生之堂，而盡友其諸文學子若孫，覩先生之近事益詳。蓋嘗及先生之壽八十時，借華封人之祝祝先生，曰："先生吏而貧，不自富，乃以富。先生老而箴，不以壽，乃以壽。先生嬛於身而蕃衍乎孫子，不自多，乃以多。"先生灑然異之，曰："孺子知我哉！異日者我就木，從吾生母而窆於班鳩山之陽，子其爲我狀而徵堂斧。"其聞刺心之久矣。今且奉先生柩，與莊惠宜人合楊宜人而厝。執以先生之往命命縉，縉何敢辭？不覺淚浪浪下，若言之在於耳，而貌之及乎目也。乃爲掇其詳如左，不能隱，亦不能誣，庶幾備如椽者採云。

奉直大夫許州知州常九洪公暨贈宜人元配端順歐陽氏次配慈惠顧氏行狀

余蚤歲與許州公爲筆研交，方是之時，隆慶初服，文體新釐，天下士方厭靡蔓之習，而猶逡巡于帖括之中。公獨抽心推胃，吐奇露靈，掃蕩一世，求之對壘敵國之人，鮮有應者。余時雖未逮，稍知陳言之是去，不屑世俗之語。故余之遜席惟公，而公之均茵惟余，兩人以文徑投合，相得驩甚。公今殁矣，令子長君胄將徵銘厝公，爲公狀者，宜莫如余。

公諱啓采，字爾載，初號敏齋，後更常九。常九，於名字爲叶，而公之資敏，一悟百了，稱敏亦非虛也。薦紳之儔，於公言常，而余每見公，輒呼敏，從平居所慣稱云。

公先世光州人，姓陳。唐末避亂，入南安之翁山，爲始祖順齋公。傳三世祖贅于洪，因從其姓。世稱“翁内洪”，自此始。公曾大父質菴公，生丈夫子五，長英崖公，爲姑蘇學博，即公大父。次州守英溪公，次御史芹谷公，又次兩封翁勿齋公、見英公。兄弟一時並貴，稱爲極盛。詩書簪組之原，學博公其嚆矢也。學博娶曾孺人，生三子，公父一所公居伯，仲蚤歿，季彭齋公。一所公年十六，補邑諸生，娶陳孺人，生公兄弟三人，公亦居伯。

公生，美丰姿，廣額高顴，長眼秀眉。記誦聰敏，寓目不忘，而喜深沉之思，王父、父甚奇之。初命授麟經於封翁陽泉，已，學博公念以《易》起家，乃使公讀《易》，公從此遂潛心《易》學。

辛酉之歲，倭奴煽亂，道路爲梗。一所公應省辟歸，爲賊所獲。學博公傾貲出之賊中，歸十一日，病卒。陳孺人哭泣，水漿不入口，八日而死。公時甫十三歲耳，弟妹呱呱，有未脱襁褓者。《詩》云：“人莫不穀，我獨何害。”公少孤之苦，可知也。公於是與弟妹相煦，惟學博公、曾孺人是依。學博公愛而督之，公淬厲益甚，焚膏繼晷，洛誦通夕，繼之以泣。曾孺人憐之，語之休，公不肯休，弱冠即以文名。

丁卯，學使者蔡見麓公試士，拔儒士應試第一。庚午，學使者周肖魯公寘公第二，食諸生餼，屢試輒利。余黯然未有聲，但自庚午後歷丙子歲，數載之間，公結交名士非一，至旬日三垂韃周旋者，獨余一人。余遠不逮公，而慕公之爲文。公每遇題目下，默坐淫思，嘔心以吐，余但鼓於氣耳，淺易不如矣。余喜公根極理奥，秀色殢人，公亦以余爲力强，可擒將而擒王也。時有周用齋、陳霽岩、許見魯三四公，其文俶儻奇偉，滅没非常，里耳多駴之。公獨寘之坐隅，昕夕以爲的，尤最羡歸太僕之作。故公之文，居然有先正之風，亦時露豪傑之態。丙子之秋，公先余着一鞭矣。時權歸外簾，總裁徐龍灣公得公牘，深奇之，評其文曰：“衆無者能有，衆有者能無。”足概公生平若作矣。

公深念早喪母父，余亦少孤，兩人相對，各談先人事，輒相欷歔泣下。公有弟仲、季二人，余寡兄弟而孤尤蚤，但余有母封安人，於公差可耳。兩人亦以是同病相憐，不但以文字交也。公登賢書時，有賀公者，公泣曰："恨吾父母不及見耳。累裀之坐，何如負米？昔人所以廢《蓼莪》也。雖然，猶幸有吾大父在，或者藉是，可稍得開頤乎。"聞者爲之愴然。

公初上公車，人謂公之文於會塲尤利，一第可承蜩掇耳。公亦以自負於當世無兩，而余且射覆公必無留行矣。丁丑，不第歸，識者訝之。嗣歷數上，並報罷，公意氣自如，終不少蹶。癸未丁王父艱，不得赴。丙戌之役，余猶及與公酣戰藝壇。余落，公亦落，兩人並舟南下，風晨月夕，撫掌而談，推席而起，公以余爲壯，而余未嘗不壯公也。公體羸，素善病，久蹶之後，不耐長安雪霜之苦。壬辰之役，余與公旅邸相次，昕夕過從，公譚吐間不無少挫矣。是年，又不第。公從弟訒韋公魁南宫第六人，公曰："能代吾吐氣矣。"遂俛首謁銓，授邵武之泰寧學諭。

泰寧，故癖陋少文，公至，設俎豆，語詩書，進諸生與之論説而課其藝，教以讀書作文之方，士稍稍知學。有江日彩、何尚舜等六七生，公屢試寘之首，後江公竟成進士，人謂爲知人。乙未，公復上南宫辟，又下第，轉國子學録三年，所識拔宇中士尤多。余猶會公于京師，公見余淪落之苦，相與吁嗟久之，若聞征鼓聲，未自忘一陣之思，轉不覺其爲余而心悸也，但嘆息而去。余爲公氣短。

三年，出守許昌。公材望高，又秩滿，於擢非部署即寺評。許昌雖善地，州守亦大夫秩，然外補非所以處公矣。公略不以是介意。許稱繁最，又當梁、楚孔道之衝，俗靡而侈，猾胥爲奸，把持吏短長，乾没官帑，漁獵細民，百姓重足立。公至，具知之，先下令與之更始，不則且痛繩以法，人始知悚惕。簿書鞅掌未辦，色視事行。法依寬厚而行，兩造盈庭，片言立决。爰書奏于手中，吏不得輕重，其鍰但取積穀而止，暮金不至於門。上官大吏盡賞公廉。時大旱歲饑，田野荒蕪，百姓流徙。公出行，嘆曰："許下，故漢棗祗所稱膏腴可屯田之所也。今斥爲澤鹵，化爲茭牧矣，寧能歲無饑乎？厥咎安在？"公於是發廪粟賑民，所全活以萬數。乃復引民浚波池，穿渠，引河水行數十里溉田中，故鹵地盡得水，可令畒十石。又招流民墾田，給之牛器，於是田益多，稱爲沃野矣。公又爲民建義倉二十餘所，令富輸粟其中，公出贖鍰金買穀貯之，畜積多，歲益亡虞。州人文不振，科第寥落，公餘進之於廷，説書論文，一如昔所以教泰寧者。振飭其頽惰，而人予之文明。最賞識有曾公克慎、王公鼎、蘇公繼歐，並時登賢書，歐竟成進士。公所轄屬邑四。公初至時，令謂公世家子，必不任，微有易公意。後見公練達世故，綜理精嚴，無不人敬畏公。公亦傾心與處，外無陽浮，人又多倚公者。有張令坐謗書，騰於兩臺，事未明，不得歸，以一家十三口屬公。公極力全之，爲代白其寃，令事竟解。李州判居官清白，公過上官，亟稱其賢，及擢爲令，行李瀟然，公知之，捐俸以佐路金。其人就道，與公别，感泣不自勝。公薦寵僚屬，多此類。

守許三年，總漕劉公，廵漕李公，廵鹽佴公，廵按崔公、袁公、曾公咸薦公，前後交疏六七上。秩滿，贈二尊人如其秩。旋擢湖廣永州二守，會公從父心菴公轄楚藩，公於例宜避，請給回籍。奉旨，准起送赴部。然公竟以病上疏丐休矣。

公生於富厚之家，自爲諸生時，衣服鮮楚，威儀雅都，筆札楮研之供，靡不如意。妙齡蚤發，聲名亦起。上有王父母，中有季父，下有二弟諸妹，身雖蚤孤，未失憑依，孝友無間。其所最痛心者雙親罔極之恨，而其所深扼腕不平者一第未酬之志。學博、州將，均非其任，未盡厥施，此公所賫志而不能自言也。家居卧病，簡出深居，不與世接，尋卒。

公元配端順宜人，歐陽東溪公女。年十八歸公，以不及事舅姑爲恨，孝事王舅，食飲匕筯必供。佐王姑治閫内事，稟令而行，傴躬而理，不辭瘏瘁，當王姑驩，無累君子之讀。公掇巍科，猶及見之。堇生二女，未有子。王姑歿，纔三月，孺人亦歿，公悼之深。

再娶慈惠宜人，少司徒顧新山公侄孫女。踵歐陽而歸公，能愛歐陽所自出之女，脱己奩遣之。身未有出，以夫後爲念，遂爲置媵，不以己芳齡而有難色。後媵亦僅舉一女，而孺人卒。

今長君胄，則慈惠歿後，公所自寘次室竇與偕之成均舍中所生也。今能葬公與兩宜人矣。此兩宜人者，均短於年，嗇於胤，不及從公以終身。然一則能佐公而掇當身之名，一則能佐公以引身後之胄，不可謂於公無助也。

李生曰：余之狀公也，不覺潸然流涕云。余所知公者，諸生與計偕時事耳。公之守許昌也，多善治行矣。余問狀於長君，長君不知，莫所寘對。甚哉！人少孤之苦，一至此乎！夫以仲尼之聖，蚤喪父，不知父墓，使不有聊曼母可問，五父之殯，當安所藉手？大聖人且然，然又何怪乎長君！余是以於公不能一一具道也。然公之生平，大略可睹矣。公喜日者談，當未遇時，嘗對余自言禄命、富貴、壽夭之所以然，其言後皆驗。故公知幾勇退，修身以俟，此又公之軼事也。

益府右長史賓梅諸葛公先生行狀

余昔與諸葛公共對壘見遠精舍。是時，社中兄弟惟余最少，其雅修有度最莫若公，兩人兄事弟畜，稱爲至驩。丙子之役，公先余一鞭。余猶及與公同計偕，而公已謁銓授職矣。公既謝事，余猶落魄，公不鄙余爲迂，余亦不疑公爲拙。兩人相視，冷然而笑，靡然而反，適志自喻可知也。公既没，長公员以傳屬儀部何匪莪公，而使余狀之。余何以狀公哉？

公諱應科，字弼父，别號賓梅。漢諸葛丞相之後也。按譜，宋紹熙間，有諱安節公者，仕閩轉運，因家于泉。泉之有諸葛，自此昉。其後有少保公、臨安守公、中書省簡較公。傳及明興，退齋公爲簡較公子，以高士見稱。退齋公生御史公文，御史公生縣尹公恬齋，恬齋公生樂義公，樂義公生守素公，守素公生二子，次守吾公，即公父。

公少穎敏，寓目成誦，命以對句，應聲而答，人稱奇絶。稍長，從岐陽蕭公受《詩》。蕭公與語，大悦，得其衣鉢，目爲高弟。十六補弟子員，遂以知名。與林中丞、黄左史諸公俱髫年，甲乙相先。余之獲敵國於公，其再出也。公清姿哲觀，容止修飾，爲諸生時，衣冠鮮整，步履雅都，有儒者之容。每一入社，運筆之暇，逸氣秀發，坐間餘論，詼奇敏當。善於諷喻，往往溢筆楮翰墨之外，令人絶倒。其爲文清婉幽閑，如寒潭秋月，長空一碧。余雖好爲拔山扛鼎之言，然每接公之御我泠風，不覺其心遜也。

公以丙子領賢書，出婺源許南台公之門，與兄子念榕公表爲同年舉。後念榕公成進士，官大行，公歷庚辰、癸未試，俱報罷，就教趙州。

趙人朴魯少文，士不盡嫻於學，公以古文辭倡之。時督學羅文野公雅知公名，檄其文，大加歎服，學者宗焉。乙酉，分較關中，得七人，盡許敬菴先生首録士，人服公之藻鑑。

丙戌，上公車，復不第，遷湖口令。湖口當江右孔道之衝，負山臨流，一縣如斗大，以爲非賢者路云。既至，舊牘山積，公游刃理之，數日之間，庭讞爲虚，爰書傅以古意。郡刺史吴平山公，素倨視下吏，凡得公奏讞，輒報可，改容加禮公。有富室失火，以搶掠訟其鄉人，逮繫數十家，久不得釋。公悉貸之，刺史持不可，公曰："延燒之際，莫辨阿誰，安得以笞掠定也？"竟如公議。下車三年，初苦沐，旋苦旱，已復苦澇，又復旱，菑郵相仍，邑以大饑。公步行村落間，度所在老稚幾何，出粟發金，賑不遺餘力。盛夏坐江干，爲百姓區分升外，面目盡黧黑矣，全活民以萬數。察吏之舞文者，寘之法。召逋負者，於庭責以義，喻令輸税，宿逋盡輸。課士以文，所鑒賞即拔幟去，周君汝逵，其最著也。門無夜金，鈎束不入私帑。嘗退食自語曰："吾今日出某政，行某事，如是如是。吾不能取民間一錢。雖然，吾貽吾後人豐矣。"公所爲居官循理，率類此。

一日，有上官至，公迎之，江風甚，挽舟不得近。公曰："是不可以性命博官。"度上官未即傅岸，歸止宿。俄上官至，無所發憤，取公所備魚腊嗅之，曰："此鮑魚也。"發怒去，竟中公。公是以左遷益審理。士民寃之，去之日，車行爲軔。

是時，益王好文學，招天下文士，遊客集之府下。公能詩能字，故有文章聲，王久已聞之，拜爲理，使治賦頌甚高，日親愛幸，疑義必咨公，世子王孫皆延公爲上客。公居府無所事事，自給事王理之外，但與客對酒獻詩，曳長裾而已。王愈賢之，特疏於朝，以爲右相。府中尚有真相，公第以理官加相名也。居數年，御史行部，公與真相謁，御史曰："爾非相也，有相名耳。是宜以理官入，而同相謁何？"公曰："王門古稱吏隱，禮無亢，亦無苛。必如是，吾不復戀鷄肋矣。"遂拂衣出。御史愧而謝之。竟趣駕歸，王不能留。

公始食貧居約，遭家中落，母林孺人見背，母趙、母朱，後先繼至，尊人時苦不給。公舌耕取糈，以供菽水。讀書益困，感憤自如。其後通籍一縣官，在事未久，不能盡行所志，左遷藩邸，宦槖瀟然。雖亦稍改諸生之態，居但蔽風雨，食粗給饘粥，難以稱饒矣，公未嘗不逍遥意得也。

公自少至老，無日不觀書。中年喜攻詩，誦古人詩，散舉不遺一字，自托於開元、大曆之間，佳句到，揮毫佐之。宦遊所至，題跡常盈，歸田益甚。酒闌興豪，聲滿天地。所居書籍遍其户下，四壁兩楹，録先輩格言，累累充充。曰："吾以此弦韋，當古物玩好耳。"屋後治小園，蒔花木其下。客至，呼酒引滿，分韻，雜以誹謔，驩笑竟日。鑰門投轄，客非醉不與歸，其放浪物表如此。大抵公爲人達不至曠，和不至流，飾躬修行，篤於倫常。

事父至孝，奉繼母如母。其於先世遠代，尤所追念，譜牒必手書，祖墳廢失，重趼復之。率族以禮，子侄非肅衣冠不敢見。大行公雖已貴顯，一被譴訶，跪謝乃已。輓近以王父母、父母未厝爲恨，勞瘁以斃，痛不瞑目。此殆未易與醉鄉吟客同日道也。故其居官無陰陽婞阿之行，枘鑿於世，亦坐是而終身無少詘於人也。

李生光縉曰：王相、縣官，非尊秩也。陶彭澤以一令賦《歸來》，賈長沙以爲傅作《鵩鳥》，賢者誠不見容。卑官冷署，猶尚若是，而矧其名位相傾者也！自古固然，何論公哉。令不欲折腰，而欲相折腰乎？公一去，其道信矣。此又公出處去就之大者也。

隆安知縣南崗許年伯兄行狀

公諱鳳賓，字瑞夫，别號南崗。其先邑之石龜里許侍御公，後數傳至裕齋公，徙居青石，爲青石人。裕齋公諱原，原生友，友生弦，弦生遜，遜生攀龍，是爲公父，以公貴贈文林郎。母太孺人林氏，生公，公居仲。

少善病，慷慨有大志。贈公、太孺人姑息公，年十五始督就外傅，爲記字對句之學,同塾兒姍之。師謂之曰:“安得十五歲社學書生乎?”令受舉子業。公併月而習,遂屈同儕。旦出詣舘舍,暮而歸,口哦哦行里中,里兒争抵掌逐之,公緩步哦哦自若。公兄弟與公並負笈者若干人,盡退舍公,公稍有讀書名。里長者林節齋公教授生徒,公從稟學,大奇公,致爲東坦。

公既娶,不問家政,鉅聽之兄伯,小委之細君,自發憤下帷,試一不利,懸梁益急。兵燹之歲逃亂,安平城將陷,人争負橐,公獨取書。有訕之者,公笑曰:“吾且讀書退虜也。”寇難既平,田舍圻墟,與父拮据。贈公歿,哀毁如禮,人負贈公債,公初猶執券責償,已乃以爲鷄肋,徒分人意,輒焚之,而一意於筆楮翰墨間。歲甲子,鳳阿姜先生督閩學,較泉,以公首儒士試,是時公年二十六也。公員掌故,遇試高等。督學胡二溪先生授公餼,四方學者師之。廩修之日,奉以將母,餘則上伯父爲壽,又餘則以急宗戚之貧者。曰:“恐徼天幸而諸父老不及見矣,故先以舌耕之獲遺耳。”居恒讀,讀罷則誦《西銘》與“振衣千仞崗”四箴,以當歌咏。每飯必置書。食無珍羞,但多飯。語諸郎曰:“顔觸謂晚食以當肉,爾父謂書可當飯,而多飯可當肉也。”與諸名士對壘,建旗鼓而前,遇一目下,人必得公言爲鵠。

公治四子言,宗朱,折衷《易》學,本之傳義,而多發先天之秘。所著有《易解》,課諸及門。爲文平易爾雅,間出以奇思。時而銜橛,按轡康莊;時而决蹄,滅没千里。縱非伯樂,亦知爲善足也。己卯,丁林太孺人艱。壬午,服除,應序貢。是時,序公右者十四人,督學王白岳先生不次拔公,公始以鄉掄秀入都下。大司成若六舘師人人嘖公,一時絀六舘士千餘人。乙酉,入畿闈,有愛公曰:“孤注也。李將軍行無部伍,終身不侯,豈盡數奇哉?願勿以奇險爲功,高可爲六國,下不失尉佗。”公俛而從之,遂舉順天辟。丙戌,會試,時故相趙蘭谿公分《易》房考,薦額已上,晚得公牘,欲易居首,拂主考意,竟不第。己丑,再上,又不第歸。壬辰,初塲收入録中,爲一論棄去。公生平於論爲勝技,以此取敗,命矣。

公乃謁銓,授香河教諭。弟子員不滿百,人文稀絶,學舍傾圮。公携二蒼頭寢處其中，雨則張蓋坐，令公見而憐之，乃爲修文廟，治廨舍，公捐俸以佐。作《論語翼説》，談經綸紛，人斌彬靡然鄉風矣。謝贄却餽，秋毫無取。同官馮姓者，疾公廉形己，語侵公，公受之怡如。會馮病脹，家人多避匿，公親摩其腹，爲具褌褡衣衾，馮流涕扶服叩席謝："吾乃今知公盛德君子也。"因出其穉子少妾，羅拜床下，以謝公。乙未，復不第。兵使者顧公憐公貧，委署楊村鎮。公至鎮，無所事事，但揭金充往來過客費耳。顧公聞之，曰："是甚若貧也。"遂聽公歸，復委篆香河縣。公在縣久，土風利弊，稔聞其概，一切興罷。先是，令自起一歲幾爲例，公除去之，民大悦，後代者竟以是憾公，然無奈公何也。前後直指薦疏凡六上，僅擢粵西之隆安令以去，士論寃之。

隆安，小邑也，夷風未畛，西鄰土州，南鄰交趾，俗易鳥徙，錢穀僞匿，吏書窟穴，不可究詰。公與民更始，文以禮教，革火耗，搜衙蠹，招流移，墾荒田，除埠税，濬河渠，義廩、社學、鄉約、保甲，以次第舉。單騎行鄉亭，問百姓疾苦，冠婚喪祭，定爲儀式，頒布成書，雜夷之俗翕然一變。邑錢穀不滿七千，富豪匿不輸，專責貧氓。前令虚造完額，額二百餘金，公不欲暴其短，那移代補，逋負益甚。公乃請查籍履畝，搜漏米三百一十二石，漏丁三十九口，糧銀三百五十九兩，民始樂輸。邑薦紳趙姓者，巨族餉多，歲僅輸三之一，至是乃心折公，先期完課，爲下户倡。公於錢穀出入悉委丞簿，拆封驗發而已，但稽查之。贖鍰自積穀外，不入私囊，貧者多釋放去。

尤慎停讞，簡勘不他委，雖盛暑必親，務得隱情。蔡公彦屍，頭爲賄換，已經兩簡，委公覆。公從腦後與頸骨交處，分寸小大，辨悉其奸。時直指行部南寧，李官輳集，聞之曰："此刑名家所不能解也。"造公，願受教。公神明之號益著，旁郡國疑獄，多委公覆。或語公曰："做官猶青蜓點水，得過便過。水太清則無魚，不忌不祥乎？"公不爲歆。公所上爰書，俱報可，鮮翻駁者。林正寅爲嫡妻姦夫所殺，其妾有私，嫡委罪妾，鄰里一詞。公疑之，果于土州得其嫡之姦夫，當之死。恤刑劉公至，謂無證，欲活之，以出公訊，竟不能，乃成獄如初。盗初犯，理諭之，再犯，箠楚之，三則以重法繩之矣。江多盗，盗盧大智，出没剽劫，公設伏襲之，斃之杖下。石山陘有群盗，禦商人貨，商人犄之，盗傷死者十三人，盗入告，公怪其一連十三命，又同地，署其狀曰：“此必聚盗致死，□有乘機劫掠，罪如律。”遽監告者，盗叩頭服。公發奸如神類如此。

公下車之始，併視學篆，朔望與諸生陳説先王，月親考者二，會考者四，給筆札茶飯，葺學宫以明作興，捐俸建魁星樓。邑久無科第，是歲，林大佳、郭之桂兩生並時領鄉書，人侈爲盛事云。巡撫戴公、直指林公並交剡薦。三載秩滿，贈父母如其秩。會中貴人榷粤西税，初責縣令參謁如司道理。公獨率諸僚長揖，中貴大怒。與論税事，侃侃不阿。中貴嚇公曰：“我聞隆安連接土州，百貨必經，地多産，原有埠税，乾没者誰？朝廷豈有利焉？”公正色曰：“爲朝廷官，撫朝廷百姓。無例而税，有税而没，是欺君也，所不敢爲。生平辛苦，僅博一令，不思豎立，但利銅臭，是污己也，所不敢爲。”聲色俱厲，中貴語詘，其議遂寢。外謬敬公，中貴啣之矣。公竟以税府故與争，委官去留，郵書四發，目不交睫者匝月，憂勞成疾，背瘡盛發，卒于邸。

公身修七尺，宏聲偉貌，長鬚豐頤。居家以孝弟爲宗，事兄如伯。接人無老少貴賤，必以僂。赴人之急，甚於己私。生平慕范文正公之爲人，而愧弗逮，故自爲諸生時，便有周旋當世之慮。宗中之户役，里中之争鬩，公毅然肩之，或鋭身居間，人亦曲聽公也。語呐呐不出口，而遇事剖析，如决懸河。驟與之接，若鈍若晦，久之則英爽勃勃。其雅度足以醉人之心，其愿衷足以望人之腹，其博大足以消人之鄙吝，而其正直足以弭人之姦欺。公不負人，人亦不負公，往往有傾橐以赴公急者。近而里閈之交，遠而四方之遊，無不人人羶薌公。

其初，雖寠人乎，而從諸生及計偕，跡其捐金出入，周貧郵窮，若與素封無異。何以故？公來之以德也。居官餘俸，糜之官中。一費之交際，再費之供億，其凌雜煩碎，則以費邸中月支歲給，而私橐無所入。諸郎苦食貧久，常以爲言。公但令讀書努力，或家檄至，棄不省而已。歿之日，囊空如洗，至不能製殮具。舊依（衣）數襲，掩形長逝。亦足悲矣！隆士民巷號道哭，爲罷市者三日。上官哀憐，厚佐公喪。柩出蒼梧，復爲中貴人修郄所奪，賻賄靡孑遺也。櫬歸，入門，諸子雍孫饘粥不給。嗚呼！此足以觀公已。

公喜交賢士，其最莫逆，於燕則劉濟滄給事，於越則項玄池少參，於吾郡則少宰李九我先生。其門人相善，燕有馬誠所侍御，吾郡有許升廷孝廉，其他天下驩，不可枚舉。於吾同籍中，獨急李生縉。公歿且葬，其子于珽等，乞銘與表於名公鉅筆，李生乃爲之狀。

李光縉曰：賢者必貴，仁者必壽，殆虛言也。以余睹隆安君，學能躋通顯，而靳于一第；材足剸煩劇，而束于一邑。窮鄉僻壤，初同貶所，竟成死地。雖失天幸，要其故，難言之矣。公不絀中貴人，中貴人不能絀公，及死而後齮齕之。

嗚呼！公故弗貲於官耳。令虛槖而出，稛載以歸，亦盡没于中貴之手。身死而名巇，百姓不思，何益焉？安在其廉吏之不可爲也。貧而喜施，廉而多與，輕財廣交，卒債於人，無負於天。人或以爲公訾。噫嘻！君子之所爲，未易與俗人道矣。

户部李一泉府君行狀

世宗朝，府君主户部政，督太倉儲，卒於邸。是時，光縉孤，稍脱繈褓也。幼不勝衣，扶杖不知，哭泣不能，零丁孤苦。荏苒四十彊矣，蓬累無似。貧無以襄大事，留滯忍濡，意有所待，而落莫日益甚。不孝滔天罪也奚贖？幸獲卜吉，以萬曆二十一年癸巳夏四月初十日，奉厝府君柩，將丐銘于先生，具狀以請。嗚呼痛哉！

光縉生不識父面，咳唾不及承，武步不及奉。羹墻夢寐，庶幾見之，不及其真，問則啞然，苦莫置對，語復噤然，哭不自勝。嗟嗟光縉，安數更僕。雖然，家慈故嘗命之矣。諸父道其什八，里戚道其什五，燕、粤，故府君宦遊地，故人父老，道其什二。請以所聞，參所覩記，謹含哀銓述之。

府君諱仁，字静甫，别號一泉。先光州固始人。自壽州參軍弘弼公輔避亂，棲閩之汀漳，徙居泉，遂爲泉人。歷數十傳，元至正中，古齋公彦禮，卜居晉江通遠里，因世家焉。自是言李氏者，推儒林云。古齋公生質菴公信添，質菴公生見朴公乾啓,見朴公生怡齋公箕,並隱德弗耀。怡齋公生坦菴公弼,爲府君父,贈文林郎。母任氏,封太孺人。贈公生丈夫子五,府君其長也。

府君生聰穎,七歲就塾,日誦百言,詘諸兒儕。稍長能文,負笈從師,時贈公值貲落,居徒四壁,無本業,惟昕夕督府君讀,令焚膏爲度,不丙夜不使休也。府君伊吾不自輟,一假寐,惶恐曰:"令父知,兒譴矣。"讀愈益力。府君習《易》,以六經兼治,不喜《莊》、《老》、大乘諸編。性善記,寓目不再過,成誦不忘。家貧無所購書。書得借,借之,不得借,往往從書肆間强記,歸手録之。有以經義百餘帙,試府君讀,期片晷索歸,府君經覽如熟誦,無隻字爽也。人益服府君敏。

府君蚤受業於翁比軒公、易愧虚公、徐泗涯公、丘潛軒公,最後稟學於從父實渠公。數先生盡知名士,亡不人人器府君材。當是時,愧虚公倡明虚齋蔡先生學,士及門望賞識爲名高,從遊日百數,而獨器府君尠小可教也。府君年二十,補邑弟子員,爲文據理敷詞,莊嚴遒爽,不習詰曲聱牙語。與石江莊公、韋亭徐公、小洛何公,數十人對壘於東湖精舍,人畏府君如敵國。府君一牘成,人人自失也。府君試輙高等,歲嘉靖丁亥,督學使者吴公仕較泉,稱知人,得府君文,大奇之,拔寘第二,府君於是食諸生餼矣。

又一年戊子,肅皇帝用廷臣議,簡京秩官出典試事。石溪陸先生、午坡江先生,以部使者主闈試,所舉士盡奇瑋卓犖(犖),府君以是年舉于鄉,年二十六也。先是,府君未成舉,贈公、太孺人拮据瘁瘏,苦爲生膳,仲弟商,不足於資本,叔、季弟讀,不足於脯修。居不蔽風雨,食不給饔飧。自是而贈公稍息肩負矣。仲者安市,叔、季安塾,家計百出,勯力撑支,不甚罄絶,則府君之爲也。

府君上春官凡再四,再不第。庚子冬,又計偕上,而贈公歿。府君聞訃,萬里擗踊,痛弗及禄,時時嗚咽,欷歔泣下。甲辰歲,服除,又上計偕,又不第。府君將謁銓授職,有沮府君曰:"以君材,不掇一第,可奈何而俛首卿璧爲?"府君潸然出涕曰:"吾父食貧死矣。母又老,吾不以此時及母在,令冠翟冠,受主上賁,當待何時?且丈夫裨縣官用,顧所自豎耳,奚必進士榮名哉?"府君於是謁主爵氏,授廣東惠州府理官。

惠陽爲山海奥區，民狡黠刁訟，輕犯法。俗多盗，奸吏舞文爲贓。府君搜蠡蠹，與俗更始。理刑無公署，訊獄就廳事中。府君至，捐俸搆之。兩造片言，决去無淹。嘉石吏重足立，爰書不屬吏，吏不輕重其手。論報上，藩司、大吏無封駁。有封駁，府君親得其確，十上不易也。時藩司者，朱公憲章、徐公緝，讀府君所訊牘，擊節曰："賢節推，賢節推，老吏弗如矣！"故事，御史行部，檄郡理官偵爲耳目。御史屬府君，府君奉檄按法，無苛察，不撓曲，不陰吏短長也。覈至湖邑，庫庾多侵漁，府君持寘之法。邑尉恐，私饋數十金，陰蘄解脱。府君大恚，曰："廉吏之廷無暮金，何爲蠛我？"立叱還其饋，罪遣之。御史按部至惠，所親屬於地方需索爲姦利，地方苦之。府君廉其狀，以白御史。御史陰意假借，府君急之如法，監至境，乃使脱之。御史憤鬱不自擇，私以語郡大吏。郡大吏而下，人人齎金錢遺之，府君屹不動。有爲府君危者，府君曰："吾以法愛御史也。利害，吾殉之。"御史遂大嗛府君，府君是以有督運之役。

後御史至，語藩大司曰："督運豈理官任耶？"宜論罷。藩大司白其故，御史乃大奇。督運例有耗蝕費、茶廪費，府君秋毫無所受。事已，持其耗餘金八百餘兩入于官。御史益大奇，謂府君曰："吾向者意理官貪，今乃廉矣。誤幾令夷、跖溷也。"適郡大府乏，遂委府君署郡篆。府君辭之，不能克。

府君視郡，樹冰蘗操益謹。罷官索財物，登簿給直，市民便之。立五經院，選秀士異等，講藝其中，人予之月廪。博羅有居民數十，富豪誣以剽敓，吏傅會成獄，笞掠不自勝，竟誣服，論辟，久縶獄中。府君清狴犴至，大驚曰："若非盗而抑盗死，寃哉！"身自詣藩大司，代見其寃狀，三十餘人皆得脱。興寧大饑，府君親開倉捐俸，設法賑之，民賴以全活者萬數。府君於是滿三年考矣。都御史張静峰公，御史陳瑞山公、楊豫齋公，後先上薦書者，屢署其考云："部運，省解户銀八百餘兩，盡還給主。署印，開久寃盗三十餘命，悉放從良。"聞者稱爲實録。府君以上最赴闕下，天子嘉府君績，封其父贈公、母任氏如其秩。又亡何，而欽召之命下矣。

歲己酉，粤大比，府君預棘闈選士，士咸知名。比徹棘，聞命兼程進，後六日至，不及考，擢户部雲南司主事。不踰月，督餉至關中，轉輸銀叁拾萬。庚戌歲，虜突入寨，薄都城下。天子御奉天門，赫然震怒，百官人人惴恐。咸寧侯鸞，驟得幸，握兵權，挾重用事，夜不收偵報至，芻粟咄嗟取辦，户曹郎至晡食不遑。府君接軍食如流，亡至後時，逆鸞莫得誰何。孫大司農公諗府君材，請視太倉儲。府君出納，却常例。緹帥陸太保炳，貴倨鬻權，部曲倚聲勢横行，攬票、收息、奪士餉爲故常。遇一開倉，什伍爲輩，擁入鬨甚，守門者不敢詰。府君大怒，曰："是何官從耶？而横若是。"其人以陸太保對，府君厲聲叱曰："此豈而闌入地虖？吾知國法耳，何知緹帥。"立縶其人，杖而遣之。陸大怒，語人曰："諸衆較誠失道，何笞僇，衆辱我，獨不爲緹帥地乎？"人以語府君謝，竟不報。是時，總督倉場孫侍郎公，欲私其鄉人，舉爲監收。收委不循例遣，先假府君爲行便，府君持不可，曰："有例在。"總督怒曰："何乃例也？今所著，後即例耳。"府君持益力，卒如例。有運官糧上不中額，漬濕甚。府君令晒之，且繩以法。持總督書關説爲解，府君故弗啓，詈曰："總督安有書？書，贋也。糧儲，國之大計。法，吾與總督共之耳。"總督益大怒，私以蜚語聞。孫大司農公直府君，陰壯之。故事，散鹽南畿，非副郎不得遣。大司農公以府君請，召諸户曹，謂之曰："李主政，亡所得過，總督何嗔之深也？吾不欲令受上官擠，故使去。"命甫下，而府君之病作矣。府君疾數月，大司農爲寢其命，不他遣，有求遣者，曰："李主政病不果往，乃可。"而時時遣人問，能强起辭朝請否？其見嚴重如此。

府君爲人剛毅正直，而樂簡易，口不掛人臧否。遇子姪有失，面譙讓之。善飲，飲可五六斗，而終日不嗜酒。馭家人嚴，欵曲有恩意。與人處，無他腸，然諾不侵。恭儉敦朴，議論有餘，動作一稟於禮。起家故貧甚，居官清介自矢。寮長有非，抗聲不屈，多憚之者。

性至孝，悼贈公殁，禄入腆具供母，餘以逮父母黨。貧者歲月給，富者代復其家，内外待舉火者數十人。尺寸之縷，不實私橐。半通之銅，不留私房。悉以畀仲若季，恣其出入，家慈不得問有無也。以故府君宦貲亦不起，厦不能廣武，環堵而居，田不能百石，擔石而食。一家之人，肩摩屨接，僮手指千，而飲食、衣服、祭祀、婚娶、徭税出其中，歲入益薄矣。

府君雖不第乎，然宗之先舊無聞人。自府君後，叔父定安尹公素貢于庠，從父國史公一德貢于鄉，子姓斌斌起，多文學士。李氏名科第，以府君爲嚆矢云。府君曻弟五，少弟業，與府君同年卒。仲父敬、季父貞，優游持家政老焉。叔父素，即定安公，廩廩稱鞠躬君子。季父今有子光綬，庶幾徼榮寵也。噫嘻！微府君，安得至於今日！蓋以光縉所及目，諸父、諸從，四世矣。同室而居，合爨而食，諸從中有長子、老身，不知米鹽産事者，曰："無庸問我也。"有勸析箸，諸父輒沮之曰："何面目見伯氏地下。"光縉年既長，簡府君遺篋，書數卷，衣數襲而已。家慈于光縉泣曰："而父没，無它囑，第云'留書以遺兒讀，留衣以遺兒設。吾兒長，謂我語兒，無謂父瀟然空矣'。"光縉泣，刺血而識之。

光縉讀父書，忍饑忘疲，母子相依。與諸父同苦樂，舌耕不厭，貧故自貽也。乃落魄諸生間，以府君没四十餘年，始克葬，則光縉罪哉。光縉聞之，府君貌魁梧，面方耳圓，巨鼻闊口，微鬚。光縉懸像而泣之，良然。嗟嗟，光縉貌父以像耳，像猶可筆傳也，何況於言語、行事，在人未泯虖！肖像以形，一髮不儀，祀他人矣。溢美誣親，并失其神，其爲他人莫甚焉。光縉是以不敢誣。光縉曰："父像則如是云耳。筆而儀之，以永不朽。大有望於先生，伏乞憐而賜之銘。"

勑封孺人李母江氏述略

母之受孺人封也，以世宗朝，從先父主政一泉公惠州理官最。令甲：外臣秩七品以上、滿三年考者，得封其所生親，以及内人。先是，司封氏往往易於内，而難於外。外官待封，什不得一。肅皇帝詔釐之。制：郡邑有司，有功狀明著者，許予封如京秩。父會上最，適洽是典，母遂封孺人。蓋一時異數云。

母姓江，惠安平江里望族，即尚書江榮公後。外祖父直齋公汝淵，祖母陳孺人。外祖蚤世，母腹居五月，祖母孀寡。母生，兄伯芹山公秀卿，長母三歲，襁褓相依，外祖母愛之。及笄，歸父。父先娶贈母林孺人，僅一女。母於父爲繼，是時，父已領嘉靖戊子鄉書矣。江故以貲雄邑中，外祖母居念嫠遺僅長男與女爾，家不贏者，非財也。伯舅性孝友，輕貲喜施。憫妹惸惸，悲其遠，而持之泣，以故奩送不下千金，歲時問遺不絶。母悉分吐之，以充先贈公、任太孺人甘旨。供餘，以公之叔姒，又餘，則以妝遣林贈母所遺女，而母之嫁時囊若倒矣。稍不足，陰取具於外家，外家輒應之。贈公貲落，喜賓客，客至，咄嗟索辦，母僂身當壚，滌器爲諸姒率。父昆弟五人，食指雍孫，藉父果腹。父屢上春官，家無桂薪之慮，則母以也。

父既授惠州理，茹冰樹蘗，母偕之。父念諸弟貧久，携之官，仲、季更直，狎至狎遣，俸入多寡，挈以畀之矣。母不問所以出，亦不諗所以入也。母苦父未舉子，父謂之曰："吾理官也，陰德吾樹之。吾數出冤獄，賑饑，全活以萬數。如于公之門高，天必不泯吾後乎。"母欣然應曰："是當吾身。吾不有身，夫不有身也者，藉而身猶身生也。"於是爲父娶莫母。莫母至，舉光縉孤，母與莫母顧復之。

父以是年受内召，擢司農郎，乃携母與孤之京邸。時督太倉儲，持法繩蠹間，得憾於孫總督、陸緹帥。值虜騎薄都城下，仇侯挾重兵索芻，風雨暴至，父以是持籌筭益急，戴星出入。母傍徨，時時却匕箸待也。亡何，父捐舘，間關歸櫬，挾四歲孤，母痛益難言之矣。

母之守光縉孤也，呱呱以及舞勺，無頃晷離；舞勺以及舞象，無昕夕離也。光縉尠小，不能記，猶記稍長時，見母與莫母居，寢共房，食同榻，治共紅。母上第，莫母右第，無二筦也。母上食，莫母右食，無二簋也。江母治經，莫母治緯，無二紝也。里媪有自外入，傍窺之，以爲妯娌也。若姊妹也，而嫡孽也，豈惟外氏。即光縉孤，少且蠢，不知所從腹者。有語以莫母出，光縉蠢，弗信也。豈弗之信，母之卵翼孤者，篤於莫母也。莫母亦不令光縉孤之知之也。光縉自脱保媪手，枕母之肱，食母之哺，手鞠背負，依母起居。孤從姊適莊者，與孤言，孤幼善病，不能飯，母以所餔飯匙分之，爲鳥獸蝌魚狀，煦沫千端。加餐而始一笑，一含三吐，母步匝佰周矣。孤聞之，至今淚滾滾，咽不下也。孤記六歲時，病痘危，母與莫母，遞晝夜抱。適母脱手褓，步寢笫外，左右盻，不見母在，連聲而嘑，母連聲而應，及廳事，應聲猶殷殷不絶也。不帖席交睫者月餘，忍饑不遑啜，至以左手提光緖行，右手自掬而餔之。蓋莫母㓛，而母又難矣。母之失莫母也，若失左右臂也。當筦則泣，及篚則泣，獨絍則又泣。目光緖孤户内出，帶索勝衰，泣益甚，而惟恐孤一日之擠顛墜也。結轖不自勝，爲病疽者久之。孤疾瘧，不櫛不洗，頭髮生蟣蝨，指抆不勝，母以袖裹髮，悉齒而嚙之，曰："何物小兒，令吾兒作苦乎？安得莫母在，獨使余若懸牖也。"

督孤使就外傅。孤駑鈍，遵教惟謹，罵詈不逮，夏楚不收。間少懈，呼語曰："而父蚤歿矣，莫母又歿，老孀單與煢單爾。而忘而父之齎志於孫都督、陸緹帥乎？"光緖夜讀書廳事中，母邀吾叔母坐督之。讀丙夜罷，母丙夜寢，午夜罷，母午夜寢。讀或坐睡，呼行而誦。母未嘗一夕先伊吾聲就席也。嗚呼！世謂嫡母無愛庶，妾子無慈嫡，非然哉！

光緖既長，叨諸生間，游道寖廣，身務目繁，常苦不給。叔侄弟兄，共室而居，合窩而爨。父薄田數頃，歲所熟所收，一家食飲、被服、冠婚、聘娶、徭賦出其中，而贏益薄也。母以鐍鑰聽諸叔，身自共任太孺人餉，與妯娌計口而給食，輪直而當饋。公家之給於母也，如給父母之帑，無少悋也。母之索於公家也，如索姑嫜之寄，無敢擅也。輓近年秏，益瀟然矣。母不以故亟均分，子母相併命，衣粗茹糲，親饎煬絣洸，飼雛粥布，以應孤筆楮會饌之需，略無幾微恚顔面也者。光緖困諸生久，試輒後殿，母寬譬之。間以乏告，母潸然曰："吾從爾父宦，未嘗私半通之銅，寸縷之帛也。吾豈不多藏遺汝，直爾父志耳。且爾父廉，吾不欲爲北門之讁也。爾勉旃。"當是時，共火聚箸，已四世矣。蓋及光緖徼一當，而母始稍稍開頤也。嗚呼！《江汜》失以，《葛藟》興嗟。釜豆相泣，塤篪寡和。墻鬩之釁，階於長舌，毒酖之禍，憯於戈矛。《樛木》之次《螽羽》也，《棠棣》之詠妻孥也，繩蟄翕合之間，風人有微意焉，而安得無難於母乎？令世之嫡而若母，何必盡離裏之生。令世之嫂而若母，又何有《角弓》之搆也。

母柔婉簡淡，不尚華飾，不炫貴倨。與媪婦接，語不謳謳，周切懇至，無他腸腑。恕於律人，儉於奉身。宗有吉祥，喜動眉宇，不必自臻。室遇虛空，憂悔竟日，痛於切瘝。混兮若沌，直兮若樸，正語之信，謔語之亦信。忍詬受詒，當以嘻笑,而人卒不忍詐也。母之慈惠,大率皆從此。享年八十有二,稱考終云。

往癸巳歲,光縉孤,奉父柩厝南安西園路山之原,請銘先生。豐瀛林先生傳之。誌、傳成,孤懸父像,跽而讀之。母泣孤曰:"爾生,恨不識父狀。乃今并精英神爽,毛骨俱肖也,何乃貌眉孔哉!"光縉哭不禁。嗚呼!母言猶在耳乎,而母像不可即矣。兩載之中,煢寥故吾,惟是公車四罷,幸及子舍,問藥屬纊,倉卒親之,而終無解於終天之痛。傷哉貧也!孤無以比人矣。於戲,悲夫!

孤卜以母殯之第六月十六日,奉母柩厝於父之左藏,子姓婚娶,山林背拱,詳父誌中,不復具。謹含哀拭淚,次母德之可像者,丐先生銘。願先生并華衮之,與父銘並傳不朽。是先生始終有大造於孤也。南望蒼梧,涕泣如(下原缺)

景壁集卷之十六

墓誌銘

雲南布政使司左參議賓竹王公
暨宜人慈肅張氏墓誌銘

余聞之，士氣未雕，薦紳大夫明經亡害，繫籍聖賢，類皆淳厚醇龐樸直長者，出而爲吏，不舞于文，不鬬于捷，伉直引是非，據法守正，一切斌斌，卒歸于仁心爲質。其恕多所全活，其廉足以爲儀表，所居以德，所去見思，則王公然哉！

王公諱時儉，字本節，别號賓竹。其先光州固始人，始祖審邽，與兄潮、弟審知入閩，晉刺泉州，遂世爲泉人。數十傳至曾大父宗道，宗道生滿窗公繼，繼生素菴公縉，贈刑部郎中，即公父也。

公少俊穎，涉目成誦，鄉先達吴弘菴公一見奇之，稱爲偉器。嘉靖壬午，補郡博士弟子，益搦管攻詞，自成一家，褎然有聲。兵憲錢公慕延致之汀上杭黌舍中，爲士人師，士鼓篋從者如雲。戊子，領鄉書。戊戌，成進士。庚子，授刑部主事。癸卯，遷員外郎。乙巳，進郎中。

公自謁銓，即居刑曹，歷郎九載，練習憲典。亭疑奏讞，傅以古誼。法所宜釋，即下户羸弱弗犯。法所宜罪，雖豪貴家有姦如山，所必問也。爰書自成手中，不屬掾吏，間有絜令，分别當否，多依寬平。一時聲聞曹中，同舍郎亡不人人遜席。冢宰四明聞公，時爲大司寇，廷有詔獄，先委公訊。奏天子三尺，公必視草，方敢上，輒報可。由是諸司獄事，無鉅細新故，皆倚决于公矣。

丙午春，奉命恤江北刑。江北連郡數十，獄繁者千章，細者案証數百，先後鍛致，往往不可問。公重中求平，入無痛繩，出無漏網，所釋放百餘家。淮陽之間，至今祠勿絶也。有卞姓者，罪坐死，公反覆得其寃狀，脱出之。卞密懷三千金，致謝境外。公大怒，曰："吾爲國愛法，爲民愛命，豈鬻獄耶！"立責其人，却弗受。既竣役，入居曹中，丰裁凜然。公廉，不發私書，問遺不受。錦衣衛指揮某子甲，犯法不骫，公訶譴之。謝中玉以宰相子坐罪，事下公治，權貴代爲關説，公曰："法寧可勢奪乎？"竟弗聽，奏之如法。然不爲深文巧詆，好殺行威。冬月置鼎廳事傍，自和椒湯以飲囚，囚活賴之。其仁恕亡害類如此。是時，信州棅國，權傾中外，聞公名，欲引置銓司，公謝不就。信州解鐺，分宜握樞，相子蕃故知公，公于是辟匿不與通刺，嚴相啣之。又，公之同舍郎星野盧公，弗狥銓曹私請，銓曹陰蜚語中盧。公覺之，爲白。或曰："公于友得矣，盍自爲地乎？"公曰："柳柳州無乃笑人。"竟白之，公遂出參議滇南。有懟者曰："以公聞望，即不顯擢，當得善地，何乃滇也？"公曰："唯上命。"趣駕之滇。

滇民夷雜處，撫定爲艱。公鎮以寬静，與俗休息。苗時出剽掠，土司陰爲耳目。移兵勦之，苗孽遂弭。令直祭沐黔國，藩諸司故以朝服拜堂下，公曰："彼亦臣子也，安得以君禮事？"公裳登堂，成禮而退，衆皆嘆服。諸道兵備缺，公兼署之，事不煩而集。海口水溢良田二百餘頃，公下令鳩工築堤，親董其役。堤成，世爲滇利。指揮某以賄梗監，侵漁日久，部使者監司行部不復問。公却其遺，寘之法，完積逋萬八千有奇。釐弊除蠹有條，代至者用以爲式。公在滇十年，兩奏最績，竟不得調，猶以嚴相子故也。公因嘆曰："吾故倦游，奈何夜行不休，令染痺疾。"遂解組歸。中丞臺、御史臺不能留。單車南軫，官橐蕭如，百姓畏壘，遮道擁呼，至轂爲枳。

抵家，不問産業，日集親朋，怡然自老。大抵公爲人恬淡簡易，孝友出于天性。居悼父、母、諸兄相繼淪没，禄養不逮，以故官資所入，一付其弟，不歸私篋。田不數畝，同田而食，居不廣椽，共室而居。一家男女百餘指，冠婚、嫁聘，盡煩仰給，而公之子若孫，亦復不贏。擇地而蹈，生平不妄發一語，接人坦夷，洞無城府。大夫既貴，循墻滋益恭，見者知其爲正人君子云。郡國守令多枉干旄者，而公輒不煩造請也。

公配張宜人，張介菴公女，歸公以諸生時。茹淡攻苦，刺繡佐讀，時而半菽，時而斷煙，無幾微恙。一意以奉姑嫜，併公修脯，務腆甘脆。迨公既貴，鳩諸寡婦弱姪，合爲一家，宜人慫慂之，不以私訾鼓長舌者。公九年刑曹，七年滇參，宜人所致助于鷄鳴者，非勸廉平，則箴仁恕，公用是焯循良聲，宜人厥有功焉。逮及輓年，悼公不存，課子提孫，無廢詩禮。以至八十九耄矣，耳聰目明，而老猶績。旦起梳櫛，整衣髻，焚香誦佛。間緩步圃中，種花親植，不資筇力，訢如也。宜人從公最初封孺人，繼封宜人，稱太君於家者三四世，孫曾滿前，于公稱媲德矣。銘曰：

維公之廉兮，茅屋幾椽。彼身鄙而財餘兮，孰醜孰妍。維公之恕兮，陰德萬千。彼身死而不思兮，何短何綿。門可高兮，裔可傳。樹其實兮，食其鮮。有美淑媛兮，耄斯年。偕與樂兹丘也，名賢大夫之阡。

參知鵬峰吴公暨配黄孺人遷葬墓誌銘

參知君之歿也，以萬曆甲申歲。公仲子可遠，偕叔季子可官、可承，奉厝于靈源山之西殊里。西殊去公故里僅里許，國族焉。公既貴，徙居郡城，歸葬于是，蓋不忘丘首之意也。于今十餘年，墓木拱矣。先是，堪輿家嘗言其地不利。及公仲子以保定司馬暴卒塞外，自是言者益衆。叔子可官，日夜怔怔甚疑，以爲地濕而洿，夫不虞水害耳，乃重跰得吉壤于武榮之老翁崙，以待徙公。穴發源太薇，名山拱衛，四水迂廻，蔚蔚乎奇觀也。于是以是年丙申之二月二十三日，啓公穴，騰漏之患果然，所不浸公柩者，亡幾耳。四月二十五日，治堂斧成，乃克徙公與孺人柩而葬之，沈貞烈氏及公伯子肖鵬袝焉。墓首趾向，内卯酉，外乾巽，去公舊塋九十里而遥。叔子可官徵余言以誌。余惟公以名進士起家，敭臺中外最久。所著勳績，司徒莊陽山公誌之，公門下士、臬大夫王寰宇公表之，不啻詳矣。即余言，惡能有加？故不復論，論其所以遷者。

緡曰：易墓，非古也，而未始非古也。古不合葬，不修墓。聊曼氏之問，既殯之後合之，既葬之後修之矣。古墓而不墳，曰周土于槨而已。壤樹之謂何？

四尺之封，不已崇乎？則東西南北之人，不可以弗識也，而安在其以古爲也？夫死者之窆，猶生者之居也。蕩析離居，盤庚遷于殷矣。相其流泉，觀其夕陽，夫非以匪居匪康之故耶？商人五邦，不常厥邑。周人三都，有夷其行。《詩》曰"天作高山，太王荒之，文王康之"之謂也。要以攸居之奠子孫之保，矢言爲之矣，而何况康父母之遺體！可官之言曰："兹舉也，父母體魄動也，官不忍也。不舉也，父母體魄傷也，官亦不忍也。"余聞其言，可悲焉！故爲誌之云。公魄氣無不之也，樂則我欲葬矣，用永地于新邑。

明進士中憲大夫四川按察司副使前廣東左參政吏部稽勳司郎中拱朋蔡公暨配封安人李氏墓誌銘

蔡參知公殁後，其孫嗣鋮始問業于余，余與横縱今古，詢及公生平居官行事，嗣鋮泫然淚下，曰："先王父即世時，父先一年往矣。小子十五歲孤耳，不能盡知也。"余爲之咨嗟久之。余之孤也，少于嗣鋮。先主政公殁，余僅勝衣，有問先主政公貌者，余不能寘對也。余是以知嗣鋮之痛也。今年春，嗣鋮治公之壠，負土纍石，至勤且瘁，圖所以厝公。一日，持李君隆甫所著公狀謁銘于余，余謝主臣："子先王父位貴倨矣，幽宫之藏，當以聞宇中如椽之筆，而屬吾兩人者，何也？余拓落尤甚。李君爲肺腑親，著狀猶宜，銘則非吾事矣。請辭。"嗣鋮泣曰："不然。小子蚤喪父，《蓼莪》之痛，與師相類。每讀師所爲紀主政公事，無不悲號慘切，使人隕涕。師能自悉其戚，必能道嗣鋮之戚，故知明先王父者，非師不可也。"余爲之惻然，乃不辭，按狀而誌之。

公諱國炳，字誠中，别號拱朋。世爲晉江砂塘人。始祖武舉公革，十九傳至金牛丞公彌凱，彌凱生聰，徙筍江，家焉。聰生封户部主事公珪，珪生二子，長封翁纓泉公一桂，是爲公父。次少參公一槐，以丱角舉于鄉，世所稱砂塘先生是也。封翁生子三，公居長，次國燈、國煒。公幼聰慧，少參公異之。封翁爲諸生時，治《春秋》有聲，公亦授《春秋》，師事翁用泉公。用泉公之子歸州守公仲益，奇邁絶倫，浚爲封翁婿，公與之紬經課業，一時材名相亞。余與歸州公筆研從事，亦習聞有公也。公以萬曆癸酉與歸州公同舉于鄉，明年甲戌第進士，並出太倉王相國、滋陽劉掌科之門。

公初授永豐令。豐故巖邑，賦役繁重，氓多流徙。公條行《救荒七議》，大率發倉粟，蠲逋稅，招流民，給牛耕之類，以蘇民困，逃亡稍歸。教民以水龍通渠，引溉注田，瀉鹵盡腴，收皆畝一鍾，自是始無凶年。寇黄四一等竊發爲奸，公密偵購捕，去入他界。有乳媪主盜者，拘其冲子，佯作兒語，召媪訊之，媪呼服，竟發所盜金，邑以爲神。集博士弟子試之，品文高下，人知興學，登賢書者六人。兩臺上薦牘奏公最，封二尊人如其秩。

庚辰，擢工部主事，當行。會江陵秉樞，下令天下郡國清丈所在田畝而均其賦，公不得行，親履畝校之。或語公□層崗峻崖中多墾地，可以益賦。公第令通融均畝，無失舊額而止。故公去，民益思之。公既入水部，值天子修陵祀，舟行河膠。公先募能水者度流泉原隰，作木龍築堤，瀦水其中，乘船將至，以次順流決下，鷁行如飛。上問將作何人，廉其能。歲餘，出督清江漕艘。

清江亦淮北一要津也。是時天下承平，京師倉廥皆滿。四方折色之議未起，轉漕江南粟，歲以萬艘計，新故相易，悉倚造于清江。先是，船稍敝漏，盡棄不復用，而更以新，一船之費，動數千緡，木工二料仰給于歲商筭，船之金不可稽覈矣，而乾没因之。公度其稅之所入與費之所出，酌爲定式，船不敝不更新，非大壞極敝不再造，篷牖桅檣，間可留者，因之，第無令漏濕。每一艦成，省將作之半，積三年，所省金千萬餘，公輦而貯之郡帑，遺後事者需，漕無躋運，而稅不稱厲，工商皆便之，至今遵以爲法。役滿，再上二尊人綸命，受天子欽賞。公于是晉天曹矣。自考功歷轉稽勳郎，凡四閲歲。公拔孤振滯，不受私書，同籍親知有密干，正色卻謝。貢途遇選，即爲關白。三考倉廵，除目已下，亦准改撥，不拘憑限。嘗憤諸曹署爲奸吏猾胥所窟穴，致銓法不清，臧否混淆，慨然有澄汰之思，爲同事者所忌。

己丑春，出參粤東政，公欣然就道，無徘徊悒抑之意。政以簡易爲體，蠲魚苗稅，均派蛋差，清歲輸額，矜恤疑獄，務從末減。督撫劉公禁閩船下廣，漳人陳子實觸禁當辟，公議生之。不得，乃命别首從，以監斃者報塞，餘悉論配，全活五十餘命。有將酋領餉金千餘未散，盗竊金去，其人無以自解，公廉得其狀，盗贓没某子甲家，某，世冑也，公罪之，將酋立免。兩臺交剡薦公，會修郄者乘計典爲萋菲，量調公憲蜀。蜀去家益遠矣，公念二尊人春秋高，不欲行，二尊人促之。

公之治蜀，如其參粤政時。統轄川南，駐節臨邛。邛故有潴江，水行四十里，至秦梁二灣，地勢益洿，汎急如飛，夏秋水漲，往往决壖，不由故道，田化爲魚梁矣。百姓苦之。公嘆曰："古今險絶，莫如吕梁，尚且筴而障之，障此易矣。"遂捐金伐竹，令營卒磊石爲坎，纍土爲埵，不兩月而功告成，益州之間，始多沃野。土官馬應麟没無嗣，其弟應龍欲襲兄職，妻瞿氏立，名繼良，據印收税，糾合部落，與龍爲難。事聞，詔下議處。公先遣吴遊擊諭繼良歸印，不然且移兵加勦，繼良懼，印遂入。公議曰："應龍桀驁不得襲職，准其子代襲。應麟雖死，繼良猶在，且能納印効順本朝，亦當多給銀穀，以贍餘生。"議上，詔從之。又，是時兩宫新建，採木令下，議者謂川木之堅，多出建昌衛，盡責辦于建昌。建昌名隸四川，半屬滇夷之地，必遠渡瀘水，木乃可採，山峻江險，運道甚難。公曰："部文只取辦川木耳，何必建昌？"公以入賀行，乃力陳川木皆可採，與建民艱苦不勝之狀，御史况公上疏奏，有"進表官蔡某可問"之語，奏入，下部覆，悉如公議。公之爲西蜀規，運籌决筴，諸如此類。

公歸途中，聞封翁訃，撫膺大慟，曰："邛郲九折，王陽畏道，吾犯古人所忌，宜其遭也。奈不見吾親何？"悲號絶地，如不欲甦。讀《禮》三年，孺慕終身，乃益念太安人老，决意不復出也，與仲、季弟依戀膝下。有挽公再出者，公愀然曰："使我奉萱堂百年，子舍間足矣。卿貳，非吾志也。"竟謝不起。

公天性孝友，鍾情二弟，不私貨財，宦中禄入，輸封翁所，封翁善于居積，收息倍之，有餘以市田租，積之歲久，不下千餘石，語仲、季曰："此亦兄物也。"聽自分之。公與弟析箸，恣仲擇取，而身受螪，彼己多寡弗問也。季晚出，又庶母産，受貲獨薄，公知之，割己永春五百田畀之。公子長君有材名，留膠序中，二侄稍長，遣入太學，少者分與書田，以供筆札，凡弟侄所意欲，盡取給焉。内外族戚，交遊故舊，有告急者輒賙之，分金給粟，歲以爲例。既予，絶口不言，故人之德公常多。身雖華貴，謙恭淡素，不異儒生，罄折撝挹，禮節斌斌。與客啖食，肉炙競盡，徐自御苦淡，充如也，未嘗有厭客之意。歸州公嘗言，公童時，有星曆生者來學舍中，同舍憎其爲人，箕倨遇之。公獨攝衣延坐，詢以禄命，生意甚不予公年，而語又踏沸，同舍争欲戟其手。公揖送出門，無忤容。生愧謝曰："公方寸海納，貴壽非吾所及也。"其德器如此。余過江渡淮，嘗見公于清江署中，四方賓至，雜沓填門，公存謝無虚晷，無貴賤皆欵之以禮。繇此觀之，公德器深遠，所從來矣。

公配李氏，邑貢生李思讓女，歸參知公，累封安人。性端静，事舅姑甚恪，年踰六十，猶執婦道。陳太安人耄且病，問安視膳，昕夕必親。蚤歲佐參知君讀，參知既貴，衣不紈綺，食不兼珍，節嗇拮据，如諸生婦。參知摯愛二弟，每先意迎導，或慫恿成之，間出所日儲密加贈遺，務曲體友于至意。視夫侄若子，諸侄婦若婦，至于推恩媵妾，《樛木》下垂，順參知公所意好，妒娼不生，閨帷無間，尤人所難云。

李生縉曰：日者言公貴壽，不談禄命而稱方寸，未爲非深知公也。江海之爲百谷王，下耳。後公竟以富貴顯融終其身，海納之言，于斯驗矣。余之言公也，異于是。余先主政不家于官，俸餘不私其子，而以畀其弟。然先主政貧也，均諸弟侄者甚薄，不及公百一矣。公之方寸，雖世世在可也。鄂韡不恒有，士亦有偶合，余是以悉公行事，不無惘惘之懷焉。嗣鍼之以余爲能知公，有以也。乃爲銘。銘曰：

惟公謙恭，爲德之共。貴而能下，秉禮以從。惟公友于，作德之隅。愛欲其富，和樂且濡。出宰永豐，入掌虞工。銓司之貴，方岳之崇。揆厥所繇，父子春秋。叔也登第，公踵其休。安人佐之，埒荼與居。禄位其享，以燕以貽。肇彼佳城，祖武其繩。寸地可存，留與孫耕。

明中順大夫江西瑞州府知府清波陳公墓誌銘

瑞州守陳公，以年八十卒于寢，遺命長公廷弼居喪遵李文節先生家禮，爲位哭四十九日，哭内即葬，而以壙中之藏囑不佞使誌。長公爲狀，先期以請，蓋遵命也。不佞與公，並穆廟初同時補掌故員，因得執筆從公後，敵國相善，去今五十餘年。當時，長事弟畜者六人，今俱無存，惟公與不佞在耳。而今公歿後，蓋自思，浮沉宦路間，薦紳相知，豈盡無人？然皆逆旅之逢，掉臂而過，其驩甚無厭，最久而能深知者，莫如不佞，故臨化而必以相囑也。謹按狀誌之。

公諱振揚，字時通，别號清波。先世隱德弗耀。公王大父省非公奇判河間府，娶林安人，生味泉公存晦，爲惠州府判念泉廷觀公父。繼娶莊安人、王贈孺人。王孺人生公，初名存亮，後更振揚，與弟振拔並王孺人所生也。河間公不家於官，冰蘗自矢，以拂大吏罷歸，官篋蕭如。故味泉公雖有父與子貴，當其爲諸生時，不能自免于貧。

公生四歲，河間公殁，與兄伯相依。長而貧益甚。公少從兄伯學。味泉公積學篤行，動遵禮教，爲士者師。公不敢齒于雁行，以父師事之，與侄惠州公並時，本父兄家學。而公沉深刻厲，超脱玄悟，敏于惠州公，伯氏大異之。惠州公以戊午領鄉書，公留躑郡邑試，攻苦益甚。故公能博洽群書，根極理奥，尤善《毛氏詩》，獨得温柔敦厚之旨，竟以《詩》聞。

隆慶丁卯，督學蔡見麓先生試泉，拔置公高等，以儒士試棘闈。庚午，遂登賢書，取冠房卷，名益以起。歲癸酉，今上初改元，詔天下計偕士並入胄監。公深受知于大司成周公與楊復所宗伯、焦漪園翰撰，先後弁六舘，一時震都下。數奇未第，公憤悶不得志，雖亦俛首就青鱣(氈)之席，而未嘗一日掇鴻鵠冲天之思也。

丙戌，授歸化諭，意氣自如，略無少挫。進多士講解，評其文，高下之，壹以程墨正式爲準，尤重于人倫孝弟。邑禮教不明，俗多流失。有祖父母、父母在自主喪者，有期功服紈綺者，有未弁而抱子者。公悉諭以禮已之，申明其説，士始知非。廟門湫隘，宰牲無所，捐俸建之，自著《仁術堂記》。其最挺立不阿，如請申復憲綱，學較官道傍迎送無跪伏，講堂只令揖立應對之禮。上官有難者，貽公書曰："憲綱不行久矣。當時，海剛峰行之，袁裕春能識之。世有幾裕春邪？化而裁之,是在門下。”議竟阻不行。然公之勁操絶俗,與後來之坎壈仕路,已略見于此矣。公豈今世人哉！後督學楚黄耿公,聞公名,及按汀試士以“原壤夷俟章”,大異公,奏牘揭之庠門,爲多士式,至今傳誦士林。自是,公名出諸廣文右。辛卯,浙大比士,李文節先生爲主考,耿公力薦公應浙江聘,與文節共事。一時,詩録文有出公手者,所拔士六人,今宫詹駱公從宇、直指王公萬祚、儀部常公高繼,其著也。

壬辰,就禮部試,公始成進士矣。公困公車二十四年,坐冷氊者六年,一旦爲令,稍得行所志,遂鋭意興理。分宜,江右劇邑,貴戚、鉅族多横行,奸吏窟穴其間。公初至,剔弊除蠹,政法繩之,法所宜懲,無有假貸,請託不行,競蜚語中公,亦往往觸上官忌。

年餘,調廣之高明。高明,肇慶僻邑,非其任矣。公不爲意,概以分宜之治治之,執法如初。訊獄必盡其情,爰書傅以古義,猾賊不行,吏道食烏攫。歲徵輸如額而止,省耗頭千餘金,百姓便之。朔望,召諸生問難,觀聽常滿,月三課之。識王君佩于未知名時,稱其文堪壓省,捐俸給燈窗費。丁酉,果解首,士多就者。適有奸人何慶雲、何廸之士,公發其奸,繩以法。二奸巧播流言,上官惑之。邑人士憤公受黜,争白之御史。御史者,顛倒任性人也,竟以此怒公。公争之益力,不少詘,二奸得從末減。公雖以考滿入主南刑政,不能免于拾遺,謫江右藩幕,則猶以繩奸人得過御史也,粤論寃之。

未幾,判杭州織造。公居深念父若侄河間、惠州皆判也,吾不願世此官,至是得判而隸其事于中貴人,邑軂軂不樂,曰:“吾奈何此,即以名進士屈中貴人,可乎？必與抗。”先是,見必折腰,公獨直躬。中貴人孫公夙好士,聞公名,益加禮焉。是年,解御衣。故事,上用舟,關無留行,則多攬商人,計確税水脚費中分之。公悉嚴搜斥去,中貴胥人無敢譁。

丁未,遷寧國同知。清軍事稀簡,旦出堂皇,不移時退食休矣。公卧理之,乃一意作人,執藝請益相踵,悉爲品題,所賞拔後多儁者,比居令時滋多矣。間一再署郡邑,不煩事理,先後凡七膺御史薦。三載績滿,得推恩河間公,進階奉政大夫,母王贈宜人,室黄亦宜人。擢南户部郎中,奉差過里。事竣,還都,道聞瑞州之擢,公遂便道之瑞。

瑞,江右罷郡也。公以二十年進士,徘徊于郡邑令佐倅間,纔俛得之。世之知公者淺,而處公者薄矣。公治郡以節省便民爲先,郡運本色米多逋負,而高安特甚,民多賠累,往往傾家,官坐褫爵,或罰俸,上下俱苦。公于是爲詳議申允,疏奏,得全改折,民鼓舞若更生。上高丞貪墨不法,公偵其實,召讓堂下,立遣歸,一郡凛然。出久繫獄數十人,申擬遣之,毋令斃獄中。倉多積滿,不留空厫,以備倒盤,致生紅朽。乃建新厫,更翻迭倒,倉官吏始免倍折之困。正德間,備兵使者周公,捍華休劇賊,死于兵,祠宇久廢,有司搭篷以祭。公一見,愴然曰:“表揚風教,非太守責而誰?”捐俸搆之,爲文以記。瑞有二城,二門相距,公以形家忌,更葺之。二役,力不及民,費不及公,皆公發俸贖金爲之。所行多實政,類此。公忽一旦論春秋高,自投檄請老歸矣。上官留之,百姓攀轅止之,不能得。

大抵公爲人朴忠,無他腸,其居平無事,逡廵樸讓,稱長者。一臨事輒見可不移,不能陰陽人意,撓屈阿奉,以稱上旨,故所至輒與世佐。人以巧,公以拙;人以媚,公以抗;人以鬭捷,公以積薪。即二千石官宅新第人四五年資可致,公幾浮沉不能得,即得之暮年,而不能再一轉也。此深知公者,所謂後坎壈仕路,可略見于歸化前事者也。公豈今世人哉!

公歸,閉户讀書,無聲色絲肉之好,無池沼臺榭之觀。郡大夫請致賓席,辭不赴。角巾方屨,澣浣之服,出行市中,争道者不使問也,人不知爲郡太守。精星數,喜與人談禄命,事後多中。居恒念河間公窀穸未就,淚時潸潸下。卜葬聖姑山,厝而後已。伯氏味泉公宅兆低濕,別遷之。惠州公柩羃淺土,厚葬之。而自營寢之丘,皆公瑞州歸後事,然但令封壤避流水耳,不效世俗人侈于觀也。

公始成進士時,有同年王顧盤君,初授官,客死,家僮鬻官袍以殯,無一人肯售者。公亟市之。人有難公,公曰:“吾不以不必然忌嫌,不紓友急也。”友人尤姓者,客死白下,公適奉差歸,爲携櫬以行。又有友,當大比年,將應省辟,其父死，籍口出繼，不居喪者。公執大義面折之，貽書累數千言。此三事，遵古道，篤友誼，不怕嫌避諱，皆人情所難，今□矣。

篤嗜經書性理及宋儒語録，明王、唐、鄒、傅名公諸書，手爲抄評。最不喜佛乘，見後生襲禪家語，作弔詭纖巧之句，輒攢眉曰："先輩典刑盡矣。"所著論記、尺牘若干卷，藏于家。

李生光縉曰：公文章政事，非今人也。公爲文沉質，不事鉛華，如其政。公爲政悶淳，不釣聲譽，如其文。然公之文，操瑟投竽，猶有知者，而公之政方員枘鑿，一何其鮮當也。公雖屢蹶，能躡足進士之科，而不能陟華膴之途，能見尊禮于貂鐺之輩，而不能投合吾儕居上位之驩，亦大可姍矣。曉公者曰，世有幾裕春乎？自不爲袁裕春已矣。獨不思世有幾剛峰與？公亦幸而登進士耳。不然，當歸化時，非裕春者嗾公，歸久矣。公豈今世人哉！乃爲銘。銘曰：

世喪其道，茅靡波流。惟公宿學，古人之儔。爲師尊道，道不可留。爲官正法，法不得由。我之方正，人之迷郵。使公偃蹇，冷秩悠悠。道大小用，輓刺一州。暮年太守，治行千秋。潁川、渤海，今古同休。公之不存，道寄丹丘。

明承德郎浙江寧波府通判衢源王公墓誌銘

余與王公治筆研交，公名聞諸生間矣。余少于公十餘歲，公初最善林君碩齋、楊君仰恂、許君正宇，以文章意氣相敵國。余受知稍後，而繆相引重，不下三君子。其後，林君、楊君各第進士去。公以萬曆己卯領鄉書，與張君乾伯爲同籍。公復與許君交乾伯驩，而乾伯之驩余也，實以公先焉。三君子既即世，公急余益篤。余猶及乾伯與公周旋公車，而徘徊于東山之卧。蓋公歿時，乾伯方去爲武義令，其得爲公啓手足殮者余耳。今公之子良夏，圖所以厝公，而乾伯爲上石西州守，去里中益遠。其能數公之生平而縷縷誌者，亦惟余。嗟乎！余之誌公也，潸然而流涕也，不勝友生之感矣。蓋爲之泚筆者三，投筆者三，嗚咽無聊賴之甚。忽報余曰："王公之子是日舉男矣。"王公晚年患未子，既子矣，與乾伯約爲婚姻，慮不即長。王公歿，良夏甫成童，今能文也，又有孫，王公之銘可哉。

遂援筆而銘之。

王公諱明懿，字懋艮，别號衢源。先南直隸人。始祖從高皇帝北征有功，授浙江衢州府飛熊衛户侯，仍欽調于泉，世襲百户，遂世居泉。公衢源之號本此。泉啓基自祖保始，保生肅軒公通，通生坦然公定，定生質素公僖，是爲公父。生四子，長奇峰公明岳，次挺山公明巒，又次維石公明嵒，公其季也。甫九歲，質素公歿，母太孺人教之，與兄仲同授學。

公不甚敏，而性資潛篤。自尠少時，書必熟觀數十遍始成誦。一笥腹中，終身不忘。稍長，厭世俗之文，雅意先正，沉思邃理，本之鄒魯，發之濂洛，從容矩矱，不以材藻誇人，故公未游泮時，已負有盛名于世。嘉靖甲子，補掌故員，爲學使者姜鳳阿公所賞識，後試輒利，名益蔚起。郡司馬丁少鶴公試士，拔公居首，士論翕然推服。督學胡二溪公、趙心堂公並知公。公垂櫜鞬，余鞭弭以從。公喜用正，余時少年喜用奇，兩人互相調劑。公先余一鞭，丙戌南宫之役，余惠徵後至，會公于京師。公與乾伯同旅舍，余自是始知乾伯，三人各驩甚。

公丙戌中乙榜，授當塗諭。余與乾伯並舟而南，公與余曰："青氈（氊）之席，不當作扶摇地邪?"余聞而壯之。公諭當塗，却贄饋，與諸士講經論文，橋門常滿。時王麟泉公提督操江，陳荆山公爲守西吴，章衡陽公爲令，皆雅重公。人才吏治，風俗文章，是非得失，悉以咨公。公竭肝膽應之，人倚公爲通才。

辛卯，應聘分典江西試，所舉多得人。御史觀風試士，彙其文，委公校之。公獨亟賞朱蘭嵎公文，當大魁天下。朱公久蹶場屋，得公言，喜相見，執弟子禮。後言果驗。會新守至，送新進生入學，欲令學博先生受諸生拜于堂下。公抗言曰："今日之事師爲政，堂下豈師席乎？奈何以屬官禮屈師也。"令引席堂上，守不能奪，竟唧之。繼又有送貢之舉，宴貢生于郡堂，寘師席于經歷衙，公白守曰："宴雖爲貢設，然師生有體。師尊乎？貢尊乎？抑尊以伸卑，禮不當如是也。"守從其議。壬辰，再上公車，余與乾伯復會之京師，公述其事與吾兩人言，聽者竦然。

復不第，擢仙居令。初至，愛民下士，出教條與民更始。其于葺文廟、定婚禮、禁溺女尤亟。爰書停讞，傅以古義，獄訟清平。均丁米徭役，使户知多寡，吏胥不得輕重其手，民以樂輸。是年也，公舉子良夏于邸舍，士大夫覘其門有懸弧矣，歡聲載道。大計，太平守用前憾中之蜚語。時余與乾伯計偕都下，事聞，爲不平久之，公處之怡如也。計之日，公當吏部庭辯，浙觀察蔡公爲公楊言曰："此廉能吏也。安有人砥操于縣官而失脚于學博乎？"事遂得白。再至仙，益留心民事，繩吏以法，下士以禮。邑薦紳之賢者，時造其廬。校士雌黄，手自品隲，不陰陽上官意。郡節推子與所私人過仙居，公置酒飭厨傳，待之如禮。其人怪無長夫，公投箸厲聲曰："邑有短夫，安得長？"節推聞之，不能有加。四明相起田間，兩浙吏自邑令而上，各致禮及門，獨公無私書至，沈異之。及公入覲，諸請謁者俱謝去，獨出見公，曰："吾未識仙居令能不阿若此耶！"

亡何，遷寧波通判。雖非善轉，猶沈相私里云。公之去仙居也，百姓送者，攀轅扶杖，至車爲枳。立祠祠之，有捐己田爲公尸祝者，歲祀不絶矣。入寧波，會余、沈二相家方興大獄，各以婦婿之非命爲辭，上下相推閣，無敢論鞫。兩臺以其事屬公，公召而寬譬之，曰："爾兩家欲爲其子誦寃耶？吾按法從事，亦不難。奈此六尺孤何？而縱不爲兒女地，獨不爲六尺孤地耶？安得祖父母、外祖父母令其孫並日視父母受刀火之慘耶？聽則吾爲息，不聽且檢如法。"兩家聞之，不覺泣下，各願求息。公具報兩臺，此赦前事，宜銷之，兩家之難始平。公之善剸劇，多此類。不獨兩臺異公能，二大姓感公善處祖孫、父子間，至以公爲恩人也。事聞，沈相亦亟稱公材。自是，公署鄞、署定海、署紹興之新昌，無虚日矣。

余與乾伯自京師歸，公遣人送于武林之舟次，欲致吾二人往。余舟先過，乾伯後至，遂入寧波，與公締兒女姻于邸中。郡同知新至，見公署鄞，而己居閒，心鞅公不遜己，語稍稍侵公。公聞之，曰："吾離鄉久，堇一子尚少，吾去志决矣。"遂拂衣歸，上官留之不能得。

公以不貪爲寶，不富爲貴，居官清慎，謝事家食，猶餘節儉之風。居不必數椽，而無廣厦之宫，田不止數畝，而無連阡之陌。閉户避客，課子讀書，慈不弛訶。洒掃庭宇，焚香烹茗，充然自得。交遊不廣于舊，獨善余與乾伯，近復善許世臣，時時引吾三人爲上下古今之辨，聖賢仙釋之譚。披襟接咳，輒至夜分。公翛然在風塵之表矣。

李生曰：余之誌公也，言止此矣，不能復贅矣。余，公友也。友道衰而嚶鳴之誼廢，朝而聚首，暮而掉臂，財利相軋，名位相傾，倍戾無足言者。顯晦窮達，且生二志，矧死生乎！余長事公幾四十年，余以公爲三益之友，公不以余爲不如己之交，臭言味蘭，非一日矣。張元伯將葬，范巨卿素車白馬，從千里外號哭而臨其喪，執紼引柩，留止塚次，謂之死友。公葬有期，余何以世上浮雲而有悠悠千里之行也，不及執公之紼，臨公之穸，余愧巨卿多矣。乃托之銘，以寫余悲。銘曰：

公有真學，不以其文。辭源坌湧，出如蒸雲。公有實政，不以其聞。聲孚旁達，吏稱神君。仙邑仙令，桃李繽芬。公之不存，誰與爲論。我來銘之，其德則尊。晚也得震，今有元孫。川源融結，庇彼後昆。

明奉政大夫襄府長史從叔父雲泉公
暨叔母孝懿陳宜人墓誌銘

吾叔國史雲泉公，歿于萬曆初，今四十五年往矣。是歲庚申，而始克厝，于蹕淺土久也。叔生三子，長烈，次揚，皆未滿四十而卒，其能爲叔卜吉治壙者，季子絢耳。季子又善病，不能出見客者十餘年。去冬，季子自言欲述所以營而不即葬之故，丐銘于小子縉，竟不果，未幾而卒。今之奉叔與叔母宜人柩而即窀穸，乃叔之諸孫若曾也。冢孫際春殀絶，以介弟際泰之子炌嗣之。際泰乃與其兄從彥士正春等，率子炌丐銘，不以屬當世如椽之筆，則猶遵季子叔遺意云耳。縉生也晚，尚得以猶子事叔于解組家居之後，左右步趨，且六七年。睹容貌、語言與居官政家之事，于諸孫爲詳。禮：卑幼不敢銘尊長。縉今亦老矣，是以不辭而誌之。

叔諱一德，字恒甫，别號雲泉，實渠公仲子也。實渠公爲慎齋公第三子，與先王父贈公坦菴爲同祖兄弟，並見朴公之孫。叔與先主政，其再從兄弟也。吾家上世多隱德，其以文學著聲郡中，自實渠公昉。坐皋講《易》，士多北面，先主政稟學焉。叔兄弟三人，長泗泉公，季近泉公，叔居仲。

生而魁梧，美鬚髯，貌如冠玉，身長八尺，睟容豐背，動止雍雅。少與兄伯共領庭訓，其苦思力索，常不如兄，而捷悟善解，敏兄伯遠甚。至于下筆立就，洋灑千言，雲披霞焕，兄伯不能及也。兄伯以髫齡補弟子員，人奇之，兄伯亦私喜負。叔語母徐孺人曰："兄青青者衿，兒當大貴，不紆紫拖金不止也。"母孺人以語實渠，實渠公大奇之。叔與先主政稱雁行，而少十六歲。先主政嘉靖戊子領賢書，叔纔十二齡，遂有志慕效，心内畏憚之，不啻以兄事也。與吾季父定安公年相次，名相若，並時受學使者午坡先生知。丙申、丁酉二歲試，叔皆高等。是秋，闈大比士，遂歌《鹿鳴》，時年二十一也。

叔讀書默觀大旨，不沿章句，且世廟初，士無僥倖之志，人務根本之學，刻文未興，行卷罕有，掇拾餖飣之習不見于世。而叔守家學之傳，無厠足于他逕，非六經子史不觀，非明白正大之書不讀。著説立論，一本于程、朱，而妙解出括帖筌蹄之外。而妙年一出，遂褎然卓有聲稱。既應公車，四上不第，人多訝者。已，受業成均。華亭相公時爲祭酒，負有人倫鑒，以"行吾敬，故謂之内"命題試士。作者但云"行吾心之敬，故謂義爲内"，叔獨謂，"行者，推移轉徙之謂。義無定在，心之敬亦無定在，轉徙推移，各惟其宜，此便是義。故孟夫子謂義爲内也"。篇中把杞柳湍水之喻，長馬長人之辯，反覆數百言，明白透暢。華亭讀，大異之，嘆其識高天下，遂寘之首。

庚戌，不第，將謁銓，華亭力止之曰："子之才宜魁南宫，官承明著作之庭，何俛首唧壁爲?"慰諭勉歸。癸丑春，禮部復試士，華亭爲大主考。叔乃先辛亥歲丁實渠公憂，已讀《禮》年餘矣。華亭聞弗計偕，扼腕傷之。而先主政亦以壬子秋卒于官。甲寅，服除。丙辰，上春官，又不第。叔潸然曰："父力田不逢年，吾幸一當，又不能徼上第以榮父母。今父殁矣，母又老，且吾兄弟兩人鵲起，主政亦有母而先朝露也，可奈何不以此時沾禄入奉母餘歡，當待何時乎?"遂以其情白華亭，華亭使之仕。于是謁銓，授廣州府連州陽山知縣。

廣，百粤區，陽又廣遐邑，隸州治，去州數百里而遥，府治益遠。地僻山中，民黠詐多盜，與西粤接壤，狑獠猺獞，錯雜其間，屢竊發爲梗。時方有大征之命，主爵聞叔材名，一見，偉其相貌，謂邑小而時則難，非若人不勝任也，故有是命。叔爲令，先輯民而後除盜，以教化風俗爲首務，作十五保甲法，令民自譏察，鋤非類者去之，民瞿然知戒，盜賊稍息。人不知書，爲立鄉塾，教子弟讀。時詣學宫，進多士與論文，講解微義，季試而高下之。建雙鳳碑于學宫前，以肇人文之興，士始斌斌嚮學。邑最苦州差督税、行捕，所在騷擾。叔乃白州守曰："州邑公事，乞移文置郵，至期勾當上報，勿委差重民困。"州守深然之。自是無復差人，遂著爲令，境内始靖。總督王公奉命征猺夷爲梗者，大師深入其穴，諸路各進兵。陽適餉道之衝，王公亦聞叔名，凡經略戰陣之宜，一一以詢。叔按地形指陳要害，與賊虚實淺深之狀，而身自率將士，調糧食繼之，令勿乏絶。是以屢戰屢捷。不半載，猺患悉平，元兇既獲，師亦幾旋。叔復招撫其餘黨，諭以禍福，期與自新，如大小蕉坑、南北二水、黄潭、石角等寨，咸受命而遵約束，叔之力居多。總督王公奏捷聞，敘陽山令處辦軍需、經營戰務，勞不可泯，大司馬請照例陞賞。叔于是受綸音褒賚，爲諸邑令從軍者最。後先御史鍾公、徐公、潘公，交章疊薦，擢濟寧州守，猶以序遷耳，人以爲未酬其勩也。將行，邑士民攀轅不能去，相與立生祠于唐韓昌黎、我明莊白里二賢令之右，稱三賢祠，他前後令不與焉。

濟寧當天下衝，運船上下必經之處，漕河部院中丞開府其中，東省諸司并郡邑大小吏輻輳而至。又有水陸過客迎接供應之繁，苛禮縟節，少不當歡，不能無訶望。而治河使者築閘、堤岸、夫役之費，亦以問州。叔一至州，不勝卷婁矣。未明而出，更闌始入，往往衣冠束帶，坐而假寐，輒報至起應之，非公事而見大府，則出郭而揖貴人，其得安坐堂皇，訊民事，則以爲若休沐愉快也。然亦處之豫甚，時時集從官讌飲園池中，遊翰墨跡，今猶有存者矣。當時之吏治可知。獨抗直不能陰陽大吏意，恥于脂韋，拙于闒捷。雖華亭在政府，抵京師不數日之程，未嘗通一剌，自爲遊揚地。故有齮齕者，而華亭不之知也。竟以廉静不苛，調鬱林州。

鬱林,隸梧州郡,界兩廣,西南廹近猺,僻静,去濟寧遠矣。叔自是始得一意于民事間。先是,州城不治,垣堞傾圮,夷如平地,致有劫公帑之變。叔至未踰月,即請修復。壘土砌磚,疏城河,引淤涸二水灌其中,歲收魚利,貯之官,備修城費,無煩帑金,城始完。猺亦聞叔令陽山時名,相誡勿開邊釁,去之他郡。州學宫舊無齋廊射圃之規,捐俸搆之,集州人士講學,鼓篋至者,觀聽如雲。叔誘進惓惓至意,不殊陽山時。及使州人士興于文,則遠過之矣。是歲,州南之沚有紫水湧出,人以爲文運瑞徵,亭其沚,曰"瑞泉"。叔别號雲泉,亦謂之"瑞泉夫子"。叔初至時,有惡少二十徒,自詣臺請杖者,叔訝之。左右曰:"此故習也,欲試刑重輕,作輟其惡耳。"叔憫其無知,遣之使去。已,復至,乃知平日把持官司、武斷鄉曲者,悉繩以重法,後不敢爲奸。叔身行節儉,罷官市貨物,常用鬻如民間,登簿給直予之。上供葛布,正輸之外,不得借名色混取,自是而送布樣之風絶矣。在州二年,一切達權通變,便俗宜民之法,俱次第舉。甲子,粤大比士。叔分校棘闈,薦牘上,主司皆奇之。令他搜他房落卷,得士凡七人,解首鄧君全策出其房。録文、《易》二義,叔棘中所著也,學者式之。

乙丑,入計,以功狀最,當受顯擢。時潮寇猖獗,兩臺有協征之議,鬱林密邇龍山八寨諸祠,乃西奔門户,必得人鎖鑰之,非如舊州守不可。乃上疏留地方用,賊平始轉官。叔乃復之任。鬱人咸喜其來,叔乃修故法,卧治之。

踰年,隆慶丁卯,擢襄府長史,非其任矣。長史名王相,實投閒官。名初上,華亭訝曰:"是能于官者,即不内召,亦宜使居郡,奈何王官之?"而命則已下矣。貽書于叔曰:"與其熱而易竟,不如冷而久長。"斯言也,深知叔矣。叔不以左遷介懷,便道之府。王諗叔材,一見,禮重之,有事必諮,有言必聽。叔進"寡慾、節用、開明、廣聰六事",王皆嘉納。使傅世子,每進講,必廸以誠正修齊之道,諄諄如也。王命出對句與世子、衆子對,仍各爲對之,再對句上字以初,對句下字爲引,因仍推衍,以至不窮,王子皆能對能誦,王悦,呼曰"國師"。王大漸,王妃、世子欲以金銀寶玉殉葬,叔引古義力止之。從是,世子每議大禮,必得叔一言乃定。禁輯承奉,鎮服宗人,軌以禮,府中晏如。

居年餘，忽夕夢母徐孺人弗豫，大哭。厥明，遂具疏乞歸。王知不可留，准給假行，遣官校護送抵家，戊辰年四月事也。入門未幾，母孺人歿，叔嘗湯藥、殯殮、喪葬，皆如禮，哀哀孺子慕，人謂孝感。王于叔去後，屢遣使致書詞慰問有加焉。

叔爲人寬洪簡重，不設城府，遇族戚有恩意。痛父先歿，不逮禄養，事母孺人至孝。自筮仕及告歸，十二餘年于外，母老不能偕，間亦歸省，而離膝下之日長，留長子及婦代膳朝夕，歲時遺問不絶。嚴事兄伯，念老青衿，分禄餘奉之，三至宦所，恣所意得。季弟從没邸中，撫其遺孤，給予獨至，課之讀書，令與諸子同塾。從兄弟歿，子若女幼失怙恃，叔聞之，知無以爲衣食業，令家人給月米，而養其二幼女，長婚嫁之奩具如儀。吾宗亦有富雄里中者，不肯爲也。課諸子有程，長卒業成均，仲、季擇賢師友與居，每與談文，輒至夜分，或舉蚤歲所腹笥者，誦以爲式。尤好獎進宗子弟之能文者，某其最拭目也。罷襄陽相，歸營小園亭于居之前左，自比緑野，額曰“與造物游”。時招客局飲，移花蒔木，養魚畜鳥，吟弄風月其中，以適志自快。甫八年卒。

叔母陳宜人，陳翁名善者長女，年十九歸叔。陳望族，翁善計然之策，家頗貲，以是叔母盛于奩。歸未一年，叔即領鄉書，叔母亦遂不復問炊爨井臼執粗之事，且不知人世上貧士妻作何劇矣。然猶以叔孝廉，未盡脱書生，舅家故貧，可出佩簪珥鬻田佐家人不逮也，叔從之。叔既入官，所至必携與俱。叔政持大體，不爲苛細，叔母以精嚴佐之，謹扃鑰，閑出入，僮僕無敢交通外事者，政是以清，叔亦不至有室人之謫矣。叔每念母春秋高，或涕下，叔母俱與泣，曰：“吾二人遠離膝下，而以八十歲母付長兒與婦，未知能善事否？可無貽吾二人將母憂。”時遣人寄聲歸語，久之，聞洪氏婦能得王姑歡，則大喜過望也。性卞急，三男二女，慈不弛訶，侍女木立，屏氣垂眉，孽妾進見，畏縮逡廵，門内嗃嗃，救過不贍。然叔性寬而善容事，有限制多賴之矣。故廉于官而家亦以興，叔母嚴之力也。一日，語叔曰：“吾從宦遊，事姑日少，願以昔所鬻田爲舅姑祭田，以識吾孝。”叔亦從之。其終婦道又如此。後叔一年卒。

侄子縉曰：叔居官多善政，陽山、鬱林，東西粤郡，縉未嘗至其地。蓋三歲一入長安，道濟上，接其州之父老子弟，未必盡叔居守時受卵翼之人，而往往能言叔舊政，有涕下者。峴山之淚行人，去叔子未遠耳，久則亡矣，安得此五十年後，而歿世不諼若是。當時之左調鬱林，何也？而竟終于襄陽傅，又何也？其爲令而僅遷一州，將無論矣。國家以資格限人，士君子一不及進士格，雖有英雄豪杰之士，不能不受限于人。即先主政以賢理官内召，不得冠惠文，而竟抑于部署已矣。然先主政與叔，亦豈區區資格所難限哉！乃爲銘。銘曰：

早掇巍科，繫籍名賢。雙舄飛舄，居令則仙。兩州太守，五馬聯翩。藩王作相，賈董媲肩。長沙《鵩賦》，叔不謂然。緑野歸營，娱此餘年。宜人伉儷，歿亦後先。古玄之右，紫帽之前。騎龍隱躍，佳城不騫。更有霞壁，主政公阡。兩丘相望，千載同玄。乘雲來往，靄靄風煙。如塤如篪，儒林之天。生也有赫，百世斯延。

昭毅將軍福建參署都指揮僉事四一王公暨配誥封淑人肅懿莊氏墓誌銘

公諱麟，字君仁，别號四一。其先湖廣沔陽人。始祖王彦，以高皇帝克江州歸附，從攻湖廣，取江西，破蘇州，滅張士誠，從徐中山破擴廓帖木兒四十萬衆，從沐黔寧平雲南，歷功授建陽副千户。後，子敏陞漳州衛指揮僉事，子政徙泉州，是爲泉人。政生亨，陞指揮同知。亨生琨，琨生鎧，陞指揮使。鎧生公。公生五歲，父即世，亡愛于嫡。時有以嫡母故，謀奪王氏世胄者，公幾殆。公育于外母陳之外氏，外氏常擁護之。

公十六，襲公官，始署衛篆。三年移署鎮海衛篆。歷掌南日、小埕、銅山總司事。是時，海寇竊發，出没剽掠。公造巨艦，精器械，飭水上兵，蚤夜治軍簿至明。間自駕樓船哨望，忽遇賊五六十艘，將校皆失色，覆曰："此慓賊也，又衆，不如避之。"公横刀叱曰："走！某待罪行間，恨不逢賊而殲耳，何言避乎？"遂命進再，鼓噪衝賊，賊大懼。賊一人挾鏢上桅斗牛，彎弓射中其脇，墮死。二人紅裹露雙刃擬公,公連弩殪之。軍是以張,夾擊賊,擒斬李大用之黨吴元謙等二百二十餘人。其明年,賊哪噠、胡霖等,攻福寧州,公督舟師大戰于流江,破之。擊賊吴老、徐待老等于南海澳,破之。遇唐子容等賊于表頭,縱擊大破之。前後擒殺三百七十人。捷聞,天子賜白金嘉勞。

甲寅,陞廣東瀧水守備。明年乙卯,晉都指揮僉書。公擊瀧猺獞叛賊于密菁中,破之,斬李公本、覃善元等二十二人。從大軍征新寧、石鼓、鷄頭等巢,公用嚮導,麾兵搗之,賊大敗,斬首虜千二百四十餘級,俘獲稱是。清遠、英德二縣賊發,公統領南軍戰于羅山、興仁、蕉坑,破之,俘斬二千餘級,賊遂平。

丁巳,擢浙江杭嘉湖參將,尋改福興泉漳參將,又改漳泉水陸參將。三徙公官,以公熟閩事,能保障閩故也。閩承平久,忽中倭,吏民相顧錯愕。公以水陸軍數千與賊角逐,且戰且誘,賊乘汛廣潮突至漳,公抄其後,破之。進擊賊于安平、永寧、崇武,設疑兵應援,襲破之,賊由是潰。公追北至同安,賊從同安、長泰遁海上,公率輕師,乘戈船邀擊賊,因及賊將巖山老于祥芝、石湖、南潯口,縱伏兵出擊,盡破之,擒山老,鑿沉其舟,洪澤珍之徒各燬巢去。迎擊馬達、法正等二千餘人,破之。是時,倭擁虜千餘,突至海壇登山屯上逕。與把總朱先等夾擊,大破之,賊幾平。有蜚語齮齕公于直指使者,直指論公跋扈,落職去。賊益猖獗,瀕海城堡不守。中丞王公思公,亟上疏,言閩事棘,不宜輕去公。公感奮討賊,敗賊于古浪東硓鎮海山,生得啞哩國國王孫上健,健咬舌死,斬獲首甲二百餘,奪捕虜如之。乘勝追擊賊兩日兩夜,及于湄洲山,破之。七月,親率騎兵尾賊于安南澗埕安溪上坑,悉破之。詔復原職,仍賜金。以參將領南路水軍,大剿月港,斬林雲、張連等七十餘人。未幾,而公之疾作矣。輿疾南討,誓不俱生。隊率整嚴,士鎧笠亡犯。斬林叔濟、李體寬數十賊,誅其黨。賊于是相誡避,呼曰“髯將軍”。公竟不起云。

公狀貌魁梧,瞠目修髯,身長七尺,勇有氣力,聰慧絶人。少師事丘潛軒先生,大奇之。十四補弟子員,既起萬夫長從軍,一意許國。淹貫子史、《七書》、《百將傳》,魁甲午、丁酉武科。闊達多智,雅恂如經生,與人和易,不修己郄,不誦人過，無他腸腑。所交游盡賢大夫知名士，客至無留門，拊士卒挾纊有恩意。

善騎射，晝鵠徑尺，豎百步外，引强命中，送控若應弦。嘗以單騎按地形，步惠安闉外，賊猝至，環公數匝，公持滿向賊左右射，連中數十鏃，賊稍稍解，公用是潰圍出。其精于射，緩急得力，類如此。行兵多依古法，正部曲、行伍、營陳，擊刁斗自衛，就善水草舍止。用間諜奇勝，所斬捕功，多分與其麾下吏。吏又有過端，可以功補。因而用將有敗謀，堪爲勝機，劑而行之，寬緩不苛，士樂盡死力。遇偵報至，披甲躍馬，陷矢石深入，爲士卒先。臨敵先計後戰，以故自結髮倥偬軍事，少敗衂，雖行兵險絶之地，常有天幸也。大小數百戰，不妄掠一人，鹵首獲生五千六百有奇。生平所賞拔將校，後多至大帥者。膺帝賚五，佩璽書三。以公官贈大父琨、父鎧都指揮僉事，大母林、母魏贈淑人，配莊封淑人。銅山人立生祠祠公，兩臺上公功請贈蔭，詔議之。大氐公之勛在兩浙百粤，其有德于閩爲多。

公配莊淑人，憲副拙齋公恭孫女，樂昌簿淡軒公憲女。警敏，諳女訓大義。歸公時，家故落，脱衣奩簪珥佐姑嫜甘脆費。公暴露疆埸，鞅掌馬革間，淑人徬徨，輟匕箸待。拮据家政，歲時伏臘蘋藻，手治鮮潔。取臧獲有威，食指數百，肅如也。訓子孫斌斌如也。好施予，貧不自給者，慫公周之。每見公巍鍪長纓，將大軍分道擊賊，輒誡公以勿妄殺，故公所至，俘虜多縱釋，淑人有助焉。從公貴，封如其秩。

李光縉曰：余讀《李將軍傳》，傷其不遇時也。漢文帝有言："如令子當高帝時，萬户侯豈足道哉！"以王公才氣無雙，當世宗朝，閩越争于戰攻矣，此豈藏良烹走時耶？王公官不過參戎，將不過褊裨，不一取大將軍印如斗大，豈命也？夫中山篋使然耳。馮唐所以發憤于雲中守乎？今天子苦倭患，拊髀頗、牧，恨不得王公。有王公，又何煩東南顧也！李將軍之後無人，戰敗隤其家聲，隴西之士居門下爲恥。公之後多顯融矣，有文薪槱，有武干城，投筆請纓，勒山赭海，惡可量也！乃爲銘。銘曰：

無趙營平之年，而有馬伏波之思。無霍驃騎之寵，而有祭征虜之奇。令鎖北門，胡馬不馳。令障南服，海波安瀾。令錫難老，壯猷允披。令冠上軍，蕩平有奇。雖韜略之未盡展，業已窺其設施。紈綺將種，世受國知。推轂者誰，天子曰宜。有美淑人，來與之儀。樂哉丘！萬千年兮相隨。

待贈東井林公墓誌銘

林以進士起家，自太平守西泉先生始。其次，則平樂守豐瀛公，繇嘉靖進士爲南官第二人，勳猷文章，爛焉可述。東井公爲太平先生子，而視平樂公，其子侄行也。縉先大人主政公婿于林，贈母安人爲古菴公女。當先人在時，且尊公爲外叔，又何論小子縉？縉何敢誌公。惟是二三諸舅，以渭陽之命命之，縉是以不得辭。

按狀：林公諱太毓，字希甫，號東井。始祖睦齋公閒生二子，長景文公篤，次景順公端。初俱林姓，景順之子復齋公籍武榮，更姓李，林李之分昉此。景文公生通衢公僊保，通衢公生易菴公恭惠，冠帶通事。易菴公生二子：長純齋公琛，即余外祖古菴公王父，先贈母林安人之曾王父；次履齋公，生叔子西泉先生，以先生太平守滿，贈中憲大夫如其秩。先生初娶趙安人，蚤卒。繼娶徐恭人，生四子，皆先後殤，故先生年及艾而未有子。訊之夢云："燕都小官至矣。"嘉靖辛卯，先生以太平守入覲，納張孺人應之，是爲東井公母。

先生計事竣，携至里門而孕。越明年癸巳，遂誕公。報至太平，先生喜曰："是宜名太毓，以其爲太平守時所毓也。"當先生未舉公時，蚤夜皇皇，以高禖弓韣爲請。太平，故高皇帝龍飛首郡，實誕皇子于此，勒石于山，曰："到此山者，不患無嗣。"先生禱之，既得公，以爲太平山之應，遂以名公，聞者異之。是時，張孺人年甫十七耳。公誕六月，先生歿于太平，公方居母懷，不能知先生，即先生大喜得公，而于公未及一見也。

先生既歿，徐恭人與張孺人居，其初甚愛公，乃先生得公晚，嘗以嗣爲念，意有所屬。自是，覬先生後者，以先生未子爲幾幸。張孺人有身，呼與登樓，擠下之，胎得無恙。及誕，奪公于襁中，并垂欄間爲戲，竟不能死公。而公之中表徐，時往來公家，歲久不無生得失，遂乘是搆公，徐恭人未之信也，愛公如初。

公稍長，徐恭人擇名師教公，使受業于何怍菴公與從兄白齋贈公之門。弁然後室之，爲瓊州守後溪黄公季女。公與黄孺人盡子職，修婦儀于恭人側，而張孺人亦不以子有婦故遂自忘不猶之分，而委曲于徐恭人，承事無間言也。會先生且葬，請常州守張行吾公銘，銘稱恭人父鎮撫徐，又先趙而後徐，搆者藉是爲言，徐恭人大恚，而公始稍稍失愛于恭人矣。

客來會葬，徐恭人思有以辱公，呼一平頭張二，曰："此太平公養兒也。"使着衰衣，與公同苫次，公不爲動。出迎客，客擁入繐帳中擊之，徐恭人怒而笞公。又，中表徐挾恭人威毒公，公時時受箠撻，痛而笑受之，急則逃而匿之户後，然未嘗有怨聲也。徐恭人怒少霽，公遂恬顔以進。恭人愛少女甚，歸王萬户公鏊，傾橐以畀，歲時供應不絶。公寘弗問，恣恭人所意好矣。嚴事姊氏，恭人有譙讓，或因姊爲解，見姊如在恭人前。姊告困割，黄孺人裝百餘人予之，黄孺人亦謂是成公孝，庶幾當姑驩也。公事母孺人易，事母恭人難。徐恭人色變，張孺人亦悚惕不寧，第陰囑兒與婦，無逢恭人怒而已。婦姑子母，相與匪懈。遇有甘旨，婦澡盤盂，母張侍食，公跪而進之，徐恭人間或意動。又是時，公之子四人，曰標，曰榛，曰樣，曰樗，以次漸長，雁行而前，徐恭人見之，乃大悟，笑指孝廉君樣曰："是子貌類太平公。"蓋自是，徐恭人始亡復譴訶公及張孺人與婦矣。

公居悼所生不辰，不及事父，值歲時伏臘霜降雨濡之變，貌先生而不得，涕泣竟日。先生諱至，與黄孺人治蘋藻粢盛，達旦不休，若先生之著存而彷彿見之者。先生守太平滿六年考，澤久而深，郡人思之。歿後二十餘年，俎豆先生，移檄入閩，得祀于鄉。時公甫丱，未知所請，事寢閣久矣。後溪公、豐瀛公爲請于郡守朱白野公，上其檄于學使者，得報可，先生始祀。祀不從里舉而繇檄移者，前未有也。予公青衫奉先生祠事。

公豐頤渥顔，疏眉美髯，步履端嶷，衣裳楚楚，間出行市中，望者知其爲太平公子。性優容淳厚，雖在周章，無皇遽色。輕財喜施，叩門不以亡爲解，貧交多賴之。叔父雙橋公歿，不能治喪，鬻田代治。晚家益落，喜客如故。築小齋于外氏舍傍，與薦紳來往觴咏爲樂。公不在，致客高會，第少間其無怙何恃之苦云耳。

萬曆乙亥春，徐恭人病，公視湯藥，衣帶弗解。恭人呼與訣曰："吾今知而與若婦孝矣。死當報而婦于地下。今且無他囑，惟爲我速納之幽，吾目瞑也。"公泣拜唯唯。既殯，貧無以致五釜，廢箸而供之，哭奠如禮，戚易兼備，弔者嘖嘖，稱公爲真孝子。將葬，卜之不吉，越年乃吉。有暫止公者，公擗踊嘆曰："母命也，吾不可違。"竟葬。而公遂奄奄弗起矣。

公諸子多才名，叔子孝廉君以庚子領鄉書，于上第猶掇也。公弗之見，惜哉！

李光縉誌曰：公真孝子矣。參昴之際，情所難言。孤孽之危，影亦易開。黄泉賦隧，毛裏之親，猶或有之，而矧其不屬不離者也！雖其後也融融，而使舍肉錫類之人，得鼓弄其唇吻，何如公母子間，至誠而動，不言而化，寧死不易其命，非真孝，疇能之哉？當先生之佹得公，彼擠公奪公者，意在無公，而今之綿綿瓜瓞，踵先生躅而光大之者，竟何人也？與善有繇來矣。乃爲銘。銘曰：

天生至孝，奚以詒之？太平應瑞，清紫孕奇。天成至孝，奚以畀之？投杼失愛，瞻屺生悲。人不可必，惟天可知。天之所動，人亦轉移。煢煢孺慕，奕奕本支。鳳峙鵠立，克昌厥施。九原有作，公神其嬉。

明承德郎廣西平樂府通判愧泉陳公
暨配安人慈順馮氏墓誌銘

陳別駕公之歿也，其子寰樞、應科謀即厝公，請銘于平樂守林豐瀛公，而既銘矣，竟弗克葬。今年壬子，始就窀穸之事。應科持平樂公銘，謁銘于余，余謝曰："平樂公之銘備也，縱余纚纚言，能有加乎？"應科泣曰："平樂公銘矣，小子何敢違？先大人之不克葬，小子之罪也。顧平樂公今亦歿，言可納諸幽。必欲彰先人美以行諸世，非再得先生言不可。維是令叔封禮部公，與先人最相善，願先生推禮部公愛，賜一言華衮之，小子兄弟藉以逭死。"余是以弗克辭，按誌而申之。

公諱宗堯，字國仁，別號愧泉。其先京兆府萬年縣人。始祖邕，舉唐進士，歷官太傅，與李林甫不協，被謫入閩，徙居泉，遂爲泉人。歷數十傳，並有顯人。至轉運公梓，始創田園于朋山嶺玉泉鄉，爲偃息所。而朋山之陳昉此。明興，有司理君觀龍，其孫曰温，曰華玧，曰祚，並以鄉進士起家。至公之祖陽山公，猶襲朋山遺址，稱玉泉里人。陽山公丈夫子四，長即忠烈公一道，是爲公父。

公狀貌豐偉，行止端莊，爲人樸愿醇謹，多長者行。蚤歲善治書，會忠烈公以掾滿謁銓，受蕪湖丞，公乃從之邸。時島夷煽亂，突犯徽寧，留都震動。當事者以忠烈公有智略，曉兵，使即行陣，備寇南陵。賊猝至，忠烈公逆擊，失援，與其僕子義死焉。潰卒狼奔，積屍蔽野。賊鋒猶鋭，誰嚮邇者？公聞訃，呼天搶地，馳至戰所。人語公曰："宜稍需賊退耳。萬一父子俱斃，無益也。"公泣曰："父待我就木也，吾何能朝夕？"遂行。是時，忠烈公歿已七晝夜矣，面猶如生。公抱屍出，舁攢于梵宇，雖亂離倉卒中，殯殮一一如禮。公亦幸而賊退耳，殆天所以完公于父子間，不然，公幾殆矣。

南陵故設將領，握兵六百，用扼要害，賊至，如入空境。兩臺欲坐以失律，令厚祭以弔忠魂，准贖除罪。將領扣兵餽，計可六百金爲賻，公涕泣謝却之，書領券予報，諸公聞之，稱忠烈公有子。櫬行乘傳以歸，有語公，請增郵廪者，塗可得百金。公泣謝曰："父死謂何，忍間關覓利耶？"立扶櫬行。所過州邑，號切之聲，聞者流涕。既入里門，爲位而哭。所親復語曰："君大人死王事也，君何不北走燕，請録君後？"公欷歔泣曰："君恩也，不可干。吾痛父血戰死耳。它非敢知。"遂徬徨襄事，身親畚築，與工傭雜作，繼之以慟。久之，御史核忠烈死事，狀聞，天子憫之，詔贈忠烈公爲應天府通判，仍廕公入監讀書。公感激上恩，悼父不忘，含悴不破涕者三年。

服竟，乃起入胄學，卒業上舍。會當試吏，公自陳願補如父職，示不忘父之意。銓司嘉而從之，授壽昌丞。壽昌，脂腴地而僻，佐吏往往染指。公曰："寧有父忠臣而子墨吏者乎？"冰蘗自樹，暮金不至其門。時南海龐公爲直指使，風裁凛然，行部至嚴郡，設廉、能、貪、庸四竪于庭，令各屬吏自占所竪下，衆相顧駭愕,莫知所定。公挺然獨趨立于廉能間。龐公異之,按其行事,遂最上考。無何,擢羅城令。

羅城,柳州洞(峝)地,蠻猺盤錯,出没爲梗。公諏風詢俗,專心拊馭,先以嚴什伍,繼以興教化,修治學宫,請增髦譽,士知嚮風,夷民帖然。會大征古田、懷遠,檄公轉輸。議者謂懷遠可招而撫也,仍以屬公。公單騎詣峝,諭以禍福恩信,猺俛首聽命。適新令猝至,致僇令以殉,移古田之師,乃克之。議者方上公轉輸之勞,公于是判平樂矣。天子賞公白金拾兩,紵絲二表裏。

公佐郡年餘,忽然思歸。繼母林安人苦病,公嘆曰:“吾以父得官,父贈官止是矣。吾禄位如父,足也。可有加乎?母又病,吾安能母子居此?”爲力請終養,僦舟以待,乃挂冠歸里。

居數載,修恬守讓,鄉人宗之,郡致爲鄉大賓。公不問田宅爲子孫計,惟是忠烈公未祠是邮。既白之有司,從祀鄉賢,仍搆地于居室之右,爲忠烈公肇禋祀,過祠下者堵觀焉。

公配馮安人,大埔尉馮公璘仲女。歸公時,忠烈公猶居約,安人瘏瘁,遵尚節儉,家以無乏。姑吴安人早世,恨不逮事,蘋藻之羞必恪。公從父之官,安人與繼姑林毖飭内政,肅肅雍雍。南陵之變亟矣,安人飲泣撑支,内拊林姑,外給喪紀,瘠毁骨立。與公歸櫬,萬里周旋,是爲難耳。公貴席寵,菲素自甘,不事艷綺。慫臾(恿)公歸,成公勇退。爲公置媵,子如己出,無嫡支毛裏之嫌,内德茂矣。

李生曰:國家邮蔭之典,所以優有位大臣。舍是,惟盡忠死事之臣預焉,蓋甚靳也。當世廟朝,吾郡惟周蹟山公,以直言斃杖下,後天子憫其忠,予贈官蔭子,餘非卿貳,鮮有聞者。至于陣亡諸臣,門有褒邮,但及武職,不齒文官。公父一丞佐耳,贈與蔭官皆府别駕,不從陣亡之賞,而同三品任子之秩,至隆予矣!然吾不多公之有是官,而多公之請居是官。以邑丞始,以郡倅終,若從父之爵。然不忍忘,亦不敢加,至孝也夫!乃爲銘。銘曰:

臣之事君,寧死綏而不奔兮。子之事父,等其爵以從尊兮。赫赫帝命,邮忠魂兮。賞延于公，澤是以及子孫兮。凛凛君子，民不諼兮。平樂倅之，平樂銘之，而予又奚論兮？聊以表公爲之父而答主恩，與林先生父忠子孝之言，並托寄于墓門。

贈公角肖齋先生暨配黄孺人墓誌銘

今景寧令角君曰和，爲選士時，嘗自潮負汲入泉，從余論文，假舘于笥江之精舍，爲三歲規。一時名震泉中，吾里名士多與之游。余善其文，而心鄉其爲人，蓋積學篤行君子也。居亡何，母黄孺人之訃至，曰和擗踊奔，余爲文以唁之，借古人“母死送喪千乘，父死一郡畢至。所不能致者，名士一人”，以爲使里中之客賻之，不如致遠方之客賻之；使千餘乘之客賻之，不如致一君子之客賻之。讀者以是爲曰和與其母榮。今十餘年往矣。

曰和既服除，就省辟，報罷。又三年，將應京闈，道出清源，抵余别曰：“是行也，得竟所志，爲父母榮。不然，將俛首而謁銓氏。”余問曰：“二尊人厝乎？”曰和泫然曰：“厝矣，壙所自卜也。藏言未備，且須以待先生。”因與余言，其地平衍秀麗，砂環水抱，勝于崗壠。余聞之，不覺膝前于席也。曰和上畿辟，又報罷，乃謁司銓，得景寧令。

景寧，故括蒼地，僻萬山中，非曰和賢者路。曰和鳴琴理之期月，政聲起。乃自爲二尊人狀，遣人造余丐銘，詞甚悲慟。曰和今邑大夫矣，其于致當世如椽之筆，易耳，而必以問昔日所共學之窮交，豈亦吾鄉者“不如致一君子”之言，于心終不忘與？曰和之高于世遠矣。余是以按狀而誌之。

贈公諱時瑚，字君器，别號肖齋。先世閩人。洪武間，始祖桂峰公，自閩遷潮海陽之東莆里，遂爲潮人。傳數世，至公王父敬讓公，以質行好義稱于鄉，爲長者。敬讓公生章齋公，有潛德。章齋公娶陳孺人，生公。公生七歲，陳孺人歿，公哭母，不食數日，諸母憐而强之食，後乃食。稍長，善誦，爲文有悟語，章齋公器之，督使就傅，而時時稽其生熟勤惰以爲常。年十六，遭山寇猝至，倉皇逃匿，不能得，公以是没入賊中幾半載。章齋公罄産贖之，始得歸。自是島夷煽亂，所過殘賊，焚人廬舍，四野空虚，因之荒癘，靡有寧歲，民無所得食，殍死者相望。公是以棄儒奔走，爲一家衣食計，猶苦不給也。賊平，乃開塾授徒，從里兒取糈，自治圃畦。帶經荷鋤，藉圃蔬修脯之入以供甘旨。章齋公喜客，客至輒令市酒，公與室黄孺人雜治肴饌繼之，未嘗失帳具。章齋公性嚴，又有繼室陳，難當其歡，時訶誶公。公或被撻，輒笑受之。章齋公恚甚，知不可堪，則私引辟，俟色稍定，乃自肉袒跪請，得解乃已。久之，陳亦自悔。章齋公見公能事母孝，乃大悦。

公體羸，蚤歲多荼苦，備嘗瘏辛，故未壯而衰徵見。公私自念，父母身也，可令早憊若是？乃盡簡章齋公生平所習岐黄諸書，精心繹之，辨陰陽、虚實、風寒、暑濕之宜，與診脉、標穴之法，先按其病之所繇起，後理其所繇治。初，但以攝其身，自爲醫，不爲人治病。最後，藥施輒効，四方問藥者户屨常滿。公發藥，隨病應之，人各得意去。有病急夜半叩門者，公但問何病，藥以何方，不問人何方姓氏也。人以是多德公。公爲醫，隨俗變化。值小兒痘，爲小兒痘醫，製丸散藥施人，試之多驗，全活無數。家貧求請，不取其資，施日益衆。公以爲慊于志，嘗自題曰："開蒙三寸管，活病半囊丹。"此足徵公之爲人矣。

公謙讓和易，不設城府，與人無争。惡少相加，避路不校。以儉約終其身，俯仰多艱，逍遥自如。景寧君少補弟子員，文聲蔚起。公知其亢宗，以讀書業畀之，自隱于甘露山中，枕石漱流，與麋鹿友，如是者三年。忽一日，寢疾而逝，人以爲仙去云。

娶黄孺人，上莆沙隴知縣黄相之曾孫女也。年十九歸公。公家立四壁，什九在外，舅及繼姑孺人代事之，不給則脱簪珥以供，公藉是益行其孝，章齋公亦若忘其子之不在側也。婦姑相悦，卒無間言。章齋公歿，公悲痛呼號，憂無以爲悦，孺人請鬻地治拊身與棺之具，以恔此心，曰："視吾指尚存，猶可謂諸兒地，無儉自親，貽他日悔也。"凡公所爲施德濟人之事，孺人皆慫恿。丸散之施，藥物不備，減炊以助。課景寧君讀，慈不弛訶。督三婦紡績，持筐不倦。孝慈惠勤，其天性也。是以克相公稱子，于潮之人曰孝公。

李生曰：甚哉！醫道通治理也。善醫者不執禁方，達其和而已矣。善治者不厲文法，順其理而已矣。倉公言治病人，敗逆者不可治，其順者治之，此爲人牧之道也。公始乎行孝，凡所得方書，皆本之章齋公而解論之。以孝行仁，故方多驗，公得是以活人。景寧君復推衍，是以活百姓。昔有不龜手之藥者，洴澼絖爲事，客得之，裂地而封。藥一也，後以封，初不免洴澼絖。善必積而厚大，慶必餘而後長。景陵君之封公以秩也，從今日始矣。乃爲銘。銘曰：

惟公之孝，無間天親。惟公之仁，樹德鄉鄰。飲上池水，洞一方人。公不其然，以道生身。施及令子，尚國之賓。作民父母，卧理飲醇。單父非小，鳴琴可倫。遡彼弓冶，父德是遵。于門必大，越人生春。鬱鬱佳城，綸賁方新。誰爲銘之，來自我閩。千年其藏，維以不湮。

太學生纘序李長君先生墓誌銘

李長君者，贈高州刺史南涯先生之冢孫，參知序齋先生之冢子也。少有文聲，北遊國子上舍，未及壽而卒。今年春仲，其子毓、衡等將奉長君柩以厝，先期相率造余請銘，稽首而泣曰："維是先君無禄，居諸易邁，今且宅幽宫矣。顧先君在日所嚴重者莫如先生。遣小子使受學，幸及先生門。荷先生不棄，先君以爲慊于志。知先君者，莫先生若也，願先生銘之。"余唯唯謝主臣。竊自思李氏多文，執經問余業者數數矣，有已第進士去者。乃其奉嚴親之命，始終稟學，久而不輟，莫如長君之二子。長君殁，又能率其季弟繼見于余，則亦以長君知余故，余何可無知長君也。

按狀：長君諱暹祥，字崇卿，別號纘序。少諱元祥，字體卿，以入太學改今名。其先關西白水人。始祖德，洪武間以從軍調泉，爲泉晉江人。三四傳至質軒公清，生子三人，仲諱文濩，即贈高州先生。初亦以文學起家，爲江西新喻縣教諭。子五，仲參知序齋先生，諱熙，是爲長君父。母詹恭人，生長君兄弟三，長君居伯。先是，詹恭人懷姙，夢一巨室，有塑像甚偉。恭人抱中座者以歸，覺而長君生。參知奇之。贈高州先生未有孫，得長君，以爲祥，故名之曰元，言始胤也。後改名曰暹,從日從進,亦本此。長君生之歲,即參知先生領賢書之歲,嘉靖辛酉之六月也。長君居腹,參知就督學試,遂弁諸生。甫生三月,參知褎然掇巍科矣。其發祥莫大乎是,後凡爲贈高州孫者,皆名祥,長君嚆矢之也。

長君少讀書不敏于誦,而能强記。一入腹,終身不忘。與里兒共塾讀,解悟罕出其右。性不喜華,見群兒服紈綺者,輒嗤之。單衣大布,自以爲適。兒捕庭雀,投長君,長君放去,曰:"樂生惡死,凡物皆然。吾故不忍殺,奈何羈樊中也?"以故,自爲兒時即具有大人之態,舉動暗合于禮。贈高州性嚴多怒,參知常惶恐跽請,長君亦跽其側,贈高州笑曰:"兒何爲者?"怒遂得釋。其見奇如此。隆慶戊辰,參知成進士,入讀中秘書。是時,長君年八歲矣。

郡故多薦紳科第,前此未有及第翰林者,一時黄宗伯先生魁大廷,官史館,參知以庶吉士佐之,人以爲榮,而榮長君。長君若不自知公子貴也,發憤讀書益力。參知以贈高州服除,給事黄門,省垣耳目之官,貴重于翰林無二,聲勢赫奕倍之。長君從之邸,但犍户洛誦而已。

參知居省,不屑阿江陵權相意,彈治其所私人,以是坐謫。淹抑數年,宦轍所至,長君與偕。丞南豐,隨之南豐;令宣州,隨之宣州;郎留曹,隨之留曹。以其精力治博士家業,而賈其餘勇代乃公典掌記語。參知以諫議直臣,優遊若吏隱,事不勞而理,長君力也。參知察長君學有大志,不欲妨以他務,而諸弟尚少,長君爲家督,力量能精覈之,始倚辦長君。自是,而户内之錢穀、米鹽、出納、委輸,無不關長君之手矣。

已,參知出刺高州,長君不復之邸。節約纖嗇,不妄費一錢,歲有登耗,自籍以記。遇參知過里,上之。參知乃大喜,用是益無内顧慮。長君知參知不家于官,歲禄之外蕭如,每家信關白,未嘗以盈縮請。其或聞參知有拂意,欲棄官,則以書進曰:"兒何堪大人苦折腰,爲兒孫地也?"參知深然之。參知以高州守擢憲粤西,尋轉參雲南政,貴倨矣。竟致官休,行至河源而卒。長君擗踊赴之,輿櫬以歸,三年之内,哭泣如禮。檢遺篋中俸餘,與諸公贈賻可二千金,悉以奉詹恭人與二弟,身無取贏也。長君棅家政二十餘年,人以爲羡于積,乃長君與其初配丘孺人居，室無私財，門無私役，初籍之以上參知，後籍之以公二季，而己之橐若洗矣。有外侮至，不問弟事，鋭身當之，不直之官不已，曰："吾父殁也，而人皆藉吾弟，不維我在，盡魚肉之乎？"二弟亦父事長君。

長君廣額方頤，疏髯豐下，身不踰中人，氣嶽嶽甚，持論激烈。聞人有善，樂道之。與人交，循墻益恭。遇事敢言，好面折人過。狎遊少年避匿不敢見，見不敢出一語。同事操觚者，嚴之如師。讀書不求甚解，但觀大意，能自得于筌蹄蹊徑之外。數奇，屢不利有司試，不補一掌故員爲恨恨。乃入成均，友四方士，充然有以自得也。一切薦紳家書畫、器玩、難得之貨，無用之物，皆所不儲。惟收參知遺書與生平譔著，授訓諸子，以爲常。中年喜作詩，酒不能一斗，醉後高歌自放，譚説祖先往事，剌剌泣數行。親友告急，不以無爲解。輓事詹恭人益謹，柔毳甘旨之供，支吾以具。及長君殁，諸子析箸而分之，人始知長君非富矣。以是益信參知之居官廉，而長君政于家真無私蓄云。

誌曰：余聞之户部君弼卿云，家伯氏遣二子北面吾師實自取。大凡師與二子彈射，伯氏皆心識之。不得，則淫思竟日，比于弦韋。長君可謂知余矣。往癸卯冬，長君自長安試罷南歸，余北上，相逢于鄒魯道中，旅舍村醪，相傾一醉，岱嶧幾倒，一夕足千古，何其壯也！余寧無以知長君者？余嘗長君語："君家多材，弼卿其前矛乎？如吾言不終誣，中權後勁，當在長君子哉！"乃爲銘。銘曰：

謂壽則殀，謂死則存。朝聞夕可，彭殤奚論。矧伊厥考，中秘黄門。參知之子，廣文之孫。君之不騫，視此後昆。有受吾郢，立雪夜昏。南溟北海，修翼鵬鶤。厚風可負，百世長蓀。

太學生碩泉丁公暨室孺人慈慎陳氏貞懿莊氏墓誌銘

萬曆歲乙酉，余領鄉書，治裝將北上，吾伯兄之仲婿丁子堯武者，故受業門人也，以尊人碩泉公之銘請，余唯唯問狀。堯武跪而泣曰："小子孤不孝，居腹五月，先君子背矣。維是語言象貌未之目也，安知行事？先生如不忘也者，願以不朽累先生,先生文之。”余聞而愀然。縉生也晚,獲以中表侄行侍公矣,何敢卮詞誣哉?用是掇覩聞一二,參之家仲父、季父暨公之族戚諸甥言,人人如一口也。

公諱煒,字思晦,别號碩泉,丁素軒翁次子也。素軒翁諱順,娶李氏,生伯子愧騃公諱燦。女三,適蕭一愚公,適丘崑山公。李氏早卒,復娶李氏,俱縉從祖姑也。晚納側室陳氏,實生碩泉公及女適順天進士次洛何先生者。

公禀性慤愿信矼,步趨嚬笑,率軌倫誼。奉二親孝,事兄恭讓。素軒翁、李母篤愛之。性尤喜士,折節傾貲,與邑賢豪長者結,洒掃帳具,常恐不遍。與人交,洞見底裏,不設府城町畦,或沾沾跅跎自好者,宗黨里戚,忻忻如也。雖媟褻,必以貌。讀書尚沉嘿,潛酣經史,探極源委,著爲文,平實雅馴,率澤于道德仁義,識者謂酷肖其人云。年弱冠,補郡諸生,人人遜席也。一時交遊若丘衮泉、許賜山、李海宗、林豐瀛諸先生,皆名雄當世,少許可,獨争交驩公,稱莫逆焉。

歲己亥,伯兄無禄,伯嫂田氏繼殞。公年垂二十,而素軒翁春秋七十老矣。公哭兄,慟絶復甦者再。時伯兄之孤堯臣君,甫周歲也,公以授母陳曰:“善拊是孤,務待成立。”已,堯臣君痘患蜸,公旁皇求醫,醫至,視蹙然曰:“是兒毒入中髓矣。非吮盡膿,不可卒活。顧此生母難也,况他母哉?”公入述醫言,泣語陳曰:“奈何令伯兄亡後,且重傷吾父心。”陳曰:“兒無患。”遂親就吮,盛毒膿碗中,注滿焉。公捧出示醫,醫錯愕嗟異,還視兒,則色勃勃有生氣矣。以故堯臣君自孩提,而丱而弁,櫛沐興寢,皆陳氏煦濡卵翼,無信宿離左右者,公忠誠心感之也。兄遺孤女三,公相素軒翁慎擇厥配,裝遣費數百金,歡然無郄(吝)色。素軒翁卜兆域,公請旁穿二壙,爲兄若嫂之藏,曰:“令異日貽吾孤侄以逸也。”

歲甲寅,素軒翁壽八十,終矣。公中分翁産,田畦、垣舍、金帛、絲枲,嬴以授堯臣君,而居乏也。堯臣君嘗語所親曰:“吾于祖故笥檢諸貲産籍記,乃知吾叔毫無我欺哉。”素軒翁與余從祖叔南泮翁,並以姻兄弟布衣貫貸,貲雄里中,户直、坊役,浩費難支維持。先大人主政一泉公、從叔國史雲泉公,後先皆顯,免復者强半,以故南泮翁之賦輕,而素軒翁獨煩重,自如也。公留滯諸生間,殫心支撑,垂三十年,雖捐金息貸,有不使孤堯臣君知者,率之事辦而公竟不伐云。

公屈于械智,與世亡競。姿體孱弱,癯然若不勝衣,而重誼好施,專趣人急,有俠士風。辛、壬之歲,泉中饑,粟斛數百緡,時有士人張子甲窶甚,慕古誼造請焉,時幾日入矣,徘徊公門者久之。公適從門間窺,遂延入,贈金若干兩與飲,謝而去。邑屋中以窮來請,公隨分賙濟,未嘗以亡解也。公嘗謂:"何知積著,好行其德者爲享利。吾予人若棄之,假人若忘之,即有償者,是自實其義,吾何知哉?"然家殖亦坐是稍稍落矣。遭歲不造,生母捐養,室陳繼歿。于時饑疲頻仍,泉貨騰踊,公於附棺與身之具,各極腆厚,不爲時詘少殺。室陳無子,公念之,以妾洪氏所産女許陳之弟子正業,曰:"吾願陳氏姻世世講也。"既免喪,復娶于莊。

公時年踰壯,未有息也。未幾,莊氏得孕。公喜,謀所親曰:"丈夫子負桑弧志,吾久困諸生,株守一堵,爲母在,未舉子也。今幸莊氏有身矣,吾安能復局齪轅下,從竈上騷除乎?"遂鬻家業數百金,遊太學,尚友天下士。時祭酒胡日門公正蒙、司業胡劒西公杰,皆一時鉅公,一試公文,亟擊節嘆賞,拔寘高第。于是公聲望籍籍都門焉。元老李石麓公,謀致爲子師。公曩居母喪,感心疾,至是疾又作。復聞莊氏之孕舉女也,乃辭病歸。諸老咸雅重公,不强致焉。抵家歲餘,舊病竟成沉痾,不可療矣。

公蚤歲以嗣息禱莆九鯉神人,見夢云:"程嬰輔趙孤。"至是,莊氏復得孕。公感前夢,喟然曰:"病不起乎?遺腹其舉男乎,是當名武。"遂立召諸甥洎侄堯臣君,受遺囑曰:"善撫吾孤,無負程君托也。"公歿五月,而果舉男,以公遺命,名"堯武"。武生七歲,而莊孺人又謝世矣。

陳孺人事舅姑,以孝謹聞。公中年置媵,孺人斂己顓居,亡幾微妬。莊孺人歸公,遭公産中落,攻苦茹淡,孀居之年,甫二十有四,矢志立孤,慈而能教,冰霜之操,八年如一日也,豈非難哉!公生云云。堯武受余業,翩翩能載筆矣。雅飭訓謹,不輩凡兒,日惟據梧手一編,矻如也。碩泉公可謂有子哉!居常痛遺孤,戀戀哀慕,啓處靡寧,兹卜兆吉云。嗟嗟!煢煢髫年,力營葬事,尤可賢乎。

李光縉曰:余聞之仲父云,碩泉公廩廩篤行君子也。察其行事,諒然。渾沌既鑿,人自爲家久矣。有弟而兄啼,何況異母兄而孤子哉!不殖己私産,而藐諸是煦,完業而畀之,而貽之以逸,此有寧瘠己而不悔耳。分散千金,與貧交疏,昆弟日治具,庶幾賢豪長者適我哉!人富而仁義附,碩泉公之謂與?公不負孤者,何負公也?五月之孤,當繩繩矣。今其垂髫談今古者,孤也。一歲樹穀,十年樹木,百歲樹德,趙孤之祥,厥應二世,來之以德矣。誰謂天非定哉!誰謂天非定哉!乃爲之銘。銘曰:

緊我公兮,孝友則聞。于以恤孤,割橐中分。赴人厄困,羞伐其勳。不知者以爲任俠,而知者謂君子之恂恂。鹵莽匪耕,滅裂匪耘。雖厭飡之未報,已有子乎能文。以之子之獨慧,其有籍乎,其無籍乎程君?隆隆者丘,鬱鬱者枌。千百年其長茂,是謂碩泉公與二孺人之墳。

文學沈卓齋配鄭孺人祔婦王孺人墓誌銘

余姊子江爲藩,將葬其外母王孺人,而難於獨葬。乃葬其外王父母卓齋公、鄭孺人,而以王孺人祔于鄭姑之側。已克厝,請銘于余。余瞿然曰:"夫妻合葬,禮也。"遺夫而祔于姑,非禮也。子,沈氏婿也,此非子事也。婿厝其外父母,有之。厝其外王父母,我未之前聞也。子斯舉也,謂何?

爲藩泫然曰:"非得已也。藩爲此極難耳。卓齋公之歿久矣。父曲江公以貲雄郡中,生卓齋公兄弟二人,次毓鰲公。卓齋公娶于鄭,是爲貞懿孺人,年二十,舉太宇公,即藩外父。太宇公甫週歲,卓齋公歿。同室耽耽,惟藐諸是覬,利其財,將不利其孺子,密地圖謀,欲甘之。鄭孺人始猶依阿舅,母子無恙。舅歿,孺子危矣。鄭孺人晝則出太宇公藏别室中,夜分始與之歸寢,往往□貲以市諸歡。庶幾天幸,太宇公得弁,有室母鄭孺人在焉耳。鄭孺人爲太宇公娶王孺人,此藩婦所從出母也。王孺人至時,卓齋公資爲瓜分者盡矣。王孺人與姑拮据荼苦萬狀,艱于舉子,生女七人。家計日促,傍徨撑支,涕泣隨之。太宇公厭困闠闠，游吴楚燕越間，數載不歸，瀟瀟家政，一畀之母與王孺人。王孺人歿，鄭孺人苦難獨肩矣。乃爲太宇公娶繼孺人王氏，生子昌胤。蓋自是，而鄭孺人稍一開頤也。未幾，太宇公歿。又未幾，而鄭孺人亦歿。母子繼亡，子少孫縈。噫！亦足傷矣。卓齋公初從安平徙郡城，後太宇公徙就小莊。及歿，繼孺人遂挈其子歸母氏之黨。而鄭孺人母子婦姑之柩暴寄淺土，或東或西，子昌胤少不能遠睬，風雨摧摇，螻蟻侵犯，藩是以悲耳。藩將合太宇公、王孺人並厝之，于禮得矣，則繼人在，有所不肯。將穸王孺人獨厝之，于禮未甚失矣，王孺人無已出之子，有所不可。宿草荒丘，誰掃而祭之？此今日之所以難也。藩是以與諸襟議，厝外祖父母，而以王孺人祔之。留太宇公之柩，以俟昌胤之長，庚幾異日者歲時伏臘，上祖父母丘墓，王孺人祀可無忽諸。且生而婦姑相依，死而相祔，未必非王孺人志也。以爲何如?”語畢，泣浪浪下。余是以憐而誌之。

誌曰：傷哉！鄭孺人之貞也。秦女懷清，當强暴世，用財自衛，名聞天子，貞而客之。彼能以其財受尊禮于萬乘之君，此反以其財賈兄弟肉骨之釁，幾不能庇其身與子，終于坎壈，貧老以死，而名弗彰，抑何其不幸也！王孺人不有子，而恨多女，乃其厝孺人者，以女子之婿。鄙諺云：“生男勿喜女勿悲。”此言雖俚，是或一道。吾于余甥，不無嘉其識，健其決，爲世男子不知義而遺親者之勸云。乃爲銘。銘曰：

節不必人知也，義則貞。葬不必己子也，禮則正。夫即妻耶，别之永矣，今相從于九京。婦耶姑耶，生卒瘏矣，姑入地而共馨。有子伶仃，有婿竭誠，而丘于荆。余是以爲之銘。

大邑賓例授訓導芹山江公
暨配懿肅洪孺人墓誌銘

平江之墟，有隱君子焉。是爲芹山江公，先慈封孺人之兄伯也。先主政公即世，小子縉四歲，縈縈莫識父貌。間從先慈歸寧舅家，公輒爲縉貌父所以，有潸下者。時時往來縉家，進縉于膝前，課書問對，對偶答如響。公大奇，呼先慈，語以"是兒當貴也"。縉既長,困諸生間,數十殿而始一叏,徼領閩書。今荏苒若干年矣,雖公車屢罷乎,要以公既歾,能筆公于步趨貌象外,無論外氏,即以公諸子,令自持所爲狀,莫如縉詳。

公世居惠安五公山麓,諱秀卿,字惟人,號芹山。有宋禮部尚書江榮公裔,祖静居公孟冀,再傳至清逸公寧,寧生縝齋公滿,滿生二子,長直齋公汝淵,次四榕公汝澄。直齋即公父。母貞節陳孺人。公生四歲,直齋公歿。妹腹居五月始生,即先慈。兄妹呱呱,王父縝齋公念陳孺人孀居苦,甚鍾愛公。

公聰明穎慧,寓目成誦,舞勺勝衣,暗合禮度,不逐里兒嬉戲。王公捐舘,遵叔誘誨,嚴于庭訓。讀書不喜莊、老、大乘,一稟朱、程《綱目》、《性理大全》諸編。搜檢涉獵,矢筆對壘,纚纚千言就,不屬草,往往抒所自得也。弱冠,以《毛氏詩》補邑弟子,試輒高等。直指王公觀風試士,奇公牘,拔寘第二。公是以遂有聲于膠序間。

公先世厚于蓋藏,起富千萬。錢穀出入,公不問,以聽仲叔父。仲叔父好行其德,公慫慂之,語人曰:"令我不寤寐經史,而衣絲策肥,作富兒容,何異土木楣文繡哉!"喜交結,遇有聞人,傾蓋把臂,不厭存謝。自是公年少,倒屣多大父行矣。仲叔父豪舉喜俠,四方干旄時造其廬。公以經生妙齡,與仲父提衡,致賓客益衆。一客至門,洒掃不休。仲父躬折節,公亦折節;仲父帳具豐腆,公亦豐腆。士大夫聞之,愈益慕仲父之義,以仲父有賢猶子也。

公悼不及父,孝事節母,節母憫公蚤孤,姑息暱公,公愈自嚴。問寢視饍,出告反面,少至强以爲常。節母愛吾母篤,公愛之。母適吾主政公,千金裝送,公恣節母所意好矣,不問奩具費多寡幾何也。事叔如父,事嬸如母。間幾微取誤于仲叔父,仲叔父立恚,公必長跪謝罪,或因節母、族長老請,得改乃已。仲叔父未舉子,公憂心如惄,既舉諸季,常棣韡韡,即同胞不啻也。郡國疏陳孺人節與公孝友狀,學使者額貞其門,遂大褒公。縉記世廟季,公扶節母避賊郡城,身自擁蒼頭數十輩守故宅。賊猝至,公倉皇入廟中,懷諸先神主以去。人疑公衣裹間必金銀寶器,已,知神主也,相竊笑公,有識者愈益難公孝。賊退,扶節母歸。

亡何,病坳,公迎醫嘗藥,目不交睫,衣不解帶。屬纊哀毁,水漿不入口數日,喪祭悉凖家禮。既卒哭,然後葬之。

公慷慨雄爽,重然諾取予,慕古擇蹈,非公正不發憤。遇人無老少罄折嘔拊。子弟有非,正言面質。宗有義舉,率身以先。里有公役,捐金爲助。窮者急之,阨者解之,厚施薄望,羞伐其德。以故公雖老文學,而常有薦紳賢大夫家之風。居嘗念節母冰玉一世,但得旌于督學使者,以不請于朝應令甲爲恨恨,至立自責其非子也。好禮著讓,胸無它腸,不設城府,飲人以龢。議論亹亹,雜以詼諧,令人解頤。不善嗜酒,喜詩律,舉盃相釂,説地談天,一座爲傾。平人之憤,解紛息鬬,片語罕譬,兩憾冰融。言謝則受,財謝則辭。延師課子,修脯豐腆。終其身,未嘗以慳嗇失禮于人。迨及輓年,室經兵燹之變,家無牛器之儲,而橐若瀟然矣。四壁荒蕪,菲糲自甘,公不知昔殷而今窶也。華路再啟,婦孫滿前,乃謝去弟子員,援例掌故官,弁服革舄,煌煌都雅,倏然俗外。邑大夫葉絅齋公高其風致,以爲鄉大賓云。

公配洪孺人,邑右族洪璟公女。繼何孺人歸公,婉孌知女訓大義,鷄鳴佐公讀,孝奉孀姑,順顏承旨,曲得驩意。待叔母妯娌暨諸尊長婦屬,恭敬有禮,祭祀蘋藻鮮潔。客至呼酒,咄嗟索辦,當壚滌器,操作而前。時贏與卬,時縮與俛。經紀户内,纖悉整整以理。大抵公有義問,得孺人内助之力居多。公與孺人卒,子東、注等,奉柩附葬于陳孺人墓焉。

甥縉曰:太史公敘《貨殖》,稱素封于都君,詳記其削洒醬醫之屬,不及文學儒者。彼以儒爲非富乎?士行不必于巖處,仁義何况于貧賤?有陶朱、倚(猗)頓之能,而又有鄒魯曾史之行,斯足多也。巴蜀寡婦貞矣,乃其後亡文人,懷清築臺,僅用富顯,何如陳孺人節也?有子如公,誠不以富,亦衹以異。公恨不得請于朝而旌耳。令公用財而貞其母,如秦皇帝而客之,何可爲乎?此公之所以日夜腐心也。公不徒瑰士,其孝子也已。乃爲銘。銘曰:

母也節旌,子也孝稱,維公之行。父也儜丁,子也雲仍,維公之贏。文章爲圃,冠組爲榮。五公迤邐,淑配同塋。何以銘之,咄咄李甥。公嘗奇之以大名,是以竊有責于佳城。

明待贈璛石李公先生墓誌銘

余過莆入仙，宿于兩方之家，但識其父子兄弟耳，于孝廉君昆仲，未之聞也，何知尊人？今者，元方君啓，以孝廉君燦箕所著尊人狀，代謁銘于余，將使余烏乎銘之。語曰："不知其人，視其友。不知其父，視其子。"元方其將使余因彼之友，視孝廉君父子間乎？耳目弗之逮矣。與過而疑之，毋寧過而信之。徵信于疑，厚之道也。然以余視太史公著《遊俠傳》，于魯朱家、劇孟、郭翁伯之倫，序之不啻詳，豈必盡生當其時，識其人，睹其行事，然後能不使湮滅無傳哉？太史公之言曰："人貌榮名，寧有既乎？"名而可貌也，余是以亦貌公之榮，按孝廉君狀而誌之。

狀稱，公諱方白，字道采，別號璛石。其先有秘書元康者，始入閩，後乃徙莆，家白塘。至元，文林郎諱炳徙仙邑，因家焉，是爲璛峰始祖。我明英宗朝，來孫梁以高第拜御史，弟棟以素封起家，爲公高大父。棟生剡，剡生仕，仕生靈承，曰修吾公，有隱德，娶林孺人，生公。公生二歲，林孺人卒，繼陳孺人鞠之。

公童而奇穎，治鄒魯言，稍有文聲。甫十五歲，修吾公即世，家貲匏落，幾無擔石儲。公以遺孤奉王母，併日而食，饔飧不給。或謂公當棄儒治産，公慨然曰："使吾讀書揚名，父志也。吾不能逮先君子養，又奈何但手呫嗶沾沾，從里兒取糈乎？"始稍稍問産事。

公雖苦爲生噡，然性慷慨，多慕義喜施，善赴人急，夜半叩門，鋭身赴之，事已，不伐其能、矜其德。其人陰來謝，往往卻去。厚施而薄望，卒發于至誠，如故也。生平未嘗修人之隙，人亦鮮怨望於公。以故公雖喜爲俠益甚，然皆軌于正義，未嘗扞當世之文罔，里中多長者稱，亡不慕公之義者。

世廟之季，倭夷鼓浪，鯨海生波。有司治樓船水上軍，取材于世家。公祖壠上多大木，將赭之。公擅不與匠石者伐，郡倅懼以滅軍律從事，族人鼠縮。公前曰："此木也材，敢愛籟駟不以應戈船之急，誠無所逃罪。如不材也，徂徠之松，將盡斲乎？治軍律亦如之。”郡倅意稍解。衆咸服公能。莆郡城陷，四郊多壘，賊勢猖獗，孔道阻塞，商旅不行，上官大吏及薦紳宦遊之客，往往從山徑間道入仙，以抵會城。邑故無驛邸之設，所應接迎送，官不領經費，吏操簿正，一切倚辦編氓。公族人應役，疲于奔命，日無寧晷，告急于上。公乃馳邸，自衡物力，出納有經，事猝以辦。官不至擾，驛使無敢一語相加遺，宗人賴之。時有貴人，阡陌遍鄰邑，賣重長吏，以影射飛詭，麗空名于富室户籍。有司催税急，吏按籍取盈。富室多代賦者，入息于于，錢家稱貸以償。公族人兄弟苦其毒無告，公奮謂之曰：“豪易與也，所不與争曲直者，有如河。”遂策馬徑抵貴人第。會宴客，公馳而上坐，貴人怒謂左右曰：“何物少年，敢蔑薦紳家，大不敬。”公叱之曰：“去也。我爲縣官徵租税，義不屈。公等以發塚受知遇，不爲縣官輸義，而逋租僕簌勞小人爲？”貴人怒甚，謂公罵坐，罪當髡。公瞋目曰：“所不就貴人魚肉者，不以見貴人。公等占租肥家，以累下户而輸官税，有司者所不敢問也，是貴人爲政也。縣官豈有賴焉？其與貴人明，惟正之供也。惟今日不然，吾不能以身事貴人矣。”亟趣出，訴于邑令張公。張公素聞公名，意直公，坐貴人罪，不從末減，諸詭麗異籍者，皆更焉，邑賦始平。

壬戌之歲，島夷躪仙邑，燬人廬室，所過殘滅。公時母林殯在堂，公涕泣呼曰：“天乎！堂何有也，奈之何？其以母骼從也？櫬之不存，吾其且與火俱燼矣。”趣歸，火已迫，若從樿榜中起，公乃取水滅火，掩骼而襲諸櫝，負以去。終身涕泣，如不欲生。公生平大節多類此。

公久之未有子，先娶王孺人，未幾卒。繼娶江，又卒。三娶鄭，又卒。後娶張孺人，生子燦辰，十五卒。最後置如孺人，生孝廉君兄弟五人。孝廉君早游泮，有聲膠序間，以萬曆乙卯登賢書，公已不及見矣。諸子皆邑諸生，叔子章試輒高等，食餼于序，稱公後人。

公事親孝，與人信，語不侵然諾，生平不與世熙穰逐什一牟利。而所值或亂世，所遭或逆境，所行或難事。早歲多鼓盆之戚，中年舉胤子之艱。拂鬱憂幽，概不快意，公皆爲之。樹德務滋，施捨益急，貧宗窮鄰，待以舉火者數十家。有假貸不能償者，輒焚券與之，陰行其隱，嘗恐不及。迨及晚年，商瞿之膝下滿矣，公始慊于志，課子讀書，夷猶自得，雖未及睹其成，然已若售厥志。有德不死，有後不亡，天之報公，未可謂甚不厚也。邑致爲鄉大賓，以母病辭不就，最後始應焉。

嗚呼！謂公爲俠耶，余弗之知。如孝廉君言，瞋目上官，罵坐貴人，事不避難，奮不顧身，謂非俠不可也。余亦然之。余惡乎知公，余知有孝廉君與元方之請而已。孝廉君卜吉日，率諸弟奉公柩厝于旗山之陽，負亥揖己，以鄭母弟辰附焉。

遯人曰：汲仲孺非俠也，鄭當時以任俠聞，而兩者同傳，何也？太史公蓋深鄙夫以術取宰相、卿大夫者，盡發蒙振落之輩，反不如鄉曲之俠士，窘窮而得委命者之爲賢也。故先于《汲鄭傳》微見其意耳。儒以文亂法，俠以武犯禁，兩者皆譏，而俠士多稱。夫所稱學士者，非以術取宰相、卿大夫之人耶？而曲學阿世，亂國家法，無故位丞相封侯者，自海上牧羊豕之老，所使人以長見疾，而側目于帝前也。今天下之法亂矣。往者遼左之役，握重兵遍境上，此亦以文學見稱者，而喪師失地，狼奔以歸，視于犯禁者何如？吴楚之變，騷動幾天下半，宰相得一劇命，如得敵國。假令當是時有如公者，以其叱上官、叱貴人，而叱虜廷，出而當邊城一裨裨任，於以係縣官之重，寧非宰相今日一敵國也哉？而如公者，鮮見其人焉。故世有如公之俠義，曷可少也？乃爲銘。銘曰：

公之行，不以其貴。公之貴，不以其身。身没而不泯，行久而常新。知公者誦其義，不知公者引以爲名。余足以貌公之榮。公有子斌斌，能文見稱。以異日者需次而掇公卿之位，錫天子之綸，而賁公于九京。余先誌之佳城。

郡庠士新峰蘇長君墓誌銘

新峰蘇長君者，吾里中奇士也。不佞自束髮時，業已聞長君名。逮不佞與長君同外，號襟兄弟，是時長君稍厭舉子業，舍闤闠而南北矣。

長君諱存沛，字世雍，别號新峰。父曰及泉公珂，生五子，長君居伯。長君渺少有大志,日誦數千言,一落筆纚纚也。里舍兒與長君同塾師,盡咋舌長君,長君聲隱隱起矣。已,游郡庠,名邑(益)盛,邑中賢豪亡不延頸長君。一日,遵巖王先生得長君文,讀大奇也,謂及泉公曰:“君有子哉!乃載筆而翩然立就,有文也。”蓋自是,及泉公益督長君學,幾以旦夕致通顯矣。

亡何,及泉往世,時長君歲二十三耳。家産落莫,弟妹幼稚,盡仰毗長君。長君供其母孝,買地築居,鳩諸弟處。長君雖衣食奔走也,而嗜學益酷,乃數奇,試輒弗利。長君愀然曰:“吾自大父、父遊庠三世矣,而皆困踣,吾安能復弊弊口物爲?”磊落不羈,縱酒自娱,間一從名士飲,飲竟晝夜大醉,醉而復飲,歌呼相泣,旁若無人也者。客過從長君,長君輒勑家人夜洒掃,蚤市牛酒供帳。以故長君家雖負貸,户屨常滿矣。人或慮長君貧,長君曰:“貧者,士之常,吾何患焉?吾獨苦鬱鬱爲竈上騷除耳。”于是東過齊,西走趙,南下百粤,北上幽薊,涉洞庭之會流,歷楚漢之戰谷,歸而曰:“吾以此當黄金紫綬,足矣。”因發爲《史評》一編,讀者謂論史以來,未嘗有也。家居四壁,不給饘粥,其召客喜飲復如常,然亦竟以游終,歸櫬龍門,世多悲焉。

嗟嗟!井蛙疑海,夏蟲疑冰,語長君于尋常尺度之夫,鮮不目攝矣,夫不游人之,則酒徒已耳,而不佞以爲非也。士君子迫阨不得志,不寄于酒,必托于游,以吐其胸中之奇,而洩其無聊不平之氣。故彭澤之樽,蜉蝣天地;燕市之飲,睥睨古今。夫亦有所婾其志也,何獨長君哉!長君所謂游于酒,而全其天者與?去拘攣之士遠矣。懋元等奉柩以厝,丐不佞銘。彼蓋以不佞爲知長君哉?不佞素從長君飲,不佞不能酒,顧一得酒中語,未嘗不心醉也。即長君于不佞,亦爽然矣。不佞誠有以知長君乎,迺爲之銘。銘曰:

曠達兮蘇君,有學兮能文。有酒兮能醺,一醉無事兮謝濁世之浮雲。天地爲家兮,咸阮爲群。雖異域亦可嫿兮,何必懷故都而生殞。嗟嗟蘇君!人以爲高陽兮,而我以爲俊逸之參軍。

文學嚴堂丘公暨配順則張孺人改葬墓誌

往嚴堂丘公之厝也,黄宗伯先生銘之,李文節先生傳之,又有太史公莊先生爲著狀，不啻詳矣。去今幾三十年，封上罣如，墓木成拱，金石不朽之藏，傳播三先生集中，亦已彰灼于世。惟是時事漸耗，長君淪没，寢丘多言不利。公仲子堯明、家孫金聲，怦怦旌摇，圖所以遷，而以新遷之誌見屬不佞。縉安能言？即言，豈有加三先生哉？然自胥公後，世風波頹，人争騖于功名利禄之途不可止。廉耻之道喪，而跳越争競之習起。蒿目當世之士，相與追思往哲，模楷後人，則人人稱篤行君子，莫如丘公。蓋公之行誼于斯烈矣！窀穸再更，九原可作，侈而申言之，非益也。乃按舊銘，作新阡誌。

公諱維栻，字彦肅，别號嚴堂。尊人集齋先生，起家進士，爲御史，以風采政業顯正、嘉間，位至中丞，開府楚蜀。公爲其仲子，有兄維楨。中丞殁，公甫六歲耳。中丞兄弟三人，伯司訓公濳，生子維材。季鴻臚公澄，弗子，公爲之後。

公生有至性，志趣非凡。尠少執中丞喪，哀毁如成人。母黄宜人絶愛憐之。出就外傅，遂知嗜書，動依矩度，不與塾兒嬉逐爲戲。每歸夜讀，更闌不寐，黄宜人誡止，後乃障燈默誦，不使宜人知，學亦益進。已，游郡校，逾自刻厲。招里名士，約爲文社，不難詘己下之，舘穀與居，親相摩切。好人譏彈文字，片言當意，擊節稱賞，士以此多附公，而文聲藉甚，試輒高等。公好古遵禮，自其天性。雖在諸生中，已有志聖賢之學。爲文厭時習括帖，不以竽好爲工。中丞故多藏書，公寘身其間，左右卧起，蒐尋繙閲，考索異同，遂成博雅，人不能傲所不知。最嗜濂、洛、關、閩諸書，窮其閫奥，設誠行之卓，以先民自待。常薄夫戔戔道學名者，曰："學顧躬行何如耳？掫徒講説，毋以爲也。"故公在隆慶初，年方逾强，無意仕進。謂吾儕誦聖賢書，能體道于身，成教于家，是亦爲政。奚必居官任職，然後得行所志？屏棄衿巾，謝有司辟。時已預省試，當行，郡大夫丹陽丁公，親造廬勸駕，公弗爲動，丁亦不能强也。自是，益務精進，養恬好修，反而求之人倫日用間，以自體驗。公之用志，固已遠矣。

公少從伯兄楨學，長父師事之，不敢均茵雁行。事伯嫂如事母，從兄材事之如伯。嗣鴻臚公，執喪營葬，如喪葬中丞。追念嗣母，推愛外氏，割膏腴田供外王父蒸嘗。庶母李故有恩，終身母事之。中丞殁後，户内外事叚繁蝟起，撑支實難。又是時，司訓、鴻臚相繼淪謝，楨、材二兄從皆蚤世，諸子女纍纍，大半繈褓，一切被服、食飲、婚嫁、祭葬之需，悉倚辦公。公以煢煢之軀，當三户式微之運。即慇斯憫鞠，不靳心力。使非善擘畫當可，人情難調，約束不行，藐諸之勢岌矣。縱不有嫌疑之開，亦必生虚耗之患。卒之諸孤晏然，底于成立，二昆遺産，不致旁落。門内肅肅雍雍，渾無間言者三十餘年。則豈惟内行淳備，其材力彊幹，良足術也。

公尤好折節爲儉，食無兼味，出不肩輿，一青布袍行道中，遇人無貴賤，俯仰周旋，傴僂滋恭。晚準古益篤，取朱文公《家禮》講求之。冠禮射義，博士家廢不習久矣。公獨撮要義，肆其儀節，爲諸人士倡。間一舉行，秩然卒度，人始知古道，多嚮風者。于中丞公廟祀尤虔，特創祠宇，宏敞壯麗，人疑其侈，公不爲郵，竭費營之。斥鴻臚東第爲右丞公祠，遷鴻臚祠于東市，歲時朔望，蒸嘗忌諱，率諸子孫齋明其中，祭器、祭儀，悉依古式。葺右丞、中丞公墓，起鴻臚、司訓新阡，皆公手治，而公不知其卷婁也。其教子若侄讀書做人，定爲家規，俾若于訓，遵而守之，率用是道。人皆謂公老諸生，惜其不遇。但以公自樹若此，政家若彼，未知濁世貴顯之人，較所政于官，能與公實用孰多？

公娶張孺人，常州守張行吾先生女。舉長君熙，爲邑名士，禔躬秉禮，積學宏詞，酷肖乃公。當孺人歸公時，中丞已捐舘。黄宜人病篤，亟欲得張氏婦以瞑。孺人初至，衆疑其貴家女，弱不任婦。已，秉家政，内治肅然。事嗣姑、母庶及諸姑姊妹，曲當驩心，人稱其能，公倚賴之。凡公所爲，鞠諸姑，送往字居，備極艱辛，可無隤中丞公家聲。雖公之苦心瞻智，張孺人佐之實多。年未及三十而卒，可謂賢矣。孺人卒，公不更娶，納側周氏，次君所自出也。公第取其相室而已。參昴衾裯，宵征不數，或竟歲不入内。公故善攝生，薄飲食，忍嗜欲，得古人聲色不邇之道，亦鼓盆在念，淑媛見思云。享年五十，以下壽終。近世學者思之。公、孺人生卒歲月，男女婚姻，詳舊誌中。

公厝已三紀矣，僅添孫二，進曾孫一，瓜瓞未綿。長君以省辟，未抵家卒。門户世態，寖不如昔，此形家言所以致咎于地脉之弗利也。墓前在晉江三十三都飛燕山，今改葬在惠安某都某山，盤龍紆廻，土厚水環，僉曰吉壤金聲，更奉長公柩附焉。

李生光縉曰：葬者，藏也。欲人不得見也。父母殁，殯而葬之，禮也。葬而遷之，非禮也。防墓之崩，孔子泫然流涕。修墓，非古也，况于遷乎！家之有隆替興廢也，猶其有晝夜寒暑也。滄海桑田，古嘆之矣，則亦氣化、人事兩參其半，何乃罪地脈哉？無惑乎公子若孫，反覆咨謀，揺惑而不遽自定也。然古今之變多矣。有不得不遷者，盤庚遷于殷是也。有初遷若詘，後乃大者，周之遷邠、遷岐是也。黌宫可傍，三遷而後宅。故墓不吉，改之沙丘十而埋之，是皆數徙，不難動摇。噫！是豈人力也哉。太史公稱，形勝之善，若天所助，“作事者始于東南，收功實者常于西北”。此言雖遠，可以喻近。丘公，一寄荆耳。昔寄晉之東南，今寄惠之西北，地靈則人傑，子孫馮焉。丘之復興，從西北起矣。總之，以丘公父子世德爲本。

文學何象雒先生暨配順慈莊孺人墓誌銘

今年冬，余婿何子肇旭與兄伯啓祂將厝其尊人象雒公與母順慈莊孺人，先期持象雒公在時所自著狀，泣而請銘于余。余謂之曰：“爾尊公生平所師事，惟李文節先生。言動必步趨之，無敢奔軼。李文節未殁，自著狀，尊公亦自著狀。李先生臨終，誡勿請銘，尊公今日墓中藏，惟所自狀可，何他人之銘爲？矧余落落非有位如椽之筆也，毋乃非尊公意與？”二子泣而言曰：“李文節先生則可，家君則不可。文節名位已極，勛猷彪炳中外，言出而人信之。家君老于文學，未有聞也。願藉一言，以聞于世。”余爲之愴然，安得吾皓首窮經之人，而能使人聞乎？乃亦拭淚，按狀而誌之。

公諱居憲，字師尹，别號象雒。觀察小洛先生之季子也。觀察寬大長者，秉禮敦厚，享年九十，爲鄉先正，俎豆賢人之間。娶莊恭人，舉丈夫子三，長慶遠守鍾雒，仲忻州同知仰雒，公居季。觀察憲粤東，莊恭人舉公于官邸，觀察名公憲，以此。

公生魁梧修體，長面巨準，豐頤鮮鬚髯，高足闊步，有觀察大人之風。少聰穎敏于誦，十歲能記四子書，旁及五經。既學爲文義，師郭春谷先生，日奏三牘，下筆能就，觀察公奇之。郭歿，遂師李文節先生。文節在諸生時，已擅文名。公師之三年餘，最受賞識，與郭侍郎希宇公並稱俊。垂髫補郡弟子員，即以文受知于胡雲屏御史，遂有才稱。已，文節以恩選入北雍，公自是乃與楊東源君相師友，兩人筆研劘切，分席對壘，靡昕夕懈。文節既領順天解，慶遠公以是年登文節榜。公見其師與兄伯同日並聲都下，則守其師説益力，文亦日益進。孫鶴峰御史試士，郭青螺爲文節同年，時以李官從行部，見公與楊東源君牘，並獎借甚，寘楊第三，公次之。青螺每與人言，楊子文如沈虹野，何子如周用齋，對文節與慶遠君亦云。是年丙子，公入棘，備中卷，竟失之。年甫二十六耳。

文節數上春官，歸或坐皋城中，或棲息山樓，公立雪如故。片言隻字，必求成風，得其許可，如獲拱璧。間有彈射，弦韋佩之矣。公時已知名，而鄖不失容，無以異于初年從學時。故文節于諸游中，信愛之獨深摯。其後文節入吴會，爲四方士者師，以及首南宫，及第，官史舘詞林，而公始一意獨學。久之，遂脱屣弟子員，蚤息偃仰，文節不之非也。

公事觀察先生、莊恭人孝，又有如恭人王，並康躩無恙。兄伯爲孝廉，仲國子上舍，已身居膠序，三人遞左右親側，父母、昆弟，翕合無間。自扁其堂曰"一樂"，志快也。其後，莊恭人就養于慶遠君，觀察與如恭人居，公始自給事之。公雖讀書外舍，柔毳甘旨之供，晨昏省定之禮，必躬必問。觀察有客至，咄嗟取辦，必令人問季公子。公不趣，而帳具務悉當觀察驩，而亦時時遣内人具膳進莊恭人所。莊恭人有欲取夜卧貼身紬衣者，不以命他郎，而面語公。公之依父母膝下，能先意承志，可知也。莊恭人歿，公之樂缺矣。

慶遠、忻州兩君宦外，子舍中僅公一人。公念觀察年已進八十餘，非如恭人善事，無以適觀察意而安其體，故公事如恭人，亦以莊恭人之禮事之。公初年難于舉子，觀察以爲慮，如恭人亦勸置媵，公不肯。後連舉袍、旭，觀察大喜，如恭人提鞠之，二孫無時不在庶祖母懷中。如恭人歿，公自請于觀察：

“王母事父辛勤五十餘年，二孫受提抱顧復之思（恩），殯殮不可從薄。附身與棺之費，兒自爲辦。”觀察從之，以是屢稱公能孝。如恭人生卒忌辰，亦以委公，謂公生能事之，殁能祭之，伯兄居長，不可煩也。觀察以壬辰捐賓客。時慶遠公以承天貳守，擢命新下，未抵家。忻州公以出繼，非其任。臨終大事，無鉅細纖悉，公自首肩之，必誠必信。即慶遠君歸，恨不及訣，而可無幾微憾者，大率公之力云。

觀察蚤歸田，不貲于官，薄産瀟然。輓析箸定鬮，伯氏請更，仲氏請益，公輒勸觀察如其意。觀察遺囑云：“吾伯子居官，季子諸生貧，又窮年守膝下，事我勤勞，吾欲以某所田與季。”問之諸弟，皆以爲然。後慶遠公以蒸嘗名取百石，忻州公以饔飧名取十五石，公皆聽之。雖有父成命，弗堅執也。他委利受觕，無論已。

公坦衷無城府，與人交，洞見底裏。亦以父兄貴，稱公子翩翩，而節嗇于服食居起，無連劒飾騎之容。宗兄弟中，最善霑益州守心赤公，心赤亟稱公孝友君子，事親從兄，無忝“一樂”。唐見梅二守亦謂公：“孝友當有報。至于無日不學，無地不學，無人不學，真李文節高第。”可謂深知公矣。

公生平最快意僅二事，而富貴功名之得失有無，不與也。内有九十之嚴親可父事，外有相國之夫子可師事，兩者皆人世不數得之人，與不可恒見之事，而身兩際之，以爲至驩。故“一樂”之外，自序《至喜》：“樂者，樂于父。而喜者，喜于師也。”公嘗自言：“吾昕夕親側，至樂矣。舍是，惟忻州、承天之行。以一儒生，送伯、仲二嫂之宦邸，可緣是歷吴、越、燕、趙、秦、晉、楚之墟，縱觀太行、武當、大江、黄河之勝，入京覩天子宫闕，會李文節先生于翰林，領道德仁義、寧静致遠之教，即父事之樂，不啻也。”《志喜序》中，備述文節所以教與己所以學，靡言不遵，靡動不法。雖文節罷相里居後，公已老，而源源之見，厓反猶然，真有亦步亦趨之篤。至自謂，輓年南都之行，不甚當文節先生意，行後有訛言者。比其歸，召見甚喜。先生曰：“人以子爲死矣。”公應之曰：“子在，回何敢死？”先生微笑。師弟之間，其至喜真衷如此。噫！樂乎喜乎，此足以觀公矣。

公配順慈莊孺人，莊習塘公女。觀察娶于莊，孺人亦太恭人族。聘以歸公，賦性柔順，于歸時，公已補弟子員，篝燈佐讀。爲觀察季婦，執巾櫛以事莊恭人，三殞之膳，手治以進。莊恭人就伯姆迎養，事如恭人如其姑。凡公所爲盡志于親而讓利于兄者，皆慫恿之，無令少拂。公不喜問生產，孺人代治之，門内亦總總理。初艱于嗣，勸公置媵，雖公未之許，而孺人能不妬矣。已，舉袍、旭。公督望之殷，荻畫之教，實本孺人。以故二子皆知學，而旭于諸生中有名也。孺人于二姆姒，居後不敢先，但趨治姑嫜之奉，不敢以後辭，往往先諸姒治之，莊恭人與如恭人亦篤愛。公力學不就，淹抑窮年，孺人無怨尤。二子已娶婦生孫，孺人撫愛二婦，長育四孫，馭婢僕各有恩意。公終其身，得游于至和極順之天，可樂則樂，可喜則喜，雖不能如人世履巍登膴之榮，而不至有缺陷之憾，得孺人之佐爲多。季公捐賓客未三日，孺人遂繼亡。生而相友，歿則相隨，季公、孺人且以爲巨室之寢，南面之樂，如二子之號天擗地何？此二子之所以不能已于哭泣之悲也。

遯人曰：先主政與觀察先生同社、同貢籍、同官于粤。余猶記尠少時，莊恭人臨況吾江母安人。二母對案食，余長公二歲，與公作兒子嬉于旁，二母大笑，晚始以兒女子相托。公遣次子旭婿于余，今多孫矣。公讀先主政《霞壁阡表》，猶撰次及之。余之知公，蓋所繇來。但余少孤，依母嫡安人。公所謂"一樂"與"志喜"，余皆無有。無但余，雖文節先生，位極人臣，名滿天下，而岵屺在念，且無以解《蓼莪》之痛。慶遠公與公並觀察先生子，而承天歸遲，有餘憾焉，不能如公矣。此卬郲九折之坂，王陽所畏道，而昔人不以三公之位，易一日之養，良有以也。公喜、樂誠兼之，余尤垂涎公于"一樂"之際，而始終以公爲孝子云。乃爲銘。銘曰：

朋山之陽，荆湖之顛。哲人藏焉，季公之阡。卓彼季公，今之仁賢。人皆怖死，公獨不然。淵明自祭，著狀亦先。讀公之狀，意見言前。似舞似蹈，令我翩躚。樂不在堂，喜不在篇。至德因心，寧盡師傳。我欲公聞，公自不湮。孝友有報，孫子克延。視此偕藏，終古弗騫。

郡文學敬宇王次君配孝勤王孺人暨長君文學仕賓合葬墓誌銘

余之驩王次君也，自遣子執贄始也。時余方假舘大觀精舍，次君出郭，偕子仕賓載酒訪余，使受學焉。余倒衣出接，次君意氣豪軼，睥睨無人。仕賓方少年垂髫，逡廵謹默，有寧静致遠之風。予驚異嗟嘆，謂次君有子矣。次君驩余，余亦驩次君。仕賓時時立雪余門，與語輙意解，常依依不能去。朋友師弟，游若一家。乃余從遊者多，憐仕賓意獨至也。詎意不數年間，次君父子相繼殀絶哉！余悲傷久矣，思欲自托于山陽死友，白衣送葬，臨穴一慟，而不可得。今次君之弟唐令君，率嗣子與孫圖所以厝，而以銘請余。即不請，固將誌之也，矧重以唐令君之命哉！

次君諱培祉，後名崇，字以萃，號敬宇。侍御龍源先生第二子也。先生娶李恭人，生次君兄弟。長文學君瑞岡，又次即唐令君立墀，次君居仲。嘉靖辛酉，李恭人即世，先生再娶沈恭人，生孝廉君某、文學君某。五子盡知名士，人稱先生有燕山家風。次君爲先生貴公子，絶不事世俗連劒飾騎之習，布約如寒素。少失恃，與兄伯及唐令君惟沈恭人是依。先生始就外傅，昆弟三人少則同塾，長則同社，出則雁行，入則聯第，怡怡切切，若相師友。大抵其陟屺同念，故其相友愛獨至也。

次君于諸兄弟中性稍剛，遇事便發，不能優容。不惟唐令君諸弟憚其峭直，即有公正發憤，伯氏亦委婉納之，然無深腸，倏然冰化，人以是咸諒其無他。性喜觀古人書，諸史百氏，多所蒐獵。厭時文括帖，經眼棄去。下筆洋灑，自搆新思，不滿心不止。與唐令君並時補郡掌故員，時孝廉君二少弟輓出，惟是兄伯試輙利，食餼于庠。唐令君領壬午鄉書，咸有盛名，次君與之齊起，並聲于世，亦欲躡青雲而上之。再上省辟，皆不偶，意甚鞅鞅。亡何，孝廉君復掇科去。次君乃嘆曰："叔、季已能步武，余四十無聞矣，矻矻窮年，將何爲?"雖未能即脱屣故業，然自是頗寄情于杯斝歌詠間矣。

次君娶孝勤王孺人，生子仕賓名琯。孺人多女，僅一子，甚護惜之。次君既卷婁塌屋，而以其餘勇督仕賓學。仕賓質近魯，短于記誦，次君間嗔之過甚，孺人寬譬之，次君之恚亦釋。孺人拮据不遑，節縮無妄費，佐次君讀。次君不遂所志，愈儉約佐次君延師課仕賓修脯帳具之供。次君晚豪于飲，客至輒呼酒，頃刻取辦，孺人未嘗不立應之，而時時規箴，勿使過醉。故次君在劇飲中，極酒酣以往，而未嘗有使酒罵坐之事，孺人力也。

仕賓擇地而蹈，言訥訥不出口，事次君、孺人甚孝。往往以諍子故，受次君譴訶，孺人解之，不能止。被撻已甚，竟無怨萌，但私自闔門掩淚而已，惟恐人知，以彰父失，孝謹其天性矣。既問業于余，余語之以讀書作文之法，及立身揚名之事，皆能心識之，文自是日益進。己亥，學使者試士，拔仕賓補邑庠，次君、孺人大喜，余與次君交相賀也。

乃越年庚子，王孺人以病卒。次君抱鼓盆之痛，憂懣成疾，不二年亦卒。仕賓以蒲柳之資，奔走于迎醫請禱之勞，傍徨無寧晷，擗地號天，泣血數升，不數月亦卒。嗚呼！傷哉。當王孺人歿，次君爲仕賓娶李氏婦，以撑家政，而自納媵，生一子在抱。余時未舉子，每遇次君抱幼子，視余而弄之，爲余籌一綫之續，至相戲歔，語余以“德必有後”之理，意甚切至，此言猶在吾耳。余今有天幸矣，次君竟何如哉？四年之内，數月之間，委蜕皆空，忽諸其祀。余非木石，友朋之誼，死生之感，能無悲乎？而况唐令君鶺鴒之涕，固宜其悽且切也。次君歿，唐令君宦于外，宗人議嗣次君，以伯兄之子珞後之。仕賓之嗣，缺待弗舉，余懼其餒于若敖。唐令君解組歸，屢以爲言，乃從余請，謀于宗人。僉曰：“可。”遂以唐令君長子球之子濂，後仕賓，得雙繼云。

李生曰：余之誌次君父子也，蓋潸然流涕云。次君死，纔知命之年，非壽也。仕賓死，年未及壯，則不壽甚矣。使次君死而仕賓留，五十非死也。而仕賓隨之，不惟仕賓殀，并次君亦殀矣。太史公作《伯夷傳》，深嘆息痛恨于天道之非與善人，而反逸樂富壽乎操行不軌之徒，儒者非之，以其有近于激。今由次君父子觀之，彼蒼抑何其酷不仁也！唐令君與余言，將之任，入别，次君執手言曰：

“吾病殆矣，兒病又殆，天其殆我祀乎？欲使我父子無廢祀，則弟則孫在。”仕賓疾革，亦曰：“父死我在，我死侄繼。”斯言也，亦足傷矣。余所爲惓惓語唐令君，繼仕賓之祀也。夢夢者天，昭昭者人，二嗣今各授有室，世其禋祀，衍其瓜瓞，誰謂次君父子無後人哉？乃拭淚爲銘。銘曰：

苟有以續其身之後，不必身之生也。苟有以綿其子之裔，不必子之嬰也。兄子亦子，弟孫亦孫。其初一人，血脈渾成。但使君父子共營，有父母而無婦姑，君之子其何以瞑目于九京？嗚呼！已矣。既葬且營，歸土亦寧。我來銘之，有淚如傾。抑亦山陽，死友之情。

景壁集卷之十七

誌　銘

文學林聲麓公暨元配江孺人墓誌銘

蓋余與聲麓林公,並婿于江。公爲媿泉公婿,余爲朋泉公壻,稱叔伯聯襟兄弟云。當是時,江父行諸老咸在,諸舅方少年鵲起。媿泉公長君立甫,爲公親外兄,亦余季父封禮部公之婿,余并以外氏兄事之。外氏讌集,諸襟以次坐,余少于公二歲,公以婿行次,推坐其左,而己居右。余笑謂之曰:"安有大丈夫而從内人婦女子之班也?"座客盡笑。公讓余左如故,余以齒後往往遜席,兩人相親暱如此。公後有婿參知潘士觀君,余同年友,最相善。公歿已數載,子呈奎、甲春,將厝公與江孺人,且丐銘于士觀。士觀出參楚藩,道遠不可率致,乃以屬余。士觀故善知公,然能知公稱丈人後之事,不能盡知公少年時之事。縱使士觀纚纚言之,不能有加于余也。余是以不復辭。

公諱宗彦,字爾藩,别號聲麓。先世泉山公,自三山徙入泉,遂爲泉人。代有通仕籍者,樹棹楔于南通衢,曰"冠英",人是以稱"冠英林"云。六傳至敬軒公,生子五人,陽庭公居四,即公父。美鬚髯,長垂至地,世所指目,呼爲"長髯公"者也。母某孺人,生公。

公長身方面,高準巨耳,貌肖尊人,髯多而長不及。少聰穎善誦,性資敦篤,出就外塾,未嘗比童子嬉戲。陽庭公奇其有大人志,絶憐愛之。時陽庭公與江媿泉公並以計然筴隱于市門,爲賈中長者。財力相君,而行誼相友善。公是以得委禽于媿泉公仲女,而稱婿于江,以此。公兄從新城令中升公長伯之子,少而孤,拊于陽庭公,命與公同塾。新城公長公一歲,年相伯仲,材亦難弟兄,各後先補弟子員。然新城公一出就試,輒高等,食餼郡黌,文聲譟起。公不無浮湛諸生間,不能及也。公讀書小心默會,爲文據經依傳,喜平淡,不事奇詭炫人耳目,以是試不甚利。新城公掇賢科以去,公以體羸善病,不任下帷,歲未晚,謝舉子業。

公雖善病乎,尤善自護惜,絶聲色嗜好,終日兀坐一室,蔽以重幃,香一爐,書畫一册,圖籍數卷,楮泓幾具而已。病多經年,初怕風寒,煖天和日,非厚帽襲裘不敢出。後亦稍康,久之健匕筯,善步,雖隆冬嚴寒,出行市井,存謝賓客矣。立甫君有里中諸老人社,公最後與焉。公居去外氏咫尺,每過從,立甫君或相約社會,諸老畢集,公角巾布袍,皓髮皤鬚,拱立端容,人雖習故,見必莊。日暮酒闌,談鋒鏃起,或至罵坐,公默然無言,但一開頤,自喻取適,有餘快矣。以是善休老止遽宿,病亦弗起。

公篤于天性,事陽庭公孝,承志偵奉,幾微必謹,侍立終日,不見欹倚。伯父孚吾公,與陽庭公同本業,伯殁,公請橐中藏,悉歸伯母,不以乏嗣故私自多。叔父宰庭公老于掌故,公請曰:“儒者不能以呫嗶當積著,有祖父遺貲,父其悉畀之,毋析箸也。”公所爲養親志,多此類。

平居無疾言倨色,遇事逡廵。聞人不善,赤發于面。不言人過,人亦畏公知,多信服之。有叔母或愛于婿,致訟其嗣子,將逮之。公聞,亟趨解之,曰:“而子雖非離裹,猶子也。婿與子,孰親哉?”叔母大感悟,卒釋于官,爲母子如初。

公有二子,長呈奎,次甲春。公督之學,自親課文字。新城公罷令歸,則使就鄖于新城公,二子卒以成名。新城公艱于嗣,彌留之後,僅呱呱遺危于痘。公倉皇籲天,徼一綫存,竟不免。公慘悼不寧者久之。後無奈,以次子甲春繼,從族議也。公恒嗚咽,不忍新城公之祀忽諸耳。公家故饒,爲儉不異寒素,顧獨于賑人緩急,傾橐以赴。嘗自銘曰:“吾本薄德人,當行積德事。吾本薄福人,當行積福事。”此其生平最挈緊者也。輓得潘士觀爲東坦。士觀孝友君子,每與語言,稱公篤行,言動可師。余然士觀能知公。士觀成進士,公猶及見,不十年而公殁矣。邑侯李葵孺公聞公名,欲致爲鄉大賓,力辭不赴,識者高之。

公元配江孺人。江世稱雍睦,媿泉公善友于兄弟,孺人爲其女,尠少嫺于家訓。既歸聲麓,端凝寡言笑。陽庭公坐市肆,聲麓治儒者言。户内事孺人,與姑同拮据,能代姑理,事王舅姑,朝夕奉甘旨,婉娩柔色,無少拂其意。敬軒公病痿數年,侍湯藥劑,滌厠褕,半出孺人親之,不厭煩苦,非無婢女足任使令,曰:"婦代姑氏役耳。"居恒念體欿,而聲麓公單隻,未有息樹,輒勸置媵爲廣嗣計。聲麓君堅却之,則固請之,雖二男一女,均孺人所從腹,而識遠曙其大矣。理家勤儉,祭祀芬苾,諸凡米鹽、菹醢、醯醪之類,皆能先時而具,以無貽内顧。聲麓君得一意治經,孺人之力居多。而竟蚤夭,不及睹兒女子之成,聲麓君是以思之久而悲焉。

李生曰:余與公善,其善新城公也,蚤于公。人言公善病,故蚤自廢。使公不病,當與新城公争道而馳,以是定兩兄弟優劣。余獨謂不然。新城公坎坷一官,所謂樊中之畜,神雖王,不善也。公則行澤中,百步一喙,十步一飲矣。終身逸樂,世網不羈,未知與新城孰多?余亦甘自廢,然惟不蚤,是以有邂尾之厲,翼倦而後知還,鎩羽則已多矣。余之少于公也,獨二歲乎哉?乃爲銘。銘曰:

公惟善病,是以不病。亦惟早廢,是以不廢。乃延其生,不見其退。名盛者殃,位高者潰。衛生之經,媒媒晦晦。公何病廢?無位與名,身乃寡悔。世人病矣,公不病病。寢此幽宫,千年無竟。

邑文學澹中王君墓誌銘

余上長安道,出江山。江山諸文學持文謁余,請爲弟子。是時,王君澹中方負盛名,亦執贄北面,余固辭,王君固請。余徘徊江山,與諸君講藝月餘,王君事余益謹。其後余往來江山,舟車南北,王君設帳相祖,抵掌一譚,江郎石匪高,九清水匪深矣。

王君,故越西名士也。王君有甥徐生廷言,後王君贄于余,孝謹質行,有阿舅風。余每至江山,王君見與甥俱來。壬子之秋,徐生來見余,而失王君。余愴惶問,王君何去?徐生泫然曰:"已即世矣。"余悲號慘切,爲文以弔,而王君不可起也。又三年乙卯，余至江山，徐生與王君之長子汶來。余問之，曰："舅已厝矣。廷言記其壙耳，銘則不敢，以俟吾師。知吾舅者，莫如師。"余不得辭，援筆誌之。

王君諱錫命，字日舒，號澹中。尊人竹泉公，母某孺人，生王君兄弟，君居仲。少從里塾受書，岐穎異常，過目成誦，日記千餘言，笥腹不忘，命以駢句，應聲而出，竹泉公奇之。稍長，習爲文，與共業者埋首于江郎、仙居諸名山，挾策吚吾，對壘其間，幾寒暑不輟。好古文辭，六籍百家，靡不蒐獵。最喜司馬氏史與蘇長公文，朝惟暮誦，至廢飧寢。故發爲文，氣高力厚，思深語傑，如黄鍾大吕之鳴，駴走里耳。文體日舛，語奇者詭，語正者庸，騷言世説，採入時義，王君一切絶之。王君游泮，試輒高等，學使者有具眼，試衢士必首王君，王君遂食餼。吾邑蘇紫溪先生督兩浙學，所拔士多陟駿第以去，越人士以爲神。乃于衢獨擊節王君，王君名大起，自蘇先生始。余得王君後矣。兩人恨相知晚，余嘗携其文入閩，上蘇先生讀，蘇先生嘖嘖不置。是時，余友人蔣九觀君爲江山令，數與余稱王君父有國士風。然自蔣公遷去，蘇先生没世，罕有知王君者。數上省辟，輒報罷，則王君詣愈高，而知音者愈寡也。

王君事尊人孝。竹泉公豪爽喜施，赴人之急，以醫學聞，捨藥扶病，費甚不貲。王君曲承其意，全活者甚多。里中愈益慕竹泉公之仁，而以王君爲孝。王君與人交，重義輕利，片言投合，把酒論心，夜雨連床，推席而起，悲歌凌厲之氣，往往洩之詩歌，語不驚人不休，晚年益甚。後進斌斌問奇考業，户屨常滿，出王君門良多。姊適徐光禄少溪公子，蚤世，姊亦尋歿。有子廷言，王君鞠之，長與藝文，如同己子。徐生失其尊人，以王君爲依。邑俗，嫁女粧送，傾家貲半。女子生，母以爲畏惡，多溺死者。王君深痛其非，二女及笄，嫁之盛飾，士君子難之。王君窮不失義，富而好禮，修行于家，種德于鄉，多此類。所著有《青箱集》若干卷。

李生曰：余過須江，得王君焉。王君急余，須江諸君子人人急余，余盡堊，諸君子盡藻，一時文章之盛，不脛而遍四方，何生色也！其後，余數過須江，有王君在。及王君亡,須江若闇然無光矣。君雖數奇,終身不遇,而蚤知于蘇先生,知希者貴,增價亦已高也,何必衆人!一邑以一士重,亡一士輕。嗟乎!士君子之施聲,寧盡繇勢位哉?銘曰:

江山之秀,蔚爲豪英。胡修之翼,反促其程。皇家疏網,漏彼弓旌。維我閩人,知君匪輕。世無蘇、李,君乃孤行。富貴湮滅,文章榮名。孰貴孰賤,誰晦誰明?開其堂斧,有子及甥。我來出淚,哀求友聲。斯銘不泯,賁此佳城。

實齋傅公暨配貞懿孺人胡氏墓誌銘

崇寧君之自興寧尹徙知蜀邑也,甫及期,母胡孺人卒于家。訃至,崇寧君呼號擗踊,棄組南歸,廬居三年。及既禫,卜吉于科山之原,奉父實齋公柩,與胡孺人及其大父古遺公、大母黄孺人,合窆懸封。古遺公誌屬鄭比部君心緝,而持所爲公與孺人狀,委李生光縉銘之。光縉辱崇寧君知,交游引重,誼稱至驩,又于厥仲父氏爲從姑夫,習公家近詳,銘惡可辭?

按狀,公諱弘鉅,字世範,號實齋,古遺公季子也。其先自有宋金玉君子傅忠肅公察,使金死之。夫人趙氏携三子入泉,始爲泉人。歷未(宋)至元,入我明,數十傳爲新昌諭鑑,鑑生淇、生杝,杝生煯,煯生增,即古遺公。生三子,伯弘鑾,仲弘鐈,季即公。公晚出,古遺公愛之。三歲,痘厄,絶息者再,古遺公不忍畀以孩棺,董匠治木如巨人法,膠漆完厚,棺業具而甦,衆駭異以爲神,故留之。古遺公益加憐焉。

公稍長,業儒。已,不就舍去,從兄拮据爲衣食業。挽(俛)拾印取,藍僂不自勝,所贏得一歸之伯仲氏。與曷弟處,友愛篤摯,疾病死喪,視不異也。伯氏之子道宗病,公迎醫問藥,一夜十起,目不交睫者浹旬。既卒,居起皆涕泣。聞從弟歉吾公病,徬徨請治,旦夕守不離笫褥,人之窺之,不知非胞乳也。胡孺人有叔之喪,公助之沐槨,捐布帛以殮。是時,倭寇蝟集,疫癘交作,十室九罄,公窘束尤甚,倉卒支吾,以應外氏之急,而户内儲若掃矣。有難公者,公潸然曰:"吾力豈能支哉?吾欲樹陰德于後人也。"

公孫棄儒乎，而喜詩書，暇據梧手一編，伊吾自快。善稱述祖德，時而艷羡，時而嘅噫，啓口津津，令人忘倦。樸直亡他腸，擇地而蹈，言吶吶不出口，與人無依阿淟忍，亦不肯負人一諾。處貧若富，視義若飴，厚施薄望，不券其報。畏官府，怕事，生平足跡罕入公門。嘗以里中役，從仲氏之郡縣庭，聞輿臺聲呼，語人曰："吾惶恐死矣。"其重法屏機如此。

督崇寧君讀，焚膏繼晷，各有程度。崇寧君從名士來，公大喜。間一二託情諸雜劇，艴然怒也。家時時竈突冷，脩餔之贄，未嘗窶廢，謂崇寧君曰："吾傅氏之有聲温陵也，獨詑冠簪哉？我魏國公、獻簡、忠肅、文敏諸公，文章節義，弁冕宋臣，膾炙史册。蒲氏之變，族幾滅，一綫幸存，瓜瓞至今。彼蒼得無意乎？亢吾宗者，在後人耳。"又曰："新昌諭而後，侍御公、義烏令公，以甲第振家聲，今數世矣，抑何寥寥也！夫不及子身邪？兒勗之。"于是崇寧君滓益力。隆慶丁卯春，崇寧君試，不利有司。公誡以無挫志，無輟業。公病亟，强起匙飯，崇寧君急遽子舍中。公速就外舘，無以父病憂也。

羸不勝衣，力疾與伯仲操畚虆土，治大父母堂斧。公歸，泣曰："如殘喘可延，復以是冬歸吾父母于地下，吾瞑矣。"竟卒。公視不可瞑，則以二尊人未厝也。崇寧君長跪泣曰："父不終，兒所身爲者，敢不畢力？"乃瞑。

公配貞懿胡孺人，惠安歲薦士胡邴山公女。年十八歸公，親絣繲、熺煬、滌堒，瘏瘁無難意。事古遺公、黄孺人孝，佐公以甘毳供，力稍絀，脱珥以質。古遺公見孺人富家女而貧家婦，心憐之。古遺公捐舘舍，黄孺人寢食必與俱。黄孺人病，孺人扶卧起，湯藥自手治，殯殮如禮。以故公雖羸，大事總總辦，孺人力也。教崇寧君，慈不弛訶，一如公意。甌無宿舂，不使崇寧君知。

崇寧君以癸酉領鄉書，繇博士掌故官擢興寧令，繼徙崇寧。奔孺人喪，崇寧君痛不及訣，抱恨終天者，以此。

光縉曰：九折之坂，王陽畏道，王尊叱之。彼以爲非臣乎？爲人子者，夫亦有所見也。如崇寧君，慽而叱馭者，非矣。實齋公久已即世，奉檄之喜，獨爲母屈耳。羊腸險巇，至不得于孺人，偕尸饔者，其誰爲之？偃蹇一令，四壁瀟如，累裀之恨，無乃及異日乎？昔人所以致嘆于逢年也。要以忠肅公後，砥行清修，不俱陰陽，所從來哉！公與孺人之教，遠矣。乃爲銘。銘曰：

維公之樸，未斵未雕。維公之德，不懁不恌。好田生鶉，既袞以薫。鳴琴花縣，凫舄蜚翹。疋馬出蜀，雲起瀟瀟。賢哉母教，亦孔之昭。公與孺人，來賁天朝。佳城蒼鬱，於焉逍遥。

處士混泉陳公墓誌銘

余與公猶子宸甫君，共乙酉貢籍，因得侍其尊人振梅公。則聞振梅有弟混泉公者，慷慨豪舉人也。其後，公兄從觀察志齋先生，以臭味與余相羶薌，不以爲非雁行，時枉車過之。每相與坐，譚古今天下事，必移晷乃去。間亦語余，以公能喜客下士，欲得余造請山中，紹介於公，爲不速之客，而余未之能也。然聞公之名行久矣。公今歿，其子柟等，以墓中之藏屬余，泣而請曰："父遺命也。"余是以不得辭，按狀而誌之。

公諱學源，字爾瀾，别號混泉，世居南安之梅溪山。公派自始祖傳五世，皆零丁。高祖素庵公始生子三人，公曾祖筠隱公居仲，生筍溪公閏及觀察尊人。筍溪公後居郡筍江里，起家以貲聞，爲公王父，生公尊人玉山公。玉山公生丈夫子五，長學海，次學淮，次學深，皆蚤世。僅伯氏有後，振梅公學潛居季，嫡李孺人出，最少則公，如孺人出。

玉山公歿時，公尚少。公以孤孽之身，處于母兄嫡長之際，家內外務與田園租税之入，皆掌握于母嫡，而裁决于兄季。公稍長，不得問，拱手受命而已。公事母嫡如己屬離，奉嫡兄如同胞乳，形骸不生，孝恭愈至。凡母所欲予兄，悉慫恿之，不以有無多寡介于懷，故公析箸受産獨靳。安溪有田，直千金，振梅公將游國子上舍，欲得爲例金費，母嫡意欲予而難發言，公揣知其意，讓兄自鬻之，孺人益篤愛公。

公少時膂力過人，廣面長身，饒于材諝，意氣豪軼，輕財喜施，其天性也。嘉靖季，郡遭兵燹，人民逃匿，田畆荒蕪，糧賦獨多。又是時兵興，加賦均徭，力差并集至。兄在太學,無與分任,公身肩之,往往賤鬻己田,代爲輸納。當事者諗公才,倚公爲保察長,公日則防詰奸細,夜則募民城守,雖甚危冗,瘏瘁不辭。公三祖墳,賊發之取屍以去。公自度不能奪,時東田甌公方擁兵殺賊,公請從之,鋭身與麾下徑入賊壘,舁骸歸葬,享祀至今,公之力也。

賊平,兄嫡亦歸,公乃與兄分居,自搆于舊舘驛前。兄喜賓客,公亦喜賓客,兄設梨園,公亦設梨園,每置酒高會,賓座常滿,音樂盈庭。與里中佳公子游,薦紳及門,公皆倒屣。已,自思城市華囂,存謝賓客,歲無虚日,乃退入山中,問農問圃,搆屋以居。築舘鑿池,凉亭雪洞,寄傲其間,花香鳥語,入耳奪目。客至,烹茗酒,呼廬(盧)盡醉,不論顯晦貴賤,意陶如也。一日,司寇詹愢亭先生與弟守齋公出游仙門,道經梅溪,訪觀察于尊人墓廬,因而訪公。輿馬僕從,突然猝至,公不預知,倉忙出接,顛倒衣裳。是夜,帳具珍錯盛列,若夙辦然。詹先生難之,不覺嘆賞。詹先生與觀察素相善,得公大喜,對飲劇談達旦。罷去,將出門,曰:“居山之樂,惟公有焉。”公生平倜儻調達,多類此。

公好行其德,厚施薄望,里戚貧者賙之。課子讀書,延名師以傅,修脯之供,絶不慳費,子孫斌斌亦多嚮學。晚年習攝生家言,自諳藥餌,善却疾。忽送客出門,入坐而化,不語後事,誡勿厚殮而已。

李光縉曰:言朝市者非山林,言山林者非朝市。兩者交詆,然朝市之客,往往出而操其勝,則權勢尤耳。至于播壠上之乾坤,弄空中之日月,非山林士,不能有是道也。觀察兼之,功著于宦路,而德孚于鄉人,蚤起蚤廢,享林下樂三十餘年,公則但布衣逸樂,能以壽終者也。乃其歸祖、讓田之死(事),效死仗義,有位之人難之矣。蓋有豪舉之風焉,曷可少哉!乃爲銘。銘曰:

梅溪有山,風月在天。梅溪有酒,清旨當筵。惟公投轄,醉客翩躚。余非醉客,偏得公憐。公之知我,浮名相羶。余善觀察,失公當年。生不識荆,歿誌其阡。公有後命,欲得余言。我今銘之,佳城不騫。

郡文學濱榕王公墓誌銘

穆廟之初,我十數兄弟締筆研交,相與治義(羲)經言而相敵國。是時,十數兄弟中，不佞年最少，其狎盟而執牛耳，則共推王公爲一日長。王公久已食餼，褎然有文詞聲。無但不佞知遜席，即以社中，人人亡不長事王公云。

王公諱堯濟，字宗勳，别號賓榕。其先邑之青陽人，自青陽贅舍龍安，因家焉，爲龍安人。數傳至從吾公，是爲公父。公兄弟三人，長曰堯述，以從軍死事，贈州同知，次曰堯某，公居季。從吾公豁達有大度，性善施，賙人之急，飯僧誦經，行道髑髏收埋之，以爲常。及既生公，而同知公亦舉其伯子會萬，一時于里兒中以聰慧稱，人謂其冥施之報。

公身修八尺餘，方面巨鼻，多鬚髯，讀書能觀大意。嘉靖乙卯，學使者盧公校泉，補公郡弟子員。會萬君以儒士應試，公于是年亦入棘，諸父猶子遂並知名。公之材稍不逮會萬，而年相次，名相亞。諸與公游者，必驩會萬，與會萬游者，亦交驩公。會萬爲文，如驊騮駃騠，蹶霜間有之，公時時按轡，但無失康莊耳。會萬敏于誦，公不敏于誦，一試目下，會萬成以再，公以一。然公食餼，會萬試輒利，不得食餼，即多會萬之材者，不敢有所易于公。大抵公之初年，于郡稱聞人，會萬後先之也。會萬既殁，公乃自搴旗，與吾社中兄弟垂韃周旋，不佞縉與其中。于斯之時，公年雖稍長，而氣嶽然，而詞蔚然，屢上省辟，躓而名不衰。吾社中人人負奇，有後先駿發者，于公各溟涬稱弟，寧獨以其年長？公食餼三十餘年，大小數十戰，試恩貢者再，陪序者四，即不歌《鹿鳴》，其于貢澤宫而授青氈（氊）之席，猶掇之也，竟以詿誤爲吏文致陷死，亦命。悲夫！

公孝友天性，事兄如父，愛侄如子。會萬没後，拊其遺孤，治其馬鬣，人多難之。爲人不設城府，亦不峻隄防，人偕與偕，援止亦止，中故了了，外若惛惛，浮沉于清濁之間，人或得而浼之，以此取敗。死之日，聞者傷焉。公生卒云云。

友弟光縉曰：昔人有云："丈夫生不五鼎食，死即五鼎烹耳。"此日暮者之言，非通論也。名與身孰親？財與德孰多？彼其盡殉也，俗不謂之君子，其于殘生傷性，均耳。隋珠彈雀，其輕若此。逆頷遭睡，其危若彼。匹夫然且不可，況士君子乎！此孔門所以高不屑之士，而君子所以貴明哲保身之防也。乃嗚咽而爲公銘。銘曰：

公生之初，有赫其名。公没之後，不殞其聲。舉世混濁，誰者爲清？熙熙穰穰，等之冥行。彼死公者，亦以太横。我來銘之，雨淚如傾。哀郢可作，視公之塋，且爲公鳴其不平。

明處士集山李先生墓誌

先生諱逢祥，字仕熙，别號集山。尊大人曰聰，先生其季子也。清姿哲觀，不侵于貌。蚤歲攻舉子業，爲文有聲。就督學使者試，輒不利，終身力學，不名青衿，但善詞者必宗之。

居邑之儒林里，嘗以所學教授里中，里父老率子弟負笈以從，户内屨滿，誦讀之聲聞于巷市。時光縉方舞象，及弟綬並北面臯比。先生終日諄諄，誨人不倦，明講解，正句讀，有不率者，夏楚之。往往從灑掃應對間，教人以精義妙道，及隨行隅坐之節，出告反面之儀，終不令童子速成也。以故諸弟子欽欽不離乎是。有嚴先生者，先生曰："蒙養，聖功也。吾爲禦寇云耳。"輓近年就北城隈，棲居一室，安平樂道，不涅不淄，等世態于浮雲，任生人之逆旅，優游卒歲，怡然足老。及門之士相與尊曰"集山先生"。

李光縉曰：先生真所謂人師也。光縉立雪師門，去今數十年往矣。當是時，先生之爲模楷，終日整衣冠危坐，無媟褻容，至今猶令人凛凛。師嚴道尊，人知敬學，先生有焉。大《易》次屯、蒙于乾、坤之後，謂教人靡不在初，而隆師之分，等諸天地。今師道廢矣！嬰兒之師，不聞求我，但往來蒙，好師者與疾師者，均爲世大患。如先生師，今亡矣夫！今亡矣夫！

明文學方次公起東先生墓誌銘

方生來禹、來説挾册至泉，從余問業。余過莆入遷（僊），宿于兩方之家，其尊人起東公與兄伯少周公帳具余。余與徘徊于一枝之圃三日夜。兩公並質行長者，起東有斌斌儒雅之風，余咨嗟嘆息而去。少周公先卒，庚戌七月初六日，公亦卒。踰年及祥，兩方圖厝公于蜚鳳之岡。長方禹具公狀，徒跣入泉，造余門，涕泣請曰："禹兄弟不孝，無以延先子之曆，辱先生遠唁，感且不朽。日月不居，今祥矣。維是地下之藏，亦惟先生言可不朽之，敢辱先生賜。"禹泣，余亦泣，遂不能辭。

次公諱某，字須漸，别號起東。始祖諱公衮，登宋元豐二年進士，擢王教授。歷元至今，世居仙邑。祖琰以宣德辛亥選舉人才，除浙江道監察御史，後上疏言事，謫臨川税課使，直聲凛然。方之稱閥閲，自此昉。公父諱某，母張孺人。公生三歲，母張即見背，病腸呱呱，莫必其命。公父以畀一臧獲乳哺之，亡何，繼母鄭至，公始有所卵翼矣。鄭之鞠公，不殊離裹，故公子于鄭，食非鄭不下咽，寢非鄭不安席，人以公爲鄭孺人子，不知其爲母繼也。

公稍長，邑遭島夷之亂，公父挈家人逃入城中，時公方十三歲。屬春禾稔，公父與少周公乘賊間欲鋭身往穫，公請代行，鳩一二蒼頭與俱。賊果大至，公被擄去。賊見公年少貌魁岸，知爲貴人子，愛而飼之。知公無久留意，令傳言圍城中，許贖公出，而公始從賊歸矣。于斯之時，兵燹搶攘，人民散逃，室廬灰燼，田園丘墟，公二尊人左支右吾，常苦不給，公亦以是暫輟詩書之業。迨及賊平，而公始下帷發憤矣。

公治《尚書》，善屬文。歲丙子，繇郡邑辟，就督學使者試。時學使者爲楚中胡二溪先生，以古文辭倡閩士，士非能爲先秦兩漢語，不能及格。公入其彀中，補文學弟子員，人以是難公。公負有青雲之志，喜與賢長者相結，操觚之士，一通姓名，輒倒屣之。雖其傾蓋之交，必延之至家，與抵掌雄談，繼以引滿，備賓主之禮，然後去。士亦多附之者，而公遂有聲藝壇中。其後試不利，而二尊人俱病歿。公與少周公共析箸，家種種務不得獨累兄伯，而兩方兄弟亦漸長，可以其父書遺之。公于是亦不復匏瓜弟子員矣。

公事父至孝，父病痢，朝夕不離卧所，手滌浣以爲常。其侍鄭孺人病尤恪，公嘗言："母鄭之遇我也，不以朱，吾可令王休徵鄙我乎？"故鄭之子公，與公之母鄭，皆人世所稀云。鄭没，公爲服斬衰三年，一如其喪父時，嗚嗚之聲不絶，聞者傷之。

公爲人小心畏慎,亦甚亢爽,豪飲喜客,客至與醉。少肖周公三歲,嚴之若父,甘旨必共,嗜好必同,輓近年相友恭益篤。教子一經,不廢夏楚,遣令從師,負笈異郡,修脯之具,供應不乏。性直不能容人失,子侄有過,面折之,得改遂已,人無所歸怨。遇事善擘畫,里中人有義役,非諮公不能决。人有争而未平,得公一言,便掀髯去。人稱公爲家之元禮,而鄉之太丘也。

其最大者,方自御史公琰謫于臨川,遂家焉。後御史之次子澄,從臨川歸,而譜牒漫漶,支派多不可考。仙游一派,譜没于兵火間,盡烏有矣。及公乃考補葺合而傳紀之,而方氏之譜昭然,此其大有功于先後世者也。他若祖祠之燬于賊者,復之;大濟橋之嚙于水者,修之。神有侑妥,而人無病涉。公生平義舉多此類。公生卒云云。

李光縉誌曰:余登九鯉之峰,于仙人欣然若庶幾遇云,而不可得致,所可致者,公耳。與公班荆,適然而來,靡然而反,余然後知公非常人也。公以文章蚤廢,世無知公者。公之母鄭不爲朱,而公之孝遠過休徵,公第不絶裾耳。不然,公仕矣,寧以儒窮哉?公垂髫能見憐于亂賊,舉世無憐才者,何也?乃爲銘。銘曰:

鳳山之下,公宅其陽。鳳山之上,公穴其岡。生斯族斯,公德則長。鳳飛劇劇,有子兩方。日月方中,厥後其昌。我來銘之,賁公之藏。

明隱君肖周方先生墓誌銘

方生之屏,自仙抵泉,造余景璧之居,再拜稽首而言曰:"小子屏從先生游,有年矣。先是,先生嘗入小子之鄉,與家居(君)及仲父班荆席坐,作布衣飲,亦得先生言,爲家君壽,讀者榮之。家君没矣,小子卜吉始窀,將厝家君。夫生而壽之,没則銘之,禮也。敢再徼先生之言,納之壙中,小子庶幾藉以追死。"余唯唯,乃按狀而誌之。

公諱某,字某,别號肖周,仙遊大浚里人也。尊人畏所公,娶張孺人,生公兄弟,長即公,次起東公,爲邑文學。張孺人蚤卒,鄭孺人繼至,是爲公後母。公與弟並少失恃，其初皆業儒，以父無厚貲，而母先逝，其所與父共拮据者，非“兩髦儀特”之人，不能盡詒父以安，而空令僕僕也。故使弟淬書史，而自舍業鋭身代之。于是公不復役筆研，但問稼問圃，或自抱甕執籌于畎畆閭閻之間，而課其田園租税之入。歲所收所熟幾何，充一家之被服食飲，畏所公得安意于老，而起東公可畢力于讀，公之力也。

公事鄭孺人至孝，家瑣世務，不以煩畏所公，故鄭孺人亦無甚鞅掌之勞。畏所公享有甘毳，鄭孺人亦有甘毳，其後畏所公歿，受公與弟子職之供，健匕飭善飯者，又若而年。嘉靖之季，島夷煽虐，所過殘滅，公廬舍祠宇燬矣。賊平，公歸，葦露以居，念祖宇祠靈久委之草莽，乃與弟起東公謀興復之，貸金挈力，爲宗人倡。考功既成，始治祭器以及庭堦户牖砌築堊漆之事，靡不具備，而牲犧蘋藻益增修矣，大率公義舉爲多。

公故不厚于貲，自念爲家督，憐弟讀書苦，爲生難，與之析箸，往往受惋，甚至割膏腴畀之。有田十三石，與弟貸息直，未幾年，竟予不取。聞者難之，愈重公行。性喜明作，多擘畫。族里間有公役，或其家人子弟有事宜欲就規創，未成，必借籌于公，得其碩畫而後行。公亦傾心應之，有可勩力，不悋出佐。其爲人過多，自爲過少，故公之貲不能起，而家漸以耗。

公雖貧乎，喜客好施如故。客至，則與妻蔡孺人灑掃治帳具，不休也。公自不言貧，人亦不知公貧，客多歸之者。子文學之屏兄弟，公授之業，延師課之。屏既補掌故文學。一日，公召與語曰：“吾聞晉安有李先生者，天下士也。户外屨滿，四方學者宗之。爾仲父二子先往師焉，兒亦不可失也。”遂使之裹粮執贄，挾册而從余學。其能羶薌余名，又如此。

李生曰：余入仙，問所謂大浚里者，渡來濟橋，然後得之，乃知方有隱君子也。公乃大浚間翛然野老耳，何以知余？至令余爲所留宿，醉于其家，徘徊而不能去。即當日拱立雞黍之供，似不能過，豈非千秋快事哉！公知余以名，其能使余知公，則以無名。余今欲匿名焚筆硯不親矣，公之子猶搜我而出之，使誌銘公，則尚以名故。嗟夫！匿名之與無名，勞佚相去遠哉，余是以于公益有遐思云。乃爲銘。銘曰：

異哉亢方，隱彼僊鄉。我登其堂，而挹其香。雍雍有度，威儀孔章。嘯風弄月，與仲徜徉。人生行樂，何必使相。吁嗟公兮，既老而康。人之視公，孰短孰長。公年則永，公後則昌。

明隱君鑒峰吴先生墓誌銘

隱君之子、文學吴生主弘，從余問業。余嘗入文學之里，見有二三老人出行市中，皓髮白眉，顔色渥丹，肩隨雁行，步履康矍，望若仙云。余心異之，以爲此夭札疵癘之世，市井雜沓之區，安得有是三老異人也者？已而入文學之家，登其堂，老人隨後至，余起坐與揖，罄折如少年。訊之，方知爲文學諸父伯，年老者九十，次八十餘，其最少而七十者，則文學尊人也。余笑謂文學曰："有是哉！足下之幸也。孟夫子謂，父母俱存，兄弟無故，爲一樂；得英才教育，爲三樂。今尊君有高年兄弟，足下有稀齡父母，樂之一。余得足下材，樂之三。吾尤願足下有進焉。孟夫子謂，王天下不與存。然人生世上，勢位惡可少也？天生足下，才士也，爲人倫之表，顯親揚名，孝莫大焉。足下能以是無愧怍，樂之二。余于足下一日而逢三老，豈非樂哉！"文學稱謝。三老别去，余亦辭歸。今十餘年往事矣。文學君告余，將以是年庚申之正月三日，奉厝鑒峰尊人柩，屬余爲銘。余猶憶嚮者逢三老言，不能辭也。乃按狀誌之。

隱君諱敦亮，字執甫，别號鑒峰。祖拙菴公十三歲補郡諸生，有文聲。父賓峰公娶張孺人，生隱君兄弟四人，隱君居季。少與兄伯業儒，賓峰公延傅督之。隱君敏特甚，寓目成誦，善讀《毛氏詩》，諸塾生無隱君右者。後遭兵燹，逃竄無虚日，難以卒業，乃棄去而問器于陶冶，與兄伯同力作，貲乃稍起。

賓峰公、張孺人年並八十，隱君孝事之，問寢視膳，晨昏弗懈。奉三伯氏恭，追隨恐後，無敢少迕。門内肅肅雍雍，僮僕欣欣如也。族戚昆從，處之若一。與人坦直，不設城府。春秋歲祀，豐潔肥腯，月旦必齋戒，焚香告天。生平不識官府，于人無競，未嘗一厠足貴人之門，行誼信于鄉，人愛而敬之。文學上省辟罷歸,意愠愠不自得,隱君寬之曰:"良農不爲水旱輟耕,壯夫何恚一蹶哉?"與之談書史文義三日夜,曰:"爲學要尋嫡傳而從事耳。"其不忘夙業又如此。隱君生卒云云。

李生曰:余觀隱君,世多壽人,豈南極老人星盡映君家乎?然皆隱德弗耀,以布衣終其身。木以直伐,亦以散全,所繇來矣。隱君有祖宜齋公,母病籲天,以升豆記拜,數盡豆而乃止。高祖淡然,積粟不鬻,漳客求市,謝而去之,分給鄉人。夫有二祖而後有三老,施及文學,用儒術顯。先壽而後名,宜其得也。此余嚮所謂"文學無愧怍,勢位惡可少"也。乃爲銘。銘曰:

悠悠濁世,民德多愆。厚之弗存,命亦不延。我逢三老,人也似仙。更有伯氏,踰耋而前。公齡最後,猶在稀年。世躋壽域,孰使之然。唯公孝謹,食報于天。介此眉壽,萼韡翩翩。公之所多,人之所鮮。厥有令子,詩書則賢。非我莫得,莫之或先。我今銘之,以賁斯阡。

邑庠生鳳碩蔣公暨配順勤黄孺人墓誌銘

往戊戌秋,不佞歸自長安,道出三衢,時蔣君有崇爲順江令,不佞謁之邸中。令方最滿,受天子綸恩,贈尊人敬齋公如其秩。有崇愀然曰:"父棄世蚤矣。行湮滅不稱,謂後人何?幸及衣冠,賁之地下,吾子其傳之。"傳既成,流播縉紳間,有崇以爲詳且核也,語不佞曰:"子之不朽吾先子至矣。維是先從父鳳碩公既殯且厝,幸及余狀,徼一言以徵堂斧。"不佞唯唯。今年己亥,有崇自須江入主南户部政。鳳碩公之子光清,從南太學至,乃持有崇所著狀,謁銘不佞。不佞在諸生間久,于鳳碩公蓋垂櫜周旋焉,又重以主政君之諾,銘其曷辭?

按狀:公諱際秋,後名際旻,字君成,南石其初號也,輓近號曰鴻碩,人始呼鳳碩云。蔣之先壽州人,祖旺從高皇帝起淮甸,以軍功除興化衛百户,蔣入閩自此始。旋改建寧衛,遷福全所守禦正千户,旺以授其子正,泉之蔣昉此。正生勇,俱世官掌守禦事。勇五子,四曰杲,杲生永吉,永吉生元寬,元寬生丈夫子二,長繼勳,即主政君王父,生贈公,不佞著《贈公傳》中所推爲赤山先生者也。

次繼熙，號鉢山，即公父。父昻弟四，公居三。

公生秀晳，聰慧善記，性伉爽，不攣小節，耳無滯聞，有叩如響。方是之時，蔣以紈綺世胄，競（競）用貲雄。上世子姓多閑弓馬騎射，不治詩書。自贈公崛起，授鄒魯家言，嗣是公兄仲南賓有聲黌序中，斌斌多文學之士矣。公稟《易》兄仲，行則肩隨，居則隅坐，亟（函）丈北面，無所鈞禮。及長，不爽尺寸。仲與論文，微有獎嘆，公即瑜之，稍所不合，公輙瑕之。間得其指授，佩服以爲常。自有撰著，能片言當仲意，遂大喜過望。家去郡百里而遥，一歲之間，公什九郡中，與兄仲發憤，丙夜攤書，咿吾達曙，括帖千首，暗誦不失一字，謂竊比不作可也。公以癸酉授學使者知，補邑弟子。于是益俛首舍中，與郡知名士許仲葵、韋冲芹諸君子相交結，又或兄仲者游多其父行。是時，主政君擅文詞初起，公不難以猶子下之。聞之人，公羶薌不佞言，寘喉吻間若相膾炙者。試或後殿，輙自寬曰："吾于李奚若？卞生兩刖燕石，何當也？"嗜不佞文益癖，其虚懷如此。

公爲文洋洋纚纚，多所借材，不甚抒以己意，或模擬而出之，樂于取人，易于舍己。見者謂，棄筏上津，公或未至，要以翩翩而步作者，足當一勝矣。公歷數試，有知公者，有不盡知公者。壬午，應省辟，聞父喪奔歸。歲乙酉，主政君領圻書，公不果利。庚寅及試，值母喪，又不果。公兩讀《禮》，哀哀作孺子泣，廢《詩》自慟，聞者孝之。辛卯，公從子有集舉于鄉。明年壬辰，主政君成進士。公喟然曰："吾材去有崇遠甚。崇蚤孤，猶有母在。令我第安所灌九京而通之？"乃稍稍匿縱横豪敏之材于鬻財廢箸之間，身不行異邑，不窺市井，商時角智，算無遺策。拔母子甲若干人，出貸子錢，收息倍之，蒼頭取具成指，他人效之，弗如之矣。公不以是輟本業，治詩史自若。甲午服除，試會城，以疾歸，卒。命也夫。

公爲人敦朴，大布之衣，脱粟之食，終身泊如，謝諸雜劇。能飲，飲微嚑（醺）迭出，不至醉。家有急難，僂身陰脱，救人于阸，施舍振之，夜半有叩門者，不以亡爲解。居雅稱兄伯沂泉公于兵燹歲，散貲衛孤城，全活數千萬人，爲子姓典型云。勗諸子以孝敬，誦己所以師兄仲與兄伯氏之子主政君者爲法。事兄如父,視侄如子。質行恂恂,比于儒者。此公大都也。

公娶黄孺人,安平庠生黄士章女,年十九歸公。嫻《内則》、《孝經》,楷法端雅。時鉢山公夫婦方秉家政,瘏瘁不遑。孺人適至,承之以儉,蚤夜操作,米鹽醬醯之需,自手指治,他所取辦,節縮稱是,家人宜之。公負笈遠讀,孺人奉尊嫜甘毳修瀡,備當驩意,公是以無内顧慮。纖嗇致富,與公並起。課太學君二子,慈不弛訶。撫妾産如己出,公置媵者再,孺人惠逮之,衾裯宵征,肅肅如矣。總不離順勤者近是云云。

李光縉曰:余傳贈公時,有崇與余言:"余少孤,父手著有《日抄》、《記注》諸編,恨散軼無可考,從父鳳碩公乃始出而授余讀。微從父,父手澤亡矣。"余聞之,謂鳳碩者非常人也。贈公少年著書,未行于世,非有名山之藏,懸千金于國門者,乃其傳至今不茀廢。噫!誰力哉,蓋公之卓見遠矣。公所謂蔣氏之彬彬者也,質行比于儒者,不盡更僕,此尤其較著云。乃爲銘。銘曰:

蔣氏之先,爲世虎臣。爰及贈公,始有聞人。亦越鳳碩,步厥芳塵。詩書藻繢,濬發其身。雖控于地,無失儒紳。有斐之章,賁亦不貧。淑人相之,盛德日新。我傳我銘,兩公並茵。賁此幽城,百世不湮。

處士旋鋭吴長公暨配氏墓誌銘

吴生岐延者,清漳岱里人也,負篋贏糧,造不佞問業。居吾儒林里中,下帷幾一年。不佞與朝夕衡從今古,因詢及先世作何本業,吴生拱手對曰:"先王父旋鋭公以賈爲政,冶金爲業。家大人亦廢箸因而弓冶之難,小子乃始言詩書。"不佞曰:"是豈其煑海鑄山,與程、卓、宛、孔諸富人,所以擬于人君也。吾有以語子來,太史公敘列傳,首伯夷,謂其餓首陽山而清勝于巢、許耳,而終于《貨殖傳》,何也?始乎至清,卒乎至溷。販脂之千金,洒削之鼎食,胃脯之連騎,賣漿之千萬,何足以當西山歌薇者之一盻,而太史公津津稱之,不啻詳矣,得無與悲伯夷之意異與?"吴生曰:"是其所以羞貧賤也,君子譏之。"不佞笑曰:"非然也。天下無清士,則世風壞。天下無賈人,則世業衰。兩者並存于天地間,如日之有月，如風之有雨，或振民行，或治民生，缺一不可。今假令舉世之人皆熙熙穰穰，盡爲利來往，斯亦猥瑣齷齪而不足道。乃必不人高箕潁之蹤，而賡首陽之歌。賢人君子枵腹而待斃，被服不自通，則世道亦何幸之有？故必有巖處奇行之士，如巢、如許、如夷，方足長貧賤而語仁義，不然，亦足羞矣。此太史公通世務之談，拘儒之所非，而通士之所不棄也。”吴生曰：“謹受命。”于是吴生出其所著王父旋鋭公狀，授不佞銘之。不佞是以考其世，知其人，用鐵冶爲生，而不失長者好修之行，蓋庶幾太史公之所述，抑亦程、卓、宛、孔之儔與？

公諱添進，旋鋭其字，世傳爲元太學生吴澄之裔。順宗朝，有子從戎入漳，家于岱，爲漳人。數傳廷會公，用海運筴通粟致富，後折閱貧，徙泉南安，爲泉人。廷會公歿，子斌會公復歸于岱，居窶甚。生丈夫子三，旋鋭居長。公甫髫，見父苦爲生鞲，即私自念：“吾不以此時窺井市，行異邑，爲大人醵飲食計，而令空自憂饘粥，安所比乎？”乃身自治鐵冶，與其配某旦夜不少休，趨利牟利，贏嗇過當，貲亦稍起。

公嘗以冶作山行南澳間，見巨蛇敗骨盈尺，爲之股慄。林風籟籟，樹間葉墮，駭以爲何物將啗己，嘆曰：“吾奈何以大人遺體錯落莽蒼間，徒驚怪閉目吁吁也？”遂輟業歸。公既歸，斌惠公歿矣。經紀其喪，費復不貲。二弱弟、幼妹倚公支給，于是公之橐若洗也。

嘉靖戊午，倭奴猖獗，突入公閭，虜公以去。迫公舁酋長肩輿，公素羸不任，裨校欲兵之，尋得代，公乃不死，竊逃歸。饒賊復發，再捉公及配某與公之弟若子。公被虜營中，賊索公篋金以贖，公配向賊言曰：“幸釋吾夫，吾夫憐若弟甚，僅有一子，且氏無金，但捐軀贖夫歸，與弟子偕去，氏即死無恨。”賊見公體貌温恂，有長者風，又聞配若言，相與服其義，放之，併釋公。公蒙此二難，本業盡廢，不能求富益貨。夫妻矻矻，但相守以貧，有知盡能索耳，終不能有所居積而成富也。

岐延承父重卜，以某年厝公于石門之陽，其所持狀請銘，大略似此。

李光縉曰：公欲爲程、卓、宛、孔，而不能爲程、卓、宛、孔也。一冶金耳，昔人作業起家千萬，而今不免乎四壁。夫妻推輦致之臨邛，即鐵山鼓鑄者，何人耶？而傾此滇蜀之民也。“力田逢年”，所從來矣。漭蒼蛇骨，猶落公膽，矧操刃而劫人者，公不幸而離此菑命也。夫能者輻輳，不能者瓦解。公非不能，貨亦不起，吾不能不爲公扼腕矣。是爲銘。銘曰：

名不必儒，或其賈之因也。賈不必富，或其居之貧也。不儒而儒，貧而非貧。或其有法孔氏，趨文學之後人。矧不富而仁義附，且斌斌乎其當身。吾是以銘而誌之，竊自附于傳《貨殖》者之餘塵。

祖叔父隱叟益泉公誌銘

隱叟諱仲春，字順紀，別號益泉。其生卒在惠安之錦田里，稱儒林何？系所自昉也。吾宗世居郡之儒林，以古齋公彥禮爲始祖，今子姓支分，派別皆雲仍云。古齋公生三子，季恪菴公美信，以潛德稱。恪菴公生一恬公乾德，一恬公生理齋公崇禮，爲隱叟父。出贅于惠安之楊姓，因家焉，遂爲錦田李氏。隱叟不以錦田自著，輒對人曰：“吾儒林李。”公隱叟兄弟二人，隱叟居仲，于吾王父贈主政坦菴公諸列祖爲昆弟行，而生轆出，相去幾四五十年，不能相及。吾父主政公諸弟從，時年已八九十，隱叟視之盡猶子也。故隱叟年未艾，儼然稱宗中長老。

隱叟少習《詩》，兄伯蚤世，二尊人老，乃輟業事計然筴，廉本薄取，以供菽水。父歿，事母尤謹，孝行篤摯，宗人重之。行樸而愿，口訒而鈍，居家誡子，本之祖訓，依于忠厚。與里人處，無他腸，然諾不侵，動作一稟于禮。槖無餘金，時赴人急，不以機智阱人，人不忍紿之。

初娶嬸母魏，繼娶郭。魏母卒，伯、仲二子俱少，郭母善顧復之。叔、季已出，鳲鳩愛均，隱叟大慊于志。諸子長，各授本業。諸婦化之，合窩共爨，門内肅肅雍雍，人謂隱叟真儒林間人也。嗟夫！隱叟之澤遠矣。

隱叟無素封之富、繁藉之貴可烜赫焜燿。匹夫篤行，仁心爲質，其教行于孫子，而遵化及乎婦人，抑何其彰灼也！隱叟之仲子夭，婦芳齡蚤寡，《柏舟》自矢，不以貧故改行。隱叟老而病，子舍徬徨，叔子割股以已父恙，邑人皆艷羡之。

婦以節著，子以孝稱，禮義不失，孝謹愈甚，方諸貴膴，是爲難耳。隱叟自謂儒林，人亦儒林之。儒乎，儒乎，何必盡讀書哉！太史公稱萬石君家不言而躬行，雖鄒魯質行儒者，莫能及，有以也。

明處士寄南蔡公墓誌銘

公諱祚，字元貴，以字行，别號寄南。先光州固始人，從王緒入閩，繇興徙泉，爲泉人。宋靖康中，有祖諱景仁，官至太守，居同安翔風里大庭村，人呼爲大庭蔡云。明興，初祖從軍護聖駕北征，因隸軍籍，戍山海衛中左所。弘治間，衛勾補軍絶，公之祖萬修當行。是時，修有子二，曰某，曰某。長即公父，甫八歲。後苦廢疾，家遂以落。

公兄弟四，伯、季皆疾錮，母屬愛叔，公居仲，尠少不羈，失愛于母。母不與公議室，而弟叔先婚，公不爲意，獨身持父病于床簀間。父卧疾久，母自分與叔子居。爲父洗滌扶卧起，唯公而已。公蚤出鬻販，夜乃入子舍，贏得數錢，必市美食物歸以進。出或數日反，則貯具床頭。同禾里富人翁，未有子，見公髫年，知爲生鷬，大奇公，欲子而婚之。公意不欲從，但思念可藉是以供父病，爲勉留者數月，然屢經旬必告出半日，陰逃而歸。久之，富人廉知其有父，不可留也，泣謂之曰："子以父病故爲吾子，吾安忍奪人子，捨其父而父我？子亟歸。"因出袖中金予公，公拜受之，揮淚而去。亡何，父歿，公盡出富人所畀金，治殯殮具，不以問伯、季若叔，人以是奇公孝。

公娶于蘇，夫妻俱之邑近地溪頭鄉，傍市逐什一爲業，僂糲作苦，怡如也。已，棄去，應里甲募，代有力者役于公，受其傭直。役滿，未嘗倚公法漁人，豪富家賴之。公初至，無置錐之地，人多易公者。其後，見公給胥縣廷，爲胥祭酒，公正多發憤，始稍稍親近公。及知公爲大廷蔡，則人人争交公歡，惟恐失。聞公佃力作，以佃田歸公者日造門請，公藉以耕，歲收粟數拾石，家稍給，分其餘予貧。公曰："此地囂而薄，人氓雜。"乃因母氏鄙徙之郡南安二十都，多召傭保，斥山墾田，荒蕪之區，化爲良畝，廪入益信，遂稱上農。

公慷慨仗義，好周人急，夜半叩門請，縱乏輒有與之，不以亡爲解。里人有鬭，身爲居間，片言立折，事已，不索人謝。善與人道善惡報，勸人冥隲，人信之。歲大穰，多作酒醪，召里中俠善飲者，與之醉。人市牛酒醉公，公亦强醉去。族與人格鬭死，或語公可爲利，公叱之。鄰人陷入非辜，身爲白其寃狀。居同時，兑屋遭回禄，主人亡，以半償，索券還之。自恨不能得母驩。弟叔没，迎致南居，供甘毳無失。輓近年好行德益甚。庚辰、辛巳間，歲祲少入，流民日百數，公給食之，困爲倒也。急于活人，類如此。

最後督孝廉君鍾有讀，延師課之。田園之入，半輸之脡脯，多笑公者。公呼孝廉曰："人謂我持豚蹄望歲，吾且以子而待穫于天矣。"孝廉爲諸生有聲，以今萬曆癸卯領鄉書，大抵公之訓爲多。孝廉未計偕時，問業于余，余與語竟日。孝廉亦爲余悉其父農家辛苦狀甚詳。既罷南宫歸，將改厝公，著狀請余銘，余讀而悲之。

嗟乎！孝廉之與其父，困亦甚矣。士不困阨，惡能激乎？孝廉之有今日，有以也。漢制：能孝弟力田，通《論語》、《孝經》以上者，得補于吏爲郎。令生元狩、元封之世，而應斯辟，夫亦何忝！公治書不于身而于子，公以鋤耕，孝廉以筆耕，公畝收什之，孝廉畝收千之。居一歲樹以穀，十歲樹以木，百歲來以德。公之初，其穫在穀，以畝鍾計，而今之來，不知其國澤量矣。周室之興，本之農桑，《七月・豳風》，天子可賦，况匹夫編户之家乎！士君子何必諱言農哉？公生云云。乃爲銘。銘曰：

牂生粤兮以其牧，鶉生宎兮以其田。人亦有言，力田不如逢年。而于公獨不然。公寄身于隴畝，而積慶于冥天，故有子能賢。如寄物于人，朝予而暮還。我是以銘之幽兮，曰大庭蔡寄南之阡。

明處士時齋王長君墓誌銘

語曰："直木先伐，甘井先竭。"故昭昭然賈名聲于天下者，士君子之所以多離患也。乃櫟杜之樗，以散木全；而主人之雁，以不善鳴烹。身晦名滅，功不信于天下，而卒亦不免于中道之夭，又何以故？長門興怨，哀郢生悲，先得駕而後蓬蔂，猶使人扼腕，矧以布衣終其身乎！王長君之死，論者傷之。

長君諱泮，字學孔，别號時齋。始祖參知毅齋公，故湖之寶慶人，以言事謫于閩。入泉，因家焉，乃爲泉人。數傳至懷齋公，懷齋公生三子，長敬所公學博，次小樓公，是爲長君父，娶母陳孺人，而生長君。

長君兄弟三人，行居仲。豐姿偉觀，魁然美丈夫，每出行市中，傍觀皆奇之。長君亦陰自負富貴所自有，第且取金印如斗大懸肘後間耳。故自舞象至就外傅，自爲偶對至操觚能文，洛誦未嘗輟口，副墨未嘗離目。試文時藝，汗牛充棟，一卒業後，某部某首，應口成誦，纚纚不忘。及其後也，記誦日益富，文日益有名，而試輒不利。長君始旋其面目，反而尋其冥史、腐令之間，步武漢、宋以上人，不肯食今人之遺。與邑中諸賢豪名士對壘，深相結，若宗伯李九我公、中丞林錦峰公、二千石何宗洛公，其最著者。又其後也，交游寖廣，著作日多，而試益大不利。

長君于是始縱馬卧地，陰自部伍，不輕與敵國鏖戰矣。兀坐一室，面壁淫思，或至竟日。偶有當心，蹁躚欲舞，目中無大忌憚，且不復知鄉者陰山失道，但再思一當爲快也。蓋長君嘗以語人曰："吾讀書當如父之治賈，鬭智争時，不饒力而爲之，如鷙鳥之發，而吾不能。兹其所以折閱乎？"雖極困踣，至不名一青衿子，而意氣自如，嶽嶽不肯下。間乘酒而嘔之，浮白一呼，百杯立倒。忽而相泣，旁若無人，以自發其胸中之奇，而洩其侘傺無聊之氣。人以爲狂生，長君自不以爲非狂生而高陽酒徒，豈得已哉！最後乃托之于游，贏糧入粤，被褐懷玉，人不之識，行至封川而卒。

長君生平廓落，不設城府。孝事父母，敬事伯父。伯有遺孤，慇斯勤斯，拊若己子。孝友坦夷，其天性然。終身不遇，翩翩有聲矣。生平學業授諸其子，今客死他鄉，知不知，聞者皆爲流涕。

李光縉曰：甚矣哉！余之不知長君也。余但知長君之當得貴，而不能知其終不貴；但知長君于下帷發憤之日，而不能知于荒陬賫志之後。騏驥之櫪也，駑馬先之矣。孟賁之摯也，怯夫勝之矣。金不能躍冶，余惡乎知長君哉！長君所不足者，年耳。令長君而今日在，安知其不貴乎？又安知其不大貴乎？人但持富貴之術相長君，此蔡澤之所以笑唐舉也。天地一逆旅，光陰一過客耳。何生非旅，何死非客，而奚必客死、旅死乎長君？嶺表不能死長君，長君死嶺表耳，何乃罪封川哉？遂爲銘。銘曰：

吁嗟長君，天地豈私貧汝？形骸若贅疣，聲利爲腐鼠。生乎死乎，嬴博亦可封，而胡爲乎丘首之處？延陵合于禮，營丘反其仁，兩者孔子皆稱之，而君已歸葬于是。不忘其自生自始之所。樂哉丘！魂氣無不之。無不之，是爲王長君之墅。

明處士震泉江公暨配蔡孺人墓誌

江氏肇基，蓽路藍縷，自草蘭公始。草蘭公生四子，長予舅朋泉公，次愧泉公，次聯泉公。

公居季，諱萬修，字若省，别號震泉，娶蔡某女，曰蔡孺人。公少席父兄卵翼，年十七，草蘭公没，治儒不就，乃從兄仲愧泉公賈。初共本貲，既贏而分之。是時，兄伯爲郎，叔補掌故弟子。家種種務，倚辦于仲公。雖鬬智争時乎，衣食之奉，給于公帑，贏得而寡耗，貲故以起。

爲人無機智城府，事母莊勤楊孺人孝。憚諸昆如父，纖嗇筋力，蔡孺人與之俱。公歿，蔡孺人年未四十，籍其餘金，與公析箸，用以自衛，笄弁婚嫁，各底成立，無忝德門之婦。及老，卒食貧以死，内外傷之。

李光縉曰：予初胥于江，睹江盛際，于時一堂塤篪和鳴，冠冕相先，敦倫率行，斌彬足術。雖其婦人女子，化于丈夫，亦有肅雍之風，喬木世家，一何其盛！公歿之後，未失本初，蔡孺人猶及履之，挈千金之貲，授諸其子，今蕭然困矣。抑何其貧之暴也？興敗何常之有？以草蘭公之厚積，公昆季之友恭，揆之天道，未食其報，一旅祀夏，當必有興。其在後仍也夫！其在後仍也夫！

明封宜人八十五齡慈純江母胡恭人墓誌銘

江少卿達泉公之歿也，封弟習泉公猶在。將及曆，率少卿公子文學君栻、太學君梧、博士君梃、孫文學爲觀等，請銘于黄宗伯儀庭先生，而屬光縉狀之。黄先生曰："少卿公孝友君子，居官政家，内行淳備，得吾子之詳而核也，余幸有所藉手。"則少卿公不朽之藏，有黄先生之言在耳。

今胡恭人亦没矣，封弟已逝，子少參君卒于官，不如厝少卿公時。博士君甫之秦川，所及爲恭人視殯殮者，子文學、太學兩君與諸孫耳。博士君奔歸，與兄共擗踊苫次。既卒哭，徂秋及冬，謀厝恭人于少卿公右壙，爲狀屬小子某銘。某謂恭人婦道母儀，女中姙姒，宜請當世有位能立德立言君子，鋪揚甚美，模楷後人，某非其任也。且卑幼，何可銘尊長？謝不遑者三。固請，不得辭，廼按狀而志之。

恭人胡姓，爲廉州府教授藍湖公仲女，年十九歸少卿公。少卿公先已娶陳宜人，恭人至，其繼也。時少卿公已成進士，爲貴溪令，恭人入門，即稱婦貴，以少卿公南曹郎奏最，封安人。嗣隆慶六年，覃恩加宜人。後少卿公敭歷州郡，爲二千石，晉卿冏寺，從其秩，故亦稱恭人云。恭人相少卿公，今七十年于此矣。其初不及見少卿公微時食貧之事，與篝燈佐讀者，陳宜人耳。恭人但隨之官邸，少卿公浮沉宦路，歷四十餘載，恭人與同富貴之日長。今按其佐少卿公行事，底于宦成，終始無間。若至易而有不甚易之美，若至難而有自無難之懿，又若至順而有不盡順之遭。隨其所值，各盡其道，往往出于恒情之所未嘗有。而薦紳士大夫之知義理者，且駭異以爲難能不可繼之行矣。噫！此其茂德難言之也。

少卿公之尊人曰封翁期述，與伯氏草蘭公兄弟四人。少卿公未貴時，草蘭公任家督，諸弟皆其卵翼。少卿公蚤以善辭聞，伯氏愛之，凡書塾中修脯筆研之供，應之如流。間行賈之會城，聞有奇文，輒購而歸授之。故少卿公貴不忘伯氏之德，待伯父母及諸兄從獨至。封翁期述見兄伯撫諸弟有恩，而身受渥。既逮其子之貴，益思効伯氏所爲。有禄餘之致，悉斤以分諸弟諸從。少卿公傾橐應之，恣其出入。少卿公有胞弟、異母弟四人，友之如一，畀與居産。尤篤愛仲習泉封弟，以爲善文肖己，自諸生登上舍京游，雜費盡出橐中。少參君有籍以成進士，率少卿伯之力，不獨其居起食飲也。然非恭人，其孰成之？于是江子姓、宗戚，人人倚少卿公爲外府便，望恭人爲内舍矣。恭人以爲不聽所予，無以遂少卿公之友，盡聽所余，恐有妨少卿公之廉。惟自節縮，不問有無。内外子姪至邸中，躬治饌饗之，多寡隨少卿公畀。自製衣服以予，或出私所有附益，卒未嘗以外戚先。宗人人各滿意歸。少卿公宦橐時時若洗，惟恭人知之，而不聞有讁窶之聲。此其至易而有甚不易之美也。然恭人不自知其非易也。

恭人不及事姑韋宜人，而修婦道致孝于封翁期述，于諸婦中獨得其驩。陳宜人有丈夫子三，女二。陳宜人卒，長君象達文學甫十三歲，周恭人十歲，仲、叔子垂髫勝衣，有呱呱襁褓者。恭人以少年女新婦，兒女盈盈膝下，人皆難之。恭人母如己出，一衣一袴，一線一縷，皆從手治，不勝顧復之憫，少卿公賴以無恤。長君兄弟已娶，周恭人適參知君象林，恭人自以爲負陳宜人于地下矣。後仲、叔相繼殁，長君文學艱于得孫。恭人但舉三女，少卿公患之。恭人爲置側二，張孺人舉文學、太學，黄孺人舉博士，恭人一一鞠之懷中，以迄于長。繇前則母繼，有後先彼己之嫌；繇後則母嫡，有偏正長庶之分。妒娼易開，形骸斯隔。恭人之視己三女也，無以異于周恭人，而其視博士三少也，無以異于長君、仲、叔。不惟嫡出者忘其繼，庶出者忘其嫡，又且有安于衾裯之適，而自忘其不猶之分，但以爲有恭人母而已。此其甚難而有無自難之懿也。然恭人固不知其無難也。

少卿公久于宦，有壻參知君，周恭人亦蚤貴。及已謝事里居，博士君辛卯舉于鄉，侄少參君與並舉，壬辰成進士，習泉公以子貴受綸封。一時子侄烜赫，皆恭人履順之地。未幾，文學長君淪喪，四子俱少，恭人憐婦孀居，慇斯懃斯。始鞠其父，少後復恤其子之孤，今執鬯承恭人重孫爲觀是也。恭人所出三女，次、季殀死，孟女未亡，厪恭人憂，時有泣下者。先是，陳宜人叔子娶于唐，叔子死，有遺孤，唐矢節之，依恭人從之鄖邸。孤不幸殤，唐吞金欲殉，恭人救止之，得不死。自鄖歸，舟行江中，唐潛出欲自赴水，微恭人知，涕泣慰論，動以立孤大義，唐不死于斷腸之金，且葬于江魚腹中矣。唐今年七十餘，以貞節聞，恭人力也。則恭人之爲姑，可知已。

少卿公不家于官，既罷官歸，家人産不及今人萬一。殁後，子若孫多貧。恭人輓年常苦不給。生平厚施,不食其報,有藉口相戒,指爲覆轍者。故恭人謝世,篋無半鏹之遺,亦不以是責報而自言貧。此至順而有不盡順之遭也。然恭人不自知其非順也。

嗚呼!人亦有言,"母繼無前子",而恭人不然矣,《鳲鳩》之愛篤焉;"母嫡無妾子",而恭人不然矣,《樛木》之慈逮焉;"陰性多吝嗇",而恭人又不然矣,《棠棣》伐木之澤周焉。此三者,皆恭人徽音所可嗣之人人,矧江氏之後子孫乎!卒不聞有嗣之者,非不可嗣也,難爲嗣也。豈惟婦人?雖士大夫君子,以爲難能而不可繼之行矣。吾故曰:恭人,女中姙姒也,茂德未易言也。某迺爲銘。銘曰:

天祐明德,篤生少卿。肇江之祊,孝友性成。厥有元配,恭人來迎。受帝之錫,從夫之榮。無違夫子,厚彼宗盟。人以爲誦,莫如弟兄。《葛藟》纍之,非離裏生。有後皆後,子貴孫英。世之喪道,人私自營。卓哉恭人,行堪世程。愚者所姍,賢者所驚。徽音可嗣,孰能與京。女中姙姒,千古同聲。

封太孺人黄大母貞節周氏墓誌銘

黄大母貞節周太孺人,以萬曆庚申卒于寢,時年八十又九也。既卒哭,孫啓震、啓漸、啓豐等,謀祔葬于封太翁鳴南公之右壙,而先期持宇中薦紳先生所爲詠太孺人貞節詩及傳與自著行略,丐銘于不佞縉,泣而言曰:"先君事王母至孝。王母之節著矣,以先君績受天子綸封。八十九齡,不爲不壽。令先君而今日在,喪葬襄事,先君治之,于以報昊天之德,妥之地下,夫亦何憾!不謂先君先數月歿,苫茨甫離,涕泣未已,王母隨以亡。凡百大事,付之孺子之手,憂悸莫知所措,遺先君以憾多矣。維是先君在時,宅吾王父,有已治之壙在,祔而葬之,猶易爲力。幽宫之藏,非藉手岳大人不可。大人與先君同貢籍,啓震忝婿行,兩大人至驩,又曾爲先君著王母傳,悉其苦衷,今願得一言銘之,以釋先君之恨。"啓震等泣,縉亦泣,乃按傳與行略而銘之。

太孺人周姓,百户侯浯江周公冕女,年十八歸贈太翁黄鳴南公。黄故武榮鉅姓。太翁治戴氏經，爲邑文學有聲，屢試前矛，食餼于庠，與黄氏一門諸雋並相頡頏，尤其錚錚，人以甲第期之。太孺人于歸時，舅賓溪公、吴太孺人尚在，見其子負盛名，爲士蒿（嚆）矢，望之益亟。太孺人拮据以佐，高堂滫瀡之外，惟太翁讀書費是供。户外屨滿，取辦輒應，太翁不知家之耗，太孺人亦不以耗爲患，謂有材足貴也。太翁餼入以給親養，間予急族人，太孺人慫恿之。姑歿，代太翁事舅氏。太翁讀書于郡紫雲舍，無問視内慮，太孺人是以。太翁年幾三十，未舉子，爲置側室莊。莊竟舉女，太孺人舉男，即南雄郡别駕君，與不佞縉同貢籍也。

太翁爲名諸生，七試高等，五應省辟，俱報罷。嘉靖辛酉，入棘歸，倭寇煽亂，道路梗塞，取間道潛行，勞頓成疾，尋不起。太翁年甫三十四，太孺人二十九，南雄君生四歲孤耳。二幼女在抱，垂白之叟在堂，俯仰昕夕，無所資。變起倉卒，當兵燹播遷之際，椑榜紵帛，雖豪富家不能立具。太孺人泣請于舅，曰：“毋貽此藐諸後日悔也。”卒能那鬻，如禮殯之。既殯，旦夕哭，誓不欲生，淚盡幾枯，眶眥皆血，病且死。舅度必從，泣呼曰：“吾老矣。婦死，三歲孤誰顧復之？爲生者生，爲死者亦生。”于是太孺人乃强起，荼苦如故。亡何，舅氏歿，家益壁立，竈突烟冷，三飡不能一飽。與兒女併命，養蠶治絲，攻刺繡以鬻升斗。督南雄君讀，自就傅以及能文，無時廢箵楚，讀不丙夜不使休。南雄君讀倦欲罷，訶譴隨之，繼之以泣，或連夜未嘗一交睫，自是太孺人之目病矣。漸翳漸昏，以至于盲，不復能攻繡事，猶理絲于模索中，鬻米給食。

南雄君奉母教，用是淬礪于書，旦出就塾，暮歸擁護膝下，毋令顛仆兒已，母子相抱泣，見者憐之，往往與泣下。一日，南雄君自塾歸，太孺人出棼絲一篋，命之曰：“吾盲不能解也，兒解之。”南雄君受絲，解可數縷，已，急之，棼甚。太孺人恚曰：“吾試汝耳。天下事，寬則理，忙則亂。兒孤而性猶是也，奈何哉？”語畢，涕不食。南雄君跪請，竟其緒乃已。其隨事施教如此。南雄君補掌故，領乙卯鄉書，聲駸駸起公車間，太孺人且喜且泣，呼謂之曰：“若父所未竟者，當未止此也。”然稍稍開頤，不如向者無見齒矣。先是，目初盲，數易醫治不愈，或教南雄君以舌津探其翳，亦不能愈。忽一夕，夢有媪覓其額，曰：“醒矣。”旦起，明遂復,初但見鷄雛辨群數,不數日,能辨白黑,晰秋毫無爽也。異哉！人以爲完節之報。

南雄君念太孺人春秋高,不得已謁銓,庶幾一職,太孺人可沾禄養,而徼褒予翟帔之榮也者。南雄君署平和諭,太孺人從之平和。已,擢臨安令,太孺人又從之臨安。所至皆能成子廉名。以臨安令最,封太孺人。入覲留用,尋予歸,判南雄郡。命下,遣人上疏,陳情終養。上許之。南雄君自是不復任,母子相煦也。茹齋絶葷,更闌不寐,未明而起,誦經幕拜,祝太孺人耋以爲常。太孺人輓而奉佛,亦如之。令甲：節非六十,不得旌。惟有封,不旌。太孺人登九十算,孀居六十載如一日,可旌矣。不得于旌,而取償于封。天子綸音褒嘉其節,閩中丞黄公扁其門,曰"完節動天"。豈不亦彰爍昭著,善始令終哉！南雄君先太孺人數月卒,彌留之際,自嘆其終養不遂,如同絶裾,嗚咽之情,有足悲矣。

李光縉曰：余聞南雄君性至孝,事母甚謹。爲經生時,讀書桐城,往往自郡中負米供母。間日一歸省,朝爲母汲,未晡入館,暮爲母浣,未明入館,咿吾之聲,如泣如慕。一日,母憶所生女,風雨暴甚,不能猝致。自具簑笠跣行大水中,疾趨三十里外,負娣子歸,入門見母,長跪請過,惶恐如是矣。母盲復,喜得諸母觀局,不得自與局對,或佯敗,或佯争勝,如小兒嬉,冀母驩笑,此與戲綵堦前詐啼者何異？委曲承驩過之矣。他明發不懈可知已。往疾篤,母輒至問病,必強起曰:"兒無病,愈矣。"恐其疾之憂也。棄官陳情,爲終養計。天畀母以完節,而靳子以完孝,不使延數月之生,以竟終身之慕。吾故知,南雄君死,不能釋憾于地下也。雖欲釋諸,惡得而釋諸？乃爲銘。銘曰：

天道茫茫,不可知兮。如可知兮,死生先後,胡差遲兮？天網恢恢,不可疑兮。如可疑兮,禄壽名譽,胡延禧兮？節之奇兮,特我儀兮。令公香兮,帝音馳兮。雙鳧飛兮,五馬追兮。永千秋兮,祉離離兮。樂哉丘兮,以爲隨兮。見夫子兮,諗者其誰兮？母節子孝,終不遺兮。

明江生母慈懿張孺人墓誌銘

張孺人者,江國棟文學、國聲上舍所生母也。先是,少卿達泉公娶陳宜人,陳宜人佐少卿公起家進士，生長君國馨兄弟三人，未禄逮而卒。于是娶胡宜人，久之未有息，置王孺人，又有張孺人。張孺人最後至，乃其舉文學、上舍兩君獨先，此其最有功于少卿公與胡宜人者也。

少卿公歍歷中外，仕路日久，隼軾所至，胡宜人與俱，兩孺人亦與俱。當是之時，封翁期述老矣，陳宜人三子依王父家居。少卿公邸中，膝下無人治簿書，退食之暇，意不無少怏，胡宜人以爲慮。自得兩孺人，皆惠逮之。張孺人舉文學于淮邸，再舉上舍于蒼梧舟次，少卿公乃大喜，胡宜人取以爲己子。兩君呱呱襁褓中，舞象而後，張孺人不使知己出也。張孺人事少卿公、胡宜人五十餘年。王孺人與居，逡廵退讓。進無違胡宜人之命，退無失王孺人之驩。王孺人舉孝廉國表，胡宜人以子兩君者子之，孺人亦子之，倍于己産。兩孺人益驩然無間。

孺人于事無攸遂，動必稟而後行。少卿公丈夫子六，女如之，無不自胡宜人顧復，以底厥成。拮据瘏瘁之勞，孺人佐之矣。少卿公歿，事胡宜人益謹。雖有婦有孫，凛凛終日，無改常度，如少卿公在時。諸子析箸，奉宜人餘，或以甘脆進，孺人輙却不食，曰："此非吾御也。兒持此代我報宜人，可矣。"胡宜人病，與王孺人視湯粥，爲諸婦率，不去左右者四浹旬。少卿公諸子，仲、叔蚤歿，長君先朝露，臨終屬纊之際，冢孫尚少，匕鬯有人，殯殮如禮，無幾微缺，伊誰力與？人以此頌胡宜人之德，而莫不歸功于孺人。

李光縉曰：學者誦詩妃匹之懿，多稱《樛木》。夫寧獨《樛木》難，即《小星》亦未易也。進御非一人矣，令非各自安于不猶之分，衿(衾)裯之際，或參不讓昴，或五不讓三，即不有《緑衣》之嫌，亦必有人焉抱不以之恨矣。蓋于是，益嘆張孺人之爲難也。繇前言之，宵征肅肅，引分自遜，成胡宜人之美爲甚大。繇後言之，公姓螽螽，克昌厥緒，綿少卿公之瓞爲甚遠。若張孺人者，真可風已！銘曰：

維少卿公之藏兮，蔚蔚葱葱，千百世其崇。吁嗟孺人，生也在公，歿也輪通。從以其貴，振以其螽。無第曰命不同，如不同兮，視此大夫之幽宫。

明贈孺人蘇室端静洪氏墓誌銘

余與刑部主政蘇心竹公友。時刑部公方爲孝廉，傾心嚮余，令長君懋賢從余問業，適舘授餐。余與縱横今古者二年餘，長君業遂大進。明年乙酉，游膠序，余亦首閩書。又明年，刑部君成進士，稱一時盛事。余是以得時時聞洪孺人賢云。

洪孺人，參知新齋先生孫女，父某，母某氏。參知居官清白，以孝友政家，子孫遵其禮教。故孺人生少，即習女訓大義，性恬静柔婉，喜怒不形。參知世居嶼村，與城市遠，庭無人行。孺人爲女時，足跡亦不至，終日端坐一室，攻刺繡爲事。年十七，歸刑部公。是時，竹崖先生方宦遊嶺海、豫章之墟，偕太孺人與俱去。惟是先生父太公在堂，年八十餘矣。先生、太孺人不得昕夕膝下問餐寢，孺人以長婦修柔毳甘髓之供，未嘗失時。太公爲加匕筯自愛，則孺人以也。先生、太孺人聞之，稱爲有婦。先生解組歸，太公已謝世，而太孺人漸以老矣。孺人于是有姑可依，執巾櫛侍坐隨行，終日無倦意。米鹽醬醯，出入之事，必請命而後行。雖至微瑣，不敢專擅。先生客至，帳具咄嗟取辦，孺人皆立應之，上不以煩老姑，下不以問刑部君，而整整以理，當先生意。後，先生以家中食指繁，分貲與刑部公，令自食，而奉太孺人就養。孺人事尤備至，婦姑相驩，無頃刻離，見者以爲母子不啻過矣。

佐刑部公讀，起諸生，游太學，領畿書，褎然有聲藝場，悉孺人篝燈之力。刑部公或有所發怒，訶督僮僕，孺人第徐徐一言寬之，不則默而微笑，刑部公爲霽威。僅有子長君，愛不廢督。刑部公擇傅教之，先桃源令趙公雲臺，次則余。束修棗栗之辦，所逮吾兩人者，居然有解佩雜贈之風。桃源令每稱其供應有禮，非虚言也。孺人素善病，其後體轉劇，跬步不出房寢，家總總務，猶卧病理之。刑部公以爲慮，于是寘楊如孺人。自有如孺人後，户内事挈以付之，孺人寘不問矣。參伍衾裯，《樛木》逮之。孺人歛已顓居，妒媢不生，故礲磏亦不起。内侮多端，漸開鬩墻，孺人但處于無事之天，横加者亦莫之及。

歲丁酉，大比士，長君赴省辟未歸，孺人發瘖病，不數日死，長君不及訣矣。刑部君成進士，初授主政，後改太常，出守六安州，贈及孺人，皆孺人身後事，孺人弗之享。長君沉潛有文，牛耳可執，而竟抑于卑官，未足滿孺人之報。嗚呼！

孺人賢而無命，貴而無壽，福不配德，亦足悲矣，宜刑部公所爲追念而咨嗟也。長君之淚，何日可揮哉！

李光縉曰：蘇氏之人並與余言，孺人少材能。夫惟無能，政孺人所爲簡能也。坤言地道，妻道得之，含章而括囊繼之。孺人當是時，詘于分，爲婦爲妻，又當履順處泰之際，不無可能，亦無庸稍見其能。孺人但沉静無爲，與坤合德，《樛木》之化行，無攸遂之道盡矣。第恨其嗇于年，而不及從刑部公之成耳。然身殁之後，孫子衆多，名贈顯榮，其所以綿蘇氏之福者遠也。乃爲銘。銘曰：

貴有綸封，不及其身。德有鳲鳩，弗覩其振。昔但一子，今子三人。又有衆孫，芬芬繽繽。其年則短，其祉則蓁。克相君子，奕世猶新。有葛藟藟，生死共春。

王冲順張孺人墓誌銘

王子爾寅，將厝其内人冲順張氏，先期請銘于遯翁李，語遯翁曰："小子無幸，初配蚤喪，繫思之甚，無以懸解，請世父傳之。人謂小子私悲情也，不可以聞長者。幸世父不非，而以道情爲言，少釋幽憂之病。今將厝之，願再賜之銘，以永幽宫。"遯翁曰："子欲吾銘，吾亦不能越鄉者道情之語也。妻死子少，始死而憂思，情也，吾以爲道也。既死而葬，且速葬之，尤道情也。或者拘于同穴之私情，而故滯之淺土，以俟合葬，有四五十年而不克葬，非道也。子知道矣。吾故將銘之。"爾寅泫然曰："小子不能爲此拘拘也。然亦厝之先君子四明别駕公、母傅安人之墓左，相去咫尺，瞻望可及。生不獲事吾父母于高堂，死猶可依姑于地下耳。倘亦先室意乎？"遯翁曰："子之言，是亦一道也。吾爲子銘之。"

冲順者，吾友人四明衢源公之婦，西州守元白公之女也。吾與兩公，生前驩甚亡厭，今縱不爲冲順銘，亦當以四明、西州故銘之。矧冲順賢，無命，有足悲乎！冲順歸爾寅時，年十七耳。歸一年，舉男朝璋，又六年而殁，僅得年二十三，算至促也。其爲西州公女，十有七年，爲四明公婦、爾寅之妻，僅七年。涉人世之日淺，閨行不可多述。然聞之爾寅，往往稱其性婉順，貌端莊，語言若訥，敬戒無違,求夭徵而不可得。自悼其十三喪母,十五喪父,有生母汪,得室人將順事之,而不可卒留。長抱此伉儷不終之痛,又且爲冲順悲所生之多瘵,身有母而失愛,夫有子而失母,抑鬱楚衷,臨歿猶憾,不勝惘矣。

嗟嗟!冲順則何多遺恨也。有父西州公,不及醮則恨。有舅四明公,不及事則恨。有子,能生之而不能終鞠之,則恨。"蟲飛薨薨,與子同夢","墓門有棘",不與子"同穴",則又恨。使爾寅無所聞《鷄鳴》之警,而子失熊丸之教,冲順則大恨。冲順生爲貴家女,歸爲宦家婦,寧無有天幸,抑何幸少而恨多也?年促之耳。爾寅不拘拘同穴而速葬之,情也,亦道也。遯翁是以爲悲傷而誌之。銘曰:

爲女則終,婦志方新。幼子號母,啼失慈親。幸也如何,恨則誰伸?夫年即年,子身其身。彼美君子,繩繩後人。魂無不之,依姑爲鄰。寢丘獨處,奚損道真。

明蘇次孺人楊氏壙誌

今年春,刑部蘇心竹公厝贈孺人洪氏,而以次孺人楊附焉。是時,洪孺人之子州判君宦于外,其能代刑部公襄葬事、奉二母以即窀穸,次孺人之子某、某耳。刑部公以贈孺人墓中之言屬余,余既爲之銘。某、某念次孺人生前所遭之難,與兩人少失母,無恃之苦,悲號慘切,丐余一言,與母嫡並垂不朽,以逭莫大之痛。余是以憐而復誌之。

次孺人楊姓。楊故郡鉅族,其尊人楊某,以府掾吏滿考入陪京,因家焉。次孺人産于陪京,將笄,尊人欲遣歸里中,求世家子可以字者,久之,未有許。隆慶甲戌歲,刑部君以孝廉罷南宫歸,過金陵,念贈孺人善病,堇一子,圖所以廣嗣胤計,聞次孺人名,遂委禽。于是,次孺人階刑部君並入里中。

時竹崖先生與郭太孺人尚在,先生之弟二崖、三崖公家人、子弟環屋而去(居)。刑部君有弟二人,所娶皆貴家女,姆嬸、妯娌之屬,女流既多,家僮數百指,臧獲甚衆,孺人壓于分爲次。贈孺人有《樛木》之性,卧病不出寢外。刑部君爲家督，二弟未析箸，户外務統于先生。郭太孺人老不任事，米鹽醬醯之辦，以問贈孺人，贈孺人謝病不遑。次孺人不得不代治，門内總總以理，能當贈孺人驩，郭太孺人亦愛之。然旁睨者或詆爲侵權，爲踰分，而次孺人難矣。

刑部君性喜客，其在孝廉時，游道甚廣。客至，無貴賤，無近間，每一飯頃，食客常數十人，旦夕供饋煩矣。又，先生分田宅，家僮與刑部君自給食，郭太孺人就養焉。贈孺人病不能理，州判君未有婦，不能不問于次孺人，次孺人鞅掌以治。凡贈孺人所欲致養于姑者，靡不曲體其意，刑部君亦善之。然而旁睨者詆以爲恃寵，爲專席，而次孺人又難矣。大氐次孺人之所難；不在于参昴衾裯之際，而生于中央左右之人。鬩墻之釁，寖成厲階，而局外之變起。此次孺人之所以難也。

贈孺人既有婦，次孺人悉以權畀之，梱言始不生，而户内遂大定。亡何，贈孺人没，刑部君以丙戌成進士，遣人逆次孺人之官。是行也，體勢之尊，疑（擬）于主母，事權之一，更無二三。次孺人至，所爲刑部君闌出入，邸中繩束太嚴，節縮亦甚，則婢僕侍從之人，有搆之者，不無拂刑部君之意，而次孺人竟憤恚以死。

嗚呼！百勞未售，而子尚少，寄櫬荒寺，歸魄萬里，亦足悲矣。今兩君已有子多孫，以文學名世。刑部君又爲夏屋之封，與贈孺人並厝。雖不能起孺人于九原，一洗其生前之恨，諒可少慰也已。次孺人生云云，其子某、某，所生出及聘娶，詳載贈孺人誌中，不復贅。

誌曰：次孺人一介女流耳，生于陪京，卒于神京，而歸葬于閩之梓里。生前足跡幾天下半，死之日，士大夫無不聞而憐者。此豈尋常里婦闃覿者埒哉！刑部君今老矣，然念及次孺人事，無不於邑欲涕者，何也？兹次孺人之所以難也。

明王室端慈傅安人墓誌銘

余不佞，束髮治觚，長事王衢源君而弟之，不啻敵國也。王君掇賢科，筮仕姑孰，而仙居，而四明，轉擢于巖邑劇郡之間，成其爲德讓大夫，而稱吾黨中君子，厥配傅安人有助焉。今年春，傅安人歿，王君築堂斧以厝，自著狀委不佞某銘。不佞諗安人之賢久矣，敢不唯唯？

按：安人傅姓，父諱釗，武榮人，隱于西山，孝悌力田，稱爲長者，聞王君少有才名，以安人許。年十七，歸王君。王君之尊人曰質素先生，與余先贈公坦庵爲里中莫逆。安人至，質素先生已即世矣，獨及事姑孫太孺人，以孝稱。王君兄弟四人，安人于諸姒居季。環堵之内，老姑在上，諸子、諸婦，合竈共食，安人周旋其間，最善承姑意，事伯姆尤謹，雍睦無間言。王氏兄弟久不忍析箸者，安人力也。王君爲諸生，嗜書攻文，不問産事，悉以委安人，安人綜理以佐。吾黨多王君游，余于從游中最少，王君急余最甚，余友事、師事王君亦最謹。蓋嘗于王君同精舍，共寢食卧起。是時，王君蕭然儒耳，布素之衣，澣浣必潔，菓蔬之食，烹割必端，無問饔飧，無問裘葛，吾黨猝至，多帳具，即一盤一盂，亦盡鮮腆。余目擊王君讀書無内累，以是多安人云。

王君以己卯領賢書，數罷南宫，輒自恚，安人皆寬之。繫籍以後，所宦游地攜安人與俱。安人爲之嚴内外鐍鑰，布衣縞履，自奉啬于家居。時時誦瘠土沃土之言以自勗，而以四知勗王君，王君笑納之。王君以仙居令入計，余會之都下，與余言："吾在事不敢妄索人一緡，不敢輕加人一楚，惟負寸心、負所學是懼。幸吾細君善識吾意，入内無謫我者，故可幸無罪耳。"僊居計偕諸君子亦余言："王君廉，門無暮金，齋厨常索然也。"余于是益信王君言爲不誣，而益多安人賢矣。

王君有材諝，勤于事，自仙居判四明郡，署郡邑篆無虚日。王君鷄鳴起，安人即起；王君更闌寢，安人始寢，數年之中，未嘗一日夕蚤就席而晏攝衣也。王君今解組歸，其居食服御，雖稍拓于諸生時，而無廣榱之宫，無連陌之畝，不能當膴仕家之什一，故亦操履、學問充然有造，而安得謂于安人無助與？王君性孝友，兄弟既歿，待諸侄有恩。兄姊不能葬者，葬之。未遇時，與兄仲共居室，既貴，畀諸其子，大氐安人之慫臾爲多。安人産三男三女，並不育。念王君嗣續計，爲廣置媵，一姬不孕，又一姬進。輓近年舉男女各一，安人拊摩提鞠，甚己身生。訓男子良夏尤篤，燃燈洛誦，夜坐待之，人不知其非安人出也。王君居自嘆，生平賴有賢内友，以此。王君諱明嶅，爲寧波府通判。安人生云云。

李光縉曰：學弛于内讌，仕敗于室謫，誠哉是言也！世未有《鷄鳴》其婦而《北門》其妻者，靡則俱靡，成則俱成。王君有安人賢，固其宜乎！衾裯之際，難言之矣。余不生于嫡，而吾母安人鞠余憫，余著母安人狀以風于世，曰人謂"嫡母無愛庶，妾子無慈嫡"，非然也。今復于傅安人見之矣。傅安人其可以風乎！乃爲銘。銘曰：

壽不必其大齊，惟其有以死也。鞠不必其離裏，惟其有以子也。子以爲慈母兮，安人其不死也。雖死而益繇其後兮，奚而非安人之子也。猗休哉！貴大夫君子之倚也。身後之祉，其未有已也。

贈孺人李母林氏暨生母莫氏合壙誌

林母者，外祖父南溪林清公女也。以嘉靖壬午歲，歸府君主政公，時年二十云。府君爲諸生食貧，饔飧不自給，母拮据絣辮，篝燈佐讀。事舅贈公、姑太孺人孝。贈公喜賓客，客至，市酒脯、帳具，假貸取辦，簪珥時時置質庫也。性端嚴簡飭，鷄鳴起盥櫛，旦灑掃廳事，清竈突，以爲常。器用服御，井然有理。歲戊子，府君應南宫召。母以外祖母歿，哀毁愈節，遘疾竟不起。後用府君惠州理官最，得贈如今稱。

亡何，封孺人江母至，久之未有子。府君于是納生母莫氏，時嘉靖二十五年丙午也。又三年己酉，舉光縉。光縉生四歲，而府君殁，母年時二十六耳。光縉聞之諸叔母，述莫母忍死存孤，艱囏辛楚狀，光縉腸寸拆，淚浪浪垂也。光縉即有口，安忍道哉？光縉年稍長，見莫母事江孺人甚謹，食飲同卧起，荼苦齏甘，旦紡績，夜機聲軋軋，窮寒燠不休。光縉少蠢，不曉所爲何，不能勸歇，然往往囑光縉以咿唔聲雜之矣。

林母生某年，卒某年，享年二十八。莫母生某年，卒某年，享年三十八。並稱殀。林母葬晉江三十七都靈山之原，府君故有誌。誌不詳其狀，但紀其生卒歲月，與哀其命之不厚耳。距今六十四年，墓木拱矣，地卑而虞于濕。莫母殁時，光縉未成童，不能誠信，布衣薄棺，不殮不椁，貽今日腐，光縉並刺心痛焉。兹且奉厝府君柩，以二母祔，廼不獲已，于林母葬則遷之，于莫母殮則易之，合窀且穸，而爲之誌。

李光縉誌曰：于戲，痛夫！葬者藏也，欲人弗得見也，而遷者何？爲其疑于窆也。殮者歛也，以時服也，而易者何？爲其薄于附也。夫非禮也，非禮而行之，光縉罪也，而亦光縉之所以難也。光縉惡能忍諸？林母事府君之日短，而嗇于笄。莫母事府君之日亦短，而嫠于居。光縉生也後，于林母不及葬，于莫母稚而不及殮。及今而手足啓也，望焉如弗獲，慨焉而如有從矣。周以沐椁，裹以錦繡，鬱以佳城，于光縉無恔與？

壬辰秋，光縉從長安歸，意髣髣不自懌。忽一夕，夢莫母，衣青布單袷，反袂舉襟，自拂者三，曰："兒易之。"光縉驚而醒，亟謀諸叔、季父，人有難者。光縉食不下，坐不安，摇若忘生，不知所爲。夕復夢一巨人，衣絳衣大冠，厲聲嘑曰："亟易諸。"東方衣青，西方衣白，南方衣赤，北方衣黑，中央衣黄。夫神者，先助矣。光縉于是啓柩中藏而殯之，若初蜕然，膚革完固，面色如生也。神炯炯熒熒，從禪(樿)旁中起。夫何異而怪若是？無乃母節之所爲靈哉！防墓之崩，泫然涕矣，曰："古不修墓。"非不修墓，痛失于初也。光縉之失于初也，痛難言之矣，得非少孤不知者之罪。夫光縉何以謝母恩也？昊天罔極，此恨無已。于戲，悲夫！他世系子姓嫁娶，詳具府君墓銘，不復誌。誌其祔于葬者，并府君所手譔林母誌，納壙中。

何室恭簡黄氏柔襄林氏合葬墓誌銘

黄、林兩孺人者，余友人何師稷君之配也。恭簡黄孺人，廣東按察司照磨黄二峰公光霽女，生云云。嘉靖壬戌冬，歸于何，卒云云，享年三十，稱恭簡。柔襄林孺人，安平林友竹公志霄女，生云云。萬曆庚辰秋，後黄孺人歸于何，卒云云，享年三十三，稱柔襄。兩孺人繼歿，何君時時存悼之。何君寡交合，生平莫逆，堇不佞縉，往往與不佞縉數其軼事，有泣下者。今年春，何君袖所撰兩孺人狀示余,鄉余泣曰:“我且葬我二細君于先王父之側,而難克葬。奈何哉?”余督何君言,不勝悲矣。何君于恭簡,元配也;于柔襄,亞配也。生居于室,死祔于穸,禮也。謂先葬而分何?兹何君之所以悲也。“蓋聞之,舜葬于蒼梧之野,而三妃未之從也。夫夫也,葬其内人,何必祔?且也吾儕方致力中原,菟裘未老,如其滯死者而從生者,墓木不早拱?以永殯于淺土,非古也。君其亟圖之。”何君于是乃果葬,出其狀而授余銘。墓首丁趾癸,在晉江東坑山之原,葬以萬曆己亥九月二十五日卯時。余與何君游,筆硯相敵,第几相親,長事弟畜,今三十年往矣。坎坷人世,煢然一軀,追緬往事,如之何勿悲?不佞是以不更僕稱,而合誌之。

謹按何君狀:兩孺人均人世日淺,要其遺行聞于後有同者,有不盡同者,有不必同而同者,有稍不同而總歸于同者,是未易以凡女流中語之耳。恭簡生于恭肅之家,柔襄長于安平之族,貴膴不同也。恭簡結于髦儀之初,柔襄適于鼓盆之日,後先不同也。恭簡善病,不堪瘏瘁,柔襄不善病,堪瘏瘁,壯羸不同也。恭簡及事其舅孝廉公,柔襄不及事孝廉公,獨與其姑居餘半載耳,蚤暮不同也。又有同者矣。其敬事君子同,其順承姑嫜同,其睦處妯娌同,其惠逮媵妾同,其芳齡置媵同,其愛均猶子同,其潔蘋藻、供祭祀、豐帳具、供賓客同。恭簡工刺綉,柔襄工績紝,勞手指操作則同。恭簡執舅喪,柔襄執姑喪,慎殯殮哀則同。又有不必同而同者矣。無子不必同,而同嗇于嗣。無年不必同,而同促于算。鵲巢不必同,而同閱我後。鳩居不必同,而同爲人先。又有不同而卒歸于同者矣。夫姊孀居,僂己事之;夫妹奩送,解粧豐之;妹姊歸寧,腆具供之;彌久彌敦,情文無間。此恭簡之所有,而柔襄之所不及知也。治先堂斧,事不推難;搆公肯堂,力不辭憊;脱簪佐費,財不告乏;益煩益給,咄嗟索辦。此柔襄之所有,而恭簡之所不及見也。恭簡置吴氏媵,無有出。柔襄亦置李氏媵,舉一女,媵没而女其女,出入提之,晝夜腹之,今近于笄而字矣。此又柔襄之所有,而恭簡之所不及聞也。

要此,兩孺人者,爲士人儷,爲君子逑,歸不可相及,而德相亞,行相埒,易地則皆可爲焉。微恭簡,無以作柔襄之先。微柔襄,無以成恭簡之後。後柔襄者,

可以風已。桓少君之爲婦,恭簡有之。李穆姜之爲繼,柔襄其庶幾乎?賢而無命,福祉不如矣。余是以傷之,復爲銘。銘曰:

嗟彼兩媛,媲德弟兄。不同其居,而同其行。茫茫區宇,酷人太横。繼者不終,作者不成。命之無延,哀此煢煢。生不識面,没而同塋。兩兩相勞,從于九京。亦有君子,不殞厥名。夫貴已貴,夫嬴已嬴。往過來續,嗣其徽聲。綿綿瓜瓞,施于佳城。誰則銘之?曰惟李生。李生爲誰?亦此儜丁。締君子似《詩》云:鳥鳴之嚶嚶。

許室莊質詹孺人墓誌銘

今年萬曆壬寅之春,許君世臣既奉厝其尊大夫觀察公于賜恩山之麓,乃復自開堂斧,負艮揖坤,爲壙者二,于觀察公塋之東,祖贈行人公塋之後。稍高而朗,俯瞰先世諸墳,纍纍若前行。額其石曰"明鯉雲窩",世臣自爲記之,大率皆達後語也。窩既成,挽余登眺。鬱鬱蒼蒼,獻妍百態,爲之爽然。

余笑謂世臣曰:"君與細君年未艾,後三十、四十年而宅于斯,墓木不啻拱矣。然得無太早計乎?"世臣蹙然曰:"何子言之固也。吾駒隙五十餘年往,春秋如旦暮,所不知先朝露者,誰邪?子蓬乎其杓之人,欲使我株拘悦生而怖死。噫!亦惑矣。"余聞而謝之。亡何,而詹孺人殁。余入唁,世臣泣語余曰:"子鄉者笑余爲早計,而今豈早也哉?吾設此窩以待先者,不意其前我而廬于是,而使余嗒焉喪其偶也。"于是與余言,詹孺人爲大夫女若婦時所以貴,及其後爲士人妻所以賤。余非之曰:"君固余言,余亦固哉。君之言爲大夫女若婦未始貴,爲士人之妻亦未始賤也。孟德曜之釋綺,桓少君之提甕,往往辭父家之貴,甘夫之賤,豈其惡而逃之?彼良有自貴而非賤者,亦身幸其得有道君子爲之配耳。且人之生,何必無貴,有涼無炎,不成世界;亦何必無賤,有炎無涼,亦不成世界。貴者自貴,不知其貴;賤者非賤,不以爲賤。是其所以難也。"世臣聞余言而然之。颯乎若遺其斷絃之悲,以箕踞于鼓盆之樂,且歌且泣,若擊若罷。人之聞之者,以爲驩乎而戚,以爲哀乎若愉,莫彷彿其哀之所極也。既三月,世臣乃著所爲《莊質孺人狀》,就李生請銘,曰:"吾且納窩之左壙。"

李生按狀誌之。狀稱,孺人父爲詹約軒先生,以進士起家,曹户部郎,而孺人爲之女。母陳宜人最愛之。少尚恬潔,不事嬉戲,嫻于女訓。此所云大夫女而貴也。狀又稱,孺人于歸時,賜山先生既已第進士,給事黄門,最後爲滇中觀察大夫,而孺人爲之婦。姑陳孺人從宦于外,孺人獨秉家政,爲諸姒先。此所云大夫婦而貴也。狀又稱,孺人事世臣時,世臣爲佳公子,爲名文學。其後觀察公坳,世臣屢罷省辟,廉吏歸貧,書生皓首,孺人始不蕭然于空室蓬户間矣。此所云爲士人妻而賤也。然狀又稱,孺人處貴不侈,居賤不羞,生平拮据,蔞糲自甘。其爲大夫女婦時,無以異于爲諸生妻時;其爲諸生妻時,更不復知爲大夫女婦時。首不加珥,身無綺衣,猥瑣必親,臧獲無假,一衣一盂,再三浣滌,去其垢乃止。接人面赤,應對不出口,雖極盛筵,非家讌不出應。代姑爲政柄十年餘,靡有私蓄。歿之日,篋中浣衣數襲而已。要以克勤克儉,課兒課婦,門内肅肅雍雍,泊然足矣,終其身如一。此政所云,爲大夫女婦未始貴,爲士人妻未始賤也。

李生縉曰:吾觀狀及讀《朋鯉雲窩記》,乃知孺人之貴于士人妻也。記稱,桓司馬安在,濠上生亦安在?世臣蓋欲自托于濠上生者流乎?彼游于方之外者也。世臣其初爲諸生,習詩書,治禮義,亦欲雲蒸霞變,遘時爲世用耳。及今不遇,已矣。列禦寇貧,楚王遺之粟,不受。其妻有憂色,曰:"爲有道之妻者,不亦難乎?"莊周之妻死,以爲本無生、無形、無氣,不嗷嗷隨哭之。萬世而下,知有莊周、列禦寇,則知有莊、列之妻。孺人不自貴乎?令世臣貴,而孺人室謫之,此以稱大夫妻,則北門矣,于有道者何如哉?吾是以貴孺人,不必女婦乎大夫,有以也。狀載,孺人生嘉靖云云,厝以是年九月十四日,乃爲銘。銘曰:

出自東門兮,濱于河。望群峰之嵂崒兮,中有窩。其石似鯉非鯉,日月經而不磨,雲雨興而不波。維以爲碩人之藏兮,君子之朋良足多。何白頭之無吟兮,感朝雉而作歌。矧有玄駒修三丈,呼吸天地任所過。

明授光禄寺署丞曹隱君子貞先生墓表

先生廣陵人,嘉、隆間所稱閎覽博物君子也。以州歲薦上禮曹,入國子上舍，謁銓，授光禄寺署丞。先生丞矣，稱隱君何？丞非先生好也。授先生丞而署之，亦非先生好。辭不就，逃去，故曰隱。先生隱矣，猶稱丞何？先生不可丞也，而强丞之，能强先生名丞，而不能强使就職，以遂先生之高，故曰授。授，則若丞之也，但稱授，則非丞矣。先生，隱君子也。

嗟乎！利禄塗開，富貴湎人。人之覬一官也，若望歲然，未得，不勝羶之。其溺一官也，若鷄肋然，既得，不勝戀之。夜繡不休，漏盡不止，位高益甚。若先生者，可謂潛德而隱矣。先生没，王元美先生傳之，屠長卿先生銘之，皆能名先生隱，莫名先生之所以隱。先生之子少尹君，來篆吾南安，謁不佞縉，請表之。夫表者，表其微也，莫微于高蹈不仕之心，有終身莫知、畢世難明者。不佞何以表先生微？雖然，不佞遯人也。語云"同明相照，同類相求"，各從其好耳。請表先生之心，發傳、銘所未盡，可乎？

先生姓曹，諱大同，子貞其字，號于野，晚更號曰巽庵。先世自汴徙常熟，轉通州，世受儒起家，爲通望族。父寧海令公博，先生其少子也。先生少奇穎，讀書日數千言，過眼笥腹，終誦不忘。總角能文辭，有作輒屈同儕，莫能及之。已補弟子員，聲益著。所搆《易》、《四書敷義》皆奇絶，不與俗吻同調。小試屢冠，八上應天辟，俱報罷，先生之名亦不衰。嘉靖庚戌，始膺貢就禮部試，試廷皆居前，游南雍國子，先生于是爲吏部選人矣。故事：例貢登胄子者，所除官，非博士、掌故，率多州、邑丞、判，其得授長吏職，什無一二。先生以鴻漸之翼，俛就悲棲，已非其路，矧溷入鷃雀之群乎！十餘年不就辟，宜也。

會有上疏言朝廷不當以科貢軒輊天下士，宜並令列要職，如祖宗朝故事。先生聞而始北。是時，先生之鄉人興化李公爲大宗伯，先生乃上書，極論時政，累數千言，卒歸之求士不當，專以文資格，不足竟士。李公讀，大奇，約以晨趣直舍，語太宰嚴公訥。會上有急召李公入，是以不果言。先生知，不懌，遂投牒吏部，稱不願得官。吏部如先生請，授光禄寺大官署署丞以去。先生所以聞疏而即出者，誠欲有所用其未足，亦爲有李公能知己耳。李公而不知先生則已，既深知之，且相約而言太宰，有所忘而不言，或欲言而以他奪，非先生上書請之意矣。

且李公當時最貴重用事，屢召至上前，即以先生才稱于朝，亡不可。不然，而推轂于司爵氏，于言亦易達。李公而不爲先生地，誰爲先生地者？先生欲不拂衣歸，不可得也。聞之先生授署丞時，但拜空名，不具冠服，先生欲自明其非丞也。先生惟不屑令丞小官，故有是請。當事者而不知先生不欲官則已，知不欲官則何官不可處？而授以丞。署丞，亦上舍生輸粟可得之官，猶之乎資格先生也。李公故有奪不得言，縱言，不啻出，誰能破格而大用者？先生不以此時蚤拂衣歸，不可得也。先生不自言去，人莫知所以去，往往于先生急歸之日，欲挽先生就職者，詩歌慷慨，亦榮其行。然亡不人人而丞先生。雖以王弇州千古人豪，且以得大官丞爲異數。一何其高視丞，而卑視先生也？于先生不屑就之心，不無少拂矣。

先生于書靡不讀，于詩、賦、古文辭靡不工極，學者稱爲通才。喜自負甚，謂功名可立致，當旦夕蜩掇之，竟弗售所至，爲恨恨。已賦《考槃》，不復與世接，而未嘗廢書史。闢舍東偏爲齋室，購金石、古文諸書、名畫充之，獨坐其中，上下千古。世不能得其目者，盡搜獵之，茹精掇要，彙而成書，著《藝林華燭》百六十卷。前是，先生著有《玉芝樓稿》、《前續稿》，此尤其閎博云。先生語人曰：“吾老矣，以書史喻適志耳，何必官？令後世人尋我于書肆蠹魚中，毋沾沾丞我也。”士大夫以是益多重之。宇中賢豪讀先生書，誰不延頸願交者？郡以鄉飲大賓致先生，先生謝弗往。最後益深匿，有司莫之面也。卒年七十四，世相傳爲“曹隱君先生”。

李光縉曰：嗟夫！世人之莫知先生也。初之不知也，以衡文失。此夫寶康瓢而棄周鼎也，暗投而怒，猶可言也。再之不知也，以拘格失，是謂鳳可籤而驥可櫪也，算短而馭，不可言也。吾猶悵世人之以丞溷先生也。陶令之賦《歸來》也，耻折腰也，而腰則已折矣。陶令所以悔其去之不先，而故托之醉鄉，以遺其令名也。先生不願丞，而人故丞之，故先生逃不就。元亮逃令于酒，欲以酒而易令名。先生逃丞于書，乃以書而破丞名。先生之心，則有大拂其初者矣。不佞亦不願仕者，竊有附于臭味之同，而不敢効上書投牒之舉。欲爲先生洗丞名而不可得，姑係隱君于授丞下，以表先生微儀一世而風來者。嗟夫！世混濁矣。先生之心，非真不去處之人，其奚以知之？

霞璧岡阡表

仲尼少孤，不知父墓，其合葬母也，殯于五父之衢，問于聊曼父之母，然後知之。此聖人創見之事也。聖人亦人子耳，至于父墓之不知，雖聖人無如之何者，但自歉其事父之未能矣。《蓼莪》一詩，千古流涕，然能道父母生鞠拊畜，長育顧復之恩，而未盡獨子無怙之苦。有父而面不識，病不視，殮不親，客櫬不能扶，尚可爲人子乎？此今日痛所爲深于《蓼莪》也。

父主政一泉公，生于某某，享年五十。登嘉靖戊子賢書，初授惠州府推官，三年奏最，封坦菴公、任太孺人如其秩。以召入，改户部雲南司主事。初配贈孺人林氏早卒，次封孺人江母。生母莫孺人最後至，舉小子縉。四歲，主政公歿。二母間關歸櫬萬里，高山峻嶺，長江大河，雪夜風朝，凄凄漠漠，跋涉辛苦，向不能知，抵今思之，猶可哀慟。光縉稍長，莫母亦没。封母自父没後，相依共命，如左右臂。變起倉卒，户内錢穀，權有所制，不得自擅。縉不慧于聰，少蠢如故，周身之具，不無缺憾，竟貽後日之悔。此皆光縉後所刺骨腐心者也。

一日，封母獨坐，縉旁侍，問父生平履歷狀，封母泫然，若喜若詈。母曰："汝今始知有父乎？"縉益徬徨，問父居官何若？封母曰："吾婦人也。堂皇之上，簿書之事，吾不能知。但自吾隨汝父之官，未嘗見有官物私我者。汝第觀我遺篋中，無半通尺楮之藏，可以授汝，汝父廉于官，可知也。"問家政何若？封母曰："吾後至也。汝父諸生時，吾不能知。吾但見爲孝廉而貧，兄弟五人，服被食飲，汝父肩之。居官在事，俸入多寡，汝父不使吾聞，概授之仲、季若叔。汝第觀汝叔兄弟侄共窩，今四世，婚娶嫁聘，居處服御，饔飧之需，誰之貽？汝父孝友于家，可知也。"問語言若何？封母曰："平居之事，吾不能悉記。吾第記理官時，一日，治官晝入，吁嗟嘆息，却匕筯不食。吾問何故，語我曰：'獄有不可生者，吾欲求其生而不得，是以爲恨。'又一日，治官晝入，驩忻鼓舞，爲之加飧。

吾問何故，語我曰：‘吾今日活寃獄三十命矣，是以喜耳。’汝父生平無褻語媟言，非禮不道，吾耳熟焉，不能述。汝第思之，汝父德于言，可知也。”問病奚由？封母泣下曰：“汝父勤其官以死耳。汝生數月，吾與莫母隨之京。時虜酋薄都城下，仇咸寧握重兵，擅權用事。汝父督太倉儲，士馬芻菽，咄嗟取辦。但見無日不蓐食，無夜不帶星歸。吾與汝莫母，亦往往鷄未鳴起，更闌始就食，既勞且瘁。又，孫總督、陸緹帥，以撓法關説，汝父執益堅，蜚語相聞，恚怒益甚，寢以成疾。病革，呼吾二人抱汝，而恨不及汝之立也。汝第思之，汝父與莫母今何在，吾能無悲？”語畢，淚浪浪下。縉放聲哭。再問，封母恚曰：“其詳吾不能知，汝問之諸父。”縉拭淚，默然出。

仲父初苦爲生，能言父起家事，叔父定安公治書，能言父治書事，季父封禮部公，從父之官，能言父官中事。言纚纚悉，然不出吾封母所述語者是矣。縉又記，一日與弟某某，侍封禮部公側，與縉言：“故事：理官無督運役。御史行部至，惠所親爲姦利于地方，汝父急之如法。御史不懌，陰囑郡大吏，使脱之。人争齎酒錢，繹絡于道，汝父不爲動。御史大嗛，故有是役。辭之不能免，却例費錢，上羨金八百餘兩于官。後御史至，盡論罷前御史所疏舉者，特薦汝父廉，是以有内召命。”封母亦言，父在惠州時，爲御史所苦，入謁雨甚，冠袍靴帶皆水，取冠投地，欲棄官歸。與封禮部公言合，而禮部公言之備矣。父事不得于所見，但所聞若此。

嗚呼！痛哉。父没四十餘年，始克葬。葬于某年，贈母與莫母祔。贈母既葬，則遷之。莫母初殯，不成禮，則易之。揆之禮，皆非合，然于心恔也。封母時年已八十，能哭父如初喪。縉爲少孤子，不能無故作哭父聲，今始一衰絰，哭數日夜。人乎子乎，止如是乎？越二年乙未，封母歿。及卒哭，遂合而葬之父墓，可無問矣。岡名霞璧。璧，天上圖書之府；霞，文明之象，瓊海道人所名也。墓負丑揖未，二銘出師廉憲蘇紫溪先生筆。師學士黄葵陽先生題其墓，曰“正人君子之宅”。

昔老泉歿于京師，子文忠公爲載其所最嗜四菩薩板，已歸，既免喪而捨之，授浮屠人惟簡以彰父德,輸助錢數十萬,度爲大閣以藏。歐文忠公四歲父歿,卜吉瀧岡,六十年始自表之。而備述其致位累官,受國大慶,贈父母秩,加封極品,以爲親榮。縉四歲孤,父亦京師歿,與兩先生略相似。但主政公在時,于物無所嗜好可爲施捨。使福德可延,縉亦不能如蘇公助錢蓋閣之事。而學行淺鮮,寂寞著書,無以徼寵命、增父母已封之秩。但竊自思,千百世下,羡兩文忠之孝,不以其官,不以其閣,而以表與記之言,可爲親不朽。故亦不敢勤貴人如椽之筆,而僭擬歐陽公《阡表》之例,述吾封母所以備語先人之懿,勒之于石,係吾兒某某及後子孫累百世之思。

景壁集卷之十八

祭　　文

祭黄老師葵陽先生文

嗚呼哀哉！天生夫子，爲世名儒。詞夸左、馬，學本程、朱。有斐其英，有握其瑜。早捷省解，驤首天衢。既魁南宫，厥問允敷。吉士庶常，帝命特殊。玉堂仙客，夫子與俱。名出其右，更無以逾。今上訪落，講幄方新。左右講讀，文學親臣。帝悦而嚮，啓沃朕身。司注起居，涣帝之綸。有代天言，煌煌璘璘。朝以爲寶，家以爲珍。分校禮闈，獨多得人。出典閩試，秉鑑持衡。郡無留良，於斯焉盛。主試順天，惟公乃明。得賢無方，實王之禎。君子所喜，小人所驚。嗟彼貝錦，妬厥高名。無洗索瘢，煩言是生。天子曰吁，乃不高張。屢疏求退，當宁徬徨。温旨留之，請疾益彊。以長宫寀，予歸故鄉。帝心猶簡，雖去不亡。馳傳傳之，紵賜孔陽。且曰爰立，豈以舍藏。於惟夫子，身退名章。優游翺翔，碩寬之堂。東山高卧，望重非常。嗟嗟夫子，天下特聞。獻金戛玉，湧霞蒸雲。詞傾三峽，筆掃千軍。鞭笞一世，無與相君。譽從此起，謗遂以紛。豈人無良，彼蒼不欣。夫子既去，經筵輟開。帝匪倦聽，無如僊材。文體頹壞，矛靡波洄。其誰釐之，莫知取裁。曰惟夫子，卷而懷哉。中外跂予，望躋上台。云胡一疾，赴宴瑶臺。名世已矣，天不憖遺。斯文無主，學者失師。同此弁紳，誰不涕洟？矧縉小子，特達受知。

自縉受知，稍亦見奇。匪縉之能，惟師是毗。愧我碌碌，振拔無奇。貽玷師門，師曰固宜。函冶獨契，貴子者希。茫茫區宇，相知有幾？得師之後，終身爲依。泰山頹矣，縉將誰祈？陟師之堂，風景昨非。師有賢郎，聲逮不違。獨縉安儆，如窮無歸。吾師吾師，胡不少留？使我心憂，涕隕如流。猶有舌在，桑榆可收。師不及目，報師于幽。百身莫贖，不可以求。昊天罔極，空此悠悠。嗚呼哀哉！

奠麟洲王老師文

嗚呼先生，胡不爲天下留哉！先生以進士高第，起家郎曹，與鳳洲先生並狎齊盟。是時，先生名甚赫都矣。乃先生以相分宜故而拂衣歸也，徘徊田間者復若而年。天子起先生而用之，復從儀郎參議江右，視關西學。是時，先生位漸貴倨矣。乃先生挍吾閩，而先生已再出矣。先生一播功令，開矇發覆，抽關啓鑰。士亡不竦然動容，瞿然顧化者。先生之公如天地，其明如日月。采善不以游揚，棄過矜其詿誤，剖砆玉於石中，别鈍良于札外。抱奇之彦，雖寒畯者，得附其聲；絜外之夫，雖貴族者，不肯假也。一時吾閩人文士習漸還于雅，先生鑪冶之力爲多。亡何，而先生擢太常矣。又亡何，而請告歸。先生之歸也，中外蹻足，以俟其用。先生之出也，中外拭目，以觀其用。先生之再出而再歸也，中外鼓歌其得用，而扼腕其不亟大用。誰謂先生不復借哉？先生之功在後學，風節在寓縣，道德文章在萬世。

光縉等鯫生，慕先生之日久矣。居未及奉顔色爲悢悢，幸及以郡弟子奏薄技于前。先生不以爲樸樕，亟收焉，夫然後始取大於先生之門。先生引我以繩，而洗我以善。小子之從之，猶醯鷄覩天地之全，爰居駭鐘鼓之亂也，不可容聲矣。忽焉而泰山頹，梁木壞，小子將安仰也？入先生之鄉，登先生之堂。吾師乎！吾師乎！欲起而再鑄我也，不可得矣。

祭紫溪蘇老師文

歲己亥秋九月，蘇先生以病終。先是，先生坐小齋，望五色雲氣旦暮從壁堵中起，呼友人浮白賞之，曰："吾且乘白雲歸帝鄉矣。"亡何，疾革，正襟而歿。甫殯，門人李光縉倉皇痛哭流涕。吁嗟乎！斯文喪矣。於是庀牲酺庶羞，致祭于蘇夫子之靈。曰：嗚呼！吾郡先正羽翼鄒、魯，本《詩》、《書》、《易》、《傳》，闡明道學，爲一代儒宗者，必首蔡文莊先生，而紫峰陳先生佐之。其建鼓修詞，特起藝壇，與昆陵相頡頏，擅一時東南之美，則王道思先生爲政。要以理學、詞章，分門别塗，不相該涉也。文莊之學，尸祝考亭；道思之文，左袒歐、蘇。兩者並類首厠足於宋人之庭户，四方學者宗之。自東越良知之説興，而考亭之箋幾詘矣；自北方振古之習熾，而眉山之法漸壞矣。其後，操戈日益甚，而餖飣之人衆，群説蜂起，各標根宗，衆詞效矉，自詫不朽。名與祧趙宋而郊周秦，不知其道没於禪乘，而文波五代之季也。噫！敝也甚哉。

自先生登壇，狎斯兩盟，庶幾兼成而掩前修。先生之學上遡六籍，先生之文下起八代，洙、泗爲源，閩、洛爲委，班、馬爲室，歐、蘇爲堂。其潛心也靡所不窺，其寓目也亡所不獵。抉秘靈均，漱芳百氏，而以本之於正，其間或創𦆔持議，於考亭爲忠臣，於龍門爲孝子。總之，好古述作，無負竊比之私，非故譔奇索異，塗世耳目者矣。以故先生之書，誦之如見其人，嚼之可探其衷。其志超忽，其氣汪洋，穆乎其如清風，淵乎其如赤水，巍乎其如泰岱之高，浩乎其如溟渤之遠，逌逌乎，翏翏乎，如行華胥之俗，而坐羲皇以上人，措之於躬，發之於政，皆是物也。

作人則文，備兵則武，明刑則嚴，拊俗則寬。左之右之，無不宜之。雖振鐸乎浙東文物之邦，而神不加疲；雖設隼乎蒼梧僻壤之域，而意不加沮。萬鍾可麾，三公可却。解組掛冠，四壁瀟然。概所著書，盡有功於學者，具是以不朽矣。方今理學諸臣，侑食廟庭，則有若薛文清、王文成，而吾蔡文莊先生缺待未舉，議者以次俎豆於賢人之間。而文章家有濟南、弇州、太函三君子遞起，高門相峙，至睨吾晉江、昆陵而齕之，欲令其左次。謂今世而在，失諸侯矣。吾以爲蔡文莊而後，躬行有得，宜莫如先生。今以先生文，與三君子並周視中原，蹂之躪之，吾不知其孰白雪而孰鈞天，誰鴻溝而誰鼎足也？上下千古，縱横百里，其惟先生一人，先生之道大矣。

咄咄！光縉以關尹而望猶龍，安能涉其邯鄲？顧生平知我，早有先生。昔者王弇州殁，太函悼之曰："天喪元美，其誰定余文乎？"茫茫區宇，知己之難類如此。先生逝矣，凡百光縉，不足以贖先生。泰山梁木頹壞，如何以爲教父？吾其求之《三餘集》，求之《生生》、《得得》諸編。先生曾銘我父母墓。吾往者讀先生銘，貌父母。今讀父母銘，貌先生。吾求之父母銘中，先生乘白雲以往，亦乘白雲以來，猶庶幾北面矣。嗚呼悲夫！

祭林豐瀛先生文

嗚呼！翁何化之亟也。今者，小子縉馬首將北，翁祖之於郊，爲積厚發鉅之歌，以壯行色。縉既以自壯，復以壯翁。安得八十春秋而有慷慨激烈語，如盛年勃氣也者？即往而百歲不啻也。乃小子之蓬藁如故，而翁捐舍舘矣。其果死邪？其果非死邪？

翁蚤歲負文章名，己未南宫之辟，褎然魁天下。於斯之時，海内士仰翁如神龍威鳳，人謂翁必且官詞垣，踐承明著作之庭。及翁既已主祠曹，丞尚寶，權門政府争欲致翁爲重，人又謂，翁必且以旦暮致通顯，烜烜上位，掇蜩可至。而翁竟以不屑濡，受當事齮齕，淹抑於郡左倅之間，凡若干年，乃始繇户曹郎出爲平樂郡刺史。諸知翁者，亡不爲翁扼腕。翁亦不二年，而拂衣解組矣。

城隈之居，張羅之門，充然自得。干旄造廬，不數出見，非公事不入郡庭。日手一編，據梧洛誦，金石朗朗，聲滿天地。標註撰述，終老不休。喜談文，尤喜談弘、正以上文。間一目輓近語，則掩卷久之，以爲非正學所宜有也。惡俗芬華，嗇於自持；恥世僥競，以讓予人。非理相干，諒情恕之；昬夜叩門，隨力周之。敦倫篤行，混沌之與居，知故之爲使。媒媒晦晦，而闇然之光，有不可得而秘者矣。夫以翁之負盛名，掇上第，敭歷幾三十年，而終一二千石之官，自鬭捷速化之士觀之，誰不以爲拙？夫其拙也，乃翁之所以爲不拙也。以翁之久縶籍，淹宦路，且徘徊守、相間之日久，而家不踰中人之産。自載高食厚之士觀之，誰不以爲貧？夫其貧也，乃翁之所以爲不貧也。不毁者名，不朽者德，不磨者言。翁具是而稱廉吏，稱循吏，稱文學斗山。師表於人間世，其與世俗高膴所得孰多？

翁於先大人主政公，爲中表兄弟，愛小子縉特深，而縉之落寞日甚。嗟乎！

積厚發鉅之語，非翁不以予縉，縉亦何必以再不遇而負慚於翁也？語可留，而容不可即；堂可登，而人不可見。此縉之所以悲夫。

祭大宗伯黄儀庭先生文

嗚呼！先生古之大臣也。艷先生之貴者，以位。如以位，則亦有履先生之位者矣。侈先生之壽者，以年。如以年，則亦有躋先生之年者矣。先生真所謂大臣出處以道者也。隆慶以前，郡薦紳間故多巍甲，然未有廷對及第者，自先生始。故多顯秩，然未有綰史筆詞林者，自先生始。九列卿貳，間或有之，然未有祭酒兩雍、位大宗伯學士者，自先生始。其後峻發洊登，皆步先生之躅，故先生之科名特盛。於穆廟臨軒爲首應，於郡鼎甲爲開先，此先生始進之道也。

詞林之官，與宰相密邇，往往有所依附，其聲名易以起，亦易以敗。先生自繫籍後，屹立於承明著作之廷。閣臣自徐文貞公而下，執政非一人，簪筆非一時，寧無有知先生者。先生獨無炙轂其間，循資望以進，未嘗有所凌躐，此先生當仕之道也。

迨先生祭酒南雍，請給里居，謝絶世好，門可張羅。數載之間，無書及政府，廟廊之上，幾不知有先生矣。天子特旨起之田間，先生始出而應之。祭酒北雍，晉佐春省，先生進《禮經註疏》，惓惓惟國本是慮，此先生再出之道也。

先生請册立東宫，疏入，不得報，遂毅然丐歸，以終養太夫人爲念。蓋自是，始昕夕子舍，無心懸魏闕矣。尋起先生佐銓部，辭不赴。起典禮陪京，又復辭。太夫人以天年終，竟不復出。故當此南北分黨之時，雖去位大臣，難免嘖言。先生獨飄然於世路風波之外，無能指及，而先生之望益重，且有以枚卜爰立歸先生者，此先生終處不復出之道也。

先生登第四十餘載，位不爲不尊，乃其在朝僅十三年，居官之日短，而政家之日長，經世大業，不可概見。其大者，在於君親去留之節；其次者，見於議論撰著之文；又其次者，昌熾於孫子而表正於鄉閭。後學以爲山斗，士大夫以爲鼎吕。如編《大政》，裁郡乘，著《家譜》、《田亭草》諸書，先生之不朽，具是矣。

大位者，遞居之所；大年者，有涯之筭。此何足以盡先生？貴莫貴於道德，壽莫壽於文章。先生之貴且壽，而稱古之大臣者，道良在是。光緒等以道義事先生，典型在望，依皈在心，方且冀先生以畢公弼亮之年，爲鄉達尊，爲國世臣。而先生遽往矣，能無悲哉？相率走奠，聊表師事之衷，惟先生鑒之。

祭庶子九石黄公文

嗚呼！公竟已於斯耶。天子方欲大用公，起公於田間，虚坊庶之位以待，今又遵命供職之旨下，横金貴倨，端揆可陟，而竟已於斯耶！公未病前一日，過余舍下，兩人坐對移時，余問公，以召命督促，何日登途？公以病爲答，愀然不樂，言若隔世。余甚怪之。公歎息，有恨不能及余之語。余病其非情，亦未暇與公論日月之依，烟霞之痼，兩者孰勝，然竊疑公生世外之想矣。乃不數日，而公病，未幾而遂病以死也。嗟嗟！身之不存，又何問官？何况問年！而區區以未稀之年，未滿之秩，爲公空致恨，此細人蓬杓之見也，何足爲公道？余獨謂公且出，出必能爲世重輕，身未可以死，而胡天奪之速也？

公以進士起家，讀書中秘，官翰林，漸進宫寀、詞翰之官，與政府相密切。當公之時，前後相繼秉樞，非公大座師，則教習師，不然，亦桑梓同年之知。公維持其間，嘿有規切。有言之而聽，不敢語人者；有言而不聽，出無復悔者；人莫之知也。公平居温良雅度，外若易與，中實難犯。於人無所不容，而實未嘗有所依附。議論每依忠厚，而未始廢正直之言。余久與公處，每歎公爲不可及，是以聞公言而益信之。

公今死矣，即不死，而赴召命，其有以銷朝中之局，而静海内之波，未可知。然我知公之必不在相也。夫位能榮人，亦能壞人。士大夫貴其真品耳，何必使相哉？嗚呼！公雖死何憾哉！

顧余與公四十年知交，公之將第也，其顯融履歷，先徵於入余之夢；而公之將逝也，其肺腑心事，盡吐露於語余之言。則世人知公，誠莫若余。途中飛花之景如在，而榻前問訣，不可復聞矣。公未死，人但以貴人名公。公既死，余徵之士大夫國人之論，或以公愿，爲任真人；或以公貧，爲廉潔人；又或以公行事正直，爲君子人也。死而後論定矣。此余所謂“公能爲世重輕”者也。嗚呼悲夫！尚饗。

祭中丞黄與參先生文

中丞之去閩也，閩士民失色也。今中丞之訃閩也，閩士人失聲也。中丞開府建櫜歲餘耳，何以使閩人愛戀思慕哭而慟之若是？往先師之典閩試也，人聞有中丞舊矣。泰山北斗，望重一時。人知有先師，因知有中丞。是中丞以先師重也。及中丞之節鉞閩也，人思有先師亦舊矣。制府轅門，威重一時。人喜得見中丞，因恨不復見先師。是先師以中丞重也。今先師何在乎？中丞何在乎？兹閩士民一聞中丞訃，所以日夜哭泣，思慕不能已也。

中丞爲先師伯子，世其家學，少有文聲。壬午領順天薦，丙戌第進士，拜官水衡，出理河政。是時，黄河歲衝決，漕道沮塞，天子命總河使者發帑金數十萬，拒不能得，議從之，靡不決策於中丞。中丞竭晝夜力，冒風日嚴霜雪中，胼胝河上，河乃治，天子嘉之。復以郎中理吕梁。未幾，以先師憂奪歸，讀《禮》三年。服除，起參江西政，旋長憲，有賢廉聲，豫章人尸祝之。擢河南右伯，進關西左伯。年餘，尹應天京兆。

中丞以鼎盛之年，具有材諝之美，而行之温恭和易之性。於文法無所不明習，於世務無所不曉暢。人盡知其爲先師後人，謙抑善下，循墻滋恭，故所至人皆宜之。

來撫吾閩，年甫五十餘耳，於春秋猶富也。閩久承平，軍政廢弛，水陸選將之權下移，巡海都御史授成而已。中丞至，乃漸收之，散委諸司，不以專屬，權乃稍分，軍威始振。在事年餘，未嘗官市一貨，未嘗遣一部曲入郡縣庭，吏民安之。秦川海寇竊入内地，檄水上軍捕逐，尋遁去。倭夷假請貢爲名，勾引據海嶼中。初至，善治艦遣歸，後至者，捕繫獄中，夷氛遂靖。東南半壁籍以亡虞，中丞力也。中丞憂去，海上始浸浸多事矣。去之日，薦紳士庶不能留。有涕下者，相與語我:"歸可三年,再出而撫吾閩,衮衣繡裳,如或見之。即不然,入而九列卿侍,天下並受其賜,能無并州之思?則猶幸以餘波及閩也。"而豈料有今日哉!

先師負台衡之望,而抑於人言,以坊局終。中丞負卿執之望,而嗇於天年,以開府終。當此斯文用夷、遼左用兵之日,正欲得名世重臣,爲木鐸、鎖鑰之用。而使吾先師父子,不數年間相繼淪喪,不可謂於文運國事無關者。固宜海内人相與咨嗟嘆恨於先師之早逝,而更驚訝於中丞之不復存也。

縉受先師知,以丙戌會中丞於京師,其後見之于邸,謁之于家。三十年來,游若弟昆,輓居宇下,覆露卵翼益至。縉不欲貶瑟投竽好之耳,尤不能以鴻鵠争鶵鶩之食。中丞以爲非先師志,屢貽書趣駕,然亦深諒,不吾奪。則昔之知縉者先師,今之善知縉者,莫如中丞也。聞中丞歿,能無慟乎?訃不及知,聞之已後,不能素車白馬而來,伏地放聲大哭,束芻代致,遠送之行,涕泣如雨。嗟嗟!中丞見吾師於九天,其猶以縉爲非人也。於戲悲夫!

祭象林周公文

嗚呼!翁今年八十又一矣。是日也,初爲翁覽揆之辰,今爲翁還真之歲,於斯體受,於斯全歸,善始令終,得正無憾。翁所謂"斂五福"、"考終命"者也,亦已善于死生之際矣。

翁以隆慶初第進士,爲少年新進之臣。以萬曆初官給諫,爲出入禁闥之臣。以今上初踐祚,登耄筭,爲五朝耆舊之臣。而皆於聖人受命之始。居官顯融之日短,里居掩抑之日長。朝家污隆之故,亦已多端;而人世滄桑之變,儘非一局。翁以蚤進蚤退之身,閲歷備嘗,優游固已老矣。蓋嘗因是論之,翁當日所事訪落之君,所居青瑣之地,與所和豫深相得之大臣,皆不可與今人同日語。

往者神考冲齡,樞臣秉政,朝綱振肅,臣下凛然。夷狄無内侵之禍,士紳無朔、洛之形。翁當是時,日月之依,交戟之侍。非不有白簡在手,而未嘗有干預朝政之事;非不有斂手在旁,而未嘗有招權受賄之私。一出而參知,再徙而令丞。翁皆怡然安之,略無少介蔕不平之意。拂衣而歸,蕭然貧矣。

跧伏田間幾四十年，臨池多興，詩酒自娱。凡世俗一切求田問舍、恃勢任威、凌轢鄉人之態，翁皆無之。以享此遐齡不盡之筭，縱位不竟施，於翁何憾焉！且以視今日之居諫垣者，何如也？進則樹黨於朝，退則猾賊於鄉。彼其盈廷棼如，陰移主權，抗衡執政，而釀宗社莫大之憂者，是何人耶？夫然後知翁之所履爲盛際，而非今言路人之所能及也。

予輩與翁並壻于江，一時稱襟兄弟者若而人，今鮮有存者。唯翁貴而且壽，爲吾儕所長事、師事，而今亦不留矣。則相與登堂一奠，嘆今昔之朝暮，而不能不致恨於翁之不復存也。嗚呼悲夫！

奠觀察大夫碩齋林姊丈文

嗚呼！士君子患不得志耳，不得志則有布衣徒步之恥。得志矣，患不歸休耳，不歸休則有鐘鳴漏盡之譏。兩者皆非所以論於公也。

公蚤歲爲諸生明經，旋登賢科，登進士，周游於户曹郎之間。出守蒼梧，擢憲粤西，參黔藩，副滇臬，所至有廉能長厚之稱。人以公爲大位可立致，而公竟疏病丐休以歸。里居數載，非舊游知交不數見，非公事不入郡庭，爰静爰清，門可張羅。凡一切世俗鬬芳競膴之事，公皆無之，而惟充然於環堵之間。其鞠躬君子之行，亦足以取信於士大夫，而見重於鄉閭。

繇前觀公，則紆金拖紫，生平無積薪之嘆，其所抱負設施，十已八九。此坎坷仕路者之所不能致，不可謂非顯。繇後觀公，則挂冠解組，乞身於未杖鄉之年，其見幾引退，亦甚明決。此鷄肋仕路者之所不能割，不可謂非達。縱倏然以去，夫何恨？而悼公者與不察公者，往往致恨于父子之俱坳，以爲公之哭子而殞其軀。嗚呼！西河之戚，君子譏之。嬴博之葬，孔子以爲知禮。以公能蚤决于進退去就之間，豈其不明于生死壽夭之際，形骸之無係，而棄之如贅疣懸疽，又何戀戀于委蛇之惜？乃其所以死公者，公亦以爲可死而無憾也。

獨吾姊氏，子非己出，爲公辛勤鞠其二子，一旦見公隨其子以去，其仲子未弁未娶，即非藐諸，亦煢然矣，能無痛乎？余縉兄弟長事公，縉復治筆研，與公從事。其諸侄，公以内人戚而卵翼之。兹所以相率而哭，而不知其涕之盈襟也。雖然，善箕善裘，孝事其母，而以詩書文字世公之躅，一仲子足矣。人生何必多男子而後昌，滿百年而後壽也？夫公何恨哉！

奠鍾雒何先生文

嗚呼！余于翁之没也，其悼翁之不存，與羡翁之先見者，蓋參相半也。

往辛丑之春，翁以鄧州守入計，毅然有拂衣之志，將謁銓丐休。當是之時，都下薦紳有留翁者，有勸翁暫給歸而復出者。翁謀于余，余不能爲首鼠兩端之言，而但爲翁賦“歸去來”之辭，翁竟歸。今歸已八年矣。此八年間，或于卧而徐行，或蚤睡而晏起，或寄傲于有山之亭，或長嘯于潯江之濱，或對客而弋觴，或獨坐而跏趺，寵辱不驚，誹譽不問，花鳥之與親，風月之爲伍。

翁故嘗守趙州，貳承天，爲太守于慶遠，後復爲鄧州守。尊居于堂皇之上，拖紫紆青，前呼後擁，自世俗觀之，豈非至榮？然亦不無柴栅于禮法之拘，鞅掌于簿書之煩。腰不得伸，而項不可彊，其能有此快乎？無但此，即以翁當日不決爲歸計，尚徘徊而領州郡之城，監司、藩臬，今或可坐致，乃首丘之望絶矣。其能以此日寢巨室而享南面之樂乎？夫仕路之濡人久矣。寵固者，鐘鳴漏盡而不休；榮擅者，含羞忍垢而不去。此流俗利禄之徒，乃君子之所不道。然吾猶以爲，峴山之碑雖淚行人，桐鄉之祠可過子孫，亦不過老而卒于官已矣。終不如坐叢中之菊，撫無弦之琴，若五柳先生者，爲千萬載之一人也。

大都翁爲人行事，與洛翁先生相似。洛翁長厚，翁亦長厚；洛翁友恭，翁亦友恭；洛翁好禮喜賓客，翁亦好禮喜賓客；洛翁居官愛民下士，翁亦愛民下士；洛翁蚤懸車，翁亦懸車。獨洛翁逍遥于林泉者幾五十年，而翁退居之日短，不無少遜耳。

嗟乎！軒冕，塵泥也；形骸，委蜕也；死生，逆旅也。翁既無所係戀于鵰鼠去留之間，又何罣碍于疣癰潰決之際！余鄉者謂，悼翁與羡翁參相半，而今之羡倍之矣。翁故無可悼也。余于翁有把臂之歡，豈臨没廢生死之感，不能爲唁？請以陶先生永歸之辭，爲翁一再頌焉，翁可以逌然于帝鄉矣。

祭封翁李一崑先生文

嗚呼！先生之没也，考終命也。蓋嘗因是持德福之説，按先生生平之遭。凡先生之所有，類得于天與人之交致，而宇宙薦紳間所未易以兼享其全也。故先生没，有羨先生富者，有羨先生貴者，有羨先生壽者，此皆未足以盡先生之至。

先生當諸生起家時，有文章之名，無食貧之苦。亦嘗應歲辟上禮部，竟不謁銓而歸。與介弟封翁周旋于贈公、太淑人之側，昕視膳而夕問寢，不以婾快。于斯之時，方伯公未第，孝廉公、尚寶公甫弱冠而有盛名。祖孫、父子、兄弟、伯侄，融融肅肅，慈孝之風洽，而友恭之情篤。此先生未貴時之有也。

迨方伯公、尚寶公並時成進士，孝廉公亦嗣是而領鄉書，先生稱貴倨矣。先生與介弟封翁並時受天子綸恩，一堂之上，父子、兄弟，金紫緋衣相掩映。而先生又及見方伯公之追贈其王父，先生所不能自致于父母者，方伯公爲致之，以遂先生之孝。此先生既貴時之有也。

先生算八十七于此矣，神愉體康，步履安常，臨池賦詩，夷猶足老。孝廉公辭公車而不就，方伯公致右丞而請歸，相率杖几間，以頤先生志。尚寶公復累辟不起，寧辭内召之命，而不忍一日違伯父之養。先生老而有嬰兒之色，子侄貴而有孺慕之真，斯景斯樂，未易言喻。王天下不與存，何論三公！此先生暮齡時之有也。

今先生没矣，嘗湯藥啓手足者，誰也？方伯公嘗之，孝廉公、尚寶公遞而進之，尚寶公啓之，方伯公、孝廉公掩而封之。先生得正而斃，子孫擗踊而哭。具二品之服以殮，烹五鼎之實以祭。不知《北山》、《鴇羽》之臣，"瞻雲"、《陟屺》之子，當其父臨終屬纊之際，曾有斯戚否？其存完形，其没全歸，無生前微憾于心，無死後少曠于禮。必如是，而後謂之考終命。此先生坐化時之有也。

嗚呼！帝命奕奕，天道好還。先生棄官以事贈公，方伯公兄弟亦捐職以侍先生。孝行于身，教孚于孫子，德逮于鄉閭，而名達于帝聰。冥冥之格，昭昭之報,以獲斯令終之善。此可以觀先生于天人之際,與德福之全矣。故曰,宇宙薦紳間,不多享也。乃尚寶公猶咨嗟涕洟于可死未可死之説。先生豈真死哉?先生固僊僊乎行矣。

祭潘封翁文

嗚呼!翁之殁也,其有所微靳乎?其一無所靳乎?謂有所靳也者,則翁之壽已高矣,祉已厚矣,亦已受天子綸綍之封,而歛五福于考終之際,夫復何靳?謂一無所靳也者,則翁于彌留之頃,去令子士觀赴銓之期,僅後數日耳。啓手足歛形之事,何不使士觀一親焉,而陰若有所靳以奪之去,此何以故也?夫孰知其若有所靳于今者,乃其一無所靳而以完父子之樂,士觀不之知也。

蓋自士觀第進士七八年于此,其居官受職,但一年餘,皆爲二母居憂之日。名曰讀《禮》,實守子舍。士觀籍是以致其尊養,無日不與衆兄弟共問視于翁之側,而冠帶之榮,甘脆之供,戲綵舞班之娱,無一不備至。翁不但爲菽水之歡,而士觀亦可無將父不遑之慮。假令士觀而陳情終父養,其親側之樂亦不過是,而士觀不之知也。

夫爲人子,服闋而補官者,制也;爲人父,而欲其子之仕者,情也。翁習見平居父子之聚,而以爲可常。但急于欲得其子之官,故促之而使出。而士觀以父命爲尊,迫于其情與制之拘,始不得不行矣。此亦天陰畀翁父子于生前之别,而士觀不之知也。

當士觀臨行伏膝下,翁盛冠帶而送之,命之以移孝作忠之語,士觀以爲慊于志。假令士觀躕數日不去,守翁以死,則亦臨終一訣耳。與其爲臨訣離憂之痛,何如爲出門歡喜之别。總之,父命猶在耳,父顔猶在目,父樂猶在心。與宦久于外,一聞訃而萬里奔歸者,大不同也,夫何靳哉?

故嘗謂,天厚翁于父子間,亦巧矣。若不美之中,有至美存焉。以母憂畢父養,往年之制居是也。若小靳之中,有不靳存焉。以驟别代永訣,近日之啓行是也。且人之所爲親老而急于陳情者,亦謂其可多致數年之養耳,豈區區在一殯殮之親哉！矧侍翁之殮，有諸子，有二千石公，而又有參知君之侄在。士觀自以爲憾，人亦有爲士觀致微歉者，故出一言以解之。庶幾翁莞然一笑，若夫翁福德之隆，何俟言哉！

祭守齋詹高士先生文

嗚呼！余之與公游也，知公不啻詳矣。凡所以壽公、傳公、贊公，可爲公鋪張揚厲，靡不纚纚備也。今使余復言以爲公誄，不已贅乎？余是以不具道，而但請與公言今日死生天人之際。

薦紳士大夫，紆青拖紫，誇耀顯融，身在則榮，没亦遂已。即不至幸速死爲快，未聞有泣而思者。公殁之日，知不知盡爲流涕。有謂公未可即死者，有謂公死而有不死者存，又有謂公死人其誰嗣者。凡公平日所經營之處，能爲邦人百世規，皆公所以係没世之思，而隕行人之淚。人亦于公之没，過公所經營之處，或遥指而追，或將去而止，無不徘徊躊躇，髣髴如見公之存，至爲公咨嗟嘆恨于不復留。不但公在時，有一二疑公者釋，議公者沮，且人人一口而誦公高矣。南國生悲于茇樹，峴山流涕于行碑，當不異是。此公今日之人心也。

公年七十餘始舉少子，人以爲天祐。公燕居深念，每自嘆身老，或不能及少子之長。嘗有異人皓髮垂眉，從洛陽來，道逢行人，出片楮寄公。其人遞至，公啓視之，云："保養少子團圓。"又云："大有心。"公怪之，述以語余。余謂，公少子名洪有，余所命也，即大有之義。有，《彖》、《爻》辭無心字。夫子傳五之孚曰："發志。"加發士于心之上，嘿示公之旨深矣。公首肯之。又云，彌留前二日，寐醒之間，見有人青服晳面，稱青殿使者，捧書函至，語公曰："徵書已到，公可速行。"公醒，大悟，遂自是飲食絶矣。時以麈尾自拂其腹，已而遂殂。二事似幻而真，無亦冥冥中嘉公之勞，憐公之苦，而姑以是酬公之勩與？天茫茫不可知，余徵天于人，見人之思公，争慕公不寘，則天心之屬意于公，良足信矣。此公今日之天道也。

嗟乎！人孰無生？生而無裨于世，雖貴爲天子之卿相，何益？人孰無死，死而有留于後，即壽讓彭、聃之大年，何傷？若公者，真所謂不爵而榮，無位而尊，不百算而埒大齊，非與？天隤不爽，月且（旦）難欺，余是以與邦人共追稱之“高士”，亶其然乎。韓昌黎云“鄉先生殁而可祭于社”者，其在斯人夫。嗟乎！社可祭也，則舍公其誰哉！

祭許南崗年丈文

嗟嗟傷哉！君之亡也。始吾十數兄弟，一時同貢籍，斌斌競爽，今十五年餘往矣。其間若淹若迅，若顯若晦，若升若沉，若存若亡，屈指數之，已不無令人參商之感，而致恨于造物之不能平。奈之何，復哭君坳。

君于書靡所不窺，于文靡所不極工，于人情世故靡所不諳鍊。其温詞雅度，足以醉人之心；其德厚信矼，足以望人之腹。驟接之，若晦若鈍；久與之處，其伉爽足以消人之鄙吝，而其忼慨足以時人之緩急，蓋誠實長厚、雍容博大君子也。

當君之貢澤宫，聲震胄子，人謂君必歌《鹿鳴》，而君果領圻書。君既已上公車，人謂君必掇上第，君雖不掇第乎，而君試牘果受今故相趙蘭谿公識。及君俛首廣文，教士香河，人謂青氈之席必多化雨，而薦君之善作人者，剡再四上。已，君循資擢粤西令，人又謂隆安雖小邑，但得君卧治之，必且彈鳴琴，作清泉，以文章潤餙吏事，而化其魋結雜徭之俗。乃君之治行以循良稱者，不一而足。君之才，不可不謂不有見奇，而海内之名公鉅卿，不可謂不有知君。且君之爲諸生時，故宗伯姜公嘗督吾閩學，拔君第一，而君之名遂從兹起，以迄有今日。爲文人名吏，所居民德，而去見思，噫！亦可矣。但使君困南宫者誰？起家博士官者誰？區區百里者誰？寘君于翳障毒霧彈丸僻壤者又誰？而君竟以死，則又有不盡知君者。而君之見奇，百且無十之一。此賢豪俶儻之士，所以爲君扼腕而不平也。

嗟夫！人生朝露，造物妬材。天道報施之説，太史公有激而非之久矣。今且無他論，即以吾十數兄弟，有一應計偕而死者，有再上而死者，有第而受職死者，有不名一職死者，又有數困公車而竟夭死者，參錯舛迕，已若干人。以君視之，其年、其位、其名，猶有天幸者耳，矧君有子能文！君没雖貧，家立四壁，而誦聲載道，閩、粤、燕、趙之墟，聞者知不知，盡爲流涕。昔人有云：受賕枉法，身死名滅，貪吏安可爲？然則，君之貧，乃其所以爲不貧者與？于公之後，其門必大，君無憾焉。嗚呼哀哉！

奠州守心竹蘇先生文

嗚呼！公達人也。先是，使余生而傳之，傳既成，書而扁之飛鳳阡之廬中，載酒而樂之。人以公爲訝，公劇醉而歸。此與彭澤令未死自爲文以祭何異？而公今死矣。余鄉所以傳公者，纚纚備也。即使余復言，寧能有加？且余安能作無益之悲，以怛公之化而傷公南面之樂？姑追吾兩人雅，再爲公述之。余未識公以前，無得而論云。

公之知予，自癸未始，今四十年往矣。是時，公搆惜日之堂，致余其中，使長君懋賢受余業，以余爲師。余因與公對壘三年，公以余爲友。公第進士，余初計偕，與公同邸舍于京師。公居刑部，余三歲一至，見皆歡甚。既公以事歸，相從于里中，游若弟昆也。及再起，爲太常，出守六安州，余又至六安，與公以覲行。余拓落如故，公□何爲不相善者齮齕。

公歸，乃更“惜日堂”爲“超然”，叠石山其前，放鶴其下，昕夕寄傲其中。間招余一至，置酒盡杯，以聽鶴鳴，雜以歌聲。公未嘗不樂，余未嘗不從也。如是，歲以爲常，蓋因是思之，成往事矣。世幻如夢，轉眼即空。無但公畏途中，妬公、嗾公之人，已盡灰土，雖與公當時相善、汲引、彈冠，亦無一二存者。其□□于公徘徊而不能去，獨余一人而已。余□□□□，公信余益深。公厝尊人先生，余傳之；厝□□安人，余銘之；搆鶴高亭，余記之。公年進六十、七十，余皆壽之。雖有他如椽之筆，必得余言而後快。最後治飛鳳岡阡，屬余記之。又欲得余爲傳其行事，存墓廬中，以不没來者。而今已矣！

公所居外無别業，僅一石山小亭，兩鳴鶴，且不能不捨而去，而任其自翔自舞，何況其他！則惟有飛鳳岡阡，與余傳記言，可長在耳。飛鳳岡，公晚年最滿志地，今將南面樂于是。傳記有見而讀者，因過公墓下，無不人人起仰止之思。則不惟始終徘徊不能去公者，余一人；其能不泯公而不使公溘然去者，亦惟余一人也。

公不崇于官，余不屑于仕。子懋賢所居之職，非吾兩人滿擬之初，然能在事清修見稱，不失吾黨中人，可謂公之肖子。今蹣踊南歸，與二三弟奉公柩，啓墓門而厝，公生前之願畢矣。余仙景小丘，去飛鳳不一里而近。其以吾兩人異日衣冠出于雲中來往，未可知。但此生而一日在，到吾小丘上，升瑕引望，涕泣沾襟，何時無之？而但此日白衣酬酒，入門登堂，伏几前一慟也。嗚呼悲夫！

祭九覲蔣公文

嗚呼！公殁，其有憾耶？其未始有憾耶？謂公有憾，公故無憾也；謂公未始有憾，公又若不能無遺憾也。

公以太學生登順天試，第壬辰進士，初令江山，擢南比部，権北新關，出守東甌郡，以江右臬憲、少參粤政，分守雷、廉、瓊。自致位通顯之人視之，公秩不上中大夫，官無不次之擢，若見以爲可憾，而不知公故無憾也。

公少孤，三歲贈公即世，吴太恭人蚤嫠而寡，樹公藐諸，煢煢相依，備嘗苦辛。公既繫籍，劬勞之報非一，善養禄養，兼修備至。初封孺人，再封恭人，今季子又成進士。自夸心貴盛之人視之，公能致褒封母節，身名俱顯，父子偕榮，若見以爲無可憾，而不知公遺憾更有他在也。

公寬洪長者，居官清慎，簡而不煩，平而不苛。自爲令及守，多善政而有深仁，初無赫赫之名，久有以繫去後之思。最後爲憲，督餉征黎，渡海深入，勤瘁成疾，竟底于平。故不無齟齬當事喜功者之意，而公之忠誠心已信于黎交之民，雖遽拂衣歸，公自以爲慊于志也。

公性至孝，少惟太恭人荻畫之教是遵，無敢幾微迕，入宦益甚。所居多善地，禄餘不乏，悉以畀太恭人。太恭人但于初爲令時一從之邸，餘不復就矣。太恭人老，猶秉家政，公所爲求田問舍之事，皆太恭人代理之，公不及問，諸孫不得問。公竟不能致太恭人與偕官，每私自歎，可奈何以一官而隔吾母子之愛也。及嶺海棄官歸，可昕夕子舍，而公已病足不庭矣。時以母老問子病而已，此公病所以棘也。

公雖不尊于官而顯于位，然而余跡公所留愛于在官之日，彼安坐談笑致公卿者未必能及，公何憾之有？至使公母子間，當其仕，有奉檄之喜，而不能無尸饔之慮；及其歸，有舞斑之年，而不能爲詐啼之驩。能依母以生，不能事母以老，先此朝露。高堂之上，九十白髮在焉。公生平至孝人也，而使母倒哭之，能無憾，得乎？

余亦四歲孤，遭與公相類而酷于公。獲與公同籍，後以兒女子相托，公之第五子爲余壻。余拓落不及公甚。公爲循良，赫有聲稱；余甘遯人，老而無聞。澤流百姓，慶餘後人，公之所有，余之所無；浮雲世態，屢空無累，余之所有，公之所無。人謂余不如公，余自知不如。公亦自語余，謂不如余。公所居守令地，余嘗一至焉，有數至者。聞之人，公去後，有余邑聞公無恙者，皆次問及余，此謂吾兩人之相如耳。而今已矣，不可復得矣。嗚呼悲夫！

祭黄仲石文

嗚呼！人生朝露，古嘆之矣。然亦何意公遽逝至此哉？公彌留前數日，嘗過余齋中，問余病。余覩公强健勝常，意羡公，不謂别未幾而訃聞矣。初傳弗之信，而果然也。何其速哉！

公少于余十餘歲，余初未識公，而善公之兄伯宫庶公。乙酉之役，棘闈之中，風雨竟日夕，吾兩人相值之巧，相成之善，因相與並雋，可謂古今至奇。其後各困公車，公猶謁銓授德安司理，擢廣安州守，司馬松江郡，而余則不名一職矣。公出而仕，余遯而不仕。公澤行于三吴、楚、蜀之間，而余聲不馳乎闤闠之外。余安得過擬于公？

人謂余之賤，不如公之貴，公故弗余賤。然余雖蓬藋終身，義不苟合，亦未嘗自知其賤也。人謂余之貧，不如公之富，公故弗余貧。然余雖四壁蕭如，無聞室謫，亦未嘗自知其貧也。故公自懸車後，凡宦餘所玩好，如古畫、奇書、晉帖、唐畫、宋研、宣磁、銀鼎、玉盃，種種法器之類，公之所有，皆爲余之所無。而余于世途中一切宦情仕態，如屈膝、折腰、深揖、長拜、伺顔、承旨及私謁、存謝、賂遺、問饋之事，余之所無，公間或不免于有。然余未嘗以是外心于公，公未始疎往來于余。公最善李仲熙君，余晚歲所共與招隱者，惟李仲熙一人。余不無遯尾之厲，仲熙則去之蚤矣。厭棄城市，携子山中，高棲雲表，俯視塵寰，余與公皆無之。仲熙誠違俗任放，然猶不能如余之貧而無繫也。

嗚呼！公年止此矣，生平行事止此矣。假令公再進此而履名位之極，今亦死。又令公復貶此而終布衣之行，亦不能不死。夫以公之身且若浮若寄，倏朝倏暮，又何身外事之足云哉！余獨怪，公兄弟兩人，皆于未病前若先余訣者。宫庶公造余，坐語移時，自嘆不余及，語史局時事甚悉，余是以得聞，于没後詳而傳焉。今公亦造余，坐語移時，有欲言而輟者三，余察其中若有苦，弗敢請也。公今終不言，已矣。余則復何言哉？嗚呼悲夫！

祭南雄通府黄調台年兄文

嗚呼！公于余同籍友也，約爲婚姻，自家弟户部君始。公之仲女，爲家弟仲子之婦；而余之第五女，婦于公之伯子，姻好所從來矣。顧家弟拙貧于一官，仲侄早喪，婦貞而嫠，兒女俱少。弟以官卒，不無貽累于公。而余以浮雲世態之思，爲枯槁寂寞之行。公以余爲屈縠堅匏，並無所用之。

惟公饒于材，敏而多智，善于其官，有用于時。初論平和，繼宰臨安，凡公生平所韞蓄負抱，幸得一試，而悉露其奇于十錦花封之地。諸如清户役、均糧運、救旱、賑荒諸善政，均前事之所未有。而其所爲經國文章，亦備見于《臨安誌》一書。他爰書片言，咳唾皆文，無論已。公以是遂有聲于武林郡邑間，爲諸令最。御史臺上疏薦公，三載績滿，封二尊人如其秩，銓司復疏公循良，留部用。當是時，武林諸邑令得留者，僅公一人而已。人以公留，非臺御史，即部曹。有來言，欲得公千金者，予部主政。公笑曰："以貲得美官，吾不爲也。"竟出公，判南雄郡。公遂歸，上疏請終母養。時論高之。

公性至孝，四歲喪怙，與周太孺人相依。太孺人性嚴，公尠小即善事之。有可中太孺人歡，備極楚辛，婉嬉以從。熊丸、荻畫之教，終身不違。太孺人荼苦，視失明，公百計求復，不能得。既掇賢書，太孺人大喜過望，明視如故。人謂公孝感，有完節動天之譽。公官歸，柔毳甘旨之供，稍得如意。向爲孤子，今有孫矣。膝下承歡，洩洩融融如也。余亦四歲孤，當封母在，不能有奉檄之喜，借升斗爲一日養，德福皆不能如公，公可謂有天幸矣！

公輓近歲好佛，誦經茹齋，已十餘年。爲佛施捨，動至百金，翻梓佛經行于世。有問者，曰："吾爲是苦行，以益母算者耳。"倘亦蘇文忠捨四菩薩閣之意也。嗟乎！公能上陳情之表，而不能終母養之年；能奉佛以蘄添母之籌，而不能使其身不先太孺人以死。吾見公所以受福于君，而盡孝于親者，大抵皆得儒之用，而未見其有受佛之庇也。公今行矣！使天方國可至，蓮花座可登，如來可見，以此證佛，証性，雖死不死，豈非極樂世界？不然，貝葉爲空言，乾竺亦幻地，吾猶慮公不無悔錯于地下，而空咨嗟嘆恨于絶裾之先行也。余拘儒也，謂儒亦有修身俟死之正，于哭公啱公始終，竟以儒述，公得毋以余言爲非然乎？嗚呼悲夫！

哭友兄駱尚孺先生文

嗟嗟！尚孺何以死也？尚孺死，吾儕何能無哭之慟也？有涕而問者曰："人生之必有死也，猶旦之必夜，而暑之必寒也。且夫生生死死，于天地間之人多矣。或富焉而死，或貴焉而死，或大富貴焉而死，又或貧賤焉而死。何獨尚孺死，而不能不哭之慟也？"噫嘻！非爲不第慟也，非爲不年慟也，尚孺蓋未可以死也。富貴可常有，而文章之人不可常有，尚孺死，而斯文之脉斷矣。

尚孺于古今書無不讀，于鄒魯聖人旨無不究。少小操觚，即耻世俗括帖，而自抒靈根，仰參作者，爲文洞玄極髓，抽關啓鑰，而氣大力雄，有倒海排山之勢，不比近代人争字句，作纖奇小巧也。尤邃然于《三百篇》之學，深情雅韻，力追正始之音，可絃可歌，他撰著稱是，乃未竟者多矣。往閩癸卯之役，尚孺一出，押多士而先之，墨文行已，廢前人之作，開後來耳目之新，海内士翕然嚮之。其後文體漸漓，世趍日壞，天下争習于妖冶淫蛙（哇）之言，以竽時好。而尚孺之刻舟自若，不肯少一枉而狥人，以故識者愈稀，而遇合亦愈黯，歷數試而不第。成敗論人者流，遂生噏訕之口矣。嗚呼！唯不遇，然後見尚孺。假令尚孺而輕擲于一遇，則亦不足爲尚孺也。

尚孺之文，迷日色之人不能知，具慧眼之人能知之；以耳食之人不能識，别淄澠之人能識之。故尚孺之身雖詘，而其文與名日益湧于天下。武林周古桐公與余言："經學湮矣。《詩》自鄧文質公而後，鮮有明者。一綫之續，當在尚孺。"郡太守姜仲節公亦語余："貴鄉孝廉雖多，學未必能尚孺右。"韓求仲公憂時文詭異，採後先諸名家文以閑之，吾鄉罕與者，而録尚孺文獨多。嗚呼！此足不朽尚孺矣。

已未秋，尚孺自京師歸。余見其有不豫色，笑謂之曰："文章卑爾，至今日極矣。君之不遇，天也。令君蚤得志，以此時秉文任提衡，天下士何憂文壞哉？即不然，士見君苦心力學，今褎然上第，亦必知文章非讀書明理不可者。其如非天意何？君何鬱悒爲？"尚孺噎然而笑。但與余言京中事，嘆息憂天而去。誰知不數月，而尚孺遂不留也。

嗚呼！斯文波逝，一葦難提。尚孺死，更復有尚孺者乎？吾故曰，尚孺未可以死也，死而斯文斷矣。方訃至，余掩袂而哭，惡夫涕之無從，欲出一言爲尚孺吐氣于地下，而適有下堂之疾，呻吟呼號不庭者二月餘。嗟嗟！尚孺已矣，余復何言？余爲斯文慟也。《詩》云："如可贖兮，人百其身。"尚孺之謂乎？嗚呼悲夫！

祭歙令碩園蘇君文

嗚呼！世人之知君也，于顯融之後；余之知君也，未有成名之初。人之惜君也，以易盡之年；余之惜君也，爲有未竟之志。君弱冠，與兄伯學博君，問業于余。余高兩君之材，君亦信余之篤，談或移晷，或夜分，余縱亦縱，余横亦横，相與驩甚，其游若父子然。當是之時，共事諸君，未有一人起者。甲午之秋，學博君爲嚆矢，而君旋繼之。自是之後，或首南宫，或魁大廷，或登甲第，或領鄉書，翩翩非一，其以胞乳登薦剡而成進士者，僅君一人而已。

君詞贍而材華，志揚而氣峻。當爲諸生時，下筆纚纚，已慨然有雄視中原之思。既應公車，與兄伯共計偕，體羸惡寒，淬礪益至。丁未，舉進士，于令甲當得令，貽書與余，不滿所志。余謂，吾儕一起家，何官不可居？奚必人人金馬也？君然之。初授南召令，以邑小才多聞。未數月，調寧陵令，君以治南召者治寧陵。朞月之間，政聲藉甚。案無留牘，民無冤情，士楷其文，大夫馴其禮，明敏仁恕，廉潔見稱。亡何，以封公憂歸，百姓呼號送之，而君以循良名翕然于中州之間。

去歲服除，入補徽之歙縣。人謂非此劇縣，無以盡游刃之材而騁其霜蹄之足。君亦益發舒其所自得，視事以來，人心如晨起振衣，紀綱風俗爲一變。乃未朞而君没矣。太阿初試，旋出之，而旋匣之。騏驥新服，旋駕之，而旋櫪之。天于君之才何其豐，而于君之年何其嗇也！

嗚呼！人孰無死，亦孰無殀死，但君生平所自樹，欲表見于世，而余雖拓落，亦有欲托于君以行者。君十未展其一二，遽賫志以殁。民失其父母，士喪其蓍龜，而余亦若失其羽翼。即與君共事諸君，靡不人人隕淚，黯然無色。如之何勿悲？君今去矣，有學博君與令長君在，所以竟君志者，未爲無人也。嗚呼悲夫！

奠封翁江習泉先生文

嗚呼！翁爲太封翁之仲子，少卿公之介弟，觀察君之尊人，享年八十一，受天子綸封二十餘年，何其備順而多福也！

翁自起諸生，餼于黌，試于省辟，歷南北雍，有聲于都人士，以至貴而受太公之尊稱。其平居被服食御之奉，所不能盡得于父者，而已享于其兄；其生平抱負藴蓄之奇，所不能盡發于身者，而以抒于其子。故亦下帷發憤，肆力文章，有焚膏繼晷之勞，然而無寒士燈窗之苦；亦抱璞不守，困蹭塲屋，無順風縱壑之遇，然不失爲大夫金紫之貴。觀察君進户曹郎，翁亦稱户曹郎；進二千石，翁亦稱二千石；進備兵使者，翁亦稱備兵使者。所至或分符，或奉使，内而交戟，外而列郡，三秦、五嶺之區，雲中、上谷之地，諸凡知有觀察君，則莫不知有封翁，可謂尊且榮矣！

而翁又禮義以律身，謙和以諧世。蚤歲事太封翁孝，老而奉少卿公益虔。既貴而心愈下，不以聲色加人。少卿公在時，爲率祖率親之慮，亦以備詳。翁晚歲復斥地捐金，建祠宇，祀始祖而下，以逮少卿公。而吾内祖草蘭公，亦祀其中，以繼少卿公之所未及爲。春秋伏臘朔望，率宗人子弟瞻拜其下，而訓廸之以孝弟，宗人率而化之。

翁不徒眷諸天者厚，亦所爲積慶源遠也。蓋嘗論之，江之先，以布衣啓山林，自草蘭公昉也。子貴而受綸恩，自太封翁昉也。開甲第冠履之先，自少卿公昉也。而以文章世絲綸之賁，則自翁昉也。草蘭公其岷江之初，濫觴之源乎？大封翁有少卿公，則衡山敷源之間矣。翁之有觀察君，則朝宗入海之會矣。論翁于父子間，均未老而從子秩，太封翁猶當驟發之祥，翁則襲庥于全昌之境。論翁于兄弟間，均已貴而享耋齡，少卿公尚不無啓祚之艱，翁但安意于履順之盛。翁之福，先已兼父兄而迓之，又不但以觀察君爲有子也。

縉初壻于江時，太封翁尚存，諸叔咸在，丈人朋泉公亦亡恙。去今四十餘年往，存者若晨星矣，而翁又没。内父但其孫，則寥落大不如初。縉是以稱翁之盛事，不能無惘惘之懷焉，而姑寄之一奠云耳。

祭文學何象雒親翁文

嗚呼！公何歿之亟耶？莊孺人又何相繼歿耶？年雖近古稀矣，未踰且壽也。夫饁敬之如賓也，齊案之偕老也，古有之，曾有一日而夫妻兩亡者乎？《蓼莪》之有泣也，《岵屺》之先後瞻也，古亦有之，曾有一日而父母俱喪者乎？此人生所不常值之災，而爲人子者終天不可解之痛也。

公之疾起于左腹，予虞之，公弗爲意也。塞發于鼻，未幾延于目矣。公使醫來治目，予謂病不在目，治眼非計也，公弗爲意，竟腹痛死。莊孺人之病篤在公前，人爲莊孺人危，而公先之。公歿二日，莊孺人從之矣。公死，莊孺人不及知，莊孺人歿，公不能聞。此又人死所不常有之變，而公與孺人所不能不自抱恨于地下也。人亦有言，“天道無親，常與善人”，乃禍善至此耶？噫！亦太甚矣。

予之知公也，以年家世誼，自垂髫始也。其與公驩也，自公之遣子問業始也。其後益驩甚亡厭也，自約爲婚姻始也。蓋自余女于歸後，得爲公仲婦。而公于余，無時不過從，臭味相投，緩急相告。公不以余不仕爲迂，余亦不以公不事生産爲拙，其親若肺腑，而其遊若弟昆。大都公生平所滿志者，有洛翁先生爲之父，享衛武公九十之年，得自竭終身之養。又有李相國先生爲之師，立程門夜深之雪，可無負步趨之誼，而所自謂能庶無憾。惟是父所遺命之田，一讓于兄伯爲公田，再讓于兄仲爲私田，至賊産受累，不能自明也。雖晚年以是食貧，不無芥蔕于懷，然亦足見公之爲人矣。

予少孤，無父可事，公之一樂，余不能如。公受父成命，田不自私而公之，余亦不敢違先人志，于公略相似。如其讓也而甘隱憂，予不能及。公有孫四，自余女出者三，皆岐嶷能讀王父書，可以異日世曾、王父之躅，而公之仲子雖未偶於時，抱有冲天之翼，於科第猶掇之也。公與莊孺人俱七十老矣，世無不死之人，人亦何必百年？即死，寧爲不壽？但使公伉儷而並升遐，予終不能爲公曲解，而欲以寬二子號天擗地之悲，何可得也？乃若世事浮雲，功名弗就，予不遑自問，又安能爲空扼腕哉？嗚呼悲夫！

祭陳筠江文

嗟嗟！士君子以不遇終其身者，豈少哉！余稽往牒，不啻詳矣。乃如主父偃、朱買臣之屬，彼其所稱困阨之日久，身不得遂，親不爲子，昆弟不收，賓客棄我，每令後之人讀之，爲扼腕隳淚而不平。夫士握奇藴珍，欲爲世用耳。彼見之或於其晚，用之不以其時，猶且以日暮爲窮途，貴幸爲無益。至於咨嗟發憤，寧倒行暴施而不顧，何況淹抑白首，終身弗用哉？吾於筠江君，有深悲焉。

君穎敏絶倫，博極群書，洋洋纚纚，下筆累數千言。尠少游庠，試輒秀才異等。人謂君之才，其於得一第，猶掇之也，乃君竟齟齬，數試數北，荏苒以至于今，四十又奇矣。蓋庶幾一遇焉不可得者。嗟嗟！徵召不行，士從文薦，雖有曾、史之行，賈、董之材，不從明經受有司之辟，莫之奇也。片言見許，鉛刀爲銛；半牘不投，莫邪爲鈍。場屋之踣人也，亦不數數矣，何獨筠江君哉？乃筠江君之離此患也，而又不有如主父之暮年也，其遭亦已酷矣。嚇鼠決疣之説，余未敢爲筠江君解也。

祭元熙李君文

嗚呼！君其殀死邪？旅死邪？以游死邪？非也。君所謂死於知己也。君居邑，以上舍生受知於姜太守同節公。姜公故喜士，於君獨奇其文而高其誼，被寵渥最先。故姜公既擢去憲粤，君亦遂嬴糧裹足從之粤，辭歸至龍川而死。假令姜公不入粤，君必無粤死矣。余故謂，君爲知己死也。

夫生之必有死也，猶晝之必有夜，何人而可免也？其死而壽，與死而非壽也，等死耳，死何以辨？其死於家，與不死於家也，亦等死耳，死何以辨？此俗人貪生怖死之所憐，而達生觀化之士所齊而一，以爲無足怛而計較者。此何能令君憾？凡君之所爲，類皆奇節獨行，不與俗同。人皆慳財，君獨輕財，有散千金而不顧者；人皆怕事，君獨先事，有身攖奇禍而不避者；人多惡窮交，君獨喜窮交，有其人既死郵而不忘者。故當君之存，其訾與譽者常相半；及君之死，其惜與幸者亦常相半。訾君者以爲不羈之行，而譽君者以爲引義之雄；惜君者以爲死而少一立名之夫，幸君者謂死而尚可留家貲之半。嗚呼！吾未知訾君與幸君者之果是，而惜君與譽君者之果非也。

茫茫區寓，嗤嗤之衆多矣。名爲達官貴人亦不少，而獨君，以一書生布衣之身，能令世之鄙士躭其財，豪士羶其名，海宇中文士予其言，上官倒屣而願交，此亦足爲濁世間偉男子矣，何論其他！或又有悲君之子幼者，曾見人家有嬰孩，不幾見而弁乎？乃亦俗念，非道情也。羅浮乎？清源乎？洛陽科巖乎？君魂氣亡不之矣，何必家？嗚呼達哉！

祭文學章君從宇先生文

嗚呼！君之歿也，亦足傷矣。君爲邑文學寄庭先生之孫，紹庭公之子也。予初未荆識君，今年夏，君偕予友人黄弼夫，以先生《虎南仙集》屬予跋其後，予跋之。又遣其子問予業，與予言，尊人紹庭公墳，爲豪有力者欲奪，争之强，幾不能得，且以死殉。予悲其志而憐之，幾爲涕下。予是以一造君之廬，瞻拜先生像，起同明同病之思，吁嗟嘆恨久之。君爲余下榻，備賓主之情以去。乃别未閲月，而弼夫以君之恙告，旋訃聞矣。一晷之談，千古之訣，相見何以難，永别何以易也？豈不傷哉！君之歿也，或云君厝尊公時日不利致然，或云地形亦未利，或云君積勞傷暑，憤鬱悲號以死，均不可知。然予不能不爲寄庭先生三致慨焉。

以先生之文，名滿當世，精神不磨於宇宙，其生前之編，化後之語，猶能隔世之後，數千里之外，山斗而神明之。雖以錢兼山有道君子，然且奉先生於駕鶴驂鸞之間，願望而不可得，若惟其神授之語是遵。屠赤水公，當世文人也，目中可無天下士，乃甘自托於先生，筱身願奉爲弟子，且自越入閩，登先生堂，拜先生墓，訪先生像，涕泣追思於樉桷松楸之下，與君相盤桓十餘日始去。何吾鄉桑梓之人，不能容先生之子一抔土，而使君固守其塚？争之强，敝敝以死也。甚矣！不知先生者之惑也。豈先生之芳名靈異，周於遠而略於近，可取信於薦紳學士，而黔首人未之知與？予故於先生三致慨，而憐君之死足傷也。

先生齎志於公車，紹庭公殞身於貢選，或年方踰壯，或年未及艾，而皆客死於江南、淮北之旅舍，以視君今日死及耆之年，正寢牖下，君尤其幸也。讀先生之書，竟君之志，是在君之子矣。天不泯文人後，明德之後有達人，君又何恨？

奠大待贈梅養翁文

嗚呼！翁歿矣，南浦之墟失一長者矣。不佞往過建入浦，必就見翁。每接其步止雍容，語言雅都，輒自忘歸，若不可去。翁亦以致不佞爲幸，遣子欽之從不佞學，時時通訊，問于不佞所，二十餘年于兹。而今已矣，不可復得矣！

翁南浦一布衣儒者，名不厠于賢良之籍，而聲著于豪君子之間。上自天子之宰相，下至宇中之文人才士，無不人人誦翁義。欽之盡能致其言，爲翁稱壽。不佞亦有喙三尺，所爲翁鋪張揚厲者，不一而足也。不佞嘗語欽之，尊公誼至高，足下行至孝，然能致四方士祝頌之詞，未能獲九重綸綍之恩，而期以顯親揚名之大者。欽之首肯而謝主臣。今但待以贈已矣，欽之得無憾乎？宜其聞訃於不佞，而悲慟弗自禁也。

翁生平行誼不可殫述，大都在宗黨州閭之間。置蒸，設田，散貧，交疏。振人不給，先從孤寡始，厚施而薄望。公家之務，大者如繕城治堞之役，次者如發粟賑饑之費，不惟弗慳予，且溢人之半。事至則行其德，事已不受其名。然亦有知不知者，翁置弗問也。言義者引以爲名矣。

太史公序素封之貴，但歸之程、孔。去文學趣利之徒，而所稱賢豪得委命者，又皆其扞罔犯禁之輩。此何足與翁絜尺寸！翁所謂鞠躬質行儒也。然則，謂翁殁，南浦失一長者，信矣夫！不佞老矣，不能素車白馬，遠來唁翁。欽之致吊客千餘乘，而少一不佞，故知其恨恨也。特誄以詞，亦以解欽之之怛云耳。翁如有知，惟其鑑之。

祭姑夫傅省吾公文

嗚呼！今世俗所歆艷而稱賢者，得非以紆金拖紫而貴乎？策肥乘堅而富乎？審如是也，則玉堂之上，盡皆賢人，而金谷之中，無非豪士。彼巖穴之下，布衣徒步之夫，悉泯泯無聞，而不足稱於有道長者之列乎？吾以爲，丈夫生而有以表見，勳不必旂常，名不必竹帛，苟其秉禮慕義，上有以光先世俎豆之馨，下有以拓子孫宗祊之傳，其自前代至于今千餘年，禮樂文章，冠帶衣履之遺，能有以綿之而不替，衍之而益隆，則雖老牖下，而以閭巷終其身，斯亦古所稱賢豪間者也。翁殆其人矣！

翁逡廵周詳，擇地而蹈，擇言而發。與人交，敦厚婉摯，遇事善擘畫，以質行見稱，人倚賴之。居嘗自念爲獻簡、忠肅公後子孫，既不能自脩詩書業，龍驤明時，以無忝金玉君子之胄，而乃坐視其祠宇之荒蕪，丘壠之凌夷，不有以脩而葺之，固而存之，謂世德何？故以文章之大業，委之其子文學君與其侄南康守君，脩脯筆札之供，不遺餘力。而以其身肩先公祀事，脩廟樹封，陳器薦食，費不以分宗人，但身自辦，瘁亦不辭矣。故南康君掇巍登仕，以文學政事稱於世，而獻簡、忠肅公易世之名，藉以不茀廢，乃其廟貌能至今巋然獨存於郡中，而若魯靈光者，夫誰之力也？翁有功於先後世者，大矣。

翁爲吾李氏之壻，吾李氏鄉與翁雁行者，及今以翁爲大父行、父行者，無不人人盛德翁。有急必告，有疑必咨，有未平之事、未洽之議，必以請。翁徐出一言，而人從之。寧獨其智，得亦其忠誠心有以使之然。故翁歿，而思者衆也，何但翁宗人哉！太史公善士之困窮而可委命，無取於以術致宰相卿大夫、功名無可言者。嗟夫！人在所自樹耳。匹夫聲稱，死且不朽，何必富貴！吾是以於翁歿乎益有感。

翁春秋九十一高矣，壽矣。翁奚憾哉！

祭江襟川表兄文

嗚呼！吾兄仲亡矣，余何言哉！余少未蓄髮時，從吾母安人歸舅家，與二三兄弟爲稚子嬉。伯氏多我數年，季弟尚少，惟兄仲差近，長余三歲，余是以出入多隨兄仲。兄仲不甚嗜書，喜釣魚，弋鳥，飼馬，蓄鴿，觀禾，插摭爲樂。溪潭有鰣魚，不避寒沍，褰衣涉水，舉網漁之。人以兄仲爲富家兒，不事詩書，而好釣弋，或笑其猥瑣亡當。而余獨察其心神，知不馳騖於聲技雜劇之好，有陶朱家脩業而息之風矣。

其後，舅芹山公歿，兄弟析箸。伯氏以治書不問産事，貲竟以落。季弟爲儒，任氣輕財，輓復應武塲試，叱咤驅馳，以隕其軀，而金亦散。兄仲但逡廵于隴畝之間，戴笠秉鋤，問稼問圃。一布袍十餘年，食無兼味，衣不完采，少壯已然，至老不倦。銖積寸累，以拓先遺，而仁義亦附焉。

昔芹山公以好禮有文質行而稱儒者，故平江之區，遂爲惠邑著聲之所。去今三四十年，繁華盡去，山川、樹木漸已改觀，其猶稱有道之門。賢士大夫至，或有式於其廬，而吾渭陽氏家聲能不至盡墮者，則兄仲爲之維也。較兄仲之所得，於伯、季孰多？余蚤歲咿吾，蠹魚作伍，今神精耗不逮矣，而不能捨去。無尺寸之裨於世，于舅家中表，欲効涓埃之報，以售吾安人鞠我之恩，而莫之能。每自嘆吾儒者治書之無益。以今觀伯、季家，其鹵莽裂滅者如彼，而變齊厭殨在兄仲者如此，何必讀書也？余惡能無悔恨終身哉！

余念諸表，諸表亦念余。伯兄在時，一年造吾廬二三，與余同裀連榻，竟夜而譚，踰月始歸。兄仲足跡罕之郡城，兄伯歿，間亦訪余，爲數日飲。而今已矣！吾家無兄仲之臨矣。余獨何心，能不悲慟？伯兄滯淺土未厝，兄仲復淪喪，兩丘嫂並老，諸子耕者、讀者，短於逢年，此余所以不能無感慨於平江今昔之際也！於戲悲夫！

奠蘄水二尹丘懷翁文

余與翁生同時，居同里，亦嘗以名相羶薌，而竟無從一識荆，晚而始得公也。兩相造請，坐語移時，交驩不再，而公溘然逝矣。嗚呼悲哉！

余今者適有風癥之疾，問之俞扁家，謂非蘄蛇不治。余索之市肆間，不能得。人言公故宦於蘄，或有之。余不敢以問公，公聞而語人曰："夫夫也，當以文行世者，何可令有它疾？吾生平欲急之，而未有路耳。"乃自以其意遣而遺余。余驚訝，拜而受之，亟往謝於其家。公出而見余，握手驩甚，各恨相知晚也。公爲予咨嗟不遇，因自述其生平、起家、居官狀甚悉。予久困公車間，忽聞公之言，亦若有牢騷不平之意，不覺爲公扼腕矣。

夫以公之學博而才贍，貌質而心古，其文可以掇巍第，而竟終于選士；其官可以致通秩，而竟抑于下僚。聲不暢實，位不配望，然公且詘體而爲之。而當事者又不能需公一轉官，而致有令解組之去。斯其所以待公者，亦已窄也。而天復不昌公之後，以古稀之年，使公有鄧伯道之嘆。此皆公於坐談間，展轉迂廻與余言者。余感公之德，高公之誼，不能吐一辭爲公追已往之恨，而竊儗公於商瞿之多男子。故且及公誕，治爵言以壽公，與公爲千秋之飲。而今不可復得矣。

昔吴季札過徐，徐君好季札劍，札心知之。爲使上國未獻，還至徐，徐君已死。札乃解其劍，繫塚上樹以去。曰："吾心許之矣，不欲以死背吾心也。"羊曇爲謝太傅所知，太傅亡，羊輟樂彌年，行不由西州路，一至州門，以馬策叩扉，悲感不已，慟哭而去。余初謁公，非有所懷來可以動公之好，然心亦知公不以予爲非人。所欲與公爲投桃之報者，將以言上公壽耳。余今不能壽，而能唁，予之背吾心也多矣。無已，其惟西州路之慟乎！余登公之堂，拭公之几，彷彿公昔日之言猶在吾耳，其景猶在吾目，而公之容不可復即矣。余雖欲再紉公之席，何日之有？而所爲公稱引商瞿之胤，欲覬公之佹得者，今皆一切付之於空，余何能不爲公一慟絶也？嗚呼悲夫！

祭曾友泉文

蓋古今稱治産者，無如陶朱公。彼其以觀兵報吴之智，一旦用其餘於貿遷化居之事，擇時任人，而不責於人，此寧市道有哉？乃曹邴、刁間、烏氏倮之屬，齊魯間一賈豎耳。至得與扁舟鴟夷之雄，並列奇勝，而後世好奇不得志之士，往往托跡焉。大都賈之爲道，其貰貸郡國，可以覽勝；其争時鬬智，可以獲贏；其什卑伯憚，千役萬僕，可以傾閭里；其本末文武，智勇仁彊，可以吐發胸中之奇。以故士君子不居朝廷，必遊市肆。此非羞貧賤而厭仁義，良亦欲有所行其志耳。

以今觀友泉公，其得此道與？公自垂髫時，業已從伯兄賈閩、廣間，其後轉貲荆、湘，從業吴、越，北極燕、趙、海、岱之墟，足亡不遍。而珠璣、犀象、香藥、絲枲、果布之湊，蓋不數年而公成大賈矣。公爲賈用本守末，以文持武，智能權變，勇能决斷，仁能取予，彊能有所守。乃其傾貲延士，設財役貧，蓋有儒俠之風焉。故自公所至，人得公目攝，畏若大府。然士大夫賢豪，無不延頸願交公者。而公喜爲賈益甚。迨其輓年，梯山航海，以趨外夷之利，而公亦稍絀矣。

嗟嗟！絀乃所以爲公與？財不絀則不能息，士不窘則不能奮。陶朱公之陶，積居逐時，十九年之中，三致千金，而再分之。彼豈徒好德哉！欲令子孫乏苦爲生籌，知脩業而息之耳。公争不失時，而筭無遺筴。乃其折閲不反顧，而令有兹絀也，無亦有陶朱公欲衰老而聽子孫之意與？吾願公之子若孫，儒者、賈者，其相與勉旃。

哭内弟江君國維辭

繄君生之不辰兮，七歲而孤。大人晚得君兮，客死於留都。父櫬不可親兮，呱呱而呼。母病於十年兮，萱與椿而雙枯。誰藐諸之是煦兮，及叔兄爲君圖。依吴母以爲生兮，壽弗永於中途。君號天而請代兮，衣透露以侵膚。跪中庭於中夜兮，訴子罪之當誅。懷永慕以終身兮，竟莫贖于厥初。瞻岵屺而不得兮，空對我而欷歔。憐余之同病兮，父亦早而棄予。與君共掩涕兮，淚不能爲君除。

昔爾姊之歸我兮，君三歲而牽裾。余之鮮兄弟兮，弟畜君而我胥。君問余以詩書兮，余不惜其論餘。有時郢君堊兮，君無變容而躊躇。讀大、小《戴》以爲禮兮，屢夢筆於文闈。五上省辟兮，鎩羽而空歸。人悲其見刖兮，余竊意三年而不蜚。予固知君之褐玉兮，君亦自貴其知希。既斌斌其有文兮，又婉婉而若愺。内行淳備兮，外必軌乎人倫。與人恭有禮兮，蹈擇地而逡廵。鄂韡韡於常棣兮，鳥嚶嚶而可因。余未有子兮，若煢疚之在君身。吾綫之既續兮，君爲我而舒嚬。足蹲蹲而舞兮，爲爾姊而歌麟。誠休戚之與共兮，豈肺腑而越、秦。人知君爲外氏兮，我以爲吾人。

合文章與行誼兮，豈尋常之可論。雄文已而莫薦兮，遽落魄而招魂。君告予以將去兮，余飲泣而逆吞。江草之蘭兮，芷何紉而弗蓀。江泉之朋兮，澤湧出而乃堙。抑積善之非慶兮，而天道之偶然。我欲問天兮，天不爲吾言。我欲問人兮，人但爲君寃。使我展轉而莫得兮，徒涕泣之漣漣。賦《鵩鳥》於入室兮，夭長沙之少年。草封禪之餘文兮，托凌雲於遺篇。古豪傑皆如此兮，奚但君之不延。等死生於蝶夢兮，又何問殤子與彭籛。

余非强解君兮，嘗與君細論於生前。是以余之空拓落兮，無所悔而垂涎。母在殯兮封未懸，父雖窀兮草未阡。子未娶與尚少兮，其誰肩。淚可濺兮，事不可捐。君但寢巨室兮長眠，而以遺若恨兮了之後賢。吾生而尚在兮，當爲君勗令子以勉旃，感此益令我兮嗚咽。君有知兮，能無我憐。

奠黄太夫人文

嗚呼！嘉靖以吾黨應公車待辟之士，往往絀大廷而遜金馬，至相與望承明著作之廷，如蓬瀛仙島，不可卒致。自宗伯公崛起穆廟初，首以射策稱旨，官史舘詞林，爲郡嚆矢，而後人人始争步武也。是以於太夫人，有濬發之遡焉。

及宗伯公以宫允掌南北雍，爲天下師，而吾黨應公車待辟之士，各以後先入成均，鼓篋圜橋，儼然北面，而皋比之芃芃，盡充《棫樸》薪槱也。是以太夫人，有如臨之誼焉。

宗伯公既已式春卿，抗疏建儲，陳情予歸。天子從田間起少宰，再擢至大宗伯，不出。位大宗伯，貴倨矣，吾黨應公車待辟之士，所受籍而貢於上者也。故宗伯公而在朝，後進倚以就聲價；宗伯公而在野，後學希以爲典型。統一士類，狎主壇盟，非宗伯公，其誰爲之？是以於太夫人，有衆父父之仰焉。

嗚呼！一人善射，百夫決拾，勇所賈也；高山仰止，景行行止，望所歸也。末學於宗伯公是也。江、漢大而後尊，岷、嶓遡其源也；衡、霍大而後尊，崑崙重其自也。末學於太夫人，是也。今太夫人圽矣。

天子方亟於得宗伯公之出，蘄以旦夕委國鈞。而天下所望以居下風、幸自結於皇家之綱者，如矢之集的，如川之會宗，而未易以奪宗伯公之孝，以終太夫人百年之養也。嗚呼！帝眷方殷，人情賢於夢卜，諗矣。此希覯盛事，在太夫人身後也。太夫人雖圽，死之日，其猶生之年乎！

祭年伯母太安人文

嗚呼！人孰不有夫，而未必其夫之貴。太安人所執櫛而事者，爲方伯先生峻陟藩宣之極，外臣推尊焉。人孰不有子，而未必其子之榮。太安人所累裀而享者，爲太史君優游金馬之班，詞臣遜哲焉。蓋吾郡士大夫，其以進士起家，及第，官翰林，嘉靖以前，不可得而見云。隆、萬以來，始不乏人，鼎甲相次，崇階相望，而未必其出於縉紳閥閱之裔。有之，自太安人之子始。方伯先生之有太安人，與太安人之有太史君，其母其子，非偶然也。

天子寵文學親近之臣，於他諸臣中爲最。其以逮而所生，存之褒封，没之寵贈，于數特隆，而其典亦甚鉅。太安人既已享太史君之令名，受綸綍之封，至貴矣。太史君而今後，位日益崇，望日益重，其以太安人進而恭、淑，太安人一品之贈，猶掇之也，太安人可無憾也。世人不察，或以爲太安人不終於家，而終於邸，爲幾微萬一之恨。夫孰知太安人之所以異乎？

今者太安人没，太史君拱櫬南歸，國門以内，自宰相而下，六卿百官，無不臨其喪者；所歷諸藩國，自臺監司諸長吏而下，無不賻而吊者；即舟次於廣陵之墟，其爲太安人父母黨之懿，若兄弟子姓，無不呼號奔走而哭於河之滸者。此皆尋常太君之所不能有，即太安人或仙化于閨閤亦不能畢致也。故曰："太安人之所以異也。"太安人可謂生死榮哀，備其福矣。尚享！

吊誥封莊太夫人陳氏章

嗟嗟！太夫人可謂備極福矣。令母太夫人相封翁，以司寇翁貴，受天子綸音，封如其秩。懿行著于閨門，聲稱洽于内外。即太夫人今屬纊于此矣，先之日，大行君以皇華使自燕都至，手足殯殮，大行君主之；後之日，司寇公以中丞轉自江西至，遠近吊賻，司寇翁主之。蓋嘗讀《詩》，至《四牡》、《鴇羽》諸篇，見所謂"王事靡盬，不遑將母"者，無時不嘆其爲子，而"陟彼岵兮，瞻望母兮"，則又其母言，曰"嗟！予子行役，夙夜無寐"，又無時不嘆其爲母。令諸君子行役，人人有天幸，如今日太夫人之有子，司寇翁、大行翁之有母，諸詩雖不作可也。

司寇翁勳業滿中外，天子曰"嘉"，予詔褒三代，太夫人以子貴。大行君以名進士充任使，天子亦曰"嘉"，持節往郡國，太夫人以孫貴。蓋吾郡縉紳中，簪纓不數數矣。大抵身老不仕，而以其子仕。或晚貴不相及，親不在，而靳於封；其或在，得封矣，没則覊以其官，蹁踊聞訃而已。其有父母在，並時奉朝請者，自司寇翁始。及母在，封太夫人者，自司寇翁始。及以其身睹子孫尊顯，又及其後先南北歸，問疾視死者，自太夫人始。前此未有也。太夫人豈不生榮死哀也哉！

縉辱忝年家子，登堂一奠，不以誄而以頌。太夫人無可誄也，太夫人可謂備極福矣！

祭江母胡恭人文

嗚呼！恭人於今世命婦，有兩哉？無有也。人知恭人貴，而不知恭人賢；人亦知恭人賢，而不盡知其所以賢。恭人今往矣！蓋嘗反覆追維其六七十年間，所以相少卿公，居官政家之事，不惟今世貴人妻之所未有，雖士大夫君子，亦以爲難能而不可繼之行也。

恭人於少卿公，其後至者也。夫不有陳恭人之子在，前後彼己，形骸分矣。恭人子之如己出，《鳲鳩》之愛稱焉。夫不有如恭人之子在，嫡庶尊卑，形骸又分矣。恭人子之如己出，《樛木》之惠逮焉。以此爲恭人難，則誠難矣。夫世婦多妬，然其不妬者，亦恒參半也。故母繼而慈，與母嫡而慈者，雖不可多見，而間亦有之。至如恭人佐少卿公，爲孝弟友恭之行，以不貧其昆弟族戚之人，則薦紳大夫先自難之矣，何論婦人？少卿公久於宦，而家不甚貲。禄餘所入，不以概授其子，而以給諸其宗。少卿公之撫胞弟也，如其子也；其優從兄弟也，如其弟也；其恤從而從之子若侄也，如其諸從也。恭人不但慫恿之，又先少卿公而以己意逮之。凡至少卿公官舍，有所求而請於恭人者，如取之父母之懷中，靡不愜所欲而歸。故自少卿公在時，江之子姓鮮有貧者；及少卿公歿，雖少卿公子，鮮有富者。恭人輓年受諸子若孫之奉，亦不能無處於不甚足之時，不聞略有芥悔，而施給如故，且以不盡滿志爲歉。噫！此所以爲恭人也。

大道既隱，人自爲家。少卿公之芳規猶在，恭人之徽音可嗣，而能嗣之者，誰與？非不可嗣也，難以嗣也。吝嗇自婦人常性，而汲汲營爲子孫地，此士大夫家終古不可破之局也。故曰，難能而不可繼之行也。

然恭人今日殁，算將九十矣。貴於其身，又貴於其子若侄，其已享之福，未艾之祉，皆爲江家開昌熾未有盛事。前此之母行，後此之婦行，或貴或未貴，或壽或不盡壽，並無有一人及者。寧獨德茂，亦其食報遠也。謂恭人於命婦中，今世無兩，非然哉！恭人殁，子若孫與宗人環而哭之，有以也。某亦以此哭少卿公，今始不復存矣。嗚呼悲夫！

奠潘鵬江太夫人

嗟嗟！太宜人爲郭給諫公之女，封御史公之婦，封户部御史二千石公之弟婦，贈吏部公之妻，吏部參知君之母，户部君之猶母。兩家貴盛，一門父子、祖孫、兄弟並登顯秩，太宜人兼際其隆，可謂備完福矣！而太宜人之所以盡道於内外之間者，亦在於此。

太宜人于歸時，父給諫公方重用事，夫家之勢未起。太宜人不自知爲貴家女，不辭瘏瘁，以當封御史公驩。太宜人之有以女也，乃其有以婦也。及于歸後，夫伯御史公亦重用事，夫家之勢寖振，太宜人不自知爲貴家婦，不嫌僂糲，以佐封吏部公讀，太宜人之有以婦也，乃其有以弟婦也。贈吏部公未知名，太宜人淬厲與俱，既爲諸生有聲，吏部君亦漸露頭角，太宜人不廢明星之儆，而和丸附之，太宜人之有以妻也，乃其有以母也。吏部君幼聰穎絶人，封户部公之子少於吏部君幾日，同塾師稟學，太宜人訓其子，以及户部君侄。兩君成進士，而吏部君嵬然有公輔望，太宜人之有以母也，乃其有以猶母也。太宜人諳姆訓大誼，博觀群書，能賦詩有文，藻繪施於有子，故吏部君一出，弁諸生，解省辟，捷進士高第，而户部君亦魁南宫，取天下士前矛，其次子文學君久已負文聲，不忝兄伯之躅，太宜人之教彰灼未艾，德茂有由來哉。

今太宜人往矣，吏部公則猶贈之也。太宜人身膺天子綸封，從吏部君之官舍，安受禄養，雲翟霞帔，足其生平。生榮死哀，兩無憾焉。太宜人寧第以貴終哉！

奠年伯母黄太夫人文

於乎！謂天必厚於太夫人乎，胡此八十載間而食貧之日居其强半？謂天不必厚於太夫人乎，又胡此十餘年而貴倨之驟已極顯融？蓋嘗反覆思之，太夫人不有食貧也，未必有顯融也；即不有久於食貧也，亦不必驟有顯融也。

太夫人歸淳齋公爲後至，其以鞠參知君，甫一歲孤耳。於斯之時，兵火薦至，父見繼殀，太夫人與參知君孤苦相依，日不能再食，食不能半菽。乃太夫人不憂家之不給，而惟憂藐諸之不即長，至減飱忍饑以哺之。參知君稍長，能入郡就傅，太夫人督之使學，以勤怠爲戚愉，甘荼茹淡，拮据而佐脩脯之給。乃太夫人不憂躬之不遑，而惟憂穉子之不能文，至持齋祈佛以願之。蓋至參知君而後有聲，太夫人始開頤矣。參知君一應郡試，遂冠多士，再上舉于鄉，一出登進士，讀書中秘，給事諫垣，不五載而都左右，出參浙藩，輿太夫人邸養之。太夫人不喜有柔毳之供，甘脆之奉，而惟喜參知君之有以當天子使。參知君在詞垣有文聲，在諫垣有直聲，太夫人又喜。在薇垣有長厚仁和聲，太夫人乃大喜。由斯以觀，太夫人惟有三十餘年鞠子之殷，是以有十數年享子之貴，勞苦功高，身康養備，後先豐約，可謂兩當矣。故太夫人之得此於今日，居不貧不難，貧不久不難，既貧且久，非有以貴之。驟貴之，非所以答太夫人勩而酧之稱，誰謂天之不蚤厚太夫人哉！

或曰："太夫人未受褒也，參知君官，而貧猶故也。"令參知君不有潮陽之役，膴而家不貧，則廉之聲不著，無以爲太夫人子。參知君不家於官，太夫人安之，無幾微恙於顔面，此又足以徵太夫人之賢矣，而何但向者食貧之日也！參知君位少挫，而名益重，天子一旦復驟起而大用之，太夫人身後之寵，夫寧有極？封與贈之感，不可言也。缙等小子，於參知君有年籍之雅，聞太夫人最稔，故於其殀，不無感劉氏子母之難云耳。

祭林母貞節陳太孺人文

嗚呼！太孺人，王弇州所傳爲節婦者也，而今以節終矣。人謂太孺人今日死，太孺人不死也；人謂太孺人八十歲餘死，太孺人算不但八十歲餘也。當太孺人之在，而其死久矣。令身存而無必死之志，則其節不樹，其孤不立，而何以有此稱於今日？太孺人今日死，太孺人又不死矣。既以樹節而節樹，立孤而孤立，則其身雖死，而自今以往，凡林有不泯之祀，皆太孺人不朽之年，而安在其僅以八十終也？則有謂太孺人不死於家，而死於邸；不死於寢，而死於數千里之歸櫬。嗚呼！太孺人惟其有如是之死，所以爲太孺人節。太孺人而不有如是之死，必死於家與寢，無以爲太孺人矣。

太孺人當芳年孀居時，忍濡不死，以未亡人自矢者，爲其孤爾臣耳。彼其藐諸之是煦，寧但晝夜望其子之長，亦欲其樹於身，而因以成名於世，裨縣官國家之用。故爾臣而不爲長寧令，太孺人必不死於長寧，即家死寢死，太孺人猶之乎不快也。爾臣而爲長寧令，太孺人是以事於長寧，雖邸而死，歸櫬而死，太孺人以爲，吾今而可以籍手於地下，得正丘首不啻矣。吾故曰，太孺人惟其有如是之死，所以爲太孺人節也。

《柏舟》共姜，詩人但稱其節，不載其齡，亦不聞其後子孫之有通顯者。萬世而下，頌"我儀我特，靡慝靡他"之詞，芳名令節，天壤並極，其既死之久，猶生之初。何況太孺人孤爲世循良，盡彰彰如是。太孺人之節，固已昭揭於世矣！王弇州又何恨於蔽賢也？事久而徵，蓋棺而後論定。褒之與贈，吾以爲在今日矣。

奠韋太宜人文

嗚呼！太宜人所謂備人世之極福也。人孰不爲婦，其爲節孝家之婦者幾乎？太宜人相封翁，事節祖母與旌孝公，曲當驩心，可謂能婦矣。而猶及以八九十年之身，安然見伯子廣文公之旌古愚公以孝，隔世來聖天子褒嘉者，此婦道中之所未多有也。人孰不爲母，其爲清白吏之母者幾乎？太宜人教三君子以文學起家，勗大夫公廉，可謂能母矣。而猶及以八九十年之身，安然受次子大夫公之封以秩，累官而加封至太宜人者，此母道中之所未多有也。人孰不受子之養，而能有以善養、禄養者幾乎？太宜人春秋九十三高矣，廣文公以謁銓而不赴，大夫公以遷秩而不行，問寢視膳 ，嬉嬉子舍間，不以易一日之養，此又人世母子中之所未多有也。人孰無老死，有老而考終無一缺憾者幾乎？太宜人有三君子，今髮種種矣。太宜人殁，並以未老、垂老之年，環太宜人泣，而衆孫子號呼隨之。一奠一酹，必揆之禮而後行，貽太宜人以生順死安之慶，此又人世母子中之所未多有也。

大抵節之與孝，爲百善之本，爲萬福之原。故韋氏之福德，自節母肇基之，孝子公式穀之，封翁與太宜人醖釀之，以及三君子後人昌熾而光大矣。節母之履境難，太宜人之履境易；節母之旌於其身後，太宜人之封於其生前；旌孝子公者於其孫，封太宜人者於其子。均天子綸褒，或再世而後獲，或當身而洊得。而太宜人九十三之齡，又自節母、孝子公而來所未及享，至太宜人獨身迓焉。太宜人之所受於主上者，既侈而非常，而其所佑於帝天者，尤篤而備至也。謂人世之極福，非與？太宜人可含笑入地下矣。

奠趙親母鍾孺人文

於惟孺人，伉儷雲臺。雲臺蚤歲，韞奇抱材。孺人佐之，知子之來。雜佩贈問，以莫不偕。茹淡攻苦，蓽路斯開。雲臺掇科，名應上台。孺人曰“嘻”，艱阻備嘗。黑裘敝數，宿無舂糧。篝燈熒熒，實我允襄。幸兹扶摇，四海翱翔。公車幾罷，道路傍惶。壯夫慷慨，亦恙一僵。孺人寬之，兩刖何傷。官有崇卑，品無低昂。何必金馬，名乃載揚。初授廣文，教士于庠。梁粤之疆，化雨洋洋。冷冷青氊，孺人弗從。桃源仙令，領此專城。爰及孺人，與子偕行。終窶無讁，酌彼泉清。戴星卷婁，聲出琴鳴。棠陰芾芾，達于帝京。緊孺人力，政是以成。嘉哉丕績，下璽褒旌。

忽承貝錦，謫判濟寧。琴瑟分御，萁莢甫經。不見君子，遂即幽冥。一朝絃斷，鼓盆中庭。在天之涯，在海之瀛。回首望之，嗚咽無聲。嗟予不佞，君子友生。先也敵國，後締姻盟。余女若婦，若子余甥。余與君子，如同弟兄。臨事情告，肝膽俱傾。載念伊感，兩不勝情。何以唁之，夫貴身榮。孫子森立，蘭玉崢瑛。誰能無死，有後其亨。且有贈錫，死後之名。誰能長存，有德其宏。我陳樽酒，以薦杜蘅。孺人來格，鑑此微誠。

奠江岳母文

蓋自小子縉之卵翼於母也，曾有一之當母心者乎？小子嘗役觚槧矣，而母沾沾焉喜。又嘗弄璋丸矣，而母沾沾焉喜。夫寧不以小子者其窮矻如是，即軒舉易耳。其貌諸如是，即繩蟄易耳。以今睹小子，何如哉？小子四歲而喪父，七歲而章句，十歲而肄文，二十一而授有室。落魄蓬纍，塊然獨居，蓋於今三十又五矣。而抑諸生猶故也，局趣於轅下，而通顯者嘲爲非夫。杳蹤於委蜕，而厚徼者詆爲疚子。噫！人生如小子，母猶以爲可比人乎？而何此拊沫煦嚅之也。一蹇而吁，再踣而啼，三敗而號泣隨之。母之爲小子慮，力亦劬矣。小子其猶戮之民乎？假令天悔禍于小子，息小子黥，補小子劓，倏然而决蒼槍，倏然而背青天，而母弗耳矣。倏然而牂生奥，鶉生突，而母弗目矣。嗟嗟！小子重於母負哉。

母不有子而有子，撫若己出。女壻四耳，何皆落寞，無足依也，而僅半在。伯喪其婿，仲女壻俱亡，其桎梏於天，而枘鑿於人者，小子乎？蓋不惟母力劬，而小子亦劬矣。小子何心，能不悲哉？母見岳翁於地下，而相勞也，相問也者，曰："吾兒翩翩能載筆矣。"乃李生拙，竟猶故吾哉！

徐貞烈張氏誄

徐長公子殁，大祥，室貞烈張氏絶粒以殉。儒林間人李光縉，憐而義之，明其所以處死之正，爲文以誄之。

曰：嗚呼！余素聞貞烈欲死，其果死乎？果以今日死乎？貞烈歸徐長公子，僅五月耳。公子死，貞烈欲死殉之，久矣。公子先已病瘡甚，貞烈至，與居，皆公子扶病之日，合卺之禮未有舉也。公子病革，瘡潰不可近，平居侍人多辟去。貞烈立床席前，晝夜無刻晷離，扶公子卧起，浣滌皆自親，忘其非堪。姑氏難之。公子歿，貞烈哭不欲甦，時自分必死矣。其所以忍濡未即死者，爲夫翁直指君病骨未蘇也，尊人孝廉君上計偕未歸也。貞烈十四歲喪母，惟尊人是怙。適於徐爲婦，未成婦而夫死。令即死，不及父歸請命而訣之，均未可以死。故寧忍須臾之生，以俟尊人之至。此其明於義之大者也。

直指病稍間，封翁又即世，門内多故，涕泣相續，貞烈以爲非人婦遂志之時，不宜遽以此死，重翁姑之憂。孝廉君自北歸，哭於徐生之所。貞烈立出，形容毁瘠，哀痛特甚，然心竊自幸，得請死矣。其言曰："女死，正也。不得死於夫亡之日，不可死於夫祥之日乎?"孝廉君護啃止之："可奈何吾悒抑歸，風波未息，而遽傷爾父之志也?"貞烈復忍濡久之，則請以終三年喪爲期。直指君爲封翁起墳塋，預庀生壙，貞烈語其姑，請附夫妻壙於左右側。余聞，謂孝廉君曰："此自堅必死之志也，宜亟從之。"直指君果如其請。余於是題徐封君之石曰："柱下丘首，嬴博同封。"壯哉貞烈！予憐其志，律其决矣。而今果有以死也。死之日，公子朝祥耳。蓋以是爲完初志，可從公子于地下也。

人孰無死，亦孰不難於一死，有婦死而烈者，傷伉儷之深情所繫耳。貞烈死，則終婦也，而抱女貞之璞。有女死而烈者，感髦儀之特，義所激耳。貞烈死，則悼夫也，而抱父冤之痛。緹縈之志未伸，共姜之操已竟。其死與他烈婦同，其死未即死之遭，與他烈婦異。玆其故難言之矣。嗟夫！死等耳。或以縊死，或以刎死，或以絶粒死，或屬纊而即死，或終喪而後死，緩急遲速有異，其於烈均也，何必同所死哉！

貞烈未死前，孝廉君以誣繫得釋，夫祥且至，貞烈泣與父訣，放聲大慟，嘔血數升，自是斷飲食者三旬日，合手端坐而已。噫欷！貞烈之死可矣。語云："天下失道，在婦人。"信然哉！信然哉！嗚呼悲夫！

祭孝慈張母余孺人文

嗚呼！余兩人與上石守君、高唐貳君，爲昆弟之游，至驩也。當是時，通議公方持斧秉憲，貴重用事，黄太淑人握内政，稱於張，爲太君。一時，父子、兄弟俱存無故,一何樂也!

通議公歿後,上石君爲武義令,高唐君署光禄丞,皆能善於其職,以滿令最,進通議公階。即孺人,亦得從光禄署滿,受天子綸褒。其後,遂有上石守與貳高唐之擢。則通議公雖已往,而簪纓閥閲之風,猶依然在。

不謂黄淑人歿,高唐君繼之。未幾,上石守君繼之。又未幾,季太學君夫妻並歿繼之。三年之蓂莢未盡,而昆季淪喪、參商有不可言。嚮所稱至樂極順之人,獨孺人與上石伯氏姆在耳,而孺人今又歿矣。

孺人歸高唐君,於姑黄淑人爲仲婦,又有太姑林恭人在。通議公持節按吴楚,不能偕林恭人、黄淑人以行。林恭人年復高,孺人有伯氏姆與之爲養,晨夕珍羞,手治以進,必咨姆而後行,妯娌無間,太姑與姑絶憐愛之。通議公或有時奉給入里,賓客厨傳之供,咄嗟取辦,雖有或治,太半給之孺人。孺人相高唐君起諸生,游太學,十數上畿辟,而後入官,守銓都下,與署光禄幾八年,出佐高唐者又年餘,而始病歸家,種種事,但付之孺人。孺人以一女流,孑然身代而理之,上奉其姑,下課其子,大而祭祀冠婚之儀,細而米鹽醬醯之務,靡不整整。高唐君久宦於外,無内顧,孺人以也。

終孺人身,居爲邯鄲公女,適爲通議公婦,亦已在貴盛之鄉。而又享有君子之榮封,年耆而非殀,兒女子皆長,婚者婚,嫁者嫁,而父母家室之願畢。獨輓以通議公塋未遷、黄淑人未厝,爲高唐君抱遺恨於終天,而朝夕與伯姆氏拮据圖之,今亦已就窀穸矣。孺人縱今日歿,夫何恨!獨余兩人,入而唁憲馭二三子於蕙帳青燈之下,不能無愴然於懷。昔何以鄂韡(韡),今何以永嘆?夫既有嚶鳴之思,烏能無梁木之感?則故於通議父子間,重淚墮焉,而不但爲高唐君抱扼腕也。嗚呼悲夫!

奠黄母節淑莊太孺人文

嗚呼!謂太孺人年耶,筭僅六十餘耳,而未始年也;謂太孺人非年耶,《柏舟》之操,雖百世在可耳,而未始非年也。

太孺人事贈公時，有留太孺人在。留太孺人無子，太孺人舉户部君以綿贈公之祀，而廣恭肅公之裔，其功甚大。贈公歿時，户部君甫四歲，太孺人甚芳齡也，矢志與留太孺人並鞠之。孀居瘏瘁四十餘年，其節甚苦。户部君既成進士矣，出宰名邑，奉二母與俱。太孺人以其子貴，尚安不猶之分，事留太孺人備至，事無鉅細必咨，侍立終日，其道甚順。故留太孺人歿，户部君以餘姚令奏最，天子錫之綸恩，贈留太孺人，而太孺人於令甲得並封，翟冠霞帔，稱於家爲太君，其享亦甚榮。恭肅公與贈公之後，不可無户部君；户部君爲恭肅公與贈公之後，不可無太孺人。豈惟户部君不可無太孺人，即留太孺人之爲令妻，爲慈母，亦何可無太孺人乎？

户部君自爲諸生起家，至入官從仕，其經術吏事，有恭肅之風。人稱留太孺人熊丸之教，而未始不推本於太孺人之善成也。仲尼删《詩》，必先《樛木》，而首共姜于《衛風》之首。懿節淑行，流芳千載，何必問年數哉！此余所謂，孺人操雖百世在焉可也。户部君亦可以塞悲矣。

祭奕雲弟婦黄氏文

嗚呼！余於孺人歿，而益悼奕雲弟之不存也。往奕雲在時，余儕每造其廬，所居方池曲徑，不甚寬敞，而夫妻賓敬，孫子衆多，共居各處，門内肅肅雍雍，不啻廣宫大厦。雖庭前之花草，池上之鳶魚，亦若欣欣各得其所，一何適也。

大抵孺人所以相奕雲弟者，自初歸爲婦，以至垂老爲母，爲大母，無不各善其則，而曲順其意。奕雲喜留客，孺人善具；奕雲喜豐食，孺人善饁；奕雲喜義施，孺人善予；奕雲喜盛怒，孺人善婉事。有可順者，無幾微拂；有不可盡順者，曲體之。要以無拂而各安於無事之天，故夫妻終身相敬如初，諸子亦遵教帖如。

衆子多婦，分而任之職，或以文學著，或自食其力，無失相國之遺風。雖其輓年善病，不出户者十餘年，而猶安於飲食杖屨之常，不甚有拂意攖心之事。及其後伯、仲相繼亡，翁媪有西河之痛，尚能相寬解以無恙。而室中之翕順如故，則孺人之善相奕雲弟，可知已。余所見於奕雲弟之存時者如此。奕雲歿矣，未免喪，而孺人亦歿矣。吾是以益悼奕雲弟之不存也。

吾宗上世，諸母鮮多子者，惟吾任太孺人，生先主政兄弟五人，餘不能有。孺人舉六子，尤過之。今固未有興者，然相國之芳躅未遠，多子復多孫，輩出未艾，塤篪奏而詩禮聞，其於繩祖武挾策而並起，易易也。吾是以於孺人歿，益悼奕雲弟之不存也。嗚呼悲夫！

吊會嫂駱孺人文

吾儕治筆研從事，爲兄弟歡者三人，鄭君馨甫、何君師稷與余某，相視笑而莫逆者也。馨甫登壬午賢書，旋去爲羅定州學正，卒於州。師稷今亦貳大興縣，獨余守公車自如。死生異變，隱見殊途。要之，寥落均矣。

余初長事馨甫，明馨甫之元配金孺人，其勤勞佐讀之苦非一。生伯、仲二子，未總角而金孺人没。亡何，駱孺人來嗣之。方是時，馨甫猶守諸生業，與余兩人爲破斧焚舟之計，馨甫之感憤獨壯。然馨甫亦不貧，薄田足給饘粥，四方之士設皋比待者相屬。其脩脯與歲入，以委之駱孺人，爲母太孺人滫瀡之共，與鞠其金孺人所出之子。駱孺人皆如之。故馨甫雖喪其初耦，而見駱孺人有鳲鳩之均，亦不復有鵲巢鳩居之感。馨甫既掇科入仕，金孺人所不及享者，駱孺人皆身享之。又舉丈夫子三人，與金孺人之子五。人爲金孺人傷，則莫不羡駱孺人之介此多福也。

蓋馨甫没，而駱孺人始苦貧矣。一官瀟然，多子多憂。金孺人之子弁者甫娶，讀者未售。而己所自出之孤，時或勝衣，或舞象。駱孺人安得而不瘏且瘁乎？從初而論，駱孺人之履順，視金孺人爲易；從後而論，駱孺人之荼苦，視金孺人爲難。此兩孺人者，倘所謂賢而亡命者也？

余嘗私自念，吾三人相與善，而均天之戮民。師稷三易耦，至今未有子。馨甫多子，而再易耦，靳一第，蚤世。余晚始得子，以坎壈終其身。大冶鑄人，雖烈丈夫，莫之能捍，何况婦人！駱孺人能爲馨甫長諸孤，即今日死，而事畢矣，安卹其他？師稷在京師萬里外，不能嫂呼而奠。余是以入哭不覺盡哀，非獨哭孺人也。故且有嚶鳴友生之感矣。

奠陳母慈懿許孺人文

嗚呼！人生所不可必得者，莫如壽，尤莫如偕老之壽。夫壽稟於天，不可以財力得，不能以勢位致。脩短有數，不可齊也。偕老之壽，則尤難矣。自結髮我儀之初，至黄耇鶴髮之後，案並舉，眉並齊，如賓之敬，終身不衰，斯以瑞已。乃其巨室將寢之日，有夫子焉嗷嗷隨之，爲之問病視殮，扶杖主喪，無怛其化而完其終，此又婦人之厚幸也。許孺人事虹橋公，六十餘年於此矣。今筭已八十，自爲妻、爲母、爲大母六十年間，甘苦之與共，險阻之備嘗，拮据瘏瘁，不遺餘力。蘋藻之恭，饁饋之敬，澣衣之儉，主績之勤，和丸之教，今俱已成往事，猶能使虹橋公纚纚言之不置，則可謂賢矣！吾獨以孺人殁，有虹橋公在，爲孺人死後之福耳。

虹橋公生平多長者行，存心濟人，嫻於文學。薦紳學士，往往從之游，能爲孺人致吊客相屬。客有唁者，虹橋公不歌不哭，黯然幽思，若方之於獨而新喪其偶。夫人孰無死？乃老死而有君子，亦足福矣。故曰："孺人死後福也。"莊生之妻死。始死，何能無慨？但察之於始，本無有形，無有氣，而以爲無生，此鼓盆之所以歌。許孺人死，吾不爲虹橋公察其始，而要其終。善積有餘慶，仁者必有後，而知以爲無死。噫！虹橋公即不歌，亦可以塞悲夫。

景璧集卷之十九

雜　　著

津　焰　解

元君之言曰:“焰裏尋津津津竅,津中尋焰焰焰明。津焰合處成龍虎,胞胎消息在心精。”

按斯言論之,而造化人事之秘在其中矣。夫焰者,火也。尋津者,尋火中之水也,真水也。津津竅者,津從焰裏降,金液流而其竅不竭也。津者,水也。尋焰者,尋水中之火也,真火也。焰焰明者,焰從津中升,木精炎而其明不息也。以人身言之,焰,心之火也;津,腎之水也。焰裏津者,肺金液而竅於心也;津中焰者,肝木精而明於腎也。故人知腎水之爲津,而不知從腎裏尋津。所爲津者,易漏亦易枯也,不如從心裏尋津,而取金之流於火之位,如所云子時以後,心中一點真陰之氣下降,同天地冬至子之半者。人知心火之爲焰,而不知從心中尋焰。而所爲焰者,易炎亦易滅也,不如從腎中尋焰,而取木之光於水之位,如所云午時以後,腎中一點真陽之氣上升,同天地夏至午之中者。然焰裏之津,當其下接津中之焰,未嘗不與之合。

肝腎交心肺也,所云坎離交媾者是也。乃其合在何處?心之下,腎之上,胃之前,《丹經》曰“黄庭”,《南華經》曰“渾沌之地”,《道德經》曰“玄牝之門”。蓋五行之生,水有流止,火有焰滅,木有榮枯,金有融結,體皆變,而惟土之體爲安。五臟之生,腎居下,心居上,肝居左,肺居右,形皆實,惟胃之形爲虚。水火木金,無土,氣則不交;心腎肝肺,非胃,氣則不遇。而胃之前,又丹田虚空之所,此津焰之合所以於其處也。

兹欲尋之,其必於静乎？其必於子午之交乎？静始於冥坐。冥坐之中,無視想以息肝,無言想以息肺,無思想以息心,無聽想以息腎。静觀於子,以養真陽之氣,而津中之焰可尋。尋者,非求而索之之謂也。静則靈光透一空之中,而真自顯現也。合者,非强而媾之之謂也。静則雌雄卵丹鼎之内,而珠自歸落也。津焰既合,總歸坤厚。水得土而温,火得土而和,木得土而培,金得土而結,東西交噬,南北綱紀,龍虎成矣。所云三物一家,都歸戊己者,是也。然要之,胞胎消息,在心精而已。胞者,陽也;胎者,陰也。心精者,心中之真水,先天太乙之氣也。五行皆始於水,而終於水。心中之賊火消,則真水息;真水息,則真火不消。一滴無存亡,一焰無起滅。由是以火則不焚,以木則不槁,以金則不毁,以土則不燥。珠流玉池,入于金室,金華解化,三五與一,而胞胎自此結矣,名曰太乙真丹。

雖然,精不言腎而言心,何也？天地間,五行其秉權,則東西而木金重;其致用,則南北而水火重。故震、兑定龍虎之位,而坎、離合津焰之交。乃取坎填離,其息在心,此精之所以獨言心也。心欲静,静則虚而安。虚者,心無主,空空洞洞,所遊無人之境,廣無邊際,而煩惱、憂苦、愛欲之障無所入。安者,心有主,寂寂定定,如入主人之家,關鍵得固,而精神、魂魄、血氣之用無所洩。安則坐定可,行立亦可;不安則行立馳也,坐定亦馳也。虚則捨事可,涉事亦可;不虚則涉事擾也,捨事亦擾也。《定觀經》云:“惟滅動心,不滅照心。但凝空心,不凝住心。”此静心息精之要道也。

合而觀之,有津津而後有焰焰,水生木,木生火也。有焰焰而後有津津,火生土,土生金,金生水也。以津合焰,水胎於午也;以焰合津,火胎於子也。以龍成虎,以虎成龍,木胎於酉,金胎於卯也。津焰合于土,土之生於五也;胞胎息于静,水之生於乙也。五行錯旺,相據以生,此之謂生生。生生則不死矣。有味哉！元君之言,養生也夫。

液炁解

元君又有言曰:“液中有炁炁何往？炁中有液液何來？真液真炁成赤子,

赤子向誰討胚胎?”

蓋嘗試論之。夫液,何以有炁也?肝氣過腎而爲液,心之炁降而與之接,則水從火,液化而爲炁。炁,何以有液也?肺氣過心而爲炁,腎之液升而與之接,則火從水,炁化而爲液。

炁之所以往,何也?自下而上,曰往。火炎上爲永,炁本飛揚能上,但火中之炁上而往,則滅矣。必液中之炁,乃往而不滅之火也。液之所來,何也?自上而下曰來,水潤下爲鉛,液本鎮重能下,但水中之液下而來,則漏矣。必炁中之液,乃來而不漏之水也。

炁何往乎?液何來乎?人身有三田。兩眉間却入三寸,爲丸泥上丹田宮也,其名曰帝鄉。心中爲絳宮,中丹田宮也,其名曰光堅。臍下却入三寸爲命門,下丹田宮也,其名曰玄谷。炁之往者,炁從玄谷起,轉而上往於丸泥也。液之來者,液從帝鄉降,轉而下來於丹田也。人身與造化合一,丹泥二田象天地也,乾坤也。於位爲上下,於干爲甲乙也。肺、肝二物,象龍、虎也。雷、澤也,震、兑也,於位爲東西,於干爲卯酉也。心、腎二物,象鉛、汞也,日、月也,坎、離也,於位爲南北,於干爲子午也。乾坤爲鼎爐,震兑、坎離爲藥物,而液炁往來行乎其中矣。

試以日月論之。日,火陽也,日有畢,畢西宿數四爲金之生數,爲月烏象,而納於日,日中月也,炁之所以有液也。月,水陰也,月有房,房東宿數三爲木之生數,爲日兔象,而納於月,月中日也,液之所以有炁也。月之光,魂也。而其滅,則魄也。月有魄而日爲之魂,月無魂而以日爲魂,液之所以有待於炁也。月之生昏,見庚象震。上弦昏,見丁象兑。既望昏,見甲象乾。抽日之魂,添月之魄,炁之所以施於液而往也。月之現平旦,没辛象巽,下弦平旦,没丙象艮,晦盡没,在乙象坤。抽月之魄,添日之魂,液之所以化於炁而來也。火不得金則不降,水不得木則不升,月到上弦後,日火與木金和流而爲液,液則不復與月交矣。此液之所以歸於炁也。日主受,月主化。月將晦時,日收魂奪月,太陽受精。故月晦,白而返黑。黑者水也,水者真也。此所以爲真液真炁也。日納己土,月納戊土。上弦於兑丁，丁後爲戊，月得戊土，故借日魂，漸滿漸員而望。下弦於艮丙，丙後爲己，日得己土，故收月魄，漸蝕漸虧而晦。望者晦之端也，晦者朔之始也。艮所以成終而成始也。戊胃土也，己脾土也。東西南北交媾，微脾不運，微胃不納，而艮尤所以鼓巽風，運神火入洞房者也。此真液真炁之所以成也。既成，則爲赤子矣。

大抵人身不過精、神、氣、血。精屬腎爲津，神屬心爲焰，氣屬肺爲炁，血屬木爲液。血化爲精，水木同侣也；神化爲氣，金水相拘也。以炁運液，驅虎噬龍也；以液歸炁，迫龍從虎也。人身，天關在上，地軸在下，上下自然，回轉起初。交媾，金生坎宫，一點水耳。須是鼓心中巽風，運神火，照入坎中，以驅逐坎中之真陽。真陽因火逼出，自飛騰起，以點離宫之真陰。水猶河車，能流能轉，無頃刻停，全賴周天火力爲鼓動耳。誠能冥坐凝神，返照内觀，先静此心，賊火不起，則真火自然從心中出，謂之靈汞。以汞升鉛，以鉛投汞，東三青龍之木，反從西四白虎之金，相愛相戀，配若夫婦，所云"白虎變黑虎，青龍變黑龍"是也。炁自下而上，穿兩腎，導夾脊，過心經，入髓海。液化炁而往，液復自上而下，衝肺腧，度肝歷脾，復還于丹田。炁化液而來，往時如雲霧之四塞，來時如雨滴之珠垂。往時則丹田火熾，如金爐沸湯；來時則丸泥風生，如玉鼎融雪。往非以既來之炁爲往，來非以既往之液爲來。周旋十二節，純陰化陽，居于帝鄉。兹赤子之所以成與。

成在交，交必在卯酉，何也？天地陰陽之氣生子午，子午爲二至之位；交卯酉，卯酉爲二分之方。子午爲經，卯酉爲緯。潮長於朔後之三日，天來交地，陽能變陰，而水盛於卯也；潮長於望後之三日，地往交天，陰從陽變，而水盛於酉也。一歲之交在卯酉月，一月之交在卯酉日，一日之交在卯酉時。既静觀於子午以得其生，又静養於卯酉以得其交；既用文火於晦朔以得其升，又用武火於望後以得其降。回乾入坤，轉坤入乾，黑樞白衛，白裹貞居，赤子其有不成乎？成則脱胎出殼，而六合遨遊矣。乃其未也，胚胎於誰討之？泥丸之下爲絳宫，中有真人。真人者，赤子之胚也。絳宫之下爲命門，中有嬰兒。嬰兒者，赤子之胎也。人生受父母精血，其初一點水，未有箇形，名曰真人，豈不亦胚乎？從成胎後，醖釀養母腹中，未離於裏，嬰未見孩，豈不亦胎乎？既十月産，離出母腹，四肢成體，其色朱赤，豈不亦成乎？赤子之成，光堅爲胚，真水鎮火，氣化精也；玄谷爲胎，珠落黄庭，精變神也。嬰兒上爲真人，真人然後爲赤子，此之謂守一。

嗚呼！炁有液也，液有炁也，液炁自有真也。真者，一之道也。還則九，返則七，歸則八，居則六，分則五，併則三，而終始不外乎一。一非天地間之至妙至妙乎哉！合而觀之，往來者，首乾坤也；液炁者，中坎離也；液炁交而别者，終既濟未濟也。南北交之藉艮土者，首咸也；東西交之賴巽風者，次恒也。赤子之有胚胎者，屯也；胚胎之成赤子者，蒙也。生於子午者，姤、復也；交於卯酉者，大壯、觀也。據爻摘符，雖六十四卦，可也。有味哉！元君之言，通《易》理也夫。

道　演

聞之許君世臣曰，東木公有云："道始於一，而終於九。"道惡乎在？在天地萬物。天地萬物惡乎在？在吾身。吾身又在天地萬物外。道無形而不空不滅，身有形而無聲無臭，如身有聲臭。

如何得出天入地，駕風御雲？道與身相隨，如雲龍風虎之不相離。

夫既言津焰液炁矣，其言道何？津焰液炁者，氣也，其理則所謂道。言氣不言理，則氣涉于迹，故以道言也。

道窈窈冥冥，玄玄默默，只是渾員，那箇討一？夫既無一，那箇討九？其曰，一與九者，道不可名，强爲之名耳。

道本本元元，流流轉轉，初無端尋，那箇有始？夫既無始，那箇有終？其曰，始與終者，道無定在，强名之在耳。一者，真也。真者，究而變也。真者，道之根脚；變者，道之流動。一有定居，九無定居。言九不言十，九復還于一也，言十則窒矣。故道無一也，無九也，而始於一也，終於九也。有始者，有未始有始者，有未始未始有始者。有終者，有未始有終者，有未始未始有終者。出乎自然，行乎無紀。迎不見首，隨不見尾，還返旋轉，不可爲方體，不可爲量數，是之謂道。道無形,寄之天地萬物。盈天地萬物,浮浮沉沉,生生化化,虛虛實實,有有無無,許多終始都不離一箇九,一箇一,轉轉動動,件件是道。這道又却在吾身上。吾身件件與天地萬物相流通,渾淪完全,無有些毫滲漏,些毫欠缺。天地萬物,豈不都在吾身?

夫人一身,藐然七尺耳。天何等高,地何等大,萬物何等林總,吾身至渺至小,不過居天地之中,得萬物之一,如何得出其外?然此身原是道身,有天地萬物,便有此身。身與天地萬物一般長久,生時這等樣,彫時亦這等樣也。總是一箇九,一箇一,轉轉動動,論不得生滅,亦生滅不得他。未生既彫,人看他這樣,其實無有生彫。身豈不在天地萬物外?

身在天地萬物内者,身内身也,幻身也,有竟盡之身也,形也,魄也。身在天地萬物外者,身外身也,真身也,無竟盡之身也,神也,道也。看來道是無形的物,有這箇身,纔有這箇道。就是天地萬物之道,都繇吾身生出來。

道有天有地,有萬物,何曾空?生天生地,生萬物,何曾滅?直是以吾有這箇身,所以能不空不滅;如無這箇身,道便毁了。身雖是有形的物,有這箇道,纔成這箇身;就是身上之道,都當作天地萬物之道。故身在天地萬物外,宇宙任其來往,陰陽任其驅使,不疾而速,不行而至。

聽不可聞,何曾有聲?視不可見,何曾有臭?直是以身有這箇道,所以能無聲無臭,如這箇道,身亦魄耳。道在身,身在道,相待成體,相合成用。身之大,不是身大,是道大;不是道大,是道之身大。身有其身,身便小;身無其身,身便大。身有其身,便不是道,身便是聲臭之身,道便空便滅。身無其身,便是道,身便是無聲臭之身,道便不空不滅。人不當以身爲有看,當以身爲無看;不當以身做身看,當以道做身看。

道與身,何曾少頃相離?風有氣無質也,雲有質無形也。龍,水物也;虎,火物也。風雲相從,龍虎亦相從,相從亦無。相從不是以形隨形,以魄隨魄,有可見可執之從。道與身合,都是虛無因應,變化無爲,此道所以始於一而終於九也。學道的人,須是把此身看這大,以虛爲心,以無爲身,從有身尋無身,以無身爲有身，抱真守一，復于無極。一者既得，九者自行，真陽變陰，真陰化陽。一陰一陽之謂道，陰陽不測之謂神。道至于此，津焰液炁，無成而無不成矣。

老君曰：道大天大地大，王亦大，域中四大，而王處一焉。人法地，地法天，天法道，道法自自然。王者其身乎？道者其自然之謂乎？

説 真 編

許君世臣，夢遇液神女，自誌所見境，曰《異夢略》。略始輯於萬曆庚寅歲，是時薦紳先生多敘之者，或云著誡，或云報隣，或云辨異，竟不知女爲何神、與遇何故也。

予蓋嘗説之矣。求其説而不得，而以爲有夢幻，而以爲夢幻而卒歸之於覺。遣聞之神，神賦之曰："却喜問君君知津。"夫非能知也，緣夢而知有覺耳。其所以爲覺者，神未之啓也。已，世臣言神自稱爲衛房元君，所分部掌西宫事。宫舊無别署，令世臣捐地鳩工爲之。宫既成，是時薦紳先生多詠之者，或云液池，或云西署，或云禖祝，又莫知元君爲何神，與宫何故也。

予蓋嘗記之矣。求其記而不得，而以爲西金母，而以爲東木公，而卒歸之於驚遇。聞之神，神亦賦之曰："抽關啓鑰快高論。"夫非能論也，緣西而論及東耳。其所以爲論者，神又未之啟也。今者，偕江國馨君間得聞世臣夢，與元君相對語事甚悉。以語世臣曰："庚寅之略，稍輯其半，今機已露，宜庚續之。"於是世臣續既竟，授予讀。讀至元君引世臣謁青祇神，不覺恍然。已，世臣又述液女稱元君爲西王母，能化七十二魄，即九天玄女云。而青祇者，其垣居東，即東王公，志所載靈威仰其神也。予於是欣然悟曰："吾鄉者幾得矣。今而後，知所以夢遇與建宫之故矣。"

夫天地之氣，陽爲木火，而先木火者，木之光也。故震居離首，而巽、坤偏宅焉。陰爲金水，而先金水者，金之流也。故兑居坎前，而乾、艮偏宅焉。於時爲五行，於方爲五位，而於神則爲五帝。要以秉權當令，赤熛怒、叶光紀之神各自東西。始傳稱以東華至真之氣，化生木公，爲東皇公。以西方至妙之氣，化生金母，爲西王母。真者，精也，木之青也，夢所見稱衹是也。妙者，尠也，金之渺也，夢見元君是也。真則稱公，妙則稱母，蓋又有君藏之道焉，是東西方神之最尊者也。

其有太乙何？青衹之垣位太紫中，太乙當閶闔路右，星南爲之弼佐，於青衢屬東，於宫屬六，於精屬木，於方屬震，垣曰末署，與西液爲對，故月府爲之胎焉。夢所見太乙貝堦，其所也。

其有太液何？元君坐少廣，居在崑崙，太液當碧霄墟西，署部爲之分曹，於金臺屬西，於宫屬七，於精屬水，於方屬坎，曹曰末署，與東乙爲對，故星轂從茲推焉。宫所名資生，法界其掌也。

其以夢遇，而遇以西液何？五行先金，木從金起也。五數先水，木繇水生也。澤雷爲隨，君子以向晦入宴息，故無交而有交。於其夜也，雷澤爲歸妹，女承筐無實，士刲羊無血，故有交而無交。於其夢也，水月以之合魄，長少以之得配，子母以之相依，此所云夙緣者也。

其遇以戊子年壬戌月何？繼戊以子，木生水位也。加壬於戌，水相戌鄉也。自戌至壬，繇夏交秋，而至冬爲剥盡純坤，十月之卦，坎之所以司水府也。自戌至子，繇秋交冬，而向春爲一陽來復，十一月之卦，震之所以動土膏也。以歲駕則逢木，以月令則逢水，以歲月合則逢土，此所云巧逢者也。

其宫以艮坤，則又何？土於地居中，而於時寄旺震離之後，有坤土而始交兑。兑坎之後有艮土，而始交震。兑無土，則金不生矣。震無土，則木不長矣。茲艮隅北而交東，宫之東曰岳瀆東壂，此震方也。坤隅南而交西，宫之西曰紫清西來，此兑方也。大海滙左，東南多水也。諸峰列右，西北多山也。郡治之北，近環宫下，以震宫羅坎地也。鴻漸之南，遠對宫前，以離火明震宫也。會乾坤之中，開智慧之門，通僊凡之界，合幽明之交，此所云山水之佳勝者也。關尹子之遇老君也，以東望氣，而函關之入，乃聞大道。東方生之遇王母也，以西食桃，而殿中之降，倩實居傍。然老君西來而乘青牛，王母西居爲降青鳥，喜令西而得度於東，朔生東而竊食於西。茲世臣所以有西液之遇也。

夫元君有詩云："星轂東推雲作馭，金華西度月爲胎。"覺者味是詩而詳論之，於兹宫兹夢，可以知過半矣。

紀餘備解

余與張君偕世臣子北遊，渡嚴溪，余按夢語告世臣子，世臣子問解於諸真，論眇矣，而以爲未備也。遊虎丘，入千頃雲亭，有道人道巾青袍，忽瞻予，俯仰若屬盼者。余怪其步履躚躚，有雀躍掉頭之狀，爲儻然止，鶩然立，俄偵其去，不知所往。歸問雁行者，不見也。世臣子問諸真曰："其紫陽乎?"余是以髣髴若有得，乃於《紀餘》作備解。

宗謙生曰：盡用於用，用可盡乎？順風於風，風可順乎？滿屩於屩，屩有滿乎？操戈於戈，戈有操乎？用於無用，用乃盡。風於無風，風乃順。屩於無屩，屩乃滿。戈於無戈，戈乃操。何以明其然也？山川土地，形也。有形斯有用，形不離則用不盡；盡用者，離形之謂也。天地遠近，氣也。有氣斯有風，氣不導則風不順；順風者，導氣之謂也。以形運氣，氣有呼吸，其所由呼吸之路，下起丹田，上通玄門，是謂道。不轂而運，無翼而飛，是謂屩。氣滿而屩不滿乎？以氣養形，形有搆鬬，其所由搆鬬之竅。胞有重闥，韄有内扃，是謂室。憯於矛戟，銛於鏌邪，鏌邪是謂戈。形釋而戈不釋乎？有止戈而後有盡用，有盡用而後有滿屩，有滿屩而後有順風。風定則息定，風行則神行，此木公論呼吸，紫陽論氣海鼻孔，氣運成息，氣煉成神之説也。

心止爲山，心澄爲川，心平爲土，心活爲田，心明爲天，心冥爲地，心彌爲遠，心卷爲近，心闢爲道，心闔爲室，大都只是空心。盡用者，心空也；順風者，心空也；滿屩者，心空也；戈不操者，心空也。空故盡，山川土田爲一切矣；空故順，天地遠近爲塵芥矣；空故滿，六通四辟無外捉矣；空故不操，千苞萬裹無内捉矣。此金母論空空忘忘，木公論空谷傳聲之説也。

離物有物，物亦戈也；離家有家，家亦戈也；得道有道，道亦戈也。戈於道，則六鑿益攘矣。無盡用戈，有有盡用戈；無順風戈，有有順風戈；無滿屩戈，有有滿屩戈。夫惟忘於道者，無操戈。此木公論忘物忘家，而先之以忘道之説也。

天曰太空，地曰大塊。山川土田，地也；遠近，地也；道中室内，地也。天下有風，風行地上，風離地，地不離天。天光寸地，有風無物，有玄無黄。順風斯出地，出地斯行天。此東華論天玄地玄、心天玄玄之説也。

入無窮之門，遊無極之野，食苟簡之田，處無壇之宇。與日爲始，與玄冥爲通，與天地爲常。夫安知山川變土田，土田變山川乎？夫安知天遠而地近，天近而地遠乎？御風而行，不亦泠乎？虚室生白，不亦止乎？絶跡無行地，又何着乎？此木公論鳶飛魚躍、雲龍風虎之説也。

或曰予："何得之？"曰："夢得之。"曰："解，何得之？"曰："吾見紫陽氏，彷彿而不以吾告也。倘吾解而備乎，吾得之太乙氏，太乙氏得之東華氏、紫陽氏、東木公氏、西金母氏。"

説　游

岳游於易水之北，過涿鹿之野，南望還歸，適遭無師知焉。

岳謂無師知曰："游是？"

無師知曰："往游是。有越無閩也，有吴無越也，有齊魯無吴也，有燕無齊魯也。而今虖無有適，有適無所來，爲虚也者，蘧廬乎？逆旅乎？託宿乎？使我欣欣然過乎？"岳曰："然。"

無師知曰："往游是。無達官，有達官也；無貴客，有貴客也；無聞人，有聞人也；無在身軒冕，有軒冕也。而今虖無有適，有適無所去，爲虚也者，腐嚇乎？蜩甲乎？倘寄乎？使我汜汜然忽乎？"岳曰："然。"

無師知曰："往游是。而命位以三旌，禄以千鍾，衣以金紫，結以組綬，可謂貴乎？而命翱以甲乙，籍以聖賢，標以胄監，廬以承明，可謂名乎？"岳曰："然。"

無師知曰："貴之爲不貴也，名之爲不名也。操則慄，休則悲，往則金，災則皮。皖其纏繳，得其囊檻，斷而後文之，十鞶不敵一褫也。澤步弗蘄，畜乎樊中。藏舟於壑，固矣，夜半有力負而走。焦火凝冰，無乃乎浮漚？"岳曰："然。"

無師知曰："往游是。水用舟，陸用車，乘用騎，君子休其足，小人休其肩背焉。適越者,坐而至,今日適而昔至也。燕人長楚,去而還本國,過晉則慚,見燕則悲,家與不家耳。”岳曰:“然。”

無師知曰:“陽里華子,逐儒生也。秦人逢鄄,魯君子也。逝所過邑屋、州閭、鄉曲,罔罟之所布,耒耜之所刺,方萬千餘里。立人病,聚人争,禮樂刑罰法度,是駴天下也。聖人所以駴,神人未嘗過而問焉;賢人所駴,聖人未嘗過而問焉;小人所以合時,君子未嘗過而問焉。室與室相攘,舍避席,煬避竈,無乃乎磡磙?”岳不得答,反於青蓮之墟,睹耳裹焉。

岳以之言也問耳裹,耳裹曰:“無師人游,未言天游。”岳曰:“請問天游?”

耳裹曰:“有四方之游,東西南北是已。諄芒東游而遇苑風,上神乘光,照曠致命,萬事銷亡,此大壑之游也。老聃西游而邀陽子,反其睢盱,辱其太白,盛德不足,此秦梁之游也。南榮趎南游而見老子,出無本,入無竅,有實而無處,有長而無本剽,此宇宙之游也。黄帝北遊而巽,象罔知索,不使離朱索,不使喫詬索,不使玄珠遺於得,此赤水之游也。是名四游。又有合方之游,南之北,北之南是已。知生白水之南,北游於玄水,不答不知答,不應不知應,化一萬物,氣通天下,而行乎不言之致,此知北之游也。鯤化冥海之北,南游於天池,擊三千里,去六月息,天蒼蒼乎,下視遠無極止,此逍遥之游也。是名合游。又有無方之游,無南無北,無西無東是已。南揖維斗而無維斗,北揖禺强而無禺强,西揖少廣而無少廣,東揖肩吾而無肩吾。芒然乘莽渺之鳥,徬徨乎塵垢之外,假貸乎無爲之業,有出有入,無出無入,行乎天門。天門者,無有也,無有一,無有而無不有。神人游乎是,是名無游。”

岳倘然止,躍然起,以語無師知。無師知曰:“而游是。夢游者,東西也;覺游者,南北也;來游者,南而北也;反游者,北而南也。虎丘之麓,鳳江之湄,所見所聞,諸真昏曉,所盤旋者,游無有也,而且游乎方之外,而我與言游乎方之内。耳裹則知矣。”耳裹聞之,以無師知爲知言。

寓　言

太史公作《孔子世家》,附帝王之後。仲尼,魯國一布衣耳。太史公以爲非帝非王，而可帝可王，豈惟附之，直欲高之帝王之上。此千古卓識，千古之人，容或知之。其以伯夷首列傳，居諸侯王將相之前，豈惟前侯王將相，陰欲以伯夷附《孔子世家》後，而以吾夫子仁賢之稱，爲華衮左券。微詞卓識，千古人未之知也。

曰：於何知之？於首許由而終顔淵知之。顔淵，孔子之門人也，孔子稱其"好學、安貧樂道，終身不倦"，卒以夭窮。方之伯夷，道不相謀，窮阨若相似。太史公附見之，宜矣。孔子稱堯稱舜，於許田終身無一言道及也。則何以附焉？又何以首附於《孔子世家》之後篇？余再四讀之，見寥寥數語，若疑若信，若怪若恨，微而不露，隱而能彰，蓋有遐思焉者。夫猶爲仲尼言之也。

何以明其然也？許由敢於棄天下而不顧也。堯舜以天下相授受，惟其重天下，故輕之而舍以與人，堯舜無失天下之名。許由不受堯之天下，惟其輕天下，故重之而不敢以加諸其身，許由無得天下之事。無失者必有得也，無得者亦無失也。故堯舜有天下之憂，耄期倦于勤；許由無天下之累，深巢一去，無餘事矣。孟夫子稱仲尼無天下之薦，故不有天下；許由有天下之薦，亦不有天下。太史公以爲，當春秋世，假有薦仲尼於天，而以天下授者，許由之事，仲尼猶或爲之；必令仲尼偃然如舜禹居堯舜之位，仲尼必不受也。仲尼稱不及許由，爲堯舜隱言之也。不然，堯舜無全局矣。太史公首許由於《伯夷傳》前，爲仲尼微言之也。不然，仲尼無以賢堯舜矣。余故曰："太史公微詞卓識，千古人未之知也。"或曰："若是，則傳許由也可。"許由無行事可傳也，序列古之仁聖賢人，無如仲尼。

夫既文詞無概見矣，又何傳焉？有名，賢人之事也；無名，聖人之事也。至人無己，伯夷、顔淵是也；聖人無名，堯舜是也；神人無功，許由是也。太史公蓋以伯夷方顔淵，而若等無功者之高蹤於無名之上，陰以寓吾夫子賢堯舜之意云耳，而豈徒爲伯夷區區發頌端哉？

嗟夫！人生世上，功名已身外事，唐虞事業有浮雲者，又何取世俗簪組衣冠之榮哉？是以有道君子耻不受也。余於是乎讀《伯夷傳》有感。

答獨照醒言

遯人曰："有是哉！獨照君之知余深也。知余非矯非亢，又知余耻受禄秩，可謂深知矣，他人不盡喻也。"

屈大夫之言曰："舉世皆濁我獨清，舉世皆醉我獨醒。"屈大夫以賦騷沉淵，當醉後之一醒也。爲屈大夫之醒者，不亦難乎？賈長沙猶或非之，余則安能？夫有酒而後醉，余不能酒，安從醉？所謂無酒空自醉也。有醉而後醒，余未嘗醉，安從醒？所謂不醉空自醒也。醒且未有，况獨醒乎？余是以有感於陶元亮之醉，去彭澤而謝五斗，一樽之飲，蜉蝣天地，醒而逃之醉也。然腰則已折矣，得無後乎？如以視漏盡不休之人，其醒多矣。余尤有感於劉伯伶之醉，乘鹿車而挾宇宙，一壺之携，遺棄形骸，醉而不知醒也。然鍤埋無餘事矣，豈復醒乎？如以視跼蹐勢中之人，醒亦多矣。此二者，或仕而賦《歸來》之辭，或不仕而著《酒德》之頌。醉乎？醒乎？皆非余之所有。余獨有羡於蘇坡公日釀酒五斗，半以待客，見客之飲，浩浩落落，自爲體輕。余貧不能具釀，客未嘗至而體亦不能輕，此余所爲多病人也。雖然，余醉則已久矣。

余三十年公車，汩没於功利之途，奔走道路，空勞皮骨，蓋輓而後悔之，豈非人世上極昏極醉之人？然往來京華間，猶能蚤知國事日非，世變將作，往往預言之，而人不吾信。寧官之不居，而不可與脂韋者同國；寧身之見棄，而不可與濫竽者同收。於遯則已尾，於災則無及。向吾所避爲曲江得意之人，多不幸者，吾今始閑看，可脱然而免於患，是則予之醒已矣。

若夫田宅之不問，貧也，非醒也；蠹魚之與親，癖也，非醒也。安言獨醒？漢范曄云："與其遐栖，不如蒙穢。"如斯言，則余之醒，乃劇醉之尤者矣。

余日與獨照來往，屢問醒，而獨照不吾告也。大醉不醉，至醒無醒，混乎不知，茫乎不測，而與非人者主賓，此惟獨照君之醒耳。余其終媒媒晦晦也乎哉！奈之何，世之人猶欲餔我以糟，餟我以醨也。余欲無逃去，寧可得乎？晚節風塵，《北山文》將移我矣，惡能無言？

鯉窩自紀

此余身後菟裘也。余爲先父母擇窆，登斯窩而樂之，以謀諸仲，諸仲不可。

父母而既穸矣，壠于窩之左麓。余乃時時升窩，逌然四眺：鴻漸爲賓，紫帽右之；金粟爲翼，鳳山左之；城雉爲襟，玉筍、金鷄、大瀛海環之；鬱鬱蒼蒼，若遠若近。反而北顧，岩石参錯，直者似鯉。風雨之朝，晦冥之夕，從下望之，白雲起窩中，與溪海霧合，有鼓鬐暴腮、乘雲化螭之狀。大抵龍行自清源迤泰嘉、獅子而下，凝結于是，故有若徵。余異之，乃從圭測，虛中部婁以俟他日。

或曰余選勝，而非也。石棺三年而不成，上烏鳶而下螻蟻，濠上生安在哉？桓司馬亦安在哉？余何以一坯之土爲？或曰予太早計，而非也。冥椿之零也，與枯菌奚以辨？彭祖之殂也，與殤子奚以辨？而何遠乎？而何近乎？予不知所以悦生怖死，而此拘拘也。或曰余利據高，而非也。余所謂處後者也。若堂，若坊，若斧，纍纍而前者，吾父祖先之矣。以異日者，九原如可作，余瞠乎其後。

瑕丘之升，牛山之涕，余竊笑之。臂可以爲鷄爲彈，肘可以爲柳，尻可以爲輪，神可以爲馬。莊周之適也，栩栩然蝶矣。浸假而化，余以爲石，余因而鯉之。浸假而化，余以爲鯉，余蹄涔久也。因而挾雲氣，御風，登天，遊霧，神游寧有極哉！或曰郡之城亦鯉也，君伉儷佳城於是，有朋鯉之象焉。余思之，良然。因題曰“朋鯉雲窩”。

答贈劍編

沈將軍遣使之李生所，持所解腰間佩劍而獻之。

使者將命曰：“此將軍平日所自佩也。將軍舍詩書業，起行間，即佩此而北擊胡，南破倭，朝夕與從事，未嘗使斯須去左右。今聞足下且搴旗登壇，鞭笞天下士，故割所自愛令進之，用佐揚威之役。”

李生謝主臣，曰：“敬辱將軍之德。將軍之有劍鋒，猶不佞之有筆鋒也。今解而予我，將軍欲張空拳搏賊乎？且余安所藉此？吾儕所謂持寸鐵殺人，斃而無血者也。余用其虛，請將軍用其實。”

使者進曰：“將軍敬聞足下，將軍之門敦劍衆矣，其所寶非一。而此一劍者，殷帝之含光是也。將軍之猶父太史氏，嘗得之丹霞、青雲之間，丁丑之歲，吐其鍔而出之，精光四達，上際下蟠，直之無前，運之無旁，驉然一過，而天下詘。其後太史押而藏之，以授將軍。將軍常佩之，左光照右，右光照左，但莫得其際，不能自盡其用。横目而視四方，誰可授此者？久之而未有屬。將軍妙達緯象，時見紫氣騰騰從儒林間起，以爲非足下不可也。請足下納之，而畢其用。”

李生笑曰：“余之劍講於燕市，數矣，而人皆目攝我。今辱將軍賜，請奏劍事於前，願使者以復將軍，可得將軍熟聽之。昔莊生與趙文王論劍：‘夫爲劍者，示之以虚，開之以利，後之以發，先之以至。’斯言也，盡劍道矣。利貴于虚，以試人血濡縷爲利者，非真利也；發後于至，以交兵决雌雄爲至者，非真至也。不殺之威，乃爲至威；不戰之勝，乃爲大勝。區區萬人敵之劍，遇百萬則折矣。以徐夫人之匕首爲利，提而入彊秦者，此荆卿之所以不講於刺劍之術也。夾谷之會，吾夫子爲相。齊人以萊夷之兵，進於旍羽，拔矛戟，劍撥，鼓譟而至。吾夫子歷階而上，從容而言，舉袂一麾，過百萬之師遠矣，何論三尺！齊人怍，莫知其所以。此真所謂含光經物，而物不覺者也。吾儕誦法孔子，其寳此道久矣。將軍幸而賜予，敢不如命？吾鄉者欲自用虚，而請將軍用實，今願與將軍共寳之。將軍亦以是劍示天下虚，韓、白，誰與爲敵哉！”

使者曰：“不然。將軍且入越。越有區冶作鐵劍，曰秦阿，楚王得之。晉鄭圍楚，楚王引秦阿之劍，以却三軍，士卒迷惑，流血千里。將軍將就風胡而問焉。”

嗟乎！令將軍而佩此，則亦國之寳耳，非所爲天下寳也。將軍其無忘太史氏之鍔。余以文，將軍以武，文武豫附，在此行矣。余且以太史氏爲前矛，而以將軍爲後勁，將軍識之。使者傳余言，將軍曰：“諾。”

觸孝篇

吾在舟中，柁師之子年方十三四歲，終日操篙曳舟，與父共勞苦，吾喜之。方食，賜之肉，子受而不忍食，以食其父。再賜之肉，又以食父。投之小餅，父曰：“兒噉之。”始食。一舟人子耳，年少不知書，平日無父師之教，而知愛父，况讀書家之子乎！

昔鄭莊公寤生，驚姜氏，姜氏惡之。公既立，與母誓曰："不及黄泉，無相見也。"潁考叔爲潁谷封人，公方食，賜之食，食舍肉，公問其故，曰："小人有母，皆嘗小人之食，而未嘗嘗君之羹，請以遺之。"公曰："人皆有母，繄我獨無。"遂大感悟，爲母子如初。

君子曰："孝子不匱，永錫爾類。"潁封人有焉。其事與舟人子略相似。舟人子尤無知者，純乎天性，不參人爲。舟人子何足愛敬？此一事，吾愛之敬之。因思吾兒甫十歲，孩提之良未破，塾中諸子均初成童，未離膝下，故有感而並舉之。叮嚀吾兒，俾曉孝道，併錫爾曹之類。

平沙落雁圖

古人以雁喻兄弟，貴有序也。立則比肩，謂之雁立；行無先長，謂之雁行。人爲萬物之靈，凡今之人，莫如兄弟，曾一雁之不如也。□□於在原，而瘉交于安寧，騂角翩反，豈非以利哉？受爵不讓，序失固其宜也。惜無以平沙落雁之説語之者。

雁起雲中，肅肅雝雝。其號則群，其飛則從。譬彼兄弟，相爲友恭。雁飛遵渚，宿于沙湑。委蛇而處，行列而居。飲啄相呼，不争其餘。嗟彼人矣，兄弟不如。豈真不如，利能致愚。沙中之需，和樂且孺。不貪不腆，愧彼争夫。

高節圖歌

竹之有筠，柏之有心，節所從也。婦人無所見節，窮而後節義見。藋藋竹竿，制於義耳，而矧蚤蓼荼苦之日乎？尼父所以録《柏舟》也。

户部君瑩甫之封母曰莊太孺人，相贈母留太孺人，事封翁。封翁蚤世，孀居，長户部君，峻節似之。宗人及其誕，借而壽之，曰"北堂高節"。因爲歌。

並生有美竹，純姿挺兩枝。上枝拂青雲，中枝操更奇。蔚彼雙樹柏，青青復離離。扶疏交隱芘，貞心寒不移。矧伊堂之北，婦節兼母儀。云是恭肅後，令淑有所詒。留母汎中河，母心無差池。二十二而寡，撫此三歲兒。一生空自衛，冰玉堪與比。間關誰可問，惟有留母知。兒已成高第，稍解先君思。初除粤海令，二母同隨之。留母瑶觴去，母淚私淋漓。餘邸將母日，平反問不疑。金陵開粉署，孺人聲俱施。昔日衾裯肅，今朝翟帔披。可以酬高節，天上錫綸絲。萱堂春熙旦，百年曰期頤。竹苞松柏茂，盡是抱貞時。

塑　像　記

林君築别業，塑像而寘之中堂，屬余記之。余笑曰："林君欲使余今何言哉？林君仗義忼慨人也，我欲長言之，則壽言備矣；我欲短言之，畫像贊又備矣。余今何以言？"林君客笑曰："畫者，景也，筆有景而無形。塑者，形也，泥有形而無聲。言者，聲也，舌有聲而托之筆，神斯傳矣。影待以不滅，形待以不壞，君惡得無言？"予笑曰："禪言三身，道言身外之身，儒言不見其身。夫惟不見其身，是以有身，此謂真身。真，一而已。而景之，而形之，果且有二像乎哉？果且無二像乎哉？"客無以應。余問林君，林君曰："吾不知也。"余曰："罔兩笑景，形影相憐，萬形有敝，惟言不朽。"林君矍然曰："言可存也，則吾子之聲在矣。"各相視而笑。

題奕雲夢大士記

此從弟爾熙君所著，而沙塘蔡先生筆之也。

爾熙世相國大夫之業，治鄒魯之書，慨然以豪傑自命。初非佞佛者，輓而抱病，脱躧掌故，讀《楞嚴》、《金剛》、《圓覺》諸經，而有悟於明心見性之旨，作莊嚴大士像，皈依之。然亦往往于病中見大士，得其佛力，若發大慈悲、念而苦難、救之者，可謂神矣。

豈真大士自陠陀海駕祥雲而來邪？抑莊嚴之至，遂不覺其見之真耶？見如來者，不必如來；見大士者，不必大士。蓮花座上，總是空相。世音可觀，寸地須彌。病亦見，不病亦見；見亦見，不見亦見，乃真於見也。從弟荏苒病中，譚見大士狀，娓娓千餘言不休。蔡先生年八十餘，耄矣，爲從弟書之，亦灑灑千餘言而不倦。言者與書者，皆不朽於人間世。即大士之神見也，何必洛伽！

觀唐六如先生畫册

杜少陵云："世人皆欲殺，吾意欲憐才。"余於唐先生也，憐之矣；非但憐唐先生也，并自憐也。

先生以妙文高天下，解首金陵。以余觀，金陵後先發解首，才如先生者幾？雖有如先生之文義，未必如先生之詩酒；有如先生之詩酒，未必如先生之書畫。先生天挺人豪，廓落不羈，文足千古，技兼衆長，真我明之子瞻也。而妬先生名者，忌先生才者，至齮齕不能容，而削先生之籍，使先生坎壈終身，不名一職。噫嘻！亦太甚矣。然妬且忌者，能削先生之籍，不能削先生名。先生雖岑寂爲人目攝，而自賈其餘勇於筆墨章句之外，往往有傳布人間，尺絹片楮，人争寶之，甚至貴洛陽之紙，而重國門之金。其精者，文人依以買聲；其緒餘，貴人襲而珍藏。而先生之蹟，亦因以不朽於天地。誰謂先生終淹抑無聞哉？未知與博一高第者，傳久近孰多？

余無他技，不逮先生遠甚。而指目於世，不能名一職，不幸與先生同遭。然先生被人廢，不佞自廢。大抵於吴惟先生，於閩惟不佞。宇宙間豪傑之困，如吾兩人遭者絶少。人不能削先生名，余亦何疾没世不稱哉？太史公云："同明相照，同病相憐。"吾兩人之謂也。余是以憐先生，而并自憐也。先生乎，先生乎，令人咽無語矣！

觀季子碑

孔夫子題之曰："嗚呼！有吴延陵季子之墓。""嗚呼"，傷之也。傷之者何？與其讓而傷其志之不得遂也。稱"有吴"何？本其爲泰伯後人也。稱"延陵"何？季子所封地也。皆與之之辭也。

然則，何爲而傷之？太王欲傳位於季歷，而泰伯、仲雍先去，儲位虚無人矣。季歷惡得不受？壽夢欲傳位於季子，諸樊、夷昧、餘祭不去，君猶有主器也，季子惡得而受之？

或曰：“餘祭卒，季子可以受矣。”僚以爲父死子立，而公子光有“嫡孫當立”之説也。季子上之不得遵父兄之命，下之不能弭二公子之争，則所爲至德無稱之人少耳。雖然，令季子當父命時，而遂效叔齊之去，吾恐吴之争，又不待公子光而後見矣。無一可者也，故夫子傷之。

再觀季子碑

此夫子篆吴季子墓碑也。與大梁比干墓碑，並出聖筆。比干死於仁，夫子題其墓；季子固於讓，夫子亦題其墓。此獨加“嗚呼”二字，聖人書法蓋有深意。字體端嚴，運筆匀整，乃乾坤定位、日月流行之象，不可點畫論也。

原碑殘缺，幾至堙滅。唐開元中，玄宗皇帝勅殷仲容搨其本，始傳于世。宋大曆，潤州刺史蕭定重鐫之。但塚僻在縣西延陵鎮，碑久復壞，幸搨本可摹，乃鐫樹道左，使萬世而下，大聖人之心畫，瞻者如見。而閎覽博物君子之賢，亦與籍不朽云。

讀柯拔民壽言有感

聖人繫《易》，惟於《乾》六爻皆龍，《漸》六爻皆鴻，他卦不盡爾也。反覆思維，良有深旨。

龍，至亢極矣，出乎天位之外；鴻，至逵極矣，出乎人位之外。吾試求其於千萬古之上，誰當此者？龍亢之高，堯舜有之，湯武諸聖人龍躍龍飛耳，不能爲亢也；鴻逵之高，許由有之，伯夷諸聖人漸陸漸木耳，不能爲逵也。一則受人之天下而不有，一則受人之天下而不居。舉天下大器，天子大位，各輕而視之，豈非極高？然一枝之巢，了無餘事；推讓之際，許多深情。受天下者與不受天下者，不無難易焉。此亢龍之所以有悔，而逵鴻之所以羽儀也。

大抵天生堯舜，不得不生一許由，以完此一時盛際辭受取與之局。不然，二聖人禪受，與者能取，取者能與，終是少一辭局。仲尼盛唐虞於五臣，吾尤謂唐虞之盛,不可無一許由。許由非五臣擬也。嗟乎!堯舜之夐絶百王,人知之;許由之夐絶堯舜,人未之知。使非有堯舜龍亢之時,許由亦不得儀鴻逵之羽。終古人竟莫之知也,未易以尋常高隱言也。

或曰:“此聖人事也。若吾儕中人,則何如?”余笑曰:“孟夫子謂,仲尼不有舜禹之薦,故不有天下。假令春秋有薦仲尼如舜禹者,仲尼亦將受人之天下乎?未必然也。仲尼所以儀萬世也。吾儕讀書,誦法孔孟,義命自安。於升不得,則困而已矣;於晉不得,則遯而已矣。余所謂困人也,遯人也。困亨吾不能,遯尾吾不免。吾方悔此六十九年之非,而君乃瀝瀝道我,且以塵俗徵辟爲我願。是艾薰我也,泥污我也。吾甚慙于不成乎名者。”

諷　友　人

吴文定公寬少有介行,聞於鄉。偶百里外一富家主方幼,有母在,延公爲館師。其家有女,方笄,窺見公,心悦焉,朝夕輒以肉羹遣親婢通意於公。公即以他故,解館去。人叩之,公終不言。及後其女物故,公晚年始道此,以訓示子孫。其厚德如此。

李衷一曰:公可謂厚德矣。語幾先之哲,未也。《禮》云:“寡婦之子,弗與爲友。”況師於其家乎!與其受肉羹之汙,而後解館,何如蚤不就之爲潔?公道此以訓示子孫,蓋亦深悔於中,而欲子孫知别嫌明微於早,無自祗於悔也。嗟嗟!母在尚不可,況無母而有女之有乎?知悔而解館,後矣。況早勸使去,故靦顔出入人家中乎?文定之厚德有道者不深是之。然今如其人,亦亡矣。

偶讀《玉堂叢語》,有感寒宗延館師之事,故標出以警世。

奎　宿　真　夢

癸卯中秋,余北上,道出三山,將解纜于芋源舟次。是夜,月鏡中天,江水浩瀰,上下一碧,漁舟往來,櫓檝之聲,若遠若近。余推篷出舟,爽然獨立。更静四虚,隔岸之山,壁立千仞,草木如見。余興發不能寐,誦《赤壁賦》“江上清風”與

“山間明月”之句，徘徊佇思者久之。已，入舟房，挽席就寢。

夢余在家廳事前，有一紫衣童子，手握藍袍，倉皇外來，報余曰：“宋學士至。”余曰：“學士爲誰？”童子曰：“眉山蘇學士也。”余驚訝，走接之，而先生屨及門之内矣。余長揖，先生亦揖。余從右入，先生從左。俯仰之間，先生角巾藍袍，晳面美鬚，高眉長目，秀爽照人，而舉止雲翔，有徜徉物外之意。先生從西階上，與予揖。余揖先生，曰：“小子後生，何辱臨況？”先生笑曰：“特來相謝。”余稱主臣。先生曰：“子能識紫陽之言，又能識吾之言，是以來謝。”因指其所携藍袍與几上綺繡，曰：“持此報知己耳。”余深惟之：先生所謂識吾言者，何謂也？無亦談先生之文，能稍契先生之旨與？不覺竦然，乃下拜曰：“小子緡，敬領先生之賜。”先生曰：“子既識吾言，吾當爲汝師。”余大喜曰：“小子私淑先生久矣。不幸而不生於先生之世，及先生席，北面之。今而得受衣鉢於先生，此小子之大幸也。”先生曰：“然。可拜我。”余西向拜，先生東向揖。先生笑曰：“見師必有贄，汝贄安在？”余罄折曰：“不能卒辦。”先生曰：“持汝手來。”余斂袖及肱，以右手進。先生握余手，因取袖中剃刀，削予肱皮下至腕，長四寸許，闊如二指大。余驚視，皮去而膜猶存，血不能濡，朱紅隱現膚間，而痛不可忍也。先生取而藏諸袖中，曰：“贄如是，足矣。請與子别。”余泫然曰：“小子方得侍先生，而先生何去之亟也。願先生再焉。”先生曰：“諾。”移步出廳事，降階及庭，余送之。停雲而上，踰屋脊，映奎度以去。余遂覺，開舟仰天，但見奎星爛霄漢間云。

光緡曰：余何足以師先生？先生之人，天高海闊；先生之文，行雲流水，嬉笑怒罵，咳唾文章，所謂千載一人者也。余何足以師先生？羹墻可見，寤寐可思。公明儀可以師周公，顏淵可以爲大舜。彼丈夫也，我丈夫也，余何爲而不足以師先生？譚理學者，祖孔而宗釋；譚文章者，祫漢而祧宋。餘姚爲玄，考亭爲支；北地爲古，眉山爲今。同室操戈，比比是矣。先生謂余識紫陽之言，而又識其言，倘其有感於斯乎？夫文亦載道之器耳，乃所願則學先生也。

與侄文偕論文

文偕問讀書於余，余曰：“古之讀書者，求爲道；今之讀書者，求爲文。夫文所以載道也。但今之爲文者,不務發揮聖賢理道,究極自己心精,只務掇拾餖飣,庶幾塗人耳目。而耳食者,亦不問是非,但因成敗以爲臧否,所以文愈趨愈敝。今古法蕩然矣,雖當事者亦無以挽之。此有志之士,不能無致慨於茅靡波流也。"

文偕曰:"然則,爲文當若何?"

予曰:"予往者論之詳矣。試爲子述之,而子試聽之。文之道,千變萬化,總不離形、氣、神近是。三者備,然後可以言文。形有肉,有骨,有色。以文字爲肉,以格調爲骨,以英華爲色,不具不謂之形。氣有聲,有脉,有勢,以音節爲聲,以連絡爲脉,以呼吸爲勢,不充不謂之氣。神有精,有機,有趣,以奥渺爲精,以活潑爲機,以解脱爲趣,不化不謂之神。形以載氣,氣運形中,氣以載神,神行氣中。太瘦則傷肉,肉欲堅,不欲腐;太肥則傷骨,骨欲峭,不欲露;太枯則傷色,色欲鮮,不欲暗;太促則傷聲,聲欲清,不欲濁;太離則傷脉,脉欲沉,不欲浮;太緩則傷勢,勢欲蕩,不欲散。合而言之,形欲疏,不欲密;氣欲厚,不欲薄;形欲員,不欲方;氣欲强,不欲弱;形欲高,不欲下;氣欲和,不欲粗。形氣相迎,往往若相反。用形在取材,用氣在運筆。慣用形在字句之裒益,用氣在全篇之卷舒。借他人面目,非形也;塗脂粉,非形也。竭自己血脉,非氣也;張模樣,亦非氣也。要之,以神王爲本。神不可强,在觀書,在明理,又在恬性,在小心,着粗心不得,騁粗材不得。養到神到,精以理融,機隨思轉,趣從景生,行乎自行,止乎自止。形肥可,形臞亦可;氣寂可,氣豪亦可;着語講可,不着語講亦可;抒聖賢之精[可],寫自己之意亦可。如行雲之去來,如游龍之上下,倏聚倏散,倏大倏小,斯其至矣。"

文偕曰:"然則,文當趨時乎?不當趨時乎?今之弋獲也,謂之何?"

余笑曰:"何必趣時?何必不趨時?破觚而爲員,此趨時之失也;刻舟以求劍,此不趨時之失也。兩者皆譏而墮於時爲甚。韓退之文起八代,蘇文忠公之文一出,軋茁之習盡變。士君子中流砥柱,自操易世之權,倡而使天下和之,何必問雌黄於主者?待教而興,非豪杰之士也。太史公云:'何知仁義,已享其利者爲有德。'此語終是千古誤人。論文且不可,况論人乎!"

文偕瞿然曰:"侄問讀書之法,得治身焉。請書之,以爲弦韋。"

余於是援筆而識之。

考仲子之宫初獻六羽

按《公羊》云:"隱爲桓祭其母也。"言"考"者,"成公意也"。胡氏云:"未成其爲夫人也,别立宫以祀之,非禮也。"

夫惟未成其爲夫人,此所以爲成公意也。隱公亦有母在,身有魯國,而居列侯之位。考宫獻羽,不以祀其所自出之母,而以祭桓之母,既布告其喪,又别考其室,若曰己非嫡,不得立也。先公故嘗夫人之,吾亦以夫人之禮祀之,第不可以入於廟,與元嫡等耳。無非所以自堅其讓桓之志,而示魯臣子之當有桓也。是心也,可謂公而正矣。《春秋》之法,嚴而恕,書考宫,又書初獻,言魯前此所未有之事,而隱始爲之,亦恕量之詞,未必《春秋》所深譏也。君子與其心,而略其事可也。

按《左氏》云:"惠公元妃孟子卒,繼室以聲子,生隱公。宋武公生仲子,有文在手,曰爲魯夫人。故仲子歸于我,生桓公。惠公薨,是以隱公立而奉之。"

仲子當惠公在時,夫人之矣。父以爲夫人,子安得不夫人之?然則,《春秋》於仲子之賵與宫不書夫人何?《春秋》正嫡妾之分也。以王法降仲子於妾,則可;隱公人子,降父妻爲妾,則不可。吾故曰:"隱公之讓桓,心公而正也。《春秋》未嘗以讓桓深罪隱公也。胡氏責之,苛矣。"

夫人子氏薨

《左氏》以宰咺歸仲子賵,爲子氏未薨而先歸賵,曰"生不及哀,豫喪事"也。天下安有其母未死,而以喪□□□□□□及人死而以束帛車馬先來賵者?□□□□□□又云:"仲子後二年卒。"豈以《春秋》所書"十有二月乙卯夫人子氏薨",即歸賵之子氏,故以爲豫喪事耳。繇此觀之,前書仲子,今書夫人子氏,其爲隱公妻，非桓公母，明矣。宰晅之歸賵，蓋仲子死後，非豫也。

對客答問

余卧病山齋，病少間，對客爲方外譚。適黃長君世胤，遣人持所著尊公《九石先生冥衡述》，余與客竟讀之，不覺悚然神怖，而潸然涕下也。

客驚起，問曰："黃先生爲冥府官人，有諸？"

余曰："有之。傅説相死而騎尾箕還仙籍，蘇子瞻官學士死而爲奎度星。有道之士，生爲正人，没則明神，理誠有之，安得謂無？"

客曰："公守道讀書人也，亦信之乎？"

余曰："何能勿信？夫既或言之矣。初之，言驚魂未定，猶噫語也；再之，言其人生還矣，猶婦人也；三之，言讀書人矣，且造其家，懸像泣焉。豈妄也哉？余惟讀書欲守道，故信之。"

曰："然則，黃先生能操人生死柄乎？"

余曰："非然也。黃先生非能生死人，人自生自死也。他吾不能知，據此三人言者，數已盡，雖貴客不能遁，所親不可庇；數未盡，即女子、婦人、寒士，猶可免。黃先生何心焉？因彼已矣。"

客曰："然則，黃先生樂乎？"

予笑曰："此濠上生所稱王南面之樂也，異於人世官人矣。人世官人所欲得者，貴耳；貴而所欲益者，富耳。夫惟欲貴富，是以賤而不貴。凡人俛首喪氣，阿旨伺顔，爲保位益富使也。即貴極卿相，能卬首信眉，得乎？彼所謂人樂，非天樂也。黃先生昔日貴，今春夢矣。兹之貴，造化在手，天也，非人也，不可以勢争，不可以力致，黃先生奚爲而不樂？"

客曰："薦紳先生逝者衆矣，何獨黃先生南面而居此位？"

予曰："何足以知之？但以余所聞，老氏言天之道猶張弓，高者抑之，下者舉之。是道也，於人世獨不然。故損有餘補不足者，天之道；損不足奉有餘者，人之道。先生居於人世，雖亦以詞林起家，名位未極也，家未富也。位未極則忮心不生，家未富則貪心不起。禍莫大於貪與忮，其傷人必多，故其鬼不神。豈惟不神，譴且不免矣。此非生而不足之患，而有餘之患。先生處於有餘而能不足之地，於人世位相傾，財相奪之事，未有也。是以其神亦不傷，死而靈爽莫及焉。"

客曰："佛家言因果輪廻，人非持齋誦經，受戒律以自讖悔，死必不能見如來而登樂國。宇中薦紳多奉之者，黄先生亡有焉。黄先生操行平常，無卓絶奇怪之事可以駴世，而有至人登假之樂？"

余曰："黄先生惟不持齋誦經，不受律戒，不有卓絶可怪之行，所以登假而居此位。持齋誦經，非儒者事。世或以詩書發塚，居官多行不義，晚乃陰自托於讖悔，而冀以免地下刀山劍樹之刑云耳。至若卓絶奇怪之行，則必有悖理傷道之毒。好名者所以欺人於闇世，陰禍人以其所不堪而以就己名，此積善累行者之所不忍聞也。黄先生惟不事此，是以生死而洽神人之休。"

客進言曰："陽不干陰，陰不干陽，黄先生没爲神矣。知不知，非其事也。其使代家報何？然則，黄先生猶有名之心乎？"

余曰："否否，非然也。黄先生欲人世之儆也，非欲人知己爲冥府官人也。五□□□□□□莫大於不孝，冥府尤所重云。先是□□□□□□□殿上傳取獄中不孝罪人，推出寸斬之，蓋已微示其不贖之誅。使若人歸述，以儆世之爲人子而不孝其父母者，而世俗人卒莫之知省也。頑者以爲無是事，悍者以爲不足畏，故復使讀書明理之人出之若生若死之中，就其家代報，庶幾其有懼心乎？此黄先生善世意也。黄先生嘗手録王父嵩明公'四難'、'四要'語以勗後人，而著《祖訓解》以自儆。大抵皆身心格言。居家以人倫爲宗，於王父母、父母襄葬事皆自肩，不以問諸父諸弟，靡善不自爲，靡善不喜人共爲，故天地鬼神鑒之。余猶記黄先生在時，郡人致異方僧講《法華經》，爲無遮大會於月臺中，國人奉之若狂。黄先生憂形於色，過余齋下，招余整衣服共入，拜孔子廟庭，以聖道閑之。尋亦不果行。而其憂世駭俗無已之心，盡若此，倘亦今日代報意與？"

客曰："黄先生之有深心也，得聞命矣。其以今世之身乎？前世之身乎？"

余曰："吾何知之？余記黄先生未第時，有友人神遊東帝之殿者，帝使入萬春亭中，檢故櫝遺册，其人肢魄如尸，鼻息如絶，但聞喉有微聲。已，自言云：'他家好，能做好人，居好官。'細偵之，蓋指黄先生也。戊戌，余與先生共計偕，述語先生，且爲誦當時有'星轂東推雲作馭，金華西庭月爲胎'之句，黄先生笑而存之。後語余，入棘，作《擬宋承天節百官上壽》，是日，皇子冠禮，司天奏日煇珥表頌聖，中用'星轂'二偶，主司讀而神之。是科遂登第，官詞林。由此觀之，蓋亦其前身也哉。"

客無以問，合手揖曰："異哉！異哉！不可見見，不可知知，吾兩人但語怪而已。"

噫嘻！非怪也。尼父語季路所謂"未知生，焉知死"，是也。黄先生不可知矣。子如不知，怪而不信，則更以問之來報者，余烏乎言。

論方中日月

獨照主人斗室容光，余題之曰"方中日月"。

客有問曰："日月有方乎？"

余曰："日月行天上，普照萬方，安得有方？"

客曰："日月無方乎？"

余曰："日月臨下土，因方施照，安得無方？"

客曰："方中日月云何？"

余曰："天體圓，日月象天，故魄員；地形方，日月照地，故景方。日月在方中，方大與大，方小與小，假令受照者員，施照者亦員，因之而已矣。然日月惟中，故方。昃照偏照，則不能方也。"

客曰："獨照何如？"

余曰："人心亦有方，中徑寸之地是也；亦有日月，靈明之竅是也。靈明在方寸中，如日月之在方中。但日月有兩象，靈明無兩心；日月之照有影，靈明之照無形。太空冥冥，獨照藏焉；内曠昭昭，獨照生焉。無獨無照，方獨方照，照生於獨,復還如無。皎如白日,光於霽月,無片雲點翳,常虚明焉耳矣。所謂方中之獨照者,如此。”

客曰:“此翔雲子之言方中也,吾且以問之笑客。”

笑客大笑,主人亦大笑。

世　家　引

是編也,蓋張文忠公没後,海内諸名公鉅卿所爲讃述紀載,以彰盛美,追而稱之之辭也。文忠公可謂不朽矣!

然當公之議大禮時,舉朝臣工以濮安一成之説,而抗至尊不可動之勢。雖天子之心,亦將疑阻而有所詘。公獨排衆説而力争之。左右偏重之勢未盡在公,於是有目公爲邪者,指公爲佞者。自宸扆一人而外,其誰肯信而諒公?及天子罷嘵嘵而盡信公,且相之,曩之合喙者息,求勝者退,左右偏重之勝一倚而歸之公。人雖亦有所從,而未必無迫於議;人雖亦有所附,而未必無懾於勢。不可謂盡無知公,然亦未能盡深諒而不疑也。故凡今之譽公、述公者,皆其身後之知,事已之名。此所謂跡久而其心白,身死而其論定者也。

嗟夫!衆人之知公,知之於疑信既分之後;天子之知公,知之於疑信未分之前。其所以排公者益力,故其所以用公與其所驟貴公者益篤。非廟廊之上蚤知睿斷,其孰能有之?高宗之相傅説也,以夢;太公之遇文王也,以卜。不詢不謀,非夢非卜,片言取相印,屈萬乘而尊寵之,位極於人臣無兩。公亦卒不負其爰立之知,夫然後肅皇之爲鑑遠矣。此真受命而聖人者也。王者興而名世從,豈虚語哉!

長者言小引

“安得長者言”,此昔人偶然之言也。陳眉公氏友其意,掇其詞,以爲標目,與《狂夫言》爲合編,或採摭前人之語,或附益自己之譚,大抵皆退讓裒益,意鑿鑿可聞,爲世永鑒。軌近卮言日出,繁稱滋多,喜談好奇之士轉相傳述。

然吾以爲,多得一長者言,不如多得一長者行。多行已多殆矣,何况於言!如其言也,可拜可察,奚必長者?此聖人所以垂孺子之聽也。吾夫子不云乎:"有一言可以終身行者,其恕乎?"約而該,簡而不煩,真聖人之言也。世固少長者,有之,難爲言矣。

均業義券小引

贈公生父主政公,兄弟五,父居長。贈公食貧,無尺土粒粟之堵。凡吾家畝田榱桷,皆父宦餘所創也。父没,付諸父管掌錢穀出入,余母江孺人不得問,且聽命焉。與諸父計口而給食,輪直而當饋,今已四世矣。生齒日煩,歲入益寡,加以人心不古,先人美意,反爲争端。於此之時,而欲守同居共爨之名,猶之舞干解白登之圍,而結繩定交質之信也,其能然哉?

縉宛轉思之,于壯出分,於秦爲薄俗,於今爲良法。合則争,分則定,聚火之不如析箸也,明矣。矧父已早世,母今亦没,諸母彫謝過半,存者寥如辰星。諸子侄之生也後,不及覩當年先人汗血之勞,與其友于諸弟之愛。如不以此時及叔、季父在日,均分明白,數世而後,執以子承父,孫承祖之例,各欲便宜,争此安窮?縉不得已,承父之志,通之以權。既分之後,各爲已業。

吾子孫而賢乎不必争,不肖乎不得争,富而貴乎無用争,貧而賤乎無可争。有藉口於吾祖父之有,與諸房爲釁端者,以不孝鳴之。業雖微薄,然以弟得之兄,以侄得之伯,與父祖應分者不同。吾諸叔兄弟侄,亦宜念我父母覆露之恩,相安于好,各世守之,無得有言。

嗚呼!父以公,縉以私,而又自設爲不必然之慮,以疑其孫子。縉之得罪於吾父也,多矣。無亦世風降,而古今人之不相若與?然使後世子孫,有讀此而慨然思曰:"吾祖父母、祖伯父母之義舉也若此。"厚者庶幾有所勸,薄者庶幾有所愧乎?此亦起孝興睦之助也。

光縉曰:此主政公志也,吾母江孺人實成之。令非吾母傾橐予弟,不問出入,父在猶得行,父坳矣,能甘心挈莞鑰授乎?茹淡攻苦,母子煢然食貧,與諸叔姒聚火者又四十年餘，直至身歿。然後公析箸割之，伊誰之力與？此昔人之所以致嘆於《雞鳴》也。有激者曰："太阿倒持，實授其柄。積漸而已然矣。"是不欲令縉功也。嗚呼！縉何敢自謂功，即吾父母，何言功之有？改父非孝，同産非貧，有弟兄啼，酤夫之見耳，得無懲此爲覆轍乎？其何以風于友于君子者也。

光縉曰：吕秦牛晉，非其系矣，而有艱焉。兵燹之後，家室不保。兄弟流離，孰有其侄，其艱在叔。喪亂既平，貧寡相仍，孰有其叔，其艱在侄。不屬不離，既長且成，孰有其弟，其艱在兄。事始乎治，卒乎亂；情始乎厚，卒乎偷。骨肉之歡，反成仇隙；瓊琚之贈，報以戈矛。結繩書契，曲防所從來矣，斯不亂之道與？

義券引

有問者曰："子是之均也，如饘粥不自給何？"

曰："父志也，枵腹吾甘心矣。"

曰："定安公何以不與？"

曰："諸弟侄之視定安公，猶定安公之視吾父也。諸房之産微矣，定安公不有以予之忍，因而利之。天顯在念，芳規可型，夫誰不欲爲友兄乎？定安公直宦貲粗自給耳。不然，亦當如吾父與諸弟均矣，義不受田，有以也。"

設東郊祭田敘代

祭田何？爲東郊祖墳設也。設者何？諸舅弟暨諸子姓也。匪獨諸舅弟子姪之志也，亦吾伯兄主政一泉公、弟國史雲泉公未就之志也。議既洽，素敘曰：夫人何可不知祖乎？越流人去國數日見所知喜，及旬月見嘗見國中喜。何也？不忘故也。燕人長於楚，老而還本國，行者指其社曰："此若里之社。"指其舍曰："此若先人之廬。"其人哭不禁，何也？不忘故也。况祖若宗乎！

人之有祖，猶水有源，木有根也。源弗長，則委派涸矣；根弗植，則枝葉萎矣；祖弗隆，則雲仍替矣。夫人何可不知祖也！然而祖也者，或四五世，或七八世，或什百世而上，其音響不可聞也，其象貌不可見也，其居處、笑語、志意、嗜欲，不可即而窺也，獨丘隴墳墓在耳。丘壠墳墓者，祖若宗精神之所寄，而體魄形骸之所依也。故知有祖，不可不重墓祭也。

霜降雨濡，歲必再舉；報氣報魄，薦必盡物。設於墦所，從其地也；鳩其國族，合其姓也。圭田之設，所繇尚矣。慨自宗法湮，圭田廢。戰國之士離鄉棄井，問其身，則朝梁而暮齊；問其兄弟，則伯楚而季秦；問其墓之鬼，則祖越而父燕。祭無專田，家無恒祭。人已有若敖上世而祀忽諸矣，何況凌遲叔季哉！

渾沌益鑿，私利萌起。人知其子，不知其父，眎祖若宗之祀，若掉臂而過之也。貧者不能，富者不欲，愚者不知，悍者不顧。膰胹靡曼，以媚鬼神；窮饌極珍，以羞達官。而祖若宗，曾不加一蔬一酌之饗，此市行也。弁髦祖考，胡越昆弟，蒸嘗弗均，享祀弗遍；收嬴射利，以肥其家，此盗行也。椎埋掘塚，貿易他姓；廟無血祀，不封不樹；壠土丘夷，而弗爲廑念也，此戎行也。嗟乎！爲子若孫而市也，盗也，戎也，祖宗何賴哉？

宜吾宗昆弟、子姪之毅然有斯舉也。上世諸壠可以無失祀矣。昔申包胥爲楚却吴，楚封之荆，辭不受，爲丘墓寄於荆也；范應侯之先人丘墓亦在魏，不忍外心於齊。彼二子未聞道也，猶然不忘其先，矧吾後世賢達孫子哉！慎念之矣。

祭田小敘

蓋光縉少喪怙，不能承大人咳唾，間往從諸父譚上世祖父事，啞焉莫知置對也。顧時出城東門，登墦壠，覩罫如之封若馬鬣者，羅列如星布，益爲愀然曰："是安得吾始祖而下，共寄兹丘也哉？"壞樹之成抱，謂祭田之設，缺待未舉何？夫人含齒戴髮，生人間世，自非禽鹿其心，人面而彊行者。夫誰無尊祖敬宗之意，乃義起疑於聚訟，觀望持乎兩端。有其舉之，而慳者旁撓；有其和之，則忌者後持。噫嘻！此其故難言之矣。議既洽，光縉曰：

餼羊存禮，殆謂是與？然昔何其寡和，今何其競勸？昔何累年而落落，今何一朝而論定也？大都倡不在富，貲嬴者惡其害己；沮不在貧，財詘者苦於獨力。

昔人謂禮生於有，而廢於無。嗚呼！人惟無猒心耳。如有猒心，有無奚論哉？智者决筴于愚人，賢士疑事于不肖，欲其亡蟞，不可得也。慮始之權，信在獨斷矣。縉概觀輓近厥父祖立田設蒸，以遺孫裔。初然信以諾，定如丘山。其後賊子滋覬焉，久假攘爲私有，并兼恃其權力，廢匕鬯而勤脯脩，愛羽毛而疏肉骨，交争相怨，禍實始梯。夫代無常不肖，亦無常賢，慎始豫終，非以今日哉！

斯刻也，吾宗孫支家藏而人有焉，世世得以覽觀，蓋非爲賢者設也。知我罪我，其在後人乎！

祭田初議

邑之東鄙，吾上世祖墳在其中，蓋自先公逮今日，凡八葉矣。維是丘隴如故，饗祀無失，乃祭田未設也。宗指日蕃，用費益鉅，靡初罔終，敬用深懼焉。

鳩諸弟、姪議曰："祭必有田，禮以義舉。維我孫子能不泯先公靈，無墮厥祀，勢極不更，謂後人何？尚克圖之，爲百世規。"僉曰："惟命。"復進而議曰："貲大者饒，貲尠者鮮。鮮令多割則力絀，令無割則心絀。其隨資多寡，毋持觀望。"僉曰："惟命。"復進而議曰："我孫子成在，共聽余言：毋謂予富，蔑厥祖；毋謂予非富，滅厥祖。俾克安于心。貧不能出者聽，田亦次及焉。其非貧者，忍作先公之蠹，不得與。"僉曰："亦惟命。"於是序而列之，各援筆而書之。無愘予，無彊出，無夸有，無病乏，蒸蒸乎競勸哉，然亦始基耳。有其拓之，不無望於後人。

祭田小引

光縉曰：一夫善射，百夫决拾。誠哉是言也！何知貧富？惟所鼓耳。富出如瓦注，貧出如鉤憚。彼財力異也，絀無復之已矣。假令比一都之君鉅萬者，傾貲可勝道哉？倘所謂義動者邪？非也。

光縉曰：萬物本乎天，人本乎祖，寧獨其形骸軀殼哉？《詩》不云乎，"聿來昭許，繩其祖武"。詩書世澤，藻潤後昆，百代資焉爾。縉不敏，兢兢守父訓，維祖德是庇，用及弟綬，謬徼天幸。噫！忍忘所自哉？

光緡曰：結繩以前，靡得而尚云，書契肇興，壹何防僞滋甚也。祖宗孫子，其初一人身爾，有不混然大同哉？假手不信心，耳目不信肝膽，安稱一體乎？書用識之，信德衰矣。噫！吾猶慮其并符璽竊也。

光緡曰：家有條約，猶國有功令也。功令不遵，文法吏持三尺治之矣。家則不然，其有盭於約，不軌於條者，宗長老掉三寸舌訾詆之已耳。乃其畏宗長老也，甚文法吏也；畏三寸舌也，甚三尺也。噫！不較然畫一也哉。

光緡曰：祖所憑依，將在是乎？神得其依則安，不得其依則不安。妥侑之謂何？忍令血食無所哉？余深怪世俗畏鬼信禨，溺志緇黄，傾貲殫家以搆二氏之宫，峻宇雕墻，飛甍瓊閣，曰徼福天曹也，而曾父祖之不知。嗚呼！豈真空桑也哉？乃爲附紀如左。

祭田後跋

是舉也，有五善焉：祀先，孝也；遍饗，惠也；洽族，睦也；競勸，義也；遞舉，禮也。孝行則不忘，惠行則不漏，睦行則不疏，義行則不斁，禮行則不紊。持此五者，雖百世可矣。嗟乎！人爲家而心不孩久矣。有弟而兄啼，而胡越肝膽也。何恤若敖餒鬼哉？吾宗是舉，可謂不波矣。如其世守，是在孫子。

日　録萬曆戊午中和日。

不處不去，仲尼稱仁。天下有非道之富貴，寧有非道之貧賤哉？不去非道之貧賤，惟不處富貴之人有之，然孤高之行，不可繼矣。今有官可居，有禄可受。縱非極富，何至甚貧；縱非極貴，何至甚賤。衆皆處之，彼獨去之，能無非乎？道之所非，仁之所是，堪之爲難。貧賤多端，饑渴特甚。緼袍可着，而在陳不免慍見，故惟簞瓢不改者稱焉。君子所以貴，終食間無違仁也。君子不可得而見矣。不去非道，斯可耳。安知其非！

日　録天啟癸夏(亥)春日。

盡心知性，致虛極也，故知天；存心養性，守静篤也，故事天。殀壽不二，脩身以俟,純亦不已也,故立命。立命者,聖人也;順命者,君子也;不知命者,小人也。夫孰知崇階峻秩之爲巖墻也,簪組衣冠之爲桎梏也。世人役役,殘生損命以求之,無他,欲備身外百物之好耳。惡知益不在外,而萬物備我也。性也,天也,命也,吾心中之備物也,何待外也?反身而誠則不二,不二不已,立命之聖人也。故無生死而能樂,强恕而行則盡心。盡心盡道,順命之君子也,故常生生而能仁。不習不察,終身不知道,則不知命之小人矣。噫!是何巖墻桎梏者之多也。余是以遯而去之,有益無益,余何能知,但順受其正焉耳。安見人之備物,而我之非備也?

日録擬稿

盡心知性,致虚極也,虚能明,故能知天。存心養性,守静篤也,静能定,故可事天。天者,命也。維天之命,於穆不已是也。形骸之命有盡,心性之命無盡。脩身以俟者,非棄形骸於不事。脩心性之身,政脩形骸之身,此聖人之踐形也。何壽何殀,不生不死,故曰立命。下此則莫如順命矣。順命者,不死於巖墻之下,夫孰知高官大爵之爲巖墻也;不死於桎梏之中,夫孰知紆青拖紫之爲桎梏也。

世人役役,至老死以求之,鐘鳴漏盡而不休,以爲不如是,則物不備於身,而無以遂其樂耳。夫惡知身有心有性,自有備物之我,無待借外物以益之也。備物莫如忘物,求我莫如去我。忘物則身誠而樂矣,去我則强恕而仁矣。誠者,天之道也;仁者,人之心也;性之德,命之理也。舍是而别求,則巖墻耳,桎梏耳。樂之媒,憂之囮也;壽之日,殀之年也。於道何有?此天下所以多不著不察之人也。

自銘

文之不用,道之不行。不處不去,總以成仁。宇宙在我,造化生心。悲哉世人,孰濁孰清。霞山之陽,景山之陰。吾父吾子,來往同真。

輯佚

贈别帶水王公祖詩卷敘

蓋隆慶初,帶水王先生以經術樹幟藝壇,押(狎)盟寓内,不佞繙間讀其應制義辭,翩翩古也。時雖不能至,心模楷之矣。丙戌之春,先生貳吾泉,不佞繙從長安歸,謁先生于郡廷。先生伉爽坦夷,薦寵後輩,披之以春風,飫之以醇酒,蓋不佞繙虚而往,實而歸也。退而深惟之十餘年願望而不得見,一朝得耳其謦欬,而目其色笑,至尊稱爲王父,煦咻若孫子,未嘗不爽然愉快云。

先生爲郡不依文法,吏事顓以經術潤飾之,郡貳守故督海防、察盗賊耳,先生按籍伍,給餱糧,春秋訊(汛)至,單車出海上,箠使諸隊率亡不聽約束者。奸猾緝不敢發,往往跳而之他。部中守缺,則先生;郡令缺,則先生。邑案牘蝟集,奚鞅掌也,先生真窾解之。先生誠門下,客至無貴賤,無留門,廼不佞書生耳,雖不能舫,何敢數以事溷先生,自齒於陽喬魚,而先生則時時間有李生光繙者,大率先生推轂士,常恐不遍焉。

今年春,聖天子擢先生爲留都副武部郎,位侵貴裾矣。先生第進士十餘年於此,諸與先生並時起秉越登壇者,盡烜烜都上,位高者爲省寺,次亦不失爲郡伯長,乃先生周廻佐令間,身自比於斥阸,始似得一司馬曹以往,何跕躧哉! 蓋聞之,先生令吴江時,業已最上考徵入矣。會撫臺臣希權相旨羃先生以他事,尋齮齕之先生,遂用是枘鑿於世,解組屏居。於斯之時,先生有沾沾喜言歸喻所志,甚適耳,而何衈一斥尼? 然使先生不斥尼,惡能顯乎? 先生果跕躧哉。

免歸時,年未滿四十,位不過邑宰,而節行文章昭揭日月,如吹建鼓,蔚爲儒宗,望若山斗。天子且爲起田間而用之,不載稔復其官,又將虚大位以假先生於異日,先生不重有榮施邪? 彼目攝先生而寢處者,無乃爲先生作嚆矢也哉。

先生雅慕劉南廓公之爲文，録其孫應光寘之門下，而應兑則不佞縉受業士也。故合先生行，因應兑生之請，爲具論如此。

賀莆邑嚴公奏最敘

嚴公以壬辰進士高第令莆三年，滿考矣。嚴公已持功狀就天子明試，故事，郡邑長吏非治行見褒，不得應上考，無舍郡邑事去，都御史、御史爲具疏代，於是嚴公乃自條陳所居莆善理上兩臺，報可。疏既奏，莆薦紳、士庶人人舉首加額，頌嚴公績。

中路樓船將軍張生嘉策，余温陵里中士也，沐嚴公愛最摯，馳麾下走，書謁余，請曰："嚴公治莆，莆大穰，政不可更僕縷，維是勸學興交（校），樹蘗鳴琴，省抶寬徭，發廩賑饑，脩海堤，葺亭隧。其大者，尤曉暢兵事，善徵發調度。小子策待罪行間，嚴公獨挾纊策，偵保稽五，一借箸籌倭，擘畫水上軍，纚纚中窾，若夙練也。策願假大人一言爲嚴公重。"余言何足重嚴公哉？雖然，予之知嚴公也稔矣。往余師南雍時，嚴公以舍中生抱藝謁余，余驟而睹其容，温而恭也，沉而毅也，晢雅而都也。已讀其所奏牘，贍而蔚也，蒼而淵也，遒而有餘力也。余故大奇之，一日而千里耳，一搏而九萬耳，有不蜚蜚冲天矣，有不鳴鳴驚人矣，已而嚴公果前茅天下士也。

嚴公既拜官吾閩，余在告家居，間逖聽之，嚴公之在事廉而明也，仁而武也，酌清泉而爽也，迎遊刃而恢也。有手中之奏而無烹鮮之擾，有拔葵之化而無佩犢之風。不徒嫺文，又且習武；不徒識事，又且暢兵。三載之中，能令市安堵而海安瀾，萑不鶩而犬不驚。譬嚴公之於政，如天駟之騁足，朝秣越夕刷燕也；如佽飛之湛盧，水斷蛟陸剸兕也。嚴公倘所謂通儒者，與人有言文，士爲亡用，摛藻如春華，終何益？於殿最者，曷不於嚴公乎稽之？余嘗慨古今能文之士稱通達國體者，亡如漢洛陽少年，彼其一疏發憤，籌漢家事至熟也，宣室爲之遜賢，廷臣爲之開口，夫何爲吴公守能舉之，而不能俾漢天子善用之？如以彼其才而姑試之郡邑間，投之以繁劇，需之以歲月，以養其揮霍不盡之能，而抑其剛鋭易發之氣，然後徐起而厚畀之，則何施而不可？誼一出而修漢廷之郄者，以進之太驟，登之太急，而不熟爲吏故也。今天子知嚴公年少而脩於辭，才盛而給於事，故以一令善用公，公亦以一令善爲縣官用。夫既已三年考矣，走丸無峻坂，新發無留行，簿書期會之所周旋，上下事使之所委蛇，材猷益練，聲譽益起，鋒穎亦益閎。天子一旦下璽書，徵公列省臺之中，待立交戟之内，以條陳利害，辨晰當否，言聽計行，和豫而天下安之者，非他人，必嚴公也。嚴公其有以待天子命哉！

賀南安袁父母考績敘

袁公令南安之三年，治功狀第一，臺使者代具疏，奏宜考，主爵氏以聞，得予封如其例。是時，吾郡邑薦紳大夫丐不佞言，爲袁公賀。不佞業已著南安之所以難，袁公之所以難其難，諸大夫以爲可。乃孝廉楊君復索不佞言，使申之。不佞既已言矣，縱纚纚復之，詎寧有加也？雖然，諸君亦知袁公之所以易乎，劍之試也，陸剸水斷，忽若篲汜，蹶若畫塗者，鋒鍔淬而初發於硎也；馬之馭也，過都歷國，迅如影靡，疾如電奔者，吻策得而新附於驂也。

南安故鉅邑，其初隸郡，財賦徭與晉江亞。冠帶衣履，不晉之什一；詩書絃誦，不晉之什三；簿書羽檄，不晉之什五。雖一二富家鉅室，奸吏猾首，倚勢舞文，非有姦如山，不可問也。夫何難之有？乃後先居是令者，罕進士官，卒(率)科貢爲之，彼其頓挫於鉛槧之久，而困憊于場屋之躓，剛心雄氣消耗殆盡。及一試官，輒倦舉而傳舍之，是以因循闒茸之極，上下相蒙，得窟宅掣肘其間，敝壞幾不復振，而令始難矣，非南安令之難也。

袁公以㓜年弱冠，擅文有聲，一出而魁東省，再出而捷南宫。譬袁公之蜩掇第，如太阿之出而亡留行也，如良馬之逐而無蹶霜也，發不再克而倒必應弦，其易若是。計公之盛稱利穎，當且抵掌，易天下事而擘畫無難者，何有於墨綬令？以故公除目初下，人慮爲繁，而公以爲簡；人慮爲囂，而公以爲寧。豪奸決網，摘發難矣，公曰："以法繩之，易。"金矢待訊，得情難矣，公曰："以信折之，易。"胥正逋負，完課難矣，公曰："以額徵之，易。"羔雁成群，接見難矣，公曰："以時延之,易。”已而公之令則行,禁則止,而境内肅如也。公展咤而霆,廻矚而電,席卷而颶,揞擊而霜,而吏卒驚。煦而和風,漸而甘霖,乳而保姆,温而挾纊,而士民悦。何以故?衣不敝不新成,繩不亂不解結,繼理者希爲奇,承舛者多見功,他吏之所難,乃袁公之所以易也。蓋余嘗以公事入謁公,至其門,無諠譁者,若無人焉。登其堂,無接摺者,若無事焉。公無鞅掌之容,卷婁之色,而道有烏攫之馴,邑無烹鮮之擾,誰謂南安之難令,而公之難南安哉?

孔門諸弟中,宓子賤爲最少,廪然以君子見褒,惟其不自用而取魯之君子耳。單父之治,急於官事若癯矣,一惕於有若之言,遂身不下堂皇,彈鳴琴而理。巫馬期日夜不處治不若之人,謂子賤則君子也。袁公年似宓子,南安亦今之單父,不勞力而教,詔惟是益。全耳目,休精神,聰明不用,而以游乎其天,駸駸君子之道,雖衡天下可也。何乃令而何以馮野王諸人之爲令也?余故以復楊公之請。

贈額山舅氏應鄉賓敘

鄉飲酒禮,古也。古者,天子憲老乞言,國與庶之老養之上下庠,至親爲饋漿而酳爵,割牲而總干,而命之曰“老更”。猶未也,又以歲時月朔,致民讀法飲酒,令國中鄉大夫其鄉之賢者,坐立以明尊,豆數以明養,象天地日月,三光四時以明教,以作其孝弟齒讓之風,而寓其誘進愚俗之意。蓋是時,其稱爲主賓者,必其鄉大夫、州長、黨正之屬而鄉之人也,非必其郡守令長也。其所推擇而賓介者,亦其平昔受天子之奉與其養於鄉與國也,非必臨時而耳目之也。故其人易稱,而其教亦易行。凌夷輓近,公卿之權重於九鼎,鮐耇之老輕乎蟬翼,憲老乞言諸制盡已廢格不用,獨鄉飲酒禮,郡守令歲一再舉而已。郡令吏於其土鄉人,士君子不能習知,勢不得不臨時推擇,而游揚於其學官弟子員之額。乃學官弟子員當,鄉人未必當也。行譏月旦者以勢重見褒,怨叢巷議者以位高蒙轂。又其甚也,且不問爵而問貲矣,賓者藉爲夤緣之梯,賓之者目爲取穑之路,名一上,郡守令猥不復駁,曰具文耳,相與從事於迎送拜揖之儀,而磬折于揚觶酧錯之交，幸其不亂以塗耳目，而不知堵觀者且掩口而竊笑也。是豈古道則然哉！

蓋孔子觀於鄉而曰王道之易易也，聖人之意遠矣。古者，鄉國有三老嗇夫，漢舉孝弟，無過力田不惰者推爲鄉之長，於法最近古。夫鄉黨之民，其視鄉大夫，自以爲非等夷而方駕，上之人雖褒崇賓禮焉，猶未必誘誨其心，而使慕悦其事。惟其鄉里所與競之士，習見其與爲伍也而無足異，乃一旦郡守令與俛仰而揖讓，有不忻然慕之者乎？故酒於鄉而尚爵者，無論不得於其人，即得於其人，亦非先王誘俗之道也。

惠大夫王公下車，甫再月耳，考古破俗，月朔致民飲酒。聞吾舅氏額山翁善狀，延爲上賓。以余觀額山翁行至高，頽然儒也，讀書獨行，慕義慷慨，孝親信友，守夷修恬，名不掛賢良之籍，王大夫獨奈何首以布衣士居邑中賢士大夫右哉？此乃鄉者所謂所與競者也，無亦古三老嗇夫之遺與？王大夫之善誘俗蓋如此。魯人蜡一國皆若狂，孔子曰"樂乎"，乃諸君之往賀，曷以異兹？又以見王道之感人易矣。

贈日之余君敘

不佞入武林，過檇李，聞山陰有余君日之者，翩翩奇士也。余君蚤負材名，抗旌同儕，吾郡紫溪蘇先生督學越中試，余君輒高等，文褎然有聲。乃數奇，久困省辟，知不知無不爲余君扼腕者。

余君雖拓落乎，豪興逸發，睥睨千秋，往往放蕩於江湖陵谷間，以舒其狂而寄其趣，每一擊木，聲泠泠然善也。余君業已交結越中諸賢豪，又復出剡溪，遍覽西湖、厓(雁)蕩、天目、具區諸奇勝，猶以爲未足，聞閩中多文章秀士，武夷有三十六峰八十一曲，秦皇帝所遣中使以乾魚求者也。建州而下爲温陵，其山則清源、紫帽，其水則筍江、金谿，其人則弁冕相接，絃誦相聞，地靈人傑，甲七閩爲勝。余君乃於是攝履入閩，摘奇尋幽，芒鞋殆遍。與泉人士相造請，即不佞獲願交焉。時與登高，時與眺遠，飲酒相笑，已而相和。余君靈籟發而天倪動，蓋自是而山陵幾傳響矣。

晉永和初,蘭亭脩禊詩觴爲千古絶勝,而山陰諸王道中,直令人應接不遑。余齕齕恨無緣一問其處,而吾郡東南之美在在落余君阿堵中,作詩腸鼓吹也。海鼈蛤蛙,詎有量乎?噫欹!攻經義者棄詩律,攻詩律者厭經義,一以爲屠龍之手,一以爲雕蟲之技,兩者相目讐,若冰炭,而余君皆兼之。余君則所謂通材者矣。

贈胡學博署邑篆

寧洋,漳屬邑也,山嵐多警,所需令最亟。今年春,令虚無人,當宁獨計胡先生有製錦材,俾洋邑聽其宰割。先生仁心爲質,自署事,未嘗輕用篣箠,簡罪多所縱舍。簿書稍暇,輒奉功令課督弟子,如嚴校日,所至竪立於都哉,膏雨桑麻而匪直桃李之爲烈也。

頃巖大夫以入覲行,太守李公又以蒼巖勤先生,先生退舍謝曰:"某三家之肆也,惟知逆旅杯饌而已,何足以語大官法膳?"余惟此先生心哉,而非其材也者。夫大鈞播物,財鮮儷至,一至者材卓,兼至者體具,如先生得至之多,獨不可賈其餘爲民社計乎。彼令尹司蒼巖政,師儒司蒼巖教,所關非渺小也,自非具體之材,兼之則難。昔者裨諶謀野則獲,謀邑則否。公琰稱社稷器,而不能爲廣都長。此一至之材也,而亦何有于先生?然則一官之任,所用督恒流馭庶品,而非所以爲兼材律也。昔先生視洋篆,則令洋民喜而遺巖士憂。今先生視巖篆,則巖民即洋民,巖士亦巖民,一先生而嘘煦兩邑爾爾,豈荀子所謂"大儒起一方,舉統類而應之",無所儗怎乎?又聞之,大尊之慮工于用大,不龜之術始于洴澼絖,終則挾技以封。先生方工于用大,方將挾技以封,而直飽學官之膳已哉,余不佞且左券需之矣。

贈兵備道楊公壽文代

不佞持事憲豫章,是時乾銘楊公爲饒州刺史,在事三年,治行裒然有聲,中丞臺、御史臺每疏列江以西二千石良者,必首楊公。不佞無能推轂,竊從旁恖之矣。楊公既受天子命,觀察吾泉,稱兵備使者,在事又三年,滿考于兹。不佞解組入里門，逮卵翼之下者年餘。楊公字不佞，不啻挾纊也。

乙未之歲，楊公有王母何宜人壽八十又七，不佞不揣不文，爲三祝篇祝之。楊公以爲善，命爵者先。楊公及已奏績，請卮封。不佞不能自以卮辭賀，竊亦從諸大夫後，附姓名賀楊公，楊公使謁者入之。吁嘻！不佞之驩楊公也，匪今朝矣。維是十月二十日，楊公懸弧辰，郡守相諸大夫暨七邑諸令長相率造不佞，丐一言爲楊公壽。不佞唯唯謝主臣，諸大夫逌然請曰："吾儕何可以不壽楊公也？楊公以寬而爲度，嚴而不苛，議論行事，常依大體，不微下人短長，吾儕遵其約束，兢兢奉職，可幸亡罪，則亦維楊公以令。不有楊公，官縱者何？何可以不壽楊公也？"

不佞再讓者三，乃颺而言曰：此諸大夫之壽楊公也，吾請言楊公之自壽。夫壽，故有説焉。壽者，厚也。言其厚，施德於民而綿延未已也。大夫自進士起家，爲州守，爲郎署，爲郡刺史及今兵備，貴倨矣。課吏則文，馭兵則武，威名無不播，愷澤無不流也。所居興歌，所去畏壘，楊公諸敭歷治善狀具是矣。玆其壽也，壽以氓者也。壽者，受也。言其受禄自君以逮于親，而世世無疆也。楊公有尊人曰封大夫公，大夫公之上又有尊人曰何宜人，未(朱)衣象服，六加(珈)充耳。楊公援北斗而酌之，不以王事辭家事，不以父恩勝主恩，不佞之祝編具是矣。玆其壽也，壽以親者也。壽者，奏也。言人臣遵職効業，以奏功于君，用是而益筭進秩無窮也。楊公州則州最，郡則郡最，今又滿觀察考，中丞臺、御史臺代具疏奏天子，詔曰封而褒之。楊公所自上闒最書具是矣。玆其壽也壽以君者也。壽之道，非天不因，非人不成也。今無論其它，勛勞不可更僕縷，以楊公備兵於此，今歲洊饑，旱魃爲虐，枹鼓將起，楊公素衣步禱，請丁厥躬，於斯之時，令時雨不降，天可回乎？萑苻不戢，民可安乎？楊公一罪已籲于天，而天雨，□于民，而民稔，頌聲載道，百姓嬉嬉，如登華胥之域，喜雨亭之碑具是矣。玆其壽也，又天與人交相成也。雖然，諸大夫亦知主上之所以壽楊公乎？漢龔少卿之守渤海，是時少卿老矣，漢天子蚤不徵入，而令其徘徊頓挫於郎中令之間，迨王生言而始召用之，則少卿已不任公卿，而堇堇拜水衡都尉以去，何其後也。黄次公以潁川太守，天子聞其名，不數月，召入爲丞相，總紀綱號令，風采不及魏丙。説者謂功名損於治郡，無亦其擢用太亟之失與？令天子不即相，而以翺翔於京兆尹御史大夫，材藻風猷，練習日甚，安在其一旦相功名於治郡也。以楊公守饒州時治與潁川、渤海日理何異？乃今天子久已知楊公，不即召楊公入，而進之藩大司，遲之以三年考，何以故？楊公方彊年盛壯，積此而耆艾，而公孤，則既有任公卿之年，而亦有功名赫赫之譽。吾故曰楊公之壽，主上爲之也。諸大夫入而壽楊公，則請以予言一賡之。

壽雙江黄隱君七十敘

雙江黄君，非溷俗中人也。人之言曰，黄君無駴世之行，無亢俗之譚，人飲亦醉，人舞亦歌，不自崖異，以與物接，衆皆悦之，而以非溷俗中之人，何也？今世俗之所謂樂者，皆必其身自饗之，而身自據之？夫必其皆據而後饗，則物之待饗者無窮，而其可以足吾饗者有盡。吾終日汲汲營營，有不快之事多矣，是以古之至人，爲能善適其非己之有，然後可以無所不適，或茹精於日月，或吸華於草木，或弄景於山川，又或嬰兒於衆濁衆醒之中，與委蛇而不波，而不知人有之爲豐，我無之爲嗇，外有以厭於人情，而内無所滑其天和，故能樂也。黄公殆庶幾於是。

黄公少業儒，與兄伯諸仲共發憤，其後試不利，始稍稍輟其佔俾觚翰之習，而寄情於杯酒聲樂之間，游道日廣，當世之賢豪貴人往往有倒屣者。其或寘酒高會，坐客恒滿，必虚左以待黄君，黄君不至，一座爲之不樂。黄君來，發一談一笑，輒傾座人人相與目，黄君爲酒腸鼓吹矣。黄君以一布衣之身，周旋於都間壇坫之會，縉紳韋布，不一其人，班荆盛帳，不一其具，而能令知者愛，聞者敬，即素不相識，一接餘瀝之交，遂相對極驩，致爲長者遊。

黄君之自樂，非必自據之，自饗之。居家無聲伎之蓄，無極饌之饈，亦未嘗有高臺深池、廣宫大厦足以佚身愉志。而富貴人之所設，雖黄君之所無，不能不爲黄君之所快，而祇以供其雅懷，發其狂趣，黄君亦陶然不自知其在無何有之鄉矣。故樂莫貴於無羡,而適己莫不於不争。羡者,士君子之所不能免;争者,卿大夫之所不能無。彼皆欲據之以爲利,饗之以爲私,焦神極能,不盡如意,乃不免耳。黄君無羶人之所羡,無忮人之所争,徐而不費,無封而笑巧,如是而已矣。吾故曰,非溷俗中人也。黄君善應諧,解人頤,酒酣擊鼓,以往雖有絲竹,不比不和,黄君以此道施之不窮。

黄君兄弟五人,居相友,而性行不同。伯尚矜,仲尚巽,叔尚謹,最少多盛氣。黄君出之飄宕,各互執問季,黄君不言而笑,則厲者氣平,而拘者體輕矣。伯家督爲政,黄君恣錢穀不問,析箹獨受犅。伯善怒,諸季無敢忤,但惶恐引過,黄君泠擊於傍,不覺塤篪奏而宫商諧也。黄君曰:鼓所以立動也,醉能使之醒,寐能使之起,鬱能使之暢。吾於鼓,若市南宜僚之丸,若高漸離之筑,行酒無剟席,争酒無滿觴,吾因而鼓之。衆和起,衆譁止矣。黄君之友于兄弟,終其身,無酒過,於人多彙此。

今年九月二十四日,黄君之懸弧辰,客謀家弟絢語余壽之。余不嗜酒,黄君好酒;黄君好聲伎,余不好聲伎;黄君不厭徵逐,余厭徵逐;黄君似滑稽,余不滑稽,余所謂蚊虻之勞而形影競起也。黄君談達多端,皆與余反,余不溷俗黄君,黄君溷俗我。黄君行年七十,其心思耳目好樂,不啻盛年,猶有壯夫之興,殆逃於酒而全其天者。與諸君入,勿避酒,余且酌斗拷鼓進卮言而壽黄君。

壽西林歐君七十序代

余與西林君居相近,忝在世好,自少小時與之游,蓋知余最深云。余踰壯,始與計偕,三上春官,而君從游者再。最後,余成進士,馳驅中外,君方修恬愉之道,洒然家居,插竹植荔,課子携孫,循四氣之沖和而遺其沴,所謂游心合氣於淡漠非耶?比余告老而歸也,君齒亦冉冉,至逮於今七袠矣。

季冬十有八日,乃君之誕辰。君之子姓及姻戚知游,謀所以爲君壽,徵言於余。余聞壽之説有三,昔南伯子葵問於女偊曰:子之年長矣,而顔若孺子,此壽身之説也。君氣體矯健,貌腴色渥,髮之種種者不改墨,望之已卜其百歲上人也，是可謂自壽其身矣。《易》稱“積善之家，必有餘慶”，此壽家之説也。君處族閭間，敦篤慎脩，門以内嚴而有恩，諸所創造樹立，遠爲百世計，而況協氣所罜，福祚自長，是可謂壽及其家矣。商丘之大木，根柢蟠結而其餘蔭可以隱庇千乘，此壽國之説也。君夙負經濟才，曩游燕市，每慷慨振纓，口晝當時便事，今君之子若侄，昂昂皆千里材，異日者推君之志，以敷華布潤其蔭，是可謂壽及於國矣。夫世之都繁膴者，踐危涉患之機多，每厚於生而歉於志，既已弗恬，乃枕石漱水之士，志得以自遂而枯槁沉冥，又嗇於外養，未見其愉。故莊氏之論養生，推極壽命之數，必恬與愉相滋，而後爲養之備。君既高其迹於一世之外，自足所好以恬其心，益之以家門之長厚，子姓之皆材，以爲身愉。恬愉交養，内外無所害，全其天年，以極壽家、壽國於無窮，倘亦理之必至乎。

君孫從雲者有英質，其母，余侄女也，壽之曰，適與從雲畢姻。會父子、祖孫歡聚一堂，二三子婿奉觴上壽，諸朋賓拜手颺言，皆曰："西林君福壽兩全，是可以賀矣，是可以賀矣。"

壽誥封洪安人七十序代

世宗肅皇帝時，余與石坡莊君後先相繼登朝，則已聞其内人洪安人賢云。而今聖天子踐祚，安人三世命婦矣，巋然稱太君於家，不獨其品秩崇耳也。今夫閨閣女流，佐士君子徒步起家，疇而不諸生妻乎？安人未嘗一日名諸生妻也。安人至，石坡君稱孝廉，再應南宫舉矣，不十餘年而第進士。有不爲諸生妻也者，或即孺人已矣，疇而方伯夫人乎？安人又得從二品大夫秩，呼夫人也。石坡君以袁州理入主户部，政滿尚寶，考得封矣。又數年，晉而轄東粤藩。有爲方伯夫人也者，未必其老康蹝亡恙，疇而七十春秋高乎？安人又七十春秋，高躋希筭也。事英偉特達之大夫，剔（敭）歷中外，自少壯逮今日，居官御家，綽然有常。蓋安人初入門時，諸伯叔姒私相語，安人富家女乎，而貴家婦，奚而富貴容也？乃安人謝綺繒自如，嚴事舅封翁、太安人，柔毳甘脆，出手指中治，不以委諸姒而代肩之，二尊人亟稱之，曰："季婦賢也。"

石坡初年以不希稱臣旨，轉徙冷局間，一官尚寶，鬱鬱九年不得調。安人如不知者，皂綈饕篋，粗素如孝廉時。已，稱臣釋樞，石坡君出參省藩荆楚、兩粤之墟，布威宣德，在所而著，以至階極外臣，貴倨矣。安人如不知者，亦皂綈饕篋，粗素如尚寶時。安人十餘年孝廉之妻，又十餘年京郎君之婦，又十餘年貴大夫之恭夫人，以七十年於此矣，猶持扃鑰，問織衽，旦而起，機聲軋軋也。區别户内事，指授女婦，課孫子夜誦讀不休，則又裒然一賢太母矣。

安人蚤而貴，飲食被服起居，幾與窶婦敵；安人貴而老，飲食被服起居，幾與壯婦敵。以寰宇女流所艷羡不得致者，安人能豐取之；又以其所洊錫備臻者，安人能嗇享之。而其遺其諸郎，盡斌斌有文也。安人豈惟有令德，且有令福哉！

是歲庚寅菊月七日，安人設帨辰，余猶子居穀、居秩輩屬予文之。予曰："老夫耄矣，惡能文？顧予與石坡君並世廟時臣子，幸使予老猶康，能執筆颺言爲爵者先，而使安人以七十受九十者祝也，則焉用文之？余仲氏女爲安人叔子婦，安人鍾愛之，異諸婦中。令安人歲歲壽，余猶女歲歲治巾櫛卮匜，而予歲歲文之，□婾快矣。"

贈洪母蘇孺人壽敘

今天下稱山斗儒宗者，曰紫溪蘇先生云。先生以道德文章鼎吕一世，四方士慕之如景星慶雲，仰之如神龍威鳳，争受其捶使而不可得。以不佞及取大於先生之門，先生不鄙夷而郢之，時而成風，時而發覆，立與爲質，幸無失容。要以不佞遊先生藩，猶之使管窺天而用椎指地也，難以致矣。

不佞既北面先生，又與先生之子時欽君並應公車召，則又識先生之甥洪伯子者于長安邸舍中。不佞驟而積(接)之，見其温而恭，伉而爽，朴而有文，颯颯乎有眉山家之風，蓋心善焉。時欽君謂不佞曰："吾中表兄也。王父先封公生大夫子二，家大人居次，生女子二，洪姑居孤，若其洪之子而吾蘇氏之甥乎。"不佞笑應之曰："彌甥乃阿舅也，其母使之然矣。"時欽遂與不佞言姑孺人賢云。

孺人者，先生之異母者兄也。先生出于陳宜人，陳宜人繼至，女孺人愛如己女。既適洪明吾君，事姑，而姑柔毳甘髓（瀡），備供豐腆，曲當歡意。篝燈佐明吾君讀，明吾君俛首受書，不及問家人産事，於是橐中貲稍稍落矣。兵燹之歲，廬畝爲墟，竈突日冷，而明吾君又即世，孺人矢志守二孤，藐諸與煦，益苦治生籌也。閉户耑居，朝紡暮績，機聲軋軋，不問饘粥弗自給。先生爲諸生，時時以脯修之入繼之，孺人亦時時與二兒守其父與舅氏之訓其謹。及先生貴，二兒亦既長，伯子商，次子讀，孺人始大愉快矣。

噫欷！孺人誠賢母也。夫有班孟堅爲之兄，而後有曹大家爲之妹，有李伯度爲之弟，而後有穆姜爲之姊，青出于藍，水寒于冰，同根共源，令淑繇著，古讚之矣。以不佞覩先生富石渠之學，繡如椽之筆，摛藻爲文，吐詞爲經，以睇孟堅，不啻過之，而禔躬脩德，爲世大儒，山嶽其氣，竹帛其勛，行高於秋天，名揭于月日，則何但伯度之爲達也。孺人第婦田間，不如昭，天子召入，令后妃諸貴人師事耳。乃其節行法度，植夫之孤，温仁慈愛，課夫之胤，則與惠班、穆姜二氏淑者何異？不知其母，視其子；不知其兄，視其弟。誠哉是言乎！即先生而孺人可知矣。

客有進曰："封翁秋江公爲之父也，曹大家有父曰彪，著《王命論》，遂生固。昭以文詞顯，則何但孺人！雖以先生之弓冶箕裘，義方有自來乎！"鄙諺云：論人之賢，必本其父兄師友。附驥之尾，蠅蜚千里，而矧其胞乳一脉者也。此余之所以推本於孺人賢也。時欽君笑曰："《詩》不云乎，'遠父母兄弟，問我諸姑，遂及伯姊'。吾姑氏念家大人遠方，且有竹竿泉水之懷。而子之壽吾姑也，乃以其伯姊稱，則家大人以矣。吾且以子之言轉聞之家大人，而授洪之子姓入張之，以佐一觴。"

壽王母金孺人八十敘

皖有兩高賢焉，其一爲吾永春令皖侗袁公，其一爲王敏夫。兩公相友善，肝膈相竭，名誼相先，意之所叶，金石爲斷，氣之所凌，山嶽爲傾，飲泣和歌，刎頸見志。其素所蓄積，往往醉荆卿之筑，而輕虞相之印，江以北俶儻慷慨之士多歸之者。

敏夫而既往矣，袁公來令吾永春邑，時時對人言敏夫軼事。則敏夫有母在，是曰金孺人，其子曰伯寤，令母所母事而子畜者也。於是，敏夫與其母之名不脛而走吾閩，閩大夫士知有袁令公，即知有敏夫、金孺人。令公居邑秉，風裁樹蘖，不善權貴人而親賢士大夫，於是孝廉中顧獨喜宗謙生與李仲熙氏，每造郡城，必枉車騎過之。蓋嘗坐李仲熙、宗謙生，譚王敏夫與己甲申事，曰："余負氣過矣，是時事幾禍，交游莫敢言。微敏夫，不能開余惑；微余，不能信敏夫之言也。"已而泣下，推席而起曰："今亡敏夫，吾其能佩此印綬哉？"所以欷歔獎嘆者非一。仲熙與宗謙故不知敏夫作何狀，但以令公言，恨其不得居同地，生同時，共均茵而遜席矣。

今年首夏之二十九日，爲金孺人設帨辰。先是令公念敏夫篤，請仲熙之弟叔玄公使文之焉。叔玄方奉天子命而西入蜀，校士於瞿塘劍閣之都，文不可卒致，乃授簡於宗謙生縉，而申以仲熙氏之請，曰："吾子其文之。"嗟乎！令公不爲金孺人壽則已，令公而欲胥醻者言，叔玄，其當世不聞人也。亡已，則吾郡中諸賢公卿，秉如椽之筆者雲蒸，而是令公不以屬而委李生，謂何哉？李生可奈何而代學使者先生之俎也。雖然，令公之國士我久矣，我即不知王敏夫，繇令公可以知敏夫也；我即不識金孺人，繇敏夫可以識孺人也。

令公心事磊落，貌肖其衷，嗜善若渴，去不善若熱，不肯阿人，亦惡人諛己，同明相照，同類相求，兩澤交麗而兑生焉。豈其於敏夫，已心内不合而陽浮？予生平慕之、後棄之者，觀山於麓，覩河於涘，恒霍高而後尊泰岱。不有金孺人，即敏夫不子矣。敏夫爲南山先生子，褎然一國子上舍耳，而行推於月旦，名躋於士林，金孺人之力也。金孺人代南山而父，又代敏夫而父，至其孫伯寤，三世矣。

漢汝南黄叔度，荀潁川所識爲子國顔子者也。其同郡戴良才高倨傲，但見叔度歸，輒惘然若失。其母問之曰："汝從牛醫兒來耶？"人不以高戴，而高其母之識，金孺人以之。范巨卿與張元伯爲友，並告歸，或謂元伯曰："後二年當還，將入拜尊堂，見孺子。"乃共尅期日，元伯具以白母，母及期爲醖酒饌以俟，巨卿果如日至。人以賢巨卿，亦以賢元伯之母。令公之壽金孺人以之。然戴良矜激之才,去叔度遠甚,何似敏夫之埒令公。范巨卿爲元伯升堂拜母,僅於其生前一見耳。雖其葬後爲山陽死友,高出郅君章、殷子徵之輩,不過令其母望來之,卒不聞爲元伯有所稱揚讚述其母氏之賢,以章徹於後世,則以令公今日壽方之蔑矣。故以敏夫而知友令公,以令公宦千里外,念敏夫亡而壽其母,以金孺人而得袁令公以爲之壽,此三事者,皆千古奇節,世未之有也。即孺人筭百年,無論已。

仲熙從旁大言曰:"又有奇焉。陳留茅宿氏郭林宗奇之樹下,因與言請宿,容烹雞饌母,自以草蔬同客飯,林宗拜而賢之。夫彼猶逆旅也,目擊其家人母子事,且賢其子,不知其母。以吾子不及敏夫,覯而能賢其母於邑令公之庭,則又過林宗遠矣。"令公曰:"信然乎。"宗謙生半剏席謝主臣者三,曰:"此以俟玄叔先生言,縉何敢當?但以異日者偕仲熙入皖里中,伯寤共其大母而草蔬我兩生,兩生願奉金爲孺人壽。"仲熙曰:"謹志之。"令公逌然曰:"果如約,不佞且治布衣三日飲,佐草蔬之半,以慙范巨卿、郭林宗於千古,而寵王敏夫於九原下。兩生其爲我與金孺人飲,伏地歌數行而醉二三。"兩生曰:"喏。"宗謙坐乃述文,仲熙援筆書之。令公於是馳使者賫致之,以授伯寤生,壽孺人千秋之祝。

家規序代作

夫家之難齊也,故矣。此無他,故異物。儒也,冠圜冠,履方履,毋論遇不遇,直於吏事厚用心,而往往闊略庭闈,夫夫直二家國耳。余惟士君子飭名教以鎮物,遇則治於而國,不遇而齊家彌亟耳。

從世父鑽研一經,證繇今古,弱冠補博士弟子,待命澤宫有日矣。數奇見惜,若所謂慳吏事緣者。一日,慨然嘆曰:"吾今知所税駕矣。安能復作儒生技而長見笑于子雲乎?"遂拂衣視父養,而以生平腹笥載之訓家之一編,壹禀於先民訂謨隄瀾,厥意甚孅,厥義甚悉,而當塗業已劇嘖不休。

夫家,非直小物也。規於而家,亦非直一人善物也。脱人人得是説而存之,軍志所謂"一夫學戰,教成十人;十夫學戰,教成百人",俄而三軍指掌非耶?庚桑子曰:"至人尸居環堵之間,百姓猖狂,不知所如往。"蓋陰觀厥化之成也。世父即不遇乎，第不出環堵，而倫理恩義之柄，居然潛握之，疇謂一經之志弗酬哉。某三復斯編，行行偕鎮物君子户説以眇論焉。則斯辭也，匪淺鮮哉，匪淺鮮哉！

贈蔡侍御令子游庠序

夫弓冶箕裘之説諒哉，若學士家業有弗盡然者。其祖若父，高牙大纛，標紳當塗，其子孫必沃而愚，厭矩矱爲己桎梏。何賓賓之學子，爲吁厥承弗類，所從來矣，此詎可令蔡生見哉！

蔡生賦材儷至，羽毛既具。頃邑大夫試，首蔡生；郡大夫試，首蔡生；督學大夫試，亦褎然首列。人皆以爲華，蔡生不色喜，客乞贈言于余，争言言奇之。余惟鴻鵠凌雲之翮也，虎豹食牛之氣也，皆自始生而已。然者，蔡生未至孩而始，誰移和而出，唯馬首是瞻。彼其登壇植幟，雅踵侍御公芳躅，爲勛業文章稱首，斯蔡生所饒爲也。不謂當余之世，而有賢豪公子若吾蔡寧馨者，帷下園中，履辭户外，閔閔皇皇，用志不分。毋論里兒鬥雞走馬，事博塞遊者遭之掩面走，即鹵莽報余者，相去奚啻九牛毛耶。侍御公貴矣，而公子弗有也；令子鋭矣，而侍御公弗休也。

嘗聞之，魯鄹邑之女即賢乎，而教誡固不以賢女廢也。此侍御公庭訓之説也。竊又博而觀之，侍御公操術以風來學，特私一子哉。昔王駘，兀者也，從之游者，與夫子中分魯，虚而往，寔而歸，究也不言之教無形而心成。鄭綬，一儒耳，呻吟裘氏之地，能令河潤九里，澤被三族，矧侍御公乎！

蒼巘文獻差替于嘉、隆間，侍御公突立頭角，弱冠遂成進士，裔是製錦之英，摩肩叠踵，訖今日彬彬鱗矗矣。侍御公又式穀其子，年甫髫齡，輒建藝林旗鼓。鄉井後生，争自濯磨，人人負鳳翥虎踞之期，虚往實歸，蓋九里三族同情也者。異日，古羅之文獻日有聲也，伊誰之賜耶？客曰："漳南有侍御公，是爲漳南重。侍御公有生，又爲侍御公重。"噫吁！侍御公之陶成國器也，業已潛移文運于冥冥，而士之徼惠陶鑄者，不一二數也。直沾沾作公子計，令弓冶箕裘之説，不虚也與哉！

蔣于鼎敘言

余從長安歸，訪蔣大夫于須江之上。大夫出就江干，載酒爲布衣驩。余去而之九清，大夫適以公事至，招飲于九清橋，蓋大夫所新造者。是夜，天朗星稀，碧月當空，大夫顧予嘆曰："以子而長安陌上，安能使予有令客也？"因與予道文章之所以然。予張目視之，予亦有喙三尺，不但舌存，爲辯其是非得失之所以不然。大夫亦視予，首肯者久之。兩人相視，莫逆於心。

大夫有季子德璟，年方舞象，載筆道奇，大夫出其文使讀，予讀之，畏若棄繻矣。謂大夫曰："季方如此，元方可知也。"大夫復出長公藝授予。予曩者識于鼎，曾得其文，彈射之，猶以爲流波耳。今瞿然而顧化也，意深而沉，詞遒而爽，雄渾高毅而有餘力，不復道世人一綺障語。其承蜩之技，弄丸之手乎。夫畫者畫魑魅，不畫狗馬，謂易見而難似也。文章惟其似耳，佛乘非玄，漢鼎非古，掇拾飣餖，總屬庸腐。世人斤斤奇慕之，不察而奇收之，又不已而奇禁之，何奇之與有，亦足姍矣。此于鼎所以絜而去之走，而予所云是非得失之所以不然也。

須江之東有步鰲山，聳峻飛動，鹿溪横帶，俯臨百雉，城中燈火從足下起，千奇萬態，于鼎之文似之。嗟乎！予讀于鼎言，飄飄乎有步鰲之想矣。大夫以予言爲溢褒，予引而西顧，須臾之間，鰲頭月出，雲合雲散，大夫抑以爲非奇乎哉？

陳公步敘言

陳君公步，四明間奇士也。不佞道須江，公步授生徒於須江之左，就舟次訪予。不佞倒屣之，邂逅相遭，得若敵國，推篷對坐，移語竟日。不佞擊筑，公步稱善，公步和歌，不佞再復，兩人交驩，遂成刎頸。於是公步出平日所爲應制言，授予彈射，予不覺舌舉矣。已又見其論草，大抵其讀史時所自著也。咄咄！公步良亦苦哉。

古今稱良史材，亡如班孟堅、司馬子長。子長生於秦燔之後，遺經雖殘，去古不遠，僞書未出，得失之林昭然。其所浮沉褒誅，大率多秦漢間事，非勝國之遺，則當代之著，月旦初評，網羅實多，故其美惡不虚，然且以爲是非謬於聖人。孟堅承人主脩文之詔，載勒一家，以子長之書爲草創，而已增更之，於以徵往述來，不可不謂易要删矣，則又有致譏目睫之論。若是乎，評古之難也，何况以千百世後而雌黄者乎！承訛襲舛，信耳無憑，管窺蠡測，任心莫據，不存不議，古嘆之矣。要以剖胸中之奇，决千古之惑，見不必鴻濛有，而議不必古今道，參之作者，又何難焉？

公步謂，昔惟眉山父子，今則瑯琊先生，不欲自攘臂其間。夫眉山之後有瑯琊也，誰謂古今人不相及哉？公步於書辭似六朝，裁大義，出兩漢，上范曄、干寶，信一代良史，然難以比跡於班、馬矣。公步以爲何如？

敘董生言

董生扶卿，余里中奇士也。當少年盛負時，氣嶽嶽意不可一世，士罕敵其鋒者，有望輒引去。發而爲文，横衝折擊，馳騁上下，千人自廢。又數年，董生善余游，間過余論文，則董生業已叱荆卿之劍，而入汜淆之樊矣。

余近讀其爲文，藹乎春温也，淵乎河潤也，細乎其毛繭也，翩乎其雲翮也。已覯其爲人，又屬乎其恭也，曠乎其虚也，僂乎其若循墻走而東上僻也。余笑謂之曰："人言董生狂，董生非狂生哉！"董生亦自語："生非狂也。"董生往往與予言，士習文體，正詭馴駁相仍，安得有華士言質而儇士言恭也？退而賓輚轢之行，詘追耆之習，折鋭追矜，洞闢擢竅，而一軌之乎正。終不令漆園柱下，龍門瞿曇與鄒魯同壇矣。善乎董江都有言曰："諸不在六經之科，孔子之術，勿使並進。"噫嘻！董生文庶幾近之矣。竹林繁露，爰講天人，董日不窺園之日久，世寧無深知董生哉！董生殆駸駸進於醇儒者也。

慶曆文㲄敘

此瑯琊王逸季所彙次也。該而博，浩而纚，洋洋乎近世之人文備矣。南金多寶，寶之中又有寶焉。冀馬多良，良之中又有良焉。余是以復汰而擇之，謬有雌黄而庚爲進退，大抵删者什之八，留者什之三(二)。

王逸季之言曰:"不能爲古之退,而不敢爲今之進。"噫!其有古今乎,其無古今乎?今之古亦古之今,商彝周鼎于漢世則古,于當時則今矣。要以有工拙好醜焉而已,古何必不退,今何必不進也。謂予爲進今則可,謂予爲退今則不可。

題司農衢源王公百美圖小敘

昔李延平當漢武世,侍上起歌舞,與帝言,"北方有佳人,絶世而獨立,一顧傾人城,再顧傾人國",至令漢天子爲之歎息稱善,且咨嗟怨恨其亡此人而不可必得。繇斯觀之,世故無美人之多也。淳于髡滑稽於齊威王之前,其所云"前墜珥,後遺簪,促坐同席,滅燭解襟而微聞薌澤"者,謂州閭之會多婦人可耳,然不必兼矣。

善乎,宋玉之賦好色也,玉之言曰:"天下佳人,莫如臣東家子。增之一分則太長,減之一分則太短,著粉太白,施赤太赤,眉如翠羽,肌如白雪,腰如束素,齒如含貝。嫣然一笑,惑陽城,迷下蔡。然此女登垣闚臣三年矣,臣棄而不許。"登徒子以玉爲性好色,言於王而短之。夫玉則誠好色矣,《詩》不云乎,"出其東門,有女如雲。雖則如雲,匪我思存"。誠以其不存之思,而握手目眙於毛嬙、西施、緑珠之列,則可以爲吾適,而不可以爲吾病。有不爲好色者,與此宋玉之好,登徒子不如也。避色拘儒,掩目而遠之,猶之防水火中,避溺山隅,直謂世尤物耳。

噫嘻!婦人何尤之有?繇延年則尤,而以啓妙麗之舞,繇髡則不尤,而可罷長夜之淫。尤不尤,存乎其好之善不善也。吾故謂是圖而與宋玉《好色賦》之意同,即寘之座右,而不時披翫之,夫何傷?抑亦爲賢賢好德之一藉云。

王司農公,吾儻所稱有道君子也,而蓄此圖有以夫。

會　規　敘

邑公子張思東君,生聰明,雅無他腸,壹禀於厚,承大夫東翁遺貲不下二三千金,輒瓦礫視之。先時門客嘗滿,有孟嘗之風。今所期物忘其中,諸君皆掉臂而去,此自人情薄耳,於君何尤? 世人不察,謂能者輻輳,不能者瓦解,以是誚君旁落。

夫君固旁落乎世人,曾見君爲劉毅儔,爲俳優首,與二三嘈雜者埒乎,不過重然諾,輕財而喜施已耳。夫喜施何傷? 昔陶朱公三置千金,盡散以與貧,交疎賤士,迄今千載下誦陶朱公義。曾見陶朱金哉? 蓋有盡者金,不朽者名。思東君,術謝陶朱,慷慨近之矣。即旁落,猶以喜施,不失爲儒雅風流也者,世俗何誚之深哉!

不佞某曩與君爲鄰,君時年未幾齡,不佞嘗以弟畜之。日不佞過其間,謁張君於仙室,握手坐而言夙昔事,輒泣下罷酒也。已,謂他無論,近者傭怠,若事我危在巖墻之下,奈何言未畢,不佞於是序張君之素,以質於二三親友。日集爲義會可乎? 君忻然曰:“固矣。安所得信公? 第序之。”

不佞於是序張君之素,以質於二三親友。倘不爲謬,則金石可盟,姓氏規條可議,列于左。不佞匪陋,得以藉諸君焉。

梅花什小引

僊令何大夫於退食之暇,賦梅花百首,爽思逸情,取材甚當,泠泠洋洋,聲如金石,和者難之。

夫今之爲令者,簿書旁午,案牘交侵,縱游刃有餘,戴星猶瘁,櫛沐寢餐,且爲弗遑,而安及此? 風雅大夫鳴琴之理,兹其一徵矣。余不敏,竊謂大夫之有托於梅也。

昔子瞻從沈太守觀牡丹花於吉祥寺之圃,其品以百數,州人集金盤綵籃以獻,自輿臺、皂隸,盡插花從。太守歸而記之,求子瞻文冠于篇。[子]瞻以爲此花之智巧便佞者而若有取於宋廣平之《梅花賦》,其意可知矣。子瞻非獨無取於是花,而有以啓人窮妖極麗之心,反不如《梅花賦》之清便艷發,得南朝徐庾體,猶足以滌垢而勵俗也。蓋世俗之艷冶甚矣,相交以藻繪,相使以捷給,抱朴守拙者排擯於世,而追趨逐嗜者謂之顯融,夫惡識于知希之貴,而遍插于輿臺、皂隸之觀者，徒爲世人之所喜，而反爲有道之所賤也哉。大夫曰："胭脂人惜杏花殘，富貴長安競牡丹。"嗟乎！賦之寄意微矣。大夫有調羹之手，而不盡其鹽梅之用，瑟工竽好，亦世競牡丹使然耳。風骨稜稜，吟咏乃見，居官之冰雪可覩也。

子瞻叙已於沈于書，與牡丹均非其人。大夫之人如其詩，令斯什而出子瞻世，吾知其所擊節而怪嘆者，當不在宋廣平、徐、庾，而在何大夫之什也。余是以取百篇，醉而浩歌之，第自恨其非子瞻云耳。姑以復方生來禹之請，亦强敘之如此。

文脰解嘲脰，音豆，項也。

黄君賓，白晢諸生也。少治書，善文，同舍生畏爲青雲之士，人人敵國之。亡何，病瘰癧，伏笫席呻吟者六餘年。會有天幸，醫出愈之，得不死，然而頸項之間，斑斑多痕跡矣。雜而不純，疵而若垢，人以爲詬厲，見者名其脰而呼之。

黄子是以不自憚，問於翔雲子。翔雲子曰："子之舌在乎？"曰："在。""髮且短乎？"曰："未也。猶上指冠。"曰："食能下咽乎？"曰："日具饘粥耳。"曰："然則，子猶人也，而何病焉？"黄子曰："非然也。人以吾脰爲不祥也。"翔雲子曰："人有頸，子亦有頸。延頸而望，子能跂；縮頸而慄，子能脅；刎頸而□，子能把臂。甕大而瘻，脰細而肩，子皆無之。項强而不下，背項相望，子皆有焉。且人出乎病而入於非病，况然而有文，無病痛害事，迫而視之，全人而已矣，可（何）不祥之有？"黄子曰："非然也。吾失吾耦久矣，雄而未有以雌也，人無過而問者，少焉皆棄之而走，人是以吾脰爲不祥也。"翔雲子曰："此乃所以爲大祥也。衛有惡人曰'哀駘'，他丈夫與之處者，不能去。婦人見之，請爲夫子妾者，數十而未已也。彼以惡駭天下，猶能若是。子往矣，有相而自無之有也，而自空之人，索子於形骸之内，子游於形骸之外，吾見子之雌雄，以旦暮立於前也。大德有所長，而形有所忘，子其自祥之，何必問人？"黄子憮然曰："吾今而後，知吾脰之不斑也，是何文者也。"爲啞然一笑。

金粟園藁引

吾師方訒庵先生，以滇南學使者讀《禮》歸家，闢小園，植花卉竹木，杜機謝囂，趺坐其間，名曰“金粟”，具先生記中。先生故嗜詩，廬居廢《蓼莪》者三年，是詩率除後所吟詠也。

先生伉爽豪軼，談達不羈。早歲喜俠，輓乃棲心釋典，究《楞嚴》、《圓覺》之旨，悟所云般若波羅，庶幾舍筏渡之。而其豪飲酣歌不廢，著作常自如，遇一開樽，鯨海爲吸。間或擊木金石爲應，酒後耳熱，聲益戞戞，四筵驚而天地滿矣。先生陶然羜然，若希韋以上人。客有挹先生者，亦不自知其入幕席中而聆青蓮之曲也。然亦往往以揮洒不陰陽阿媕枘鑿於世，世有知不盡知者。故先生官二十六載，竟屢比於斥阸，尋謫尋起又尋謫，而先生亦自怡。

不佞某惠徼遊先生之門，又相繼爲南户曹，承乏入閩。適先生廬，則先生茅椽數間，居不能一畝而四堵也。杯酒相和笑，已而相泣。先生復自方壺入温陵，函丈在座，清源、紫帽之間，山谷幾傳響矣。

嗚呼！屈原疏放，漁父興歌；彭澤清歡，歸來作辭，士君子慷慨自負耳。糟可餔，醨可餟，而腰不可苟折也。士何必委蛇希尊官大寵乃後愉快哉！孰醉孰醒，孰濁孰清，一斗百篇，而先生志已適此矣。

賜彩堂詩序

蘿陽程公之守吾泉，不旬月而仁愛神明之稱洽于窮蔀間。爲僚屬及不佞輩言：“老母老矣，獨子臨別，牽衣以朞年爲期，不佞承之朞而投檄也。”言訖，涕泗隨之。諸父老心揺揺懼公踐斯言，然以公宜民與士民宜公素依戀，謂公或不忍吾泉中止也。

丙申除夕，公郡齋賦詩，即有決去意，而部使者且按泉不可，及使竣事，公即上書，以母老請。時關奴作難，海上多警，泉海邦也，兩臺諸監司謂且藉公釋南顧，奈何引去？書五六上，不許，温劄稠叠，至有旦夕代叩蒼旻，爲太夫人祈年書千萬。上不敢代請語公,稍止公,然歸心已動,不遂鬱鬱且病。而閔夫人且寄語速公歸,乃復請辭加懇,於是兩臺始爲請於上。公大喜曰:"不佞此身爲吾母有矣。吾彩衣久紉,日待斯期,今乃奉君恩歸,不亦侈哉!"因以"賜彩"名堂。

郡薦紳賦詩榮其事,不佞炳緝成帙。乃再拜稽首言曰:"世固有母如閔太夫人者乎?不欲子之禄而仕,願其以身養也。亦有子如吾郡公者乎?不欲身躋膴仕,願其侍母老也。"公嘗垂涕爲炳言,封公臨終握手,不欲兒位極品,願仕重民命,以清白遺子孫也。公一家庭闈告語如此,保世滋大行且未艾,然則公奉斯彩,其真愉快也已。

蘇刑部君母郭孺人傳

刑部蘇君之登進士也,守銓三年,母郭孺人家居善病,刑部竊自念長安萬里,不時時入子舍視饍問安否,瞻雲陟屺,日夕幾廻,忍弗自禁,幽鬱成迷罔,倉皇抗疏,天子罷刑部君歸,而母子相守煦相樂也。

五年,閩御史疏,刑部君病迷愈,爲見其寃誣狀,不宜以新服官,遽放歸田里。天子憫之,詔予其秩。於是刑部君謁銓敘用,乃報至,孺人不及耳矣。嗟嗟傷哉!刑部君之遭,而孺人捐養之亟也。

孺人姓郭,司訓實庵公妹,甫及笄,歸別駕竹崖蘇先生。先生將委禽,有語司訓公曰:"蘇君貌魁然大也,而貧巾褐不具,衣敝履穿,出行市中,人盡笑其拓落,獨奈何予妹乎?"司訓公曰:"人固有好美,如蘇君,而長貧賤者乎?"以語孺人,卒與之。是時,先生業已補學官弟子矣。孺人適先生家,家乃負郭窮巷,以敝席爲門,甑無宿舂之儲,食不半菽,併日望餔。然多長者游門外,時有車轍至,而室中之屨滿也。孺人乃心獨喜。

孺人性柔静,寡笑語,履不踰壼,居不遷坐,呐呐恂恂,言不出口,外人不聞其聲。喜素厭華,謝膏釋黛,聽人諛語,掩耳避之。事無鉅細,不自揣決,一禀成於先生。先生教授里中兒,歲資脩脯以供之親,柔毳甘脆,不能咄嗟取辦,孺人脱簪佐之。丙夜治女紅,旦起絣緋,龜手不休。間竈突冷,孺人忍饑廢飧,以餉二親與先生餉也，至自食糠覈耳。先生知而恤之。

先生試督學使者高等，裒然有聲。省試不利，歸以貧爲念。孺人勃然曰："天地何私貧我哉！古有言，學始於内譏，仕敗於室讁。吾懼焉。"先生愓其言，益大力學。嘉靖癸卯，先生舉于鄉，孺人自是稍稍舒眉矣。

先生年三十，未舉男，孺人請置媵，先生囍之。孺人笑曰："安見妾氏子非吾子乎？河清可俟，人壽幾何，宜亟圖之。"於是，爲納妾王氏。又弗子。孺人曰："一姬未孕，復一姬進，不可與？"則又以侍妾林氏進御先生所，兩俱無間。亡何，孺人舉刑部君，林氏舉文學君夔臣、上舍君益臣，王氏亦舉女，先生之膝下繩繩也，人以能惠所致云。

先生初授保昌令，偕孺人之邸，孺人携二妾往。三子食飲、巾屨如一，不令見胞乳分也。先生曙出堂皇，午而入，晡出堂皇，更闌而入，孺人督臧獲婢妾，供酒饌以待。先生未退食，孺人不敢嘗食，以是爲寵姬率。先生以公事行縣，孺人飭僮僕固扃鎖邸，垣内肅如。

先生既自保昌轉襄城，判瑞州，是時閩中倭夷充斥，道路沮洳，孺人不復從之官也。與諸兒女居亂城中，上有翁姑在，仲季叔姒同室而居，食指日煩。雍孫取具，薪桂炊玉，往往有不給之憂，蓋孺人又難矣。孺人爲婦如子，爲嫂如母，爲嫡如姊。先生剖槖中藏給季、仲子母錢行賈，孺人慫恿之。妾王氏歿，僅遺一女，孺人念失所生母，親自提鞠至九歲，不離繦褓。課刑部君讀，慈不弛訶。稍長能文，督就名師，交結名賢士，自舘穀豐榼外，未嘗爲刑部君妄烹一雞雛也。先生解組歸，禄餘俸入寢，以居積用致貲聞，歲所入所出，山林園池，市井陂田租税之供，不下千餘石。刑部君又起國子上舍，領順天書，先生、孺人益富貴矣。先生念微時苦爲生，難孺人偕之，食不兼簋，蔬菲而食，衣不完采，布褐而衣。先生出坐小車，策敝驢于于，孺人室中，飼豕伏鷄，身當罏造醪，曰："令吾錦衣槁坐，則有膚癢而脊强耳。"歛身耑居，與刑部君棲一室，分蒼頭數人，割數畒之收以自饘給。錢穀米鹽、絲枲金帛，恣林氏出入筦鑰使揀之，不問多寡。先生謂刑部君當且貴，二少子儒，分業以參之一予刑部君。孺人聽之，不以己嫡故爲刑部君多取赢也，曰："吾終不欲令吾子開昆弟寡財而失讓名矣。"

先生殁三年，刑部君成進士。又三年，上疏罷歸。又三年，孺人殁。殁而復官之報至。刑部君哭不置，淚漱漱下，屬光縉傳之。

刑部君名舜臣，其子士昌，從光縉游，爲名士。

李光縉曰：嫡妾之際，蓋難言之矣。夫有《關雎》而後有《樛木》，身脩者，家未曾亂也。江汜之媵，感而自悔；宵征之女，安於不猶。寧獨其王化則然，承乘之義，貴賤之防，夫亦各盡其道也哉！匹嫡如大虋，所從來矣，此緑衣黄裏之詩所由作乎！有鶖在梁，倒授其柄，非女賢者，其誰甘之？而不可論於先生於孺人賢也。

先生不欲拂孺人鳲均愛，而以刑部君歌《棠棣》之首章，卒之刑部君有母藉以見志，竟成讓名，埙篪不失，中外無煩言矣，雖天子亦深察之。吁嘻！微孺人，即爲刑部君者亦難矣。

觀察徐蘇二先生生祠記代作

鬱林州故未有崇正殿，設自覺齋徐公始。徐公爲蒼梧備兵使者，每歲一行部至州治，考政之暇，進文學掌故於庭，與陳説，先生談身心性命之學，因建院，州人士講德其中。

徐公擢去，紫溪蘇公爲備兵使者，益脩明其教，廣厲學官，斥爰贖金增置黌舍，行部召諸生入，抽鄒魯之緒，闡閩洛之緒，議論亹亹，辨析終日，歸乎彜倫，不爲清虚奇渺之言以惑人聽熒也。蘇公雖鞅掌乎，抱藝就郢，輒輟簿書，字彈而句射之。士往往倚就聲價，益靡然鄉風矣。

余不佞謫判是州，諸生踵至問業，前後幾百數。惟是遷客多暇，不束吏法，上官大府亦不復引文貌相繩，是以時時與諸生放蕩於觴詠之表，予間吐一愚，抒一識爲論難人，若翩翩意得也。其嗒然受者犂，當其彪然叩起，予不佞是以訝而驚之，安得此百粤象郡而埒若中州斌斌多文？學士與諸生争䂓席前應曰："生僻處遐陬，窾啓寡聞，不知至道。自徐先生之至也，既已發吾覆矣，及蘇先翁過於黄次公遠矣。要以剪其榛莽,宣其鬱渤,助國家菁莪之化,庶幾待天子三歲一薪槱者。于閩學師倡,寔有振焉。蘇公之有徐公,徐公之不可無蘇公也。是在多士諗之哉!"

徐公嚴密細謹,千金一芥;蘇公高瑋博大,稊米六合。氣岸不同,造詣各别。後先巡蒼梧,規隨互劑,治行不可更僕。余兹不具論,論多士所以畏壘者歲歲祠勿絶,有以也。

郡刺史雲陽汪公生祠記

泉郡治之北曰清源山,其上台爲純陽洞,俯瞰大江,遥臨百雉,紫帽峙前右,溟海滙前左,近峰逶邐,遠峰環向,鬱鬱蒼蒼,若現若没。洞有蜕室,裴真人所繇飛昇之處也。聯臂下夷地,臨孔道者,是爲青嶽,額曰"第一山"。羽檄上下,車馬絡繹,繇此塗進郡。故事,守相令長擢去,有功德者,民思之,藏衣冠于此山之麓,以永不朽。

汪大夫以吾郡最,遷閩備兵使者,士庶攀轅,道擁爲枳。因仍故地盤土樹宇,請祠祠大夫。大夫向讓者三,曰:"不佞猶有事於閩,無以謝大夫國人。惟是奉職,可幸無罪,寔諸大夫國人之賜,無苦父老爲也。"父老不得請,逡巡且胥後命。先是郡薦紳覬大夫之庭,未有懸弧,相與言大夫,裴真人可禱也,弓韣既禖,大夫四顧興嗟,指純陽洞下曰:"可置菴祠觀音大士于中。"於是大夫將釋泉,捐俸金屬父老堂搆之。父老狂奔,告于黄肖源使君曰:"大夫有盟言矣。敬受大夫命。"

竊聞古昔循良係思,或以甘棠,或以麥岐,其茇不剪,其穗可歌。當時則係心,久則已矣。峴山之碑,墮淚千古,非碑淚人,而高山可仰也。瑱有荒沕,山無去留。紀大夫伐莫如清源山永,奚庯孔道,而耳目徵乎?父老唯唯,乃始經營。後大士菴,前設大夫饗堂,匝以環屋,爽塏高敞,以胥尸祝。

是夏五月,大夫以入賀行,黄使君召諸父老,命之曰:"大夫去我閩矣,衣冠俎豆,及以是時。"父老敬諾。謀諸薦紳孝廉塑大夫像祠于堂,勒石堂陰,黄使君自爲記大士菴，以是祠屬光縉記之。光縉曰：“縉謹按大夫治郡狀，樹蘖拔葵，約法省刑，禮賢下士，教民馭吏，政美不可更僕。唯是荒政一書，劈（擘）畫利病，儷絶千載矣。于斯之時，蚆�扇虐，徂夏不雨，颶風拔禾，四郊無青，民以國量，平澤若焦。微大夫發積廩之粟，廣賑糶之路，素衣步禱，請命于天，天不降霖雨，嘉禾不起，氓其孰救活之？歲以亡饑，盜賊屏息，獄訟衰止，則大夫以也。”

萬曆輓近，來吾郡良刺史有鄒大夫，汪大夫嗣之。鄒大夫治尚嚴，凛然秋霜，精明整齊之規，不煩而肅。汪大夫治尚寬，藹然春温，愷悌和易之恩，不翔而洽。兩者國人皆思之，要以祠祠大夫之意遠矣。青嶽之下，鄒大夫祠焉，背陽而面北，所以象義也。北山之上，大夫祠焉，背陰而面南，所以象仁也。鄒大夫其俎豆於賢人之間乎，大夫則化人無伍矣。南海普陀，西極無量大士，陟降恒河不遠，大夫慈悲，一念發于普提，直將以吾郡爲華胥，爲須彌，爲建德，百姓嬉嬉，不知所如。往送大夫者，皆自崖而返，斯順帝則於不識也。無乃父老所以奉大士者，而畏壘大夫之意乎？父老曰：“未也。吾儕小人不知庚桑，故且日夕齋宿祠下，禱大士，爰告真人，蘄以大夫之占玄鳥命而帝武歆，庶幾乎，罔極之報萬一。”光縉瞿然曰：“《詩》不云乎，‘愷弟君子，民之父母’。父老答其父母，施于公姓，有是哉。棠陰之思遠也，清源與嵩嶽齊高矣，峴山何足道乎！”

黄使君曰：“然。”大夫名道亨，登癸未進士，直隸之皖城人。

游心樓記

群動不可以不息，息之者，所以閑之也。夫冗之極者，動之至也。冗不可厭，惟閑者而後不冗，不閑者未有不冗於冗也。冗於冗者，物大而我小，役於物而不能役物。此無他，神昏而誠不至也直人乎哉。

嘗驗草木於旦，其露凝者，其神精百倍；其暮夜受風撓亂不息者，其容憔悴而生意自欠。是故閑歲以冬，閑日以夜，閑雷於地，閑龍於海，閑蟲於蟄，其理然也。不閑其心而欲應天下之務，是猶掘泥揚波而求照於水也。

余少之時,學不得其要,窮日夜,疲精神,以覬旦夕之効,書册滿前,甲矛乙盾,註説益多而思益亂,神益昏,非欠申瞌睡不已也。故俗誚書生,謂鄰媪借書睡兒者,是皆不閑其心之過也。假令如是,而學終身不悟,可哀也已,可哀也已!

昔隱(尹)和靖見伊川半年,然后授以《大學》、《西銘》,豈無故哉?浴沂詠歸,夫子與點,亦以其無所累而中閑也。故説者謂其有堯舜氣象。夫人之一心,息之極而閑之至,足以參兩間而役群動,萬物不足以相撓,死生不足以爲變,視仁義者猶若拘拘,而況於功名富貴乎!

諺有之:函牛之鼎以烹鷄,多汁則淡而不可食,少汁則熬而不可熟。蓋器大而小用之,則不宜也。三秋之郊,以見上帝會九賓而享諸侯,而後無舍鼎矣。

土偶對

海岸有古祠,奉捍沙神者。余暇日過之,循其垣則惡木斜然,而烏鳶噪其巔,入其户則毒草茀然,而蛇虺蟠乎中。有屋焉仆而不支,有像焉剥而不完。老巫揖而進曰:"是祠閲五百春秋矣。嘗能以禍福恐乎人,有疾必禱,水旱必禱,海賈泝濤往來者必禱,神皆應之如響。百穀歲登,無蜚蝗霜雹大疫之災,人既樂業,至者如歸,由是剪荆棘而宫室之。或光怪夜見,髣髴金支翠旗自天而降,而日有事於是者麕至。及其廢也,或玩而侮之,神亦不能禍福於人。豈盛衰關於造物者乎?"余曰:"是土木而衣冠也。昔非神也,而神之者人也。今非弗神也,而人弗之神也。若何怪焉?"

是夕宿于祠之旁,有介而弁者見於夢,曰:"吾既辱子,子何毁之過耶?子見吾土木而衣冠也,獨不見衣冠而土木乎?小而爲邑,邑有令,大而爲郡,郡有守,其於禍福甚於神也。罷軟者苟禄,貪縱者敗法,非守令而土木與?内附百姓,外柔四夷,生殺係其喜怒,黜陟由其向背,執天子之柄而位百僚之首,不啻神之魁然而貴者也。出則陳兵而驅,入則復壁而居。目瞽而黑白相混,耳塞而淫雅不殊,非宰相而土木與?吾假丹青之飾而託乎太陰,使玩者有時而懼,彼肖天象地,握珠玉,被錦繡且倀倀焉尸居而鬼躁,未始見德於人,子奚不以誚吾者誚彼與？萬金雖積，不救然臍之禍；三窟徒營，豈免排墻之厄？吾恐棟焚而及巢燕，基圮而殃穴蟻，而不爲吾祠之毁者幾希。”予應之曰：“汝之所斥者似矣，而非其實也。昭昭者或愚，皎皎者或污，安知其力足有爲而時不可爲乎？”介者又曰：“胡廣歷六帝而無稱於時，一盧懷慎、張華、裴頠禍至而不圖，一曹爽兄弟耳，人物不同，而同爲土木。”余無以覺而識其語，將獻諸上，懼執政者不悦也，故厄。

耕讀堂記

鮑生某築室於所居之前，爲委積之所，暇則絃歌其中，名以“耕讀”，請記於余，余未有以記也。

客有疑鮑生者，問於余曰：“耕田，農夫、野人之事。讀書，士君子之所以爲學也。鮑生欲比而同之，不亦難乎？”余曰：“噫！子之言謬矣。夫古之時，一夫受田百畝，無不耕之士，家有塾，黨有庠，術有序，無不學之人。秦廢井田，開阡陌，焚詩書，坑學士，先王之道滅矣。漢興，雖致隆平之治，卒不能以復淳古之風，而士農分矣。於是，從仕於學者則不知稼穡之艱難，從於農者則不知禮義之所從出。後世有能朝耕夜讀、以盡人道之常者，人至以爲異而稱之，其去古道益遠矣。鮑生從余遊，粗知好古人之道，故能耕田以養其親，讀書以脩其身，使比屋之人皆如鮑生，皆盡耕田之力，皆有讀書之功，則人情自厚，風俗自淳，雖復三代之制，無難矣，子何疑焉？”鮑生進曰：“先生斯言記乎，請書而刻之屋壁。”

種花成老圃，日出堂前椒酒暖。醉酒當顛仙，春生籬下菊苗多。移來片片雲間石，削去重重海上山。

文昌帝君贊

世傳帝君生周初，後七十二化，姓張名惡子。又云，《詩》所謂“孝友張仲”，即其神也。生或化爲蛇，或謫爲邛池龍。《北夢瑣言》：梓潼張惡子神，乃五丁拔蛇之所。唐僖宗幸西蜀，帝君出迎，帝解佩劍賜之。其載錯出，並誣妄不經。

謹按之:《天官志》内階六星在文昌東北,天皇之階也。第一星曰上弘,文舘之内階。文昌六星在北斗魁前,近内階,世尊帝君爲文昌,疑本于此。據《志》,係六星匡戴主集計天道,並不涉弘文事。其一星起北斗魁天樞星前,曰上將大將軍建威武,餘可考也。世或因文昌星有文名,誤以尊帝,其寔弘文帝君者,内階之第一星耳。帝君位居南離,掌世間桂籍,黄臺青府景壁天階者近是,世未必有其人也。聞之讚曰:

赤曜蒼精,玉魄金神。出日入月,光翼紫宸。

關壯繆侯廟鐘銘

廟故無鐘,萬曆甲辰歲里人冶金爲鐘,既成,懸于廟楔之左,請銘於余。

予方與客談漢事及侯,客曰:"壯繆義高千古,讀子之廟碑,備矣。敢問赤壁江之捷,曹公敗走,間出華容道,壯繆遭之。令以此時誅操,豈非興漢之大機?竟不遺一鏃,謂何哉?"予應之曰:"否否。壯繆可謂知大計矣。當是時,劉豫州未跨荆益,三分鼎立之勢未有所成,權易玄德,猶機上肉,所深憚而不敢與争鋒者,操耳。操死,而天下之大勢在吴矣。不如留操以爲吴患,猶可以固孫劉之交而借荆州之土,此壯繆釋操之深意也。豈區區戀一已之私恩,故德魏而遂以忘漢哉!"客曰:"子可謂千古獨喻矣。"里人聞予言,請銘不已。予曰:"鐘大叩大鳴,小叩小鳴,不叩則不鳴,余所謂鳴侯之心者也。"姑且以釋曹之事銘之。銘曰:

金可鎔,蠡可追,簴可移,侯心如日無可疑。釋曹以分吴而爲劉兮,知之者誰?周郎之所不及料,孫仲謀之所不能期。瞞倖脱於計中,諸葛公聞爲出奇。試撞鐘而一問兮,如受如響,如答如止。聲鍧鍧鉉鉉,神凛凛其若當時。

助防廳記

昔韋侯鼎創邑城,調軍士羅而守之。時軍宅西北,民宅東南,烟火如櫛。公營倉庫太山而四維之。比承平荏苒,民胥赴桑林而家隴畝,以故衙宇之城東,即倉庫之右腋也。民居稀闊,識者於此卜藩籬之棘。君侯下車,輒寤寐虞之,數數露章當塗，業建助防廳，徙軍士扞而禦焉。

侯之意念微矣！夫倉庫，吏民之司命，彼義社之與瓊林、大盈，自古惟二者爲兢兢，謂此物此志也。吏於茲土，而令錢穀之府露腋而立，是睥睨之階而染指之門也。矧東城一面受敵，將有不可支者。先是曹侯議建機兵營，紆衙宇而護之，第機兵多郊垌之民，業不可徙，而軍士則食官之餼，隨在皆可給於餔。矧軍之故壘，又與助防廳毗連，酌徙一隊長川於斯，日既不妨於就伍，夜亦可以嘯號鈴。且也軍旅待餉於積貯，以待餉之軍而守軍旅之飼，所謂以逸之道，使之非耶？

助防之土木告竣，屬記於連生。連生載筆而記曰："巖有城郭，誰其完之？韋侯信非一民一物之助。肆今群然，尸而祝之，宜也睠翁。助防一廳，衙宇有重關之設，倉庫無右臂之寒；東北有鎖鑰之牢，西南無唇齒之累。卒之公宫不移，錢穀如故者，伊誰賜耶？韋侯標未有之干城，君侯支不朽之大厦，二侯之大有造於邑也，若頡頏。然異日者，吾民尸而祝之，特韋侯儼然於上也與哉！"

按察使李公洎配吴恭人墓誌銘代李九我作

大夫抑齋李公，名愷，字克諧。其先出宋太師邴，自鉅野入泉而徙居惠者，公四世祖應禎也。應禎生欽，欽生贈大中大夫，是爲公大父。普生經，號毅菴，贈文林郎，加贈大中大夫，爲公父，配曾氏，封太孺人，加封淑人，爲公母。李氏自贈君而上，皆曜隱德，至公與次公，皆冏卿，慎先後掄魁成進士，金紫聯翩，而李氏之門始大于泉。

公幼多奇，初受書，輒過目成誦，又蚤解聲律，善屬對。爲文沛若江河，後更涉獵詩書，學閎而文益肆，譽日起。年十九，補學官弟子，受《春秋》，已更受毛氏《詩》。廼遞舉遞困，公不爲折，更日夜胠篋發策，讀三年，目不窺蔬園。戊子舉省試第二。越壬辰，舉禮闈第十二。第進士始銓嘉善。未任，奔大母許氏喪。服除，補番禺。

番禺會城，政務填委，公穎識敏裁，剸棼斷錯，優游有裕。民有争狠之訟，輒聽自和釋，不屑屑以攜擊明威。會歲大祲，公盡括贖鍰散諸鄉，料民以饟，更爲請上官開公廩，設糜粥餔饑人，於是凶而不害。暇更延進諸生，爲談經課藝，優其秀異而賙其貧乏，士益烝烝嚮風，番禺科目至丁酉而盛。

東莞故番舶所輳，縣官掣税，其義羈縻勿絶而已。而婪者乾没其間，政以賄成，華夷交病。當道察公廉幹，則委公。公受委，誓告城隍而後行事。盡弛一切苛細，令夷人自占，要以如往税而止，一毫無所緇涅。夷酋驩呼，奉千金爲壽，公卻之，則以二百金爲公樹亭水際，至今有“卻金亭”云。

公居番禺五載，以辨治稱。於是監司使者僉上公治行異等，堪風紀選。而公平生行行自喜慕汲長孺之爲人，願得引裾請劍，批鱗索社以發舒其憤懣。廼當路習公者知公好，盡不欲寘公言路，則以稽勳司主事處公。公聞而咄然曰：“惜也！吾不得從汲長孺遊矣。”猶擬諫章數目以明志。

公在銓曹，杜請謁，植善類，既晉正郎，駸得顓職，更欲於調外大有所施爲。會言者言文選語涉稽勳，竟以稽勳調武部。當是時，大司馬毛公伯温，知公曩在粤中習安南事，降顔訪公，公條上三千餘言，毛公用其筴，而安南下，人見謂尚書之功，而不知其出於郎中之畫。

甲辰，繇車駕司出爲湖廣按察司副使，備兵湖北。時苗寇猖獗，公至，募壯丁，明賞格，部署將吏守要害，然後下令招撫之，擒斬侵軼者三百餘人。不踰月，而龍科桑、吴角馬等來降。而是時，鴉溪山有猛虎三，所噬死人衆，公廼爲文祭告白帝祠，期以三日得虎。越明日，三虎自鴉溪奔出丘寨，跳而斃。公命醢之，啖湖以北。苗人聞而相誡曰：“李公廼能伏虎，何難我輩？”相率降者復三十五寨。公方議即蜡爾山中設宣慰司，殺白馬，釁銅柱，人給衣冠，因俗爲理化誨之，俾永無苗患。居亡何，而母曾淑人訃至矣。公在事六月，不煩寸兵斗糧，而威加三苗，德綏五溪，辰沅之初，至今不可磨滅，彼其大略宏遠矣！

亡何，有言公跅跑不羈者，遂罷不用，歸休里中。里中故有介山，蕪穢不治，公曰：“此其下有蹲鴟，造物者留此爲吾畏壘乎？”遂耕焉。惠故無城，嘉靖壬子，島夷犯吴越間，都御史王公忬議城惠。時久承平，民難與慮始。公獨佐王公决策，首捐負郭腴田地，户説以城之利，衆乃靡然從公，而城成。

越戊午，島夷陷福清，乘艨直走惠安。惠安令方有違言，閉閣不出，署邑者縋庫獄郡治中，邑大姓多遊去，人無固心。公曰："賊至則去，城何爲者？"廼力持守議，率士民叩閣擁令出主之。俄而賊破城，撼北關，且破城而會食。公與令登陴誓衆，多方捍禦，親立矢石之所，七晝夜不交睫。既而賊以衝車瞰城，暴雨滂沱，雉堞崩圮，城中矢石且盡，人人自以無生。公偏拜守陴者拊循之，人皆死守，更爲行金賊中，携其黨賊，乃解圍去。卒保境内完活數萬之生，遮郡上游，令賊不南下，公之功煌煌乎與墨子争烈矣！惠人德公，爲築"保障亭"於北郭之外，至今思焉。

公少以豪傑自命，每讀古忠義傳，未嘗不感慨欷歔，如將攝袵從之。居恒自言，欲以一腔之血上報君父。謂男兒生不死諫則死邊，安能偃偃伈伈與草木同朽？故其當官，不能俛眉承睫爲容，事關利病，直往敢任，不顧計前却，義之所在，守之深堅，即摇撼之，不爲動。而竇鼎不受犧牛，遠跡竟頓於促界，荏苒聿慕，悲壯慷慨，猶時託於文字賦咏間。讀其詩與所爲《介山留像記》，可概見矣。

公雖貴，無所紛華，欲令後世師吾儉。獨營親葬，繕宗祠，置田以供祠事，則不爲辭費。邑之利病，孝子順孫，義夫節婦，誼高者寃而無所控者，公不憚以造廬之間，白其郡邑大夫，而郡邑大夫即公舊雅，如某公，欲以寺田餉公，公又謝不受也。蓋公自諸生時即貧甚，氣嶽嶽不下人，至白首未嘗衰落。嘗曰："今卿大夫，亢不下士，士當以清風明月，遲日紅花勝之。鳳凰千仞，鷦鷯一枝，各有適耳。"

公嫻于文辭，所論著蒼然有西京氣骨。其稱詩，法彭澤，善古風，尤長四六。今有《介山集》行于世，然此特公之餘者也。使公無所齟齬，授公其柄，大用於時，鍾鼎之業豈足道哉！蓋公才思卓犖，自非凡偶近器，而佐之者，又有恭人吴氏賢。

方恭人之歸公，蕭然諸生，而恭人食貧，操作以佐公。外奉毅菴公，而内奉其母與其大母，襁公之弟妹而餔之。當是時，公文譽未啓，詘首而授書社中，夜歸燈下，鬱鬱自嘆。恭人近而勞苦公："君亡悲長困，君終不久役風塵。"公用自寬，益砥奮以成其學。迨公尹番禺，明珠、玳瑁之所自産，而恭人斥絶簪珥，泊然故諸生婦。公用不憂室讁，揮金謝餽，以成其名。至于島夷之難，城中一日四五驚，媪嫗女流脆怯易怖，持夫兒涕泣，携囊揭篋，縋垣逃去之爲亡事。而恭人以城社之重，民望所屬，内鎮以静，而外佐以貲，令公得嬰城扞敵，行金爲間。恭人之識埒乎丈夫矣！

恭人既貴，其父老也，而獨恭人則爲立膳田贍之，歿營其葬。公題主而恭人衰麻哭泣，九頓而謝，儼然如人子焉。公時爲詩，高吟朗誦，音律和調，則恭人曰："調矣。"公曰："爾何知？"曰："吾知之唇吻也。"此殆其天性然哉。

公生於弘治丁巳十月初四日，卒於萬曆丁丑正月二十二日，享年八十有一。恭人生於弘治庚申十月二十三日，卒於隆慶庚午年十一月二十九日，享年七十有二。子男四：長玉澤，太學生，銓晉州幕，終養不仕，娶謝氏；次玉汝，太學生，蚤卒，娶何氏；次玉河，邑庠生，娶王氏，俱恭人出；次呈春，太學生，娶蒲氏，繼娶薛氏，副室陳出。女二：恭人出者，適都御史康公朗子、舉人士晉；陳出者，適參政莊公朝賓孫、邑庠生嶔。孫男七，次明達。孫女二，曾孫二人。兆在邑二十九都西辛龜山之原，負戌向辰，葬以萬曆丙戌年十二月二十四日。

某嘗讀公所記介山留像，自稱以平生負意氣，喜功名。及受憲副何公所爲狀，卒業之，則嘆曰："公之自知審矣。如公其人，古豪傑蔑以過也。而恭人婉娩識大義，從公起於困鬱之中，至于名立身退，其間先後之力不少。是可銘也。"銘曰：

矯矯大夫，與義相扶。金攜夷舶，詒解番禺。虓虎尺檄，降苗不□。身隱猶見，墨守全郛。有淑斯儷，終始從臾。齊名侔祉，同歸其居。以告無期，我銘匪誣。

祭曾龍山文

嗚呼！在昔癸卯之秋，同時而登者若干人，二十餘年升沉離合，不知其幾矣。其間，或淹抑于庶位、韜晦于明時，而聲施赫奕、勳業卓犖者，不可勝數。惟公以宏才宿學、環德鉅望，掇巍躋膴，裒然爲年躋領袖。夙令名邑，以治行最天下。旋晉内臺，風猷凝重，如商彝周鼎，不動聲色，賢愚大小罔不鎮躁銷邪。天下方想望其澄清，而公以外艱歸，繼以引疾去，偃息林泉，談訊桑梓，娱親課兒，讀書理性，巍然翱翔千仞之表。識者謂公將厚積弘發，詎意其倏賫志以没耶。

嗚呼！公蓋聞道者。公登進幾年矣，任御史又幾年矣。公獨恬退急流之中，不與世之决性命以躐高貴者比。即公之漠然于進退，知其了然於死生之際矣。士有皓首窮經、没身靡聞者，公以文學起家，遺字片紙爲世矜式，而操履行誼，人人能言之。

某已濳爲表揭行，將陪祀學宫，則公之所爲壽者，固在此，不在彼也。矧公之子若弟，雲仍蘭茁，文行彪彪足羨，所以竟公志而大之者，當未艾也，抑又奚憾！

某蚤從癸卯之候，晚叨姻聯，契好尤篤。山川如舊，公歸不復，緬想儀刑，愴念今昨。酌觴攄素，聊哭吾獨。嗚呼哀哉！尚饗。

祭憲副鄭石岩先生代縣作

於乎！茫茫宇宙，旦暮比肩；名垂身後，德耀生前。是以百世下上，景爍皭然；況乎當代山斗，典刑係焉。

追惟岩翁，挺秀錦田。二惠競爽，中外蹁躚。留都初筮，法署解懸。寶婺咨牧，豺遁犀剸。紫薇春早，方化蕕而爲荃；明月仁風，疇點白而成玄。石阡蠖屈，粤屬鵬騫。自同魏瓠，懸車關鍵。蓋寧爲玉毁，毋爲瓦全。員鑿方枘之死，靡捐樂丘；托其真隱旺氣，結爲大年。

某等叨一方民社之寄，慨此邦蓍蔡之賢。公靈在昊，公蜕在阡。公也不朽，濟濟翩翩。尚饗。

祭封君陳斗山公代縣作

某等奠之羞酌，載系以辭。辭曰：

惟清源之盤礴，亘錦邑而嶙峋。鳴珂故里，郡望惟陳。大參嶽縱，生甫及申。聯英競爽，三牧良循。公也嗣起，苞鳳趾麟。材不世出，學窺道真。鵬摶京國，制應昌辰。伯子濟美，斐斐彬彬。造物奚忌，奄捐世塵。

嗚呼！山斗係瞻，不幸夐爲參商之隔；名區叨宰，庶幾聆其唾咳之珍。迨蒞兹土，欻遘窀穸。則所及咏者碧雲之韻，與所及許者季札之釿。緊惟伯子，推轂縉紳。易水奏最，綏疆輯民。天子曰咨，股肱惟臣。嘉乃丕績，貤榮厥親。靈寵九地，夜臺焞燐。大年奚匹乎彭老，無涯已寄之後身。瞻龍駒與驥子，騁汗血而齊輪。埋白玉於崑麓，下紫誥於蒼旻。古稱不朽，公可自忞。

某等顧瞻宰柏，懷兹哲人。蓋將奠之以慰，以更頌之以禋。嗚呼！尚饗。

祭友人外没文

嗚呼！我十數兄弟對壘治《易》，于今二十餘年所矣。其間升沉殊態，顯晦殊位，死生殊路，遭逢不齊，聚散亦乖，而要以逢殃遘酷，未有若君甚者。

君七歲能書，十歲能文，齠歲而游膠序，壯歲而壇有聲。穎敏絶人，經目成誦。善治鄒魯言，蒐獵百氏，旁涉貝葉大乘諸編。下筆纚纚，千言立有，往往出其上駟，屈諸同儕。我十數兄弟憚之，相與推社中祭酒。論文侃侃，不諱彈射，久與之同社，藹然春温，悠然河潤，煦煦謳謳，無論知不知，即之若飲醇也。屢就省辟，數奇不偶。輓近年乃益廣其學於四方，設臯壇于建州上下之墟，多士從之如雲。而君竟死矣！

嗚呼！彭殤壽殀，要之形盡，死何足爲君痛？姬孔尊貴，要之名留，窮何足爲君惜？顧君之所以窮而死者，謂何也？人孰無死，或以殀死，又或以牖死，最下而客死，非其寢矣。要以殮手足，形蓋冠，然後歸櫬。

顧君之所以客而死者，又謂何也？君不死於雙親之膝，不死於二仲之訣，不死於六郎之胝，又不死於二三弟子之手，而死於山之陽，水之涘。白雲悠悠，送君之魂，波流泱泱，載君之魄。游魚出泣，飛鳥鳴悲。而況於父母兄弟，又況於友生之際！

嗚呼！天胡不久憖君，則亦已矣，獨不可强留數日，使君抱喘喘之息還，奄奄之軀,入門見父母妻子,以死之日就殮,殮之日就殯也?結纓之醢,鼎俎可登,汨羅之投,江魚可葬。士方悲鬱憤悶,恨懸癰不一决爲快耳。鄧林可,髑髏亦可;烏鳶可,螻蟻亦可。君在而牢搔集,君亡而牢搔去矣。於斯之時,君方以天地爲棺槨,山川爲齎送,尻輪神馬,駕無不之,而何論於家不家、殮不殮也。余是以無季子嬴博之達也哉。

余今者,見我兄弟中,或以宦游,或以友教,不數其人,一死於粤之東,一死於江之西,而君又死於三山之舟次。金蘭生契,萍梗生嗟,是以悲夫,願君之無叱我。嗚呼!尚饗。

祭表兄江會川文

嗚呼!余且以兄伯爲何如哉?謂兄伯貧邪,其初席上世,貲非貧也。謂兄伯富邪,其後居四壁立,非富也。謂兄伯殀邪,年已高乎指使,非殀也。謂兄伯壽邪,筭未躋乎古稀,非壽也。人亡不爲兄伯咨嗟嘆息於初終貧富之際,吾以爲貧不貧、壽不壽,可無問也。子貢之殖而原憲僊之,彭祖之壽而濠上生殀之,千古不以爲失言。士君子何必區區羡金谷之盈與夫贅龐(疣)懸癰之惜哉!

兄伯今瀟然貧耳。假令不貧而守富至今,能獨無死乎?兄伯今亦嗑然逝耳。假令不逝而年所尚多,能復富乎?吾知其必不能也。縱能之,而千金可再致,九轉可更延,亦守錢虜老禿翁之故事耳,兄伯之高,豈盡在是?

兄伯爲芹山翁之冢子,自芹山翁歿,平江之墟無有道文人久矣。所幸有兄伯在。兄伯無他嗜伎,而悦文好禮,有尊人風。生平不問積居,袖無留金。獨喜客,客至,輒具享之,與極驩而罷。里貧人有求者,不以無爲解,常傾橐以應。其藻思雖不見於世,而足雄里。往往自放蕩於風月山水之間,無懷之與居而多智之爲使。其所有長者遊以此,而家寖以廢耗亦以此。人以兄伯之貧,非爲芹山翁之子。吾獨謂,兄伯不貧,不足爲芹山翁之子。貧而有文,何嫌於貧;富而無禮,何艷於富,此余所謂兄伯之高,不盡在是。適來爲時,適去爲順,兄伯而既不厭貧矣,又何生之足悦而死之可惡也?

余與人交，不羡人富厚，而羡人之富於道；不慕人通顯，而慕人之通於德。以故干旄及吾門，余多避匿者，而見有行吟帶索之士，其高可以發吾覆、其雅可以祛吾吝，則往往倒屣之恐後。余于諸表中，獨與兄伯爲最厚，正謂其能貧耳，非但以其母鄗之親也。今者兄伯來聚首，接膝兩月餘告歸，語余以老病且死，而尚不無致恨於身後殯殮之薄。余大笑之，而與之語孔子不欲厚葬顏淵之道，及濠上生天地爲棺槨，日月爲齎送之言，兄伯悟而深然之，因大笑出門而去。

今兄伯果死矣。其於掩形何如哉？即上而烏鳶，下而螻蟻，我知其亦不必悔矣。免女之泣，無益之悲，此俗人之所以怛化兄伯，余不爾也。兄伯其復信吾言否？尚饗。

祭江額山文

嗚呼！縉今者之入平江也，爲哭吾必汪伯氏，非爲哭翁也。縉聞有伯氏之訃，不聞有翁之訃，入里而造草廬，然後知之也。一哭之爲甚，其可再乎？雖云無怛化，而化者相踵矣，又其老成長者，能無慟哉？

蓋昔平江之墟多君子矣。芹山翁以好禮稱，有鞠躬退讓之行，龍川翁以屬詞著，有談達慷慨之風。兩翁之操行不同，均以聲聞郡邑薦紳間。翁親弟六人，於芹山翁爲從兄，於龍川翁爲異母弟。其喜客不如芹山翁，而德讓似之；其任俠不如龍川，而馴謹先之。故當兩府（翁）在時，翁行於無事之域，粥然無所見能。及兩翁歿，翁始政於家，而祭酒於鄉，人往往推重矣。

大抵公生平於謀無所尸，於智無所府，不以氣加人。其學尚嗇貴柔。居家以孝弟爲宗，其綽約之度足以挫人之剛强，而其混沌之竅足以破人之機僞。晚近脱屣弟子員，自搆一小齋，焚香趺坐其中。時或與鄉長老爲酒社會，杖屨逍遥於隴畝風月之下，怡然其自喻也。材藻風猷，詘於無位，不得大有注厝，而擘畫當否，時見於建宇立廟之役，與陂田水利之事，鄉黨族屬多賴之者。

今年八十又五矣。故以翁之質行，而生於安車蒲輪之朝，當與經明行脩者同徵；即以翁杖鄉杖國之年，而在天子袒割之世，其以應三老五更之列，無疑也。

而今皆不然。其昌熾之福德,但一受有司之賓筵,而享其眉壽於身,與留其未艾於子孫,此亦足以明積善之報,不可謂鹵莽而滅裂者矣。然縉今者憶渭陽諸先輩,翁死而父行無人焉,必汪死其存而兄事者寥於晨星也。老成彫謝,人心不古,舉目有山川草木之異,其能無慟乎哉?非故爲兒女子泣,而空致慨於彭殤之或也。

祭康繼姊文

蓋自余姊氏歸于印溪君,而康之與江遂稱姻婭云。亡何?于姊氏殁,而孺人繼焉。是時,印溪君年方二十耳,篤學鋭文,昕夕不休,孺人篝燈佐之,直熒熒至丙夜也。以故印溪君卒爲世名士,試輒第一。

事舅姑孝,處妯娌睦。嵩陽翁履繩蹈矩,行準古人,性至嚴,諸婦中罕當其驩,獨嘖嘖稱孺人賢。余姊氏無子,孺人生丈夫子三,盡秀外惠中,能爲印溪君千里駒也。孺人雖自周乎,其念吾乃江尤篤,即先子殁後,伏臘生卒之奠,未嘗不遠極豐腆,接不佞諸兄弟,嘔嘔煦煦,沫如胞乳同。噫!孺人賢矣哉。

印溪君以太學生授佐無錫令,方將以其貴貴孺人,而孺人以殁。拮据卒瘏之謂何,而卒不使食其報,印溪君如之何勿戚?往余姊殁時,不佞兄弟猶屬襁褓,幼不能哭。乃今哭孺人也,其亦哭吾姊氏也哉。雖然,印溪君貴而有子,即余姊氏殁,猶將受庇焉,何況孺人!孺人可塞悲矣。尚享。

祭康孺人文

嗚呼!謂孺人而可以死乎,孺人所忍死者,存孤耳。存孤而孤立,期以一日及其子與婦之養也,如之何而可死?謂孺人而未可以死乎,孺人所忍者,存孤耳。存孤而孤立,及其子之弁有室也,如之何而不可死?

嗟嗟!孺人難不在死,而在不死。當季君彌留時,長子在孩,少子在抱,呱呱喤喤,二三藐諸。令孺人死,誰其煦之?是孺人之所難也,故孺人不可死。孀居以來,男子議婚,女子議嫁,承季君蕩費後,内迫於斯負,外迫於歲輸,貲耗産落,家計徬皇。今孺人死,誰其維之?是孺人之所難也,故孺人不可死。孺人靡慝靡他,不轉不卷,荼苦薺甘十餘年於此矣。而今何如哉?女子雖未嫁,而男已婚也;少子雖未弁,而長已娶也。宗祊之緒日延,槖中之遺漸起,呱呱七歲孤,今皆已翩翩能文,載筆而談今古矣。孺人始以爲得死而無恨也。

説者曰:孺人及見婦未閲月也,如之何死?嗟嗟!孺人久已自分必死矣,獨其子未長,志未酬耳。今其子已長,志已售,一日之姑,可塞終身之憾。孺人即不死可,死亦可。總之,孺人以得死爲快也。未爲姑以前,孺人無可死。既爲姑以後,孺人無不可死。不可死而死,死非難也。可死而不死,不死非難也。孺人之不以烈死,而以節死,而死於纔得死之日也,則孺人之所難也。孺人死,與《柏舟》争芳焉可矣。

祭洪母吴孺人文

吴孺人者,洪臨泉公配也。臨泉公娶于陳,繼娶于連,孺人又其繼云。陳與連二母并無子,産女子三。孺人事臨泉公甚謹,輒當意指。生丈夫子一,是爲士統君,女子亦一。臨泉公殁,士統君三歲耳。孺人慈而教之,撫前室三女猶己子,無分胞乳也。纖苦作苦,貲用以起於焉。年六十八,而孺人殁矣。

壻某等曰:"余内人少無母,所母者孺人也。孺人在,即余内人猶有母,而今無復母矣。卵翼之謂何?吾是以悲。"壻某曰:"余内人少無父,以孺人爲恃,春秋歸寧,謂有孺人也。奈之何既陟之岵,又望之屺耶。吾是以悲。"甥某曰:"余少失怙恃,鞠于舅家,孺人乳哺我,出入顧復我,胡倏焉而渭陽失母也?吾是以悲。"甥某曰:"余㓜小往母家,見吾母與孺人者,煦煦然相驩也。自吾母殁,覩孺人猶吾母,吾今安得有乎?吾是以悲。"於是相與環殯而哭,酹酒而祭,嗚咽焉而歸。

與南安袁令公書

謹啓:老父母秉鑑程士,公如天地,明如日月。今生童榜開,首録數名,邑中雋才,收拾幾盡,不但增價,必無留良矣。

敝門人黄某得與獎識之列,此生從其游有年,故深知其非凡手也。向曾齒及之,老父母果拔之稠衆之中,明珠暗識,亦奇哉！倘非其材,惡敢累知人之鏡。覆試日,文果異衆,願更寘高列。讀王某之文,深思遠致,至第二、三作,益高益妙,春容之中,而英雄之本色自露,卒業不覺心折。此寔一日之奇,未審台盼以爲何如？某并懇瑣瀆。惶悚。

與太倉王公書

不佞弟某遊老師之門,自慚落莫,奮飛不前。去春把臂,期以蠅附,反共鏩羽。噫嘻！此英雄之所以長恨也。

一入里門,忽遭先慈之變,三月伏茨。既畢哭,又復有虆土築墳之役,夙業一切高閣。今日李生,自足齷齪作轅下駒矣。復何文體不壞,纍組爲富,舛謬爲奇,一唱百和,聾瞽成風,而先正之業澌矣。作俑者當屬誰氏？不有如吾閑仲者爲天下砥柱,不可也。扶衰起溺,等之開先,願閑仲勿辭。

凌寄庵兄入閩,恨弟縉貧泊,無能作東道主。追隨數日,坐雅度中,徒令人自失耳。事已勾當,趣車北旋。附此脩候,種種未備。

與洪振英書

弟某流落入里門,遭先慈之變,荷辱吊唁,感泣至今。惟是兄翁駿才盛養,一履清階,直聲正氣,播滿宙内,中外薦紳,誰不知爾介真君子也。里中後輩猖狂成風,以嫚駡長者爲豪,以凌駕士大夫爲高,吠堯詘孔,誠不知量。然自台旌發後,而公論遂明矣。則又相與服當日折節,有專氣致柔之風,非甚盛德,誰能堪之？噫欷！不如是,不足以明爾介之賢也。爾介真君子矣！

弟某落碌屢矣,鉛刀自恨,頭顱生定,無從换骨,以投世趨,但自甘于排擯不遂之。夫昕夕懸念,期司命氏之息我劓,惟是續一綫之脉爲惓惓也。其如就舘之未聞,何兄翁其有以憫之否？

姑蘇彭興祖乃彭孔嘉之孫，受知於弇州王先生。王先生授舘而餐之，以詩字游薦紳公卿間。入泉，泉人多重之者。何稚孝君與之賡和，來往驩甚，弟其實把臂焉。不揣爲之介紹兄翁，覯其面而其人與言，均可知也。其亦足當鑪箠中一伎之用乎？倘辱收納，并乞游揚。臨楮不勝喋喋，幸炤察。

與張心濂書

不佞尠小時，從母舅家得侍尊大人，脩儀瑋論，褒然大丈夫也。時靡所知識，然竊覩聽，私心知以爲襄公風度。嗣門下有聲藝壇，不佞自劉景范公發評試文，讀大製，雲蒸霞變，不覺極口。雖未荆識，而神嚮已久矣。

辱顧摳謝，兩兩相左，詢令外家閽者，云台旌發歸也。罪歉，罪歉。小山貴地，去平江咫尺相望，某人之子某業儒舌耕，欲就小山里塾兒取稍，知在管轄，仗爲上愬，願推先世之愛，不靳給予，有例不敢違也。唐突瑣瀆，不羞未同。

上葉天部書

往乙未南宫之試，不佞縉落魄而歸，慙憤不自勝。已，得諸前行者奏牘，讀至大墨，不覺爽失矣。縉於是羶薌先生如神龍葳鳳，每於坊刻間得他瑶編，輙珍而庋之齋頭，昕夕以爲指南，倘得而北面焉，所甘心者。願望已久，不意今日而華札先施矣。如天之貺，爛其盈門，里人相顧，駭愕以爲蓬累鄙生，猶有海内長者游如此乎？則李生重也。李生居自念，生無三足，有之當刖，無一存，第其舌尚在耳。叱李生者以爲非人，先生不以爲非人，則李生尤重也。

先生文名押天下，一管墨綬，稱東粵神君。不即爲吏部，且爲給事御史，而知有李生，李生奈何而不爲知己者用？惠陽故先君子舊游地，世廟之季，司李此邦，亦嘗署篆於羅邑。縉故願一至，不但韓荆州可識，且以尋先人遺思，或庶幾有一二存者。蓋糧未贏，足未裹，而神已往來於羅浮山水間矣。白首非故，傾蓋非新，士顧遇與不遇耳。先生果不以爲李生非人乎？願竊自比於渤海之王生。

摳謁有期，俟以面賦。臨楮不盡瞻嚮。

與江表侄

抵里中，有故人相覡者，輒謝去。勞賜遠來，不能如例，謹登四色，二件附歸。四罷公車，旅橐蕭如。又今日放榜，明日買車，長塗馬上，不復多携，無足脩敬，非不佞之薄也。亮之，亮之。

《圖書集》乃張伯升所梓，承索，未有便耳。不日馳价者來，即索寄。有時到郡城，願顧我。計已從吉南溟，厚風又淼淼至矣。幸努力爲之，餘情俟面謝。

又

今日鞅掌，日無寧晷，役役爲人作牛馬，走弗遑也。不但力竭，而情况苦甚矣。辱重贐，弗敢領，謹附使歸謝。

與江表兄

與兄翁分袂在旦暮間矣，三年之内，無能効涓埃之助，非心不至，力不足也。荷贐，五内銘之矣。逐隊以十三日行，其同侶者多，無煩玉趾遠別也。種種情緒，在筆楮外。

與江會川

兄弟相對，此會不常，幸預。來路遥，天熱，于諸侄不敢煩。如念肉骨至情，不靳遠至此，弟縉大幸也，并懶之。萬勿以不具札相訝，尤見至愛矣。節嫣諱旦，不能躬奠，謹具牲儀二星代具。物熟，薦之酷暑，如此爲便，且价輩有事免其行，尤省相擾也。炤幸。

又

日月不居，年復年矣。先慈大祥在即，旦暮追憶，初喪如昨日也，令人不覺潸然。此時欲屈兄翁計，姑侄至情，必無相外。願七月期而來早一日促膝，亦一日快事也。萬勿吝。

玉荷賜丹荔,謹登受。謝謝。

又

久不對兄長劇譚,邇來家坐無事,何不策馬南來,抵吾郡中相促膝邪?弟縉縈縈如故,受侄子之侮,所圖置媵,天不如人意,畢竟落落難合,無一可者。此身浮萍,當置之何所也?奈何,奈何!

詰昕舅翁諱辰,當馳价隻圭絜酒以奠,而諸僕婦家,無一暇者。偶值便謹,寄牲儀叁星,煩爲辦之。此于禮不合,但于長兄亦有便處,故敢如此也。幸宥責。

端午之後,蒸暑未甚,南下相對,此快無量。願圖之。

與江會川表兄

相別多時,音問亦少,兩地隔遠,如有各天。未曉兩兄長邇來道體何如?

弟某瑣瑣,日窘一日,情況惡甚,無足爲言。且北上之期在即,資斧又安所從事也?孟浪半生,無一如人,雖通蹇有數,不能不芥於胸中矣。老母幸强無恙,日用飲食,猶如昔時,稍可人意耳。

計仲兄久疴去體,孩子能笑,家費不甚迫促,引滿浮白,堪足自娱。如吾伯兄,難乎難矣,瓶罍方罄,青黄未接,其何所借資焉?方今米價騰湧,如弟家,飡數百指,幾無以自存也。

令侄今年何處讀書?文字邇來何如?爲語寄數首相教。即乃表叔,雖荒落不能識字,猶庶幾睹其一斑也。呵呵!兄長倘有逸興,不憚遠至,抵郡相促膝□日,自是一快。幸圖之,萬萬。

又

弟公車三上矣,愧未有息肩所,逐隊而去,不知竟作何狀?凡族戚下,贐概不敢領,何可辱長者遠貺也?完璧謹附伻歸謝。幸炤亮,萬萬。

與表姊夫書

不佞以謝客至平江，山川改觀，愀然淚下，不但有渭陽之感，又且有瞻屺之悲焉。

痛惟舅氏滯淺土之日久矣，年來堪輿家持説其甲乙，莫得堅決，以故狐疑至今。不揣力主其議，啓壙以觀，中二窆積水幾二寸，兩旁故煖氣蒸蒸出，細查之，龜背之上多漏孔，以瓶水灌之，須臾而下水從天降，豈地出乎？爲婉轉以思，非以灰易石一番，更革上漏下濕之患，不可亟除也。乃三家物力，視昔不同，浩費絀難支矣。鼎足之外，量加調劑，勸其兄略倍之，乃不孝孤爲之甥，兄翁爲之婿，寧能晏然乎？且兄翁於左藏者，何人也？麥舟之誼，又不啻言，願傾五六金以助一臂。唐突援頰，激于至情，統在心炤。

荷弔應造門稱謝，恐煩興居，耑此百拜以附，不日晤對，容縷縷布之。

訃偕歸東表兄書

爲客經年，闊疏裁候。落莫抵家，意欲便塗入五公山之麓，把臂促膝而疏卷婁，恨興夫以迂道力辭，惘然過去，爲鞅鞅者久之。

秋風有便，借海閣山房棲遲數日，固所願也。瞻對伊邇，未遑縷縷，容面悉。

又

日者相對劇談，情各種種，别後復凄然也。株守一室，百棼交集，弗能解去，强出應之，甚厭苦矣。

自思吾生已半世，先嚴在淺土日久，未得安厝，不覺淚下。大都築塋後不應稽留，則世俗華觀之説誤之也，令人大悔。此冬即欲脩築墓面，爲來春葬計。其日子問之尅擇家，互有異同，未歸于一，然非春仲，則夏初也。兼有遣女之役，費鉅用繁，物力𠡠矣。然不了此大事，終非人子。所親有以少待勸止者，而鄙意甚堅決也。日定，當再報。大事方興，諸僕弗暇，間所未備，幸炤亮。

柬印溪表姊夫書

不佞弟縉無似，托莩葭之末，顧兩邑相距，疎於聞問。即曩者丈翁讀《禮》山中，猶不能時時走尺一訊，則何論閩越相去各天也。

丈翁以九萬之翼，棲枳棘之地，豈無倏翮，殊缺厚風，此天之所爲非人之所必，蓋相知有識者，往往恨之。顧一命之寄，亦足見功，與其大而無就，不若小而有成也。合浦之墟，明珠産焉，以暗投人，容或按劍久而寘之車中，閃閃乎照乘矣。玆亦吾丈翁照乘時乎，委吏乘田，何足爲絀，益足以見能於其職，樹於其官耳，令碌碌無奇徒竊高位者，視此奚啻霄壤。

弟某三刖三北，徒爲世羞。抵家以來，襄先子葬事，土石爲伍，種種舊業，束之高閣。奔走馳騖，尚苦不給，又何問來年長揚也。吁嗟乎！平江之墟，昔稱豪右，芹翁以樹禮好客，貲雄里中。而今，而今，長君幾乎寠人子矣，次君守其餘業，僅足自給，而季君自坳後，賴内人撑支，得無大秏，春初纔納婦，不旬日之姑而倏然亡也。門户衰落，骨肉參商，亦足痛矣。丈翁其奚以振之？

小价自負其有功於門下，不遠幾千里，匍匐造臺，幸善視之，弟某均有榮施矣。餘種種不備。

柬莊鑑塘

里門過從，不知日居，一旦分手，冬又夏矣。歲序如逆旅，良然哉！

丈翁今髪種種矣，生平不出闤闠，躡蹻一往，騁望極目。登武夷之山，泛錢塘之水，涉大江以北，九華之峰伏在趾踵，而又有對陽翁爲之地主，昕夕談笑，可謂至樂。蓋不佞讀《十九圖》，恍然夢游，不知以何日把酒臨風，縱觀其勝也。

姊氏無恙，令郎長君無恙，家老慈下江諸君亦無恙。内人徼以春初有身，或雌或雄，概未可必，有禀之司命氏，逐隊計偕在次夏也。乃筆研荒落已久，荆棘未知竟何狀耳。

適值鴻便，耑此附候，不盡。

與親家

長公抵里中,持貴札并辱賻儀,吊唁千端,捧讀再四,不覺淚下。稽首登受,存歿有餘感矣。謝謝!

兄翁以此時比於斥阨,俛首而就下寮,能令人堪之。然業已就職,姑且安情,躍冶非其宜也。且齮齕我者,近亦在擯斥之列,可謂無天乎!

先慈以去冬奉厝先君之側,弟縉弗子,所幸斂及躬,殯即葬,庶幾可逭於罪耳。季女以冬抄贅婿,近且與家季父分居,割三教舖書房以界之,令其移住,父業不能自有,此其故未易以深言也。聞仲女以三月娩身,熊夢更叶,固爲厚幸。萬一非雄,得平安快矣。

令孫邇來能言能走,曾脱乳媪之手否?文宗爲方明齋公計,到任在夏盡。如即南巡,郎君應遣歸試,青春弗住,人生安得少壯之齡也。

二女俱在粤,爲父母者,惡能無動念乎?里中往往傳粤報,米價騰湧,盗賊竊發,驟聞不免神悸。

有家檄歸,幸便寄及。萬懇。

柬江于天會義日命題書

日來賤軀又發瘡,不能坐履,所以奉問亦遂缺。然今日作東,其饍餉當令内人代辦之,何早不相聞也,豈吾侄自有調羹手段乎?如未,即付息來知,當令人調理,何如?

啓王荆石相公代作

伏以禮樂縱横,麟閣專敷陳之任;山河保障,鳳池兼謀斷之猷。簡在宸衷,眷惟耆德。風雲重會,魚水相歡。

恭惟閣下天苞毓德,地緯孕精。三長蜚東箭之聲,清班獨步;五絶重南金之價,法從白眉。槐振奇音,信紗囊之嘿護;松生異夢,兆金榜以前題。雖漱流枕石之心，幾被白雲留住；乃浴日補天之詔，薦教丹鳳啣來。夢卜合徵，天扶社稷。伊姜復起，國有禎翰。隆中昔日卧龍，天上于今霖雨。蓋覺民其誰，宜先天下之憂；且聘幣已三，可忘溝中之耻。自是河清海晏，知中國之相聖人；猗與鳳至麟遊，自生民未有夫子。

某學慚上達，才愧中人。衣鉢遞承，敢比眉山於永叔；結萍重價，何如李稷于寬夫。重叨製錦，頓覺飲冰。在轍涸魚，思揚波於瀚海；寒崖凍木，願被德於陽春。倘終庇以二天，或可增其十價。則小子揚眉之日，皆台垣造命之年。報願四環，情實均於化雀；慶看八葉，兆行應以廻龜。

賀大中丞郭公啓代作

閣下德冠當朝，望隆百辟。精忠直節，埒千仞以嶙峋；緯武經文，繫四方之輕重。頃從開府，晉陟内臺。法座星高，藻火榮輝於豸服；舉頭日近，鐵冠凛慴於螭坳。式序庶僚，惟貞百度。長爲柱石，早和鹽梅。方欣覩乎登龍，乃効忱于賀燕。伏惟慈炤，無任戰兢。

賀劉方伯啓代作

王國藩垣，丹陛隆保釐之托；海邦鄒魯，大猷沛周澤之膏。佇看槐棘以延登，寔乃枌榆而增重。

恭惟臺下應聖騫騰，紹箕炳蔚。德爲經而才爲緯，奚啻一路福星；刑惟明而政惟良，允爲增輝日月。蜀都總憲，岷峽錦水生寒；閩省岳臨，天風海濤重潤。凡此寮宷，胥動歡聲。況於末孳，最荷憐念。惟是惠安蕞邑，故爲輳集煩區。眂事方新，百處無當。辭寒氊而製錦，傷己多矣；責戴星以鳴琴，豈其任乎。自非大賢，左提右挈；疇使褊器，急韋緩絃。祈賜官箴，殊切下悃。情聯分隔，格禁神馳。薄具賀儀，統及涵炤。

上郭方伯啓代作

省中參對，飫頌慈懃。念下邑雖巖蕞之區，乃孔道當輿馬之輳。故稱煩劇，邇益凋疲。一割雖蕲乎鉛刀,長驅豈宜於駑乘。徼有天幸,恭遇鈞臺。千里惟桑,八閩爲伯。如蘭忝附,攻玉受知。分隔秋旻,斜陽之望已斷;屬在疆埸,二天之戴方殷。第米鹽簿書,無所增益於舊學;而繩墨約結,大懼違越其本心。方始就官,已壓曠職。

伏惟臺下推愛養元元之意,翼樸束斷斷之能。俾無忝于官箴,斯不辱夫雅誼。聞淳老晉佐兹藩,日月重輝,枌榆增耀。第恐棠陰方茂,旋將台扆薦登。用是瞻戀,殊切懸企。履霜已屆,珍攝宜崇。不腆別緘,統乞涵炤。

賀劉方伯啓代作

某自備員下邑,側聞喬擢閩藩。紫氣停占于斗紀,星軺忽届於嘉平。八郡歡騰,七閩沐潤。蓋天風海濤之境,故屬車塵;而召伯南國之棠,今方蔽芾。重以螺老,雅亮寅工。豈惟同寀同鄉,枌榆增耀;實惟一心一德,雨露沐濃。此某所藉以左挈右提,而不若美錦學製者也。匐參有縶,颺賀懼遲。伏乞慈炤,無任悚祈。

賀陳憲長啓代作

法座星高,玄神值析木之會;海邦風動,盛德參帝項之權。登車已懷澄先驅,頓驚式序。方得霜而騰霄翮,幸圖南而覩扶摇。

恭惟臺下挺生金簡玉字之地,亶應天合地開之祥。蚤振彩於丹墀,特使賦乎王命。峩冠烏府,白簡動而風霜飛;簪筆坳螭,驄馬行而豺狼止。敭歷中外,保釐名藩。頃楚甸之棠成陰,乃閩臬之憲是總。電臨雷霹九棘,坐聽三山海靖。嶽寧八閩,澤解一面。

某甫離芹氈,新竊疆吏。仰惟繡斧之蒞照,自覺駑鈍而逡巡。倘非函容,少賜優假,緩日月之效,使條教之煩,則何以上稱大觀,下寬孔疸。匐參有縶,颺賀懼遲。肅具別函,統惟慈炤。

上錢大參端午節啓代作

月臨赤帝,時届絳天。縷采良辰,芳津佳節。大雩方舉於百縣,高明履順於尊居。物遍敷華，摇芝蘭而起馥；澤周蔭暍，拂竹木以俱葱。履福天中，佩荃洛浦。雖微綃紈之獻，敢效壽索之儀。鳧舄莫飛，燕私曷罄。

賀張大參臘節啓代作

腰臈届辰，嘉年履慶。柄歸帝頊，閲三百六旬而成功；澤沛鈞臺，滲七十二候以綰結。歲將除舊，福則迓新。

某代罪惠安，粗畢期會。丁此霜嚴冰合，敢曰却寒；幸兹日照月臨，獨先襲煖。禮有蜡獻，情切曝暄。雙鳧莫飛，二天在宥。

賀楊憲副臘節啓代作

歲終考成，遲三月以報政；伏臈舉蜡，用邠雅而稱觥。蓋四時之吏，綰結于帝頊之權；而八屬之察，禀仰於柏臺之憲。風紀滌舊，福履迓新。冰合霜嚴，敢脂花之用獻；月臨日照，寧曝背之云私。孔邇二天，恪遵天步。

上張憲副啓代作

法座星高，凛柏臺之震耀；恩波河潤，並盱水而托光。繁蔭曁桑梓之鄉，煦和回輪囷之地。故七載苟縻於弋序，乃一旦叨宰乎惠安。雖魏獻子授縣，命舉非私；而匡文子知名，游揚有自。鉛刀誠蕲乎一割，駑乘豈任乎長驅。况值旱魃之威，方惟涸鮒之困。惟無忘公府之故吏，式之德音；庶可勝滕薛之大夫，逭於官謗。深蒙厚造，間缺未酬；先此布衷，尚圖展候。

上錢分守啓代作

臺下藴秀雪川，炳靈震澤。駐上游而握鎮，陪方岳以參司。星拱薇垣，光映建寧。一路風翔草墅，春噓寒谷；千家睠惟三秋，恭逢萬壽。歡騰率土，闔藩同絳節之朝；慶祝華封，閬苑度幔亭之使。望丹庭而依日月，捧寶册以上星辰。拜獻有規，受知當宁。

某職屬微員，恩沾鴻造。遯詹行色，莫遂負矢之驅；私念徒傾，聊將承筐之獻。

上馮二守啓代作

備員弋序，垂眄睞而生光；承乏惠安，悵雲霄之頓隔。方抱催科之拙，深懼報政之遲。

恭惟臺下歸望嵩標，參黄堂而福星增耀；湛恩河潤，聯弋水而萍藻沾波。遂使籩豆之司，謬叨鉛刀之割。濱行渥欵，更辱良規。用以拊循乎凋疲，庶幾少塞夫報效。鴻恩深負，鰲戴奚勝。佇看崇祉之膺，聯慰下悰之祝。

上盧節推啓代作

竊謂平原文學，匡生譽起於名儒；祈邑大夫，賈舉命出於効力。若匪才無當於籠使，豈美錦可製於拙工。榮藉寵靈，幸徼超擢。

恭惟臺下揭日當午，物無斜陰。推雲崇朝，澤有餘潤。久矣口碑載道，行將簪筆乘驄。待罪海陬，雖悵光霽之益遠；而公府故吏，猶藉彪炳以增輝。

上余廷尉啓代作

棘臺峻秩，夙稱持平之司；柏府清班，雅重祥刑之托。劍浦方占紫氣，司圜忽覩青天。

恭惟臺下明允夙成，仁心爲質。射策及門，采呈聖世。瑞鳳服官，司理波及東海；隆蟲雅操，冰壺秋月共清。解澤海濤，天風協啓。惟聲馳乎黼扆，遂晉佐于棘槐。讞八議以惟良，明五刑而用措。虞廷弼教，仰玆邁德之皋陶；漢法不寃，攸賴寬和之定國。快覩鶯喬，難攀驥足。

某龍門曾御，深叨造就之恩；旄節奉麾，尤荷吹噓之力。誦鴻恩而鏤腑，抒魚箋以玨忱。薄致賀私，并脩賾敬。

請劉大尹啓

列宿星高，錦邑分輝于斗紀；雙鳧飛度，仙宫納履于花封。惟卯金竊響玲瑲,故下車屢勤臨照。覿龍光以雀躍,誦魚麗而燕思。

恭惟臺下廬陵毓秀,夙分太乙之藜;泰邑摽奇,上映臨川之筆。才高八斗,兆協三鱣。霄月光風,弋水藻芹添緑;青萍巨闕,螺山狐鼠立剸。五袴興來暮之歌,束韮悟建威之政。

某才謝白眉,謬知青眼。不有陽鱎之斥,更沐覆露之仁。夫桑梓影稠,懷蔭者樂就;况冬日背暖,念曝者思將。向當德輝下覽之初,已挹幡葉未采之歉。兹值小春之佳候,敢借絃韻之餘閒。薄庀龍團,飫聆珠唾。冀迎門以改日,敬虛左而占星。

賀同安洪大尹啓

門下三吴藴秀,八表高才。射策丹庭,誇鵬摶之早歲;膺綸赤縣,瞻凫舄以飛來。陳棨花封,下車韭拔。讙傳騎竹,頓聞來暮之歌;亟起扶藜,喜覩神明之政。昔梅溪守郡,暨晦老涖同。皆錦里之儒先,迨名賢而振起。

某希光鄰照,自别渭清。爰抒賀悰,統惟慈炤。

附録一

李先生清源洞集引

吾郡有清源山焉，横絶曠朗，行日月於眉宇，其上石壁嶙峋，其下清泉馥馥，頗爲吾郡奇觀。古稱仙人紫澤君居於斯，數百年來，而靈氣所鍾，有衷一李先生出焉。

先生天才間出，早爲當世推宗。朝朝暮暮，往來其間，舉目辨景，舉足辨形，孰非文章？借事于今而非今也，授詞于古而非古也，吮毫研糜之際，超然遠想，若赤城霞起，瀑布飛流，然直攄性情，不拘拘一字一句争古，故足述也。而説者謂假靈于山故爾，予曰不然。天下之爲奇山水者，豈少哉？然高士弗過，則寂寂夷于荒僻，爲牧豎所踞，非其勝弗若，其人弗若也。今先生以清源名集，世之覽者，咸欣慕乎清源，則知非山重文，而文實重山也。

刻成，聯紀歲月于左。

時萬曆癸丑春上巳之吉，門人張瑞圖謹撰。

附録二

李光縉傳

光縉，字宗謙，號衷一，晉江人。户部主事仁之子。光縉生四歲，而仁歿。稍長，寓目成誦，舉筆成章。十九爲諸生，閎覽博物，善古文詞，不沾舉子業。事蘇濬，濬深嘉歎之，謂異日必成大儒。萬曆乙酉，鄉薦第一。日研經史及朝章民隱，以備經濟。痛士之爲制藝者竄入二氏，顯背朱子，爲《文彀》、《文則》，以示之的。就正者盈門，得其緒餘，多取科第。有欲爲地于闈中者，正色拒之。或勸之仕，則曰："昔人以二千石不逮縫掖，擁書萬卷，何假南面百城爲也。"歸益潛心大業，取《四書》、《易傳》翫索討論，而手筆之。其理潔净精微，其詞平正通達。

座師黄懋忠之子開府閩中，足未嘗至其門。尺牘往來，論學論政，絶不及私。郡太守徵修郡志，同事欲立其父傳，固辭曰："班、馬著書，談、彪止附自序，淳父載筆，景仁留待後時。先人誠令德，無以小子故，使人猜有阿私。"衆服其卓識。

卜霞壁山厝父，爲文勒之石，增東堈祀田以供粢盛。父遺田不及二百畝，與諸弟計口而食，食指既繁，籍而割異之，讓而受惡。一畝之宫，環堵之室，終身不改。自營壽藏仙景山，環土爲太極庭，列石四十有九，以當大衍之數。

生平著作甚多，尤喜序述忠義烈事，其文章悉嘔心而出，不輕下一語。卒年七十五歲。前十日，爲銘授其子曰："文之不用，道之不行。不處不去，總爲成仁。"學者稱衷一先生。郡人請祀學宫。喬直指覈實報命，與胡黄門别請加旌，異焉。所著《景璧集》二十餘卷，《四書要旨》、《四書指南》、《千百年眼》、《易學潛解》、《中庸臆説》、《南華膚解》、《讀史偶見》、《蘇文抄》、《評杜詩解》若干卷。其行誼詳見所作《獨照醒言》中。

（乾隆《泉州府志》卷四十四《明列傳》）

校點後記

《景璧集》十九卷，明李光縉著。

李光縉(一五四九—一六二三)，字宗謙，號衷一，明泉州府晉江縣(今鯉城區)人。父李仁，嘉靖七年(一五二八)舉人，官户部主事。光縉四歲時，李仁歿，家道中落，母江氏抚孤成立。師事解元蘇濬，十九歲爲諸生。萬曆十三年(一五八五)，二十七歲舉福建鄉試第一。幾上春官，皆落第。歸里之後，潛心鑽研經典，授徒甚衆，"就正者盈門，得其緒餘，多取科第"，因而名噪一時。

光縉一生著述豐富，據清乾隆《泉州府志》卷七十四"藝文"記載，著有《四書要旨》、《四書指南》、《四書臆説》、《四書千百年眼》、《易經潛解》、《南華膚解》、《讀史偶見》、《蘇文抄評》、《杜詩注解》、《獨照醒言》、《景璧集》，復有《刻李衷一先生清源洞文集》及浙江烏程凌雅隆輯校、李光縉增補《史記評林》一百三十卷、《補史記》一卷。

《景璧集》係光縉身後由其門人諸葛羲、女婿蔣德瑗爲之編輯。"景璧"，光縉居所之名。光縉以景星爲天之瑞星，璧星爲天之文星，皆文昌所司，故以所居稱"景璧"。

《景璧集》十九卷，六百一十九篇，其中序七卷二百三十三篇，碑記兩卷五十三篇，傳三卷六十三篇，行狀一卷十四篇，誌銘兩卷四十六篇，祭文一卷四十七篇，其餘説、論、議、策、贊、題跋、疏、啓、書、雜著三卷一百六十三篇。集中無詩賦，西吴(浙江西安)進士方應祥序稱光縉"工於制義，而以乘材餘勇從事古業，雅不喜吟詠，故於詩律獨罕"。

光縉爲名解元，對制義文有深入的了解和研究，請他作制義集序的文士也較多，故集中專設一卷爲"制義序"。南宫三年一試，第一名謂之"會元"。會元的制義文，往往具有代表性。一兩科會元的制義文，不一定能看出制義的時代風尚，但是如果集十數科，甚至數十科會元之文加以研究，其發展嬗變的軌跡便能一目了然。《〈昭代諸元折衷〉總敘》等文，光縉從分析歷科會元制義文入手，把明代制義發展分爲洪永、宣正、成化、弘正、嘉靖、萬曆六個時期，列舉最有代表性的作家加以論述，頗具只眼，可與《明史・選舉制》並讀，對研究明代制義發展流變很有幫助。

《景璧集》取材範圍基本局限於泉州一帶，稍稍擴大到鄰郡漳州、興化，其他地區不多。

光縉生活在萬曆至天啓初年，這一時期，泉州及閩南地區最值得關注的，一是經商貿易，二是禦倭防夷。泉州士人，從李贄到何喬遠、蔡獻臣、黄克纘無一不主張開放海禁，無一不支持民間海上貿易，光縉也不例外。《史母沈孺人壽序》一文記述泉州人經商的情形："安平市獨矜賈，逐什一趨利。然亦不倚市門，丈夫子生，及已弁，往往廢著鬻財，賈行遍郡國。北賈燕，南賈吴，東賈粤，西賈巴蜀。或沖風突浪，争利於海島絶夷之墟。近者歲一歸，遠者數歲始歸，過邑不入門，以異域爲家，壺以内之政，婦人秉之，此其俗之大都也。"（《景璧集》卷四）安平，今晉江市之安海鎮。光縉爲商人陳珊立傳："處士甫垂髫，逃亂入安平市，市人亡知之者。顔君道謀睹其狀貌，大奇之，遂許以季女……多挈金錢財帛以畀之，處士藉以運籌鼓策……處士行賈，北走齊吴，南走粤。吕宋洋開，鬻財吕宋，轉販所至，人多重之，倚爲祭酒，竟以致富，埒於内家。"（《景璧集》卷十四《處士陳斗岩公傳》）陳珊，字子珍，號斗岩，其名字和經歷，賴這篇傳記得以流傳。光縉還總結泉州人經商三條成功的經驗：其初鬥力，髒活累活拼命幹，誰能吃苦誰勝出；其次，鬥智，有了一些積累之後不蠻幹，誰有智慧誰勝出；再次，鬥時，就是抓住時機，把握機會及時處理商務。《景璧集》很多文章都提到司馬遷的《貨殖列傳》，並發揮《貨殖列傳》的觀點，他認爲家傳詩書固然重要，但是如果生活過不下去，以至難以生存，詩書便失去意義，經商生存則是頭等重要大事。同樣，他認爲，女人是要講"節"的，然而"死易，立孤難"。《壽安平節母鄭孺人六十敘》表彰了一位安平姓鄭的女性，其夫早卒，留下賈業，“拮據卒瘏，守其業以無失，下有以塞睥睨者之心，上不至秏丈夫之遺”。繼承丈夫遺業，成爲粵東的一位女商人，“樹節於賈人之家”（《景璧集》卷四），光縉認爲這樣守節，尤其難得。

嘉靖末年至天啓年間，閩南先苦倭，後苦夷，光縉恰好生活在這樣一個動蕩的年代。他與不僅抗倭而且禦夷的水師將領沈有容關系密切。沈有容（一五五六—一六二七），字士弘，安徽宣城人。棄文從武，先後爲銅浯遊擊，升浯嶼欽總，擢浙江僉閫、水師參將（公署在今福建連江定海）、登萊總兵。沈氏一生，以萬曆三十年臘月平東番倭、四十二年澎湖諭退紅夷、四十五年東沙（今馬祖東莒）擒生倭功績最偉。《景璧集》有三篇文章歌頌沈有容，以爲其功可與戚繼光比肩，即《却西番記》（卷九）、《沈將軍寧海赴浙江都閫詩卷敘》（卷六）、《答贈劍編》（卷十九）。

傳世的《景璧集》有四部，泉州市圖書館、北京大學圖書館、上海市圖書館各收藏一部，國外日本内閣文庫收藏一部，都是明崇禎十年（一六三七）刻本。這次點校的底本，爲一九九五年福建省文史研究館編印的以泉州市圖書館藏本爲藍本的影印本。十九卷正文之外，又從《刻李衷一先生清源洞文集》中輯得《景璧集》佚文七十多篇附後，供讀者閱讀和研究。集後有附録兩種：一是張瑞圖的《李先生清源洞集引》，二是清乾隆《泉州府志・人物列傳》李光縉傳。

編　者

二〇二〇年十月

圖書在版編目(CIP)數據

景璧集／(明)李光縉著；陳茗點校．—北京：
商務印書館，2021
(泉州文庫)
ISBN 978-7-100-20172-8

Ⅰ．①景… Ⅱ．①李… ②陳… Ⅲ．①古籍—彙編—
中國—明代 Ⅳ．①Z424.8

中國版本圖書館 CIP 數據核字(2021)第 145965 號

責任編輯　閻海文
特約審讀　李夢生

景　璧　集
(明)李光縉　著

商　務　印　書　館　出　版
(北京王府井大街36號　郵政編碼100710)
商　務　印　書　館　發　行
山東韻傑文化科技有限公司印刷
ISBN 978-7-100-20172-8

2021年12月第1版　　開本 705×960　1/16
2021年12月第1次印刷　　印張 56.5　插頁 4
定價：326.00元(全二册)